Busse/Dubost
Französisches Verblexikon

Winfried Busse
Jean-Pierre Dubost

Französisches Verblexikon

Die Konstruktion der Verben im Französischen

2. überarbeitete Auflage

Ernst Klett Schulbuchverlag
Stuttgart Düsseldorf Berlin Leipzig

CIP-Kurztitelaufnahme der Deutschen Bibliothek

Busse, Winfried:
Französisches Verblexikon: d. Konstruktion d.
Verben im Franz. / Winfried Busse ; Jean-Pierre
Dubost. - 2., überarb. Aufl. - Stuttgart:
Klett, 1983.
ISBN 3-12-52082o-3

NE: Dubost, Jean-Pierre:; HST

Gedruckt auf Eural PRO
hergestellt von Papeterie du Bourray
aus 100 % Altpapier.

2. überarbeitete Auflage

Druck: Druckhaus Götz, Ludwigsburg.

ISBN 3-12-520820-3

Inhalt

Vorwort

Wozu ein Lexikon der Konstruktion der Verben im Französischen? Tatsache ist, daß die Grammatiken des Französischen die Eigenheiten der Verbsyntax jeweils nur mit einer geringen Anzahl von Verben illustrieren, und die Lexika die Konstruktion der Verben weder systematisch noch erschöpfend behandeln. Eine Darstellung der Konstruktionsmöglichkeiten der französischen Verben in Form eines Lexikons schien uns das geeignetste Verfahren zu sein, diesen Mangel zu beseitigen. Wir haben alle Sorgfalt darauf verwandt, die angeführten Verben hinsichtlich eines vorgegebenen, in der Einleitung definierten Katalogs von syntaktischen Eigenschaften erschöpfend zu beschreiben.

Das *Französische Verblexikon* ist somit in praktischer wie in theoretischer Hinsicht von Nutzen: bei der Textproduktion und -korrektur ebenso wie bei der wissenschaftlichen Beschäftigung mit der Verbsyntax und -semantik.

Das Lexikon enthält ungefähr 5o5o Einträge. Auch wenn hier und da ein Verb zusätzlich hätte aufgenommen werden können, läßt sich doch sagen, daß damit der gesamte *allgemeine* verbale Wortschatz erfaßt ist.

Die von uns verwendeten Abkürzungen und Symbole werden im nachstehenden Verzeichnis (S. VIII-IX) erläutert. Die darauf folgende Einleitung stellt dar, wie wir das sprachliche Material interpretieren, und mit welchen Kategorien wir es beschreiben.

Die zweite Auflage ist auf Druckfehler hin durchgesehen. Zudem wurden die deutschen Übersetzungen ergänzt, der Nachtrag, soweit dies möglich war, in den Text integriert und Inkohärenzen in der Notation beseitigt. Vor allem aber wurde das Verzeichnis der deutschen Übersetzungen völlig überarbeitet.

Unser ehemaliger Stuttgarter Kollege Michel Vincent hat freundlicherweise die Aufgabe des Korrektors übernommen. Eine Reihe von Verbesserungsvorschlägen haben wir Zuschriften und der übrigens beträchtlichen Anzahl von Besprechungen der ersten Auflage zu verdanken. Ingrid Weiß gebührt Dank für die Überarbeitung des Übersetzungsverzeichnisses. Der Verlag dankt Winfried Busse für die Herstellung der Druckvorlage für die erste und der Korrekturen für die zweite Auflage, so wie die Autoren dem Verlag dafür Dank wissen, daß er diese zweite Auflage ermöglicht hat.

Berlin/Stuttgart
Januar 1983

Winfried Busse
Jean-Pierre Dubost

Abkürzungen und Symbole

V	Verb ("Prädikat").
N	Nominales Satzglied als Ergänzung des Verbs: Subjekt bzw. Objekt.
N	Strukturangabe zu Satzgliedern mit adverbieller Funktion, z.B. *coûter cher/dix francs:-V-Adv*$_{N/Adv}$.
Nqc	*"quelque chose":* Das Substantiv des betreffenden Satzgliedes ist auf die Klasse der Sachbezeichnungen (konkret oder abstrakt) beschränkt.
Nqn	*"quelqu'un":* Beschränkung auf die Klasse der Bezeichnungen menschlicher Wesen.
Nqc/qn	Keine klassematische Beschränkung. Das Substantiv kann aus der Klasse *Nqc* ebenso wie aus der Klasse *Nqn* gewählt werden.
Nqc(de qn)	Das Substantiv bezeichnet Eigenschaften, Fähigkeiten, Produkte... von Menschen. Vgl. *accéder à la* demande, *aux* désirs *de qn*.
N(qc de)qn	Das Substantiv bezeichnet Menschen wie auch deren Eigenschaften, Fähigkeiten, Produkte... Vgl. *Les épreuves ont endurci mon* père, *son* caractère.
Npl	Das betreffende Satzglied bezeichnet eine Pluralität. Normalerweise steht der Plural bei Bezeichnungen von zählbaren Dingen, bei Mengenbezeichnungen steht der Singular. Vgl. Les *mouches abondent cette année.*, nicht aber ˣUne *mouche abonde cette année*. Andererseits *C'est une région où* le sable *abonde*.
Npl-2	Die Pluralität ist auf zwei beschränkt.
(...)	Fakultative Ergänzung des Verbs (s.u. bei ▼).
adj	Adjektiv (zur Kleinschreibung s.u.).
Adv	1. Modaladverb als Ergänzung des Verbs. Vgl. *se comporter* bien. 2. Satzglied (Ergänzung des Verbs) mit adverbiellem Status. Vgl. *reporter qc* à plus tard, à un autre jour; *estimer un tableau* 2oo francs, à sa juste valeur, moins cher. Näheres zur Klassifizierung eines Satzgliedes als *Adv* s. in der Einleitung.
qp	*"quelque part":* Orts- bzw. Richtungsadverbial als Ergänzung des Verbs. Vgl. *habiter/aller quelque part.*

Funktionskennzeichnung

N ...	Vom Verb regierte Ergänzungen: Subjekt, Objekte, Adverbiale (Modaladverb, Richtungsadverbial...).
N - V - N	Die Unterscheidung zwischen Subjekt und Objekten ist in den Strukturangaben durch die Abfolge von *N* in Bezug auf *V* markiert: das *N* vor *V* steht für das Subjekt, das oder die *N* nach *V* stehen für die Objekte, also: $N_{(= \text{Subjekt})} - V_{(= \text{Prädikat})} - N_{(= \text{direktes Objekt})} - à\ N_{(= \text{indirektes Objekt})}$.
(...)	Fakultative Ergänzungen des Verbs. Vgl. *Jean mange toute la journée (des oranges)*, nicht aber ˣ*Jean trouve.*
< ... >	Nicht unter die Valenz des Verbs fallende Umstandsangaben (der Art, des Ortes, des Grundes...).
Adv	Satzglied mit adverbiellem Status.
n/adj/adv	Kleinschreibung: 1. Prädikatsnomen, z.B. bei *être*. Vgl. *Il est ingénieur/célèbre/de bonne humeur.* 2. Objektattribut, z.B. bei *nommer*. Vgl. *nommer qn premier ministre.*
inf	Infinitive in den A.c.I.-Konstruktionen bei Verben wie *entendre, voir...* Vgl. *N - V - N - inf 2: Je l'entends* chanter.

Struktur der Satzglieder

N	Satzglied mit nominalem Status und nominaler Struktur (Substantiv und seine Bestimmungen): Subjekt, Objekte. Beim "indirekten" Objekt erscheint zudem die geforderte Präposition, z.B. *à N*.
V	Verb, einschließlich der periphrastischen Konstruktionen, z.B. *Il* est *venu*.
Inf	Infinitivstruktur.
Ø Inf	Präpositionsloser Infinitiv. Vgl. *Je désire* faire *quelque chose.*
à... Inf	Von einer Präposition (*à/de* usw.) eingeleiteter Infinitiv. Vgl. *Je tiens* à *vous* dire...
$<Ø\ Inf_{fin}>$	Nicht unter die Valenz des Verbs fallender finaler Infinitiv bei Bewegungsverben, entweder ohne Präposition oder (nicht markiert) mit *pour*. Vgl. *aller en ville (pour) faire des courses.*
S	Untergeordneter Satz ("Nebensatz") in der Funktion des Subjekts oder eines Objekts.
que S	Durch *que* eingeleiteter untergeordneter Satz.
à...ce que S	Durch Präposition (zusammen mit *ce que*) eingeleiteter untergeordneter Satz. Kann die Präposition auch weggelassen werden, so erscheint unter der betreffenden Strukturangabe eine weitere mit *que S*.
Int.ind	*"Interrogation indirecte":* indirekter Fragesatz bzw. entsprechende Infinitivkonstruktion in Objektsfunktion (*si, comment, pourquoi, quand...*). Vgl. *Je ne sais pas* s'il vient. *Je ne sais pas* comment faire.
N/Adv/à...	Strukturangabe bei Satzgliedern des Typs *Adv*, z.B. *Adv*$_{N/Adv}$ bei *coûter dix francs/cher*, bzw. Angabe der zu wählenden Präposition(en).

Beschränkungen für die Subjekte der Satz- bzw. Infinitivstrukturen

1	z.B. *N - V - N - de Inf 1:* das Subjekt des Infinitivs muß identisch mit dem des ganzen Satzes sein. Vgl. *La concierge*$_1$ *nous*$_2$ *menace d'appeler*$_{(= 1)}$ *la police.*
2	z.B. *N - V - N - à Inf 2:* das Subjekt des Infinitivs ist identisch mit dem direkten Objekt, vgl. *Le proviseur*$_1$ *a autorisé Jean*$_2$ *à partir*$_{(= 2)}$.
|	"unter der Bedingung, daß"
|ˣ	"unter der Bedingung, daß nicht"
|ˣ*1*	Das Subjekt des Objektsatzes bzw. -infinitivs darf nicht identisch mit dem Subjekt des ganzen Satzes sein. Vgl. *N - V - que S Kj* |ˣ*1* bei *souhaiter:* Je *souhaite que* tu *viennes.*, aber nicht ˣJe *souhaite que* je *puisse partir.* In diesem Fall muß ein Objektsinfinitiv eintreten: *Je souhaite pouvoir partir.* Steht nach *S* bzw. *Inf* keine Zahl, so liegt keine Beschränkung vor.

Angaben zum Modus

Ind	Indikativ
Kj	Konjunktiv. Zu *Ind/Kj* vgl. die Einleitung.
Kj |*neg*	Der Konjunktiv steht unter der Bedingung, daß der übergeordnete Satz ("Hauptsatz") negiert ist. Vgl. *Je* ne *crois* pas *qu'il* vienne., aber: *Je crois qu'il* viendra.
|*int*	Der übergeordnete Satz muß ein Fragesatz sein.
|*imp*	Der übergeordnete Satz muß ein Befehlssatz sein.

Angaben beim Verbeintrag

1/2...	Hochgestellt, z.B. *tenir*[1]...: Unterscheidung von Homonymen (gleichlautenden Wörtern).
a/b	Hochgestellt, z.B. *abaisser*[a]: Verb in "normaler", *abaisser*[b], in figurativer Verwendung.
(o/1/2...)	z.B. *repartager* (2/3): Angaben zur Wertigkeit ("Valenz") des Verbs. Die Zählung erfaßt nur die nominalen Ergänzungen des Verbs (Subjekt und Objekte). Zu beachten:
(o)	nullwertiges ("unpersönliches") Verb. An der Stelle des Subjekts erscheint das invariable *il*.
(o+2)	"Unpersönliches" Verb mit Objekten. Vgl. *falloir: Il me le faut. Ce qu'il me faut, c'est que...* Verbergänzungen anderer Funktion (Adverbial, Objektsattribut...) werden schon in der Wertigkeitsangabe getrennt angeführt:
(A)	*"attribut"*, z.B. (1+A): Prädikatsnomen, Typ *être ingénieur, être heureux;* z.B. (2+A): Objektsattribut, Typ *nommer qn premier ministre*.
(Adv)	Zur Valenz des Verbs zählendes Adverbial. Vgl. *se comporter* (1+Adv): *se comporter bien/mal...* Näheres zu den als Adv klassifizierten Satzgliedern, vgl. Einleitung.
(L)	Zur Wertigkeit des Verbs gehöriges Orts- oder Richtungsadverbial, z.B. *habiter* (1+L): *habiter quelque part.*; *aboutir* (1+L): *Ce chemin aboutit sur la place centrale.*
(aux)	*"auxiliaire"*: Hilfsverb; umfaßt neben den traditionellen Hilfsverben, z.B. être *venu*, auch die Funktionsverben (vgl. *vendre* - mettre *en vente*, deutsch *anwenden* - *zur Anwendung* kommen/bringen) und die "aspektuellen" Hilfsverben (z.B. commencer *à faire* ..., sowie oublier *de faire* usw.).
•	z.B. • *ajouter:* Verben hoher Frequenz, die zu den fünftausend häufigsten Wörtern gehören nach A. Juilland u.a., *Frequency dictionary of French words*, Den Haag 197o. Ca 97o Verben.

Angaben zu Sprachniveau u.a.

LIT	*"littéraire"*.
VIEUX	Veraltet.
ARCH	*"archaïque"*: sehr veraltet, außer Gebrauch.
REL	*"relevé"*: gehobener Sprachgebrauch.
FAM	*"familier"*: Umgangssprache.
POP	*"populaire"*: stark umgangssprachlich, Argot.
RARE	Selten, zudem oft auch stilistisch unbeholfen, schwerfällig, manchmal auch grotesk.
CRIT	*"critiqué"*: von Puristen kritisiert, was nicht heißt, daß das betreffende Wort nicht in aller Munde sei und somit gerade dem modernen Sprachgebrauch entspricht, vgl. den Kommentar zu *s'excuser de qc, s'excuser de Inf 1* bei M. Grevisse, *Le bon usage*, § 6o1 A, Rem. 4.
NEOL	*"néologisme"*. Moderne Sprachneuerung, z.T. noch nicht vollständig akzeptiert und integriert.

Weitere Angaben und Symbole

Fig.	*"figuré"*: Verwendung in übertragenem Sinne.
Loc.	*"locution"*: idiomatische Wendung, hier recht weit ausgelegt.
|*K:*	"unter kontextuellen Bedingungen" kann ein (sonst) obligatorisches Objekt weggelassen werden. Vgl. *abandonner*.
sc.	"zu ergänzen, ergänze", für kontextuell zu ergänzende Objekte, vgl. *Le curé célèbre (sc. la messe).*
→ *manger*	a) Verweis auf Synonyme eines als FAM/REL... markierten Verbs; b) Verweis auf Verben/verbale Wendungen, die eine Konstruktion aufweisen, die bei dem gegebenen Verb nicht möglich ist.
→ dire[1]	Verweis auf die Konstruktionsmöglichkeiten eines anderen Verbs, wenn sie mit denen des gegebenen Verbs identisch und deswegen nicht aufgeführt worden sind.
à *N*	Schriftwechsel: Hervorhebung von kontrastiv wichtigen Fakten, von möglichen Fehlerquellen. Vgl. *N* - se *V* - à *N* bei *abonner:* s'*abonner* à *qc*, deutsch: etw *abonnieren;* vgl. auch bei *ressortir*[2] die Hervorhebung im Text *cela ressortit à qc*, weil es sich in der Konjugation von *ressortir*[1] unterscheidet, dessen entsprechende Form *ressort* lautet.
✗	Markiert Sonderfälle im Textteil.
>	Zeigt im Beispielteil zwischen Sätzen den Übergang zu einer Pertinenzkonstruktion an, vgl. *serrer la main* de qn/*serrer* sa *main* > lui *serrer* la *main*. Steht der Ausgangssatz (links) in Klammern, dann ist er weniger gebräuchlich; ist er zudem mit einem Sternchen × versehen, dann ist nur die Pertinenzkonstruktion (rechts) verwendbar.
▼	Markiert Reduktionsmöglichkeiten bei Verben mit zwei fakultativen Objekten (vgl. Einleitung).
♦	Markiert "abgeleitete" Konstruktionen, so die reflexiven und die unpersönlichen Konstruktionen, zudem die "Auflösung" der pluralischen Ergänzungen des Verbs (vgl. Einleitung).
⧗	Umkehrungszeichen für die lexikalische Besetzung der Ergänzungen des Verbs im Vergleich des Französischen mit dem Deutschen. So können etwa bei der Übersetzung ins Deutsche die Entsprechungen für das Subjekt und das Objekt im Französischen auszutauschen sein, oder die beiden Objekte untereinander, oder die Valenz des Verbs ändert sich und das, was beispielsweise zweites Objekt im Französischen ist, erscheint als adnominale Bestimmung zu dem einzigen Objekt des entsprechenden deutschen Verbs. Vgl. *mettre la tête sur chaîne I → das erste Programm am Fernseher einschalten/das erste Programm einschalten.*
×	"ungrammatisch", "nicht möglich", von einer Konstruktion oder einem Satz.

Weitere Erläuterungen der Verwendung der Abkürzungen und Symbole können der Einleitung entnommen werden.

Einleitung

1. Allgemeines

Den wissenschaftlichen Bezugsrahmen des *Französischen Verblexikons* (*FVL*) bildet die unter dem Namen Dependenzgrammatik bekannt gewordene Richtung der modernen Sprachwissenschaft. Soweit diese sich mit dem engeren Gebiet der Verbsyntax beschäftigt, spricht man auch von Valenztheorie.

Es mag beklagt werden - so Thomas Kotschi in seiner Besprechung des *FVL* in *Zeitschrift für romanische Philologie* 95:1979, 398-412 -, daß das *FVL* nicht wie andere (etwa das Leipziger und das Mannheimer Valenzlexikon zum Deutschen) einen umfassenden theoretischen Vorspann enthält. Dieser Mangel wird aber wohl mehr als aufgewogen durch die Tatsache, daß das *FVL* etwa zehnmal soviele Verben wie die genannten Lexika enthält. Auch die Einleitung zur zweiten Auflage des *FVL* kann den vorgegebenen Rahmen nicht überschreiten, und ich muß, was Details zu den dem *FVL* hinsichtlich der Valenztheorie zugrundeliegenden Auffassungen und zu den hier verwendeten Kategorien angeht, auf W. Busse, *Klasse - Transitivität - Valenz* (München 1974) verweisen. Im übrigen unterscheiden sich diese gar nicht so sehr von den Positionen, die von der Mannheimer Forschungsgruppe vertreten werden. Interessante Vorschläge zur Interpretation der Konstruktion der Verben finden sich auch in Kotschis Aufsatz "Verbvalenz im Französischen" (in Th. Kotschi, Hrg., *Beiträge zur Linguistik des Französischen*, Tübingen 1981, 80-122). Als neuere Arbeiten mit dem *FVL* analogen Ansätzen wären zu nennen: G. Seyfert, *Zur Theorie der Verbgrammatik*, Tübingen 1976, H. Happ, *Grundfragen einer Dependenzgrammatik des Lateinischen*, Göttingen 1976, und P. Koch, *Verb-Valenz-Verfügung*, Wiesbaden 1982.

"Dependenz" (oder "Abhängigkeit") ist ein Typ von Beziehungen zwischen sprachlichen Elementen, der in der Grammatik gleichen Namens als Ausgangspunkt für die Beschreibung syntaktischer Strukturen genommen wird. Man sagt, daß ein Element *x* dann von einem Element *y* abhängt, wenn das Vorhandensein von *y* die Voraussetzung dafür ist, daß *x* erscheinen kann. Ein Beispiel: In der nominalen Wortgruppe *une très vieille maison* hängt das Adverb *très* von dem Adjektiv *vieille* ab, weil das Adjektiv auch ohne das Adverb, nicht aber das Adverb ohne das Adjektiv vorkommen kann, vgl. *une vieille maison*, aber **une très maison*. Analog läßt sich auch die Abhängigkeit des Adjektivs vom Substantiv nachweisen. Da im übrigen **il chante très* ungrammatisch ist, handelt es sich bei *très* nicht um ein Adverb, sondern um etwas, das man eher ein Ad-Adjektiv nennen könnte.

Bei der "Valenz" steht nun eine andere Erscheinung zur Diskussion. Man kann feststellen, daß bestimmte lexikalische Elemente relational sind, d.h. eine Bezugsstruktur aufweisen - wie das übrigens schon Beauzée in seiner *Grammaire générale* von 1767 und Meiner in seiner *Philosophischen und allgemeinen Sprachlehre* von 1782 sehr schön ausführen. Wenn wir die beiden Wortgruppen *der Vater des Kindes* und *der Hund des Nachbarn* betrachten, können wir in vielen Hinsichten Identität feststellen, etwa hinsichtlich der darin vorkommenden Wortarten und deren Abfolge usw. Es bestehen aber auch Unterschiede; der hier relevante liegt darin, daß "Vater-Sein" immer ein "Vater-Sein von jemandem" bedeutet, während *Hund* eben nicht ein "Hund-Sein von jemandem" impliziert. Analog steht es mit den Verben: *kennen* beinhaltet eine Bezugsstruktur des Typs "jemand - kennen - etwas/jemanden", oder allgemeiner: *kennen (x, y)*. Diese bei den Verben gegebene Bezugsstruktur, genauer: die Anzahl der Bezüge des Verbs, nennt man *Valenz* (oder "Wertigkeit"). Wie das oben angeführte Beispiel zeigt, kann man auch bei Substantiven von Valenz sprechen, ebenso übrigens auch bei den Adjektiven, vgl. *être désireux de faire qc*, aber **être désireux*.

Die auch "Ergänzungen" oder "Aktanten" genannten Bezüge des Verbs sind beim Verb als solchem noch nicht benannt, sie sind als Leerstellen gegeben, die erst im Satz lexikalisch ausgefüllt werden. Mit Peter Koch kann man die Verben als "virtuelle Sachverhaltsdarstellungen" betrachten; ein Verb wie *donner (x, y, z)* ist "ein leerer Sachverhaltsdarstellungsrahmen, der gefüllt werden muß mit Argumenten, um einen bestimmten propositionalen Gehalt, also eine bestimmte *Sachverhaltsdarstellung* zu *stiften*" (Koch 1982, 80). Ich kann dies hier nicht weiter ausführen. Näheres dazu findet man bei Koch und in G. Seyfert 1976 (bes. 121 ff, 356).

Die Unterscheidung von Satzgliedern, die unter die Valenz des Verbs fallen, und jenen, die nicht zur Valenz gehören, die Unterscheidung von Ergänzungen und Angaben (actants und circonstants) ist Gemeingut einer langen grammatischen Tradition. Wo allerdings die Grenze zwischen beiden zu ziehen ist, bildet ein kontroverses Thema. Eine Ablehnung der Notwendigkeit dieser Unterscheidung beruht meist auf einer Reduzierung des theoretisch Erforderlichen auf das praktisch Durchführbare. In der Tat stößt die Festlegung der Valenz im Einzelfall auf eine ganze Reihe von Schwierigkeiten, damit ist aber die Unterscheidung, die Notwendigkeit der Unterscheidung von Ergänzungen und Angaben als solche nicht betroffen. Noch nie hat jemand behauptet, Ergänzungen und Angaben könnten aufgrund eines einzigen Kriteriums differenziert werden. Daraus nun, daß dies nicht möglich ist, läßt sich auf gar keinen Fall schließen, daß die Unterscheidung als solche nicht fundiert sei.

Der Bereich der Ergänzungen hat sich in der Geschichte der Grammatik zunehmend ausgeweitet, genauer: die linguistische Forschung der letzten zwanzig Jahre hat ein viel weiteres Konzept der Transitivität entwickelt, als dies in den deskriptiven Grammatiken vom Typ des *Bon Usage* der Fall war. Abgesehen von den Objekten können auch Adverbiale unter die Verbvalenz fallen. Hier ist klar zwischen Bezeichnung und Bedeutung ("Funktion") zu unterscheiden: eine Ortsbezeichnung ist zwar meist eine Angabe, wie in *Le car a débarqué deux vieilles dames à l'arrêt*, sie kann aber auch einen Bezug des Verbs darstellen, wie z.B. in *Jacques habite à Paris*. *Habiter* weist in diesem Fall die Bezugsstruktur "jemand - wo - wohnen" auf. Ähnlich die Modaladverbien: *behandeln* in dem Sinne, daß ein Arzt jemanden behandelt, impliziert keine Bezeichnung der Art und Weise; anders steht es mit *behandeln* in dem Sinne, daß jemand jemanden grob, unfair usw. behandelt: in diesem Fall weist *behandeln* die Bezugsstruktur "jemand - jemanden - wie - behandeln" auf.

Schwierigkeiten bei der Bestimmung der Wertigkeit der Verben ergeben sich daraus, daß die Anzahl der Bezüge und die Ergänzungstypen variieren können. *Habiter* im Sinne von "wohnen" weist eine Ortsbezeichnung als Bezug auf, deren Struktur eine Präposition enthalten kann oder auch nicht (*Pierre habite à Paris/Pierre habite Paris*, in beiden Fällen mit *où?* zu erfragen), so daß die Struktur der postverbalen Ergänzung im zweiten Fall identisch ist mit der des direkten Objekts bei *habiter* im Sinne von "bewohnen" (*Pierre habite une belle villa*).

Erschwernisse bei der Bestimmung der Valenz ergeben sich auch daraus, daß Valenzstruktur des Verbs und deren Realisierung im Text zwei ganz verschiedene Dinge sind. Bei einer ganzen Reihe von Verben ist es vorgegeben, daß bestimmte Bezüge im Text, in der konkreten Äußerung nicht benannt werden müssen. Man kann hier von der Fakultativität der Ergänzung in genau diesem Sinne sprechen. In *Pierre mange une orange* und in *Pierre mange* weist das Verb *manger* dieselbe Bezugsstruktur auf, nämlich daß Peter *etwas* ißt, nur ist im zweiten Fall nicht gesagt, *was* Peter ißt. Andererseits kann das Nicht-Benennen von Ergänzungen der Verben von textuellen Bedingungen abhängen, wobei der einfachste Fall der ist, daß metasprachlich das Verb als solches genannt werden kann, wie in *Finden ist ein zweiwertiges Verb*. Näheres dazu weiter unten, zu verweisen ist aber auch auf die Arbeit von Mira Rothemberg, *Les verbes à la fois transitifs et intransitifs en français moderne*, Paris 1974.

Wenn eingangs gesagt wurde, daß das *FVL* im Rahmen der Valenztheorie der Dependenzgrammatik konzipiert ist, dann besagt das vor allem, daß hier das Verb als strukturelles Zentrum des Satzes aufgefaßt wird, daß also das Subjekt als eine Ergänzung unter anderen gilt, und daß auch subjektlose Sätze bzw. nullwertige Verben angenommen werden. Daß es Gründe, die nichts mit der Thema-Rhema-Frage zu tun haben, dafür geben kann, eine Rangfolge Subjekt vs. Objekte anzunehmen, ist in Busse 1974, 76 ff, ausgeführt worden.

Eine Bemerkung noch zur Notation der Valenz der Verben im Lexikonteil gleich nach dem Verbeintrag. Wenn der Valenz des Verbs die Anzahl seiner Bezüge oder Ergänzungen entspricht, dann können in einem zweiten Schritt Typen von Ergänzungen aufgrund ihrer syntaktischen und semantischen Charakteristik unterschieden werden. In der Valenzangabe differenzieren wir gleich nach Subjekt und Objekten, deren Anzahl durch Zahlen wiedergegeben wird, und weiteren Typen von Ergänzungen, die weiter unten erläutert werden. Die Zahlen selbst können also nicht als Valenzbezeichnung angesehen werden, sondern nur die Valenzangabe als ganze. Hinzu kommt, daß "0" (Null) bedeutet: Verb ohne Subjekt, und 1 bzw. 2: ein- bzw. zweiwertiges Verb. Mit 0 + 1 bzw. 0 + 2 werden ein- bzw. zweiwertige Verben gekennzeichnet, die kein Subjekt aufweisen. Der Grund für diese Differenzierungen ist praktischer Natur: Es schien uns von Interesse, gleich durch die Valenzangabe diejenigen Verben herauszustellen, die auch andere Ergänzungstypen als Subjekt und Objekte aufweisen.

Im folgenden werde ich den Komplex *Verb* + *Ergänzungen* als *Satzkern* bezeichnen.

2. Die Konstruktion der Verben

Betrachten wir den folgenden Satz: *Je regarde la voiture de mon père*. Wir haben es hier mit drei Satzgliedern zu tun: Prädikat (*regarde*), Subjekt (*je*) und Objekt (*la voiture de mon père*). Daß *la voiture de mon père* e i n Satzglied ist, läßt sich durch die Pronominalisierung nachweisen: *Je* la *regarde*. Ebenfalls zeigt die Pronominalisierung, daß *de mon père* eine Bestimmung zu *voiture* ist und nicht eine eigenständige Ergänzung des Verbs: *Je regarde* sa *voiture*. Auf der Ebene der Satzglieder hat der Satz also folgende Struktur:

$$\textit{Je}_{\text{(Subjekt)}}\ \textit{regarde}_{\text{(Prädikat)}}\ \textit{la voiture de mon père}_{\text{(Objekt)}}$$

Da die Funktion der Ergänzungen (Subjekt gegenüber Objekt) schon durch die Stellung in bezug auf das Verb zum Ausdruck kommt, reicht es aus, sie durch ein Wortartsymbol (*N* = nominal, d.h., die Ergänzungen weisen die Struktur einer nominalen Wortgruppe auf) wiederzugeben. Wir gelangen so zu einer einfachen Strukturangabe (*V* = Verb als Prädikat): *N - V - N*. Dies ist das Verfahren, das wir zur verkürzten Darstellung der Konstruktion der Verben in diesem Lexikon angewendet haben. Dazu noch einige Beispiele:

Jean$_{\text{(Subjekt)}}$ *gesticule*$_{\text{(Prädikat)}}$: *N - V*

Jean$_{\text{(Subjekt)}}$ *donne*$_{\text{(Prädikat)}}$ *son stylo*$_{\text{(Objekt)}}$ *à Pierre*$_{\text{(Objekt)}}$: *N - V - N - à N*

Jean$_{\text{(Subjekt)}}$ *pense*$_{\text{(Prädikat)}}$ *à Marie*$_{\text{(Objekt)}}$: *N - V - à N*

3. Typen von Ergänzungen

Wir unterscheiden in diesem Lexikon die folgenden Typen von Ergänzungen (in Klammern die entsprechende Ergänzungsklasse E_1 bis E_8 nach Kotschi 1981, 94):

N:	Subjekt (E_1)	*Pierre gesticule.*
	direktes Objekt (E_2)	*Pierre cherche son parapluie.*
Präposition + N:	indirektes Objekt (E_3, E_6)	*Pierre donne son stylo à Jean/Il le lui donne.*
		Pierre pense à Marie/ Pierre pense à elle.
		Il proteste contre cette décision.
		Le conseil municipal a voté pour la construction de la piscine.
		Je ne compte pas sur son aide.
		Le bonheur ne consiste pas dans la vertu.

(Die Unterscheidung zwischen indirekten Objekten der Struktur *à N* nach der Art der Pronominalisierung, vgl. *lui donner qc*, aber *penser à lui*, wird nicht in der Strukturangabe vorgenommen, sondern erfolgt im Beispielteil, hervorgehoben durch Schriftwechsel.)

Adv:	Modaladverbial (E_7)	*Pierre se comporte comme un fou.*
	Zeitadverbial (E_7)	*Pierre a remis ce travail à demain.*
	Quantifizierende/qualifizierende Adverbiale (E_7)	*La fête a duré deux jours/longtemps.*
		La salade sent l'ail/bon.
qp:	Orts- und Richtungsadverbial (E_4, E_5)	*Pierre monte au grenier.*
		Il revient d'Amérique. Il revient chez nous tous les dimanches.
Kleinschreibung (n, adj, adv):	Objektattribut (E_8) und Prädikatsnomen	*Je le considère comme un grand savant.*
		On l'a nommé ministre.
		Chagall est peintre/un peintre célèbre.
		Chagall est célèbre.

Besonders bei *Adv* sind oft verschiedene Strukturmöglichkeiten des Satzgliedes festzustellen, z.B. bei *durer*, wo *Adv* durch eine nominale Wortgruppe mit oder ohne die Präposition *pendant* oder durch ein Adverb "besetzt" sein kann, vgl. *La pluie a duré (pendant) deux semaines/longtemps*. Dem wird dadurch Rechnung getragen, daß in der Strukturformel *Adv* als Subskript Angaben über die Möglichkeiten der hier erscheinenden Strukturen erhält, bei *durer* beispielsweise: *N - V - Adv*$_{\text{(pendant)N/Adv}}$.

4. Satzkernstrukturen

Die unterschiedlichen, je von der Valenz des Verbs abhängigen Satzkernstrukturen, d.h. die möglichen Verteilungen und Kombinationen der verschiedenen Ergänzungstypen je nach Valenz des Verbs können nun durch die folgende Liste von Strukturformeln resümiert werden. Links steht die Valenzangabe, so wie sie beim Verb erscheint; es folgt die Strukturangabe, und rechts stehen Beispielsätze.

(O)	*il - V*	*Il pleut.*
(O + 1)	*il - V - präp N*	*Il s'agit de Pierre.*
(O + 2)	*il - V - N - präp N*	*Il me faut une allumette. Il me la faut.*
(1)	*N - V*	*Jean gesticule.*
(1 + Adv)	*N - V - Adv*	*Il se conduit bien. La séance dure longtemps. Cette voiture coûte mille francs/extrèmement cher. Ça tombe bien. A quelle date tombent les vacances de noël cette année? Pâques tombe quel jour cette année?*
(1 + A)	*N - V - n/adj ...*	*Il est ingénieur/doué/de mauvaise humeur.*
(1 + L)	*N - V - qp*	*Ce chemin aboutit sur la place centrale.*
(2)	*N - V - N*	*Pierre regarde la voiture.*
	N - V - präp N	*Pierre ressemble à son père. Je pense à Marie. Je compte sur vous.*
(2 + A)	*N - V - N - n/adj ...*	*Pierre trouve Marie jolie. Nous avons nommé notre fils Paul.*
	N - V - N - präp n/adj ...	*Transformer du charbon en électricité. Je considère mon pari comme perdu d'avance. Je vous ai pris pour quelqu'un d'autre.*
(2 + Adv)	*N - V - N - Adv*	*On a remis la séance à plus tard/à lundi. L'achat de la voiture m'est revenu cher/à 2000 francs. Ses parents la traitent en gamine.*
	N - V - präp N - Adv	*Cette robe vous va bien.*
(2 + L)	*N - V - N - qp*	*J'envoie une lettre à Paris.*
(3)	*N - V - N - präp N*	*Le jury a attribué le prix à un grand artiste.*

Eine weitere Differenzierung der Satzkernstrukturen erfolgt aufgrund der "abgeleiteten Strukturen". Dazu weiter unten.

5. Valenz und Valenzvariation

Wie schon oben am Beispiel *habiter* ausgeführt wurde, können Verben bei gegebener Wertigkeit mehrere Ergänzungstypen aufweisen. Andererseits ist die Erscheinung, daß Verben mehrere Bezugsstrukturen aufweisen, gar nicht so selten zu beobachten. So kann *ouvrir* als einwertig, wie in *Les magasins n'ouvrent pas le lundi*, und als zweiwertig, wie in *Pierre ouvre la porte* erscheinen. Daneben existiert eine Reflexivkonstruktion: *La porte s'ouvre*.

Die einer transitiven ("objekt-bezüglichen") Konstruktion entsprechende Reflexivkonstruktion interpretieren wir hier als ein syntaktisches Verfahren der Valenzreduktion, unabhängig von ihrer jeweiligen Interpretation, z.B. als "medial" in *La porte s'ouvre*. Mit "*se V*" wird hier der Wechsel von der Zwei- zur Einwertigkeit erreicht: *ouvrir (x, y)* zu *s'ouvrir (y)*. Verben, die mit oder ohne *se* bei gleicher Wertigkeit erscheinen können, aber einen deutlichen Bedeutungsunterschied aufweisen, wie *attendre qc*, *s'attendre à qc*, werden als verschiedene Verben aufgeführt. Ohne diese deutliche semantische Differenz behandeln wir sie als ein Verb, wie z.B. *(s')imaginer*.

Bei Verben, deren Valenzwechsel nicht durch *se V* morphologisch zum Ausdruck kommt, stellt sich die Frage, ob nicht, wie bei Busse 1974 vorgeschlagen und im *Petit Robert* praktiziert, eine Orientierung des Wechsels anzunehmen ist, so daß man je nach Richtung der Valenzvariation von einer Valenzerweiterung bzw. Valenzreduktion sprechen kann. J.-P. Boons u.a. haben in *La structure des phrases simples en français. Constructions intransitives* (Genf 1976) vor allem die Reduktion untersucht und - stark vereinfacht - das folgende Kriterium festgehalten: Wenn die zweiwertige Konstruktion des Verbs der faktitiv erweiterten einwertigen entspricht (*ouvrir la porte - faire que la porte s'ouvre*), dann liegt Valenzreduktion vor. In allen anderen Fällen würden wir von einer Valenzerweiterung sprechen. Erweiterung und Reduktion haben wir durch die Abfolge in der Valenzangabe (1/2 gegenüber 2/1 z.B.) und die Abfolge der Konstruktionen im Strukturteil wiedergegeben. Zu beachten ist allerdings, daß eine Reihe der hier angegebenen Erweiterungen bei Anwendung des Boons'schen Kriteriums als Reduktionen zu interpretieren sind. Es war nicht möglich, dies für die zweite Auflage zu korrigieren.

Im Zusammenhang mit der Valenzvariation stellen sich zumindest noch zwei Probleme: Bei mehrfacher Variation (Ein-, Zwei- und Dreiwertigkeit) taucht die Frage auf, welche Wertigkeit als Ausgangspunkt anzusetzen ist. Im Prinzip kann es jede der Valenzen sein. Ein Interpretationsvorschlag für die Konstruktionen von *approcher* findet sich in Busse 1974, 229, Anm. 17. Andererseits gibt es Fälle, bei denen die Frage, ob Valenzvariation oder Fehlen fakultativer Ergänzungen, wie bei *parler (à qn de qc)*, vorliegt, praktisch unentscheidbar ist.

Schließlich gibt es Verbkonstruktionen, die die Annahme einer Vierwertigkeit nahezulegen scheinen. Mit Kotschi ("Wertigkeitsbestimmung und vierwertige Verben im Französischen", in *Festschrift R. Rohr*, Heidelberg 1979, 271 - 292) bin ich der Auffassung, daß bestimmte Bezüge bestimmter Verben auch zweigliedrig realisiert werden können, ohne daß damit eine höhere Valenz anzusetzen wäre, z.B. bei *conduire qn* *de l'aéroport à la ville* oder bei *traduire un roman* *d'anglais en français*. Bei Verben vom Typ *payer*, *vendre*, *parier* (*Je te parie dix francs que les bleus gagneront*; bzw. *J'ai parié dix francs contre lui que les bleus gagneraient*) sehe ich bis heute noch keine Möglichkeit, die Frage, ob

Drei- oder Vierwertigkeit vorliegt, zu entscheiden.

6. Fakultativität und Ellipse der Verbergänzungen

Wenn als obligatorisch einzustufende Verbergänzungen fehlen unter der Voraussetzung, daß sie durch den Kontext bzw. die Situation gegeben sind, kann man von Ellipse sprechen. Betrachten wir ein Beispiel: *trouver* ist in seiner "konkreten" Verwendung mit Sicherheit ein zweiwertiges Verb mit obligatorischem Objekt, wie der ungrammatische Satz **Jean trouve* belegt. Eine Ellipse des Objekts kann aber vorkommen, wenn das Objekt des Verbs schon im vorausgehenden Kontext gegeben ist, vgl. den folgenden Textabschnitt aus dem *Canard enchaîné:*

> *Les exégètes du monde entier s'attachent à découvrir la véritable signification de la formule désormais historique de Johnson: "Je suis prêt à me rendre n'importe où et n'importe quand".*
> *Le "Canard" croit avoir trouvé.*

Hier ist bei *trouver* gerade nicht, wie bei dem oben angeführten *manger*, ein unspezifiziertes "etwas"-Objekt zu ergänzen, sondern das im vorausgehenden Satz gegebene *La véritable signification de la formule*.

Sobald die Entscheidung über Fakultativität oder kontextuelle Ellipse bei den zweiwertigen Verben getroffen ist, bieten sich hier keine Schwierigkeiten mehr. Diese treten erst bei den (dreiwertigen) Verben mit zwei Objekten auf (vgl. dazu W. Busse, "Facteurs de classification verbale", in *Actes du colloque franco-allemand de grammaire transformationnelle*, hg. von C. Rohrer und N. Ruwet, Tübingen 1974, S. 40 - 45). Zunächst einmal können beide Objekte obligatorisch sein wie bei *attribuer* (*attribuer un prix à qn*). Sodann kann eines der Objekte fakultativ sein, a) das erste (direkte): *habituer (quelqu'un) à quelque chose* (*Le sport habitue à l'effort*, wo impliziert ist, daß *jemand* an Anstrengungen gewöhnt wird), b) das zweite (indirekte), vgl. *emprunter quelque chose (à quelqu'un)* (*J'ai emprunté ce vélo* impliziert, daß ich mir das Moped *von jemandem* geliehen habe).

Schließlich können beide Objekte fakultativ sein, ihr Fehlen ist aber an verschiedene Bedingungen geknüpft:

a) beide können zugleich fehlen; wenn e i n Objekt erscheint, dann kann es das erste oder das zweite sein, z.B. bei *décourager*:

> *Ce que je viens d'entendre me décourage de mon intention de poursuivre mes recherches. L'Amérique décourage le voyageur. Voilà une situation qui décourage (de continuer des recherches).*

b) beide können zugleich fehlen; erscheint aber nur ein Objekt, dann ist es immer das erste, direkte, z.B. bei *convaincre*:

> *Je l'ai convaincu de mon innocence. Vous m'avez convaincu. Son argumentation convainc.*

c) beide Objekte sind fakultativ, aber eines der Objekte muß immer erscheinen, z.B. bei *contraindre*:

> *La maladie me contraint au repos. Décidez librement, je ne veux pas vous contraindre. Il y a des situation qui contraignent à agir contre la volonté de Dieu.*

In den Strukturangaben wird die Fakultativität der Objekte bei dreiwertigen Verben folgendermaßen wiedergegeben: Zunächst erscheint die komplette Struktur mit den als fakultativ markierten Objekten, z.B. *N - V - (N) - (de N)*; darunter stehen dann die Reduktionsmöglichkeiten, eingeleitet durch ▼, z.B. bei *convaincre*:

N - V - (N) - (de N)
▼ *N - V - N*
▼ *N - V*

7. Struktur der Satzglieder

Bisher wurde durch die ausschließliche Verwendung von *N* bei der Wiedergabe des Subjekts und der Objekte der Anschein erweckt, als hätten diese Verbergänzungen immer die Struktur einer nominalen Wortgruppe. Dem ist nicht so: Subjekt und Objekte können als nominale Wortgruppe, als Satz oder als Infinitivkonstruktion strukturiert sein. Bei der (maximalen) dreiwertigen Satzkernstruktur kann im Prinzip jede der Verbergänzungen durch diese drei Strukturen ausgefüllt sein, schematisch:

Subjekt	*- Prädikat -*	*Objekt*	*- Objekt*
↑		↑	↑
Wortgruppe		*Wortgruppe*	*Wortgruppe*
Satz		*Satz*	*Satz*
Infinitiv		*Infinitiv*	*Infinitiv*

Es hängt jeweils vom Verb ab, welche der Verbergänzungen eine, zwei oder alle der genannten Strukturen zulassen. Einige Beispiele:

a) Subjekt:

Son courage m'étonne. Qu'il soit venu m'étonne. Faire de la moto sans casque importe peu à beaucoup de jeunes gens.

b) erstes Objekt:

Tout le monde craint le contremaître. Je crains qu'il (ne) pleuve. Je crains de ne pas arriver à temps.

c) zweites Objekt:

Sa famille l'a poussé à cette décision. Sa famille l'a poussé à ce qu'il fasse des études. La situation l'avait poussé à prendre cette décision.

d) Subjekt und Objekt bei zweiwertigen Verben:

Cela prouve son innocence. Qu'il soit venu prouve qu'il est innocent. Travailler revient pour lui à lire le journal.

e) bei dreiwertigen Verben lassen höchstens zwei Verbergänzungen jeweils eine andere als die Wortgruppenstruktur zu:

Qu'il ait échoué à l'examen l'a amené à abandonner ses études. Je conclus de ce qu'il fait la grimace qu'il n'aime pas le caviar.

Manche Verben lassen auch einen indirekten Fragesatz oder (je nach Verb) auch eine entsprechende Infinitivkonstruktion als direktes Objekt zu, vgl.

Je sais qu'il ne viendra pas. Je ne sais pas s'il vient. Il ne sait pas comment se tirer d'affaire.

8. "Abgeleitete" Strukturen

Neben den Basisstrukturen, von denen bisher die Rede war, sind auch noch abgeleitete Strukturen zu verzeichnen. Es handelt sich um drei Typen: die Extraposition (traditionell die "unpersönliche" Konstruktion), die reflexive Konstruktion der *verbes accidentellement pronominaux*. Als abgeleitete Konstruktion behandeln wir hier auch die syntaktische "Auflösung" der pluralischen Verbergänzungen bei Verben vom Typ *combiner*:

combiner des signes → *combiner un signe et/avec/à un autre signe*.

a) Extraposition. Eine Reihe von Verben läßt die sogenannte unpersönliche Konstruktion zu, durch die eine Inversion des Subjekts erreicht wird. Die Stelle vor dem Verb wird dann durch *il* oder *cela* besetzt.

Dies ist auch bei einwertigen Verben möglich, vgl. *Dieu existe. Il existe des gens qui croient que non*. Vgl. ferner: *Un drôle d'idée me vient à l'esprit. Il me vient à l'esprit une drôle d'idée*.

Vor allem bei den Subjektsätzen ist es so, daß häufig die einfache Konstruktion (d.h. die ohne Extraposition) die seltenere, stilistisch unbeholfenere oder gehobenere ist.

Aus Gründen der Systematik haben wir immer im Strukturteil zunächst die Basiskonstruktion angeführt, sodann, eingeleitet durch ♦, die abgeleitete. Beispiel:

que S Kj - V - (N)	*Qu'il soit venu m'étonne bien.*
♦ *cela - V - (N) - que S Kj*	*Cela m'étonne bien qu'il soit venu.*

Einige Verben kommen nur in der Extraposition vor, nie in der einfachen Konstruktion, vgl. *appartenir* "jm. zustehen, die Aufgabe von jm sein": *En qualité de directeur adjoint des Relations humaines, il m'appartient d'interpréter ce texte, d'agir éventuellement ou de ne pas agir /Pilhes/*.

Häufig hat die Extraposition mit *il* in den Fällen, wo *il* oder *cela* möglich ist, den gehobeneren Stilwert. Wir haben dies nicht systematisch markiert.

Die passivische Extraposition vom Typ *il leur avait été dit que* ... wird in diesem Lexikon nicht berücksichtigt.

b) Reflexive Konstruktion (*se V*). Sie wird in den Fällen als ♦-Konstruktion angeführt, wo sie besondere Beachtung verdient. Dies zunächst bei den Verben, deren Reflexivkonstruktion nicht direkt ableitbar ist aus der Ausgangskonstruktion; es handelt sich um Verben wie *étonner (qc/qn étonne qn)*, die in der Reflexivkonstruktion ein indirektes Objekt bei sich haben können: *Je m'étonne de son absence*.

Sie wird außerdem angeführt, wenn sie besondere kontextuelle Beschränkungen aufweist oder wenn die Übersetzung im Deutschen stark von der Übersetzung der Ausgangskonstruktion abweicht.

c) Pluralische Verbergänzungen. Manche Verben verlangen, daß eine der Ergänzungen eine Pluralität bezeichnet, vgl. *Les fourmis abondent cette année*, nicht aber **Une fourmi abonde cette année*. Weitere Beispiele: *Ce sont des couleurs qui jurent entre elles. Ceci a concilié les antagonistes. Répartir un travail entre plusieurs personnes*.

Im allgemeinen stehen die eine Pluralität bezeichnenden Satzglieder im Plural, wenn es sich um Bezeichnungen von zählbaren Dingen handelt, und im Singular bei Mengenbezeichnungen, vgl. *amasser des pierres, amasser du sable, *amasser une pierre*.

Wichtig ist nun, daß bei vielen der Verben dieses Typs die pluralische Ergänzung sozusagen syntaktisch aufgelöst werden kann in eine Kombination von Wortgruppen, die durch *et* oder Präpositionen wie *à, avec, de, d'avec* ... verbunden sind, vgl. *marier qn à qn d'autre, divorcer d'avec qn, séparer qc de qc* usw.

Um eine Einheitlichkeit der Behandlung dieser Verben zu gewährleisten, werden hier zunächst die Konstruktionen mit Pluralergänzung angeführt, sodann, wieder als ♦-Fall, die "aufgelösten" Konstruktionen bei den Verben, bei denen sie möglich sind.

Es muß darauf hingewiesen werden, daß die Zählung der Wertigkeit (beim Verbeintrag) nur die einfache Konstruktion berücksichtigt, so daß *séparer* als zweiwertig markiert wird, *divorcer* als einwertig.

Bei manchen transitiven (d.h. zweiwertigen) Verben tritt ein pluralisches Subjekt erst in der reflexiven Konstruktion auf, z.B. bei *ressembler*: *Pierre ressemble à son père. Les frères Dupont se ressemblent.* **Pierre se ressemble*. Diese Fälle werden in der Form ♦ *Npl - se V* verzeichnet.

9. Systematisch erfaßte syntaktische Eigenschaften der Verben

a) Wertigkeit: Anzahl, Art (nominal/adverbiell usw.) und Form (Präposition oder nicht) der Verbergänzungen.

b) Fakultativität der Verbergänzungen.

c) Valenzwechsel.

d) Struktur der Satzglieder: nominale Wortgruppe, Satz, Infinitivkonstruktion, indirekte Frage als Objekt (ist neben dem Satz als indirekter Frage auch eine Infinitivkonstruktion möglich, so ist das nur aus den Beispielen zu ersehen). Die Strukturen der Satzglieder werden nur für den Objektbereich der Verben erschöpfend behandelt.

e) Modus der subordinierten Sätze. Der Modusgebrauch wird systematisch differenziert beschrieben nach den Bedingungen, die ihn regeln: Wo es notwendig ist, unterscheiden wir den Modusgebrauch im Objektsatz bei affirmativem Hauptsatz, bei negiertem, interrogativem und imperativischem Hauptsatz. Wenn keine Modusangabe erscheint (wie bei *paraître*[2]), dann hängt die Setzung des Modus nicht von dem Verb, sondern von dem Adjektiv ab. In den Fällen, wo die Wahl zwischen Indikativ und Konjunktiv besteht, hängt die Setzung des Modus von semantisch-pragmatischen Faktoren ab, die oft nicht durch die Beispielsätze selbst herausgestellt werden können. Präzisierungen hätten hier zu längeren Kommentaren geführt, auf die wir verzichten mußten.

f) Subjektkonkordanz der subordinierten Sätze und der Objektinfinitive. Je nach dem Verb kann das Subjekt des "Nebensatzes" bzw. des Objektinfinitivs mit dem Subjekt identisch sein oder darf nicht identisch sein. Vgl. **Je désire que je puisse partir*, aber *Je désire que tu viennes*.

g) Pluralische Ergänzungen des Verbs.

h) Entspricht dem mit *à* konstruierten Objekt die Pronominalisierung mit Präposition (Typ: *Je pense à qn. Je pense à lui*, aber nicht **Je lui pense*), so wird dies systematisch im Beispielteil durch Schriftwechsel hervorgehoben.

i) Unmöglichkeit einer rein medialen (Geschehen, Vorgang) *se V*-Konstruktion. Die Reflexivkonstruktion der *verbes accidentellement pronominaux* läßt je nach Verb und Kontext verschiedene semantische Interpretationen zu: eine "aktive" wie bei *laver qn*, *se laver*, mit einer reziproken Variante: *ils se lavent l'un l'autre*, eine "mediale" (Vorgang, Geschehen) wie bei *ouvrir une porte*, *la porte s'ouvre*, eine "passivische" wie in *Cela ne se dit pas*. Die Konstruktion kann ambig sein, so ist *se tuer* je nach Kontext "aktiv" (im

Sinne von "sich umbringen") oder "medial" (im Sinne von "umkommen"), vgl.

Il s'est tué à l'aide d'un revolver rouillé.
Il s'est tué dans un accident /Pilhes/.

Wir haben regelmäßig diejenigen Verben gekennzeichnet, deren direktes Objekt nicht in medialer Bedeutung reflexiviert werden kann (vgl. _navrer_ und _pâlir_). Dies geschieht durch die Markierung ✱ * _se V_. Die Markierung besagt natürlich nicht, daß die _se V_-Konstruktion bei diesen Verben nicht in einer "aktiven" oder "passivischen" Bedeutung vorkommen könnte.

Fälle, in denen _être_ das Hilfsverb ist, oder in denen die Wahl zwischen _être_ und _avoir_ besteht, werden im Beispielteil durch Schriftwechsel hervorgehoben.

10. Nicht systematisch verzeichnete Eigenschaften

a) Interne Struktur des Subjekts. Sie wird nur in einigen Fällen angeführt.

b) _se V_-Konstruktion

c) Extraposition

d) Kontextbeschränkungen. Man stellt fest, daß bestimmte Verben als Subjekt beispielsweise nicht alle Substantive zulassen, sondern nur bestimmte Teilklassen, etwa die Klasse der Bezeichnungen menschlicher Wesen, so _espérer_: _qn espère qc_, nicht aber *_qc espère qc_, vgl. *_L'arbre espère la venue du jardinier_; ebensowenig *_qn espère qn_, vgl. *_Jean espère sa sœur_. Solche Kontextbeschränkungen werden Selektionsbeschränkungen genannt. Aus der ganzen, noch offenen Reihe von Klassen, auf denen Selektionsbeschränkungen operieren, haben wir zwei zurückbehalten: die Beschränkung auf die Bezeichnungen von menschlichen Wesen (_qn_) und auf die Sachbezeichnungen (_qc_). Hinzugefügt haben wir die folgenden beiden, bisher kaum erwähnten Unterscheidungen: 1. _(qc de) qn_: Es steht eine Personenbezeichnung, und eine Sachbezeichnung kann nur erscheinen, wenn sie Produkte, Eigenschaften, seelische Befindlichkeiten sowie zum Menschen Gehöriges (etwa Kleidung) bezeichnet. Diese Unterscheidung ist notwendig für die hinreichende Kontextabgrenzung, beispielsweise bei _se mouiller_: als Subjekt erscheinen Personenbezeichnungen oder Bezeichnungen von Kleidungsstücken (_Nous nous sommes mouillés. Mon chapeau s'est mouillé_), nicht aber sonstige Sachbezeichnungen: *_Le trottoir s'est mouillé_. 2. _qc (de qn)_: Es erscheinen nur Sachbezeichnungen, diese sind jedoch beschränkt auf die unter 1) erwähnten.

Der Grund dafür, daß die Selektionsbeschränkungen nicht exhaustiv markiert worden sind, liegt in ihrer häufigen Redundanz zum Deutschen. Wenn die Selektionsbeschränkungen nicht anders sind als die der deutschen Übersetzung, dann erübrigt sich ihre Angabe. So ist bei _espérer - hoffen_ die Angabe der Beschränkung des Subjekts auf Personenbezeichnungen unnötig, da sie im Deutschen und im Französischen identisch ist (Tierbezeichnungen, auch wenn sie erscheinen müssen, haben wir nirgends in den Formeln markiert).

Statt dessen haben wir darauf geachtet, daß kontrastiv abweichende Selektionsbeschränkungen aufgeführt und, wenn notwendig, durch den Wechsel des Schrifttyps hervorgehoben wurden.

Sodann dienen die Selektionsangaben zur Differenzierung der einzelnen Konstruktionen eines Verbs untereinander, etwa, wenn beim direkten Objekt eines Verbs andere Beschränkungen vorliegen als beim indirekten Objekt desselben Verbs (usw.). Diese Hinweise schienen uns wesentlich nützlicher als eine exhaustive Erfassung der Selektionsbeschränkungen.

Ein Hinweis muß noch gegeben werden: Selektionsbeschränkungen können metonym oder metaphorisch aufgehoben werden; so können anstelle von Personenbezeichnungen natürlich auch die von Institutionen usw. erscheinen (so *l'armée*, *la police* für *qn*). Bei *détecter* scheint uns der heutige Sprachgebrauch das Subjekt auf die Klasse der Sachbezeichnungen zu fixieren (genauer: Geräte zum Orten usw.): *Le radar a détecté l'avion*. Gleichwohl findet man aber auch, metaphorisch, Bezeichnungen von menschlichen Wesen, wie in dem folgenden Satz von Maurice Gross:

Ce n'est que dans un tel cadre qu'il est possible de détecter des phénomènes massifs.
(... die Rede ist von Sprachwissenschaftlern).

Wir haben es nicht als unsere Aufgabe angesehen, Veränderungen der Sprachnorm vorzugreifen.

11. Letzte Anmerkungen zu Darstellungsweise und Konzeption

a) Im Strukturteil wird eine Strukturformel einer bestimmten Wertigkeit im Prinzip nur einmal geschrieben. Elemente, die alternativ in einer bestimmten Position mit der gleichen Funktion (Objekt, Umstandsangabe usw.) erscheinen können, werden ohne weitere Markierungen untereinander angeführt, vgl.

N - V - N - (à N)
à Inf 1

Die Infinitivkonstruktion ist ein fakultatives Objekt wie die darüberstehende Wortgruppe. Ändert sich die Fakultativität, dann wird die ganze Formel wiederholt, z.B.

N - V - N - (à N)
N - V - N - à Inf 1

Die Abfolge von *N* (direktes Objekt) und *präp N* (indirektes Objekt) richtet sich danach, welches von ihnen zusätzlich zur nominalen Struktur auch eine Satzstruktur usw. zuläßt. Dieses Objekt steht (aus redaktionellen Gründen) als letztes.

b) Es geht in diesem Lexikon zwar um die Darstellung der Valenz der Verben, wir haben es dennoch für nützlich gehalten, häufig bei bestimmten Verben erscheinende Umstandsangaben mit anzuführen, etwa *pour Nqn* bei *s'agir*: *Il s'agit pour lui d'une farce*. Einmal handelt es sich um eine für den Ausländer wichtige Information, sodann kann man über die Funktion (Ergänzung oder Angabe) manchmal geteilter Meinung sein; so erscheint dann wenigstens die umstrittene Angabe.

c) Durch hochgestelltes [a/b] werden bei den Verbeinträgen normaler und figurativer Gebrauch der Verben getrennt, wenn sie unterschiedliche Konstruktionen aufweisen. In einer Reihe von Fällen haben wir uns mit einem Eintrag und der Markierung *Fig.* begnügt. Daß eine Trennung von normaler und figurativer Verwendung manche Schwierigkeiten bereitet, steht dahin.

d) Ebensolche Schwierigkeiten verursacht die Unterscheidung von Homonymen (hier durch hochgestellte Ziffern gekennzeichnet: *affecter*[1], *affecter*[2] ...). Die Unterscheidung von *dire*[1] und *dire*[2] hat redaktionelle Gründe: Durch die Isolierung der Konstruktionen von *dire*[1] konnten wir uns bei Verben, welche dieselben Konstruktionsmöglichkeiten aufweisen, mit einem Verweis auf *dire*[1] begnügen.

Im Großen und Ganzen haben wir uns an den Grundsatz gehalten, so wenige Homonyme wie möglich zu differenzieren, wenn es nur möglich war, die verschiedenen Verwendungen und Kontexte usw. auf einen semantischen Nenner zu bringen. Andererseits haben wir häufiger unterschieden 1) wenn es sich um Unterschiede des Sprachniveaus (auch wenn sie metaphorisch zusammenhängen) handelte, 2) bei pronominalen Konstruktionen aus demselben Grund, zudem, wenn ein "größerer" semantischer Unterschied festzustellen war (*douter*[1], *se douter*[2]), 3) haben wir die Hilfsverben als Homonyme unterschieden, wodurch sich die relativ hohe Zahl von Homonymen bei Verben wie *aller, être* usw. erklärt.

e) Bei den Angaben zum Sprachniveau folgen wir dem *Petit Robert* und dem *Lexis*, halten es aber im Zweifelsfall mit der Avantgarde (sprich: *Lexis*).

f) Bei der figurativen Verwendung eines Verbs mit Lokal- bzw. Richtungsangabe ist das entsprechende Satzglied oft als Objekt zu interpretieren, vgl. *pencher/se pencher sur*.

g) Pertinenzkonstruktionen vom Typ *Ich wasche* meine *Hände* - *Ich wasche* mir die *Hände* werden nicht im Formelteil angezeigt, sondern im Text durch > als Verbindung zwischen dem Ausgangssatz und der sich ergebenden Pertinenzkonstruktion.

h) Der Index ist nichts anderes als ein alphabetisches Verzeichnis der deutschen Übersetzungen, nichts mehr und nichts weniger. Er kann also nicht mehr liefern als die Übersetzungen.

i) Eine letzte Anmerkung zu den Übersetzungen: Es ging nicht darum, alle Übersetzungen für alle möglichen Kontexte des entsprechenden Verbs im Französischen zu finden, sondern die wichtigsten Übersetzungen anzuführen, vor allem solche, die in etwa den Gebrauchsbereich des französischen Verbs abdeckten.

Verblexikon

• **abaisser**[a] (2)		herunterlassen, senken, niedriger machen
Nqc/qn - V - Nqc		*Abaisser le rideau, la température, les impôts, le niveau de vie, un mur. Tout ce qui abaisse le coût de production est finalement créateur d'emplois/LeM/.*
♦Nqc - se V <qp>		*Le champ s'abaisse vers la route, du côté de la route.*
abaisser[b] (2)		demütigen, erniedrigen; vgl. rabaisser
N - V - Nqn		*Pierre cherche à abaisser ses contradicteurs. Le jour où seront abaissés les puissants et magnifiés les humbles/Gide/.*
♦Nqn - se V <devant N>		s. erniedrigen, s. herabwürdigen, s. herablassen *Il s'abaisse devant ses supérieurs. En acceptant tu t'abaisses et tu te dégrades/Flaubert/.*
(jusqu') à Nqc		*Il s'abaisse à un compromis/(jusqu') à des travaux humiliants.*
jusqu'à Nqn	RARE	s. auf e-e Stufe stellen mit, s. einlassen mit jm *Il s'abaisse jusqu'à cette fille à soldats.*
à ce que S Kj |×1	RARE	*Il s'abaisse à ce qu'il soit traité en esclave.*
(jusqu') à Inf 1		s. herablassen, s. herabwürdigen, so weit gehen *Il s'abaisse (jusqu') à faire les travaux les plus humiliants. Je ne m'abaisserai pas à répondre à ton ignoble question/Camus/.*
• **abandonner** (2/3)		aufgeben, verlassen
Nqn - V- Nqc/qn <pour N/Inf 1>		*Il a abandonné la littérature pour les/pour faire les mathématiques. Abandonner les terres qu'on possède, un pays, un vieil ami, la cause du peuple. Ils déclarent ne pas vouloir abandonner leur droit de naissance à être Sud-Africains/LeM/.* ✕ *N-V-Ø* |*K: sport, jeu: Le coureur abandonna à la première étape.*
♦Nqn - se V		s. gehenlassen *A la fin de la soirée, Jean s'abandonna.*
Nqn - V - N - à N		überlassen *Je lui abandonne le soin de régler cette affaire. Abandonner une ville au pillage. Ils ont abandonné le peuple à lui-même, sans s'occuper de son ravitaillement et de ses problèmes/LeM/.*
♦Nqn - se V - à Nqc		s. überlassen *S'abandonner au désespoir, à la facilité.*
à N(qc de)qn		s. anvertrauen, s. hingeben *S'abandonner à (la miséricorde de) Dieu. Une jeune fille qui s'abandonne à son amant.*
à Inf 1		*Il s'est abandonné à obéir sans réfléchir.*
• **abattre**[a] (2+L)		herunter-, niederschlagen, um-stürzen
N - V - N -(qp)		*Abattre des noix d'un arbre. La pluie abat la poussière. Le vent a abattu un arbre sur la route.* (Karten) offenlegen, (Wild) erlegen, (Menschen) niederschießen, (Flugzeug) abschießen, (viel Arbeit) erledigen. *Abattre ses cartes, son jeu. Il abattit ses cartes sur le tapis. Abattre du gibier, un homme, un avion. Abattre du travail.*
♦N - se V -(qp)		herunterstürzen, - fallen, s. stürzen auf, <Regen> niedergehen *Tout à coup, la jeune fille s'abat par terre. L'aigle s'abat sur sa proie. De grosses pluies se sont abattues sur la région.* ✕ Fig.: *Un malheur s'est abattu sur la famille:* heimsuchen
abattre[b] (2)		(physisch) schwächen, ermatten, entmutigen
N - V - N(qc de)qn		*La maladie l'a abattu, a abattu ses forces. Cette nouvelle l'a profondément abattu.* | *ne pas se laisser abattre:* nicht verzagen.
abdiquer[a] (2)		(e-e Machtposition, ein Amt) aufgeben, <König> abdanken
N - V - N		*Le roi a abdiqué le trône. Quelqu'un qui abdique son autorité.* ✕ *N-V-Ø:* |*K: roi: Le roi vient d'abdiquer.*
abdiquer[b] (1)		(die Möglichkeit zu handeln) aufgeben
N - V		*Etre neutre, c'est abdiquer/Lamartine/.*
abhorrer	LIT	verabscheuen
N - V - N		*Il abhorre sa belle-mère, l'opéra, le tabac.*
que S Kj |×1	RARE	*Il abhorre qu'on lui dise des flatteries.*
de Inf 1	RARE	*Il abhorre d'être flatté.*
• **abîmer**[1] (2)		beschädigen, verderben, kaputtmachen; se V: kaputtgehen
N - V - N		*La pluie a abîmé mon chapeau. Mon réveil s'est abîmé en tombant par terre.*
s'abîmer[2] (1+L)		untergehen, versinken
N - se V - qp_{dans}		*Le navire s'est abîmé dans les flots en quelques instants.* Fig.: *L'Empire romain s'est abîmé dans les luttes intestines. Pierre s'abîme dans ses pensées.*
abjurer (2)		(*dem* Glauben) abschwören, (von Meinungen...) Abstand nehmen, sich distanzieren von
N - V - N		*Abjurer sa foi, son passé, ses opinions.*
abolir (2)		(ein Gesetz/etw gesetzlich) abschaffen, fig.: aus der Welt schaffen, beseitigen
N - V - N		*Abolir une loi, l'esclavage, la peine de mort.* Fig.: *Cette séance d'exorcisme collectif qui exige le sang d'un meurtrier pour abolir le crime/LeM/.*
abominer (2)	LIT	verabscheuen
N - V - N		*Ce sont des infâmes, des scélérats; je les abomine, je les maudis/Balzac/.*

N - V - que S Kj |×1 RARE *J'abomine que l'on me contraigne.*
de Inf 1 RARE *J'abomine d'être contraint.*

• abonder (1/2) — zahlreich vorhanden sein
Npl - V < qp > *Les truites, le poisson abonde(nt) dans cette rivière.*
N - V - en Npl (über-)reich sein an
La rivière abonde en truites.
✖ *Fig.: Un causeur qui abonde en mots d'esprit.*
✖ *Loc.: abonder dans le sens de qn:* jm beipflichten, jm nach dem Munde reden

• abonner (3) — jn für ein Abonnement gewinnen
N - V - Nqn - à Nqc *Abonner qn à un périodique.*
♦*Nqn* - se *V* - à *Nqc* *etw* abonnieren
Je me suis abonné au Canard enchaîné.

aborder[1] (2) — entern
N - V - N *Aborder un vaisseau ennemi.*
(zufällig) gegen (ein Boot...) stoßen
Aborder un autre bateau dans la brume.

aborder[2] (1+L) — wo anlegen, landen
N - V -(qp) *Le vent nous a empêchés d'aborder. Le paquebot aborde* dans *une île,* dans/à *un port,* à *un quai.*

aborder[3a] (2) — s. nähern
N - V - N *Aborder des rivages inconnus.*

aborder[3b] (2) — an etw herangehen, etw angehen, anfangen, (Thema) anschneiden, zu sprechen kommen auf
Nqc/qn - V - Nqc *Aborder un problème, un sujet difficile, une nouvelle année avec optimisme. La campagne électorale italienne aborde sa dernière semaine dans un climat assez morne/LeM/. Déçu par le premier film, il aborda le second avec scepticisme.*
Nqn - V - Nqn jn ansprechen, anreden
Aborder qn dans la rue, dans le couloir.

• aboutir[a] (1+L) — wohin führen, wo münden
Nqc - V - qp *Ce chemin aboutit sur la place centrale. L'escalier aboutit dans une cour intérieure.*

• aboutir[b] (2) — <jd> gelangen zu, kommen zu, <etw> dazu führen, Erfolg haben
N - V - à N *Ses recherches n'ont abouti à rien, n'ont pas abouti.*
à ce que S Kj |×1 *Vous avez abouti à ce que plus personne ne s'occupe de vous.*
à Inf 1 *Malgré tout il aboutit à formuler une théorie nouvelle.*
que S Kj -(cela) - V - à N *Que nous lui ayons téléphoné, (cela) n'a abouti à rien.*
♦*cela/il - V - à N - que S Kj* *Cela/il n'a abouti à rien que nous lui ayons téléphoné.*
(de) Inf -(cela) - V - à N *(De) lui avoir téléphoné, (cela) n'a abouti à rien. Repousser*
à Inf *les hausses des prix d'un mois sur l'autre n'a abouti qu'à retarder les échéances/LeM/.*
♦*cela/il - V - à N - de Inf* *Cela/il n'a abouti à rien de lui avoir téléphoné.*

• aboyer (1) — an-bellen, Fig.: anschnauzen, hinter jm herschnauzen
N - V < après/contre Nqc/qn > *Le chien aboie après/contre le facteur, une voiture.*
à Nqc *Le chien aboie à la lune.*
Fig.: Un policier en colère aboyait après les piétons.

abréger (2) — ab-kürzen
N - V - N < de N > *Vous devez abréger votre discours. Abrégez votre discours de dix minutes!*
✖ *N-V-Ø* |*K: L'article est trop long, abrégez au maximum (sc.: l'article).*

abreuver[a] (2) — tränken, se V: trinken, <Tier> saufen
N - V - N *Abreuver le bétail.*
♦*N - se V < qp >* *La vache s'abreuve* à *une source,* dans *un seau. Fig.:* LIT: *un artiste qui s'abreuve aux sources de l'art oriental.*
✖ FAM: *Ils s'abreuvent d'alcool frelaté.*

abreuver[b] (3) — etw tränken mit, jn überhäufen mit
N - V - Nqc/qn - de Nqc *Quand tu auras abreuvé la terre de tes larmes, alors tu te réjouiras de tout/Camus. Il m'a abreuvé une partie de la nuit d'attentions et de liqueurs fines/H.Murger/. Abreuver qn d'injures, d'outrages.*
✖ *Nqn-seV-deN: Elle s'abreuvait à longs traits d'un ardent et impérissable amour/R. Toepfer/.*

• abriter (3/2) — in Sicherheit bringen, schützen vor, unterstellen
N - V - N -(de/contre N) < qp > *Nous avons abrité le foin (de la pluie) (dans la grange). J'ai abrité Marie de/contre l'orage sous mon parapluie.*
♦*N - se V -(de/contre N)< qp >* s. unterstellen, Schutz suchen
Allons nous abriter de la pluie sous cet arbre.
Nqc - V - Nqn beherbergen
Cet hôtel peut abriter 2o personnes. Fig.: L'Inde abrite, avec 6oo millions d'habitants, 15 % de la population du globe/LeM/.

abroger (2) — (Gesetz) abschaffen
N - V - N *Abroger une loi, un décret.*

abrutir (2/3) — verblöden lassen, verdummen, abstumpfen (lassen)
N - V -(Nqn) *Une propagande qui abrutit (les masses).*
✖ *s'abrutir au travail:* s. zu Tode arbeiten
Pierre s'abrutit au travail pour oublier.

N - V - N - de N
jn (in Arbeit) ersticken, (mit Worten) überschütten
Abrutir qn de travail, de paroles.
⧓ *s'abrutir de travail:* s. zu Tode arbeiten

s'absenter (1+L)
N - se V - de.qp
abwesend sein, weggehen, <jd> s. entfernen
Ses occupations l'obligent à s'absenter souvent de chez lui.
⧓ *N-seV-∅ |K: Permettez que je m'absente (pour) quelques minutes (sc.: d'ici).*

• absorber[a] (2)
Nqc - V -(Nqc)
Nqc - V - Nqc
aufsaugen, absorbieren, aufnehmen
Le buvard absorbe l'encre. Cette éponge absorbe bien.
La route arrive à peine à absorber le trafic. Le noir absorbe la lumière.

Nqn - V - Nqc FAM
(Alkohol) vertragen, schlucken
Jean absorbe des quantités impressionnantes d'alcool.

absorber[b] (2)
N - V - N(qc de) qn
(ganz) beanspruchen, in Anspruch nehmen
Absorber l'attention de son auditoire. La préparation de son examen l'absorbe entièrement.
que S Kj -(cela) - V - N — *Qu'il doive préparer son examen, (cela) l'absorbe entièrement.*
♦cela - V - N - que S Kj RARE — *Cela l'absorbe entièrement qu'il doive préparer son examen.*
(de) Inf -(cela) - V - N — *(De) devoir préparer son examen (cela) l'absorbe entièrement.*
♦cela - V - N -(que) de Inf 2 — *Cela l'absorbe entièrement (que) de devoir préparer son examen.*

♦Nqn - se V - dans N
aufgehen in, s. versenken in
Il s'absorbe dans la préparation de son examen. Il hocha longuement la tête et s'absorba dans une méditation/Pilhes/.
⧓ *→ être absorbé par N*

absoudre[a] (2/3)
N - V - Nqn
jm die Absolution erteilen
Absoudre un pénitent.
N - V - Nqn - de Nqc VIEUX
jn freisprechen von
Absoudre qn de ses erreurs passées.

absoudre[b] (2)
N - V - N
freisprechen
L'avenir les absoudra en les blâmant, comme nous absolvons la grande Révolution/Renan/.

s'abstenir (2)
N - se V - de N
de Inf 1
s. enthalten
Je m'abstiendrai de toute remarque.
Je m'abstiendrai de faire la moindre remarque.
⧓ *N-seV-∅: Nous vivons dans un temps où les philosophes s'abstiennent /Nizan/. Lors des dernières élections, la majorité de la population s'est abstenue (sc.: de voter).*

abstraire (3)
N - V -(N) -(de N)
abstrahieren, getrennt betrachten
Abstraire un élément de son contexte.
▼N - V - N — *On abstrait une idée quand on la détache du sujet pour la considérer uniquement.*
▼N - V — *Je cherche toujours à abstraire...afin de me donner des vues d'ensemble/Alain-Fournier/.*
⧓ *(×N-V-de Nqc) → faire abstraction de:* absehen von

♦Nqn - se V -(de Nqc)
s. isolieren, s. konzentrieren
Par quel phénomène psychique Monsieur T. peut-il s'abstraire ainsi de son époque?/Huysmans/. Il arrive à s'abstraire dans ce bruit infernal.

• abuser[1] (2)
N - V - de Nqc/qn
mißbrauchen
Abuser de son pouvoir, d'une femme, de la bonté de qn.
⧓ *Loc.: Tu abuses!* übertreiben, zu weit gehen
N - V - de N(qc de)qn
zu sehr in Anspruch nehmen
Je ne veux pas abuser de votre temps, de votre patience. Il abuse de moi.

• abuser[2] (2)
N - V - N(qc de)qn
täuschen
La ressemblance vous abuse. Les sens abusent la raison.
♦Nqn - se V — *C'est bien Marie, si je ne m'abuse. Prenez garde de ne pas vous abuser.*

• accabler[a] (2)
N - V -(Nqn)
drückend sein, niederdrücken, ermatten
Une chaleur qui accable. La chaleur nous accable. La fièvre l'a accablé.

• accabler[b] (2/3)
Nqc - V - Nqn
lasten auf, nieder-, erdrücken, belasten, überhäufen mit
Les impôts accablent la population. Un nouveau témoignage a accablé l'accusé. Cette nouvelle m'a accablé.
Nqn - V - Nqn - de Nqc
Accabler la population d'impôts. Accabler un innocent de fausses accusations. Accabler qn de travail, de reproches.

accaparer (2)
N - V - N
(wucherisch) aufkaufen, an s. reißen, Fig.: in Beschlag nehmen
Accaparer toute une production. Accaparer le pouvoir, la maîtresse de maison pendant toute la réception. La mort du sous-directeur...accaparait l'attention/Pilhes/.
⧓ *Nqn-seV-N (= pour soi): Le dictateur s'est accaparé tous les pouvoirs.*

• accéder[a] (1+L)
Nqc/qn - V - qp$_{\text{à, sur...}}$
erreichen, führen zu
On accède à la mer par un chemin privé. Un chemin privé accède à la mer. Par cette passerelle, on accède sur le pont du navire.

accéder[b] (2)
Nqn - V - à Nqc
(Thron) besteigen, (zu e-m Amt) gelangen
Il aurait facilement accédé à la présidence/LeM/.

		A l'âge de treize ans, Charles le Boiteux accéda au trône. Fig.: Mais il semble difficile d'attendre que le concept d'"eurocommunisme" accède jamais au stade d'une doctrine d'action /LeM/.
Nqn - V - à N qc(de qn)	LIT	(e-r Bitte, e-m Verlangen...) stattgeben, nachkommen *Accéderez-vous à ma demande? Accéder aux désirs de qn.*
• accélérer (2) *N - V - N*		beschleunigen *La fièvre accélère le rythme du coeur. Lisbonne souhaite que Paris intervienne pour accélérer la mise à sa disposition de crédits européens/LeM/.* ⧗ *N-V-Ø* | *K: Jean accélère (sc.: la vitesse de la voiture).*
accentuer[a] (2) *N - V -(N)*		betonen *Accentuez la dernière syllabe! Accentuez correctement!*
• accentuer[b] (2) *N - V - N*		hervorheben, verstärken, (Krise) verschärfen *La lumière accentue les contours de la montagne. Les mesures prises ne font qu'accentuer la tendance actuelle à l'inflation. La grève accentue encore la crise actuelle.*
• accepter (2/2+A) *Nqn - V - Nqc/qn*		annehmen, akzeptieren, (Risiko) in Kauf, auf sich nehmen *J'accepte votre proposition, votre excuse. Les beaux-parents n'ont jamais accepté leur gendre.* ***Savoir accepter des risques.***
que S Kj |×1 *de Inf 1*		s. einverstanden/bereit erklären, einverstanden sein mit *Accepterez-vous que je fasse cette demande, cette démarche?* *Accepterez-vous de faire cette démarche à ma place?*
N - V - Nqn - comme/pour n *Nqc - comme adj*		*Je l'accepte volontiers comme/pour collaborateur.* *Accepter comme raisonnable une proposition.*
acclamer (2) *N - V - N*		jm zujubeln, Fig.: etw begrüßen *La foule acclame les cosmonautes. La presse entière a acclamé les nouvelles mesures fiscales.* ⧗ *N-V-N-n: Loc.: acclamer qn roi:* jn zum König ausrufen
acclimater (3) *N - V - N -(à N)*		(an ein Klima) gewöhnen, akklimatisieren *Acclimater un oiseau exotique aux températures nordiques. Acclimater une plante. Fig.: Il s'acclimate à son travail.*
s'accointer (1) *Nqn-pl - se V*	LIT	vertraut werden *Ils ont fini par s'accointer malgré leurs divergences.*
♦*Nqn - se V - à/avec Nqn*		*Tâchez de vous accointer à/avec lui.*
♦*Nqn - se V - de Nqn*	FAM	s. mit jm einlassen *Il s'est accointé de cette fille.*
accoler (2) *N - V - Nqc-pl-2*		zusammen-, neben-, aneinanderbinden, -bauen, -fügen, -tun... *Accoler deux bâtiments, deux péniches. Accoler les deux parties d'une photo déchirée.*
♦*N - V - V - à N*		anlegen, -binden, -bauen an, Fig.: verbinden mit, (Ohr) legen an *Accoler une péniche à une autre. Accoler son oreille à la porte du voisin. Accoler un portail à une église.* *Fig.: accoler un mot à une idée, un souvenir à une sensation.* ⧗ *N-V-(N): accoler (la vigne):* Reben hochbinden
accommoder[1] (2) *N - V - N*		(Speisen) zubereiten *Accommoder une truite avec du beurre.*
accommoder[2] (2) *N - V - N*		schlichten *Accommoder un différend.*
• accommoder[3] (3/1) *N - V - N -(à/sur N)*		(Auge) anpassen an, (Objektiv) einstellen *Accommoder l'oeil, la vision, le regard à/sur un objet lointain. Accommoder le microscope (sur un bacille).*
N - V		*Pour l'oeil, l'infini commence...à la distance à partir de laquelle il n'a plus besoin d'accommoder/R. Prat, L'Optique/.*
N - V - N - à N		anpassen an *Accommoder ses gestes au sens de ses paroles.*
♦*Nqn - se V - à Nqc/qn*		s. anpassen an *S'accommoder à une nouvelle situation, à un nouveau directeur.*
avec Nqc/qn		s. (rheinisch) arrangieren mit, einen modus vivendi finden *S'accommoder avec la religion, l'ordre établi, son entourage.*
♦*Nqn - se V - de Nqc*		s. abfinden mit, s. schicken in *Il s'accommode mal du sort qui lui est fait. Il s'accommode de tout.*
• accompagner[a] (2+L/2/3) *Nqn - V - Nqn -(qp)*		begleiten *Accompagner quelqu'un à la gare.*
Nqc - V - Nqn		*Etre sorti d'une grande école, cela vous accompagne toute la vie.*
Nqc - V - Nqc		*Un sourire accompagnait son adieu.*
Nqn - V - Nqc/qn-de Nqc(de qn)		*Les garçons accompagnèrent de ricanements le vieux jusqu'à la porte. Le public accompagna le spectacle de sifflements. Accompagner ses paroles de gestes expressifs.*
Nqn - V - Nqc - de Nqc		*Accompagner le repas d'un vin, la viande d'une sauce chasseur.*
♦*Nqc - se V - de Nqc*		begleitet sein von, einhergehen mit *Ses paroles s'accompagnent de gestes expressifs. Cette maladie s'accompagne d'une forte fièvre.*
• accompagner[b] (2) *Nqn - V - Nqn < avec/à N >*		begleiten *Jean accompagne sa soeur avec/à la guitare.*

♦Nqn - se V < avec/à N > — *Il s'accompagne à/avec la guitare.*
de poss N — *Il s'accompagne* de sa *guitare.*

• **accomplir** (2) — aus-, durchführen, erfüllen
N - V - N — *Les travaux actuellement accomplis par des immigrés/LeM/. Accomplir son devoir, une mission, la révolution, un pèlerinage, une cérémonie, un voeu.*

♦*Nqc - se V* — in Erfüllung gehen
Son souhait s'est accompli.

• **accorder**[1] (2). — (Instrumente) stimmen, etw in Übereinstimmung bringen
N - V - Npl — *Accorder les instruments d'un orchestre. Accorder sa guitare. Il saura plus tard accorder dans son coeur ces puissances ennemies/Mauriac/.*

♦*N - V - N - à/avec N* — *Accorder le piano à/avec l'orchestre. Accorder ses actes à/avec ses paroles. Il s'agit...d'accorder son activité avec la nôtre /J. Paulhan/. Accorder son comportement à l'humeur de son interlocuteur > accorder son comportement* à lui.
⧓ ×*lui accorder*

♦*Nqn-pl - se V* — (gut) miteinander auskommen, zusammenpassen, s. absprechen
Pierre et Paul s'accordent bien (ensemble/l'un avec l'autre).

♦*Nqn - se V - avec Nqn < pour Inf >* — *Pierre s'accorde bien avec Paul. Je me suis accordé avec la secrétaire pour établir ce programme.*

♦*Nqn-pl - se V < sur N >* — einer Meinung sein, s. einig sein
Tout le monde s'accorde sur ce point, là-dessus.
< pour/à Inf 1 > — *Tous les témoins interrogés s'accordent à reconnaître que... /Duhamel/. Tous les témoins s'accordent pour reconnaître que la voix de J. M. porta plus loin qu'aucune autre/Mauriac/.*

♦*Nqn - se V - avec Nqn < pour Inf >* — *Il s'accorde avec moi pour dire, pour penser que...*
sur N — *Il s'accorde avec moi sur ce point, là-dessus.*
⧓ ×*Nqn - se V - avec Nqn - à Inf 1*

♦*Nqc-pl - se V* — zusammenpassen, (grammatisch) übereinstimmen
Deux couleurs qui s'accordent bien.

♦*Nqc - se V - avec Nqc* — *Son caractère s'accorde (bien) avec le mien. L'adjectif s'accorde avec le nom.*

• **accorder**[2] (3) — gestatten, erlauben, gewähren
N - V -(à Nqn)-N — *Accorder à qn l'entrée gratuite aux musées, l'accès aux archives. Il accorda aux mineurs une augmentation de salaires/LeM/. Accorder à qn un congé.*
⧓ *N-V-N-Ø: L'hôpital n'accorde pas les visites matinales.*
que S Kj 2 — *On ne m'a pas accordé que je prenne mon congé dès maintenant. Le directeur n'accorde pas que l'on prenne son congé en août.*
de Inf 2 — *Le directeur ne m'a pas accordé de prendre mon congé en août. Le directeur n'a pas accordé de prendre des congés en août.*

Nqn - V -(à Nqn) - N |N = le — zugeben
C'est difficile, je vous l'accorde, je l'accorde.
que S Ind — *Je vous accorde que l'on a fait une erreur.*
Ind/Kj |neg/int — *M'accorderez-vous que cela est/soit possible?*
Ø Inf 1 — *J'accorde être mal préparé à cette tâche.*

accoster[1] (2/1+L) — <Schiff> anlegen
N - V - N — *Un voilier accoste le quai.*
N - V -(qp) — *Un voilier vient d'accoster (au quai). Le paquebot accostera, nous accosterons prochainement (à Marseille).*

accoster[2] (2) — jn (ungeniert) ansprechen, jn anhauen
Nqn - V - Nqn — *Comme je m'acheminais vers mon bureau, je fus accosté par une personne affectée au service du matériel/Pilhes/.*

accoucher (1/2) — niederkommen
N - V — *Une femme accouche.*
N - V - N — jn entbinden
Voilà la sage-femme qui a accouché ma femme.
N - V - de N LIT — niederkommen mit, gebären
Elle vient d'accoucher d'un beau garçon.
⧓ POP: *N-V: Allez, vas-y donc, accouche!* Sag's endlich!

s'accouder (1+L) — s. (mit den Ellenbogen) aufstützen
Nqn - se V - $qp_{sur/contre/à}$ — *S'accouder sur la table, contre le comptoir, au comptoir.*

accoupler (2) — (Tiere) paaren, (Maschinen) zusammenkoppeln
N - V - Npl-2 — *Accoupler des animaux. Accoupler deux rouages.*
♦*N - V - N - à/avec N* — *Accoupler une vache à/avec un taureau,un rouage à/avec un autre.*
⧓ (Zugtiere) an-, vorspannen
Accoupler les chevaux au *traîneau, le boeuf* à *la charrue.*

• **accourir** (1+L) — herbei-laufen, -eilen
N - V -(qp) < Ø Inf_{fin} > — *J'ai accouru vers lui. Toute la population* était *accourue vers la place (pour) voir le cirque. Accourir à l'aide de quelqu'un.*

accoutrer (2+A/3) — jn herausputzen
N - V - N -(en n) — *Elle l'accoutre toujours curieusement. Il s'était accoutré en dandy négligé.*
N - V - N -(de N) — *Accoutrer son enfant de bric et de broc.*

accoutumer (3) — gewöhnen an
N - V - N - à N — *Accoutumer qn à de nouvelles habitudes. Il s'accoutume mal à ce climat.*
à ce que S |×1 — *Sa fierté s'accoutume mal à ce que je lui fasse des reproches.*

N - V - N - à Inf 2 — *Accoutumer qn à vivre dans un nouveau climat.*
✗ *N-seV-àN...; être accoutumé à N; à ce que S Kj 1; à Inf 1*

accréditer[1] (2) — etw glaubhaft machen, e-r S Glauben verschaffen bei
Nqc/qn - V - Nqc < auprès de Nqn > — *Les journaux ont accrédité cette nouvelle auprès de l'opinion publique. Les journalistes arrivent à accréditer n'importe quelle nouvelle.*

accréditer[2] (2) — akkreditieren, ins Amt einführen
N - V - N < auprès de N > — *La France a accrédité M. Dupont auprès du gouvernement italien. Le nouvel ambassadeur a été accrédité.*

• **accrocher**[a] (2+L) — aufhängen
N - V - N -(qp) — *Accrocher un tableau au mur. Accrocher son manteau.*
an etw hängenbleiben *mit*
J'ai accroché mon bas à un clou qui dépasse.
♦*Nqn - se V -à Nqc/qn* — s. (fest-) klammern an
S'accrocher à une branche. Fig.: S'accrocher à des illusions, à son passé. L'affection inquiète, la fièvre avec laquelle elle s'accrochait à lui/R. Rolland/.
✗ *Fig.: Nqn-seV-Ø: = ne pas céder*
J'aurais préféré qu'on me foute à la porte. Mais où aller après ça? Fallait au contraire que je m'accroche/Céline/.

accrocher[b] (2) FAM — (Auto) anfahren, (leicht) zusammenstoßen mit, fahren gegen
N - V - N — *En sortant du parking, j'ai accroché la voiture voisine, l'aile gauche de ma voiture.*
ergattern
Accrocher une récompense, un prix, une place intéressante.
(Wörter...) aufschnappen
Accrocher des lambeaux de conversation au passage.
jn aufhalten
Je l'ai accroché au sortir du bureau.
(die Aufmerksamkeit von jm) auf s. ziehen
Les gros titres des journaux accrochaient l'attention des passants. Rien n'accroche le regard dans ce vallonnement interminable à l'habitat dispersé/LeM/.
✗ *N-V-Ø: un slogan publicitaire qui accroche.*
♦*Nqn-pl - se V* — Fig.: zusammenstoßen (mit jm)
Nous nous sommes accrochés tout de suite.
♦*Nqn - se V - avec Nqn* — *Je me suis vivement accroché avec lui.*
Nqn-pl - V - Adv — (miteinander) auskommen
Ils accrochent bien (ensemble).
♦*Nqn - V - Adv - avec Nqn* — *J'accroche bien avec lui.*

accroire (2) LIT — |faire accroire: glauben machen, weismachen
Nqn - V - Nqc — |*faire - V*
♦*Nqn - faire - V - à Nqn - Nqc* — *Il nous a fait accroire cette histoire.*
que S Ind — *Il nous a fait accroire qu'il était riche.*
✗ *en faire accroire à Nqn:* jm etwas weismachen
Tu veux m'en faire accroire.

• **accroître** (2/1) — vermehren, vergrößern, verstärken
Nqc/qn - V - Nqc — *Accroître la productivité d'une entreprise. Tout à coup, une hypothèse préoccupante traversa mon esprit et accrut notablement ma crainte/Pilhes/. Cette prise de position du principal leader de la gauche accroît les divisions à la tête du labour.*
Nqc - V < de N > RARE — an-steigen, anwachsen
Les bénéfices de la société ont accru (de 10%) cette année.
♦*Nqc - se V < de N >* — *En un an, les prix de détail se sont accrus en France de 9%/LeM/.*

• **s'accroupir** (2) — s. hocken
N - V < qp > — *Il s'accroupit (derrière la porte).*

• **accueillir**[a] (2) — jn empfangen
Nqn - V - Nqn < qp > — *Accueillir un ami. Accueillir le ministre à l'aéroport.*

accueillir[b] (2+Adv) — etw (gut/schlecht..) aufnehmen
Nqn - V - Adv - Nqc — *Accueillir une nouvelle avec enthousiasme/qn à bras ouverts.*
que S Kj — *Il a mal accueilli qu'on ne lui ait rien dit.*
de Inf 1 — *Il a mal accueilli de ne pas avoir été mis au courant.*

acculer[a] (2+L) — jn zurück-drängen
Nqn - V - Nqn -(qp) — *Acculer l'ennemi (à la mer).*
jn in die Enge treiben
Acculer qn dans ses derniers retranchements.

acculer[b] (3) — jn zwingen zu, jn in die Enge treiben
Nqc/qn - V - Nqn -(à Nqc) — *La grève a acculé le gouvernement à un choix douloureux. Les syndicats ont acculé le ministre à la démission. Les syndicats ont fini par acculer le ministre.*
à ce que S Kj 2 — *Les syndicats ont acculé le ministre à ce qu'il démissionne.*
à Inf 2 — *Les syndicats ont acculé le ministre à démissionner.*

• **accumuler** (2) — an-, aufhäufen, zusammentragen
N - V - Npl — *Accumuler des pierres, des renseignements, de l'argent. Il a accumulé les erreurs, les maladresses. Il accumule les erreurs et les maladresses.*
♦*N - V - N - sur N* — Fehler über Fehler.... machen, Fehler... auf Fehler häufen
Il a accumulé erreur sur erreur, sottise sur sottise, mensonge sur mensonge.
N - se V <qp> — *Les livres s'accumulent sur ma table.*

• **accuser**[1] (3/2) — beschuldigen, anklagen, bezichtigen

Nqn-V-Nqn-(de Nqc) — *Accuser qn d'un vol. Il m'accuse de malhonnêteté*

de ce que S Ind 2 RARE — *Il m'accuse de ce que je suis malhonnête.*

de Inf 2 — *Il m'accuse d'être malhonnête, d'avoir commis un vol.*

Nqn - V - Nqc - de Nqc — ⧗ die Verantwortung für etw schieben auf etw
Il accuse le mauvais temps de sa mauvaise humeur.

Nqc - V - Nqn — jn belasten
Tous les témoignages, tous les indices l'accusent.

accuser[2] (2) — deutlich(er) hervortreten lassen, verzeichnen, aufweisen

Nqc - V - Nqc — *Les statistiques accusent une nette augmentation du coût de la vie. Une lumière crue accuse les silhouettes des maisons.*

accuser[3] (2) — (die Wirkung e-s Schlages sichtbar werden lassen)

Nqn - V - N — *Le boxeur accusa le coup:* der Schlag saß
Il accusa le coup sans rien dire: den Schlag einstecken
Bien accuser un coup: gut mit einem (Schicksals-) Schlag fertig werden.
⧗ *accuser réception:* den Empfang bestätigen
J'accuse réception de votre lettre du tant.

s'acharner (2) — hetzen, verfolgen, hinter jm her sein

N - se V - après N — *Le chien s'acharne après le lièvre. Jean s'acharne après Paul. Le créancier s'acharne après son débiteur.*
⧗ *Fig.: |sort, malheur:* unerbittlich verfolgen
Le sort semble s'acharner après cette région, après cette famille.

Nqn - se V - contre Nqn — jm (feindselig) zusetzen, wüten gegen
Je ne sais pas pourquoi il s'acharne contre moi. La presse s'acharne contre le premier ministre.
⧗ *Fig.: Le sort s'acharne contre nous. Le vent s'acharne contre le toit.*

Nqc — (mit der Tücke e-s Objekts) zu kämpfen haben
Je me suis acharné contre la serrure sans parvenir à l'ouvrir.

Nqn - se V - sur N — (verbissen versuchen ein Problem zu lösen), s. abmühen...
Je me suis acharné tout l'après-midi sur la traduction du verbe "s'acharner sur". S'acharner sur un problème de mathématiques. S'acharner sur un texte, sur le carburateur de la voiture, sur la réparation de la voiture, sur la voiture.

N - se V - sur N — (unerbittlich) verfolgen
Le vautour s'acharne sur sa proie.
⧗ *Fig.: Le sort, cette fois, semblait vouloir s'acharner sur la Guadeloupe/LeM/.*

Nqn - se V - à Nqc — beharrlich etw tun, alles daransetzen zu tun, s. abmühen
S'acharner à son travail.

à Inf 1 — *Ils se sont acharnés à vouloir le convaincre.*
⧗ *Nqn-seV-Ø: A quoi bon s'acharner?*

acheminer (2+L) — etw befördern, schicken, (Truppen) in Marsch setzen

N - V - N -(qp) — *Ils ont acheminé les livres à Paris. Avant d'acheminer ces livres, pensez à les recommander. Acheminer des troupes vers les lieux de combat.*

♦*Nqn - se V - qp* — s. begeben
Comme je m'acheminais, un peu désemparé, vers mon bureau, je fus accosté par une personne.../Pilhes/.

• **acheter** (3/2) — ab-kaufen

N - V - N -(à Nqn) <(pour)N > — *Je l'ai acheté (pour) 10 francs. Pour combien l'as-tu acheté? J'ai acheté cette maison à notre voisin. J'ai acheté cela chez M. Dupont, aux puces.*
⧗ *Je lui (= pour lui) ai acheté une montre.*
⧗ RARE et PRÉCIEUX: *N-V-N-de Nqn: Ils achetaient d'elle des petits cornichons au vinaigre/G. Roy/.*
⧗ FAM: *N-V-Ø-Ø: n'acheter que chez le grossiste.*
→ faire ses achats qp/chez qn

N - V - Nqc/qn — *On n'achète plus les juges. Acheter des suffrages.*

• **achever**[1] (aux) — etw zuende tun, beenden, fertig + V, vollends + V

N - V - de Inf 1 — *Achever de lire un roman.*

♦*N - V - N* — *Achever (de lire/la lecture d') un roman. Une allocution de clôture acheva le congrès. Il acheva (de manger) son steak.*

♦*N - se V* — zu Ende gehen
Le jour s'achève.

achever[2] (2) — jm, e-m Tier den Rest geben, töten

N - V - N — *Achever un blessé, un animal.*

achopper[a] (2) LIT — stolpern über

N - V - sur N — *Au-dessus de lui, L. entendait un pas lourd achopper sur les marches de l'escalier.*

achopper[b] (2) — stolpern über, auf (Schwierigkeiten...) treffen

Nqn - V - à/sur N — *Achopper à/sur des difficultés. C'est là un des pièges les plus constants de l'ancien français et sur lesquels vient achopper notre ignorance/P. Guiraud/.*

♦*Nqn - se V - à N* LIT — *S'achopper à une énigme, à une difficulté.*

• **acquérir** (2/3) — erwerben, kaufen, Fig.: erlangen, erreichen

N - V - N — *Les lance-missiles que va acquérir la marine nipponne/LeM/.*

		Les 'trotskistes' pensaient profiter des ces nationalisations pour acquérir de l'influence auprès de la paysannerie/LeM/. J'ai acquis la certitude que la version des experts est fausse /Pilhes/. La ratification des accords germano-polonais a finalement été acquise à l'unanimité/LeM/. Acquérir un langage.
N - V - à Nqn - Nqc/qn		verschaffen *Sa persévérance lui a acquis bien des ennemis.*
que S Kj		*Sa persévérance lui a acquis que l'on s'intéresse à ses travaux.*
		⋈ *qc est acquis à qn:* jm zustehen *Ce droit, cette maison lui est acquis(e).* ⋈ *qn est acquis à qn:* jm ergeben sein *Nous lui sommes acquis, nous lui sommes soumis. Il peut faire de nous ce qu'il veut/Hugo/.* ⋈ *qn est acquis à qc:* s. (zu e-r Religion...) bekennen *Il est acquis à la religion musulmane.* ⋈ *C'est/il est acquis que S Ind:* feststehen
acquiescer (2) *N - V -(à Nqc)*		e-r S zu-, beistimmen *J'acquiesce entièrement à votre point de vue. Il acquiesça d'un signe de tête.*
à ce que S Kj |×1		*La municipalité a acquiescé à ce que la piscine soit rénovée.* ⋈ *"Oui, nous possédons là-bas d'excellents cadres" acquiesça Musterffies/Pilhes/.*
acquitter[1] (2/3) *N - V - Nqn*		freisprechen *Le tribunal, les jurés ont acquitté l'accusé.*
N - V - Nqn - de N	ARCH	*Acquitter qn d'une faute.*
acquitter[2] (2) *N - V - N*		(Rechnung) quittieren, (Schulden) abtragen, tilgen *Acquitter une facture, ses dettes envers qn.*
♦*N* - se *V - de N*		(Schulden) bezahlen,(Pflicht) erfüllen *S'acquitter de ses dettes, d'une tâche.*
actionner (2) *N - V - N*		betätigen *Actionner un levier, la sonnette d'alarme.*
activer (2) *Nqc/qn - V - N*		beschleunigen, (Feuer) schüren, etw fördern *Activer les travaux, le feu. Des mesures qui activent la relance économique.*
♦*Nqn - se V < à Nqc/autour de Nqn/à Inf >*		s. betätigen, s. beeilen, geschäftig sein *Il a toujours besoin de s'activer. S'activer à son travail, à travailler. S'activer autour de qn.*
• adapter (3) *N - V - N -(à N)*		anpassen an, bearbeiten für, montieren *Adapter un tuyau au robinet, une pièce de théâtre au cinéma.* ⋈ *adapter une pièce de théâtre (pour le cinéma).*
♦*Nqn - se V -(à Nqc/qn)*		s. anpassen, s. gewöhnen an *S'adapter à son entourage. L'enfant s'adapte mal à sa nourrice.*
♦*Nqc - se V - à Nqc*		passen zu, an... *Le tuyau s'adapte parfaitement au robinet.*
additionner (2) *N - V -(Npl)*		addieren, hinzufügen, (Flüssigkeiten) mischen mit *Additionner des nombres. Additionner correctement.*
♦*N - V - N - à N*		*Additionner un nombre à un autre. Additionner de l'eau à du vin, la haine à l'envie.*
♦*N - V - N - de N*		*Additionner le vin d'eau, le sirop d'eau minérale.*
• adhérer[a] (1+L) *N - V -(qp)*		haften (an) *Ce papier auto-collant adhère même sur un mur. Il adhère bien. Un pneu qui adhère bien.*
• adhérer[b] (2) *N - V - à N*		s. (jm, e-r Meinung) anschließen, (in e-e Partei) eintreten *Adhérer à une doctrine. Quelques-uns s'incorporent à Vichy, beaucoup adhèrent à De Gaulle/de Gaulle/. Il a adhéré au parti en 1934.*
adjoindre (3) *N - V - N - à N*		etw beifügen, jn beiordnen *J'adjoins un exemplaire du document à ma lettre. On lui a adjoint un autre assistant.*
adjuger (3) *N - V - N -(à Nqn)*		jm etw zuschlagen, jm (e-n Preis) zusprechen *Cette maison a été adjugée aux enchères pour 30000 francs. Les objets mis aux enchères sont adjugés au plus offrant. Le premier prix lui a été adjugé par le jury.*
adjurer (3) *N - V - Nqn - de ce que S Kj 2*	RARE	beschwören *Adjurer qn de ce qu'il fasse vite.*
que S Kj 2		*Adjurer qn qu'il fasse vite.*
de Inf 2		*Adjurer qn de faire vite.*
• admettre[1a] (2+L/3/2) *Nqn - V - Nqn - qp*		aufnehmen, Zutritt gewähren,(zur Prüfung, Schule) zulassen *Nous l'avons admis dans notre cercle. L'hôpital n'admet pas les familles dans les chambres le matin.*
Nqn - V - Nqn - à N		*Il n'a pas été admis à l'examen, au lycée.*
à Inf 2	RARE	*Admettre qn à siéger au tribunal.*
Nqc - V - Nqn		*Le club n'admet pas de personnes sans cravate.*
• admettre[1b] (2/2+A) *Nqn - V - Nqn - comme n*		zulassen, jn akzeptieren, etw. geltenlassen *Le chef d'orchestre vient de l'admettre comme premier violon.*
Nqc/qn - V - Nqc		*La loi n'admet pas d'exception. Je n'admets pas cette façon de parler. Je n'admets pas votre objection.*

Nqc/qn - V - que S Kj
de Inf 1

La loi, Pierre n'admet pas que l'on fasse d'exceptions.
Il n'admet pas d'être tutoyé. La loi n'admet pas de faire des exceptions.

• admettre[2] (2)
Nqn - V - N |*N = le*
que S Ind/Kj
Ø Inf 1

zugeben
Il s'est trompé, mais il ne l'a jamais admis.
J'admets que l'on peut/puisse se tromper.
J'admets m'être trompé.

• administrer[1] (2)
N - V - N

verwalten
Administrer un pays, les biens de qn.

• administrer[2] (3)
N - V - N -(à Nqn)

verabreichen, jm (e-n Beweis..) liefern, (Ohrfeige) geben
Administrer à qn une gifle, des médicaments, les sacrements.
J'en suis persuadé et je vais vous en administrer la preuve.

• admirer (2)
N - V - N < pour N >
que S Kj |×1
N - V - N < de Inf 2 >

bewundern
Le public admire Adamo pour sa voix.
J'admire que vous arriviez à faire cela.
Je l'admirais de poursuivre ainsi la conversation.

s'adonner (2)
N - se V - à Nqc
à Inf 1 RARE

ganz aufgehen in, s. widmen, s. e-r S hingeben, e-r S frönen
S'adonner à la lecture, au travail, à la boisson, au jeu.
Il s'adonne à boire.

• adopter (2)
N - V - N

jn adoptieren, etw über-, annehmen, Entschließung verabschieden
Adopter un enfant. Adopter une hypothèse, une règle de conduite, une attitude. Cela les obligeait à une sérieuse réflexion sur la conduite à adopter/Pilhes/. Adopter une motion.

• adorer (2)
N - V - N

anbeten, verehren, FAM: lieben
Les égyptiens adoraient le soleil. Le soleil était adoré par les égyptiens. Les enfants adorent leur père. Le père est adoré de ses enfants. J'adore les huîtres.

que S Kj |×1 FAM
Ø Inf 1 FAM

J'adore que tu parles chinois.
J'adore parler chinois.

adosser (2+L)
N - V - N - $qp_{\text{à/contre}}$

anlehnen
Adosser une échelle au mur/contre le mur.

• adoucir (2)
N - V - N

milder machen, Fig.: jn besänftigen, etw. mildern
L'air de la mer adoucit le climat. Adoucir qn par ses paroles. Adoucir ses critiques.

adresser (3)
N - V - N - à N

etw richten an jn, (Grüße)ausrichten, schicken
Adresser à qn la parole, une question, des excuses, un salut. Adressez-lui de ma part mon meilleur souvenir. Adresser une lettre à qn.

♦*Nqc/qn - se V - à N*

s. richten an, s. wenden an
Pour les horaires des trains, adressez-vous aux renseignements. Ce livre s'adresse aux écoliers. Il s'adressait à son voisin pour lui demander l'heure.

• advenir (1/2)
N - V LIT
♦*il - V - que S Ind* |passé
Kj
♦*il - V - à Nqn - de Inf 2*

vorkommen, s. ereignen, jm passieren, es s. begeben
On ne peut prévoir tous les cas qui adviennent.
Il advint alors que les choses se passèrent ainsi.
Il advient même qu'il pleuve parfois dans ce pays.
Il m'est parfois advenu de me tromper.
✖ *Qu'est-ce qu'il advient de lui? = qu'est-ce qu'il devient?*

aérer (2)
N - V - N

lüften, jn an die frische Luft bringen, (Wald) ausholzen
Aérer une chambre, un convalescent, un bois.
Fig.: (die Gedankenführung von etw) straffen
Aérer un discours, un exposé.

♦*Nqc/qn - se V*

lüften, an die frische Luft gehen, (frische) Luft schnappen
Le matelas, le manteau s'aèrent sur le balcon. J'ai besoin de m'aérer un peu (à la campagne).

affaisser (2)
N - V - N RARE
♦*Nqc/qn - se V < qp >*

absacken lassen
Un éboulement de terrain a affaissé la route.
<etw> durchhängen, <jd> s. sinken lassen in, zusammensinken
Le toit s'affaisse sous le poids de la neige. S'affaisser dans un fauteuil. Pierre chancela pour enfin s'affaisser.

affaler[1] (2)
N - V - N

(Segel) einholen, raffen, herunterlassen
Affaler le foc.

s'affaler[2] (1+L) FAM
Nqn - se V - qp

s. fallen lassen, s. fläzen, s. lümmeln
S'affaler dans un fauteuil.

affamer (2)
N - V - N

jn aushungern, jn hungern lassen
Assiéger une ville pour en affamer la population. La sécheresse en Afrique a affamé des populations entières.

s'affairer (1)
Nqn - se V < autour de Nqc/qn >
auprès de Nqn

s. zu schaffen machen an etw, s. eifrig bemühen um jn
Ils s'affairaient tous les trois autour de la voiture,du blessé.
Sa mère, un domestique et une femme de chambre s'affairaient auprès d'elle/Pilhes/.

à/sur N/à Inf 1

S'affairer à un travail, sur sa moto, à réparer son vélo.

affaiblir (2)
N - V - N

schwächen
La maladie l'a affaibli. Affaiblir la résistance de ses adversaires.

• affecter[1] (2)
N - V - N

vorgeben, vortäuschen, so tun, als ob
Il affecte la folie, la tristesse.

Nqn - V - de Inf 1		*Il affecte d'être fou.*
affecter[2] (2)		jn erschüttern, jm nahegehen
N - V - Nqn		*La mort de sa mère l'a profondément affecté.*
♦*Nqn - se V -(de Nqc)*	LIT	*S'affecter d'une injustice.*
de ce que S Kj	LIT	*Je m'affecte de ce qu'on le traite ainsi.*
de Inf 1	LIT	*Je m'affecte de le voir si malade.*
affecter[3] (3)		bestimmen für, zuweisen, verwenden für/auf
Nqn - V - N - à N		*Affecter qn à une tâche, à un certain poste. Affecter un nouveau collaborateur à l'institut. La taxe doit permettre au gouvernement d'obtenir trois milliards de dollars qui seront affectés à l'achat de matériel de guerre/LeM/.*
Nqn - V - Nqc - de Nqc		versehen mit
		Affecter un nombre du signe plus.
affectionner (2)		gerne mögen, e-e Vorliebe haben für
N - V - N		*Affectionner qn, la musique classique.*
de Inf 1		*Il affectionne de nous rendre visite.*
affermir (2)		stärken, festigen
N - V - N		*Les difficultés ont affermi son caractère. Affermir son pouvoir son autorité. Affermir les opinions de qn > affermir qn dans ses opinions.*
afficher[a] (2)		anschlagen, aushängen
N - V - N < qp >		*Afficher l'horaire dans le couloir.*
que S Ind		*La mairie a affiché que les élections seraient reportées.*
Int.ind		*Il n'a pas encore été affiché si le cours aura lieu ou non, quand le cours aura lieu.*
afficher[b] (2)		zur Schau tragen
Nqn - V - N		*Afficher ses sentiments.*
♦*Nqn - se V -(avec Nqn)*		s. in aller Öffentlichkeit zeigen mit
		H. s'affiche en plein boulevard avec des prêtres/J. Renard/. S'afficher avec sa maîtresse. Ils s'affichaient dans les salons bourgeois/Zola/.
affilier (3)		anschließen
N - V - N - à N	RARE	*Affilier un syndicat à une confédération syndicale.*
♦*N - se V - à N*		beitreten, eintreten in
		Je me suis affilié à la sécurité sociale.
		⌘ *être affilié à N:* Mitglied sein
affiner (2)		verfeinern, veredeln
N - V - N		*Affiner le verre, le chanvre, son goût.*
		an-spitzen
		Affiner la pointe d'un crayon, des aiguilles.
• affirmer[1] (3)		behaupten, versichern, beteuern, (die Wahrheit) sagen
Nqn - V -(à Nqn) - N		*Il nous a affirmé le contraire. Affirmer son innocence. Je vous affirme la vérité.*
que S Ind		*Je (vous) affirme que cela s'est passé ainsi.*
Ind/Kj	*|neg/int*	*Je n'affirme pas que je suis innocent, mais votre jugement est sans nuance. Je n'affirme pas que je sois innocent, loin de là. Affirmez-vous que cela est/soit possible?*
Ø Inf 1		*Il m'a affirmé avoir perdu son chapeau. J'affirme ignorer tout.*
s'affirmer[2] (1)		deutlicher werden, s. durchsetzen, zu sich selbst finden
N - se V		*Les traits de son caractère se sont affirmés. La tendance à l'inflation s'est affirmée cette année. Le talent de ce peintre s'est affirmé. L'individu ne s'affirme jamais plus que lorsqu'il s'oublie/Gide/.*
affleurer (1/2)		zutagetreten
N - V < qp >		*Dans ce terrain raviné par les pluies, la roche affleure à la surface.*
		Fig.: *Un sentiment, un souvenir affleurent à la conscience.*
		nahe an etw kommen, leicht berühren
N - V - N		*En temps de crue, le fleuve affleure les maisons situées sur la rive.*
affliger (2)	REL	betrüben
Nqc - V -(Nqn)		*Cette nouvelle semble vous affliger. C'est un spectacle qui afflige toujours.*
que S Kj -(cela) - V - N		*Qu'il ait dit cela,(cela) m'afflige beaucoup.*
♦*cela - V - N - que S Kj*		*Cela m'afflige beaucoup qu'il ait dit cela.*
♦*Nqn - se V -(de N)*		*Pourquoi vous affligez-vous? Il s'afflige de cette nouvelle.*
de ce que S Ind		*Il s'afflige de ce qu'il n'a pas reçu de courrier.*
de Inf 1		*Il s'afflige de recevoir de mauvaises nouvelles.*
		⌘ *être affligé de la mort de qn:* betrübt sein
		⌘ *être affligé de rhumatismes:* geplagt werden von
• affluer (1+L)		zusammen-, herbei-strömen
Npl - V - qp		*Le sang lui afflue au visage. Fig.: L'argent afflue dans les caisses. Des souvenirs d'enfance affluaient à son esprit. Les gens, la foule afflue(nt) vers le stade. Dès l'ouverture du magasin, la foule affluait (sc.: dans le magasin).*
affoler (2)		jn verwirren, durcheinanderbringen
N - V - Nqn		*Il avait feint ce détachement pour ne pas affoler son collabora-*

teur/Pilhes/. *Son intrépidité au volant m'affole.*

♦*Nqn - se V* FAM — den Kopf verlieren
Ne vous affolez pas, nous allons arranger ça.

affranchir[1] (3) — freilassen, befreien
N - V - N -(de N) — *Affranchir un peuple de l'esclavage. Dans la Rome antique, on pouvait affranchir l'esclave.*

affranchir[2] (2) — frankieren, (Brief) freimachen
N - V - N — *Affranchir une lettre.*

• **affronter** (2) — *jm/e-r S* die Stirn bieten, trotzen
N - V - N — *Affronter la mort, un danger, ses parents.*
N - V - Npl — (Theorien..) einander gegenüberstellen, konfrontieren
Affronter deux théories, plusieurs méthodes.
♦*Npl - se V* — zusammen-, aufeinanderstoßen
Les ennemis s'affrontent. Deux points de vue qui s'affrontent.
♦*N - se V - à Nqc/qn* — *Les manifestants se sont violemment affrontés aux forces de l'ordre. Les troupes se sont affrontées à une résistance acharnée.*
♦*Nqn - se V - avec Nqn* — mit jm e-e Auseinandersetzung haben,
Il s'est affronté avec ses parents.

affubler (3) — jn herausputzen
N - V - Nqn -(de Nqc) — *Ils ont affublé leur enfant de bric et de broc.*

affûter (2) — schärfen
N - V - N — *Affûter un couteau, une scie.*

agacer (2) — etw reizen, jn ärgern
Nqc - V - Nqc — *Le citron agace la gencive.*
N - V - Nqn — *Jean m'agace. Son comportement m'agace.*
que S Kj -(cela) - V - Nqn — *Qu'il n'ait pas pensé à me prévenir, (cela) m'agace bien.*
♦*cela - V - Nqn - que S Kj* — *Cela m'agace qu'il n'ait pas pensé à me prévenir.*

agencer (2) — anordnen, in e-e Ordnung bringen
N - V - Nqc-pl — *J'ai du mal à agencer mes mots. Agencer l'espace d'un appartement.*
♦*Npl - se V* — zusammenpassen
Ces deux couleurs s'agencent bien. Les pièces de ce puzzle s'agencent bien (entre elles/ensemble).
♦*N - se V - avec N* — s. einfügen in, passen zu
Une architecture qui s'agence bien avec le paysage.

s'agenouiller (1) — s. hin-knien
N - se < qp > — *S'agenouiller devant l'autel.*

agglomérer (2/2+A) — an-, auf-häufen
N - V - Npl - en n — *...ces dunes de sable que le simoun agglomère en grappes/Farrère/ Le vent a aggloméré la neige autour de la maison.*
N - V - Npl
♦*N - V - N - à N* — einfügen, eingliedern, einbeziehen in
Agglomérer un élément nouveau à une problématique.

agglutiner (2) — zusammenkleben (lassen)
N - V - Npl — *La chaleur a agglutiné les bonbons. Les bonbons se sont agglutinés avec la chaleur.*

• **aggraver** (2) — verschlimmern, verschärfen
N - V - N — *La crise a aggravé la situation. Le climat aggrava le mauvais état de sa santé. La situation a aggravé les antagonismes.*

• **agir**[1] (1/2/1+Adv) — handeln
Nqn - V <en N> — *Il faut agir au plus vite. Il a agi en homme honnête.*
contre N — *Il agit contre les pouvoirs.*
auprès de Nqn — bei jm intervenieren
Je vais tâcher d'agir auprès de lui pour qu'il vous obtienne cela.
Nqc - V — wirken
Le médicament, le poison n'a pas agi.
Nqn - V - sur Nqn — einwirken auf
Essayer d'agir sur qn pour qu'il prenne une décision.
Nqc - V - sur Nqc — *Des facteurs multiples agissent sur le climat.*
Nqn - (en) V - Adv <avec Nqn> — wie an jm handeln, wie mit jm umgehen
On n'avait cru pouvoir en agir autrement avec lui/P. Mille/. Agir mal avec quelqu'un d'autre.

• **s'agir**[2] (o+1) — s. handeln um, darum gehen, es gilt...
il - se V - de N <pour Nqn> — *Il s'agit pour moi d'une farce. Il s'agit d'un ami, d'un livre. Il s'agit de lui, de cela (×en).*
que S Kj — *Il s'agit (pour moi) que tu réussisses à cette épreuve.*
de Inf — *Il s'agit pour toi de savoir ce que tu veus faire. Il s'agit pour ces représentants des pays du tiers-monde de fixer une position commune/LeM/.*

• **agiter** (2) — hin und her bewegen, schütteln, wedeln mit, fig. (Gemüter) bewegen
N - V - N — *Agiter son mouchoir, un drapeau, une bouteille. Le chien agite sa queue. Le vent agite les feuilles.*
Voilà un événement qui agite les esprits.
⧗ *agiter un problème:* diskutieren
⧗ *agiter le peuple:* aufwiegeln
⧗ *Des troubles politiques ont agité le pays:* erschüttern
♦*N - se V* — *Paul s'agite sur son lit. Les enfants commencent à s'agiter. Les feuilles s'agitent dans le vent. Les hommes s'agitaient et leur excitation contrastait avec cette tranquillité/P.Loti/.*

agonir (3)		überschütten, überhäufen mit
N - V - N - de N		*Agonir qn d'injures, de sottises.*
		⧗ *se faire agonir (sc.: d'injures).*
agoniser (1)		mit dem Tode ringen
N - V		*Le malade agonise.*
agrandir (2)		vergrößern
N - V - N		*Agrandir un jardin, son entreprise, une photo.*
		⧗ *N-V-Ø(=être agrandissant):ses jumelles agrandissent dix fois.*
• agréer (2)		an-, entgegennehmen, gestatten daß
N - V - Nqc		*Il a agréé ma demande. Veuillez agréer, Monsieur, l'expression de mes sentiments distingués.*
que S Kj |×1	LIT	*Agréez que je vous envoie cet exemplaire de ma thèse.*
Nqc - V - à Nqn	LIT	jm gefallen
		Ma réponse vous agrée-t-elle?
♦*cela/il - V - à Nqn - que S Kj*	LIT	*Cela vous agrée-t-il que je vous rende visite? Il m'agréerait que vous vous déplaciez vous-même.*
agréger (2+A)		zusammenfügen
N - V - Npl - (en n)		*Agréger des éléments hétérogènes en une masse compacte.*
♦*N - V - Nqc - à Nqc*	RARE	*La pluie a agrégé les feuilles mortes à la boue.*
♦*N - V - Nqn - à Nqc*		jn eingliedern in
		C'était le culte d'une classe auquel j'étais fier de me sentir agrégé/Mauriac/.
♦*N - se V - N*		s. jn/etw eingliedern
		L'institut s'est agrégé une nouvelle équipe.
agrémenter (3/2)		aus-schmücken
N - V - N - de N		*Jean agrémente ses conférences de citations classiques.*
N - V - N		*Des citations érudites agrémentent le discours du capitaine des pompiers.*
agresser (2)		überfallen, angreifen
N - V - N		*Des voyous ont agressé un passant dans la rue.*
s'agriffer (1+L)		s. fest-krallen an
N - se V - qp		*Le chat s'agriffa au rideau.*
agripper (2)		(fest) ergreifen, packen
N - V - N		*Il agrippa la main de M.et la serra/Sartre/.*
♦*Nqn - se V - qp*		s. festhalten, -klammern
		Chercher un point d'appui où s'agripper. G. avait saisi son bras et s'y agrippa/Martin du Gard/.
		⧗ *Agripper le bras/le manteau de qn > agripper quelqu'un par le bras/par le manteau.*
• aider (3/2)		helfen
N - V -(Nqn) -(à Nqc)		*Il m'a aidé à la préparation de mon examen.*
▼*Nqc/qn - V - Nqn*		*Jean m'aide depuis ce matin. Ce médicament ne m'a pas aidé.*
▼*Nqc/qn - V - à Nqc*		*Paul aide à la construction d'un pont. Ces mesures aideront à la reprise économique.*
▼*Nqc - V*		*Voilà un médicament qui n'aide pas.*
Nqn - V - Nqn < dans N >		*Il m'aide dans mon travail.*
N - V - N - à ce que S Kj 2		*Aider qn à ce qu'il prépare un examen.*
à Inf 2		*Aider qn à réparer se bicyclette.*
		⧗ VIEUX: *Nqn-V-à Nqn-à Inf 2*
Nqn - V - Nqn - de N		*Aider qn de ses conseils. Vous m'avez aidé de prières, je vous aiderai de la même façon.*
♦*Nqn - se V - de Nqc <pour Inf 1>*		etw zu Hilfe nehmen
		S'aider d'une canne pour marcher, d'un dictionnaire pour faire une traduction.
aigrir (2/1)		Fig.: verbittern, erbittern
N - V - N		*Cela n'avait pour résultat que d'attrister mon caractère...et de l'aigrir un peu/V. Larbaud/.*
♦*Nqc -(se) V*		<Milch> sauer werden, <Wein> umkippen
		Le vin s'aigrit, aigrit. Le lait (s')aigrit.
♦*N(qc de)qn - se V*		<jd> bitter, reizbar werden, <etw> s. verschlimmern, -schärfen
		Mon oncle s'est aigri avec l'âge. Le mécontentement s'aigrit de minute en minute/H. Barbusse/.
aiguiller[a] (2+L)		(Zug) umsetzen
N - V - N -(qp)		*Aiguiller un train (sur une voie de garage).*
aiguiller[b] (3)		lenken, orientieren
N - V - N - sur/vers N		*Aiguiller la conversation sur un autre sujet, vers d'autres sujets. Aiguiller un étudiant vers des études littéraires.*
aiguillonner (2)		antreiben
N - V - N		*Le paysan aiguillonne ses boeufs.*
aiguiser (2)		schärfen
N - V - N		*Les ciseaux ont besoin d'être aiguisés.*
		Fig.: (den Appetit) anregen, (Urteilsvermögen) schärfen
		Des petits hors-d'oeuvres qui aiguisent l'appétit. L'habitude de la rigueur intellectuelle avait aiguisé son jugement.
• aimer (2)		lieben, mögen, gernhaben
N - V - Nqn		*Pierre aime Marie.*
		⧗ *N-V-Ø: Il aime.* → *être amoureux.*
N - V - Nqc		lieben, mögen, gernhaben, ⧗ jm gefallen
		Il aime les bons plats. Tu aimes ce tableau?
que S Kj |×1		*J'aimerais que vous me prêtiez votre chapeau.*
Ø Inf 1		gern + V
		J'aime faire du vélo par tous les temps.

N - V - à ce que S Kj |×1 RARE *Il aime à ce qu'on le flatte.*
à Inf 1 *Il aime à dire que les temps ont changé.*
⧗ ARCH: *N-V-de Inf 1*
⧗ *aimer mieux - Inf 1:* lieber + V, es vorziehen zu

ajourner (2+Adv) vertagen
N - V - N -$(Adv_{\text{à}})$
Le conseil de planification a ajourné sa séance (au lendemain). Ajourner une décision lourde de conséquences.

• ajouter[a] (3) hinzufügen
N - V - N - à N
Ajouter 22o F à la facture. Les primes sont ajoutées aux salaires.
⧗ *ajouter foi (aux dires de qn):* Glauben schenken
⧗ *N-V-N-Ø |K: Il prit du café et puis il ajouta du sucre (sc.: au café).*
⧗ *N-V-Ø-à N |K: Le départ brusque du Général de Gaulle a ajouté à la confusion (sc.: de la confusion).*

• ajouter[b] → dire[1]

ajuster (2) einander anpassen, in Ordnung/Übereinstimmung bringen
N - V - Npl
Ajuster ses cheveux, sa coiffure. Ajuster les divers éléments d'une affiche. Ajustez vos flûtes! Il était en train d'ajuster les dernières phrases de son discours. Les pièces du mécanisme s'ajustent parfaitement.
♦*N - V - N -(à N)* anpassen
Ajuster un tuyau à un robinet, un joint à un tuyau. Ajuster son langage à son auditoire. Ajuster le couvercle (à la marmite). Ajuster le tir (à un but). Le tailleur ajuste le costume à la taille du client.
⧗ *N-V-N: ajuster Nqc/qn:* zielen auf
Le chasseur ajuste le lièvre. Fig.: bien ajuster son coup.

alarmer (2) beunruhigen
N - V - Nqn
Par cette nouvelle, la presse a alarmé l'opinion publique.
⧗ → *donner l'alarme: La sirène donne l'alarme.:* Alarm geben
♦*N - se V -(de N)* s. beunruhigen, s. ängstigen
Je m'alarme de votre état de santé.
de ce que S Kj RARE *Il s'alarme de ce qu'il doive quitter le pays.*
que S Kj *Il s'alarme qu'on lui demande de quitter le pays.*
de Inf 1 *Il s'alarme de devoir quitter le pays.*

• alerter alarmieren
N - V - N
Une épaisse fumée alerta les voisins. Alerter les pouvoirs publics. Alerter les pompiers.
⧗ → *donner l'alerte: La sirène donna l'alerte.:* Alarm geben

aliéner (2) (Besitz, Rechte...) veräußern, (Menschen) entfremden
N - V - N
Aliéner sa propriété. Le travail automatique aliène les hommes. Fig.: *aliéner sa liberté, l'indépendance nationale:* preisgeben
♦*Nqn - se V - N(qc de)qn* s. etw verscherzen, s. jn entfremden
S'aliéner la sympathie de qn. J. Carter ne veut pas être trop 'étiqueté' à gauche afin de ne pas s'aliéner les classes moyennes/LeM/.

aligner (2) in eine Reihe bringen, stellen..., aufstellen
N - V - Npl
Aligner ses pions au début du jeu. Après la bataille le général ne pouvait plus aligner que quelques régiments/J. François/. Fig.: Aligner des arguments.
♦*N - V - N - sur N* Fig.: ausrichten nach, auf
Le gouvernement aligne toute sa politique sur la stabilité. Paul s'aligne complètement sur la conduite de son parti. Aligner le franc sur le deutschemark.

• alimenter (3/2) ernähren mit, fig.: beitragen zu
N - V - Nqn -(de N)
N - V - N
On alimente les nouveau -nés de lait. Elle fait la grève de la faim, elle ne s'alimente plus depuis trois jours/LeM/. Fig: Alimenter une conversation. Les inégalités excessives de la société française contribuent à alimenter l'inflation/LeM/.
N - V - Nqc -(en N) versorgen mit
Les sources alimentant la ville en eau potable tarissaient les unes après les autres. Cette usine alimente toute la ville en électricité.

allaiter (2) (Kind) stillen
N - V -(N)
La jeune mère allaite son bébé. Elle n'allaite plus depuis trois semaines.

allécher (2) anlocken
N - V - N
Maître Renard par l'odeur alléché.../La Fontaine/. Vous alléchez votre clientèle par des promesses démesurées.

alléger (2) leichter machen, (Budget) kürzen, (Steuern...) herabsetzen, (Steuerzahler) günstiger stellen, (Schmerz...) lindern, mildern
N - V - N < de N >
Alléger la charge d'un camion, une voiture. Le budget a été allégé de 1o %. Alléger les taxes. Alléger les contribuables. Alléger la souffrance de qn.
⧗ FAM: *alléger qn de son portefeuille:* jn erleichtern um

alléguer (2) (Argumente) anführen, heranziehen
N - V - N
que S Ind
Alléguer des arguments, un texte de loi à titre de justification. F. allégua que la liberté excessive se détruit enfin elle-même.

N - V - Ø Inf 1 — *Il allégua avoir été mal informé.*

• **aller**[1] (1+L/1) — gehen, fahren...
N - V - qp <Ø Inf_{fin}> — *Il est allé en ville faire des courses. Je vais à Paris. Aller qp en avion, en bateau. Aller à/en bicyclette, à vélo, à cheval, à pied, en voiture, en car. Allez, vas-y! Va y mettre de l'ordre! Aller* chez *le* (pop. *au) dentiste.*
⧗ *aller sur ses trente ans:* zugehen auf
⧗ *aller au-devant des désirs de qn:* zuvorkommen
⧗ *aller jusqu'à Inf 1:* soweit gehen zu
⧗ *aller Inf 1* |*neg.:* ja: *N'allez pas vous imaginer...*
⧗ *aller voir qn:* besuchen; *aller chercher qc/qn:* ab-holen; *se laisser aller:* s. gehen lassen
N - V — *Ma montre ne va plus.*
⧗ *N-V-N: aller son chemin.*

• **aller**[2] (1+Adv) — wie gehen, laufen
N - V - Adv — *Comment allez-vous? Les affaires vont de mal en pis. Ça va de soi.*
⧗ *aller comme sur des roulettes:* wie geschmiert gehen
⧗ *N-V-Ø: Comment allez-vous? - Ça va.*

aller[3] (2+Adv/1+Adv) — jm stehen, sitzen, passen, fig.: jm passen, recht sein
N - V -(Adv) - à Nqn — *Cette robe ne vous va pas du tout. Je viens demain, est-ce que cela vous va?*
Npl - V - Adv — zueinander-, zusammenpassen, passen zu
La robe et le manteau vont bien ensemble.
♦*N - V -(Adv) - avec N* — *Les espadrilles, ça va avec n'importe quoi.*

• **aller**[4] (aux) — "futur immédiat"
N - V - Ø Inf 1 — *Il va venir tout de suite.*

aller[5] (aux) — immer mehr
N - V - en V_{-ant} — *Les jours vont en allongeant.*
N - V - V_{-ant} LIT — *Les jours vont allongeant.*

en aller[6] (o+1+Adv/o+1) — es wie stehen mit
il - en V - Adv - de Nqc — *Il en va ainsi de notre affaire.*
pour Nqc/qn — *Il en va de même pour vous, pour votre affaire.*
il - en V - de N — es gehen um
Il en va de votre avenir.

• **s'en aller**[7] (1+L) — weg-gehen, fig. gehen, ausscheiden
N - s'en V -(qp) <Ø Inf_{fin}> — *Pierre s'en va (jouer dans le jardin). S'en aller au bureau. Fig.: Notre meilleur collaborateur s'en va.*

y aller[8] (1+Adv) — wie umgehen mit
N - y V - Adv — *Allez-y doucement, l'appareil est en mauvais état.*
⧗ *ne pas y aller de main morte (avec qn):* nicht zimperlich sein, kräftig zuschlagen

allier[a] (2) — legieren
N - V - Npl — *Allier divers métaux.*
♦*N - V - N - avec N* — *Allier l'or avec l'argent.*

allier[b] (2) — zusammenbringen, verbinden, verbünden
N - V - Npl RARE — *Des intérêts communs ont allié les deux pays, le Mali et Malte.*
♦*Npl - se V <contre N>* — *Les bleus et les verts se sont alliés contre les rouges.*
♦*N - se V - à/avec N <contre N>* — *L'inspecteur Mongrot s'est allié au milieu contre les mafiosi. Dans son article, l'élégance s'allie à/avec la rigueur.*
♦*N - V - N - à/avec N* — *Cette solution allie l'élégance à/avec la rigueur.*

allonger (2/1) — länger werden (lassen)
N - V - N — *Le soleil en déclinant allonge les ombres.* se V: *La liste s'allonge. Les jours s'allongent. Son visage s'est allongé.*
N - V — *Les jours allongent.*
⧗ *N-V-N-à N:* FAM: *allonger une gifle à qn:* jm eine langen
POP: jm das Geld geben, auf den Tisch blättern: *Il entra dans la boutique...demandant son argent, qu'on lui allongea tout de suite/Zola/.*
⧗ *Nqn-seV-(qp):* s. hinlegen: *s'allonger deux minutes sur un canapé.*

allouer (3) — (Geld) bewilligen, bestimmen für, (Kredit) einräumen
N - V - N - à N — *Il y a des fonds publics alloués à la construction navale.*

• **allumer** (2/1) — anzünden, (Licht/Radio) anmachen, -stellen, -schalten, einschalten
N - V - N — *Allumer un feu, sa pipe, ses phares, la radio, la télé.*
♦*N - se V* — <Licht> angehen, Licht wo angehen, <Blick> zu leuchten anfangen
La lampe s'allume. Les fenêtres s'allumèrent l'une après l'autre. La rue s'allumait. Ses yeux s'allumèrent.
N - V — *La lampe n'allume plus, il faut la remplacer. Elle allume bien.*

alourdir (2) — schwer(er) machen
N - V - N — *Le fardeau qu'il porte sur ses épaules alourdit sa démarche. L'âge alourdit les traits de son visage.*

altérer (2) — (Farben) verschießen lassen, Fig.: entstellen, verfälschen
N - V - N — *Le soleil a altéré la couleur de sa chemise. La couleur s'est altérée au soleil. Cette interprétation altère le sens du texte.*

alterner (2/1) — (sich) abwechseln
N - V - Nqc-pl — *Alterner les cultures/la culture d'un champ.*
Npl - V — *Diverses couleurs alternaient dans un rythme rapide. Les deux conducteurs alternèrent au volant pendant tout le voyage.*
♦*N- V - avec N* — *Le bleu et le rouge alternent avec le vert.*

alunir (1) — CRIT
N - V < qp >
(auf dem Mond) landen
Les cosmonautes ont aluni (dans la mer des tempêtes).

amadouer (2)
N - V - N
jn für sich gewinnen, jn beschwichtigen
Il chercha à l'amadouer par des paroles habiles. Aujourd'hui... c'est plutôt la droite qu'il faut amadouer/LeM/.
♦*Nqn - se V*
zugänglicher, gewogener werden
Au début, elle était farouche; puis elle s'amadoua et abandonna sa réserve.

amaigrir (2/1)
N - V -(N)
abmagern lassen
La maladie l'a amaigri. La maladie amaigrit.
N - V — RARE
abmagern
Il a beaucoup amaigri.

amalgamer (2)
N - V - Npl
amalgamieren, fig.: zus.schmelzen, verbinden, vermengen
Le Bohémien amalgame le soufre et l'étain dans sa petite casserole/Richepin/. Amalgamer dans un article des informations de tout bord.
♦*N - V - N - avec N*
Amalgamer l'argent et/avec l'acier. Mirabeau amalgamait dans sa parole sa passion personnelle et la passion de tous/Hugo/.

amarrer (2)
N - V - N <qp>
vertäuen, festbinden
Amarrer un navire au quai. Amarrer solidement un chargement.

amasser (2)
N - V - Npl
auf-, anhäufen
Le vent amasse les feuilles dans les fossés. Amasser des richesses, de l'argent. Amasser des preuves.

ambitionner (2)
Nqn - V - N
que S Kj |× 1
de Inf 1
streben nach
Pendant toute sa vie, il avait ambitionné un poste tranquille. Le poète frustré ambitionne que son fils devienne académicien. Il ambitionne de devenir ministre.

• améliorer (2)
N - V - N
ver-bessern
On améliore le rendement des sols à l'aide d'engrais. Vouloir améliorer les hommes.

aménager (2)
N - V - N
wohnlich machen, einrichten, (Gelände) erschließen
Les 'étrangères' avaient apporté le goût d'aménager les intérieurs des maisons/LeM/. Une immense bibliothèque avait été aménagée aux caves/Pilhes/. Aménager un terrain.

amender (2)
N - V - N
(Gesetz) abändern, (Fig.:) ver-bessern, läutern
Amender une loi. Amender les sols à l'aide d'engrais.
REL: *Les épreuves qu'il a dû traverser l'ont amendé.*

• amener[a] (2+L/3)
N - V - Nqn -(qp)
à Nqn
mitbringen, mit sich bringen, mitnehmen
Je vous amène au cinéma. La guerre amène bien des maux. Je vous amènerai mon amie. FAM: *N-V-Nqc: amener un livre à qn.*

• amener[b] (3)
Nqc/qn - V - Nqn - à N
à ce que S Kj 2
Nqc/qn - V -(Nqn) - à Inf 2
bringen zu, jn veranlassen, bewegen zu
Amener qn à la raison.
Amener qn à ce qu'il prenne une décision.
J'avais été amené à superviser la constitution de leur dossier /Pilhes/. Une analyse plus fine amène cependant à nuancer les conclusions optimistes que l'on pourrait tirer de ces chiffres /LeM/.

amerrir (1)
N - V < qp >
wassern
L'hydravion amerrit sur le lac.

ameuter (2)
N - V - Npl
aufwiegeln, -hetzen, die Aufmerksamkeit von jm erregen
Ameuter les foules. Ses cris finirent par ameuter les passants.
♦*Npl - se V*
s. zusammenrotten
Les gens s'ameutent dans les rues.

amidonner (2)
N - V - N
etw stärken
La blanchisserie amidonne les cols de chemise.

amincir (2/1)
dünner, schlanker machen, schlanker werden lassen
N - V - Nqc
Amincir une poutre, une tôle.
N - V -(Nqn)
Cette robe l'amincit. Ce régime amincit.
♦*Nqc - se V*
Le tuyau s'amincit au milieu.
Nqn - V — FAM
Jeanne a minci.

amoindrir (2)
N - V - N
verringern, schwächen, schmälern
La sécheresse amoindrit la récolte. Ses erreurs ont amoindri son autorité. La maladie a amoindri ses forces, l'a amoindrie.

amollir (2)
N - V - (N)
weicher machen, verweichlichen
La chaleur amollit le plastic. L'oisiveté amollit (le caractère).

amonceler (2)
N - V - Npl
aufhäufen
Amonceler des piles de revues sur son bureau.

amorcer[1] (2)
N - V -(N)
ködern, mit einem Köder versehen
Amorcer des poissons, sa ligne. Amorcer avec du pain.

amorcer[2] (2)
N - V - N
betriebsbereit, scharf machen
Amorcer une pompe, une bombe.
in Gang bringen, beginnen, ansetzen zu
Amorcer les travaux du métro, des négociations, une réponse.

amortir[1] (2)
N - V - N
dämpfen
Amortir un bruit, un choc.

amortir[2] (2)	tilgen, amortisieren, abschreiben
N - V - N	*Amortir une dette. Amortir l'achat d'une machine.*
s'amouracher (2)	s. vernarren in
N - se V - de Nqn	*Il s'est amouraché d'une petite sotte.*
amplifier (2)	verstärken, Fig.: aufbauschen, vergrößern
N - V -(N)	*Amplifier des ondes. L'amplificateur de ma chaîne amplifie mal.*
N - V - N	*Fig.: Les journaux amplifient le scandale.*
amputer (2/3)	amputieren, Fig.: jn beschneiden in, etw verstümmeln, kürzen
N - V - N	*Le chirurgien a dû amputer son/le bras gauche > le chirurgien a dû lui amputer le bras gauche.*
N - V - N -(de N)	*Amputer qn (d'un bras). Fig.: amputer qn de sa liberté. Amputer une pièce de théâtre (d'une scène). Amputer un article.*
• amuser (2)	belustigen, amüsieren; s. lustig machen
N - V -(N)	*Tu nous as bien amusés. Voilà un jeu qui amuse.*
♦*il/cela - V - Nqn - de Inf 2*	*Il/cela m'amuse de voir ce spectacle*
♦*cela - V - Nqn - que S Kj*	*Cela m'amuse que vous soyez tombé à l'eau avec ce costume.*
♦*Nqn - se V -(à Inf 1)*	*Les enfants s'amusent à faire des bulles de savon.*
de Nqc	*Tout le monde s'amuse de son défaut de langue.*
de ce que S Kj |×1	*Il s'amuse de ce que je joue si mal au tennis.*
de Inf 1	|*de voir..: Il s'amuse de voir que je joue si mal au tennis.*
	✖ ×*il s'amuse de faire.. → cela l'amuse de faire*
• analyser (2)	analysieren
N - V - N	*Analyser un corps chimique, la situation économique.*
ancrer[a] (2+L/1+L)	vor Anker legen
N - V - N -(qp)	*Ancrer un bateau (dans la rade).*
♦*N - se V -(qp)*	vor Anker gehen
	Nous nous sommes ancrés dans une crique.
N - V -(qp) LIT	ankern, vor Anker liegen
	Nous ancrâmes, dans une mauvaise rade, sur une base de roches /Chateaubriand/
	✖ → *être ancré, mouiller*
ancrer[b] (2+L)	jm einprägen, eintrichtern
N - V - dans Nqc(de qn) - N	*Ancrer une idée dans la tête de qn>la lui ancrer dans la tête.*
que S Ind	*On m'a ancré dans la tête que la terre est ronde.*
Kj	*Ancrer dans l'esprit de son enfant qu'il doive se moucher et dire bonjour à Madame.*
de Inf 2	*Je lui ai ancré dans la tête de ne pas oublier son intérêt.*
anéantir (2)	vernichten, zunichte machen, jn erschöpfen
N - V - N	*Le tremblement de terre, l'ennemi a anéanti la ville. Anéantir les espoirs de qn. La longue marche au soleil m'a anéanti.*
angoisser (2)	ängstigen
N - V -(N)	*L'idée de l'examen m'angoisse. Un cauchemar qui angoisse.*
♦*Nqn - se V - de N*	*Nous nous angoissons d'un danger que nous pressentons plutôt que nous ne le connaissons/Guillemin/.*
de ce que S Ind/Kj	*Il s'angoisse de ce qu'il ne parvient/parvienne pas à terminer son travail à temps.*
de Inf 1	*Il s'angoisse de ne pas parvenir à son but.*
• animer (2/3)	beleben
Nqc/qn - V - Nqc	*Une vedette connue animera la soirée. Animer la conversation par ses mots d'esprit. Des mots d'esprit animent la soirée.*
	bewegen, antreiben
	La roue était animée d'un mouvement rapide.
Nqc - V - Nqn	beseelen, beherrschen
	La haine l'anime. Il fut animé d'une colère soudaine. Etre animé du désir de bien faire. C'est le même principe qui nous anime.
Nqn - V - Nqn < *de N* >	anfeuern
	Animer un coureur cycliste de ses gestes, de sa voix.
Nqn - V - Nqn - contre N	aufstacheln, aufhetzen
	Mirabeau...avait traversé les rangs du régiment cherchant à animer les soldats contre leurs officiers/Le Moniteur 1789/
	✖ VIEUX: *N-V-Nqn-àN: → inciter, entraîner*
annexer (2/3)	annektieren
N - V - N	*La France a annexé Nice au siècle dernier.*
♦*N - se V - N*	*La France s'est annexé Nice.*
N - V - N - à N	Fig.: anhängen an, eingliedern
	Annexer une clause à un paragraphe de loi. Il a annexé un bois à son domaine.
annihiler (2)	vernichten
N - V - N	*Ce coup avait annihilé toute résistance. Le mouvement ouvrier, annihilé après la guerre.../LeM/.*
• annoncer (3)	ankündigen, bekannt geben
N - V -(à Nqn) - N	*Annoncer (à qn) une visite. Le serviteur annonça à Mme la marquise un visiteur de marque.*
que S Ind	*Je viens vous annnoncer que vous avez réussi à votre examen.*
Int.ind	*Il ne nous a pas annoncé quand il arriverait.*
∅ Inf 1	*Je vous annonce avoir réussi à mon examen.*
♦*Nqc - se V - adj/adv*	versprechen...zu werden
	La journée s'annonçait étouffante. La saison s'annonce bien.
annoter (2)	mit Anmerkungen versehen
N - V - N	*Annoter un texte. Peu de passages ont été aussi minutieusement annotés par Beethoven, les moindres inflexions sont inscrites. /R. Rolland/.*

• **annuler** (2) — annulieren, rückgängig machen
N - V - N — *Annuler un voyage, une décision, un contrat.*
♦*Npl - se V* — s. neutralisieren, einander aufheben
Des forces contraires égales s'annulent.

anoblir (2) — in den Adelsstand erheben, adeln
N - V - N — *Le roi Jean anoblit son chancelier/Voltaire/.*

ânonner (2) — stockend vor-, ablesen
N - V -(N) — *L'élève ânonnait une page de lecture. Lire en ânonnant.*

anticiper (2) — (Geld) im voraus bezahlen, s. etw im voraus vorstellen
N - V - N — *Anticiper un paiement. Anticiper l'avenir, la douleur, le succès, une fête.*
N - V - sur N — vorwegnehmen, vorgreifen auf
Anticiper sur l'avenir, sur une décision.
⧗ *N-V-Ø: n'anticipons pas! (sc.: sur la suite).*

• **apaiser** (2) — beruhigen, beschwichtigen, (Hunger, Durst) stillen
N - V - Nqc/qn — *Apaiser la colère de qn. Mes paroles l'apaisèrent. Apaiser sa faim, sa soif. Des industriels ont récemment fait des suggestions pour apaiser le mécontentement des Noirs/LeM/.*
♦*Nqc/qn - se V* — <jd> s. beruhigen, <etw> s. legen
Le malade s'est apaisé. Sa colère s'est apaisée. La tempête justicière qui secoue, une fois de plus, la France, semble s'apaiser/LeM/.

• **apercevoir**[1] (2) — erblicken, sehen
N - V - N — *Apercevoir un avion dans le ciel.*
♦*N - V - N - inf 2* — *On apercevait les bateaux sauter, ballotter sur les vagues.*
N - V - Nqc — fig.: begreifen, bemerken
J'arrive à apercevoir le sens du texte. J'aperçois ce que vous voulez dire.
que S Ind RARE — *Le curé était seul à apercevoir que les familles de C. avaient leurs physionomies sexuelles particulières, qu'il groupait en trois catégories pour la commodité de sa tâche/M. Aymé/.*
Int.ind — *Je n'arrive pas à apercevoir comment cela est possible.*

s'apercevoir[2] (2) — e-r S gewahr werden, bemerken
Nqn - se V - de N — *S'apercevoir d'une faute.*
de ce que S Ind RARE — *Je m'aperçois de ce qu'il y a une erreur dans le texte.*
que S Ind — *On s'apercevra que, pour diriger une entreprise, il faut justement savoir de plus en plus de choses difficiles/Pilhes/.*
Ø Inf 1 — *Je m'aperçois avoir fait une erreur, être dans l'erreur.*

apitoyer (2/3) — Mitleid erregen
N - V - N — *Son sort m'apitoie.*
N - V - N -(sur N) — *Il essaie de m'apitoyer (sur son sort).*
♦*Nqn - se V -(sur N)* — *Il a fini par s'apitoyer (sur mon sort).*
Mitleid haben mit, ⧗ gerührt werden von
S'apitoyer sur le sort de qn.
⧗ *s'apitoyer sur son sort:* sich (selbst) bemitleiden.

aplanir (2) — einebnen, eben machen; (Streit) beilegen, aus dem Wege räumen
N - V - N — *Aplanir une route, une difficulté, un différend.*

aplatir (2) — flach machen
N - V - N — *Aplatir son chapeau en s'asseyant dessus.*

apostropher (2) — jn grob anfahren, brüsk ansprechen
N - V - Nqn — *Christophe les apostropha avec une violence inouïe/R.Rolland/. Une personne inconnue m'apostropha dans un café.*
♦*Npl - se V* — einander beschimpfen
Deux automobilistes s'apostrophent dans la rue. L'agent de police et l'automobiliste se mirent à s'apostropher.

• **apparaître**[1] (1/2) — erscheinen
N - V < qp > — *Enfin, le soleil* est *apparu à l'horizon. La conscience réfléchie n'aurait jamais apparu sur terre, quoi qu'il en soit, l'homme est apparu/J. Rostand/. La vérité est enfin apparue.*
⧗ RARE: avoir *apparu: La vérité a enfin apparu. Enfin, le soleil a apparu à l'horizon.*
♦*il - V - N < qp >* — *Il est apparu un bateau à l'horizon.*
N - V - à Nqn — *L'ange est apparu à Marie. La vérité nous est enfin apparue.*
♦*il - V - N - à N* — *Il lui est apparu un ange.*

• **apparaître**[2] (2+A) — er-scheinen
N - V -(à Nqn) - être n — *Cela m'apparaît être une erreur. Cela m'a apparu être une erreur.*
(être) adj — *Cela nous est apparu (être) difficile. Cela nous est apparu irréalisable.*
(être) adv — *De ce fait, les démocraties apparaissent aujourd'hui (être) sur la défensive, voire en recul/LeM/. Il m'apparaît être dans une phase difficile. Jean nous est apparu être dans les nuages.*
que S Kj-(cela)-V-(à Nqn)-être n — *Qu'il attende encore, cela m'apparaît être une imprudence.*
(être) adj — *Qu'il attende encore, cela m'apparaît (être) imprudent.*
♦*cela-V-(à Nqn)-être n...-que S Kj* — *Cela m'est apparu être une imprudence de sa part qu'il soit parti au Sahara sans parapluie.*
♦*il...* REL — *Il m'apparaît être une erreur que l'on s'exprime ainsi.*
(de)Inf-(cela)-V-(à Nqn)-être n — *(De) partir au Sahara sans chapeau, (cela) m'apparaît être une erreur fatale.*
(être) adj — *Partir au Sahara sans chapeau de paille, (cela) m'apparaît (être) imprudent.*

♦*il/cela-V-(à Nqn)-être n -(que)de Inf* — *Il/cela (m')apparaît être une erreur fatale que de partir au Sahara sans haut-de-forme.*
-(être)adj-(que)de Inf — *Il/cela m'apparaît (être) particulièrement insouciant (que) de partir au Sahara sans ambre solaire.*
♦*il - V -(à Nqn) - que S Kj* |*neg* — *Il ne (m')apparaît pas qu'on puisse dire cela de cette manière.*
N - V -(à Nqn) - comme n LIT — *Un bon portrait m'apparaît toujours comme une biographie dramatisée/Baudelaire/.*
comme adj LIT — *Son innocence lui apparaissait comme impossible à prouver/Maupassant/.*

appareiller[1] (1) — <Schiff> auslaufen
Nqc/qn - V < pour N > — *Le navire appareille (pour une destination lointaine). Nous avons appareillé de bonne heure.*

appareiller[2] (2) — (passend(es)) zusammenstellen
N - V - Npl — *Appareiller des couverts, des verres, un service.*
♦*N - V - N - à N* — *Appareiller des verres et/à des assiettes.*
avec N RARE — *Appareiller des verres avec des assiettes.*

s'apparenter[a] (1) — untereinander heiraten, einheiraten in
Nqn-pl - se V — *C'est une tribu où les familles ne s'apparentent qu'entre elles.*
♦*Nqn - se V - à N* — *S'apparenter à la noblesse, à une famille riche.*

s'apparenter[b] (1) — verwandt, ähnlich sein
Nqc-pl - se V — *Leurs points de vue s'apparentent.*
♦*Nqc - se V - à Nqc* — *Son point de vue s'apparente au mien. Sa méthode s'apparente au structuralisme.*

• appartenir[a] (2) — <etw> jm gehören
Nqc - V - à Nqn — *Ce livre m'appartient. Cette voiture appartient au maire.*
Nqc - V - à Nqc — ein Bestandteil sein von, charakteristisch sein, gehören zu
Le concept de nirvana appartient à la philosophie bouddhique.
Ce problème n'appartient pas à mon sujet. → *faire partie de*
Nqn - V - à Nqc — gehören zu
Appartenir à une classe sociale, à une famille connue.
Nqn - V - à Nqn — jm gehören (= s. jm hingeben)
Elle a appartenu à plusieurs hommes célèbres.
⧗ →*cet enfant est à/de moi.*

appartenir[b] (2) — jm zustehen, die Aufgabe von jd sein, bei jm liegen
♦*il - V - à N - de Inf 2* — *En qualité de directeur adjoint des Relations humaines, il m'appartient d'interpréter ce texte/Pilhes/.*
N - V - à Nqn — *La décision lui appartenait.*

appâter (2) — ködern
N - V - N — *Appâter des poissons, la clientèle.*

appauvrir (2) — arm machen, verarmen lassen, (Boden) auslaugen
N - V - N — *Les pluies ont appauvri le sol. L'inégalité du développement appauvrit le tiers-monde. La paresse a appauvri son esprit.*

• appeler[1a] (2+L) — herbei-rufen, vor (Gericht) laden, (Militär) einberufen
N - V - N -(qp) — *Appeler son chien, qn au bureau. Appeler qn au secours, qn en justice. Appeler le contingent (sous les drapeaux).*

• appeler[1b] (3) — berufen, aufrufen zu
N - V -(Nqn) - à N — *Appeler qn à de hautes fonctions. La solidarité en faveur des agriculteurs appellera certaines catégories de contribuables à un effort supplémentaire/LeM/. Un ultime crédo féministe appelant à la 'réconciliation'des femmes entre elles/LeM/.*
⧗*Loc.: Le devoir m'appelle:* rufen
à ce que S Kj 2 — *Le président l'appela à ce qu'il forme un nouveau gouvernement.*
à Inf 2 — *On l'a appelé à constituer un nouveau gouvernement. Des tracts qui appellent les travailleurs à faire grève. Les syndicats appellent à faire grève.*

• appeler[2] (2+A) — nennen
N - V - N - n — *Appeler son fils Jean. Appeler un chat un chat et Staline un tyran/Etiemble/.*
par n — *Appeler les choses par leur nom.*
du nom de n — *Appeler son fils du nom de Jean.*
♦*N - se V - n* — heißen
Il s'appelait Corne d'Auroch, o gué, o gué/Brassens/. Comment t'appelles-tu?

appeler[3] (2) — jn anrufen
N - V - (N) — *Appeler qn (par téléphone). J'ai appelé, mais il ne répond pas.*

appeler[4] (2) — verlangen
Nqc - V - Nqc — *Ce problème appelle une solution urgente.*
nach sich ziehen
Une riposte en appelle une autre.

en appeler[5] (2) — appellieren an
N - en V - à N qc(de qn) — *En appeler à l'opinion publique. J'en appelle à votre conscience pour prendre une décision.*

en appeler[6] (2) REL — in Frage stellen, protestieren gegen (Gerichtsurteil, Entscheidung)
N - en V - de N — *J'en appelle de ce jugement, de votre décision.*
⧗ *faire appel (d'un jugement en première instance):* in die Berufung gehen, Berufung einlegen gegen

appesantir (2/3) — schwerer, schwerfällig machen
N - V - N — *Un gros manteau appesantit sa démarche. Le dimanche, aux courses, les tribunes se garnirent de femmes appesanties de perles.*

N - V - N - sur N	(Druck...) verstärken auf, jn etw stärker fühlen lassen *Le dictateur appesantit sa domination sur le pays.*
♦*Nqc - se V - sur N*	*La dictature s'appesantit sur le pays.*
♦*Nqn - se V - sur N*	Fig.: s. zu lange aufhalten bei, zu sehr ins Einzelne gehen *S'appesantir sur un sujet, sur les détails.*
• applaudir[a] (1/2)	applaudieren, Beifall spenden, klatschen
N - V	*Les spectateurs ont longuement applaudi.*
N - V - Nqc/qn	*L'artiste, le spectacle a été très applaudi.*
applaudir[b] (2/3)	gutheißen, laut loben
N - V - à Nqc	*Applaudir à une initiative.*
N - V - Nqn - de N	jn beglückwünschen zu *Applaudir qn de son courage.*
♦*Nqn - se V - de N*	*Ils se sont applaudis de leur succès.*
• appliquer[1] (2+L/3)	etw legen, malen, kleben ...auf, (Farbe...) auftragen auf
N - V - N -(qp)	*Appliquer une couche de peinture sur un mur, un sparadrap (sur une égratignure), son oreille à la porte, un baiser sur la joue de qn.*
N - V - N - à N	*Appliquer une fessée à un enfant, les menottes à qn.*
• appliquer[2] (3)	anwenden auf
N - V - N -(à N)	*Appliquer une méthode (à la résolution d'un problème). Il faut appliquer une loi sans faire d'exceptions.*
appliquer[3] (3)	konzentrieren auf, verwenden auf..., aufwenden
N - V - Nqc(de qn) - à N	*Appliquer tous ses soins, ses efforts à ses études.*
à ce que S Kj |×1	*Il a appliqué tous ses soins à ce que l'on respecte le programme.*
à Inf 1	*Appliquer ses efforts à faire qc.*
♦*Nqn - se V -(à N)*	etw fleißig tun, fleißig sein *S'appliquer à son travail. Cet élève s'applique.*
à Inf 1	s. bemühen, s. Mühe geben *Il s'applique à bien travailler.*
• apporter[a] (2+L/3)	mit-, hin-bringen
N - V - Nqc -(qp)	*J'apporte le linge à la blanchisserie. Il apporta son livre.*
à Nqn	*M'as-tu apporté le livre que je t'avais demandé?*
apporter[b] (3)	bringen, (Hilfe) leisten, etw wie tun
N - V - Nqc - à N	*La construction d' usines et d'immeubles sur toute la surface du globe apportait du travail et de la nourriture aux peuples maigrement pourvus/Pilhes/. M.S. a expliqué la faiblesse de l'aide apportée par la France au redressement de l'économie portugaise/LeM/. Apporter du soin à son travail.*
à Inf 1	*Apporter de l'application, du zèle à faire qc.*
• apprécier[1] (2)	ab-schätzen
N - V - N	*Apprécier une distance.*
• apprécier[2] (2)	wert-schätzen, (es) zu schätzen wissen
N - V - N	*Il apprécie le bon vin.*
que S Kj |×1	*J'apprécie que tu veuilles m'aider.*
de Inf 1	*J'apprécie d'être aussi chaleureusement accueilli.*
appréhender[1] (2)	festnehmen
N - V - N	*La police a appréhendé un voleur.*
appréhender[2] (2)	begreifen, verstehen
N - V - N	*Appréhender le sens d'une question.*
que S Ind	*Il vous est donc facile d'appréhender qu'à l'instant précis où je vous adresse ces paroles, R. Arangrude repose chez lui, étendu sur son lit/Pilhes/.*
appréhender[3] (2)	be-fürchten
Nqn - V - Nqc	*Appréhender la mort.*
que (ne) S Kj	*Appréhender qu'il (ne) pleuve.*
de Inf 1	*J'appréhende de partir.*
• apprendre (2/3)	lernen
N - V - N *< avec Nqn >*	*Il a appris la géographie avec un vieux professeur.*
dans Nqc	*Apprendre qc dans un manuel scolaire.*
que S Ind	*J'ai appris que deux et deux font quatre.*
à Inf 1	*Apprendre à parler chinois.*
N - V - à Nqn - N	jn etw lehren, jm etw beibringen *Je lui apprends le français fondamental et la natation superficielle.*
que S Ind	*Je lui apprends que deux et deux font quatre.*
à Inf 2	*Je lui apprends à parler et à nager.*
N - V - à Nqn - N	jm etw mitteilen *Apprendre une nouvelle à qn.*
que S Ind	*Je lui ai appris que Mao était mort. Un coup d'oeil à la pendulette m'apprit qu'il était minuit.*
Ø Inf 1	*Je lui ai appris avoir malheureusement vendu hier sa voiture.*
N - V - Nqc - de Nqc	etw lernen aus *M. J. Lecanuet n'a pas assez appris de la Ve République/LeM/.*
N - V -(de Nqn) - N	etw erfahren von jm *J'ai appris de la concierge une nouvelle pas très fraîche.*
que S Ind	*Je viens d'apprendre (de lui) que Mao est mort.*
Ø Inf 1	*J'apprends de la concierge avoir oublié la clef chez elle.*
N - V - N < par N >	von etw erfahren (aus etw) *J'ai appris son décès, la nouvelle par la radio, par les journaux.*

apprêter (2)		(Essen) zubereiten, (Braut) ankleiden
N - V - N		*Apprêter le dîner, une marinade, la mariée.*
♦*Nqn - se V <pour N>*		*Marie était en train de s'apprêter pour un bal.*
Nqn - se V - à N		s. bereitmachen zu, s. anschicken *S'apprêter au combat, à la lutte.*
à Inf 1		*S'apprêter à partir. A cet instant, m'apprêtant à ouvrir quelques dossiers, mon regard balaya le dessus de mon bureau/Pilhes/.*
apprivoiser (2)		zähmen, umgänglicher, vertraulicher machen
N - V - N		*Apprivoiser un écureuil. Avoir du mal à apprivoiser un enfant farouche.*
♦*Nqn - se V*		*L'enfant s'apprivoise peu à peu.*
Nqn - se V - à/avec Nqc	RARE	fig.: vertraut werden *Je m'apprivoise mal à mon nouvel entourage. Il s'apprivoise peu à peu avec ces nouvelles idées.*
• approcher (2/3)		s. jm nähern, Zutritt bekommen zu, Umgang haben mit
Nqn - V - Nqn	REL	*Il y avait tellement de monde que je n'ai pas pu l'approcher. Le maire est monté à Paris, mais il n'a pu approcher le secrétaire d'Etat. L'étiquette ne permet pas d'approcher le monarque. Il avait approché dans ce cercle les plus grands savants de l'époque.*
Nqn - V - Nqc -(de Nqc)		näherrücken, -stellen, -bringen... *Jean approche le bureau de la fenêtre. Approche donc la chaise!*
♦*Nqn - se V -(de Nqc/qn)*		s. nähern, näherkommen *Je me suis approché de lui pour lui dire bonjour. Il s'approcha de la fenêtre. Il s'approche de moi > Il s'approche.* ✕*Nqc-seV:*RARE: *La nuit s'approchait.* → *approcher*
Nqn - V - de Nqn	VIEUX	*On n'approche qu'en tremblant des despotes.* → *s'approcher*
Nqn - V -(de Nqc)		s.(örtlich, zeitlich) nähern, näherkommen, zugehen auf <Alter> *Nous approchons de Paris, de l'hiver. Il approche de la trentaine. Jeune homme, approchez! (sc.: de moi).*
N - V - de N		*Fig.: Nous approchons du but, de la vérité. Les disputes qui mettent aux prises les experts me permettent d'approcher de la vérité.*
Nqc - V -(de N)		s. nähern, näherkommen *Accoudé à la plate-forme, Gilbert voyait approcher les côtes du Mexique. L'aube approchait. La saison approche de son terme.*
• approfondir (2)		vertiefen, fig.: vertiefen, ergründen
N - V - N		*Approfondir un puits, ses connaissances de l'art médiéval, le caractère de qn, un mystère. Ce n'est pas le lieu ici, d'approfondir les raisons historiques, sociologiques et politiques de ce prodigieux renversement des idées/LeM/.*
approprier[1] (3)		anpassen
N - V - N - à N		*Approprier son langage à la situation, son style au sujet.*
s'approprier[2] (2)		s. unrechtmäßigerweise aneignen
N - se V - N		*S'approprier les biens d'autrui. S'approprier la pensée de qn d'autre.*
• approuver (2)		etw billigen, jm beistimmen
Nqn - V - Nqc/qn		*J'approuve tout ce qu'il fait. Approuver les opinions de qn > approuver qn dans ses opinions. Le conseil des ministres approuvera les mesures d'urgence en faveur des agriculteurs victimes de la sécheresse/LeM/.*
Nqn - V - Nqn < de Inf 2 >		*Je vous approuve d'avoir pris cette décision.*
que S Kj		*J'approuve que tu agisses ainsi.*
Ø Inf 1		*Après tout, j'approuve avoir été nommé dans cette ville.*
de Inf 1		*Je n'approuve guère de devoir faire cela.*
approvisionner (3)		beliefern, versorgen mit
N - V - N -(de/en N)		*Approvisionner un boucher de viande. Approvisionner la ville en électricité.*
• appuyer[1a] (1+L/2+L/2)		(auf) etw drücken, lehnen an, nicht reichen bis auf
N - V - $qp_{\text{sur/contre/à}}$		*Pierre appuie sur un bouton, contre la porte. L'armoire appuie contre le/au mur. Un pied de la table n'appuie pas sur le/au sol.*
N - V - N -(qp)		stützen auf, lehnen an, mit etw drücken auf *Appuyer une échelle contre un mur. Appuyer ses coudes sur la table. Appuyer le pied sur l'accélérateur.*
♦*N - se V -(qp)*		s. lehnen an, s. stützen auf *S'appuyer sur la table, au mur, contre un placard.*
N - V - N <avec N >		abstützen *Appuyer un mur avec des poutres de soutien.*
• appuyer[1b] (3/2)		unterstützen
N - V - N -(de N)		*Appuyer qn (de son encouragement). Appuyer une demande (de son soutien). Appuyer son raisonnement d'arguments solides.*
Nqn - V - sur N		(mit der Stimme) hervorheben, fig.: betonen *Il appuya particulièrement sur le mot "transformation".*
♦*N(qc de)qn - se V - sur N*		s. stützen auf *Jean, sa thèse, son argumentation s'appuie sur des faits solides.*
s'appuyer[2] (2)	POP	(eine lästige Arbeit) machen müssen; s. genehmigen
Nqn - se V - N		*C'est encore à moi de m'appuyer cette corvée.* *Il s'appuya trois verres de cognac, un bon gueuleton.*

arbitrer (2)
N - V -(N)
schlichten, Schiedsrichter sein von
Arbitrer un différend, un match. J'ai souvent arbitré.

arborer (2)
N - V - N
(Fahne)aushängen, hissen; zur Schau stellen
Arborer un drapeau à la fenêtre de sa maison. Arborer des décorations. Arborer un sourire: (Miene) aufsetzen

arc-bouter (2)
N - V - N
abstützen
Arc-bouter une voûte.

♦Nqn - se V -(qp) < de N >< pour Inf 1 >
s. aufstützen, s. stemmen
S'arc-bouter des pieds sur une corniche pour atteindre une fenêtre. S'arc-bouter (du dos) contre un mur pour pousser un meuble.

♦Nqn - se V -(contre Nqc/qn)< pour Inf 1 >
Fig.: Widerstand leisten, s. stemmen gegen
Les ministres..devraient..s'arc-bouter de toutes leurs forces pour faire prévaloir..la confiance dans la justice/LeM/. Cette manifestation religieuse..n'a aucune importance et c'est lui en prêter une indûment, que s'arc-bouter contre elle/Montherland/.

arguer [aʀgɥe] (2)
N - V - de Nqc < pour Inf 1 >
que S Ind
(als Vorwand) vorbringen, mit etw argumentieren
Arguer de sa maladie pour obtenir un congé.
Il argua qu'il était malade pour obtenir un congé.

argumenter (1/2)
N - V < contre Nqc/qn >
argumentieren, etw als Argument anführen, vorbringen
Argumenter contre son adversaire, contre une thèse opposée. Il ne cesse d'argumenter.

Nqn - V - de N < pour Inf 1 >
Il argumenta de cette loi pour obtenir son droit.

armer (3)
N - V - N -(de N)
bewaffnen
Armer un régiment. Armer ses troupes de fusils modernes.
⧗ *armer une arme à feu:* (Waffe) spannen, entsichern
⧗ *armer un navire:* (Schiff) bemannen und ausrüsten
⧗ *armer qn chevalier:* zum Ritter schlagen
⧗ *armer du béton:* (Beton) armieren
⧗ *armer un appareil de photo:* (Photoapparat...) spannen

♦N - se V -(de N)
s. bewaffnen, rüsten: *Un pays qui s'arme.*
Les troupes se sont armées (de fusils modernes).

♦Nqn - se V - de N
Fig.: s'armer de patience: s. wappnen mit

arpenter[a] (2)
N - V - N
vermessen
Arpenter un champ, des prés.

arpenter[b] (2)
N - V - N
mit großen Schritten auf und abgehen in, durchmessen
Arpenter sa chambre de long en large.

• **arracher** (2+L/3)
N - V - N -(de qp)
heraus-, aus-, ab-, ent-reißen, entlocken, (Zahn) ziehen
Arracher les mauvaises herbes. Arracher les pommes de terre du sol. Arracher une affiche du mur. Arracher un livre des mains *de qn > lui arracher un livre des mains. Arracher une dent à qn.*

N - V - N - de N
La sonnerie du téléphone m'arracha du sommeil, du lit. Arracher une idée de la tête de qn > lui arracher une idée de la tête.

N - V - N - à N
La sonnerie du téléphone m'arracha au sommeil. Arracher un enfant à sa mère. Arracher à son patron une augmentation de salaire. Arracher des larmes à qn, la victoire à l'ennemi. Arracher un aveu, une promesse, de l'argent à qn. Arracher une dent à M. Dupont. Le meilleur moyen d'arracher la ville aux spéculateurs est de la confier aux citoyens/LeM/. Il s'agissait d'arracher les abbayes à l'influence des seigneurs laïques/LeM/.
⧗ *N-V-N: Le spectacle a arraché* les *applaudissements* du *public.*
N-V-N-àN: Le spectacle a arraché des *applaudissements* au *public.*

♦Nqn-pl - se V - Nqc/qn
s. reißen um
On se l'arrache. Les passants s'arrachaient des cravates à 1 F.

♦Nqn - se V - de/à Nqc(de qn)
S'arracher des bras de qn, à une habitude.
⧗ *Les deux candidats cherchent à arracher les suffrages des classes moyennes/LeM/.*

arraisonner (2)
N - V - N
(Schiff) anhalten und überprüfen
La police côtière a arraisonné un cargo.

• **arranger**[1] (2)
Nqn - V - Nqc
ordnen, in Ordnung bringen, (Leben..)einrichten, organisieren
Arranger sa chambre, un fichier, sa coiffure, sa vie à sa manière, un pique-nique, un rendez-vous, un voyage.
⧗ *arranger une horloge/voiture:* in Ordnung bringen,reparieren
⧗ *arranger un différend:* schlichten, beilegen
⧗ *arranger une traduction, un air:* überarbeiten,arrangieren

♦Nqc - se V
s. bessern, in Ordnung kommen
Le temps va s'arranger. Tout a fini par s'arranger.

♦Nqn - se V < pour Inf 1/pour que S Kj >
Wege und Mittel finden um zu, es so einrichten, daß
Je vais m'arranger pour que tout se passe bien, pour le voir.

♦Nqn-pl - se V < pour Inf 1/pour que S Kj >
s. einigen, übereinkommen
Ils ont fini par s'arranger. Arrangez-vous pour faire cela, pour que tout se passe bien.

♦Nqn - se V - avec Nqn < pour Inf 1 >
Je me suis arrangé avec lui pour établir le programme.

♦Nqn - se V - avec Nqc
s. mit etw arrangieren
S'arranger avec la guerre.

♦Nqn - se V - de Nqc
zurechtkommen mit, s. abfinden mit
Il s'arrangerait de n'importe quoi.

arranger[2] (2) FAM
Nqc - V - Nqn
jm passen
Si cela vous arrange, je viendrai demain.

• arrêter^{1a} (2/1)	anhalten, zum Stehen bringen, ab-, ausschalten, (Arbeit) einstellen, niederlegen
N - V - N	*Arrêter sa voiture, un moteur, le train, le travail, le progrès.*
♦*Nqc/qn - se V*	an-halten, stehenbleiben
	Le train, le car s'arrête. La pendule s'arrête. L'hémorragie s'est arrêtée. La route s'arrête ici. Nous nous sommes arrêtés au bord de la route pour boire un coup.
	✖ *s'arrêter net/court.* FAM: *La voiture s'arrêta pile.*
N - V	anhalten, aufhören, stoppen
	Le car arrêta plusieurs fois sur son parcours. Jean arrêta brusquement. Dans cette usine, la production n'arrête jamais.
• arrêter^{1b} (3/2)	(Wahl) treffen
Nqn - V - N -(sur N)	*J'ai enfin arrêté mon choix (sur un voyage au Portugal).*
Nqn - V - N - sur N	(Blick) heften auf
	Arrêter son regard sur une personne, sur un monument.
	✖ *arrêter ses soupçons sur qn:* jn im Verdacht haben
	aufmerksam werden auf, s. beschäftigen mit
	Arrêter son attention pendant la promenade du dimanche sur les affiches électorales. Arrêter au cours d'une lecture sa pensée sur une phrase.
♦*Nqn - se V - sur Nqc*	<Blick> haften bleiben auf, an
	Il s'arrêta en passant sur l'affiche.
à N	s. aufhalten mit, stehen-bleiben bei
	S'arrêter à des détails, aux apparences.
à Inf 1	*Je ne vais pas m'arrêter à vous expliquer cela.*
N - V - N	auf s. ziehen
	Une femme qui arrête le regard.
• (s') arrêter^{2} (aux)	aufhören zu tun, aufhören mit
N -(se) V -(de Inf 1)	*Ils n'arrêtaient pas de fumer/Mauriac/. Elle s'arrêta de parler /Loti/. Brusquement la pendule arrêta de sonner. Tu parles trop, arrête (-toi)!*
♦*N - V - N*	*Arrêter son travail, son discours.*
arrêter^{3} (2)	verhaften, festnehmen
N - V - Nqn	*La police a arrêté un trafiquant de drogue.*
arrêter^{4} (2)	festsetzen, -legen, (Geschäft) abschließen; anordnen
N - V - N	*Arrêter le jour d'une réunion. Arrêter un marché. Toutefois, les deux parties n'ont pu arrêter une 'position commune'/LeM/.*
que S Ind	*Le conseil municipal a arrêté que les chiens doivent/devraient être tenus en laisse.*
Kj RARE	*Le maire arrêta que l'on tienne désormais les chiens en laisse.*
de Inf 1	*Le conseil municipal a arrêté de remettre la question à plus tard.*
arriver^{1a} (1+L)	ankommen
N - V -(qp)	*Le courrier n'est pas encore arrivé. Jean arrivera à la gare.*
♦*il - V - N -(qp)*	*A ce moment, il arriva quatre personnes de plus*
arriver^{1b} (2)	gelangen zu, erreichen, ✖ jm gelingen
N - V - à N	*Arriver à de bons résultats.*
à ce que S Kj |×1	*Il est arrivé à ce que tous le respectent.*
à Inf 1	*Jean est arrivé à courir le cent mètres en dix secondes.*
	✖ *N-V-Ø = réussir: Il ne pense qu'à faire carrière, à arriver.*
arriver^{2} (1/2)	vorkommen, passieren, s. ereignen.
N - V	*Cela arrive parfois, peut arriver. L'accident est arrivé hier.*
♦*il - V - N*	*Il arrive parfois des choses curieuses. Il est arrivé hier un accident sur la route de Paris.*
que S Kj - cela - V	*Que je me trompe, cela arrive.*
♦*il/cela - $V_{\text{présent}}$ - que S Ind*	vorkommen: *Il arrive que je fais des erreurs.*
Kj	vorkommen können: *Il arrive que je fasse des erreurs.*
il - $V_{\text{imparfait}}$ - que S Ind	*Il arrivait parfois que l'on rentrait à l'aube.*
Kj REL	*Il arrivait parfois que l'on rentrât à l'aube.*
cela - $V_{\text{imparfait}}$ - que S Kj	*Cela arrivait parfois que l'on rentrât/rentre à l'aube.*
il - $V_{\text{passé composé}}$ - que S Kj	*Il est arrivé parfois que l'on rentre/soit rentré/rentrât à l'aube.*
il - $V_{\text{passé simple}}$ - que S $Ind_{\text{p.s.}}$	geschehen, s. ereignen
	Il arriva que je devins malade. Il arriva que son père mourut.
N - V - à Nqn	geschehen, passieren
	Rien ne pourra nous arriver si nous donnons à ces gens suffisamment pour qu'ils aient trop à perdre/LeM/.
♦*il - V - à Nqn - N*	*Il ne lui est rien arrivé. Il m'est arrivé un accident.*
de Inf 2 -(cela) - V - à Nqn	*De perdre mon portefeuille (cela) ne m'est pas encore arrivé.*
Inf 2 - V - à Nqn	*Perdre mon portefeuille ne m'est jamais arrivé.*
♦*cela - V - à Nqn -(que) de Inf 2*	*Cela arrive à tout le monde (que) de se tromper.*
il - V - à Nqn - de Inf 2	*Il arrive à tout le monde de se tromper.*
en arriver^{3} (2)	schließlich dazu kommen, soweit sein, daß
Nqn - en V - à N	*Les pays arabes doivent, avant d'en arriver à ce stade, promouvoir une stratégie globale de développement/LeM/.*
à ce que S Kj 1	*J'en suis arrivé à ce que je ne lui parle plus.*
à Inf 1	*J'en arrive à croire à la vache qui rit. J'en arrive à me demander s'il a vraiment l'intention de venir nous voir.*
s'arroger (2)	s. anmaßen, s. herausnehmen
Nqn - se V - N	*Le ministre s'est arrogé des pouvoirs/droits démesurés.*

arrondir (2)
N - V - N
ab-runden
Arrondir un objet pointu. Arrondir les lèvres
fig.: (Vermögen) vergrößern, (Summe) aufrunden, abrunden
Arrondir sa fortune, la somme d'une facture.
Arrondir ses phrases: feilen an
×*Loc.: arrondir les angles*

• **arroser**[a] (3)
N - V -(N) -(de N)
(Blumen..) be-gießen, sprengen, etw. gießen auf
Jean est en train d'arroser (le gazon). Arroser ses fleurs. Arroser un chiffon d'essence. Arroser son café de cognac.
fig.: Les manifestants ont arrosé de pierres les forces de l'ordre.

arroser[b] (2) FAM
N - V - N <à N>
etw begießen, einen trinken auf etw
Tu as réussi, on va arroser ça au champagne.

articuler[1] (2)
N - V -(N)
aussprechen, artikulieren, formulieren
Articuler soigneusement ses mots. Il articule mal. Articuler clairement sa pensée.

articuler[2] (2)
N - V - Npl
zusammenfügen, verbinden, fig.: gliedern
Articuler plusieurs pièces d'un mécanisme. Articuler entre eux les chapitres d'un livre.
♦*Npl - se V*
Des os qui s'articulent l'un avec l'autre. Les pièces d'un jeu de construction qui s'articulent bien entre elles, les unes aux autres. Les trois points du programme s'articulent parfaitement entre eux.

asperger (3)
N - V - N -(de N)
bespritzen mit
Asperger qn d'eau. Asperger d'eau le trottoir.

asphyxier (2)
N - V - N
ersticken, vergiften
Dans cette ruelle, les gaz des voitures vous asphyxient. S'asphyxier avec le gaz, au gaz.
Fig.: La centralisation a asphyxié l'économie de cette région.

aspirer[a] (2)
N - V -(N)
einatmen
Aspirer lentement. Aspirer l'air pur.
an-, ab-saugen
Les pompes aspirent l'eau entrée dans la cave. Paul aspire son Coca-Cola avec une paille.

• **aspirer**[b] (2)
N - V - à *N*
etw anstreben, streben nach, s. sehnen nach
Aspirer à la gloire. Cette firme géante et multinationale a aspiré au gouvernement des nations/Pilhes/. Aspirer aux vacances.
à ce que S Kj |×1
Il aspire à ce que son fils fasse des études supérieures.
à Inf 1
Il aspire à vivre à la campagne.
N - V - de Inf 1 ARCH
Ce que j'aspire involontairement d'être/Barrès/.

assagir (2)
Nqc - V - Nqn/qc(de qn)
jn weiser, vernünftiger machen, (Leidenschaften) zügeln
Les épreuves l'ont assagi. Les épreuves assagissent. La température hivernale assagit sa passion.
♦*Nqn - se V*
Avec le temps, il s'est assagi.
Nqc - se V
fig.: s. mäßigen
Depuis un certain temps, le style de cet auteur s'est assagi.

assaillir[a] (2)
N - V - N
angreifen, herfallen über, (Festung) stürmen
Des voyous ont assailli une femme dans une rue déserte. A la sortie de l'Olympia le chanteur fut assailli par une nuée d'admiratrices. Fig.: Les soucis l'assaillent. Assaillir une forteresse.

assaillir[b] (3)
N - V - N - de N
bestürmen
Assaillir qn de questions.

assainir (2)
N - V - N
reinigen, desinfizieren
Assainir la chambre d'un malade. Fig.: Ces négociations ont assaini la situation internationale.
sanieren
Assainir un quartier d'une ville. Assainir un budget, une monnaie.

assaisonner[a] (2/3)
N - V - (N)
N - V - N -(de N)
würzen, (Salat) anmachen
Le vinaigre assaisonne bien (la salade).
Assaisonner la salade (de vinaigre)

assaisonner[b] (3)
N - V - N - de N
würzen
Assaisonner ses critiques de remarques cocasses.

• **assassiner** (2)
N - V -(N)
er-morden
On a assassiné le cousin du ministre. Défense d'assassiner.

assécher (2)
N - V - N
etw trockenlegen, austrocknen
Les paysans ont asséché un terrain marécageux.
RARE: *Un changement de climat a asséché la région.*

• **assembler** (2)
N - V - Npl
zus.bauen,-setzen, -legen...
Assembler les pièces d'un puzzle. Pourquoi ne pas assembler l'engin là où ça coûte le moins cher d'assembler?/Pilhes/.
×*Nqn-pl - se V:* s. versammeln
Les délégués se sont assemblés pour préparer le congrès.

assener/assener (3) [asene]
N - V - N - à N
(Schlag) versetzen
Assener un coup à qn.

• **asseoir**[a] (2+L) — hin-setzen
N - V - N -(qp)
Asseoir un enfant (sur une chaise).
⧓ *Je m'assieds/m'asseois. Tu t'assieds/t'asseois. Il s'assied/s'asseoit. Nous nous asseyons/*RARE: *assoyons. Asseyez-vous. Je m'asseyais. Je m'assiérai/m'assoirai. Permettez que je m'assoie. Ils s'assoient/s'asseyent. S'asseoir sur/dans un fauteuil.*

asseoir[b] (3) — festigen, gründen auf
N - V - N -(sur N)
Asseoir son autorité. Asseoir sa puissance sur l'armée.

asservir (2) — (s.) unterwerfen
N - V - N
Alexandre a fini par asservir les pays de l'Orient.
♦*N - se V - à N*
S'asservir à une puissance étrangère.

assiéger (2) — belagern
N - V - N
Assiéger une place forte.

assigner (3) — zuteilen, zuweisen, beimessen
N - V - N - à N
Assigner à une famille un appartement en HLM. Assigner un travail à qn. Assigner une certaine importance à un événement.

• **assimiler**[1] (3) — gleichsetzen, gleichstellen mit
N - V - N - à N
Le ministère assimile les assistants aux chargés de cours. Le symbole d'une politique assimilé par la 'vieille garde' à la trahison et au reniement/LeM/. Chomsky assimile la créativité du langage à son caractère infini, donc aux mécanismes récurrents/M.Gross/.Loin de moi l'idée de m'assimiler à ce savant!

• **assimiler**[2] (2) — assimilieren, in sich aufnehmen, s. aneignen
N - V - N
Les plantes assimilent l'oxygène. Fig.: Il est capable d'assimiler les théories les plus difficiles.

• **assister**[1] (2) — e-r S beiwohnen, dabeisein
Nqn - V - à Nqc
Assister à une opération, à un accident.

• **assister**[2] (2) — jm beistehen, helfen
Nqn - V - Nqn <dans N >
<de N >
Il m'a assisté dans mon travail jusqu'au bout.
Il m'assiste de ses conseils.

• **associer**[1] (2) — verbinden, assoziieren
N - V - Npl
L'intérêt associe ces groupes hétérogènes. Le rêve associe les images selon ses lois.
♦*N - V - N - à N*
Associer la malice à l'habileté, une image à une idée.

• **associer**[2] (3) — jn beteiligen an
N - V - Nqn - à N
Associer les ouvriers aux bénéfices d'une entreprise. Le personnel doit être pleinement associé à la mort d'un collaborateur/Pilhes/.
♦*Nqn - se V - avec Nqn <pour Inf >* — s. zusammentun mit
Il s'est associé avec son frère pour ouvrir une boutique.
Nqn - se V - à N — s. anschließen, mitarbeiten an, s. beteiligen an
S'associer à une équipe, au travail d'une équipe.

assombrir (2) — verdüstern(lassen), dunkel werden lassen
N - V - N
L'orage assombrit le ciel. L'arbre devant la fenêtre assombrit la pièce. Le ciel s'assombrit.
Fig.: Cet événement a assombri ses jours. Son visage s'assombrit.

assommer[a] (2) — niederschlagen, zusammenschlagen, bewußtlos schlagen
N - V - N
Assommer son adversaire.

assommer[b] (3/2) — jn überhäufen mit, jm auf die Nerven gehen
Nqn - V - Nqn -(de Nqc)
<avec Nqc >
Assommer qn de travail, d'une bordée d'injures.
Arrête! Tu m'assommes (avec tes histoires).
Nqc - V - Nqn
Tes histoires m'assomment.

assortir[1] (2) — passend zusammenstellen
N - V - Npl
Assortir deux couleurs. Ces deux couleurs s'assortissent bien.
♦*N - V - N - à/avec N*
Assortir une couleur pâle à/avec une couleur vive.

assortir[2] (3) — etw verbinden, begleiten mit
N - V - N - de N
Assortir un traité d'un préambule. Le prêt de la C.E.E. à l'Italie sera assorti de conditions très rigoureuses/LeM/. La visite du secrétaire américain au Trésor a été assortie du marchandage le plus cru.

assortir[3] (3) — beliefern
N - V - N -(de N)
Assortir un détaillant, une boutique de marchandises.

assoupir (2) — einschläfern
N - V - N
La chaleur l'a assoupi.
Fig.: Les difficultés ont assoupi sa volonté.
♦*N - se V* — einnicken
Je me suis assoupi.

assouplir (2) — geschmeidig, gelenkig machen
N - V - N
Assouplir ses muscles, son corps.
Fig.: assouplir la raideur de son caractère.

assourdir (2) — jn taub machen, (Geräusche) dämpfen
N - V -(Nqc/qn)
Ce bruit assourdit. Le bruit nous a assourdis. La moquette assourdit les pas.

assouvir (2) — LIT
N - V - N
(Hunger) stillen
Assouvir sa faim. Fig.: Assouvir ses désirs.

assujettir (3/2)
N - V - N - à N
N - V - N
♦N - se V - N
unterwerfen
Assujettir qn à son autorité, à son influence.
Assujettir un peuple;
S'assujettir un peuple. Un groupe social ne peut se défendre contre un autre groupe ou se l'assujettir qu'à condition d'agir avec ensemble(sic)*/Durkheim/.*

• assumer (2)
Nqn - V - Nqc
übernehmen, auf sich nehmen
Assumer des responsabilités, des risques, une fonction. Ce mouvement est prêt à assumer un rôle de premier plan dans la phase historique/LeM/.

• assurer[1] (2/3)
N - V - N
N - V - N - à N
gewährleisten, erledigen, erfüllen, wahrnehmen, besorgen...
Les bureaux assurent une permanence le matin.
Assurer à ses enfants un avenir heureux: sichern
S'assurer des avantages; nous nous sommes assuré qc.

• assurer[2] (3)
N - V - N -(contre N)
ver-sichern
Assurer les frontières (contre une attaque ennemie).
Assurer ses récoltes (contre la grêle).

• assurer[3] (3)
Nqn - V -(à Nqn) - N |N = le
jm etw versichern
Cela est impossible, je vous l'assure.
ӁN-V-àN-Ø: |K: Mais si, je vous assure!

que S Ind
Je vous assure que j'ai envoyé ma lettre. Il a assuré qu'il a envoyé la lettre.

Ind/Kj |neg/int
Je ne peux pas assurer qu'il a/ait envoyé la lettre. Pourriez-vous m'assurer qu'il a/ait envoyé sa lettre?

Ø Inf 1
Je vous assure avoir envoyé la lettre.

Nqn - V - Nqn - de N
jn e-r S versichern, jm etw versichern
Assurer qn de sa reconnaissance, de son soutien.

de ce que S Ind
Il m'a assuré de ce que plus personne n'était dans le bâtiment.

que S Ind
M. Giscard...a assuré M. Guéna qu'il n'y a 'aucun changement' /LeM/. En prime, il assure le président Assad que l'Irak enverrait des troupes en Syrie/LeM/.

de Inf 2
Je l'ai assuré de pouvoir choisir son emploi du temps comme il lui conviendrait.

♦Nqn - se V - de N
s. e-r S versichern
S'assurer du soutien de ses alliés. Nous nous sommes assurés de cette nouvelle.

de ce que S Ind/Kj
S'assurer de ce que la porte est/soit bien fermée à clef.

que S Ind
Je m'assurais que cela concernait aussi d'autres personnes que moi/Pilhes/.

Int.ind
Je me suis assuré si la porte était bien fermée.

de Inf 1
Je me suis assuré de pouvoir changer de train à Paris.

astiquer (2) — FAM
N - V - N
putzen, wichsen, polieren
Astiquer le parquet, ses chaussures, les meubles.

astreindre (3)
N - V - N - à N
zwingen, verpflichten
La situation m'astreint à la patience. La circulaire m'astreint à une présence permanente à l'institut.

à ce que S Kj 2
La difficulté de mon travail m'astreint à ce que je fasse particulièrement attention.

à Inf 2
La situation nous astreint à être prudents.

atermoyer (1)
N - V
Zeit zu gewinnen suchen, die Dinge hinausschieben
Il ne cesse d'atermoyer afin d'éviter une confrontation.

atrophier (2)
N - V - N
Muskelschwund erzeugen, Fig.: verkümmern lassen
La maladie a atrophié ses jambes. Les langues nationales ont atrophié les dialectes.

s'attabler (1+L)
N - se V -(qp)
s. zu Tisch setzen, s. an einen Tisch setzen
La famille s'attablait(autour de la table familiale). Ils couraient s'attabler au restaurant/Pilhes/.

• attacher[a] (2+L/2/1+L/1)
N - V - N -(qp)
an-, festbinden, Fig.: (Blick) heften auf
Attacher qn au mur, un seau au bout d'une corde.
Fig.: attacher son regard, ses regards sur qc/qn.

N - V - N(pl)
fest-, zusammenbinden
Attache ton soulier gauche, les deux bouts (l'un à l'autre)!

N - V -(qp)
anbrennen
Le repas a attaché (dans la casserole).

N - V
La casserole a attaché.

attacher[b] (3/2)
Nqc - V - Nqn - à Nqc/qn
(sentimental) verbinden mit
Des souvenirs communs attachent Pierre à Paul. De nombreux souvenirs m'attachent à cette ville.
Ӂ *des souvenirs m'attachent à Pierre,* à lui, *attachent Pierre à moi (ˣm'attachent Pierre.)*

Nqc - V - Nqn-pl
De nombreux souvenirs communs attachent les deux amis (l'un à à l'autre).

Nqn - V - Nqc(de qn) - à Nqc
etw verbinden mit, <etw> verbunden sein mit
Attacher son bonheur à sa carrière, à celui de qn d'autre.
Il a attaché son nom à cette invention. Le poète a, avec ce recueil, attaché son nom à cette ville.

Nqn - V - Nqc - à Nqc		(Wert) beimessen *Le bureau exécutif a affirmé la grande importance qu'il attachait à la préparation des élections municipales/LeM/.*
à ce que S Kj		Wert legen auf *J'attache de l'importance à ce que tout le monde soit au courant.*
à Inf 1		*J'attache de l'intérêt à pouvoir faire ces recherches.*
♦*Nqn-pl - se V*		einander liebgewinnen *Ils se sont attachés l'un à l'autre.*
♦*Nqn - se V - à Nqc/qn*		jn liebgewinnen, vertraut werden mit, <Tiere> zutraulich werden; hängen an *L'enfant s'est peu à peu attaché à nous. Je me suis très vite attaché à cette ville. Le chien s'est attaché à nous.* ⧗ *je suis attaché à lui, à cette ville; le chien nous est très attaché.*
♦*Nqc - se V - à Nqc*		verbunden sein mit, s. verbinden mit *De nombreux avantages s'attachent à cette profession.*
♦*Nqn - se V - à Nqc*		s. klammern an, Wert legen auf, beharren auf *Au lieu de nous attacher servilement à la lettre, tâchons de de nous attacher à l'esprit du texte. S'attacher à des bagatelles, à des détails.*
à ce que S Kj |×1		Wert legen auf *Le professeur s'attache à ce que les élèves sachent bien rédiger.*
à Inf 1		s. bemühen *On s'attachera à examiner de manière approfondie les remarques et suggestions éparses dans le texte.*
• attaquer[1a] (2) *N - V -(N)*		angreifen *La troupe attaque (l'ennemi). Attaquer qn dans son honneur.*
attaquer[1b] (2) *N - V - N*		angreifen, in Angriff nehmen *La rouille attaque le fer. La maladie attaque le foie. Attaquer un travail. L'orchestre attaque un cha cha cha frétillant.* FAM: *attaquer le repas, un plat.*
s'attaquer[2] (2) *Nqn - se V - à N*		jn angreifen, etw angreifen, in Angriff nehmen *S'attaquer à qn, à la religion, à un problème délicat. Seule une presse conservatrice peut s'attaquer à M. Mitterand dans cette affaire/LeM/.*
• attarder (2) *N - V - N*	REL	jn aufhalten *Le mauvais temps nous a attardés.* → *retarder*
♦*Nqn - se V -(qp)*		s. verspäten, s. (länger) aufhalten *Je me suis attardé (au café, chez Julot).*
♦*Nqn - se V - sur/à N*		s. aufhalten bei, seine Zeit vertun mit *Je me suis attardé sur la traduction d'un texte. Il s'est longuement attardé sur son sujet. s'attarder à des détails sans importance.*
à Inf 1		*Il s'est attardé à nous raconter tous les détails de l'histoire.*
• atteindre[a] (2) *Nqc - V - Nqc*		erreichen *Le Rhin atteint la mer à Rotterdam.*
Nqc - V - Nqc(de qn)/qn		jn treffen *La balle l'a atteint. (La balle atteint son front) > La balle l'atteint au front. Je l'ai atteint au front.*
Nqn - V - Nqn		jn erreichen *Je lui ai téléphoné, mais je ne suis pas arrivé à l'atteindre.*
Nqc		reichen bis zu, erreichen *Pourrais-tu arriver à atteindre le whisky sur l'armoire? Il est tellement grand qu'il atteint le plafond.*
à Nqc	RARE	*Il est tellement grand qu'il atteint au plafond.*
• atteindre[b] (2) *N - V - N*		erreichen *Il atteint la cinquantaine. Le séjour atteint son terme. Dans ce film il atteint la perfection. Il a atteint le but qu'il s'est fixé. Cette civilisation a atteint son apogée.*
à N	RARE	*Nous atteignons au terme de notre séjour.*
Nqn - V - à N		(unter Anstrengung) erreichen, gelangen zu *Atteindre au but qu'on s'est fixé. Atteindre à la perfection.*
Nqc - V - Nqn		jn treffen, verletzen, bestürzen *Cette remarque m'a atteint. Cette nouvelle m'a atteint.*
atteler[a] (3/2) *N - V - N -(à N)*		anspannen, spannen vor *Atteler les chevaux (à la diligence).*
N - V - N		*Atteler la diligence.*
atteler[b] (3) *N - V - Nqn - à N*		jn einspannen in *Atteler qn à une entreprise de longue haleine.*
♦*Nqn - se V - à N*		s. (in eine Arbeit...) hineinknien, s. machen an *S'atteler à un travail long et difficile.*
• attendre[1] (2/3) *N - V -(N)*		ab-, er-warten, warten auf *Ce travail peut attendre. Jeanne attendait Pierre sous un réverbère. Attendre la fin d'un film. J'ai dû attendre sous une pluie battante.*
que S Kj |×1		*J'attends que le film se termine.*
de Inf 1		*J'attends d'être convoqué, de voir ce qu'il en dira.* ⧗ *attendre au lendemain:* REL → *attendre jusqu'au lendemain.*

✖ FAM: *attendre après qc/qn*

Nqn - V - de N - N — erwarten
Personne n'attendait de ces entretiens une décision spectaculaire. Je n'attendais pas cela de lui.
que S Kj 2 — *J'attends de toi que tu le lui dises*

• s'attendre[2] (2)
Nqn - se V - à N — gefaßt sein auf, rechnen mit
Je ne m'attendais pas à cela. Il faut s'attendre demain à de nouvelles manifestations.
à ce que S Kj — *Je m'attends à ce qu'il se mette en colère. Elle s'attendait à ce qu'elle vînt à Paris/Maurois/*
que S Ind/Kj — *Vous devez vous attendre, lui dit-elle, que je vais vous donner quelques milliers de francs/Stendhal/. Le président Ford doit s'attendre maintenant que son adversaire exploitera le filon jusqu'à la Convention/LeM/. M. Gore s'attend qu'ensuite vous lui fassiez une petite visite de gratitude/J. Green/.*
Kj |neg/int — *Elle ne s'attendait pas tout de même que pour des rêves de femme un magistrat aille risquer sa position/Claudel/.*
à Inf 1 — *Attendez-vous à rencontrer du verglas sur la route.*

• attendrir (2)
N - V - N — weich machen, Fig.: jn erweichen
La papaye sert à attendrir la viande coriace. Vos paroles m'ont attendri.
♦*Nqn - se V -(sur N)* — Mitleid haben, gerührt werden
S'attendrir sur (le sort de) qn.
de ce que S Ind/Kj RARE — *S'attendrir de ce que son enfant prononce ses premiers mots.*
de Inf 1 — *S'attendrir d'entendre son enfant prononcer ses premiers mots.*

attenter (2)
N - V - à N — e-n Anschlag verüben auf
Attenter à la vie de qn. Attenter à sa vie (= se suicider). Fig.: Attenter à la sûreté de l'Etat.
✖ VIEUX: *attenter contre N*

atténuer (2)
N - V - N — mildern, abschwächen
Atténuer la souffrance par des médicaments. Des médicaments qui atténuent la souffrance. Fig.: atténuer la violence de ses propos. La presse polonaise atténue les différences apparues au congrès de Moscou/LeM/. Sa colère, la douleur s'est atténuée.

• atterrir (1)
N - V < qp > — landen
L'avion atterrit (à dix heures à Orly).

• attester (2)
Nqc/qn - V - N — bezeugen, belegen, bescheinigen,
J'atteste la vérité de ses paroles. Un document atteste l'ancienneté de la ville.
que S Ind — *J'atteste que M. Dupont a suivi le cours de littérature. Ce document atteste que la maison nous appartient.*
Ø Inf 1 — *J'atteste avoir assisté à l'accident, être en possession des pièces nécessaires, posséder les diplômes nécessaires.*

attiédir (2)
N - V - N — lauwarm machen, Fig.: abschwächen, erkalten lassen
Le vent du Sud attiédit le climat. Fig.: Les échecs ont attiédi son enthousiasme. Les disputes ont attiédi leurs rapports autrefois plus cordiaux. L'air s'est attiédi. Son ardeur s'est attiédie.

attifer (2)
N - V - N — herausputzen
Attifer un enfant d'une manière curieuse.

• attirer (2+L/3/2) — wohin locken, ziehen, Aufmerksamkeit lenken auf, s. zuziehen
N - V - N - qp — *Attirer qn dans un piège.*
N - V - N - sur Nqc/qn — *Attirer l'attention de qn sur un problème, sur un poète méconnu.*
N - V - N - à Nqn — *Cela va vous attirer des ennuis. Pierre attire Marie à lui.*
♦*Nqn - se V - N* — *Il s'est attiré la fureur de tous ses voisins.*
N - V - N — anziehen, an-locken, auf sich ziehen
La lumière attire les moustiques. Elle m'attire beaucoup. Il attira tous les regards de l'assemblée.

attiser (2)
N - V - N — schüren
Attiser le feu. Fig.: attiser la haine. Cette attitude attise l'hostilité inconsidérée de nos contemporains envers l'industrie et ses produits même les plus émancipateurs/LeM/.

• attraper (2)
N - V - N — fangen, erwischen, (Schnupfen) s. zuziehen, kriegen, bekommen
Attraper un poisson, son train au dernier moment, un rhume. Attraper un accent étranger.
✖ FAM: *attraper qn:* jn ausschimpfen
✖ *être attrapé:* überrascht und enttäuscht werden
En arrivant devant sa porte, je fus bien attrapé: il avait déménagé.
✖ *se laisser attraper:* s. reinlegen lassen
J'avoue que je me suis laissé attraper.
N qn - V - Nqn < à Inf 2 > — jn ertappen, erwischen bei
Attraper un gendarme à voler des poires.

• attribuer (3) — jm etw zusprechen; Fig: beimessen, zuschreiben, (Schuld) schieben auf
N - V - N - à Nqn — *Attribuer à qn une part de son héritage.*
à Nqc/qn — *Attribuer une grande importance à qc,un tableau à un maître*

	flamand. On lui attribue de grandes qualités. S'attribuer les biens de qn, les mérites de qn d'autre.
N - V - N - à ce que S Ind	*J'attribue votre échec à ce que vous avez été mal préparé.*
	✖ *attribuer à tort qc à qn:* (fälschlicherweise) unterstellen
attrister (2)	betrüben, traurig stimmen
N - V - N	*Ce spectacle m'attriste.*
♦*Nqn - se V -(sur N)*	*Je m'attriste sur son sort. Elle avait cessé de s'attrister.*
de ce que S Ind/Kj	*Le petit Nicolas s'attriste de ce que la neige fond(e)*
de Inf 1	*Il s'attriste de voir que la neige fond.*
s'attrouper (1)	zusammenlaufen, s. zusammenrotten
Nqn-pl - se V < qp >	*La foule s'attroupe (sur la place).*
auditionner (1/2)	sein Repertoire vorführen
N - V	*Les candidats du conservatoire de musique auditionnent devant un jury sévère. Le jury fait auditionner les candidats.*
N - V - N	s. Kandidaten anhören, Kandidaten vorspielen,vorsingen lassen
	Un jury sévère auditionne les candidats.
• augmenter (2/1)	zunehmen, wachsen, an-steigen
N - V < de N >	*Le volume des exportations a augmenté. Le nombre des candidats a augmenté. La température a augmenté. Les prix ont augmenté de dix pour cent.*
N - V - N < de N >	steigern, wachsen lassen, (Miete) anheben, erhöhen
	Les efforts accrus des mineurs ont augmenté le rendement du travail. Mon propriétaire a augmenté mon loyer de 1o %.
	✖ *augmenter qn:* das Gehalt von jm erhöhen, heraufsetzen
augurer (2+Adv/3) REL	schließen lassen auf
N - V - Adv - de N	*Ce début laisse bien augurer de la suite. D'emblée, la réunion prit un style et une tournure qui me firent mal augurer de son efficacité/Pilhes/.*
N - V - de N - N	aus etw schließen auf
	Je n'augure rien de bon de cette décision.
que S Ind	*J'augure de votre silence que vous êtes d'accord.*
ausculter (2)	abhorchen
N - V - N	*Le médecin ausculte le malade.*
authentifier (2)	beglaubigen, die Echtheit bestätigen von
N - V - N	*Authentifier un document, une icône.*
automatiser (2)	automatisieren
N - V -(N)	*En ce moment, les firmes automatisent (leur production).*
• autoriser (2/3)	genehmigen, erlauben
N - V - N	*La police a autorisé cette manifestation. On n'a pas autorisé la vente de ce médicament en pharmacie.*
que S Kj	*La municipalité autorise que la manifestation ait lieu.*
N - V - Nqc - à Nqn	erlauben, s-e Erlaubnis geben zu
	Le proviseur a autorisé les sorties aux élèves du lycée.
N - V - Nqn - à Nqc	erlauben, ermächtigen
	Autoriser les élèves à des sorties régulières. Autoriser un fonctionnaire à la signature de certains documents.
à ce que S Kj 2 RARE	*Autoriser les élèves à ce qu'ils sortent.*
à Inf 2	*Le proviseur n'a pas autorisé les élèves à fumer dans la cour.*
	✖ *Nqc-V-Ø-à Inf: Cette information autorise à croire que nos calculs étaient justes.*
♦*Nqn - se V - de N < pour Inf 1 >*	s. berufen auf
	Il s'autorise de l'avis de ses parents pour justifier son opinion.
avachir (2)	(Stoff) aus der Façon bringen, ausleiern; jn schlapp machen
N - V - N	*Avachir les poches de son manteau en y mettant trop de choses.*
N - V -(N)	*La chaleur m'avachit complètement. L'inaction avachit.*
• avaler (2)	herunter-schlucken, -schlingen, verschlingen, Fig. schlucken
N - V -(N)	*Avaler un bifteck.Il ne mange pas, il avale.*
	✖ *Fig.: avaler un livre, la route, sa colère, les mots.*
	✖ FAM: *avaler une bière:* herunterschütten
	✖ *avaler de travers:* s. verschlucken
	✖ FAM: *Il a avalé toute l'histoire.:* schlucken
• avancer[1] (1+L/2+L)	<jd> vorwärts-, weiter-gehen, <Truppen> vorrücken, <Uhr> vorgehen,<Arbeit> Fortschritte machen, <Beamte> befördert werden, <Fels...> vorspringen
N - V -(qp) <de N>	*Pierre avança d'un pas. On ne peut plus avancer, la forêt est trop dense. Les troupes avancent. La montre avance d'une heure. Notre dictionnaire avance lentement. Les fonctionnaires avancent de temps en temps d'un échelon. Une corniche avance sur la façade de la maison. Un rocher qui avance dans le vide. La nuit avançait. L'hiver avance.*
N - V - N -(qp) <de N>	vorrücken, vorschieben, (Uhr) vorstellen, (Datum) vorverlegen, (Arbeit) vorantreiben
	Avancer ses pions sur l'échiquier. Pourriez-vous avancer un peu votre voiture? Ma montre retarde, il faut que je l'avance un peu. On a avancé la date de la réunion. Il va falloir avancer les travaux. ***Faire avancer les travaux.***
♦*N - se V -(qp) <de N>*	<jd> weitergehen, näherkommen, <Zeit> vorrücken, <Fels...> vorspringen
	Pierre s'avança vers moi d'un pas. L'hiver s'avance. Un rocher s'avance en saillie. Le corps principal de la façade s'avance pour renfermer deux étages de galerie en avant de la nef.

• avancer^2 (2)	vorbringen, (Hypothese...) aufstellen, etw äußern
Nqn - V - N	*Avancer une idée intéressante, une opinion, une accusation, une hypothèse.*
que S Ind	*Il avance que l'état de la linguistique est encore embryonnaire.*
Ind/Kj |neg/int	*Je ne veux pas avancer que cela ne peut/puisse pas se faire.*
Ø Inf 1	*Le témoin avançait avoir aperçu le jardinier à l'heure du crime.*
avancer^3 (3)	jn (Geld) vorschießen, -strecken
N - V - N - à N	*L'entreprise leur avait avancé de l'argent/Pilhes/.*
s'avancer^4 (2)	wagen, so weit gehen zu (sagen...)
Nqn - se V -((jusqu') à Inf 1)	*Vous vous avancez beaucoup en affirmant cela. Je ne m'avancerai pas (jusqu') à dire le contraire.*
• avantager (2)	vorteilhaft sein für, jn begünstigen
N - V - N	*A la course, ses longues jambes l'avantagent. Cette robe vous avantage. Le professeur veille à ne pas avantager un élève plus qu'un autre.*
aventurer^1 (2)	aufs Spiel setzen, riskieren
N - V - N	*Aventurer sa fortune. Aventurer sa vie, sa réputation.*
s'aventurer^2 (1+L/2)	s. wohin wagen
Nqn - se V - qp	*S'aventurer dans un tripot, dans un bar de mauvaise réputation.*
Nqn - se V - à Inf 1	(es) wagen, riskieren
	S'aventurer à jouer gros au tiercé.
	⧗ *Comme il n'en savait rien, il préféra ne pas trop s'aventurer.*
s'avérer (1+A/1)	s. herausstellen, s. erweisen
Nqc/qn - se V - adj	*L'affaire s'est avérée louche, Il s'est avéré innocent.*
être n	*Le jardinier s'est avéré être l'assassin.*
Nqc - se V	s. als wahr herausstellen
	Son innocence s'est avérée.
	⧗ CRIT: *s'avérer juste/faux.*
♦*il - se V - que S Ind*	*Il s'est avéré que toute son histoire n'était qu'un bluff.*
• avertir (3)	verständigen, hinweisen auf,
N - V - N -(de N)	*N'oubliez pas d'avertir la concierge. Il m'a averti de son arrivée. Avertir qn d'un danger. Je vous en avertis.*
de ce que S Ind	*Nos voisins nous ont avertis de ce que la maison avait brûlé.*
que S Ind	*Je vous avertis que je ne viendrai pas.*
Int.ind	*Il va nous avertir quand il viendra.*
de Inf 2	*Il nous a avertis de bien faire attention sur la route.*
aveugler (2)	blenden
N - V -(N)	*Une lumière trop forte aveugle. Les phares l'ont aveuglé. Ils n'osaient pas bouger, ils s'aveuglaient à regarder les flammes ardentes/Zola/*
♦*Nqn - se V - sur N*	Fig.: nicht ein-sehen wollen, fehleinschätzen
	Il ne s'aveuglait pas sur les défauts de ses amis. Ne vous aveuglez pas sur vos possibilités.
avilir (2)	(Sitten) verwildern lassen
N - V - N	*La guerre avilit les moeurs.*
	REL: (Währung) entwerten, an Wert verlieren lassen
	L'inflation avilit la monnaie.
♦*Nqc/qn - se V*	<jd> herunterkommen
	Il s'avilissait, se ravalait peu à peu au niveau de ce peuple d'ivrognes/Loti/.
	<Aktien...> an Wert verlieren, im Wert sinken
	Les cours de la bourse se sont avilis, effondrés.
aviser^1 (2)	erblicken
N - V - N	*Il avisa un café au coin de la rue.*
s'aviser^2 (2) REL	bemerken
Nqn - se V - de N	*Il s'avisa de ma présence.*
que S Ind	*Il s'avisa que j'étais là.*
aviser^3 (3)	verständigen, benachrichtigen, in Kenntnis setzen von
N - V - N -(de N)	*Aviser qn d'une décision officielle.*
de ce que S Ind	*La radio avise les automobilistes de ce que l'état des routes est mauvais.*
que S Ind	*Il m'avisa qu'il fallait venir plus tôt.*
de Inf 2	*On m'avisa de venir plus tôt.*
aviser^4 (2)	s. (Maßnahmen) überlegen, dafür sorgen daß
N - V -(à N)	*Il faut aviser au plus pressé. Il est temps d'aviser. J'y aviserai. Aviser aux mesures à prendre.*
à ce que S Kj	*Veuillez aviser à ce que tout se passe dans l'ordre.*
que S Kj	*Avisez que tout se passe dans l'ordre.*
à Inf 1	*Veuillez aviser à prendre les mesures nécessaires.*
s'aviser^5 (2)	es s. einfallen lassen, s. anmaßen, soweit gehen zu
N - se V - de Inf 1	*Ne vous avisez surtout pas de recommencer. Un soir à table je m'avisai de mettre une pincée de poivre sur la tarte/A. France/.*
aviver (2)	(Stein, Metall) polieren, (Farben) auffrischen, (Gefühle...) beleben, anregen, (Streit) schüren
N - V - N	*Aviver une sculpture, une plaque de métal, les couleurs d'un tableau. Aviver chez qn des sentiments, des sensations, un désir. Aviver une dispute, une querelle.*

• **avoir**[1] (2/2+A) — haben
N - V - N
J'ai une maison à la campagne. Avoir trente ans, trois enfants. J'ai mal à la tête. Il a beaucoup d'esprit. J'ai ma carte d'identité sur moi. Tu as eu de la chance, les/des mains sales.
N - V - pour n - N
Un Saint-Christophe qui a pour bâton un chêne de bien cinquante pieds de haut/Restif/.
de Inf
Une telle représentation a cependant pour défaut de ne pas faire ressortir les traits les plus importants.
⧗ *Avoir chaud, froid. Avoir faim, soif. Avoir conscience de....*

• **avoir**[2] (aux) — "passé composé"
N - V - V participe passé
Avoir chanté.

• **avoir**[3] (aux) — müssen
N - V - à Inf
J'ai un exposé à faire/ à faire un exposé,
⧗ *n'avoir qu'à - Inf:* nur brauchen
Il n'a qu'à claquer des doigts pour avoir tout ce qu'il veut. Tu n'as qu'à faire attention.

• **y avoir**[4a] (o+1) — es gibt
il y a - N
Il y a des gens qui font comme ça!

• **y avoir**[4b] (o+1) — vor, seit
il y a - N
Il est parti il y a trois jours. Il y a trois jours qu'il est est parti.
⧗ *Il est parti. Il y a trois jours de cela.*
⧗ *il n'y a qu'à Inf:* kann man nur noch, bleibt nichts anderes übrig: *Avec un temps pareil, il n'y a plus qu'à rester à la maison.*
Il n'y a qu'à faire attention, cela n'arriverait pas: nur brauchen

avoir[5] (2) POP — jn (he)reinlegen
N - V - Nqn
On l'a eu! Je me suis fait avoir.

en avoir[6] (1) — (Zeit) brauchen für
N - en V <*pour N* >
J'en ai encore pour trois jours.
jn kosten
J'en ai eu pour cent francs.
⧗ *Loc.: J'en ai eu pour mon argent:* auf s-e Kosten kommen

en avoir[7] (2) FAM — etw haben gegen
N - en V - contre Nqn
J'en ai contre lui.

avoisiner (2) — benachbart sein, grenzen an, <Zahl> liegen bei
N - V - N
Son champ avoisine le nôtre. Le nombre des habitants avoisine un million. Son habileté avoisine la prestidigitation.

avorter (1) — abtreiben (lassen)
N - V
La loi permet d'avorter jusqu'à huit semaines. Elle s'est fait avorter.
fig.: scheitern
Ses projets ont avorté.

• **avouer** (3) — gestehen, zugeben
N - V -(à Nqn) - N
Je vous avoue volontiers mon désarroi. Je l'avoue volontiers.
que S Ind
Il m'a avoué qu'il savait tout.
Ind/Kj |neg/int
Il n'a pas avoué qu'il l'a/l'ait fait. Avouez-vous que vous avez/ayez fait cela?
Ø Inf 1
Les auteurs de cette tentative avouent avoir été chargés de récupérer des dossiers/LeM/.
⧗ *Nqn-V-Ø-Ø |K: L'accusé a avoué (sc. son délit).*
♦*Nqn - se V - adj*
Il s'est avoué incapable de faire ce travail.

axer (3) — ausrichten nach, auf
N - V - N - sur N
Axer sa vie sur des principes immuables. Le programme d'étude est axé sur l'acquisition de la langue.

babiller (1) — (redselig) schwatzen, plappern
N - V — *Un enfant, une jeune fille qui babille sans cesse.*

bâcher (2) — mit e-r Plane überdecken
N - V - N — *Bâcher un camion.*

bachoter (2) FAM — pauken, büffeln
N - V -(N) — *Bachoter (le programme d'un examen).*

bâcler (2) FAM — pfuschen, schlampen, hinhauen
N - V - N — *Bâcler ses devoirs, un travail.*

badigeonner (2) — tünchen, streichen
N - V - N — *Badigeonner un mur en blanc.*
vollschmieren
L'enfant avait la figure badigeonnée de chocolat.

badiner (1) — leichtfertig umgehen mit, neg.: keinen Spaß verstehen;scherzen
N - V <avec/sur N > — *Il ne badine pas avec/sur la discipline. Je ne badine pas sur ce point. J'ai dit cela pour badiner.*

bafouer[a] (2) — verhöhnen, lächerlich machen
N - V - Nqn — *Il s'était senti bafoué publiquement.*

bafouer[b] (2) — übertreten, mit den Füßen treten
N - V - Nqc — *Bafouer des principes. La restauration des libertés bafouées.*

bafouiller (1/2) FAM — wirr, unzusammenhängend, undeutlich sprechen, nuscheln
N - V — *Tais-toi, tu bafouilles.*
N - V - N — *Bafouiller des excuses, une réponse.*
⧗ → *dire*[1]

se bagarrer[a] (1) FAM — s. balgen, s. kloppen
Npl - se V — *Des enfants, des chiens qui se bagarrent.*
♦*N - se V - avec N* — *Le petit Nicolas et sa soeur se bagarrent avec les enfants du voisin.*

bagarrer[b] (1) FAM — (hartnäckig) kämpfen, streiten für
N - V <pour Inf 1 > — *J'ai dû longtemps bagarrer pour arriver à le convaincre.*

• **baigner** (1+L/2) — schwimmen in, eingetaucht sein in, wässern
N - V - qp — *Le blessé baignait dans son sang. Laisser baigner la salade dans l'eau. Fig.: Il baigne dans l'euphorie.*
N - V - N — *La mère baigne son enfant.*
♦*Nqn - se V <qp>* — (im offenen Wasser bzw. Schwimmbad) baden
Nous allons nous baigner à la piscine, à la plage, dans la rivière.
⧗ *prendre un bain:* in der Wanne baden bzw. ein kurzes Bad nehmen.

bâiller (1) — gähnen
N - V — *Il ne cesse de bâiller.*

bâillonner (2) — knebeln
N - V - N — *L'ôtage était bâillonné. Fig.: bâillonner la presse.*

baiser[1] (2) — küssen
N - V - N — *Baiser la main de qn > lui baiser la main. (Baiser la joue de qn) > baiser qn sur la joue/ lui baiser la joue.*

baiser[2] (2) POP — vögeln, bumsen
N - V -(N) — *Il avait pris un air dur et tendu, il baise comme on se saoule, sûrement qu'il veut oublier quelque chose/Sartre/.*
♦*Npl - se V* — *Prédiction: ils se baiseront...elle te soutiendra encore qu'il n'y a rien/Flaubert/.*

baiser[3] (2) POP — jn reinlegen
N - V - N — *Il nous a baisés. Je me suis fait baiser.*

• **baisser** (2/1) — etw herunterlassen, senken, (Radio) leiser stellen, (Feuer, Flammen, Heizung) kleiner machen,kleiner stellen.
N - V - N — *Baisser la vitre, le rideau, les stores, la température, le ton de sa voix, la tête, les yeux, les prix, les salaires, la radio, le gaz, le chauffage.*
N - V — sinken, <etw > heruntergehen, <Temperatur, Aktien > fallen, <Tag, Abend > zur Neige gehen, <Meer, Flut > zurückgehen, nachlassen
Le baromètre, la température, le loyer baisse. Les actions baissent à la bourse. Le soleil, le jour, le soir baisse. La marée, la mer baisse. La tension baisse.
⧗ *fig.: baisser dans l'estime de qn; baisser en force, en énergie.*
♦*N(qc de)qn - se V* — s. bücken, s. ducken, s. senken
Attention, baissez-vous, la porte est basse. Se baisser pour ramasser les champignons. Sa main se baissa vers moi.

balader (2) FAM — spazierenfahren, mit sich herumtragen
N - V - N — *Balader les enfants en voiture. Il balade toujours son parapluie (avec lui).*
♦*Nqn - se V <qp>* — spazierengehen, -fahren, herumbummeln, bummeln
Je me suis baladé toute la journée en ville. Je me suis baladé dans la région pendant le week-end.

• **balancer**[1a] (1/2) — schaukeln, s. hin und her bewegen
Nqc(de qn) - V — *Sa tête balance. Les roseaux balancent dans le vent.*

N - V - N		jn schaukeln, schaukeln mit etw, hin u. her bewegen *La mère balance son enfant. Balancer la tête, les jambes.*
♦*Nqc/qn - se V*		schaukeln, schwanken *L'enfant se balance sur la balançoire. Les branches se balançaient dans le vent.*
balancer^{1b} (1/2) *Nqn - V <entre Npl>*		s. nicht entscheiden können, schwanken *Balancer entre deux solutions sans pouvoir se décider.* abwägen *Balancer le pour et le contre.*
balancer^{2} (2+L) *N - V - N -(qp)*	POP	weg-schmeißen, jn rauswerfen *Balancer l'argent par les fenêtres. Il s'est fait balancer de l'usine.*
s'en balancer^{3} *N - s'en V*	POP	drauf pfeifen *Maintenant, après tout, je m'en balance.*
• balayer (2) *N - V - (N)*		weg-, zus.- kehren, fegen, <Meer/Wind > wegreißen,-fegen,<Blick, Licht-strahl > schweifen, gleiten über *Balayer une pièce, devant la maison, des débris de verre. La mer et le vent ont balayé tout ce qui se trouvait sur la plage. Son regard balayait le dessus du bureau. Les phares balayaient le ciel.*
balbutier (1/2) *N - V* *N - V - N*		stammeln *Parler en balbutiant.* *Balbutier des excuses.* ✕ → *dire*¹
baliser (2) *N - V - N*		mit Baken markieren *Cette route est balisée de neuf.*
ballotter (1/2) *N - V* *N - V - N*		hin und her geschüttelt werden *Les bouteilles ballottent dans le coffre de la voiture.* hin u. her schütteln, durcheinanderrütteln *Le train nous ballotte dans tous les sens. La voiture ballotte les bouteilles dans le coffre.* ✕ *être ballotté:* schwanken, hin und her gerissen werden *Je suis ballotté entre la crainte et la joie.*
bander^{1} (2) *N - V - N*		etw spannen *Bander un arc.*
bander^{2} (1) *N - V*	POP	erigieren, einen hochkriegen, er jm stehen *Rien que de l'embrasser, aussitôt je bande/Léautaud/.*
bannir (3) *N - V - N -(de N)*		verbannen *Bannir qn d'un pays.* etw meiden, ausmerzen *J'ai banni depuis longtemps l'usage du tabac. Bannir de son langage une expression incorrecte.*
baptiser (2+A) *N - V - N - n* *du nom de n* *de n*		(auf den Namen) taufen *On ne baptise que le dimanche. On l'a baptisé Gidouille. On l'a baptisé du nom de Gidouille.* *Le général Ailleret devait baptiser cette stratégie de "tous azimuts"/LeM/.*
baragouiner (1/2) *N - V* *N - V - N*		radebrechen *Il ne fait que baragouiner.* *Baragouiner le portugais.*
baratiner (1/2) *N - V* *N - V - N*	POP	schwatzen *Il baratine et ne fait rien.* beschwätzen *Baratiner le prof pour être dispensé des devoirs. Baratiner une fille.*
barboter^{1} (1+L) *N - V -(qp)*		herum-planschen, -patschen *Des enfants, des canards qui barbotent dans l'eau, dans la boue.*
barboter^{2} (3) *N - V - N -(à N)*	POP	klauen, stiebitzen *On m'a barboté mon fric dans le train.*
barbouiller (3) *N - V - N -(de N)*		grob anstreichen, beschmieren, vollschmieren *Barbouiller un mur. L'enfant s'est barbouillé la figure de confiture.*
barder^{1} (3) *N - V - N -(de N)*		jm den Harnisch anlegen, jn panzern *Au moyen âge les hommes combattaient bardés de fer.* ✕ *être bardé de N:* behängt sein mit *Une rue contrôlée par de jeunes miliciens bardés d'armes/LeM/.*
barder^{2} (1) *ça - V*	POP	fig.: krachen, knallen *Ça va barder:* gleich krachts!
barioler *N - V - N <qp >* *N - V - N -(de N)*		(bunt) bemalen, bedrucken *Les peaux de bisons sur lesquelles les Sioux bariolaient leurs textes hiéroglyphiques/Vidal de la Blache/. Une étoffe bariolée.* *On a manifesté contre les touristes envahisseurs, on a bariolé les murs d'inscriptions vengeresses/LeM/.*
• barrer^{1} (2/3) *N - V - N*		ver-sperren *Un camion barre la route.*

N - V - N - à N — *Barrer la route à l'ennemi.*

barrer[2] (2) — (Boot..) steuern
N - V -(N) — *C'est à vous de barrer. Barrer une embarcation.*

se barrer[3] (1+L) POP — s. aus dem Staube machen, abhauen
Nqn - se V -(de qp) — *Il s'est barré de la prison. Après avoir fait la caisse il s'est barré.*

barricader (2) — verbarrikadieren, Barrikaden errichten in
N - V - N — *Barricader une porte, une rue. Il s'est barricadé chez lui.*

barrir (1) — <Elefant> trompeten
N - V — *L'éléphant barrit.*

basculer (1+L/2) — um-kippen
N - V -(qp) — *Il bascula dans le vide.*
N - V - N — *Basculer la benne d'un camion. Les brancardiers basculèrent par mégarde le blessé, la bière.*

baser (3) — stützen auf
N - V - N - sur N — *Il a basé son argumentation sur des faits solides.*
♦*N - se V - sur N* — s. stützen auf, basieren auf
Il se base sur des faits solides. Son argumentation se base sur des faits solides.
⌘ *être basé sur N: Son argumentation est basée sur des faits solides.*

bassiner (2) — jm auf den Wecker fallen
N - V - N — *Tu me bassines avec tes histoires.*

batailler (1) — fig.: kämpfen
N - V <pour Inf 1> — *Les syndicats ont dû batailler longtemps pour obtenir un compromis.*
♦*Nqn - se V <contre N>* — *Il est toujours prêt à se batailler contre l'injustice.*

• **bâtir** (2) — bauen
N - V -(N) <sur N> — *On a beaucoup bâti ces dernières années. La Tour de Pise a été bâtie sur un terrain qui s'enfonce.*

• **battre** (1/2) — schlagen, (Teppich) klopfen, (Karten) mischen
N - V < $qp_{contre/sur/à}$ > — *Le coeur bat encore. La pluie bat contre la vitre. La pluie bat sur le toit, au carreau.*
de N — *Le public bat des mains. L'oiseau battait des ailes.*
⌘ *Loc.: battre en arrière, battre en retraite.*
N - V - N — *Pierre bat Paul. Battre les cartes, battre le blé. Battre le tambour, un tapis, la mesure. La pluie bat la fenêtre. Battre l'adversaire, l'ennemi, un record.*
⌘ *Loc.: La fête bat son plein:* auf dem Höhepunkt sein
♦*N - se V - avec/contre/pour N* — *Il s'est battu avec son voisin. Se battre avec/contre une difficulté, contre un ennemi, pour la liberté.*

bavarder (1) — schwatzen, plappern
N - V <avec/sur/de N> — *Bavarder avec la concierge de/sur l'inflation.*

baver[1] (1) — seibern
N - V — *Un enfant qui bave.*
auslaufen
L'encre et le stylo bavent.

en baver[2] (1) POP — es schwer haben
N - en V — *J'en ai bavé!*

bazarder (2) FAM — verramschen, verscheuern
N - V - N — *Le magasin bazarde ses stocks. J'ai bazardé ma voiture.*

bêcher (2) — um-graben
N - V -(N) — *J'ai bêché pendant deux heures mon jardin.*

bégayer (1/2) — stottern
N - V — *Il bégaie.*
N - V - N — *Bégayer une excuse.*
⌘ → *dire*[1]

bêler (1) — blöken, meckern
N - V — *Les moutons et les chèvres bêlent.*

• **bénéficier** (2) — in den Genuß e-r S kommen, (Vertrauen..) genießen
Nqn - V - de Nqc — *Je n'ai pas bénéficié de ces informations. Il bénéficie d'un salaire confortable, de la sympathie de ses collègues.*
de ce que S Ind — Nutzen ziehen aus
Il n'a pas su bénéficier de ce qu'on l'a aidé.
Nqc - V - à N — von Nutzen sein, zugute kommen
Ses informations n'ont bénéficié à personne. Les mesures prises par le gouvernement n'ont pas bénéficié aux syndicats.

bénir (2/3) — segnen, fig.: preisen
N - V - N — *Le prêtre bénissait l'assemblée.*
N - V - N - (pour N) — *Je bénis le ciel pour votre guérison.*
de ce que S Ind/Kj — *Je bénis les dieux de ce que tu aies/as pensé à cela.*
que S Kj — *Je bénis le ciel que tu aies pensé à cela.*
de Inf 2 — *Je te bénis d'y avoir pensé.*
de Inf 1 — *Je bénis les dieux d'avoir échappé à cet accident.*

bercer[a] (2) — wiegen, schaukeln
N - V - N — *La mère berçait son enfant dans ses bras.*

bercer[b] (3) — *jm* (falsche Hoffnungen..) machen
Nqn - V - Nqn - de N — *Bercer qn de promesses mirobolantes.*
♦*Nqn - se V - de N* — s. in falschen Hoffnungen wiegen
Il se berce de faux expoirs.

berner (2) REL — betrügen, reinlegen
N - V - N — *Il s'est laissé berner par de fausses promesses.*

beugler (1) — brüllen, muhen
N - V — *Les bovins beuglent. Fig.: Le surveillant beuglait dans le couloir.*

beurrer (2) — mit Butter bestreichen, (Brot) schmieren
N - V - N — *Beurrer une tartine de pain.*

biaiser (1) — der Konfrontation ausweichen, drumherum reden, lavieren
N - V — *Il biaise toujours au lieu de s'opposer.*

biffer (3) — weg-, aus-streichen
N - V - N -(de N) — *Biffer un nom d'une liste. Biffer un alinéa dans sa conférence.*

bifurquer (1+L) — s. verzweigen, abbiegen, abzweigen
N - V -(qp) — *Le chemin bifurque après le pont. La voiture bifurqua à droite.*

biner (2) — durch-hacken
N - V -(N) — *Biner (son jardin) pendant deux heures.*

biseauter (2) — abschrägen
N - V - N — *Biseauter une pierre précieuse, un miroir.*

bisquer (1) FAM — s. ärgern
N - V — |*faire bisquer qn: Ne le fais pas bisquer!*

bisser (2) — (im Theater...) Wiederholung, Zugabe verlangen
N - V - N — *Bisser une chanson, un artiste.*

blaguer (2/3) — scherzen, Witze reißen, s. lustig machen
N - V - (sur Nqc/qn) FAM — *Il ne cesse pas de blaguer. Il blague sur tout.*
Nous blaguions sur L. avec ses pantoufles du matin/Flaubert/.
de Nqc — *Tout le monde blague de sa stupidité.*
N - V - Nqc — verspotten, spotten über
Quelquefois il blaguait le pacifisme de Hugo/Maurois/.
N - V - Nqn - sur N — jn necken, aufziehen
Il blague son fils sur sa coiffure.
de ce que S Ind/Kj — *Tout le monde le blague de ce qu'il ne pense qu'à travailler.*
de Inf 2 — *Tout le monde le blaguait de rester à Montmarte à faire du patriotisme de café/Martin du Gard/.*

blairer (2) POP — riechen, leiden können
N - V - Nqn — *Moi, je ne marche pas avec un type que je ne peux pas blairer.*

blâmer (2/3) — tadeln
N - V - Nqc — *Blâmer une décision, la conduite de qn.*
que S Kj — *Ne blâmez pas que je vous contredise.*
V - Nqn -(de/pour/sur N) — *Blâmer qn de/pour/sur ses actes.*
de ce que S Kj 2 — *Blâmer qn de ce qu'il agisse de telle façon.*
de/pour Inf 2 — *Blâmer qn d'avoir/pour avoir agi sans réfléchir.*

blanchir (2) — weißen, weiß machen, Fig.: jn reinwaschen
N - V - N — *Blanchir un mur à la chaux. La lumière blanchit le mur.*
Fig.: Blanchir qn que l'on accuse.

blasphémer (2) — lästern
N - V -(contre N) — *Il blasphème contre Dieu, contre la religion.*
N - V - N LIT — *Blasphémer la religion.*

blêmir (1) — erbleichen
N - V <de N > — *Il blêmit de colère.*

• **blesser**[a] (2) — verletzen
N - V - N — *Il a été blessé à la guerre.*
✗ *N-V-Ø* |*K: un couteau tranchant peut blesser.*

blesser[b] (2) — verletzen
N - V -(N) — *Cette remarque l'a blessé profondément. Il fait souvent des remarques qui blessent. Cet échec a blessé son amour-propre.*

bleuir (2/1) — blau machen, blau erscheinen lassen, (Hände) blau anlaufen l.
N - V -(N) — *Cet éclairage bleuit la pièce. Cette lumière bleuit. Le froid bleuit les mains.*
N - V — blau werden, erscheinen, blau anlaufen
Les collines bleuissent à l'horizon. Les mains bleuissent au froid.

blinder (2) — panzern
N - V - N — *Blinder une porte, un coffre-fort, un véhicule.*
✗ *Nqn-seV: fig.:* s. eine dicke Haut zulegen
J'essayais de me blinder face à la désapprobation de ma famille.

bloquer[1] (2) — blockieren, (Preise..) einfrieren
N - V - N — *Un accident bloquait l'autoroute. Bloquer les prix/salaires.*

bloquer[2] (3) — (Urlaub) legen auf; (Fragen) zus.fassen in
N - V - Npl - sur N — *Bloquer ses jours de congé sur le mois de septembre. Bloquer plusieurs questions sur une seule intervention.*

se blottir (1+L) — s. kuscheln, s. verkriechen
N - se V <*qp* dans, sur, contre> — *Se blottir sous ses couvertures. L'enfant se blottit contre sa mère. Il se blottit sur lui-même, dans son sac de couchage.*

bluffer (1) — bluffen
N - V — *Il bluffe au poker.*

• boire (2) — trinken
N - V -(N) <*à N/ dans N*> — *Allons boire un coup! Boire* dans *un verre,* dans *une tasse,* à *une source. Boire à la santé de qn.*
⧗ *On dit qu'il boit (= qu'il est un ivrogne).*

boiser (2) — täfeln, bepflanzen
N - V - N — *Boiser un appartement de/en pin. On a dû boiser la région afin d'empêcher l'érosion des sols.*
abteufen
Boiser le couloir d'une mine.

• boiter (1) — hinken
N - V <*de N*> — *Il boite du pied droit.*

bondir (1) — e-n Satz machen, springen, auffahren
N - V <*qp*> <*de N*> — *L'animal bondit sur sa proie. Quand on sonna, il bondit vers la porte. Quand je lui dis cela, il bondit (de rage).*

• border[1] (2/3) — ein-säumen
N - V - N — *Les peupliers bordent la route.*
N - V - N - de N — *Border la route de peupliers.*

border[2] (2) — (Die Bettdecke) am Rande unterschlagen
N - V - N — *Border un lit, un enfant dans son lit.*

borner (2/3) — ein-, begrenzen; einschränken
N - V - N — *Cet immeuble borne la vue. Rien ne borne les ambitions de la linguistique historique. Les Pyrénées bornent la France au Sud-Ouest.*
N - V - N - à N — *Il borne sa critique à quelques remarques.*
♦*N - se V - à N* — s. beschränken auf
Nous nous sommes bornés à l'essentiel.
à ce que S Kj |×1 — *Tous ses efforts se bornent à ce que personne ne sache rien de l'affaire.*
à Inf 1 — *Nous nous sommes bornés à relever quelques points secondaires.*

bosseler (2) — einbeulen, Beulen machen in
N - V - N — *Il a bosselé sa voiture.*

bosser (1/2) POP — arbeiten; schuften
N - V — *Où est-ce que tu bosses? J'ai bossé comme un fou.*
N - V - N — büffeln für
Il bosse son examen.

• boucher (2) — ver-, zustopfen
N - V - N <*avec N*> — *J'ai bouché le trou avec du plâtre. Le camion bouchait la rue. Du papier bouchait le tuyau. Se boucher les oreilles pour ne rien entendre.*

boucler[1] (2) — zuschnallen
N - V - N — *Boucler sa ceinture.*
FAM — etw absperren, umzingeln; jn einbuchten
La police a bouclé le quartier. L'armée a bouclé la ville. Il s'est fait boucler.
⧗ FAM: ohne Defizit abschließen, gut über die Runden kommen
Boucler un budget, ses comptes. Arriver à boucler la boucle.
⧗ POP: *la boucler:* die Klappe, Schnauze halten

boucler[2] (1/2) — s. locken
N - V — *Ses cheveux bouclent.*
N - V - N — in Locken legen
Elle boucle ses cheveux le matin.

bouder (1/2) — schmollen, schlechte Laune haben
Nqn - V — *Il boude dans son coin.*
N - V - Nqc/qn — mit jm schmollen, zurückhaltend bleiben gegenüber etw
Il nous boude depuis quelque temps. Le public parisien bouda la pièce. Les intellectuels boudent le régime.

bouffer[1] (1) — s. bauschen
N - V — *Une jupe qui bouffe.*

bouffer[2] (2) POP — essen, fressen
N - V -(N) — *Il bouffe (ses huîtres) comme un goinfre. Ma bagnole bouffe dix litres d'essence.*

• bouger (1/2) — s. bewegen, s. rühren
N - V — *Ne bougez pas! Je n'ai pas bougé d'ici depuis hier.*
N - V - N FAM — bewegen
Il arrive à bouger les oreilles.
⧗ POP: *Nqn-se V:* s. rühren, sich regen
Mais faites donc quelque chose, bougez-vous!

bougonner (1) FAM
Nqn - V <contre N >
murren, nörgeln
Il bougonne constamment. Il bougonne contre tout le monde.

• bouillir (2/1)
N - V - N FAM
kochen, zum Kochen bringen, (in Wasser) kochen
Bouillir du lait. Les châtaignes, vous les épluchez avant de les bouillir?
N - V
L'eau bout. Faire bouillir du lait, des légumes, des oeufs.
✗ zum Kochen bringen: → *porter à l'ébullition.*
✗ *Nqn-V<de N>: Fig.:* kochen vor: *Il bout de colère, d'impatience.*

bouillonner (1)
N - V
brodeln
L'eau bouillonne dans la casserole.
N - V <de N >
Fig.: Il bouillonne d'impatience.

• bouleverser (2)
N - V - N
durcheinanderbringen
Bouleverser une armoire, un bureau, les plans de qn, la vie de qn.
fig.: tief betroffen machen, erschüttern
Cette affaire, cette musique me bouleversent.

boulonner[1] (2)
N - V - N
ver-, festschrauben
L'étagère est mal boulonnée.

boulonner[2] (1) POP
N - V
schuften
Il boulonne comme un nègre.

boulotter (2) POP
N - V -(N)
auf-fressen, -essen
L'enfant boulotte comme un ogre. Il a boulotté tout le gâteau.

bouquiner (2) FAM
N - V -(N)
schmökern
J'ai bouquiné toute la nuit. J'ai bouquiné le roman qu'il m'a prêté.

• bourdonner (1)
N - V
summen; brummen
L'abeille bourdonne. J'ai la tête qui bourdonne. Mes oreilles bourdonnent.

bourgeonner (1)
N - V
knospen, ausschlagen
Les arbres bourgeonnent au printemps.
Pickel haben
Il a le visage qui bourgeonne.

bourrer (3)
N - V - N -(de N)
voll-stopfen mit; (Sessel) polstern
Bourrer sa pipe (de tabac). Se bourrer les poches de bonbons. Bourrer la tête des élèves de connaissances inutiles. Se bourrer de friandises, de gâteaux. Bourrer un fauteuil.
✗ *bourrer qn de coups.*

boursoufler (2)
N - V - N
aufgedunsen machen, Fig.: aufblähen
L'abus de l'alcool a boursouflé son visage > *lui a boursouflé le visage. Fig.: Boursoufler son style.*

• bousculer (2)
N - V - N
etw durcheinanderbringen, umwerfen; jn anrempeln
Bousculer les projets de qn. Bousculer un vase, une pile de livres au passage. Bousculer qn en courant.
(etw) durcheinanderbringen, über den Haufen werfen, umstürzen
Bousculer des croyances, des habitudes, des traditions.
fig.: jn aufrütteln, jm einen Stoß geben
Bousculez donc ce petit paresseux de temps en temps.

bousiller (2) FAM
N - V - N
ganz kaputt machen, pfuschen, verpfuschen
Si vous ne faites pas cette réparation, vous allez bousiller votre moteur. Jean a été bousillé par son éducation. Bousiller un travail.

• boutonner[1] (2)
N - V - N
zu-knöpfen
Boutonner sa veste. Se boutonner.

boutonner[2] (1)
N - V
Knospen treiben; s. mit Pickeln bedecken
Le rosier commence à boutonner.
Il avait le visage qui boutonnait.

boxer (1/2)
N - V
boxen; jn boxen, jm e-n Schlag versetzen
Jean aime boxer.
N - V - N FAM
Pierre boxait son voisin.

boycotter (2)
N - V - N
boykottieren
Boycotter les élections. Boycotter un candidat.

braconner (1/2)
N - V
wildern
Le village entier braconne.
N - V - N
Il a braconné un lièvre.

brader (2)
N - V - N
verramschen, verschleudern
Le magasin brade ses stocks.

brailler (1/2)
N - V
laut weinen; etw gröhlen
Un enfant qui braille.
N - V - N
Un ivrogne braillait une chanson dans la rue.

braire (1)
N - V
i-ahen
L'âne brait.

braiser (2)
N - V - N
schmoren lassen
Il faut braiser cette viande pendant des heures.

bramer (1)
N - V
röhren
Le cerf brame.

brancher (3)
N - V - N -(sur N)
anschließen, (Geräte) anschließen
Brancher un poste sur le secteur. Brancher une nouvelle maison sur le réseau électrique urbain. Brancher une lampe. Brancher la télé, le climatiseur.
N - V - N - sur N
jn (telephonisch) verbinden mit; jn in Verbindung setzen mit, (ein Gespräch..) lenken auf
La standardiste branche l'abonné sur son correspondant. Le médecin de famille m'a branché sur un spécialiste. Brancher la conversation sur un autre sujet.

brandir (2)
N - V - N
schwingen, schwenken, (Faust) strecken
Brandir l'épée, un petit drapeau, le poing. Fig.: brandir des menaces.

branler^{1} (1/2)
N - V
wackeln
La chaise branle.
N - V - N
mit dem Kopf wackeln, den Kopf schütteln, nicken
Il regarda son frère et branla plusieurs fois la tête.

branler^{2} (2) POP
N - V - N
tun, machen
Qu'est-ce qu'il branle, ce mec?

s'en branler^{3} (1) POP
N - s'en V
pfeifen auf
Je m'en branle éperdument.

braquer^{1} (2+L)
N - V - N - qp
aus-richten auf
Braquer une arme sur qn. Elle avait ses yeux braqués sur moi.

braquer^{2} (1/2)
N - V
einen Wendekreis haben
Cette voiture braque bien.
N - V -(N)
das Lenkrad einschlagen
Braque davantage! Le trottoir m'empêche de braquer les roues de ma voiture.

braquer^{3} (2/3)
N - V - N
jn ärgern, störrisch machen
Sa réponse m'a braqué.
N - V - N - contre N
jn aufbringen gegen, jn verschlossen machen gegenüber
Son intransigeance le braque contre toute idée nouvelle

brasser (2)
N - V -(N)
brauen, (Salat, Teig...) mengen, mischen, vermischen
Brasser de la bière, de la salade, la pâte, des jetons, les cartes, les dominos. Ce fort mouvement d'immigration a brassé les populations.
⧓ *Loc.: brasser des affaires, de l'argent, des millions.*

braver (2)
N - V - N
jm trotzen, die Stirn bieten, e-r S trotzen
Braver qn, un danger, la mort.

bredouiller (1/2)
N - V
N - V - N
undeutlich sprechen; etw stammeln
Il bredouille.
Bredouiller des excuses.
⧓ → *dire*^{1}

breveter (2)
N - V - N
patentieren(lassen)
J'ai breveté cette invention. Le bureau a breveté l'invention.

• **bricoler** (1/2)
N - V FAM
N - V - N
basteln
Les enfants bricolent dans la cave. → faire du bricolage.
Papa m'a bricolé un cerf-volant.

brider (2)
N - V - N
aufzäumen
Brider un cheval.
fig. zügeln, bremsen
Cette expérience a bridé son enthousiasme.

briguer (2)
N - V - N
s. bemühen, s. bewerben um
Briguer la faveur de qn. Briguer un poste au ministère.

• **briller** (1)
N - V <de Npl>
glänzen
Ses yeux brillaient. Le ciel brille de mille étoiles.
Fig.: Le coureur cycliste a brillé dans la dernière étape.

brimer (2)
N - V - N
schikanieren, quälen
Jean brime son frère.

briquer (2)
N - V - N
blitzblank putzen
Les matelots briquent le pont du bateau.

• **briser** (2/1)
N - V - N
zer-, ab-, unter-brechen
Briser un verrre, la glace, un contrat, une conversation, la monotonie du silence, une grève, la résistance de l'ennemi, les efforts, les espoirs de qn. Cela lui a brisé le coeur.
N - V LIT
<Wellen> branden
Les vagues brisent (sur la plage)
♦*N - se V <contre/sur N >*
zerbrechen, zerschellen
Les vagues se brisent sur le rivage. Le bâteau s'est brisé sur les rochers, contre le rocher. Le verre s'est brisé. Enfin, la glace s'est brisée entre eux....
♦*N - V - avec N*
brechen mit
Elle a brisé avec Paul. briser avec des habitudes, préjugés...

brocher (2)		broschieren
N - V - N		*Brocher un livre.*
broder[a] (1/2)		sticken
N - V		*Elle était en train de broder auprès de la cheminée, rêveuse.*
N - V - N		etw besticken, sticken auf *Broder un napperon. Broder un motif sur une robe.*
broder[b] (1/2)		phantasieren, etw weiterspinnen
N - V		*Tu brodes! Le conteur brode sur un conte traditionnel.*
N - V - N		ausschmücken *Broder une histoire.*
broncher (1)		s. rühren
N - V		*Ne bronche pas! Il ne broncha pas quand je le réprimandai.* ✖ *ne pas broncher/sans broncher:* ohne mit der Wimper zu zucken *faire qc sans broncher; il me répondit sans broncher.* *obéir sans broncher:* ohne aufzumucken
• bronzer (1/2)		braun werden; jn bräunen
N - V		*Je bronze vite.*
N - V -(N)		*Le soleil méditerranéen bronze vite. Le soleil bronze la peau.*
brosser (2)		bürsten
N - V - N		*Brosser ses chaussures. Brosser ses dents>se brosser les dents.*
• brouiller[1] (2)		durcheinanderbringen, (Spuren) verwischen
N - V - Npl		*Brouiller les cartes. Le témoin a par ses aveux brouillé les pistes.*
brouiller[2] (2)		entzweien
N - V - Nqn-pl		*Cette affaire les a brouillés.*
♦ *N - V - N - avec N*		*Cette affaire a brouillé Pierre et/avec Paul.*
♦*Nqn-pl - se V*		s. entzweien, s. zerstreiten *Ils se sont brouillés.*
♦*Nqn - se V - avec N*		*Pierre s'est brouillé avec Jean.*
• brouter (2)		weiden, ab-grasen
N - V -(N)		*Les vaches broutent dans les champs. Les vaches broutent de l'herbe dans les champs. Les vaches ont brouté tout le champ.*
broyer (2)		zermalmen
N - V - N		*Un rocher lui a broyé le pied.* ✖ *Loc.: broyer du noir:* alles schwarz sehen *Depuis des semaines, il broie du noir.*
bruiner (o)		nieseln
il - V		*Il bruine depuis hier.*
bruire/bruisser (1)	LIT	rauschen
N - V		*Les arbres bruissent dans le vent.*
• brûler (1/2)		brennen
N - V		*La maison brûle. Une ampoule brûlait au plafond/Simenon/.* ✖ *N-V-de N Fig: Il brûle d'amour pour Jeanne.* *N-V-de Inf:* darauf brennen *Il brûlait de la revoir. Il brûlait de savoir si...*
N - V - N		ab-, aus-, verbrennen... *Le soleil a brûlé sa peau > lui a brûlé la peau. Brûler du bois, une haie, une lettre, un cierge,* (FAM:) *une cigarette.* *brûler une étape:* auslassen, überspringen *brûler un feu rouge:* (Rotlicht) überfahren *brûler une consigne:* s. hinwegsetzen über (eine Vorschrift) *brûler la politesse à M. Dupont:* s. (in der Schlange) vordrängeln vor jn *brûler la cervelle à M. Dupond:* jm eine Kugel in den Kopf jagen
brunir (2/1)		bräunen
N - V -(N)		*Le soleil brunit la peau. Le soleil méditerranéen brunit vite.*
N - V		*La peau brunit au soleil.*
brusquer (2)		etw überstürzen
N - V - Nqc		*Brusquer les affaires.*
N - V - Nqn		jn brüskieren *Il aime brusquer les gens.*
brutaliser (2)		brutal behandeln, mißhandeln
N - V - N		*Brutaliser des enfants, des animaux. Le 2 juin dernier, cinq jeunes gens armés ont brutalisé puis dévalisé les clients de cet établissement.*
bûcher (2)	FAM	büffeln *Il bûche beaucoup. Bûcher un examen.*
• buter[1a] (1+L)		stoßen gegen, an, stolpern (über..)
N - V - qp$_{contre/sur}$ < *de N* >		*J'ai buté (du nez, du pied) contre une porte fermée, un tronc d'arbre en saillie, une marche, un meuble, sur une pierre, un pavé...*
• (se) buter[1b] (2)		stoßen auf, an die Grenzen von etw, stolpern über
N - V - sur/contre N		*Buter sur un problème, sur/contre une difficulté, contre son impuissance, son incompétence.*
N - se V - à/ contre N		*Se buter à/contre un problème, une difficulté.*
à Inf 1		*Se buter à vouloir résoudre à tout prix un problème.*

buter[2] (2)
N - V - N — jn vor den Kopf stoßen, jn störrisch machen
Je veux dire ne pas buter Michel. Etre habile.../Cocteau/. Il ne faut pas la buter, m'a dit Robert/S. de Beauvoir/.

♦*Nqn - se V* *<dans N>* — s. versteifen, beharren
On s'obstine, on se bute, ou l'on tourne la chose en plaisanterie/Delécluze/. Se buter dans le mensonge, dans le silence.

buter[3] (2) — POP
N - V - N — jn umlegen
Il s'est fait buter. Si tu bouges, je te bute.

câbler (3)
N - V - N -(à N)
telegraphieren
Je vous câblerai une dépêche. Notre correspondant à l'étranger vient de câbler cette nouvelle.

cabrer (2)
N - V - N
(Flugzeug, Pferd vorn) hochziehen
Cabrer un avion. Cabrer un cheval.
♦*N - se V*
<Pferd> s. aufbäumen, scheuen
Le cheval rua, se cabra.

• **cacher**[a] (2)
N - V - N < qp >
verstecken, verbergen
Cacher son argent sous le matelas. Cacher des prisonniers évadés. Cacher son visage dans sa main. Les nuages cachent la lune
⧗ *cacher la vue à qn:* jm die Sicht nehmen
Un lac dont un rideau de rochers et d'arbres lui cache la vue/Proust/.
Cacher son émotion, sa colère, sa joie.
♦*N - se V < qp>* — *Il s'est caché dans l'armoire.*
aux yeux de Nqn — *Le prisonnier s'est caché aux yeux de la police.*
de Nqn — *Il s'est caché de moi.*
de Nqc — ⧗ |*ne pas se V de Nqc:* keinen Hehl machen aus:
C'est ce que je pense, et je ne m'en cache pas.

• **cacher**[b] (3)
verbergen, verhehlen, verheimlichen
N - V -(à Nqn) - Nqc — *Il nous a caché la vérité. Je ne cache pas ma pensée.*
que S Ind — *Il nous a caché qu'il allait partir bientôt. Je ne vous cache pas que je suis mécontent.*
Ø Inf 1 — *Je ne vous cache pas être de votre avis, avoir une opinion différente, vouloir faire cela.*

cacheter (2)
N - V - N
versiegeln
Cacheter une lettre.

cadenasser (2)
N - V - N
(mit einem Hängeschloß) verschließen
Cadenasser une porte.

cadrer[1] (1)
zusammenpassen
Nqc-pl - V - ensemble — *Ces meubles ne cadrent pas ensemble.*
♦*N - V - avec N* — *Son attitude ne cadre pas avec ses idées.*

cadrer[2] (2)
(photographisch) einen Ausschnitt wählen, das Objektiv richten auf
N - V -(N) — *La photo est ratée, j'ai mal cadré. Cadrer un paysage.*

cahoter (1/2)
N - V — rumpeln, rütteln
La voiture cahote.
N - V - N — durcheinanderschütteln, durchrütteln
Le car cahote les voyageurs.

(se) cailler[1] (1)
N - (se) V
gerinnen
Le lait, le sang (se) caillent.

(se) cailler[2] (1) POP
frieren
ça - V — *Ça caille.*
Nqn - (se)V — *On (se) caille.*

cajoler (2)
N - V - N
liebkosen; jm schmeicheln, jn hofieren
Cajoler son enfant. H. s'était fait présenter dans quelques salons politiques où il apprenait à caresser les grands et à cajoler les forts/Flaubert/.

• **calculer** (1/2)
aus-, be-rechnen
N - V — *Il calcule vite.*
N - V - N — *Il calcule ses profits.*
que S Ind — *J'ai calculé que cela me reviendrait trop cher.*
Int.ind — *J'ai calculé combien de temps il a mis pour venir.*
Ø Inf 1 — *J'ai calculé avoir encore trois jours de congé.*
de Inf 1 RARE — *J'ai calculé de partir de nuit afin d'arriver à temps.*

caler[1] (2)
N - V - N
fest-, verkeilen
Caler le pied d'une chaise. Caler d'une pierre une voiture arrêtée dans une rue en pente.

caler[2] (1/2)
N - V — <Motor> ausgehen, stehenbleiben
Comme j'avais oublié de débrayer, le moteur a calé.
N - V -(N) — (Motor) abwürgen
J'ai débrayé trop tard et j'ai calé (le moteur).
⧗ *fig.:* FAM: nicht mehr (essen) können
Vous m'avez trop donné de viande, je crois que je vais caler.

se caler[3] (1+L)
Nqn - se V -(qp)
s. (bequem) hinsetzen, anlehnen
N. acheva son steak et se cala contre son dossier. Il se cala dans son fauteuil et alluma un cigare.

caler[4] (1) FAM
N - V < devant N >
passen
Devant la question du jury, il a calé. Caler devant l'adversaire.

calfeutrer (2)
N - V - N
abdichten
Calfeutrer une porte, une fenêtre.
⧗ *Nqn -se V - qp: Loc.:* s. (zu Hause) abkapseln
Il s'est calfeutré chez lui depuis quelques semaines.

calibrer (2)
N - V - N
(nach Gewichtsklasse bzw. Größe) sortieren
Calibrer des oeufs, des fruits.

câliner (2)
N - V - N
liebkosen
Câliner un enfant.

• **calmer** (2)
N - V - N
jn beruhigen; (Schmerz, Durst) stillen, (Krankheit) lindern, (Fieber) senken, zurückgehen lassen
Calmez-vous! Cette décision calmera les mécontents. L'aspirine calme la douleur. La bière calme bien la soif. Des pastilles qui calment la toux. Des médicaments qui calment la fièvre. Calmer la douleur de qn par des paroles de consolation.

calomnier (2)
N - V - N
verleumden
Calomnier qn de connu par un article diffamatoire.

calotter (2) FAM
N - V - N
ohrfeigen
Hors de lui, il a calotté son enfant.

calquer (3)
N - V - N -(sur N)
abpausen, -bilden, nachahmen
Calquer un dessin (sur un modèle). Calquer le comportement de qn d'autre. Calquer son comportement sur celui de qn d'autre.

cambrer (2)
N - V - N
hervorwölben, vorstrecken
Cambrer le torse, les reins.
⧗ *Nqn-se V:* s. in die Brust werfen.

cambrioler (2/1+L)
N - V -(Nqc/qn)
(qp)
in etw einbrechen, bei jm einbrechen
On a cambriolé la banque. J'ai été cambriolé.
On a cambriolé chez moi.

camionner (2)
N - V - N < qp >
(mit einem Lastwagen) transportieren
Camionner les outils sur le chantier.

camoufler (2)
N - V - N
tarnen, zu verbergen suchen, verheimlichen
Camoufler un canon, ses intentions.

• **camper**^{1} (1)
N - V < qp >
zelten, lagern
Nous allons camper en Forêt noire.

• **camper**^{2} (2+L)
N - V - N -(qp)
(Kopfbedeckung, Brille..) aufsetzen
Il a une drôle de manière de camper son chapeau (sur l'oreille gauche). Il campe des lunettes sur son nez > il se campe des lunettes sur le nez.
⧗ *Nqn-seV-(devant Nqn):* s. (stolz, provozierend..) hin-stellen vor jn
Il sauta sur ses pieds, se campa devant moi/Colette/.

camper^{3} (2)
N - V - N
(lebendig) darstellen
Camper habilement un personnage dans un roman.

canaliser (2)
N - V - N
kanalisieren
Canaliser un fleuve, la foule. Canaliser l'aide apportée par l'étranger. Canaliser ses énergies.

cancaner (1)
N - V
tratschen, klatschen
Une petite ville de province où les gens passent leur temps à cancaner.

canoniser (2)
N - V - N
heiligsprechen
Jeanne d'Arc a été canonisée en 192o.

canonner (2)
N - V -(N)
be-schießen
Les troupes ont canonné toute la nuit. Elles ont canonné les positions ennemies.

canoter (1)
N - V
Boot fahren
Ces tableaux impressionnistes où les gens passent leur temps à danser et à canoter.

cantonner (1+L/2+L)
N - V - qp
N - V - N - qp
Quartier haben, beziehen
Les troupes cantonnent dans les faubourgs.
einquartieren
Cantonner les troupes dans les faubourgs.
fig.: beschränken auf
Cantonner qn dans un travail spécialisé. Se cantonner dans son travail de spécialiste.

capitonner (2)
N - V -(N)
polstern
Capitonner un fauteuil; des meubles capitonnés.

capituler (1)
N - V < devant N >
kapitulieren
L'ennemi a capitulé. Jean a capitulé (devant la difficulté).

capoter (1)
N - V
sich überschlagen
La voiture a capoté.

capter (2)
N - V - N
(Quelle) fassen, (Stromleitung) anzapfen; ab-, auffangen
Capter une source, une ligne de courant. Capter un message, une lettre. Capter une émission. La presse du monde entier, avide de capter le tout dernier cri de la mode cinématographique/LeM/.
(Aufmerksamkeit...) fesseln, zu gewinnen suchen
Capter l'attention de qn, la confiance de qn,

captiver (2)
N - V - N
(Aufmerksamkeit..) fesseln
Captiver l'attention de qn, l'intelligence, l'intérêt de qn. Ce spectacle m'a particulièrement captivé.

♦Nqn - se V < à/pour N >
s. begeistern
Il se captive pour le feuilleton de la télévision. Se captiver à la lecture d'un roman.

capturer (2)
N - V - N
(Tier) ein-fangen, jn gefangennehmen, kapern, erbeuten
Capturer un lion, un pirate, un navire, les armes de l'ennemi.

caqueter (1)
N - V
gackern, klatschen, tratschen
Les poules caquètent. La concierge caquète toute la journée.

• caractériser (2/2+A)
Nqc - V - N
charakterisieren
L'impressionnisme caractérise son style.
Nqn - V - N -(de adj)
Je caractériserais son style d'impressionniste.
♦N - se V - par N
Sa peinture se caractérise par l'étrangeté des sujets.

caramboler (1/2)
N - V
<Billard> eine Karambolage machen
Il écrasa négligemment sa cigarette, puis carambola.
N - V - N FAM
zusammenstoßen mit, fahren gegen, etw anfahren
Il a dérapé et carambolé plusieurs voitures.
♦Npl - se V
Plusieurs voitures se sont carambolées sur l'autoroute.

carburer[1] (1)
N - V
<Motor> gut/rund laufen
Le moteur, la voiture carbure bien.

carburer[2] (1) POP
ça - V
gut laufen, gut funktionieren
Ça carbure! Das läuft ja wie geschmiert!

• caresser (2)
N - V - N
streicheln, liebkosen
Elle caressa ma main > elle me caressa la main. L'ayant lu, je me caressai le menton, perplexe et indécis/Pilhes/.
Fig.: hegen
Le directeur adjoint avait longtemps caressé l'espoir de diriger la maison.

caricaturer (2)
N - V -(N)
karikieren, ins Lächerliche ziehen
Caricaturer un personnage célèbre. Tu caricatures la situation. En disant ceci, évidemment, je caricature.

carillonner (1/2)
N - V
läuten
Les cloches carillonnent.
N - V - N
einläuten
Carillonner un mariage, une fête.
Fig.: laut verkünden, hinausposaunen
Carillonner sa victoire, son succès.

carotter (3/2) FAM
N - V - N -(à Nqn)
be-klauen
On lui a carotté dix francs.
N - V - Nqn
On m'a carotté.
N - V - (N) -(sur N)
unterschlagen
Il a carotté une somme considérable (sur le budget de l'entreprise).

se carrer (1+L)
N - se V - qp
s. bequem hin-setzen
Il se carra dans son fauteuil.

caser (2+L) FAM
N - V - N -(qp)
unterbringen, (Mädchen) unter die Haube bringen
Chercher un logement où caser un ami. Caser son argent à la banque. Caser sa fille.

casquer (2) FAM
N - V -(N)
blechen
J'en ai marre de casquer. J'ai dû casquer mille francs.

• casser[1] (2/1)
N - V - N
zerbrechen, kaputtmachen, (Holz) klein-hacken
Casser une vitre, un verre, une branche, des oeufs, son réveil. Casser du bois. Le verre se casse. Le réveil s'est cassé.
⌘ FAM: *casser la tête à qn > lui casser la tête, les pieds,* (POP) *les couilles, les lui casser:* auf den Wecker fallen
⌘ FAM: *casser la figure à qn > lui casser la figure:* jn vermöbeln
⌘ FAM: *casser la croûte:* essen
N - V
zer-brechen
Le verre, la branche cassent. La pâte du gâteau casse sous les doigts.

se casser[2] (1) POP
N - se V
abhauen, verduften, Leine ziehen
Casse-toi, ou on te frappe!

castrer (2)
N - V - N
kastrieren
Castrer un mouton.

cataloguer (2)
N - V - N
katalogisieren, jn (für sich) einordnen
Cataloguer des livres, une bibliothèque, qn définitivement.

catapulter (1+L) FAM
N - V - N -(qp)
werfen, schleudern, katapultieren
Par le choc, la voiture a été catapultée contre un arbre.
Fig.: Le congrès l'a catapulté à la tête du parti.

catéchiser (2)
N - V - N
religiös unterweisen; jn indoktrinieren
Catéchiser les indigènes . Depuis qu'il est dans ce parti, il cherche à me catéchiser.

• causer[1] (2/3)
N - V - N
verursachen, jm (Kummer...) bereiten
La pluie a causé beaucoup de dégâts.
N - V - N - à Nqn
Causer de la peine à qn. Le peu de succès qu'il avait à l'école causait pas mal de chagrin à ses parents.

• causer[2] (2)
Nqn-pl - V -(de/sur Nqc)
s. unterhalten, plaudern
Ils ont longtemps causé sur le/du tremblement de terre.

♦*Nqn - V -(avec Nqn) -(de/sur Nqc)*	*Il aime causer avec la concierge de la situation politique.* *Il aime causer.* ⧗ *causer politique, théâtre:* s. unterhalten *über* *causer chiffons:* < Frauen > s. über Mode/Kleider unterhalten
N - V - à *Nqn* FAM	*Hé, je te cause! Il m'a causé très familièrement/R.Rolland/.*
cautionner (2)	bürgen für jn
N - V - Nqn	*J'ai demandé à mon collègue de me cautionner auprès de la banque.*
N - V - Nqc/qn	unterstützen, billigen *Les travailleurs de France-Soir écrivent qu'ils ne peuvent plus cautionner un mouvement qui risque de devenir suicidaire/LeM/.*
• céder (2/3)	nachgeben, weichen, einlenken
N - V < devant/sous N >	*La branche a cédé sous le poids. Les troupes ont cédé devant l'ennemi. Il a cédé devant mes menaces, sous la pression*
N - V - à N(qc de)qn	*Il a cédé à mes demandes. Il m'a cédé.*
N - V - N -(à N)	abgeben, abtreten, (Geschäft) abtreten, aufgeben *Il m'a cédé son vieux tourne-disque. Les voisins lui ont cédé du terrain. Après les élections, le parti en place a dû céder le pouvoir à l'opposition. Céder un magasin. Céder sa/la place.* ⧗ *céder le/du terrain à N:* s. zurückziehen vor (dem Feind) *Les troupes ont cédé du/le terrain (à l'ennemi). Fig.: céder du terrain dans des négociations.* ⧗ *céder le pas à N:* den Vorrang lassen *Les antagonismes politiques cèdent le pas à la circulation pacifique des capitaux/Pilhes/.* ⧗ *céder la priorité à Nqn:* die Vorfahrt beachten, jm die Vorfahrt lassen ⧗ *le céder en qc à Nqc/qn: |neg:* in nichts nachstehen *Jean ne le cède à personne en malice. Jean ne le cède en rien à son frère. La qualité de cette voiture ne le cède en rien à celle de ses concurrentes.*
ceindre (2/3) LIT	anlegen, umtun, umbinden
Nqn - V - N	*Il ceint son écharpe, son épée. La reine a ceint la couronne.*
Nqc - V - N	zieren, schmücken *Un diadème ceint son front > lui ceint le front*
Nqn - V - N - de N	krönen mit *La reine a ceint son front d'un diadème > La reine s'est ceint le front d'un diadème.*
ceinturer (2)	umgeben; jn (mit einem Griff um die Taille) fassen
Nqc - V - Nqc	*Un boulevard périphérique ceinture la ville.*
Nqn - V - Nqn	*Le joueur de rugby ceinture son adversaire pour le plaquer au sol.*
• célébrer (2)	feiern, (ein Verdienst) preisen
N - V - N	*Célébrer un anniversaire, une victoire, un poète fameux, les mérites de qn, la messe* ⧗ *N-V-∅ |K: Le prêtre célèbre (sc. la messe).*
censurer (2)	zensieren
N - V - N	*Censurer un film, un article.* LIT: tadeln, kritisieren *Censurer une innovation, une pratique, la conduite de qn.* (e-r Regierung) das Mißtrauen aussprechen *Le parlement menace de censurer le gouvernement.*
centraliser (2)	zentralisieren
N - V -(N)	*Centraliser une administration.*
centrer[a] (2)	zentrieren
N - V - N	*Centrer une roue.* ⧗ *centrer (la balle):* (den Fußball) in die Mitte spielen.
centrer[b] (3)	fig.: konzentrieren auf
N - V - N - sur N	*Le critique a centré son compte-rendu sur les points les plus faibles de l'ouvrage.*
cercler (2)	(Faß) bereifen, (etw)fest-, zusammen-binden...
N - V - N	*Cercler un tonneau. Cercler un chargement de briques, une valise.*
cerner (2)	umzingeln, fig.: umgrenzen, umreißen
N - V - N	*Les troupes ont cerné les positions ennemies. La police a cerné le quartier. Fig.: Cerner un problème, une question. L'émission de la télévision a permis de cerner assez bien l'état présent du débat.*
certifier (2+A/3)	bescheinigen, beglaubigen
N - V - N -(adj)	*Certifier un document. Certifier un manuscrit authentique.*
N - V -(à Nqn) - N	versichern, bestätigen *Certifier à qn l'authenticité d'une nouvelle.*
que S Ind	*Certifier qu'une nouvelle est authentique.*
Ind/Kj |neg/int	*Je ne peux vous certifier que cette nouvelle est/soit authentique.* *Pourriez-vous me certifier que cette nouvelle est/soit authentique.*
∅ Inf 1	*Je certifie avoir entendu la nouvelle/posséder deux voitures.*

• cesser (aux) — aufhören (mit)
N - V - de Inf — *La pluie a cessé de tomber. Jean cesse de siffler.*
♦*N - V - N* — *Les agents de conduite S.N.C.F ont cessé le travail /LeM/.*
♦*N - V* — *La pluie a cessé.*
ж *cesser une querelle:* Streit beilegen
ж *cesser le combat:* Kampf einstellen
ж *cesser ses paiements:* Zahlungen einstellen

chagriner (2) — verdrießen, ärgern
N - V - N — *Ce malentendu me chagrine. Ce qui me chagrine c'est que l'on ait si peu de temps pour ce voyage.*
♦*N - se V -(de N)* — *Il s'est chagriné de cette réponse. Il se chagrine vite.*
de ce que S Ind/Kj — *Il se chagrine de ce que son fils lui écrit/écrive rarement.*
que S Kj — *Il se chagrine qu'on lui écrive si rarement.*
de Inf 1 — *Il se chagrine d'être délaissé par ses enfants.*

chahuter[1] (1/2) — Radau machen
N - V — *Les élèves chahutent.*
N - V - Nqn — (durch Radau) ärgern
Les élèves chahutent leurs professeurs.

chahuter[2] (2) FAM — heftig schütteln
N - V - N — *Ne chahutez pas la valise, elle contient des explosifs.*

se chamailler (1) FAM — s. zanken, s. herumstreiten
Nqn-pl - se V — *Les enfants se chamaillent.*
♦*N - se V - avec N* — *Pierre et Jean se chamaillent avec Marie.*

chambarder (2) FAM — durcheinanderbringen
N - V - Npl — *Les enfants ont chambardé toute la pièce, mes projets.*

chambouler (2) FAM — durcheinanderbringen
N - V - Npl — *Les enfants ont chamboulé tout l'appartement, mes plans.*

chambrer[1] (2) — jn (gewaltsam) eingeschlossen halten
N - V - N — *Les parents ont chambré leur rejeton pour qu'il potasse son examen.*

chambrer[2] (2) — jn (beiseite nehmen, um ihn zu) überreden, jn beschwatzen
N - V - N — *La surveillante a appelé un élève récalcitrant pour le chambrer.*

chambrer[3] (2) — auf Zimmertemperatur bringen, temperieren
N - V - N — *Chambrer une bouteille de vin rouge.*

chanceler (1) — (sch)wanken, taumeln
N - V — *Il chancela avant de tomber. Fig.: Sa détermination commence à chanceler.*

• changer (1/2/2+A) — wechseln,sich ver-ändern
N - V — *L'affiche au cinéma a changé. Le propriétaire du bar a changé. Les couleurs changent. Tu as beaucoup changé.*
N - V - de N — "s. verändern in bezug auf etw"
Changer de train: umsteigen
etw wechseln, ändern
Changer de chemise, d'avis, d'adresse, de coiffure, de voiture.
Npl - V - de N — (miteinander) tauschen
Jean et Pierre ont changé de place.
♦*N - V - de N - avec N* — *Jean a changé de place avec Pierre.*
N - V - N — ver-ändern, aus-wechseln
Changer le saphir d'un tourne-disque; changer la roue d'une voiture, de l'argent, la décoration d'une vitrine, son style de vie.
N - V - N - en n — verwandeln, wechseln, tauschen
La sorcière a changé le crapaud en citrouille. Il a changé ses marks en francs.
< pour/contre N > — *Changer ses marks pour/contre des francs; changer sa voiture pour/contre une neuve. J'ai changé un mark pour/contre 1 franc 84.*
< de N > — *Changer le fusil d'épaule. Tenez, lisez vous-même, ça vous changera des prospectus habituels/Pilhes/.*
♦*Nqn - se V* — s. umziehen:*Allons nous changer!*
ж ×*Nqc - se V !*

• chanter[1] (3) — be-, vor-singen
N - V -(N) -(à N) — *J'ai chanté une chanson aux enfants.*
FAM: *qu'est-ce que tu nous chantes là:* was (für einen Quatsch) erzählst du uns da?
▼*N - V - N* — *Jean chante une chanson. Chanter les louanges de qn, les exploits d'un héros.*
▼*N - V* — *Pierre chante toute la matinée.*

chanter[2] (2) FAM — jm passen
Nqc - V - à Nqn — *Venez chez nous ce soir, si cela vous chante.*

chantonner (2) — (leise) vor sich hinsingen
N - V -(N) — *Le bourreau des coeurs chantonnait un air à la mode. Le bourreau travaille en chantonnant.*

chaparder (3) FAM — klauen, mopsen, stibitzen, mausen
N - V -(N) -(à N) — *Il nous a chapardé des poires dans notre jardin.*
▼*N - V - N* — *On l'accuse d'avoir chapardé des poires.*
▼*N - V* — *Il chaparde dans les grands magasins.*

charcuter (2) FAM — ungeschickt behandeln, operieren
N - V - Nqn — *Les médecins l'ont charcuté.Charcuter qn pour enlever une épine.*

• **charger**[1a] (2/2+L/3)
N - V -(N)
N - V - N -(qp)
N - V - N -(de N)

be-laden, (Batterie) laden
Le bateau est en train de charger. Le bateau charge du charbon. Charger du charbon sur un bateau. On charge du charbon. Charger un bateau de charbon; charger un bateau.

• **charger**[1b] (3)
N - V - Nqn - de N
de ce que S Kj 2
de Inf 2

beauftragen, jm etw auftragen
Charger qn d'un travail.
On l'a chargé de ce qu'il fasse ce travail.
On l'a chargé de faire ce travail.

• **charger**[2] (3)
N - V - Nqn -(de N)

belasten
L'accusé a chargé son complice. Il l'a chargé du crime qu'on lui imputait.

charger[3] (2)
N - V - N

karikieren, übertreiben
Charger un portrait.

charger[4] (2/3)
N - V < contre N >
N - V - N

angreifen, vorstoßen
Les C.R.S. ont chargé contre les manifestants.
Les troupes ont chargé l'ennemi.

• **charmer** (2)
N - V -(N)

bezaubern, (Schlangen) beschwören
Sa voix me charme. Ce qui charme chez elle, c'est la voix. Charmer un serpent.
⧗ *être charmé:* entzückt sein
Je suis charmé de votre visite, de ce que vous soyez venu, que vous soyez venu, de pouvoir vous recevoir chez nous.

charpenter (2)
N - V - N

zimmern, zurechtschneiden
Charpenter une pièce de bois, un toit.
fig.: (gut) aufbauen
Bien charpenter son discours, un roman policier.

charrier[1] (2/2+L)
Nqc - V - N
Nqn - V - N -(qp)

an-schwemmen, treiben, (mit sich) führen
Le fleuve charrie du sable, de la glace.
(mit einem Karren, Wagen) transportieren
Nous avons charrié les pierres jusqu'à la maison. Qu'est-ce que tu charries sur ton dos?

charrier[2] (1) — FAM
N - V

übertreiben
Tu charries tout de même.

charrier[3] (2) — POP
N - V - N

jn aufziehen
Il aime charrier les gens qu'il n'aime pas.

• **chasser**[1] (2/2+L)
N - V -(N)
N - V - N -(qp)

jagen
Chasser (du gibier).
ver-jagen
Chasser les mouches de la maison, de sa tête, au dehors.
Fig.: Je chassais ces méchantes idées et retrouvai à propos mon sens de l'humour/Pilhes/.

chasser[2] (1)
N - V

hinten ausbrechen
La voiture a chassé dans le virage.

châtier (2) — LIT
N - V - N

bestrafen, züchtigen
Châtier un coupable.
fig.: geißeln; (Stil, Sprache) pflegen, feilen an
Châtier l'insolence de qn; châtier son langage, son style.

chatouiller[a] (2)
N - V -(N)

kitzeln
Arrête donc, ça chatouille! De hautes herbes chatouillaient nos oreilles >nous chatouillaient les oreilles/> nous chatouillaient aux oreilles.

chatouiller[b] (2)
N - V - N(qc de)qn

schmeicheln
Chatouiller l'amour-propre de qn > chatouiller qn dans son amour-propre.

chatoyer (1)
N - V

schillern
Un tissu, un bijou qui chatoient.

châtrer (2)
N - V - N

kastrieren
Châtrer un taureau.

• **chauffer**[1] (2/1)
N - V -(N)
Nqc - V

erwärmen, erhitzen
La cuisinière chauffe bien. La cuisinière chauffe la casserole.
warm, heiß werden
La pierre chauffe au soleil.
⧗ *Nqn - se V: nous nous chauffions au soleil.*

chauffer[2] (2)
N - V - N

jn antreiben
Chauffer un sportif pour une épreuve, un candidat pour un examen.

chauffer[3] (3) — POP
N - V - N -(à N)

klauen
On m'a chauffé ma montre. Il a chauffé ce disque dans un magasin.

chauffer[4] (1) — POP
ça - V

fig.: knallen
Ça va chauffer! Gleich knallt's!

chausser (2)
Nqn - V - Nqc/qn

anziehen, (Brille) aufsetzen, se V: s-e Schuhe kaufen bei
Pierre chausse ses chaussures, ses chaussettes, des bas, des gants, des lunettes, un bébé. Je me chausse chez Bally.

Nqc - V -(Nqn)
jn kleiden, jm passen
Ces chaussures vous chaussent bien. Ces bottes chaussent large.
⌘ *Je chausse du 4o:* Schuhgröße 4o haben

chavirer (1/2)
N - V
N - V - N
kentern, umkippen
Le bateau a chaviré.
Les vagues ont chaviré le bateau.
Fig.:FAM: jn durcheinanderbringen, erschüttern
Cette nouvelle m'a chaviré. J'en suis tout chaviré.

cheminer[a] (1/1+L)
N - V
Nqc - V - qp
(s)einen Weg gehen
Il chemina longtemps avant d'atteindre l'auberge.
s. dahinziehen, verlaufen, <Weg> führen
Le sentier chemine à travers bois

cheminer[b] (1+L)
Nqc- V - qp
seinen, den Weg finden in
La théorie a lentement cheminé dans les esprits.

• chercher (2)
N - V -(N)
suchen, zu erreichen suchen, abzielen auf
Pierre cherche(son parapluie) depuis longtemps. Des gens qui cherchent bien autre chose que la mort d'un simple individu.
à ce que S Kj |×1 — RARE
Il cherche à ce que je lui dise la raison de mon attitude.
à Inf 1
Il cherche à savoir la vérité.
⌘ *chercher querelle, noise à qn:* mit jm Streit suchen
⌘ FAM: *<qc>aller chercher dans (les mille francs):* s. belaufen auf: *La réparation va chercher dans les 6oo francs.*
⌘ *aller chercher qn qp:* abholen
après N — FAM
Chercher après qn.

chérir (2)
N - V - N
lieben, hängen an
Chérir ses parents, la liberté.

chevaucher[1] (1/2)
N - V
N - V - N
reiten
Nous avons chevauché pendant deux heures.
Chevaucher un cheval blanc.

• (se) chevaucher[2] (1)
Npl -(se)V
♦*N - se V - avec N*
s. überschneiden, überlappen
Des dents, des tuiles, des emplois du temps qui se chevauchent.
Le séminaire de M. Dupont se chevauche avec celui de M. Dupond.

chevroter (1)
N - V
meckern, <Stimme> zittern
La chèvre chevrote. Sa voix chevrotait de vieillesse.

chicaner (1/2/3)
N - V <sur N>
nörgeln, herumreiten auf
Il chicane sans cesse (et sur tout). Nous n'allons pas chicaner sur ces détails.
N - V - N < sur N >
jn ärgern, jm kleinlich etw vorhalten
Il aime me chicaner. Chicaner un poète sur le défaut de précision des mots et des images Paulhan/.
⌘ FAM: *ça me chicane:* das beunruhigt, quält mich.
N - V - N - à Nqn
(kleinlich) streitig machen
On lui chicane sa retraite, ses frais de déplacement.

chiffonner[1] (2)
N - V - N
verknautschen
Il a chiffonné son pantalon. Ce tissu se chiffonne facilement.

chiffonner[2] (2) — FAM
N - V - Nqn
jm Sorgen machen
Cette histoire me chiffonne.

chiffrer[1] (2)
N - V - N
mit Ziffern versehen
Chiffrer un inventaire.

chiffrer[2] (2+Adv/1)
N - V - N -($Adv_{à}$)
(e-n Betrag, Anzahl) angeben
A combien chiffrez-vous la population de ce pays? Pourriez-vous chiffrer à l'avance les dépenses de votre voyage?
♦*N - se V - $Adv_{à}$*
s. belaufen auf, gehen in die..
Mes frais de déplacement se chiffrent à mille marks.
$Adv_{en/par}$
Les pertes se chiffrent en/par milliers de marks.
N - V
viel/teuer werden, s. häufen
Nos dépenses commencent à chiffrer. C'est la dixième fois que cela nous arrive, cela commence à chiffrer.

chiner (2) — FAM
N - V - (N)
necken
On le chine à propos de sa bagnole.

chiper (3) — FAM
N - V -(N) -(à N)
▼*N - V - N*
▼*N - V*
klauen, stiebitzen
Il nous a chipé cent francs.
Il a chipé cent francs.
Il chipe toujours.

chipoter[1] (2/3) — FAM
N - V -(sur N)
N - V - N -(à N)
trödeln, nörgeln
Il chipote en mangeant. Je ne chipoterai pas sur ce point.
jm (kleinlich) etw streitig machen
On me chipote mon salaire horaire.

se chipoter[2] (1) — FAM
Nqn-pl - se V
s. streiten
Les enfants se chipotent.

chiquer (2)
N - V -(N)
priemen
Le marin chique (son tabac).

choir (1+L) — LIT
N - V -(qp)
fallen
Laisser choir son marteau (sur ses pieds nus).
⌘ FAM: *laisser choir qn:* jn fallen lassen

• **choisir** (2/2+A) — wählen, die Wahl treffen
N - V -(N) <parmi Npl> — *J'ai choisi un crayon noir. J'ai choisi parmi tous les livres. J'ai choisi un livre parmi tous les livres sur la table.*
<entre Npl > — *Il a choisi entre plusieurs possibilités. Il a à choisir entre le chômage et l'exil.*
N - V - Nqn -(comme/pour n) — *Nous l'avons choisi comme délégué, pour collaborateur.*
N - V - que S Kj |×1 — *Nous avons choisi que vous restiez parmi nous.*
de Inf 1 — *Privé de ses droits politiques et civiques, Kubitschek choisit de vivre pendant une année à Paris/LeM/.*

• **chômer** (1/2) — nicht arbeiten
N - V — *J'ai chômé hier.*
N - V - N — *an* e-m Tag... nicht arbeiten
Bien que ce jour ne soit plus un jour férié, je le chômerai tout de même.
⧓ *être au chômage:* arbeitslos sein.

choper (2/3) FAM — (Krankheit) kriegen, s. zuziehen
N - V - N — *Il a chopé un rhume.*
⧓ *se faire choper:* s. erwischen lassen
Il s'est fait choper dans une rafle.
N - V - N - à Nqn — klauen
On m'a chopé mon briquet.

choquer[a] (2) — anstoßen an etw, mit etw
N - V - N — *J'ai légèrement choqué sa voiture en reculant. Nous avons choqué le vase qui est fêlé maintenant. Ils ont choqué leurs verres.*

choquer[b] (2) — schockieren
N - V -(Nqn) — *Cette histoire (me) choque.*

choyer (2) — jn verhätscheln
N - V - N — *Choyer ses enfants.*
fig.: etw mit Vorliebe benutzen
C'est une expression que ce poète choie particulièrement.

chuchoter (1/3) — flüstern
N - V — *Marie chuchote.*
N - V - N -à(l'oreille de)Nqn — *Chuchoter des gentillesses à l'oreille de sa voisine de table.*
⧓ → *dire*[1]

chuinter (1) — s wie sch aussprechen
N - V — *Tout le monde chait que je chuinte.*
<Dampf> zischen, <Wasserleitung> rauschen
La cocotte minute chuintait dans la cuisine. J'ai couché dans un hotel pas cher où la chasse d'eau chuinta toute la nuit.

chuter (1+L) FAM — fallen, <Temperatur> absinken, fig. jn stürzen
N - V -(qp) — *Imaginez un patron inaugurant une usine sous la pluie, trébuchant et chutant dans la boue/Pilhes/. La température chute. Fig.: Cette affaire a failli faire chuter le ministre.*

cicatriser (2/1) — vernarben (lassen)
N - V - N — *Un médicament qui cicatrise les plaies.*
N - (se) V — *La blessure (se) cicatrise vite.*

ciller (1) — blinzeln
N - V <de N> — *Ciller des yeux.*

cimenter (2) — zementieren, fig.: festigen
N - V - N — *Cimenter des pierres, une terrasse. Fig.: Ceci a contribué à cimenter leur amitié.*

cingler[1a] (2) — peitschen
N - V - N — *Le vent cingle notre visage > nous cingle le visage.*

cingler[1b] (3) — ins Gesicht schleudern
N - V - N -(de N) — *Il cingla son interlocuteur d'une réponse impitoyable.*

cingler[2] (1+L) — segeln
N - V - qp — *Nous cinglâmes vers le port, en direction du Nord.*

circonscrire[a] (2/3) — um-, abgrenzen, (Brand) eindämmen
N - V - N — *Un mur circonscrit le jardin. Circonscrire un incendie.*
N - V - N - de N — *Nous avons circonscrit le jardin d'un mur.*

circonscrire[b] (2) — abgrenzen, umreißen
N - V - N — *circonscrire son sujet, un problème.*

circonvenir (2) — jn rumkriegen, jn für sich zu gewinnen suchen
N - V - N — *Il a essayé en vain de me circonvenir pour me faire adopter son point de vue.*

• **circuler** (1) — fahren, kreisen, zirkulieren, verkehren, <Gerücht> umgehen
N - V <qp > — *Les voitures circulent vite. On circule mal dans cette ville. Le sang circule dans le corps. Les nouvelles pièces de monnaie commencent à circuler. Le cimetière du Père-Lachaise est réputé pour le nombre des chats qui y circulent la nuit/Pilhes/.*
♦*il - V - N* — *Il circule beaucoup de gens dans la rue.*
Fig.: Le bruit circule que Jean s'est marié. Il circule l'étrange bruit que Jean s'est marié. Il circule d'étranges bruits à son sujet.

cirer (2)
N - V -(N)
ein-wachsen, (Schuhe) wichsen, bohnern
Cirer le parquet, ses chaussures. J'étais en train de cirer lorsque le téléphone sonna.

ciseler (2)
N - V - N
ziselieren
Ciseler un plateau d'argent.

• **citer** (2)
N - V - N
zitieren; jn (vor Gericht) zitieren
Citer un auteur célèbre. Citer qn en exemple.
✗ *citer qn en justice:* vor Gericht zitieren

civiliser (2)
N - V - N
zivilisieren
Rome a civilisé l'Afrique du Nord.

claironner[a] (1)
N - V
trompeten
Les clairons claironnent trop fort.

claironner[b] (2)
N - V - N
ausposaunen
Il claironna son succès de toutes parts.

clamer (2)
N - V - N
hinaus-schreien
Clamer son innocence, sa douleur, son indignation.

clapoter (1)
N - V
plätschern
Les vagues clapotaient sur la rive.

• **claquer** (1/2)
N - V < de N >
knallen, klappern
Le fouet claque. Les voiles claquent dans le vent. Claquer des mains. Claquer des dents.

N - V - N
zuknallen
Claquer la porte derrière soi.
✗ FAM.: *claquer de l'argent:* mit vollen Händen ausgeben
✗ *Nqc-V-Nqn:* fertigmachen, k.o. machen
Ce travail m'a claqué.
✗ *Nqn-V-Nqn:* ohrfeigen
✗ *Nqn-V:* krepieren, verrecken, abkratzen
Les pauvres bougres allaient claquer dans leur cave/M.du G./.

clarifier (2)
N - V - N
klären
Clarifier une rivière, un malentendu.

• **classer** (2)
N - V - N
ein-ordnen, klassifizieren
Classer des documents, le courrier, qn définitivement. Classer des timbres par pays, des pierres d'après leur couleur, des insectes selon leur genre. Classer le chien parmi les animaux domestiques.
(eine Angelegenheit..) abschließen, zu den Akten legen
Pour ma part, je considère cette affaire comme classée.

♦*Nqn - se V < parmi N >*
à N
s. plazieren
Il s'est classé dans ce concours, dans cette course parmi les premiers, au premier rang.

classifier (2)
N - V - Npl
klassifizieren
Classifier les époques de l'Antiquité.

claustrer (2+L) LIT
N - V - N -(qp)
ins Kloster schicken, einsperren
Claustrer la fille cadette chez les Ursulines. Claustrer qn chez lui. Il se claustre chez lui, dans son mutisme.

cligner (1)
N - V < de N >
zwinkern
Cligner de l'oeil, des yeux. Il cligna de l'oeil d'une mimique dégoûtante/Vian/.

clignoter (1)
N - V
blinzeln, blinken
Mes yeux clignotaient dans la lumière. Il faut clignoter avant de changer de direction.

cliqueter (1)
N - V
klirren, rasseln, klappern
Une chaîne cliquète. Dans le silence du restaurant on entendait les couverts cliqueter.

clocher (1) FAM
N - V
nicht klappen
Il y a quelque chose qui cloche là-dedans.

cloisonner (2)
N - V - N
(durch eine Zwischenwand) unterteilen
Cloisonner une pièce. Fig.: cloisonner les différents services d'une entreprise.

cloîtrer (2+L)
N - V - N -(qp)
ins Kloster schicken, einsperren
Cloîtrer sa fille dans un couvent, l'inspecteur des impôts dans la cave. Se cloîtrer chez soi, dans ses occupations, dans ses idées.

clopiner (1) FAM
N - V
humpeln
Le petit chien s'en va (en) clopinant. → le chien s'en va clopin clopant.

• **clore** (2) LIT
N - V - N < par N >
ab-, ver-schließen
Clore un terrain, un débat, une liste, les yeux. Il atteste que cette transaction clôt l'affaire. Nous n'avons pas jugé inutile de clore ces études par quelques observations sur le lexique.
✗ FAM: *clore le bec à qn:* jm das Maul stopfen

clôturer (2)
Nqc - V - N
abschließen
Clôturer un terrain, une session par un discours de clôture.

clouer (2)
N - V -(N) <qp >
an-, fest-nageln
Clouer un tableau (au mur).
⧗ LIT: *une maladie m'a cloué au lit:* ans Bett fesseln
FAM: *clouer le bec à qn:* jm das Maul stopfen

clouter (2)
N - V - N
mit Nägeln versehen
Clouter une porte, un fauteuil. Un blue jean clouté, un passage clouté.

coaguler (1/2)
N - V
N - V - N
gerinnen
Le sang coagule.
Un médicament, une pommade qui coagule le sang.

coaliser (2)
N - V - Npl < *contre N* >
♦*N - V - N - avec N contre N*
zusammenschließen, verbünden
Il a coalisé tous ses amis contre nous.
Cet événement a coalisé Pierre avec Paul contre Jean.

coasser (1)
N - V
quaken
La grenouille coasse.

cocher (2)
N - V - N
abhaken, ankreuzen
Cocher des noms sur une liste.

cochonner (2) FAM
N - V - N
versauen, pfuschen
Cochonner son cahier, un travail.

codifier (2)
N - V - N
kodifizieren
Codifier qc par un règlement.

coexister (1)
Npl - V
♦*N - V - avec N*
gleichzeitig, zugleich vorhanden sein
Des tendances diverses coexistent dans le parti.
Une tendance dominante coexiste avec une tendance minoritaire.

coffrer[1] (2) FAM
N - V - N
einlochen, einbuchten
Coffrer un criminel.

coffrer[2] (2)
N - V - N
verschalen
Coffrer un mur.

cogiter (1/2) FAM
N - V
N - V - N
nachdenken, überlegen
Laissez-moi le temps de cogiter.
überdenken, s. ausdenken
Cogiter un problème; C'est B. qui a cogité ce plan.

cogner (1+L)
N - V -(qp)
♦*Nqn - se V -(qp)*
schlagen, stoßen, klopfen
Pierre cogne sur la table, à la porte, contre le mur.
(s.) stoßen
Je me suis cogné à la porte, contre l'armoire.
s. etw stoßen an, *mit* etw stoßen an etw
Je me suis cogné la tête à la fenêtre.
⧗ *N-V-Nqn:* POP: jn verhauen: *Si tu continues, je te cogne.*
⧗ FAM: *Je me suis cogné* à *la tête* contre *la fenêtre.*
⧗ *cogner sa voiture:* irgendwo anstoßen mit

cohabiter (1)
Npl - V
♦*N - V - avec N*
zus. wohnen
Nous avons cohabité durant trois ans.
Fig.: Le meilleur et le pire cohabitent dans son oeuvre.
Il cohabite avec nous depuis trois ans. Un ouvrage où le pire cohabite avec le meilleur.

• **coiffer**[1a] (3/2)
N - V - N - de N
Nqc - V - Nqn
aufsetzen
Coiffer qn d'un chapeau à plumes. Se coiffer d'un casque.
jn kleiden, jm stehen
Ce chapeau vous coiffe bien.

coiffer[1b] (2)
N - V - N
unter sich haben, Dachorganisation sein von
Ce syndicat coiffe plusieurs syndicats catégoriels.

• **coiffer**[2] (2)
N - V - N
sein Haar ordnen
Elle coiffait ses cheveux. Elle se coiffe.

coiffer[3] (2)
N - V - N
um e-n Kopf vor jm gewinnen, jn um e-e Nasenlänge schlagen
Le coureur a coiffé le favori à l'arrivée.

coincer (1/2+L)
N - V
N - V - N -(qp)
klemmen
La porte coince.
festkeilen,-klemmen, einklemmen, -zwängen
Coincer une porte. J'ai coincé mon doigt dans la porte > *je me le suis coincé. Se faire coincer dans la foule, contre un mur.*
Fig.: FAM: jn in die Enge treiben
Coincer un candidat sur une question. Vous n'arriverez jamais à le coincer, il trouvera toujours une échappatoire.
⧗ POP: *coincer qn:* jn erwischen, schnappen
Le trafiquant de drogue s'est fait coincer à l'aéroport.

coïncider (1)
Npl - V
♦*N - V - avec N*
zusammenfallen
Le premier de ce mois, deux fêtes coïncident.
Cette année, Pâques coïncide avec le premier avril.

• **collaborer** (1/2)
Npl - V
♦*N - V - avec N*
N - V - à N
zus.arbeiten
Plusieurs pays collaborent dans ce domaine.
La France collabore avec l'Italie dans ce domaine.
mitarbeiten an, Mitarbeiter sein, dazu beitragen
Jean collabore à notre projet. Collaborer à un journal.

N - V - à ce que S Kj |×1 — *Il a collaboré à ce que ce projet réussisse.*
à Inf — *Il a collaboré à réaliser ce projet.*

collecter (2) — sammeln
N - V - Npl — *Collecter des fonds, des signatures.*

collectionner (2) — sammeln
N - V - Npl — *Collectionner des papillons hermaphrodites.*
Fig.: il collectionne les erreurs.

collectiviser (2) — kollektivieren
N - V -(N) — *Collectiviser les exploitations. Collectiviser de force.*

• coller[1] (1+L/2+L) — kleben, leimen, (Ohr an die Tür) legen, s. drücken an
N - V -(qp) — *Ce papier colle bien. Les bonbons collent au papier. Ma chemise colle à ma peau > me colle à la peau.*
N - V - N -(qp) — *Toute la nuit nous avons collé des affiches. Coller une affiche à/ sur un mur. Coller son oreille à/contre la porte pour écouter. Se coller contre le mur pour laisser passer qn.*

• coller[2] (1) FAM — klappen, passen, hinhauen
ça - V — *Ça ne colle pas.*
N - V — *Son interprétation ne colle pas.*

coller[3] (2) FAM — durchfallen (lassen), jn reinlegen
N - V - N — *Le jury a collé le candidat. J'ai été collé à l'examen. Il sait tout, tu ne le colleras pas.*

• coller[4] (2+L) FAM — jn (ins Gefängnis) stecken, (an die Wand) stellen, etw stecken
N - V - N - qp — *Coller qn en prison. Coller qn au mur. Où as-tu collé mon parapluie?*
⧗ *coller un élève à l'école:* jn nachsitzen lassen

• coller[5] (3) POP — jm eine kleben, jm etw verabreichen
N - V - N - à Nqn — *Coller une gifle à qn. Le flic m'a collé une amende.*

coller[6] (2) FAM — jm auf den Wecker gehen, jm zur Last/jm lästig fallen
N - V - N — *Il ne me quitte plus, qu'est-ce qu'il me colle.*

colmater (2) — abdichten, (Risse...) ausbessern
N - V - N — *Colmater une fenêtre, une fissure. Façades lavées ou repeintes à la hâte, trous colmatés tant bien que mal.../Pilhes/.*

coloniser (2) — besiedeln, kolonisieren
N - V - N — *Les vétérans romains ont colonisé la Provence. La France a colonisé l'Afrique du Nord.*

colorer (2) — färben
N - V - N — *Le soleil colore les fruits. Colorer un verre en bleu.*

colorier (2) — aus-, bemalen
N - V -(N) — *Les enfants s'amusent à colorier (des albums). Colorier une carte postale.*

colporter (2) — hausieren *mit* etw
N - V - N — *Colporter des lacets et des élastiques.*
fig.: etw verbreiten
Colporter une rumeur, une nouvelle. Il a colporté (la rumeur, le bruit) que l'entreprise allait licencier des ouvriers.

coltiner[1] (2) — auf den Schultern schleppen
N - V - N — *Coltiner un fardeau.*

se coltiner[2] (2) FAM — tun müssen
N - se V - N — *Il a fallu se coltiner tout le boulot.*

• combattre (1/2) — kämpfen, fig. kämpfen, streiten für
N - V < avec/contre/pour N > — *Les armées ont cessé de combattre (l'une avec l'autre). Un mercenaire qui a combattu pour/contre la Prusse. Un homme politique qui ne se lasse pas de combattre pour la justice.*
N - V - N — bekämpfen
Combattre l'analphabétisme.

• combiner[1] (2) — verbinden
N - V - Npl — *Combiner deux couleurs.*
♦*N - V - N - à/avec N* — *Combiner l'hydrogène et/à l'oxygène. Combiner le cynisme avec l'habileté.*

• combiner[2] (2) — organisieren, anzetteln, es arrangieren daß
N - V - N — *J'ai combiné mon voyage à l'avance. Combiner une intrigue.*
de Inf 1 — *Il avait combiné de me faire passer par telle ville.*

• combler[a] (2) — auf-füllen
N - V - N — *Combler un trou, un fossé, une lacune, un déficit.*

combler[b] (3) — jn erfüllen, überhäufen mit
N - V - Nqn - de N — *Cet événement me comble de joie. Il a été comblé d'honneurs.*
⧗ *N-V-Nqn:* jn überglücklich machen
C'est pour moi, ces jolies fleurs? Vous me comblez, Marquise!

• commander[1] (1/2/3) — befehlen
N - V — *Qui est-ce qui commande ici? Ce sont les événements qui commandent/Pilhes/.*
Nqn - V - N — befehligen
Commander une troupe.

Nqc - V - N		steuern, regeln, betätigen, erfordern *Durant notre enfance s'acquièrent les réflexes qui commandent toute notre existence. Ce bouton commande la sonnette d'alarme. La situation commande une réaction rapide.*
que S Kj		*La situation commande que l'on réagisse rapidement.*
de Inf 2		*La situation commande de réagir rapidement.*
Nqn - V - **à** *N*	REL	befehligen, beherrschen *Commander à une troupe, à ses sentiments.*
Nqn - V -(à Nqn) - N		befehlen *Le professeur commande le silence à ses élèves.*
que S Kj 2		*Il nous a commandé que nous nous taisions.*
de Inf 2		*Il nous a commandé de nous taire. Le professeur commande d'ouvrir les fenêtres.*
commander[2] (3) *N - V - N -(à/chez N)*		etw bestellen *bei* *Je vais commander ce livre au libraire du coin, chez Larousse. Je lui ai commandé ce livre. Je commandai du champagne avec le vacherin.*
commémorer (2) *N - V - N*		etw feierlich begehen, feiern *Commémorer un anniversaire, une date historique.*
• commencer[1] (aux) *N - V - à Inf 1*		beginnen, anfangen *Commencer à lire un roman.*
de Inf 1	RARE/REL	*Commencer d'avoir des difficultés.*
♦*N - V - Nqc*		*Commencer son travail. Un mot qui commence une phrase.*
♦*N - V*		*La représentation commence.*
• commencer[2] (aux) *N - V - par Inf 1*		beginnen mit, als erstes tun *Commençons par visiter l'hôtel de ville.*
♦*N - V - par Nqc/qn*		*Commencer par la visite de l'hôtel de ville, par qn.*
commenter (2) *N - V - N*		kommentieren *Commenter un texte littéraire.*
commercer (1) *Npl - V - entre eux*		Handel treiben *mit* *Les pays de l'Est commercent entre eux.*
♦*N - V - avec N*		*La Chine commerce avec la France.*
commercialiser (2) *N - V - N*		auf den Markt bringen *Les nouvelles Renault 15 et 17 seront commercialisées dès le* 1er *mars.*
• commettre[1] (2) *N - V - N*		begehen, (Fehler) machen *Commettre une erreur, une injustice, un crime.*
se commettre[2] (2) *N - se V - avec N*	LIT	s. einlassen, kompromittieren mit jm *Se commettre avec des voyous.*
commuer (2) *N - V - N < en N >*		umwandeln *Commuer une peine. Commuer une peine de mort en détention perpétuelle.*
communier[1] (1) *Npl - V < dans N >*		in Einklang sein, übereinstimmen *Nous communions parfaitement dans nos opinions politiques.*
♦*N - V - avec Nqn/qc*		*Je communie parfaitement avec lui, avec ses opinions.*
communier[2] (1) *N - V*		kommunizieren *Communier à la messe.*
communiquer[1] (1) *Npl - V*		<etw> kommunizieren, <Zimmer> ineinander gehen, durch eine Tür verbunden sein *Des vases qui communiquent. Deux pièces qui communiquent.*
♦*N - V - avec N*		*La salle à manger communique avec la cuisine.*
• communiquer[2] (3) *N - V -(à N) - N*		<etw> übertragen, leiten, <jd> übermitteln, mitteilen *Le fer communique la chaleur. Qn communique un message à qn.*
que S Ind		*Je lui ai communiqué que nous arriverions bientôt.*
Ø Inf 1		*Je lui ai communiqué avoir retrouvé son portefeuille.*
comparaître (1+L) *N - V -(qp)*		(vor Gericht) erscheinen, vorgeladen sein *Le témoin n'a pas comparu. Comparaître en justice, devant un tribunal. Il me faut comparaître comme témoin dans cette affaire.*
• comparer (2) *N - V - Npl*		vergleichen *Comparer des poèmes, diverses marchandises (entre eux/elles).*
♦*N - V - à N*		*Je ne peux pas comparer mon talent au sien.*
avec N		*Comparer une pierre précieuse avec une autre.*
compartimenter (2) *N - V - N*		aufteilen *Compartimenter une pièce trop grande à l'aide d'un paravent.*
compatir (2) *N - V - à Nqc(de qn)*		mitempfinden, teilnehmen an *Je compatis à votre souffrance.*
• compenser (2) *Nqc - V - N*		kompensieren, wettmachen *Les primes compensent l'insuffisance de son salaire.*
Nqn - V - Nqc < par N >		*Il compense ses frustrations par un travail abrutissant.* ✖ *Nqn-V-Ø: Il compense (par un travail abrutissant).*
♦*Npl - se V*		*Les antagonismes de son caractère se compensent (entre eux). Les inconvénients de ce travail et les avantages salariaux se compensent (entre eux).*

compiler (2)
N - V -(N)
kompilieren
Compiler un article à partir de lectures éclectiques. Compiler des paragraphes de diverses provenances pour en faire un article. Cet auteur se contente de compiler.

se complaire (2)
N - se V - dans N
à Inf 1
s. gefallen
Il se complaît dans ses difficultés.
Il se complaît à se citer lui-même.

• compléter (2)
N - V - N
ergänzen, vervollständigen
Compléter un ouvrage inachevé.

complimenter (2)
N - V - N < pour/sur N >
beglückwünschen
Je vous complimente à l'occasion de votre succès, sur votre succès, pour votre succès.
de Inf 2
Complimenter qn de faire des progrès, d'avoir fait des progrès.

• compliquer (2)
N - V - N
erschweren, kompliziert machen
Tu compliques tout. Cela complique notre situation.

comploter (1/2)
Npl - V < contre N >
sich verschwören
Les colonels ont comploté (contre le régime en place). L'armée a comploté. Tout complote contre moi.
N - V - N
aushecken
Comploter une affaire louche.
de Inf 1
Il a comploté d'éliminer son adversaire.

• comporter^1 (2)
N - V - N
enthalten, bestehen aus; mit sich bringen
Le programme comporte quatre points.Cela comporte des risques.
que S Kj/Ind
Le règlement comporte que l'on doive/ doit balayer la chambre.

• se comporter^2 (1+Adv)
N - se V - Adv
s. verhalten, s. betragen, s. benehmen
Comment se comporte-t-il avec vous? Il se comporte bien.

• composer^1 (3/2)
N - V - N -(de N)
zusammenstellen
Composer un bouquet (de fleurs des champs).
N - V - N
bilden, bestehen aus
Trois parties composent cet ouvrage.
♦*Nqc - se V - de N*
bestehen aus
Cet ouvrage se compose de trois parties.

composer^2 (2)
N - V -(N)
komponieren
Il compose depuis huit ans (des symphonies).

composer^3 (1/2)
N - V
eine Klausur/Klassenarbeit schreiben
Les élèves sont en train de composer.
N - V - N
einen Aufsatz schreiben, (Artikel...) verfassen
Il nous faut composer une dissertation sur J.J. Rousseau.

composer^4 (1)
Npl - V
♦*N - V -(avec N)*
s. arrangieren
Au cours de la négociation, les divers partis ont dû composer. Composer avec ses créanciers, les difficultés, l'ennemi.Il n'a pas pu s'imposer, il a dû composer.

• comprendre^1 (2)
N - V - N < dans N >
enthalten, umfassen, mit einschließen
Le prix comprend le service. Le service est compris dans le prix. L'appartement comprend quatre pièces. Je n'ai pas compris le service dans l'addition.

• comprendre^2 (2)
N - V - N
verstehen
Je ne comprends pas ce problème. Jean me comprend très bien.
que S Ind
Je comprends que deux et deux font quatre. D'après votre lettre, j'ai compris que vous voulez venir bientôt.
Kj
verstehen können, Verständnis haben für
On comprend que le champagne ait coulé à flots dans la salle de contrôle/LeM/. Je comprends que vous soyez fâché.
Ø Inf 1
Je comprends avoir commis une erreur.

• comprimer (2)
N - V - N
zus.pressen; straffen, reduzieren
Comprimer l'air, un article, les dépenses publiques.
zurückhalten, unterdrücken
Comprimer ses larmes, sa colère.

• compromettre (2)
kompromittieren; in Gefahr bringen, jm Unannehmlichkeiten machen, verwickelt sein in
N - V - N
Ce scandale l'a compromis aux yeux de la société. Les militaires compromis dans la tentative de coup d'Etat/LeM/.
Il ne fit rien pour entraver nos efforts ou compromettre nos chances de succès. Compromettre sa santé, sa réputation.
◊*N - se V - avec N*
s. einlassen mit (pejorativ)
L'inspecteur Mongrot s'est compromis avec les mafiosi.

• compter^{1a} (2)
Nqc - V - N
(Alter, Anzahl von Einwohnern...) haben, zählen
Paris compte trois millions d'habitants. Ce monument compte six cents ans. L'université compte douze mille étudiants.
Nqn - V -(N)
zählen
Compter les jours, ses moutons. Compter de tête.

compter^{1b} (3/2/1+Adv)
Nqn - V - N - parmi/au nombre de N
zählen, rechnen zu
Je le compte parmi/au nombre de mes amis.
N - V - parmi/au nombre de N
zählen, gehören zu
Il compte parmi les meilleurs peintres de l'époque. Ce tableau compte parmi les meilleurs de son genre.

N - V -(Adv) <pour Nqn> — zählen, gelten
Cela compte peu. Ce n'est pas ce qui compte. Cela/Jean ne compte pas pour moi.

• compter[2] (2) — rechnen mit, s. verlassen auf
N - V-sur N <pour N/pour Inf > — *Est-ce que vous venez ce soir? Nous comptons sur vous. Je ne compte pas sur son aide. On ne peut pas compter sur lui. On comptait sur moi pour élucider le mystère/Pilhes/. Je compte sur vous pour l' organisation de la fête.*
⧓ *Je compte sur votre aide, j'y compte bien.*
que S Ind — *Je compte que tu viendras ce soir.*
Kj — RARE — *Je compte bien que tu viennes.*
Ø Inf 1 — *Je compte bien avoir réussi mon épreuve. Je compte partir demain.*
N - V - avec N — rechnen mit, in Betracht ziehen
Demain, il va falloir compter avec le mauvais temps. Si vous voulez jusqu'au sommet, comptez avec la fatigue.
N - V - sans N — nicht rechnen mit, nicht in Betracht ziehen
Nous avions compté sans la pluie.

compulser (2) — etw durchsehen, nachschlagen in
N - V - N — *Compulser un registre, des archives, un dictionnaire, un livre.*

concasser (2) — zermalmen, -stampfen
N - V - N — *Concasser des rochers.*

concéder (3) — gewähren, zugestehen, vergeben
N - V -(à Nqn) - N — *L'administration m'a concédé le droit de bâtir. C'est l'adjoint au maire qui concède les licences de bar.*
que S Kj |×1 — RARE — *L'administration m'a concédé que je construise sur ce terrain.*
de Inf 2 — *Ils m'ont concédé de construire sur ce terrain.*
N - V -(à Nqn) - N — einräumen, zugeben
Je vous concède la justesse de votre argumentation.
que S Ind — *Je vous concède que cela est possible.*
Ø Inf 1 — *Je vous concède avoir fait une erreur.*

• concentrer[a] (2) — konzentrieren
N - V - N — *Concentrer ses troupes (dans la plaine, à la frontière).*
konzentrieren, eindicken
Concentrer du lait, un sirop, une solution chimique.

concentrer[b] (3) — konzentrieren
N - V - N - sur N — *Concentrer ses efforts sur la résolution d'un problème.*

conceptualiser (2) — auf den Begriff bringen
N - V -(N) — *Conceptualiser une idée vague. Il a une grande facilité à conceptualiser.*

• concerner (2) — betreffen, angehen
N - V - N — *Cela ne me concerne pas. En ce qui me concerne, je....*
Votre question ne concerne pas notre problème.

concerter (2) — abmachen, verabreden, absprechen
Npl - V - N — *Nous avons concerté une excursion en Languedoc.*
♦*N - V - N - avec N* — *Paul a concerté un plan avec Pierre.*
N(pl) - V -(avec N) - de Inf — *Pierre et Paul ont concerté de partir ensemble.*
♦*Npl - se V < pour Inf 1 >* — *Ils se sont concertés pour trouver une solution en commun. Il a souligné que les leaders des démocraties industrielles ne devraient pas se contenter de se concerter en cas de crise/LeM/.*

concevoir[1] (2) — (Kind) empfangen
N - V -(N) — *Concevoir un enfant.*
⧓ *N-V-N fig.:* hegen, empfinden
Concevoir de l'amour pour qn.

• concevoir[2] (2/2+A) — begreifen, er-denken
N - V - N — *Je conçois votre peine. Il a conçu une théorie nouvelle.*
que S Ind — *Je conçois que c'est possible.*
Kj — begreifen, s. vorstellen können
Je conçois que vous ayez de la peine. Je conçois mal que l'on puisse dire cela. On conçoit aisément qu'elle n'ait point aimé être le point de mire du quartier.
Ø Inf 1 — *Je conçois avoir commis une erreur.*
N - V - N - comme n — s. vorstellen, auffassen, begreifen als
comme adj — *La plupart des puristes conçoivent la langue comme une institution bien ordonnée, comme bien ordonnée.*

• concilier[1] (2) — in Einklang bringen; versöhnen
N - V - Nqc-pl — *Comment concilier ces deux points de vue?*
♦*N - V - N - avec N* — *J'arrive à concilier beaucoup de modestie avec beaucoup d'orgueil. Il faut concilier les deux cultures littéraire et scientifique/LeM/.*
N - V - Nqn-pl — LIT — *Concilier des antagonistes.*

concilier[2] (3) — gewinnen, verschaffen
N - V - N - à N — *Son attitude intègre lui a concilié beaucoup d'amis.*
♦*N - se V - N* — *Il a su se concilier bien des amis par son attitude intègre.*

• conclure[1] (2) — abschließen, (Vertrag) schließen
N - V - N < par N > — *Conclure un congrès par une allocution de clôture.*
Npl - V - N — *Ils ont conclu un contrat. Conclure un marché.*
♦*N - V - N -(avec N)* — *Il a conclu un contrat avec son voisin.*

• conclure[2] (3/2) — er-schließen, etw e-r S. entnehmen
N - V - N - de N — *Conclure de prémisses justes un résultat faux.*
⧓ *N-V-Ø-Ø/: Je vous ai tout dit. C'est à vous de conclure.*

N - V - que S Ind *-(de N)* — *Je conclus de son tour de taille qu'il boit beaucoup de bière. A s'en tenir à ces données brutes, on pourrait conclure que la situation de l'emploi en France s'améliore lentement.*
Ind/Kj *|neg/int* — *Peut-on conclure de son tour de taille qu'il boit/boive trop? Je ne me risquerais pas à en conclure qu'il boit/boive trop.*
Int.ind — *A vous de conclure si la situation s'améliore.*
Ø Inf 1 — *A voir son étonnement j'ai conclu avoir fait une gaffe.*
de ce que S Ind — *Je conclus de ce qu'il fait la grimace qu'il n'aime pas le caviar. De ce qu'il fait la grimace, on ne peut pas (en) conclure qu'il est/soit un amateur de caviar. On peut aisément conclure des derniers sondages qui sera président.*
de Inf 1 — *Je conclus de voir qu'il fait une grimace avoir commis une gaffe. Je conclus, de voir qu'il fait une grimace, que j'ai commis une gaffe.*

N - V - à N - de N — schließen auf
Conclure de la beauté du style à l'intérêt de l'oeuvre.

N - V - à N — zum Schluß kommen, (richterlich) befinden
Ils avaient sûrement délibéré en secret et conclu à la nécessité de me tirer les vers du nez/Pilhes/. Les juges conclurent à l'acquittement.

concorder (1) — übereinstimmen
Nqc-pl - V — *Tous les témoignages concordent. Les avis ne concordent pas sur ce point.*
♦*N - V - avec N* — *Son avis concorde avec le mien.*

concourir[1] (1) — an e-m Wettbewerb teilnehmen
N - V — *Cette année, beaucoup de candidats ont concouru.*

concourir[2] (2) — beitragen zu
Nqc - V - à N — *Cela a concouru à la réussite de l'entreprise.*
à ce que S Kj — *Bien des facteurs ont concouru à ce que le festival soit devenu une réussite.*
à Inf — *Tout concourt à nous faire abandonner.*

concrétiser (2) — konkretisieren, Gestalt geben
N - V - N< par N > — *Concrétiser un modèle formel par un dessin. Concrétiser un programme électoral par une série de mesures immédiates.*

concurrencer (2) — jm, e-r S Konkurrenz machen
N - V - N — *On a créé ce modèle de voiture avec l'intention de concurrencer le marché étranger. Il me concurrence dans le domaine des brosses à dents électriques.*

• **condamner** (2/3) — verurteilen
N - V - Nqc/qc(de qn) — *Condamner l'attitude de qn, un mot, un crime.*
que S Kj — *Je condamne que tu agisses ainsi.*
♦*Nqn - V - Nqn < de Inf 2 >* — *Je te condamne d'agir ainsi.*

Nqn - V -(Nqn) -(à N) — verurteilen
Les juges ont condamné le coupable à deux mois de prison.
▼*N - V - N* — *Les juges ont condamné le coupable.*
▼*N - V - à N* — *Les juges ont condamné à trois mois de prison.*
▼*N - V* — *Dans ce procès, on s'attendait à un acquittement, mais les juges ont condamné.*
Nqn - V - Nqn - à ce que S Kj 2 — *Le tribunal l'a condamné à ce qu'il quitte le pays.*
à Inf 2 — *On l'a condamné à quitter le pays.*
Nqc - V - Nqn - à ce que S Kj 2 — *Les difficultés l'ont condamné à ce qu'il abandonne son magasin.*
à Inf 2 — *Tout cela l'a condamné à abandonner son magasin.*
⌘ *condamner une porte...:* (Tür) außer Gebrauch setzen, sperren, zumauern
⌘ *condamner un malade:* (e-n Kranken) aufgeben

condenser (2) — verdichten, kondensieren
N - V - N < en N > — *Condenser un gaz en liquide. Fig.: condenser un récit, article.*
♦*N - se V* — s. verdichten, kondensieren; s. niederschlagen
Le gaz s'est condensé (en liquide). La vapeur d'eau s'est condensée contre la vitre.

condescendre (2) — s. herablassen zu, (e-r Bitte..) nachkommen,
N - V - à N — *Il a condescendu à une réponse rapide. Il a condescendu à nos désirs, à notre volonté, à notre invitation.*
à ce que S Kj |×1 RARE — *Il a condescendu à ce que je prononce moi-même le discours.*
à Inf 1 — *Il a condescendu à faire la besogne lui-même.*

conditionner[1] (2) — bedingt werden durch, die Voraussetzung sein für, bestimmen
N - V - N — *Le climat conditionne la végétation. Votre réponse conditionnera ma décision. Son éducation a conditionné son caractère.*

conditionner[2] (2) — aufbereiten, (Waren) verpacken
N - V - N — *Conditionner de la laine brute. Conditionner une marchandise en vue de sa présentation dans le commerce.*

• **conduire**[1a] (2+L) — führen, fahren, bringen, (Delegation..) leiten
Nqn - V - Nqn -(qp) < Inf 2 fin > — *Un guide indigène conduit la caravane (à travers le désert, jusqu'à l'oasis). Nous l'avons conduit au magasin faire ses achats. Une délégation conduite par M. Charpentier. Une vieille voiture me conduisit de l'aéroport à la ville.*
Nqc - V -(N)- qp — *Le chemin conduit à la gare.*
⌘ *N-V-Ø-Ø: Paul conduit bien (sc. une voiture). Je conduis depuis dix ans.*

• conduire^{1b} (3) — bringen zu, führen zu
Nqc - V -(Nqn) - à N
Cela me conduit à de toutes autres conclusions. La théorie de certains phénomènes conduit dans certains cas à décrire comme acceptables des phrases douteuses/M.Gross/.
à ce que S Ind/Kj 2 RARE
Les circonstances l'ont conduit à ce qu'il abandonne son poste. L'augmentation des crimes de violence a conduit à ce que huit Français sur dix sont pour la peine de mort.
à Inf 2
La maladie l'a conduit à abandonner son travail.

se conduire^{2} (1+Adv) — s. betragen, s. verhalten, s. benehmen
Nqn - se V - Adv
Se conduire mal, bien, comme il faut, comme il ne faut pas.

confectionner (2) — herstellen
N - V - N
Il a confectionné un train électrique tout seul.

confédérer (2) — (durch ein Bündnis) vereinigen
N - V - Npl
Plusieurs organisations ont été confédérées en un seul syndicat.
♦*Npl - se V* — ein Bündnis eingehen, s. verbünden, s. vereinigen
Plusieurs provinces se sont confédérées.
♦*N - se V - à/avec N*
La Balkanie s'est confédérée avec/à la Sylvanie.

• conférer^{1a} (3) — verleihen, (Patent) vergeben
N - V - N -(à N)
Conférer un titre, un grade, une décoration, des honneurs à qn. L'état ne confère que rarement des brevets.

• conférer^{1b} (3) — verleihen
N - V - N - à N
Trop s'agiter au sujet de cette affaire, c'était lui conférer une importance qu'elle n'avait sans doute pas.

• conférer^{2} (2) — beraten, erörtern, (s.) besprechen
Npl - V -(de/sur N)
Les ministres ont conféré pendant toute la matinée. Ils ont conféré de/sur la situation sociale.
♦*N - V - avec N -(de/sur N)*
Le ministre a conféré avec les syndicats de/sur la situation sociale.

• confesser (2/3) — jm die Beichte abnehmen, die Beichte hören
N - V -(N)
Confesser un pénitent. Dans cette église on ne confesse que le samedi.
N - V -(à Nqn) - N — beichten, ein-gestehen, (Glauben) bekennen
Confesser ses péchés à M. le Curé. Confesser ses difficultés à qn. Confesser une erreur, ses torts. Confesser sa foi.
que S Ind
Il a confessé qu'il avait des difficultés.
Ø Inf 1
Il m'a confessé avoir des difficultés.
♦*Nqn - se V -(de N)* — beichten
Le samedi, Jean va se confesser (de ses péchés).
Nqn - se V -(à/auprès de Nqn) -(de N) — jm sein Herz ausschütten, jm etw gestehen
Hier, Paul est venu se confesser à moi. Il s'est confessé à moi d'un vol.
♦*Nqn - se V - adj* — s. bekennen (als), zugeben zu sein
Il s'est confessé coupable.
n
Il s'est confessé l'auteur du crime.

• confier (3) — anvertrauen
N - V - à Nqn - N
Confier ses enfants à ses voisins, un secret à qn.
que S Ind
Je lui ai confié qu'elle pense beaucoup de bien de lui.
Ø Inf 1
Il m'a confié avoir découvert le secret.
♦*Nqn - se V - à Nqc/qn*
Il est venu se confier à moi. Il se confie au hasard.
⧖ *Confiez-vous* dans *le Seigneur et* en *sa bonté.*

confiner^{1} (2) — grenzen an
N - V - à N
Son trop de malice confine à la bêtise. Il se lance dans un rousseauisme qui confine à la mystique orientale/LeM/.
REL: *La France confine à l'Allemagne.*

confiner^{2} (2+L) — einsperren
N - V - N - qp
Confiner des prisonniers dans des cachots sordides.
Fig.: Je suis confiné dans ce bureau toute la journée. Confiner qn dans un travail monotone, dans un rôle de simple observateur.

confire (2) — kandieren, einmachen
N - V - N
Confire des cornichons, des olives, des fruits.
⧖ *×N-V-Ø → faire des confitures, des conserves.*

• confirmer^{1} (3/2) — bestätigen
N - V -(à Nqn) - N
Je lui ai confirmé cette nouvelle. Il n'a pas confirmé sa venue.
que S Ind
Je vais lui confirmer que nous comptons arriver demain.
Int.ind
Je vais vous confirmer si je viens ou non.
Ø Inf 1
Il a confirmé avoir l'intention de venir nous voir.
N-V-Nqc(deqn)>N-V-Nqn-dans Nqc(de qn) — bekräftigen
Confirmer qn dans ses opinions. Tous ces signes me confirmèrent dans la certitude que je jouais avec de la dynamite.

confirmer^{2} (2) — firmen, konfirmieren
N - V -(N)
Il a été confirmé à l'âge de seize ans. L'évêque va confirmer prochainement dans cette paroisse.

confisquer (2) — beschlagnahmen, konfiszieren
N - V - N
La douane a confisqué la marchandise.

confluer (1) — zus.fließen; zus.strömen
Npl - V < qp >
La Saône et le Rhône confluent à Lyon. Les manifestants confluèrent sur la place.
♦*N - V - avec N*
Le Rhône conflue avec la Saône.

• **confondre**[1] (2) — verwechseln, se V: verschmelzen...
N - V - N-pl — *Confondre plusieurs expressions, plusieurs personnes.*
♦*N - V - N - avec N* — *Confondre le chameau avec le dromadaire, qn avec qn d'autre.*
♦*Npl - se V* — *Les couleurs se confondaient dans le tourbillon de la danse.*
♦*Nqc - se V - avec Nqc* — fig.: eins werden, zusammenfallen mit
Ce que l'on aurait pu faire se confond avec ce que l'on aurait dû faire/Gide/. L'identité des personnes dans nos sociétés se confond, hélas, avec ce qu'elles font et non avec ce qu'elles sont/LeM/.

confondre[2] (2) — ratlos machen, in Verwirrung bringen, verblüffen; <jd> jn (öffentlich) bloßstellen
N - V - N(qc de)qn — *Son insolence me confond. L'audace de cette construction confond l'imagination. Il a confondu publiquement ses accusateurs.*
⌘ *confondre un menteur...:* jn als Lügner... entlarven.
♦*Nqn - se V - en N* — s. ergehen in, s. überbieten an
Se confondre en excuses, remerciements, politesses.

conformer (3) — anpassen an, aus-richten nach
N - V - N - à N — *Conformer son comportement aux exigences de la situation, à des normes. Conformer ses projets aux possibilités.*

confronter (2) — (einander) gegenüberstellen, vergleichen
N - V - Nqc/qn-pl — *Le tribunal a confronté les divers témoignages, l'accusé et le témoin.*
♦*N - V - N - avec/à N* — *Confronter une copie à /avec l'original. ..lorsque le matérialisme est confronté avec ce qu'on peut supposer être le spirituel/J. Green/.*
⌘ NEOL: *être confronté à/avec un problème, une difficulté...:* vor e-m Problem.. stehen
L'expression 'être confronté avec un problème': ça, ce n'est pas du Littré ni même du Robert/J.F. Revel/.

congédier (2) — entlassen
N - V - N — *Congédier un employé, la femme de ménage, un domestique.*

congeler (2) — einfrieren, tiefkühlen
N - V - N — *Congeler de la viande, des petits pois.*

congestionner (2) — (durch Blutandrang) rot anlaufen lassen
N - V - N — *Le manque de sommeil congestionne les paupières. Il entra dans la chambre, le visage congestionné de colère.*

conglomérer (2) — konglomerieren
N - V - Npl <en N> — *Ce procédé consiste à conglomérer des matériaux divers en un seul magma.*

congratuler (2) — beglückwünschen
N - V - N — *Congratuler chaleureusement le jeune papa à l'occasion d'une heureuse naissance de quintuplés.*

conjecturer (2) — Vermutungen anstellen, vermuten
N - V -(sur N) — *Conjecturer sur l'avenir, sur l'issue des élections.*
N - V - N — *Conjecturer l'évolution économique d'un pays.*
que S Ind — *Les experts ont conjecturé que la reprise économique serait lente.*
Ind/Kj |neg/int — *Les experts n'ont pas osé conjecturer que la reprise économique pourrait/puisse avoir lieu.*
Int.ind — *Les experts ont tenté de conjecturer quel sera l'avenir du pays.*

• **conjuguer**[1] (2) — vereinigen
Npl - V - Npl — *Plusieurs pays ont conjugué leurs efforts pour lutter contre la famine.*
♦*N - V - Npl - avec N* — *L'Egypte a conjugué ses efforts avec (ceux de) la Chine pour irriguer le Sahara.*

conjuguer[2] (2) — konjugieren
N - V -(N) — *Conjuguer un verbe.*

conjurer[1] (3) — beschwören
N - V - N - de N |de N = en — *Je vous en conjure.*
de ce que S Kj |2 RARE — *L'empereur conjura son diplomate de ce qu'il se pende avec discrétion et élégance.*
que S Kj |2 RARE — *Il le conjura qu'il se pende discrètement.*
de Inf |2 — *Je vous conjure de ne pas faire cela.*

conjurer[2] (2) — (Gefahr..) abwenden, Einhalt gebieten
N - V - N — *Il nous faut tout mettre en oeuvre pour conjurer la catastrophe.*

conjurer[3] (2) — planen, s. verschwören um zu
Npl - V - N REL — *Ils ont conjuré la mort du tyran.*
♦*N - V - N - avec N* — *Les officiers ont conjuré avec la C.I.A. la chute de Diem.*
♦*Npl - se V - contre N* — s. verschwören gegen
Les militaires se sont conjurés contre le gouvernement.
♦*N - se V - avec N - contre N* — *M. le Curé s'est conjuré avec M. le Notaire contre M. le Maire.*

• **connaître**[1] (2/2+A/3) — kennen, kennenlernen
Nqn - V - N — *Qui connaît M. Dupont? Je le connais de nom/de réputation.*
Nqn - V - N - comme n — *Je le connais surtout comme auteur de romans policiers.*
⌘ *être connu pour être n/adj:* es ist bekannt, daß er...ist
Il est connu pour être un ivrogne/être dur en affaires.
⌘ *connaître qc/rien à qc: Je n'y connais rien.*

Nqn - V - N - à Nqn
wissen, daß jd hat, kennen an/bei jm
Je lui connais plus d'ennemis que d'amis. Il parle toujours avec l'emportement qu'on lui connaît.

• connaître[2] (2)
Nqc/qn - V - Nqc
durchmachen, erleben, haben
La cité avait connu au dix-neuvième siècle la ruée des prospecteurs de diamants/LeM/. Il a connu dans sa vie bien des malheurs. Deux mois après le coup d'Etat, le gouvernement connaît déjà de très graves difficultés/LeM/.

• s'y connaître[3] (2)
Nqn - s'y V -(en/dans N)
s. auskennen in, bewandert sein in, s. verstehen auf
Il s'y connaît en peinture, en mathématiques. Il s'y connaît bien. Il s'y connaît dans l'art de faire rire les gens.
⌘ VIEUX: *se connaître en: Il se connaît bien en littérature.*

connecter (2)
N - V - Npl
verbinden
Connecter deux extrémités de câble.
♦*N - V - N - à/avec N*
Connecter un fil à/avec un autre.

• conquérir[a] (2)
N - V - N
erobern
Conquérir un pays, une ville.

conquérir[b] (2/3)
N - V - N
Nqc - V - N - à N
erobern; gewinnen
Conquérir les coeurs, une femme. Conquérir l'amour d'une femme. Sa franchise lui a conquis bien des amis. Conquérir qn à ses idées.

consacrer[a] (3)
N - V - N -(à N)
weihen
Consacrer une basilique à un saint. On vient de consacrer l'église paroissiale.

• consacrer[b] (3)
N - V - N - à N
widmen, weihen
Consacrer sa vie à la musique. Consacrer son temps/se consacrer entièrement à ses enfants.
à ce que S Kj |×1
Il consacre tout son effort à ce que ses élèves fassent des progrès.
à Inf 1
Il consacre tout son effort à faire progresser ses élèves.

• conseiller
N - V - Nqn
be-raten, jm raten zu
Conseiller un ami.
N - V -(à Nqn) - N
Je lui ai conseillé la lecture de ce roman. Les médecins conseillent les bains de mer contre les rhumatismes.
que S Kj 2
Je lui ai conseillé qu'il se soigne.
de Inf 2
Je lui ai conseillé de prendre des vacances.

• consentir (2/3)
N - V - à Nqc
e-r S zustimmen, einverstanden sein mit, einwilligen in
Je consens à votre proposition.
à ce que S Kj |×1
Je consens à ce que vous preniez cette initiative.
que S Kj |×1
Je consens que vous preniez cette initiative.
à Inf 1
Je consens à prendre moi-même cette initiative.

N - V -(à Nqn) - Nqc
bewilligen, zugestehen
La banque ne consentit que des crédits limités. Le marchand m'a consenti une remise de 10%.

• conserver (2)
N - V - N
erhalten, auf-bewahren, aufheben, beibehalten
Conserver un monument en bon état. Conserver son calme, son avance dans une course. Conserver des confitures à la cave. J'ai conservé l'habitude de me lever de bonne heure.

considérer[1] (2)
N - V - N
betrachten
Considérer une statue. Considérons d'abord le triangle A-B-C.

considérer[2] (2+A)
N - V - N -(comme n/adj)
hochachten, ansehen als
Je le considère beaucoup. Je considère mon pari comme perdu d'avance. Je le considère comme un grand artiste.

• considérer[3] (2)
N - V - que S Ind
meinen, der Auffassung sein
Les populations côtières ont toujours considéré que leur appartient tout ce que la mer rejette/LeM/.
Ind/Kj |neg/int
Le Président considère-t-il que l'octroi de l'aide aux pays sous-développés doive fournir l'occasion d'une coopération entre L'Est et l'Ouest?/France-Soir/. Je ne considère pas que cela est/soit possible.
∅ Inf 1
Je considère avoir raison, être dans mon droit.

consigner[1] (2+L)
N - V - N -(qp)
eintragen
Consigner des remarques (dans un carnet).

consigner[2] (2+L)
N - V - N -(qp)
deponieren, zur Gepäckaufbewahrung geben
Consigner des valises (à la gare).

consigner[3] (2+L)
N - V - N -(qp)
den Ausgang sperren
A cause de l'épidémie, les troupes ont été consignées (à la caserne). Consigner un élève.

consigner[4] (2)
N - V - N
mitberechnen, Pfand berechnen für
Consigner l'emballage d'une marchandise, la bouteille.

• consister (2)
N - V - en/dans N
bestehen in, aus
Le crédit-bail consiste en la 'location' à longue durée d'une automobile lorsqu'elle donne au locataire la possibilité d'acquérir le véhicule à la fin de chaque année de location à un prix qui tient compte des versements effectués et de la dépré-

ciation du véhicule/LeM/. Cette langue consiste en de nombreux dialectes/en nombreux dialectes. Ce cours consiste en un approfondissement des connaissances de base. Sa fortune consiste en actions.
✖(*×en des actions) → en (de) nombreuses actions.*
Le bonheur ne consiste pas dans la vertu. La solution consiste dans une décision rapide. La solution consiste dans des mesures immédiates.

N - V - à Inf 1
Son travail consiste à emballer des bouteilles.

• **consoler** (3)
tröstEN
N - V -(N) -(de N)
Cela m'a consolé de mon échec.
▼*N - V - N*
Consoler un enfant tombé.
▼*N - V - de N*
Boire console de bien des déboires.
▼*N - V*
Il trouve toujours des paroles qui consolent.
N - V - N - de ce que S Ind |×1|×2 RARE
Je l'ai consolé de ce que son fils a échoué à l'examen.
de Inf 2
Je l'ai consolé d'avoir perdu son portefeuille.

consolider (2)
be-festigen
N - V - N
Consolider une table, un pont, son pouvoir.

• **consommer**[1] (2)
konsumieren, verzehren, verbrauchen
Nqn - V -(N)
Tout le monde consomme. Les Français ont beaucoup consommé cette année. Consommer son café au bistro.
Nqc - V - V
verbrauchen
Ma voiture consomme beaucoup (d'essence).

consommer[2] (2)
vollziehen, (Verbrechen..) begehen
N - V - N
Consommer un mariage, un crime.

conspirer[a] (2)
konspirieren
N - V -(contre N)
L'armée a conspiré (contre le roi).
N - V - N
Conspirer la chute, la mort d'un empereur.

conspirer[b] (2) LIT
beitragen zu, s. verschworen haben
Nqc - V - à N
Tout conspire à notre perte.
à ce que S Kj |×1
Les circonstances atmosphériques défavorables ont conspiré à ce que l'expédition échoue.
à Inf
Tout avait conspiré à le rendre malheureux.

• **constater** (2)
feststellen
N - V - N
Constater une erreur, une amélioration, des progrès. Le médecin a constaté le décès.
que S Ind
Je constate que rien n'a changé.
Ind/Kj
Avez-vous constaté que quelque chose a/ait changé? Je n'ai pas constaté qu'il a/ait plu.
Ø Inf 1
Je constate avoir vu juste.

consterner (2)
bestürzen
N - V -(Nqn)
Cette nouvelle m'a consterné. Voilà une nouvelle qui consterne.

constiper (2)
verstopfen
N - V -(Nqn)
La crème de marrons constipe. Cette nourriture me constipe.

• **constituer** (2/2+A/3)
bilden, darstellen
N - V - N
Ces tableaux constituent une collection importante. Le réarmement constitue une menace pour notre sécurité. Il constitue un danger. M. Kohl vient de constituer son cabinet fantôme.
N - V - N - n
jn (als Erben...) einsetzen
Constituer qn son héritier. Constituer qn juge.
♦*Nqn - se V - n*
s. stellen
Se constituer prisonnier
N - V - N - à N
jm (eine Rente...) aussetzen, stiften
Constituer une rente, une pension à qn.

• **construire**[a] (2)
bauen
N - V -(N)
On a construit de nouveaux quartiers. On a beaucoup construit ces dernières années.

construire[b] (2)
konstruieren, aufbauen
N - V - N
Construire un triangle, une pièce de théâtre, une théorie.

• **consulter** (1/2)
Sprechstunde halten
N - V
Ce médecin ne consulte que le matin.
N - V - N
jn um Rat fragen, konsultieren; (auf die Uhr) schauen; in etw nachsehen, nachschlagen
Consulter un avocat, un médecin, l'avis de qn. Je consultai ostensiblement ma montre/Pilhes/. Une encyclopédie que l'on consulte en cas de détresse langagière/P. Imbs/. Consulter un horaire, un règlement.
♦*Nqn-pl - se V*
s. beraten, beratschlagen
Les experts se sont consultés longuement.

consumer[a] (2)
<Feuer> zerstören; verbrauchen, se V: <Feuer> niederbrennen
Nqc - V - N
Le feu a consumé tout le bois. La chaudière consume d'énormes quantités de charbon. Le feu se consume lentement.

consumer[b] (2)
<Leidenschaften> verzehren
Nqc - V - Nqn
La haine le consume.
♦*Nqn - se V - de N*
s. verzehren vor
Il se consume de haine, de chagrin.

• **contacter** (2)	Kontakt aufnehmen mit
N - V - N	*Et voilà qu'au bout de treize mois, il me contactait par téléphone.*
contaminer (2)	anstecken, verseuchen
N - V - N	*Marie a contaminé sa soeur. L'eau du fleuve a été contaminée par des déchets chimiques.*
• **contempler** (2)	betrachten
N - V - N	*contempler la Joconde au Louvre.*
• **contenir**[1] (2)	fassen, enthalten
N - V - N	*Le réservoir contient 4o litres. Le réservoir ne contient plus que cinq litres.*
• **contenir**[2] (2)	in Schranken halten, Einhalt gebieten, (Gefühl) unterdrücken, zügeln
N - V - N	*Un cordon de police contenait la foule furieuse. Contenir un fleuve en crue. Contenir ses impulsions. Je ne puis contenir mon attendrissement à l'évocation de ces heures de détente /Pilhes/.*
♦*Nqn - se V*	s. beherrschen (können)
	Il avait de la peine à se contenir.
• **contenter** (2)	zufriedenstellen
N - V - Nqn	*Sa réponse ne me contente pas.*
♦*Nqn - se V - de N*	s. begnügen mit, s. zufrieden geben mit
	Je m'en contente. Je me contente de cette réponse
de ce que S Kj |×1	*Je me contente de ce que vous ne restiez qu'un jour.*
de Inf 1	*Le garagiste s'est contenté de réviser superficiellement ma voiture.*
• **conter** (3)	erzählen
N - V -(à Nqn) - N	*Je lui ai conté fleurette. Contez-nous votre réception chez M. le maire.*
que S Ind RARE/REL	*Il m'a conté qu'il était allé en Chine.*
Ø Inf 1	*Il m'a conté être allé en Chine.*
	✖ *en conter à qn:* jm einen Bären aufbinden
contester (2/3)	bestreiten, in Frage stellen, anfechten, Einwände erheben gegen
N - V - N	*Je conteste la légalité de ces mesures. Ils étaient inquiets de voir leur autorité contestée par la jeunesse noire/LeM/. Je conteste la compétence du tribunal, la décision du jury. Contester une facture, le prix d'une réparation.*
	✖ *N-V-Ø: Au lieu d'étudier, il ne fait que contester (sc. l'ordre social):* protestieren
	✖ *(être) contesté:* umstritten, strittig sein
	Cette théorie est très contestée.
que S Kj	*Je conteste que l'on puisse arriver à cette solution.*
Kj/Ind |neg/int	*Je n'ai jamais contesté que la bataille de Magenta ait été gagnée par le général Mac-Mahon/Le Figaro/. Nul ne peut contester, certes, que la constitution d'une force de frappe donnera de nouvelles chances à la défense de l'Europe/Le Figaro/.*
Ø Inf 1	*Je conteste avoir dit cela.*
N - V - N - à N	abstreiten, jm ein Recht absprechen
	On lui conteste le droit de voter.
• **continuer** (aux)	fortfahren zu tun, etw weiter tun..., fortsetzen, weitermachen
N - V - à/de Inf 1	*Jean continue de/à lire son roman. Les machines sont restées dans l'usine, où elles continuent de fabriquer d'autres tracteurs/Pilhes/.*
♦*N - V - N*	*Pierre continue son travail.*
♦*N - V*	*La pluie, la guerre, le travail continue:* weitergehen, <Wetter> anhalten
♦*Nqc - (se) V - par N*	s. fortsetzen als, übergehen in
	Les prairies de la ferme(se) continuent par un bosquet. Son discours commença par des éloges et (se) continua par des menaces.
contourner (2)	umfahren, -gehen, herumführen um
N - V - N	*La voiture contourna l'obstacle. La route contourne le centre-ville. Contourner une difficulté, une question.*
• **contracter**[1] (2)	zusammenziehen, verkrampfen
N - V - N	*Contracter un muscle. L'enfant, qui avait peur, se contractait.*
contracter[2] (2)	(Vertrag...) abschließen, eingehen
N - V - N	*Contracter une assurance, des dettes, un engagement.*
contracter[3] (2)	s. etw zuziehen
N - V - N	*Contracter une maladie.*
contraindre (3)	zwingen
N - V -(N) -(à N)	*Contraindre qn à un travail, au silence. La maladie m'a contraint au repos.*
▼*N - V - N*	*Je ne veux pas vous contraindre.*
▼*N - V - à N*	*Une route pluvieuse contraint à plus d'attention au volant.*
N - V - N - à ce que S Kj 2	*Contraindre qn à ce qu'il agisse contre sa volonté. Le mauvais état de la route contraint à ce que l'on conduise prudemment.*
à Inf 2	*Contraindre qn à agir contre sa volonté.*
de Inf 2 RARE	*Les circonstances l'ont contraint de faire cela.*

• **contrarier**[1] (2)
N - V - Nqc/qn
etw be-hindern, durchkreuzen; jn ärgern, verstimmen
Contrarier la liberté de mouvement de qn, un plan. Sa réaction me contrarie.

contrarier[2] (2)
N - V - Npl
(Farben) kontrastieren lassen
Contrarier des couleurs dans un tableau.

contraster (1/2)
Npl - V
kontrastieren
Ces couleurs contrastent violemment (entre elles).
♦*N - V - avec N*
Ce bleu contraste avec ce rouge.
Fig.: Dans cette ville, la pauvreté de certains quartiers contraste avec le luxe des quartiers riches.
N - V - Npl
in Kontrast bringen, kontrastieren lassen
Contraster plusieurs couleurs dans un tableau. Bien contraster un tableau.

contre-attaquer (2)
N - V -(N)
e-n Gegenangriff starten, zurückschlagen
L'ennemi a contre-attaqué. L'opposition a contre-attaqué le gouvernement.

contrebalancer (2)
N - V - N
ein Gegengewicht bilden zu, ausgleichen
Un poids qui en contrebalance un autre. Les avantages contrebalancent les inconvénients. Ses heures supplémentaires contrebalancent son maigre salaire.

contrecarrer (2)
N - V - N
jm entgegenarbeiten, (Pläne) durchkreuzen
Contrecarrer qn, les projets, les plans de qn.

contredire (2)
N - V - N
widersprechen, nicht entsprechen
Contredire qn. Vous vous contredisez. La suite des évènements a contredit nos espérances.

contrefaire (2)
N - V - N
nachahmen, (Geld...) fälschen
Contrefaire qn, les gestes, la voix de qn. Contrefaire une monnaie, une signature.
(seine Stimme...) verstellen
Contrefaire sa voix, son écriture.

contresigner (2)
N - V - N
gegenzeichnen
Les lettres de la banque doivent être contresignées par le chef de service.

contrer (2/1)
N - V - N
widerlegen, kontern
Il est facile de le contrer, de contrer ses arguments. Les parents furent amenés à bord d'autobus aux frais de l'Eglise (afin sans doute de contrer les accusations portées contre cette secte)/LeM/.
N - V
Kontra geben
Il annonça son jeu et son partenaire a contré.

contrevenir (2)
N - V - à N
verstoßen gegen
Contrevenir à la loi, au code de la route, à la morale.

• **contribuer** (2)
N - V - à N
beitragen zu
Cela a contribué à sa réussite. De nombreux chercheurs ont contribué à cet ouvrage.
à ce que S Kj
Vous avez contribué à ce que la fête réussisse parfaitement.
à Inf
Cela a contribué à faire de la soirée une réussite. Les inégalités excessives de la société française contribuent à alimenter l'inflation/LeM/.

• **contrôler** (2)
N - V -(N)
kontrollieren, nach-, über-prüfen
Les douaniers contrôlent les voyageurs, les bagages. La douane contrôle à la frontière.
que S Ind/Kj
Contrôler que l'on a bien éteint la lumière. Les douaniers contrôlent que les chiens importés soient bien vaccinés.
Ind/Kj |imp
Contrôlez que l'on ait/a bien éteint la lumière!
Int.ind
Je viens contrôler si la porte est fermée. Contrôlez combien de vaches se sont échappées.

controverser (2/1)
N - V - N
bestreiten, eine Kontroverse führen
Controverser une théorie.
Npl - V
Ces deux philosophes ont controversé pendant des années.

contusionner (2)
N - V - N
s. Prellungen, Quetschungen zuziehen
Il a été fortement contusionné dans l'accident. Il s'est contusionné la jambe dans une chute.

• **convaincre**[1] (3)
N - V -(Nqn) -(de N)
überzeugen; überreden, se V: s. überzeugen
Je l'ai convaincu de mon innocence.
▼*N - V - N*
Vous m'avez convaincu.
▼*N - V*
Son argumentation convainc.
N - V -(N) -(de ce que S Ind)
Je l'ai convaincu de ce qu'il est parfaitement capable de faire cela.
que S Ind
J'ai réussi à le convaincre qu'il est parfaitement capable de faire cela.
Kj
Il faut que tu m'aides...à convaincre Louis qu'il me fasse faire de l'action directe/Sartre/.
de Inf 2
J'ai mis longtemps à convaincre le douanier de ne pas regarder dans ma valise.
✖ *Je suis convaincu (de ce) qu'il est vert, d'avoir tort.*

convaincre[2] (3)
N - V - Nqn - de N
überführen
Il a été convaincu de participation au hold-up.

• **convenir**[1] (1/2)	**passen, angebracht sein**
Nqc - V	*J'ai donné une réponse qui ne convenait pas.*
♦que S Kj - (cela) - V	*Qu'il ait donné cette réponse, cela ne convient guère.*
♦il - V - que S Kj	*Il convient que l'on frappe à la porte avant d'entrer.*
♦(de) Inf - (cela) - V	*(De) chanter l'Internationale au Rotary Club (cela) ne convient guère.*
♦il - V - de Inf	*Il convient de faire attention dans cette situation.*
Nqc/qn - V - à Nqc/qn	**passen zu, e-r S entsprechen, jm passen, recht sein** *Il me posa la question qui convenait à ma fonction/Pilhes/. Cette maison me conviendrait parfaitement. Jean ne me convient guère. J'ai l'impression de ne pas convenir au style de la maison. Je vous ramène à la maison, est-ce que cela vous convient?* ✖ *que S Kj -(cela) - V - à Nqn....* → s.o.
convenir[2] (2)	**übereinkommen, vereinbaren**
Nqn-pl - V - de N	*Nous* avons *convenu (*REL: *nous* sommes *convenus) de la date de notre prochaine rencontre.*
de ce que S Ind	*Nous avons convenu de ce que nous nous rencontrerions la semaine prochaine.*
de Inf 1	*Nous avons convenu de nous rencontrer un de ces jours. Ils sont convenus de demeurer 'vigilants' sur ce problème/LeM/.*
♦Nqn - V - avec Nqn - de N/de Inf	*J'ai convenu avec lui de notre rencontre, de nous rencontrer.* ✖ *passif: Le prix de la location a été convenu (entre nous).*
• **convenir**[3] (2)	**zugeben, eingestehen**
Nqn - V - de N	*Il* a *convenu (*REL: *il* est *convenu) de son erreur.*
de ce que S Ind REL	*Je conviens de ce que j'aurais pu faire plus vite.*
que S Ind	*Il dut convenir intérieurement que cette fille avait raison. M. Brandt a convenu qu'il existait une différence entre les idées du parti communiste italien et celles du parti communiste français/LeM/.*
Ind/Kj |*neg/int*	*Mais vous conviendrez que votre aventure puisse me paraître bizarre. Et convenez qu'elle est bien mieux dans le silence qu'ici.*
Ø Inf 1	*Je conviens avoir commis une erreur.*
converger (1+L)	**zus.laufen, konvergieren**
Npl - V -(qp)	*Deux lignes qui convergent vers un point.*
♦N - V - avec N -(qp)	*La ligne rouge converge avec la ligne bleue vers le point C.*
converser (2)	**s. unterhalten**
Npl - V -(de/sur N)	*Ils ont conversé longtemps (de/sur le prix du beurre).*
♦N - V - avec N -(de/sur N)	*La concierge a longtemps conversé avec M. Giscard d'Estaing au réveillon de l'inflation/sur l'augmentation du prix du lait.*
convertir[1] (3)	**umwandeln**
N - V - N -(en N)	*Convertir ses actions en devises.*
convertir[2] (3)	**bekehren**
N - V - N -(à N)	*Convertir qn au christianisme.*
♦Nqn - se *V -(à N)*	**konvertieren, s. bekehren zu** *Il s'est converti (au catholicisme). Il s'est converti au libéralisme économique.*
convier[a] (3) REL	**einladen**
N - V - N - à N	*Seules quelques personnalités importantes ont été conviées au banquet.*
convier[b] (3)	**auffordern, einladen**
N - V - N - à N	*Je vous convie à la réflexion.*
à ce que S Kj |×1	*Je vous convie à ce que vous revoyiez votre point de vue.*
à Inf 2	*Je vous convie à revenir sur vos décisions. N'auriez-vous point convié les collègues et les amies de la morte à lui tenir compagnie pendant la nuit?/Pilhes/.*
convoiter (2)	**begehren, -gieren nach**
N - V - N	*Convoiter une femme. Convoiter un poste élevé, les honneurs.*
• **convoquer** (2+L)	**einberufen, vorladen, zu sich bestellen, zu sich rufen**
N - V - N -(qp)	*Convoquer une assemblée générale, le parlement, qn dans son bureau, qn à la mairie, au tribunal. Vers le milieu de la matinée, je fus convoqué dans le bureau de S./Pilhes/.*
convoyer (2)	**Geleitschutz geben**
N - V - N	*Les destroyers convoient le cargo. Deux motards convoyaient le transport de fonds.*
convulser (2)	**verkrampfen**
N - V - N	*Un épileptique convulsé par sa crise. L'émotion convulsait son visage > lui convulsait le visage.*
coopérer (1/2)	**zus.arbeiten, kooperieren**
Npl - V	*La France et l'Allemagne ont coopéré dans ce domaine.*
♦N - V - avec N	*La France a coopéré avec l'Allemagne dans ce domaine.*
N - V - à N	**mitarbeiten an** *Je coopère depuis longtemps à ce projet.*
coopter (2)	**hinzuwählen**
N - V - N	*Le présidium du parti a coopté un nouveau membre.*
coordonner (2)	**koordonnieren**
N - V - Npl	*Je vous charge de coordonner les différents services.*

copier (2/3)		abschreiben, kopieren
N - V -(N)		*Copier à la main une lettre, de la musique. Copier des documents par photocopie. L'appareil copie mal.*
N - V - Nqc/qn		nachahmen *Copier le comportement de qn. Copier qn.*
N - V -(N) - sur N		*Copier son comportement sur celui de qn d'autre, sur qn.* abschreiben von *Jean a copié son devoir sur son voisin. Il a copié sur son voisin.* ⧗ *N-V-Ø-Ø: trois élèves ont copié.*
corner[1] (2) *N - V - N*		Eselsohren machen in *Corner une page d'un livre.*
corner[2a] (1) *N - V*		tuten, hupen *Un bateau corne dans la brume.*
corner[2b] (3) *N - V - N -(à N)*		hinausposaunen *Corner une nouvelle (à tout le monde).*
• correspondre[1] (1) *Npl - V*		s. entsprechen, übereinstimmen *L'adresse et le numéro de téléphone ne correspondent pas.*
♦*N - V - à N*		entsprechen *L'adresse ne correspond pas au numéro de téléphone. La page 1o de l'édition allemande correspond à la page 12 de l'édition française.*
à ce que S Kj	RARE	gleichkommen *Votre proposition correspond à ce que l'on abandonne le projet.*
à Inf		*Cela correspond à dire le contraire.*
correspondre[2] (1) *Npl - V* ♦*N - V - avec N*		korrespondieren, in Briefwechsel stehen mit *Nous avons correspondu pendant des années.* *Marie correspond avec Jeanne.*
correspondre[3] (1) *Npl - V < par N >*		in Verbindung stehen, verbunden sein durch *La cuisine et l'entrée correspondent (par un couloir).*
• corriger (2/3) *N - V - N*		verbessern, korrigieren, (Straße) begradigen, (Kind) züchtigen *Corriger une faute, une impression, une opinion. Corriger le trajet d'une fusée. Corriger le tracé d'une route. Corriger un enfant.*
N - V - Nqn - de Nqc(de qn)		jn heilen von *Cela m'a corrigé de ma curiosité.*
corroborer (2) *Nqc - V - N*		bestätigen *Cette découverte corrobore ma théorie.*
que S Ind		*Les analyses du sol martien corroborent (la théorie) que la vie serait possible sur la planète.*
corrompre (2) *N - V -(N)*		verderben, korrumpieren *La dictature corrompt. L'ambition corrompt l'esprit le plus intègre. On reprochait à Socrate de corrompre la jeunesse.*
corser (2) *N - V - N*		würzen; spannend machen *Corser un plat. Un crime de plus, voilà qui corse l'affaire. L'affaire se corse.*
costumer (2) *N - V - N < en N >*		kostümieren, maskieren *Se costumer en indien. Il apparut au bal costumé en Pierrot.*
coter (2+Adv) *N - V - N -(Adv$_{à}$)*		(Aktien..) notieren *Coter des actions en bourse. Le dollar a été coté à 2 marks 45.*
cotiser[1] (2) *N - V -(à N)*		Beitrag zahlen zu *Les membres ayant cotisé recevront une carte. Cotiser à la sécurité sociale.*
se cotiser[2] (1) *Npl - se V < pour N/pour Inf 1 >* ♦*N - se V - avec N*		Geld zusammenlegen *Nous nous sommes cotisés pour (offrir) un cadeau au professeur.* *Pierre s'est cotisé avec Paul pour faire un cadeau à Jeanne.*
côtoyer (2) *N - V - N*		längs gehen, längs führen *Le chemin côtoie le canal.* verkehren in, im Berührung kommen mit *Il côtoie les milieux intellectuels de la ville. Ce qui me réconforte, c'est que l'extrême perfectionnement technique que je côtoie ne paraît nullement entamer l'importance de la création d'un livre/Pilhes/. Celui qui a écrit cette imprécation me côtoie assez pour m'imiter parfaitement/Pilhes/.*
• coucher[1] (2+L/1+L) *N - V - Nqn -(qp)*		ins Bett, schlafen legen, eine Schlafstatt haben für jn *Coucher un malade, un enfant. Venez toujours, on trouvera bien où vous coucher.*
N - V - N - qp		wohin legen *Le troisième, encore moins sage, la coucha sur le gazon. Coucher une échelle au pied d'un mur.* jn (in e-e Liste) eintragen, (im Testament) erwähnen, etw in e-n Vertrag einbauen *Coucher qn* sur *une liste. Coucher son fils* sur *son testament. Coucher une clause supplémentaire* dans *un traité, contrat.* ⧗ *coucher par écrit qc:* etw niederschreiben, aufzeichnen *Il couchait par écrit ses pensées.*

♦*N - se V -(qp)* — zu Bett gehen, s. schlafen legen
Aller se coucher (dans son lit).

N - V - qp — schlafen
Où est-ce que tu couches? Jean couche par terre.

coucher[2] (1) — schlafen mit
Npl - V - ensemble — *Paul et Virginie n'ont pas couché ensemble.*
♦*N - V - avec N* — *Paul n'a pas couché avec Virginie.*

couder (2) — um-biegen, krümmen
N - V - N — *Couder une barre de fer.*

coudoyer[1] (2) — mit den Ellenbogen stoßen
N - V - N — *Coudoyer son voisin.*

coudoyer[2] (2) — verkehren, in Kontakt/Berührung kommen mit
N - V - N — *J'ai ressenti le besoin de prendre l'air, de coudoyer des gens/Sartre/.*

• **coudre** (2) — nähen
N - V -(N) — *Elle était en train de coudre (une robe).*

couillonner (2) POP — täuschen
N - V - N — *Se faire couillonner dans une affaire.*

couiner (1) — quietschen
N - V — *Une porte qui couine.*

• **couler**[1] (1/1+L/2+L) — fließen, tröpfeln, tropfen, <Nase> laufen
N - V -(qp) — *Une goutte de vin coule sur la table, le long d'un verre, d'une bouteille. La rivière coule lentement. Le robinet a coulé toute*
N - V — *la nuit. Le camembert coule. Le champagne coula à flots.*
Le stylo coule. J'ai le nez qui coule.
Fig.: Cette affaire a fait couler beaucoup d'encre.
<Zeit> verfließen, <Leben> verlaufen, dahinfließen
Le temps coule lentement. Sa vie a coulé tranquille et monotone. Les semaines coulèrent doucement.

N - V - N -(qp) — gießen
Couler du sirop sur un gâteau. Couler de la cire dans un moule. Couler du bronze, une statue.
(Zeit) verbringen
Couler une vie tranquille, des jours heureux.
✗ *Loc.:* FAM: *se la couler douce:* s. das Leben leicht machen
✗ FAM: *couler un regard à qn:* jm einen Blick zuwerfen
✗ *se V - qp:* gleiten, schleichen, schlüpfen
Pierre se coula inaperçu dans la foule, dans l'entrebâillement de la porte, dans son lit.

couler[2] (2) — versenken, fig.: ruinieren
N - V - N — *Couler un bateau. Il a coulé son concurrent. Il s'est coulé par sa propre faute.*
N - V — sinken, fig.: bankrott gehen, pleitegehen
Le bateau a coulé vite. La banque, l'entreprise a coulé en quelques mois.

coulisser (1) — in einer Schiene gleiten
N - V — *Une porte qui coulisse.*

• **couper**[1a] (2/2+A/3) — ab-, durch-schneiden, (Film) kürzen
N - V -(N) — *Ce couteau coupe bien. Couper du bois, de la viande. Ils coupèrent l'extrêmité de toutes les racines/Flaubert/. Couper une balle de tennis. Ce chemin coupe une route nationale.*
N - V - N -(en n) — *Couper un pain en tranches.*
✗ *Je me suis coupé (le doigt/au doigt avec un couteau).*
✗ *Loc. fig.: couper les cheveux en quatre.*
(Buch) auf-, (Kleid) zu-, (Wellen) durchschneiden
Couper les pages d'un livre, une jupe. Le bateau coupe les vagues.
N - V - N -(à Nqn) — *Couper les cheveux à Jean.*

• **couper**[1b] (2/2+A/3) — unterbrechen, (Fieber) senken
N - V - N — *Couper une émission radiodiffusée, son travail par des pauses, la marche par des haltes, une communication téléphonique. Une avalanche a coupé la route. Ce médicament a coupé la fièvre de Jean > lui a coupé la fièvre.*
✗ *N-V-Ø : Ne coupez pas! (sc.: la communication téléphonique)*
✗ *Loc.: couper les ponts (derrière soi)*
✗ *Loc.: couper dans le vif:* einschneidende Maßnahmen ergreifen
N - V - N -(à N) — (Wasser...versorgung) unterbrechen, abstellen, (Weg) abschneiden
Couper l'eau, le gaz, l'électricité à un quartier. On a coupé le gaz. Couper les vivres à qn. Couper la retraite à l'ennemi.
jm (den Appetit) nehmen, (den Atem) rauben, stocken lassen
Cette histoire m'a coupé l'appétit, le souffle.
jm (das Wort) abschneiden, jn unterbrechen
Vous me coupez la parole.
✗ *couper court à Nqc(de qn):* ein Ende setzen/machen
Couper court au discours, aux actions de qn.
✗ *Loc.: couper l'herbe sous les pieds de qn.*
N - V - N -(en n) — aufteilen, durchschneiden
Couper une chambre en plusieurs pièces à l'aide de cloisons. La route coupe le village (en deux).
N - V - N - de N — abschneiden von
La neige a coupé la ville de la région.
N - V - Nqc -(de N) — mischen mit, (Wein) verschneiden
Couper le vin. Couper le vin d'eau. Couper le lait.

couper^{2} (2) — e-r S ausweichen, aus dem Wege gehen; (neg.:) nicht darum herum kommen
Nqn - V - à Nqc — *Tu ne couperas pas au service militaire.*

se couper^{3} (1) — s. verraten
Nqn - se V — *Après avoir longtemps menti, je me suis coupé.*

coupler (2) — (Maschinen...) zus.kuppeln, koppeln
N - V - Npl$_{2}$ — *Coupler deux moteurs, deux péniches. Coupler une caméra et un magnétophone.*

courbaturer (2) — Gliederschmerzen, Muskelkater verursachen
N - V - N — *La grippe courbature les membres. Nous sommes revenus courbaturés de cette longue marche.*

• courber (2/1) — (s.) biegen
N - V - N — *Le poids de la neige courbe la branche. La branche se courbe.*
N - V — *La branche courbe sous le poids de la neige.*

• courir (1/2) — laufen
N - V < Ø Inf 1$_{fin}$ > — *Pierre court à toutes jambes. Jean a couru (pendant) trente minutes. J'ai couru acheter mon journal. L'eau court dans le caniveau. Des gouttes d'eau couraient le long de la vitre.*
ver-laufen
Le chemin court à travers la montagne, le long d'une rivière. Le délai court jusqu'à la fin de ce mois.
✖ *Loc.: par les temps qui courent...:* heutzutage
après Nqc/qn — hinter jm/etw herlaufen, her sein
C'est un sacré loulou qui court après les femmes, après le premier jupon venu. Mon partenaire ne fait que courir après le succès.
✖ *courir sur ses 60 ans:* auf die 60 zugehen
courir à sa perte, à un échec: in sein Verderben rennen, zum Scheitern verurteilt sein
N - V - N — <Sport> laufen, hinter (Frauen) her sein
Courir un cent mètres. Courir les filles.
verkehren in, herumstreifen durch
Il court les cafés, les lieux de plaisir. Pour s'occuper, il court les magasins de la ville.
von einem (Ort) zum andern hetzen, laufen
Pour obtenir ce document, j'ai dû courir les administrations pendant toute une semaine. Il court les magasins à la recherche d'un parapluie doré. Courir les agences pour trouver un appartement.
✖ *C'est une rumeur qui court les rues.*
✖ *courir un danger, un risque, des risques, le risque de Inf:* Gefahr laufen
✖ FAM: *Un sinologue, ça ne court pas les rues.*

couronner (3/2) — krönen
N - V - N -(de N) — *Couronner un vainqueur (de fleurs). Le pape a couronné Charlemagne.*
N - V - N — *Des fleurs couronnent son front. Ce succès couronne sa carrière.*

courroucer (2) LIT — erzürnen
N - V - N — *Les imprécations des humains ont courroucé les dieux.*
♦*N - se V -(contre N)* — *C'est contre le péché que son coeur se courrouce.*

court-circuiter (2) — kurzschließen
N - V - N — *Court-circuiter une installation électrique.*
fig.: FAM: jm das Wort aus dem Munde nehmen, etw/jn umgehen
Court-circuiter la pensée de qn. Pour faire plus vite, j'ai court-circuité la voie hiérarchique. Ce service de distribution court-circuite les différents intermédiaires.

courtiser (2) — jm den Hof machen, jn umwerben
N - V - N — *Courtiser une femme, un personnage important.*

• coûter^{1a} (2+Adv) — kosten, (teuer/billig) sein
N - V <N/Adv > -(à N) — *La voiture coûte dix mille francs. Elle coûte cher. Les dix mille francs que la voiture m'a coûté sont peu de chose. Pourquoi les inégalités, dont la France est devenue championne toutes catégories, coûtent-elles cher au pays?/LeM/. Combien coûte cette maison? Combien cela vous a-t-il coûté?*
(de) Inf 1 -(cela) - V <N/Adv > -(à N) — *(De) vouloir acheter cette maison caduque (cela)(vous)coûtera cher.*
♦*il/cela-V <N/Adv > -(àN)-(que) de Inf 1* — *Il/cela vous coûtera cher (que) de vouloir acheter cette maison.*

coûter^{1b} (3/2+Adv) — jn kosten; jm schwerfallen
N - V - N - à N — *Cela lui a coûté la vie, son poste. Cela devait me coûter de longs ennuis, beaucoup d'effort. Les efforts que ce travail m'a coûtés m'ont épuisé. Cela me coûte beaucoup.*
(de) Inf 1 -(cela)- V <(Adv)> - à N — *(De) renoncer à ce voyage (cela) m'a coûté (beaucoup).*
♦*il/cela-V<(Adv)>-àN-(que)de Inf 1* — *Il/cela lui coûtait (beaucoup) (que) de renoncer à Jeanne.*

en coûter^{2} (imp/2) — kosten; jm schwerfallen
il - en V < N > < pour N > — *Il en coûtera 27000 F pour la 15 TL/LeM/.*
(à Nqn)< pour Inf 2 > — *Maintenant il en coûte à un maire 7 sous de papier pour seulement mettre quelqu'un en prison.*
il - en V -(à Nqn) < Adv > - de Inf 2 — *Il m'en coûtait beaucoup de ne pas revoir ma grande amie Julie.*

La longue liste des minorités intellectuelles opprimées montre ce qu'il en a toujours coûté de violer les dogmes communément admis/LeM/.

couver[a] (2)
N - V -(N)
aus-brüten
La poule couve (des oeufs).

couver[b] (2)
jn bemuttern, verwöhnen; (Krankheit) in sich tragen; s. tragen mit (e-m Plan...)
N - V - Nqc/qn
Je plains l'homme qui est couvé de cette manière-là/A. Gide/. Jean couve cette maladie depuis longtemps. Pierre couve depuis longtemps l'ambition de devenir capitaine des pompiers.
N - V
schwelen, gären
La maladie a couvé longtemps avant de se déclarer. On attend l'éclatement de la révolte qui couve depuis longtemps.

• couvrir (3/2/1)
N - V - N -(de N)
zu-, be-decken
Couvrir une table d'une nappe, le lit d'une couverture, la marmite d'un couvercle, un enfant chaudement, un mur d'affiches, une maison d'un toit d'ardoises. Le ciel se couvre(de nuages).
⧓ *couvrir de ses cris la voix de qn:* übertönen
N - V - Nqn - de N
Fig.:Couvrir qn d'injures, de honte, d'honneurs,d'or,de boue.
N - V - N
bedecken, ab-decken
Une nappe blanche couvre la table. Le manteau couvre les genoux. Des affiches couvrent le mur. Les pommes tombées couvrent le sol. Cette étude historique couvre tout le Moyen-Age.Une majoration exceptionnelle de l'impôt sur le revenu pourrait couvrir tout ou partie de l'aide accordée/LeM/. Cette assurance couvre des risques étendus.
⧓ *N-V-(N): La marée haute couvre (la plage...).*
⧓ *N-V-Ø: Cette peinture couvre bien.*
(e-e Entfernung) zurücklegen
Couvrir cinquante kilomètres par jour.
decken
On a découvert que les trafiquants de drogue sont couverts par de hautes personnalités. Couvrir un scandale, un crime.
N - V
decken
Ce boxeur couvre bien.
(im Wasser) versinken
Les écueils couvrent à marée haute.

• cracher (2+L)
N - V -(N) -(qp)
aus-spucken
Il est défendu de fumer et de cracher. Cracher un noyau d'olive.
⧓ FAM: *ne pas cracher sur qc:* nicht verachten
Je ne crache pas sur les bons cigares.
⧓ POP: blechen
Il a dû cracher dix mille balles. On a fait cracher le mec.

• craindre (2)
N - V - N
be-fürchten, Angst haben vor
C'est un contremaître que tout le monde craint. Les républicains n'ont rien à craindre de la consultation électorale du 2o juin/LeM/. Je crains le pire pour la santé de Jean.
⧓ *Nqc-V-Nqc:* nicht vertragen
Cette plante craint l'humidité et la chaleur.
que(ne) S Kj |×1
Je crains qu'il (ne) pleuve. Il craint qu'on ne le reçoive pas. Craignant que l'été ne fût 'chaud', beaucoup de touristes ont déserté la Corse/LeM/. Je crains que cela paraisse suspect à M. Dupont.
que S Kj |*neg/int*
Je ne crains pas qu'il pleuve. Je ne crains pas qu'il ne vienne pas. Craignez-vous qu'il vienne? Craignez-vous qu'il ne vienne pas?
de Inf 1
Je crains de ne pas arriver à temps.

cramponner[a] (2)
N - V - N
(mit Krampen) befestigen
Cramponner des pièces de charpente, les pierres d'un mur.

• cramponner[b] (2)
N - V - Nqn
s. an jn hängen, jm lästig fallen
Telle femme dont nous ne dirons pas qu'elle nous aime mais qu'elle nous cramponne/Proust/.
♦*Nqn - se V - à N*
s. klammern an
Je me cramponnais avec frayeur à la croupière du cheval/Sand/. Le petit Nicolas se cramponnait à ma manche.

crâner (1) FAM
N - V
den starken Mann spielen, s. aufspielen
Tu crânes,mais au fond tu as la trouille. Vous avez une boutique, vous rêvez de crâner devant le quartier/Zola/.

craqueler (2)
N - V - N
rissig werden lassen/machen
La sécheresse a craquelé le sol.

craquer[a] (1/2)
N - V
knarren,krachen
La porte s'ouvre en craquant. Le plancher craque sous les pas. Il a des chaussures neuves qui craquent. Le bois mort craque sous les pieds. Le bonbon craque sous la dent.
⧓ *(faire) craquer une allumette:* (Streichholz) anreißen
N - V - N FAM
kaputt machen, kaputtreißen, ⧓ jm kaputtgehen
Le gosse a craqué le panier. J'ai craqué ma veste en me baissant.
⧓ FAM: *craquer de l'argent, du fric:* (Geld) durchbringen

craquer[b] (1) FAM
N - V
fig.: krachen; zus.zubrechen drohen, <Nerven> versagen
Le régime craque de toutes parts. L'économie du pays craque. Ses nerfs ont craqué. Il n'a pa pu tenir, il a fini par craquer.

crayonner (2)
N - V -(N)
be-kritzeln
Crayonner (un dessin) sur un papier. Crayonner une feuille de papier.

crécher (1+L) POP
N - V - qp
wohnen
Où est-ce que je vais crécher cette nuit?/Sartre/.

créditer (3)
N - V - Nqn -(de N)
jm Kredit geben, (Geld auf ein Konto) einzahlen
K. versera l'argent à la banque qui créditera la société. La banque m'a crédité de mille marks.
N - V - N - de N
Ouvrez un compte à la banque et créditez-le immédiatement de cent francs.
fig.: jm etw zugutehalten, anrechnen, anerkennen
En toute confiance on peut créditer Paul des meilleures intentions. Créditer un athlète d'un bon temps, d'une bonne performance.

• créer[a] (2)
N - V -(N)
schaffen, gründen, kreieren
Chaos et scandales ont donc créé une certaine désillusion populaire/LeM/. La proposition de créer un fond d'indemnisation des colons blancs de Rhodésie est encourageante/LeM/. Créer un nouveau modèle de voiture, un nouveau système, un ordre religieux, un journal. Créer un rôle au théâtre, une nouvelle mode.

créer[b] (3)
N - V - N - à Nqn
jm (Schwierigkeiten...) bereiten, machen
Mais le Congrès, a-t-il ajouté, lui crée des difficultés.

crêper
N - V - N
(Haare) toupieren, (Haare/Stoff) kräuseln
Jeanne crêpe ses cheveux > se crêpe les cheveux. Crêper une étoffe.
⧖ FAM: *se crêper (le chignon) avec qn:* s. in die Haare kriegen

crépir (2)
N - V - (N)
verputzen
Crépir une maison. Les ouvriers crépissent depuis ce matin.

crépiter (1)
N - V
krachen, prasseln, knattern
Le bois sec crépitait dans le feu. Le feu crépite. On entend crépiter des mitrailleuses de toutes parts.
Fig.: A la fin, les applaudissements crépitèrent.

• creuser (2)
N - V -(N)
(ein Loch...) machen, graben...in; (Loch...)ausheben, bohren...
Nous avons creusé le sol pour trouver de l'eau. Les ouvriers ont creusé toute la matinée. Ils ont creusé une tranchée.
N - V - N
hohl machen
L'acrobate creuse ses/les reins. La maladie creuse les joues.
fig.: durchdenken, ergründen
Je vais creuser la question. Ne creusez pas trop les consciences../Hugo/
⧖ FAM: *creuser (l'estomac):* hungrig machen
Un bain, ça creuse (l'estomac).
⧖ *(×creuser sa tête, sa cervelle) > se creuser la tête,cervelle*
FAM: s. den Kopf zerbrechen
Je me suis creusé la tête pour savoir quelle était ma date de naissance.

crevasser (2)
N - V - N
(Haut..) aufreißen, aufspringen lassen
Le froid crevasse la peau. Le soleil m'a crevassé les lèvres.

• crever (1/2)
N - V < de N >
<Tiere> eingehen; krepieren; <Reifen...> zer-platzen
Les animaux crèvent de soif. Le troupeau a crevé tout entier. Avec la sécheresse, toutes nos plantes ont crevé. L'un des pneus arrière a crevé. La bulle de savon a crevé.
⧖ einen Platten haben
Je roule depuis longtemps sans avoir jamais crevé.
FAM: <Menschen> verrecken, krepieren, abkratzen; k.o. sein
J'veux pas crever!/B.Vian/. Je suis crevé.
N - V - N
(Pferd) schinden, FAM: jn fertig machen
J'ai crevé mon cheval à le faire galoper trop longtemps. Ce travail m'a crevé.
⧖ *crever un pneu:* einen Platten haben
⧖ *Loc.: crever le plafond (de..):* (Grenze...) überschreiten
L'inflation a crevé le plafond des dix pour cent.
⧖ *Loc.: qc crève les yeux (à qn):* in die Augen springen
Tu ne vois pas l'affiche, et pourtant elle (te) crève les yeux.

criailler (1)
N - V
plärren, <Vögel> schnattern...
Les enfants criaillent sans cesse. Les oiseaux suivants criaillent: l'oie, la perdrix, le faisan, le paon, le perroquet.

cribler[1] (2)
N - V -(N)
durch-sieben
Cribler des pierres, des graines, du sable.

cribler[2a] (3/2)
N - V - N -(de N)
N - V - N
durchlöchern
La mitraillette avait criblé la voiture (de balles).
Les balles avaient criblé le mur.

cribler[2b] (3) — jn überschütten mit, jn (mit Fragen) durchlöchern
N - V - N - de N — *Cribler qn d'injures, de reproches, de questions.*
⧗ *être criblé de dettes:* bis zum Hals in Schulden stecken

• **crier**[1] (1/2/3) — schreien
N - V — *Crier à tue-tête.* POP: *crier comme un veau.*
⧗ *Crier au secours, au scandale, au miracle. Les usagers qui ont une culture classique crient à la trahison/LeM/.*
fig.: REL: *Nqc - V:* knirschen....
La grève se mit à crier sous nos pas/Flaubert/. Les bêtes faisaient crier la paille en la remuant.
N - V - N — ⧗ → *dire*[1]
N - V - N - à N — ⧗

crier[2] (2) FAM — ausschimpfen, tadeln
N - V - après N — *J'ai dû crier après les enfants tout le temps.*

criminaliser (2) — kriminalisieren
N - V - N — *Criminaliser un délit.*

crisper[a] (2) — verkrampfen
N - V - N — *L'effort qu'il faisait pour se tenir debout dans le tram lui crispait le bras.*

crisper[b] (2) FAM — auf die Nerven gehen, reizen, ärgern
N - V - Nqn — *De le voir ronger ses ongles toute la journée, ça me crispe.*

crisser (1) — knirschen
N - V — *Le gravier, la neige crisse sous les pas.*

cristalliser[a] (2/1) — kristallisieren
N - V - N — *Cristalliser du sucre. La chaleur cristallise le miel.*
N - V — *Le sucre cristallise. Le sucre se cristallise.*

cristalliser[b] (2/1) — herauskristallisieren, etw Gestalt annehmen lassen
N - V - N — *L'élection de M. Sarkis contribue à cristalliser un courant 'anti-syrien' au sein du camp conservateur/LeM/. Un vaste mouvement de protestation s'est cristallisé autour d'une grève.*
N - V LIT — *Toute sa vie sentimentale a cristallisé autour d'une image maternelle/Thibaudet/.*

• **critiquer** (2/3) — kritisieren
N - V -(N) — *Critiquer une remarque, une décision, un programme. Il est facile de critiquer.*
que S Kj — *On a critiqué que cette décision n'ait pas été appliquée.*
N - V - Nqn -(de N) — *Critiquer qn de son attitude.*
< pour N > — *Critiquer qn pour son attitude.*
de ce que S Ind/Kj 2 RARE — *On a critiqué le maire de ce qu'il a/ait fait détruire le centre de la ville.*
de Inf 2 — *On a critiqué le maire d'avoir détruit le centre de la ville.*

croasser (1) — krächzen
N - V — *Le corbeau, la corneille croasse.*
⧗ *'Que faites-vous ici?' croassai-je.*

crocheter (2) — mit einem Dietrich öffnen
N - V - N — *Crocheter la serrure d'une porte, une porte.*

• **croire**[1] (2/2+A/3) — etw glauben, jm glauben
N - V - N — *Je me refuse de croire votre histoire. Que croire? Qui croire? /LeM/. Oui, Monsieur, je vous crois sur parole. Croyez-vous ce qu'il dit? C'est vrai, croyez-moi. Je ne crois pas un traître mot de ce que vous déclarez au sujet de l'incident.*
⧗ *Je ne vous crois pas:* Ich glaube *(es)* Ihnen nicht.
⧗ *N-V-Ø |K: religion: = avoir la foi: Il ne croit plus.*
⧗ *Je n'aurais pas cru ça de toi.*
⧗ *...on croirait un rêve...:* ..könnte man glauben, es sei.., ... könnte man etw/jn halten für
Ce chien est tellement gros, on croirait un veau. A entendre le bruit dans les rues, on croirait une émeute.
N - V - n/adj - N — halten für
Il me croit son ami. Je vous croyais en Australie. Je croyais cette expérience impossible. Elle se croit intelligente.
adj - que S Kj — *Je crois bon qu'on le prévienne.*
de Inf — *Je crois bon, mauvais, nécessaire, utile, possible, inutile, absurde.... de faire cela.*
N - V - que S Ind — glauben, meinen
Je crois qu'il est malade.
Ind/Kj |int — *Est-ce que vous croyez que j'ai bien fait de me raser les moustaches?/Anouilh/. Croyez-vous que je doive lui en parler?/Salacrou/. Comment croire qu'on puisse être laissée si seule, à l'improviste, en un clin d'oeil?/Bernanos/. Qui eût cru qu'elle fût la fille d'un simple régisseur!/J. Margerit/. Croyez-vous qu'il est vraiment malade? Croyiez-vous donc que la science économique s'improvisait?/Pilhes/. Crois-tu qu'il vienne/viendra?*
Kj |neg — *Ne croyez pas que je ne sache pas me servir de cette arme. Je ne crois pas que ce soit lui qui a fait cela. Je ne crois pas que quelqu'un ait jamais eu aussi peur de sa femme/M.Achard/.*
Ind |neg RARE — *Je ne crois pas que j'arriverai à vous faire comprendre tout ce que je ressens. Je ne croyais pas qu'il était aussi gentil.*
Ø Inf 1 — *Je crois avoir commis une erreur.*

N - V - à Nqc/qn

für möglich/wahrscheinlich halten
Le médecin croit à (la possibilité de) la malaria. Je ne crois pas à la guerre, les négociations vont certainement aboutir. Plus personne ne croit à la paix. Croire à qn → à lui.
für wahr halten, e-r S Glauben schenken, glauben an
Croire à ce que dit qn. Croire à la parole de qn, à sa sincérité. Croyez à mes sentiments dévoués. Croire aux promesses de qn d'autre. Il croit à l'horoscope, aux astrologues.
für tatsächlich/existent halten, glauben an
Je ne crois pas aux soucoupes volantes, à l'existence des soucoupes volantes. Croire à l'innocence d'un inculpé.
an die Möglichkeiten von etw glauben, glauben an
Croire à la médecine, à l'astrologie.
✘ *N-V-àNqc/qn:* glauben an
Croire à la vie éternelle, au Saint-Esprit, au Messie, à Dieu, au surnaturel, à l'Evangile, au diable, à l'existence de Dieu, aux revenants, au Père Noël.

N - V - en Nqc/qn

sein Vertrauen setzen in etw/auf jn, glauben an
Croire en ses amis, en soi. Croire en la puissance de sa pensée. Croire en sa bonne étoile. Il ne croit plus en l'avenir.
✘ *croire en la vie éternelle, en Dieu, en la clémence de Dieu, en la résurrection, en l'Evangile.*
✘ *(×en* le *diable) → au diable.*
✘ *Loc.: ne croire ni en Dieu ni en diable/ ni à Dieu ni à diable.*

N - V - Nqc(de qn) - à Nqn

glauben, daß jd etw hat/ist, jn halten für etw
Je lui crois beaucoup de talent. Elle se croit de l'intelligence.

• en croire[2] (2)
N - en V - Nqc/qn

glauben
Si j'en crois ma concierge, les martiens seraient sur les Champs-Elysés. A l'en croire, il en a tué sept d'un coup. Si j'en crois sa lettre, il sera là demain.
✘ *ne pas en croire ses yeux, ses oreilles:* seinen Augen/Ohren nicht trauen

• croiser[1] (2)
N - V - N

kreuzen
Croiser deux races. Les mousquetaires croisaient le fer. Cette route en croise une autre. Je viens de le croiser dans la rue. Nous avons croisé leur voiture en route. Nos lettres se sont croisées. Il croisait ses bras > se croisait les bras. Il croisait les bras.
(Beine) übereinander schlagen, etw über Kreuz legen
Elle croisa nonchalamment les jambes. Croiser les pans d'une robe de chambre. Croiser des bretelles dans le dos.

croiser[2] (1+L)
N - V -(qp)

kreuzen
Le porte-avion croise au large.

• croître (1)
N - V <*de N* >

wachsen, steigen
La tension n'a cessé de croître pendant l'assemblée générale. La rivière a crû de cinq pieds.
REL: *La vigne et l'olivier croissent en Provence. Avec cette pluie, l'herbe croît à vue d'oeil dans le jardin. → pousser*

croquer[1] (2/1+L/1)
N - V - N
N - V - dans N
N - V

knabbern, beißen in
Croquer du chocolat. Croquer une pomme.
Croquer à pleines dents dans une pomme.
knacken, knirschen
La pomme, le chocolat, les chips, le sable croquent sous la dent.

croquer[2] (2)
N - V - N

skizzieren
Croquer un portrait, un paysage.

crouler (1)
N - V <*sous N* >

zusammenbrechen, einfallen
La tour menace de crouler. Les branches croulent sous le poids de la neige.
Fig.: Si la société est telle que vous la dépeignez, il faut qu'elle croule/Huysmans/.

croupir[a] (1)
N - V

<Wasser > stillstehen
L'eau croupit dans la mare.

croupir[b] (1+L/2)
N - V - qp
N - V - dans N

dahinvegetieren
Il croupit depuis des années en prison.
Il croupit dans la paresse, dans l'ignorance, dans la médiocrité.

crucifier (2)
N - V - N

kreuzigen
Les martyrs chrétiens furent crucifiés par milliers.

• cueillir (2)
N - V - Nqc
Nqn FAM

ab-pflücken, sammeln
Cueillir des fleurs.
jn abholen, schnappen
J'irai te cueillir à la sortie du lycée. La police l'a cueilli à l'aéroport.

cuirasser (2)
N - V - N

panzern
Cuirasser un navire.

cuire (2/1)
N - V - N — kochen
On cuit les nouilles en les jetant dans l'eau bouillante.
N - V — *La soupe cuit. Les lentilles doivent cuire longtemps.*

cuisiner[1] (2)
N - V -(N) — Essen zubereiten, kochen (können)
Elle cuisine merveilleusement (de bons petits plats).

cuisiner[2] (2)
N - V - Nqn — jn ausfragen, in die Mangel nehmen
Cuisiner un suspect pour savoir la vérité.

culbuter (2/1)
N - V - N — umwerfen
Culbuter une chaise, un vase au passage.
(Feind) überrennen, (Regierung...) stürzen
Culbuter l'ennemi. La motion de censure a failli culbuter le gouvernement, le ministre.
N - V — fallen, stürzen, kippen in..; umstürzen,-kippen
La voiture a dérapé, puis culbuté (dans le fossé).

culminer (1+L)
N - V -(qp) — d. Höhepunkt erreichen, s. höchsten Punkt erreichen
Le Mont Blanc culmine à 48o7 mètres. Ce fonctionnaire culmine à l'indice 4oo. L'enthousiasme culminait lorsqu'Adamo entra dans la salle.

• **cultiver** (2)
N - V - N — (Land) bestellen, pflegen
Cultiver ses champs, l'originalité, le paradoxe. Cultiver ses relations avec qn., l'amitié de qn. Qui méprise la raison cultive la démagogie/LeM/.
⧗ *cultiver qn = cultiver ses relations avec qn.*
♦Nqn - se V — s. bilden
Il se cultive dans sa bibliothèque.

cumuler (2)
N - V - Npl — an-häufen, (Gehälter/Ämter..) kumulieren
Il cumule les erreurs. Il cumule deux salaires, diverses fonctions.

curer (2)
N - V - N — reinigen
Curer un fossé, un étang, une canalisation, une pipe, ses dents > se curer les dents.

cuver (1/2)
N - V — gären
Le vin cuve.
N - V -(N) — FAM — seinen Rausch ausschlafen
Le clochard cuvait son champagne sur un banc public. Il cuva jusque tard dans la matinée.

dactylographier (2)
N - V -(N)
mit der Maschine schreiben
Il sait dactylographier. Dactylographier une lettre.

daigner (aux)
N - V - Ø Inf 1
geruhen
Il n'a pas daigné me répondre.

daller (2)
N - V -(N)
Fliesen legen in, etw mit Fliesen auslegen
Daller un couloir.

damner[a] (2)
N - V - N
verdammen
Dieu me damne!

damner[b] (1) FAM
N - V
jn verrückt, rasend machen
| *faire damner qn:*
Cet enfant fait damner sa mère.

• danser[a] (2)
N - V -(N)
tanzen
Apprendre à danser. Danser un tango.

danser[b] (1)
N - V
tanzen
La flamme danse dans la cheminée. Les ombres dansent sur le mur. La barque danse sur les flots.

darder (2+L) LIT
N - V - N -(qp)
(Pfeile) schießen; werfen
Julien darda contre eux ses flèches/Flaubert/. Darder son regard sur qn. Le soleil darde ses rayons.

• dater[1] (2/3)
N - V - N
das Alter, den Zeitpunkt bestimmen von, datieren
Dater un monument ancien au carbone 14.
N - V - N -(de N)
(Brief..) datieren auf
J'ai reçu une lettre datée de jeudi, du 25 avril, d'hier.
N - V - de N
stammen aus, alt sein
Ce monument date de l'époque romaine, de mille ans.
ж *N-V-Ø:* altmodisch sein
Cette chanson commence à dater. C'est un prénom qui date.

dater[2] (1)
N - V
Epoche machen
C'est un événement qui datera dans l'histoire.

déambuler (1)
N - V
herumspazieren, umher-schlendern
Nous déambulions le long du fleuve en bavardant.

déballer (2)
N - V - N
auspacken
Déballer un cadeau, sa valise.
Fig.: auspacken
Il a déballé ses histoires sans réticence. Déballer toutes ses connaissances. Il a tout déballé.

débander[1] (2)
N - V - N
jm den Verband abnehmen von
Débander qn, le bras de qn > lui débander le bras

débander[2] (2)
N - V - Nqc
entspannen
Débander un arc, un muscle.

se débander[3] (1)
N - se V
<Heer> s. auflösen
A l'assaut de l'ennemi, les troupes se débandèrent. Au moment où l'orage éclata, la fanfare se débanda.

débander[4] (1) POP
N - V
abschlaffen, aufhören zu erigieren
Epuisé, il débanda.

débaptiser (2)
N - V - N
umtaufen
Débaptiser une rue.

débarbouiller (2)
N - V - N
jm das Gesicht waschen
Débarbouiller un enfant.

débarquer (2/1)
N - V - Nqc/qn < qp >
(Ladung) löschen, an Land setzen; absetzen
Le bateau a débarqué des bananes et quelques passagers.
Le car a débarqué deux vieilles dames à l'arrêt.
Fig.: FAM: jn schassen
Le Président a discrètement débarqué son Premier ministre.
N - V < (de) qp >
an Land gehen, aussteigen, < Truppen > landen
Quelques passagers ont débarqué à Marseille. Débarquer d'un train. Les Alliés ont débarqué en Normandie.
ж FAM: *débarquer chez qn:* bei jm aufkreuzen
Débarquer à l'improviste chez un ami.
ж FAM: *Nqn-V-Ø:* hinter dem Mond sein/leben
Comment, tu ne savais pas la nouvelle? Tu débarques!

• débarrasser (3/2)
N - V - Nqc -(de Nqc)
leer-, aus-, ab-räumen
Débarrasser sa cave (de vieux meubles), un chemin encombré, la table. Vous pouvez débarrasser (sc.: la table).
N - V - Nqn - de Nqc/qn
jm (Gepäck..) abnehmen, jn befreien, freimachen von.
Puis-je vous débarrasser(de votre valise, de votre manteau)? Debarrassez-moi de ce casse-pieds! Il faut enfin le débarrasser de cette habitude.
♦*Nqn - se V - de N*
s. e-r S/js entledigen, s. freimachen von
Se débarrasser d'une vieille habitude, d'un préjugé, d'un importun. Le dictateur s'est débarrassé de ses ennemis politiques.
N - V - N FAM
verduften
Débarrasse enfin le plancher!

• débattre[1] (2)
Npl - V - N
debattieren über, erörtern, (Preis) aushandeln
L'assemblée a débattu le problème des impôts. Les ministres ont débattu l'affaire entre eux. Le marchand et le client débattent le prix du tapis. Accepter un prix sans le débattre.
♦*N - V - N - avec N*
J'ai débattu avec le propriétaire les conditions du bail.

se débattre[2] (1)
N - se V
s. wehren, sträuben
L'homme avait beau se débattre, on lui cirait les souliers de force. Le poisson se débat dans le filet.

débaucher[1] (2)
N - V - Nqn
jn verderben
Socrate a été accusé de débaucher la jeunesse.
♦*Nqn - se V*
ein liederliches Leben führen
Depuis qu'il est étudiant, il se débauche.

débaucher[2] (2)
N - V -(N)
(von der Arbeit..) ablenken/abhalten
Je viens te débaucher, tu travailles trop.
entlassen
L'entreprise vient de débaucher 3o ouvriers. On a débauché chez Simca.

débiner[1] (2) FAM/RARE
N - V - N
schlechtmachen, anschwärzen
Cette mise au point aurait consisté à débiner ainsi l'armement britannique/Canard enchaîné/.

se débiner[2] (1)
N - se V
s. auf französisch(e Art) verabschieden; kneifen, s. drücken
Il s'est débiné habilement après l'apéritif. Quand on le questionne, il se débine.

débiter[1] (2)
N - V - N < en Npl >
zersägen, aufspalten
Débiter un tronc d'arbre (en planches).

débiter[2] (2)
N - V - N
vertreiben, verkaufen, ausschenken
Débiter des marchandises au détail, des boissons.
produzieren, liefern
L'usine débite vingt tracteurs par jour. La dynamo débite quelques watts. La fontaine, la source débitent quelques litres d'eau par seconde.
fig.: herunterleiern, hersagen
Il ne fait que débiter des mots, des phrases incohérentes. Un homme débite des mensonges, des flatteries pour se rendre intéressant et obtenir un secours/Paulhan/.

débiter[3] (3)
N - V - N -(de N)
(Konto) belasten mit
Débiter un compte (de 1oo francs).

déblayer (2/3)
N - V - N
wegschaffen
Déblayer la neige devant la porte.
N - V - N -(de N)
freimachen
Déblayer la porte (de la neige qui s'y est entassée).

débloquer[1] (2)
N - V - N
wieder in Gang bringen/setzen, (Straße) freimachen, räumen
Débloquer un mécanisme, une serrure. Après le carambolage, on a mis une heure pour débloquer l'autoroute.
(Kontosperrung) aufheben, (Kredite..) freigeben/lockermachen
Débloquer un compte en banque. Débloquer des crédits, des fonds.

débloquer[2] (1) POP
N - V
zu spinnen anfangen, durchdrehen
Il débloque complètement.

déboiser (2)
N - V - N
abholzen
Déboiser une colline.

déboîter[1] (2)
N - V - N
verrenken, auskugeln
Une chute lui a déboîté l'épaule.

déboîter[2] (1)
N - V
ausscheren, die Spur wechseln
La remorque du camion déboîte. Le camion a brusquement déboîté devant moi.

• **déborder**[1a] (1+L/1/2)
N - V - ((de)qp)
überlaufen, überfließen, vorragen
L'eau a débordé de la baignoire jusque dans l'escalier. Le café déborde de la tasse. Le pignon déborde de la façade.
N - V < de N >
überfließen, überlaufen
La baignoire a débordé. La carafe déborde de vin. La tasse déborde. La rivière a débordé.
N - V - N
überragen, über den Rand, über die Grenzen gehen
Cette maison déborde l'alignement des façades. Ce toit déborde le mur. La nappe déborde la table. Les nouveaux quartiers débordent l'enceinte traditionnelle de la ville. Le parti social-démocrate craint d'être débordé sur sa gauche.

• **déborder**[1b] (2)
N - V - de N
überfließen, -schäumen vor, -quellen vor
Le public débordait d'enthousiasme. Jean déborde de zèle, de vie, d'esprit.... et de vitalité.
N - V - N
hinausgehen über, <Arbeit> jm über den Kopf wachsen
Le conférencier a largement débordé son sujet. Le travail me déborde.
⌘ *Je suis débordé de travail.*

déborder[2] (2)
N - V - N
(die untergeschlagene Bettdecke...herausziehen)
Déborder un lit, un drap, une couverture, un malade, un enfant.
♦*Nqn - se V*
s. freistrampeln
L'enfant s'est débordé en dormant.

déboucher[1] (2)
N - V - N
entkorken, (Leitungen..) freimachen, reinigen
Déboucher une bouteille. Déboucher un tuyau bouché, une canalisation.

• **déboucher**[2a] (1+L)
Nqc/qn - V - (de) qp
münden, herauskommen aus, kommen in, auf, wo landen
L'avenue débouchait soudain sur une place de terre battue. Une voiture déboucha brusquement d'une rue latérale. Nous escaladâmes l'escalier...et nous débouchâmes sur le hall/Pilhes/.

déboucher[2b] (2) *N - V - sur N*		münden in, hinauslaufen auf *Une philosophie qui débouche sur l'action.*
débouler (1+L/2) *N - V -(qp)* *N - V - N*	FAM	herunterkollern *Il a déboulé jusqu'au bas de l'escalier.* *Il a déboulé l'escalier.*
déboulonner[a] (2) *N - V - N*		losschrauben, umstürzen *Déboulonner un rail, une statue.*
déboulonner[b] (3) *Nqn - V - Nqn -(de N)*		jn um seinen Ruf, seine Stellung bringen, jn entthronen *Déboulonner un ministre de son poste. Déboulonner un personnage célèbre.*
débourser (2) *N - V - N*		(Geld) ausgeben *J'ai déboursé 1oo francs sans m'en apercevoir.*
débouter (2) *N - V - N*		(js Klage) abweisen *Le tribunal de Bergerac vient de débouter le plaignant/LeM/.*
déboutonner (2) *N - V - N*		aufknöpfen *Déboutonner sa veste.*
débrancher (2) *N - V - N*		abschalten, ausschalten *Débrancher la radio, le fer à repasser, le téléphone.*
débrayer[1] (2) *N - V -(N)*		aus-kuppeln *Débrayer (une vitesse).*
débrayer[2] (1) *N - V*	FAM	in den Ausstand treten, die Arbeit niederlegen *Les ouvriers ont débrayé.*
• débrouiller (2) *N - V - N*		entwirren, aufklären *Débrouiller une pelote de laine, une intrigue, une histoire compliquée*
♦*Nqn - se V*	FAM	s. zu helfen wissen, s. durchschlagen *Il se débrouille tant bien que mal. Débrouillez-vous!*
débroussailler (2) *N - V - N*		von Gestrüpp befreien *Débroussailler un terrain.*
débusquer (1+L/2) *N - V -((de)qp)*		<Wild> aus-, heraustreten, ins Freie treten *Le lapin débusqua devant nous. Les chevreuils débusquèrent sur la prairie.*
N - V - N		aufscheuchen, verjagen *Débusquer du gibier, l'ennemi.*
• débuter (1) *N - V <par N>*		anfangen, beginnen, sein Debut geben *Le galloroman a débuté au moment où la domination des Francs succéda à celle des Romains/R.L.Wagner/. La guerre économique avait débuté par l'expulsion brutale et massive des commerçants indo-pakistanais/LeM/.* *Cet acteur a débuté dans une pièce d'Ionesco.*
< par Inf 1 >	VIEUX	*Il débuta par me dire sa souffrance/M. Barrès/.*
décacheter (2) *N - V - N*		(Brief...) öffnen *Décacheter une lettre.*
décaler (2) *N - V - N < de N >*		verschieben, verlegen *Décaler un meuble, un horaire. Décaler un repas d'une heure.*
décalquer (2) *N - V - N*		pausen *Décalquer un dessin.*
décamper (1) *N - V*	FAM	abhauen, verduften, verschwinden *Décampe et tout de suite!*
décanter (1/2) *N - V*		s. setzen, s. klären *Le cidre décante peu à peu.*
N - V - N		klären *Décanter l'eau des égouts.* *Fig.: décanter ses idées, laisser (se) décanter ses idées.*
décaper (2) *N - V - N*		abbeizen, (Parkett) abziehen *Décaper une armoire, le parquet.*
décapiter (2) *N - V - N*		köpfen, enthaupten *Décapiter un condamné, un poisson, l'opposition.*
décapoter (2) *N - V - N*		das Verdeck zurückklappen *Décapoter sa voiture.*
se décarcasser (1) *N - se V < pour Inf 1 >*	FAM	s. abrackern *Se décarcasser pour élever ses enfants.*
décéder (1) *N - V*	REL	versterben *Mon oncle* est *décédé récemment.*
• déceler (2) *Nqn - V - N*		auf-, entdecken *Déceler une erreur dans une facture, une faute dans un texte.*
Nqc - V - N		verraten *Sa voix décelait sa confusion extrême.*
que S Ind		*Sa voix décelait qu'il était anxieux.*
décentraliser (2) *N - V - N*		dezentralisieren *Le gouvernement a enfin décidé de décentraliser au plus vite le pouvoir administratif.*

décerner (3)
N - V - N -(à N)
verleihen; (Haftbefehl) ausstellen
Décerner un prix à un artiste. Décerner un mandat d'arrêt.

• **décevoir** (2)
N - V -(N(qc de)qn)
enttäuschen
Vous m'avez déçu. L'issue des événements a déçu mon attente. Cette invention déçoit à tout point de vue.

que S Kj -(cela) - V - N
Que vous ayez épousé votre concierge (cela) me déçoit.
♦il/cela - V - N - que S Kj
Il/cela me déçoit que vous ne veniez pas.
(de) Inf -(cela) - V -(N)
(De) boire du champagne tiède (cela) (me) déçoit beaucoup.
♦Cela - V -(N) - (que) de Inf 1
Cela (me) déçoit (que) de devoir boire du champagne tiède.

déchaîner (2/3)
entfesseln
N - V - N
Par ses mots, il déchaîna la fureur de son père, un conflit.
N - V - N - contre N
aufbringen, -hetzen gegen
Les journalistes ont déchaîné l'opinion publique contre le chanteur contestataire.
♦N - se V -(contre N)
wüten, toben
Les éléments se déchaînèrent (contre nous). Sa colère se déchaîna contre moi.

déchanter (1) FAM
N - V
(s-e Hoffnungen, s-n Ehrgeiz) zurückschrauben
Il s'était fait des illusions, mais maintenant il déchante.

• **décharger**[1a] (2+L/3)
N - V - N -(de N)
ab-, entladen, ausladen
Décharger un bateau (de sa cargaison). Décharger une arme, une batterie.
N - V - N -((de) qp)
Décharger des marchandises du bateau, sur le quai. Décharger des marchandises.
⧗ *décharger un fusil/ un coup de feu sur qn:* einen Schuß abgeben auf

• **décharger**[1b] (3)
N - V - N(qc de)qn -(de N)
jn entlasten, jm Schulden nachlassen; s. Herz ausschütten...
Décharger qn d'un travail, d'une dette. Les témoins ont déchargé l'inculpé. Puis-je vous décharger (de ce travail)? Décharger sa conscience, son coeur.
FAM: *décharger sa bile, sa rate.*
N - V - N - sur N
Décharger sa colère sur qn: (Zorn) auslassen an jm
♦Nqn - se V - de N - sur Nqn
etw auf jn abwälzen
Se décharger d'un travail sur qn d'autre.

décharger[2] (1) RARE
N - V
abfärben
Cette étoffe décharge. → déteindre

• **déchausser**[1] (2)
N - V - Nqn
jm die Schuhe ausziehen
Déchausser un enfant. Je me suis déchaussé.

se déchausser[2] (1)
N - se V
<Zahn> lose werden
Une dent se déchausse.

• **déchiffrer** (2)
N - V - N
entziffern, (Noten) lesen
Déchiffrer un message, l'écriture de qn, de la musique.

déchiqueter (2)
N - V - N
zerfetzen
Le chien a déchiqueté le journal. La bombe a déchiqueté les habitants de la maison.

• **déchirer** (2)
N - V - N
zerreißen
Déchirer un bout de papier, un contrat. Déchirer qn par ses critiques. Un bruit déchire l'air. Un conflit qui déchire un pays, une famille. Le sac s'est *déchiré. La toux lui déchira la poitrine.*

déchoir (1/2/3)
verfallen, herabsinken
N - V
Son autorité, sa réputation commence à déchoir.
N - V - de N
e-r S verlustig gehen: *Déchoir de son rang, de son poste.*
⌑ *déchoir dans l'estime de qn:* in der Achtung von jm sinken
N - V - N -(de N)
jn absetzen, entheben
Déchoir un fonctionnaire de son poste. Un président déchu. Il a été déchu de ses privilèges.

• **décider** (2/3)
beschließen, entscheiden
Nqn - V - Nqc
Le gouvernement a décidé une augmentation des prix.
que S Ind/Kj |×1
Le gouvernement a décidé que les prix vont être majorés/que les prix soient majorés. Les signataires du Pacte...avaient décidé que les compagnies étrangères devraient limiter à 14% le montant de leurs bénéfices/LeM/. Il fut décidé que l'abbé J. eût à se contenter d'excuses publiques.
Int.ind
Le chef a décidé combien de provisions il nous faudra.
de Inf 1
Le gouvernement a décidé de majorer les prix.
⧗ *N-V-Ø: |K: Les juges ont décidé en faveur de l'accusé.*
Nqn - V -(de/sur N)
entscheiden (über), bestimmen über, (Maßnahmen) ergreifen
La population décidera par un vote de l'avenir du pays. La commission de contrôle décidera sur le bien-fondé de la demande. C'est toujours lui qui décide. Décider des mesures à prendre.
Nqc - V - de N
Le vote de la population décidera de l'avenir du pays.
Nqc/qn - V - Nqn - à N
veranlassen, überreden zu, jn bringen dazu
Cela m'a décidé à des mesures draconiennes. Personne ne peut le décider au repos.
à ce que S Kj 2
Je l'ai décidé à ce qu'il prenne congé.
à Inf 2
Il m'a décidé à partir.
♦Nqn - se V -(pour Nqc/qn)
s. entscheiden für
Je me suis décidé pour la solution la plus simple. Entre les différents candidats, je n'arrive à me décider pour personne. Il s'est enfin décidé.

à Nqc — s. entschließen zu
Se décider à une réponse.

♦Nqn - se V - à Inf 1 — *Je me suis décidé à ne plus fumer.*
⌘ *être décidé à Nqc:* entschlossen sein zu
Il semble être décidé à une réponse rapide.
⌘ *être décidé à ce que S Kj* |×*1:*
Il y avait des fissures dans cette façade, et j'étais décidé à ce qu'on ne les aperçût pas/H. Bordeaux/.
⌘ *être décidé à Inf 1:*
Il est décidé à partir.

décimer (2) — dezimieren
N - V - N — *Décimer une armée, une population. De quoi étaient composés les régiments qui, dans les rues de Moscou, ont sauvagement décimé, par leurs fusillades, le prolétariat révolutionnaire?/Martin du Gard/.*

déclamer[1] (2) — vortragen, deklamieren
N - V -(N) — *Déclamer un poème. Déclamer au conservatoire.*

déclamer[2] (2) — wettern gegen
N - V - contre Nqc/qn — *Déclamer contre la débauche. Ils s'étaient mis à déclamer follement contre les libéraux/Stendhal/.*

• **déclarer** (2/2+A/3) — deklarieren, angeben, melden
N - V - N — *A la douane, il faut déclarer les marchandises que l'on importe. Déclarer ses revenus. Déclarer à la mairie la naissance d'un enfant.*
N - V - N - adj — etw/jn erklären als, zu
Déclarer la séance ouverte. Déclarer qn inapte au service militaire. L'engin nouveau était déclaré, à l'unanimité, invendable /Pilhes/.
n — *Déclarer qn son héritier.*
⌘ *se déclarer - adj/n:*
Il s'est déclaré satisfait. Ce philanthrope professionnel se déclare seul capable d'éteindre l'incendie qui s'est déclaré/LeM/. Elle s'était déclarée d'avance l'ennemie de la duchesse/Stendhal/.
N - V -(à Nqn) - N — erklären, kundtun
Déclarer la guerre (à un pays). Déclarer ses sentiments, son amour à qn. Déclarer ses sentiments.
que S Ind — *Le gouvernement a déclaré qu'il combattrait l'inflation. Elle se fit longtemps prier, déclarant qu'elle ne voulait pas.*
Int.ind — *Le gouvernement a-t-il déclaré comment il combattra l'inflation?*
Ø Inf 1 — *Ils déclarent ne pas avoir l'intention d'opter pour une pseudo-indépendance/LeM/. Le docteur E.S. a déclaré ignorer que, dans le cas de Jean-Louis, il s'agissait d'un mineur/LeM/.*
♦Nqn - se V — s. Meinung kundtun
Elle s'était déclarée déjà à plusieurs reprises à ce sujet.
⌘ *Nqn-se V-(àNqn):* jm seine Liebe erklären
< pour/contre N > — s. erklären für/gegen
Se déclarer pour/contre la peine de mort. Le parti s'est déclaré en faveur de cette réforme.
♦Nqc - se V — ausbrechen
Un incendie, une maladie se déclarent. Ce philantrope professionnel se déclare seul capable d'éteindre l'incendie qui s'est déclaré/LeM/.

déclasser[1] (2) — umordnen, in Unordnung bringen
N - V - N — *Déclasser les livres d'une bibliothèque.*

déclasser[2] (2) — herunterstufen, niedriger einstufen
N - V - N — *Déclasser un hôtel, un sportif. Les wagons de première classe ont été déclassés.*
den Denkmalschutz aufheben
Déclasser un monument historique.
sozial absinken lassen, sozial herabstufen
La fréquentation du bistrot du coin déclasse Mme la Baronne.

• **déclencher** (2) — in Gang setzen, auslösen
N - V - N — *Un bouton déclenche l'ouvre-porte.*
Fig.: auslösen, starten, (Krieg/Streit...) entfesseln
Déclencher une grève, une offensive, une guerre.
♦N - se V — <Krieg, Streik...> ausbrechen, <Gewitter> losbrechen
La guerre, l'orage se déclenchent. Une grève s'est déclenchée dans l'atelier de montage.

décliner[1] (1) — sinken, untergehen
N - V — *Le soleil décline très tôt dans la soirée.*
Fig.: nachlassen, bergab gehen mit, verfallen
Ses forces déclinent. Sa santé, son état de santé décline. Un vieillard qui décline de jour en jour. La puissance de l'Empire romain déclina avec les invasions barbares.

décliner[2] (2) — ablehnen
Nqn - V - Nqc — *Décliner une invitation, toute responsabilité dans un accident.*

décliner[3] (2) — deklinieren
N - V -(N) — *Décliner un mot, bien savoir décliner.*

décliner[4] (2) — (s. persönlichen Daten) angeben, nennen
N - V - N — *Le commissaire me pria de décliner mon identité.*

décocher[1] (2+L)
N - V - N -(qp)
(mit dem Bogen) ab-schießen
Décocher une flèche (sur une cible).

décocher[2] (3)
N - V - N -(à Nqn)
hämische Bemerkungen machen, spitze Worte äußern, (Blick) zuwerfen
Décocher une remarque mordante à qn. Décocher un regard à qn.

décoffrer (2)
N - V -(N)
<Beton> die Verschalung abnehmen, ausschalen
Les ouvriers ont décoffré le mur.
⌘ *coffrer:* verschalen

décoiffer (2)
N - V - Nqn
jm die Kopfbedeckung abnehmen, vom Kopf pusten..; (Frisur/Haar) in Unordnung bringen
Le vent a décoiffé Madame.

décoincer (2)
N - V - N
wieder in Gang bringen
Décoincer une serrure bloquée.

décolérer (1)
N - V < contre N >
|neg.: <Zorn> nicht verrauchen
Il semblait calmé, mais, en réalité, il ne décolérait pas. Mais les prisonniers ramenés à Tunis ne décolèrent pas contre les Américains/Gide/. Barre ne décolère pas contre l'Elysée/C.E./.

• **décoller**[1] (2+L/1+L)
N - V - N -(de qp)
ablösen
Décoller une affiche du mur. Décoller une tapisserie.
N - V - de qp FAM
|neg.: s. nicht vom Fleck rühren, s. nicht trennen/lösen von
Il ne décolle pas d'ici. Il ne décolle pas des jupes de sa mère.

décoller[2] (1+L)
N - V -(de qp)
<Flugzeug> abheben, starten
L'avion décolle (de la piste d'envol). L'avion décolle d'Orly à huit heures.
NEOL: fig.: starten
L'économie ne décolle que lentement.

décoller[3] (1) FAM
Nqn - V
abmagern, abnehmen
Il a drôlement décollé depuis sa maladie.

décoloniser (2)
N - V -(N)
entkolonisieren
Le Portugal vient de décoloniser l'Angola. Le Portugal a rapidement décolonisé.

décolorer (2)
N - V -(N)
entfärben, bleichen
L'eau de javel décolore les tissus. Jeanne se décolore (les cheveux).

décommander (2)
N - V - Nqc/qn
etw abbestellen, absagen, abblasen, (Einladung) rückgängig machen, (Gäste) wieder ausladen
Décommander un taxi, un livre commandé, un dîner, une invitation, des invités.
♦*Nqn - se V -(de N)*
s. Zusage zurücknehmen, absagen
Elles s'étaient décommandées du dîner où allait le duc/Proust/. Je me suis décommandé pour le banquet du maire.

• **décomposer** (2)
N - V - N < en Npl >
auflösen, (in seine Bestandteile) zerlegen, analysieren
Le prisme décompose la lumière en radiations simples. Décomposer une phrase en ses propositions constituantes, un mouvement.
zersetzen
La chaleur décompose les matières végétales
⌘ *décomposer le visage de qn:* verzerren, entstellen
L'angoisse décomposait son visage > lui décomposait le visage.
♦*N - se V*
verwesen
La viande se décompose à la chaleur.

décompter (3)
N - V - N -(deN)
verrechnen, absetzen von, abziehen von
Décompter ses frais de voyage de sa déclaration d'impôts. On m'a décompté dix pour cent.

déconcerter (2)
N - V -(N)
durcheinander-, aus der Fassung bringen, irritieren, befremden
Il a un toupet qui déconcerte. Déconcerter les plans de qn. Il ne se laissa pas déconcerter par la critique.

décongeler (2)
N - V - N
auftauen (lassen)
Décongeler de la viande surgelée.

déconner (1) POP
Nqc/qn - V
<jd> wirres Zeug reden, <etw> spinnen, verrückt spielen, nicht funktionieren
Jean déconne. Le moteur déconne. Le poste de radio déconne.

déconseiller (3)
N - V -(à Nqn) - N
que S Kj 2
de Inf 2
jm abraten von
Je vous déconseille ce médicament.
On m'a déconseillé que je fasse trop de sport.
Je vous déconseille de prendre le volant dans cet état. M. de Talleyrand se vantait d'avoir déconseillé à Napoléon la fatale invasion de l'Espagne/Lamartine/.

déconsidérer (2)
Nqc - V - Nqn
den Ruf von jm schädigen, in Verruf bringen
L'intrigue qu'il a menée l'a déconsidéré.
♦*Nqn - se V < auprès de Nqn >*
in Verruf kommen, in der Achtung von jm sinken
Il s'est déconsidéré auprès de tous par ses intrigues, par son attitude insolente.

déconsigner[1] (2)
N - V - N
die Ausgangssperre aufheben, <Marine> Landurlaub gewähren/geben
Déconsigner des troupes.

déconsigner[2] (2)
N - V - N
(bei der Gepäckaufbewahrung) abholen
Déconsigner une valise.

déconsigner[3] (2) NEOL
N - V - N
s. den Pfand zurückzahlen lassen
Déconsigner des bouteilles dans un magasin.

décontenancer (2)
N - V -(N)
jn aus der Fassung bringen, jn ratlos machen
Sa réponse m'a décontenancé. Son assurance décontenance.

décontracter (2)
N - V - N
♦*Nqn/qc(de qn) - se V*
entspannen
Décontracter ses muscles.
Le muscle se décontracte. Je passe mon week-end à la campagne pour me décontracter.

• décorer (3/2)
N - V - N -(de N)
N - V - N
aus-schmücken, verzieren, dekorieren
J'ai décoré la table de fleurs. Qui a décoré cette table?
Il a été décoré de la légion d'honneur.
Un bouquet décore la table.

décortiquer (2)
N - V - N
entrinden, aufknacken..
Décortiquer un chêne-liège. Décortiquer des noix, un crabe.
Fig.: FAM:*décortiquer un texte latin.*

découcher (1)
N - V
außer Hauses schlafen
Jean a découché la nuit passé. Beaucoup de ces messieurs auraient du mal à convaincre leur femme qu'ils ne découcheraient pas/Pilhes/.

découdre[1] (2)
N - V - N
auftrennen
Découdre une jupe, un pantalon.

en découdre[2] (1)
Npl - V
♦*N - V -(avec N)*
handgreiflich werden
Ils étaient sur le point d'en découdre.
Hors de lui, il était prêt à en découdre.

découler[a] (1+L) ARCH
N - V - de qp
herab-fließen
De grosses larmes lui découlèrent des yeux/Flaubert/.

découler[b] (2)
N - V - de N
que S Kj -(cela)
de ce que S Ind
♦*il - V - de N - que S Ind*
il-V-de ce que S Ind - que S Ind
herrühren, s. ergeben aus, folgen aus
La liberté ne découle pas du droit politique/Chateaubriand/.
Votre conclusion découle de prémisses invérifiées.
Que vous arriviez à une conclusion erronée (cela) découle de vos prémisses fausses.
Votre conclusion erronée découle de ce que vous n'avez pas vérifié vos prémisses.
Il découle de votre résultat que vous avez commis une erreur au départ.
Il découle de ce que vous avez des prémisses fausses que vos résultats le sont aussi.

• découper[1] (2/2+A)
N - V - N
N - V - N - en n
N - V - N <qp_{dans}>
ab-, ausschneiden, (Geflügel) tranchieren, aufteilen
Découper une planche, une branche. Découper un poulet, une oie.
Découper un gâteau. Découper un gâteau en plusieurs morceaux.
Découper un article dans un journal. Découper des images.

découper[2] (2+L)
N - V - N - $qp_{sur/dans}$
♦*Nqn/qc - se V -* qp_{sur}
⧗ s. abheben von
Un beau muezzin apparaissait, découpant son ombre blanche dans le bleu profond de la nuit/Daudet/.
La silhouette du château se découpait sur l'horizon.

• décourager (3)
N - V -(Nqn) -(de N)
▼*N - V - N*
▼*N - V - de N*
▼*N - V*
N - V - N - de ce que S Kj 2 RARE
de Inf 2
jn entmutigen, jm den Mut nehmen, jn abschrecken
Cela m'a découragé d'une nouvelle tentative.
Cet échec m'a découragé.
Un tel échec décourage d'une nouvelle tentative.
Les circonstances ne sont pas sans décourager.
Il y a de quoi décourager Jean de ce qu'il recommence.
Cela me décourage de recommencer.

• découvrir[a] (3/2)
N - V - N -(de N)
N - V - N
♦*Nqc/qn - se V -(de N)*
enthüllen, aufdecken, entblößen
Découvrir une statue (du voile qui la recouvre), une marmite (de son couvercle), une voiture. Découvrir la frontière.
(Karten) aufdecken, <Schach> (König) entblößen
Découvrir son jeu, son roi.
Cette robe découvre le dos.
weniger anziehen, s. freistrampeln
En avril ne te découvre pas d'un fil. Il s'est découvert en dormant.
(Hut) abnehmen
Se découvrir en entrant dans une église.
<Himmel> s. aufheitern
Après l'orage, le ciel s'est découvert.

• découvrir[b] (2/3)
N - V - N
que S Ind
Int.ind
Ø Inf 1
N - V - à Nqn - N
que S Ind
entdecken, enthüllen, aufdecken
Christophe Colomb a découvert l'Amérique. Découvrir un trésor, un scandale, un complot, un secret, un ami dans la foule. En relisant cet auteur j'ai découvert des aspects nouveaux.
⧗ *N-seV-N: Il se découvre des talents nouveaux.*
On a découvert que l'évêque n'est pas mort dans son lit.
J'ai finalement découvert qui était à l'origine de cette farce.
Il a découvert avoir été trompé.
enthüllen
Je lui ai découvert un secret.
Je lui ai découvert que je savais tout de l'affaire.

décrasser (3) säubern, reinigen
N - V - N -(de N) *Décrasser une cheminée (de la suie). Décrasser les mains d'un enfant, une pipe, un moteur, un fusil.*
⌘*Fig.:* FAM: jm Manieren beibringen
La fréquentation du monde le décrassera.

décréter (2) verfügen, erlassen, durch Dekret anordnen, bestimmen (den Ausnahmezustand) verhängen
N - V - N *Décréter une loi, l'état de siège.*
que S Ind/Kj *L'administration a décrété que les bureaux seront fermés le samedi. Clotilde décréta qu'il fallait veiller /Martin du Gard/. Cette règle décrète que l'accord soit fait entre le verbe et le sujet.*
Ind/Kj | neg/int *Oseriez-vous décréter que c'est infaisable/que cela puisse se faire? Je ne décréterais pas que cela est/soit infaisable.*

décrier (2) verreißen, schlecht machen, kritisieren
N - V - N < pour N > *Les critiques se sont plu à décrier la pièce de théâtre. On a souvent décrié le travail de l'ONU. Cette organisation est très décriée pour son inefficacité.*

• **décrire**[1] (3) beschreiben
N - V -(à N) - N *Décrire un événement. Décrire un paysage inconnu à des touristes.*
Int.ind *Pourriez-vous me décrire comment l'accident s'est passé?*

décrire[2] (2) (Bogen, Kurve) machen, beschreiben
Nqc - V - N *Le fleuve décrit un méandre autour de la ville. Les planètes décrivent des orbites elliptiques autour du soleil.*

décrocher[1a] (2+L) her-abnehmen
N - V - N -(de qp) *Décrocher un tableau (du mur), l'écouteur du téléphone.*
⌘ *N-V-Ø-Ø:* (den Hörer) abnehmen
Je l'ai appelé plusieurs fois, mais personne n'a décroché.

décrocher[1b] (2) (Preis..) erzielen, erhalten
N - V - N FAM *Il a décroché un prix, la mention bien.*

décrocher[2] (1) <Truppen> s. absetzen
N - V *Les troupes ont décroché pendant la nuit.*
POP abschalten
Je ne suivais plus son exposé, j'avais décroché.

décroître (1) <Fluß>sinken, <Geräusch> leiser werden, <Kräfte> abnehmen
N - V *Les eaux ont décru. La Seine décroît. Le soir, le bruit de la rue décroît. Ses forces décroissent visiblement.*

décrypter (2) (Geheimschrift) entziffern
N - V - N *Décrypter un message codé.*
Fig.: Décrypter les intentions de qn.

déculotter (2) jm die Hose ausziehen
N - V - N *Déculotter un enfant.*
♦*Nqn - se V* POP s. verplappern
J'avais voulu garder cela pour moi, mais je me suis déculotté.
POP Schiß bekommen, kalte Füße kriegen
Il s'est déculotté au dernier moment.

décupler (2/1) verzehnfachen, vervielfachen
N - V - N *Il a décuplé son avoir. Le désir de vaincre a décuplé ses forces.*
N - V *Les exportations ont décuplé. Ses forces ont décuplé.*

• **dédaigner** (2) jn/etw verachten, etw geringschätzen, etw zurückweisen, ablehnen
N - V - Nqc/qn *Il me dédaigne. Il dédaigne les honneurs. Il a dédaigné toutes les offres qui lui ont été faites.*
de Inf 1 LIT es nicht für nötig halten, neg.: es nicht verschmähen zu
Il dédaigne de répondre. Il n'a pas dédaigné de répondre.

dédicacer (3) jm etw (mit handschriftlicher Widmung) zueignen
N - V - N -(à Nqn) *Dédicacer à un ami un exemplaire de son roman.*

dédier (3) jm etw widmen
N - V - N - à N *L'auteur a dédié son livre à sa femme. Dédier un édifice religieux à un saint.*

se dédire (2) (seine Aussage, Worte) widerrufen, (Versprechen) zurücknehmen
N - se V -(de N) *Le témoin s'est dédit. Vous vous dédisez. Se dédire d'une promesse.*

dédommager[a] (3) entschädigen
N - V - N -(de N) *J'ai été dédommagé de mes frais.*

dédommager[b] (3) entschädigen, über etw hinwegtrösten
N - V -(N) - de N *Rien ne peut (vous) dédommager de la perte d'un ami.*

dédouaner[a] (2) etw verzollen, <Zoll> abfertigen
N - V - Nqc/qn *Dédouaner du tabac importé. La douane a dédouané rapidement le camion.*

dédouaner[b] (2) jn reinwaschen
N - V - N *L'avocat de la défense a dédouané l'accusé. Il se dédouane par la franchise de son autocritique.*

déduire[a] (3) — abziehen von
N - V - N -(de N) — *J'ai déduit mes frais de voyage. Déduire une somme d'un total.*

• déduire[b] (3) — folgern, schließen aus, den Schluß ziehen, entnehmen
N - V - N - - (de N) — *Déduire x de y, l'effet de la cause. C'est vrai, monsieur, on ne peut pas absolument déduire qu'il s'agit d'un membre du personnel/Pilhes/.*
que S Ind — *Je déduis de sa pâleur qu'il est malade. M. Bergeron en déduit qu'il faut attendre le plan gouvernemental avant de se prononcer/LeM/.*
- de ce queS Ind — *Je déduis son grand âge de ce qu'il marche courbé. De ce que vous êtes mouillé je déduis qu'il pleut.*
queS Ind/Kj |neg/int — *De ce que les femmes sont écervelées, en déduis-tu qu'il n'en soit aucune qui fasse preuve de raison?/Saint-Exupéry/. De ce qu'il fait beau aujourd'hui, je n'en déduis pas qu'il doive/devra faire beau demain.*

défaillir (2) REL — in Ohnmacht fallen, schwach werden
N - V — *Ciel! Je défaille. Ma volonté défaille.*
<Gedächtnis> nachlassen, versagen
Ma mémoire défaille.
⌘ *être défaillant:* versagen, schlecht funktionieren
L'appareil électronique est défaillant.

• défaire (2) — aufmachen, lösen, (Koffer)auspacken, (Feind)aufreiben, schlagen
N - V - N — *Défaire un noeud, sa chevelure. Défaire sa malle. Défaire les troupes de l'ennemi.*
♦*Nqn - se V - de Nqc/qn* — s. e-r S/js entledigen, jn loswerden, s. etw abgewöhnen
Se défaire d'une valise, d'une voiture, de vieux vêtements, d'un importun. Se défaire d'une mauvaise habitude.

défalquer (3) — abziehen von
N - V - N -(de N) — *Défalquer une somme (d'une facture).*

défarder (2) — abschminken
N - V - N — *Après l'interview télévisée, une charmante jeune fille défarda le visage souriant de M. Strauß.*

défavoriser (2) — benachteiligen
N - V - N — *Cette loi défavorise les couches sociales inférieures.*

• défendre[1a] (3) — verteidigen
Nqn - V - N -(contre N) — *Défendre un pays contre l'ennemi. Défendre une ville, la frontière.*
Nqc - V -(N) - de/contre Nqc — schützen vor
La haie défend (les cultures) du vent. Un manteau (vous) défend bien du froid. Un mur défend la place contre le vent.
♦*Nqn - se V - Adv - en N* FAM — s. (gut/schlecht) schlagen in
Il se défend bien en anglais, mais moins bien en maths.

• défendre[1b] (3) — verteidigen, verfechten, vertreten
N - V - N -(contre N) — *Défendre son point de vue (contre ses détracteurs, contre des critiques). Défendre une doctrine, une théorie, un projet de loi devant une commission parlementaire.*
⌘ *Nqc-seV-Ø:* s. vertreten lassen
C'est une opinion qui se défend.
jn verteidigen
Défendre un criminel devant les assises.
♦*Nqn - se V - de N* — s. verteidigen gegen
Se défendre d'une accusation.
de Inf 1 — s. verwahren gegen, etw abstreiten
Il se défend d'avoir trahi.

• défendre[2] (3) — verbieten, untersagen
N - V -(à Nqn) - N — *Le gouvernement a défendu les jeux de hasard. L'entrée de l'arsenal est défendue aux civils. Surtout, point d'aveux, je le défends/Stendhal/. Défendre le tabac à un malade. L'état de siège défend les rassemblements en public de plus de trois personnes.*
- à N - que S Kj — *Je (lui) ai défendu qu'il y aille.*
- à N - de Inf 2 — *Je lui défends d'y aller.*
♦*Nqn - se V - N* — s. etw versagen
Il s'est défendu toute consommation d'alcool et de tabac. Il se défend tout plaisir, le pauvre!
♦*Nqn - se V - de N* — s. wehren gegen
Il a dû se défendre tout le temps d'un sentiment de pitié. Je ne pus me défendre d'un mouvement de dégoût/Gide/.
de Inf 1 — s. hüten, neg.: nicht umhinkönnen
Je me défendrai bien de dire mon avis à ce sujet. Je n'ai pas pu me défendre d'éclater de rire.

déféquer[1] (2) — reinigen, filtern, klären
N - V - N — *Déféquer du cidre.*

déféquer[2] (1) — seine Notdurft verrichten
N - V — *L'accusé contestataire est venu déféquer devant le tribunal.*

déférer[1] (3) — ausliefern, übergeben, (vor Gericht) bringen
N - V - N - en/devant N — *Déférer qn en justice, un procès devant un tribunal.*
à N — *Déférer qn à un tribunal.*

déférer[2] (2) — REL
N - V - à N
(e-r Bitte) nachgeben, nachkommen, (e-r Meinung) beipflichten
Déférer à une demande, aux désirs de qn, à un avis.

déferler (1)
N - V < qp >
<Wellen> branden, s. brechen
Les vagues déferlent sur la plage.
fig.: hin-strömen, herein-brechen, branden
La foule déferle sur la place centrale. A partir du IVe siècle les envahisseurs germaniques déferlent sur l'Empire/Guiraud/. Le Gers..est déclaré 'zone d'accueil': les étrangers qui déferlent viennent cette fois-ci de l'intérieur. A ce moment-là, une vague de vulgarité déferla. A défaut de quoi, l'hystérie déferlerait sur la compagnie R&M/Pilhes/.

• défier[1] (2)
N - V - N
e-r S, *jm* trotzen, die Stirn bieten
Défier les difficultés, le danger. Ces prix défient toute concurrence. Bref, il défie constamment le gouvernement, et il n'est pas le seul/LeM/. Les pyramides continuent de défier le temps.
Nqn - V - Nqn
herausfordern
Défier qn aux échecs, en combat singulier, pour son titre.
♦Nqn-pl - se V
Jean et Paul se défient à la course.
Nqn - V - Nqn < de Inf 2 >
⧗ wetten, daß nicht..
Je vous défie de résoudre ces mots croisés.

se défier[2] (2)
Nqn - se V - de N
mißtrauen
Je me défie des flatteurs, de mon enthousiasme.

défigurer (2)
Nqc - V -(N)
entstellen
Son accident l'a défiguré. Une blessure au visage défigure.
Nqc/qn - V - N
Cet architecte, cette maison défigure le paysage.
Fig.: défigurer la vérité, les faits, la pensée de qn.

• défiler[1] (1)
Npl - V < qp >
vorbeimarschieren, defilieren
Les soldats défilent quatre par quatre devant la tribune. La troupe défile en musique/ au pas devant le ministre de la Défense.
⧗ *Le matin, les visites n'ont cessé de défiler chez nous. Les clients ont défilé toute la journée dans la boutique.*
Fig.: Les souvenirs ont défilé devant mes yeux, dans mon esprit.

défiler[2] (2)
N - V - N
aufribbeln
Défiler un pull.
fig.: herunterleiern
Défiler son chapelet.

se défiler[3] (1)
N - se V
s. drücken, s. davonmachen
On ne peut pas compter sur lui, il se défile toujours. Se défiler avant la fin d'une cérémonie.

• définir (2)
N - V - N
definieren, bestimmen
Définir un concept. C'est une sensation difficile à définir. Les conditions du contrat restent à définir. Définir un corps chimique comme ayant certaines propriétés.
Int.ind
Il s'agit de définir comment ce verbe se construit.

défleurir (1/2) — LIT
N- V
seine Blüten verlieren
Le rosier dans le jardin a défleuri.
N - V - N
die Blüten entfernen von, verlieren lassen
Le vent a défleuri ce bouquet.

déflorer (2)
N - V - N
deflorieren
Déflorer une jeune fille.
fig.: (ein Thema) ungeschickt und oberflächlich behandeln, e-r S. den Reiz nehmen
Déflorer un sujet compliqué, délicat. Je craignais de déflorer les moments heureux que j'ai rencontrés, en les décrivant/Stendhal/.

défoncer (2)
(den Boden) einschlagen,-drücken...,(Weg) unbefahrbar machen, ausfahren
N - V - N
Défoncer une valise, une porte. Les chars, d'abondantes pluies ont défoncé la route, les rues. La voiture a dérapé et défoncé la vitrine du magasin.

déformer (2)
N - V - N
verformen, entstellen
Déformer un chapeau, la pensée de qn, le sens d'un texte. Les commentaires de la presse internationale déforment la réalité argentine/LeM/.

se défouler (1) — FAM
Nqn - se V
seinen Gefühlen, Bedürfnissen freien Lauf lassen, s. austoben
Après tout ce travail, j'ai envie de me défouler un peu.

défourrer (2)
N - V - N
das Futter rausnehmen, entfernen aus
Défourrer un manteau.

défrayer[1] (2) — RARE
N - V - N
jn freihalten, die Zeche bezahlen für jn
Il fallut bien avouer l'état de mes finances. M. se chargea de me défrayer/Rousseau/.

défrayer[2] (2)
N - V - N
von sich reden machen, Tagesgespräch sein.
Sa conduite défraie toutes les conversations.

défricher[1] (2)
N - V -(N)
urbar machen, roden
Défricher un terrain, la brousse. Les frères cultivateurs défrichaient, tandis que les clercs se livraient à leurs travaux intellectuels/M. Cohen/.

défricher[2] (2)
N - V - N
s. klar machen, klären, erschließen
Défricher les problèmes d'un sujet de thèse. Défricher un domaine inexploré de la science.

défriper (2)
N - V - N
wieder glatt machen, glattstreichen
Défriper sa jupe, son pantalon. Mais, ajouta-t-elle en défripant sa robe, je me sauve/Huysmans/. Il remonta le drap, lissa l'oreiller, défripa le couvre-pieds/Arnoux/.

défriser[1] (2)
N - V - N
die Frisur ruinieren, in Unordnung bringen
Le vent, la pluie a défrisé sa coiffure > lui a défrisé la coiffure.

défriser[2] (2) FAM
N - V - N
ärgern, jm mißfallen, jn enttäuschen
Ma remarque l'a visiblement défrisé. Il m'a bien défrisé.

défroisser (2)
N - V - N
wieder glätten
Défroisser un vêtement, un papier.

défroncer (2)
N - V - N
die Falten heraus-machen aus, glattziehen
Défroncer un rideau.
wieder ein freundliches Gesicht machen
Mon explication le soulagea visiblement et il défronça les sourcils.

(se) défroquer (1)
N -(se) V
aus dem Kloster austreten, die Kutte ablegen
Luther s'est défroqué, a défroqué.

• **dégager**[a] (3/2)
N - V - N -(de N)
freimachen von, befreien von, aus, (Pfand) einlösen
Elle dégagea sa main (de la mienne). Dégager un chemin (de ce qui l'encombre). Les pompiers ont dégagé les blessés de la voiture. Dégager sa montre du Mont-de-Piété.

♦*N - se V -(de N)*
s. befreien aus, frei werden, <Himmel> s. aufheitern
Le conducteur est parvenu à se dégager de la voiture accidentée. La rue embouteillée s'est dégagée peu à peu. Le chien s'est dégagé de la laisse. Le ciel s'est dégagé.
entweichen aus, heraus-strömen
Une fumée épaisse se dégageait de l'immeuble en flammes.

N - V - N
(Geruch) verbreiten, freisetzen,-lassen, -geben
La fleur dégage un parfum agréable. Les immondices, quand elles sont brûlées, dégagent dans la capitale une odeur épouvantable /LeM/. La robe dégage largement le dos. Le ministère a dégagé les crédits bloqués.
⧗ *N-V-(N): Le policier demande aux piétons de dégager (le passage):* (den Weg) freimachen

dégager[b] (3/2)
N - V - N -(de N)
(von einem Versprechen..) befreien
Dégager qn d'une promesse.
herausarbeiten
Cette réunion les a amenés à dégager des positions communes/LeM/.

♦*N - se V - de N*
s. ergeben aus
Notre envoyé spécial analyse l'évolution politique et économique de l'île, et les perspectives qui s'en dégagent/LeM/. L'impression qui se dégage de la discussion nous permet d'être optimistes.

N - V - N
(Verantwortung) ablehnen, (sein Wort) nicht halten, (sein Versprechen) zurückziehen, nicht einlösen
L'administration dégage toute responsabilité en cas d'inobservation du règlement. Dégager sa parole, sa promesse.

dégainer (2)
N - V -(N)
(Schwert..) ziehen
Dégainer (son épée).

dégarnir (2)
N - V - N
etw entfernen, wegnehmen aus
Dégarnir une vitrine, un arbre de Noël.
entblößen
Le général a dégarni l'aile gauche.

♦*N - se V*
(Haare) s. lichten; leer werden, s. leeren
Son front se dégarnit. La salle se dégarnit vers la fin de la conférence.

dégeler (2/1/imp)
N - V - N
auftauen
Dégeler des aliments surgelés, ses mains au-dessus du poêle. Fig.: Rien n'a pu le dégeler pendant toute la soirée.
(Kredite) freigeben
Le ministère vient de dégeler les crédits bloqués.

♦*Nqn - se V*
fig.: auftauen
Il a mis du temps à se dégeler.

N - V
auftauen
La rivière dégèle.

il - V
tauen
Il dégèle depuis hier.

dégénérer[a] (1)
N - V
degenerieren, entarten
Le pommier a dégénéré. La tribu dégénère par unions consanguines.

dégénérer[b] (1+A)
N - V - (en n)
ausarten in
La dispute a dégénéré en bataille/Cocteau/. Bientôt le chahut dégénéra en tumulte/LeM/.

dégivrer (2)
N - V - N
abtauen (lassen), entfrosten
Dégivrer le frigidaire, le pare-brise.

déglinguer (2) FAM
N - V - N
kaputt machen
Il a complètement déglingué sa bagnole.
♦*N - se V*
klapprig werden, kaputt gehen
Sa voiture se déglingue.

déglutir (2)
N - V -(N)
herunter-schlucken
Déglutir (sa salive). Il arrive à peine à déglutir. Déglutir des aliments.

dégobiller (2) POP
N - V -(N)
kotzen
Dégobiller (son repas).

dégoiser (1/2) FAM
N - V
schwatzen
Il ne cesse pas de dégoiser.
N - V - N
Dégoiser des bêtises.

dégommer[a] (2)
N - V - N
die Klebe entfernen von, etw ablösen
Dégommer une enveloppe, une étiquette, un timbre.

dégommer[b] (2)
N - V - N
rausschmeißen, entlassen,schassen, absetzen
Dégommer un fonctionnaire, un officier, un président.
jm e-n (Weltmeister..) Titel abnehmen
Dégommer un champion.

• **dégonfler** (2)
N - V - N
die Luft lassen aus
Dégonfler un ballon, un pneu.
Fig.: Dégonfler un bluff publicitaire.
♦*Nqn - se V* POP
kneifen, in die Hose machen
Le lâche, il se dégonfle.

dégorger[1] (2+L/1)
N - V - N -(qp)
entleeren, ⧓ fließen, s. ergießen
L'égout dégorge de l'eau polluée (dans la rue).
♦*N -(se) V - qp*
s. ergießen, fließen
L'égout (se) dégorge dans la rue.
N - V
überfließen
Le bassin dégorge.

dégorger[2] (2)
N - V - N
reinigen, e-e Verstopfung beseitigen in
Dégorger un tuyau obstrué. Dégorger l'évier.

dégorger[3] (2/1)
N - V - N
spülen, reinigen
Dégorger de la laine.
N - V
spülen, wässern
Le tissu dégorge dans la lessive. Faire dégorger un poisson, des escargots.

dégot(t)er (2) POP
N - V - N
aufstöbern, ausfindig machen
Où as-tu dégotté cela? Je dégotai un restaurant de poisson petit mais élégant.

dégouliner (1+L)
N - V -(qp)
herunter-, herab-tröpfeln, tropfen
La crème dégouline du gâteau. J'essuyai la sueur qui dégoulinait sur mon menton.J'ai le nez qui dégouline.

dégourdir[1] (2)
N - V - N
temperieren, wärmen
Dégourdir un cognac.

dégourdir[2] (2)
N - V - N
s. die Beine vertreten
Il fait quelques pas pour se dégourdir les jambes < (pour dégourdir ses jambes).
fig.: jm Manieren beibringen
Sa petite amie l'a bien dégourdi.

• **dégoûter** (3/2)
N - V -(Nqn) - de N
jm etw verleiden, etw leid, e-r S. überdrüssig werden
Ses échecs l'ont dégoûté de ses études. L'échec dégoûte de l'initiative. J'ai fini par me dégoûter de cette ville.
de Inf 2
Le mauvais temps persistant l'a dégoûté de poursuivre son voyage. Son accident l'a dégoûté de faire du ski.
N - V - Nqn
jn anekeln, anwidern, ⧓ s. ekeln vor
Les crapauds la dégoûtent. Vous me dégoûtez.

dégoutter (1+L)
N - V -(qp)
herunter-tröpfeln, -tropfen
Le coureur éponge la sueur qui dégoutte de son front. La lessive dégoutte sur le balcon du voisin.
⧓ *N-V<deN> :* tropfen vor
Les toits dégouttent de pluie.

dégrader[1] (2)
N - V - N
beschädigen, verwittern lassen
Cette statue a été dégradée lors d'un vol. La pluie a dégradé les peintures extérieures.
♦*N - se V*
verwittern, verfallen
La statue de marbre s'est dégradée sous l'action de la pluie. La maison se dégrade par manque d'entretien.
fig.: s. verschlimmern, s. verschlechtern, es bergabgehen mit
Sa santé s'est dégradée avec le climat humide. Les relations entre les deux pays n'ont pas cessé de se dégrader.

dégrader[2] (2) — degradieren
N - V - N — *Dégrader un officier.*

dégrever (2) — steuerlich entlasten, geringer besteuern
N - V - N — *Dégrever les contribuables, le whisky.*

dégringoler (2+L/2/1) FAM — herunterpurzeln, -rennen
N - V - ((de) qp) — *Le pauvre peintre a dégringolé de l'échafaudage. Pierre dégrin-*
N - V - N — *Pierre dégringole la pente, l'escalier.*
N - V — fig.: <Aktie, Kurs > stürzen, sinken
Les actions, les cours dégringolent.

dégriser (2) — nüchtern machen, ernüchtern
N - V -(N) — *Le grand air va le dégriser. Fig.: La réalité l'a brusquement dégrisé.*

dégrossir (2) — grob behauen, den ersten Schliff geben
N - V - N — *Dégrossir une pierre, un travail, qn.*

déguerpir (1+L) — s. davon machen, s. aus dem Staube machen, etw fluchtartig verlassen
N - V -(de qp) — *Les cambrioleurs ont déguerpi à l'arrivée de la police. Il déguerpit de sa cachette.*

dégueuler (2) POP — kotzen
N - V -(N) — *Dégueuler(son repas).*

déguiser[a] (2) — verkleiden, (s. Stimme, Schrift) verstellen
N - V - N < en N > — *Déguiser un enfant (en cow-boy). Déguiser sa voix, son écriture.*

déguiser[b] (2) — verbergen
N - V - N — *Déguiser ses intentions, sa pensée. Il ont passé leur vie à déguiser sous de beaux noms les sentiments les plus vils/Mauriac/.*

déguster[a] (2) — probieren, genießen
N - V -(N) — *Déguster un vin. On pouvait y déguster de la salade de pissenlits/Pilhes/.*

déguster[b] (2) POP — (Schläge) bekommen, einstecken müssen, etw erleiden
N - V - N — *Déguster des coups. Qu'est-ce que j'ai dégusté.*

se déhancher (1) — s. in den Hüften wiegen
N - se V — *Les danseuses se déhanchaient à qui mieux mieux.*

déifier (2) — zum Gott erheben
N - V - N — *Les peuples primitifs déifient les forces naturelles.*

• déjeuner (1) — frühstücken, zu Mittag essen
N - V — *Déjeuner tôt.*
< de N > — etw zum Frühstück, zu Mittag essen, trinken
Déjeuner d'une tasse de café et d'un croissant.

déjouer (2) — vereiteln
N - V - N — *Déjouer une intrigue, un attentat.*
etw überlisten
Le prisonnier a déjoué la surveillance de ses gardiens.

se déjuger (1) — s. widerrufen, s. Meinung ändern
N - se V — *Se déjuger devant un tribunal. Et vous pensez...que je vais me déjuger en signant un texte dont je ne suis pas l'auteur/Duhamel/. N'avais-je point subtilement répondu? Sans me déjuger et sans me compromettre?/Pilhes/.*

délabrer (2) — baufällig machen, ruinieren, (s. den Magen) verderben
N - V - N — *Le tremblement de terre a délabré de nombreux édifices. Jean s'est délabré la santé à boire. Pierre s'est délabré l'estomac.*
Fig.:Et d'autant plus que la maladie et la longue agonie de sa mère l'avaient délabré/Montherland/.

délacer (2) — aufknüpfen, -knoten
N - V - N — *Délacer ses chaussures.*

délaisser (2) — im Stich lassen, aufgeben, vernachlässigen
N - V - N — *Un million d'hectares de terres arables ont été délaissés/LeM/. Délaisser ses vieux amis, un travail (pour un autre).Délaisser ses études. Il semble bien que, pendant le haut moyen âge, on ait complètement délaissé la navigation maritime.*

délasser (2) — entspannen
N - V -(N) — *Un bain qui délasse. Se délasser en jouant aux cartes.*

délaver (2) — etw aufweichen, (Farben) verwaschen
N - V - N — *La pluie a délavé la terre. La lessive a délavé le tissu du pantalon. La pluie a délavé l'affiche.*

délayer (2+L) — etw auflösen in, verrühren mit, (Mehl...) anrühren
N - V - N -(qp) — *Délayer de la farine, du chocolat en poudre dans du lait..*
Fig.: weitschweifig ausführen
Délayer une pensée, un exposé.

délecter (3/2) — ergötzen
N - V - N - de N — *Il me délecte de bonnes histoires.*
♦Nqn -se V - de N — *Se délecter d'une lecture, de ses souvenirs.*
< à N > — *Se délecter à une lecture, à ses souvenirs.*
< à Inf 1 > — *Je me délecte à écouter de la musique.*

♦*Nqn - se V - de Inf 1*	LIT	*Elisabeth se délectait de détruire des points de vue essentiels /Cocteau/.*
N - V - N		*Vos bonnes histoires me délectent.*
déléguer (3)		delegieren, abtreten
N - V - N -(à N)		*Déléguer une personne à un congrès. Déléguer ses pouvoirs, son droit de vote à qn d'autre.*
délester (3)		vom Ballast befreien, jm (eine Last) abnehmen
N - V - N -(de N)		*Délester un navire (de son lest). Délester qn d'un fardeau.*
		FAM: jn (um Geld) erleichtern
		Délester qn de sa fortune, de cent francs.
délibérer (2/1)		beratschlagen, beraten
Npl - V -(de/sur N)		*Les membres du jury vont se retirer pour délibérer. Le gouvernement délibère de/sur l'état actuel de l'économie.*
Int. ind	LIT	*On délibéra longtemps si l'on voulait aller au théâtre ou non.*
de Inf 1		*Les ministres ont délibéré d'augmenter les prix agricoles.*
♦*N - V - avec N -(de/surN)*		*Le ministre a délibéré avec son collègue sur la majoration des prix agricoles.*
N - V		mit sich zu Rate gehen
		Il a délibéré longtemps avant de prendre une décision.
délier[a] (2)		los- aufbinden, (die Zunge) lösen
N - V - N		*Délier un fagot, un prisonnier. Le vin délie les langues. Après quatre verres de Calvados, sa langue se délia.*
délier[b] (3)		jn e-r S entbinden
N - V - N - de N		*Délier qn d'un serment, d'une obligation.*
délimiter (2)		ab-, umgrenzen
N - V - N		*Un mur délimite notre propriété. Nous avons délimité notre propriété à l'aide d'un mur.*
		Fig.: Délimiter les attributions d'un nouveau ministre. Délimiter l'objet d'une étude.
délirer (1)		irre reden, phantasieren
N - V		*Le malade délire.*
		Fig.: délirer de joie.
		FAM: dummes Zeug reden
		Ne l'écoutez pas, il délire.
• **délivrer**[1a] (3)		befreien
N - V - N -(de N)		*Délivrer un prisonnier (des mains de qn).*
délivrer[1b] (3)		befreien
N - V - N - de N		*Délivrer qn d'un souci, d'une contrainte.*
délivrer[2] (3)		ausstellen, aushändigen
N - V - N -(à N)		*On m'a délivré un paquet. La préfecture délivre les cartes d'identité. Le médecin délivre des ordonnances.*
déloger (2+L/1+L)		aufstöbern, vertreiben, ausquartieren
N - V - N -(de qp)		*Déloger un animal de sa cachette. Déloger l'ennemi de ses positions. Déloger un locataire.*
N - V -(de qp)	FAM	ausziehen, (Wohnung..)räumen
		Nous sommes obligés de déloger bientôt (de chez nous).
• **demander** (3/2)		ab-verlangen, bitten, fragen
N - V - N -(à N)		*Il confirme que des efforts et des sacrifices seront demandés aux Français/LeM/. On demande M. Dupont au téléphone. Je demandais M. A. au bureau de la réception. Alors, me retournant, je demandai d'un geste le silence et dis.../Pilhes/.*
▼*N - V - à N - N*		*Il m'a demandé le nom de mon voisin.*
que S Kj 2		*Je lui ai demandé qu'il me poste ma lettre.*
Int.ind		*Ce lundi matin, je me demandais que faire de ma peau quand le téléphone sonna. Ils m'ont demandé si je voulais qu'on ramène le corps à la maison/Pilhes/.*
à *Inf 1*		*Il m'a demandé à voir ce que j'écrivais/Gide/.*
de *Inf 1*		*Je lui ai demandé de pouvoir prendre mon congé en août.*
de *Inf 2*		*Nous demandons au gouvernement de faire appliquer la loi/LeM/.*
♦*Nqn - se V - Int.ind*		*Elle s'est demandé pourquoi Jacques ne venait plus.*
▼*N - V - N*		*Je ne demande que mon bon droit. Cet appareil demande un entretien permanent.*
Nqc/qn - V - que S Kj		*Je demande que je puisse faire cela. Il demande que j'aille vous voir pour régler la question des obsèques/Pilhes/. La situation demande que chacun de nous fasse un effort.*
Nqn - V - à ce *que S Kj*		*Valentine ne demandait qu'à ce qu'on n'en parlât pas/Chérau/.*
Nqc/qn - V - à *Inf 1*		*Les deux syndicats ont demandé à être reçus par la secrétaire d'Etat/LeM/. Ce rosé demande à être bu frais.*
Nqn - V - de *Inf 1*		*Ils demandent d'autre part de pouvoir rencontrer le premier ministre.*
Nqc/qn - V - de Nqc/qn - N		etw verlangen von, jm etw abverlangen
		Cette tâche demande de lui un effort particulier. Il demande trop de ses étudiants.
que S Kj 2		*La situation demande de nous tous/de notre part que nous nous décidions rapidement.*
Nqn - V - N - de/pour N		etw verlangen für etw
		Il demande 1ooo marks de/pour sa voiture.
N - V - après Nqn	FAM	nach jm fragen
		On a demandé après vous, mais vous n'étiez pas là.

démanger[a] (1/2) — jucken
N - V — *(×son bras démange) > Le bras lui démange. J'ai le bras qui démange.*
N - V - N — *Une irritation (×démange son bras) > lui démange le bras.*

démanger[b] (2) — FAM — Fig.: jn jucken, reizen
♦*cela - V - N - de Inf 2* — *Ça le démange d'appuyer sur le bouton.*

démanteler (2) — schleifen, abreißen, zerstören, zerschlagen
N - V - N — *Démanteler une place forte, une usine, un gang, l'opposition politique, un réseau d'espionnage.*

démaquiller (2) — abschminken
N - V - N — *Qui aurait cru que j'arriverais à me démaquiller même la nuit dans une prairie!*

démarquer[1] (2) — plagiieren
N - V - N — *Démarquer une oeuvre littéraire.*

démarquer[2] (2) — das Markenzeichen entfernen von, ohne Herstellerbezeichnung verkaufen
N - V - N — *Démarquer des marchandises, du linge.*

démarquer[3] (3) — <Fußball> jn freispielen
N - V - N -(de N) — *Démarquer un joueur de la surveillance de ses adversaires.*
♦*N - se V -(de N)* — s. freispielen
L'avant-centre se démarque de ses adversaires.
NEOL — s. abheben, unterscheiden von
Pour se démarquer du parti démocrate-chrétien, on n'a pas trouvé de meilleure appellation/LeM/.

démarrer (1/2) — starten, anfahren
N - V — *La voiture n'arriva pas à démarrer. Faire démarrer la voiture. Fig.: L'affaire a bien démarré.*
N - V - N — RARE — *Démarrer sa voiture. Fig.:* FAM: *démarrer une affaire.*

démasquer (2) — entlarven, demaskieren
N - V - N — *Démasquer un espion, les intentions de qn. Démasquer sa cavalière dans un bal costumé.*

démêler[a] (2) — entwirren
N - V - N — *Démêler une pelote de laine.*

démêler[b] (2) — s. Klarheit verschaffen über, etw herausfinden, (Streit) beilegen
N - V - N — *Il ne se gênait pas pour plaisanter mes défauts qu'il avait démêlés avec finesse/Proust/. Démêler les intentions de qn. Démêler un différend.*
⌘ LIT: *avoir qc à démêler avec qn:* etw zu besprechen haben mit
N - V - Npl — unterscheiden
Démêler le superflu et le nécessaire.
♦*N - V - N - de N* — *Démêler le vrai du faux.*
d'avec N — VIEUX — *Démêler la vertu d'avec ses apparences/Molière/.*
♦*Nqn - se V - de N* — s. heraushelfen aus
Se démêler d'une situation compliquée.

démembrer (2) — zerteilen, zergliedern
N - V - N < en Npl > — *Démembrer un pays. Démembrer une phrase en ses constituants.*

• déménager[1] (1+L/2+L) — umziehen, ausziehen
N - V -((de)qp) — *Déménager (d'un appartement en ville dans une villa à la campagne).*
N - V - N -((de)qp) — ausräumen, wegschaffen
Déménager sa bibliothèque (d'une pièce dans une autre).
⌘ *Déménager une pièce.*

déménager[2] (1) — POP — durchdrehen, spinnen
Nqn - V — *Il déménage.*

se démener (1) — zappeln
N - se V < pour N/pour Inf 1 > — *L'animal se démenait dans le sac.*
Fig.: s. abmühen
Il a dû se démener pour obtenir le visa.

• démentir (2) — dementieren
N - V - N — *Les autorités démentent la nouvelle.*
que S Ind/Kj — *Un porte-parole a démenti que ces contacts aient été pris à Tunis../Le Figaro/. A ce propos, M.A. a démenti que cette mission avait été effectuée à l'improviste/Le Figaro/. ...si le gouvernement guinéen...n'est pas en mesure de démentir formellement qu'il a reconnu la zone soviétique de l'Allemagne orientale comme Etat souverain/Le Figaro/.*
Ø Inf 1 — *Le gouvernement dément avoir vendu/vendre des armes à ce pays.*
♦*N - se V* — nachlassen
Sa fidélité au régime ne s'est jamais démentie.
Nqc - V - Nqc — widerlegen, sprechen gegen
Le rétablissement spectaculaire de sa santé a démenti les pronostics des médecins. Les faits démentent votre analyse.

se démerder (1) — POP — s. durchschlagen, etw unternehmen
N - se V — *Il se démerde pas mal. Il était temps qu'il se démerde pour gagner sa croûte/Queneau/.*
s. beeilen
Allez, démerde-toi!

démériter (1)
Nqn - V < aux yeux de Nqn/auprès de Nqn >
sein Ansehen verlieren, verspielen bei jm
A partir de ce moment-là, il a démérité à mes yeux/auprès de son patron.
< en N >
Anlaß zu Tadel geben
En quoi a-t-il démérité?

démettre^{1} (2)
N - V - N
ausrenken
Démettre son bras > se démettre le bras.

démettre^{2} (3)
N - V - N - de N
entheben
Démettre qn de ses fonctions.
♦*N - se V -(de N)*
zurücktreten von, aufgeben
Le général s'est démis de ses fonctions. Il faudra se démettre.

• demeurer^{1} (1+A)
N - V - n
adj
bleiben
Cet écrivain demeure un de nos plus grands auteurs.
Il est demeuré célèbre.
♦*il - V - N*
übrigbleiben, dabei bleiben daß
Il est demeuré peu de vestiges de la civilisation celte.
que S Ind
Il demeure que tu as raison.

en demeurer^{2} (1) REL
N - en V - là
damit sein Bewenden haben, es dabei bewenden lassen
L'affaire en demeure là. Demeurons-en là.

démilitariser (2)
N - V - N
entmilitarisieren
Démilitariser une zone tampon.

démissionner (2)
N - V -(de N)
(sein Amt) niederlegen
Le Président a démissionné (de ses fonctions).

démobiliser (2)
N - V -(N)
demobilisieren
Le gouvernement a démobilisé (les troupes).

démocratiser (2)
N - V -(N)
demokratisieren
Démocratisez l'enseignement supérieur!

se démoder (1)
N - se V
aus der Mode kommen
C'est un genre qui s'est démodé très vite.

• démolir (2)
N - V - N
abreißen, zerstören, kaputt machen
Démolir un mur, une ville, une voiture.
ruinieren
Il a démoli sa santé > il s'est démoli (la santé) à trop fumer.
Démolir un concurrent.
⧗ FAM: *Nqn - se faire démolir:* s. die Schnauze polieren lassen
Il s'est fait démolir au bar du coin.

démonter (2)
N - V - N
auseinandernehmen, abmontieren
Démonter son vélo, un échafaudage.
fig.: aus der Fassung bringen
Aucune objection n'arriva à le démonter.

• démontrer (3)
N - V -(à N) - N
beweisen
Démontrer une théorie.
que S Ind
Ceci démontre que x est égal à y + 2. Je lui ai démontré que son argumentation était fausse.
Kj |neg
Il n'est pas du tout démontré qu'il ait été capable.
Nqn - Ø Inf 1
Il m'a démontré avoir dit la vérité. Il a démontré avoir compris le problème.

démoraliser (2)
N - V -(N)
demoralisieren, entmutigen
Cet échec l'a complètement démoralisé. La situation était faite pour démoraliser.

démordre (2)
Nqn - V - de N
| neg.: nicht ablassen von, dabei bleiben
Il ne démord pas de son attitude. Il n'en démord pas.

démouler
N - V - N
etw aus einer Form nehmen
Excusez-moi, j'ai eu du mal à démouler la glace.

démunir (3)
N - V - N - de N
e-r S berauben
On a démuni le parc de ses plus beaux arbres.
N - V - Nqn -(de N)
jd sein ganzes Geld kosten, jn mittellos machen
Cet achat m'a complètement démuni (de mon argent). En lui empruntant cette somme, je l'ai totalement démuni.
⧗ *être démuni (d'argent):* keinen Pfennig Geld haben, kurz bei Kasse sein; *être démuni de qc:* ⧗ jm fehlen; nicht haben
Je suis vraiment démuni, est-ce que tu peux me prêter de l'argent? Il est totalement démuni d'esprit critique.

dénaturer (2)
N - V - N
denaturieren, entstellen, (Geruch, Geschmack) entstellen
Dénaturer un produit agricole. Ce traitement chimique dénature le goût du fruit.
Fig.: Cet article dénature les faits. Ne dénaturez pas mes paroles!

dénicher (2/1)
N - V - N
(Nest) ausnehmen
dénicher des oiseaux.
FAM
fig.: etw ausfindig machen, ausgraben, aufstöbern, finden
On a déniché quelques faits jusqu'ici inconnus/Pilhes/. Grâce à ce monsieur, nous avons déniché la pièce à pharmacie de l'entreprise/Pilhes/. J'ai déniché ce livre rare chez un bouquiniste.

N - V RARE — das Nest verlassen
Les oiseaux ont déniché.

dénier (2/3) — ab-leugnen, (Verantwortung) ablehnen
N - V - N — *Il dénie sa participation à cette affaire. Il a dénié toute responsabilité dans cette affaire.*
que S Kj — *Il dénie qu'il ait participé à cette affaire.*
Ø Inf 1 — *Il dénie avoir participé à cette affaire.*
N - V - N - à N — jm etw absprechen
Traiter un baron de culvert, c'est...l'injurier par une métaphore qui lui dénie son statut social/P.Guiraud/. Dénier à qn le droit de voter.

dénigrer (2) — herabwürdigen, schlechtmachen
N - V - N — *Dénigrer le talent d'un chorégraphe. Dénigrer un auteur.*

dénombrer (2/3) — zählen
N - V - Npl — *Dénombrer les crocus dans son jardin.*
N - V - Npl -(à N) — aufzählen
Il me dénombra tous ses malheurs.

dénommer (2+A) — be-nennen
N - V - N -(n) — *On dénomme cette plante eucalyptus. Le témoin n'a pas pu dénommer le coupable.*

dénoncer[1] (2) — auf-kündigen
N - V - N — *Dénoncer un armistice, un contrat.*

• **dénoncer**[2a] (3) — anzeigen, denunzieren
N - V -(à N) - N — *Dénoncer un voleur (à la police).*
que S Ind — *Un coup de téléphone dénonça à la police que l'I.R.A. avait déposé une bombe à la gare.*
Int.ind — *Jules a dénoncé comment Jacques a fait pour cambrioler Jim.*
Ø Inf 1 — *Un personnage anonyme a dénoncé à la police avoir aperçu un voleur cambrioler une maison.*

dénoncer[2b] (2) — verraten
Nqc - V - N — *Ses manières dénoncent son origine.*
que S Ind — *Son regard dénonça qu'il m'avait reconnu.*
Ind/Kj |neg/int — *Je revoyais encore le salut...qu'il m'avait adressé...sans un regard dénonçant qu'il me connût/Proust/. Son regard a-t-il dénoncé qu'il t'ait/a reconnu?*
Int.ind — *C'est le regard qui dénonce si l'on est inquiet ou non.*

dénoncer[3] (2) — anprangern
N - V - N — *Dénoncer les essais nucléaires dans l'atmosphère.*
que S Kj/Ind — *L'Inde dénonce que la France fasse/fait de telles expériences.*

dénoter[1] (2) — schließen lassen, hindeuten auf, X kennzeichnen
N - V - N — *Son habileté dénote une profonde connaissance du sujet. Un visage qui dénote la franchise.*

dénoter[2] (2) — bezeichnen
N - V - N — *Les noms communs dénotent des classes d'objets.*

dénouer (2) — aufknüfen, -knoten, fig.: auflösen
N - V - N — *Dénouer une corde, ses cheveux, une intrigue.*
♦*N - se V < par N >* — <Drama> ausgehen als, < Zunge > s. lösen, < Krise > s. auf-lösen
La situation s'est dénouée par la mort. Les langues se dénouèrent. La crise s'est enfin dénouée.

dénuder (2) — entblößen, bloßlegen
N - V - N — *(×dénuder son bras) > se dénuder le bras. La robe dénude le dos. Dénuder un câble.*

dépanner (2) — wieder in Gang bringen, reparieren, (Auto) abschleppen
N - V - N — *Dépanner une voiture, un poste de radio.*
FAM: *dépanner qn:* jm aus-helfen
J'ai besoin de 100 francs, pourrais-tu me dépanner?

départager[1a] (2) — von einander trennen
N - V - Npl — *Une haie départage les deux prairies.*

départager[1b] (2) LIT — unterscheiden, trennen
N - V - Npl — *Départager le vrai et le faux.*
♦*N - V - N - de N* — *Départager les bons des méchants.*

départager[2] (2) — die Stimmengleichheit aufheben, <etw> den Ausschlag geben
N - V - N(pl) — *Le cas échéant, le président départage l'égalité du nombre des votes. Une question subsidiaire départagera les gagnants.*
entscheiden zwischen
Nous n'arrivons pas à concilier nos points de vue, venez nous départager.

départir[1] (3) LIT — zuteilen, jn ausstatten mit
N - V - N - à N — *Tels furent les auteurs de nos jours; de tous les dons que le ciel leur avait départis, un coeur sensible est le seul qu'ils me laissèrent/Rousseau/.*
REL — zuweisen
D'importantes fonctions lui ont été départies.

se départir[2] (2) — etw aufgeben, Ruhe verlieren
N - se V - de N — *Il resta muet, sans se départir de son calme. Je ne me dépar-*

tirai pas de mon intention. Il fume trop, mais il ne saurait (pas) se départir de cette habitude.

• **dépasser** (2/1) — überschreiten, übertreffen, hinausgehen über, überholen
N - V - N — *A première vue, il a largement dépassé la cinquantaine. Cet immeuble dépasse la ligne des toits. La vente de notre maison a dépassé nos prévisions. Cela dépasse mes forces, mes compétences. Dépasser une voiture. Voilà un homme politique que personne ne dépasse en roublardise. Cela dépasse les bornes.*
Nqc - V - Nqn — das Fassungsvermögen von jm überschreiten
Ça me dépasse. C'est une pensée qui dépasse mon imagination.
♦*Nqn - se V* — s. selbst übertreffen, über sich hinauswachsen
La volonté de se dépasser pour un idéal difficile/Martin du Gard/.
⧗ *être dépassé par qc:* e-r S nicht mehr gewachsen sein
Il est dépassé par les événements.
N - V < qp > — heraus-, hervor-ragen aus, über
Le chargement dépassait de/à l'arrière de la voiture.

dépaver (2) — Das Pflaster (e-r Straße..) aufreißen
N - V - N — *Dépaver une rue.*

dépayser (2) — befremden, verwirren
N - V -(N) — *La nouveauté de la mise en scène a dépaysé le public. C'est un mode de vie qui dépayse totalement.*

dépecer (2) — zerlegen, -schneiden, zerstückeln
N - V - N — *Dépecer un animal, un boeuf, un territoire.*

dépêcher[1] (2+L) — jn schicken
N - V - N - qp — *Dépêcher un nouvel ambassadeur dans un pays, auprès de qn. Les conservateurs dépêchent à Damas un émissaire pour obtenir des 'éclaircissements'/LeM/.*

• **se dépêcher**[2] (aux) — s. beeilen
N - se V -(de Inf 1) — *Dépêchez-vous! Il se dépêche de terminer son travail.*

dépeindre (3) — schildern
N - V -(à N) - N — *Dépeindre un événement (à qn), un personnage.*
Int.ind — *Il m'a parfaitement dépeint à quoi ressemblait le Japon.*

dépendre[1] (2+L) — ab-, herunternehmen, etw abhängen
N - V - N -(qp) — *Dépendre le linge de la corde à linge. Dépendre un tableau du mur, les guirlandes après la fête.*

• **dépendre**[2] (2) — abhängen von
Nqc/qn - V - de Nqc/qn — *Ça ne dépend que de toi. Je ne dépends de personne. Cela dépend des circonstances.*
⧗ *Nqc - V - Ø: |K: Ça dépend.*
que S Kj -(cela) - V - de N — *Que la fête réussisse (cela) ne dépend pas que de moi.*
♦*il - V - de N - que S Kj* — *Il ne dépend que de vous que la fête réussisse.*
cela - V - de N - que S Kj RARE — *Cela ne dépend que de vous que la fête réussisse.*
Inf - V - de N — *Réussir cette soirée ne dépend que de vous.*
♦*il - V - de N - de Inf* — *Il ne dépend que de vous de réussir dans votre projet.*

• **dépenser**[a] (2) — ausgeben
N - V - N < pour Inf 1 > — *Dépenser son argent pour acheter des livres.*

• **dépenser**[b] (2) — verausgaben, verwenden auf
N - V - N < à Inf 1 > — *Dépenser son énergie à faire du tennis. Il dépensaient leur temps précieux à écouter le directeur général décrire une fêlure et le crâne d'un cadre mort/Pilhes/.*

dépérir (1) — dahinsiechen, verkümmern, verkommen, zugrunde gehen
N - V — *Il dépérit à vue d'oeil. Les plantes dépérissent à cause de la sécheresse. Cette entreprise autrefois florissante dépérit d'une année à l'autre. ...si de ce fait la science et la technique se mettent à dépérir/LeM/.*

dépêtrer (2+L/3) FAM — heraus-, hervor-helfen aus, befreien
N - V - N -(de qp) — *Dépêtrer un boulanger de dessous un sac de farine. Dépêtrer un lapin d'un filet où il s'est pris.*
N - V - N - de N — *Dépêtrer qn d'une sale affaire.*
♦*Nqn - se V - de Nqc/qn* — etw/jn loswerden, s. vom Halse schaffen
J'ai du mal à me dépêtrer de cette casse-pieds, de cette affaire, de cette tâche.

dépeupler (3) — entvölkern, (Fisch-, Wildbestand) vernichten, (Wald) durchforsten
N - V - N -(de N) — *L'exode rural a dépeuplé la région (de ses habitants). La pollution a dépeuplé le Rhin de ses poissons. Dépeupler une forêt.*

dépiquer[1] (2) — (Naht) auftrennen
N - V - N — *Dépiquer un pantalon.*

dépiquer[2] (2) — (Setzlinge) umpflanzen
N - V - N — *Dépiquer des plants de salade.*

dépister[1] (2) — aufspüren, fig.: e-r S auf die Spur kommen
N - V - N — *Dépister un cerf, un criminel. Dépister une maladie, les mensonges de qn.*

dépister[2] (2)
N - V - N
irreführen
De faux indices ont dépisté la police.

dépiter (2)
N - V - N
verdrießen, ärgern
Ma réponse l'a complètement dépité. Ce qui le dépitait plutôt, c'est qu'Edouard ne fît point appel à certains dons qu'il sentait en lui./Gide/.
♦N - se V - (de N)
Je sentais cette inconséquence dans toute sa force, je me la reprochais, j'en rougissais, je m'en dépitais/J.J. Rousseau/.

• déplacer[a] (2+L)
N - V - N -((de) qp)
verschieben, verrücken
Déplacer un meuble de l'endroit où il se trouve vers un autre. Déplacer une virgule dans une phrase, en fin de phrase. Déplacer un fonctionnaire de son poste.
♦Nqc/qn - se V -((de) qp)
s. fort-bewegen, s. Platz verlassen
Ne vous déplacez pas de l'endroit où vous êtes. Il ne se déplace qu'en taxi. Le soleil se déplace de l'Est à l'Ouest. Vous pouvez le voir d'ici sans vous déplacer.

déplacer[b] (2+L/3)
N - V - N -(vers, sur N)
($qp_{de\text{-}vers}$)
verschieben, verlagern
En disant cela, vous déplacez le problème. C'est déplacer la question, non la résoudre/Gide/. Le débat s'est déplacé sur d'autres points. L'intérêt s'est déplacé de Zurich vers Dar-Es-Salaam/LeM/.

• déplaire (2)
mißfallen
N - V -(à Nqn)
Il me déplaît. Sa façon d'agir déplaît (à tout le monde).
que S Kj -(cela) - V - à N
Que vous ne veniez pas (cela) me déplaît.
♦cela - V - à N - que S Kj
il... REL
Il /cela me déplaît que vous ne veniez pas.
(de) Inf -(cela) - V - à N
(De) devoir chercher un exemple (cela) me déplaît.
♦cela - V - à N - de Inf
il... REL
Cela/il me déplaît de devoir chercher un exemple.
♦Nqn - se V - qp
✖ jm nicht gefallen; s. nicht wohl fühlen
Il se déplaît dans ce petit village.
✖ *n'en déplaise à:* ungeachtet
C'est dire que, n'en déplaise aux partisans de la peine capitale, la sensibilité de l'opinion évolue/LeM/.

déplier (2)
N - V - N
auf-, auseinanderfalten
Déplier une serviette, une carte routière, un journal.

déplisser (2)
N - V - N
die Falten entfernen aus, (Stirn) glätten
Déplisser une jupe, son front. Tout à coup, son front se déplissa.

• déplorer (2)
N - V - Nqc/qn
bedauern, (Opfer) zu beklagen haben
Déplorer l'absence de qn. Avoir à déplorer (la perte de) plusieurs victimes.
que S Kj
Je déplore que vous ne soyez pas venu.
de Inf 1
Je déplore de ne pouvoir vous aider.

• déployer (2)
N - V - N
ent-, auseinanderfalten, ausbreiten
Déployer un drapeau. Il déploya son journal devant moi. L'aigle déploie ses ailes.
fig.: an den Tag legen, zeigen
Déployer une activité débordante, un grand courage.

déplumer (2)
N - V - N
rupfen
Déplumer un poulet.
fig.: POP: jn rupfen, ausnehmen
Déplumer qn au poker.

dépolitiser (2)
N - V - N
entpolitisieren
Dépolitiser un débat, une question. Les expériences que Paul a faites récemment ont contribué à le dépolitiser complètement.

déporter[1] (2+L)
N - V - N -((de) qp)
deportieren, verschleppen
Déporter des critiques jugés dangereux dans une région isolée.

déporter[2] (2+L)
N - V - N -(qp)
aus der Richtung bringen, wohin weg-drücken
Le vent déporte la balle (de sa trajectoire). Une rafale avait déporté la caravane dans le fossé.

• déposer[1a] (2+L/1)
N - V - N -(qp)
ab-, hinstellen, -legen,-setzen..
Déposer sa valise (sur le sol). Déposer un verre sur la table. Ils déposèrent le corps sur le lit/Pilhes/.
deponieren, (Geld) anlegen
Déposer des bijoux à la banque. Déposer de l'argent dans une compagnie immobilière.
ab-, herunternehmen von
Déposer un tableau du mur.
✖ *N-V-Nqn-qp:* jn wo absetzen
Je vous déposerai à la gare.
♦N - se V -(qp)
s. setzen, s. niederschlagen
Le tannin du vin se dépose au fond de la bouteille.
N - V
s. setzen
Le vin, le marc de café déposent.

déposer[1b] (3)
N - V - N -(de N)
jn absetzen
Déposer qn (de ses fonctions). Déposer un roi, un fonctionnaire.

déposer[2] (2)
N - V - N < qp >
einreichen, etw wo abgeben
Déposer une plainte en justice. Déposer son dossier de candi-

dature au DAAD. Déposer sa valise à la consigne.

déposer[3] (1/2)
Nqn - V < contre/en faveur de Nqn > — (vor Gericht) aussagen
Aucun des témoins n'a encore déposé (contre moi).
Nqn - V - que S Ind — *Le témoin a déposé qu'il avait aperçu le jardinier au moment du crime.*
Ø Inf 1 — *Il déposa avoir été dépouillé de son portefeuille dans le métro.*

déposséder
N - V - N -(de N) — enteignen, entheben
Déposséder qn de ses terres, de ses fonctions.

• **dépouiller**[1a] (3/2)
(e-m Tier) die Haut abziehen, aus der Decke schlagen, (Baum) entlauben, jm (die Kleider) abnehmen, herunterreißen, <Geld > jn ausplündern, ausrauben
N - V - N -(de N) — *Dépouiller un lièvre, un cerf. La tempête a dépouillé les arbres. Dépouiller qn de son argent.*
✖ *N-V-Nqn:* jn ausrauben
Dépouiller qn (sc. de son argent, de son avoir). Les histoires de paysans qui laissent mourir leurs vieux de faim après qu'ils les ont dépouillés/Mauriac/.
♦*N - se V -(de N)* — <Bäume > Blätter abwerfen, kahl werden; (Kleidung) ablegen; <Besitz > freiwillig verzichten auf, etw abgeben an
Les arbres se sont dépouillés (de leurs feuilles). Jean se dépouille de ses vêtements. Tante Gertrude s'est dépouillée de ses meubles anciens en faveur de ses soeurs.
N - V - N — LIT — s. häuten, (Blätter) verlieren, (Kleidung) ablegen
Le serpent dépouille sa peau. Les arbres ont dépouillé leurs feuilles. Graziella avait dépouillé ses vêtements de lourde laine/Martin du Gard/.

• **dépouiller**[1b] (3/2)
N - V - N - de N — etw freimachen von, jm etw nehmen
Le management consiste à dépouiller le plus possible toutes les décisions possibles de leurs facteurs émotionnels/Pilhes/. La révolution dépouilla les nobles de leurs titres. L'usage a dépouillé le mot d'une partie de ses virtualités/Paulhan/.
♦*Nqn - se V - de N* — *Je cherche à me dépouiller de mes affections et à n'être qu'un froid philosophe/Stendhal/.*
Nqn - V - N — (von sich) abwerfen, s. befreien von
Dépouiller le vieil homme/Saint Paul/. A. voulut parler, mais il ne parvint pas à dépouiller tout respect humain/Martin du Gard/.

dépouiller[2] (2)
N - V - N — durchsehen, exzerpieren, auszählen
Dépouiller le courrier, un livre, un auteur, un scrutin.

dépraver (2)
N - V - N(qc de)qn — verderben
Socrate fut accusé de dépraver la jeunesse. Un enseignement stupide avait dépravé son jugement > lui avait dépravé le jugement.

déprécier[a] (2)
Nqc - V - Nqc — den Wert von etw mindern
La proximité de la voie ferrée a déprécié le terrain.
♦*Nqc - se V* — <Geld..> an Wert verlieren
La livre se déprécie de jour en jour.

déprécier[b] (2)
Nqn - V - N(qc de)qn — jn, etw herabsetzen
Les enfants ont toujours une tendance soit à déprécier soit à exalter leurs parents/Proust/. Déprécier les mérites de qn, le travail de qn.

déprimer (2)
N - V -(N) — deprimieren
Ce temps orageux me déprime. C'est vraiment un temps qui déprime.

dépuceler (2)
N - V - N — POP — entjungfern
Dépuceler une demoiselle.
FAM — fig.: (e-e Flasche Wein..) aufmachen
Dépuceler une bouteille de champagne.

députer (2+L)
N - V - N -(qp) — abordnen
Députer qn dans une commission. Députer un diplomate auprès d'un gouvernement étranger.

déraciner (2)
N - V - N — entwurzeln
La tempête a déraciné le grand marronnier. Fig.: L'exode rural déracine la population paysanne. Déraciner des préjugés/erreurs.

dérailler[1] (1)
N - V — entgleisen
Un train vient de dérailler.

dérailler[2] (1)
Nqc/qn - V — FAM — Unsinn reden, spinnen, verrückt spielen
Il déraille complètement. Le tourne-disque déraille.
→*divaguer, délirer.*

déraisonner (1)
Nqn - V — REL — Unsinn reden, spinnen
Jean déraisonne. → *divaguer, délirer*

• **déranger** (2)
N - V - N — jn stören, etw durcheinanderbringen, in Unordnung bringen
Je ne veux pas vous déranger. Les enfants ont dérangé ma bibliothèque. Cette maladie dérange tous mes projets de voyage. La vérité dérange.

♦*Nqn - se V* — |neg.: s. nicht stören lassen
Ne vous dérangez pas!
|neg.: zu Hause bleiben, nicht aus dem Hause gehen
Il ne s'est même pas dérangé pour aller voter.
auch nur einen Finger rühren
Croyez-vous qu'il se dérangera le moins du monde pour nous aider?

déraper (1) — weg-rutschen, schleudern
N - V — *La voiture a dérapé dans le virage.*

dérégler (2) — durcheinanderbringen, stören
N - V - N — *Dérégler le mécanisme d'un tourne-disque. Cet incident a déréglé le rythme de nos journées.*
♦*N - se V* — nicht mehr genau gehen/ funktionieren
La pendule s'est déréglée. La balance s'est déréglée en tombant.

dérider (2) — jn aufheitern
N - V -(N) — *Il nous a bien déridés avec son histoire. Il a l'art de trouver l'anecdote qui déride.*

dériver[1a] (2+L/1+L) — (Fluß..) umleiten
N - V - N -(qp) — *Dériver un cours d'eau, une rivière vers une autre direction.*
N - V -(qp) — abdriften, vom Kurs abkommen, abweichen: *Nous dérivons.*

dériver[1b] (3) — umlenken auf
N - V - N - vers/sur N — *J'ai dû dériver mes énergies sur/vers d'autres activités.*

• dériver[2] (3/2) — (Wort) ableiten von, aus
N - V - N - de N — *Les grammairiens dérivent ce mot du sanscrit.*
N - V - de N — s. herleiten von, kommen aus, daher kommen, s. ergeben
Ce mot français dérive du celtique.
que S Kj -(cela) - V - de N — *Que le résultat soit faux (cela) dérive d'une erreur initiale.*
de ce que S Ind — *Ce résultat dérive de ce que le calcul était faux. Que ce résultat soit faux dérive de ce que le calcul lui-même était faux.*
♦*de N / de ce que S Ind - il - V - que S Ind* — *D'une erreur initiale, il dérive que le résultat est faux. De ce que le calcul était faux, il dérive que le résultat lui aussi est faux.*

dérober[a] (3)
N - V - N - de Nqc RARE — berauben
Dérober qn de son argent.
N - V - N - à Nqn LIT — rauben
Dérober de l'argent à qn.

• dérober[b] (3) — verbergen, (die Sicht) nehmen
N - V - N - à N — *Un nouvel immeuble dérobe le parc à notre vue, nous dérobe la vue du parc. Dérober un coupable à la justice. Il cherchait à lui prendre les mains, mais elle les dérobait avec adresse et les cachait derrière son dos/Duhamel/.*
♦*Nqn - se V -(à N)* — s. e-r S entziehen, s. drücken vor
Il se dérobe à son devoir. Au lieu de répondre, il s'est dérobé.
♦*Nqc - se V < sous N >* — <Beine > den Dienst versagen, weichen
Ses jambes semblaient se dérober sous lui /Stendhal/. Je me sentis mal et je crus que le sol se dérobait sous mes pieds.

déroger (2/1) — verstoßen gegen, abweichen von
N - V - à N — *Déroger à une loi, à ses habitudes.*
Nqn - V LIT — s. etw vergeben, s. erniedrigen
Il croyait déroger en faisant ce métier. ..il avait quelques passions dans sa jeunesse. Mais, du moins, pouvait-il se rendre cette justice que son coeur n'avait jamais dérogé/Gide/.

dérouiller[1a] (2) — entrosten, vom Rost befreien
N - V - N — *Dérouiller un vélo.*

dérouiller[1b] (2) FAM — (s. die Beine) vertreten
N - V - N — *(Dérouiller ses jambes) > se dérouiller les jambes.*
♦*N - se V* — *Je suis sorti à cheval pour me dérouiller un peu/Zola/.*

dérouiller[2] (2/1) POP — verprügeln
N - V - N — *Il a dérouillé son camarade de classe.*
N - V — Prügel beziehen, verhauen werden
Qu'est-ce que j'ai dérouillé!

dérouler[a] (2) — abwickeln, -rollen, -spulen
N - V - N — *Dérouler une pelote de laine, un (rouleau de)parchemin.*
♦*N - se V* — <Haare > herunterfallen; s. erstrecken, s. hinziehen
Toute sa chevelure se déroula comme une cascade/Flaubert/. Je vois se dérouler des rivages heureux/Baudelaire/. A perte de vue, la grande route se déroulait blanche../Daudet/.

• dérouler[b] (2) — ausbreiten
N - V - N — *Déroulerai-je à vos yeux la tradition de l'Eglise?/A.France/.*
♦*N - se V* — s. abspielen, verlaufen
Et alors dans le bien-être du repas, par un effet de contraste, il voyait se dérouler sa propre existence/Daudet/. La scène se déroule en Afrique. La cérémonie s'est déroulée en présence d'une quarantaine de journalistes/LeM/.

• **dérouter**[a] (2) — umleiten
N - V - N < qp >
Le navire a été dérouté vers un autre port.
Fig.: ..et, pour dérouter les soupçons, le bordel voisin portait une lanterne bleue/B. Vian/.
LIT. RARE: *Des circonstances extérieures auraient pu dérouter ma vie/Renan/:* eine andere Richtung geben

• **dérouter**[b] (2) — aus der Fassung bringen, verwirren
N - V -(Nqn)
Sa réponse nous a déroutés. Sa critique ne cesse de dérouter.

désabuser (2) — jn desillusionieren, jn ernüchtern, jm die Augen öffnen
N - V - Nqn
Cette expérience a vite fait de le désabuser.

désaccorder (2) — verstimmen
N - V - Nqc
L'humidité a désaccordé le piano.

désaccoutumer (3) — ⧗ jm etw abgewöhnen; jn eine Gewohnheit verlieren lassen
N - V - N - de N
Désaccoutumer qn de l'alcool. La vie à la campagne l'a désaccoutumé du cinéma.
de Inf 2
Désaccoutumer qn de boire de l'alcool.

désaffecter (2) — zweckentfremden, umfunktionieren, stillegen, nicht mehr benutzen
N - V - N
Désaffecter une caserne pour en faire un hôpital. Désaffecter un immeuble vétuste. Un chemin de fer désaffecté.

désagréger (2+A) — zer-spalten, zersetzen, zerstören, zerfallen, -bröckeln lassen
N - V - N -(en npl)
Désagréger un atome. Désagréger un immeuble. Désagréger un rocher en mille morceaux. Les intempéries ont désagrégé la surface du bas-relief. Le dynamitage a désagrégé le rocher. Le tremblement de terre a désagrégé plusieurs bâtiments.
Fig.:Les luttes de fractions ont désagrégé le parti.

désaltérer (2) — erfrischen, den Durst stillen
N - V -(N)
Fructeau désaltère mieux. Ce verre de menthe vous désaltérera.

désamorcer (2) — entschärfen, entladen
N - V - N
Désamorcer une grenade, un revolver.
Fig.: Désamorcer une situation explosive. Max Simeoni a-t-il voulu reprendre en main la situation, désamorcer leur colère? /LeM/.

désappointer (2) — enttäuschen
N - V -(N)
Il était visiblement désappointé.

désapprendre (2) LIT — verlernen
N - V - N
J'ai désappris tout ce que je savais.
de Inf 1
Avec lui, j'avais désappris de penser/Gide/.

désapprouver (2) — mißbilligen
→ approuver

désarçonner[a] (2) — aus dem Sattel werfen
N - V - N
Le cheval désarçonne son cavalier.

désarçonner[b] (2) — aus der Fassung bringen
N - V -(Nqn)
Il a des remarques sarcastiques et qui désarçonnent. Désarçonner son interlocuteur.

désarmer[a] (2/1) — entwaffnen
N - V - N
Désarmer un kidnappeur, un pays vaincu.
⧗ *désarmer un revolver:* sichern, entladen
⧗ *désarmer un navire:* abtakeln, stillegen
Une crise grave au sein de la flotte marchande contraint des dizaines d'armateurs à désarmer leurs plus gros bâtiments /LeM/.
N - V — abrüsten
Le pays s'est refusé à désarmer.

désarmer[b] (2/1) — fig.: entwaffnen
N - V -(Nqn)
Il sait répondre sur un ton de naïveté qui (me) désarme.
Nqc - V — <Gefühle> nicht nachlassen |neg
Sa haine ne désarme pas. Son courage n'a pas désarmé.
Nqn - V — FAM: nicht die Waffen strecken |neg
Malgré son âge et la maladie, grand-papa ne désarme pas.

désavantager (2) — benachteiligen
N - V -(Nqn)
Cette loi désavantage les artisans. Désavantager un héritier au profit d'un autre. Avoir de courtes jambes désavantage à la course.

désavouer (2) — ver-leugnen, widerrufen, mißbilligen, desavouieren
Nqn - V - Nqc/qn
Désavouer son passé, ses paroles, une action politique, le porte-parole du gouvernement.
Nqn - V - Nqn < de Inf 2 > LIT
Je vous désavoue d'avoir pris cette décision.
Nqc - V - Nqc LIT — widersprechen
Ses actes désavouent ses paroles.

désaxer (2) — <Auto> die Spur verstellen
N - V - N
Ce choc a désaxé la roue avant-gauche.
Fig.: jn verstören
Son accident l'a complètement désaxé.

desceller (2) — (das Siegel) aufbrechen
N - V - N
Desceller une lettre cachetée.

N - V - N — etw (aus s-r Befestigung, Verankerung) herausbrechen
Desceller une grille, une porte.

• **descendre** (1+L/2+L) — herunter-gehen..., ab-, aus-steigen
Nqn - V -(qp)< Ø Inf_{fin} > — *Les étudiants* **étaient** *descendus dans les rues protester contre le meurtre de l'un de leurs camarades/LeM/. Il est descendu à la cave (pour) chercher du mazout. Il est descendu par l'escalier au lieu de descendre par l'ascenseur. Je vais descendre en ville faire mes courses. Le couvreur descend du toit. Le cavalier descend de son cheval. Descendre du taxi, du car, du métro. Je suis descendu à la station Invalides. Le voyageur de commerce descend dans un petit hôtel, chez des amis.*

♦il - V - N -(de qp) — *Il en descendit une grosse femme et une pioche à gâteau portée par un petit monsieur presque mort/B. Vian/.*
⧓ *descendre de cheval: Il ne descend pas de cheval de toute la journée.*
⧓ <Polizei..> plötzlich eindringen in
La police est descendue dans l'hôtel pour faire une rafle.
⧓ abstammen von
Les Montesquiou descendent d'une ancienne famille.. ils descendent tellement qu'ils sont dans le quatorzième dessous /Proust/.

Nqc - V -(qp) — sinken, heruntergehen, herunterreichen bis, zurückgehen <Flut>
Le thermomètre **est** *descendu pendant la nuit jusqu'à moins dix. Les prix descendent. Le chemin descend vers la plaine. La marée descend vite. Le manteau descend jusqu'à la cheville. Le puits descend à 4o mètres.*
⧓ RARE: *Le thermomètre* **a** *descendu de quatre degrés depuis hier /Académie/.*

N - V - N -(qp) — etw herunter-gehen, -fahren...
J'ai descendu l'escalier, un chemin en pente, le Rhin. La chanteuse montait et descendait la gamme.
etw herunterbringen, -holen...
Descendre des bouteilles à la cave, une valise de dessus une armoire. Descendre le piano **par** *l'escalier.*
FAM — jn wo absetzen
Le taxi m'a descendu place de l'Opéra.
⧓ FAM: *descendre un avion:* herunterholen, abschießen
⧓ POP: *descendre qn:* jn umlegen

désemparer (1) — |sans+Inf: ununterbrochen
N - V — *Il travaille sans désemparer.*
⧓ *être désemparé:* ratlos sein

désemplir (2/1) — leerer machen
N - V - N — RARE — *Des modifications d'horaire visant à désemplir le métro aux heures de pointe.*
N - V — |neg: immer voll sein
Cette église n'a pas désempli depuis lors/Huysmans/.
♦N - se V — s. leeren
L'église se désemplit peu à peu.

désenchanter (2) — fig.: jn ernüchtern
N - V -(Nqn) — *Cet échec l'a désenchanté. L'échec désenchante.*

désenfler (2/1) — abschwellen (lassen)
N - V - N — *Les bains froids désenflent les contusions.*
N - V — *L'abcès a désenflé.*

se désengager (2) — s. (von Verpflichtungen...) freimachen
N - se V -(de N) — *Au moment où les Etats-Unis se désengagent de tous côtés, il semble.../LeM/. Se désengager d'une obligation.*

déséquilibrer (2) — aus dem Gleichgewicht bringen
N - V - N — *La crise économique a déséquilibré le budget de l'Etat. Les changements brutaux de milieu ont déséquilibré cet enfant.*

déserter (2) — verlassen, aufgeben, im Stich lassen, desertieren
N - V - N — *Déserter un lieu, une cause, une armée. A cause des attentats, les touristes ont, cette année-ci, déserté la Corse/LeM/.*
⧓ *N-V-Ø : il a déserté (sc. l'armée).*
⧓ *N-V-Ø |K: La terreur engendrée par les bombardements aveugles donne à la population une raison de plus de déserter (sc. ses foyers)/LeM/.*

• **désespérer** (2/3) — etw enttäuschen, jn zur Verzweiflung bringen
Nqn - V - Nqc/qn — *Il désespère l'attente de ses parents. Cet enfant désespère ses parents.*
Nqc - V -(Nqn) -(de Nqc) — verzweifeln lassen an, zur Verzweiflung bringen
RARE — *Les difficultés l'ont désespéré de tout espoir de succès.*
▼N - V - N — *Les difficultés le désespèrent.*
▼N - V - de N — RARE — *Des échecs répétés désespèrent de tout espoir de succès.*
▼N - V — *Les échecs répétés désespèrent.*
N - V - N- de ce que S Kj 2 — RARE — *Les difficultés me désespèrent de ce que je parvienne jamais au but.*
de Inf 2 — *Les difficultés me désespèrent d'arriver jamais au but.*
♦Nqn - se V -(de N) — *Paul se désespère; il se désespère de toute chance de succès.*
de Inf 1 — *Jean-Pierre se désespère d'arriver jamais à trouver un bon*

		exemple pour ce verbe.
Nqn - V -(de N)		ver-zweifeln an
		Je désespère du succès de notre entreprise. Je désespère.
de ce que S Kj	RARE	*Je désespère de ce que nous réussissions.*
que S Kj	LIT	*Je désespère que nous réussissions.*
que S (ne) Kj		*|neg.: Je ne désespère pas que nous (ne) réussissions.*
de Inf 1		*Je désespère d'y arriver. Des 'opérations' que l'on ne désespère pas de monter contre eux/LeM/.*
• déshabiller (2)		jn ausziehen, entkleiden
N - V - Nqn		*Déshabiller un enfant.*
déshabituer (3)		✖ jm etw abgewöhnen; jn eine Gewohnheit verlieren lassen
N - V -(Nqn)- de N		*Déshabituer un fumeur du tabac. Je crains de...le déshabituer définitivement du travail/Gide/. Le sport déshabitue du tabac.*
de Inf 2		*Déshabituer qn de prendre de la drogue.*
♦Nqn - se V - de N		(eine Gewohnheit) aufgeben
		Grand fumeur, il a fini par se déshabituer du tabac.
de Inf 1		*Il s'est déshabitué de prendre de la drogue.*
désherber (2)		Unkraut ausrupfen
N - V -(N)		*Le jardinier vient de désherber (son carré de jardin).*
déshériter (3)		enterben
N - V - N -(de N)		*Déshériter son fils (de sa part d'héritage).*
		fig.: jn e-r S berauben, zu kurz kommen lassen, jn stiefmütterlich behandeln
		Le peuple, chez nous, est déshérité de la vie intellectuelle /Renan/. La nature l'a déshérité.
déshonorer (2)		entehren, jm Schande machen, (Frau) schänden
N - V -(N)		*Déshonorer sa famille, sa patrie. Une humiliation, un acte qui déshonorent. Déshonorer une femme.*
déshumaniser (2)		entmenschlichen, unmenschlich machen
N - V - N		*On fait croire aux jeunes gens que les engins techniques nous déshumanisent alors qu'ils nous surhumanisent/LeM/.*
• désigner (2+A/3)		bezeichnen, zeigen auf, weisen auf, bestimmen zu, be-nennen
N - V - N		*Les substantifs désignent des choses.*
N - V - N - comme n		*La Prusse était désignée par le Pape comme un péril public.*
N - V - N < par N >		*Désigner qn par son sobriquet, par son prénom.*
sous N		*Les sociétés que l'on désignait sous le vocable de holding /Pilhes/.*
de N		*Désigner qc/qn du doigt. Il saisit la feuille qu'elle désignait/Martin du Gard/.*
pour N		ernennen, bestimmen
		Désigner qn pour un poste.
Inf 2		*Désigner qn pour faire un travail.*
		✖ *désigner son successeur:* designieren
N - V - N -(à Nqn)		zeigen
		Désigner (à qn) une ville sur la carte.
		✖ *désigner qc/qn à l'attention de qn:* jn aufmerksam machen auf *Ce roman a désigné à l'attention du public un auteur jusqu' alors inconnu.*
		✖ *Loc.: désigner qn à la vindicte publique.*
désillusionner (2)		jm die Illusionen nehmen, desillusionieren
N - V -(Nqn)		*J'ai été désillusionné par cette expérience. Voilà un échec qui désillusionne.*
désinfecter (2)		desinfizieren
N - V - N		*Désinfecter des vêtements, des locaux.*
désintégrer (2)		zersetzen, (Atom) spalten, zerstören
N - V - N		*L'érosion, le temps désintègrent les roches. Les physiciens sont parvenus à désintégrer l'atome. Dans l'accident, le moteur a été désintégré.*
		fig.: spalten, auflösen, verfallen lassen
		Des luttes de fractions ont désintégré le parti.
se désintéresser (2)		das Interesse verlieren an, kein Interesse mehr haben an
N - se V - de N		*Il se désintéresse de son amie, de son travail.*
		✖ *N-seV-Ø |K: Il ne travaille plus; il se désintéresse.*
• désirer (2)		wünschen, begehren
N - V - N		*Désirer beaucoup d'argent, une femme*
que S Kj |×1		*Le gouvernement désire que la recherche ait la priorité.*
Ø Inf 1		*Je désire faire une promenade.*
de Inf 1	VIEUX	*Elle désire de plaire/La Bruyère/.*
se désister (1)		(auf seine Kandidatur) verzichten, zurücktreten
N - se V <en faveur de Nqn >		*Le candidat se désiste (en faveur du candidat de la gauche le mieux placé).*
désobéir (2)		nicht gehorchen, ungehorsam sein
N - V -(à N)		*Désobéir (à ses parents).*
désobliger (2)	REI	jn kränken
N - V -(Nqn)		*Vous me désobligeriez en déclinant mon invitation. De telles remarques désobligent, Monsieur!*

désodoriser (2) — desodorieren
N - V -(N) — *Désodoriser les WC. Sasambon désodorise mieux!*

désoler[a] (2) VIEUX — verwüsten
N - V - N — *La Guerre de Trente Ans a désolé des pays entiers.*

désoler[b] (2) — betrüben
N - V - N — *La mort de l'empereur désola la nation.*
♦*Nqn - se V -(de N)* — betrübt sein
Il se désole de la tournure que prennent les événements.
de ce que S Ind/Kj — *Il se désole de ce que la situation prenne/prend cette tournure.*
que S Kj |×1 — *Il se désole que les choses en soient arrivées là.*
de Inf 1 — *Je me désole de devoir déjà vous quitter.*

désolidariser (2) — die Solidarität auflösen
N - V - N RARE — *Le pourrissement de la grève a désolidarisé les ouvriers.*
♦*Npl - se V* — nicht mehr solidarisch sein, s. als nicht mehr solidarisch erklären mit
Par suite de conflits internes, les grévistes se sont désolidarisés (les uns des autres).
♦*N - se V - de/d'avec N* — *Se désolidariser de qn, d'avec qn, d'une action politique.*

désorganiser (2) — durcheinanderbringen, zerrütten
N - V - N — *La brutalité de la catastrophe a désorganisé le fonctionnement des secours. La maladie lui a désorganisé le système nerveux.*

désorienter[a] (2) — aus der Richtung, vom Kurs ab-bringen
N - V - N — *La tempête a désorienté le bateau.*

désorienter[b] (2) — irreführen, verwirren
N - V -(Nqn) — *Ma réponse l'a désorienté. Ses sarcasmes désorientent.*

dessaisir (3) — etw der Zuständigkeit eines Gerichts entziehen
N - V - N - de N — *Le tribunal a été dessaisi de cette affaire.*
♦*Nqn - se V - de N* — heraus-, ab-, auf-geben, abtreten
Il s'est dessaisi de tous ses meubles, de tout ce qu'il possédait.

dessécher (2) — austrocknen
N - V - N — *La période de sécheresse a desséché le sol. Il avait les lèvres desséchées par le soleil. Fig.: La télé dessèche l'imagination.*
♦*N - se V* — vertrocknen, verdorren
Le bougainvillier se dessèche. Tante Alice se dessèche avec l'âge.
Fig.: s. verhärten
J'ai peur de me dessécher à force de science/Flaubert/.

desserrer (2) — lösen, lockern, losmachen...
N - V - N — *Desserrer le frein, une vis, un écrou, les lacets de ses souliers, sa cravate.*
Fig.: desserrer son étreinte.
⌘ *Loc.: ne pas desserrer les dents:* kein Wort sagen

desservir[1] (2) — (Geschirr) abtragen, (Tisch) abdecken, abräumen
N - V -(N) — *Desservir (la table).*

desservir[2] (2) — <Bus, Zug..> halten in, anlaufen, versorgen, (Pfarramt) versehen
N - V - N — *Ce train dessert les faubourgs. Le bateau dessert l'île deux fois par jour. Un puits commun était là desservant quatre ménages/Zola/. Desservir une paroisse.*
⌘ *Ce quartier est bien desservi:* die Verbindungen sind günstig

desservir[3] (2) — jm e-n schlechten Dienst erweisen, schaden
Nqc - V - N(qc de)qn <auprès de Nqn > — *Elle se demanda si cela n'avait pas desservi sa destinée /Proust/. Le passé douteux du candidat le dessert auprès des électeurs.*

dessiller (2) — fig.: jm die Augen öffnen
N - V - N — *La déposition du témoin a brusquement dessillé les yeux du tribunal > lui a dessillé les yeux.*
⌘ *ses yeux se sont dessillés:* ihm fiel es wie Schuppen von den Augen

• **dessiner** (2) — zeichnen
N - V -(N) — *Il sait bien dessiner. Il a dessiné un arbre.*

• **destiner** (3) — etw bestimmen für jn
N - V - N - à Nqn — *Cette remarque ne lui est pas destinée. Le cadre Brignon, postulant au poste que Saint-Ramé destinait à ce pauvre Arangrude /Pilhes/.*
N - V - Nqn - à Nqc — jn bestimmen für
Ils destinèrent leur fils à la magistrature.
à Inf 2 — *Je n'ai pas été destiné à faire ce genre de travail.*

destituer (3) — absetzen, entheben
N - V - Nqn -(de N) — *Destituer un fonctionnaire (de son poste).*

désunir (2) RARE — auseinanderkuppeln, voneinander trennen
N - V - Npl — *Désunir deux pièces mécaniques.*
fig.: entzweien
Un conflit qui désunit des amis, une famille.

• détacher[1a] (3)
N - V - N -(de N)
etw abnehmen, -lösen von, losmachen von
Détacher une feuille d'un bloc, une affiche du mur, un chien (de sa laisse). Détacher un soldat du régiment auquel il est affecté. Détacher un wagon (d'un train).
jn beurlauben
Détacher un fonctionnaire de son poste.

♦*N - se V -(de N)*
s. lösen
La colle tient mal et l'affiche se détache (du mur).
< *qp*$_{sur}$ >
s. abheben
Le texte se détache bien sur le fond de l'affiche.

détacher[1b] (3)
N - V - N - de N
losreißen von, herausreißen aus
Je ne pouvais détacher mes yeux de ce spectacle. Sa fortune subite l'a détaché de son milieu.
♦*N - se V - de N*
s. ab-lösen von
Aussi suffit-il de se dire qu'on imagine aimer, quand on aime, pour aussitôt...se détacher un peu de ce qu'on aime/Gide/.

détacher[2] (2+L)
N - V - N -(auprès de N)
qp
abordnen, -kommandieren
Détacher un ambassadeur auprès d'un gouvernement étranger, un fonctionnaire à l'étranger. Détacher une patrouille pour une reconnaissance.

détacher[3] (2)
N - V - N
reinigen
Détacher un pantalon.

détailler[a] (2)
N - V - N
einzeln verkaufen
Détailler les pièces d'un service en porcelaine.

détailler[b] (2/3)
N - V - N
im einzelnen, eingehend betrachten, prüfen
Le directeur adjoint détaillait ce long trait noir de la fêlure sous l'empire d'une forte émotion/Pilhes/.
N - V - N -(à Nqn)
ausführlich beschreiben, darlegen
Il nous a détaillé les points de son programme. Il a détaillé toutes les phases du procédé technique. Le chapitre 3 détaille les étapes de la solution du problème que je me suis posé.

détaler (1+L) FAM
<Pferd> davongaloppieren; davonflitzen, Reißaus nehmen, abhauen
N - V -(qp)
Le cheval rua, se cabra; incapable de rester en selle, elle fut désarçonnée et le cheval détala.Ces cadres détalaient comme des lapins à la perspective de diriger des hommes/Pilhes/. Ils aimeraient détaler enfin vers la province où les loyers sont moins chers/Pilhes/. Le voleur surpris détala en trombe.

détaxer (2)
N - V - N
die Steuer von etw senken, aufheben
Détaxer le café, le vin importé.

détecter (2)
Nqc - V - N
<etw> anzeigen, aufspüren
Le radar a détecté la présence d'un sous-marin.

déteindre (2)
N - V -(sur N)
abfärben
Une étoffe qui déteint (sur une autre).
Fig.: son entourage a déteint sur lui.
N - V - N
verschießen lassen
Le soleil a déteint mes chemises.

dételer (3/2)
N - V - N -(de N)
N - V - N
(Pferde) ausspannen
Dételer les chevaux de la charrette.
Dételer la charrette.

détendre[a] (2)
N - V - N
entspannen
Détendre un ressort, un arc, une corde.

• détendre[b] (2)
N - V -(N)
entspannen
Son humour détend l'atmosphère. Voilà une atmosphère qui détend. Il va au cinéma pour se détendre.

détenir (2)
N - V - N
innehaben, besitzen, gefangenhalten
Détenir un record du monde, un poste élevé, un secret, un prisonnier.

détériorer (2)
N - V - N
beschädigen, kaputtmachen, verschlechtern, verschlimmern
Détériorer un mécanisme. Le climat a détérioré son état de santé. Les relations entre ces ceux pays se sont détériorées.

• déterminer (2/3)
N - V - N
bestimmen, festlegen, ergeben
Déterminer la date d'un rendez-vous.
que S Ind
L'enquête a déterminé que l'assassin était le jardinier.
Int.ind
Nous allons déterminer si cela est possible ou non.
N - V -(Nqn) - à N
jn veranlassen, bewegen, bestimmen
Son encouragement m'a déterminé à l'action. C'est son intervention qui a déterminé à l'action.
à ce que S Kj 2 RARE
J'ai essayé de le déterminer à ce qu'il prenne des vacances.
à Inf 2
Je compris que le texte maudit avait déterminé S. à consulter Musterffies/Pilhes/.
♦*Nqn- se V -(à N)*
s. entschließen
Je n'arrive pas à me déterminer (à l'action).
à Inf 1
Je me suis déterminé à agir au plus vite.
✖ *être déterminé à Inf 1:* entschlossen sein zu

déterrer (2)
N - V - N
ausgraben
Déterrer des poteries, des pommes de terre, des monnaies an-

tiques.
fig.: aufstöbern, wieder ausgraben
J'ai déterré un manuscrit ancien à la bibliothèque municipale. Déterrer de vieux griefs.

• détester (2) — verabscheuen
N - V - N — *Je déteste les généralisations abusives.*
que S Kj |×1 — *Je déteste qu'on me téléphone la nuit.*
Ø Inf 1 — *Je déteste manger des huîtres.*
de Inf 1 — REL — *Je déteste de devoir me dépêcher.*

détoner (1) — explodieren
N - V — *Le mélange gazeux a détoné avec un bruit infernal.*

détonner (1) — aus dem Ton kommen, falsch singen
N - V — *Vers la fin du chant, la chorale a détonné.*
fig.: nicht passen, aus dem Rahmen fallen
Ses remarques on détonné dans la réunion. Le salon de coiffure était désespérément banal. Curieusement, la caissière détonnait.

détordre (2) — wieder gerade biegen, aufdrehen
N - V - N — *Détordre une barre de fer tordue, une corde, du linge.*

détortiller (2) — auf-drehen, -wickeln
N - V - N — *Détortiller une ficelle, une pelote emmêlée.*

• détourner[a] (2+L/3) — ab-, um-lenken, (Geld) unterschlagen
N - V - N -((de)qp) — *Détourner un avion (de son but)(vers une destination inconnue).*
N - V - Nqc/qn -(de N) — *Détourner le trafic, détourner son regard (de qn), des fonds.*
♦*Nqn- se V -(de/vers N)* — s. ab-, zu-, um-wenden
Il se détourna vers moi. Robert, se détournant un peu, posa les lèvres sur le pied nu de L./Gide/.

détourner[b] (3) — abbringen von
N - V - Nqn - de N — *J'escomptais le détourner de son projet. Détourner qn de son but, du droit chemin.*

détraquer (2) — FAM — durcheinanderbringen, stören, kaputt machen, (Magen) verderben
N - V - N — *Détraquer un mécanisme. Mon réveil s'est détraqué.*
FAM — *La mauvaise nourriture a détraqué mon estomac > m'a détraqué l'estomac.*
FAM — ⧗ *Fig.: Cela lui a détraqué le cerveau.*

détremper (2) — verdünnen, (Kalk) löschen, (Boden) aufweichen
N - V - N — *Détremper des couleurs, de la chaux. Les pluies ont détrempé le sol.*

détromper (3) — jm s. Irrtum klarmachen
N - V - Nqn -(de N) — *Détromper qn (de son erreur).*
♦*Nqn - se V -(de N)* — s. Irrtum einsehen
Détrompez-vous!

détrôner (2) — vom Thron stürzen
N - V - N — *Détrôner un roi.*
fig.: (Mode..) ablösen, die Stelle von etw einnehmen
La musique pop a détrôné le rock. Dans le domaine de l'énergie, le pétrole a détrôné le charbon.

• détruire (2) — zerstören
N - V - N — *Le tremblement de terre a détruit bien des maisons.*
Fig.: Cette découverte détruit votre théorie.

dévaler (1+L/2+L) — herunterrollen, -fallen, -laufen...
N - V - (de) qp — *La pierre a dévalé du haut de la falaise jusque sur la route.*
N - V - N -(qp) — *Jean a dévalé la pente, l'escalier (jusqu'au premier étage).*

dévaliser (2) — ausrauben, -plündern
N - V - N — *On l'a dévalisé lorsqu'il traversait le parc. Ce gang dévalise depuis des mois les églises de la région.*

dévaloriser (2) — den Wert/im Wert herabsetzen
N - V - N — *La mauvaise acoustique dévalorise la qualité du film. Le critique a dévalorisé le talent du romancier.*
♦*N - se V* — an Wert verlieren
Le franc s'est dévalorisé.

dévaluer (2) — abwerten
N - V -(N) — *Dévaluer une monnaie. La France a dévalué.*

• devancer (2) — vorangehen, vorausgehen, -sein, übertreffen, zuvorkommen
N - V - N — *Je vous devance, vous me rejoindrez. Ce sportif devance de loin les performances de ses concurrents. Cette philosophie devance son siècle. Devancer les intentions de qn.*

dévaster (2) — verwüsten
N - V - N — *La grêle a dévasté la plantation.*

• développer[a] (3) — entwickeln
N - V - N — *Développer une nouvelle technique, une pellicule.*

développer[b] (3) — darstellen, -legen
N - V - N -(à Nqn) — *Il peut être intéressant de développer à l'intention du personnel les mécanismes de la loi de l'offre et de la demande /Pilhes/.*

N - V -(à Nqn) - que S Ind — *Il nous a longuement développé qu'il avait réinventé le procédé.*
Int.ind — *Il nous a développé comment la situation a évolué. Il nous a développé comment procéder à l'amélioration du terrain.*
Ø Inf 1 — *Il a longuement développé avoir réinventé le procédé.*

• **devenir** (1+A) — werden, ⧗ werden aus
N - V - adj — *Il est devenu célèbre.*
n — *De simple artisan verrier qu'il était il est devenu un sculpteur de renommée mondiale. Qu'est-il devenu?*
⧗ FAM: *Que devenez-vous?*

se dévergonder (1) — liederlich, unverschämt werden
N - se V — *Un jeune homme, un enfant qui se dévergonde.*

déverrouiller (2) — auf-, entriegeln, aufschließen
N - V - N — *Déverrouiller une porte.*

déverser[a] (2+L) — ausschütten, -gießen, (auf den Markt) werfen
N - V - N -(qp) — *Déverser du gravier sur un chantier, de l'eau (d'une bouteille dans l'évier), des marchandises sur le marché.*
⧗ *se V qp: Le bassin se déverse dans un canal:* s. ergießen in

déverser[b] (2+L) — e-r S freien Lauf lassen, jn überschütten mit
N - V - N -(sur N) — *Déverser sa colère. Il déversa sa colère sur moi.*

dévêtir (2) — (jm die Kleider) ausziehen
N - V - N — *Dévêtir un enfant.*

dévider (2) — abrollen, -spulen
N - V - N — *dévider une bobine, une pelote.*
FAM — ⧗ *fig.: N-V-N-àNqn: Il me dévida tous ses problèmes au téléphone.*

dévier (3/2) — umleiten, ablenken
N - V - N -(de N) — *Dévier le trafic, un fleuve (de son cours). Le prisme dévie les rayons lumineux.*
N - V -(de N) — abweichen
La balle a dévié (de sa trajectoire).
Fig.: La conversation dévia du sujet/vers d'autres sujets. Le conférencier a dévié de son sujet.

• **deviner** (2) — er-raten, jn durchschauen
N - V - Nqc/qn — *Devine ce qu'il y a dans ma main droite. Je l'ai deviné. Elle avait deviné mes pensées/Pilhes/.*
que S Ind — *Je devine qu'il a pu avoir des difficultés.*
Int.ind — *Devinez pourquoi j'ai fait cela.*
Ø Inf 1 — *A l'expression de mon visage il devina avoir été mal compris.*

dévisager (2) — (von oben bis unten) ansehen, mustern
N - V - Nqn — *Le patron du bar dévisagea le nouveau client. Ils me dévisagèrent stupéfaits,puis ils se récrièrent/Pilhes/.*

deviser (2) REL — s. unterhalten
Npl - V -(de N) — *Ils ont longtemps devisé dans le couloir.*
♦*N - se V - avec N -(de N)* — *Pierre et Paul devisent avec Jean du spectacle.*

dévisser[1] (1) — (beim Bergsteigen) aus-, abrutschen, abstürzen
N - V — *L'alpiniste a dévissé dans le Cervin.*

dévisser[2] (2) — ab-, aufschrauben
N - V - N — *Dévisser un tube de dentifrice.*

dévitaliser (2) — (Zahn) abtöten
N - V - N — *Ce dentiste préfère dévitaliser les dents.*
fig.: kraftlos machen
Le savoir ne dévitalise pas la pensée, mais l'excite/LeM/.

dévoiler[a] (2) — enthüllen, -schleiern
N - V - N — *Dévoiler un monument. Une femme dévoile son visage > se dévoile le visage.*

dévoiler[b] (3) — enthüllen
N - V -(à Nqn) - N — *Dévoiler ses pensées (à un ami).*
que S Ind — *Le journaliste a dévoilé que la nouvelle était fausse.*
Int.ind — *Le journaliste a dévoilé comment le cambriolage s'est passé.*
Ø Inf 1 — *Dévoiler à qn avoir découvert un secret.*

• **devoir**[1] (aux) — müssen, sollen, neg.: nicht dürfen, nicht sollen, wohl+ V-fut.
N - V - Inf 1 — *Tu dois partir. Cela doit être faux. Le temps semble devoir s'améliorer. La marquise sort; il doit être cinq heures.*

• **devoir**[2] (3) — schulden, verdanken
N - V - à N - N — *Tu lui dois de la reconnaissance, cinq francs. Je lui dois ce poste.*
que S Ind/Kj |×1 — *C'est à ce gouvernement que l'on doit que les allocations familiales ont/aient été augmentées.*
de Inf 1 — *C'est à lui que je dois d'avoir obtenu ce poste. Il devait à une audace peu commune de s'être hissé au sommet de la hiérarchie syndicale/Pilhes/.*

se devoir[3] (2) — es s. schuldig sein
Nqn - se V - de Inf 1 — *Je me devais de prononcer quelques mots sur la mort/Pilhes/.*

Mais il se devait sans doute de sauver la face vis-à-vis de ses amis politiques/LeM/.

• dévorer (2)
N - V -(N)
auf-fressen
Le fauve dévore sa proie. Il ne mange pas, il dévore.
Fig.: Il a dévoré les oeuvres de Zola. Le souci le dévore.
✖ *dévorer qn du regard, des yeux.*

• se dévouer (2)
N - se V -(à N)
< pour N/pour Inf 1 >
s. aufopfern, s. einsetzen
Se dévouer à son travail. Il est toujours prêt à se dévouer.
Il s'est beaucoup dévoué pour nous, pour nous trouver un appartement.

dévoyer (2)
N - V - N LIT
vom rechten Weg abbringen, irreleiten, verderben
On accusa le philosophe d'avoir dévoyé la jeunesse.
♦*Nqn - se V*
auf Abwege geraten, verdorben(er) werden
Le jeune homme se dévoie de jour en jour.

diagnostiquer (2)
N - V - N
diagnostizieren
Diagnostiquer une maladie.

dialoguer (1/2)
Npl - V
miteinander sprechen
Les deux partis dialoguent.
♦*N - V - avec N*
Des professeurs libéraux avaient accepté de 'dialoguer', comme on dit, avec les 'enragés'/L'Express/.
N - V - N
in Dialogform bringen, schreiben
Dialoguer une nouvelle pour le cinéma.

• dicter (3)
N - V -(à N) -(N)
diktieren
J'ai dicté une lettre à la secrétaire.
▼*N - V - N*
Je viens de dicter une lettre. L'attitude prise par le gouvernement français est dictée par le souci de chercher un équilibre des forces en Angola/LeM/.
▼*N - V*
Prenez note, je dicte.
N - V - à N - que S Ind/Kj
Je lui ai dicté que les marchandises sont trop chères. Il nous a dicté que nous fassions comme il l'entend.
de Inf 2
Il nous a dicté de faire comme il l'entend.

diffamer (2)
N - V - N
diffamieren, in Verruf bringen
Diffamer qn, la réputation de qn.

différencier (2)
N - V -(Npl)
e-n Unterschied machen zwischen, differenzieren
Différencier des meubles selon leur époque.
♦*N - V - N - de N*
Différencier le vrai et le faux, le vrai du faux. Quelques-uns de ces traits différencient profondément le profil de l'ancien français de ceux de l'ancien provençal/R.L. Wagner/.

différer[1] (1)
Npl - V < sur N/dans N >
s. unterscheiden, anderer Meinung sein
Ces couleurs diffèrent (entre elles, l'une de l'autre). Nous, Jean et moi, nous différons sur ce point, dans nos opinions.
♦*N - V - de N < sur N >*
Nous différons de Chomsky sur les suites à donner à cette observation/M.Gross/.

différer[2] (3)
N - V -(à N) - N
ver-, aufschieben
Différer une séance (à une date ultérieure).
de Inf 1
Différer (à plus tard) de prendre une décision.

diffracter (2)
N - V - N
brechen
La surface de l'eau diffracte la lumière.

diffuser (2)
N - V - N
verbreiten, senden
Diffuser une revue. L'émission télévisée devait être diffusée jeudi 1o juin/LeM/.

digérer[a] (2)
N - V -(N)
verdauen
Il digère son repas. J'ai bien digéré.

digérer[b] (2) FAM
N - V - N
verdauen
Il n'a pas encore digéré ma remarque.
que S Ind
Il n'a pas encore digéré que je lui ai dit cela.
Ø Inf 1
Il n'a pas encore digéré avoir été mis à la porte.

dilapider (2)
N - V - N
verschwenden, -geuden
Dilapider ses biens.
unterschlagen
Dilapider des fonds à son profit.

dilater (2)
N - V - N
ausdehnen
La chaleur dilate le fer, les gaz.
✖*un événement qui dilate le coeur:* das Herz erfreuen
✖*se dilater la rate de rire:* FAM: s. kaputtlachen

diligenter (2)
N - V - N
fig.: beschleunigen
L'enquête sera diligentée dès demain/Pilhes/.

diluer (2)
N - V - N
verdünnen
Diluer son café (avec de l'eau).
auflösen
L'eau dilue le sucre. Diluer un médicament dans de l'eau.

• diminuer (2/1)
N - V - N < de N >
verringern, vermindern
Diminuer les heures de travail de qn. On a diminué mon horaire de trois heures.
La maladie a diminué ses forces.

N - V <de N > — abnehmen, geringer werden
L'argent diminue dans les caisses. Les jours ont diminué d'une heure depuis la fin de l'été.

• **dîner** (1) — speisen, (etw) zu Abend essen
N - V < de N > — *Il dînera ce soir avec son frère. Il dîne d'un peu de caviar.*

• **dire**[1] (3) — sagen, meinen
N - V -(à Nqn) - N — *Je (te) dis la vérité. Ce n'est pas ce que j'ai voulu dire.*
Int.ind — *Je te dirai pourquoi je ne suis pas venu.*
que S Ind — *Il m'a dit qu'il faisait beau.*
Ind/Kj |neg — *Nous ne voulons pas dire, bien sûr, que le locuteur...a pour seule motivation psychologique de signaler la relation. Je ne dis pas que ce soit une idée de génie.*
⌘ *Qu'est-ce que cela veut dire? Cela ne veut pas dire que S Kj.*
Ind/Kj |int — *Qui a dit que je n'étais pas là?. Qui vous dit qu'il s'agisse de Drusilla?/Camus/.*
Ø Inf 1 — *Il te dira n'avoir rien su de ton histoire.*
- à Nqn - que S Kj 2 — *Il m'a dit que je lui écrive plus souvent.*
- à Nqn - de Inf 2 — *Il m'a dit de lui écrire plus souvent.*

• **dire**[2] (3) — sagen
N - V - de Nqn - N — *Dire du mal de qn.*
que S Ind 2 — *Il a dit de moi que je n'étais pas capable de faire cela.*
Ind/Kj 2 |neg — *Je ne dis pas de lui qu'il est/soit incapable de se tirer d'affaire.*
⌘ *dire la messe:* die Messe lesen
⌘ FAM: *Ça ne me dit rien. Est-ce que ça te dit de venir avec nous au cinéma?* <etw> jm was sagen, jm passen
⌘ *(et) dire qu'il est venu!*

• **diriger**[1a] (2+L) — aus-richten, lenken
N - V - N -(qp) — *Diriger un tir (sur une cible). Diriger son regard sur/vers un objet. Diriger un train vers une autre destination. Diriger un étudiant vers d'autres matières.*
♦*N - se V - qp* — s. begeben, s. wenden
Jean se dirige vers le comptoir. Le fleuve se dirige vers le Nord.

diriger[1b] (3) — richten gegen
N - V - N - contre N — *Diriger ses critiques contre qn. Tout cela ne signifiait pas que ces affaires fussent dirigées contre ma personne ni même contre ma fonction/Pilhes/.*
♦*N - se V - contre N* — *Ses critiques se dirigent contre moi.*

diriger[2] (2) — lenken, leiten, dirigieren
N - V - N — *Diriger une entreprise, une chorale, la construction d'un barrage.*

discerner (2) — erkennen, ausmachen (können), durchschauen
N - V - N — *Discerner un bateau dans le brouillard, une barque sur le lac. Discerner les intentions de qn.*
N - V - Npl — den Unterschied erkennen, unterscheiden
Discerner plusieurs couleurs.
♦*N - V - N - de/d'avec N* — *Discerner le vrai du faux, le vrai d'avec le faux.*

discipliner (2) — Disziplin beibringen, disziplinieren
N - V - Nqn — *Discipliner une armée, une population.*
N - V - Nqc — Ordnung bringen in
Il doit apprendre à discipliner son travail.

disconvenir (2) REL — |neg.: nicht widersprechen
N - V - de N — *Je n'en disconviens pas.*
que (ne) S Kj |×1 — *Je ne disconviens pas que cette interprétation (ne) soit discutable.*
que S Ind |×1 — *Je ne disconviens pas que cela est utile, que l'on aurait pu faire autrement.*

discourir (2) — s. auslassen über
N - V -(de/sur N) — *Discourir sur un sujet inépuisable. Ils discourent de la montée des prix et sur les remèdes à y apporter.*

discréditer (2) — in Verruf bringen, diskreditieren
N - V - N <auprès de Nqn > — *Il s'agit d'un faux pamphlet destiné à discréditer d'avance auprès des délégués à l'O.E.A toute protestation de la gauche contre le gouvernement/LeM/. Discréditer une personnalité en vue.*

discriminer (2) LIT — unterscheiden
N - V - Npl — *Il faut apprendre à discriminer les synonymes.*
♦*N - V - N - de N* — *Discriminer un synonyme d'un autre.*

disculper (3) — reinwaschen
N - V - N -(de N) — *Les témoins ont disculpé l'accusé. Disculper qn des fautes qui lui étaient imputées. ...comme s'ils devaient perpétuellement se disculper d'un péché originel/LeM/.*

• **discuter**[1] (2) — diskutieren, besprechen
Npl - V -(de/sur N) — *Les membres du conseil municipal ont longtemps discuté du/sur le budget. Les délégués vont discuter de leurs problèmes.*
♦*N - V -(de/sur N)- avec N* — *Le maire discute avec une délégation(du budget municipal).*

Npl - V - N — *Les conseillers municipaux ont discuté l'opportunité d'élections anticipées.*

discuter[2] (2) — bestreiten, in Zweifel ziehen
N - V - N — *Discuter le bien-fondé d'une décision.*

disgracier (2) — jn in Ungnade fallen lassen
N - V - N — *Le Président a disgracié son Premier ministre.*

disjoindre[a] (2) — von einander trennen
N - V - Npl — *Disjoindre diverses pièces d'un mécanisme. Les ronces avaient disjoint les dalles/Daudet/.*

disjoindre[b] (2) — von einander ab-trennen
N - V - Npl-2 — *Disjoindre deux sujets, deux accusations.*

disloquer (2) — auseinandernehmen, verrenken, kaputt machen
N - V - N — *Disloquer les rouages d'un mécanisme. (×disloquer son bras) > se disloquer le bras. Le choc a disloqué le moteur.*
fig.: zerstören, auseinanderfallen lassen
...le moment où l'Empire romain fut disloqué par les invasions /R.L. Wagner/.
(Demonstration) auseinandertreiben, sprengen
La police a disloqué la manifestation.

• **disparaître** (1+L) — verschwinden
N - V -((de)qp) — *Mais les bougies avaient disparu/Pilhes/. Cette volonté de s'évader d'un univers clos n'a jamais complètement disparu/LeM/. Cette voiture a disparu de la circulation. Paul a disparu derrière la maison. La fièvre a disparu. Les cambrioleurs ont disparu par le toit. Ce livre a disparu de la circulation.*
FAM ⧗ *disparaître dans la nature:* spurlos verschwinden
Depuis quelque temps, Paul a disparu dans la nature.
⧗ *porter qn disparu:* jn vermißt melden
⧗ versterben
Rimbaud a disparu à l'âge de 31 ans.

dispenser[1] (3) — befreien, dispensieren
N - V - N - de N — *Dispenser qn de gymnastique.*
-(N) - de Inf 2 — jn einer Verpflichtung entheben
Vos succès ne vous dispensent pas de poursuivre vos efforts. Etre modeste ne dispense pas d'être savant.

dispenser[2a] (3) — von sich geben, ausstrahlen
N - V - N — *Ce corps dispense de la chaleur.*

dispenser[2b] (3) — erteilen, vermitteln
N - V - N -(à Nqn) — *Dispenser ses conseils, des paroles d'encouragement (à qn). Dispenser des soins à un malade. Des universités dispensaient à une partie de la population de solides connaissances en latin classique/R.L.Wagner/. Le concile de Tours enjoint aux prédicateurs de dispenser leurs homélies in lingua romana rustica /R.L.Wagner/.*

disperser (2) — ver-, zerstreuen, auseinandertreiben
N - V - Npl < qp > — *Un courant d'air a dispersé des papiers sur le sol. La police a dispersé la foule. Le général dispersa ses troupes dans la plaine. Les manifestants se dispersèrent alors/LeM/.*
fig.: zersplittern
Disperser ses efforts, son énergie.

• **disposer**[1a] (2+L) — zurechtlegen, -setzen, -stellen, aufstellen, zusammensetzen zu
N - V - N -(qp) — *Disposer des meubles dans un appartement, des chaises autour d'une table. Disposer des fleurs avec goût.*
< en N > — *Disposer des objets en ligne, en triangle.*

• **disposer**[1b] (3) — jn (günstig...) stimmen, jn dazu bewegen
N - V - N -(à N) — *Les circonstances l'ont disposé à l'indulgence.*
< Adv > — *Mes paroles l'ont disposé favorablement.*
à ce que S Kj 2 — *Les circonstances l'ont disposé à ce qu'il devienne indulgent.*
à Inf 2 — *Les circonstances l'ont disposé à devenir indulgent.*
♦*N - se V - à Inf 1* — s. anschicken, s. bereithalten
Se disposer à partir.

• **disposer**[2] (2) — verfügen (können)
N - V - de N — *L'armée dispose d'armes modernes. Je suis trop occupé, je ne dispose plus de mon temps. Il dispose de beaucoup d'argent.*

disputer[1] (2) — (an e-m Spiel, Wettkampf) teilnehmen, austragen
Npl - V - N — *Deux équipes de football disputent un match. Soixante pays disputent la coupe du monde.*
♦*N - V - N - avec N* — *L'équipe de Lyon dispute le match avec celle de Bordeaux.*
♦*N - V - N - à N* — kämpfen um, streitig machen
Lyon disputera le record à l'équipe de Paris. Disputer un poste à qn.
LIT ⧗ *N-V-Ø: La veille, Jules avait disputé de zèle avec Pierre pour faire danser Marie.*

• **se disputer**[2] (1/2) — s. streiten, s. zanken
Npl - se V — *Jean et Pierre se disputent.*
♦*N - se V - avec N* — *Jean se dispute avec Pierre.*
Npl - se V - N — s. streiten, kämpfen um

		Les enfants se disputent une tablette de chocolat. Les deux champions se disputent le titre de champion mondial.
♦N - se V - N - avec N	LIT	*Jean se dispute une tablette de chocolat avec Pierre.*
disputer[3] (2)	FAM	ausschimpfen, -schelten
N - V - N		*Disputer un enfant désobéissant.*
disqualifier (2)		disqualifizieren
N - V - N		*Disqualifier un sportif pour infraction au règlement.*
		RARE: jn herabsetzen, -würdigen
		Disqualifier qn par des propos malveillants.
♦N - se V		s. blamieren, s. disqualifizieren
		Il s'est disqualifié par son attitude.
disséminer (2+L)		aus-, ver-, zer-streuen
N - V - Npl -(qp)		*Le vent dissémine les feuilles mortes (sur le trottoir). Le magasin a disséminé ses succursales dans toute la région.*
disséquer (2)		sezieren, fig.: analysieren
N - V - N		*Disséquer une souris pour l'expérience. Disséquer un discours.*
disserter (2)		etw (eher pedantisch) erörtern
N - V -(de N)		*A la fin du repas on se mit à disserter de politique.*
sur N		e-n Aufsatz, eine Abhandlung schreiben, verfassen
		Les élèves durent disserter au baccalauréat sur un vers de Racine.
dissimiler (2)		dissimilieren
N - V - N		*Dissimiler un son par rapport à celui qui le suit.*
• dissimuler[a] (2+L)		verbergen
N - V - N -(qp)		*Dissimuler son visage dans ses mains, un prisonnier évadé chez soi.*
♦N - se V -(qp)		*Le voleur s'était dissimulé sous le lit.*
• dissimuler[b] (3)		verbergen, -heimlichen, -hehlen
N - V -(à N) -(N)		*Le médecin dissimula au malade son état de santé.*
▼N - V - N		*Dissimuler son visage par un voile. Un nouveau tabou, succédant à l'ancien, tend à dissimuler ce fait/LeM/.*
▼N - V		*Il maîtrise parfaitement l'art de dissimuler.*
N - V - à N - que S Ind		*Il m'a dissimulé qu'il était au courant.*
Kj		*Il dissimule qu'il soit au courant.*
que S Ind/Kj |*neg/int*		*Je ne vous dissimule pas qu'il a/ait plus de difficultés que moi. Vous a-t-il dissimulé qu'il est au courant? Vous aurait-il dissimulé qu'il soit au courant?*
Int.ind		*Il a dissimulé à qui il devait son patrimoine.*
Ø Inf 1		*Je lui ai dissimulé être au courant de l'affaire.*
• dissiper[a] (2)		auflösen, verschwinden, (Zweifel) zerstreuen, (Geld) verschwenden
N - V - Nqc		*Le vent dissipe la brume. L'orage se dissipe. Dissiper les doutes de qn. Paul a dissipé une fortune. Nos illusions se dissipent.*
dissiper[b] (2)		jn ablenken
N - V - Nqn		*Un élève dissipe ses voisins.*
♦Nqn - se V		unruhig werden, s. ablenken lassen
		Après quatre heures de cours, les élèves se dissipent inévitablement.
dissocier (2)		auflösen, zerlegen
N - V - N < en Npl >		*Dissocier un corps chimique en ses composants, un mécanisme.*
N - V - Npl		trennen, auflösen
		Dissocions les deux aspects de la question. Les dissensions ont dissocié l'équipe dirigeante.
♦N - V - N - de N		*Son intention était de dissocier Saint-Ramé, patron de la firme, du directeur adjoint, responsable, à l'intérieur, des événements touchant au personnel/Pilhes/.*
• dissoudre (2)		auflösen
N - V - N		*Marie dissout du sucre dans de l'eau. L'eau dissout le sucre. Fig.: Le Président de la République a pouvoir de dissoudre le parlement.*
dissuader (3)		jn abbringen von, jm etw ausreden, < etw > jn abschrecken von
N - V -(N) -(de N)		*J'ai tenté de le dissuader de sa décision irréfléchie.*
▼N - V - N		*Son argumentation m'a dissuadé.*
▼N - V - de N		*La force de frappe est censée dissuader d'éventuelles agressions.*
▼N - V		*Est-ce que vous croyez que la force de frappe dissuade vraiment? Je ne dis cela que pour dissuader.*
N - V - N - de ce que S Kj 2	RARE	*Je vais le dissuader de ce qu'il entreprenne ce voyage.*
que S Kj 2	RARE	*J'essaie de le dissuader qu'il entreprenne ce voyage.*
de Inf 2		*Cela ne doit pas nous dissuader d'agir. Cela ne doit pas dissuader d'agir.*
distancer (2)		überrunden, < Sport > hinter sich lassen, abhängen
N - V - N		*Distancer un coureur. Le candidat républicain distance largement son concurrent démocrate.*
distiller (2/1)		destillieren, (Alkohol) brennen
N - V - N		*Distiller de l'alcool.*
		<Bienen> (Honig) absondern

RARE — *Les abeilles reviennent à la ruche pour distiller le miel.*
fig.: dosiert von sich geben, verbreiten
Le journaliste distille son venin contre un personnage public. Son discours distillait la tristesse, l'ennui.

N - V — destillieren, tröpfeln
Le liquide distille goutte à goutte.

• **distinguer** (2)
N - V - N < qp > — unterscheiden, erkennen
Distinguer un bateau dans la brume, des barques sur le lac.
< parmi N > — fig.: hervorheben, auszeichnen
L'originalité de son style le distingue. Parmi les phénomènes couramment décrits en syntaxe, nous avons distingué quelques questions dont l'étude nous semble particulièrement importante/M. Gross/.

N - V - Npl — unterscheiden
Distinguer des couleurs (entre elles, les unes des autres).
♦*N - V - N - de/d'avec N* — *Distinguer le rouge du vert, d'avec le vert.*
♦*N - se V - de N* — s. unterscheiden von, s. abheben von
Son style se distingue de celui de ses contemporains par son élégance. Il se distingue de ses contemporains par la richesse de son style.

♦*N - se V < qp/parmi N>* — erkennbar werden
Au loin se distinguent les côtes de l'Afrique.
s. auszeichnen, s. hervortun
Le maître s'est distingué dans ce procès.

• **distraire**[1] (3)
N - V - N - de N — <Geld> entnehmen; etw abziehen von
Distraire une somme d'argent d'un dépôt. Distraire quelques minutes de l'emploi du temps.
LIT: abtrennen, -sondern
La direction du musée a distrait plusieurs tableaux de la collection impressionniste.

distraire[2] (2)
N - V -(N) — zerstreuen, ablenken, unterhalten
Ce spectacle nous a bien distraits. Je m'excuse de distraire votre attention. Voilà un spectacle qui distrait bien.

• **distribuer** (2/2+L/3)
N - V - Npl -(qp) — verteilen
Distribuer les cartes sur la table. Distribuer le courrier (dans les boîtes aux lettres).
parmi/entre Nqn-pl — *Distribuer des tracts parmi les assistants. Distribuer son héritage entre ses enfants.*
N - V - Npl - à Nqn-pl — *Distribuer des tracts aux passants.*
N - V - N < en Npl > — aufteilen
J'ai distribué ma chambre en deux parties.

divaguer[1] (1) — RARE — <Fluß> über die Ufer treten, <Tiere> frei herumlaufen
N - V — *Après l'orage la rivière a divagué. Les barrières laissées ouvertes laissent les animaux divaguer hors de leurs enclos /LeM/.*

divaguer[2] (1) — FAM — phantasieren, faseln
N - V — *Tu divagues, Daisy, tu as de la fièvre/Ionesco/.*

diverger[a] (1) — auseinanderlaufen
Npl - V — *Les deux chemins divergent à partir d'un certain point.*

diverger[b] (1) — geteilter Meinung sein, divergieren
Nqn-pl - V < sur/dans N > — *Nous divergeons sur ce point. Nous divergeons dans nos opinions.*
♦*Nqn - V - avec Nqn <sur N >* — *Je diverge avec vous sur ce point.*

diversifier (2) — abwechselungsreich gestalten, variieren
N - V - N — *La firme diversifie la gamme de ses produits. Il aime diversifier ses exemples.*

divertir (2) — zerstreuen, vergnügen, unterhalten
N - V -(N) — *Ce film nous a bien divertis. Ce film divertit vraiment.*

diviniser (2) — vergöttlichen
N - V - N — *Les anciens divinisaient les vertus.*
Fig.: Cette philosophie divinise le vital.

• **diviser**[a] (2) — auf-, zer-teilen
N - V - N <en Npl> — *Diviser une pièce en deux par une cloison. Le fleuve divise la ville en deux. Une frontière divise le pays.*
par N — teilen, dividieren
Diviser dix par quatre.

diviser[b] (2) — entzweien
N - V - Npl — *Ce contentieux diplomatique divise les deux gouvernements (entre eux).*

• **divorcer**[a] (1) — s. scheiden lassen
Npl - V — *Les conjoints ont divorcé.*
♦*N - V -(avec/d'avec N)* — *Le mari a divorcé avec/d'avec sa femme,* RARE: *de sa femme.*

divorcer[b] (2) — RARE — brechen mit
N - V - de/d'avec/avec N — *L'artiste a divorcé d'avec l'avant-garde. Divorcer avec le mensonge/G. Sand/*

divulguer (3) — verbreiten
N - V - N -(à N) — *Divulguer une nouvelle (au public).*

N - V -(à N) - que S Ind	*La presse a divulgué que l'on avait vendu des armes à une dictature.*
Int.ind	*La presse a divulgué comment la vente d'armes a eu lieu.*
Ø Inf 1	*Le gouvernement a divulgué ne pas avoir vendu d'armes.*
documenter (2)	mit Beleg-, Informationsmaterial versehen, dokumentieren
N - V - Nqc	*Bien documenter un ouvrage scientifique.*
N - V - Nqn <sur N>	jn mit Unterlagen über etw versorgen
	Le bibliothécaire m'a documenté sur cette question.
dodeliner (1)	mit dem Kopf wackeln
N - V < de N >	*Dodeliner de la tête.*
dogmatiser (1)	lehrhaft über etw reden, schreiben
N - V < sur N >	*Il dogmatise toujours et sur tout.*
domestiquer (2)	zähmen
N - V - N	*Domestiquer un serpent.*
	fig.: s. etw verfügbar machen, s. etw unterwerfen
	Domestiquer la nature, l'énergie atomique.
domicilier (2+L)	jm e-n Wohnsitz zuweisen
N - V - N - qp	*On l'a domicilié par erreur à une fausse adresse.*
	⧓ *se faire domicilier qp:* s-n Wohnsitz anmelden
	⧓ *être domicilié qp:* s-n Wohnsitz haben
• dominer (1/2)	dominieren, die Oberhand haben
N - V < dans N >	*Les femmes dominent dans l'usine.*
< sur N >	*L'équipe a dominé (sur ses adversaires) tout au long du match.*
N - V - N	beherrschen
	Ce pays a plusieurs fois tenté de dominer ses voisins. Jean domine sa peur, son sujet, la situation. Nous vivons dans un monde dominé par l'économie/Pilhes/. L'Iran et l'Italie ont dominé le 1er Festival du Caire/LeM/.
	überragen, beherrschen, jn übertreffen
	Un grand chêne domine le parc. La cathédrale domine toute la plaine. Il domine de loin ses concurrents.
dompter (2)	bändigen, zähmen
N - V - N	*Dompter des lions.*
	Fig.: dompter ses passions, ses sentiments.
• donner^{1} (3)	geben
N - V - N -(à N)	*Il m'a donné cinq sous. Il me donne des conseils. J'ai tout donné, je n'ai plus rien.*
	⧓ *N - V - Ø - à N: Il donne aux pauvres (sc. des aumônes).*
	⧓ *donner à boire, à manger à qn (sc.: quelque chose)*
	⧓ *donner de la peine à qn:* jm Mühe, Arbeit machen
	Cet enfant me donne beaucoup de peine, me donne du mal.
	⧓ *donner à penser, à entendre:* zu denken, zu verstehen geben
	⧓ *donner à croire que..:* Anlaß zu der Annahme geben, daß
	Ses longs développements étaient marqués d'un accent polémique qui donnait à croire que l'orateur de campagne électorale c'était lui/LeM/.
	⧓ *donner envie, faim, confiance, conscience, raison...(à qn)*
	⧓ *Je lui donne quarante ans:* jn auf ein Alter schätzen
	⧓ *N-V-N-àN-pour adj: Je ne vous donne pas cette information pour certaine.*
REL	♦*N-seV-pour adj/n:* s. ausgeben als
	Il s'est donné pour le prince de Prusse.
♦*Nqn - se V -(à Nqc/qn)*	s. jm hingeben, s. engagieren für etw
	Se donner à qn, à une cause, à un travail. Il s'est donné sans compter.
	⧓ *il est donné à Nqn de Inf 1: Il m'a rarement été donné de faire de longs voyages.*
• donner^{2a} (1+L)	<etw> gehen, liegen nach, führen auf, <jd> stoßen gegen
N - V - qp	*La façade donne vers le nord. La pièce donne sur la cour, dans un couloir, sur la rue.*
♦*N - V - de N - contre N*	*Un homme alla donner de la tête contre le bar.*
	⧓ *donner dans un piège:* in eine Falle gehen
donner^{2b} (2)	verfallen in
N - V - dans N	*Depuis quelque temps, il donne dans le genre pieux. Donner dans un défaut, dans le ridicule.*
• donner^{3} (2)	er-geben, liefern, tragen
N - V -(N)	*Cette vigne donne un excellent raisin. La vigne a bien donné. Les recherches n'ont rien donné.*
s'en donner^{4} (1)	s. gut amüsieren
Nqn - s'en V	*Les enfants s'en sont donnés à coeur joie pendant la fête.*
doper (2)	dopen
N - V - N	*Doper un coureur cycliste.*
dorer (2)	vergolden
N - V - N	*Dorer les tranches d'un livre.*
dorloter (2)	verhätscheln, umhegen
N - V - N	*Le grand-père dorlote son petit-fils.*

• **dormir** (1) — schlafen
N - V < (pendant) N > — *Qui dort dîne. J'ai dormi (pendant) trois heures.*
< de N > — *Dormir du sommeil du juste, d'un sommeil léger.*
✱ *dormir son dernier sommeil.*

doser (2) — dosieren
N - V - N — *Doser soigneusement un remède. Doser ses louanges, ses efforts.*

doter[a] (3) — Mitgift geben, dotieren
N - V - N -(de N) — *Doter sa fille. Doter un hôpital de fonds limités.*

doter[b] (3) — etw versehen mit, ausrüsten mit, ✱ e-r S etw verleihen
N - V - N - de N — *On a doté l'avion d'un appareillage technique très sophistiqué. Le nouveau président ne parviendra cependant jamais à doter son gouvernement d'une assise solide/LeM/. Les planches étaient éclairées par une douzaine de bougies, ce qui dotait ces préparatifs d'un caractère singulier, presque irréel /Pilhes/. L'Etat dont le Polisario vient de se doter/LeM/.*

• **doubler**[1] (2/1) — (s.) verdoppeln
N - V - N — *Le nombre des trafiquants de drogue a doublé.*
N - V — *Doubler sa fortune en dix ans.*
✱ ×*N-seV*
♦*N - se V - de N* — ✱ noch hinzukommen zu
Le malaise 'fiscal' des Gaullistes se double des inquiétudes que suscitent ...les dernières prises de position du général Méry/LeM/.

doubler[2] (2) — füttern
N - V - N — *Doubler un manteau.*

doubler[3] (2) — überholen
N - V -(N) — *La 2 CV double (un camion)*

doubler[4] (2) — doublen, jn als Stuntman ersetzen
N - V - N — *Doubler un acteur dans une scène d'acrobatie.*
✱ *doubler un film:* synchronisieren

doubler[5] (2) POP — |se faire+ Inf: s. reinlegen lassen, ✱ jm zuvorkommen
N - V - N — *Le gang s'est fait doubler par des concurrents plus habiles.*

doucher (2) — duschen
N - V - N — *Doucher un enfant.*
FIG.:FAM: jn ernüchtern, e-e kalte Dusche sein für jn
Sa réponse m'a douché.

douer (3) — ausstatten mit
N - V - N - de N — *La nature l'a doué d'une intelligence exceptionnelle.*

• **douter**[1] (2) — zweifeln, anzweifeln, bezweifeln
N - V - de N — *Je doute de sa sincérité.*
de ce que S Kj — *Je doute de ce qu'il veuille venir nous voir.*
que S Kj — *Nous doutons fort que l'administration puisse réaliser ce plan /LeM/. Doutez-vous que je me sois déjà proposé cette objection?*
Int. ind LIT — *Je doute moi-même si je n'ai pas rêvé/A. France/.*
que S Ind RARE — *Toute notre vie nous avons douté qu'il était possible de s'aimer toujours/M. Duras/.*
que (ne) S Kj |*neg* — *On ne pouvait douter que David fût sauvé/J. Green/. Je ne pouvais douter que son visage ne ruisselât de larmes/Mauriac/.*
que S Ind |*neg* RARE — *On ne doute pas qu'il y a des choses au-dessus de l'esprit /Bernanos/. Je ne doute pas qu'elle élèvera ses enfants dans la foi chrétienne/G. Chevallier/.*
de Inf 1 — *Je doute de pouvoir arriver à temps.*

• **se douter**[2] (2) — ahnen
N - se V - de N — *Je me suis douté de cela. Je m'en doutais bien.*
de ce que S Ind RARE — *Je me doute de ce que cela est difficile.*
que S Ind — *Qui se douterait, par exemple,que la leçon d'un maître d'école à ses élèves est un bien?/Pilhes/. Les deux hommes ne se doutaient pas que le directeur adjoint détaillait ce long trait noir sous l'empire d'une forte émotion/Pilhes/. Il ne se doute pas que je le tiens/Mauriac/.*
Ø Inf 1 — *Il ne se serait jamais douté avoir si bien réussi à l'examen.*

draguer[1] (2) — aus-baggern
N - V -(N) — *Draguer un canal. L'équipe a dragué pendant une semaine.*

draguer[2] (2) FAM — jn aufzureißen ver-suchen, hinter (Mädchen..) her sein
N - V -(N) — *Jean drague (les filles).*

drainer (2) — trockenlegen, dränieren
N - V - N — *Drainer un terrain.*
fig.: an sich reißen, anziehen
Cette usine draine toute la main d'oeuvre de la région. Cette ville draine les touristes de la région.

dramatiser (2) — dramatisieren
N - V - N — *Dramatiser une situation.*

draper[1] (3/2) — umhüllen
N - V - N - de N — *On avait drapé le cercueil d'un drapeau tricolore.*
N - V - N — *Le drapeau tricolore drape le cercueil.*

♦*N - se V - dans N* — s. hüllen in, s. umhüllen mit
Il se drape dans son manteau.
Fig.: Il se drape dans une froide dignité.

draper[2] (2) — (Stoff..) in Falten legen
N - V - N — *L'étalagiste drape une étoffe sur le mannequin dans la vitrine.*

• dresser (2) — er-, aufrichten, (Tiere) dressieren, (Pferd) zureiten
N - V - N — *Dresser un monument, une tente. Dresser un chien, un cheval.*
X *dresser une liste:* (Liste) aufstellen
X *dresser les oreilles:* die Ohren spitzen

♦*N - se V* — s. aufrichten, aufragen, auftauchen
Le chien se dresse sur ses pattes arrière. Tout d'un coup, la silhouette du château se dressa dans la brume.

♦*N - se V - contre N* — fig.: s. richten, s. wenden gegen
Se dresser contre qn.

dribbler (2) — um-dribbeln
N - V -(N) — *Dribbler (le ballon, l'adversaire).*

droguer (2) — jm zuviel Medizin eingeben, jn unter Drogen setzen
N - V - N — *Droguer qn.*
♦*N - se V* — zuviel Medikamente nehmen, Drogen nehmen
Il se drogue pour mieux dormir. La jeunesse, hélas, de nos jours se drogue!

duper (2) — betrügen, hereinlegen, (Vertrauen) mißbrauchen
N - V - N — *Duper sa clientèle, la confiance de qn.*

durcir (1/2) — hart werden
N - V — *Le ciment durcit.*
N - V - N — hart machen, fig.: härter werden (lassen)
Le froid durcit le plastic. Le plastic se durcit au froid. Fig.: Le gouvernement a durci son attitude. A ma remarque, son visage se durcit.

• durer (1+Adv) — an-dauern, überdauern, <jd> aushalten, anhalten, so bleiben
N - V - (Adv$_{\text{(pendant)}}$ *N)* — *Pourvu que ça dure! La pluie a duré (pendant) une semaine, longtemps. Cette mode ne durera pas. Aujourd'hui nous avons duré un jour de plus que la Commune de Paris/Malraux/. Lyssenko ne dure guère plus que son dernier maître/LeM/. Le mauvais temps dure depuis quinze jours. L'exposition dure jusqu'à la fin du mois.*

dynamiter (2) — in die Luft jagen, sprengen
N - V - N — *Le commando a occupé et dynamité la cave vinicole/LeM/.*

ébahir (2) — verdutzen, verblüffen
N - V -(N) — *Il lance parfois des répliques qui ébahissent (ses amis).*
♦*Nqn - se V -(de N)* — *S'ébahir d'une réplique.*
de ce que S Ind/Kj — *Il s'ébahit de ce que son enfant sait/sache déjà marcher.*
que S Kj — *Je m'ébahis que le coût de la vie augmente aussi vite.*
de Inf 1 — *Je m'ébahis de voir le coût de la vie augmenter aussi vite.*

s'ébattre (1) — herumtollen, s. tummeln
N - se V — *Les enfants s'ébattent dans le jardin.*

ébaucher (2) — (in großen Zügen) entwerfen, skizzieren, ansetzen zu, andeuten
N - V - N — *Ebaucher un plan, un roman, une réponse, une pensée. Salavin ébaucha un geste vague de la main/Duhamel/. Même Ronson ébaucha un large sourire à cette réminiscence/Pilhes/.*
♦*N - se V* — s. abzeichnen
Une relance de l'économie semble s'ébaucher.

éblouir (2) — blenden
N - V -(N) — *Les voitures venant d'en face nous éblouissent. Ses phares éblouissent.*
Fig.: Il se laisse facilement éblouir par un étalage d'érudition.

éborgner (2) — jm ein Auge nehmen, ✗ ein Auge verlieren in/bei
N - V - N — *Un accident a failli l'éborgner.*

ébouillanter (2) — abbrühen
N - V - N — *Ebouillanter un cochon, un poulet.*
heiß ausspülen
Ebouillanter une théière.
♦*N - se V* — s. verbrühen
Je me suis ébouillanté en me renversant du thé sur les pieds.

ébouler (2/1) — abbröckeln lassen
N - V - N RARE — *Le froid a éboulé la roche.*
♦*N - se V* — *La falaise s'est éboulée sur la route.*
N - V RARE — abbröckeln
La roche a éboulé à cet endroit.

ébouriffer (2) — (die Haare) in Unordnung bringen, zerzausen
N - V - N — *La course a ébouriffé ses cheveux > lui a ébouriffé les cheveux.*
Fig.:FAM: jn verblüffen, aus der Fassung bringen
Je ne disais cela que pour vous ébouriffer un peu.

ébranler (2) — erschüttern
N - V - N — *L'explosion a ébranlé le bâtiment.*
Fig.: zum Wanken bringen
Il a su ébranler ma confiance. Il s'est laissé ébranler par mes arguments.
♦*N - se V* — s. in Bewegung setzen
Le train, le cortège s'ébranla.

ébrécher (2) — schartig machen
N - V - N — *Ebrécher une lame, un verre.*

s'ébrouer (1) — s. schütteln, schnauben
N - se V — *Le canard, le cheval s'ébrouent.*
Nqn - se V — s. (st)recken
Il voulait que les employés puissent s'ébrouer, se montrer à leur aise/Pilhes/.

ébruiter (2) — ausplaudern, durchsickern lassen
N - V - N — *Le gouvernement a ébruité un secret.*
que S Ind — *Il a ébruité qu'un putsch se préparait.*
Ø Inf 1 — *La direction a ébruité vouloir licencier du personnel.*
♦*N - se V* — ruchbar werden, durchsickern
Les plans secrets de la direction se sont ébruités.
Que S Ind/Kj -(cela) - se V RARE — *Que le ministre ait l'intention de démissionner (cela) semble s'ébruiter dans la presse.*
♦*il - se V - que S Kj/Ind* RARE — *Il semble s'ébruiter que le ministre ait l'intention de démissionner.*

écailler (2) — (Fisch) abschuppen, (Muscheln) aufmachen
N - V - N — *Ecailler un poisson, des huîtres.*
♦*N - se V* — abblättern
La peinture, le plafond s'écaille.

écarquiller (2) — (Augen) aufreißen
N - V - N — *Il écarquilla les yeux.*

écarteler (2) — vierteilen
N - V - N — *Ecarteler un voleur était l'usage au moyen âge.*
✗ *fig.: être écartelé entre Npl:* hin un her gerissen werden
Je suis écartelé entre des désirs contraires.

• **écarter**[a] (2) — auseinanderrücken, -schieben,-ziehen...; (Arme) ausbreiten, (Beine) spreizen
N - V - Npl — *La femme de ménage écarta les rideaux. Ecarter les bras, les jambes.*
♦*N - V - N -(de N)* — entfernen, fern halten, zurück-, wegdrängen, -schieben...
Ecarter une chaise de la cheminée. Il écarta le fauteuil. La

police écarta les curieux du lieu de l'accident. Cette route vous écartera de votre trajet. Il a été écarté du gouvernement.

♦*Npl - se V*
auseinander gehen, laufen, rücken, s. voneinander entfernen
Les rideaux s'écartèrent à la fenêtre d'en face. Les policiers s'écartèrent au passage du cortège.

♦*N - se V -(de N)*
s. entfernen von, abweichen von, beiseite-, zurücktreten
Il s'écarte de son but, de son chemin, de son sujet. Tout ce qui s'écarte d'un certain modèle est rejeté.

<de N>
Il s'écarta de quelques pas/Gide/.

écarter[b] (2)
N - V - N
beiseiteschieben, aufgeben, ausschließen, von sich weisen
Ecarter une hypothèse, une idée, tout espoir de succès. Avant de quitter la Suisse, il avait écarté l'éventualité de négociations entre son gouvernement et la SWAPO/LeM/.

échafauder (1/2)
N - V
ein Gerüst aufstellen
Les maçons ont échafaudé pour ravaler la façade.
N - V - N VIEUX
übereinanderstapeln
Paul échafaude des livres pour monter dessus.
fig.: (Plan...) aufstellen, entwerfen, s. zurechtzimmern
Echafauder un plan, des projets, des hypothèses hasardeuses.

• **échanger** (2)
N(pl) - V - Npl
aus-, umtauschen, (Worte, Blicke) wechseln
On n'échange pas les marchandises achetées en solde. Echanger des lettres, des cadeaux. Nous avons un quart d'heure pour échanger nos impressions au sujet de cette espèce de tract /Pilhes/.
⧗ *Ils se promenèrent longtemps sans échanger une parole ni un regard.*

♦*N - V - N -(contre/pour N)*
Paul a échangé ses billes contre un stylo. Sur le marché, l'argent de ceux qui demandent s'échange contre les biens matériels et immatériels de ceux qui les offrent/Pilhes/. Il a échangé son appartement en ville pour une maison à la campagne.

♦*N - V - Npl -(avec Nqn)*
Jeanne échange des timbres avec Marie.

• **échapper[a]** (2)
N - V - de N
entgleiten, -wischen, -kommen
Le plateau a échappé des mains du serveur > lui a échappé des mains.
REL: *Le prisonnier a échappé des mains de ses gardiens.*
⧗ *laisser échapper qc:* etw fallen...lassen
J'ai laissé échapper mon briquet.
Fig.: Il laissa échapper sa colère: e-r S freien Lauf lassen

♦*N - se V -(de qp/de N)*
entweichen aus, < jd > ausbrechen
La vapeur s'échappe de la casserole. Les détenus se sont échappés de la prison. Plusieurs prisonniers se sont échappés.

Nqn - V - à Nqc/qn
entwischen, entkommen
Le prisonnier a échappé à (la surveillance de) ses gardiens. Le chien a échappé à son maître.
an etw vorbeikommen, um etw herumkommen
Il a échappé de justesse au numerus clausus. C'est une maladie à laquelle j'ai heureusement échappé. Il a échappé de justesse à la mort dans cet accident.
Fig.: entgleiten
Son fils lui échappe de plus en plus.
⧗ *Loc.: l'échapper belle:* mit heiler Haut davonkommen

échapper[b] (2)
Nqc - V - à Nqn
jm entgehen, ⧗ etw nicht bemerken, nicht verstehen
Cette erreur m'a échappé. J'ai vu le film, mais la plupart des dialogues m'a échappé. Rien ne saurait lui échapper.

que S Ind/Kj -(cela) - V - à Nqn
Que son nom n'était/ne soit pas sur la liste (cela) ne lui a pas échappé.

♦*Il/cela - V - à Nqn - que S Ind/Kj*
Il ne m'échappait pas que la présence d'un responsable syndical interdisait la connivence. L'absurdité de la chose n'échappait pas à Mercadier, ni qu'il restât ici.../Aragon/. Cela ne lui a pas échappé que son nom ne figurât pas sur la liste.

Nqc - V - à Nqn
jm entschlüpfen, jm herausrutschen
Cette remarque m'a échappé.
RARE: *Cette remarque lui* est *échappée.*

♦*il - V - à N - N*
Il lui échappa un mot malheureux.
de Inf 2
Il m'est/m'a parfois échappé de divulguer des petits secrets en public.

écharper (2)
N - V - N
zerfleischen, übel zurichten
Le dogue a écharpé l'enfant. La foule a failli écharper l'assassin.
⧗ FAM: *se faire écharper*
Il s'est bien fait écharper dans cette bagarre.

échauder (2)
N - V - N
überbrühen, kurz in heißes Wasser legen, heiß ausspülen
Echauder un cochon. Echauder une volaille pour mieux la pouvoir plumer. Echauder des tomates pour les peler. Echauder une théière.
⧗ *Fig.:*FAM: ernüchtern, enttäuschen
Cette aventure l'a échaudé, il ne recommencera plus.
⧗ *Loc.: Chat échaudé craint l'eau froide:* gebranntes Kind scheut das Feuer.

échauffer (2)
N - V - N
erwärmen, warm machen
Le frottement échauffe le métal.
Fig.: erhitzen
L'ambiance orageuse de la réunion a échauffé les esprits.
♦*N - se V*
<Sport> s. warm laufen; fig.: s. ereifern, hitzig werden
Le footballeur s'échauffe avant d'entrer sur le stade.
Fig.: Il s'est échauffé pour rien. La discussion s'échauffe.

échelonner (2)
N - V - N < sur N >
(zeitlich) verteilen, staffeln
Les ministres ont échelonné les vacances scolaires des Länder. Echelonner des paiements. J'ai décidé d'échelonner mon congé annuel sur plusieurs mois. Les travaux du métro s'échelonnent sur cinq ans.

écheveler (2) LIT
N - V - N
(Haare) zerzausen, durcheinanderbringen
La course folle l'avait échevelé.

• **échoir**[1] (1)
N - V
ablaufen, fällig werden
Le terme échoit le quinze août.
⧗ *le cas échéant:* gegebenenfalls

échoir[2] (2) LIT
N - V - à N
jm zufallen, zuteil werden
Un héritage m'est échu.
(de) Inf - (cela)- V - à N
(De) prononcer le discours (cela) ne pouvait échoir qu'à moi.
♦*il - V - à N - de Inf*
Il m'est échu de prononcer le discours.

échouer[1a] (1+L)
N - V -(qp)
stranden, auflaufen
Le bateau a échoué (sur des récifs).
N - V - N -(qp)
stranden lassen
La tempête a échoué le bateau (sur les rochers).

échouer[1b] (1+L)
Nqn - V - qp
<jd> wo landen
Après avoir cherché un hôtel pendant des heures, il a lamentablement échoué à l'Armée du Salut.

• **échouer**[2] (1)
N - V <dans/à N>
scheitern, (im Examen) durchfallen, ⧗ jm nicht gelingen
Il a échoué dans ses efforts. Il a échoué à l'examen. Le gouvernement a échoué dans sa tentative de juguler l'inflation.
à Inf 1
Il a échoué à sauver la situation.

éclabousser (2)
N - V - N
voll-, bespritzen
Une voiture qui passe éclabousse les passants.
Fig.: kompromittieren
Le scandale immobilier a éclaboussé bon nombre de personnalités politiques.

• **éclaircir**[a] (2)
N - V - N
aufhellen, (Wald) durchforsten, (Flüssigkeit) verdünnen, verlängern, se V: s. lichten, (Himmel) s. aufhellen
Cette tapisserie éclaircit la pièce. Eclaircir une teinte en y mêlant du blanc. Eclaircir un bois, une soupe, la sauce.
⧗ *éclaircir sa voix:* s. räuspern

• **éclaircir**[b] (2)
N - V - N
erhellen, klären
Eclaircir un problème.
Int.ind
On n'est toujours pas arrivé à éclaircir comment le barrage a pu céder.

• **éclairer**[a] (2)
N - V -(N)
be-, aus-leuchten, erhellen
Eclairer une pièce à l'aide de spots. Cette ampoule éclaire mal.

• **éclairer**[b] (2)
N - V - N
jn aufklären, etw erhellen, klären
Eclairer l'esprit de qn. La publication de mon ouvrage éclairera la conscience des juges/Pilhes/. Je verrai Mme Aramgrude pour éclairer ces questions/Pilhes/. Son témoignange éclairera le procès d'un jour nouveau.
⧗ *Loc.: éclairer la lanterne de qn:* jn aufklären
Pourriez-vous éclairer ma lanterne à ce sujet?

• **éclater** (1/1+A)
Nqc - V
N - V -(en n)
zer-platzen, bersten, <Gewitter> ausbrechen
Un pneu, un obus éclate. L'eau chaude a fait éclater le verre. La bouteille a éclaté en mille morceaux. L'orage a éclaté.
<Weg> s. teilen, s. verzweigen
Le chemin éclate plus loin en trois directions.
Fig.: s. auf-spalten
Le parti a éclaté en plusieurs tendances.
Nqc - V
Fig.: ans Licht kommen, ⧗ <Skandal> kommen zu; <Krieg> ausbrechen, <Zorn> aus jm heraus-, hervorbrechen
La nouvelle affaire d'espionnage a éclaté le mercredi 2 juin /LeM/. Le scandale éclata à minuit chez la comtesse. La guerre vient d'éclater. Il ne put se contenir et sa colère éclata.
Nqn - V < de N >
ausbrechen in
Il éclata de rire.
⧗ *N'en pouvant plus, il éclata*
(sc. de rire): laut auflachen
(sc. de colère): ihm platzte der Kragen
⧗ *Nqn-V-en N:* ausbrechen in
Elle éclata en sanglots/Pilhes/.

éclipser[1] (2)
N - V - N
verdecken, verfinstern
La lune éclipse le soleil.

Fig.: jn ausstechen, etw in den Hintergrund treten lassen, die Bedeutung von etw mindern
Il a éclipsé tous ses concurrents. L'absence de décisions concrètes en ce domaine n'éclipse pas l'importance de l'entrée massive des pays d'Afrique/LeM/.

s'éclipser[2] (1) FAM
Nqn - se V
s. verdrücken
Il s'éclipsa après l'apéro.

éclore (1)
N - V
aufblühen, ausschlüpfen
Les fleurs ont éclos. Les poussins éclosent.

écoeurer (2)
N - V -(Nqn)
<Speise> zu süß sein; jn anwidern, an-ekeln
La crème qui accompagne ce gâteau m'écoeure. Trop de crème Chantilly écoeure. Sa conduite m'écoeure.

éconduire (2)
N - V - N
jm einen Korb, eine Abfuhr geben, jn hinauskomplimentieren
Elle a éconduit l'un après l'autre tous ses soupirants. Il entrait dans mes fonctions de ne pas éconduire un personnage aussi important et sourcilleux/Pilhes/. Je me suis fait poliment éconduire.

économiser (1/2)
N - V < sur N >
sparen (an)
Economiser (sur l'essence). Il économise sur tout.
N - V - N
er-sparen, sparsam umgehen mit
Economiser son argent, ses efforts. Ce procédé économisera du temps et de l'argent/M. Gross/.

écoper[1] (2)
N - V - N
leerschöpfen
Ecoper une embarcation.

écoper[2] (2) FAM
N - V -(N)
(Strafe, Schläge...)bekommen
Il a écopé cent francs d'amende. Il n'a pas mal écopé dans la bagarre.

écorcer (2)
N - V - N
entrinden, ab-schälen
Ecorcer une orange, un chêne-liège, du riz.

écorcher[1] (2)
N - V - N
ab-, ent-häuten, (s. die Haut) wundreiben,-laufen
Ecorcher un lièvre. S'écorcher le genou en tombant. Il s'est écorché les pieds à marcher pieds-nus pendant des heures.
FAM:
- *Il crie comme si on l'écorchait:* wie am Spieß brüllen
- *écorcher un nom:* (einen Namen) falsch aussprechen, entstellen
  Il a un nom à coucher dehors que tout le monde écorche.
- *écorcher une langue:* radebrechen
  Il écorche l'italien.
- *Loc.: écorcher les oreilles à qn:* jm die Ohren wundschreien
  Arrêtez-vous de crier, les enfants, vous m'écorchez les oreilles.

écorcher[2] (2) FAM
N - V - Nqn
jn ausnehmen, prellen
L'épicier du coin s'entend à écorcher le client.

écorner (2)
N - V - N
die Ecken von etw. abstoßen
Ecorner des livres en les transportant. Ecorner une table.
FAM: (Geld) anbrechen
Ecorner sa fortune.

écosser (2)
N - V- N
enthülsen
Ecosser des petits-pois.

écouler[1] (2)
N - V - N
(Waren) absetzen, in Umlauf bringen
Ecouler rapidement un stock de marchandises. Le gang a réussi à écouler des faux billets.

• **s'écouler**[2] (1)
N - se V
ab-laufen, ab-fließen
L'eau s'écoule par une rigole le long du toit de la voiture.
- Fig.: < Menge > strömen
  La foule s'écoule vers la bouche du métro.
  <Zeit> verrinnen, verfließen, -streichen, -gehen, vgl. couler
  Les journées s'écoulent vite.

écourter (2)
N - V - N
(Tiere) koupieren, (Schwanz) stutzen
Chez certains chiens de race, on écourte la queue.
ab-, verkürzen
Je dois écourter mon séjour parmi vous. Ils avaient écourté leur petit déjeuner pour venir aux nouvelles/Pilhes/.

• **écouter** (2)
N - V -(N)
an-, zu-, hin-hören
Ecoute! J'écoute la radio. M. Barre écoute, sans préciser le contenu de son plan contre l'inflation/LeM/. Cela trahissait, lorsqu'il parlait ou écoutait, une inquiétude profonde/LeM/.
auf jn hören
Bernie! cria Pam d'une voix suraiguë. N'écoute pas cet abruti! Je pars avec vous.
♦*N - V - N - inf 2*
Ils dépensaient leur temps précieux à écouter le directeur adjoint décrire une fêlure et le crâne d'un cadre mort/Pilhes/.

• **écraser**[1a] (2)
zerdrücken, -quetschen..., <Auto> überfahren, (Zigarette) ausdrücken
N - V - N < $qp_{sur/contre}$ >
Ecraser une mouche. Ecraser une tomate sur/contre le mur. La voiture a écrasé un piéton. Il s'est fait écraser par un car.

Paul écrase sa cigarette du pied.

♦N - se V < $qp_{contre/à/sur}$ > — zerschellen, prallen gegen
L'avion s'est écrasé au sol. La voiture a quitté la chaussée et est allée s'écraser contre un arbre.
s. platt drücken auf
Le tigre s'écrase sur le sol avant de bondir.
✕ POP: *Nqn-seV:* kneifen, nachgeben
Moi, quand je ne sais pas, je m'écrase.
✕ POP: *Nqn-V:* die Schnauze halten
Ecrase!

écraser[1b] (2/3/2)
N - V - N — unter-, niederwerfen, (Widerstand) brechen
Ecraser une révolte, la résistance de l'ennemi.
N - V - N - de N — jn überhäufen, belasten mit
Ecraser qn de travail. Ecraser la population d'impôts.
✕ *être écrasé de fatigue, de travail.*
N - V - N — nieder-, erdrücken, lasten auf
Des impôts lourds écrasent l'artisanat. Mais alors pourquoi ne pas retirer à l'homme seul la charge qui l'écrase/LeM/.

en écraser[2] (1) POP — tief, wie ein Sack schlafen
N - V
Qu'est-ce qu'il en écrase, cet ivrogne.

écrémer (2) — entrahmen
N - V - N
Ecrémer du lait.
Fig.: aus-sieben
Ce concours élitaire écrème les candidats. Ecrémer une équipe.

• **s'écrier** (2) — aus-rufen
N - se V -"N" — *"Sapristi" s'écria-t-il.*
que S Ind — *Il s'écria qu'il avait été trompé.*

• **écrire** (3) — schreiben
N - V -(N) -(à N) — *Je lui ai écrit une lettre.*
▼*N - V - N* — *Grass vient d'écrire une roman policier.*
▼*N - V - à N* — *Il nous a écrit deux fois.*
▼*N - V* — *Il apprend à écrire. Ce stylo écrit mal.*
N - V - à N - que S Ind — *Je lui ai écrit que je viendrais.*
Ø Inf 1 — *Je lui ai écrit avoir reçu son mandat.*
- à N - que S - Kj 2 — *Je lui ai écrit qu'il vienne.*
- à N - de Inf 2 — *Je lui ai écrit de revenir vite.*

écrouer (2) — einsperren, hinter Schloß und Riegel setzen
N - V - N
Une centaine de personnes ont été interpellées, et quatorze d'entre elles écrouées/LeM/. Les généraux putschistes avaient été écroués à la prison de la Santé.

s'écrouler (1) — zusammenbrechen, < Mauer > einfallen, einstürzen
N - se V
La maison et le mur se sont écroulés. L'orateur s'écroula en pleine assemblée.
Fig.: zusammenbrechen, <Plan> scheitern, <Hoffnungen> zunichte werden
Leur système économique s'écroulera sous le poids des appétits des ménagères/Pilhes/. Si on y avait touché, la fiction de son propre bonheur se serait écroulé/Aragon/. Ses espoirs se sont écroulés.

écumer[a] (1/2)
N - V — schäumen
La mer écume.
N - V - N — (den Schaum) abschöpfen
Ecumer la soupe.

écumer[b] (1/2)
N - V < de N > — schäumen vor
Paul écume de rage.
N - V - N — aus-plündern, absahnen...
Les antiquaires ont écumé la région. Une bande de gangsters écume le quartier. Au sud, ce sont les pirates sarrasins qui écument les côtes de la Méditerranée.

édicter (2) — erlassen
N - V - N
Peu après son arrivée au pouvoir, il a édicté une amnistie générale/LeM/.

édifier[a] (2) — bauen, errichten
N - V - N
Edifier un immeuble, un monument.

édifier[b] (2) — (Theorie..) auf-, erstellen, aufbauen
N - V - N
La mécanique quantique n'aurait jamais pu être édifiée sans une énorme masse de données/M. Gross/. Ces gens qui, en fabriquant,..édifiaient le bonheur des hommes/Pilhes/. Edifier un plan, un projet.
N - V -(Nqn) — jn erbauen
Voilà un livre qui édifie (son lecteur).

éditer (2) — herausgeben
N - V - N
Editer un livre.

édulcorer (2) — (Arznei..) süßen
N - V - N
Edulcorer un médicament.
Fig.: abschwächen, versüßen
Edulcorer dans un rapport la violence d'une discussion. Cette

description n'offre qu'une idée édulcorée des événements. Le second grand reproche qu'on adresse à la science est d'édulcorer la vie jusqu'à la 'robotiser'/LeM/.

éduquer (2)
N - V - N — erziehen
Eduquer des enfants

• effacer (2) — weg-, aus-reiben, -kratzen, -streichen, weg-wischen, verschwinden lassen, ausradieren
N - V - N — *Effacer une inscription qui se trouve sur un mur. On voit qu'à cet endroit du manuscrit un mot a été effacé.*
Fig.: L'habitude efface la sensibilité.
♦Nqc - se V — verschwinden, verblassen
L'inscription du panneau commence à s'effacer. Son sourire s'effaça. Sa silhouette s'effaça dans la brume.
< de/devant N > — fig.: verschwinden, zurücktreten
Le mort s'est effacé de ma mémoire. La plupart de ces questions s'effaçaient devant la nécessité d'accumuler des données empiriques/M. Gross/.
♦Nqn - se V < devant N > — beiseite-, zurücktreten, in den Hintergrund treten
Il s'effaça pour me laisser passer. Il faut que le virtuose s'efface devant le compositeur/Berlioz/.

effarer (2)
N - V - N — verschrecken, aus der Fassung bringen
Le gros chien a effaré l'enfant. Cette nouvelle l'a effaré.

effaroucher (2)
N - V - N — verscheuchen
Une voiture qui passa effaroucha les oiseaux.
Fig.: abschrecken, einschüchtern
Ne vous laissez pas effaroucher par son allure.

• effectuer (2)
N - V - N — durch-, ausführen
Effectuer un travail, des réformes, une opération, diverses recherches et vérifications. Les troupes ont effectué un repli stratégique.

effeuiller (2)
N - V - N — entblättern
Effeuiller une marguerite. La tempête a effeuillé les arbres.

effiler[1] (2)
N - V - N — ausfasern, aufribbeln
Effiler un pull-over, un tissu.
Cette étoffe s'effile.

effiler[2] (2) — (Haare) effilieren, ausdünnen, (Bartspitzen) zwirbeln, (Schatten) spitz zulaufen/werden lassen
N - V - N — *Effiler des cheveux, des nattes. Effiler entre ses doigts le bout de sa barbiche. Le soleil effile l'ombre des arbres.*

effilocher (2)
N - V - N — zerzupfen, -fasern
Effilocher une corde.
Fig.: Le vent effiloche les nuages. La fumée de la cheminée s'effiloche dans le vent.

effleurer (2)
N - V - N — leicht berühren
Effleurer qn au passage.
Fig.: (Problem) antippen, <Gedanke, Idee> jm kommen
Ne faire qu'effleurer un problème. L'idée ne les effleure pas qu'ils auraient peut-être pu fraterniser plutôt/Canard enchaîné/.

effondrer (2)
N - V - N RARE — (Schrank...) aufbrechen
Les cambrioleurs ont effondré le coffre-fort.
♦N - se V — einstürzen, -fallen, zusammenbrechen
Le mur s'effondre. Le plancher menace de s'effondrer. Les voûtes de la cathédrale menacent de s'effondrer. Les cours s'effondrent à la bourse. Paul s'effondre de fatigue.

• s'efforcer (aux)
N - se V - de Inf — s. bemühen, s. Mühe geben
S'efforcer de comprendre un problème.
✖ s'y efforcer: Je m'y efforcerai de mon mieux.
à N LIT — *S'efforcer à la patience.*
à Inf 1 LIT — *S'efforcer à faire des progrès.*
<pour Inf 1> LIT — *S'efforcer pour trouver la solution d'un problème.*

• effrayer (2)
N - V -(N) — er-, abschrecken
Effrayer un animal farouche. La périlleuse situation du pétrolier échoué n'est pas pour effrayer les pilleurs d'épaves/LeM/. L'hôte de l'épicerie l'attirait et l'effrayait à la fois/Aragon/.
♦Nqn - se V -(de N) — erschrecken
Le chien s'effraie d'un rien.
de ce que S Kj RARE — *Il s'effraie de ce qu'on attende tant de lui.*
de Inf 1 — *Il s'effrayait de voir qu'il n'y arriverait pas.*

s'effriter (1)
N - se V — zer-, abbröckeln
La pierre s'effrite.
Fig.: Je voyais mon avenir s'effriter. Or l'autorité du président s'effrite/LeM/. Tout reste à faire pour que les vieilles structures mentales s'effritent/LeM/.

s'égailler (1+L)
Npl - se V - qp — s. verteilen, s. zerstreuen
Les enfants s'égaillent dans le square.

• égaler (2) — gleich sein, gleich kommen, (e-n Rekord) einstellen
N - V - N < en N > — *A égale B. Pierre égale Paul en habileté. Un auteur qui en égale un autre. Egaler un record du monde.*

égaliser (2) — gleichmachen, planieren, gerade schneiden...
N - V - N — *Egaliser les salaires, un terrain, une frange.*
⋈ *N-V-Ø: |K: sport:* gleichziehen
L'équipe égalisa avec deux buts en finale.

égarer (2) — etw verlegen, jn irreführen
N - V - N — *J'ai égaré ma montre. De faux indices nous ont égarés.*

égayer (2) — aufheitern
N - V - N — *Son humour a égayé la réunion.*

égorger (2) — die Kehle durchschneiden
N - V - N — *On l'a retrouvé égorgé sous un pont. Egorger un cochon.*

s'égosiller (1) — s. heiser schreien
N - se V — *Il s'égosillait pour rappeler son chien désobéissant.*

égoutter (2/1) — abtropfen lassen
N - V - N — *Egoutter du linge; mettre de la vaisselle à égoutter. La vaisselle s'égoutte sur l'évier.*
N - V — abtropfen
La salade égoutte dans le panier à salade.

égrainer (2) — → égrener

égratigner (2) — ver-, zerkratzen, -schrammen, aufritzen
N - V - N — *Il a égratigné sa carrosserie. Les enfants ont égratigné sa voiture. (Il a égratigné sa jambe) > Il s'est égratigné la jambe en tombant.*
Fig.: La critique l'a quelque peu égratigné dans la presse.

égrener (2) — entkörnen
N - V - N — *Egrener un épi de blé.*
Fig.: Egrener son chapelet. La pendule égrène les douze coups de midi. Les minutes s'égrènent.

éjaculer (2) — ausspritzen, ejakulieren
N - V - N — *La mouffette éjacule un liquide infecte pour se défendre.*
⋈ *N-V-Ø: (sc. le sperme).*

éjecter (2) — herausschleudern, auswerfen
N - V - N — *Dans l'accident, il a été éjecté de la voiture. Le pilote s'est éjecté. Le mini-cassette éjecte automatiquement les cassettes.*
FAM: jn herauswerfen
Je me suis fait proprement éjecter de son bureau.

• élaborer (2) — aus-, ver-, erarbeiten, <Organ> etw produzieren
N - V - N — *Elaborer soigneusement un plan, une théorie. Il avait appris dans les revues comment s'élaborait le budget de l'Etat/Pilhes/. Les glandes salivaires élaborent la salive.*

élaguer (2) — ausästen
N - V - N — *Elaguer des arbres avant le printemps.*
Fig.: (Text..) straffen
Elaguer un discours, une phrase trop longue.

élancer[1] (1) — schmerzen, stechen
N - V — *Une blessure élance. Ça m'élance.*

• élancer[2] (2+L) — etw wohin schwingen
Nqn - V - N - qp — *Le gymnaste élance ses bras vers les barres parallèles.*
Nqc - V - N - qp — LIT — hinaufschicken, ⋈ s. emporschwingen
La salle élançait à des hauteurs de cathédrale les arceaux de sa voûte/Huysmans/.
♦*Nqn- se V -(qp)* — los-stürzen
Le coureur s'élança. Elle s'élançait vers la sortie.
♦*Nqc - se V - qp* — s. in die Höhe schwingen, empor-, hinauf-ragen
La flèche de la cathédrale s'élance dans le ciel. On voyait de loin les flammes de l'incendie s'élancer dans le ciel.

élargir[1] (2/3/1) — weiter, breiter machen
N - V - N — *Elargir une veste, une rue.*
Fig.: erweitern
Elargir l'horizon de qn, un débat. Le gouvernement tente d'élargir sa majorité.
♦*N - se V - (en n)* — breiter werden, s. ausweiten (zu)
La rue s'élargit. L'allée est bordée d'arbres et s'élargit en un vaste rond-point où sont alignées cinq ou six voitures.
N - V - N - à N — ausdehnen, ausweiten auf
La conférence a été volontairement élargie à l'ensemble des pays du tiers-monde/LeM/. G. Sand a contribué à élargir la peinture des moeurs à celles de la province.
N - V — FAM — breiter werden
Jean a élargi, la veste est devenue trop étroite.

élargir[2] (2) — RARE — freilassen
N - V - N — *En mai, trois cent cinq détenus ont été élargis. → relâcher*

électrifier (2) — elektrifizieren
N - V - N — *Electrifier une nouvelle ligne ferroviaire.*

électriser (2)
N - V -(N)
elektrisieren
Electriser un corps.
Fig.: C'est un orateur qui électrise les foules.

électrocuter (2)
N - V - N
durch einen elektrischen Schlag töten
Electrocuter un condamné à mort.
♦*N - se V*
durch einen elektrischen Schlag umkommen
Il s'est électrocuté dans sa baignoire en essayant d'ouvrir son poste de radio.

• **élever**[1] (2/3)
N - V - N
erhöhen, errichten, aufstocken
Elever le prix du beurre, le niveau de vie de la population, le ton (de sa voix). Elever une barricade, un monument.
< de N >
Elever une maison d'un étage.
N - V - N - à N
Elever le niveau de la route à la hauteur des bas-côtés. Elever un monument à la mémoire des victimes de la guerre.
⧓ *élever la voix:* s. Stimme erheben, etw sagen
Pendant toute la séance, aucun des élèves n'a élevé la voix.
⧓ *élever (un nombre) au carré, au cube:* potenzieren
⧓ *élever qn au grade/à la dignité/à la distinction de (capitaine, évêque...):* jn befördern, ernennen
N - V - N
Fig.: (Theorie..) aufstellen, (Bedenken) erheben
Elever une théorie, des réserves devant une telle perspective.
♦*Nqc - se V - à N*
s. belaufen auf, betragen
Les frais de réparation s'élèvent à mille francs.

• **élever**[2] (2)
N - V - N
er-, aufziehen, (Tiere) halten
Paul a été élevé chez les Jésuites. Le père de Jean élève des taureaux et des lapins.

s'élimer (1)
N - se V
<Stoff> s. abnützen
Cette étoffe s'élime vite.

éliminer (2/3)
N - V - Nqc
<Körper> ausscheiden
Le corps élimine les toxines.
⧓ *N-V-Ø |K: Le corps élimine.*
(Theorie..) verwerfen, ausschließen, (Gefahr) beseitigen
Eliminer une théorie, une idée, une hypothèse.
N - V - Nqn -(de N)
ausschließen, beseitigen, kaltstellen, (Kandidaten) ausscheiden
Eliminer un sportif de la compétition. Eliminer un rival politique, un concurrent, la moitié des candidats.
⧓ *être éliminé:* <Sport> ausscheiden (müssen)
L'équipe de Francfort a été éliminée en demi-finale.

• **élire** (2+A)
N - V - N -(n)
wählen
Les Etats-Unis viennent d'élire leur président. M. O'Brien vient d'être élu président du comité national démocrate/LeM/.
< à N >
Il vient d'être élu à l'Académie.
⧓ *élire domicile qp:* seinen Wohnsitz nehmen

• **éloigner** (2+L)
N - V - N -(de qp)
entfernen, fernhalten, jn beseitigen, (Gefahr) bannen
Eloigner un fauteuil de la fenêtre. Eloigner un concurrent gênant. En Corée, le cerf-volant servait pour éloigner les mauvais esprits du berceau des enfants/LeM/. Eloigner un danger.

élucider (2)
N - V - N
erhellen, auf-klären
Elucider un problème, un mystère.

élucubrer (2)
N - V -(N)
s. (Hirngespinste...) ausdenken
Il ne cesse d'élucubrer des théories les plus farfelues. Il n'arrête pas d'élucubrer.

éluder (2)
N - V - Nqc
e-r S ausweichen, etw umgehen
Eluder une difficulté, un problème.

émanciper (2)
N - V - N
für volljährig erklären, emanzipieren
La nouvelle loi émancipe les mineurs à l'âge de dix-huit ans. Il faut émanciper les hommes. Ceux qui comptaient, pour émanciper les hommes, sur le développement de la raison, ont déserté ces idéaux/LeM/.

• **émaner** (2)
N - V - de N
ausströmen, ausgehen, herrühren
Un parfum qui émane d'un corps. La lumière émane du soleil. En démocratie, on dit que le pouvoir émane du peuple. On a appris émanant de sources sûres que Mao n'avait pas eu le temps de terminer son testament.

émarger (2)
N - V -(N)
gegenzeichnen, etw abzeichnen, s-n Namen eintragen
Toutes les lettres de la banque sont émargées par le sous-directeur. Les votants sont priés d'émarger (leur nom) dans le régistre.
⧓ *Loc.: émarger (au budget):* ein Gehalt beziehen
Il a été limogé et n'émarge plus au budget.

emballer[1] (2)
N - V - N
ein-, verpacken
Emballer des cadeaux, des marchandises.

emballer[2a] (2)
N - V - N
(Motor) hochjagen, überdrehen
Emballer un moteur.
♦*N - se V*
<Motor> zu hoch drehen, <Pferd> durchgehen

Le moteur s'emballe. Le cheval s'emballe.

emballer[2b] (2) — FAM — begeistern
N - V - Nqn — *Ce roman m'a emballé.*
♦*Nqn - se V <pour N >* — *Elle s'est emballé pour lui. La fille s'est laissée emballer par Paul.*

emballer[3] (2) — FAM — ausschimpfen
N - V - N — *En rentrant, qu'est-ce qu'on va se faire emballer, les gars!*

• **embarquer**[a] (1+L/2/2+L) — an Bord gehen, s. einschiffen
Nqn - V -(qp) < pour N/pour Inf 1 > — *Nous avons embarqué sur le "France" pour New York, pour (faire) une croisière.*
N - V - N — an Bord nehmen
Le bateau embarque du matériel.
⌘ *N-V-(N):* <Boot> Wasser nehmen
Le canot embarque (des paquets de mer).
Nqn - V - N -(qp) — an Bord bringen
On a embarqué du charbon sur le cargo.

embarquer[b] (3) — FAM — (mit) hineinziehen in
N - V - Nqn - dans N — *Il m'a embarqué/Je me suis laissé embarquer dans cette affaire.*
♦*Nqn - se V - dans N* — *S'embarquer dans une affaire louche.*

• **embarrasser** (2) — versperren, be-hindern, lästig sein, in Verlegenheit bringen
N - V - N — *Des valises embarrassent le couloir. Son gros manteau l'embarrasse. Sa visite nous embarrasse. Sa question m'embarrasse.*
♦*Nqn - se V - de N* — s. belasten mit, s. beladen mit
Il s'est embarrassé d'un gros sac à dos pour faire le voyage. Ne t'embarrasse pas de scrupules!
de ce que S Ind/Kj — RARE — *Ne t'embarrasse pas de ce que les gens te méconnaissent. Il s'embarrasse facilement de ce qu'on le contrefait/contrefasse.*
de Inf 1 — RARE — *Ne vous embarrassez pas de faire ce qui revient à d'autres.*

embaucher (2) — anwerben, einstellen
N - V -(N) — *Tout dépend de savoir si le patron sera d'accord ou non pour que je sois embauché définitivement. L'usine n'embauche plus depuis des mois.*

embaumer[1] (2) — einbalsamieren
N - V - N — *Les égyptiens embaumaient leurs pharaons.*

embaumer[2] (2) — mit Duft erfüllen, duften
N - V -(N) — *Un bouquet embaume (la pièce).*

embellir (2/1) — schöner machen, verschönern
N - V -(N) — *Une coiffure qui embellit (la femme du voisin). L'histoire a embelli le personnage.*
N - V — *Sa femme embellit de jour en jour.*

s'emberlificoter[a] (1+L) — FAM — s. verheddern
N - se V - dans N — *Il s'emberlificota dans les jupons et faillit tomber/Zola/.*

emberlificoter[b] (2) — FAM — jn (trügerisch) einwickeln, reinlegen
N - V - N — *Emberlificoter qn par d'habiles manipulations.*
♦*N - se V -(dans N)* — s. verhaspeln, s. verheddern, s. verwicklen in
Il bafouilla et commença à s'emberlificoter. Il s'est emberlificoté dans ses contradictions.

embêter (2) — FAM — auf den Wecker fallen
N - V - N — *Ça m'embête. Tu m'embêtes.*
♦*Nqn - se V* — s. langweilen
Il s'embête chez lui.

embobiner (2) — aufwickeln,-spulen
N - V - N — *Embobiner du fil.*
Fig.: FAM: jn einwickeln
Je me suis laissé embobiné par ses entourloupettes.

emboîter (2) — ineinanderfügen, verschachteln
N - V - Npl — *Emboîter des cubes (les uns dans les autres).*
♦*N - V - N - dans N* — *Emboîter un tuyau dans un autre.*
N - V - N — RARE — genau sitzen, passen
Ce chapeau m'emboîte parfaitement le crâne.
⌘ *emboîter le pas à qn:* jm auf dem Fuße folgen
Le chef de la délégation sortit furieux et toute sa suite lui emboîta le pas.
Fig.: nachahmen, -äffen
Il serait prêt à emboîter le pas à n'importe quel démagogue.

emboucher (2) — (Instrument) an den Mund setzen
N - V - N — *Emboucher une clarinette et jouer un morceau de musique.*

embourber[a] (2) — festfahren
N - V - N < qp > — *Il a embourbé sa voiture dans un chemin détrempé.*
♦*N - se V < qp >* — s. festfahren, steckenbleiben
La voiture s'est embourbée (dans la boue).

embourber[b] (2+L) — RARE — verstricken in, in Schwierigkeiten bringen
N - V -(Nqn) -(qp) — *La passion entraîne dans la mauvaise voie, le vice y embourbe /Balzac/. A présent, c'est fini, nous sommes embourbés/Daudet/.*
♦*Nqn - se V -*qp_{dans} — s. verstricken, s. verwickeln in
Il s'est embourbé dans ses explications, dans une intrigue.

embouteiller (2) — verstopfen
N - V - N — *Un accident a embouteillé le carrefour. Les curieux embou-*

teillaient la sortie du magasin.
⧗ → *mettre en bouteilles:* (Wein..) auf Flaschen abziehen, in Flaschen ab-füllen

emboutir (2)
N - V - N
hämmern, (Metall) treiben
Emboutir une pièce de tôle pour en faire un couvercle.
FAM: eindellen
Mon voisin a embouti ma voiture en se garant.

embrancher (2)
N - V - Npl
zusammenfügen, anschließen
Embrancher des tuyaux.
♦*N - V - N - à/sur N*
Embrancher une nouvelle voie ferrée à/sur la voie principale.

embraser (2)
in Flammen setzen, <Sonne> etw in rote Glut tauchen, glühend heiß machen
N - V - N
Le feu a embrasé la forêt entière. Le coucher de soleil embrasait l'horizon. Le soleil a embrasé la terrasse.
Fig.: L'amour de la patrie embrasait, à ce moment-là, les coeurs.

• **embrasser**[a] (2)
umarmen, küssen
N - V - N <qp>
Embrasser qn sur la joue.
N - V - Nqc <de N>
überblicken
De ce point, on pouvait embrasser du regard toute la vallée.

• **embrasser**[b] (2)
umfassen, einbeziehen
Nqc - V - Nqc
Son érudition embrasse toute l'antiquité. Cette étude embrasse une période de 50 ans. Seule une science et une technique encore plus poussées embrassant aussi les problèmes, négligés jusqu'ici, que posent les affects, l'esthétique.../LeM/.
⧗ *Nqn-V-Nqc:* (Beruf) ergreifen, (Religion) annehmen
Il a embrassé la religion musulmane, le métier de son père.
⧗ *Loc.: Qui trop embrasse mal étreint.*

embrayer[a] (2)
kuppeln, einen Gang einlegen
N - V -(N)
Il embraya (la deuxième).

embrayer[b] (2) FAM
in Gang bringen
N - V - N
Embrayer une discussion.
N - V - sur N
zu sprechen kommen auf, anknüpfen an
Dès qu'il embraie sur ses souvenirs de la guerre, on ne peut plus l'arrêter. Il embraya aussitôt sur ma remarque.

embrigader (2)
zusammenfassen, organisieren
N - V - Nqn < dans N >
Embrigader la jeunesse dans des organisations de masse. Il ne se laisse pas embrigader facilement.

embrocher (2)
auf einen Spieß stecken
N - V - N
Embrocher un poulet.
FAM: aufspießen, durchbohren
Misérable, suis-moi, ou je t'embroche sur place/Baudelaire/.

embrouiller[a] (2)
durcheinanderbringen
N - V - Npl
Embrouiller des fiches, un fichier. Il a embrouillé le récit.

embrouiller[b] (2)
verwirren
N - V - Nqn
Ses explications m'ont embrouillé.
♦*Nqn - se V <dans N >*
den Faden verlieren, s. verheddern
Il s'est embrouillé dans ses explications.

embrumer (2)
in Nebel hüllen
N - V - N
Le brouillard épais embrumait la ville.
N - V - Nqc
Fig.: verdüstern, (jn) benebeln
Des menaces de guerre embrument l'avenir. Les soucis embrumaient son visage. L'alcool et la fatigue avaient embrumé son esprit > lui avaient embrumé l'esprit.

embuer (2)
beschlagen lassen
N - V - N
La respiration des passagers embue les vitres du car. Les vitres s'embuent.
Fig.: Les larmes embuaient ses yeux.

embusquer (2)
in den Hinterhalt legen
N - V - N
Les maquisards avaient embusqué des hommes à l'entrée de la vallée.

émerger[a] (2)
herausragen, auftauchen
N - V -(de N)
Le clocher de l'église émerge des toits du village. Il émergea brusquement de l'ombre.

émerger[b] (1)
herausragen, s. herausbilden, auftauchen
N - V
La qualité de son travail émergeait par rapport aux autres. Une forme nouvelle de vie émerge, où l'absurde et l'intolérable deviennent presque touchants/LeM/.

émerveiller (2)
in Staunen versetzen
N - V -(N)
La douceur du climat émerveille les touristes. La région dispose d'un climat qui émerveille.
♦*Nqn - se V -(de N)*
staunen, erstaunt sein über
Je m'émerveille de la douceur du climat. Il s'émerveillait devant tant de splendeurs.
de ce que S Ind/Kj
Il s'émerveille de ce que son enfant apprend/apprenne à marcher à son âge.
que S Kj
Il s'émerveille que son enfant apprenne déjà à marcher.

♦*Nqn - se V -(de Inf 1)* — *Il s'émerveille de voir que son enfant sache/sait déjà marcher.*

• émettre (2)
N - V - N
ausstrahlen (lassen), aus-senden
Le soleil émet de la chaleur, de la lumière. La fleur émet une odeur agréable.
(Geld..) in Umlauf bringen, ausgeben, (Scheck) ausstellen
La banque émet des emprunts. La Banque de France a émis de nouvelles pièces de dix francs. Il est interdit d'émettre des chèques sans provision.
(Meinung) äußern, vorbringen
Pour rien au monde, il n'aurait émis une opinion dans ce domaine/Pilhes/. Emettre une idée, une opinion, une hypothèse.
⌘ *N-V-(N):* senden
La radio émet (des émissions) aussi pour l'étranger.

émietter (2)
N - V - N
zerkrümeln
Emietter un biscuit.

émigrer (1+L)
N - V -((de)qp)
emigrieren, auswandern
Emigrer de son pays. Emigrer à l'étranger.

émincer (2)
N - V - N
in Scheiben schneiden
Emincer un rôti de veau.

emmagasiner (2)
N - V - N
speichern
Un appareil qui emmagasine la chaleur, l'électricité.

emmailloter (2)
N - V - N
(Kind) wickeln
Emmailloter un bébé.

emmancher (2)
N - V - N
mit einem Stiel versehen
Emmancher une fourche.
FAM — Fig.: in Gang bringen
Emmancher une affaire, une discussion. L'affaire s'emmanche mal.

emmêler (2)
N - V - N
(Knäuel..) durcheinanderbringen
Emmêler du fil, une pelote de laine.
Fig.: Avec l'âge, il commence à emmêler ses souvenirs.

emménager (1+L/2+L)
N - V -(qp)
einziehen
Nous avons emménagé (dans notre nouvelle maison).
N - V - N -(qp)
(Möbel..) in seine neue Wohnung bringen
Emménager ses meubles dans son nouvel appartement.

• emmener (2+L)
N - V - N -(qp)
mitnehmen
Emmener son fils au cinéma.
CRIT: *N-V-Nqc-(qp): emmener un livre pour le voyage.*

emmerder (2)
N - V - N
POP — (⌘) jm stinken, auf den Wecker fallen; pfeifen auf
Ça m'emmerde. Il emmerde tout le monde. Je les emmerde. Messieurs les flamingands, je vous emmerde/J. Brel/.
◊*Nqn - se V* — *Qu'est-ce qu'on s'emmerde ici!:* s. langweilen

emmitoufler (2)
N - V - N <dans N >
FAM — einmummen
Emmitoufler ses enfants (dans des vêtements chauds).
♦*N - se V <dans N >* — *Il s'emmitoufle dans son châle.*

emmurer (2)
N - V - N
ein-, ummauern, einschließen
La cité ancienne avait été emmurée au moyen âge. Les mineurs ont été emmurés dans un puits.
♦*Nqn - se V <dans N >*
RARE — Fig.: s. abkapseln, s. verschließen
S'emmurer dans sa solitude, dans le silence.
→ se murer

émonder (2)
N - V - N
(Pflanzen..) beschneiden, ausästen
Emonder une vigne, une platane au printemps.

émousser (2)
N - V - N
stumpf machen
L'eau chaude émousse les couteaux.
Fig.: abstumpfen (lassen)
L'habitude émousse le sentiment.

émoustiller (2)
N - V - Nqn
jn anregen, aufmuntern, aufheitern
Le vin émoustille les convives. Le Quartier latin l'émoustilla un peu/Daudet/.

• émouvoir (2)
N - V - (N)
bewegen, ergreifen, erregen
Il y a des destinées qui émeuvent. Cet artiste émeut son public.
♦*Nqn - se V -(de/sur N)*
s. erregen, gerührt, erregt, erschüttert sein/werden
S'émouvoir sur le sort de qn. Désormais, il était acquis que les cadres...s'étaient émus du texte écrit sur ce parchemin /Pilhes/. La crise du français est un fait, tout le monde en convient, beaucoup de bons esprits s'en émeuvent/Joran/.
de ce que S Ind/Kj — *En tout cas, l'opinion médicale s'émeut de ce que trois communiqués aussi catégoriques aient été publiés avant même que les résultats de cette analyse soient connus/France-Soir/. S'émouvoir de ce que qn a/ait été la victime d'un attentat.*
de Inf 1 — *Il s'émeut de voir cette belle jeunesse s'adonner à la drogue.*

empailler (2)
N - V -(N)
(Stühle..) mit Stroh ausflechten
Il est aujourd'hui rare de trouver quelqu'un qui sache encore empailler.

mit Stroh bedecken
RARE — *Empailler un carré de choux dans le jardin.*
mit Stroh ausstopfen
Empailler des oiseaux.

empaler (2)
N - V - N — pfählen, aufspießen
Les Sarrazins empalèrent tous les habitants de la ville.
♦*N - se V* — FAM — auf einen spitzen Gegenstand fallen und s. verletzen, s. aufspießen
Il s'est empalé sur une fourche. La voiture s'est empalée sur une poutre qui dépassait d'un camion.

empaqueter (2)
N - V - N — ein-, verpacken
Empaqueter du chocolat.

• **s'emparer** (2)
N - se V - de N — s. bemächtigen, an sich reißen
S'emparer du pouvoir, d'une ville fortifiée. Un grand calme s'empara de lui.
⧗ s. (e-s Vorwandes) bedienen
Il s'est emparé du prétexte qu'il était trop tard pour nous fausser compagnie.

s'empâter (1)
N - se V — dick(er), runder werden
Les traits acérés de faucon s'étaient légèrement empâtés.

• **empêcher** (2/3)
N - V - Nqc — verhindern
Nous ferons tout pour empêcher les examens/France-Soir/. J'ai fait mon possible pour empêcher le pire.
que (ne) S Kj — *La musique empêchait qu'on l'entendît/Aragon/. Empêcher que quelqu'un (ne) donne dans un piège.*
que (ne) S Ind/Kj |neg — *Mais cette différence n'empêche pas que l'interrogation, comme la négation, doit s'appliquer à un contenu. Cela n'empêche pas que l'on peut enchaîner avec un nouvel acte de parole. Aucun véto ne peut empêcher que nous ne soyons libres/Le Figaro/. Cela n'empêchait pas qu'il allât droit en Paradis lui aussi/Aymé/.*
⧗ *il n'empêche que S Ind*, FAM: *n'empêche que S Ind:* gleichwohl, trotzdem
Il n'empêche que je nourrissais une rancune contre ma mère /Mauriac/. N'empêche!
N - V -(Nqn) - de Inf 2 — hindern an
Le bruit m'empêche de travailler. Mais aussi une grande horreur de la démagogie qui empêche d'aller dans le sens du courant de dire ce qu'on sait vrai/LeM/.
⧗ *ne pas pouvoir s'empêcher de Inf:* nicht umhin können, sich nicht helfen können, (etw tun) müssen
Je ne puis m'empêcher de rire.

empeser (2)
N - V -(N) — stärken, steifen
Empeser des cols de chemise.

empester (2/1+Adv)
N - V - N — verpesten
Cette usine empeste toute la ville.
N - V -(Adv_N) — stinken nach
La cave empeste la pierre humide. Vous empestez, père Ubu!

empêtrer[a] (2+L/2)
N - V - N -(qp) — verwickeln in, <Kleidung> jm (beim Gehen) hinderlich sein
Chaque mouvement empêtrait davantage l'oiseau dans le filet.
N - V - Nqn — *De gros vêtements nous empêtrent.*
♦*N - se V -(qp)* — *L'oiseau s'empêtre dans un filet.*

empêtrer[b] (3)
N - V - Nqn - dans N — verwickeln in
Empêtrer quelqu'un dans une affaire louche.
♦*N - se V - dans N* — s. verwickeln in, s. verstricken in, s. verheddern
Il s'empêtre dans ses contradictions, dans la syntaxe de ses phrases.
♦*N - se V - de N* — VIEUX — s. auf den Hals laden, s. belasten mit
Il s'était empêtré d'une femme qui lui faisait peu d'honneur /Laclos/.

s'empiffrer (1)
N - se V — FAM — s. den Bauch vollschlagen
Il s'est empiffré au buffet froid pendant toute la soirée.

empierrer (2)
N - V - N — mit Schotter bedecken
Empierrer une route.

empiéter (2)
N - V - sur N — übergreifen auf
Eriger un mur qui empiète sur la propriété voisine. Empiéter sur les droits d'autrui.

empiler[1] (2)
N - V - Npl — auf-stapeln
Empiler des draps.

empiler[2] (2)
N - V - N — POP — reinlegen, prellen
Il s'est fait empiler par un escroc.

empirer (2/1)
N - V - N — verschlimmern
La maladie empire son état de santé.
⧗ ×*se V*
N - V — s. verschlimmern
Son état de santé empire de jour en jour.

• **emplir** (2/3)
N - V - N — füllen
Une foule énorme emplit la salle.

		fig.: erfüllen
		Le bouleversement qui a empli ma vie sanglante et vaine /Malraux/.
N - V - N - de N	LIT	füllen, fig.: erfüllen mit
		Emplir une bouteille de vin.La manière dont il m'avait protégé ...m'avait emplit de reconnaissance/Pilhes/.
• employer^{1} (2)		etw benutzen, verwenden, gebrauchen
N - V - Nqc <pour N/pour Inf 1 >		*Quelle lessive employez-vous pour laver le linge blanc? Nous n'employons que rarement ces machines. Il a dû employer toutes ses économies pour le remboursement de ses dettes.*
<à N >		*Nous employons ces machines au sciage du bois.*
à Inf 1		*Il a employé ses économies à rembourser ses dettes. Il emploie son temps libre à faire du sport.*
• employer^{2} (2+A/3)		jn ein-, anstellen, beschäftigen
N - V - Nqn -(comme n)		*La firme emploie beaucoup de travailleurs immigrés. Il a été employé comme tourneur.*
N - V - Nqn - à N		*On l'emploie aux travaux les plus durs.*
à ce que S Kj 2	RARE	*Employer qn à ce qu'il fasse un travail.*
à Inf 2		*Nous employons une espagnole à faire le ménage une fois par semaine.*
♦Nqn - se V - à N		s. bemühen, s. beschäftigen mit
		Le diplomate s'est employé à la résolution de son problème.
à Inf 1		*Sans doute le Président Assad s'emploiera-t-il à rendre l'occupation du Liban par ses troupes aussi discrète que possible /LeM/. Les deux Corées se sont employées, depuis un an, à développer leurs forces armées/LeM/.*
		⌘ VIEUX: *s'employer pour/en faveur de qn:* s. verwenden für, s. einsetzen für
empocher (2)		einstecken
N - V - N		*C'est nous qui avons travaillé et c'est lui qui a empoché l'argent.*
empoigner (2)		(fest) ergreifen, packen
N - V - N		*Lucky Luke empoigna son revolver. (Empoigner le bras de qn) > empoigner qn par le bras.*
		Fig.: Dès les premières pages, le livre m'a empoigné.
♦Npl - se V		s. raufen, s. in die Haare geraten
		Les enfants s'empoignent pour un carré de chocolat. Les politiciens s'empoignent à la tribune.
• empoisonner (2)		vergiften, verpesten
N - V - N		*Il n'était pas si facile d'empoisonner Mithridate. L'usine de caoutchouc empoisonne l'atmosphère.*
		Fig. FAM: *Elle ne voulait pas empoisonner la vie de ceux qu'elle aimait/Stendhal/.*
		⌘ FAM: *Nqn-V-Nqn:* jm auf die Nerven gehen
		Tu nous empoisonnes avec tes histoires.
• emporter^{1} (2+L)		mitnehmen, wegbringen...
N - V - N -(qp)		*Elle emporte toujours son perroquet avec elle en vacances.*
		Fig.: Elle se laisse emporter par son imagination.
		⌘ *Loc.: emporter la conviction:* überzeugen
		Ses arguments ont emporté la conviction.
		⌘ *Loc.: emporter qn:* jn hinwegraffen
		Une épidémie l'a emporté.
	FAM	⌘ *Loc.: emporter le morceau:* den Sieg davontragen, s. durchsetzen.
		Après une longue discussion il a réussi à emporter le morceau.
s'emporter^{2}		in Zorn geraten
N - se V -(contre Nqn)		*Ne vous emportez pas (contre lui)!*
• l'emporter^{3}		den Sieg davontragen, s. durchsetzen, die Oberhand gewinnen
N - le V -(sur N)		*Il l'a emporté sur moi aux échecs. Oui, les employés sont là, et mon désir de saluer leur mémoire l'emporte et m'emporte vers eux/Pilhes/. Le sénateur McCarthy l'emporte sur Robert Kennedy.*
		überwiegen
		Il considère que les avantages l'emportent sur les sacrifices qui seront demandés à ses compatriotes/LeM/.
empourprer (2)		(purpur)rot färben
N - V - N	LIT	*Le soleil empourpre l'horizon.*
♦Nqn - se V		erröten, rot anlaufen
		Elle s'empourpra à sa vue. Kendrick se raidit, s'empourpra et ses yeux ronds devinrent durs comme de la pierre.
empreindre (2+L)		eindrücken
N - V - N - qp	RARE	*Empreindre ses pas dans la neige*
		⌘ *être empreint qp: Les traces de nos pieds étaient empreintes dans la neige.*
		⌘ *Fig.: être empreint de N:* geprägt sein von
		Cette musique est empreinte de mélancolie.
♦Nqc(de qn) - se V - de N		⌘ s. abmalen auf
		Son visage s'empreignit de crainte.
s'empresser^{1} (1)		s. bemühen um, jn umsorgen
N - se V <autour/auprès de Nqn>		*S'empresser autour d'une jolie femme, auprès d'un malade.*
Nqn - se V - à Inf 1	VIEUX	*Directeurs et artistes s'empressèrent à leur plaire/Rolland/.*

s'empresser[2] (aux) — s. beeilen
N - se V - de Inf 1 — *S'empresser de poster une lettre.*

• emprisonner (2) — ins Gefängnis werfen
N - V - N — *Emprisonner des trafiquants de drogue.*
⧗ *Fig.: être emprisonné dans N: Il est emprisonné dans ses préjugés.*

• emprunter[1] (3) — jm entleihen, s. aus-leihen von
N - V - N -(à N) — *J'ai emprunté ce livre à Jean. J'ai emprunté mille francs. Emprunter de l'argent à la banque.*

emprunter[2] (2) — (Weg) einschlagen, (Weg, Bus..) nehmen
N - V - N — *Emprunter le passage souterrain, un raccourci. On remarque des jeunes filles en pantalon qui préfèrent faire de l'auto-stop plutôt que d'emprunter les autobus surchargés/LeM/.*

empuantir (2) — verpesten
N - V - N — *Une fuite de gaz empuantissait le quartier.*

• encadrer[1] (3/2) — ein-, umrahmen
N - V - N -(de N) — *J'ai fait encadrer ce tableau. Encadrer de rouge un article important dans un journal.*
N - V - N — *Un cercle de collines encadre la ville. Il était encadré de deux policiers.*
⧗ <militär.> unter sich haben
Les sous-officiers encadrent les nouvelles recrues.
Fig.: das Rückgrat bilden von
Un corps de technocrates encadre une administration.

encadrer[2] (2) — POP — |neg.: nicht riechen können
N - V - Nqn — *Je ne peux pas l'encadrer.*

encaisser (2) — einstecken, kassieren
N - V - N — *Encaisser beaucoup d'argent.*
Fam.: einstecken (müssen), s. gefallen lassen, schlucken
Le boxeur encaisse bien les coups. Qu'est-ce que j'ai encaissé (comme reproches, comme critiques)! La junte a encaissé sans sourciller ce petit chantage diplomatique/LeM/. Nous nous refusons à encaisser les provocations allemandes/Martin du Gard/. Il n'a toujours pas encaissé ma remarque.
⧗ FAM: *ne pas pouvoir encaisser qn:* jn nicht ausstehen können
Je ne peux pas l'encaisser.

s'encanailler (1) — in schlechte Gesellschaft geraten, s. schlechte Manieren angewöhnen
N - se V — *Il s'encanaille avec les hommes du "milieu". Depuis que Mme la Baronne fait les bistrots, elle s'encanaille.*

encastrer (2+L) — ein-fügen, -bauen in, einpassen, etw wo einlassen
N - V - N -(qp) — *Encastrer une pièce dans un mécanisme. Encastrer un miroir dans un mur.*

encaustiquer (2) — bohnern, polieren
N - V - N — *Encaustiquer l'escalier.*

enceindre (3/2) — (mit e-r Mauer..) umgeben
N - V - N - de N — LIT — *La ville a été enceinte de remparts au Moyen Age.* → entourer
N - V - N — umgrenzen, einschließen
Une haie vive enceint le jardin. La ville est enceinte d'un cirque de collines.

encenser (2) — beweihräuchern
N - V - N — *Encenser l'autel. Fig.: Il est prêt à encenser la première autorité venue.*

encercler (2) — umzingeln, einkreisen, e-n Strich ziehen um
N - V - N — *Les troupes ont encerclé la position ennemie. Encercler un pays par un système d'alliances diplomatiques. Pierre a encerclé l'article au crayon rouge.*

enchaîner[a] (2) — festketten
N - V - N — *Enchaîner un prisonnier.*

enchaîner[b] (2/1) — verknüpfen, in Zusammenhang bringen
N - V - Npl — *Enchaîner ses pensées.*
N - V <sur N> — fortfahren, anknüpfen an
Après son introduction il a enchaîné avec/par une longue série d'explications. Simone dressa l'oreille à cette pseudo-attaque, mais son mari enchaîna pour éviter l'accrochage. Il enchaîna sur ma remarque.

• enchanter (2) — verzaubern
N - V -(N) — *Elle enchantait les princes qui se métamorphosaient en crapauds.*
bezaubern, entzücken
C'est un paysage qui enchante (les touristes). Une salle magnifiquement conçue, dotée de mille jeux de lumière qui enchantèrent longtemps le personnel/Pilhes/.

enchâsser (2+L) — einfassen
N - V - N -(qp) — *Enchâsser un rubis dans/sur une bague.*

enchevêtrer (2)		ineinander verschachteln, etw verheddern, verwickeln
N - V - Npl		*Dans cette rue ancienne, les maisons sont enchevêtrées (les unes dans les autres).*
♦*N - V - N - dans N*		*Un pêcheur a enchevêtré sa ligne dans celle du voisin.*
enclaver (2)		einschließen
Nqc - V - Nqc		*Valréas se trouve enclavé dans le Vaucluse. Ce domaine enclave plusieurs propriétés.*
enclencher (2)		zusammenschalten
N - V - Npl		*Enclencher un aiguillage et un signal.*
N - V - N		einschalten
		Enclencher son moteur.
		⧗ *Fig.: Maintenant, l'affaire est enclenchée.*
enclore (3/2)		ein-, umzäunen
N - V - N -(de N)		*Enclore son jardin (d'une barrière).*
N - V - N		*Une barrière enclot son jardin.*
encocher (2)		einkerben, -ritzen
N - V - N		*Encocher un arbre.*
		die Sehne in die Pfeilkerbe legen, (Pfeil) anlegen
		Encocher une flèche.
encombrer (2/3)		verstopfen, versperren, herumliegen in
N - V - N		*Car les fleurs encombreraient l'appartement/Pilhes/. Des valises encombrent le couloir.*
		Fig.: Les nouveaux venus encombrent la profession.
N - V - N -(de N)		*Vous encombrez le couloir (de vos valises). Encombrer son esprit de détails inutiles > s'encombrer l'esprit de détails inutiles.*
♦*N - se V - de N*		(zuviel Gepäck) mit sich herumschleppen
		Quant il part en voyage, il s'encombre toujours d'un tas de livres qu'il ne lit jamais.
		⧗ Fig: s. belasten mit
		Il s'encombre de scrupules.
encorder (2)		Saiten aufziehen, anseilen
N - V - N		*Encorder une guitare. Encorder un alpiniste.*
♦*N - se V*		s. anseilen
		L'équipe d'alpinistes s'encorde pour la montée.
• encourager (2/3)		unterstützen, fördern
N - V - Nqc		*Le gouvernement encourage les investissements.*
N - V -(Nqn) -(à N)		ermutigen
		Le professeur a encouragé Jacques à la poursuite de ses études.
▼*N - V - Nqn*		*Le succès à l'examen a encouragé Jean.*
▼*N - V - à N*		*Ce succès encourage à la poursuite de l'entreprise.*
▼*N - V*		*Les succès ne manquent pas d'encourager.*
N - V - N - à ce que S Kj 2		*Encourager qn à ce qu'il poursuive ses études.*
à Inf 2		*Encourager qn à poursuivre ses études.*
encourir (2)	LIT	s. e-r S. aussetzen, s. etw zuziehen, zu gewärtigen haben
N - V - N		*Encourir une peine, une amende, les reproches de qn. Celui qui aurait levé le doigt aurait encouru l'opprobre de l'auditoire /Pilhes/.*
encrasser (2)		verschmutzen
N - V - N		*La mauvaise carburation a encrassé les pistons du moteur.*
encrer (2/1)		Druckerschwärze auftragen auf
N - V - N		*Encrer un rouleau d'imprimerie, un tampon.*
N - V		drucken
		Certaines lettres du tampon encrent mal.
s'encroûter (1)		fig.: verknöchern, einrosten
Nqn - se V < dans N >		*Il s'encroûte par routine, dans un travail stupide.*
endetter (2)		in Schulden stürzen, verschulden
N - V - Nqn		*Mes achats m'ont endetté.*
♦*Nqn - se V < par N >*		*S'endetter par des achats. Alors ils s'endettaient et payaient des mensualités astronomiques/Pilhes/.*
endeuiller (2)		in Trauer versetzen
N - V - N		*La catastrophe a endeuillé le village entier.*
endiguer (2)		eindämmen
N - V - N		*Endiguer un fleuve en crue. Fig.: endiguer l'inflation.*
s'endimancher (1)		s. sonntäglich anziehen
N - se V		*Les vieilles gens s'endimanchent pour aller à la messe.*
endoctriner (2)		indoktrinieren
N - V - N		*Se laisser endoctriner par une idéologie.*
endommager (2)		beschädigen
N - V - N		*Endommager sa voiture.*
• endormir (2)		einschläfern, einschlafen lassen
N - V -(N)		*La fatigue les endormit vite.*
♦*N - se V*		einschlafen
		Les enfants s'endorment vite.

endosser (2)		anziehen
N - V - N		*Endosser une veste.*
		Fig.: auf sich nehmen, die Verantwortung übernehmen für
		Endosser les conséquences d'une décision. J'avais endossé à peu près toutes les décisions qui s'étaient imposées/Pilhes/.
enduire (3)		streichen, verputzen, ✗ etw auftragen auf
N - V - N -(de N)		*Enduire un mur de chaux, une façade d'un crépi.*
endurcir[a] (2/1)		härten, hart werden lassen
N - V - N	RARE	*Le froid endurcit le plastic.* → *durcir*
N - V	RARE	hart werden
		Ce plastic endurcit au froid. → *durcir*
endurcir[b] (2/3)		verhärten
N - V - N(qc de)qn		*Les épreuves l'ont endurci , ont endurci son caractère.*
♦Nqn - se V contre N		s. verhärten, gefühllos werden
		Il s'est endurci par égoïsme. Avec le temps, il s'est endurci contre les souffrances.
N - V - N -(à N)		abhärten, jn trainieren
		L'entraîneur a endurci les sportifs à des efforts soutenus.
à Inf 2		*Il les a endurcis à soutenir des efforts prolongés.*
♦N - se V -(à N)		s. abhärten gegen
		Il s'est endurci au froid.
à Inf 1		*Il s'est endurci à supporter le froid.*
endurer (2)		ertragen, durchmachen, dulden, aushalten
N - V - N		*Endurer des épreuves, les taquineries de qn. J'ai dû endurer son voisinage pendant des années.*
que S Kj |×1		*Il n'a jamais enduré que je me permette d'arriver en retard.*
de Inf 1		*J'ai dû endurer pendant des années de l'avoir comme collègue.*
• **énerver** (2)		aufregen, nervös machen, ärgern
N - V -(Nqn)		*Son bavardage m'énerve. Un café trop fort énerve.*
♦Nqn -se V -(de N)		*Il s'énerve du retard du train.*
de ce que S Ind/Kj		*Il s'énerve de ce que le train est/soit en retard.*
de Inf 1		*Il s'énerve de devoir attendre.*
enfanter[a] (2)	LIT	gebären
N - V -(N)		*Enfanter (un garçon).*
enfanter[b] (2)	LIT	hervorbringen
N - V - N		*Ce metteur en scène n'enfante que des scènes d'épouvante.*
• **enfermer** (2+L)		einsperren, -schließen
N - V - N -(qp)		*Le voleur a enfermé le détective (dans le placard). Il a enfermé ses actions dans un coffre.*
		✗ *Fig.: N-V-N-dansN: enfermer la fantaisie comique dans une définition/Bergson/. Ma mère s'enfermait dans le mutisme/Gide/.*
enfiévrer (2)		fig.: jn erregen, erhitzen
N - V - N		*Une liberté maladroite qui enfièvre tout un peuple/Camus/.*
enfiler[1] (2/2+L)		aufreihen
N - V - N		*Enfiler des perles*
		(Kleidung) überstreifen
		Puis il enfila une lourde veste et des bottes avant de descendre l'escalier. Il enfila son pardessus crasseux.
		(Weg) einschlagen
		Enfiler une rue.
N - V - N - qp		einfädeln
		Enfiler le fil dans le trou de l'aiguille.
♦N - se V - qp		(Weg) einschlagen
		S'enfiler dans une rue.
(s')enfiler[2] (2)	FAM	runterschütten, -schlingen
N - (se)V - N		*S'enfiler un verre de cognac. Enfiler un bon plat à toute allure.*
enflammer[a] (2)		in Flammen setzen, in Brand stecken
N - V - N		*Une cigarette a enflammé la forêt.*
enflammer[b] (2)		erregen, begeistern
N - V - N		*La révolte avait enflammé les esprits. L'orateur enflammait son auditoire.*
♦Nqn - se V < pour Nqc/qn >		s. begeistern für
		S'enflammer pour une jeune fille, un morceau de musique.
• **enfler** (1/2)		anschwellen
N - V		*Son bras enfle. La piqûre fit enfler son bras.*
N - V - N		anschwellen lassen, (Segel) bauschen, (Stimme) heben
		L'inflammation enfle son bras > lui enfle le bras. Les pluies ont enflé la rivière. Le vent enfla les voiles. Jacques enfla sa voix pour se faire entendre.
		Fig.: in e-n geschwollenen Stil fallen
		Enfler son style.
• **enfoncer** (2+L/2/1+L)		etw stecken, schlagen... in
N - V - N -(qp)		*J'enfonçai les pans de ma chemise dans mon pantalon.*
		Enfoncer à coups de marteau un clou dans un mur.
		✗ *Fig.: enfoncer qc dans la tête de qn:* jm etw eintrichtern
		Après avoir enfoncé dans la tête des Français cette vérité...

/LeM/. *Je lui ai enfoncé dans la tête que deux et deux font quatre, qu'il doive faire attention en traversant la rue.*

N - V - N — einschlagen
Enfoncer une porte fermée.
(die feindlichen Linien) durchbrechen, (den Feind) zerschlagen
Quarante mille Italiens avaient enfoncé à V. le front républicain/Malraux/.
⧗ *Loc. Fig.: enfoncer des portes ouvertes.*
FAM ⧗ <Sport> schlagen
Le sportif a enfoncé son concurrent.

N - (se)V -(qp) — ein-, versinken
Nous (nous) enfonçons dans la neige. Il (s')enfonce jusqu'aux genoux. Le navire (s')enfonça dans les flots.
⧗ *Fig.: Nqn-se V-dans N:* s. versenken, s. vertiefen in
Il s'est enfoncé tout entier dans son travail.

N - (se)V < sous N > — einsinken, nachgeben, ein-, zusammengedrückt werden
Le sol s'enfonce sous nous pas. Les coussins (s')enfoncèrent sous son poids.

enfouir (2+L)
N - V - N -(qp) — ein-, vergraben
Enfouir un trésor sous un chêne. Il s'enfouit sous ses draps.

enfourcher (2)
N - V - N — s. rittlings setzen auf, auf (ein Pferd...) steigen
Enfourcher son vélo, son cheval.
⧗ *enfourcher son dada:* sein Steckenpferd reiten
⧗ *enfourcher une chimère:* e-r Chimäre nachjagen

enfourner (2+L)
N - V - N -(qp) — in den Herd schieben
Ils enfournèrent les petits pains (dans la cuisinière).
⧗ FAM: etw einstecken, kassieren
Enfourner ses provisions (dans ses poches).
⧗ FAM: etw in den Mund stecken
Il enfourna une énorme part de gâteau (dans sa bouche).

N - V - Nqn - qp FAM — jn stecken in, schieben in
Elle l'enfourna dans un taxi.

enfreindre (2)
N - V - N — (Gesetz..) übertreten, verstoßen gegen
Enfreindre une loi, des tabous.

• **s'enfuir** (1+L)
N - se V -((de)qp) — ent-fliehen
S'enfuir (de prison).
⧗ *Fig.: Nos années de jeunesse se sont enfuies.*

enfumer (2)
N - V - N — mit Rauch füllen, ausräuchern, ein-, verräuchern
La cheminée qui tire mal enfume la pièce. Enfumer une ruche, le terrier d'un renard. Tu m'as bien enfumé avec ton cigare!

engager[1] (2)
N - V - N — verpfänden
Engager ses bijoux, sa parole.
⧗ Fig.: <etw> bestimmen; verpfänden
Votre décision engagera votre existence. J'engageai ma vie sans savoir ce que pouvait être la vie/Gide/.

• **engager**[2a] (2)
N - V - N — anstellen, engagieren
L'année suivante il fut engagé par l'entreprise R&M. Un gouvernement africain avait engagé des mercenaires. L'Opéra a engagé une nouvelle cantatrice.

♦*Nqn - se -(qp)* — (in e-e Armee) gehen, s. verpflichten
Il s'était engagé dans la Légion étrangère. Il s'est engagé pour trois ans.

• **engager**[2b] (3)
Nqc/qn - V -(Nqn) -(à N) — jn anhalten, auffordern, verpflichten zu
On l'a engagé à la poursuite de ses travaux. Cela ne vous engage à rien.
▼*N - V - à N* — *Cet échec engage à la prudence.*
▼*N - V - Nqn* — *Vous pouvez signer, cela ne vous engage pas.*
N - V - N - à ce que S Kj 2 — *Engager qn à ce qu'il entreprenne des études.*
à Inf 2 — *Engager qn à entreprendre des études.*
♦*Nqn - se V - à N* — s. verpflichten, sein Wort geben
Il s'est engagé à une réponse rapide.
à ce que S Kj |×1 — *Gargese s'était engagé à ce qu'aucun marin ne sorte/R. Hardy/.*
à Inf 1 — *M. Carter s'engage à coopérer avec le Congrès/LeM/. Le ministère s'est engagé à fournir gratuitement aux élèves les manuel scolaires/LeM/. Il s'engage à combler le déficit de 8 milliard de francs/LeM/.*

engager[3a] (2+L)
N - V - N - qp — etw hinein-stecken in, ⧗ (mit dem Auto) fahren in, auf
Engager un tuyau dans un autre, la clef dans la serrure, une corde dans un oeillet. Quittant l'autoroute, il engagea la Jaguar sur un chemin de terre qui conduisait à la mer.
(Truppen) einsetzen, (Geld) einbringen, investieren
L'ennemi a engagé toutes ses troupes dans la bataille. Il a engagé son argent dans une entreprise de travaux publics.
♦*N - se V - qp* — (Weg) einschlagen
S'engager dans une rue.

engager[3b] (3)
N - V - N - dans/sur N — jn/etw bringen auf, jn verwickeln, mit hineinziehen in
Engager qn sur une fausse piste; engager une discussion dans une impasse. Engager qn dans une vilaine affaire. Il s'est laissé engager dans une aventure délicate.

⋈ *être engagé dans:* hineingezogen sein, engagiert sein in
Il se sait engagé dans une lutte imprévue, prématurément ouverte par la mort d'Arangrude/Pilhes/. Bien que les critiques visant M. Teng Hsiao-Ping se précisent, la population paraît peu engagée dans la campagne contre les "déviationnistes"/LeM/.

engager[4] (2)
N - V - N — beginnen, in Gang setzen, (Verhandlungen) aufnehmen
Engager une discussion, des négociations. L'avocat se constituait partie civile pour engager l'action publique en vertu de l'article 318 du code pénal/LeM/. Certains débats s'engagent actuellement entre officiers et sous-officiers/LeM/.

• engendrer (2)
N - V - N — zeugen
Engendrer un enfant.
Fig.: erzeugen, hervorbringen, nach sich ziehen, bewirken
L'autorité engendre la révolte. Ces occasions avaient leurs revers dans la mesure où une erreur même légère engendrait le résultat inverse/Pilhes/.

englober (2/3)
N - V - N — einschließen, enthalten, umfassen
Cette théorie récente englobe et dépasse les théories précédentes.
N - V - N - dans N — einfügen
Englober un ancien article dans un nouveau recueil.

engloutir (2)
N - V - N — verschlingen
Son dogue engloutit des quartiers entiers de viande. La mer a englouti le bateau. Une tempête a englouti l'île.
⋈ *N-V-N-qp:* (Geld..) unter totalem Verlust investieren in
Il a englouti son capital dans cette affaire.

engluer[a] (3)
N - V - N -(de N) — mit (Leim..) bestreichen, klebrig machen
Engluer le tronc d'un arbre contre les chenilles. Il s'est englué les doigts de confiture.

engluer[b] (2)
N - V - N — jn übertölpeln, leimen, reinlegen, kompromittieren
L'art d'engluer les gens. Ce qu'il redoutait le plus c'était d'engluer un membre de l'état-major de Des Moines dans cette sombre histoire/Pilhes/.

engorger (2)
N - V - N — verstopfen
Des matériaux ont engorgé la canalisation, le tuyau.

s'engouer (2) — LIT
N - se V - pour Nqc/qn — s. begeistern
S'engouer pour qn, pour une nouvelle mode.
de Nqc — RARE — *S'engouer d'une nouvelle mode.*

engouffrer (2+L/2)
N - V - N - qp — etw (durch eine Öffnung) hineintun, -werfen, -laden,-stopfen...
Engouffrer du charbon dans un poêle. Des marins engouffraient des bagages dans la cale/Martin du Gard/.
♦*N - se V - qp* — *Les banques s'engouffraient dans la brèche par le biais de filiales spécialisées/LeM/. Ronson et lui s'engouffrèrent dans l'immense véhicule/Pilhes/. La foule s'engouffre dans le métro. Le vent s'engouffre dans les ruelles.*
Nqc - V - N — verschlingen
La réparation de cette maison engouffre toute une fortune.
Nqn - V - N — FAM — *engouffrer des gâteaux.*

engourdir (2)
N - V - N — steif machen, einschlafen lassen, ungelenk machen
Le froid engourdit les membres. Une mauvaise position engourdit les jambes.

engraisser[1] (2/1)
N - V - N — mästen
Engraisser un cochon.
Fig.: reich werden lassen
Quelques spéculations immobilières ont suffi à l'engraisser.
N - V — dick(er), fett werden
Il a beaucoup engraissé.

engraisser[2] (2)
N - V - N — düngen
Engraisser une terre à l'aide d'engrais.

engranger (2)
N - V - N — (Ernte) einfahren
Engranger du foin.

engueuler (2) — POP
N - V - N — anschnauzen
Tu vas te faire engueuler.

enguirlander[1] (3)
N - V - N -(de N) — verzieren, ausschmücken
Le rossignol varia son thème, l'enguirlanda de vocalises/Colette/.

enguirlander[2] (2) — FAM
N - V - N — anschnauzen
Il se mit à m'enguirlander.

enhardir (2) [ɑ̃aʀdiʀ]
Nqc - V - Nqn — jm Mut machen
Le succès l'a enhardi.
♦*Nqn - se V* — Selbstsicherheit gewinnen
L'enfant, qui était plutôt timide, s'est enhardi.
Nqn - se V < (jusqu')à Inf 1 > — s. ein Herz fassen, s. erkühnen
Dois-je m'enhardir à vous déclarer ma pensée?/Valéry/. Il s'est enhardi jusqu'à lui demander sa main.

• enivrer (2)		berauschen, trunken machen, zu Kopf steigen
N - V -(N)		*C'est un petit vin qui enivre vite. Ce parfum fort nous enivre. Fig.: Les flatteries l'enivrent facilement.*
♦N - se V < à N >		s. betrinken
		Hier soir, il s'est enivré au whisky.
< de N >		Fig.: s. berauschen
		Qui s'enivre d'irrationnel tombe dans le viol des foules/LeM/.
enjamber[a] (2)		<jd> überschreiten, -springen..., <Brücke> überspannen
N - V - N		*Enjamber un fossé, une poutre. Un pont de bois enjambe le précipice.*
enjamber[b] (2)		übergreifen
N - V - sur N		*Un vers enjambe sur un autre.*
enjoindre (3)	LIT	gebieten
N - V - à N - N		*Enjoindre le silence à qn.*
que S Kj 2	RARE	*Enjoindre à qn qu'il se taise.*
de Inf 2		*Lorsque j'eus terminé mon inspection, j'enjoignis aux responsables du service du matériel d'alerter le maître architecte parisien/Pilhes/.*
enjôler (2)		betören, beschwatzen
N - V - N		*Il l'enjôla par ses flatteries.*
enjoliver (3/2)		ausschmücken, verzieren
N - V - N -(de N)		*Enjoliver une façade (d'ornements architecturaux). Fig.: enjoliver un récit de quelques fabulations.*
N - V - N		*Des dorures enjolivent le plafond baroque.*
enlacer (2)		umschlingen, -winden, jn in die Arme schließen
N - V - N		*Du lierre enlace la colonne. Il ne voulut pas l'enlacer, il n'eût pu desserrer les bras pour la laisser partir/Martin du Gard/.*
enlaidir (2/1)		häßlich machen
N - V -(N)		*La nouvelle mode enlaidit plutôt. Cette coiffure vous enlaidit.*
N - V		häßlich werden
		Elle avait enlaidi.
• enlever (2+L/3)		weg-,fort-,abnehmen, -tun..., entführen, (Flecken)entfernen
N - V - N -((de)qp)		*Enlever les pots de fleurs de son bureau. Enlever une femme du/au sérail. Les kidnappeurs ont enlevé l'enfant et demandé une rançon. Enlever son chapeau pour saluer qn. Enlever une tache.*
		⧓ *N-V-N:* (Sieg...) davontragen
		Enlever la victoire. Le parti séparatiste enlevait, avec 41% des voix, une large majorité des sièges à l'Assemblée nationale de Québec/LeM/.
		⧓ *enlever un morceau de musique:* brillant spielen
		⧓ *Nqc-V-Nqn:* hinwegraffen
		Une maladie l'a enlevé dans la fleur de l'âge.
N - V - N - à Nqn		jm etw ab-nehmen
		Enlève-moi ça. Vous m'enlevez tout scrupule. On lui a enlevé son poste.
enliser (2+L)		festfahren
N - V - N -(qp)		*Nous avons enlisé la voiture dans la boue.*
♦Nqc/qn - se V -(qp)		steckenbleiben, versinken, (fig.) s. verstricken
		La voiture s'enlise dans la boue.
		Fig.: L'enquête s'enlise. Pierre s'est enlisé dans ses contradictions. Il s'agissait d'éviter que des millions d'autres ne s'enlisent un jour dans la corruption et la médiocrité/Pilhes/.
ennoblir (2)		(fig.) adeln, läutern
N - V -(N)		*C'est le coeur qui ennoblit l'homme. Ces sentiments vous ennoblissent à mes yeux.*
• ennuyer[1] (2)		jn langweilen, ärgern, <etw> jm Sorgen machen
N - V - (N)		*C'est un roman qui ennuie. La seule chose qui les ennuie c'est d'entendre un autre son que celui de leur propre voix. Ces complications nous ennuient beaucoup.*
que S Kj -(cela) - V - N		*Qu'il ne vienne pas (cela) m'ennuie beaucoup.*
♦il - V - N - que S Kj		*Il m'ennuyait que Roustev fût le premier à s'entretenir avec le patron de cette histoire/Pilhes/.*
♦Nqn - se V < de/à Inf 1 >		*Pierre s'ennuie lorsqu'il est seul. Il s'ennuie de/à attendre.*
s'ennuyer[2] (2)		s. sehnen nach
Nqn - se V - de Nqc/qn		*Il s'ennuie de son pays. L'enfant s'ennuie de ses parents.*
énoncer (2)		ausdrücken, vorbringen
N - V - N		*Ce qui se conçoit bien, s'énonce clairement/Boileau/. Enoncer une nouvelle théorie.*
enorgueillir (2)		hochmütig machen
N - V - N		*Sa réussite l'a enorgueilli.*
♦N - se V -(de N)		hochmütig sein, werden; s. rühmen
		Il s'enorgueillit depuis sa réussite. Il s'enorgueillit de sa brillante réussite. L'entreprise s'enorgueillit de si formidables progressions dans les ventes d'engins/Pilhes/.
de ce que S Ind/Kj		*Il s'enorgueillit de ce qu'il a/ait réussi.*
que S Kj		*Le duc s'enorgueillissait que, sur une centaine de ses bêtes*

ainsi essayées, une quarantaine seulement fussent d'ordinaire mises de côté/Montherland/.

Nqn - se V - de Inf 1 — *Rares sont les Français qui peuvent s'enorgueillir d'appartenir à l'aristocratie de l'"échantillon national"/LeM/.*

s'enquérir (2)
N - se V - de N < auprès de Nqn > — s. erkundigen nach
Il s'est enquis de l'état de santé de son père. Je m'enquis auprès de ma secrétaire des conditions dans lesquelles le directeur général avait fait parvenir son message/Pilhes/.
de ce que S Ind — *Il s'est enquis de ce que l'on avait bien fait la commission.*
Int.ind — *Il s'est enquis auprès du proviseur s'il pouvait prendre un congé de trois jours. Il s'est enquis sous quelles conditions il pouvait se présenter à l'examen.*

enquêter (1)
N - V < sur N > — ermitteln, nachforschen, Nachforschungen anstellen
Une commission enquêtera sur les circonstances de la mort de l'évêque. Il est nécessaire aussi d'enquêter pour savoir dans quelles conditions un tract peut être distribué/Pilhes/. Dans un premier temps, l'entreprise doit enquêter par ses propres moyens/Pilhes/.

enquiquiner (2) FAM
N - V -(N) — ärgern, auf den Wecker fallen
Tu nous enquiquines avec ton histoire.
♦*Nqn - se V* — s. langweilen
Qu'est-ce que je me suis enquiquiné à ce film.

enraciner[a] (2)
N - V - N <qp > RARE — einpflanzen
Enraciner un pommier (dans son jardin).
♦*N - se V <qp>* — Wurzeln schlagen
Une plante qui s'enracine même sur le roc.

enraciner[b] (2+L)
N - V - qp - N — einhämmern, eintrichtern
Enraciner une idée dans la tête de qn >la lui enraciner dans la tête.
que S Ind — *On lui a enraciné dans la tête qu'il n'était bon à rien.*
♦*Nqc/qn - se V -(qp)* — <jd> Wurzeln schlagen, <etw> einreißen, s. festsetzen
Il s'est vite enraciné dans son nouvel entourage. Ces habitudes nuisibles se sont enracinées rapidement. Cette erreur, cette idée s'est vite enracinée.

enrager (1/2)
N - V <de N/de Inf 1> — wütend werden, s. schwarz ärgern
Il enrageait (de jalousie, de voir qu'on ne le prenait pas au sérieux). Il prend plaisir à le faire enrager.
N - V -(de N) — *J'enrageais de la fuite des heures/Gide/*
de ce que S Ind/Kj — *Il enrage de ce que personne ne le comprend/comprenne.*
que S Kj — *J'enrage que tout aille de travers.*
de Inf 1 — *Il enrage de devoir attendre si longtemps.*

enrayer (2)
N - V - N — hemmen, bremsen, zum Stehen bringen, Einhalt gebieten
Enrayer l'évolution d'une maladie, une attaque, la hausse des prix. On reproche à M. Giscard de n'avoir pas su, ni sans doute voulu, enrayer l'évolution de la société française vers la "permissivité"/LeM/.

enrégimenter (2+L)
N - V - N -(qp) — eingliedern, einreihen, zusammenfassen in
Enrégimenter les recrues. Enrégimenter la population (dans des organisations de masse).

• **enregistrer** (2)
N - V - N — eintragen, aufzeichnen, (auf Band..) aufnehmen, verzeichnen
Enregistrer ses dépenses. Enregistrer un disque (sur son magnétophone, sur bande magnétique). Enregistrer attentivement les paroles de qn. Les juges ne font guère qu'enregistrer dans leurs décisions les changements déjà intervenus dans les esprits/LeM/. Le parti socialiste a enregistré une nette progression.
⧗ *faire enregistrer ses malles:* seine Koffer aufgeben
que S Ind — *Le ministère de l'Intérieur a enregistré que la majorité avait maintenu ses positions.*

enrhumer (2)
N - V - N — Schnupfen, Erkältung verursachen, ⧗ s. erkälten
Le mauvais temps l'a enrhumé. Je suis enrhumé.
♦*N - se V* — s. erkälten
Je me suis enrhumé.

• **enrichir** (2)
N - V -(N) <de N > — bereichern, reich machen, anreichern
La spéculation enrichit. Ses spéculations l'ont enrichi. Le cabaret enrichit son programme (de nouveaux numéros). Il y a divers procédés pour enrichir l'uranium.

enrober[a] (3)
N - V - N -(de N) — umhüllen
Enrober des noix de chocolat. Enrober des médicaments.
⧗ *Loc.: enrober la pilule: une campagne sur un ton de sucrerie propre à enrober la pilule./LeM/.*

enrober[b] (3)
N - V - N - de N — einkleiden in, einhüllen in, verschleiern
Enrober des reproches de paroles flatteuses. Enrober les faits de commentaires tendancieux.

enrôler (2)
N - V - N — anwerben
Enrôler des mercenaires. Des capitaines et des armateurs viennent enrôler des matelots/Loti/.

♦*N - se V -(qp)* — s. freiwillig melden zu, <Militär> s. verpflichten
Il s'est enrôlé à la Légion étrangère.

enrouer (2)
N - V - N — heiser machen
Qu'est-ce qui t'a enroué ainsi?

enrouler (2/2+L)
N - V - N — aufrollen, -wickeln
Enrouler un papier parchemin, une bobine.
N - V - N - qp — wickeln um
Enrouler un câble autour d'un axe. On vous a enroulé une bande Velpeau autour du crâne/Pilhes/.

ensabler (2)
N - V - N — mit Sand verschütten
La tempête a ensablé l'oasis.
♦*N - se V* — versanden, im Sand stecken bleiben
Les ruines se sont ensablées au cours du temps. La voiture s'est ensablée.

ensacher (2)
N - V - N — in Säcke, Tüten ab-füllen
Ensacher des bonbons, des pommes de terre.

ensanglanter (2)
N - V - N — mit Blut beschmieren, in Blut tauchen
Les bras ensanglantés, il sortit de l'ambassade. Une guerre qui ensanglante le pays.

• **enseigner** (3)
N - V -(à N) -(N) — lehren, unterrichten
Il enseigne le français aux étrangers.
▼*N - V - N*
Il enseigne les mathématiques.
▼*N - V - à Nqn* — *jn* unterrichten
Le nombre de professeurs concernés en Espagne est d'environ soixante-dix mille qui enseignent à deux millions élèves/LeM/.
▼*N - V*
Jacques enseigne dans un lycée de filles.
N - V -(à N)- que S Ind
J'enseigne depuis toujours que la terre n'est pas ronde.
On nous a enseigné que nous devions nous brosser les dents tous les soirs.
- à N - **à** *Inf 2*
Enseigner aux enfants à lire.

ensemencer (3)
N - V - N -(de N) — etw einsäen, ⧗ etw wo säen
Ensemencer son parterre de fleurs.

enserrer (2)
N - V - N — einschnüren, einschließen
Une chaîne de collines enserre la plaine. Le col de sa chemise enserre son cou > lui enserre le cou.
Fig.: L'exposé de ce qu'est l'environnement d'une entreprise, les contraintes qui l'enserrent/Pilhes/.

ensevelir (2)
N - V - N < qp > — beisetzen, begraben, verschütten
Ensevelir un mort. L'avalanche a enseveli le village.
♦*Nqn - se V - dans N* — Fig.: s. vergraben in
S'ensevelir dans sa retraite. Il s'ensevelit dans le mutisme.

ensoleiller (2)
N - V - N — Sonne bringen in, fig.: aufheitern
Une large baie ensoleille la pièce. Un sourire ensoleilla son visage.

ensorceler (2)
N - V - N — verhexen
Le sorcier a ensorcelé tout le village.

s'ensuivre[a] (1)
N - se V — (darauf) folgen
La semaine qui s'ensuivit passa très vite.
♦*il - V - N*
Et il s'ensuivait une longue diversion permettant au spécialiste de rappeler que.../Pilhes/.

s'ensuivre/s'en suivre[b] (2)
il - V - N — folgen aus, s. ergeben aus
Le management exige le neutralisme le plus absolu,..il s'ensuit un nivellement général des comportements et des idées /Pilhes/.
il - V -(de N) - que S Ind
Il s'ensuit de l'erreur de départ que le résultat est faux. L'été ayant été pluvieux, il s'ensuit que la récolte est médiocre.
Kj |neg/int
S'ensuit-il de votre réplique que vous soyez mécontent?

entacher (2)
N - V - N — fig.: besudeln, beeinträchtigen
Le mensonge public du ministre de la Défense a entaché sa réputation et l'honneur du Bundestag/LeM/.
⧗ *entaché de:* behaftet mit
Un calcul entaché d'erreurs.

entailler (2)
N - V - N — einkerben, durch Schnitte verletzen
Entailler un tronc d'arbre. S'entailler le doigt avec un couteau. Le bandit lui a entaillé le visage.

entamer (2)
N - V - N — (Brot) anschneiden, (Haut) aufritzen
Entamer un pain. Une balle lui avait entamé l'épaule.
Fig.: (Problem/Thema) anschneiden, beginnen, in Angriff nehmen
Entamer un problème, des négociations, une conversation, un travail. Il n'a fait qu'entamer le sujet. Le président Geisel entame une libéralisation prudente des institutions/LeM/.
Fig.: etw beeinträchtigen, erschüttern, (Ruf) untergraben
L'extrême perfectionnement technique que je côtoie ne paraît nullement entamer l'importance de la création d'un livre /Pilhes/. Je ne suis pas arrivé à entamer sa conviction. Cette

affaire a entamé sa réputation.
jn zum Schwanken bringen
Tu domines toutes les situations; rien ne peut t'entamer/Sarraute/.
✖ *entamer une couleur:* die erste Karte einer bestimmten Farbe ausspielen

• entasser (2)
N - V - Nqc-pl
aufhäufen, (Irrtum auf Irrtum...) häufen
Entasser du sable, des documents.
♦*N - V - N - sur N*
Il entasse erreur sur erreur, mensonge sur mensonge.
N - V - Nqn-pl
zusammenpferchen; se V: s. drängen
La junte a entassé les suspects politiques sur un stade de football et dans les prisons. Aux heures d'affluence la foule s'entasse dans le métro. De nombreux travailleurs immigrés doivent s'entasser dans une seule pièce.
✖ *Il vivent entassés dans une seule pièce.*

• entendre[1a] (2)
N - V -(N)
hören
J'entends des voix dans le couloir. Il n'entend plus.
jn anhören
Le juge doit entendre toutes les parties.
s. etw anhören
Entendre un nouvel opéra, un morceau de musique à la radio, un sermon.
que S Ind
Je viens d'entendre que Jean ne viendra pas. Nicolas n'entendit pas que la porte de la chambre s'ouvrait avec un miaulement/H. Troyat/.
♦*N - V -(N)- inf 2*
J'entends mon voisin descendre l'escalier. Je l'entends chanter. J'entends chanter mon voisin. J'entends chanter dans la pièce voisine. J'ai entendu dire cela à/par *mon voisin. Je* lui/*l'entends dire cela. Je l'entends remuer la casserole/Romains/. Je lui ai même entendu dire qu'il avait appris la flûte/J. Romains/. Je* le lui *ai entendu dire. Elle* les *entendit se disputer/M. Prévost/.*

• entendre[1b] (2)
N - V - N < Adv >
verstehen
Faites donc comme vous l'entendez. Je n'entends point, monsieur.
que S Ind
Il a bien entendu qu'on ne voulait pas de lui.
✖ *n'entendre rien/pas grand-chose à qc:je n'y entends rien.*
✖ *cela s'entend:* das versteht sich

• entendre[2] (3)
N - V - par N - N
verstehen unter
Qu'entendez-vous par 'liminaire'?
que S Ind
J'entends par là que, dans ce contexte, 'liminaire' n'a pas de sens.
Ind/Kj |neg/int
Est-ce que vous entendez par là que les femmes soient plus agréables?/Duhamel/. Je n'entends pas par là que cela est/soit irréalisable.

• entendre[3] (2)
N - V - que S Kj
beabsichtigen, vorhaben, darauf bestehen, erwarten
J'entends que l'on m'obéisse. J'entends que je puisse faire ce qu'il me plaît.
Ø Inf 1
J'entends faire ce qu'il me plaît. Ils entendent élaborer ensemble un programme commun en vue des élections/LeM/. Le Maroc n'entend pas céder un pouce du territoire de la 'mère patrie' /LeM/.

• s'entendre[4] (1+Adv)
Nqn-pl - se V -(Adv)
s. verstehen, gut auskommen mit(einander)
Nous nous entendons bien. Nous ne nous entendons pas.
♦*N - se V - avec N -(Adv)*
Jean s'entend bien avec Pierre.

• s'(y) entendre[5] (2)
Nqn - se V - à N
s. verstehen auf, s. auskennen in, es verstehen
Il s'entend vraiment à la musique pop, au tennis. Il s'y entend.
à ce que S Kj
Il s'entend parfaitement à ce que rien de ce qu'il dit ne trahisse sa pensée.
à Inf 1
Il s'entend à dissimuler sa pensée.
Nqn -s'y V - en/dans N
Je ne m'y entends pas en musique, en chevaux. Il s'y entend dans l'art de pêcher à la ligne.

entériner (2)
N - V - N
(offiziell) bestätigen, (Pakt) besiegeln
Le parlement a entériné la loi. Une forte majorité paraît prête à entériner l'accord salarial/LeM/.

• enterrer (2)
N - V - N
begraben, ein-, vergraben
Nous venons d'enterrer l'arrière-grand-tante.
Enterrer un trésor dans son jardin. Fig. Enterrer un projet.
✖ *Nqn - se V - qp: Fig.: Il est allé s'enterrer dans cette petite ville de province.*

entêter[1] (2)
N - V -(N)
zu Kopfe steigen
La senteur sauvage de ces fleurs m'entête. Un parfum très fort qui entête.

s'entêter[2] (1/2)
N - se V < dans N >
beharren auf, s. versteifen auf, starrsinnig sein
Ne t'entête pas! Il s'est entêté dans son idée.
N - se V - à ce que S Kj |×1
Il s'entête à ce que tout le monde l'appelle par son titre.
à Inf 1
Il s'entête à apprendre à compter à son chien. Il s'entêtait à nourrir des rancunes et des chimères/Barrès/.

enthousiasmer (2)		begeistern
N - V -(N)		*Le football enthousiasme les foules. Ce chanteur a cessé d'enthousiasmer.*
♦*N - se V <pour N >*		*Il s'enthousiasme pour le football.*
s'enticher (2)		s. begeistern, schwärmen für
N - se V - de Nqc/qn		*S'enticher de qn, de cinéma, de littérature.*
entonner (2)		anstimmen
N - V - N		*A la surprise générale, le général a entonné l'Internationale.*
entortiller[a] (2)		einwickeln in, etw wickeln um
N - V - N < dans N >		*Entortiller une bouteille dans du papier.*
< autour de N >		*Entortiller une ficelle autour d'un carton.*
		✖ *entortiller sa réponse, ses phrases:* s. gewunden ausdrücken
entortiller[b] (2)	FAM	jn einwickeln
N - V - N		*Entortiller son interlocuteur par des paroles flatteuses.*
• entourer (3/2)		umgeben
N - V - N - de N		*Entourer une ville d'une enceinte, son jardin d'une haie.* *Fig.: Entourer qn de ses soins.*
♦*Nqn - se V - de N*		s. umgeben mit *Il sait s'entourer d'amis, de mystères.* ✖ *être très entouré:* umworben, umschwärmt sein
N - V - N		umgeben *Une enceinte entoure la ville. Un mystère entoure cette affaire.*
s'entraider (1)		s. (gegenseitig) helfen
Npl - se V		*Les voisins s'entraident. Pierre et Paul s'entraident.*
• entraîner[1a] (2+L)		(mit sich) fort-ziehen
N - V - N -(qp)		*Pierre entraîna son amie dans une rue adjacente. Jean entraîne son amie dans un café. Une locomotive électrique entraîne le train.* (mechanisch) antreiben *Une courroie entraîne la poulie.*
• entraîner[1b] (3/2+L)		verleiten zu, mit sich reißen, mit hineinziehen
N - V -(N) -(à N)		*Il m'a entraîné à des dépenses démesurées.*
▼*N - V - N*		*L'orateur entraîne les foules.*
▼*N - V - à N*		*La publicité entraîne à la consommation.*
▼*N - V*		*C'est une musique qui entraîne.*
N - V - N - à ce que S Kj 2		*Entraîner qn à ce qu'il participe à une fête.*
à Inf 2		*Entraîner qn à participer à une fête.*
N - V - N - dans N		*Ils ont essayé de nous entraîner dans une guerre de religion /LeM/.*
• entraîner[2] (2)		nach sich ziehen, mit sich bringen, zur Folge haben
Nqc - V - N		*Cette possibilité entraîne l'utilisation de règles plus générales/M. Gross/. La tempe droite...fut enfoncée, ce qui entraîna la mort instantanée/Pilhes/. L'industrie tourne au ralenti, ce qui pourrait entraîner des troubles sociaux graves /LeM/.*
que S Kj		*Le fait que vous ayez dépassé le délai entraîne que vous soyez passible d'une amende.*
de Inf 2 < pour Nqn >		*Avoir dépassé la limite de vitesse entraîna pour M. Dupont d'avoir à payer une amende.*
• entraîner[3] (3)		trainieren
N - V - N -(à N)		*Entraîner une équipe de football. Entraîner qn à la natation.*
à Inf 2		*Entraîner qn à nager le 100 mètres.*
entraver[1] (2)		behindern
N - V - N		*Un accident a entravé la circulation. Le mauvais temps a entravé la récolte. Entraver l'activité de qn > entraver qn dans son activité.*
entraver[2] (2)	POP	verstehen
N - V - N		*J'entrave que dalle.*
entrebâiller (2)		ein wenig öffnen, e-n Spalt weit öffnen
N - V - N		*Entrebâiller une porte.*
entrechoquer (2)		aneinanderstoßen (lassen)
N - V - Npl		*Le passage du métro entrechoque les verres dans le placard.*
entrecouper (3/2)		unterbrechen mit, einflechten in
N - V - N - de Npl		*Entrecouper son discours de plaisanteries.*
Npl - V - N		*Des plaisanteries entrecoupent son discours.*
♦*Npl - se V*		s. kreuzen *Les deux chemins s'entrecoupent plus loin.*
entrecroiser (1)		über Kreuz wickeln, flechten...
N - V - Npl		*Entrecroiser des rubans, des brins d'osier.*
♦*Npl - se V*		s. schneiden, s. kreuzen *Les routes s'entrecroisent plus loin.*
s'entre(-)déchirer (1)		einander zerfleischen
Npl - se V		*Deux chiens enragés s'entredéchiraient.* *Fig.: Les héritiers du millionnaire s'entre-déchirent.*
s'entre(-)dévorer (1)		einander auffressen
Npl - se V		*Les loups affamés s'entredévoraient.*

Fig.: La nature: un champ de carnage où s'entredévorent les êtres/Martin du Gard/.

s'entrelacer (1)
Npl - se V
ineinander verflochten sein, s. ineinander verschlingen
L'ornement est formé de lignes qui s'entrelacent.

entrelarder (3)
N - V - N -(de N)
(Fleisch) spicken
Entrelarder un rôti (de lard).
Fig.: entrelarder son discours de citations.

entremêler (2)
N - V - Npl
vermischen, vermengen, verwickeln
L'artiste avait entremêlé les fils de la marionnette.
♦N - V - N - de N
etw einflechten in
Entremêler son discours de citations savantes.

s'entremettre (2)
Nqn - se V -(entre Npl)
vermittelnd eingreifen, vermitteln
Il acceptait quelquefois de s'entremettre entre deux amis brouillés/Proust/. Pour apaiser le conflit il a proposé de s'entremettre.

entreposer (2)
N - V - N
(kurzfristig) lagern, zwischenlagern
Entreposer des marchanises.

• **entreprendre**^{1} (2)
N - V - N
unternehmen, daran gehen, s. daran machen
Entreprendre un voyage.
de Inf 1
Entreprendre de faire l'ascension du Mont Blanc.Enfin, les constructeurs d'automobiles ont entrepris de former leurs réseaux de distribution, afin d'éviter les abus commis par le passé /LeM/.

entreprendre^{2} (2) FAM
N - V - N < sur N >
mit jm ein Gespräch beginnen, führen
Il m'a entrepris pendant des heures sur la situation politique.
⧗ *entreprendre qn:* s. an jn heranmachen

• **entrer**^{1a} (1+L/2+L)
Nqc/qn - V -(qp)
eintreten, hereinkommen, hineingehen, <etw> ein-dringen in
Entrez donc! Jean est entré en France par la frontière espagnole.(Une épine est entrée dans son pied) > elle lui est entrée dans le pied. Le train entre en gare. Le bateau entre dans le port. Nous entrons dans une période de refroidissement. Ce mot est entré dans l'usage. Entrer dans un parti, un couvent.
⧗ *faire entrer: Faire entrer une lettre dans une enveloppe. Faire entrer qc dans la tête de qn.*
⧗ *entrer en scène:* auftreten
L'actrice entre en scène au troisième acte.
⧗ *entrer* dans *un obstacle:* fahren gegen, an, in
La voiture a dérapé et est entrée dans un arbre. Je suis entré dans une clôture
N - V - N - qp RARE
wohin bringen
Entrer le vin dans les caves. Entrer des marchandises en France.
⧗ *Le chat entra ses griffes dans sa main > lui entra ses griffes dans la main.*

• **entrer**^{1b} (2)
Nqn - V - dans N
eintreten, gehen in, zu
Entrer dans l'enseignement, dans un parti, dans les détails, dans une vive discussion.
⧗ *Loc.: entrer dans l'opinion, les vues, les intérêts de qn:* (Meinung..) teilen
⧗ *entrer en scène: Après un long silence, le premier ministre a décidé d'entrer en scène.*
à N
Entrer au couvent, à l'ENA.
Nqc - V - dans N
gehören zu
Cela n'entre pas dans mes fonctions. Les dérivés du pétrole entrent dans la fabrication du plastic. Ce verbe n'entre pas dans la catégorie des verbes transitifs.
(de) Inf -(cela) -VV - dans N
(De) m'opposer à lui n'entre pas dans mes intentions.
♦cela - V - dans N -(que) de Inf
Cela n'entre pas dans mes plans (que) de m'opposer à lui.
il - V - dans In - de Inf
Il n'entre pas dans mes plans de m'opposer à lui.

• **entrer**^{2} (aux)
N - V - en N
beginnen, anfangen, (in Kraft) treten, (in Zorn..) geraten
Entrer en action, en fonction, en possession de qc, en vigueur, en concurrence avec qn, en colère, en ébullition. Cette loi n'est pas encore entrée en vigueur.

• **entretenir**^{1a} (2)
N - V - N
instand halten, pflegen, unter-, erhalten, für den Unterhalt von jm sorgen
Entretenir des monuments, sa voiture, un feu, une famille, de bonnes relations avec qn, son jardin, une armée privée.
⧗ *se faire entretenir par qn:* s. aushalten lassen
Elle se fait entretenir par un ami.

• **entretenir**^{1b} (2/3)
Nqn - V - N
hegen, s.(Hoffnungen..) machen
Il a entretenu pendant des années une haine féroce contre lui. Il a longtemps entretenu l'illusion de pouvoir entrer à l'ENA.
Nqc/qn - V - N
nähren, Nahrung geben, begünstigen
Les combinaisons des rois...entretenaient les conflits/Bainville/.Des incidences allaient entretenir la querelle franco-britannique/de Gaulle/. Son éducation entretenait sa paresse. Il n'a cessé d'entretenir mes espoirs.
♦N - V - Nqn - dans Nqc(de qn)
jn bestärken in, jn wiegen in
Il n'a cessé de m'entretenir dans mes espoirs, illusions.

♦*Nqn - se V - dans N*
s. wiegen in
Il s'entretient dans ses illusions.

N - V - N - de N
jn wiegen in, jn mit etwas hinhalten
Entretenir qn de fausses espérances. Il m'a entretenu de belles promesses.

♦*Nqn - se V - de N*
s. wiegen in, s. (Hoffnungen..) machen
Il s'entretient de faux espoirs.

entretenir[2] (3)
N - V - N -(de/sur N)
mit jm sprechen über, s. unterhalten mit
Il m'a entretenu de/sur son voyage au Japon. Je voulais vous entretenir de la question des obsèques: où allez-vous enterrer votre cher disparu?/Pilhes/.

♦*Npl - se V -(de/sur N)*
s. unterhalten
Nous nous sommes entretenus longuement de/sur la grève.

♦*N - se V - avec N -(de/sur N)*
Jacques s'est entretenu avec Marie de l'exposition de bandes dessinées.

• entrevoir[a] (2)
N - V - N
flüchtig sehen, jm kurz begegnen
Entrevoir qn à travers une porte-fenêtre. Je l'avais entrevue quelques minutes dans le salon/Gracq/.

• entrevoir[b] (2)
N - V - N
ahnen, jm dämmern
A partir de ce moment, j'ai entrevu la vérité.

que S Ind
Il a entrevu que l'histoire allait changer.

Ind/Kj |neg/int
N'entrevoyez-vous pas que l'on peut/puisse penser autrement?

Int.ind
Je commence à entrevoir pourquoi le ministre roule en 2CV.

Ø Inf 1
J'ai entrevu dans un éclair de mémoire avoir déjà rencontré cette personne.

entrouvrir (2)
N - V - N
ein wenig öffnen
Entrouvrir une porte, une fenêtre, une lettre.

énumérer (3)
N - V - Npl -(à Nqn)
aufzählen
Enumérer les clochards de la ville (à l'agent de police).

• envahir (2)
Nqn - V - Nqc
einfallen, eindringen in
Les troupes ennemies ont envahi le pays. La foule a envahi le jardin.

Nqc - V - Nqc
überwuchern, -schwemmen
Les mauvaises herbes ont envahi le jardin. Le fleuve en crue a envahi la campagne.

Nqc - V - Nqc
s. js bemächtigen
La peur l'envahissait doucement.

• envelopper (3/2)
N - V - N -(de N)
hüllen, einwickeln in
Envelopper un objet fragile de papier.

N - V - N < dans/avec N >
Envelopper qn dans son imperméable. Envelopper qc avec du papier.

N - V - N
um-, einhüllen
Un foulard noir et blanc enveloppait sa chevelure/Pilhes/. Une nappe de brume enveloppe la ville.
⌘ *Loc.: envelopper qn du regard:* jn lange betrachten

envenimer (2)
N - V - Nqc
infizieren
La saleté a envenimé la blessure.
Fig.: vergiften, verschlimmern, (Streit) schüren
Des conflits ont envenimé l'ambiance. Les difficultés extérieures ont envenimé le conflit.

• envier (2/3)
N - V - Nqc
neidisch sein auf, beneiden
Envier la réussite de son ami.

N - V - Nqn -(de/pour N)
Envier qn de/pour sa réussite. Je ne vous envie pas.

de ce que S Ind/Kj 2
Envier son ami de ce qu'il sait/sache parler le javanais.

de Inf 2
Envier qn de pouvoir s'offrir des vacances chez les Papous.

N - V - Nqc/qn - à Nqn
jm etw neiden, jn beneiden um
Je lui envie son aisance en public. Envier à son voisin sa femme et son cocker.

environner (2)
N - V - N
umgeben, die Umgebung bilden von
De belles forêts environnent la ville.

• envisager (2)
N - V - N
ins Auge fassen, betrachten, in Betracht ziehen, damit rechnen
Pierre envisage une carrière dans la magistrature. Tout ceci nous porte à envisager notre avenir sous les aspects les plus sombres/Céline/.

que S Ind/Kj
Le ministre envisage que la situation économique pourrait s'améliorer. J'envisage que je puisse revenir sur ma décision. Envisagez-vous que la situation puisse/pourrait s'améliorer?

Int.ind
J'essaie d'envisager comment cela pourrait se faire.

de Inf 1
Les syndicats envisagent de lancer une grève. Le directeur-général avait envisagé de me nommer directeur des Relations humaines/Pilhes/.

• s'envoler (1+L)
N - se V -((de)qp)
fort-, wegfliegen
La perdrix s'envola (vers nous du bout du champ).

envoûter (2)
N - V -(N)
behexen, verzaubern
Le sorcier a envoûté tout le village.
Fig.: faszinieren
Voilà un paysage qui (vous) envoûte.

• **envoyer**[1] (2+L/3)
N - V - N -(qp) < *Ø* Inf_{fin} >
schicken, (Brief..) abschicken
Envoyer ses enfants à l'école, dans une école publique. Envoyer ses enfants faire un apprentissage. Je n'ai pas encore envoyé la lettre que j'ai écrite.
(Ball...) werfen, schießen
Envoyer le ballon dans le but, une pierre contre une vitre, une fusée sur la Lune.
N - V - N -(à Nqn)
Envoyer une lettre à son ami.

s'envoyer[2] (2) POP
N - se V - N
s. genehmigen
Elle s'est envoyé un verre de vin, un gueuleton. Il s'envoie des filles comme d'autres leur apéro.
⧓ *s'envoyer un travail:* (eine lästige Arbeit) auf sich nehmen

épaissir (2/1)
N - V - N
dicker machen
Epaissir une couche de peinture, une sauce.
N - V
dicker, dichter werden
Ce liquide épaissit au froid. La brume (s')épaissit.

épancher[a] (2+L)
N - V - N - qp LIT
strömen lassen, ⧓ s. ergießen
Les eaux que les montagnes épanchent dans la plaine.
♦*N - se V - qp*
<Flüssigkeit> s. wo ansammeln
Avec l'entorse, la lymphe s'est épanchée dans l'articulation.

épancher[b] (2) LIT
N - V - N
(s-n Gefühlen) Luft machen, (sein Herz) ausschütten
Epancher ses sentiments, sa colère.
♦*N - se V* < *auprès de Nqn* >
Il s'est épanché auprès de moi.

épandre (2+L)
N - V - N -(qp)
aus-streuen
Epandre des engrais (dans/sur un champ).

épanouir (2)
N - V - N
zum Aufblühen bringen
Elle se dérobe sans cesse, se referme, comme certaines fleurs que n'épanouit aucun soleil/Gide/.
Fig.: entfalten
Epanouir sa personnalité.
♦*N - se V*
s. entfalten
La pensée, l'information ne peuvent s'épanouir que dans la liberté/LeM/. Pierre s'épanouit dans son travail.

• **épargner**[a] (2/1)
N - V -(N)
sparen
J'essaie d'épargner. J'ai épargné mes sous.
N - V <*sur N*>
Epargner sur la nourriture.

• **épargner**[b] (2/3)
N - V - N
verschonen
Les bombardements n'ont pas épargné la population civile.
N - V - à N - N
ersparen
Cela m'a épargné des démarches inutiles. Je vous épargne les détails.
que (ne) S Kj |×2 RARE
Ses diplômes lui ont épargné qu'on lui fasse passer un concours d'entrée.
de Inf 2
Son coup de téléphone m'a épargné de devoir lui écrire.

éparpiller[a] (2+L)
N - V - Npl -(qp)
ver-, aus-streuen
Eparpiller du fumier sur un champ. Le vent a éparpillé les feuilles mortes.

éparpiller[b] (2)
N - V - N
verzetteln, zersplittern
Au lieu de se concentrer sur son travail il éparpille ses efforts, ses énergies.

épater (2) FAM
N - V -(Nqn)
verblüffen
Ça m'épate, ce que tu dis là.

épauler[a] (2)
N - V - Nqc
schultern
Epauler son fusil.

épauler[b] (2)
N - V - Nqn
unterstützen, jm unter die Arme greifen
Epauler qn dans un travail délicat.

épeler (2)
N - V -(N)
buchstabieren
Il épelle son prénom.

éperonner (2)
N - V - N
(dem Pferd) die Sporen geben, (fig.) anspornen.
Eperonner un cheval. Eperonner qn.
mit Sporen versehen, (die) Sporen anlegen
Eperonner un cavalier, un coq pour le combat.

épicer (2)
N - V -(N)
würzen
Epicer un plat. Marie épice trop.

épier (2)
N - V -(N)
beobachten, abpassen, auf der Lauer sein
Epier les allées et les venues de qn. Epier une occasion favorable. Le chasseur épia pendant des heures.

épiler (2)
N - V - N
enthaaren
Epiler ses jambes > s'épiler les jambes.

épiloguer (2)
N - V -(sur N)
etw glossieren, (endlose) Bemerkungen machen zu
Cessez d'épiloguer! On a longtemps épilogué (sur la question).

épingler[1] (2)
N - V - N < *qp* >
an-, fest-stecken
Epingler une affiche (au mur).

épingler[2] (2) FAM
N - V - Nqn
ertappen
Il s'est fait épingler.

éplucher (2)
N - V - N
schälen
Eplucher des fruits, des pommes de terre.
Fig.: unter die Lupe nehmen
Eplucher un rapport, la vie de qn.

éponger (2)
N - V - N
ab-, aufwischen
(Eponger le front de qn) > s'éponger le front. Eponger un liquide renversé.
Fig.: abschöpfen:
Eponger un excédent financier.
(Schulden) tilgen
Eponger ses dettes.

s'époumoner (1)
N - se V < à Inf 1 >
s. die Lunge aus dem Halse schreien
Le camelot s'époumone pour vendre sa mousse à raser miracle.
Il s'époumone à crier pour faire revenir son chien.

• épouser[a] (2)
N - V - N
heiraten
Le fils du dentiste épouse la fille du maire.
♦Npl - se V LIT
Ils se sont épousés. → *se marier*

épouser[b] (2)
Nqc - V - Nqc
die Form von etw annehmen, (der Form/Gestalt nach) passen in/zu
Ce fauteuil épouse parfaitement la forme des reins.
Nqn - V - Nqc
s. zu eigen machen, etw übernehmen, s. anpassen an
Epouser les intérêts, les opinions de qn. Cet écrivain épouse parfaitement (les idées de) son époque.

épousseter (2)
N - V - N
abstauben, Staub wischen
Epousseter des meubles. Deux chauffeurs philippins sont en train d'épousseter la Rolls-Royce avec des plumaux.

époustoufler (2) FAM
N - V -(N)
verblüffen, jn baff machen
Cette nouvelle m'a époustouflé.

épouvanter (2)
N - V -(N)
in Schrecken versetzen, entsetzen
C'est un film d'horreur qui (vous) épouvante.

s'éprendre (2)
N - se V - de N
s. verlieben
Il s'est épris d'elle depuis son plus jeune âge.
⌘ *s'éprendre d'amour pour qn: Il s'est épris d'un grand amour pour elle.*

• éprouver[1] (2)
N - V - N
ausprobieren, auf die Probe stellen
Eprouver la résistance de sa voiture. Eprouver un ami, l'honnêteté de qn.
jn (hart) mitnehmen
La vie l'a durement éprouvé.

• éprouver[2] (2)
N - V - N
empfinden, verspüren, spüren
Eprouver une grande joie, un sentiment douloureux. Je compte user de ce droit autant que j'en éprouverai le besoin/LeM/.
(Schwierigkeiten) haben, (Verluste) erleiden
Il a éprouvé de grandes difficultés. L'armée a éprouvé d'énormes pertes.
erfahren, die Erfahrung machen
Nous avons, hélas, éprouvé à maintes reprises la vilenie de tes instincts/Giono/.
que S Ind
Vous éprouverez bientôt qu'effectivement elles poussent la politesse au point que je dis/A.France/.

• épuiser (2)
N - V - Nqc
erschöpfen
Epuiser ses forces, ses munitions.
Fig.: erschöpfend behandeln
Nous n'avons pas épuisé notre sujet/Pilhes/.
N - V -(Nqn)
erschöpfen
Voilà un travail qui épuise. Ce travail m'épuise.
♦Nqn - se V < à N/ à Inf 1 >
Il s'est épuisé au travail, à travailler.

épurer (2)
N - V - N
säubern, reinigen
Le nouveau régime a épuré les administrations. Epurer un corps, une oeuvre, son style.

équarrir (2)
N - V - N
zuschneiden, behauen
Equarrir une poutre, une pierre.

équilibrer (2)
N - V - N
ins Gleichgewicht bringen, ausgleichen, (Räder) auswuchten
Equilibrer une balance, la balance des paiements, les roues d'une voiture, la pression des pneus.

• équiper (3)
N - V - N -(de N)
ausrüsten
Equiper une armée, un bateau. Equiper sa voiture d'une radio.
en Npl
Equiper une armée en matériel moderne, en missiles.

équivaloir (2)
N - V - à N
entsprechen, gleichkommen, soviel heißen wie
Cette réponse équivaut à un refus.
à ce que S Kj
Cela équivaut à ce qu'il faille tout recommencer.
à Inf
Cela équivaut à tout recommencer.
♦Npl - se V
Ces deux méthodes s'équivalent.

érafler (2)
N - V - N
verschrammen, aufschürfen
Erafler la carrosserie d'une voiture. S'érafler le genou.

éreinter (2)
N - V - N
überanstrengen, erschöpfen
Ce travail m'a éreinté.

ergoter (1) — haarspalterisch argumentieren, streiten...
N - V — *Cessez d'ergoter!*

ériger[1] (3) — errichten, aufstellen
N - V - N -(à N) — *Eriger un monument à la gloire d'un despote.*

ériger[2] (2+A) — erheben zu, machen zu
N - V - N - en n — *Eriger une province en région. Eriger l'incertitude en philosophie.*
♦*Nqn - se V - en n* — s. aufwerfen zu
S'ériger en juge de l'humanité.

• **errer** (1+L) — herum-irren, <Blick> schweifen
N - V -(qp) — *Errer dans une ville inconnue. Errer à la recherche d'un restaurant. Errer à l'aventure. Son regard erra sur les livres de sa bibliothèque.*

éructer[a] (1) — aufstoßen, rülpsen
N - V — *A la fin du repas, il éructa poliment.*

éructer[b] (2) — ausstoßen
N - V - N — *Eructer des injures, des menaces. Sous le titre "Assez de pitié pour les monstres!" M. R. Barjavel éructait la semaine passée: "La société... Combien de fois n'avons-nous pas lu et entendu ce mot depuis quelques jours?"/LeM/.*

escalader (2) — er-, besteigen, -klettern, hinaufsteigen, <etw> s. hinaufziehen
N - V - N — *Escalader un sommet. Nous escaladâmes le monumental escalier de marbre/Pilhes/. La route escalade en serpentinant la pente de la colline.*

escamoter (2/3) — verschwinden lassen
N - V - N — *Le prestidigitateur escamota le petit lapin blanc. Escamoter des papiers compromettants.*
auslassen, überspringen
Escamoter plusieurs notes en jouant au piano. Escamoter des mots en lisant.
Fig.: unter den Teppich kehren, stillschweigend übergehen
Escamoter un conflit. Escamoter des difficultés, les vrais problèmes.
N - V - N -(à N) — stehlen
Escamoter à qn son porte-feuille.

s'esclaffer (1) — in Lachen ausbrechen
N - se V — *Tout d'un coup, il s'esclaffa.*

escompter[a] (2) — (Wechsel) diskontieren
N - V - N — *Escompter une traite, un effet de commerce.*

escompter[b] (2) — rechnen mit, erhoffen
N - V - N — *Escompter un succès certain.*
que S Ind — *Il avait escompté que tout allait se résoudre.*
Kj |neg/int — *Il n'avait pas escompté qu'il reçoive autant de lettres.*
Ø Inf 1 — *J'escomptais réveiller le bon sens de M. et le détourner de son projet/Pilhes/. Il escomptait pouvoir faire état d'une résolution conjointe/LeM/.*

escorter (2) — geleiten, eskortieren, begleiten
N - V - N — *Des motards escortent le chef de l'Etat.*

s'escrimer (1) — s. abmühen mit
N - se V < sur N > — *S'escrimer sur une machine à écrire, sur un devoir difficile.*
< à Inf 1 > — *S'escrimer à essayer de trouver un papillon hermaphrodite.*

escroquer (2/3) — begaunern, beschwindeln
N - V - Nqn < de N > — *Je me suis fait escroquer de dix mille francs.*
N - V - Nqc -(à Nqn) — ergaunern, jm abschwindeln, ⵋ jn beschwindeln um
Il m'a escroqué cent francs. Il a escroqué de l'argent, une signature.

espacer (2) — auseinanderrücken, (immer) größeren Abstand einschieben zwischen
N - V - Npl — *Espacer deux arrêts de tramway. Espacer ses visites chez qn.*
♦*Npl - se V* — auseinanderrücken, (immer) seltener werden
Peu à peu les maisons s'espaçaient. Ses visites s'espaçaient.

• **espérer** (2/2+A/3) — (s.) er-hoffen
N - V - N — *J'espère une revente rapide de ma voiture. Un salaire supérieur de 3oo francs par mois à celui qu'ils peuvent espérer aujourd'hui/LeM/. J'espère des temps meilleurs.*
que S Ind — *J'espère que vous viendrez nous voir.*
Ind/Kj |neg — *Je n'espère plus qu'il soit retrouvé vivant. Il n'espère pas que je vais m'inscrire au Parti, non?/G. Cesbron/. Folie d'espérer qu'il y puisse rien entendre!/Mauriac/.*
Ind/Kj |int — *Espérez-vous encore qu'il viendra? Espérez-vous encore qu'il soit en vie? Espérait-elle vraiment que l'on ferait appel à un docteur pour des coupures aux bras?/J. Green/.*
Ø Inf 1 — *J'espère pouvoir vous rendre visite bientôt.*
de Inf 1 ARCH — *On n'espère pas de pouvoir être de vos amis/Sévigné/.*
N - V - N - adj — *Je l'espérais capable de faire cela.*
ⵋ *N-V-Ø |K: Pouvez-vous venir ce soir? - J'espère bien.*
N - V - de N - N — *Les salariés n'ont rien à espérer de la bonne volonté des pouvoirs publics/LeM/.*

N - V - de N - que S Ind/Kj 2 — *La Maurétanie, dont on avait espéré un moment à Alger qu'elle renoncerait à appliquer l'accord tripartite de Madrid/LeM/. J'espérais de lui qu'il réagirait/réagisse autrement.*

N - V - en Nqc/qn ·REL — hoffen auf, s. Hoffnung setzen in
J'espère en votre soutien. J'espère en Dieu. Le gendre de G. reprenait une importance en laquelle peut-être il n'espérait plus/Pilhes/.
✕ *laisser espérer N/que S Ind:* erwarten lassen, versprechen
Le beau temps laisse espérer une bonne récolte/que la récolte sera bonne.

espionner (2)
N - V -(N) — aus-spionieren, bespitzeln
Espionner un agent double, les allées et venues de qn.

esquinter (2) FAM
N - V - N — beschädigen, übel zurichten, ruinieren
Esquinter sa voiture. Il s'est fait esquinter dans une bagarre. Esquinter sa voix > s'esquinter la voix à force de crier.
♦*Nqn - se V < à N/à Inf 1 >* — s. abrackern
S'esquinter au travail, à travailler.

esquisser (2)
N - V - N — skizzieren, (Lächeln) aufsetzen, andeuten
Esquisser un dessin, un sourire.
♦*N - se V* — s. abzeichnen
Une solution commence à s'esquisser.

esquiver (2)
N - V - N — *e-r* S. ausweichen, etw umgehen
Esquiver un coup, un obstacle, des difficultés.
♦*Nqn - se V* — (heimlich) hinausschleichen, verschwinden, s. verdrücken
S'esquiver par une porte dérobée. Il s'est esquivé après l'apéritif.

essaimer (1)
N - V — aus-schwärmen
Une ruche essaime.
Fig.: Filialen gründen, auswandern
La banque essaime en province. Les juifs espagnols ont essaimé en Turquie.

• essayer (2)
N - V - N — versuchen, aus-probieren, (Kleidung) anprobieren
Essayer un fromage, une voiture, son talent, un manteau.
✕ *N-V-Ø |K: Cela est difficile, mais essayons tout de même:* Versuchen wir *es.*
que S Kj FAM — *J'essaierai que tout se déroule bien.*
Int.ind — *Il essayait si le manteau lui allait.*
de Inf 1 — *Essayer de faire une réussite aux cartes.*
♦*Nqn - se V - à N/à Inf 1* — *Il s'essaie aux échecs, à jouer aux échecs.*
sur Nqn — s. an jm versuchen
S'essayer à un adversaire.
dans Nqc — es versuchen mit
S'essayer dans une nouvelle activité.
N - V - de N REL — probieren, es probieren mit
Voici le buffet froid, essayez de tout, comme il vous plaira. Essayez de ce vin. ...approuva Hans qui essaya d'un bluff.

essorer (2)
N - V -(N) — aus-wringen, (Wäsche) schleudern, (Salat) trocken schütteln
Essorer un drap mouillé. La machine essore mal (le linge). Essorer la salade.

essouffler (2)
N - V - N — außer Atem bringen
La course nous a essoufflés.
♦*Nqn - se V < à Inf 1 >* — *M. Dupont s'essouffle tous les matins à courir après le bus.*

• essuyer[1] (2)
N - V - N — ab-wischen, -trocknen
Essuyer une table, la vaisselle, la buée sur la vitre.

• essuyer[2] (2)
N - V - N — erleiden, über sich ergehen lassen müssen
Essuyer une défaite, la colère de qn, un orage, une tempête. L'ennemi a essuyé des pertes. Vous ne devez pas courir le risque d'essuyer une rebuffade/Pilhes/.

estamper[1] (2)
N - V - N — prägen, stanzen
Estamper des monnaies.

estamper[2] (2) FAM
N - V - N — jn übers Ohr hauen, ausnehmen
Il m'a estampé.

estampiller (2)
N - V - N — kontrollstempeln
Estampiller une marchandise.

• estimer[1a] (2+Adv)
N - V - N -(Adv$_{N,\ Adj,\ à\ N}$*)* — schätzen (auf), taxieren
Estimer un objet d'art. Estimer un tableau 2oo francs, à sa juste valeur. J'aurais estimé cette estampe moins chère. Les policiers estiment la durée du nettoyage à une semaine environ /LeM/.
que S Ind — *On estime que le coût de la vie a augmenté de plus de 13o% en 1976/LeM/.*

• estimer[1b] (2)
N - V - N < pour N > — wert-, hoch-schätzen
Estimer un homme politique (pour sa probité). Longtemps j'estimai le grec par-dessus tout/Alain/.

• estimer[2] (2+A)
N - V - que S Ind — meinen, der Meinung sein, der Ansicht sein
Ils estiment qu'un lien étroit est nécessaire entre les forces régionales et nationales de l'opposition/LeM/.
Ind/Kj |Int — *Mais estimez-vous que les Juifs soient coupables de cet assassinat?/H. Troyat/. Estimez-vous que cela est nécessaire? Si*

vous estimez qu'il faille les passer au crible...,n'en parlons plus/Le Figaro/.

N - V - que S Ind/Kj |*neg/int* — *Estimerez-vous qu'il est/soit nécessaire de faire cela?*
Ø Inf 1 — *Estimez-vous pouvoir faire ce travail?*
N - V - adj - N — (es) halten für
Je l'estime capable de faire cela. Un texte qu'il estime politiquement dangereux. Un jeune cadre s'estime très bien traité avec émoluments de 1000 roupies/LeM/.
que S Kj — *J'estime indispensable que Mme A. vienne témoigner elle-même de ce qui s'est passé/Pilhes/.*

estomper (2)
N - V - N — verwischen
Le brouillard estompe les contours des bâtiments. Le bateau s'estompa dans la brume.

estourbir (2) POP
N - V - N — bewußtlos schlagen, totschlagen; fig.: verblüffen
Il a été estourbi dans la rue. Rester estourbi devant une réponse inattendue.

estropier (2)
N - V - N — verkrüppeln, entstellen
Il a été estropié dans un accident. Fig.: Estropier un texte, une mélodie.

• établir^{1a} (2+L)
N - V - N - qp — einrichten, (Lager) aufschlagen, (Quartier) beziehen
La firme a établi une nouvelle succursale au centre de la ville. Les troupes ont établi leur campement dans la plaine. Il a établi son domicile à Perpignan.
jn wohin stellen
Le patron a établi un homme compétent à la tête du service.
♦*N - se V - qp* — s. niederlassen, seinen Wohnsitz nehmen
Il s'est établi à Perpignan.
Stellung beziehen
Les troupes se sont établies autour de la ville.
⌘ *Nqn-seV-n:* s. niederlassen als
Il s'est établi boucher, avocat.
⌘ *Nqn-seV(à son propre compte):* s. selbständig machen
Il s'est établi (à son propre compte).

• établir^{1b} (3)
N - V - N - sur N — etw stützen auf, gründen auf
Il a établi sa démonstration sur des faits solides.
etw e-r S verdanken
Il a établi sa réputation sur cet ouvrage. Il a établi sa fortune sur le revenu de ses terres.

• établir^{2a} (2)
N - V - N — aufstellen, bilden, (Beziehungen..) herstellen, aufnehmen
Etablir une liste, un devis, un horaire. Etablir l'ordre, la paix. Etablir une administration, un gouvernement. Etablir une communication téléphonique avec qn, des relations avec qn. Les diverses parties ne sont pas arrivées à établir un accord.
(Gesetz..) einführen
Etablir un impôt, un nouveau règlement.
♦*N - se V* — <Ordnung, Stille> eintreten,<Sitten..> sich einbürgern; s.ein-, herstellen
L'ordre et la paix se sont établis. Cette coutume s'est établie il y a longtemps. Le silence s'établit de nouveau. La bonne entente s'est enfin établie entre eux. Il faut donc que s'établisse le juste prix, celui qui résulte du face à face entre ce qui est offert et ce qui est demandé/Pilhes/.

• établir^{2b} (2)
N - V - N — feststellen
Le tribunal essayait en vain d'établir la culpabilité de l'accusé. Etablir l' identité de qn, un fait.
que S Ind — *L'enquête a plus tard établi qu'il n'existait aucun rapport entre les deux incidents.*
Ind/Kj |*neg* — *L'enquête n'a jamais établi qu'il était/fût coupable.*
Int.ind — *La direction aura besoin de vous tous pour établir en quoi il peut être intéressant de développer...les mécanismes/Pilhes/.*

étager (2)
N - V - N — in Stufen, stufenförmig anordnen, bauen...
Le plan de construction prévoit d'étager des villas sur la colline.
Fig.: (Preise) staffeln, abstufen
Etager les prix afin que les marchandises soient à la portée de tous.
♦*N - se V* — stufenförmig ansteigen
Les toits des maisons s'étagent au pied de la cathédrale.

étalager (2)
N - V - N — ausstellen
Etalager des marchandises dans une vitrine.

• étaler^{1} (2)
N - V - N < qp > — ausbreiten, -stellen, -legen, auftragen
Etaler de la confiture sur une tartine. Etaler des photos. Etaler des marchandises sur un banc. Le mazout s'étale sur la mer. Fig.: La culture c'est comme la confiture, moins on en a, plus on l'étale.
♦*Nqn - se V* FAM — der Länge nach hinfallen
Il s'est étalé de tout son long.

étaler^{2} (2+L)
N - V - N -(sur N) — (zeitlich) verteilen
Etaler des dépenses, un programme sur dix ans. Etaler son congé.

étalonner (2)
N - V - N
eichen
Etalonner une balance.

étancher (2)
N - V - N
trockenlegen, aufwischen, -saugen
Etancher un marais, une source. Etancher du vin répandu sur une nappe.
Fig.: REL: *étancher sa soif:* seinen Durst stillen

étatiser (2)
N - V - N
verstaatlichen
Etatiser des entreprises privées.

étayer[a] (2)
N - V - N <*de N* >
abstützen
Etayer un pont, une galerie (de poutres).

étayer[b] (3/2)
N - V - N -(sur N)
< *de N* >
N - V - N
stützen auf
Etayer son argumentation sur des documents précis. Etayer son argumentation de citations pertinentes.
<etw>unter-stützen
Cette conviction est étayée par le caractère mouvant de la linguistique actuelle/M. Gross/. Ce nom va donc signifier, selon les situations et les contextes, tout ce qui étaie, soutient, fixe le souvenir/LeM/.

• éteindre (2)
N - V - N
löschen, ausmachen
Eteindre un feu, la lumière.
⧓ *N-V-Ø: Eteignez, s.v.p. (sc.: la lumière). Il ne sort jamais sans éteindre.*

♦*N - se V*
ausgehen
La lumière s'est éteinte.
Fig.: aus-sterben
Le cardinal s'est éteint à l'âge de 78 ans. Cette famille s'est éteinte au 18ème siècle.

• étendre[a] (2+L)
N - V - Nqc -(qp)
ausbreiten, -strecken..., (Schicht..) auftragen, -streichen
Etendre le linge, son journal sur la table, les bras. Etendre du beurre sur une tartine, une couche de peinture sur un mur.
⧓ *N-V-N<deN>:* (Flüssigkeit) verdünnen
Etendre un sirop d'eau. J'ai étendu la sauce.

♦*Nqc/qn - se V -(qp)*
s. erstrecken
Le lac s'étend jusqu'à l'horizon.
s. ausweiten, um sich greifen
L'incendie, l'épidémie s'étend.
<jd> sich hinlegen
J'aimerais m'étendre quelques instants.

• étendre[b] (3)
Nqn - V - N -(à/sur N)
ausdehnen (auf)
Le roi étend son pouvoir sur de nouvelles régions. Il a peu à peu étendu le cercle de ses amis. Il serait facile d'étendre l'explication aux autres phénomènes signalés dans la première partie.Etendre sa méthode d'analyse à de nouveaux domaines. Le parti essaie d'étendre son influence. Le président a étendu ses consultations politiques au leader de l'opposition.

♦*Nqn - se V - sur N*
s. auslassen über
J'aimerais m'étendre quelque peu sur ce sujet.

éterniser (2)
N - V - N
in die Länge ziehen
Eterniser une discussion.

♦*Nqc - se V*
s. in die Länge ziehen, ewig dauern
La discussion s'éternisa.

♦*Nqn - se V* <*qp* > FAM
es lange wo aushalten, zu lange bleiben
Nous n'avons pas l'intention de nous éterniser chez vous. Je sens que nous n'allons pas nous éterniser ici.

éternuer (1)
N - V
niesen
Pierre éternua deux fois.

étêter (2)
N - V - N
(Bäume) beschneiden, stutzen
Etêter un saule pleureur.

étinceler (1/2)
N - V
N - V - de N
funkeln, blinken, glitzern
Ses yeux étincellent. Les bijoux étincellent à la lumière. La mer étincelle de mille feux.
Fig.: sprühen vor
Il étincelle d'esprit.

étiqueter[a] (2)
N - V - N
etikettieren
Etiqueter des documents. Des machines étiquettent les bouteilles.

étiqueter[b] (2+A)
N - V - Nqn ((comme) n)
jn einreihen, jn abstempeln als
Etiqueter quelqu'un d'après les apparences. On l'a étiqueté comme gauchiste. Il a été étiqueté pacifiste dans sa jeunesse.

étirer (2)
N - V - N
aus-strecken, recken, dehnen
Etirer un tissu, du cuir. Etirer ses bras dans tous les sens.
Fig.: in die Länge ziehen
Les interprètes principaux de ce film donnent libre cours à leur cabotinage, ce qui étire nombre de séquences du film.

♦*Nqc - se V*
s. erstrecken
Devant moi s'étirait une large route de terre.

♦*Nqn - se V*
s. recken

Pierre s'étire en bâillant à se décrocher la mâchoire.

étoffer (2) — auffüllen, ausgestalten, anreichern
N - V - N
Etoffer un récit, une histoire. Les avocats de la famille se sont efforcés d'étoffer le dossier de demande de révision/LeM/.
⧗ *Nqn-seV:* kräftiger, rundlicher werden
Pierre s'est étoffé avec l'âge.

• **étonner** (2) — erstaunen, ⧗ s. wundern
N - V -(N)
Voilà qui m'étonne. Ce qui m'étonne, c'est que le peuple allemand ne se révolte pas devant ces pratiques réactionnaires /LeM/. Voilà ce qui étonne en effet.
que S Kj -(cela) - V -(N) — *Qu'il ne soit pas venu (cela) m'étonne.*
♦*cela - V - N - que S Kj* — *Cela m'étonne qu'il soit venu.*
♦*Nqn - se V -(de N)* — *Je m'étonne de son absence. Elle s'étonne d'elle-même.*
de ce que S Ind/Kj — *Je m'étonne de ce qu'il n'est/ne soit pas venu.*
que S Kj — *Je m'étonne que vous ne le sachiez pas. Un Indien devant lequel nous nous étonnions que des volontaires étrangers assurent la survie des paysans du Bihar/LeM/.*
de Inf 1 — *Je m'étonne de vous voir.*

• **étouffer** (1/2) — ersticken, se V: keine Luft mehr kriegen
N - V < de N > — *J'étouffe à cause de la chaleur, de chaleur.*
N - V -(Nqn) — *Cette chaleur vous étouffe. Il y règne une chaleur qui étouffe.*
N - V - Nqc — (Geräusch) dämpfen, (Feuer) ersticken
D'épais rideaux étouffent le bruit de la rue. Etouffer un feu.
Fig.: unterdrücken, (Skandal) vertuschen
Etouffer un sentiment, une révolte, un scandale, un bâillement.

étourdir (2) — betäuben, benebeln
N - V -(N)
Le bruit l'étourdissait. Ce vin étourdit.
Fig.: étourdir une douleur, la faim.

• **étrangler** (2) — erwürgen, erdrosseln, abschnüren, se V: keine Luft mehr kriegen
N - V - N
Etrangler une personne, un animal. La ceinture lui étrangle la taille.
(Rohr) zusammendrücken, enger machen
Etrangler un tuyau.
Fig.: unterdrücken, knebeln, im Keime ersticken
Etrangler la presse, une révolte.
⧗ *Loc.: étrangler la voix de qn:* jm die Kehle zuschnüren
L'émotion étranglait sa voix. Sa voix s'étrangla dans l'émotion.

• **être**[1] (1) — sein, existieren
N - V
Tout ce qui est, est. Il n'est plus. Le siècle n'est plus où la papauté pouvait impunément déclencher des croisades/LeM/.
♦*il - V - N qui...* REL — es gibt
Il est des gens qui croient devoir meubler les silences par une avance exagéré/Gide/.

• **être**[2] (1+A) — sein
N - V - n — *Pierre est linguiste. Il est un des pianistes les plus célèbres. Paris est la capitale de la France.Elle l'est, en effet.*
adj — *Marie est sympathique.*
adv — *Le patron est de bonne humeur aujourd'hui/Pilhes/. Je suis sans ressources. Il est pour/contre des élections. Tu es en sueur.*
(de)qp — *Jeanne est dans le jardin. Elle est de Paris.*
⧗ FAM: *Nqn-être pour/contre-Ø:* dafür, dagegen sein
Moi, je suis contre!
⧗ *Nqn-toujours être à Inf 1:* immer,andauernd etw tun
N - V - à Inf — müssen + Passiv, zu + Inf sein
Le formulaire est à remplir soigneusement.
♦*il - V - à Inf - que S Ind* REL — *Il est à croire que l'avenir s'annonce encore plus sombre.*
⧗ *c'est, ce sont - n:* das ist, sind
C'est un grand artiste. C'est vrai. C'est moi: ich bin's
⧗ *si ce n'est - n:* außer, es sei denn
Je ne fume pas de cigarettes ce ce n'est des gauloises.
⧗ *si ce n'était que S:* wenn es nicht so wäre, daß
Si ce n'était que j'ai du travail, je partirais avec vous.
⧗ *c'est...qui...:* "mise en relief"
C'est Jean qui est venu et non Marie.
⧗ *c'est que S Ind:* nämlich
Il n'est pas venu? - C'est qu'il est malade.
⧗ *ce n'est pas que S Kj:*
Ce n'est pas qu'il soit paresseux, mais il est lent.

• **être**[3] (aux) — "passé composé"
N - V - $V_{\text{participe passé}}$
La lettre n'est jamais arrivée. Je me suis lavé les mains. Elle s'est tuée dans un accident.
"passif"
N - V - $V_{\text{participe passé}}$ — *Soit dit en passant, je ne l'ai jamais vu.*

• **être**[4] (2) — gehören
N - V - à Nqn — *Cette montre est à moi. A qui est ce livre?*
Nqn - V - de N — gehören zu
Il est de mes amis. Serez-vous des nôtres ce soir?
♦*il - V - de Nqn - que S Kj* REL — *Un homme volait? Eh bien, c'est qu'il était de l'homme qu'il volât un jour/Le Figaro/.*

ж *Loc.: FAM: en être:* schwul sein

• être[6] (o+A)
il - V - n/adj
sein
Il est six heures. Il est tard. Il est grand temps de se retirer.
ж *Il n'en est pas question.*
ж *il n'est que de-Inf...pour Inf:* man braucht nur...
Il n'est que de considérer l'histoire pour savoir que tout change.

• en être[7] (1+L/2+L)
Nqc - en V - qp
<etw> wie stehen mit, <jd> soweit kommen, sein
Où en sont les études du français?
Nqn - en V - qp-(de N)
Où en êtes-vous de vos études? Voilà où nous en sommes. J'en étais là de mes cogitations quand la porte s'ouvrit/Pilhes/. Ils me demandent où j'en suis de mon dictionnaire. Au point où l'on en est, le fait étonnant serait qu'il ne se passât rien /LeM/. Une enquête qui n'en est qu'à ses prémices et qui révèle des détails pour le moins étonnants/LeM/.
à N
Roustev, s'il réduisait sa fêlure, en serait en effet à sa première opération réussie/Pilhes/.
à Inf 1
J'en suis à me demander si cela est possible. Nous en sommes à demander à la Banque de France de réglementer le secteur, ironise M. Jaunait/LeM/.
♦*il - en V - Adv < de/pour N >*
wie stehen mit, wie dem sein, |neg.: nichts damit sein
Je ne sais pas ce qu'il en est. Il n'en est rien. Il en est de même pour cet autre exemple. Il en est des politiciens comme (il en est) des champignons: coupez-les, ils repoussent/J.P. Dubost/. Il en est de même du problème suivant.
ж *quoi qu'il en soit:* wie dem auch sei

• y être[8] (1)
N - y V
bereit, fertig sein, soweit sein, fig.: verstehen, mitkommen
Attendez, Jean n'y est pas encore. Voilà, j'y suis, on peut partir. Ça y est. Excusez-moi, je n'y suis plus.
N - y V < pour rien/pour qc >
damit zu tun haben, schuld sein, dafür können
Excusez-moi, mais je n'y suis pour rien. On sait bien qu'il y est pour quelque chose.
ж *ne pas y être (pour personne):* nicht da sein, nicht zu sprechen sein
Si l'on me demande, je n'y suis pas.

étreindre (2)
N - V - N
fest umarmen, drücken, fassen...
Le catcheur étreint son adversaire. Jean-Pierre étreint son amie contre son coeur.
Lit: zuschnüren, beklemmen
L'émotion lui étreint la gorge, le coeur.
ж *Loc.: Qui trop embrasse, mal étreint.*

étrenner (2/1)
N - V - N
etw zum erstenmal gebrauchen, tragen, etw einweihen
Etrenner un chapeau tout neuf, une voiture neuve.
N - V
als erster dran sein, der erste sein
On a frappé les responsables, et c'est lui qui a étrenné.

étriller (2)
N - V - N
striegeln
Etriller son cheval.
FAM.: jn übel zurichten, jn übers Ohr hauen, ausnehmen
Il s'est fait étriller dans cette bagarre, dans cette affaire.

étriper (2)
N - V - N
auswaiden, (Tier) ausnehmen
Etriper un lapin.
Fam.: (mit einer Hieb- und Stichwaffe) verletzen, abmurksen
Se faire étriper dans une bagarre.

• étudier (2)
N - V - N
untersuchen
Les experts étudient la situation économique.
ж *N-V-(N):* studieren, lernen, ein-üben
Jean a étudié à Paris. Pierre étudie l'histoire. Paul étudie sa leçon, un rôle pour une pièce de théâtre.
Int.ind
Nous devons étudier comment continuer notre voyage. Nous allons étudier si cela est possible.

évacuer (2+L/3/2)
N - V - N -(de qp)
evakuieren
On a évacué la foule du théâtre à cause d'un incendie qui s'y est déclaré.
ableiten, absaugen
Une haute cheminée évacue les gaz toxiques.
N - V - N - de N
ж evakuieren
On a évacué l'hôtel de ses clients.
N - V - N
räumen, verlassen
La foule évacue le théâtre. Les manifestants ont brûlé un portrait du président Assad, puis ont évacué les locaux, sans que la police ait eu à intervenir/LeM/.

s'évader (1+L)
N - se V -(de) qp
flüchten, entfliehen, (aus dem Gefängnis) ausbrechen
Les prisonniers se sont évadés de (la) prison. Pierre s'évade à la campagne pour le week-end.
ж *N-se V-Ø |K: Les prisonniers se sont évadés (sc.:de prison).*
Fig.: s. flüchten in, entfliehen
S'évader dans le rêve. Malgré les obstacles, cette volonté de s'évader d'un univers clos n'a jamais complètement disparu/LeM/.

évaluer (2+Adv/2)
N - V - N -(Adv (à)N)
ab-schätzen
Evaluer une distance, un tableau. Evaluer un bijou à mille francs, à sa juste valeur, au-dessus de sa valeur, trop bas. La foule était évaluée à 5.000 personnes/France-Soir/.
⧗ *Sa maison est évaluée (à) mille francs.*
Int.ind
Je ne suis pas en mesure d'évaluer combien de mois il faudrait pour atteindre Mars.

évangéliser (2)
N - V - (N)
evangelisieren, missionieren
Les missionnaires furent envoyés pour évangéliser le pays.

• **s'évanouir** (1)
N - se V
ohnmächtig werden
Elle s'évanouit à la vue d'une souris.
Fig.: verschwinden
Mes craintes se sont évanouies. Sa silhouette s'évanouit dans la brume.

s'évaporer (1)
N - se V
verdampfen, s. verflüchtigen
L'eau et l'alcool s'évaporent.

évaser (2)
N - V - N
aus-weiten
Evaser une ouverture.

• **éveiller** (2)
N - V - Nqc(de qn)
etw er-wecken, se V: erwachen
L'étude des mathématiques éveille la curiosité de l'infini. Eveiller la méfiance, la sympathie, l'intérêt. Vous vous êtes demandé en quoi ce texte était susceptible d'éveiller l'intérêt du personnel/Pilhes/. Son intérêt s'éveilla.
N - V - Nqn LIT
jn wecken, se V: auf-, erwachen
Le bruit l'a éveillé. Il s'éveilla de bonne heure.

éventer[1] (2)
N - V - N
aus-lüften, Luft zufächeln
Eventer des vêtements, du grain. Elle sortit un journal pour s'éventer.

éventer[2] (2)
N - V - N
hinter etw kommen
Eventer un secret.
⧗ *Loc.:* FAM: *éventer la mèche:* Lunte riechen

s'éventer[3] (1)
N - se V
schal werden
Une bouteille de vin qui s'évente.

éventrer (2)
N - V - N
(den Bauch) aufschlitzen
Eventrer un cochon. Eventrer une valise.

s'évertuer (2)
N - se V (à ce que S Kj) |×1 RARE
à Inf 1
de Inf 1
s. bemühen, s. anstrengen
Je me suis évertué en vain à ce qu'on me comprenne.
S'évertuer à bien faire son travail.
ARCH: →s'efforcer

évider (2)
N - V - N
aushöhlen, -bohren...
Evider une noix de coco, une tomate, une orange. Evider une pièce de bois au tour.

évincer (2)
N - V - Nqn
verdrängen, ausstechen, ausschließen, ausschalten
Evincer un rival, un concurrent. Evincer un candidat en raison de son passé politique.

• **éviter** (2)
ver-meiden, *e-r S* ausweichen, *jm/e-r S* aus dem Wege gehen, etw verhindern, jm ausweichen
N - V - N
Eviter un obstacle, une balle, une bouteille qui vole, qn dans la rue. Eviter l'alcool, l'abus de l'alcool. Evitez l'abus d'alcool! Eviter un piéton.
que (ne) S Kj |×1
Evitez qu'on (ne) vous aperçoive. Les Américains se sont employés à éviter que Séoul et Pyongyang n'aient assez de munitions pour mener un conflit de grande envergure/LeM/.Quoi qu'il en soit, nous n'avons aucun moyen d'éviter que le personnel prenne connaissance de ce papier/Pilhes/.
de Inf 1
Il évitait lâchement de rencontrer ce regard/Martin du Gard/.

• **évoluer**[1] (1/2)
N - V
N - V - vers N
e-e Entwicklung durchmachen, s. (weiter-) entwickeln
Jean a beaucoup évolué ces derniers temps. La linguistique évolue vers des méthodes plus formalistes. La situation pourrait évoluer plus favorablement/LeM/. La sensibilité de l'opinion publique évolue /LeM/. Les offres comme les demandes d'emploi non satisfaites n'évoluent guère depuis un an/LeM/.

évoluer[2] (1+L)
s. (auf der Bühne, auf dem Manöverplatz, in bestimmten Kreisen) bewegen
Nqn - V - qp
Les patineurs évoluent dans la lumière des projecteurs, sur la glace. Le troupes évoluent sur le terrain. La danseuse évolue sur la scène. Il évolue dans les milieux de la haute linguistique.

• **évoquer** (2)
N - V - N
beschwören, erinnern an, erwähnen, suggerieren
Le sorcier évoque les mânes des aïeux. Pierre évoque des souvenirs d'enfance. Cette peinture évoque la solitude. J'évoquerai rapidement les événements principaux. Le rapport évoque d'autres dommages laissés par la guerre/LeM/.
Int.ind
Le rapport évoque pourquoi les habitants quittent la ville.

exacerber (2)
N - V - N
steigern, überreizen, verschärfen
L'attente exacerbait son inquiétude. La fatigue exacerba ses nerfs. Le conflit exacerba les antagonismes.

• exagérer (2) — übertreiben
N - V -(N)
Tu exagères! Exagérer ses paroles, les qualités d'un film.
♦Nqn - se V - Nqc — überschätzen
S'exagérer les qualités de qn.

exalter[1] (2) — preisen, rühmen, verehren, in den Himmel heben
N - V - N
Exalter les valeurs traditionnelles, le souvenir de qn. Les enfants ont toujours une tendance soit à déprécier, soit à exalter leurs parents/Proust/.

exalter[2] (2) — begeistern, erregen
N - V - N(qc de)qn
L'atmosphère échauffée exaltait les esprits, les spectateurs.
Nqc - V - Nqc — steigern
La lumière exalte le charme de la ville la nuit. Un dédain exaltait encore ma rancoeur/Mauriac/.

• examiner (2) — prüfen, untersuchen
N - V - N
Examiner qn du regard. Examiner une facture. Les douaniers ont examiné le coffre de la voiture. Le médecin examine le malade. Examiner un étudiant.
⌘ *N-V-Ø |K: C'est M. le professeur qui examine à l'oral (sc. les étudiants).*
Int. ind
Examinons si cela est juste.

exaspérer (2) — etw steigern, verschlimmern, jn aufregen, zur Verzweiflung bringen
N - V - N
L'attente exaspérait la tension. La pensée gâte le plaisir et exaspère la peine/Valéry/. Son silence ne faisait qu'exaspérer ma souffrance. Ce bruit m'exaspère.

exaucer (2) — erhören, (Bitte, Wunsch) erfüllen
N - V - N
Dieu m'a exaucé. Exaucer les désirs de qn.

excéder[1] (2) — übersteigen, überschreiten, <Maß...> liegen über
N - V - N
Les importations ont excédé les exportations cette année. Votre valise excède le poids réglementaire. La température excède la moyenne. C'était une sorte de melon qui n'excédait pas cinq centimètres de hauteur et par là n'excédait pas, non plus, les spectateurs placés derrière/Canard enchaîné/.
Fig.: Cette entreprise excède mes forces. Il a excédé ses pouvoirs.

excéder[2] (2) — jm lästig fallen, auf die Nerven gehen
N - V - Nqn
Excéder qn par ses questions.

exceller (1) — s. hervortun, brillieren,
N - V <à/dans/en N >
Il excelle dans/en tout ce qu'il fait. Il excelle au tir aux pigeons. Racine a excellé dans l'emploi de l'ironie/Paulhan/.
à Inf 1 — es verstehen, es sehr gut können
Il excelle à parler en public. Aucun musicien n'excelle comme Wagner à peindre l'espace et la profondeur/Baudelaire/.

excepter (3/2) — e-e Ausnahme machen, ausnehmen
N - V - N -(de N)
Je n'excepterai personne de cette mesure. Je m'adresse à vous tous, sans excepter qui que ce soit.
herausnehmen, abziehen, streichen
Il faut excepter de cette facture les frais à ma charge.
Nqc - V - N — ausnehmen
Cette mesure n'exceptera personne.

exciper (2) LIT — s. berufen auf
Nqn - V - de N <pour Inf 1> <auprès de N>
Il excipa auprès du premier ministre de son passé de maître-nageur pour être nommé ministre de l'éducation nationale. Il m'était commode d'exciper de l'heure tardive...pour remettre à plus tard une discussion sur le rouleau/Pilhes/

• exciter (2/3) — er-, anregen, hervorrufen, aufreizen
N - V -(N)
La nouvelle a excité la curiosité des gens. Cette musique m'excite. Cette bonne odeur excite l'appétit. Boire du café le soir excite.
♦Nqn - se V < sur N > FAM — s. aufregen über, etw aufregend finden
Il n'y a pas de quoi s'exciter sur ce roman.
N - V -(N) -à N — treiben zu, aufwiegeln, -stacheln
Le chômage excite (les jeunes gens) à la violence.
- N - à ce que S Kj 2 RARE
Rien ne peut l'exciter à ce qu'il sorte de sa torpeur.
à Inf 2
Les agitateurs excitèrent la foule à provoquer le désordre.
N - V - N - contre N — aufhetzen
La presse excita l'opinion publique contre le chanteur contestataire.

s'exclamer (1) — e-n Ausruf tun, ausrufen
N - se V <de N>
S'exclamer de joie, d'admiration, de surprise. "Zut" s'exclama-t-il.
⌘ *s'exclamer sur N:* s-r Be-, Verwunderung... Ausdruck geben
Tout le monde s'est exclamé sur la nouvelle mode.

• exclure[1] (3/2+L/2) — ausschließen, entfernen aus
N - V - N - de N
Il a été exclu de son parti. J'ai exclu de ma bibliothèque tous les périodiques encombrants. Il a dû exclure l'alcool de son régime alimentaire. L'O.E.A. restera surtout dans l'histoire pour avoir exclu Cuba du système inter-américain/LeM/.

N - V - N - de qp — jm den Zutritt verbieten, jn mit Lokalverbot belegen
Exclure qn d'un lieu public, d'un cinéma, d'un bar.

N - V - N — jn ausschließen
Son parti l'a exclu.

• exclure[2] (2) — ausschließen

Nqc/qn - V - N — *L'un n'exclut pas l'autre. Les milieux officiels britanniques n'excluent pas toutefois la possibilité que M.K. ait des propositions concrètes à formuler /Le Figaro/.*

que S Kj — *Notre handicap exclut que nous gagnions. On ne peut pas exclure que Moscou veuille pousser les trois Occidentaux à ouvrir les consultations/LeM/. Le roi a exclu qu'il puisse s'agir d'un musulman/LeM/.*

de Inf 1 — *J'exclus de pouvoir gagner.*

que S Kj -(cela) - V - N — *Qu'il soit en retard (cela) n'exclut pas sa venue éventuelle.*

que (ne) S Kj — *Qu'il soit en retard (cela) n'exclut pas qu'il (ne) vienne encore.*

♦*Npl - se V* — *Nos deux propositions ne s'excluent pas. Ces deux avis s'excluent mutuellement.*

excommunier (2) — exkommunizieren

N - V - N — *Le pape hésite à excommunier l'évêque dissident.*

• excuser (2/3) — entschuldigen

N - V - Nqc/qn — *Veuillez excuser mon retard. Excusez-moi!*

que S Kj — *J'excuserai volontiers que vous ne veniez pas. Cela n'excuse pas qu'il se soit conduit ainsi.*

N - V - Nqn -(de N) RARE — *Excuser qn de son attitude, comportement.*

<pour N> <auprès de Nqn> — *Excuser qn pour son ignorance. Excuser qn pour son absence auprès de qn d'autre.*

(de ce que S Ind/Kj2) RARE — *Je vous excuse de ce que vous ne le saviez/sachiez pas.*

de/pour Inf 2 — *Excuser qn de ne pas être venu. Je vous prie de m'excuser pour ne pas avoir encore répondu.*

♦*Nqn - se V -(de N)* CRIT — *Je me suis jeté sur vous comme sur une proie: je m'en excuse.*

(de ce)que S Ind CRIT — *La vieille bonne s'excusa(de ce)que le dîner n'était pas prêt.*

de Inf 1 CRIT — *Je m'excuse d'avoir employé...ce terme imposant/P. Valéry/.*

exécrer (2) — verabscheuen

N - V - N — *J'exècre le caviar, mon voisin.*

que S Kj |×1 — *J'exècre que l'on me téléphone à cinq heures du matin.*

de Inf 1 — *J'exècre d'être dérangé au milieu de la nuit/J. François/.*

• exécuter[1] (2) — aus-, durchführen, erledigen

N - V -N — *Exécuter une commande, un travail, un mouvement de gymnastique. Le pianiste exécuta brillamment le morceau.*

♦*Nqn - se V* — s. fügen, e-r Aufforderung Folge leisten, es tun
Puisque vous le voulez, je m'exécuterai sans me faire prier. Asseyez-vous, monsieur Crane! - Je m'exécutais.

• exécuter[2] (2) — hinrichten

N - V - N — *Exécuter un condamné.*
Fig.: La critique a exécuté proprement l'auteur.

exempter (3) — dispensieren, befreien von

N - V -(N) -(de N) — *Exempter qn du service militaire, de ses obligations habituelles.*

▼*N - V - de N* — *Etre père de famille (cela) exempte du service militaire.*

▼*N - V - N* — *Le médecin l'a exempté.*

N - V - N - de Inf 2 — *Le médecin m'a exempté de devoir participer au cours de gymnastique. Etre père de famille exempte de devoir faire son service militaire.*

• exercer[1] (2) — ausüben

N - V - N — *Exercer la profession de commerçant. La douane exerce un contrôle sévère sur les voyageurs. Il exerce son autorité de manière abusive. En faisant cela je ne fais qu'exercer mon droit. Il exerce une influence nuisible sur moi. C'est un véritable monopole que Lyssenko et ses partisans exercèrent dans la biologie soviétique/L'Humanité/.*

⌘ *N-V-Ø* |e-n Beruf ausüben
Cinq mille artistes indiens exercent actuellement dans leur pays/LeM/. Comme son frère Edmond, Max Simeoni est médecin; généraliste, il exerce à Bastia/LeM/.

• exercer[2] (3) — üben, trainieren, ausbilden, dressieren

N - V - Nqc/qn -(à N) — *Il vous faut mieux exercer votre mémoire. Exercer un chien à la chasse. Exercer sa vue. Exercer des troupes au combat.*

à ce que S Kj 2 — *Exercer son chien à ce qu'il n'aboie pas après le facteur.*

à Inf 2 — *Exercer son corps à soutenir des efforts continus.*

♦*Nqn - se V -(à N)* — üben, trainieren
Il faut que je m'exerce plus souvent (au piano).

à Inf 1 — *Je m'exerce à nager plus vite.*
Fig.: den Versuch machen
Il fut donc celui que je m'exerçai à soupçonner le premier /Pilhes/.

exhaler (2) — ausströmen

N - V - N — *Les fleurs exhalent un parfum agréable.*
⌘ *Loc.: exhaler son dernier soupir:* sein Leben aushauchen

LIT — Fig.: e-r Sache Luft machen, e-r S Ausdruck geben
Il exhala sa mauvaise humeur, sa joie.

♦N - se V -(de N/ de qp) — ausströmen
Un parfum agréable s'exhale de la fleur, du jardin.

exhausser (2)
N - V - N < de N > — aufstocken, höher machen
Exhausser une maison d'un étage. Exhausser un mur.

exhiber (3)
N - V - N -(à N) — vorzeigen, zur Schau stellen
Exhiber ses papiers (au douanier). Exhiber son savoir aux yeux de tous. Le dimanche, elle exhibe son manteau de fourrure.

exhorter (3)
N - V - N -(à N) — ermuntern, ermahnen
Exhorter qn à un effort, à la prudence.
à ce que S Kj 2 — *Je vous exhorte à ce que vous le lui disiez.*
à Inf 2 — *Exhorter qn à soutenir son effort. Les Françaises que Mme Benoite Groult exhorte justement à perdre leur réputation de passivité/LeM/.*

exhumer (2)
N - V - N — ausgraben, exhumieren
Exhumer un cadavre, des vestiges archéologiques, des souvenirs oubliés.

• exiger (2/3)
N - V -N — erfordern, ab-verlangen
Cette voiture, ce malade, cet animal exige des soins particuliers.
que S Kj |×1 — *Cette voiture exige qu'on l'entretienne soigneusement.*
N - V -(de N) - N — verlangen, fordern
Ils exigent le départ de l'administration bantoue/LeM/. Ceci exige un surplus d'énergie et de science des dirigeants/Pilhes/. Il exige trop de sa voiture. J'exige de la patience de votre part. Les ravisseurs ont exigé une rançon de la famille.
-(de N)- que S Kj |×1 — *J'exige qu'on me prévienne.*
- de N - que S Kj 2 — *On exige d'une voiture qu'elle tienne au moins un an.*
de Inf 1 — *Il a exigé de nous d'être reçu le matin. Les ouvriers exigent d'être augmentés immédiatement.*

exiler (2)
N - V -N — verbannen
Exiler des intellectuels contestataires semble être à la mode.
♦N - se V -((de)qp) — ins Exil gehen
Le général X s'est exilé en Suisse après le putsch manqué. Il s'est exilé de son pays.

• exister (1)
N - V — existieren, bestehen
Le monstre du Loch Ness n'existe pas.
♦il - V - N — *Il existe des équivalences de prononciation entre la façon de parler d'un Parisien, d'un Marseillais ou d'un Lillois. Il ne semble pas qu'il ait jamais existé de telles situations/Gross/.*

exonérer (3)
N - V - N -(de N) — (von Steuer) befreien
Les familles nombreuses seront exonérées (d'impôts). Il l'avait exonéré d' 1 million de francs anciens de droits de succession /Canard enchaîné/.

exorciser (2)
N - V -(N) — (den Teufel) austreiben
Exorciser un démon, un possédé. Il est à la mode d'exorciser.

expatrier (2+L)
N - V - N -(qp) — außer Landes bringen
Expatrier des capitaux (à l'étranger).
♦Nqn - se V -(qp) — auswandern
Notre grand-père s'est expatrié (en Amérique du Sud).

expectorer (2)
N - V -(N) — aushusten
Un poitrinaire qui expectore (tous ses poumons).

• expédier[1] (2+L)
N - V - Nqc -(qp) — weg-, ab-schicken
Expédier une lettre express (à l'étranger)

• expédier[2] (2)
N - V - Nqc/qn — (schnell) erledigen, abfertigen
Expédier son travail, un repas, les affaires courantes. Un médecin qui expédie ses clients.

expérimenter (2)
N - V -(N) <sur N > — ausprobieren, erproben, experimentieren
Expérimenter un nouveau procédé, un nouveau modèle. Le physicien doit encore expérimenter longtemps pour être sûr de sa découverte. Hains photographe expérimente des "trucs" à lui pour intercepter ses sujets/LeM/. Expérimenter un médicament sur des animaux.
Int.ind — *Le laboratoire expérimente si le remède est nocif.*

expier (2)
N - V - N — sühnen, büßen (für)
Il a dû expier ses crimes en prison. J'expiais le malheur d'avoir été exagérément couvé/Mauriac/.

expirer[1] (2)
Nqn - V -(N) — ausatmen
Expirez lentement s.v.p! Expirer de l'air vicié.

expirer[2] (1)
Nqn - V — den Geist aufgeben, das Leben aushauchen
Le malade a expiré au matin.

expirer[3] (1)
Nqc - V — <Frist> ablaufen, <Ausweis> verfallen
Le délai expire le 31 de ce mois. Votre passeport va expirer prochainement.

explicíter (2)	klar und deutlich darstellen, ausdrücken
N - V - N	*Explicitez votre pensée! Cette condition sera explicitée au cours de la prochaine rencontre.*
• expliquer[1] (3/2)	erklären
Nqn - V - (à N) - N	*Le professeur explique un problème à ses élèves.*
	⌘ *expliquer un texte littéraire:* interpretieren
que S Ind	*Il explique à ses élèves que la terre est ronde.*
Int.ind	*Il leur explique pourquoi les jours allongent. Je vais vous expliquer comment aller à la gare.*
Ø Inf 1	*Il nous a expliqué être venu en bicyclette.*
♦*Nqn - se V - N*	s. erklären (können)
	Je ne m'explique pas cela.
Int.ind	*Je cherche à m'expliquer pourquoi il a fait cela.*
que S Kj |×1	*Je n'arrive pas à m'expliquer qu'il ait pu faire cela.*
Nqc - V - N	*Sa maladie explique son absence.*
que S Kj	*Les termes de son discours expliquent cependant qu'en pleine campagne électorale il ait trouvé le loisir de se rendre à l'invitation du P.C. français/LeM/.*
s'expliquer[2] (1)	eine Auseinandersetzung haben
Npl - se V	*Nous nous sommes vivement expliqués.*
♦*N - se V - avec N*	*Pierre s'est expliqué avec Paul au sujet de l'héritage.*
• exploiter (2)	(Land) bewirtschaften, (Bodenschätze) abbauen, fördern, gewinnen
N - V - N	*Exploiter une ferme, un terrain. Exploiter du charbon, du pétrole, les richesses minières d'un pays.*
	ausnutzen, ausbeuten, ausschlachten
	Exploiter la bonne volonté de qn, ses employés. Il exploite la situation pour servir ses intérêts.
explorer (2)	erforschen, erkunden
N - V - N	*Explorer des contrées inconnues, de nouveaux domaines de la science.*
exploser[a] (1)	explodieren
N - V	*Une bombe a explosé devant le café.*
exploser[b] (1)	explodieren
N - V	*Avec l'exode rural, les villes explosent.*
Nqc(de qn) - V	aus jm hervor-, herausbrechen
	Sa colère explosa.
Nqn - V < de N >	<jd> ausbrechen in
	Paris explose d'un immense éclat de rire/Le Figaro/.
	<jd> in die Luft gehen
	Excédé, il explosa.
< en N >	*Il explosa en injures.*
• exporter (2+L)	exportieren
N - V -(N) -(qp)	*Le Ghana exporte du cacao en Allemagne. Pour exporter il faut produire.*
• exposer[1] (2+L)	ausstellen
N - V - N -(qp)	*Exposer la marchandise en plein air. La firme a exposé ses meilleurs produits.*
	⌘ *N-V-Ø |K: Le jeune peintre a exposé pour la première fois. Il expose à la galerie Valentin.*
• exposer[2] (3)	e-r S aussetzen, aufs Spiel setzen
Nqn - V - Nqc(de qn) -(à N)	*Le sauveteur a courageusement exposé sa vie (au risque de la perdre).*
N - V - N - à N	*Le climat expose les voitures à la rouille. Sa profession l'expose constamment au danger. Mais le sentiment de ne m'être pas exposé moralement à de graves reproches me soutint très fort /Pilhes/.*
à ce que S Kj |×2	*Son attitude l'expose à ce qu'on ne le soutienne plus.*
à Inf 2	*Son courage l'a exposé à perdre son poste.*
♦*Nqn - se V -(à N)*	s. e-r S aussetzen, s. exponieren
	S'exposer à un danger. Personne n'a osé s'exposer.
à ce que S Kj |×1	*Par cela, il s'est exposé à ce qu'on ne le soutienne plus.*
à Inf 1	*Il s'est exposé à perdre son poste.*
• exposer[3] (3)	darlegen, vortragen
N - V -(à N) - N	*Le Portugal a exposé l'état actuel de ses rapports avec le marché commun. Exposer un problème à qn. Je préparai mentalement le plan de ce que j'exposerais à Saint-Ramé/Pilhes/.*
que S Ind	*Le conférencier a exposé que l'avenir serait sombre.*
Int.ind	*Il m'a exposé pourquoi il avait changé d'avis.*
	Il m'a exposé comment faire cela.
Ø Inf 1	*Le conférencier a exposé avoir inventé la poudre.*
exprimer[1] (3) RARE	ausdrücken, auspressen
N - V - N - de N	*Exprimer le jus d'un citron.*
• exprimer[2] (2/3)	ausdrücken, e-r S. Ausdruck geben
Nqc - V - N	*Son visage exprima sa joie.*
♦*Nqc/qn - se V - Adv*	*Il s'exprime de façon inintelligible. Le mécontentement du peuple s'est exprimé par une révolte.*
Nqn - V - N -(à N)	*Essayez d'exprimer clairement votre pensée. Je viens vous exprimer toutes mes condoléances.*

exproprier (2)
N - V - Nqc/qn
enteignen
Exproprier les habitants d'un quartier. Exproprier un quartier entier.

expulser[1] (2+L)
N - V - N -(de qp)
vertreiben, ausweisen
Le tribunal a expulsé les manifestants (de la salle). Le gouvernement l'a expulsé (du pays).

expulser[2] (2)
N - V - N
<Organismus> ausscheiden
Tout organisme expulse des déchets.

expurger (2)
N - V - N
die (politisch/moralisch) anstößigen Stellen entfernen aus
La censure a expurgé la plupart de ses ouvrages. Une édition expurgée de Sade.

s'extasier (2)
N - se V -(sur N)
schwärmen, in Verzückung geraten
Il s'extasie devant les tableaux de Picasso. Il s'extasie sur les prouesses de son cochon d'Inde.

de ce que S Ind/Kj |×1
Il s'extasie de ce qu'on lui a/ait promis la Légion d'honneur.

que S Kj |×1
Il s'extasie qu'on lui ait conféré le Prix Fémina. Et le Hollandais s'extasiait qu'il y eût un billard/G. Simenon/.

de Inf 1
Il s'extasie de se voir conférer le mérite agricole.

exténuer (2)
N - V -(Nqn)
erschöpfen, ermatten
La longue marche l'a exténué. Les longues marches exténuent.

extérioriser (2)
N - V - N
äußern, ausdrücken
Extérioriser ses sentiments. Sa petite bouche bien dessinée s'abaisse aux coins comme pour extérioriser l'ironie qui habite ou n'habite pas son crâne.

♦*Nqn - se V*
aus sich herausgehen
Il s'extériorise peu.

exterminer (2)
N - V - N
ausmerzen
On a tenté d'exterminer les peuplades de l'Amazonie.

extirper (2+L/3)
N - V - N -(de qp)
ausreißen, entfernen, (fig.) ausrotten
Extirper une plante (du sol). Extirper une tumeur. Extirper un préjugé, une erreur (de la tête de qn).

N - V - N - à Nqn
jm etw entlocken
Extirper un renseignement à qn.

extorquer (3)
N - V - N - à N
jm etw abschwindeln, abnötigen, etw von jm erpressen
L'assureur malhonnête a extorqué la signature au vieillard. Il nous a extorqué une somme considérable. Le diplomate lui a extorqué des aveux/Canard enchaîné/.

extrader (2)
N - V - N
ausliefern
Extrader un criminel recherché.

• **extraire** (3)
N - V - N - de N
herausholen aus, (Bodenschätze) abbauen, gewinnen, nehmen aus
Extraire le noyau d'un fruit. Extraire du charbon (d'une mine). Extraire un passage (d'un texte).

N - V - N -(à N)
(Zahn) ziehen
Extraire une dent (à qn).

extrapoler (3)
extrapolieren, fig.: schließen aus
→ déduire[b]

exulter (1)
N - V < de N >
frohlocken
Exulter (de joie).

• **fabriquer** (2)
N - V - N
herstellen
Cette usine fabrique des chaussures. Une moutarde fabriquée à la main dans telle montagne/Pilhes/.
(Falschgeld) herstellen
Fabriquer de faux billets de 1oo francs.
Fig.: erfinden
Cette histoire a été fabriquée de toutes pièces.
⧓ FAM: *Qu'est-ce que tu fabriques?* machen, tun

fâcher (2)
N - V - Nqn
ärgerlich machen, verdrießen
Un rien le fâche.
♦*Nqn - se V -(contre Nqn)*
s. ärgern über
Se fâcher contre son meilleur ami
après N — POP
Mon père se fâche toujours après moi.
< pour Nqc >
Il se fâche pour n'importe quoi.
⧓ *être fâché de Nqc, de ce que S Ind, que S Kj, de Inf 1*
♦*Nqn-pl - se V*
in Streit geraten, s. verkrachen, s. zerstreiten
Ils se sont fâchés (l'un avec l'autre).
♦*Nqn - se V - avec Nqn*
s. überwerfen mit
Je me suis fâché avec lui.

• **faciliter** (2)
N - V - N
erleichtern
Faciliter le travail de qn. Voilà qui ne va pas faciliter notre tâche > qui ne va pas nous faciliter la tâche.

façonner (2)
N - V - Nqc
formen, bearbeiten, gestalten
Façonner une pièce de bois, une robe, du métal, de l'argile.
N(qc de)qn — LIT
L'éducation sévère qui l'a façonné, qui a façonné son enfance. Ainsi étaient façonnés les esprits dans le monde industrialisé lorsque survint un incident/Pilhes/. Par quelle illusion ai-je pu croire jusqu'à ce jour que je la façonnais à ma ressemblance/Gide/.

facturer (2)
N - V - N
e-e Rechnung ausstellen für, etw in Rechnung stellen
Facturer une commande. Je vais vous facturer la dernière livraison.

fagoter (2) — FAM
N - V - N
herausputzen
Il se fagote comme l'as de pique. Il est toujours mal fagoté.

• **faiblir** (1)
Nqc/qn - V
schwach/schwächer werden, nachlassen, nachgeben
Sa santé faiblit. Mes forces faiblissent. Le vent a faibli. Peu à peu les rires faiblirent dans la nuit. Le gouvernement a faibli devant la détermination des syndicats.

faillir[1] (2) — LIT
N - V - à N
verstoßen gegen
Faillir à son devoir, à la règle générale.
⧓ *faire qc sans faillir -Ø:* keinen Fehler machen

• **faillir**[2] (aux)
N - V - Inf 1
beinahe etw tun...
J'ai failli brûler un feu rouge. Il a failli tomber.
de Inf 1 — LIT
J'ai failli de me tromper/Proust/.
à Inf 1 — VIEUX
Elles faillirent à geler sur place/La Varande/.

fainéanter (1) — FAM
N - V
faulenzen
Fais donc quelque chose au lieu de rester là à fainéanter.

• **faire**[1] (2/2+A/3)
N - V - N
machen, tun
Faire un tableau, du pain, la cuisine, la vaisselle, la lessive, sa valise, du sport, un beau mariage, des études, son droit, des enfants, du piano, son chemin, de la vitesse, l'amour, une faute, de la politique, du blé. Je lui (= pour lui) ai fait un jouet. Je me (= pour moi) suis fait des oeufs à la coque.
Le paon fait la roue. Le chat fait le gros dos.
Nous avons fait le Portugal en voiture. Nous avons passé la matinée à faire les grands magasins. Le gosse a fait dans sa culotte.
⧓ FAM: *faire le trottoir:* auf den Strich gehen
die Form haben von, bilden; (Opfer) fordern
La route fait un coude. La montagne fait un amphithéâtre. Des obus s'étaient abattus sur la place publique, faisant un mort et trois blessés/LeM/. L'incendie a fait trente morts.
(Krankheit) haben, durchmachen
Il a fait une dépression nerveuse. L'enfant a fait un gros rhume. Il fait de la tension.
markieren, spielen, so tun als ob
Il fait l'idiot, le malin, la planche. Le prisonnier fait le mort. Ils feront moins les malins, demain/Astérix/.
(Zahn) bekommen
L'enfant fait sa deuxième dent.
<Kleidung> halten
Ce pantalon fera encore l'été.
⧓ *faire les frais: L'Uruguay est entré dans un cycle inflationniste dont les salariés font, bien sûr, les frais/LeM/.*
⧓ REL: = *dire* |passé simple
Cette fille! fit-il avec un sourire.
⧓ FAM: *savoir y faire:* geschickt, gerissen sein
Méfiez-vous de lui, il sait y faire. Il sait y faire quand il s'agit d'embobiner les gens.
⧓ *faire bien/mieux de-Inf 1:* gut daran tun, besser etw tun

Il a bien fait de m'avertir. Il aurait mieux fait de m'avertir.
⧖ *ne rien faire à qc:* nichts machen, nichts daran ändern (können)
Cela n'y fait rien. Nous ne pouvons rien y faire.

Nqc - V - que S Ind — bewirken, dazu führen
L'existence de théories fait qu'une étude systématique peut être délimitée avec plus de précision/M. Gross/. Mais quelque chose faisait que leur vérité était moins sûre/Daniel-Rops/. La gaucherie de son geste fit que Josée passa le bras autour de sa nuque/Sagan/. Votre présence fait que nous sommes moins tristes.

Kj |neg/int
Mourir pour une cause ne fait pas que cette cause soit juste /Montherlant/. Mourir pour une cause, est-ce que cela fait que cette cause soit juste?

Nqn - V - que S Kj
On réussit en partie à faire que l'évolution devienne une espèce de crise chronique/Le Figaro/. Car pour être une femme d'artiste il faut aimer l'artiste encore plus que l'homme, faire que le premier soit grand, et que le second soit heureux/Montherlant/. Fasse Dieu que nous soyons unis jusqu'à la mort/H. Troyat/.

N - V - N - n — jn machen zu, ernennen
Ils veulent le faire capitaine.

adj
Je ferais volontiers mienne votre opinion.
→ *rendre*
⧖ *L'habit ne fait pas le moine.*

♦*N - se V - n* — (beruflich) etw werden
Il veut se faire prêtre, officier, moine.

adj — s. -Adj - machen
Il se fit petit devant moi. Elle s'est faite belle pour aller au bal.

N - V - N - de N — etw machen aus, ⧖ jn machen zu
Faire de petits restes grands plats. Faire feu de tout bois. Il était d'abord très réservé, mais j'en ai fait un ami. Ils ont fait un joli pavillon de ce vieux cabanon.
FAM: *Qu'as-tu fait de tes lunettes?*

N - V - N -(à N)
Faire (de la) peine à qn, faire pitié à qn. Ça va vous faire du bien. Faire signe à qn. Ce mensonge lui faisait mal. Il (me) faisait une bouche triste/Troyat/.

N - V - N - à N
Il me fait honte.
⧖ jm (etw) ausmachen
Cela ne me fait rien. Cela me fait quelque chose de le voir comme ça. Qu'est-ce que cela peut bien vous faire? Qu'est-ce que cela peut bien me faire qu'il ait dit cela.
⧖ FAM: *la faire à qn:* jm etw vormachen
Tu ne vas pas me la faire, on n'est plus des bleus. Tu ne me la feras pas.

• faire[2] (2/1+A/o+A) — abgeben, sein

N - V - N
Mais vous ne ferez jamais un bon romancier/Gide/. Gardez ces papiers, ils pourraient faire un bon article. Il n'est plus assez jeune pour faire un préfet/Aragon/.
⧖ *cela fait (un certain) temps que:* hersein, seit
Cela faisait beaucoup de temps que je n'avais eu contact avec la mort/Pilhes/.
⧖ *faire le poids:* (nicht) das Gewicht haben, das Wasser reichen
Trop maigre pour faire un légionnaire; je ne fais pas le poids/Astérix/. Je ne discute pas avec lui, de toute façon je ne fais pas le poids.

N - V - n/adj/adv — aussehen, sein
Il est sûr que je n'ai jamais fait grande dame/J. Romains/. Le Français moyen, quand il veut "faire distingué", recourt à des formules du style administratif. Ce tableau fera bien dans l'entrée. Pierre fait vieux. Elle fait vieille/vieux. Cette fille fait grande pour son âge. Votre cravate fait sérieux.
⧖ *faire semblant de - Inf:* so tun als ob, vorgeben
Olivier faisait encore semblant de dormir lorsque Armand me demanda brusquement ce que je pensais de Douviers/Gide/.
⧖ *faire = coûter, mesurer, peser*
Combien est-ce que ça fait? Ça fait 1oo francs. La planche fait 1 mètre 1o. Le colis fait 1 kilo. Quelle pointure fais-tu? Quelle taille faites-vous?
jm etw lassen für/um
Je vous le fais (pour/à) mille francs.

♦*il - V - adv -(de) Inf* REL
Il fait bon vivre dans ce pays. Il fait cher vivre à Paris. Il fait dangereux de passer par là. Il fera bon de se reposer dans le sable brûlant de la sablière/Mauriac/. Ça fait bien (de parler avec un accent russe).

♦*N - se V - adj* — werden
Il se fait vieux. Les réactions se font moins vives/Gide/.
⧖ *comment/pourquoi se fait-il que S Kj:* wie kommt es, daß
Et comment se fait-il que celle-ci n'ait pas été surveillée? Comment cela se fait-il? Dites-moi comment il se fait que vous soyez ici?

faire[8] (o+A) — sein...

il - V - n
Il fait nuit, une chaleur insupportable, (du) soleil, jour, 3o degrés, du vent, un froid de canard. Il faisait une belle jour-

il - V - adj/adv
♦*il - se V - n/adj/adv*

née.
Il fait froid, beau, tard, doux, tiède, lourd, sec.
werden
Il se fait nuit. Il doit se faire tard/Dumas/.

• faire[3] (2)
N -(le) V

"Pro-Verb"
Je me pris à considérer les Haudouin et les Maloret un peu comme j'aurais fait des Gaulois/Aymé/. Ne t'agite pas comme tu le fais.
✗ *ne faire que - Inf:* nur (etw tun)
La répression des manifestations estudiantines n'a fait qu'accroître l'exaspération des universitaires/LeM/. Je ne reste pas longtemps, je ne fais que passer.
✗ *ne faire que de - Inf:* (gerade) erst
Je ne fais que d'arriver

• faire[4] (3)
N - V - N - à N
♦*Nqn - se V - a N*

gewöhnen an
Son mari l'a faite à l'idée d'habiter la banlieue. Je ne suis pas encore fait à son caractère, à ce travail.
Je ne m'y fais pas. Je ne me suis pas encore fait à ce travail.

• faire[5] (aux)
N - V - Inf...

"faktitiv"
Pierre fait pleurer son frère. Pierre le fait pleurer. J'ai fait pousser des carottes dans mon jardin. J'en ai fait pousser dans mon jardin. Rien ne pourrait faire changer d'avis Marie. Rien ne pourrait la faire changer d'avis. Rien ne l'a fait changer d'avis. Faites (s') *asseoir M. Dupont. Faites-le* (s') *asseoir. Sa forte voix sonnait, faisait retourner tout le monde le long du quai. Faites-le s'inscrire à cette école.*
✗ LIT: *Laissons faire* aux *poètes/Gide/. Si vous croyez que c'est commode de* lui *faire changer d'avis/P. Benoit/.*
L'embouteillage a fait manquer son train à *M. Dupont. L'embouteillage* lui *a fait manquer son train. L'embouteillage* le lui *a fait manquer. La romance que je* lui *ai fait chanter. Faites peindre la porte* par/à *Pierre. Faites-*lui *peindre la porte. Faites-*la-lui *peindre.*
✗ RARE: *Il m'est impossible de* le *faire aborder ce sujet/Duhamel/.*
J'ai fait faire une robe à *ma fille (= pour ma fille)* par *le tailleur. Je* la lui *(= pour elle) ai fait faire par lui. J'ai fait donner* par *Pierre la lettre* au *facteur. Je* la lui *ai fait donner* par *Pierre/ par lui. J'ai fait faire une robe* à *Marie (= pour/par elle). Je* lui *(= pour/par elle) ai fait faire une robe. Ce devoir, faites-*le-leur *recommencer.*

• faire[6] (aux)
N - V - N

"Funktionsverb"
Faire attention (à), étalage de, suite (à), son apparition, explosion, référence à, confiance à, peur (à), preuve de, partie de, état de, abstraction (de), connaissance (avec), défaut(à)... Attends-moi ici, je ne te fais pas confiance/Astérix/. L'instruction de la direction générale des impôts fait preuve d'un esprit libéral/LeM/. Ce mot a le double mérite de ne pas faire étalage de technicité et d'être 'pittoresque'/A. Sauvageot/. La manifestation faisait suite à la mort d'un jeune Philippin/LeM/. Une bombe a fait explosion samedi devant le domicile de l'ambassadeur/LeM/. Mais d'autres affiches ont fait leur apparition dans la journée/LeM/. Les sentiments pour les progéniteurs, ça fait partie des choses qu'il vaut mieux ne pas chercher trop à tirer au clair/Gide/.
✗ *faire connaissance:* Bekanntschaft machen, kennenlernen
Marie a fait une connaissance. Pierre et Paul ont fait connaissance. Pierre a fait la connaissance de Paul. Il a fait connaissance avec Paul.

• s'en faire[7] (1) FAM
N - s'en V

|neg.: s. nichts daraus machen
T'en fais pas! Je lui avais dit de ne pas s'en faire, que je trouverais du boulot un jour ou l'autre.

• falloir[1] (o+2)
il - V -(à N) - N

brauchen, notwendig sein, müssen, neg: nicht dürfen
Il me faut du pain. Il m'en faut. Il me faut une allumette. Il me la faut. Avec lui, il faut de la patience. Il en faut avec lui.

▼*il - V - que S Kj*
Il faut que je chante, que tu chantes.

▼*il - V - à N - que S Kj* |×1
Il lui a fallu que la vie entrât en lui sans qu'il entrât en elle/Flaubert/.

il - V - ∅ Inf
Il faut partir. Il faut se baigner. Je me suis cassé le bras, il faut m'habiller.

il - V - à N - ∅ Inf 1 REL
Il me faut suivre un régime sévère. Il me faut me baigner. Il lui a fallu partir. Il lui a fallu se rendre au commissariat.

s'en falloir[2] (1)
N - s'en V
♦*il s'en V < de peu/ de beaucoup >*
N - s'en V < (pour) que (ne) S Kj >
♦*il - s'en V <de Adv> <que S Kj>*

fehlen
Il n'est pas riche, tant s'en faut: weit gefehlt
Il n'a pas réussi à l'examen, il s'en est fallu de peu.
Peu s'en est fallu que nous ne dérapions.
Il s'en est fallu de peu qu'il (ne) manque son train. Au reste, il s'en fallait que leur goût fût excellent/R. Rolland/. Il s'en fallut de peu que tout cédât devant ce souvenir et que leurs mains pussent se joindre/Daniel-Rops/.
✗ *il s'en faut de beaucoup:* bei weitem nicht
La rencontre de Dakar n'est pas - il s'en faut de beaucoup *- le seul grand problème du continent noir/LeM/.*

falsifier (2)
N - V - N
fälschen
Falsifier une signature, des papiers, du vin.

familiariser (2/1)
N - V - Npl
Familiariser des enfants (entre eux).
vertraut machen
♦N - V - Nqn - avec Nqc/qn
Les vacances ont familiarisé Jean avec Marie. Il faut familiariser les étudiants avec de nouvelles méthodes.
♦N - se V - avec N
Se familiariser avec une nouvelle voiture.
Npl - V
miteinander vertraut werden
Vous savez comment les turfistes familiarisent vite.

faner (2/1)
N - V -(N)
(Gras zum Trocknen) wenden, verwelken (lassen)
Les prés couverts de gens qui fanent et chantent. Faner l'herbe pour la faire sécher. Le vent sec a fané les fleurs. Les fleurs se fanent.
N - V
verwelken
Ces fleurs fanent très vite.

fanfaronner (2)
N - V
prahlen
Voilà un homme qui ne cesse de fanfaronner.

farcir[1] (3)
N - V - N -(de N)
füllen
Farcir un canard (de marrons).
Fig.: s. den Kopf vollstopfen mit
Cela ne sert à rien de se farcir la cervelle (de connaissances encyclopédiques).

se farcir[2] (2) POP
N - se V - N
s. zu Gemüte führen, etw machen müssen
Se farcir un bon repas. Il va falloir encore se farcir un discours du patron. Et le travail, qui est-ce qui va se le farcir?

farder (2)
N - V - N
schminken
Farder son visage > se farder le visage. Fig.: farder la vérité.

farfouiller (1+L/2) FAM
N - V - qp
herum-wühlen, -suchen, -kramen in
Quand j'arrivai au bureau elle avait déjà farfouillé partout pour obtenir des précisions sur M. Dupont. Elle farfouillait dans son sac à main. Farfouiller une serrure.
N - V - N

fasciner (2)
N - V -(N)
in s-n Bann schlagen, faszinieren
Faire un dictionnaire, c'est un travail qui fascine (les auteurs).

• **fatiguer** (2)
N - V -(Nqn)
ermüden, anstrengen
Ce climat (vous) fatigue. L'orateur fatigue son auditoire.
N - V - N
(Salat) wenden, (Kleidung) strapazieren, (Boden) erschöpfen
Fatiguer ses chaussures. Fatiguer le sol par la monoculture.
FAM: *Fatiguer la salade après l'avoir assaisonnée.*
Nqn/qc - V
<jd> ermüden, <Motor> zu stark beansprucht sein
Prends le volant, je commence à fatiguer. Arrêtons-nous, le moteur fatigue. La branche fatigue sous le poids de la neige.
♦N(qc de)qn - se V -(de Nqc/qn)
e-r S müde werden, js überdrüssig werden, ermüden
Il se fatigue vite. Sa voix se fatigue. Il se fatigue de moi. On se fatigue des plus belles choses.
de ce que S Ind/Kj
Il s'est fatigué à la longue de ce que personne ne l'a/ait jamais aidé.
de Inf 1
Se fatiguer de devoir toujours refaire les mêmes choses.
< à Inf 1 >
Il s'est fatigué à courir trop longtemps.

faucher[1] (2)
N - V -(N)
(mit der Sense) mähen
Faucher toute la journée (l'herbe).

faucher[2] (3) POP
N - V - N -(à N)
klauen
On m'a fauché cent balles. Où t'as fauché ça?

faufiler[1] (2)
N - V - N
(Kleidung) heften
Faufiler une jupe.

se faufiler[2] (1)
N - se V < qp >
s. durch-winden, durchschlüpfen
Le chemin se faufile dans la campagne. Je me suis faufilé à travers la foule pour atteindre la caisse.

se faufiler[3] (1+L)
Nqn - se V -((de)qp)
s. hinein-/weg-schleichen, eindringen
Le voleur s'est faufilé par la fenêtre (dans l'appartement). Le voleur s'est faufilé (hors de prison) sans laisser de traces.

fausser (2)
N - V - N
verbiegen, entstellen, verdrehen, verbilden, verfälschen
Fausser une clé, les faits, le droit. Sa paresse intellectuelle fausse son jugement > lui fausse le jugement. Cette réaction moderne contre les oeuvres de la raison...fausse la vue saine des graves problèmes écologiques/LeM/.
✖ *Loc.:* FAM: *fausser compagnie à qn:* jn(plötzlich)verlassen

fauter (1) FAM
N - V
e-n Fehltritt begehen
La petite a fauté avec un voyou du quartier et maintenant elle a un polichinelle dans le tiroir/J.-P.D./.

• **favoriser** ((2)
N - V - N
(jd, etw) bevorzugen, e-r S Vorschub leisten
Favoriser un parti, un élève. Le système fiscal anglais favorise la fuite des capitaux.
✖ LIT: *La nature l'a favorisé de ses dons.*

féconder (2)
N - V - N
befruchten, fruchtbar machen
Féconder artificiellement un animal. Le Nil féconde de vastes

contrées à l'époque des crues.

fédérer (2)
N - V - Npl — zusammenschließen, föderieren
Napoléon a fédéré plusieurs Etats.
♦*Npl - se V* — s. zusammenschließen, e-e Föderation eingehen
Il y a plusieurs siècles que les Cantons suisses se sont fédérés.

• **feindre** (2)
N - V - N — vortäuschen, so tun als ob, vorgeben
Feindre un sentiment.
de Inf 1 — *Feindre de ne pas être au courant.*
⋈ LIT: *N-V-Ø:* s. verstellen
Mme de F. était inhabile à feindre/Martin du Gard/.

feinter (2)
N - V -(N) — <Sport> Finten machen, täuschen
Le joueur sait parfaitement feinter (ses adversaires).
NEOL: FAM: jn täuschen
Je me suis fait feinter.

fêler (2)
N - V - N — e-n Riß verursachen in, se V: e-n Sprung bekommen, springen
Un tremblement de terre a fêlé une façade du monument. Fêler une tasse par un choc. La tasse s'est fêlée en tombant.

• **féliciter** (3)
N - V - N -(de/pour N) — jn beglückwünschen, jm gratulieren zu
Féliciter qn pour son mariage. Je vous félicite de ce coup de maître. On me félicita de ce pessimisme actif qui montrait une pointilleuse vigilance/Pilhes/.
de ce que S Ind/Kj — *Féliciter qn de ce qu'il a/ait réussi.*
de Inf 2 — *Féliciter qn d'avoir réussi.*
♦*N - se V - de N* — s. beglückwünschen zu, s. glücklich schätzen
Vous pouvez vous féliciter de votre résultat.
de ce que S Ind/Kj — *Je me félicite de ce que j'ai/j'aie réussi à le battre aux échecs.*
que S Kj |×1 — *Je me félicite que vous soyez venu.*
de Inf 1 — *Je me félicite d'avoir eu l'occasion de vous revoir.*

fendiller (2)
N - V - N — rissig machen
La sécheresse a fendillé le sol. La peinture se fendille.

• **fendre** (2)
N - V - N — aufreißen lassen, spalten, (Holz) hacken
Le froid, la sécheresse fend le sol. Il prit une bûche qu'il fendit en deux. Fendre du bois.
s-n Weg bahnen durch
Il me fallut fendre la foule pour atteindre l'estrade.
⋈ *Loc.: Il gelait à pierre fendre.*
Loc.: Tu me fends le coeur.
⋈ *fendre l'air:* rasen
⋈ POP: *se fendre la gueule:* s. amüsieren, s. kaputtlachen
♦*Nqn - se V -(de N)* FAM — großzügig(-er als gewöhnlich) sein, s. etw abringen, s. gönnen
Mon vieux, cette fois-ci tu t'es fendu. Il s'est fendu d'un cadeau splendide. S. leisten: *se fendre d'un bon gueuleton.*

fermenter (1)
N - V — gären, <Teig> aufgehen
Faire fermenter du jus de raisin. La pâte fermente. Fig.: La révolte fermente.

• **fermer** (2/1/3)
N - V - N — ab-, zu-schließen, ab-sperren, zumachen, -klappen, -drehen....
Fermer la porte (à clef), un local, une voie, la bouche, un cahier, un livre, une parenthèse, un parapluie, un couteau, un robinet. Je n'ai pas fermé l'oeil de la nuit. Il ferma la porte sur *lui.*
⋈ *fermer la marche:* als letzter (in e-r Gruppe) gehen, der letzte sein
⋈ POP: *Ferme-la! La ferme!:* (Halt die) Klappe!
⋈ *Loc.: Fig.: fermer les yeux (sur qc):* nachsichtig sein, ein Auge zudrücken
♦*N - se V* — zugehen, -schlagen, -fallen...
La porte se ferma tout à coup.
N - V — schließen
La porte ferme mal. Les magasins ferment à 8 heures.
N - V - N - à N — zu-schließen, -machen.., verschließen
Fermer la *porte au nez de qn >lui fermer la porte au nez. Fermer* sa *porte à qn. Il nous a fermé sa porte depuis notre dispute. Fig.: fermer la porte aux abus, à toute nouveauté.*
♦*N - se V - à N* — s. verschließen
Son intelligence se fermait de jour en jour davantage aux abstractions mathématiques.

ferrer (2)
N - V -(N) — (Pferd) beschlagen
Ferrer un cheval. J'allais ferrer chez le maréchal/Bernanos/.
(Angelrute, Fisch) anhauen
Ferrer un poisson.

fertiliser (2)
N - V - N — fruchtbar machen
Le système d'irrigation fertilise des terres jadis arides.

festoyer (1)
N - V — feiern
Nous avons festoyé toute la nuit.

fêter (2)
N - V - N — feiern
Fêter l'anniversaire de qn, un écrivain célèbre.

feuilleter (2)		blättern *in*, durchblättern
N - V - N		*Feuilleter son journal.*
• fiancer (2)		miteinander verloben
N - V - Npl		*Les deux voisins ont fiancé leurs enfants.*
♦*N - V - N -(à N)*		*Madame la marquise a fiancé son fils à une jeune roturière.*
♦*Npl - se V*		*Jean et Marie se sont fiancés.*
♦*N - se V -(avec N)*		*Il s'est fiancé pour la troisième fois (avec une jeune fille du quartier).*
ficeler (2)		zusammenschnüren, jn fesseln
N - V - N		*Ficeler un paquet de journaux, ficeler qn. Les cambrioleurs l'avaient assommé, puis ficelé.*
ficher[1] (2)		(auf Zetteln, Karteikarten) erfassen
N - V - Nqc/qn		*Ficher des renseignements sur qn. Le ministère a fiché tous les fonctionnaires.*
ficher[2] (2+L)		ein-rammen, -schlagen, treiben in
N - V - N - qp		*Ficher des pieux autour d'un champ. Ficher un clou dans un mur.*
• ficher/fiche[3] (2/2+L/3)	FAM	= faire, mettre, donner, jeter
N - V - N		(faire:) *Qu'est-ce que tu fiches? Il ne fiche rien*
		✖ *il a fichu le camp:* abhauen
N - V - N - qp		(mettre, jeter:) *Ficher qn par terre, à la porte.*
		✖ *fig.: Cette pluie fiche par terre notre projet d'excursion.*
		✖ *Loc.: ficher qn dedans:* jn hinters Licht führen
♦*N - se V - qp*		*Une jeune femme s'est fichue à l'eau. Se ficher par terre.*
N - V - N - à N		(donner:) *Ficher une gifle à qn. Il lui a fichu un coup de pied.*
		✖ *Qu'est-ce que ça peut me fiche que S Kj: = qu'est-ce que cela peut (bien) me faire :* jm was/nichts ausmachen
• se ficher[4] (2)	FAM	drauf pfeifen, ✖ jm egal sein
Nqn - se V - de Nqc		*Je m'en fiche. Il se fiche de mes conseils.*
de ce que S Kj		*Il se fiche de ce qu'on le lui défende. Il se fiche de ce qu'il doive rester à la maison.*
que S Kj |×1		*Il se fiche de ce qu'on lui dise cela.*
de Inf 1		*Il se fiche de devoir rester à la maison.*
Nqn - se V - de Nqn		auf den Arm nehmen, s. lustig machen über
		Il se fiche de moi.
		✖ POP: *je t'en fiche:* damit ist nichts
		Il m'a promis de venir, mais je t'en fiche. Je t'en fiche, moi, des voyages Neckermann.
		✖ *Va te faire fiche:* geh zum Teufel
se fier (2)		s. verlassen auf
N - se V - à Nqc/qn		*On ne peut pas se fier* à *lui. Pour relater les événements, je me fie en bloc à ma mémoire/Pilhes/.*
figer (2/1)		dickflüssig machen, gerinnen lassen, erstarren lassen
N - V - N		*Le froid a figé l'huile. L'huile s'est figée dans la bouteille. La terreur figea son visage. La terreur le figea. Son sourire se figea. Les structures de la haute administration figent définitivement la sélection d'origine/LeM/.*
Nqc - V		*La sauce fige dans l'assiette.*
fignoler (2)	FAM	sorgfältig ausarbeiten, fig.: feilen an, ausfeilen
N - V - N		*Fignoler particulièrement un meuble, un ouvrage.*
• figurer[1] (2)		darstellen
N - V - N		*Une surface cartonnée qui figurait une poêle/Pilhes/. Les marionnettes figurent des personnalités célèbres.Ses tableaux de sable coagulé figurent des murs tragiques/LeM/.*
		✖ *N-V-Ø-(qp):* als Statist mitwirken
		Il figure dans un opéra de Wagner.
• figurer[2] (1+L)		(auf e-r Liste) verzeichnet sein, stehen; s. befinden unter
N - V - qp		*Vous ne figurez pas* dans/sur *la liste. Il garde assez de fidèles pour figurer en tête de liste électorale à Rouen/LeM/. Aucune personnalité de l'ancien régime impérial ne figure parmi les prisonniers libérés/LeM/. Un dîner plus intime où figuraient deux directeurs de division et leurs femmes/Pilhes/.*
• se figurer[3] (2)		s. vorstellen
N - se V - N		*Figurez-vous le même paysage en hiver.*
que S Ind/Kj		*Figurez-vous que l'on m'a appris ce matin cette nouvelle. Figurez-vous que ce soit vous que l'on ait arrêté. Est-ce que vous vous figurez que vous savez mieux que moi ce qui est utile ou non?/Fr. Mallet-Joris/. Vous figurez-vous que nous puissions avoir raison de nos ennemis, espérer un heureux avenir?/Proust/ Je ne m'étais pas figuré que vous aviez les yeux de cette couleur/J. Green/. Vous ne vous figurez pas que je vais vous donner des leçons de français, par-dessus le marché?/J. Anouilh/. Ne te figure pas, je te prie, que ce soit une demeure de sauvage/P. Benoit/.*
Int.ind		*Vous ne pouvez pas vous figurer comme je suis content.*
Ø Inf 1		*Paul se figure être le champion des champions.*
• filer[1a] (2/1)		spinnen, weben
N - V -(N)		*Filer de la laine, un tissu. L'araignée file sa toile.*

N - V — <Käse> Fäden ziehen
Le fromage fondu file.
⧓ *filer doux:* duckmäusern, nicht aufmucken, klein beigeben
⧓ *Loc.:* FAM: *filer un mauvais coton:*
Il a l'air livide, il file un mauvais coton: er scheint krank zu sein, jm schlecht gehen
Il commence à m'inquiéter, j'ai l'impression qu'il file un mauvais coton: es scheint mit ihm bergab zugehen
⧓ *Loc.:* FAM: *filer le parfait amour avec qn*

filer^{1b} LIT
N - V - N — (Intrige im Drama) entwickeln, (Bildnis) ausspinnen
Filer une intrigue, une métaphore, une image.
⧓ *filer une note:* einen Ton halten und dabei an- und abschwellen lassen

filer^{2} (2)
N - V - N — (Kabel, Tau) abspulen, loslassen
Filer un câble, une amarre.
⧓ <Schiff> Knoten machen: *Le voilier file cinq noeuds.*
⧓ *L'argent lui file entre les doigts:* <Geld> zerrinnen

• **filer^{3}** (1+L/1) FAM
N - V -(qp) — weg-, davon-flitzen, abhauen, wohin rennen, laufen
Il a filé sans rien dire. Il a filé chez le boucher. Il a filé à l'anglaise.
N - V — flitzen, rasen
Il file à toute allure avec sa 2 CV.

filer^{4} (2)
N - V - N — beschatten
Il est filé par les flics depuis le matin.

filer^{5} (3) POP
N - V - N - à N — geben
Il m'a filé cent balles, une gifle.

fileter (2)
N - V - N — ein Gewinde schneiden in
Fileter un axe.

filmer (2)
N - V -(N) — filmen, auf Film aufzeichnen
Filmer un paysage. Godard filmera prochainement à Rio.
Filmer une pièce de théâtre.

filtrer (2/1+L)
N - V - N — filtern, (Licht/Geräusche) dämpfen
Filtrer le café. Les nuages filtrent le soleil. Les rideaux filtrent les bruits.
Fig.: filtrer des informations.
N - V -(qp) — <Kaffee> durchlaufen, <Wasser> ein-, durch-sickern
Le café filtre lentement. L'eau filtre à travers le sable.
Fig.: durchsickern
Cette nouvelle a filtré malgré les consignes de silence.

financer (2)
N - V - N — finanzieren
Financer un nouvel emprunt, un journal, un parti.

finasser (1)
Nqn - V — Winkelzüge machen
Au lieu de discuter franchement, il a finassé.

• **finir^{1}** (aux)
N - V - de Inf 1 — aufhören, beenden
Nous n'avons pas encore fini de manger.
♦*N - V - N* — *Finir son repas.*
♦*N - V* — *Un rêve qui ne finit jamais.*

• **finir^{2}** (aux)
N - V - par Inf 1 — aufhören mit, als letztes tun, schließlich + V
Il a fini par s'en rendre compte.
♦*N - V - par N* — *La soirée finit par un banquet.*
♦*N - V - N - par N* — *Il a fini son repas par un café.*
N - V - N - sur N — als letztes tun, abschließen mit
L'organiste a fini le concert sur un morceau de Bach.
N - V - sur N — *L'organiste a fini sur un morceau de Bach.*

• **en finir^{3}** (aux)
♦*il - en V - de Inf* — |neg.: nicht aufhören
Il n'en finit pas de pleuvoir.
♦*Nqc - en V* — |neg.: nicht aufhören, kein Ende nehmen
Les applaudissements n'en finissaient pas. Nous nous aveuglions sur ces exceptions qui n'en finissaient pas. Pour moi, au contraire du personnel, la matinée n'en finissait pas/Pilhes/.
♦*Nqn - en V - avec Nqc* — ein Ende machen mit, zu einem Ende kommen mit, etw zuende bringen, fertigwerden mit, |neg.: zu keinem Ende kommen
Finissons-en avec ce travail ennuyeux. Nous devons en finir avec le mythe que l'Amérique latine est un continent catholique/LeM/. Le Sénat juge indispensable une brève session extraordinaire si l'on veut en finir avec cette affaire avant l'automne/LeM/. On n'en finira jamais avec ce travail.
Nqn — mit jm fertig sein
J'en ai fini avec le premier client, au suivant, dit le médecin.
J'en ai fini avec lui.

• **fixer^{a}** (2+L/3)
N - V - N -(qp) — befestigen, festmachen...
Fixer une attache. Fixer un tableau au mur. Fixer une teinture sur un tissu.
⧓ *fixer un cliché:* <Photographie> fixieren
⧓ *fixer qn(du regard), fixer son regard sur qn:* jn fixieren, s-n Blick heften auf
⧓ *fixer son attention, son esprit sur qc:* s. konzentrieren auf
⧓ *fixer son choix sur qc, se fixer sur qc:* ⧓ <Wahl> fallen auf
⧓ *être fixé (sur Nqc/qn):* e-e feste Meinung haben, Bescheid wissen, (neg.:) unschlüssig sein

⧗ *Vous voilà fixé (sur mon opinion). Je ne suis pas encore fixé sur ce point. Je le connais, mais je ne suis pas encore fixé sur son compte.*

♦Nqn - se V - qp — s. niederlassen
Il s'est fixé dans le Midi.

N - V - N -(à N) — festsetzen, festlegen
Fixer le prix du beurre. Fixer un salaire à 1oo francs. Fixer une fête (à une certaine date).

• **fixer**[b] (2) — festsetzen, festlegen, (sich ein Ziel) setzen
N - V - N — *Fixer un programme. Se (=pour soi) fixer un but. Fixer un rendez-vous.*
que S Ind — *Le conseil municipal a fixé que le marché du samedi se terminera à midi.*
Ind/Kj |neg/int — *La circulaire a-t-elle fixé que la réunion a/ait lieu demain? La circulaire n'a pas fixé que l'on doit/doive commencer le travail plus tôt.*
Int.ind — *Une circulaire fixera quand les vacances se termineront.*
de Inf 1 — *Nous avons fixé de nous rencontrer chaque semaine.*

flageoler (1) — schlottern
N - V — *Mes jambes flageolent. Je flageole sur mes jambes. J'ai les jambes qui flageolent.*

flagorner (2) LIT — umschmeicheln
N - V - N — *Flagorner qn pour obtenir une faveur.*

flairer[a] (2) — wittern, beschnuppern, beriechen, (e-n Geruch) einatmen
N - V -(N) — *Le chien flaire (une trace). Le chat flairait le manteau du visiteur. En entrant dans la pièce, il flaira l'odeur du tabac.*

flairer[b] (2) — riechen, wittern, ahnen
N - V - N — *Flairer le danger. Il flairait les conflits 'payants'/Pilhes/.*
que S Ind — *Flairant que le vent allait tourner, il retourna sa veste.*
Ind/Kj |neg/int — *Il n'a pas flairé que l'on puisse/pouvait faire de l'argent dans cette affaire. Aviez-vous flairé que l'on puisse/pouvait/pourrait faire de l'argent dans cette affaire?*
Ø Inf 1 — *Il avait flairé pouvoir faire beaucoup d'argent dans cette affaire.*

flamber (1/2)
N - V — brennen
Un feu qui flambe bien
N - V - N — absengen, flambieren
Flamber un poulet, une crêpe.
⧗ *faire flamber une allumette:* (Streichholz) anstecken
⧗ *fig.: Il flamba son salaire en une seule nuit:* auf den Kopf hauen

flamboyer (1) — lodern, fig.: funkeln
N - V — *On voyait de loin flamboyer la forêt.*
N - V < de N > — *Fig.: Ses yeux flamboyaient de colère.*

flancher (1) FAM — <Herz> aussetzen, <Motor> nicht mehr ziehen
N - V — *Mon coeur flancha, puis se mit à battre à coups précipités. Le moteur a flanché.*
nachgeben, schwächer werden, nachlassen
Les troupes ont flanché. Il a flanché dans l'effort. Son moral a flanché.

flâner (1) — flanieren, bummeln
N - V — *J'aime flâner sur les grands boulevards.*

flanquer[1] (3/2)
N - V - N - de N — (an den Seiten) hinstellen...
Il a flanqué la villa d'un garage particulièrement laid. Flanquer un château d'une tourelle supplémentaire.
N - V - N — flankieren
Deux tours gothiques flanquent la nef romane. La route était flanquée d'une rangée de peupliers.

flanquer[2] (2+L/3) FAM
N - V - N - qp — schmeißen
Le vent a flanqué un arbre sur la voiture. Et comme, l'autre jour, par mégarde j'avais posé un cahier...sur un guéridon qui est à elle, Madame l'a flanqué à terre/Gide/.
⧗ jn rausschmeißen: *On l'a flanqué à la porte.*
N - V - N - à N — geben, verabreichen
Flanquer une gifle à qn.
♦N - se V - N — s. etw zuziehen
Il s'est flanqué une splendide indigestion.

• **flatter** (2)
N - V - Nqc/qn — *jm* schmeicheln
Je ne dis pas cela pour vous flatter.
(Tier) streicheln
Elle flattait la crinière de son cheval.
vorteilhaft sein für
Cette nouvelle coiffure la flatte.
angenehm sein
Un parfum qui flatte les sens.
etw fördern
Cette attitude passive flattait sa paresse.
♦Nqn - se V -(de N) LIT — s. etw einbilden auf, s. etw zugute halten auf

♦*Nqn - se V -(de N)* — *Il se flatte de sa réussite.*
de ce que S Ind/Kj |×1 — *Il se flatte de ce qu'on le craigne/de ce qu'on le craint.*
que S Kj |×1 — *Il se flatte qu'on vienne le consulter.*
de Inf 1 — *Il se flatte de savoir parler dix langues.*

• **flêchir** (2/1)
N - V - N — biegen, beugen, fig.: umstimmen
Flêchir le genou. Flêchir la colère de qn. Flêchir qn.
⧗ *×se V*
N - V — s. biegen, nachgeben, <Aktien-Kurse> fallen, nachgeben
La plante flêchit sous le vent. Le vent fait flêchir les arbres. Je l'ai tellement bien persuadé qu'il a fini par flêchir. Son corps a flêchi sous le poids. Les actions flêchissent.

flêtrir[1] (2)
N - V - N — welk machen, verwelken lassen
Le vent sec a flêtri les fleurs. Ces fleurs se flêtrissent vite. Avec l'âge, la peau se flêtrit.

fletrir[2] (2)
N - V - N — hart bestrafen, verurteilen, brandmarken, geißeln
Le procureur assura d'une voix solennelle que la loi saurait flêtrir les coupables, ce crime. Leur religiosité superficielle ...ne flêtrissait que les scandales/Proust/. Le bras tendu..., il flêtrit au milieu d'une immense émotion son accusateur/Balzac/. Le capitaine se mordit les lèvres en reconnaissant les expressions par lesquelles il venait de flêtrir l'avidité de J. /Balzac/.

fleurir (1/2/3)
N - V — blühen
Les arbres fleurissent au printemps.
Fig.: in Blüte stehen
Les arts religieux (fleurissaient)/florissaient au Moyen Age.
N - V - N — mit Blüten bedecken, in ein Blütenmeer verwandeln
Une glycine fleurit le mur du jardin.
N - V - N -(de N) — mit Blumen schmücken
Fleurir comme tout le monde son balcon de géraniums.
⧗ *fleurir sa boutonnière:* s. e-e Blume ins Knopfloch stecken
fleurir qn: jm e-e Blume ins Knopfloch stecken

flirter (1)
(Npl - V)
♦*N - V -(avec N)* — poussieren, flirten
A partir de dix heures, tout le monde s'est mis à flirter (avec son voisin).

• **flotter**[1] (1+L/2)
N - V -(qp) — <etw> schwimmen, dahin-treiben
Je vis la foule...désigner, dans l'eau limoneuse du fleuve, un petit objet qui flottait/Gide/.
N - V - qp — <Fahne> flattern, wehen, <Geruch...> schweben, hängen, ⧗ <Kleidung> schlottern
Le Président a eu l'idée de faire flotter sur l'Elysée un drapeau tricolore orné du faisceau du licteur entouré de lauriers /LeM/. Une forte odeur de tabac flottait dans la pièce. Une nappe de brouillard flotte sur la vallée. Pierre flotte dans ses vêtements trop larges.
N - V - N — flößen
En Norvège, on flotte le bois jusqu'à la côte.

flotter[2] (1) NEOL
N - V — <Währung> floaten
Le gouvernement laisse flotter la monnaie nationale.

foirer (1) POP
N - V — schief gehen
L'attentat a foiré. Si ça foire, on risque tous quinze ans de taule.

foisonner (1+L/2)
Npl - V - qp — zahlreich vorhanden sein, wuchern, wimmeln
Les faisans foisonnent dans cette contrée. La mauvaise herbe foisonne dans le jardin.
N - V - de Npl — wimmeln vor, zahlreich haben, überreich sein an
Le jardin foisonne de fourmis. Jean foisonne d'idées géniales.
en Npl — *Notre littérature foisonne en poètes célèbres.*

folâtrer (1) LIT
Nqn - V — s. tummeln
Les enfants passent l'après-midi à folâtrer dans le jardin.

fomenter (2)
N - V - N — anstiften, schüren
Fomenter une révolte, des troubles, une querelle. Des agitateurs ont fomenté la grève.

foncer[1] (1+L) FAM
N - V -(qp) — rasen, los-stürzen auf
Avec sa bagnole, il fonce toujours comme un fou. Le taureau s'est mis à foncer vers/sur nous.
⧗ *Loc.: fig.: foncer dans le brouillard:*
Le gouvernement aux abois fonce dans le brouillard.

foncer[2] (2/1)
N - V - N — dunkler machen
Elle a foncé la teinte de ses cheveux.
⧗ *×se V*
N - V — dunkler werden, nachdunkeln
La photo a foncé avec le temps.

foncer[3] (2)
N - V - N — (Brunnen...) ausschachten, graben...
Foncer un puits.

• **fonctionner** (1)
N - V — funktionieren
L'appareil ne fonctionne que sur 22o V.

• fonder[1a] (1+L) — bauen auf
N - V - N -qp — *Fonder sa maison sur du sable, sur un rocher.*

• fonder[1b] (3/2) — stützen auf, begründen mit
N - V - N - sur N — *Ils ne fondaient pas leurs détestations réciproques sur des critères ordinaires/Pilhes/. Fonder ses espoirs sur des indices encourageants.*
N - V - Nqc — begründen. legitimieren
Des renseignements de bonne source fondent mon hypothèse.

• fonder[2] (2) — gründen
N - V - N — *Fonder une ville, un parti, une revue.*

• fondre[1a] (2/1) — schmelzen
N - V - N — *Le soleil a fondu la glace. Fondre du métal.*
♦*N - se V* RARE — *La glace se fond au soleil.*
N - V — *Fondre comme neige au soleil.*
⧗ *Loc.: fondre en larmes:* in Tränen ausbrechen, zerfließen

se fondre[1b] (1+L) — aufgehen in, verschwimmen in, verschmelzen in/mit
N - se V - dans N — *Sa silhouette se fondait dans le brouillard. Les immigrés se sont fondus dans la population locale.*

fondre[2] (2) — s. stürzen auf
N - V - sur N — *L'aigle fond sur sa proie. Fondre sur l'ennemi.*

• forcer[a] (2/1) — (Schloß, Tür..) aufbrechen, etw überanstrengen
N - V - N — *Forcer une serrure, une porte, son moteur, sa voix.*
⧗ *N-V-Ø |K: Ne forcez pas, vous allez casser le mécanisme.*
(Gangart) beschleunigen, (Sinn) verfälschen, entstellen, (etw) erzwingen, hervorrufen, wecken
Forcer l'allure, le pas. Forcer le sens d'un texte. Il cherche toujours à forcer la sympathie. Son courage a forcé l'admiration.
⧗ *forcer la dose:* zuviel von etw nehmen, reintun, trinken.. fig.: übertreiben
Il a mis du piment, mais il a forcé la dose.
⧗ *forcer la nature:* zuviel verlangen von jm
Exiger d'un enfant qu'il sache lire à trois ans, c'est forcer la nature.
⧗ *forcer sa nature:* s. Gewalt antun, s. zusammenreißen
Pour ne pas perdre contenance, il force constamment sa nature.
♦*Nqn - se V* — s. anstrengen
Il faut que je me force pour ne pas rire.
s. (körperlich) überanstrengen
Il peut courir pendant des heures sans se forcer. Ne vous forcez pas, vous allez tomber malade.
Nqc - V — überanstrengt werden, sein, <Seil> zu sehr belastet sein
Les muscles ont trop forcé dans le mouvement. La corde force, il faut alléger la charge.
<Tür> klemmen
La porte force.

• forcer[b] (3) — jn zwingen zu
N - V -(Nqn) - à N — *Forcer qn à la défensive. Ce jeu force à l'attention.*
⧗ *N-V-Nqn-Ø |K: Je n'ai pas voulu faire cela, mais j'(y) ai été forcé.*
à ce que S Kj 2 — *Forcer qn à ce qu'il se taise.*
à Inf 2 — *Forcer un enfant à manger.*
⧗ *être forcé* de *faire qc*
♦*Nqn - se V -(à N)* — s. zwingen, s. anstrengen
Il se force au travail.
à Inf 1 — *Il s'est forcé à maintenir le rythme.*

forger[1] (2) — schmieden
N - V -(N) — *Forger une pièce de métal. C'est en forgeant qu'on devient forgeron.*

• forger[2] (2) — (Vorwand) erfinden, (ein Wort, den Charakter) prägen, (Plan) schmieden
N - V - N — *Forger un prétexte, une excuse. Forger un mot. Les épreuves ont forgé son caractère. Forger un plan. Se (=pour soi) forger un idéal.*

formaliser[1] (2) — formalisieren
N - V -(N) — *Formaliser une description linguistique. Tâchons maintenant de formaliser.*

se formaliser[2] (2) — Anstoß nehmen an, s. stoßen an, gekränkt sein
N - se V -(de N) — *Ne vous formalisez pas! Il se formalise de toute remarque.*
< pour N > — *Il se formalise pour un rien.*
de ce que S Ind/Kj — *Il s'est formalisé de ce qu'on ne l'ait/l'a pas écouté.*
que S Kj — *Il s'est formalisé qu'on ne l'ait pas écouté.*
de Inf 1 — *Il se formalise de devoir répéter son exposé.*

• former (2) — gestalten, aus-bilden, (Telefonnummer) wählen
N - V - N — *L'enfant sait déjà bien former ses lettres. Je formai le numéro de téléphone. Le premier ministre a formé un nouveau cabinet. Trois allemands forment un parti. Le sport forme l'essentiel de ses occupations. Il a été formé à l'école américaine.*

♦*Nqn - se V < en N>* — etw bilden, s. zu etw formieren
Les manifestants se forment en cortège.

• formuler (2)
N - V -(N) — formulieren, vorbringen, aussprechen, in Worte fassen
Formuler sa pensée, des excuses. Il sait bien formuler.
que S Ind — *Le texte de la loi formule expressément que les chiens doivent être tenus en laisse.*
Kj |neg — *La loi n'a pas formulé que les chiens dussent être tenus en laisse.*
Int.ind — *La loi formule dans quelles conditions les chiens doivent être tenus en laisse.*
Ø Inf 1 — *Le porte-parole a formulé ne pas avoir l'intention de divulguer le contenu du débat.*

forniquer (1)
(Npl - V)
♦*N - V -(avec N)* — Unzucht treiben
Nous voilà submergés par une culture pornographique où l'on fornique à qui mieux mieux.

fortifier (2)
N - V - N — befestigen, ver-stärken
Fortifier une ville. Fortifier un toit par des soutiens. Fortifier sa santé par le sport.
jn bestärken in
Fortifier les opinions de qn > fortifier qn dans ses opinions.

fouailler (2) — LIT
N - V - N — die Peitsche geben
Fouailler son cheval.

foudroyer (2)
N - V - N — <Blitz> treffen, erschlagen; jn niederstrecken
Un éclair l'a foudroyé en chemin. Un infarctus l'a foudroyé.
⧗ *foudroyer qn du regard*
Fig.: Le commandement foudroyé par la surprise ne se ressaisira plus/de Gaulle/.

fouetter (2/1+L)
N - V - N — peitschen
Fouetter un animal. La pluie fouettait son visage > lui fouettait le visage.
N - V - contre/sur N — *La pluie fouette contre la vitre, sur le toit.*

• fouiller (1+L/2)
N - V - qp — rumsuchen, kramen in, durchsuchen
Fouiller dans ses poches.
N - V - Nqc/qn — *Les douaniers ont fouillé la voiture, le voyageur.*
Fig.: sorgfältig aus-, bearbeiten
Fouiller son style, un problème.
⧗ *fouiller Ø / fouiller le sol:* Ausgrabungen machen
Une équipe d'archéologues fouille (le sol) à la recherche de vestiges antiques.

fouiner (1+L) — FAM
N - V - qp — herumschnüffeln, -suchen
Je n'aime pas qu'on fouine dans mes affaires personnelles.

fouler[1] (2)
N - V - N — zerstampfen, zertreten
Fouler du raisin, de l'herbe.
Fig.: mit den Füßen treten
Fouler aux pieds toutes les valeurs traditionnelles.
LIT: (den Boden) betreten
...lettres demandant la libération de personnes qui n'ont jamais foulé le sol argentin/LeM/.

fouler[2] (2)
N - V - N — verrenken
(ˣj'ai foulé ma cheville) > je me suis foulé la cheville.

se fouler[3] (1) — POP
N - se V < pour N/Inf > — |neg.: s. kein Bein ausreißen, s. keine Mühe geben
Je ne me foule pas pour ça. Jacques ne se foule pas pour travailler.
< dans N > — *Il ne se foule pas dans son travail.*

fourbir (2)
N - V - N — polieren, blank putzen
Fourbir une casserole, des meubles.
Fig.: fourbir ses arguments.

fourcher (1)
N - V — VIEUX — s. gabeln, s. verzweigen
Une branche, un chemin qui fourche.
⧗ *Loc.:* FAM: *sa langue a fourché > la langue lui a fourché:* s. versprechen

fourmiller (1+L/2)
Npl - V - qp — wimmeln
Les estivants fourmillent sur les plages de l'été.
N - V - de Npl — *Ce rapport fourmille d'erreurs. La rue fourmille de gens.*

• fournir (2/3)
N - V - Nqc — liefern, bilden
Cette vigne fournit peu de vin. Les légumes fournissent l'essentiel de son alimentation.
Fig.: (Anstrengung) machen
Il va nous falloir fournir un effort considérable.
N - V - Nqc -(à N) — liefern
Il m'a fourni des renseignements utiles. En disant cela je te fournis un prétexte. La calculatrice est fournie avec accumulateur rechargeable/LeM/. Ils se soucient peu de vous fournir des explications/Pilhes/.
(schriftliche Unterlagen) beibringen
Vous n'avez pas fourni toutes les pièces de votre dossier.
(Beweis) liefern, erbringen
Fournir la preuve de son innocence.
N - V - N -(de N) — beliefern, versorgen, versehen mit
Il s'agit, après la catastrophe, de fournir la population de

vêtements chauds. Fournir qn de renseignements utiles.

N - V - N -(en N)
Fournir un marchand en fromage. Un canal fournit la ville en eau potable.

♦*N - se V < en N >(qp)*
s. versorgen, etw kaufen
Je me fournis (en fromage) chez Böhm.

N - V - à Nqc
e-r S. nachkommen, aufkommen für
L'usine est incapable de fournir à la demande. Il fournit aux dépenses de la famille entière.

fourrager (1+L/2) FAM
N - V - qp
herumwühlen in
Le vieil homme...fourrageait dans la paperasse/Duhamel/.
N - V - N
zerwühlen, durcheinanderbringen
Il fourrageait sa chevelure et criait../Duhamel/. Fourrager un dossier.

fourrer[1] (2+L)
N - V - N - qp
etw wohin stecken, stopfen, (s-e Nase) stecken in
Fourrer qc dans ses poches, qn en prison. Où ai-je fourré mon parapluie? Fourrer son nez dans les affaires d'autrui. Fourrer tout le monde dans le même sac. Les nonnes lui avaient fourré de drôles d'idées dans la tête.

fourrer[2] (3)
N - V - N -(de N)
füttern
Fourrer son manteau de lapin.

fourvoyer (2)
N - V - N
irreführen, -leiten
La signalisation nous a fourvoyés. Il nous a fourvoyés par ses explications.
♦*N - se V -(qp)*
s. verlaufen, s. (wohin) verirren
Nous nous sommes fourvoyés dans le brouillard. Comment accepter que la compagnie la plus puissante du monde se soit fourvoyée en France, à Paris, au coin de l'avenue de la République? /Pilhes/.
Fig.: s. irren
Avocat, vous vous fourvoyez!/Beaumarchais/.

• **foutre** POP
→ ficher[3], se ficher[4]

fracasser (2)
N - V - N
brechen, zerschmettern
(×Il a fracassé son bras dans la chute) > Il s'est fracassé le bras dans sa chute. Une balle a fracassé sa jambe > lui a fracassé la jambe.
♦*N - se V*
zer-brechen, zerschellen
Son bras s'est fracassé. La barque s'est fracassée sur les écueils.

fractionner (2)
N - V - N < en N >
aufteilen, -splittern
Ce contentieux a fractionné le cabinet en trois groupes. Le système d'héritage a fractionné la campagne (en parcelles minuscules).

fracturer (2)
N - V - N
auf-brechen
Fracturer une porte, un coffre-fort. (Fracturer son bras)> se fracturer le bras.

fragmenter (2)
N - V - N < en N >
zerteilen, -kleinern, -splittern
Le pays a été fragmenté en plusieurs Etats. Fragmenter une roche à coups de marteau. Fragmenter un roman en épisodes pour un feuilleton.

fraîchir (1)
N - V
<Wetter> kühler werden, <Wind> auffrischen, stärker werden
Le temps a fraîchi. Le vent va fraîchir.

• **franchir** (2)
N - V - N
überschreiten, -steigen..., fahren, (Grenze) passieren
Franchir le seuil d'une porte, les océans, une étape, une frontière.
Fig.: hinausgehen über
Comment voulez-vous jouer un rôle si votre esprit ne franchit pas les limites de l'entreprise?/Pilhes/.

franciser (2)
N - V - N
verwelschen, französieren
Des mots latins dont on a simplement francisé la terminaison. Franciser des coutumes étrangères.

• **frapper**[1a] (2/1+L)
N - V - N
schlagen
Maman, il m'a frappé! Les vagues frappent la côte. Les marteaux viennent frapper les cordes du piano. Frapper le sol du pied. Une pierre a frappé son visage > l'a frappé au visage. Frapper qn dans le dos, sur l'épaule.
(Il frappe sa poitrine) > il se frappe la poitrine.
<Geräusch> (ans Ohr) treffen
Le bruit frappa nos oreilles.
⧗ *frapper de la monnaie:* (Geld) prägen
⧗ *frapper du champagne:* (Sekt) kaltstellen
N - V -(qp)
schlagen, klopfen
Il frappa du poing sur la table. La pluie frappa contre les vitres. Frapper dans ses mains.

• **frapper**[1b] (2)
N - V -(Nqn)
jn beeindrucken, jm auffallen
J'avais une grande facilité de parole qui avait frappé tous mes maîtres/Mauriac/. Cette ressemblance me frappe. Ce qui frappe, c'est la ressemblance entre le père et le fils.

⧓ *N-V-N<de N>: La nouvelle nous frappa d'étonnement, d'admiration, de stupeur.*
⧓ *frapper les yeux, la vue, le regard de qn:* ins Auge fallen
La statue du hall frappa notre vue.
⧓ *être frappé de N/ de Inf 1:* verblüfft, verwundert sein
Je suis frappé de tant de richesses. Je suis frappé de voir à quel point cela mobilise moins l'attention que le problème de la peine de mort/LeM/.

frapper[2] (3/2)
N - V - N - de N — jm etw auferlegen, jn/etw belegen mit, belasten mit, <Krankheit> jn heimsuchen
Le tribunal a frappé les accusés d'une lourde amende. On a frappé les importations d'une taxe considérable. Jahwé a frappé l'Egypte de sept fléaux. Il fut frappé de sciatique.
N - V - N — <Steuer> liegen, lasten auf, <Krankheit> heimsuchen
Des taxes considérables frappent les importations. Ce fléau vient de frapper l'humanité.

se frapper[3] (1) — FAM
Nqn - se V — s. Sorgen machen
Ne te frappe pas, tu n'y peux rien!

fraterniser (1)
Npl - V — s. verbrüdern, fraternisieren
Les troupes ennemies ont fraternisé.
♦*N - V - avec N* — *La police a fraternisé avec les manifestants.*

frauder (1/2)
N - V < à/sur N > — betrügen, unverzollt einführen, mogeln, schmuggeln
Frauder à l'examen, à la douane. Qui n'aime pas frauder un peu sur quelques alcools en rentrant de France.
N - V - N — (Steuern, Zoll) hinterziehen, (Gesetz) umgehen, verstoßen gegen
Frauder le fisc, la douane. Frauder la loi, l'Etat.

frayer[1] (2/3)
N - V - N
N - V - N - à N — (Weg) bahnen
Le guide dut frayer un passage à travers la végétation.
Les motards n'arrivèrent pas à frayer une/la voie au cortège.
Nous nous frayâmes péniblement un chemin à travers la foule.
⧓ *Fig.: frayer la voie à N: Ses recherches frayèrent la voie à d'importantes découvertes.*

frayer[2] (2)
N - V - avec N — verkehren in/mit
Il ne fraie plus qu'avec le beau monde.
⧓ *N-V-Ø |neg.:* verschlossen, kontaktarm sein
Il ne fraie pas facilement.

frayer[3] (1)
N - V — laichen
La truite fraie en hiver.

fredonner (1/2)
N - V
N - V - N — vor sich hinsingen
Faire la cuisine en fredonnant.
Fredonner un air à la mode.

• freiner (2/1)
N - V - N — bremsen
Le train freina son allure avant d'entrer en gare.
Fig.: freiner l'enthousiasme de qn. Ces mesures d'austérité freineront l'inflation.
⧓ *Nqn-V-Ø : Pierre freine (sc. l'allure de sa voiture).*
N - V — *Le train freine.*

frelater (2)
N - V - N — panschen
Frelater du vin.

• frémir
N - V < de N > — zittern, <Blätter> rauschen
L'eau frémit avant de bouillir. Pierre frémit de peur. Le feuillage frémit dans le vent.
< de Inf 1 > — *Pierre frémit de devoir passer cet examen.*

• fréquenter (2/1+L)
N - V - N — verkehren mit/in, (häufig, gewohnheitsmäßig) besuchen
Je ne fréquente pas ce genre de milieu. Il fréquente les bals du samedi soir.
N - V - qp — VIEUX — *Chez la première fréquentaient des gens que la seconde n'eût jamais voulu inviter/Proust/.*

frétiller (1)
N - V < de N > — zappeln, wackeln mit
Frétiller de joie comme un poisson. Le chien frétille de la queue.

fricoter[1] (2)
N - V - (N) — (Fleischgericht) zubereiten, kochen
Fricoter un lapin. Elle aime à fricoter.

fricoter[2] (2) — POP
N - V - dans N — stecken in, verwickelt sein in
Il fricote dans de sombres affaires.
N - V - N — aushecken, anzetteln
Qu'est-ce qu'il fricote en ce moment?

frictionner (2)
N - V - N — reiben
Frictionner un pied endolori. (Frictionner sa tête) > se frictionner la tête.

frigorifier (2)
N - V - N — tiefkühlen
Frigorifier de la viande.
⧓ fig.: jn stark einschüchtern
Quand je le vois, il me frigorifie.

fringuer (2) — POP
N - V - N — jn anziehen
Il fringue ses mômes comme des clowns. Il se fringue pour sortir.

friper (2)
N - V - N — zerknautschen, zer-knittern
Friper son pantalon, sa jupe. Cette étoffe se fripe facilement.

frire (2)	in Öl backen, fritieren
N - V - N	*Frire du poisson.*
friser[1] (2/1)	(Haare) kräuseln
N - V - N	*La pluie a frisé ses cheveux > lui a frisé les cheveux.* ✗ *×se V*
N - V	*Ses cheveux frisent à l'humidité.*
friser[2] (2)	(fast) streifen, beinahe erreichen, fig.: grenzen an
N - V - N	*Il a frisé la mort dans un accident. Le projectile nous a frisés de près. Il frise la cinquantaine. Cela frise la bêtise.*
frissonner (1)	frösteln, (es) jm kalt über den Rücken laufen
N - V < de N >	*La fraîcheur du soir nous faisait frissonner. Frissonner de crainte, d'admiration.*
< de Inf 1 >	*Il frissonna d'entendre la voix du spectre.*
froisser[1] (2)	zerknüllen, zerknittern, quetschen
N - V - N	*Froisser du papier, son pantalon. (Froisser un muscle, son poignet) > se froisser un muscle, le poignet.*
froisser[2] (2)	kränken
N - V - N	*J'espère ne pas vous avoir froissé.*
♦*Nqn - se V -(de N)*	gekränkt sein *Il se froisse facilement. Il s'est froissé de ma remarque.*
de ce que S Ind/Kj	*Il se froisse de ce qu'on ne l'a/l'ait pas invité.*
que S Kj	*Il s'est froissé qu'on ne l'ait pas invité.*
de Inf 1	*Il se froisse d'être mal reçu.*
frôler (2)	leicht streifen, leicht berühren, nahe vorbeigehen an
N - V - N	*La voiture a frôlé un piéton.Il rentra en frôlant les murs.* Fig.: knapp vorbeikommen an *Il a frôlé le renvoi, le danger, la mort.*
froncer (2)	fälteln, runzeln
N - V - N	*Froncer des rideaux. Il fronce les sourcils.*
fronder (2)	trotzen
N - V - N	*Fronder les autorités établies.*
• **frotter**[1] (2/2+L)	reiben
N - V -(N)	*Frotter les vitres. Il faut frotter longtemps pour que ces vitres brillent. (Frotter ses mains) > se frotter les mains.*
N - V - N - qp	mit etw an etw reiben, vorbeistreifen *Frotter un bras sur un mur fraîchement peint.* ✗ *frotter une allumette (sur le grattoir):* ein Streichholz anreiben, -stecken ✗ *Loc. fig.: se frotter les mains (de N, de ce que S Ind/Kj, que S Kj, de Inf 1): Mais tu ne vas pas chaque jour, des années durant, te frotter les mains de ce qu'il soit né/France-Soir/.* ✗ *Loc.: être frotté de :* oberflächliche Kenntnisse haben *Aujourd'hui, tout le monde est plus ou moins frotté de linguistique.*
se frotter[2] (2)	herausfordern, s. an jm reiben
N - se V - à N	*Qui s'y frotte, s'y pique. Il a un mauvais caractère, il vaut mieux ne pas se frotter à lui.*
fructifier (1)	Früchte tragen
N - V	*La vigne ne fructifie plus.Faire fructifier des capitaux.*
frustrer (3/2)	jn um etw bringen, frustrieren
N - V - Nqn - (de N)	*Frustrer un héritier de sa part d'héritage. Frustrer un héritier au profit de qn d'autre. Il a été frustré de ses espérances.*
N - V - N	(Erwartungen) enttäuschen *Frustrer l'espoir de qn >frustrer qn dans son espoir.*
• **fuir** (1+L/1/2)	fliehen
N - V < (de) qp >	*Fuir devant l'ennemi. Il a fui de chez ses parents.* rinnen, tropfen, leck sein, auslaufen *Le robinet, le tonneau fuit. Le réservoir de la voiture fuit.*
Nqn - V - N	meiden *Fuir le danger, le monde, la présence, le regard de qn. Il est fui de tous.*
Nqc - V - Nqn LIT	<Wort> jm nicht einfallen *Le mot que je cherche me fuit.* ✗ *Le sommeil me fuit:* unter Schlaflosigkeit leiden
fulminer (2)	toben, wettern
N - V -(contre N)	*Fulminer contre les imposteurs.*
• **fumer**[1] (1/2)	qualmen, dampfen, rauchen
N - V	*La cheminée fume. Une soupe bien chaude fume sur la table. Le volcan fume.*
N - V -(N)	rauchen *Il ne fume plus (que des Gitanes).* ✗ Fig.: FAM: wütend sein *Son échec récent le fait fumer.*
fumer[2] (2)	räuchern
N - V - N	*Fumer du jambon. Saumon fumé.*
fumer[3] (2)	Mist streuen auf, (mit Mist) düngen
N - V - N	*Fumer les champs.*

fureter (1+L)
N - V - qp
herumsuchen, -schnüffeln
Fureter dans les magasins d'antiquités. Fureter dans les affaires de quelqu'un d'autre.

fuser (1)
N - V
<Lachen, Rufe...> erschallen, ertönen, erklingen...
Des rires fusaient dans le jardin.

• fusiller (2)
N - V - N
erschießen
Les otages furent fusillés.
⵿ FAM: (Motor..) ruinieren, kaputt machen...
Il a fusillé son moteur au bout de 1o mille km.
(Geld) zum Fenster rauswerfen, durchbringen
Il a fusillé dix mille balles au casino.

fusionner (1/2)
Npl - V
s. zusammenschließen, fusionieren
Plusieurs syndicats ont fusionné.
♦*N - V - avec N*
Une firme fusionne avec une autre.
N - V - Npl
zusammenlegen, -schließen
Le gouvernement a fusionné deux ministères.
♦*N - V - N - avec N*
Le gouvernement a fusionné la culture avec les sports.

fustiger (2)
N - V - N
anprangern, geißeln
Fustiger ses adversaires, les vices de la société.

gâcher[1] (2) — (Mörtel, Speis) anrühren
N - V - N — *Gâcher du plâtre.*

gâcher[2a] (2) — (Arbeit) hin-pfuschen
N - V - N — *Gâcher un travail.*

gâcher[2b] (2) — (Gelegenheit) verpassen, (Geld)durchbringen, (Leben, Talent) verpfuschen, vertun, etw verderben, (Geld) vergeuden
N - V - N — *Gâcher une occasion, son argent, son talent, sa vie. Cet incident a gâché notre soirée > nous a gâché la soirée. Cela nous a gâché le plaisir.*
⧓ *Loc.:* FAM: *gâcher le métier:* die Preise verderben
Son concurrent lui a gâché le métier.

gaffer (1) FAM — e-n Bock schießen, e-n Schnitzer machen
N - V — *Tout avait été bien préparé, mais il a gaffé au dernier moment. En employant ce mot malencontreux, le diplomate a gaffé lourdement.*

gager[1] (2) — verpfänden, (Währung)decken
N - V - N — *Gager des bijoux. Gager un emprunt par la réserve d'or.*

gager[2] (2) REL — wetten
N - V - que S Ind — *J'aurais gagé qu'il ne viendrait pas. Gageons qu'il ne viendra pas. Gageons au surplus que la courbe des exécutions, déjà fortement descendante, tendrait vite vers zéro/LeM/.*
Ø Inf 1 — *J'aurais gagé avoir laissé là mon parapluie.*

• gagner (2/1/3) — gewinnen, verdienen, (Ort) erreichen, <Schlaf> jn übermannen, s. wohin begeben, <etw> jn erreichen
N - V - N — *Gagner un jeu, sa vie, son pain, de l'argent. Plein d'amertume, je gagnai la porte. Partie des Africains, la contestation a gagné la jeunesse métisse. Le sommeil me gagne. Le feu a gagné les dépendances de la ferme. Il essaie de gagner du temps. En disposant les meubles ainsi nous gagnons beaucoup de place.*
⧓ *Nqn-V-Ø-(contre N) |jeu, sport: J'ai gagné (contre Paul).*
Nqn-V<à N>: Il gagne toujours aux échecs.
Nqn-V-Nqn<à N>: jn besiegen
Il m'a gagné aux échecs.
⧓ *gagner le large:* in See stechen
Fig.: das Weite suchen
Le malfaiteur a gagné le large.
⧓ *gagner qn de vitesse:* jn einholen, jm zuvorkommen
Tâchons de gagner de vitesse notre concurrent.
⧓ *Nqc-V-Ø:* um sich greifen
Le feu, l'épidémie a gagné rapidement.
⧓ *gagner gros, bien (= gagner beaucoup d'argent).*
Nqn - V-que S Ind/Kj < à N/à Inf 1 > — (es) erreichen
Il a gagné à cette intrigue qu'on ne lui fait/fasse plus confiance. Vous allez gagner que les avions vont revenir nous en refoutre une giclée, et on aura notre compte!/Y. Gibeau/.
de Inf 1 — *Vous ne gagnerez à cette démagogie que d'être méprisé. A travailler autant vous allez gagner de vous rendre malade.*
N - V < à N/à Inf 1 > — gewinnen, ⧓ zu j-s Vorteil sein
Paul gagne à être connu. Mais la campagne contre l'inflation ne gagnera pas à se prolonger sur un ton de sucrerie propre à enrober la pilule/LeM/.
< à ce que S Kj |×1 > — *Il gagne à ce qu'on le connaisse.*
⧓ *Prends une carte hebdomadaire, tu y gagnes.*
< en N > — gewinnen an
Son style gagne en précision.
< sur N > — an Boden gewinnen auf Kosten von
La mer gagne de plus en plus sur la côte.
⧓ *Nqn-V-Ø<sur N>:* an etw verdienen
La librairie gagne surtout sur la vente des livres de poche.
N - V - Nqn - à N — jn gewinnen für
Nous l'avons enfin gagné à notre cause.

galéjer (1) — Seemannsgarn spinnen, übertreiben
N - V — *Allez, vaï, vous galéjez /M. Pagnol/.*

galoper (1) — galoppieren
N - V — *Le cheval galope. Faire galoper son cheval.*
⧓ *Fig.: Son imagination galope:* <Phantasie> mit jm durchgehen

galvaniser (2) — galvanisieren, fig.: mitreißen, begeistern
N - V - N — *Galvaniser du fil de fer. Un orateur qui galvanise les foules.*

galvauder (2) FAM — (Talent) verkommen lassen, (Ruf) schädigen, etw entwerten
N - V - N — *Il a galvaudé son talent, sa réputation. Galvauder un mot en l'employant à tort et à travers. La musique tsigane a été galvaudée par la commercialisation.*

gambader (1) — herumhüpfen
N - V — *Les enfants gambadaient dans la rue.*

gangrener((2) — Wundbrand verursachen, fig.: verderben, korrumpieren
N - V - N — *La maladie a gangrené sa jambe > lui a gangrené la jambe. La corruption a gangrené toute l'administration.*
♦*N - se V* — *La jambe entière s'est gangrenée:* brandig werden

• garantir^{1} (3) — sichern, schützen

N - V -(Nqn) - de/contre N — *Le parapluie vous garantit de la pluie. La prudence garantit des erreurs. Ce traitement ne vous garantit pas nécessairement contre une rechute. Leurs bombes et leurs fusées les garantissent d'une attaque des plus pauvres/LeM/. Se garantir de la pluie, contre le froid.*

de Inf 2 — *Elle était prête encore à s'enflammer: l'esprit n'a jamais garanti personne d'être fou/Henriot/.*

N - V - N -(contre N) — etw versichern gegen
Garantir un tableau (contre le vol).

• garantir^{2} (2/3) — bürgen für, garantieren, sicherstellen, gewährleisten

N - V - N — *Garantir une créance. La constitution garantit les libertés individuelles. Cette méthode d'enseignement garantit le succès. Le traité garantit l'indépendance du pays.*
⧗ Garantie geben auf
Garantir une voiture pour un an.

N - V -(à N) - N — jm gegenüber einstehen für, etw verbürgen, garantieren, jm etw versichern, ⧗ jn e-r S versichern; jm etw als sicher versprechen
Je ne peux refaire devant vous tous les calculs, mais je vous garantis le résultat. Je vous garantis mon soutien. Il a garanti son appui.

que S Ind — *Je vous garantis qu'il s'en souviendra.*

Ind/Kj |neg/int — *Je ne vous garantis pas que j'en ai de toutes les couleurs que vous me demandez/Queneau/. Je ne garantis pas que les moeurs aient été irréprochables/J. Romains/. Me garantissez-vous que cela puisse/pourra se faire?*

Ø Inf 1 — *Je vous garantis avoir transmis votre commande.*

de Inf 1 — *Je ne vous garantis pas de pouvoir faire cela pour vous.*

- à N - de Inf 2 — *Si vous prenez ce train, je ne vous garantis pas d'arriver à temps.*

• garder^{1} (2/2+A/3) — (Tiere/Bett) hüten, behalten, auf-bewahren, beibehalten

N - V - N — *Garder des moutons, le lit. Je garde ton livre jusqu'à demain. Gardons les restes pour demain. Il garde son calme, ses habitudes, l'anonymat. Garder les enfants.*

N - V - N - adj — *Garder la tête froide.*

adv — *Il garde tout le temps son chapeau sur la tête. Et supplions Dieu de garder en bonne santé les chefs qui veillent sur notre croissance et notre expansion/Pilhes/.*

N - V - N - de N — *Je n'en garde pas de trop mauvais souvenirs/Pilhes/. La ville garde toujours des traces du tremblement de terre. Il garde une cicatrice de son accident.*

• garder^{2} (3) — bewahren vor, schützen vor

N - V - N - de N — *Cette fourrure vous gardera du froid. J'aimerais vous garder de cette erreur.*

de Inf 2 — *La prudence nous a gardés de commettre une erreur.*

♦N - se V - de Nqc/qn — s. hüten vor
Gardez-vous des flatteurs, de la flatterie.

de Inf 1 — *Je me garderai bien de le faire moi-même.*

garer (2+L) — parken

Nqc - V - N -(qp) — *La voiture était garée devant la sortie du cinéma du village. Je gare ma voiture derrière la maison. Il faut que je gare la voiture. La voiture est mal garée. Je suis mal garé.*
⧗ *N-V-qp:* FAM: *J'ai garé derrière la maison.*

♦Nqn - se V -(qp) — *J'avais du mal à me garer. Je dois encore me garer.*

se gargariser^{1} (2) — gurgeln

N - se V — *Se gargariser le matin.*

se gargariser^{2} (2) FAM — Gefallen haben an, s. ergehen in

N - se V - de N — *Qn qui se gargarise de grands mots, de lieux communs.*
s. brüsten mit
Il se gargarise de son succès.

gargouiller (1) — <Wasser> glucksen, blubbern, <Magen> knurren

N - V — *L'eau gargouille dans l'égout. J'ai l'estomac qui gargouille.*

• garnir (3/2) — versehen mit, garnieren, verzieren

N - V - N -(de N) — *La tour de contrôle au dernier étage était garnie de vitres sur trois côtés. Garnir une commode de fleurs. Garnir une choucroute.*

♦Nqc - se V -(de N) — s. füllen
La salle commence à se garnir (de monde). La bibliothèque se garnit peu à peu de livres.

N - V - N — *Des fleurs garnissent la commode.*

garrotter (2) — knebeln, ab-binden

N - V - N — *Le prisonnier était garrotté aux pieds. Garrotter un bras blessé. Fig.: garrotter l'opposition.*

• gaspiller (2) — vergeuden, (Geld) durchbringen

N - V - N < à N/à Inf 1 > — *Gaspiller son argent au jeu. Gaspiller son temps à regarder la télévision.*

• gâter^{1} (2) — verderben

N - V - N — *La chaleur gâte les fruits. Cette contruction gâte le charme du paysage. (Il a gâté notre plaisir de le revoir)> il nous a gâté le plaisir de le revoir.*

♦*N - se V*
verfaulen
Les fruits se gâtent.
s. verschlechtern, schlechter werden
Le temps se gâte. L'affaire est en train de se gâter.

• **gâter**[2] (2)
N - V - N
verziehen, verwöhnen
Gâter un enfant. La maîtresse de maison nous a gâtés.

gauchir (2/1)
N - V - N
verbiegen
L'humidité a gauchi le bois. La planche s'est gauchie.
fig.: entstellen
Gauchir la réalité, la pensée de qn.
N - V
La planche a gauchi.

se gausser (2) LIT
N - se V -(de Nqn)
s. lustig machen
Vous vous gaussez! Se gausser de qn.

gaver (3)
N - V - N -(de N)
mästen, vollstopfen
Gaver des oies, des cochons (de pommes de terre). Au buffet, il s'est gavé de saumon fumé. Ces bouillies franco-françaises dont nous sommes chaque jour gavés par les pouvoirs/LeM/. Se gaver de romans policiers.

gazer (1) POP
N - V
rasen, flitzen
On a gazé pour venir chez vous.
<etw> gut laufen
Alors, ça gaze?

gazouiller (1)
<Vögel> zwitschern, <Wasser> murmeln, plätschern, <Kind> brabbeln
N - V
Une hirondelle, un ruisseau, un enfant gazouillent.

geindre (1/2)
N - V <de N >
wimmern
Le blessé geignait de douleur. Une roue mal graissée qui geint. Au secours! geignait-il.
N - V - que S Ind
Le petit garçon est venu geindre que sa soeur l'avait battu.

• **geler** (o/1/2)
frieren
il - V
Il gèle en hiver.
N - V
ein-, zu-frieren, zu Eis werden
L'huile a gelé dans la cuisine. La rivière a gelé cette nuit. La température a fait geler la rivière.
Nqn - V
On gèle ici.
N - V - N
er-, zufrieren lassen
L'hiver rude a gelé la rivière. (×Le froid a gelé son pied) > Le froid lui a gelé le pied.
⧗ *geler des crédits:* (Kredite) einfrieren
⧗ LIT: *geler une enquête:* zu den Akten legen, aufgeben

• **gémir** (1/2)
N - V < de N >
stöhnen, ächzen
Un malade qui gémit. Gémir de douleur. La porte gémit dans le vent. Et nombreux sont les présidents de la République qui ont gémi très haut du poids de ce fardeau, écrasant en effet/LeM/.
< sous N >
Gémir sous la tyrannie, sous le poids de qc.
N - V - que S Ind
Il est venu gémir qu'on l'avait lésé.

se gendarmer (1/2)
N - se V
schreien
Il devait se gendarmer pour se faire entendre.
N - se V -(contre Nqc/qn)
gegen jn in Harnisch geraten, gegen etw s. zur Wehr setzen
Se gendarmer contre qn, contre une injustice.

• **gêner** (2)
N - V -(N)
stören, belästigen, behindern, lästig sein, <Schuhe> drücken
La fumée me gêne. Les travaux gênent la circulation. Est-ce que cela gêne beaucoup, lorsque les voisins prennent leur douche? Au début, ces chaussures m'ont gêné.
⧗ *si cela ne vous gêne pas:* wenn es Ihnen nichts ausmacht
que S Kj -(cela) - V -(N)
Que vous fumiez (cela) me gêne.
♦*cela - V -(N) - que S Kj*
Cela gêne que vous fumiez.
(de) Inf 2 -(cela) - V -(N)
(De) devoir regarder dans le soleil (cela) me gêne.
♦*cela/il - V -(N) - de Inf 2*
Cela/il gêne de regarder dans le soleil.
♦*Nqn - se V*
s. einschränken
Il faut se gêner un peu pour arriver à faire des économies.
♦*N - se V (de ce que S Kj)*
|neg.: s. nichts draus machen
Ne vous gênez pas de ce que les gens pensent cela.
<pour Inf 1 >
|neg.: s. nicht genieren
Ne vous gênez pas pour me téléphoner dès que vous serez de retour.

généraliser (2)
N - V -(N)
verallgemeinern, allgemein verbreiten
Généraliser une mesure administrative. Il n'est pas facile de généraliser. Le P.C. a cherché à généraliser les commissions dans l'ensemble du pays/LeM/.
♦*N - se V*
um sich greifen, s. ausweiten, -breiten
Les arrêts de travail se généralisent à la S.N.C.F./LeM/.

gercer (2/1)
N - V - N
die Haut aufspringen lassen
Le froid a gercé les mains de Jean > lui a gercé les mains.
N - V
<Haut>aufspringen
J'ai les mains qui gercent. Mes mains (se) gercent. Mes lèvres gercent au moindre froid.

gérer (2)
N - V - N
verwalten, leiten, (Krise) managen
Pierre gère prudemment sa fortune. Alors surgirent des hommes d'un type nouveau, compétents, capables de gérer aussi bien une administration qu'une entreprise/Pilhes/. Gérer la crise.

germer (1)
N - V
keimen
Les pommes de terre germent vite. Faire germer du blé. Fig.: Cette idée commence à germer dans les esprits.

gésir (1+L)
N - V - qp
begraben liegen
Ci-gît Heinrich Heine.
REL (bewegungslos) liegen
Le chien gisait endormi sur le sol.
(verstreut) herum-liegen
Ses vêtements gisaient en désordre sur le lit.
Fig.: liegen
C'est là que gît la difficulté.
⧗ *Loc.: C'est là que gît le lièvre.*

gesticuler (1)
N - V
gestikulieren
Il gesticule quand il parle.

gicler (2+L)
N - V -((de)qp)
heraus-, auf-spritzen
L'eau gicle du robinet. Le sang a giclé. La boue a giclé sur mon pantalon. Par la porte, sur le perron, on voyait gicler la pluie/Aragon/.

gifler (2)
N - V - N
ohrfeigen
Gifler qn. Gifler qn en plein visage. La pluie et le vent giflaient notre visage > nous giflaient le visage.

gigoter (1)
N - V < de N >
FAM strampeln, hampeln, zappeln
Le bébé gigote dans son berceau. Il gigote des pieds. Le poisson gigote au bout du fil.

gîter[1] (1+L)
N - V - qp
<Hase> s-n Bau haben
Le lapin gîte dans des terriers.
LIT: übernachten, hausen, wohnen
Nous cherchons une auberge où gîter cette nuit. Le clochard gîte dans une barraque près de la gare.
LIT: <Dorf...> liegen
Le village gîte dans la vallée.

gîter[2] (1/1+L)
N - V
<Schiff> Neigung haben, s. auf die Seite neigen
Le bâteau gîte un peu.
N - V - qp
<Schiff> stranden, auflaufen, gestrandet sein, festliegen
Le bâteau a gîté sur un haut-fonds. Le paquebot gîte sur un récif.

glacer[1a] (o/1/2)
il - V
RARE ge-frieren
Il glace. → *geler*
N - V
zu Eis werden
Pendant la nuit, la neige a glacé/Bosco/.
N - V - N
gefrieren lassen, zu Eis werden lassen
Le froid a glacé l'étang. L'étang se glace.

glacer[1b] (2)
N - V - N < de N >
erstarren lassen
Son regard me glaça. Le spectacle nous a glacé d'horreur. Son visage se glaça.

glacer[2] (2)
N - V - N
glasieren
Glacer une poterie, un gâteau.

glaner[a] (2)
N - V -(N)
Ähren sammeln, auflesen, hier und da pflücken
Glaner du blé, un champ. Glaner après la moisson. Nous avons glané quelques fleurs pendant notre promenade.
(Reste) sammeln, zusammensuchen
Il alla glaner chez les brocanteurs les pièces manquantes de sa collection. Le chiffonnier glane sa nourriture sur les marchés de la ville.

glaner[b] (2)
N - V - N
einheimsen, sammeln
Le sportif a glané des médailles. Glaner des récompenses. Il n'y a plus rien à glaner. Glaner des renseignements sur la vie de qn. Glaner des anecdotes, des mélodies populaires.

glapir (1)
N - V
kläffen, belfern
Le renard glapit. Le lièvre glapit.

• **glisser**[a] (1+L/2+L/1)
N - V -((de)qp)
ab-, aus-gleiten, -rutschen, entgleiten
J'ai glissé en marchant sur une planche humide. Le terrain glisse lentement vers la mer. Les pneus glissent sur le verglas. En tombant il a glissé dans un trou. Le savon a glissé de mes mains > le savon m'a glissé des mains.
N - V - N - qp
hinein-stecken, -drücken...
Glisser une lettre dans une enveloppe. Glisser un mot dans les mains de qn.
♦*N - se V -(qp)*
s. hinein-schleichen, -zwängen...
Le chat s'est glissé sous l'armoire. Il s'est glissé dans la pièce sans que personne le remarque. Paul se glissait le long du mur. Comme elle passait par la porte de l'hôtel, en se glissant pour attirer moins l'attention, la patronne la héla.
N - V
ruschig sein
Attention, ça glisse!

• **glisser**[b] (1+L/2/2+L/3) — gleiten, rutschen
N - V - qp — *La majorité de l'électorat a glissé à gauche, vers la gauche.*
Nqn - V - sur Nqc — hinweggehen über, übergehen
Glissons sur cette question.
Nqc - V - sur Nqn — an jm abgleiten, jn kalt lassen, jn nicht berühren
Ma remarque a glissé sur lui. Les reproches lui glissent dessus comme l'eau sur les plumes d'un canard.
N - V - N - qp — (Bemerkung) einfließen lassen
Glisser une remarque dans la conversation.
♦*N - se V - qp* — s. einschleichen
Une erreur s'est glissée dans le calcul. Le soupçon se glissa un instant dans son esprit.
✗ *glisser qc à l'oreille de qn:* jm etw zuflüstern
La secrétaire entra et glissa quelques mots à l'oreille de son maître/Pilhes/ > lui glissa quelques mots à l'oreille.
N - V - à Nqn - N — jm zuflüstern
Le maître d'hôtel me glissa discrètement le nom de la jeune fille.
que S Ind — *Le maître d'hôtel me glissa discrètement que le caviar était empoisonné.*
Ø Inf 1 — *Il me glissa avoir empoisonné le caviar.*

glorifier (2) — verherrlichen
N - V - N — *Glorifier les vertus de la famille.*
♦*N - se V -(de N)* — s. rühmen
Se glorifier de ses mérites.
de ce que S Ind/Kj — RARE — *Il se glorifie de ce qu'il a été le premier à le faire. Je n'ai aucune raison de me glorifier de ce que vous pâtissiez de mes actes.*
de Inf 1 — *Il se glorifie d'avoir fait cela le premier.*

gloser (2) — glossieren, mit Anmerkungen, Glossen versehen
N - V - N — *Gloser un texte biblique.*
N - V - sur N — kommentieren
Gloser sur un texte obscur. Nous glosions sur tout et coupions en quatre les plus ténus cheveux du monde/Gide/.
✗ FAM: *gloser sur qn:* über jn herziehen

glousser (1) — kollern, glucksen
N - V — *Le dindon glousse. La vieille fille gloussait à chaque remarque gaillarde.*

gober[1] (2) — ausschlürfen
N - V - N — *Gober une huître, un oeuf.*
✗ *Fig.:* FAM: glauben, schlucken
Il gobe tout ce qu'on lui dit.
Loc.: gober le morceau: s. reinlegen lassen, auf den Leim gehen
✗ *Fig.:* POP: |neg.: nicht ausstehen können
Je ne peux pas le gober.

se gober[2] (1) — POP — von sich eingenommen sein, s. was einbilden
Nqn - se V — *Il se gobe, le mec.*

se goinfrer (1) — FAM — s. vollstopfen, fressen
N - se V — *Il se goinfre en permanence.*

gommer (2) — ausradieren
N - V - N — *Il a gommé toutes les remarques écrites au crayon.*
NEOL — Fig.: streichen, abschwächen, ausradieren, verhindern
Dans son rapport, il a gommé les incidents qui pouvaient le desservir. On a raconté beaucoup de choses sur nous, dit l'homme d'une voix dont il s'efforce de gommer l'accent/L'Express/. Les minutes qui ont précédé la collision sont gommées de ma mémoire/L'Express/. Quand la mort a gommé les successives générations/L'Express/.

(se) gondoler[1] (1) — (Holz) s. werfen
N - (se) V — *La planche (se) gondole à la chaleur.*

se gondoler[2] (2) — POP — s. kaputt lachen
N - se V -(de N) — *Qu'est-ce qu'on s'est gondolé avec elle. Elle s'est gondolé de mon histoire.*
de ce que S Ind/Kj — RARE — *Elle se gondole de ce que l'on a/ait prononcé son nom de la sorte.*
de Inf 1 — *Il se gondole d'être tombé à l'eau en patinant.*

• **gonfler**[a] (2/1) — aufblasen, auf-blähen, (Bach) anschwellen lassen
N - V - N — *Gonfler un ballon, des pneus. Le vent gonfle les voiles. Ce plat gonfle l'estomac. Gonfler sa poitrine en aspirant. Les pluies ont gonflé la rivière.*
✗ *gonfler un moteur:* (Motor) frisieren
♦*N - se V < de N >* — *L'éponge se gonfle d'eau:* s. vollsaugen
N - V — s. auf-blähen anschwellen, <Teig> gehen, <Holz> quellen
Mon estomac gonfle. La voile gonfle dans le vent. La rivière gonfle avec les pluies. La pâte, le bois gonfle.

gonfler[b] (2/3) — übertreiben, absichtlich überschätzen
N - V - N — *Dans son interview radiodiffusée, le ministre a gonflé le chiffre des manifestants.*

⧗ *qc gonfle le coeur de qn > lui gonfle le coeur:* jm das Herz schwer/leicht machen, das Herz erfüllen
Un espoir immense me gonfle le coeur/Duhamel/. La vue de ces doigts décharnés, jaunis et auxquels tant de souvenirs d'enfant restaient attachés, lui gonfla soudain le coeur/Martin du Gard/.

N - V - N - de N — jn erfüllen mit
Ses succès l'ont gonflé d'orgueil.

♦*Nqn - se V - de N* — s. erfüllen mit
Son coeur se gonfle d'espoir.
⧗ *son coeur se gonfle:* <jd> traurig werden
⧗ *Nqn-seV-Ø:* FAM: s. aufblasen, s. wichtig vorkommen
Il se gonfle (sc. d'orgueil).

gorger (3)
N - V - N -(de N) — vollstopfen, (Erde) durch-tränken mit
Gorger un enfant de chocolat. Les pluies ont gorgé la terre d'eau. L'enfant se gorge de chocolat.

goudronner (2)
N - V -(N) — teeren
Goudronner un toit, une route. Les ouvriers étaient en train de goudronner.

goupiller^{1} (2)
N - V - N — versplinten
Goupiller un écrou.

goupiller^{2} (2) POP
N - V - N — vorbereiten, planen, arrangieren
Il a mal goupillé cette affaire.
que S Kj — *Il avait goupillé que je fasse le travail à sa place.*
de Inf 1 — *Le gang a goupillé d'attaquer la banque centrale.*
♦*Nqc - se V - Adv* — s. anlassen
Ça se goupille mal.

gourmander (2) REL
N - V - N < pour N > — tadeln, schelten
Gourmander un enfant pour son insolence.

• **goûter**^{1} (2) — kosten, versuchen, probieren, fig.: genießen, Gefallen finden an, schätzen
N - V - N — *Goûter un plat. Goûter un spectacle, la poésie, un peintre.*
à N — *Goûter à un plat.*
de N REL — *Goûtez de ce vin.*
⧗ Fig.: etw kennenlernen, Bekanntschaft machen mit etw
goûter de la prison.

• **goûter**^{2} (1)
N - V — vespern, (nachmittags) kaffeetrinken
A quelle heure goûtez-vous?

goutter (1+L/1)
N - V -((de)qp) — tropfen
L'eau goutte du robinet.
N - V — *Le robinet goutte.*

• **gouverner**^{a} (2)
Nqn - V -(N) — regieren
Gouverner un pays. Le gouvernement Schmidt agit selon la devise: gouverner à droite pour ne pas être accusé d'être trop à gauche/LeM/.
lenken, steuern
Gouverner une embarcation.
Nqc - V - Nqc — steuern, (grammatisch) regieren
Un ressort gouverne le mécanisme. La conjonction "pour que" gouverne le subjonctif.

gouverner^{b} (2)
Nqn - V - Nqc(de qn) — beherrschen
Gouverner ses sentiments.
Nqc(de qn) - V - Nqn — beherrschen, antreiben
C'est la peur qui le gouverne. Quelle est la motivation qui vous gouverne?

gracier (3)
N - V - N -(de N) — begnadigen, jm (e-e Strafe...) erlassen
Gracier un condamné à mort. Elle poussait des soupirs de soulagement, comme si on l'avait graciée du plus abominable des supplices/Zola/.

graduer^{1} (2)
N - V - N — eichen
Graduer une éprouvette.

graduer^{2} (2)
N - V - N — allmählich steigern, abstufen
Graduer des exercices de grammaire, la difficulté des exercices.

graisser (2)
N - V - N — schmieren, ölen
Graisser une roue.
s. etw voll-, verschmieren
J'ai graissé mon pantalon.
⧗ *Fig.: graisser la patte à qn:* jn schmieren

• **grandir** (1/2)
N - V — größer werden, <Lärm> lauter werden
L'enfant a grandi. Le bruit s'avançait, grandissant.
⧗ *Fig.: grandir en âge, en sagesse, en vertu, en beauté* größer, weiser... werden
N - V - N — größer erscheinen lassen
Ses talons la grandissent. Ce succès le grandit aux yeux de tous.
RARE: vergrößern

Le microscope grandit les objets. → agrandir, grossir.
♦N - se V — Elle cherche à se grandir en mettant des talons hauts.

grappiller (2)
N - V -(N) — <Wein> Nachlese halten
Grappiller des raisins après la vendange.
ab-pflücken
Grappiller des cerises.
<Gewinne> nebenbei herausschlagen
Grappiller de petits gains à droite et à gauche. Il ne cesse de grappiller à droite et à gauche.
✕ *Fig.: N-V-N:* aufschnappen, s. zusammen-, anlesen
Ce qu'il savait, il l'avait grappillé dans les magazines/Montherland/.

gratifier (3)
N - V - N - de N — jn bedenken, beehren mit, jn traktieren mit
Le patron l'a gratifié d'une augmentation. Gratifier qn d'un sourire. On l'a gratifié d'une bordée d'injures. Gratifier qn de coups de pied.

gratiner (2)
N - V - N < à N > — überbacken
Gratiner des pommes de terre. Gratiner un plat au fromage.

gratter[1] (1+L/2/2+L
N - V - qp — kratzen
Le chien gratte à la porte.
N - V -(Nqn) — *La laine du pullover (me) gratte. (Gratte mon dos) > gratte-moi le dos/ gratte-moi dans le dos.*
✕ FAM: *ça me gratte:* es juckt mich
✕ POP: *Tu peux toujours te gratter!* Da kannst du lange warten.
N - V - N — ab-, sauber-kratzen
Gratter un mur, une façade.
FAM: voll-, bekritzeln
Gratter du papier.
✕ *gratter du violon...:* fitscheln, klimpern
Il gratta quelques accords sur sa guitare.
N - V - N -(de qp) — weg-, abkratzen
Gratter la peinture d'une porte. Gratter la terre de ses chaussures. Gratter une inscription.

gratter[2] (3/2) — FAM
N - V - sur N — knausern
Gratter sur ses dépenses, sur la bouffe.
N - V -(N) - sur N — (nebenbei zum eigenen Profit) abstauben
Il a réussi à gratter quelques billets sur la commande.

gratter[3] (2) — POP
N - V - N — überholen
On a réussi à le gratter sur l'autoroute.

gratter[4] (2/1) — FAM
N - V - N — mit-schreiben, büffeln
Les étudiants grattent le cours du prof. Il arrive à gratter vingt pages par jour.
N - V — *Il y a des étudiants qui grattent toute la journée.*

graver (2+L/2)
N - V - N - qp — einritzen, -meißeln
Graver une inscription sur un mur, dans un arbre.
✕ *(Graver qc dans sa mémoire) > se graver qc dans la mémoire:* s. etw einprägen
✕ *N-V-Ø-sur N: un artiste qui grave(des illustrations) sur bois, sur cuivre:* in Holz schneiden, in Kupfer stechen
N - V - N — (Platten, Musik) aufnehmen
Graver un disque.

gravir (2)
N - V - N — hinauf-, be-steigen
Gravir une échelle, un sommet.
Fig.: Gravir les échelons de la société.

graviter (1+L)
N - V - qp — kreisen
La lune gravite autour de la terre.
Fig.: Les courtisans gravitent autour du roi. Ils gravitent dans l'orbite du pouvoir.

greffer (3/2)
N - V - N - sur N — auf-pfropfen, okulieren
Greffer un surgeon, une pousse sur un arbre.
✕ *Fig.: Nqc-seV-sur N:* hinzukommen zu
Les difficultés de santé s'étaient greffées sur les problèmes qu'il avait déjà.
N - V - N — okulieren
Greffer un pommier
N - V - N -(à N) — (Organe) verpflanzen, transplantieren
Greffer un foie. On lui a greffé un rein artificiel.

• **grêler** (o/2)
il - V — hageln
Il grêle.
N - V - N — *Toute la région a été grêlée. L'orage a grêlé la vigne.*

grelotter (1)
N - V < de N > — zittern, schlottern
Grelotter de froid, de fièvre.

grésiller[1] (o)
il - V — graupeln
Il grésille.

grésiller[2] (1)
N - V — <Radio> knistern, rauschen
La radio grésille.
brutzeln

La côtelette grésille dans la poêle. L'huile grésille dans la casserole.

grever (3/2) — (finanziell) belasten
N - V - N - de N — *Le gouvernement grève la population d'impôts.*
N - V - N — *Les importations grèvent le budget national.*

gribouiller (2) — voll-, hin-kritzeln, -schmieren
N - V -(N) — *L'enfant gribouille du papier. Il gribouille sur son cahier.*

• griffer (2) — ver-kratzen
N - V -(N) — *Ce chat griffe lorsqu'on l'approche. Les pleureuses se griffent le visage en poussant de grands cris.*

griffonner (2) — hin-, be-, voll-kritzeln
N - V -(N) — *L'enfant griffonne (du papier). L'enfant griffonne (un dessein) sur du papier.*

grignoter[a] (2) — knabbern an
N - V -(N) — *Grignoter un bout de pain. Il ne mange pas, il grignote.*

grignoter[b] (2) FAM — s. Stück für Stück einverleiben, (Ersparnisse..) aufbrauchen
N - V - N — *Grignoter le terrain du voisin. Lors des dernières élections, le parti socialiste a grignoté des voix sur l'électorat centriste. Grignoter ses épargnes. Plutôt que de grignoter la campagne environnante, nous avons voulu partir de la cité telle qu'elle est/LeM/.*
⧖ *grignoter quelque chose, rien:* Gewinne machen
Il n'a rien grignoté dans cette opération immobilière.

grillager (2) — vergittern, mit e-m Gitter umgeben, versehen
N - V - N — *Grillager une propriété, une fenêtre.*

griller[1] (2) — vergittern
N - V - N — *Griller une fenêtre.*

• griller[2] (2/1) — grillen, rösten, verbrennen
N - V - N — *Griller de la viande, du café. La chaleur a grillé la végétation. Le feu nous grillait le visage.*
⧖ FAM: *griller une cigarette:* (Zigarette) rauchen
griller un feu rouge: (Ampel) überfahren
griller une étape: (Etappe) auslassen
griller qn: jn überholen
griller une lampe, les plombs: (Birne..) durchbrennen lassen
N - V — *Le café grille. Il passe la journée à griller au soleil.*
N - V - de N — Fig.: brennen vor
Griller d'impatience, de curiosité.

grimacer (1/2) — das Gesicht verziehen
N - V < de N > — *Le soleil me fait grimacer. Le blessé grimaçait de douleur.*
N - V - N LIT — (Lächeln) aufsetzen
Grimacer un sourire.

grimer (2) — schminken
N - V - N — *Le clown grime son visage > se grime le visage. Il se grime.*

• grimper ((1+L/2) — hinauf-klettern, -steigen, <Pflanzen> s. empor-ranken
N - V -(qp) — *Paul a grimpé à/sur un arbre. L'enfant a grimpé sur les épaules de son père. Le lierre grimpe le long du mur. La route grimpe.*
FAM: *Le thermomètre a grimpé jusqu'à 35 degrés.*
< de N > — FAM: *Le thermomètre a grimpé de deux degrés.*
⧖ FAM: steigen
La fièvre grimpe. Les actions grimpent à la bourse.
N - V - N — *J'ai grimpé les escaliers quatre à quatre. La route grimpe doucement la colline.*
⧖ FAM: *Ça grimpe (dur)!*

• grincer (1) — knarren, quietschen, (mit den Zähnen) knirschen
N - V < de N > — *La porte grince. Marie grince des dents.*

gripper (2/1) — heißlaufen (lassen), s. festfressen (lassen)
N - V - N — *Avant dix kilomètres d'ici, elle aura déjà tamponné trois voitures, grippé son débrayage, crevé ses pneus/Saint-Exupéry/.*
Le débrayage s'est grippé.
N - V — *Les rouages du mécanisme grippent. Le moteur grippe.*

griser[1] (2) RARE — grau tönen
N - V - N — *Griser une couleur.*

griser[2a] (2) — jm in den Kopf steigen, berauschen
N - V -(N) — *Ce vin grise vite. Cette odeur vous grise. Il se grise vite.*

griser[2b] (2) — berauschen,zu Kopf steigen
N - V -(N) — *Ses succès l'ont grisé. De remuer tant de pognon, ça l'avait grisé/Céline/.*
♦*N - se V < de N >* — s. berauschen an
Se griser d'émotions, d'air pur, de vitesse.

grisonner (1) — <Haare> grau werden
N - V — *Ses cheveux grisonnent.*

grogner[a] (1) — grunzen, brummen, knurren
N - V — *Le cochon, le chien grogne. Les bêtes flaireuses, aux petits yeux, aux jambes courtes, grognaient.../Apollinaire/.*

grogner[b] (1/2)
murren, brummen, maulen

N - V
Le petit Nicolas obéissait sans grogner.

N - V - contre/après N
schimpfen auf, über, jn anbrummen
Grogner contre/après tout le monde, contre la grève

N - V - N
(vor sich hin-) brummen
Grogner des injures. "Je m'en fiche" grogna-t-il.

grommeler (1/2)
vor sich hinbrummen, murren, maulen

N - V
Il ne me l'a donné qu'en grommelant.

N - V - N < entre ses dents >
Grommeler des injures entre ses dents. "Alors", grommela tout à coup M., "vous ne pouvez pas répondre à ma question?"/Pilhes/. L'oiseau s'envola, grommelant, entre ses demi-becs, des sales mots en oiseau/B. Vian/.

• gronder[1] (1)
donnern, <Donner> grollen, <Hund> knurren, tosen

N - V
Le canon, le tonnerre, le chien gronde. On entend gronder la rivière.
Fig.: <Gefühle> toben, dem Ausbruch nahe sein
La colère gronde en lui. L'émeute gronde dans les rues.

• gronder[2] (1/2)
brummen, murren

N - V
Gronder entre ses dents.

N - V - Nqn
ausschimpfen
Gronder un enfant.

• grossir (1/2)
dicker, größer werden, <Geräusch> lauter werden, <Fluß> anschwellen

N - V
Il grossit à force de boire de la bière. L'avion grossit à vue d'oeil. La foule des manifestants grossit à vue d'oeil. Le fleuve a grossi avec les pluies. Le bruit de la rue grossit vers cinq heures.

N - V - N
vergrößern, jn dicker machen, <Stimme> lauter sprechen, <Geräusch> verstärken, Fig: etw aufbauschen
En un an, il a grossi considérablement sa fortune. Les chômeurs vont grossir le nombre des mécontents. Il lui fallut grossir sa voix pour se faire entendre. Grossir un bruit. Ce manteau vous grossit. Ce microscope grossit les objets.
⧗ *N-V-Ø: Les manteaux fourrés grossissent (sc. la silhouette). Le microscope grossit trente fois.*
La presse a grossi l'affaire.

grouiller[1] (1+L/2)
wimmeln

Npl - V - qp
Les fourmis grouillent autour de la fourmilière. Les gens grouillent sur la place, dans la rue.

N - V -(de Npl)
La place grouille de monde, de gens. Le boulevard grouille.
⧗ FAM: *ça grouille de monde sur la place.*

(se) grouiller[2] (1) POP
s. beeilen

N -(se) V
Grouillez-vous! On a dû grouiller pour arriver à l'heure.

• grouper (2)
zusammenstellen

N - V - Npl < en N >
Il a groupé ensemble des objets disparates. Il groupe les photos en séries. Il a groupé ensemble les ronds, les petits et les blancs.
⧗ zu e-r Sendung zusammenfassen
Grouper divers colis en un seul envoi.

♦*Npl - se V < autour de N/qp >*
s. scharen, s. gruppieren
La famille se groupe autour du grand-père. Les manifestants se sont groupés sur la place.

• guérir[a] (3/2/1)
heilen

N - V - Nqn -(de N)
Le docteur l'a guéri de sa maladie. La cure l'a guéri.

♦*Nqn - se V -(de N)* LIT
genesen, gesund werden
Pauline reçoit d'assez bonnes nouvelles du sanatorium où Vincent achève de se guérir/Gide/.

Nqn - V -(de N)
Il a vite guéri de sa maladie.

Nqc - V
heilen, <Krankheit> weggehen
La plaie ne guérit pas. Mon rhume ne guérit pas.

guérir[b] (3)
jn heilen, befreien von

N - V - N - de N
Cette expérience l'a guéri de sa curiosité.

♦*N - se V - de N*
etw ablegen, s. etw abgewöhnen
Il s'est vite guéri de sa curiosité, de cette mauvaise habitude.

guerroyer (2) LIT
bekriegen, Krieg führen

N - V -(contre N)
Le roi passe son temps à guerroyer contre son frère.

• guetter[a] (2)
belauern, lauern auf, ausspähen nach

N - V -(N)
Le chat guette la souris. Le chasseur guette le gibier. La ménagère guette le facteur. Il était à la fenêtre et guettait.

guetter[b] (2)
(Gelegenheit..) abpassen

Nqn - V - Nqc
Guetter le bon moment.

Nqc - V - N(qc de)qn
<etw> jm drohen
La maladie le guette. L'échec guette notre entreprise.

gueuler (1/2/3) POP
lauthals schreien

N - V
Arrêtez-vous de gueuler!

N - V -(contre N)
schimpfen
Gueuler contre la hausse des prix.

N - V - N -(à N)
Gueuler des ordres, des injures à (la figure de) qn. → dire[1]

gueuletonner (1) — FAM
N - V
schmausen
On a bien gueuletonné pour le jour de l'an.

• guider (2)
N - V - N < qp >
führen, leiten, den Weg weisen
Guider un groupe de touristes à travers la ville. Les poteaux indicateurs nous ont bien guidés dans Paris. C'est son flair qui l'a guidé.
⌘ *N-V-N(dans N): guider qn dans ses études.*

♦*Nqn - se V - sur N*
s. richten nach, s. orientieren an
Se guider sur les indications routières. Il se guide sur son flair. Nous nous sommes guidés sur le soleil.
⌘ *se laisser guider par: Il se laisse guider par son intuition.*

guigner (2) — FAM
N - V - N
einen kurzen Blick werfen auf, schielen nach, Fig.: spekulieren auf
Guigner qn à la dérobée. Il guignait mes cartes.
Fig.: Guigner un poste, un héritage.

guillotiner (2)
N - V -(N)
mit der Guillotine hinrichten
Il y a eu en France depuis 195o soixante-dix condamnés à mort auxquels la grâce présidentielle a été refusé et qui ont été guillotinés/LeM/. Et dire qu'on a cessé de guillotiner!

guinder[1] (2+L)
N - V - N -(qp)
(Last) hoch-winden
Guinder des voitures sur un navire.

se guinder[2] (1)
N - se V
<jd> s. gestelzt geben,<etw> gestelzt wirken, werden
Il n'est jamais naturel, il se guinde toujours. A partir de ce chapitre, son style se guinde.
⌘ *Il a des attitudes guindées.*

habiliter (3) — ermächtigen, bevollmächtigen, jm die Befugnis erteilen
N - V -(N) -(à N) — *L'arrêté habilite les fonctionnaires du service à la signature de papiers secrets.*
▼*N - V - à N* — *Votre fonction n'habilite pas à la signature de tels documents.*
▼*N - V - N* — jn rechtsfähig machen
Habiliter un mineur.
N - V - N - à ce que S Kj 2 — *Habiliter un fonctionnaire à ce qu'il établisse des procès-verbaux.*
à Inf 2 — *Habiliter un fonctionnaire à exercer un contrôle.*

• **habiller**[a] (3/2+Adv/2) — an-, ein-kleiden, <Schneider> für jn arbeiten
Nqn - V -(Nqn) -(de N) — *Le père habille ses enfants de vêtements chauds.*
▼*N - V - N* — *Quel est le tailleur qui vous habille? Le caporal habille les nouvelles recrues.*
▼*N - V* — *Ce tailleur habille bien.*
N - V - Nqc - de N — über-, beziehen mit
Habiller un fauteuil d'une housse, d'une nouvelle étoffe.
N - V -(Nqn) - Adv — jn kleiden, jm stehen
Cette robe (vous) habille bien.
Nqc - V - Nqc — ⵣ bezogen sein mit
L'étoffe qui habille ce fauteuil est d'époque.
N - V - N < en N > — verkleiden als
Habiller ses enfants en clown.

habiller[b] (3/2) — einkleiden in, verschleiern mit
N - V - N - de N — *Habiller une méchanceté de flatteries.*
N - V - N — verschleiern, um-, einhüllen
Des flatteries habiles habillèrent ses remarques acides.

• **habiter**[a] (1+L/2) — wohnen
N - V - qp (prep) N — *Paul habite (dans) une villa luxueuse. Il habite (à) Paris, (dans) une rue voisine. Il habite (dans la) rue Monge. Où habite-t-il?*
N - V - N — bewohnen
C'est un millionnaire qui habite cette villa. Par qui est habitée cette villa? Cette ville est habitée par un grand nombre d'étrangers.

habiter[b] (1+L/2) — wohnen, sein in, jn beseelen
Nqc - V - dans/en N — *L'avenir habite en nous sans que nous le sachions/Proust/.*
Nqc - V - Nqn — *Je me souviens très bien du jour où la vague de la révolte qui m'habitait a atteint son sommet/Camus/.*

• **habituer** (3) — gewöhnen
N - V -(Nqn) - à N — *Habituer son corps au froid. Le sport habitue à l'effort.*
à ce que S Kj |×1 — *Habituer son chien à ce qu'il n'aboie plus.*
à Inf 2 — *Habituer ses enfants à jouer dehors. Faire du sport, cela habitue à supporter le froid.*
ⵣ *être habitué à: Je suis habitué au froid. Il n'est pas habitué à ce que ses chefs lui témoignent tant de respect/Mauriac/. Je suis habitué à supporter le froid.*

'hacher (2) — klein-, zer-hacken, -schneiden
N - V - N — *Hacher fin des oignons, du persil. Hacher menu l'ail. La grêle a haché les récoltes.*
Fig.: unterbrechen
Des protestations hachèrent son discours.
ⵣ abgehackt sprechen
Il hache ses mots.

• **'haïr** (2) — hassen, verabscheuen
N - V - N — *Je hais ses manières.*
que S Kj LIT — *Je hais qu'il me parle ainsi.*
de Inf 1 LIT — *Je hais de devoir obéir.*
Ø Inf 1 LIT — *Je hais me promener seul.*
N - V - Nqn <de ce que S Kj 2 > RARE — *Je le hais de ce qu'il se comporte ainsi.*
< de Inf 2 > RARE — *Je le hais de ne pas faire ce qu'il pourrait faire.*

'hâler (2) — bräunen
N - V - N — *Le soleil hâle la peau.*

'haler (2) — treideln, einholen, schleppen, ziehen
N - V - N — *Haler un bateau, un cordage. Le remorqueur hale trois chalands-citernes.*

'haleter (1/2) — keuchen, hecheln
N - V — *Le chien haletait. Haleter après une course.*
N - V - N — *Haleter une excuse. "Au secours" haleta-t-il.*

handicaper (2) — benachteiligen, behindern
N - V - N — *Sa jambe malade l'handicape pour marcher. Une blessure handicape le coureur, le cheval. Il est handicapé par sa faiblesse en mathématiques.*

'hanter (2) — häufig besuchen, verkehren mit, in
N - V - N — *Hanter des bars de mauvaise réputation.*
<Gespenst> heimsuchen
Château hanté à vendre!
Fig.: nicht mehr aus dem Sinn gehen
Ce souvenir nous hante.

'happer (2)
N - V - N
(nach etw/s. jn) schnappen, jn erfassen, packen
Le chien happa un os. Je me sentais happé par qn. Une voiture a happé qn au passage. Il happa sa dernière-née et la posa sur ses genoux.

'haranguer (2)
N - V - N
e-e Ansprache halten vor, feierlich reden zu
En 1973, il avait harangué les foules américaines à propos de Watergate: "Dieu aime Nixon", répétait-il alors inlassablement /LeM/.

'harasser (2)
N - V - N
erschöpfen
Les manoeuvres de la cavalerie avaient harassé les bêtes sur ce sol lourd/Aragon/.

'harceler[a] (2)
N - V - N < par N >
(Feind) dauernd angreifen, (Wild) hetzen
Les maquisards harcelaient les troupes par des attaques constantes. Harceler le giber.

'harceler[b] (2/3)
N - V - N
N - V - N - de N
jn quälen mit, dauernd stören, belästigen, (mit Fragen) bestürmen, bedrängen
Les enfants harcèlent leurs parents pour qu'ils leur achètent des bonbons. Arrête donc de harceler tes camarades! Le bureau a été harcelé de coups de téléphone. Harceler qn de questions.

harmoniser (2)
N - V - Npl
♦*N - V - N - avec N*
aufeinander abstimmen, in Einklang bringen, harmonisieren
Harmoniser les différents services d'une administration. Harmoniser des couleurs (entre elles). Harmoniser une chanson.
Harmoniser les tapisseries avec les meubles.

'harnacher (2)
N - V - N
anschirren, aufzäumen
Harnacher un cheval.
✖ *(être) harnaché de Nqc:* zu enge, hinderliche..Kleidung anhaben, gekleidet sein in
un motard harnaché de cuir.
behängt sein mit
Un journaliste harnaché d'appareils photographiques.

'harponner[a] (2)
N - V -(N)
harpunieren
Harponner une baleine.

'harponner[b] (2) FAM
N - V - N
ergreifen, aufhalten
Harponner un voleur. Harponner qn au passage.

'hasarder[1] (2)
N - V - N
aufs Spiel setzen, riskieren
Hasarder sa santé, sa vie, sa fortune au jeu, sa réputation.
riskieren, wagen
Je me suis enfin décidé à hasarder cette démarche. "Comme les Japonais", hasarda Mme Saint-Ramé./Pilhes/.

'se hasarder[2] (1+L)
Nqn - se V - qp
s. wohin wagen
Il se hasarda dans le tripot.

se hasarder[3] (aux)
Nqn - se V - à Inf 1
(es) wagen
Se hasarder à parler en public.

• 'hâter[1] (2)
N - V - N
♦*N - se V <qp >*
beschleunigen
Hâter son allure, la construction d'un immeuble.
eilen
Il se hâta vers la porte.

se hâter[2] (aux)
N - se V -(de Inf 1)
etw eilig tun, s. beeilen
X. se hâta de m'introduire dans le bureau de son patron. Hâtons-nous, le temps presse. Il se hâta de finir son travail.
|neg.: s. nicht beeilen, etw nicht voreilig tun
Ne nous hâtons pas de tirer des conclusions avant la fin de l'enquête.

• 'hausser[a] (2)
N - V - N < de N >
♦*Nqn - se V < qp >*
höher machen (Haus) aufstocken, (Preise) erhöhen
Hausser un mur, une maison d'un étage, le prix du beurre.
✖ ×*se V*
✖ *hausser les épaules:* die Achseln zucken
✖ *hausser le diapason:* (einen Ton) höher singen, stimmen..
Nous reprîmes le chant après avoir haussé le diapason.
s. hochziehen...
Il se haussa (jusqu')à la hauteur de la fenêtre pour regarder à l'intérieur. Elle était tellement haute et longue que pour l'atteindre il devait se hausser à sa hauteur à l'aide d'un escabeau.
✖ *se hausser sur la pointe des pieds:* s. auf die Zehenspitzen stellen
✖ VIEUX: *N-V: (Le niveau de) la rivière a haussé. La température, les prix ne cessent de hausser.*

'hausser[b] (2+L)
N - V - Nqn - qp
heben, emportragen
Tout ce rêve le haussait dans une zone d'extase/Cocteau/.
✖ *se hausser à la hauteur des circonstances.*

'héberger (2+L/2)
N - V - N -(qp)
N - V - N
beherbergen, unterbringen
Héberger chez soi des réfugiés. Héberger des bureaux dans un bâtiment désaffecté.
Le pays a hébergé de nombreux réfugiés.

'héler (2)
N - V - N
herbeiwinken, -rufen, jm etw zurufen
Héler un taxi. Il me héla de l'autre côté de la rue.

'hennir (1)
N - V
wiehern
Le cheval hennit.

'hérisser[1a] (2)
N - V - N
(Haare..) sträuben, aufrichten
Le chat hérisse son poil. Le porc-épic hérisse ses piquants.

'hérisser[1b] (2)
N - V - N
jn ärgern
Au lieu de m'angoisser, cette idée me hérissa/Pilhes/.
♦*N - se V -(de N)* RARE
Il se hérissa de ma remarque.
de ce que S Ind/Kj RARE
Pourquoi vous hérissez-vous de ce qu'il vous a/ait répondu ainsi?
de Inf 1 RARE
Il s'est hérissé de se voir critiquer.

'hérisser[2] (3)
N - V - N - de N
spicken
Hérisser une planche de clous, un parcours d'obstacles, un texte de difficultés.

• hériter[a] (2/3
N - V -(de Nqc)
be-erben
Il vient d'hériter. Il a hérité de deux maisons.
N - V -(Nqc) -(de Nqn)
Il vient d'hériter. Il a hérité de son oncle. Il a hérité une maison. Il a hérité une maison de son oncle.

hériter[b] (2/3)
N - V - de Nqc
erben, Erbe sein
Cette musique a hérité d'une longue tradition. La salle à manger a hérité des meubles qui se trouvaient auparavant dans le salon.
N - V - N -(de N)
Il a hérité de son père le goût de la musique. La culture ne s'hérite pas, elle se conquiert/Malraux/.

• hésiter[1] (1)
N - V < sur N >
unentschlossen sein, schwanken
Il hésita longtemps, interrogeant sans cesse ses amis sur le sens de son exil/LeM/. J'hésitai sur la suite à donner à la question/Pilhes/. Il hésite sur la décision à prendre.
< entre Npl >
Il hésite entre les deux solutions. Il fut fait appel comme rédacteur en chef à M. Lazareff qui hésita d'ailleurs un temps entre Paris-Presse et France-Soir/LeM/.
< devant N >
Il hésita devant le choix à faire.

• hésiter[2] (aux)
N - V -(à Inf)
zögern
J'hésite à interpréter ce verbe comme auxiliaire. Il accepta le cadeau sans hésiter.
♦*N - V < dans N >*
Il n'a pas hésité dans ses réponses.

'heurter[a] (2)
N - V - N
stoßen, fahren... gegen, an
La voiture a heurté un poteau, un piéton. Heurter qn en courant.
N - V - Npl
gegen-, an-einanderstoßen lassen
J'ai transporté ces bouteilles sans les heurter.
N - V - contre N RARE
stoßen, fahren...gegen, an..
La voiture a heurté contre le bus. Son front a heurté contre l'armoire.
⧗ mit etw gegen etw stoßen, s. mit etw an etw stoßen
J'ai heurté du *front contre l'armoire.*
⧗ ⧖ mit etw gegen etw stoßen
Elle a heurté l'arête du marbre à *la tempe.*
N - V - à N
klopfen
Paul heurta à la porte. L'oiseau heurta du bec à la fenêtre.
♦*Npl - se V*
zusammen-, aneinanderstoßen
Les deux voitures se sont heurtées. Les patineurs se sont heurtés sur la piste.
♦*Nqn - se V - à/contre Nqc/qn*
zusammenstoßen mit, stoßen gegen
Il s'est heurté à/contre qn dans le noir. Il s'est heurté à/contre un arbre.

• 'heurter[b] (2)
jn vor den Kopf stoßen, verletzen, verstoßen gegen, widersprechen
N - V - N(qc de)qn
Cela ne sert à rien de heurter votre enfant. Votre ton heurte ses sentiments. Cet auteur heurte les idées de tante Adèle. Son comportement heurte les idées reçues. Il heurte volontiers l'opinion établie.
♦*Nqn-pl - se V*
zusammenstoßen, aneinandergeraten
Le père et le fils se sont heurtés lors d'une discussion politique.
♦*Nqn - se V - avec Nqn*
Le fils s'est heurté avec le père.
à/contre N(qc de)qn
Le fils s'est heurté à/contre le père, à/contre la volonté du père.
Nqn - se V - à Nqc
auf etw stoßen
Nous nous sommes heurtés à de grandes difficultés. Je me suis heurté à un refus de sa part.
Nqc - se V - à Nqc
⧖ e-r S. entgegenstehen; stoßen auf
Ces prédictions économiques se heurtent à la réalité des faits. Mais cette invention s'était ensuite heurtée à l'opposition des cadres commerciaux/Pilhes/.

hiberner (1/2)
N - V
Winterschlaf halten
L'ours hiberne.
N - V - N NEOL
jn unterkühlen, die Körpertemperatur von jm absenken
Hiberner un malade. Le chien stabilisé et réfrigéré ou, comme on dit maintenant "hiberné", résiste au choc.../LeM/.

'hisser (2+L)	hissen, hoch-hieven
N - V - N -(qp)	*Hisser un drapeau, une corde, une charge. Hisser une locomotive sur un cargo.*
♦*Nqn - se V - qp*	*Et si encore, à la tête des entreprises, se hissaient, par un hasard tout à fait malencontreux, des hommes ignorant l'économie/Pilhes/.*
	⧗ *se hisser sur la pointe des pieds:* s. auf die Zehenspitzen stellen
hiverner (1/2)	überwintern
Nqn - V < qp >	*Les nomades hivernent dans la vallée.*
N - V - N <qp >	(Tiere) den Winter über im Stall unterbringen *Hiverner les vaches à l'étable.*
• 'hocher (2)	den Kopf (bejahend, zweifelnd, verneinend) bewegen, den Kopf schütteln, nicken
N - V - N	*Hocher la tête.*
homologuer (2)	gerichtlich/amtlich bestätigen, anerkennen, für rechtskräftig erklären
N - V - N	*Homologuer un diplôme, un record sportif, un contrat.*
• honorer (2/3)	ver-ehren
N - V - N	*Honorer Dieu, le souvenir de qn.*
	⧗ (Scheck) auszahlen, einlösen *Un chèque barré ne peut être honoré que par l'intermédiaire d'une opération bancaire.*
	⧗ RARE: ein (Arzt-, Anwalts-) Honorar bezahlen *Honorer un médecin.*
N - V - N - de N	jn beehren mit, jm die Ehre machen *Mon voisin m'a honoré d'un long entretien. Honorer qn de sa visite, d'une récompense.*
♦*Nqn - se V - de N*	s. etw als Ehre anrechnen *Il s'honore de sa réputation. La municipalité s'honore de ses réalisations.*
de ce que S Ind/Kj	*Il s'honore de ce qu'il est/soit arrivé à de tels résultats en si peu de temps.*
de Inf 1	*Le pays s'honore d'avoir vu naître tant d'hommes célèbres.*
'hoqueter (2)	den Schluckauf haben
N - V	*Le petit Nicolas ne pouvait pas s'empêcher de hoqueter.* → *avoir le hoquet.*
	⧗ *Le moteur froid hoquetait.*
N - V < en N >	geschüttelt werden von *Hoqueter en sanglots.*
horrifier (2)	in Schrecken versetzen
N - V -(Nqn)	*Cette histoire me fascine et m'horrifie.*
horripiler (2)	jm auf die Nerven gehen
N - V -(Nqn)	*Il m'horripile avec son tic. Il parle d'un ton qui horripile.*
hospitaliser (2)	ins Krankenhaus bringen, überweisen
N - V - N	*Hospitaliser un malade.*
'houspiller (2)	aus-, beschimpfen, ausbuhen
N - V - Nqn	*La concierge a houspillé le locataire du sixième. Le conférencier s'est fait houspiller par l'assistance.*
'huer (2)	ausbuhen, auspfeifen, niederschreien
N - V - N	*L'auditoire a hué l'orateur. Huer un spectacle.*
huiler (2)	ein-ölen
N - V - N	*Huiler les rouages d'un mécanisme. Huiler une poêle.*
'(h)ululer (1)	<Eule> schreien
N - V	*La chouette hulule dans la nuit.*
humaniser (2)	vermenschlichen, menschlich(er) machen
N - V - N	*Le gouvernement s'est promis d'humaniser les hôpitaux. Humaniser le travail.*
humecter (2/3)	feucht machen, anfeuchten
N - V - N	*Le brouillard a humecté le gazon.*
N - V - N -(de N)	*Humecter un chiffon d'eau.*
'humer (2)	tief einatmen, e-n Geruch festzustellen versuchen
N - V - N	*Humer l'air frais, une odeur.*
	Fig.: riechen, wittern *Moi, j'y humais de sinistres présages/Pilhes/.*
humidifier (2)	(Luft) befeuchten
N - V - N	*Humidifier l'air d'un bureau.*
humilier (2)	demütigen, erniedrigen
N - V -(Nqn)	*Humilier ses subordonnés.*
♦*Nqn - se V < devant Nqn >*	*S'humilier devant ses supérieurs.*
• 'hurler (1/2/3)	brüllen, schreien
N - V < de N >	*Hurler comme un veau. Hurler de douleur.*
N - V - N	*Vous auriez hurlé votre indignation.*
N - V - N -(à Nqn)	→ dire[1] *Hurler à qn un mot grossier.*

hypnotiser[a]
N - V -(Nqn)

hypnotisieren
Le magicien sait hypnotiser par son regard.

hypnotiser[b]
N - V - Nqn

faszinieren, in seinen Bann schlagen
C'est un orateur qui hypnotise les foules. Les Allemands sont hypnotisés par le péril russe/Martin du Gard/.

♦*Nqn - se V - sur N*
A quoi bon s'hypnotiser sur les prouesses de la technique?

hypothéquer
N - V - N

mit e-r Hypothek belasten
Hypothéquer une propriété.
⌘ *hypothéquer l'avenir:* (die Zukunft) beeinflussen, s. auswirken auf
Cette décision est lourde de conséquences et hypothèque l'avenir.

idéaliser (2)
N - V -(N) — idealisieren
Idéaliser le passé, la réalité. Tu idéalises! Il s' (=pour soi) idéalise la réalité.

• identifier (2/3)
N - V - N — identifizieren
Identifier le coupable.
N - V - N - à/avec N — *Identifier le beau et le bien. Identifier ses désirs à la réalité. Identifier un style avec une époque. Identifier Simenon à/avec Maigret. L'auteur s'identifie à/avec son personnage. La civilisation occidentale a tendu à s'identifier à deux projets qui ont été véritablement conçus à la Renaissance/LeM/.*

idolâtrer (2)
N - V - N — vergöttern, abgöttisch lieben
Idolâtrer la puissance, ses enfants.

• ignorer (2)
N - V - N — nicht wissen, nicht kennen, jn ignorieren
Nul n'est censé ignorer la loi. Ignorer les règles du jeu. Il resta impassible et ignora ses adversaires.
que S Ind — *J'ignorais que l'on avait ravalé Notre-Dame. Ils ignoraient qu'il vaut mieux ne pas citer Musset/Mauriac/. Je n'ignorais pas que le doctorat est une formalité indispensable/J.Romains/. Ignorent-ils que leur idole n'a que mépris de la République? /Aragon/.*
Kj RARE — *J'ignorais que la pneumonie fût contagieuse/Chardonne/. Elle ignorait qu'il portât un oeil de verre/H. Troyat/. Mais, mon cher, je n'ignorais pas que vous fussiez cocu, mais j'ignorais que c'était Picard, voilà tout/M. Pagnol/. Croyait-elle vraiment qu'il ignorait que la porte fût ouverte et qu'elle l'épiât?/H. Troyat/.*
Int. ind — *On ignore où il s'est rendu entre temps/Le Figaro/.*
Ø Inf 1 — *J'ignorais être au nombre des candidats reçus.*

• illuminer (2)
N - V - N — beleuchten, erhellen
La municipalité a décidé d'illuminer le monument. L'incendie illuminait toute la place. Un sourire, la joie illumina son visage.

illusionner (2)
N - V - Nqn < sur N > — täuschen, jm etw vorgaukeln
Son assurance m'a illusionné. Illusionner le consommateur sur la qualité de la marchandise. Illusionner le consommateur par la publicité.
♦Nqn - se V < sur N > — s. Illusionen machen
S'illusionner sur ses possiblités.

• illustrer[1] (3/2)
N. - V - N -(de N) — mit (Beispielen) versehen, illustrieren
Un artiste qui illustre des livres pour enfants. Illustrer un dictionnaire d'exemples.
N - V - N — <Beispiele> etw veranschaulichen, ein Beispiel sein von,
Des exemples bien choisis illustrent cette grammaire. La conduite d'Epictète illustrait d'une manière vraiment sensible la morale stoïcienne.
Int.ind — *Ceci illustre combien il est difficile d'escalader le Mont-Blanc.*

illustrer[2] (2)
N - V - N — berühmt machen
Ses victoires ont illustré cette équipe de football.
♦Nqn - se V < qp >< par N > — *Il s'est illustré à la guerre, à la bataille de Waterloo, dans un concours, par sa bravoure.*

• imaginer (2/2+A)
N - V - N — s. vorstellen (können)
Nous autres...n'avons pas besoin de dessin pour imaginer ces sortes d'endroits/Camus/.
⧗ FAM: *N-V-Ø |K: Vous viendrez aussi, j'imagine.*
que S Ind/Kj — *J'imagine qu'il a reçu ma lettre. Imaginez que Fermin était obligé de porter.../J. Giono/. Pouvais-je imaginer qu'il renseignerait Volodia sur vos manigances?/H. Troyat/. Ne vous imaginez pas que vous pouvez me faire quelque sale histoire../Pagnol/. Tu n'imaginais pas que j'allais continuer à me laisser mener au doigt et à l'oeil?/J. Giono/. Seulement, imagine que je me sois appelé Charles!/A. Roussin/. J'ai tout à coup imaginé qu'au lieu d'être ici, rescapés tous les trois, Suzanne ait péri dans le naufrage/A. Roussin/. ...mais comment imaginer qu'il puisse un jour ne plus pleuvoir?/Mauriac/. Elle ne pouvait imaginer que Dieu lui manquât jamais/Bernanos/. Vous n'imaginez pas que je vous aie attendu, tout de même?/C. Anet/. Jamais je n'aurais imaginé qu'Olson ait pu être malhonnête. Imaginons que nous puissions extraire de l'ensemble de tous les textes écrits en français les phrases comportant le mot 'manière'/M. Gross/.*
Int. ind — *J'imagine mal comment il a pu faire cela. J'imagine pourquoi il t'a dit cela.*
⧗ FAM: *vous n'imaginez pas + Int. ind:*
Vous n'imaginez pas comment c'est difficile.
Ø Inf 1 — *Il imagine être le roi de Prusse.*
N - V - N -(être) adj — *Je l'imaginais (être) plus compétent. Elle s'est imaginée (être) incapable de cela. J'imagine ma grand-mère essayant de faire de la moto.*
adv — *Je l'imaginais autrement. Je t'imagine (étant) à l'âge de 5o ans comme je m'imagine moi-même. J'imagine ma grand-mère en*

	train de faire de la moto. Imaginons le secrétaire du Parti en costume de cardinal.
N - V - N -(en) n	*Imaginons ce garçon (en) père de famille. Il s'imagine déjà ministre.*
inf	*J'imagine mal ma grand-mère faire de la moto.*
N - V - adj - de Inf	*Le caporal a imaginé bon de nous faire marcher 4o km.*
N - V - N	ersinnen, s. ausdenken *Imaginer un nouveau procédé, l'intrigue d'une comédie.*
de Inf 1	ersinnen, s. ausdenken, auf die Idee kommen *Chez Citroën, personne n'avait imaginé avant lui de remplacer la traction arrière par la traction avant. Paul avait imaginé de nous faire boire de la bière après le cognac.*
♦*N - se V - N*	s. vorstellen (können), s. ausmalen *Je m'imagine parfaitement la situation.*
que S Ind	*Je m'imagine qu'il a reçu ma lettre. Vous imaginez-vous par hasard que je vais aller au loin avec votre parapluie?/Daudet/.*
Ind/Kj |Neg	*Et ne va pas le laisser s'imaginer qu'il nous aura pour des haricots. Il ne faut pas s'imaginer que Jean était une pâte de guimauve. N'allez pas vous imaginer que le premier devoir de notre état soit de vous venir en aide les uns aux autres/Bernanos/.*
Kj |Imp	*Imaginez-vous que l'on puisse passer un week-end sur la lune.*
Int.ind	*Je m'imagine mal comment il a pu faire cela.*
Ø Inf 1	*Il s'imagine être le roi de Prusse.*
N - se V - N -(être) adj	*Avant de faire sa connaissance je me l'imaginais (être) plus grand. Je m'imagine ma grand-mère essayant de faire de la moto.*
adv	*Je me l'imagine en train de faire de la moto. Je me l'imaginais autrement. Imaginons-nous le secrétaire du Parti en costume de cardinal.*
(en) n	*Imaginons-nous ce garçon (en) père de famille. Je me l'imagine déjà ministre.*
Ø Inf	*Je m'imagine mal ma grand-mère faire de la moto.*
imbiber (3/2)	etw tränken mit
N - V - N -(de N)	*Imbiber un coton d'essence. La terre est imbibée d'eau. J'avais emmené le vice-président...non sans l'avoir au préalable copieusement imbibé d'alcool/Pilhes/.* ⧗ FAM: *être imbibé (sc. d'alcool)* *Après trois baptêmes, le curé était passablement imbibé.*
♦*N - se V -(de N)*	s. vollsaugen, (Flüssigkeit) (in sich) aufnehmen *L'éponge s'imbibe d'eau. Le buvard s'imbibe d'encre.* ⧗ FAM: s. vollaufen lassen *Il s'est imbibé de pastis toute la journée.*
N - V - N	durchtränken *Les pluies ont imbibé la terre.*
imbriquer (2)	ineinander fügen, verschachteln, zusammensetzen
N - V - Npl RARE	*Imbriquer plusieurs pièces d'un casse-tête chinois (les unes dans les autres).*
♦*N - V - N - dans N* RARE	einfügen in *Imbriquer des constructions modernes dans un quartier ancien.*
♦*N - se V - dans N* RARE	*Les constructions modernes s'imbriquent dans un ensemble plus ancien.*
♦*Npl - se V*	in einander verschachtelt sein *Les parcelles de ces deux domaines ruraux s'imbriquent étroitement.* Fig.: in einander übergreifen *Les questions politiques et économiques s'imbriquent étroitement(les unes dans les autres).*
• imiter (2)	nachahmen, -machen
N - V - N	*Pierre imite Paul, les manières de Paul. Paul imite la voix du coucou. Le revêtement en plastic imite le bois.* ⧗ *<qc> être imité de qc:* e-r S nachgemacht, -gebildet sein *Cette tournure est imitée de l'allemand.*
immatriculer (2+L)	(Auto) anmelden, (e-r Versicherung) beitreten
N - V - N -(qp)	*J'ai fait immatriculer ma voiture à Paris. Vous devez vous immatriculer à la sécurité sociale.* ⧗ *être immatriculé qp:* <Auto> zugelassen sein *Ma voiture est immatriculée à Paris.* ⧗ RARE: immatrikulieren, einschreiben *Paul est immatriculé à Paris VII. Il s'est fait immatriculer à l'université de Nancy.* → *inscrire*
immerger (2+L)	(im Meer) versenken, ein-, untertauchen
N - V - N -(qp)	*Immerger des déchets atomiques (dans l'océan). Il avait la tête immergée dans l'eau.*
♦*N - se V -(qp)*	untertauchen *Le sous-marin s'immerge vite.* ⧗ *Fig:N-seV-qp:* (in der Menge) untertauchen *Le type paie et ils s'immergent dans la foule.*
immigrer (1+L)	einwandern
N - V -(qp)	*L'écrivain a immigré pendant la guerre aux Etats-Unis. Il y a de rares pays qui n'empêchent personne d'immigrer.*

s'immiscer (1+L) — s. einmischen
N - se V - qp — *La tentative entreprise par certains milieux de s'immiscer dans ses affaires intérieures/LeM/.*

immobiliser (2) — unbeweglich machen, (Verkehr) zum Stehen bringen, (Arm..) festhalten, (Kapital) fest anlegen, Fig.: lähmen
N - V - N — *La maladie l'a immobilisé. La peur immobilisa les traits de son visage. Il faut immobiliser le bras du malade > il faut lui immobiliser le bras. L'un d'eux lui immobilisa le bras. Le verglas risque d'immobiliser le trafic. Immobiliser des capitaux.*
✖ *immobiliser qn chez soi, à la maison:* zu Hause festhalten
La maladie m'a immobilisé à la maison depuis une semaine.
Fig.: Le succès du surréalisme n'a pas immobilisé la poésie moderne.
♦*N - se V* — stehenbleiben, sich nicht mehr rühren, <Verkehr> zum Stillstand kommen, anhalten
Le train s'immobilisa en rase campagne. "N'avance pas" dit-elle d'une voix si haineuse que son mari s'immobilisa, muet/Vian/. Le cheval rua, mais d'un coup de cravache, elle l'obligea à s'immobiliser. Le trafic s'est immobilisé sur cette route à cause d'un accident.

immoler[a] (3) LIT — opfern
N - V - N -(à N) — *Les Maya immolaient des vierges (à leurs dieux).*

immoler[b] (3) LIT — opfern
N - V - N - à N — *Immoler ses propres intérêts à l'intérêt public.*

immortaliser (2) — unsterblich machen
N - V - N — *Ses exploits l'ont immortalisé.*

immuniser[a] (3) — immun machen
N - V -(N) -(contre N) — *Immuniser la population contre une épidémie de choléra.*
▼*N - V - N* — *Immuniser qn par une vaccination.*
▼*N - V - contre N* — *Le BCG immunise contre la tuberculose.*

immuniser[b] (3) — immun, gefeit machen gegen
N - V - N - contre N — *Sa mésaventure l'a immunisé contre tout désir de recommencer.*

impartir (3) REL — (e-e Frist) gewähren, bewilligen
N - V - N - à N — *Impartir à qn un délai de deux semaines.*
Fig.: verleihen
Les dons que la nature, dit-on, nous impartit.

impatienter (2) — ungeduldig machen
N - V - N — *Le conférencier impatienta son auditoire.*
♦*Nqn - se V -(de N)* — *Ne vous impatientez pas!*
✖ REL: RARE: *N-seV-deN: Le public s'impatientait de la monotonie du conférencier.*
contre N — *S'impatienter contre un orateur ennuyeux.*
de ce que S Kj RARE — *S'impatienter de ce qu'un discours dure trop longtemps.*
que S Kj — *Je m'impatiente qu'elle ne vienne pas.*
de Inf 1 — *Je m'impatiente de ne pas voir la fin du discours.*

imperméabiliser (2) — imprägnieren
N - V - N — *Imperméabiliser un anorak.*

implanter (2+L) — einführen, (Industrie..) ansiedeln
N - V - N -(qp) — *La mode de l'alimentation biologique a implanté des habitudes alimentaires nouvelles. Les autorités implantent des industries à la campagne.*
♦*N - se V -(qp)* — s. ansiedeln, Fuß fassen
L'industrie mécanique s'est implantée dans les faubourgs. Une puissance coloniale qui cherche à s'implanter en Afrique.

impliquer[1] (2+L) — verwickeln in
Nqc/qn - V - Nqn - qp — *Impliquer qn dans une affaire compromettante. Il a été impliqué dans une escroquerie.*

• **impliquer**[2] (2) — implizieren, mit einschließen, mit beinhalten
N - V - N — *A implique B. Ce projet implique de notre part un travail ardu. La réorganisation de Paris-Match implique de nouveaux licenciements/LeM/.*
que S Ind/Kj — *Elle pense à son fichu tombé et le rajuste avec une rapidité qui implique qu'on ne doit pas montrer ses cheveux à un monsieur qu'on ne connaît pas/Aragon/. La combinaison impliquait évidemment que le film fût réalisé sur place/P. Guimard/.*
que S Kj -(cela) - V - N — *Que vous vous inscriviez à cette organisation (cela) implique une participation active de votre part.*
que S Kj — *Que vous vous inscriviez à cette organisation (cela) implique de votre part que vous participiez activement.*
Kj 2 |<*pour N*> — *Cela implique pour vous que vous participiez activement.*
de Inf 2 |<*pour N*> — *Cela implique pour vous de participer activement.*

implorer (2/3) — erbitten, bitten um, erflehen, jn anflehen um
N - V - Nqc(de qn) — *J'implore votre appui. L'avocat implora la clémence.*
N - V - Nqn -(de N) |*de N = en* — *Faites-le, je vous en implore.*
de ce que S Kj 2 RARE — *L'avocat implora les juges de ce qu'ils prennent en compte la jeunesse de l'accusé.*
que S Kj |×1/×2 — *Le village entier implora le Ciel qu'il pleuve.*
de Inf 2 — *Je vous implore de m'écouter.*

• **importer**[1] (2+Adv)	wichtig, von Bedeutung sein
N - V-(Adv)-(à Nqn)	*Sa venue m'importe peu.*
▼*N - V*	*C'est la santé* qui *importe. Voilà la seule chose* qui *importe.* ⋈ *×N-V, → avoir de l'importance, être important* *Son départ n'a pas d'importance.* ⋈ *n'importe qui, où, comment, quoi..:* irgendwer,-wo,-wie,-was...
▼*N - V - à Nqn*	| Relativ-, Fragesatz *C'est la santé qui m'importe. Vous êtes la seule personne de cette maison dont la considération m'importe/Arnoux/. En face de cette question, que m'importe ce qui n'importe qu'à moi? /Malraux/.* |neg *La vie d'un pauvre prêtre tel que moi n'importe à personne/Bernanos/. Mais ce n'est pas elle qui m'importe, ce sont les autres/Pilhes/.*
▼*N - V - Adv*	*Leur départ importe peu. Cela importe peu pour l'instant/LeM/. La santé importe beaucoup dans la vie.* ⋈ *Qu'importe!* Was soll's! ⋈ *Qu'importe(nt) - N* *Qu'importent les critiques, on continuera. Qu'importe sa rancune.*
♦ *Adv_{peu}- V - N -(à Nqn)*	*Peu importent les critiques, on continuera. Peu (m')importe sa rancune!* ⋈ *peu importe* *Il se plaint; peu importe.* ⋈ FAM: *n'importe:* trotzdem, egal *J'ai beau connaître ses défauts, n'importe, je l'aime bien.*
Nqc - V - à Nqc VIEUX	*Et mon trépas importe à votre sûreté/Corneille/.*
que S Kj -(cela)-V-Adv -(à Nqn)	*Qu'il fasse beau (cela) (m') importe peu.*
♦*il - V -(Adv)-(à Nqn) - que S Kj*	*Il (m') importe (peu) que vous veniez.*
♦*cela - V - Adv -(à Nqn) - que S Kj*	*Cela (m') importe peu que vous veniez.*
♦*cela - V -(Adv)- à Nqn - que S Kj*	*Cela m'importe (peu) que vous veniez.* ⋈ *×cela - V - que S Kj → il....* ⋈ *cela - V - que S Kj* |neg: *Cela ne(m') importe pas que vous veniez.*
♦*Adv_{peu}- V -(à Nqn) - que S Kj*	*Peu importe que la vérité sorte de telle ou telle bouche/Pilhes/. Peu importe que les dirigeants se déclarent ensuite de droite ou de gauche/Pilhes/. Que (nous) importe qu'ils nous critiquent, les critiques.*
Int.ind	*Peu importe si les critiques critiquent.* ⋈ FAM: *Qu'importe s'ils critiquent ou non!*
(de)Inf-(cela)-V-Adv-(à Nqn)	*(De) faire de la moto sans casque (cela) importe peu à ma grand-mère.*
♦*il-V-(Adv)-(à Nqn) - de Inf*	*Il importe (peu) (à ma grand-mère) de faire de la moto sans casque.* ⋈ *Voilà ce qu'il (m') importe de faire.*
♦*cela - V -Adv -(à Nqn) -(que) de Inf*	*Cela importe peu (à ma grand-mère) (que) de rouler sans casque.*
♦*Adv - V -(à Nqn) de Inf*	*Peu (m') importe de perdre mon maillot de bain au fond de la piscine, l'essentiel est de garder sa dignité.*
• **importer**[2] (2+L)	importieren
N - V -(N) -((de)qp)	*Ce pays importe du charbon des Etats-Unis.*
▼*N - V - N*	*La firme importe des agrumes.*
▼*N - V -(de)qp*	*Ce pays importe de toute l'Europe.*
importuner (2)	belästigen, jm lästig fallen
N - V - N	*Importuner qn par ses questions. Le bruit de la rue m'importune.*
• **imposer**[1] (3)	aufzwingen, auferlegen, durchsetzen,<etw> es notwendig machen
N - V -(à Nqn) - N	*Imposer une nouvelle loi à un pays. Imposer son rythme de travail à qn d'autre. Les citoyens doivent s'unir pour imposer au pouvoir défaillant ces ultimes recours sans lesquels tout risquerait d'être perdu/Le Figaro/. Il fallut, pour imposer cet ouvrage, l'autorité de M. Roques/R.L. Wagner/. Pour imposer Brasilia, il dut lutter contre l'indifférence de la majorité des Brésiliens/LeM/.* ⋈ *imposer silence:* Schweigen gebieten *imposer une obligation à qn:* jm e-e Pflicht auferlegen *imposer le respect:* Ehrfurcht gebieten
que S Kj	*Les lois de la cohabitation imposent qu'il y ait conjointement suprématie et subordination/G. Chevallier/. On ne peut pas imposer aux ouvriers qu'ils travaillent dans de telles conditions.*
- à N - de Inf 2	*Imposer à qn de travailler jour et nuit.*
♦*Nqn - se V - N*	s. auferlegen *Elle s'est imposé une stricte discipline.*
de Inf 1	*Il s'était imposé de travailler dix heures par jour.*
♦*Nqc - se V - à Nqc(de qn)*	s. aufdrängen *Cette idée s'est imposée à mon esprit.*
♦*Nqc/qn - se V < qp >*	s. durchsetzen *Cette mode s'est enfin imposée (chez nous). L'auteur s'est imposé auprès des lecteurs comme le meilleur dramaturge de l'époque.*
♦*Nqc - se V*	notwendig sein, erforderlich sein *Du moins a-t-il pris les dispositions qui s'imposaient/Pilhes/.*
♦*il - se V - de Inf*	*Il s'impose d'être prudent dans cette affaire.*

imposer[2] (2)
N - V - N
besteuern, mit Steuern belegen
Imposer les médecins. Imposer plus lourdement les revenus supérieurs.

en imposer[3] (2)
N - en V -(à Nqn)< par N >
imponieren
On peut dire qu'il en impose à tout le monde (par son éloquence).

imprégner[a] (3/2)
N - V - N -(de N)
N - V - N
tränken, imprägnieren
Imprégner un chiffon d'alcool. Imprégner un tissu.
<Flüssigkeit> etw durchtränken, <Geruch> etw durchdringen, füllen
Le liquide a imprégné le tissu. L'heure où l'odeur de l'huile brute imprègne les ruelles du quartier/Peyret/.

imprégner[b] (3/2)
N - V - N - de N
N - V - N
mit etw erfüllen, durchdringen
Son enfance fut imprégnée d'une ambiance d'amour.
Une atmosphère de tendresse a imprégné son enfance.

impressionner (2)
N - V -(N)
beeindrucken
Ce film m'a beaucoup impressionné. C'est un spectacle qui impressionne.

• **imprimer**[1] (2)
N - V - N
drucken
Imprimer des timbres-poste.
que S Ind — *Le lendemain, le journal imprimait en gros titres que le premier ministre avait démissionné.*
Int.ind — *Le journal imprimait pourquoi il avait démissionné.*

imprimer[2] (2+L/3)
N - V - N - qp
ein-drücken
Imprimer la trace de ses pas dans la boue.
à N — übertragen auf
Un moteur imprime une certaine vitesse, un mouvement à un engin.

improviser[1] (2)
N - V -(N)
improvisieren
Improviser un discours à la fin d'un banquet. Improviser au piano. Les musiciens ont improvisé.
de Inf 1 — *Il avait improvisé au dernier moment d'organiser une fête.*

improviser[2] (2+A)
jn als Hilfs-(maurer...) einstellen
N - V - N - n — RARE — *Sur le chantier, on l'a improvisé maçon.*
♦*N - se V - n* — s. betätigen als
Pour construire la maison, j'ai dû m'improviser maçon.
|neg.: etw nicht ohne weiteres werden/sein können
On ne s'improvise pas maçon aussi facilement.

impulser (2) — NEOL
N - V - N
an-, vorantreiben, den/e-n Impuls geben
Une action impulsée par l'union nationale des étudiants/LeM/.

imputer[1] (3)
N - V - à Nqc/qn - Nqc
e-r S zuschreiben, jm zuschieben, anlasten
A qui imputer aujourd'hui le million et demi de voix qui ont déserté le parti socialiste/LeM/ On impute le nombre des accidents au mauvais état des routes. Ce crime lui sera certainement imputé.
de Inf 2 — *On lui a imputé d'avoir voulu détourner des fonds.*
✖ *imputer à tort qc à qn:* unterstellen, (fälschlicherweise) jm etw anlasten

imputer[2] (3)
N - V - N - sur N
anrechnen auf
On a imputé cet investissement sur le budget de l'an passé.
N - V - N - à N
✖ etw belasten mit
On impute les frais d'hôpital au budget de la ville/Camus/.

• **inaugurer** (2)
N - V - N
eröffnen, einweihen
Inaugurer une exposition. Cette invention a inauguré une ère nouvelle.
einweihen, zum erstenmal benutzen
J'inaugurerai un nouveau chapeau assez coquin/Queneau/.

incarcérer (2+L)
N - V - N -(qp)
einkerkern
L'inculpé a été incarcéré (à la prison de la Santé).

incarner (2)
N - V - N
verkörpern
Le magistrat incarne la justice. Incarner un rôle.
♦*Nqn - se V - dans Nqc* — s. verkörpern, Gestalt annehmen
Ses espoirs s'incarnaient dans l'avenir du pays.
en Nqn — *Tous mes espoirs s'incarnaient en lui.*
✖ <Gott> Mensch werden
Dieu s'est incarné en son fils.

incendier[1] (2)
N - V - N
Feuer legen, in Brand stecken, anzünden
Des pyromanes ont incendié la forêt. Un commando d'autonomistes incendie une cave vinicole/LeM/.
✖ Fig.: brennen in
*(*Le calvados incendiait nos gorges) > nous incendiait la gorge.*
✖ Fig.: LIT: in Licht tauchen
Le soleil incendiait au passage la fenêtre d'un chalet/Sartre/.

incendier[2] (2) — POP
N - V - Nqn
jn abkanzeln, heruntermachen
Qu'est-ce qu'on va se faire incendier!

incinérer (2)
N - V - N
einäschern, verbrennen
Incinérer la dépouille mortelle de qn, des déchets.

inciser (2) — schneiden in, aufschneiden
N - V - N — *Inciser l'écorce d'un arbre. Inciser une plaie.*

• **inciter**(3) — anstacheln, anregen
Nqc/qn-V-(Nqn)-à N — *L'atmosphère du bureau ne vous incite pas au travail. Les agitateurs incitaient la foule à la violence. Il a un air arrogant et autoritaire qui n'incite pas à la plaisanterie.*
à ce que S Kj 2 RARE — *Il m'a incité à ce que je lui rende visite.*
à Inf 2 — *Inciter qn à se révolter. La publicité incite à consommer.*

• **incliner**[a] (2/1) — neigen, senken
N - V - N — *Incliner la tête. Le poids des fruits incline la branche.*
♦*Nqc/qn - se V* — s. neigen, s. verbeugen
Le mur s'incline dangereusement. Il s'inclina et je sortis. Il s'est rendu à Colombey-les-Deux-Eglises, où il s'est incliné sur la tombe du général de Gaulle/LeM/.
Fig.: Nqn - se V -devant N : s. beugen, nachgeben
S'incliner devant l'autorité de qn. Il a refusé de s'incliner.
N - V LIT — s. neigen
Le mur incline dangereusement. L'arbre incline sous le poids des fruits.

• **incliner**[b] (3/2) — geneigt machen zu, bewegen zu
N - V - Nqn - à N — *Le plaidoyer inclina les juges à la clémence.*
à Inf 1 — *Le plaidoyer inclina les juges à se montrer indulgents.*
⌘ ×*se V*
Nqn - V - à N — neigen zu
Les juges ont incliné à l'indulgence.
vers N — *J'inclinerais plutôt vers votre proposition.*
à Inf 1 — *J'incline à penser qu'il a tort.*

inclure[a] (2+L/2) — hineintun, einfügen, mit einbeziehen
N - V - N - qp — *Inclure un chèque dans une enveloppe. Inclure un chapitre supplémentaire dans un livre. Inclure qn dans un cercle d'amis. Inclure un point dans un cercle.*
N - V - N — einschließen
Le cercle inclut un triangle.

inclure[b] (2) — enthalten, implizieren
N - V - N — *A inclut B. Cette condition en inclut une autre.*
que S Kj — *Le contrat inclut que l'on doive être présent tous les jours au laboratoire.*
Kj 2 < pour Nqn > — *Le contrat inclut pour vous que vous participiez aux travaux du colloque.*
que S Kj -(cela) -V - que S Ind — einschließen, implizieren
Que a soit vrai (cela) inclut que b est faux.
que S Kj 2 <pour N> — *Que le contrat ait été modifié (cela) inclut pour vous que vous revoyiez votre mode de participation.*

incomber (2) — obliegen
N - V - à N — *Le maintien de l'ordre incombe aux forces de l'ordre.*
♦*il - V - à N - de Inf 2* — *Il incombe au président de la République de nommer le chancelier.*

incommoder (2) — lästig sein, stören, <Speisen> nicht bekommen
N - V -(N) — *La chaleur m'incommode. Incommoder ses voisins par le bruit. J'ai dû être incommodé par le poisson que j'ai mangé.*

incorporer (2+L) — einfügen, aufnehmen, eingliedern
N - V - N - qp — *Incorporer un élément dans un ensemble. Incorporer qn dans un club. Incorporer un département dans une autre région. Incorporer une recrue dans une unité militaire.*
♦*N - se V - à N* — *Il a la singuilère faculté de s'incorporer à un organisme /Chardonne/.*

incriminer (2) — jn anschuldigen, etw anprangern
N - V - Nqc/qn — *Il a été incriminé à tort. La presse incrimine l'inaction du pouvoir.*

incruster (3/2+L) — einfassen
N - V - N - de N — *Incruster un bijou de faux diamants.*
N - V - N - qp — einsetzen
Incruster de faux diamants dans une bague.
♦*N - se V - qp* — s. festsetzen
Les moules s'incrustent dans la roche.
Fig.: s. einnisten
Il s'est incrusté chez ses amis et il ne part plus.
♦*N - se V < de N >* — s. vollsetzen mit, etw ansetzen
Le radiateur s'est incrusté de tartre.

inculper (3) — unter Anklage stellen, anklagen
N - V - N -(de/pour N) — *Inculper un suspect (de meurtre)/pour le meurtre de Fiona.*
de/pour Inf 2 — *Inculper qn d'avoir/pour avoir commis un crime.*

inculquer (3) — einschärfen, eintrichtern, beibringen
N - V - à N - N — *Inculquer des principes moraux à ses enfants. Inculquer à des élèves les fondements de la grammaire. On avait sûrement inculqué à Joinville, enfant, le respect des modèles anciens/R.L. Wagner/.*
que S Ind — *Inculquer à un enfant que les parents ont toujours raison.*

N - V - à N - que S Ind/Kj |*neg/int*
Inculquez-vous à vos enfants que les parents ont/aient toujours raison? Nous ne leur inculquons pas que les parents ont/aient toujours raison.

Int.ind
Inculquer à qn comment se conduire en public.

incurver (2)
N - V - N
biegen, e-e gebogene Form geben
Incurver une barre de fer. L'homme des cavernes...emmanchait sa hache de pierre et en incurvait le manche pour l'avoir mieux en main/Cendrars/.

indemniser (3)
N - V - N -(de N)
entschädigen,abfinden
L'assurance l'a indemnisé de toutes ses pertes.

indigner (2)
N - V - N
entrüsten
Sa réponse m'a indigné.

♦*Nqn - se V -(de Nqc/contre Nqn)*
S'indigner de l'attitude de qn, contre qn.

de ce que S Ind/Kj
Il s'est indigné de ce qu'on lui a/ait répondu sur ce ton.

que S Kj
Il s'est indigné qu'on lui ait répondu sur ce ton.

de Inf 1
Il s'indigne de devoir subir cette humiliation.

• **indiquer** (3)
N - V -(à N) - N
an-zeigen, weisen auf
Indiquer son chemin à qn. Un panneau indique la direction à suivre. L'aiguille indique le niveau du réservoir.

que S Ind
jm etw zeigen, jn auf etw hinweisen
L'aiguille indique que le réservoir est vide. Je voulais simplement vous indiquer qu'il est parti. M. S. a indiqué à son collègue que le gouvernement français est complètement étranger à cette initiative/LeM/.

Nqc- que S Ind/Kj |*neg/int*
Le fait que l'aiguille soit à zéro n'indique pas encore que le réservoir est/soit entièrement vide. Le fait que l'aiguille est à zéro indique-t-il que le réservoir est/soit entièrement vide? Rien dans les débats n'indique que le Conseil ait entendu que cette assistance serve à réprimer la révolte/LeFigaro/.

Int.ind
Je vous indiquerai comment on fait fonctionner le magnétophone. Je vous indiquerai quel chemin suivre, comment vous y prendre.

Ø Inf 1
Il m'a indiqué avoir retrouvé mon portefeuille.

Nqn-V-à Nqn - que S Kj 2
C'est lui qui m'a indiqué que je prenne ce médicament.

de Inf 2
C'est lui qui m'a indiqué d'écrire directement au proviseur.

indisposer (2/3)
N - V -(N)
das Wohlbefinden beeinträchtigen, jm nicht bekommen, verstimmen
Le climat l'indispose. Un repas trop lourd indispose. Ce parti pris excessivement théâtral indispose quelquefois/Canard enchaîné/.

N - V - N - contre N REL
aufbringen gegen
Le professeur a indisposé toute la classe contre lui par ses méthodes autoritaires.

individualiser (2)
N - V -(N)
individualisieren
Le physique individualise les hommes. Le savant généralise, l'artiste individualise/Renard/

induire[1] (3)
N - V -(Nqn) - en N
(in Versuchung) führen, (irre) führen
Induire qn en tentation, en erreur. Cette mauvaise signalisation induit en erreur.

verleiten

à ce que S Kj
La misère l'a induit à ce qu'il se mette à voler.

à Inf 2
Il a été induit à mal faire, à se tromper

induire[2] (3)
N - V - de N - - N
ableiten
J'induis cette conclusion de la proposition précédente.

que S Ind
J'induis de sa réaction que j'ai dû le vexer. De mes observations précédentes j'induis que ma thèse est juste.

Ø Inf 1
De sa réaction j'induis avoir commis une gaffe.

de ce que S Ind
Il a induit de ce qu'il avait fait cette expérience qu'il était incompétent en ce domaine.

de Inf 1 - N - V - que S Ind
D'avoir échoué dans cette entreprise j'induis que je dois redoubler d'attention.

Ø Inf 1
D'avoir échoué dans cette entreprise j'induis devoir désormais redoubler d'attention.

industrialiser (2)
N - V - N
industrialisieren
Industrialiser un pays en voie de développement.

infecter[1] (2)
N - V - N
verpesten
Les fumées des usines infectent l'air de la ville.

infecter[2] (2)
N - V - N
anstecken, entzünden
Le malade a infecté toute la famille. Un virus a infecté la plaie. La plaie s'est infectée.

inféoder (3) LIT
N - V - N - à N
zum Lehen geben
Le roi inféode des terres à ses vassaux.

abhängig machen
Inféoder l'Eglise à l'Etat. Un monopole de la presse qui s'inféode de petits périodiques.

inférer (3)
N - V - N - - de N
folgern
Inférer une conséquence d'une constatation.

que S Ind - de ce que S Ind
La police a inféré de ce que le suspect avait une jambe de bois que c'était bien lui l'assassin. De ce qu'il avait une jambe de bois, la police a inféré qu'il était l'assassin.

que S Ind/Kj |neg/int — *On aurait tort d'inférer de ces désastres que le comte Michel fût débauché/P. Benoit/. On ne peut pas inférer de l'enquête que le jardinier est/soit l'assassin.*

∅ Inf 1- *- de Inf 1* — *De me retrouver au sud de la ville j'infère avoir pris la fausse direction.*

infester (2)
N - V - N — <jd> verheeren
A cette époque, les normands infestèrent les embouchures des fleuves européens.
<Ungeziefer> verseuchen
Les moustiques infestent les rives du Danube.

s'infiltrer (1+L)
Nqc - se V - qp — <Wasser> sickern, eindringen
L'eau s'infiltre à travers les terrains calcaires. Le vent s'infiltre à travers les fêlures du mur.
Nqn - se V - qp — <jd>s. einschleichen, unterwandern
Un espion s'infiltre dans une firme. Des groupes factieux se sont infiltrés dans le syndicat.

infirmer (2)
N - V - N — entkräften, widerlegen, (Urteil) aufheben
Infirmer une preuve, les dires de qn. L'enquête est venue infirmer son témoignage. (Infirmer les opinions de qn) > infirmer qn dans ses opinions. La cour de cassation a infirmé le jugement.
que S Ind — *L'enquête n'est pas arrivée à infirmer que le jardinier n'était pas l'assassin.*

infléchir (2)
N - V - N — (die Richtung) ändern, beugen
Le fleuve a infléchi son cours vers le Nord. L'eau infléchit les rayons lumineux.
Fig.: (die Richtung von etw) ändern, einwirken auf, abändern
Infléchir le cours des événements, une ligne politique, l'intransigeance de qn. Infléchir une décision.
♦*N - se V* — <Fluß> ab-biegen
A Bâle, le cours du Rhin s'infléchit vers le Nord.
s. biegen
La poutre s'infléchit sous le poids.

• **infliger** (3)
N - V - à N - N — (e-e Strafe) verhängen, auferlegen
Infliger à qn une punition, une peine, une amende.
de Inf 2 — *Vous ne pouvez pas lui infliger de s'occuper à lui seul de toute l'organisation.*
✖ *infliger une défaite à qn:* jm e-e Niederlage bereiten
✖ *ne pas infliger qc à qn:* jm etw ersparen
Je ne vais pas vous infliger la suite de l'histoire.
✖ *infliger un démenti à N(qc de) qn:* widerlegen
Les événements ont infligé un cruel démenti à notre optimisme.

• **influencer** (2)
Nqc/qn - V - N — beeinflussen
J'ai essayé en vain d'influencer sa volonté. Le mauvais temps a influencé le résultat des récoltes. Il se laisse facilement influencer.

influer (2)
Nqc - V - sur *N* — Einfluß ausüben auf, beeinflussen
La hausse des prix influe sur le pouvoir d'achat. Trois choses influent sans cesse sur l'esprit des hommes: le climat, le gouvernement et la religion/Voltaire/.

• **informer** (3)
N - V - N -(de Nqc/sur Nqc/qn) — informieren, benachrichtigen, unterrichten
Informer qn de son arrivée, sur la suite des événements, sur qn. Le but de cet organisme est d'informer les consommateurs.
de ce que S Ind — *Je vous informe de ce que j'ai bien reçu votre lettre.*
que S Ind — *Je vous informe que vous serez convoqué à la mairie.*
Ind/Kj |neg/int — *Depuis cinq trimestres qu'il était au lycée de Saint-Cloud, je n'ai jamais été informé que Jacques ait subi une visite médicale/Le Figaro/.*
∅ Inf 1 — *Je vous informe partir demain, avoir reçu votre lettre.*
✖ *informer contre qn/ sur qc:* gegen jn, in e-r S, wegen etw ermitteln
Le juge d'instruction est tenu d'informer/Dalloz/. Le juge informe contre X. La justice informait alors sur le crime commis au faubourg Saint-Etienne/Balzac/.
♦*N-se V-(de Nqc/sur Nqc/qn)<auprès de N>* — s. informieren, s. erkundigen
Je me suis informé auprès du médecin de son état de santé, sur le résultat de l'opération. Si vous n'êtes pas au courant, informez-vous.
Int. ind — *S'informer auprès du chef de gare si le train de Paris a du retard.*

infuser (2/1)
N - V - N — (Tee..) aufgießen
Infuser du thé.
N - V — <Tee> ziehen
Le thé infuse.
✖ LIT: *Fig.: infuser un sang nouveau à Nqc/qn*

s'ingénier (2)
N - se V -(à ce que S Kj) |×1 RARE — s. bemühen, s-e Erfindungsgabe daran setzen
Il s'est ingénié à ce que personne ne puisse s'apercevoir de l'affaire.

N - se V -(à Inf 1)	*Il s'est ingénié à résoudre ce problème délicat. Il a beau s'ingénier, il ne pourra rien y faire.*
ingérer[1] (2)	(Medikament) einnehmen
N - V - N	*Ingérer un médicament.*
s'ingérer[2] (1+L)	s. einmischen
N - se V - qp	*S'ingérer dans les affaires d'autrui.*
ingurgiter (2)	gierig in großen Mengen essen bzw trinken
N - V -(N)	*Ingurgiter une tarte tout entière, des verres de whisky.* ⧗ *Fig.: N-V-N: Ingurgiter en peu de temps toute l'histoire de la philosophie.*
inhaler (2)	inhalieren, einatmen
N - V -(N)	*Inhaler des gaz toxiques.*
inhumer (2+L)	bestatten, begraben
N - V - N -(qp)	*Inhumer qn au cimetière.*
initier (3)	einweihen, einführen, vertraut machen mit
N - V -(N) - à N	*Une gitane m'a initié à la chiromancie. Ce manuel a pour but d'initier à l'ancien français.*
à ce que S Kj 2	*Ces exercices ont pour but d'initier les élèves à ce qu'ils s'expriment correctement.*
à Inf 2	*Initier les élèves à s'exprimer correctement.*
injecter (2+L/3)	injizieren, ein-spritzen, hinein-pumpen
N - V - N -(qp)	*Injecter un sérum sous la peau. Injecter l'essence directement dans le moteur.*
à Nqn	*Le docteur a injecté au malade une forte dose de pénicilline.*
de/avec N	*Injecter une canalisation d'air, avec de l'air.* ⧗ *des yeux injectés de sang:* blutunterlaufene Augen
♦*N - se V - de N*	<Augen> blutunterlaufen werden *Sous l'effet du choc, ses yeux se sont injectés de sang.*
injurier (2)	beleidigen, beschimpfen
N - V - N	*Injurier grossièrement qn.* ⧗ *Fig.: injurier la mémoire de qn:* schmähen
innocenter (2)	jn für unschuldig erklären, freisprechen, etw rechtfertigen
Nqn - V - Nqc/qn	*Innocenter un accusé. Il innocente l'attitude insolente de son voisin.*
innover (2/1)	Neuerungen einführen in
N - V - N	*Innover la mode.*
N - V < qp >	*Il a beaucoup innové en art, dans les arts plastiques. Cette méthode n'innove en rien.*
inoculer[a] (3)	ein-impfen
N - V - N -(à N)	*Le dispensaire inocule gratuitement le vaccin contre le rhume.* (Krankheit) übertragen *Le chien inocule la rage à l'homme.*
inoculer[b] (3)	einimpfen, ⧗ etw haben von jm
N - V - N - à N	*Son père lui a inoculé le goût de la chasse.*
• inonder[a] (2)	überschwemmen,⧗ triefen vor
N - V - N	*Le fleuve a inondé la plaine. La sueur inondait son visage.*
• inonder[b] (3/2)	überschwemmen mit, (mit Tränen) benetzen,
N - V - N - de N	*Cette firme a inondé le marché pakistanais de transistors. J'inondais de larmes son cou et sa poitrine/Mallet-Joris/.*
N - V - N	überschwemmen, <Tränen> benetzen, <Freude..> durchdringen, erfüllen *Les motos japonaises inondent le marché. Les larmes inondaient son visage. Une joie immense inondait son coeur.*
• inquiéter[1] (2)	beunruhigen
N - V - N	*Son retard m'inquiète.*
que S Kj -(cela) - V - N	*Qu'il soit en retard (cela) m'inquiète.*
♦*cela - V - N - que S Kj*	*Cela m'inquiète qu'il soit en retard.*
♦*il - V - N - que S Kj* REL	*Il m'inquiète qu'il soit en retard.*
♦*N - se V - de/pour Nqc*	beunruhigt sein, s. Sorgen machen, s. sorgen *Les Français s'inquiètent de leur régime politique/LeM/. Pendant la tempête, il s'était inquiété pour les câbles du téléphérique.*
de ce que S Ind/Kj	*Je m'inquiète de ce qu'il ne soit pas encore arrivé. Je m'inquiétais de ce que la colère débordait/Mauriac/.*
que S Kj	*Je m'inquiète qu'il ne soit pas encore arrivé.*
de Inf 1	*Je m'inquiète de n'avoir toujours pas de ses nouvelles.*
s'inquiéter[2] (2) REL	s. kümmern um, s. erkundigen
N - se V - de N	*Je vais m'inquiéter de l'heure d'arrivée du train.*
Int.ind	*Je n'ai jamais été follement prodigue que par bourrasques; mais jusqu'alors je ne m'étais jamais beaucoup inquiété si j'avais peu ou beaucoup d'argent/Rousseau/.*
• inscrire (2+L)	nieder-, ein-schreiben, eintragen, -zeichnen
N - V - N - qp	*Inscrire son nom sur une fiche, sur une liste. Inscrire un triangle dans un cercle.* ⧗ *inscrire un enfant à l'école:* (in der Schule) anmelden ⧗ *s'inscrire en faculté de lettres:* s. einschreiben ⧗ *s'inscrire dans un club/dans un parti:* eintreten in, beitreten

✗ *Loc.: s'inscrire en faux contre Nqc:* widersprechen, dementieren
Le ministre s'est inscrit en faux contre les accusations de l'opposition.

N - V - qp - que S Ind/Kj — *La concierge a inscrit au tableau que l'établissement serait fermé toute la journée. Il a inscrit au tableau que les locataires fassent un effort pour respecter le règlement de l'immeuble.*

Int.ind — *La concierge a inscrit au tableau à combien s'élevaient les frais de réparation du chauffage.*

Ø Inf 1 — *La concierge a inscrit au tableau avoir fait réparer la canalisation.*

♦*N - se V - qp* — Fig.: s. einfügen in, erfolgen in
Nos recherches s'inscrivent dans le cadre d'un projet plus vaste.

insensibiliser (2) — (Nerf) abtöten, betäuben
N - V - N — *Insensibiliser une dent, un nerf, un membre douloureux. Insensibiliser un malade pour une intervention chirurgicale.*

insinuer[1] (2+L) — einführen
N - V - N - qp RARE — *Le médecin a insinué une sonde dans le coeur.*
♦*Nqc - se V - qp* — einsickern, eindringen in
L'eau s'insinue dans le sol de la cave. Le poison s'insinue dans tout le corps.
♦*Nqn - se V - qp* — s. einschleichen, s. erschleichen, s. einmischen in
S'insinuer dans les bonnes grâces de qn, dans la confiance de qn. S'insinuer dans une conversation.

insinuer[2] (2/3) — andeuten
N - V - N <par qc> — *Que voulez-vous insinuer par là?*
que S Ind — *Il a insinué qu'il ne reviendrait peut-être plus.*
Ind/Kj |neg/int — *Insinueriez-vous que l'on puisse/peut/pourrait résoudre ce problème?Je n'insinuerai pas que l'on puisse/peut/pourrait le faire.*
Ø Inf 1 — *Il a insinué avoir découvert le pot aux roses.*
N - V - N - à N LIT — *Et qu'il vienne donc me le dire en face ce qu'ils vous ont insinué en traitres/G. Sand/.*

• insister (2) — insistieren, betonen, hervorheben; bestehen auf, dringen auf
N - V -(sur N) — *J'insiste sur ce point. Ce n'est pas la peine d'insister. Le premier ministre a insisté sur le fait que ce mouvement n'était qu'un parti parmi d'autres/LeM/. Il insiste sur la nécessité de renforcer la cohésion du camp socialiste/LeM/. Le speaker a longuement insisté sur le rôle de l'Alliance des forces nationales/LeM/. Pardonnez-moi d'insister* là-dessus.
pour que S Kj — *Les communistes insisteront sans doute pour qu'ils participent à la réunion de tous les partis de l'opposition/LeM/.*
pour Inf 1 — *J'insiste pour vous parler. J'ai insisté auprès de lui pour obtenir une entrevue. Je ne voulais pas faire cela, mais il a insisté.*
♦*N - V - pour N* — *J'ai insisté pour la réponse, pour une entrevue.*

inspecter[a] (2) — (Horizont) absuchen, etw sorgfältig untersuchen, beobachten
N - V - N — *Le gardien inspecte l'horizon à l'aide d'une longue-vue. Le mécanicien inspecta longuement le moteur.*

• inspecter[b] (2) — besichtigen, inspizieren, visitieren
N - V -(N) — *Une commission est venue pour inspecter. M. l'Inspecteur général viendra inspecter notre établissement, une classe, le professeur. Le colonel inspecte le régiment.*

inspirer[1] (2) — einatmen
N - V -(N) — *Inspirez! Inspirer de l'air pur.*

inspirer[2] (2/3) — jn inspirieren
N - V - N — *Quelle muse vous a inspiré?*
N - V -(à N) - N — jm etw einflößen, eingeben, jn ermuntern zu
Inspirer des idées nouvelles à qn. Cela lui a inspiré une haine féroce. Il ne m'inspire pas confiance. Un jeune homme, atteint d'un coup de couteau, et dont l'état n'inspire pas d'inquiétude, a été admis dans la nuit de samedi à dimanche/France Soir/.
à N - que S Kj 2 — *Ses amis lui ont inspiré qu'il retente l'examen.*
à N - de Inf 2 — *Ses amis lui ont inspiré de retenter l'examen.*
♦*Nqc/qn - se V - de N* — s. anregen lassen von, zum Vorbild nehmen, etw aufgreifen
L'architecture de cette église s'inspire du style byzantin. Pour écrire ce roman, je me suis inspiré d'une histoire véritable.

• installer (2+L/2) — installieren, aufstellen, wohin stellen, legen..
N - V - N -(qp) — *Les ouvriers ont installé le téléphone et l'électricité (dans notre maison). Il ordonne aux Pompes funèbres d'installer dans le grand hall un catafalque, des candélabres, des fauteuils /Pilhes/. Installer des livres dans une bibliothèque et des meubles dans le coin d'une pièce. Installer un blessé sur une civière.*
✗ *N-V-Nqn-(qp):* jn einsetzen
Installer un évêque. Installer un fonctionnaire (dans son poste). M. Dupont a été installé à la tête du gouvernement.

N - V - N — einrichten
Il a bien installé sa chambre.

♦*N - se V -(qp)* — s. hin-setzen, Quartier nehmen, s. niederlassen
Ils se sont installés autour de la table pour manger. S'installer dans un hôtel pour une semaine. Il s'est installé définitivement à Perpignan.
⌘ *Fig.: Cette idée de la mort s'installa définitivement en moi /Proust/. J'ai accepté la duplicité; je m'y suis installé/Camus/.*

instaurer (2)
Nqc/qn - V - Nqc — einführen, <etw> begründen
Le nouveau régime se fixe comme but d'instaurer le socialisme. Instaurer un usage. Ce couturier a instauré une nouvelle mode. Rares sont les gouvernements qui tentent d'instaurer un certain socialisme par des moyens démocratiques/LeM/. C'est par un coup d'Etat que le nouveau régime a été instauré. Cette révolution américaine qui instaura une république si impérialiste et capitaliste/Péguy/.

instituer (2/2+A)
Nqn - V - Nqc/qn — jn einsetzen, etw einführen, stiften, gründen
Le pape institue les cardinaux. Instituer l'enseignement obligatoire, de nouveaux règlements. Instituer un ordre religieux, un prix littéraire, une fête nationale.
⌘ *instituer un débat sur qc:* (e-e Debatte) eröffnen
N - V - N - n — *Nous avons été institué prince sur toute la terre, dit l'empereur des mouches. Instituer qn son héritier.*

• **instruire**[1a] (2/3)
N - V -(N) — unterrichten, belehren
Instruire des élèves. Cet auteur sait instruire en distrayant.
N - V - Nqn - à N REL — *Il instruisait progressivement ses élèves à la lecture de l'ancien français/R.L. Wagner/.*
s. bilden, lernen
Il a le désir de s'instruire. On s'instruit à tout âge.

• **instruire**[1b] (3)
N - V -(N) - de N — unterrichten, in Kenntnis setzen
J'ai été instruit de votre désir de collaborer avec nous. La circulaire instruit des dernières mesures administratives. Le gouvernement instruit le parlement de son projet de loi.
de ce que S Ind — *Il nous a instruits de ce qu'il voulait participer à notre entreprise.*
que S Ind — *Nous avons été instruits qu'il viendra.*
♦*Nqn - se V -(de N)* — s. informieren
Il est venu s'instruire des circonstances exactes de l'accident.

instruire[2] (2)
N - V - N — (e-n Prozeß) einleiten
Instruire un procès.
N - V -(contre N) — ermitteln
Le juge d'instruction a commencé d'instruire. Le parquet a instruit contre X.

insuffler (2+L/3)
— ein-hauchen, einflößen, (ein Gefühl bei jm) hervorrufen
N - V - N - dans N — *Insuffler de l'air dans la bouche d'un noyé.*
N - V - N -(à N) — *Dieu insuffla la vie à sa créature. Insuffler de l'oxygène à un blessé. Insuffler une crainte, un désir, une idée nouvelle à qn. Cette injustice insuffle un désir de révolte. M. Carter veut insuffler un "esprit nouveau" au peuple américain/LeM/.*

insulter (2)
N - V - N — beleidigen
Insulter son voisin, la mémoire de qn.
Nqc - V - à Nqc LIT — ein Hohn sein
L'étalage de richesse de la classe aisée insulte à la misère de la population.

s'insurger (2)
N - se V -(contre N) — s. erheben, s. auflehnen
Les casernes se sont insurgées (contre le gouvernement). Celui qui a compris la réalité ne s'insurge pas contre elle, mais s'en réjouit; le voilà conformiste/Camus/.

intégrer[1a] (2+L/2)
N - V - N - qp — eingliedern, -fügen, integrieren
Intégrer un élément dans un ensemble. Intégrer un département à/dans une région.
♦*N - se V - qp dans/à N* — *Les étrangers se sont intégrés dans la population indigène. Les étrangers se sont intégrés à la population indigène.*
N - V - N — *Le groupe l'a parfaitement intégré.*
⌘ FAM: *N-V-à N:* den Concours für eine grande école bestanden haben, aufgenommen werden in
Il a intégré à Normale Sup.

intégrer[1b] (2+L)
N - V - dans N - N — mit einbeziehen, einbauen
Il a intégré dans sa théorie les résultats de ses dernières recherches.
que S Ind — *Le juge a intégré dans son dossier que l'on n'avait pas aperçu le jardinier à l'heure du crime.*
Ø Inf 1 — *Il a intégré dans son témoignage avoir aperçu le cuisinier.*

intégrer[2] (2)
N - V -(N) — integrieren
Intégrer une fonction. Bien savoir intégrer.

intensifier (2)
N - V - N — verstärken, intensivieren
Le syndicat intensifie ses efforts dans le secteur public. Le climat humide intensifie la corrosion. Les deux pays ont intensifié leurs échanges commerciaux. La campagne s'intensifie contre des personnalités haut placées/LeM/.

intenter (3)
N - V - N -(contre/à N) — e-n Prozeß anstrengen
Intenter un procès contre/à qn, lui intenter un procès. Intenter un procès contre lui.

intercaler (2+L)
N - V - N - qp
einschieben, -fügen
Intercaler une planche entre deux autres. Intercaler une citation dans un texte.

intercéder (2)
N - V - pour/en faveur de Nqn <auprès de N>
pour que S Kj |×1
Fürsprache einlegen, s. bei jm verwenden für
Intercéder pour/en faveur d'un ami.
La délégation a intercédé auprès du Garde des Sceaux pour qu'il fasse preuve de clémence.

intercepter (2)
N - V - N
abfangen, (photographisch) einfangen
Intercepter une lettre. Haim photographe expérimente des "trucs" à lui pour intercepter ses sujets/LeM/.

• **interdire**[1] (3)
Nqc/qn - V -(à N) - N
untersagen, verbieten, (Zugang) versperren
Interdire la circulation dans le centre-ville aux automobilistes. L'évolution de la situation interdit tout espoir de paix. Les grèves étaient interdites sous peine de prison/LeM/. Une "ceinture de sécurité" destinée à interdire aux fedayin l'accès des territoires frontaliers/LeM/.
que S Kj
La municipalité a interdit que l'on nourrisse les pigeons. On m'a interdit que je propage cette rumeur.
de Inf 2
Le secret professionnel interdit d'en dire davantage. Il est interdit d'afficher. Interdire à qn de propager une rumeur.

interdire[2] (2)
N - V - Nqn
jn suspendieren
Le prêtre a été interdit par son évêque.
⋈ *être interdit de séjour:* Aufenthaltsverbot haben
Ce leader politique est interdit de séjour dans son pays.

• **intéresser** (2/3)
N - V - N
interessieren, jn etw angehen, <etw> betreffen, wichtig sein
Cet artiste m'intéresse. Cela ne vous intéresse pas. Ceci intéresse le bien public. Ces mesures intéressent les personnes âgées. Ce plan économique intéresse l'avenir du pays.
in Mitleidenschaft ziehen
Les lésions internes n'ont pas intéressé les poumons.
N - V - Nqn - à N
jn interessieren für
Intéresser ses enfants à la peinture.
♦*Nqn - se V -* à *Nqc/qn*
s. interessieren für
Paul s'intéresse à la musique chinoise. Je m'intéresse particulièrement à Gauguin.
à ce que S Kj
Le public ne s'intéresse pas à ce que l'on améliore le programme des spectacles.
à Inf 1
L'enfant commence à s'intéresser à jouer tout seul.
⋈ *être intéressé* par *N:* interessiert sein *an*
Je suis vivement intéressé par cette suite d'émissions.

interférer (1)
Npl - V
interferieren, kollidieren mit, s. stören, s. überschneiden
Deux ondes qui interfèrent. Mon projet et le vôtre interfèrent. Nos deux initiatives risquent d'interférer.
♦*N - V - avec N*
Mon projet interfère avec le vôtre.
hineinwirken in
Les hommes essaient de prendre conscience des grands événements qui interfèrent avec leur vie privée/R. Vailland/.

intérioriser (2)
N - V - N
verinnerlichen
Ces principes ont pour but d'intérioriser le jeu de l'acteur /Artaud/. Intérioriser un conflit, une règle de comportement.

interloquer (2)
N - V - Nqn
aus der Fassung bringen, verwirren
Si je suis orateur, aucune interruption ne m'interloquera à la tribune/Balzac/. Elle nous a interloqués en nous demandant si... /LeM/.

interner (2+L)
N - V - N -(qp)
internieren, in e-e Anstalt bringen
Interner des soldats ennemis dans un camp. Il a été interné à la clinique psychiatrique.

interpeller (2)
N - V - N
anrufen, ansprechen
Interpeller un ami dans la rue.
e-e Anfrage richten an
Le député a interpellé le premier ministre à l'assemblée.
⋈ festnehmen
La police a interpellé vingt personnes après la manifestation.

interpoler (2+L)
N - V - N - qp
(irrtümlich oder in böser Absicht) einfügen
Le journaliste a reproduit le texte du discours en y interpolant plusieurs phrases.

interposer (2+L)
N - V - N $-qp_{\text{entre Npl}}$
dazwischen-stellen, -setzen...
Interposer un filtre entre la source lumineuse et l'objectif.
♦*Nqn - se V* $-qp_{\text{dans N/entre Npl}}$
sich (als Vermittler) einschalten
La mère s'interposa dans la dispute de ses enfants. Elle s'interposa entre ses enfants.

• **interpréter** (2+A)
N - V - N
interpretieren, deuten, auslegen
Interpréter un poème. Je ne sais comment interpréter ses paroles.
Int.ind
Il a parfaitement su interpréter pourquoi j'avais dit cela.
N - V - N - comme n
J'interprète son silence comme un refus.

• **interroger**[a] (3)
N - V - N -(sur N)
be-fragen, jn etw abfragen
Interroger un témoin sur le déroulement d'un accident. "Que se

passe-t-il? interrogea soudain le taciturne Ronson. Le professeur m'a interrogé sur la leçon d'aujoud'hui.

♦*N - se V - sur N*
s. Gedanken machen, s. fragen (nach)
Je m'interroge sur le sens de cette mesure. En Uruguay, on s'interroge sur l'avenir des institutions démocratiques/LeM/. Le mot axe comporte certaines connotations et je m'interroge sur ce terme/LeM/. Je m'interroge encore aujourd'hui sur cette coïncidence/Pilhes/. C'est l'occasion de s'interroger sur le fond des choses/LeM/.

interroger[b] (2)
N - V - N
(Sterne..) befragen
Interroger les étoiles, sa mémoire, sa conscience, le passé.
prüfend betrachten, prüfen
Il interroge l'horizon pour savoir s'il va faire beau. Le physicien commence par interroger les faits.

• interrompre (2)
N - V - N
unterbrechen
Interrompre une conversation, un voyage, quelqu'un. Il a interrompu ses études. (Interrompre le travail de qn) > interrompre qn dans son travail.

♦*N - se V*
<etw> aufhören, <Unterhaltung> abbrechen
La pluie s'est interrompue. A mon arrivée, la conversation s'interrompit.

♦*N - se V < dans N >*
<jd> (s.) unterbrechen, (Rede) abbrechen, aufhören
L'orateur s'interrompit brusquement dans son discours. Il s'interrompit dans son travail pour venir me saluer.

♦*Nqn - se V - de Inf 1*
La chanteuse s'interrompit brusquement de chanter à la vue d'une souris.

• intervenir[1] (1+Adv)
Nqc - V - Adv
s. ergeben, statthaben, dazwischenkommen, (zeitlich) fallen
Un accord est intervenu entre la direction et les syndicats. Un contrat dont le règlement financier ne devrait intervenir qu'en 1976/LeM/. Le mauvais temps est intervenu et la récolte a été catastrophique. Cette remarque de M. F. intervient au moment même où sont publiées les majorations du prix de l'électricité et du gaz/LeM/. C'est à l'issue des consultations privées que l'accord sur les termes de la résolution est intervenu/LeM/.

• intervenir[2] (1+L)
Nqn - V -(dans N)
eingreifen
Les pompiers ont dû intervenir. La police est intervenue dans la bagarre.

< auprès de N> <en faveur de N >
intervenieren, vorstellig werden
L'ambassadeur est intervenu auprès du premier ministre.
ein Wort einlegen
Le père est intervenu auprès du proviseur en faveur de son fils.

intervertir (2)
N - V - Npl
(die Reihenfolge) umkehren, aus-tauschen
Intervertir les mots d'une phrase, l'ordre des mots. Ils ont interverti les rôles.

interviewer (2) [ɛ̃tɛʀvjuve]
N - V - N
interviewen
Le journaliste interviewe un clochard célèbre.

intimer (2)
N - V - N -(à N)
(den Befehl) geben
En voyage à l'étranger, le premier ministre intima l'ordre, à la dernière minute, d'imposer un couvre-feu à toute la capitale /LeM/.

intimider (2)
N - V -(N)
einschüchtern
Le professeur intimide ses élèves par son autorité. Ses paroles menaçantes ne manquèrent pas d'intimider.

intituler (2+A)
N - V - N - n
(mit der Überschrift, dem Titel) versehen, überschreiben
Votre collaborateur intitule "Michelet, le communisme et la Russie" un article paru dans le Monde /LeM/.

intoxiquer (2)
N - V - N
vergiften
Des émanations de gaz ont intoxiqué plusieurs ouvriers. Fig.: L'éditeur Cheval intoxique par sa presse tout le pays.

intriguer[1] (2)
N - V (contre N)
intriguieren
Il ne fait qu'intriguer dans les couloirs du parlement. Les militaires ont intrigué contre le dictateur.

intriguer[2] (2)
N - V - N
jm sonderbar vorkommen, jn neugierig machen
Ça m'intrigue. Ses allées et venues ont fini par intriguer les douaniers.

• introduire (2+L/3)
N - V - N -(qp)
hinein-stecken..., einführen
Paul introduit la clef dans la serrure. Il a été introduit chez nous par un ami. Introduire une mode, une habitude, une nouvelle terminologie. Introduire une marchandise en fraude. L'un des apports du "renouveau" tchécoslovaque aura été d'introduire la règle des conférences de presse radiodiffusées/LeM/. (×Qui a introduit cette idée dans sa tête) > qui la lui a introduite dans la tête?

♦*N - se V -(qp)*
eindringen, s. einbürgern, s. einschleichen
Le voleur s'est introduit dans la maison par la fenêtre. Ces nouvelles techniques se sont introduites au début du siècle. Une erreur s'est introduite au cours de l'impression.

N - V -(Nqn) - à Nqc
einführen, einweihen
Il m'a introduit aux subtilités du jeu de go. Ce livre introduit à la linguistique.

introniser (2)
N - V - N
inthronisieren, feierlich einführen, (Mode) einführen
Introniser un évêque.
Fig.: Le couturier X a intronisé la mode à la chinoise.

invalider (2)
N - V - N
für ungültig erklären, (Testament) umstoßen
Invalider une élection, un passeport, un testament.

invectiver (2)
N - V - Nqn
beschimpfen
Invectiver qn.
N - V - contre Nqc/qn LIT
schimpfen
Invectiver contre le délabrement des moeurs, contre qn.

• **inventer** (2)
N - V - N
erfinden, s. einfallen lassen, erdichten
On n'a pas encore inventé le mouvement perpétuel. Je vais réfléchir toute la journée, il faut que j'invente quelque chose /R. Vailland/. Qu'inventerait-il encore pour la tourmenter? /Triolet/.
que S Ind
Il a inventé que son train avait du retard.
de Inf 1
auf die Idee kommen
Il a inventé de partir en montagne sans guide.

inventorier (2)
N - V - N
inventarisieren, Bestandsaufnahme machen
Inventorier des livres, le stock du magasin. C'était pour inventorier et cataloguer ces manuscrits que je venais à N./A. France/.

inverser (2)
N - V - N(pl)
(die Reihenfolge, Richtung) umkehren
Inverser le sujet et l'objet dans une phrase. Inverser l'ordre des mots. Inverser la direction du courant.

invertir (2)
N - V - N
(symmetrisch) umkehren
Le miroir invertit l'image du corps.

investir[1] (2)
N - V - N
einschließen, umstellen
Les troupes ont investi la place forte. La police a investi l'immeuble. Masqués par des cagoules et brandissant des fusils de chasse, les assaillants investissent la cave vinicole/LeM/.

investir[2a] (2+L)
N - V -(N) -(qp)
investieren, (Geld) anlegen
Investir des capitaux en Inde.
▼*N - V - N*
Investir des capitaux.
▼*N - V - qp*
Investir en Inde, dans le textile, dans la pierre.
▼*N - V*
Les chefs d'entreprise hésitent à investir.

investir[2b] (2+L)
N - V - N - qp_{dans}
investieren, aufwenden
Il investit beaucoup (d'énergie) dans son travail.

investir[3] (3)
N - V - N - de N
jm verleihen, jn ausstatten mit
Le premier ministre a investi les préfets de pouvoirs accrus.
⌘ *Loc: investir qn de sa confiance:* jm Vertrauen schenken

• **inviter**[a] (2+L/3)
Nqn - V - N -(qp)
einladen
Je l'ai invité chez nous. Je vous invite pour demain.
à N
Je vous invite au bal.
⌘ *inviter qn à la danse:* zum Tanz auffordern
à Inf 2
Il nous a invités à venir chez lui.

• **inviter**[b] (3)
Nqc - V -(Nqn) - à N
auffordern
Le nombre des accidents invite (les automobilistes) à la prudence.
Nqn - à ce que S Kj 2 RARE
On l'a invité à ce qu'il recommence sa conférence.
Nqn - à Inf 2
Le gendarme qui vous invite à le suivre et une dame qui vous invite à dîner n'ont pas les mêmes intonations /F. Brunot/. M. Johnson a fait allusion à ces menaces, en invitant tout agresseur à ne pas se tromper sur ce que pourraient être les sentiments des Etats-Unis/LeM/.

invoquer[a] (2)
N - V - N
anrufen
Invoquer une divinité.

invoquer[b] (2)
s. berufen auf, heranziehen, (Argumente..) vorbringen, anführen, vorschieben
N - V - N <auprès de N> <pour N/Inf 1 >
Invoquer un paragraphe de loi. Il faut examiner les deux principaux arguments qu'on invoque pour justifier cette décision /LeM/. Il a invoqué un prétexte pour ne pas venir.
que S Ind
Il a invoqué pour sa défense qu'il n'était pas au courant des délais. Il a invoqué auprès des autorités qu'il était dans le pays depuis cinq ans.
Ø Inf 1
Il a invoqué avoir un permis de séjour illimité.

ironiser (2)
N - V -(sur N)
spötteln
Il aime ironiser. Il ironise sur tout, sur tout le monde. M. Smith ironise sur le compte de ceux dont il sollicite les services.

irradier (1+L/2)
N - V - (de)qp
<Licht..> strahlen
Une lueur irradiait d'une pièce au fond du couloir.
Fig.: <Schmerz> ausstrahlen, s. ausbreiten
La douleur irradiait du pied pour atteindre la jambe entière.

N - V - N — bestrahlen
Irradier un organisme pour le guérir. On irradie au cobalt des organes atteints de cancer. Dans ce laboratoire on irradie des plantes pour accélérer leur croissance.

irriguer (2) — bewässern
N - V - N — *Un plan de développement prévoit d'irriguer cette plaine aride.*

• irriter (2) — reizen
Nqc - V - (Nqc) — *Cet acide irrite la peau. Ce savon irrite.*
N - V - N(qc de)qn — reizen, ärgern, aufregen
Cesse d'irriter ce chien, il pourrait mordre. Cela ne servirait à rien d'irriter sa colère. Rien ne l'irrite plus que la nonchalance.
♦*Nqn - se V -(contre Nqn)* — *Il s'irrite facilement. Il s'irrite contre n'importe qui.*
de Nqc — *M. Giscard d'Estaing s'était alors irrité des pressions qui s'exerçaient sur lui/LeM/.*
de ce que S Ind/Kj — *Il s'irrite de ce que le retard du tram lui fait manquer son train. Pourtant Marlon Brando, premier choisi, s'irrita de ce qu'on eût annoncé son nom avant/Le Figaro/.*
de Inf 1 — *Il s'irrite de voir qu'on ne le comprend pas.*

isoler^1 (3) — isolieren, abschneiden von, absondern
N - V - N -(de N) — *Les inondations ont isolé la région. Isoler un microbe. Isoler un malade. Isoler une phrase de son contexte.*

isoler^2 (2) — isolieren
N - V -(N) — *Isoler un fil électrique. Le bois isole bien.*

jacasser (1)
N - V
<Elster...> schreien, Fig.: schnattern, plappern
La pie jacasse. La concierge jacassait avec le facteur devant sa loge.

• jaillir[a] (1+L)
N - V -((de)qp)
heraus-, empor-spritzen,-sprühen; emporragen
Le pétrole jaillit du puits. L'eau jaillit du tuyau crevé. Les étincelles jaillissent de l'âtre sur le parquet. La flèche de la cathédrale de Chartres jaillit à l'horizon des champs.

jaillir[b] (2)
N - V - de N
hervorgehen aus, entspringen
La vérité jaillira de l'enquête.
de ce que S Ind/Kj
L'idée de la nécessité de ces recherches a jailli de ce que, jusqu'à présent, personne ne s'était intéressé à ce phénomène. Son plaisir jaillissait de ce qu'il se mît à la place de l'autre, c'était clair/Malraux/.

jalonner (3/2)
N - V - N -(de N)
abstecken
Des arpenteurs sont venus jalonner le terrain.
N - V - N - de N
etw wo entlang anbringen, pflanzen...
Jalonner une route de glissières, d'arbres.
N - V - N
säumen, begleiten
Des affiches électorales jalonnent la route. Des difficultés ont jalonné son existence. Les menus incidents qui jalonnent la vie quotidienne d'une grande entreprise/Pilhes/.

jalouser (2)
N - V - N
beneiden, eifersüchtig sein auf
Jalouser un ami, la situation de qn
♦*Npl - se V*
rivalisieren
Des familles qui se jalousent.
aufeinander eifersüchtig sein
Paul et Marie se jalousent.

japper (1)
N - V
kläffen
Le chiot jappe.

jardiner (1/2)
N - V
(im Garten) arbeiten
Il aime jardiner.
N - V - N
das Unterholz beseitigen, ausholzen
Jardiner une forêt.

jargonner (2)
N - V -(N)
(Sprache, Dialekt, Jargon) sprechen, radebrechen
Et les vaincus apprirent de leur côté à jargonner l'idiome de leurs vainqueurs/R.L. Wagner/. J'apprends l'anglais...et à mon retour...nous pourrons jargonner ensemble/Sainte-Beuve/. La rivalité est traditionnelle entre professeurs de français et de philosophie, les premiers accusant les seconds de "jargonner" /LeM/.

jaser (1/2)
N - V
klatschen, tratschen
Un quartier où les gens ne font que jaser.
etw ausplaudern
Il a jasé et maintenant tout le monde le sait.
babbeln
Le bébé jase dans son berceau.
N - V - de/sur N
On commençait de jaser beaucoup à Paris sur les frasques du ministre des Affaires étrangères/Maurois/.

jauger[a] (2)
N - V - N
(das Volumen) messen
Jauger un récipient, un réservoir. Jauger l'huile du moteur.
(den Inhalt, die Tonnage, den Tiefgang) haben
Le paquebot jauge mille tonnes, dix mètres.

jauger[b] (2)
N - V - N
ab-taxieren, etw ermessen, ausloten
D'un coup d'oeil, il jaugea son interlocuteur. Tel un maquignon jaugeant le taureau qu'il envisage d'acheter. Vous vous êtes livrés à des expériences sur vos secrétaires pour jauger l'éventuelle nocivité du texte auprès du personnel/Pilhes/.

jaunir (2/1)
N - V - N
gelb werden lassen, erscheinen lassen, vergilben lassen
Le soleil tout à coup jaunissait cette mousseline de verre, la dorait/Proust/. La lumière jaunit le papier.
N - V
Le papier jaunit à la lumière.

• jeter[1a] (2+L/3)
N - V - N -(qp)
weg-, zu-werfen
Prière de ne rien jeter par la fenêtre. La jeune fille jeta la tête en arrière. Pierre jette les journaux à la poubelle. Ce stylo se jette après usage.
⧗ *jeter l'ancre, jeter un pont sur un fleuve, jeter un cri.*
⧗ *jeter qc au visage/à la figure/ au nez de qn > il lui jeta au visage ce qu'il pensait de lui.*
♦*N - se V -(qp)*
Pierre se jette à l'eau, contre la porte, au cou de son amie, sur l'adversaire.
<Fluß> s. ergießen in
L'Allier se jette dans la Loire
N - V - N - à N
Les enfants jetaient des morceaux de pain aux canards. Il me jeta un regard furieux.

• jeter[1b] (2+L)
Nqc - V - N - dans N
stürzen, (⧗)versetzen in
Cet événement jeta le trouble dans la population. Le mot même de justice me jetait dans d'étranges fureurs/Camus/.
⧗ *Cela me jette hors de moi.*

en jeter[2] (1) POP
N - en V
imponieren
Ton nouveau costard, mon pote, ça en jette.

jeûner (1)
N - V
fasten
Le docteur m'a recommandé de jeûner.

• joindre (2/3/1+Adv)
N - V - Npl < en N >
zusammenfügen, -legen..., (Hände) falten
Il n'arrive pas à joindre les deux tuyaux. Pourquoi Emma joignait-elle les mains?/Simenon/. Il avait du mal à joindre les morceaux de son puzzle/Canard enchaîné/. Joindre des pierres en une mosaïque.
Fig.: verbinden
Il ne sait pas joindre l'utile à l'agréable. Il faut que nous joignions nos efforts.
⧗ *Fig.:* FAM: *joindre les deux bouts:* (mit dem Geld) über die Runden kommen

♦*Npl - se V < pour Inf 1 >*
s. verbinden
Ils se sont joints pour lancer une pétition. Les éléments se sont joints pour nous gâcher la fête.

♦*N - V - à N - N*
zusammenfügen, verbinden
Joindre un tuyau à un autre.
verbinden, anfügen, hinzufügen, beilegen
Il sait joindre l'utile à l'agréable. Je joins ma signature à celle des autres. Je joins un chèque à ma lettre. Je joindrai à cela une autre remarque.

que S Ind
Je joindrai à votre remarque que, dans ce cas, les choses se présentent sous un autre jour.

♦*N - se V - à N < pour Inf 1 >*
s. anschließen
Je me joins à vous pour lui offrir un cadeau. Je me joignis au cortège. J'essayais en vain de me joindre à la conversation.

Nqn - V - Nqn
jn erreichen
Je ne suis pas arrivé à vous joindre par téléphone. Je le cherche depuis des jours sans arriver à le joindre.

N(pl) - V - Adv
fugenlos (zusammen)passen, anliegen, <Fenster...> dicht sein
Les planches du parquet joignaient bien. La fenêtre joint mal. Le couvercle ne joint pas.

joncher (3/2)
N - V - N - de Npl
⧗ verstreuen
La tempête a jonché les rues de feuilles mortes.
Npl - V - N
überall herumliegen
Les confettis jonchaient le sol après le passage du cortège.

jongler (1)
N - V < avec N >
jonglieren
Le clown jongle avec des quilles.
Fig.: spielen mit
Jongler avec les chiffres,avec les mots.

• jouer[1a] (1/2)
Nqn - V <avec Nqc/qn>
spielen
Pierre joue avec Marie, avec ses poupées. Qui est-ce qui joue dans ce film? Jules joue serré.
⧗ LIT: *Le soleil jouait dans les rideaux.*

Nqn - V - N
(Musik) spielen, (Karten) spielen, (Karte) ausspielen, (Schach-Figur) ziehen, (Geld) setzen
Pierre joue un air, une partie de bridge, une carte, une couleur, un pion, son dernier centime. Il joue gros (jeu). Voilà un auteur qu'on ne joue que rarement. Il joue le rôle de Tartuffe.
⧗ *jouer le tout pour le tout:* alles auf eine Karte setzen
⧗ *Paul joue* les *innocents, la comédie,* les *incompris. Ne jouez pas l'étonné. Il joue l'étonnement.*
⧗ *jouer un mauvais tour à qn:* jm e-n üblen Streich spielen
⧗ RARE: *Au café du Lion, où il jouait* le bridge *à l'heure de l'apéritif/Aymé/.*

Nqn - V - à N
(e-n Spiel) spielen
Les enfants jouent au football, à cache-cache, au tennis, aux cartes, aux Indiens, au grand savant, à papa et maman.
à Inf 1
Toute la soirée, ils ont joué à se condamner à mort/Aymé/.

Nqn - V - de N
(e-n Instrument) spielen
Marie sait jouer de la flûte, de la guitare.
⧗ (Waffe, Werkzeug) schwingen
Il me menaça en jouant du couteau. Le bûcheron jouait de la cognée.
⧗ *Jouer des coudes:* die Ellenbogen gebrauchen
Nous avons dû jouer des coudes pour nous frayer un chemin à travers la foule.

• jouer[1b] (1/2)
Nqc - V < qp >
eine Rolle spielen
L'anglicisme joue surtout dans les sports où les anglais ont été nos maîtres. Voilà ce qui joue énormément.

Nqn - V - Nqc
aufs Spiel setzen, riskieren
Jouer sa réputation, son avenir.

♦*Nqc - se V - Adv*
s. abspielen, <etw> s. entscheiden
C'est de toute manière en Afrique même que se jouera le sort des territoires en cause/LeM/. L'affaire s'est jouée en deux minutes. Entre les deux familles se joue une surenchère de consommation/LeM/.

Nqc - V - sur Nqc/qn
Wirkung haben auf

Le charme de la reine Marie ne joue plus beaucoup sur le roi.

Nqn - V - sur N — etw ausnutzen, spekulieren mit, setzen auf
Le gouvernement joue sur la confusion. Les compagnies jouent sur l'augmentation imminente du prix du pétrole. Il joue sur la victoire de son club.
⧗ *jouer sur les mots:* mit Worten spielen

Nqn - V - de N — Nutzen ziehen aus, etw ausspielen
Il joue de son infirmité, de sa position, de son autorité.
⧗ *jouer de malchance:* Pech haben

Nqn - V - à N — spekulieren auf
jouer à la baisse des actions.

Nqc - V - contre N — s. entgegenstellen, gegen etw/jn sein
Les circonstances ont joué contre nous.

Nqn - V - N - contre N — ausspielen gegen
S'il voulait jouer l'opinion française contre de Gaulle, il faudrait qu'il s'y prît de toute autre manière/LeM/.

jouer[2] (1) — <Schlüssel> leicht gehen, leicht funktionieren, <Holz> s. verziehen

Nqc - V — *La clef joue dans la serrure. Le tiroir ne joue pas bien. La porte a joué avec l'humidité.*

se jouer[3] (2) — spielend fertig werden mit
Nqn - se V - de Nqc — *Il se joue des difficultés.*
⧗ *faire qc (comme) en se jouant: Il apprend son vocabulaire latin comme en se jouant.*

Nqn - se V - de Nqn — jn zum besten halten
Vous vous jouez de moi.

• jouir (2) — etw genießen, s. e-r S erfreuen
N - V -(de N) — *Jouir de la vie, d'une bonne santé. Hâte-toi de jouir! Il jouit d'une grande considération.*
de ce que S Kj — *Il jouit de ce qu'on lui montre tant de respect.*
que S Kj — *Elle jouissait qu'il fût haut placé à ses yeux par ses qualités propres/Drieu la Rochelle/.*
de Inf 1 — *Il jouit d'être si bien considéré.*

jouxter (2) REL — neben/nahe bei etw liegen, stehen...
N - V - N — *Les quelques arpents de terre libanaise qui jouxtent la frontière/LeM/. Un poulet mijotait sur le réchaud à gaz qui jouxtait le lavabo/H. Troyat/.*

jubiler (1) — jubeln
N - V < de Inf 1 > — *La foule jubilait. Les supporters jubilaient de voir gagner leur équipe.*

jucher (1+L/2+L) — <Vögel, Federvieh> (erhobenen Ortes) hocken, sitzen
N - V -(qp) — *Les poules juchent sur leurs perchoirs.*
FAM: (hoch oben) wohnen
Il juche au quinzième étage de l'immeuble.

N - V - N - qp — (hoch oben auf etw) setzen, stellen
Jucher un enfant sur ses épaules. Un camion sur lequel était juchée une vieille 4 CV, où somnolaient femme et enfant/LeM/.

♦*N - se V - qp* — *Les poules se sont juchées sur le perchoir.*

• juger (2/2+A) — be-, ab-urteilen, beurteilen nach
N - V - N <sur N> — *La cour a jugé sévèrement l'accusé. Le jury a jugé les candidats. Juger la gravité d'une situation. Juger qn sur les apparences. Ils ont jugé les livres sur la couverture.*
⧗ *N-V-Ø |K:* ein/das Urteil fällen
Le tribunal a jugé.

que S Ind — meinen, zum Schluß kommen, der Ansicht sein
Il juge qu'on l'a trompé.
Ind/Kj |neg/int — *Jugeriez-vous que cela est/soit possible? Je ne juge pas que cela est/soit impossible.*
Int.ind — *C'est à vous de juger quelle sera la couleur de la tapisserie. A vous de juger comment terminer cette comédie.*
Ø Inf 1 — *Je juge avoir suffisamment travaillé pour ce salaire.*

N - V - adj - N — halten für, finden
Le Sénat juge indispensable une brève session extraordinaire /LeM/. Ainsi finissaient souvent les idées qu'il jugeait, selon la formule de Wilde, bonnes pour parler/Malraux.
que S Kj — *Il a jugé étrange qu'on ne le prévienne pas.*
de Inf 1 — *Juger bon, nécessaire...de faire du sport. Il n'a pas jugé utile de nous prévenir.*

♦*N - se V - adj* — *Il se juge incapable de faire cela.*

N - V - de N — be-urteilen, ein Urteil fällen, s. ein Bild machen von
Juger hâtivement de qn. Si j'en juge par mon expérience, il pleuvra demain. Vous pouvez bien juger de ma surprise, quand j'ai reçu ce coup de fil.

juguler (2) — etw/jn unterdrücken, e-r S Einhalt gebieten, (Inflation) bremsen
N - V - N — *Le fils a toujours été jugulé par sa mère. Juguler une révolte, l'inflation.*

jumeler (2) — (durch eine Partnerschaft) verbinden
N - V - Npl — *Les maires ont décidé de jumeler leurs villes.*
♦*N - V - N - à/avec N* — *Ils ont jumelé Tübingen à Aix, Meschede avec Le Puy.*

• jurer[1] (3/2) — schwören (bei), etw beschwören
N - V -(N) -(à N) <sur/par N > — *Il m'a juré mille serments sur la tête de sa mère, par tous ses dieux.*
▼*N - V - N < sur /par N >* — *Jurez-le sur la bible! Jurer un serment. Il a juré cela par*

	tous ses dieux.
▼*N - V <sur/(par)N >*	*Il a juré sur la Bible. Il jura(par) ses grands dieux.*
	♜ FAM: *ne jurer que par Nqc/qn:* schwören auf, stehen auf *Il ne jure que par Sartre. Il ne jure que par l'acuponcture.*
N - V - à N - que S Ind < sur/(par)N >	schwören, versichern *Il nous a juré (sur la tête de sa mère/ par tous ses dieux) qu'il ne le savait pas. Il lui a juré (tous ses dieux) qu'il l'aimait. Il jura (le ciel) qu'il ne l'avait pas vu. J'aurais juré que cela était autrement. Je vous jure que je l'ai vu.*
que S Ind/Kj |neg/int	*Je ne jurerai pas que cela est/soit impossible. Jureriez-vous que cela est/soit impossible?*
Ø Inf 1	*Il nous a juré ((par) tous ses dieux) avoir dit la vérité.*
de Inf 1	*Il nous a juré (sur la tête de sa fille) de ne pas recommencer.*
	♜ FAM: *N-V-Ø-à Nqn |K: C'est vraiment difficile, je vous jure!*
♦*N - se V - de Inf 1*	*Henri s'était bien juré de ne plus lui serrer la main/Beauvoir/.*
N - V - de N	*On ne doit pas jurer de ce dont on n'est pas sûr/Renan/.*
	♜ *il ne faut jurer de rien:* man kann nie wissen
	♜ *j'en jurerais:* ich würde wetten
• jurer² (1/2)	fluchen
N - V	*Tu ne jureras pas! Il jure comme un charretier. "Nom de Dieu" jura-t-il.*
N - V - contre/après N	fluchen auf, verfluchen *Jurer contre/après le percepteur. Il jura contre sa voiture qui ne démarrait pas.*
• jurer³ (1)	nicht zueinander passen, <Farben> s. beißen
Nqc-pl - V < entre eux >	*Ces couleurs jurent entre elles. Les meubles de cet appartement jurent entre eux.*
♦*N - V - avec N*	*Le bleu jure avec le rouge. Les cheveux noirs extrêmement soignés juraient quelque peu avec ce costume populaire/Dumas/.*
• justifier (2/3)	rechtfertigen, begründen, nachweisen, bestätigen
N - V - N	*Il doit justifier sa conduite, cette décision. Il a cherché à me justifier auprès de mes détracteurs. Rien ne justifie de telles mesures. Les événements ont justifié mes craintes.*
que S Ind	*Je suis prêt à justifier que j'ai payé la facture.*
Ind/Kj |neg/int	*Pouvez-vous justifier que vous avez/ayez payé la facture? Il n'arriva pas à justifier qu'il a/ait payé la facture.*
Int.ind	*Il devrait justifier pourquoi il se comporte ainsi.*
Ø Inf 1	*Il n'a pas pu justifier avoir payé la facture.*
♦*Nqn - se V -(de N) < auprès de Nqn >*	s. rechtfertigen *Se justifier auprès de quelqu'un d'autre de ses actes.On lui a demandé de se justifier.*
de ce que S Ind 1	*L'entreprise s'est justifiée de ce qu'elle avait licencié des ouvriers.*
N - V - Nqn - de Nqc LIT	decken, verteidigen, reinwaschen *Justifier qn d'une erreur, d'un crime.*
Nqn - V - de N	(s.) ausweisen, nachweisen *Il a dû justifier de son identité. Pour être admis à présenter ce concours, il faut justifier de son baccalauréat.*
juxtaposer (2)	nebeneinanderstellen, -legen...
N - V - Npl	*Juxtaposer plusieurs chaises, des allumettes.*
♦*N - V - N - à N*	*Juxtaposer un Chagall à un Picasso.*

kidnapper (2)
N - V - Nqn — kidnappen, entführen
Kidnapper un enfant.
N - V - Nqc — FAM — klauen
Il s'est fait kidnapper sa bicyclette.

klaxonner (1/2)
N - V — hupen
Les voitures klaxonnaient sur le boulevard.
N - V - Nqn — anhupen, hinter jm her hupen
Klaxonner un enfant pour l'avertir. Klaxonner les jolies filles au passage.

• labourer (2)
N - V -(N)
(Land) bearbeiten, pflügen
Le paysan laboure son champ. Les paysans labourent en automne.
aufwühlen, (Gesicht) zerkratzen
L'ancre du bateau labourait le fond. Le cochon labourait la terre de son groin. Labourer le visage de qn > lui labourer le visage.

lacer (2)
N - V - N
schnüren
Lacer ses souliers > se lacer les souliers.

lacérer (2)
N - V - N
zerreißen, zerfetzen
Lacérer une affiche, ses vêtements.

• lâcher (2/1)
locker lassen, lockern, loslassen, fahren lassen, (Posten) aufgeben, jn fallen lassen, <Nerven> jn im Stich lassen, versagen
N - V - N
Il lâcha un peu la corde. Il lâcha sa ceinture. Il lâcha brusquement la corde. Il ne me lâche pas d'une semelle. L'enfant ne lâchait pas la main de sa mère. Il lâcha son chien à la poursuite du lièvre. Il a lâché son poste. Lâchez votre travail, votre famille, votre patrie, abandonnez vos postes/Canard enchaîné/. Si les nerfs te lâchent, tu tomberas comme un sac /Giono/. Il a lâché ses vieux amis.
hinter sich lassen
Peu avant l'arrivée, le coureur lâcha ses concurrents.
(Worte) fallen lassen, von sich geben
Lâcher une sottise.
FAM: (Geld) rausrücken
Je veux m'enrichir, je ne lâcherai pas un sou/Jarry/.
✖ *lâcher du lest:* Ballast abwerfen
✖ *lâcher prise:* loslassen
✖ *Loc.:* POP: *lâcher le morceau:* singen
Le gros Jojo a lâché le morceau.
Nqc - V
reißen, <Nerven> versagen
La corde a lâché. Ses nerfs ont lâché.

laïciser (2)
N - V - N
laisieren
Le Liban sera laïcisé/LeM/.

laisser[1] (2)
N - V - N
verlassen, (sein) lassen
Au revoir, je vous laisse. Je vous en supplie, je suis seule, ne me laissez pas maintenant/Pilhes/. Laissons-cela pour le moment, nous y reviendrons plus tard.
✖ *N-V-Ø |K: Laissez! C'est moi qui paie.*
✖ *laisser à désirer:* zu wünschen übrig lassen
Son travail laisse à désirer.
laisser à penser: zu denken geben
Son attitude laisse à penser.

• laisser[2] (2+A)
N - V - N - adj
lassen
Laisse-moi tranquille! Une pareille grandeur d'âme ne laissait pas indifférents les peuples/LeM/.
✖ *Nqc-V-Ø-adj |Ø = Nqn: Une telle "supplantation" laisse rêveur/LeM/.*
adv
hinter-, zurück-lassen
Les locataires ont laissé l'appartement en bon état/ dans un état lamentable. Le général a laissé l'aile gauche à découvert. Il nous a laissés dans le doute. Laisse-moi en paix!

laisser[3] (2+L/3)
N - V - N -(qp)
etw wo hinter-, zurück-lassen, übriglassen
Ce vin laisse un arrière-goût. Ne rien laisser dans son assiette. J'ai laissé mon parapluie chez lui. Il est parti sans laisser d'adresse. Ne faites pas cela, vous risquez d'y laisser votre peau. Nous laissâmes la colline à notre gauche et prîmes un sentier sur la droite. Cette séance d'exorcisme collectif qui exige le sang d'un meurtrier pour abolir le crime laisse dans la bouche un goût de cendres/LeM/. Une abondante et spectaculaire projection de cendres a laissé un dépôt de 12 centimètres sur le chemin/LeM/. Laissons cela de côté pour **l'instant.**
Ⅱ *y laisser la vie, la peau: Il a failli y laisser la vie.*
N - V - à N - N
hinter-, über-, übrig-lassen
Il nous a laissé son adresse. Rien n'est laissé au hasard dans la campagne du candidat démocrate/LeM/. Je lui laisse la responsabilité de régler cette affaire. ...mère d'un enfant de dix-huit mois qu'elle laissait chez elle aux bons soins d'une dame puéricultrice hollandaise/Pilhes/. Je vous laisse à vos occupations. Prends donc les bleus et laisse-moi les rouges. Je te vends ma voiture, je te la laisse pour mille francs. Laissez un pourboire au garçon!
à Inf 2
Je vous/lui laisse à penser combien cet accident nous a étonnés. Il m'a laissé à entendre qu'il ne viendrait pas. Je vous laisse à juger quelle était ma surprise.

laisser[4] (aux)
Nqc - V - de Inf 1
|neg.: unaufhörlich, nicht aufhören zu
La reprise d'activité du volcan ne laisse pas d'inquiéter les responsables locaux/LeM/.

• laisser[5] (aux)
N - V - N - inf 2
lassen
Il ne voulait pas me laisser partir. Laisse-le faire. Il nous a laissé partir. Il laisse courir le chien. Il laisse le chien courir. Marie laisse Pierre chercher sa poupée. Marie laisse

chercher sa poupée par Pierre. Marie le laisse chercher sa poupée. Marie la laisse chercher par Pierre. Marie la lui laisse chercher, Marie le laisse la chercher. Ce livre, je vous le laisse prendre. Ce livre, je vous laisse le prendre. Pierre se laisse facilement mener par le bout du nez.
✖ FAM: *Laisse-lui faire!*
✖ *se laisser aller:* s. gehen lassen
✖ *se laisser faire:* s. alles gefallen lassen
✖ FAM: *Nqc-seV-Inf: Ce vin se laisse boire.*

lambiner (1)
N - V
herum-trödeln
Avancez donc, ne lambinez pas!

se lamenter (2)
N - se V -(de/sur N)
klagen, jammern
Il se lamente sur son sort. Il se lamente de son ignorance, sur l'ignorance de ses élèves.
de ce que S Ind/Kj
Il se lamente de ce qu'il est/soit incompris. Ceux-ci se sont lamentés pendant de longues années de ce que la politique française manquât de stabilité et de cohérence dans l'action/Le Figaro/.
de Inf 1
Il se lamente de devoir rester à la maison.

laminer[a] (2)
N - V -(N)
walzen
Laminer du métal.

laminer[b] (2)
N - V - N
verringern, reduzieren
Les industriels vont être tentés d'élargir leurs marges bénéficiaires, encore laminées par les hausses de l'automne/LeM/. Les centristes ne songent qu'à laminer ou à briser l'U.D.R. /LeM/.

• lancer[a] (2+L/3)
N - V - N -(qp)
werfen, schleudern, mit etw werfen nach
Lancer une balle contre le mur. Ne lancez pas de bouteilles par les fenêtres! Il lança sa tête en arrière. Lancer le javelot, le disque. Lancer une fléchette sur une cible.
(Rakete) starten
Lancer une fusée.
✖ *lancer qc sur le marché:* etw auf den Markt werfen
✖ *lancer un cri:* (Schrei) ausstoßen
✖ *lancer un bateau:* (Schiff) vom Stapel lassen
✖ *lancer un moteur:* (Motor) starten, in Gang setzen, anlassen, anwerfen

♦*Nqn - se V -(qp)*
Anlauf nehmen, s. stürzen
Le sportif s'apprête avant de se lancer. Il sauta sur son vélo et se lança dans la descente/R. Vailland/.

N - V - N - à Nqn
zu-werfen
Je lui ai lancé le ballon.

• lancer[b] (2+L/2/3)
N - V - N - qp
(ins Abenteuer) stürzen
Les politiciens ont lancé leur pays dans une aventure.
(ins Gesicht) schleudern
Lancer des injures à la figure de qn > lui lancer des injures à la figure.

N - V - Nqn -(sur Nqc) FAM
jn bringen auf
Ne le lancez pas sur ce sujet, il est intarissable. Quand il est lancé, il ne s'arrête plus.

♦*Nqn - se V - dans N*
(Karriere) einschlagen, (in die Politik) gehen, s. auf etw einlassen
Il s'est lancé dans une carrière diplomatique. Il s'est lancé dans la politique. Je me suis lancé dans une affaire difficile.
✖ FAM: *Nqn -seV:* groß herauskommen, s. einen Stoß geben
Il n'osait pas parler en public, mais brusquement il s'est lancé.

N - V - N
etw von sich geben, äußern, (Neuigkeit..) in Umlauf bringen, etw starten, lancieren, initiieren
Lancer une plaisanterie, une fausse nouvelle. Lancer une campagne électorale, une offensive, un slogan, une vedette, une affaire, une mode.

N - V - N - à Nqn
(Appell) richten an
Le Président a lancé un véhément appel au calme à la population du pays.
FAM: jm zurufen
A Tarbes, Barre a lancé aux jeunes en quête d'emploi: "Apprenez à bouger"./Canard enchaîné/.

lanciner[a] (2)
N - V -(N)
<Schmerzen> stechen, jn wahnsinnig machen
Une douleur qui lancine. Le mal de dents me lancine.

lanciner[b] (2)
N - V - Nqn
jn quälen, jm nicht aus dem Kopf gehen
Cette idée l'a lanciné toute la matinée.

languir[a] (1)
Nqn - V
dahinsiechen
Le malade languit.
Nqc - V
<Pflanzen> langsam eingehen
Les plantes languissent avec la chaleur.

languir[b] (1/2)
Nqn - V < de N >
s. langweilen, schmachten, vergehen vor, s. verzehren vor
La châtelaine languissait dans son château. Languir d'ennui. Languir d'amour pour qn.

Nqn - V < de Inf 1 >
Je languis de ne pas pouvoir partir d'ici.
⧗ FAM: warten, lange bleiben
Il m'a fait languir toute la journée. Je n'ai pas l'intention de languir ici.

Nqn - se V < de N >
s. langweilen, s. (vor Liebe) verzehren
Lui-même, tout seul à Paris, il se languirait pour sûr/Daudet/.
Il se languit d'amour.

Nqn - V - après Nqc
warten auf
Je languis après une lettre qui tarde/Apollinaire/.

Nqc - V
<Konversation> schleppend sein, s. hinziehen, einschlafen
Comme il se faisait tard, la conversation commençait à languir.
<Interesse> nachlassen
L'attente et l'intérêt ne doivent jamais languir ou retomber /Gide/.

lanterner (1)
N - V
trödeln
Au lieu de revenir, les enfants lanternaient sur le chemin.
⧗ *faire lanterner qn:* jn warten lassen

laper (2)
N - V -(N)
schlabbern
Le chat lape son lait.

lapider (2)
N - V - N
steinigen
La foule a lapidé le kidnappeur.

laquer (2)
N - V - N
lackieren
Laquer une planche de bois.

larder[a] (3)
N - V - N -(de N)
spicken
Larder un gigot.
FAM: jn (durch Stiche...) verletzen
Larder qn de coups de couteau.

larder[b] (3) RARE
N - V - N - de N
etw spicken mit
Larder un texte de citations. → *truffer*

larguer (2)
N - V - N
los-, schießenlassen, <Flugzeug> etw abwerfen
Larguer les amarres, une voile. L'avion larguait ses bombes.
Fig.: FAM: etw aufgeben, jn verlassen, jn fallen lassen
Il a largué son boulot, sa femme, ses vieux amis. Des villages de caractère plus ou moins familial larguent leur modestie de toujours/L'Autojournal/. Pourquoi ne commencerait-on pas à larguer ce général qui a fait son temps?/La Croix/.

larmoyer (1)
N - V
weinerlich klagen, <Augen> tränen
Il ne cesse de larmoyer. J'ai les yeux qui larmoient.

• lasser (2)
N - V -(N)
ermüden, langweilen
La monotonie du paysage nous lassait. Un travail monotone qui lasse. Il nous lassait sans jamais se lasser.

♦*Nqn - se V*
|neg.: ermüden, müde werden
Il nous lassait sans jamais se lasser.

♦*Nqn - se V -(de N)*
es leid werden, e-r S überdrüssig werden
Je me suis lassé de cette musique. Il a fini par se lasser.
de ce que S Kj — *Il se lasse de ce qu'on ne tienne pas compte de son avis.*
de Inf 1 — *Il se lasse de travailler pour le roi de Prusse.*

• laver[a] (2)
N - V - N
aus-waschen
Laver ses mains > se laver les mains. Laver du linge, sa voiture. La pluie a lavé le pavé.
⧗ *×N-V-Ø :* → *faire la lessive*
⧗ (Zeichnung) aquarellieren
Laver un dessin.
FAM ⧗ *Loc. Fig.: laver la tête à qn:* jn zurechtweisen, tadeln

laver[b] (3)
N - V - Nqn - de Nqc
jn reinwaschen
Laver qn d'un soupçon. Il s'est lavé de cette accusation.
⧗ *Loc.: laver une injure, un affront dans le sang*
⧗ *se laver les mains de qc:* s-e Hände in Unschuld waschen
Je m'en lave les mains. Je me lave les mains de cette affaire.

lécher (2)
N - V -(N)
ab-, aus-lecken
Notre chien aime lécher. Le chien lèche son assiette. Les enfants lèchent avidement leur glace.
⧗ *Fig.: Les flammes commençaient à lécher le toit.*
POP ⧗ *Loc.: lécher les bottes, le cul à/de qn*
⧗ *Loc.: lécher les vitrines:* s. die Auslagen/Schaufenster anschauen
Nous avons passé l'après-midi à lécher les vitrines.

légaliser (2)
N - V - N
legalisieren, amtlich beglaubigen
Il est plus facile de légaliser certaines choses que de les légitimer/Chamfort/. J'ai fait légaliser une signature.

légiférer (1)
N - V
Gesetze erlassen
L'Assemblée a légiféré.
Fig.: Ce grammairien prétend légiférer.

légitimer (2)
N - V - N
rechtfertigen, (Kind) für ehelich erklären
Cherchez à légitimer votre action. Rien ne légitime cette décision. Le père a légitimé l'enfant.

♦*Nqn - se V*
s. rechtfertigen

Il a écrit cette lettre ouverte pour se légitimer.

léguer (3)
N - V - N - à N — (testamentarisch) vermachen
Le père a légué son héritage à son fils.
Fig.: Il lui a légué son tempérament.

léser (2)
N - V - N — verletzen
La balle a lésé le poumon.
Fig.: etw beeinträchtigen, jn benachteiligen, um unrecht tun
Léser les intérêts de qn > le léser dans ses intérêts. Notre tante nous a lésés dans son testament. Il s'est senti lésé dans cette affaire.

lésiner[a] (1)
N - V <sur N > — knausern
Lésiner sur la nourriture. A quoi bon lésiner?

lésiner[b] (2)
N - V - sur N — knausern
L'immortel (ne lésinons pas sur les bons qualificatifs) auteur de "Démocratie française" est pour la liberté de la presse/Canard enchaîné/.

lessiver (2)
N - V - Nqc — abwaschen
Lessiver un mur, le plafond, une pièce.
Nqn POP — jn ausnehmen
Il s'est fait lessiver au poker.
jn ausstechen
Il s'est fait lessiver à la première étape.

lester (2/3)
N - V - N — mit Ballast versehen
Lester un ballon, un navire.
N - V - N -(de N) FAM — füllen mit, vollstopfen mit
Lester son estomac > se lester l'estomac. Lester ses poches de chocolat > se lester les poches de chocolat.

leurrer (2)
N - V - Nqn — jn ködern, täuschen
Des annonces mirobolantes leurrent la clientèle. Il a été leurré par un escroc.
♦*Nqn - se V <sur Nqn>* — s. in jm täuschen
Je me suis leurré sur lui.
♦*Nqn - se V -(de N)* — s. selbst etw vormachen, s. falschen Hoffhungen, Illusionen hingeben
Il se leurre de vaines espérances.

• **lever** (2/1) — hoch-heben, erheben, (Anker) lichten, (Vorhang) auf-, hochziehen
N - V - N < qp >
Lever le bras (en l'air). Lever les yeux (sur qc/qn). Il leva la tête de son journal. L'élève lève le doigt. Le chien lève la patte. Lever son verre à la santé de qn. Le navire lève l'ancre.
✗ *lever la main sur qn:* gegen jn die Hand erheben
✗ *lever la vitre dans un train → relever*
lever un poids du sol → soulever
✗ *lever un lièvre:* (Wild) aufscheuchen
lever un enfant, un malade: jm beim Aufstehen helfen
lever une armée, des recrues: (Armee) ausheben
lever des impôts: (Steuern) erheben
lever le courrier: (Briefkasten) leeren
✗ POP: *lever une fille:* (ein Mädchen)aufreißen, s.jn anlachen
✗ *lever le siège:* (Belagerung) aufheben, aufgeben
lever une interdiction: (Verbot) aufheben
lever le masque: die Maske fallen lassen
lever le camp: (Lager) abbrechen
lever une séance: (Sitzung) schließen, aufheben
lever des obstacles, des difficultés, une résistance: (Hindernisse, Schwierigkeiten) aus dem Weg räumen, beseitigen
lever les doutes de qn: (Zweifel) zerstreuen
♦*N - se V < de qp >* — <jd> s. erheben, aufstehen
Il se leva de sa chaise. Il s'est levé tôt.
✗ *se lever de table:* die Tafel aufheben
<Wind, Sturm> s. erheben, <Sonne> aufgehen, <Tag> anbrechen, <Nebel> s. auflösen, <Wetter> aufklaren
Le vent, le soleil, le jour, le brouillard, le temps se lèvent.
N - V — <Samen> keimen, <Teig> aufgehen, <Salat> schießen
"Le blé qui lève". La pâte lève. Les salades lèvent.

lézarder[1] (2)
N - V - N — rissig machen
Le tremblement de terre a lézardé le mur. Le mur s'est lézardé.

lézarder[2] (1)
N - V — s. sonnen
Passer la journée à lézarder au soleil.

libeller (2)
N - V - N — (Formular...) ausfüllen
Libeller un chèque, un télégramme, une demande.

libéraliser (2)
N - V - N — liberalisieren
Le gouvernement a libéralisé l'avortement. Libéraliser l'importation de cigarettes.

• **libérer** (3/2)
N - V - N -(de N) — freilassen
Libérer des esclaves. La junte libère deux cent neuf prisonniers/LeM/.
(Soldaten) entlassen, (Schüler) nach Hause schicken

L'armée a libéré la réserve après la guerre. Libérer le contingent après le service militaire. Le proviseur libéra les élèves à cause de la chaleur: hitzefrei geben
befreien
Libérer un pays occupé (de ses envahisseurs).
Fig.: befreien, jn von etw entbinden
Vous me libérez d'un souci. Je vous libère de cette obligation, de votre dette.
⌘ *libérer son coeur:* sein Herz ausschütten
libérer sa conscience: sein Gewissen erleichtern
⌘ liberalisieren
libérer les échanges économiques.

♦*N - se V -(de N)*
s. befreien, s. freimachen, (Schulden) begleichen
Se libérer de l'emprise de qn, d'une dette, d'une obligation.
s. (zeitlich) freimachen
Je vais tâcher de me libérer pour demain.

N - V - N
(Weg) freigeben, freie Bahn machen
La police demanda aux piétons de libérer le passage pour laisser passer les ambulances.
den Blick freimachen, -geben auf
Les vapeurs se dissipaient pour libérer un verdoyant espace.
freisetzen
Cette réaction chimique libère de l'hydrogène. La scission nucléaire libère de l'énergie.

licencier (2)
N - V - N
entlassen
La direction a décidé de licencier des ouvriers.

• lier (2/3/2+L)
N - V - Npl < en N >
zusammen-, ver-binden
Lier des fleurs en bouquet. Lier des briques à l'aide de ciment. Lier une sauce. Lier des mots (entre eux). On lia les mains du prisonnier > on lui lia les mains. L'amitié les a liés.
♦*Npl - se V*
Pierre et Paul se sont liés d'amitié.
♦*N - se V -(avec N)*
Il se lie peu. Pierre s'est lié d'amitié avec Paul.
N - V - N - à N
L'amitié a lié Pierre à Paul. Un contrat de dix ans me lie à cette entreprise. Le plan d'action du gouvernement sera lié à la réforme de l'entreprise/LeM/. Lier la cause à l'effet.
avec N
Lier un mot avec un autre.
⌘ *lier conversation avec qn:* mit jm ins Gespräch kommen
lier connaissance avec qn: mit jm Bekanntschaft machen
N - V - N -(qp)
fest-, an-binden
Lier un prisonnier (sur une chaise).
⌘ Fig: binden
Ce serment ne me lie plus.
⌘ *Loc.: lier les mains, la langue à qn.*

ligoter (2)
N - V - N
fesseln, binden
Les pirates allaient ligoter l'otage.
⌘ *Fig.: Il est ligoté par ses prégugés.*

liguer (2)
N - V - Npl <contre N >
verbünden
L'adversité les a ligués. Cette affaire nous a ligués contre lui. La neige et la pluie s'étaient liguées pour nous gâcher le week-end.
♦*N - V - N - avec N <contre N >*
Chercher à liguer un peuple avec un autre contre un tiers.

limer (2)
N - V -(N)
feilen
Limer une pièce de métal. Apprendre à limer.

• limiter (3/2)
N - V - N -(à N)
beschränken
Le ministère a limité la vitesse à 100 km à l'heure. L'orateur a limité son discours à trois phrases.
♦*N - se V - à N*
Je me limite à trois phrases.
à Inf 1
Se limiter à ne dire que trois phrases.
N - V - N
die Grenze bilden von
Les Pyrenées limitent l'Espagne au Nord.
Fig.: einschränken, begrenzen
Il refuse tout ce qui limite sa liberté.

liquéfier (2)
N - V - N
verflüssigen
Liquéfier un gaz. Le goudron se liquéfie à la chaleur.
♦*Nqn - se V*
Fig.: FAM: alle Energie verlieren
Depuis son échec, il s'est complètement liquéfié.

liquider (2)
N - V - N
⌘ *liquider le stock d'un magasin:* (Lager) räumen
liquider un compte: (Konto) auflösen
liquider une affaire: (Geschäft) auflösen
liquider ses dettes: (Schulden) tilgen, bezahlen
liquider une pension: (Pension) berechnen
liquider un héritage: (Erbschaft) regeln, abwickeln
liquider un travail: (Arbeit) erledigen
liquider une crise politique: (Krise) beheben, ein Ende setzen
liquider un problème: (Problem) beseitigen
⌘ *Loc.: liquider un vieux compte avec qn:* e-e Rechnung mit jm begleichen
⌘ *liquider une liaison amoureuse:* (Liebschaft) beenden
⌘ FAM: etw (ganz) austrinken, (Reste) aufessen
liquider une bouteille, les restes d'un repas.
⌘ FAM: *liquider un adversaire politique:* jn beseitigen, aus dem

Wege räumen, liquidieren
⧗ FAM: *liquider ses clients:* (Kunden, Patienten) abfertigen

• **lire** (2/3) — ab-lesen
N - V -(N) — *Il lit vite. Lire le Capital.*
que S Ind — *Je viens de lire que mon petit chien s'est fait écraser hier.*
Ind/Kj |neg/int — *J'ai soixante-seize ans, dit-il, et je n'ai lu nulle part qu'il ait existé des juments vertes/Aymé/*
J'ai lu avoir gagné à la loterie.
N - V - N - à N — vorlesen
→ dire^{1}

lisser (2) — glatt streichen
N - V - N — *Lisser sa jupe, ses cheveux.*

• **livrer**^{1} (3/2+L) — (Waren) liefern
N - V -(Nqc) -(à N) — *Nous vous livrerons le piano prochainement.*
▼*N - V - N* — *Nous ne livrerons plus ce produit.*
▼*N - V - à N* — *Cette maison ne livre qu'aux grossistes.*
▼*N - V* — *On ne livre pas après huit heures.*
N - V - (N) - qp — *Nous livrons nos marchandises à domicile. Nous livrons à domicile, à l'étranger, en France.*
N - V - Nqn -(en N) — Lieferant sein
Livrer les écoles en matériel scolaire.
de N — beliefern
Livrer une école de nouveaux meubles.

livrer^{2a} (3) — ausliefern
N - V - Nqn -(à N) — *Les autorités ont livré le coupable à la police. La France n'a pas livré le détenu.*
verraten
Sous la crainte de la torture, il a livré ses camarades.
♦*Nqn - se V -(à N)* — s. ausliefern, s. stellen
Le meurtrier s'est livré de lui-même (à la police).

livrer^{2b} (3) — ausliefern, überlassen, preisgeben...
N - V - Nqc -(à N) — *La situation politique a livré le pays à l'anarchie. Livrer une ville au pillage. Par l'enquête raisonnée de la science les choses livrent leurs secrets à l'homme. Livrer l'avenir au hasard.*
(Geheimnis) verraten
Un industriel américain à moitié ivre et peut-être sur le point de livrer des secrets/Pilhes/.
widmen
Il a livré sa vie à la science.
⧗ *livrer bataille (à l'ennemi):* e-e Schlacht liefern
⧗ *livrer passage à N:* jn vorbei-, durchlassen, den Weg frei machen
♦*Nqn - se V - à Nqc* — s. widmen, s. hingeben
Il s'est livré à la science. Se livrer à des excès, à la débauche, au désespoir, à ses occupations.
etw unternehmen, anstellen
Se livrer à des expériences, à des investigations. Je demandai à ma secrétaire de se livrer à une activité ultime/Pilhes/. Vous vous êtes livrés à des expériences sur vos secrétaires /Pilhes/.
♦*Nqn - se V -(à Nqn)* — s. anvertrauen
Il s'est livré à moi. Il se livre peu.

localiser (2) — lokalisieren
N - V - N — *Localiser un bruit, une infection.*
eindämmen, begrenzen
Localiser un incendie, une épidémie.

• **loger**^{1} (1+L/2+L/2) — s-e Unterkunft, Quartier haben
N - V - qp — *Il loge à l'hôtel.*
N - V - Nqn - qp — jn unterbringen, beherbergen
Loger qn à l'hôtel, chez soi.
♦*Nqn - se V - qp* — wo absteigen, s-en Unterkunft nehmen
Il n'a pas trouvé (d'endroit) où se loger.
Nqc - V - N — beherbergen können, Platz haben für
L'hôtel peut loger trente personnes.

• **loger**^{2} (2+L) — hinein-bringen, -stellen, -setzen...
N - V - Nqc - qp — *Il a logé toutes les balles au centre de la cible. Le meuble va être difficile à loger dans cette pièce. Des rainures où l'on aurait logé le petit doigt/J. Romains/.*
⧗ *se loger une balle dans la tête:* s. eine Kugel durch den Kopf jagen

longer (2) — entlang-gehen, -laufen, -führen...
N - V - N — *Ce chemin longe la rivière. Vous longez pendant 200 mètres le mur de l'hôpital.*

lorgner (2) — jn (intensiv) anschauen, jm nachschauen, von der Seite ansehen, auf etw schielen
N - V - N — *Un curieux personnage nous lorgnait depuis l'autre table. Il passe son temps à la terrasse du café à lorgner toutes les jolies filles. L'élève lorgne du coin de l'oeil la copie du voisin*

⌘ Fig.: schielen nach
Lorgner un héritage.

loucher (1)
N - V
schielen
Jean louche.

• **louer**[1] (3/2)
N - V - N -(à N)
vermieten
J'ai loué cet appartement (à un étudiant). Je lui ai loué mon garage. Chambre à louer.
N - V - N
(s.) mieten
J'ai loué cet appartement.
(s.) reservieren (lassen)
Louer sa place dans un train.
♦*Nqn - se V*
s. verdingen
Les ouvriers agricoles travaillent l'été en se louant de ferme en ferme.

• **louer**[2] (2/3)
N - V - Nqc
loben
Je loue cette initiative.
N - V - Nqn < pour N >
Louer qn pour les efforts qu'il a faits.
(de N)
Louer qn de son initiative.
de ce que S Ind/Kj — REL
Louer qn de ce qu'il a pris une initiative. C'est pourquoi je marche, formant des prières...et Te louant cependant, Seigneur, de ce que Tu ne me répondes point/Saint-Exupéry/.
de Inf 2
Je ne peux que le louer d'avoir fait cela.
♦*Nqn - se V -(de Inf 1)*
s. loben
Je me loue d'avoir fait cela à temps.
♦*Nqn - se V - de Nqc/qn*
zufrieden sein mit
Je peux me louer (des services) de ma secrétaire.

louper (2) — FAM
N - V - Nqc/qn
verfehlen, verpassen, verpatzen
Il m'a envoyé une boule de neige, mais il m'a loupé. Nous avions rendez-vous au café, mais je l'ai loupé. J'ai loupé mon train. J'ai loupé l'occasion. Au point où nous en sommes, pas question de louper notre affaire. J'ai loupé la composition.
⌘ POP: *N-V |neg.: Ça ne loupe pas!* Da kannst du Gift drauf nehmen.
Je te dis, il se cassera la gueule, et ça ne loupera pas.
Und peng, so kams:
J'étais sûr que ça allait mal tourner, et ça n'a pas loupé.

louvoyer (1)
N - V
gegen den Wind segeln, kreuzen
J'ai dû louvoyer pour regagner la côte.
Fig.: lavieren, taktieren
Il a louvoyé à travers tous les régimes.

lubrifier (2)
N - V -(N)
schmieren, ölen
Lubrifier le moyeu d'une roue de bicyclette.

• **luire** (1)
N - V < de N >
strahlen, glänzen, schimmern, <Augen> leuchten
Le soleil luit. Les toits de tôle luisaient sous le soleil. La chaussée humide luit. La soie luit. Son visage entier luisait de sueur. Et le bout de la ruelle luisait doucement, car le pavé était gras./B. Vian/. Ses yeux luisaient.

lustrer (2)
N - V - N
polieren, blank putzen, (Stoff) blank scheuern
Lustrer un meuble, une voiture, un cuir, une glace. Il a lustré son pantalon sur les bancs de l'école.

lutiner (2) — LIT
N - V - Nqn
mit jm schäkern, jn necken
Lutiner une jeune fille.

• **lutter** (1/2)
Npl - V
kämpfen
Les deux boxeurs ont lutté avec acharnement (l'un avec/contre l'autre, entre eux). Il sentait en lui les sentiments les plus opposés lutter entre eux.
♦*N - V -(avec/contre N)*
Le Stade de Reims a lutté avec/contre l'Olympique Marseillais. Au lieu de lutter, le boxeur a abandonné.
N - V - contre N
Lutter contre le trafic des stupéfiants, contre le sommeil.
pour N
Lutter pour un meilleur monde.
pour que S Kj
Lutter pour que se réduise le nombre des bidonvilles.
pour Inf 1
Lutter pour obtenir satisfaction.

luxer (2)
N - V - N
verrenken
La chute a luxé son épaule > la chute lui a luxé l'épaule. Se luxer le genou.

lyncher (2)
N - V -(N)
lynchen
La foule a lynché l'assassin. Il est interdit de lyncher.

macérer[1] (2+L/1+L) — (Früchte mit Alkohol) ansetzen
N - V - N -(qp) — *J'ai macéré des pruneaux dans de l'alcool.*
N - V - qp — ziehen, marinieren
Les cerises macèrent dans le porto. Il fait macérer le sanglier dans une marinade.

macérer[2] (2) LIT — kasteien
N - V - N — *Vous dormiez...macérant votre chair et domptant votre esprit /Leconte de Lisle/.*

• mâcher (2) — kauen
N - V -(N) — *Mâcher du chewing-gum.*
⧗ *Loc.: ne pas mâcher ses mots:* unverblümt sprechen
⧗ *Loc.: mâcher le travail/la besogne/la leçon à qn:* fast die ganze Arbeit für jn machen

machiner (2) — anzetteln, (s.) ausdenken
N - V - N — *Machiner un complot, une intrigue, une excuse.*

mâchonner (2) — kauen, kauen an, herumkauen auf
N - V -(N) — *Mâchonner son chewing-gum, son stylo à bille, son cigare.*
⧗ *Fig.: N-V-N:* etw in s-n Bart murmeln, brummen
Mâchonner des excuses.

maçonner (2) — aus-, zu-mauern
N - V -(N) — *Maçonner un mur, un puits, une porte.*

se magner (1) POP — s. beeilen
N - se V — *Magne-toi!* → *se manier*

magnétiser (2) — magnetisieren
N - V - N — *Magnétiser de la limaille de fer.*
Fig.: Il a un regard pénétrant qui vous magnétise.

magnifier (2) LIT — verherrlichen, preisen
N - V - N — *Magnifier les valeurs de la patrie.*
jn erhöhen
Le jour où seront abaissés les puissants et magnifiés les humbles/Gide/.

• maigrir (1/2) — mager werden
N - V — *Il a bien maigri ces derniers mois.*
N - V - N — mager, dünner werden lassen/erscheinen lassen
Sa longue barbe maigrit sa figure. Le régime t'a beaucoup maigri.
⧗ ×*se V*

• maintenir[1a] (2+A) — zurück-, zusammen-, fest-halten, abstützen
N - V - N — *La digue maintient l'eau en crue. Un rouleau de papier parchemin de couleur crème maintenu par un ruban vert et noir/Pilhes/. Les infirmiers devaient maintenir le malade. Il faut qu'une bande maintienne le bras cassé. Des poutres de soutènement maintiennent l'édifice caduc.*
N - V - N - adj — halten
Un mécanisme maintient la jambe horizontale.
adv — *Un cordon de police maintenait la foule à distance. Marie nageait tout en maintenant la tête au-dessus de l'eau.*
♦*Nqc - se V - adv* — bleiben, s. (wo/wie) halten
Les plateaux de la balance se maintiennent à l'horizontale.
♦*Nqn - se V - adv* — *Il arrive à peine à se maintenir en selle.*

• maintenir[1b] (2+A) — aufrechterhalten
N - V - N — *Maintenir l'ordre, sa candidature, sa position.*
♦*N - se V* — an-dauern, s. halten
Le mauvais temps se maintiendra le week-end. La paix ne s'est pas maintenue longtemps. Cette coutume s'est maintenue pendant des siècles
⧗ *Le candidat s'est maintenu au second tour (= il a maintenu sa candidature)*
N - V - N - adj — halten, jn wo behalten
Le gouvernement veut maintenir stable le coût de la vie.
adv — *Maintenir un adversaire en respect. Maintenir un fonctionnaire dans son poste.*
♦*N - se V - adv* — s. halten
Le coureur s'est maintenu en tête pendant plusieurs étapes. Il se maintenait dans le monde à coups de génie et d'audace/A. France/.

• maintenir[2] (2) — bleiben bei, weiter behaupten
N - V - N — *Maintenir son opinion.*
que S Ind — *Je maintiens que j'ai raison.*
Ind/Kj |neg/int — *Maintenez-vous que cela est/soit vrai? Je ne maintiens pas que cela est/soit vrai.*
Ø Inf 1 — *Je maintiens avoir payé la facture.*

maîtriser (2) — (Pferd...) bändigen, im Griff haben
N - V - N — *Il faut être un cavalier chevronné pour maîtriser ce cheval comme vous l'avez fait.*
Fig.: (Gefühle..) beherrschen, etw im Griff haben, in den Griff bekommen
Il fit un effort pour maîtriser sa colère. Les pompiers maîtri-

sèrent rapidement l'incendie. Gouverner aujourd'hui c'est maîtriser l'économie/Pilhes/. Le gouvernement ne maîtrise plus la situation.

majorer (2)
N - V - N
erhöhen, heraufsetzen
Majorer les allocations familiales, les prix.
⧗ *×se V*

malaxer (2)
N - V - N
durch-kneten
Malaxer de l'argile, une pâte.

malmener (2)
N - V - N
übel zurichten, hart zusetzen
La police a malmené les journalistes. La critique a malmené l'auteur de la pièce.

maltraiter (2)
N - V - N
mißhandeln
Maltraiter un enfant, un prisonnier.
Fig.: Maltraiter sa langue maternelle. La critique a maltraité l'auteur du roman.

mandater[1] (3)
N - V - N -(à N)
überweisen
Mandater une somme à qn.

mandater[2] (2)
N - V - N <pour N/pour Inf 2 >
beauftragen, jm ein Mandat geben
Les locataires ont mandaté l'un des leurs pour négocier avec le propriétaire. Mandater un député.

mander[1] (2+L) — VIEUX
N - V - Nqn -(qp)
jn kommen lassen, jn wohin zitieren
Mander qn d'urgence à la préfecture. Le préfet l'a mandé d'urgence.

mander[2] (3) — LIT
N - V - N - à N
mitteilen, berichten
Dès que je le pourrai, je vous le manderai, comme on disait /Musset/.

• manger[a] (2)
N - V -(N)
essen, <Tiere> fressen
Manger une orange. Il mange toute la journée. Le chien mange.

manger[b] (2)
N - V - N
<Rost> zerfressen, <Motor> (Benzin) verbrauchen, fressen
La rouille mange le fer. Le moteur mange beaucoup d'essence.
⧗ *Loc.: manger qn des yeux*
verschlingen
Cette banque a mangé toutes ses concurrentes.
⧗ *manger ses mots:* (Worte) verschlucken, undeutlich aussprechen

• manier[1] (2)
N - V - N
mit etw umgehen, etw bedienen, handhaben
Savoir manier l'épée, sa langue, de grosses sommes d'argent. Manier les foules. Manier un magnétophone.

se manier[2] (1) — POP
N - se V
s. beeilen
Il faut se manier.→ se magner

• manifester[1] (2)
N - V -(contre N)
demonstrieren
Un groupe d'étudiants manifeste dans les rues. Les gens manifestent contre la hausse des prix.
pour N/pour Inf
Ils manifestent pour la réduction des impôts, pour obtenir une augmentation de salaire.
en faveur de N
Manifester en faveur d'un prisonnier politique.

• manifester[2] (2/3)
N - V - N
erkennen lassen, zeigen, äußern
Manifester sa joie, sa colère, son opinion, son mécontentement. Les dernières élections ont manifesté un mécontentement dans la population/LeM/.
que S Ind
Les élections ont manifesté que le mécontentement était grand dans la population.
Ind/Kj |neg/int
Rien ne manifeste que le mécontentement est/soit grand.
Int.ind
Les élections ont manifesté combien le mécontentement était grand dans la population.
♦*Nqc - se V*
s. zeigen
Lors des dernières élections s'est manifesté un mécontentement dans la population.
♦*Nqn - se V*
ein Zeichen von sich geben, s. melden
Notre fils se manifeste de temps en temps par une carte postale. Bien que le poste soit vacant depuis longtemps, aucun candidat ne s'est manifesté.
N - V - N - à Nqn
jm bekunden, bezeigen
Il m'a toujours manifesté la plus grande amitié.

manigancer (2) — FAM
N - V -(N)
anzetteln, aushecken
Manigancer une intrigue. Il a bien manigancé son affaire.

manipuler (2)
N - V - Nqc/qn
handhaben, manipulieren
Manipuler un instrument avec précaution. Je ne sais pas manipuler cet appareil. Manipuler l'opinion publique, les statistiques. Il manipulait les journalistes aussi bien que Saint-Ramé.

manoeuvrer (2/1)
N - V - Nqc
bedienen, handhaben, steuern
Manoeuvrer un bateau, le gouvernail. Ce camion se manoeuvre difficilement.
N - V - Nqn
manipulieren
Manipuler qn, les masses.
Nqn - V
exerzieren
L'armée manoeuvre dans la région.
es (schlau/un-geschickt) anstellen
Le ministre a manoeuvré habilement dans cette affaire.

• manquer[1] (1/2)
N - V < qp >
fehlen, ⧗ es fehlen an
Trois élèves ont manqué ce matin. Les vivres vinrent à manquer. Personne ne manque à l'appel. Un bouton manque à sa veste. Il

a manqué à l'école aujourd'hui. Ce ne sont pas les occasions qui manquent.

♦*il - V - N < qp >*
Il manque trois élèves ce matin. Il manque un bouton à ma veste.
⧗ *il ne manquerait plus que S Kj:* es fehlte nur noch daß...
Il ne manquerait plus qu'il se mette maintenant à neiger!

Nqc/qn - V - à Nqn
jm fehlen, ⧗ jn vermissen
Lè temps, l'argent, le courage lui manquent pour faire cela.
⧗ *La voix me manque:*<Stimme> versagen

que S Kj -(cela) - V - à Nqn
Que je ne puisse aller au théâtre quand j'en ai envie (cela) me manque terriblement.

♦*il - V - à Nqn - que S Kj*
Il me manque de pouvoir aller au théâtre.

(de) Inf 2 -(cela) - V - à Nqn
(De) ne pas pouvoir aller au cinéma quand je le veux (cela) ne me manque pas.

♦*il - V - à Nqn - de Inf 2*
Il me manque de pouvoir aller au cinéma quand je le veux.

Nqc/qn - V - de Nqc
<jd> es fehlen lassen an, ⧗ nicht genügend haben, ⧗ jm/e-r S fehlen
Ce monsieur manque de tact et de courage. Cette pièce manque de vivacité. Le moteur manque d'huile. Il ne manque pas de finesse. La direction ne manque pas d'arguments pour expliquer cela /LeM/

• manquer[2] (2)
verpassen, verfehlen, ⧗ jm nicht gelingen, (in der Schule) fehlen

N - V - N
J'ai manqué mon train. Le chasseur a manqué le lièvre. Nous avons manqué le début du film. Je lui avais donné rendez-vous au café, mais je l'ai manqué. Il a dû manquer l'école pendant une semaine. Sa tactique a manqué son but. J'ai manqué la photo. Il a manqué l'occasion.

N - V
nicht gelingen, scheitern, fehlschlagen
Cette expérience a manqué. Tous ses projets ont manqué.

manquer[3] (2)
etw vernachlässigen, gegen etw verstoßen, (Versprechen) nicht halten, s. jm gegenüber ungebührlich verhalten

Nqn - V - à Nqc/qn
Il a manqué à son devoir. Il a manqué à la politesse. Il a manqué à sa promesse. Je l'ai promis et je n'y manquerai pas. Paul a manqué à ses parents, à son supérieur.

• manquer[4] (aux)
beinahe (etw tun, passieren...)

N - V -(de) Inf 1
Il a manqué (d')avoir un accident. Notre affaire a manqué d'échouer.

• manquer[5] (aux)
|neg.: auf jeden Fall, mit Sicherheit (etw tun, passieren...), es nicht unterlassen

N - V - de Inf 1
Au surplus, je parlais un remarquable américain, ce qui ne manquerait pas d'être apprécié/Pilhes/. Ne manquez pas de le lui dire. Cela ne manquera pas d'arriver.
tatsächlich, wirklich so (getan haben, passiert sein)
Cela n'a pas manqué d'arriver. Et il n'a pas manqué de faire cette bêtise.
⧗ *Cela n'a pas manqué (sc.: d'arriver)*
Je l'avais prévu, et ça n'a pas manqué.
regelmäßig (etw tun)
Il ne manquait pas de prendre tous les matins son petit café au bistrot du coin.

manutentionner (2)
(Waren) ein-lagern, verpacken

N - V - N
Manutentionner des livres, des pièces de rechange.

maquiller (2)
schminken

N - V - N
(Maquiller son nez) > se maquiller le nez.
Fig.: ver-fälschen
Maquiller la vérité, un passeport.

marauder (1)
(Nahrung) organisieren, stehlen

N - V
Pour avoir quelque chose à manger, les soldats maraudaient. Le plaisir qu'éprouvent les gosses à marauder.

marchander[a] (2)
feilschen, handeln

N - V -(N)
En Tunisie, par exemple, les gens ont l'habitude de marchander. Marchander un prix, un meuble ancien.

marchander[b] (3)
nur widerwillig gewähren

N - V - N -(à N)
Il nous a marchandé son appui.
Neg.: reichlich bedenken mit, bereitwillig gewähren, nicht knausern mit
Il ne lui a pas marchandé les félicitations. Il ne nous a pas marchandé son concours.

• marcher[1a] (1)
gehen, marschieren

Nqn - V < qp >
Il marche de long en large dans sa chambre. Nous marchions lentement vers la côte. Marcher pieds-nus, à petits pas, à quatre pattes, au pas, en rang, à reculons.
etw betreten, treten auf, in
Défense de marcher sur les pelouses. J'ai marché sur un bout de verre, dans une flaque d'eau.
(auf etw zu) marschieren
Napoléon a marché sur Moscou.
fahren
Nous avons marché à 1oo à l'heure. → *rouler*

Nqc - V
gehen
Cette montre ne marche plus. Une pile fait marcher le moteur.

marcher[1b] (1+L)
s. bewegen, schreiten

Nqc - V - qp
Le pays marche à l'aventure. Ce monde avec lenteur marche à la sagesse/Voltaire/.

• **marcher**[2] (1) — FAM
Nqc - V — klappen
Ça n'a pas marché. Ensuite tout a marché comme sur des roulettes.
Nqn - V — mitmachen, drauf reinfallen
Non, je ne marche pas. Et nous avons marché!
⋈ *faire marcher qn:* jn an der Nase herumführen, jm einen Bären aufbinden

• **marier**[a] (2)
N - V - Npl — trauen
M. le maire a marié le jeune couple, Paul et Paule.
♦*N - V - N -(à N)* — verheiraten, unter die Haube bringen
Il a marié son fils à la fille du voisin. Il n'a pas encore marié sa fille. Pourquoi diable voudriez-vous que les ploutocrates français n'aient pas adopté les méthodes des gens auxquels ils ont marié leurs filles?/Bernanos/.
avec N — RARE — *Ses amis ont bien réussi à marier Paul avec Paule.*
♦*Npl - se V* — heiraten
Jules et Marie se sont mariés.
♦*N - se V -(avec N)* — *Jean vient de se marier. Il s'est marié avec la fille du voisin.*
⋈ *être marié à/avec qn*

marier[b] (2) — LIT
N - V - Npl — (Farben) harmonisch zusammenstellen, se V: zus. passen
Le peintre a su parfaitement marier les couleurs dans ce tableau. Les couleurs de la pièce se marient parfaitement.
♦*N - V - N - à N* — etw vereinen mit
Il sait marier l'élégance à la rigueur.

mariner (2/1)
N - V - N — marinieren, einlegen, beizen
Obélix préfère ne pas mariner son sanglier.
N - V — marinieren, eingelegt sein
Le sanglier a mariné toute la semaine. Faire mariner un lièvre.
⋈ FAM: *laisser mariner qn:* jn schmoren lassen
La police l'a laissé mariner pendant trois jours au commissariat.

marivauder (1)
N - V <avec N > — Süßholz raspeln
Il aime à marivauder avec les jeunes filles.

marmonner (1/3)
N - V — murmeln
Il ne parle pas, il marmonne.
N - V - N -(à N) — *Marmonner des excuses. "Bien" marmonna-t-il. Marmonner des injures au flic du coin.*

marmotter (1/2)
N - V — vor sich hinreden
Il y a des gens qui marmottent en marchant.
N - V - N — murmeln
Marmotter des prières.

maronner (1) — FAM
N - V — ärgerlich sein, murren
Laisse-le maronner dans son coin.
⋈ *faire maronner qn:* jn ärgern

• **marquer**[1] (3/2/1+L)
N - V - N -(de N) — markieren, kennzeichnen
La teinturerie marque les draps d'un numéro.
Fig.: prägen
C'est un homme d'Etat qui a marqué notre époque de sa personnalité.
< à/par/avec N > — *Je marque ce passage au crayon, par un trait rouge, avec une croix.*
N - V - N — markieren, <Uhr> (Zeit) anzeigen
Un astérisque marque les expressions inusitées. L'horloge marquait cinq heures.
⋈ *N-V-Ø |K: Ce crayon ne marque plus:*<Kuli...> schreiben
Fig.: prägen
Les difficultés ont marqué son enfance.
N(qc de)qn - V - Nqc — zu verstehen geben
Il a nettement marqué son désaccord.
que S Ind — *Son attitude marque bien qu'il n'est pas d'accord.*
⋈ *marquer la mesure:* den Takt schlagen
⋈ *marquer (un but):* ein Tor erzielen
⋈ *marquer des points dans un jeu, dans une discussion:* Punkte (für sich) sammeln
⋈ *marquer un joueur:* (e-n Spieler) decken
⋈ *marquer un temps d'arrêt:* e-e Pause einlegen
Avant de reprendre son travail, son discours, il marqua un temps d'arrêt.
♦*N - se V - qp* — s. zeigen, zutagetreten
La surprise se marqua sur son visage.
N - V - qp — Fig.: <etw> eine Spur hinterlassen, bemerkenswert sein
Rien n'a marqué dans cette pièce de théâtre. Cet événement a marqué dans ma vie.
<jd> s. auszeichnen, s. hervortun, -heben
Un homme d'Etat qui a marqué à notre époque. Il suffit de rappeler les noms des savants qui ont marqué depuis un quart de siècle dans la linguistique pour voir sous combien de faces ces problèmes ont déjà été abordés/A. Sechehaye/.
⋈ FAM: *marquer mal:* e-n schlechten Eindruck machen
Paul/la conduite de Paul marque mal.

marquer[2] (2+L) — etw wo eintragen, notieren
N - V - sur N - N — *Je marque mon nom sur la liste. Il marqua le rendez-vous sur son agenda.*
que S Ind — *Il a marqué sur son agenda qu'il m'avait fixé un rendez-vous.*
Ø Inf 1 — *Il marqua sur un bout de papier avoir été empêché de venir.*

se marrer (1) FAM — s. kaputtlachen
N - se V < de Inf 1> — *Qu'est-ce qu'on s'est marré. Je me marre de le voir essayer de faire du surf.*

marteler[a] (2) — hämmern
N - V -(N) — *Marteler du cuivre.*

marteler[b] (2) — (mit Schlägen..) eindecken
N - V - N — *Le boxeur martelait le visage de son adversaire > lui martelait le visage. L'artillerie martèle les positions ennemies.*
⌘ *marteler des mots, des phrases:* (Wörter..) stark betonen

martyriser (2) — quälen
N - V - N — *Le cavalier martyrise son cheval. Les enfants martyrisent leur père.*

masquer[a] (2) RARE — maskieren
N - V - N — *Masquer un enfant pour le carnaval.*

• **masquer**[b] (3) — verbergen, (Aussicht) versperren auf, verschleiern, kaschieren
N - V -(à Nqn))- N — *Cet immeuble nous masque la vue. Cet immeuble masque la tour Eiffel. Pourquoi chercher à masquer ses défauts? Son abord rude masque un caractère sensible.*
que S Ind — *Il a essayé de me masquer qu'il s'était marié avec ma meilleure amie.*
Int.ind — *Il ne m'a pas masqué comment il s'y est pris.*
Ø Inf 1 — *Il a essayé de masquer avoir gagné à la loterie.*

massacrer (2) — niedermetzeln, -machen, massakrieren
N - V - N — *Les troupes ont massacré la population civile.*
übel zurichten
Le boxeur a massacré son adversaire.
Fig.: verhunzen, verschandeln
On a massacré le texte en le remaniant. L'autoroute a massacré le paysage de cette vallée.

masser[1] (2+L) — zusammendrängen, (Truppen) konzentrieren
N - V - Npl -(qp) — *Masser des prisonniers dans la cour. Masser des troupes (à la frontière).*
♦*Npl - se V -(qp)* — s. drängen
Les gens se massent à la terrasse du café, dans la rue.

masser[2] (2) — massieren
N - V -(N) — *Masser un bras ankylosé.*

mastiquer[1] (2) — kauen
N - V -(N) — *Mastiquer la viande avant de l'avaler. Mastiquer de la réglisse.*

mastiquer[2] (2) — ver-kitten
N - V - N — *Mastiquer des vitres.*

matelasser (2) — polstern
N - V - N — *Matelasser un canapé.*

mater (2) — jn zur Raison bringen, e-r S Herr werden, (Revolte) niederschlagen
N - V - N — *Mater un élève récalcitrant. Mater un incendie. Mater une révolte.*

matérialiser (2) — darstellen
N - V - N — *Une statue qui matérialise une victoire.*
in die Tat umsetzen
Matérialiser une promesse, un projet.

matraquer (2) — niederknüppeln, verprügeln
N - V - N — *Les CRS ont matraqué les manifestants et quelques journalistes.*
Fig.: FAM: jn ausnehmen
C'est un restaurant où l'on se fait joliment matraquer.

maudire (2) — verwünschen
N - V - Nqc — *Maudire son sort.*
N - V - Nqn < de Inf 2 > — *Nous le maudissons. Je le maudissais de me faire attendre si longtemps.*

maugréer (1/2) — brummen, schimpfen
N - V — *Il ne cesse de maugréer. "Bien sûr" maugréa-t-il après quelques instants.*
N - V - contre N — *Il maugrée contre tout.*

mécaniser (2) — mechanisieren
N - V - N — *Mécaniser la production, l'agriculture.*

méconnaître (2) — verkennen, Neg.: s. bewußt sein
N - V - N — *Méconnaître un ami, la réalité, un danger, les bonnes intentions de qn. Je ne méconnais pas le danger où je me trouve.*
que S Ind — verkennen, nicht sehen; neg.: s. bewußt sein
En disant cela vous méconnaissez que la réalité est tout autre.
que (ne) S Ind/Kj |*neg/int* — *Je ne méconnais pas que cela est/soit difficile. Méconnaît-il*

que cela est/(ne) soit difficile?

• **mécontenter** (2)
N - V - N — Anlaß zur Unzufriedenheit geben, unzufrieden machen, ✗ unzufrieden sein mit
Je l'ai mécontenté en déclinant son invitation. La politique du gouvernement a mécontenté les classes laborieuses.

médire (2)
N - V -(de N) — jn schlecht machen, jm Übles nachreden
Pourquoi médisez-vous de lui? Il se plaît à médire.

• **méditer** (2)
N - V -(sur N) — nachdenken, überlegen, meditieren
Après avoir médité quelques minutes je résolus d'aller faire un tour dans les bureaux/Pilhes/. Méditer sur les décisions à prendre. Les moines passent leur temps à méditer dans leurs pagodes.
N - V - N — s. überlegen, vorhaben
Il passa la journée à méditer une riposte. Méditer un projet, une évasion d'une prison.
Int.ind — *Méditez si mon projet est réalisable.*
de Inf 1 — *J'ai longtemps médité de lui écrire une réponse.*

• **se méfier** (2)
N - se V - de N(qc de)qn — mißtrauisch sein, mißtrauen
Se méfier de qn. Je me méfie de leur proposition.
N - se V -(de Nqc) FAM — s. in acht nehmen, s. hüten vor
Je me méfie de ce genre d'appareil
vorsichtig sein
Méfie-toi, on nous écoute.
de Inf 1 — *Méfiez-vous de ne pas tomber dans le piège.*

méjuger (2) LIT
N - V - de N — zu gering einschätzen, unterschätzen
Il a méjugé de ses forces.
N - V - N — für (zu) gering erachten, falsch beurteilen
L'amoureux qui se désole et méjuge l'amour/Gide/.

• **mélanger** (2)
N - V - Npl — ver-mischen
Mélanger plusieurs couleurs. Mélanger plusieurs sortes de café. Tu mélanges plusieurs questions.
♦*N - V - N - à/avec N* — *Mélanger le bleu avec le rouge, au rouge.*

• **mêler** (2)
N - V - Npl — ver-mischen
Mêler les cartes avant de les distribuer. Le peintre mêle plusieurs couleurs. Dans cette pièce, l'auteur a mêlé les genres. Il a mêlé le comique et le tragique.
durcheinanderbringen
Le vent avait mêlé ses cheveux >lui avait mêlé les cheveux.
♦*N - V - Nqc - à Nqc* — vermischen mit
L'affluent mêle ses eaux à celles du fleuve. Il a su mêler les approbations aux critiques.
♦*N - V - Nqn - à Nqc* — jn hineinziehen in
On a essayé de me mêler à cette affaire.
♦*N - V - Nqc - de Nqc* — *Mêler un vin d'eau. Mêler son récit de détails pittoresques.*
♦*Npl - se V* — s. ver-mischen, durcheinandergeraten
Dans cette île, les races se sont mêlées. Les souvenirs se mêlent dans mon esprit. L'admiration et la crainte se mêlent sur son visage.
♦*N - se V - à N* — s. vermischen mit, <jd> s. mischen unter, s. einmischen in
Sur son visage, l'admiration se mêlait à la crainte. Je me mêlai successivement à deux ou trois groupes de cadres d'état major. Le gouvernement se mêle aux querelles de la majorité.
♦*il se V - Nqc - à Nqc* — *Il se mêle du dépit à sa colère.*
♦*Nqn - se V - de N* — s. einmischen in, s-e Nase stecken in
Il se mêle de ce qui ne le regarde pas.
de Inf 1 — s. einfallen lassen
Il se mêle de corriger le monde. Il se mêle maintenant de faire des vers.

• **menacer**[1] (3/2)
N - V - N < de/avec N > — drohen, jn bedrohen, jm drohen mit
Il nous a menacés avec un couteau, du/avec le poing.
N - V - N - de N — jm drohen mit, jm etw androhen
Il a été menacé de poursuites judiciaires. Le patron l'a menacé de licenciement. Le secrétaire d'Etat appelait fermement à la discipline collective et menaçait les aventuriers de sanctions./LeM/.
(N)- de Inf 1 — *Il nous a menacés de ne pas revenir. Il a menacé de porter plainte. Le Maroc et la Mauritanie ont menacé, vendredi, de se retirer de l'O.U.A./LeM/.*
Nqc - V - N — bedrohen
Une grave crise menace l'O.U.A./LeM/. La reprise de l'inflation menace les exportations françaises/LeM/.

• **menacer**[2] (aux)
Nqc - V - de Inf 1 — drohen
Le temps menace de tourner à la tempête. L'immeuble menace de s'écrouler.
✗ *N-V-Ø: L'orage menace (sc. d'éclater). C'est la faim, c'est l'angoisse,..l'anthropophagie peu à peu menace/LeM/.*

• **ménager**[1] (2)
N - V - Nqc/qn — schonend, rücksichtsvoll behandeln, schonend, sparsam umgehen
Il ménage sa voiture. Il ne ménage pas sa santé. Le boxeur ne ménageait pas son adversaire. Il faut que je ménage mon argent.

Il ne ménage pas son temps pour aider les autres.

N - V - N - à N — jm gegenüber sparen mit
Je ne lui ai pas ménagé les éloges. Ne leur ménagez pas votre confiance/Pilhes/.

ménager^{2} (2+L)
N - V - N - qp — (Öffnung) anbringen, (Weg) anlegen, bahnen
On a dû ménager une ouverture dans le mur. Il a fallu ménager dans l'abside de l'église une entrée propre à amener la foule devant les prodigieux tombeaux/LeM/. On a ménagé un chemin à travers les broussailles.
♦*N - se V - N - qp* — *Nous nous sommes ménagé un chemin à travers les broussailles.*
⧓ *Loc: se ménager une porte de sortie:* s. e-e Rückzugsmöglichkeit offenhalten

ménager^{3} (2/3)
N - V - N — sorgfältig vorbereiten, etw einleiten
Le journaliste a ménagé une interview avec le président. On a décidé de ménager une période de transition.
N - V - N - à N — jm bereiten, etw vorbereiten für jn
Je compte bien lui ménager une surprise. Je lui ménage une revanche.
♦*N - se V - N* — s. etw aufsparen
Il s'est ménagé quelques jours de voyage. Il s'est ménagé une revanche.

mendier (1/2)
N - V — betteln
Un clochard qui mendie. Mendier auprès de qn.
N - V - Nqc — betteln um, erbetteln
Mendier quelques sous.
Fig.: Il ne cesse de mendier des éloges.

• mener^{1a} (2)
Nqn - V - N — führen, lenken
C'est moi qui mènerai le bateau. La mère mène l'enfant par la main. Pierre mène son chien en laisse.

• mener^{1b} (2)
N - V - N — führen, lenken, durchführen, anführen
Mener une vie tranquille, une guerre. Il mène très bien ses affaires. L'équipe adverse mène le jeu. La police a mené une enquête rapide. C'est l'argent qui mène le monde. Il mène plusieurs activités de front. La politique de reprise en main que mène le gouvernement/France Soir/. Les partis ont mené une campagne électorale acharnée. Il mène un jeu serré.
⧓ *N-V-Ø |sport: C'est Lyon qui mène (sc. le jeu) depuis la mi-temps.*
⧓ *Loc.: mener la vie dure à qn:* jm das Leben schwer machen
⧓ *Loc.: mener par le bout du nez:* jn an der Nase herumführen

• mener^{2a} (2+L)
N - V - N - qp — wohin führen, bringen
Je vous mène à la gare. Le car m'a mené directement chez vous.
N - V - N -(qp) <Ø Inf_{fin}> — *Il mène ses enfants (au zoo) voir les girafes.*
♦*N - V - qp* — *Tous les chemins mènent à Rome. Cette rue mène à la gare. M'interrogeant sur les chemins qui aujourd'hui mènent au pouvoir au sein des entreprises géantes/Pilhes/.*

• mener^{2b} (2+L/3/2)
N - V - N - qp — bringen, führen
Cet acte irréfléchi le mènera en prison. Cette politique mènera le pays à la catastrophe.
⧓ *mener qc à terme, à bien, à bonne fin:*
Aucune résolution ne devait avoir lieu avant que le processus d'expropriation n'ait été mené à son terme/LeM/.
⧓ *mener trop loin; ne mener à rien:*
Cette analyse (nous) mènerait trop loin, ne mènerait à rien. (De) faire une analyse aussi poussée (cela) ne (nous) mènerait à rien, (nous) mènerait trop loin. Cela (nous) mènerait trop loin (que) de faire une analyse aussi poussée. Il/cela ne (nous) mènerait à rien (que) de faire une telle analyse.
N - V - Nqn - à N — dazu bringen
La situation le menait à une attitude plus résolue.
à ce que S Kj 2 — *La situation le mène à ce qu'il prenne une attitude résolue.*
à Inf 2 — *Cette situation le menait à se rendre compte qu'il s'était trompé.*
Nqc - V - à N — dazu führen
L'augmentation du prix des menus a mené au boycott du restaurant.
à ce que S Kj/Ind — *L'augmentation du prix des menus a mené à ce que plus personne ne vienne/vient manger ici.*

• mentionner (2)
N - V - N — erwähnen, (Adresse) angeben
Le journal a mentionné plusieurs accidents cette nuit. Il a mentionné dans son livre tous ses collaborateurs.
Mentionnez s.v.p. votre nom et votre adresse.
que S Ind — *L'arrêté mentionne que l'article 23 est modifié.*
Ind/Kj |neg/int — *Il n'a pas mentionné que l'on doit/doive vous envoyer un double de la facture. Avez-vous mentionné que l'on doit/doive vous envoyer un double de la facture?*
Int.ind — *Le journal ne mentionne pas dans quelles circonstances le meurtre du Prince s'est déroulé.*
Ø Inf 1 — *Il n'a pas mentionné dans sa lettre avoir reçu notre envoi. Il mentionne dans son témoignage avoir vu le jardinier.*

• **mentir** (1/2) — lügen

N - V < sur Nqc/qn >

Il ment comme un arracheur de dents. Il a menti sur ce qui s'est passé, sur lui-même.

N - V - à Nqn — jn belügen, jn anlügen

Il a menti à ses parents.

⧗ *se mentir à soi-même:* s. etw vormachen

⧗ *faire mentir qn:* jn Lügen strafen: *Barre fait mentir le pape Jean XXIII qui disait: "Les gros sont bons"/Canard enchaîné/.*

• **se méprendre** (1) — s. täuschen

N - se V <sur N >

Se méprendre sur qn.

verkennen

Se méprendre sur les intentions de qn.

mißdeuten

Je me suis mépris sur le sens de ses paroles.

N - se V <à N > LIT

Elle ne devait pas se méprendre à ce silence.

⧗ *à s'y méprendre:* täuschend (ähnlich sein)

Ils se ressemblent à s'y méprendre.

• **mépriser** (2) — verachten

N - V - Nqc

Il méprise les honneurs. Aucun thème n'a jamais été méprisé par le grand journal cairote/LeM/.

Nqn - V - Nqn <de Inf 2 >

Ce que Jean dit va vous permettre de me mépriser, et cela vous soulagera/Gide/. Je le méprise d'avoir montré tant de lâcheté.

• **mériter** (2/3) — verdienen

N - V - N

Il mérite notre respect. Les "Légendes" de Michelet méritent un examen plus attentif/LeM/.

que S Kj |×1

Il mérite qu'on le respecte.

de Inf 1

L'ensemble du sujet mérite d'être traité avec sérieux/LeM/.

N - V - N - à Nqn LIT — jm etw eintragen, ⧗ etw verdienen auf Grund von

Ses services lui avaient mérité cette distinction/Dumas/. Le châtiment que lui ont mérité ses crimes/Hatzfeld/.

Nqn - V - de Nqc — s. verdient machen um

Il a bien mérité de la patrie.

• **mesurer**[a] (2/1+Adv/3) — aus-, ab-, ver-messen

N - V - N

Mesurer une porte, un appartement, une distance.

⧗ *mesurer qn du regard, des yeux: Il mesura longuement son adversaire du regard.*

♦*Nqn-pl - se V* — s. messen

Les deux équipes ont commencé par se mesurer sur le terrain. Les deux adversaires se sont longuement mesurés du regard.

♦*Nqn - se V - à/avec N*

Il s'est mesuré à/avec un adversaire particulièrement coriace.

N - V - Adv_N — lang, groß... sein

Le pont mesure cent mètres.

N - V - N -(à N) — jm etw knapp bemessen, nicht großzügig sein mit

On nous mesure notre ration de nourriture. Les Etats-Unis commencent à mesurer leur aide au Chili. Jean ne nous mesure pas son aide.

⧗ *être mesuré à qn: Le temps nous est mesuré.*

mesurer[b] (2) — ermessen

N - V - N

On commence à mesurer la gravité de la situation.

Int.ind

On mesure combien le rassemblement autour de M. Giscard d'Estaing est resté divers dans sa composition et ses aspirations /LeM/. Mesurez-vous à quel point il l'aime?

N - V - que S Ind

Les députés de l'opposition ont mesuré, à cette occasion, que les sociétés nationales se prévalaient souvent des mêmes libertés que les entreprises privées/LeM/.

N - V - N < à N >

On peut mesurer la brutalité de ce sport à la fréquence des accidents.

• **mettre**[1a] (2+L/3/2) — wohin setzen, stellen, legen, stecken, bringen, tun...

N - V - N - qp

La mère met son enfant sur une chaise, au lit. Pierre met un livre sur l'étagère, sur la table. Mettre la clef dans la serrure. Marie met la tête à la fenêtre. Je mets la clef sous le paillasson. Jacques met la pipe à la bouche. J'ai mis les enfants au train. Je vous mets à la gare. J'ai mis mon nom sur la boîte aux lettres. J'ai mis ma signature au bas de la lettre. Mettre un poulet à la broche, un gigot au four. Mettre son fils à l'école, dans une école privée, en apprentissage, en pension. Mettre du vin en bouteille, une plante en terre. Mettre une lettre à la poste. Mettre ses coudes sur la table. Mettre une chose à sa place. Vous avez mis le pied gauche sur la rainure /Butor/. Mettre qc à la poubelle, une lettre au panier. Mettre un mot entre parenthèses, entre guillemets. Dans quelle chambre vous a-t-on mis? Dans quel service vous a-t-on mis? (×Qui a mis cette idée dans votre tête?)> qui vous a mis cette idée dans la tête?. Mettre du poivre dans une sauce. Qu'est-ce que vous avez mis comme épices dans ce plat? Mettre les bras en l'air. Se mettre à table. Jean se met au piano, dans un fauteuil.

(Hut) aufsetzen

Mettre son chapeau sur sa tête > se mettre son chapeau sur la tête.

(Geld) einzahlen auf, setzen auf, anlegen in, hineinstecken

Mettre de l'argent sur un compte, une grosse somme sur un cheval. Mettre des capitaux dans une affaire.

(Radio, Fernsehen) ein-stellen auf, ⧗ (Sender...) einschalten

Mettre la télé sur la première chaîne, la radio sur Europe I.

⧗ *mettre qc à l'abri:* wo unterstellen, in Sicherheit bringen, (Ernte) einfahren
Il pleut, mettons les vélos à l'abri! Mettre les récoltes à l'abri.
⧗ *se mettre à l'abri:* s. unterstellen, in Deckung gehen
⧗ *mettre qc à l'écart:* beiseite stellen, legen...
mettre qn à l'écart: jn kaltstellen
Il a été mis à l'écart de la vie politique.
⧗ *mettre de l'argent de côté:* auf die hohe Kante legen
⧗ *se mettre du côté de qn:* s. auf js Seite stellen, schlagen
Il se met toujours du côté du plus fort.
⧗ *mettre un enfant au monde:* zur Welt bringen
⧗ *mettre qn devant le fait accompli:* jn vor vollendete Tatsachen stellen
⧗ *mettre qn au pied du mur:* jn in die Enge treiben
⧗ *mettre qn dans de beaux draps:* jn in e-e üble Lage bringen
Cette intrigue vous a mis dans de beaux draps. Nous voilà mis dans de beaux draps avec ton idée géniale.
⧗ *mettre qc au point:* etw einstellen
Mettre au point l'objectif de l'appareil photographique.
Fig.: etw ausarbeiten, einstudieren
Est-ce que tu as mis au point ta tactique?
⧗ *mettre qc en place:* aufstellen
Le général a mis en place ses troupes. Les décors sont mis en place, on peut lever le rideau. Mettre en place un système de défense.
⧗ *mettre qc en lieu sûr:* etw in Sicherheit bringen
Mettre son argent en lieu sûr.
⧗ *mettre qn sur la voie:* jn auf die Spur bringen
Vous indications m'ont mis sur la voie, sur la bonne voie.
⧗ *mettre qc au tableau:* an die Tafel schreiben
⧗ schreiben
Qu'est-ce que je dois mettre (sur le formulaire)? Mettez simplement votre nom et votre adresse.
⧗ *mettre(un navire)à la voile:* (Schiff)(unter)Segel setzen
⧗ *mettre qn sur la paille:* jn ruinieren, an den Bettelstab bringen
Ses dépenses l'ont mis sur la paille.
⧗ *mettre les points sur les "i":* das Kind beim Namen nennen, insistieren
Faut-il donc que je mette les points sur les "i" pour que vous compreniez? J'aime pas qu'on me mette les points sur les "i"/Triolet/.
⧗ *mettre qc à jour:* bearbeiten, überarbeiten, auf den neuesten Stand bringen
Mettre à jour un dictionnaire, ses comptes.
⧗ *mettre qc au jour:* ans Tageslicht bringen
Il faut éviter de mettre au jour ce tissu ancien. Les fouilles ont mis au jour des ruines romaines.
⧗ *mettre la main sur qn:* js habhaft werden
La police a enfin mis la main sur les malfaiteurs.
⧗ *mettre la main à:* Hand anlegen, mit zupacken
Mettre la main à un travail, à la pâte.
mettre la dernière main à: die letzte Hand an etw legen
⧗ *ne pas savoir où se mettre:* verlegen sein
⧗ *mettre de l'huile sur le feu:* Öl ins Feuer gießen
⧗ *mettre qc sur le dos de qn:* jm (die Verantwortung) zuschieben
Il a voulu me mettre sur le dos l'erreur qu'il a commise.
⧗ *mettre l'accent sur:* etw betonen, hervorheben
Le rapport a mis l'accent sur l'importance de ce problème.
⧗ *mettre la table, le couvert:* den Tisch decken
⧗ *mettre un livre en pages:* (Buch) umbrechen
⧗ *mettre bas:* <Tier> werfen
Le chienne a mis bas dix petits chiots.
⧗ *mettre qn à pied:* jn entlassen
Mme la marquise a mis à pied son domestique.
⧗ *mettre qc sous le nez, les yeux de qn:* jm etw vor die Nase stellen,
Alors que j'étais à la diète, il m'a mis sous les yeux une tarte à la crème.
⧗ *mettre qc de côté pour/à qn:* jm etw zurücklegen
Mettez-moi ce livre de côté.
⧗ *mettre de l'eau dans son vin:* s. mäßigen, maßvoller werden
⧗ FAM: *mettre qn dedans:* jn reinlegen
⧗ *se mettre en route, en chemin:* s. auf den Weg machen
⧗ *se mettre au régime:* e-e Schlankheitskur anfangen
⧗ *mettre le feu à:* Feuer legen an, in Brand stecken, anzünden
Une étincelle peut mettre le feu à la plaine/Mao Tse Tung/.

N - V - N - à N
etw wo anbringen
Mettre un bouton à une veste, des manches à un gilet, un manche à une pioche.
(Uhr) stellen
A quelle heure as-tu mis le réveil? Mettre la pendule à l'heure.
⧗ *y mettre (de l'argent..):* Geld ausgeben für
Combien voulez-vous y mettre? Il faut y mettre le prix.
⧗ POP: jm Schläge verabreichen, jn verprügeln
Mettre des coups à qn. Qu'est-ce qu'il lui a mis!

⋈ <Sport> jn schlagen
Ils leur ont mis cinq à zéro.
N - V - N - à Inf 2 — Mettre du linge à sécher: (Wäsche) zum Trocknen aufhängen
Mettre du café à réchauffer: etw warmstellen
N - V - N - Adv — Mettre les bras en croix: (Arme) kreuzen
Mettre qc debout: etw hin-, aufstellen
Mettre un pull-over à l'envers: verkehrt herum anziehen, auf links anziehen
Mettre un étang à sec: trockenlegen
Mettre un brouillon au propre: ins Reine schreiben
Mettre un mur à bas: (Mauer..) einreißen, abreißen
On a mis à bas le mur qui séparait les deux jardins.
Mettre qn à nu: jn(nackt)ausziehen
⋈ mettre à nu: Fig.: zum Vorschein bringen
Les fouilles ont mis à nu des mosaïques antiques.
mettre une chambre à neuf: neu herrichten
♦N - se V - Adv — Se mettre à l'aise: es s. bequem machen
Se mettre à genoux: s. hinknien
Se mettre en sueur: ins Schwitzen kommen
Le temps s'est mis au beau: <Wetter> schöner werden
Se mettre en tenue d'été: Sommerkleidung anziehen
Se mettre en bras de chemise: s. bis aufs Hemd ausziehen
N - V - N — (Kleidung) anziehen, aufsetzen
Mettre un manteau, des gants, un chapeau.
⋈ POP: mettre les voiles, les bouts: abhauen, verduften
(Riegel) vorschieben, verriegeln
Mettre le verrou.
etw einschalten, betätigen, anstellen, starten
Mettre le contact, la radio, le chauffage, la sécurité.
anbringen, installieren
Il a fait mettre le téléphone, l'eau.

• mettre[1b] (2+L/3/2+Adv) — stellen, setzen, legen
N - V - N - qp — Vous mettez deux idées différentes sur le même plan, sur la même ligne. Je le mets parmi les meilleurs écrivains de ce siècle. Il met une certaine élégance dans ses expressions. Je mets beaucoup d'espoir dans cette boutique. Il a mis sa fierté dans ce travail.
⋈ se mettre une idée dans la tête: s. etw in den Kopf setzen
⋈ se mettre en tête de Inf: es sich in den Kopf setzen
Il s'est mis en tête de faire le tour du monde à pied.
⋈ y mettre du sien: s. einsetzen, s-n Beitrag leisten
Il faut que chacun y mette du sien.
⋈ mettre des conditions à: Bedingungen knüpfen an
Il a mis des conditions à sa participation.
N - V - N - en N — Mettre qc en lumière: zum Vorschein bringen
Cet événement met en lumière la gravité de la situation.
Mettre en scène: inszenieren
Mettre en cause/en question: in Frage stellen
Je mets en cause la justesse de votre argument.
Mettre en jeu (sa réputation...): aufs Spiel setzen
Mettre en jeu qc pour Inf: Gebrauch machen von
Il a mis en jeu ses relations pour obtenir ce poste.
Mettre en danger: in Gefahr bringen
Il a mis sa santé en danger.
Mettre en vigueur: in Kraft setzen
Mettre une loi en vigueur.
Mettre en liberté: freilassen, in Freiheit setzen
Mettre en valeur: zur Geltung bringen
Cette robe la met en valeur.
(Gelände) erschließen,(Boden)besser ausnutzen
Mettre en valeur des terres. Il a su mettre en valeur sa ferme.
Mettre en flammes: in Brand setzen
Mettre en échec: in Schach halten
Mettre en forme: gliedern, ordnen
Mettre en forme son exposé, des notes pour un article.
Mettre qn en difficulté: jn in Schwierigkeiten bringen
Mettre en service: in Betrieb setzen
Mettre en colère, en rage: in Zorn, Wut versetzen
Mettre qc en évidence: hervorheben, zum Vorschein bringen
Mettre un mot en évidence en le soulignant. Cet événement a mis en évidence la gravité de la situation.
Mettre en confiance: jn beruhigen
Il m'a mis en confiance dès le début de l'entretien.
N - V - N - à N — aufwenden, daransetzen, einsetzen
Il a mis beaucoup de zèle à ce travail. Il y a mis beaucoup de soin.
pour N — (Zeit) brauchen, benötigen
J'ai mis deux heures pour ce travail. Combien de temps y mets-tu?
à Inf 1 — Il a mis toute son obstination, de l'entêtement, du zèle, tout son soin, sa fierté... à faire cela.
à/pour Inf 1 — (Zeit) benötigen, brauchen
J'ai mis une heure à faire cela. Le rôti a mis une heure à cuire.
⋈ mettre à mort: le toréador a mis à mort le taureau.

⋈ *mettre fin à/mettre un terme à:* ein Ende setzen
L'occasion a pu paraître propice de mettre fin à la situation qui prévalait depuis plus d'un mois/France-Soir/.

N - V - N - Adv
Mettre qn hors de combat: jn au er Gefecht setzen
Mettre un boxeur knock-out: jn k.o. schlagen
Mettre qn à l'aise: jm die Befangenheit nehmen
Mettre à l'aise un candidat au cours de l'examen.
Mettre qn au supplice: jn auf die Folter spannen
⋈ *mettre bon ordre à:* etw in Ordnung bringen

• mettre[2] (aux)
N - V - N - en N
Mettre en observation: unter Beobachtung stellen
Mettre en pratique: in die Tat umsetzen
Mettre en doute: in Zweifel ziehen
Mettre en vente: zum Verkauf anbieten
Mettre en oeuvre: aufbieten, aufwenden
Il a dû mettre en oeuvre toute son habileté pour le convaincre.
Mettre en action: aufbieten, einsetzen
Le gouvernement a mis en action sa diplomatie pour obtenir la libération des otages.
Mettre en usage: benützen, Gebrauch machen von
Ce pont n'a pas encore été mis en usage.
Mettre en mouvement, en train, en marche: in Bewegung, in Gang setzen
Mettre en marche un moteur. Mettre en mouvement un véhicule. On a décidé de mettre en train la nouvelle réforme.
Mettre en service: in Betrieb nehmen
La nouvelle route sera mise en service prochainement.
Mettre en présence de: konfrontieren mit
⋈ *se mettre en devoir de Inf:* sich anschicken
Mettre qn en contact, en relation, en rapport, en communication avec qn. Mettre qc en relation, en rapport avec qc/qn: in Verbindung bringen, setzen, verbinden mit

N - V - N - à N
Mettre qn au désespoir: zur Verzweiflung bringen
Mettre qn à l'épreuve: auf die Probe stellen
Mettre qc à la disposition de qn: zur Verfügung stellen

mettre[3] (2) FAM
N - V - que S Ind/Kj
annehmen
Mettons que le nombre des lignes est à peu près à l'égalité /Canard enchaîné/. Mettons que le prix soit honnête. Mettons!

• se mettre[4] (aux)
N - se V - à Inf 1
anfangen, beginnen, s. daransetzen
Il se mit brusquement à chanter. Il se met à pleuvoir. Il va falloir s'y mettre.

♦*N - se V - à N*
Se mettre au travail, à l'anglais.

meubler[a] (3/2/1+Adv)
N - V - N -(de/avec N)
meublieren, ausstatten mit, einrichten
Meubler son appartement de meubles modernes. Il l'a meublé avec des meubles achetés à la salle des ventes. Il l'a meublé en style Empire.

N - V - N
<Möbel> stehen in
Un lit et un placard meublent sa chambre.

N - V - Adv
gut aussehen, gut passen
Ces rideaux meublent bien.

meubler[b] (3/2)
N - V - N - de N
füllen, vollstopfen mit
Meubler son discours de citations. Meubler sa mémoire de connaissances inutiles.

avec N
Il meuble ses loisirs avec le sport.

N - V - N
La musique meublait le silence.

meugler (1)
N - V
muhen
Le taureau meugle.

meurtrir (2)
N - V - N
quetschen, wundscheuern
Le transport a meurtri les poires. (Meurtrir son bras)> se meurtrir le bras. Se meurtrir les pieds à la marche.
⋈ *Fig.: meurtrir le coeur de qn:* jm das Herz zerreißen
L'absence de son ami lui meurtrissait le coeur.

miauler (1)
N - V
miauen
Le petit chat miaule devant la porte.

mijoter[a] (2/1/3)
N - V - N
schmoren
Elle mijotait un rôti dans une casserole.

N - V
Le rôti mijote à petit feu.

N - V - N - à N
(Speisen) zubereiten
Elle nous avait mijoté de bons petits plats.

mijoter[b] (2)
N - V - N
brüten über, aushecken
Il a longtemps mijoté cette idée. Je me demande ce qu'il peut bien mijoter.

de Inf 1
s. mit dem Gedanken tragen
Il mijotait depuis longtemps d'acheter le terrain.

militer (1/2)
N - V < qp >
militant sein, s. einsetzen für
Il milite au parti socialiste.

Nqn - V - pour/contre N
Il a longtemps milité pour l'avortement. Malgré son quatorzième enfant elle milite encore contre l'avortement.

Nqc- V - en faveur de N/contre N
für/gegen jn sprechen, s. (günstig) auswirken
Son passé a milité en sa faveur. Il y a bien des arguments qui

militent en faveur de cette décision.

miner[1] (2) — untergraben
N - V - N
La mer mine les falaises.
Fig.: unterminieren, ruinieren, aufzehren, untergraben
Il mine sa santé à force de fumer. Cette maladie l'a miné. La langue est minée de tous côtés par l'ignorance des uns, le sot maniérisme des autres/R. Georgin/. Ses intrigues ont miné sa réputation. La corruption mine la société.

miner[2] (2) — verminen
N - V - N
Miner une route, un chenal.

minimiser (2) — bagatellisieren, herunterspielen
N - V - N
Il ne cesse de minimiser l'importance de cet incident. Minimiser une affaire.

minuter (2) — (zeitlich) beschränken, strikt einteilen
N - V - N
Le temps de parole de chaque orateur est strictement minuté. Il a minuté son emploi du temps.

mirer[1] (1+L) LIT — betrachten
Nqn - V - N -(qp)
Mirer son visage dans le miroir. Il se mire dans le miroir.
♦*Nqc - se V - qp* — s. spiegeln
L'arbre se mire dans l'eau.

mirer[2] (2) — (Eier) prüfen
N - V - N
Mirer des oeufs.
POP: anglotzen
Mirer qn. → lorgner

miroiter (1) — spiegeln, blinken
N - V
La surface de l'eau miroite au soleil.
⌘ *Fig.: faire miroiter qc à qn:* jm etw vorgaukeln
Faire miroiter à qn des perspectives d'avenir.

miser (3) — setzen auf
N - V -(N) - sur N
Miser 1oo francs sur un cheval. Miser sur le favori.
⌘ *miser gros (sur un cheval).*

mitonner (1/2)
N - V — langsam kochen, köcheln
La soupe mitonne dans la casserole.
N - V - N — etw langsam kochen, etw zubereiten
Mitonner une soupe, un ragout. Il aime se (= pour soi) mitonner de petits plats.
Fig.: jn verhätscheln, zuvorkommend behandeln, s. beliebt machen
Mitonner un client.
Fig.: etw von langer Hand vorbereiten
Mitonner une affaire.

mitrailler[a] (2) — be-schießen, schießen in/auf
N - V - N
Mitrailler un camion. Après avoir mitraillé la foule, Sadate s'emploie à jeter en taule tout ce qui fait mine de protester /LeM/.

mitrailler[b] (3/2)
N - V - N -(de N) — (mit Fragen) durchlöchern
Les journalistes ont mitraillé le ministre de questions.
N - V - N — ununterbrochen knipsen
Les touristes mitraillent paysages et monuments.

mobiliser[a] (2) — mobil machen
N - V -(N)
Le gouvernement mobilise (l'armée).

mobiliser[b] (2)
N - V - Nqn-pl — mobilisieren
J'ai mobilisé tous mes amis pour mon déménagement.
Nqn - V - Nqc(de qn) — (s-e Kräfte) zusammennehmen, aufbieten
Il mobilisa toutes ses forces et se mit au travail.
Nqc - V - Nqc(de qn) — (Aufmerksamkeit) erregen, in Anspruch nehmen
Ils se turent, ce qui signifiait que le rouleau mobilisait leur attention/Pilhes/.

• modeler[a] (2) — modellieren, gestalten
N - V -(N)
Modeler une poterie. L'érosion a modelé le relief de la vallée.

• modeler[b] (2/3)
N - V - N — formen, gestalten
Son enfance difficile a modelé son caractère.
N - V - N - sur N — gestalten nach, ausrichten nach
Il modèle ses goûts sur ceux de ses parents.
♦*Nqn - se V - sur N* — s. zum Vorbild nehmen, jm nacheifern
Il se modèle totalement sur ceux qu'il admire.

modérer (2) — mäßigen
N - V - N
Modérer sa colère. Modérez-vous! Un accord qui modère les revendications salariales/LeM/.

moderniser (2) — modernisieren
N - V - N
Moderniser un immeuble ancien.

• modifier (2) — ab-ändern
N - V - N
Modifier un projet de loi. Modifier sa conduite. L'auteur a modifié ce passage dans la deuxième édition du livre.

moisir (1) — ver-schimmeln, vermodern
N - V
Le fromage moisit. Les cartons ont moisi à la cave.

Fig.: Moisir en prison pendant des années.

• moissonner[a] (2)
N - V -(N)
ernten
Moissonner du blé. Moissonner en automne.

moissonner[b] (2)
N - V - N
sammeln, einheimsen, ernten
Moissonner des récompenses.

molester (2)
N - V - N
Gewalt anwenden gegen, übel zurichten
La police a molesté les manifestants.

mollir (1)
N - V
weich werden, fig. nachlassen, nachgeben
La cire mollit à la chaleur. Travailler sans mollir. Ses forces ont molli. Le gouvernement mollit devant la détermination de l'opposition.

monnayer (2)
N - V - N
in Geld umsetzen, Geld machen aus, versilbern
Monnayer un terrain. Il monnaie chèrement son talent.

monologuer (1)
N - V
e-n Monolog führen, monologisieren
Chaque participant monologua pendant des heures.

monopoliser (2)
N - V - N
s. ein Monopol verschaffen
Monopoliser un marché, un certain produit. Les entreprises multi-nationales tendent à monopoliser l'ensemble du marché.
ein Monopol haben
En France, c'est l'Etat qui monopolise la vente du tabac.
Fig.: an sich reißen, (für sich) in Beschlag nehmen
Il a monopolisé la parole pendant toute la discussion. Il a monopolisé de nombreux livres de la bibliothèque.

• monter[1] (1+L/2+L/2)
Nqn - V - qp
hinauf-, be-steigen, hinauf-gehen, -fahren....
La femme de ménage est *montée au troisième étage. Nous sommes montés sur la colline pour voir le paysage. Le salon de l'automobile constitue pour nombre de provinciaux la meilleure excuse pour "monter" à Paris/Express/. Monter dans une voiture, à bicyclette, sur son vélo, à cheval.*

Nqn - V -(qp) < Ø *Inf*$_{fin}$ >
Les enfants sont montés se coucher. Le garçon est monté au deuxième étage prévenir son père.

Nqc - V -(qp)
auf-steigen, hinaufkommen
Le brouillard monte. Le soleil est *monté (dans le ciel). Le bruit du marché monte de la rue. La route monte rapidement (vers les quartiers du haut). Le prix du blé* est *monté à un niveau encore jamais atteint. (×Le vin monte à ma tête)* > *il me monte à la tête.*

Nqc - V - qp
(hinauf-)reichen bis
Ses chaussettes montent jusqu'aux genoux.

Nqc - V < *de N* >
an-steigen, <Gebäude, Pflanzen> wachsen
Les prix ont *monté de dix pour cent. La mer* a *monté. Le baromètre, la température* ont *monté de nouveau. Le taux de natalité n'*a *pas monté. On voit monter les immeubles de jour en jour. Les arbres ont trop monté, il faut les étêter.*
La tension est *encore montée de plusieurs degrés avec l'entrée dans l'arène politique des étudiants de Montevideo/LeM/.*
⌘ gesellschaftlich... aufsteigen: *Monter dans l'échelle sociale.*

N - V - N -(qp)
hinauf-gehen,-fahren...
Nous avons *monté l'escalier jusqu'au troisième étage.*
hinauf-bringen, -holen...
Le garçon d'hôtel a *monté la valise à la chambre N° 23o.*

N - V - N
be-steigen, steigen auf, in
Monter un cheval, une embarcation.
etw höherstellen
Monter la mèche d'une lampe.
(Uhr, Feder) aufziehen
Monter un réveil, un ressort.
⌘ *monter la garde:* Wache beziehen
Les forces de police montent la garde devant la Sorbonne /France-Soir/.

♦*Nqc - se V - à N*
s. belaufen auf, betragen
Les dégâts se montent à mille francs.
⌘ *monter qn (contre qn):* jn aufhetzen, aufbringen gegen

monter[2] (2)
N - V - N
(zusammen) montieren, aufbauen, -stellen, -schlagen
Monter un mécanisme, une canne à pêche, un échaffaudage, son manège. Montez vos tentes autour de la tente de votre centurion/Astérix/.
⌘ *monter un film*
Fig.: anstiften, aufziehen, aufbauen, auf die Beine stellen
Monter un coup, une farce, un complot, une entreprise.

♦*Nqn - se V* < *en N* >
s. ausrüsten, s. eindecken mit
Nous nous sommes montés en vaisselle.

• montrer (3)
N - V - (à N) - N < *de N* >
zeigen, (Theaterstück) aufführen
Il m'a montré du doigt le chemin sur la carte. Je lui ai montré le chemin. Montrez vos papiers! La troupe a montré un spectacle de Molière. Cet exemple montre très bien le problème. Ceux qui seraient outrés...doivent montrer de l'indulgence à l'auteur de ces lignes/Pilhes/. Il ne voulait pas montrer sa déception. Il a montré un courage extraordinaire.

N - V -(à N) - que S Ind — *Je lui ai montré que l'église datait du treizième siècle. Cet exemple (nous) montre bien qu'il est impossible de traduire toujours littéralement.*
Int.ind — *Je lui ai montré pourquoi cela n'avait pas marché. Je lui ai montré comment faire cela.*
Ø Inf 1 — *Je lui ai montré avoir compris le problème.*
à N - à Inf 2 — FAM — *Je vous montrerai à bien jouer au bridge.*
♦*N - se V - adj* — s. erweisen als, s. zeigen + Adj
Les Bulgares se sont montrés particulièrement zélés à cet égard/LeM/. Il s'est montré courageux dans l'affaire.
n — *Il s'est montré bon prophète, un partisan de cette politique.*
adv — *Il s'est montré sous son vrai jour.*

• se moquer (2) — s. lustig machen, pfeifen auf
N - se V -de N — *Se moquer de qn, de qc. Je me moque de l'opinion des autres.*
⧗ *se moquer du monde,des gens:* (die Leute) an der Nase herumführen
⧗ LIT: *être moqué: Ecrivains, artistes... furent moqués comme jamais/Pilhes/.*
⧗ LIT: *N-seV-Ø: Vous vous moquez, jeune homme!*
de ce que S Kj |×1 — *Je me moque de ce qu'il me traite ainsi.*
que S Kj — *Il se moque qu'il pleuve ou qu'il vente.*
de Inf 1 — *Je dis que les clercs modernes ont prêché que l'Etat doit être fort et se moquer d'être juste/Benda/. Je me moque d'être refusé au concours.*

moraliser (1/2) — moralisieren
N - V — *Un poète, un roman qui moralisent.*
N - V - Nqn — jm die Moral predigen, jn sittlich heben
M. le curé moralise ses ouailles. N'a-t-on pas imaginé des procédés pour moraliser l'homme,à peu près comme des fruits qu'on mûrit entre les doigts!/Renan/.

morceler (2) — aufteilen, zerstückeln, -splittern
N - V - N < en Npl > — *Morceler un terrain en plusieurs parcelles. Les enclaves morcellent la zone frontalière/LeM/. Le latin s'est morcelé en divers groupes de dialectes/M. Cohen/.*

mordiller (2) — herumbeißen an, ab-knabbern
N - V - N — *Un chien qui mordille les pantoufles, un os.*

• mordre[a] (1+L/2) — beißen (in), anbeißen
N - V -(qp) — *Mordre* dans *un fruit. Le poisson mord* à *l'hameçon.*
N - V -(N) — beißen, jn beißen in
Ce chien mord. Il m'a mordu. Le chien a mordu la main de qn > il lui a mordu la main/ il l'a mordu à la main.

mordre[b] (2) — anfangen zu kapieren
N - V - à N — FAM — *Il commence à mordre aux mathématiques.*
N - V - sur N — NEOL — (e-e Grenzlinie)berühren
Sur la route, il est interdit de mordre sur la ligne blanche continue.
(Stimmen/an Boden) gewinnen auf Kosten von
De Gaulle a mordu sur l'électorat communiste/L'Express/.
in den Griff bekommen, Wirkung haben auf
Sans que la politique économique et monétaire arrive à mordre sur la réalité/La Croix/.

se morfondre (1) — s. zu Tode warten, s. zu Tode langweilen
N - se V — *Il se morfond tout seul dans sa chambre.*

morigéner (2) — schulmeistern, ausschimpfen
N - V - N — *Morigéner un élève paresseux.*

mortifier (2) — abtöten, kasteien
N - V - N — *Mortifier ses passions. Se mortifier.*
Fig.: jn demütigen, verletzen, ärgern
Mes paroles l'ont vivement mortifié.
⧗ (Fleisch) mürbe machen
Faire mariner le boeuf pour l'attendrir.

motiver (3/2) — begründen, e-n Grund angeben für
Nqn - V - N -(à N) — *On m'a demandé de motiver mon absence. Il lui écrivit pour lui motiver sa décision.*
Nqc - V - N — Grund sein für
Les mauvaises expériences motivent sa méfiance. Les troubles ont motivé l'intervention de l'armée.
que S Kj — *La gravité de la situation motive que l'on prenne une telle décision.*

moucharder[1] (1) — FAM — petzen, singen
N - V — *Les gosses mouchardent. Le gros Jojo a mouchardé à la police.*

moucharder[2] (2) — FAM — bespitzeln, Spitzel sein
N - V -(N) — *Il moucharde pour la Mafia. Moucharder un copain. Pourquoi me donnait-il tant d'argent uniquement pour moucharder?*

• moucher (2) — die Nase putzen, s. schneuzen
N - V - N — *Mouche ton nez! Moucher un enfant. Se moucher. Tu renifles, mon ancienne, dit Gavroche. Mouche ton promontoire/V. Hugo/.*

moudre (2)
N - V -(N)
mahlen
Moudre du café.

mouiller[1] (1+L/2)
N - V -(qp)
ankern, vor Anker liegen
Le bateau mouille dans la rade.
N - V - N
den Anker werfen
Mouiller l'ancre.

• mouiller[2] (2)
N - V - N
feucht, naß machen, an-, befeuchten, (Wäsche) sprengen
La pluie a mouillé le pavé. Mouille cette éponge! Mouiller du linge avant de le repasser.
verdünnen
Mouiller du vin (avec de l'eau).
ins Wasser werfen, eintauchen
Mouiller une mine, une sonde.
♦*N(qc de)qn - se V*
naß werden
Pierre s'est mouillé en se promenant sous la pluie. Mon chapeau s'est mouillé.
Nqn - se V FAM
s. die Finger dreckig machen, s. kompromittieren, s. exponieren
Il ne se mouille jamais.

mouiller[3] (1)
Nqn - V POP
Fig.: kalte Füße bekommen, s. in die Hose machen
Avoue donc que tu as la trouille et que tu mouilles.

mouler[a] (2/3)
N - V - N
formen, in e-e Form gießen
Mouler une pièce, un bas-relief.
<Kleidung> eng anliegen
Un maillot étroit moulait son torse > lui moulait le torse.
♦*N - se V < sur N >*
die Form annehmen
Mon manteau s'est moulé sur la forme de mon corps.
N - V - N - à N
✕ s. anschmiegen, etw (der Form nach) anpassen an
La R 15 a un siège que l'on peut mouler à son corps/LeM/.
♦*N - se V - à N*
eng anliegen
Sa chemise se moulait à son torse.

mouler[b] (2)
N - V - sur N
anpassen an, etw e-r S entsprechend gestalten
Pourquoi chercher à mouler sa pensée sur un modèle immuable?

• mourir (1)
N - V < de N >
sterben
Il est mort, le poète. Partir, c'est mourir un peu. Je meurs de faim. Il est mort de mort violente, d'un cancer. De quoi est-il mort au juste?/Pilhes/.
♦*N - se V* LIT
im Sterben liegen
Madame se meurt, Madame est morte/Bossuet/. Fig. se mourir d'amou

mousser (1)
N - V
schäumen
La bière mousse. Le savon mousse.
✕ FAM: *faire mousser qn:* jn in den Himmel heben
✕ POP: *Nqn-faire mousser-Nqn:* jn wütend machen
Je l'ai fait mousser un peu.

moutonner (1)
N - V
<Meer> s. mit Schaumkronen bedecken, <Himmel> s. mit Schäfchenwolken bedecken
La mer, le ciel moutonnent.

• mouvoir (2)
N - V - N
bewegen
Ce mécanisme meut la roue du moulin. J'ai de la peine à mouvoir mon bras. La roue est mue par l'électricité.
✕ *Fig.: être mû par qc:* geleitet, getrieben sein von, ✕ jn treiben
Il n'est mû que par l'intérêt.
♦*Nqc/qn - se V*
s. bewegen
L'aiguille se meut lentement. Nous ne pouvons nous mouvoir qu'avec difficulté dans la foule.

muer[1] (1)
N - V
die Mauser haben, s. häuten, in den Stimmbruch kommen
Les oiseaux, les serpents, la voix des enfants muent.

se muer[2] (2+A)
N - se V - en n LIT
s. verwandeln in
La tragédie se mue peu à peu en comédie. Le père autoritaire s'est mué en bon grand-père.

mugir (1)
N - V
brüllen
Le boeuf mugit.

• multiplier (2/3)
N - V - Npl
vervielfachen, intensivieren, (Irrtümer) anhäufen
Le gouvernement a multiplié les contacts avec les ambassades étrangères. Le F.N.L. et l'Alliance multiplient les appels pour la formation d'un gouvernement révolutionnaire/LeM/. Nous avons multiplié nos efforts pour leur venir en aide. Les troupes ont multiplié leurs attaques. Dans cet article, l'auteur multiplie les erreurs.
♦*Npl - se V*
s. vervielfachen, s. häufen, (biologisch) s. vermehren
Les attaques se sont multipliées. Les signes négatifs se multiplient. Les entretiens multilatéraux se sont multipliés ces derniers temps/LeM/. Ils se multiplient comme des lapins.
N - V-(N) -(par N)
multiplizieren, malnehmen
Multiplions 2 par 4. Il ne sait pas multiplier. Multiplions par 4!

munir (3)
N - V - N - de N
versehen, ausrüsten, ausstatten mit
Munir un appareil de ses accessoires. Munir un ami d'un peu

d'argent. Se munir d'argent, d'un imperméable, de patience.

murer (2)
N - V - N

zumauern, mit Mauern umgeben
Murer une fenêtre. Murer une propriété.
⌶ *se murer chez soi:* s. zuhause vergraben
⌶ *se murer dans un silence hostile:* s. in feindliches Schweigen hüllen

• mûrir (1/2)
N - V
N - V - N

reifen
Les prunes mûrissent vite cette année. Notre projet mûrit.
reifen lassen
Le soleil mûrit les raisins.
Fig.: durchdenken
Avant d'entrer en action, il avait patiemment mûri son projet.

murmurer[a] (1)
N - V

murmeln, plätschern, säuseln
La fontaine, le vent, le feuillage murmurent.

• murmurer[b] (3)
N - V -(N)-(à N)

murmeln
→ dire[1]

musarder (1)
N - V

RARE

die Zeit vertrödeln
M. le préfet musardait à la campagne.

museler (2)
N - V - N

den Maulkorb anlegen
Museler un chien.
Fig.: La censure musèle la presse.

muter (2)
N - V - Nqn

versetzen
Muter d'office un fonctionnaire.

• mutiler (2)
N - V - N

verstümmeln, versehren
Il a été mutilé pendant la guerre. (L'explosion a mutilé sa jambe) > lui a mutilé la jambe. Des vandales ont mutilé la statue.
Fig.: entstellen, verstümmeln
La censure a mutilé le texte. Mutiler la vérité.

se mutiner (1)
N - se V

meutern
Plusieurs casernes se sont mutinées.

mystifier (2)
N - V - Nqn

jn narren, täuschen, zum Besten halten
Mystifier les électeurs. Cette publicité mystifie le consommateur.

• nager[a] (1+L/1/2)		schwimmen
Nqc - V - qp		*Une pièce de bois qui nage à la surface de l'étang.*
Nqn - V		*Jean sait nager.*
		✖ *Fig.:* FAM: *Je n'y comprends plus rien, je nage complètement.*
Nqn - V - N		*Nager le 1oo mètres.*
nager[b] (1+L)		schwimmen
Nqn - V - dans N		*Nager dans le bonheur, dans la richesse. Nous nageons dans la confusion.*
• naître[a] (1/2)		geboren werden
N - V		*Il* est *né en 19oo.*
N - V - de N		Kind sein von, geboren sein als Kind von
		Anaïs Nin est née d'un compositeur espagnol et d'une cantatrice danoise.
naître[b] (1/2)		entstehen(aus), s-en Ursprung haben in, kommen von
N - V		*On voit naître partout des bidonvilles. Ma remarque fit naître un sourire sur son visage.*
N - V - de N		*La révolte est née de l'oppression. A en croire le fabuliste, l'ennui naquit un jour de l'uniformité/Canard enchaîné/.*
de ce que S Ind/Kj		*L'erreur est né de ce que l'on s'est trompé d'adresse. Sans doute peut-il naître du mal de ce que je vous aie prise.*
N - V - à N		*Je nais à une vie plus étendue/Balzac/.*
narguer (2)		*jm/e-r S.* trotzen, *jn/etw* herausfordern
N - V - Nqc/qn		*Narguer les autorités, le sort, les difficultés.*
narrer (3)	LIT	erzählen
N - V -(à N) -(N)		*Il nous narra toutes ses misères.*
▼*N - V - N*		*Il a narré son histoire dans la lettre*
▼*N - V*		*Il a le don de narrer.*
N - V - à N - que S Ind		*Il narra qu'il avait vu de ses propres yeux le maharaja prendre son bain dans du champagne.*
Int.ind		*Il narrera dans son prochain roman comment le héros s'est finalement tiré d'affaire.*
Ø Inf 1		*Il nous a narré avoir rencontré le maharaja en personne.*
nasiller (1/2)		näseln
N - V		*Il nasille.*
N - V - N		*Il nasilla quelques mots anglais.*
• naturaliser (2+A)		einbürgern
N - V - N -(n)		*Naturaliser un étranger. Il s'est fait naturaliser français.*
• naviguer (1)		<Schiff> segeln, fahren, <Flugzeug> fliegen
N - V < qp >		*Le bateau, le marin ont navigué sur toutes les mers du monde.*
		L'avion navigue à 5ooo mètres d'altitude.
		Fig.: FAM: lavieren
		Il a bien navigué pour se tirer d'affaire.
navrer (2)		betrüben, jm nahegehen
N - V - N		*Votre situation me navre. La mort de son ami le navra. (×se V).*
nécessiter (2)		erfordern
Nqc - V - N		*La situation nécessite des mesures urgentes.*
que S Kj |×1		*La multiplicité des affaires de trahison et de propagande antimilitariste nécessitait qu'on en finît une bonne fois avec la loi militaire/Aragon/*
de Inf |×1		*La situation nécessite de prendre des mesures urgentes.*
• négliger[1] (2)		vernachlässigen, außer acht lassen, zu wenig Aufmerksamkeit schenken, hinweggehen über, stiefmütterlich behandeln
N - V - N		*Négliger un ami, son travail, sa tenue, l'importance de qc. Il ne veut pas négliger l'appui marginal d'un aîné qui rencontre le directeur général au moins une fois par jour/Pilhes/. Cette hypothèse n'est pas à négliger. Il a négligé l'occasion de pouvoir lui parler.*
que S Ind		*Les joueurs ont négligé que l'équipe adverse avait changé de tactique. Il ne faut pas négliger qu'il se donne de la peine.*
• négliger[2] (aux)		unterlassen
N - V - de Inf 1		*Il n'a pas négligé de signaler son changement d'adresse.*
négocier (1/2)		verhandeln
Npl - V		*Les deux pays ont négocié après les hostilités.*
♦*N - V -(avec N)*		*Une délégation syndicale a négocié avec la direction. La direction a refusé de négocier.*
Npl - V - N		verhandeln über, aushandeln
		Les représentants des deux nations ont négocié la paix.
♦*N - V - N - avec N*		*Le gouvernement a négocié un accord salarial avec les entreprises nationalisées.*
• neiger (o)		schneien
il - V		*Il a beaucoup neigé cette nuit. Il a neigé trois mètres au Feldberg.*
• nettoyer[a] (2)		reinigen, putzen
N - V -(N)		*Nettoyer son pantalon. Qui a nettoyé ici?*
nettoyer[b] (2)		säubern
N - V - N		*La police a nettoyé le quartier.*
		FAM: jn ausnehmen
		Il s'est fait nettoyer au poker, à la bourse.

		⧓ POP: *N-V-Nqn:* jn umlegen
neutraliser (2)		neutralisieren, für neutral erklären; e-r S entgegenwirken, etw unwirksam machen
N - V - N		*Neutraliser un acide, un adversaire, un pays. Un tempérament réfléchi neutralise chez lui la fougue de ses intuitions.*
		⧓ *neutraliser une route:* (Straße) zeitweilig sperren
♦*Npl - se V*		s. aufheben, s. neutralisieren
		Un acide et une base se neutralisent. On est en présence de deux forces qui se neutralisent.
(se) nicher[a] (1+L)		nisten
N -(se) V -(qp)		*Les hirondelles nichent sous le toit. Des oiseaux se nichent dans l'arbre.*
(se) nicher[b] (1+L)	FAM	hausen
Nqn - V - qp		*Il niche dans une mansarde au sixième étage.*
Nqn - se V - qp		s. verkriechen
		Il s'est niché chez un copain.
Nqc - se V - qp		eindringen in, s. wo festsetzen, stecken(bleiben) in
		Un corps étranger s'est niché dans l'oeil. La balle s'est nichée dans l'épaule.
• nier (2)		leugnen, nicht wahrhaben wollen, die Richtigkeit bestreiten
N - V - N		*Nier les faits, l'évidence, sa participation à un vol, une théorie.*
		⧓ *N-V-Ø:* |*K: L'accusé a nié jusqu'au bout.*
que S Ind/Kj		*Il a nié qu'il avait participé à la bagarre. Il a nié qu'il ait participé à la bagarre. Nierez-vous que vous n'êtes pas très certain de vos origines paternelles?/Anouilh/.*
Ind |*neg*		*Vous ne nierez pas que je vous ai cédé le poste, et le poste valait quelque chose/J. Romains/.*
que (ne) S Kj |*neg*		*Je ne nie pas que nous (n')ayons encore des difficultés. L'auteur, en tête de son livre, nie que ce soit un roman historique /Aragon/. Voyez les faits: on ne peut nier que partout la position du Portugal soit en recul/Montherland/. Nous ne nions pas que la maladie soit infectieuse, mais nous en doutons. Je ne nie pas que les secrétaires enceintes et la psychologie des cadres soient des problèmes importants/Pilhes/.*
Ø Inf 1		*Il a nié être du complot.*
de Inf 1	VIEUX	*Sommes...que moi-même je dois être prêt à nier d'avoir touchées /Gide/.*
niveler (2)		einebnen
N - V - N		*Niveler un terrain. La réforme fiscale a nivelé les profits.*
noircir (2/1)		schwarz machen, an-schwärzen
N - V - N		*Noircir son visage > se noircir le visage. La couleur du tableau s'est noircie. Noircir qn, la réputation de qn.*
		bekritzeln
		Noircir du papier.
		schwarz sehen
		Noircir la situation.
N - V		schwarz werden, dunkel werden
		Le plafond a noirci.
• nommer[1] (2+A/3)		nennen
N - V - N - n		*Nous avons nommé notre fils Paul.*
N - V - N -(à N)		*Nommez-moi vos complices.*
• nommer[2] (2/2+A/3)		ernennen
N - V - N		*Le Président a nommé le premier ministre.*
N - V - N - n		*M. Giscard a nommé M. R. Barre premier ministre.*
N - V - N - à N		berufen
		Il a été nommé à la tête de la commission. Nommer qn à une ambassade, à un poste, à un ministère.
normaliser (2)		normalisieren
N - V - N		*Les participants ont décidé d'arrêter leur polémique et de normaliser leurs relations/LeM/.*
• noter[1] (2)		notieren,(s.) aufschreiben, bemerken
N - V - N		*Notez bien l'adresse (sur votre carnet). J'ai noté son absence.*
que S Ind		*J'ai noté que le prix du beurre a augmenté.*
		⧓ *notez que...:* übrigens
		Notez bien que je m'exprime prudemment.
Int.ind		*Notez combien cela est curieux.*
Ø Inf 1		*Je n'ai pas noté avoir reçu cette lettre.*
noter[2] (2)		benoten, zensieren
N - V - N		*Noter un travail, un élève.*
notifier (3)		(förmlich) bekanntgeben, mitteilen
N - V - N -(à N)		→ dire[1]
• nouer (2)		um-binden
N - V - N		*Nouer sa cravate. Nouer un foulard autour de son cou > se nouer un foulard autour du cou.*
		⧓ *Un sanglot lui noua la gorge:* die Kehle zuschnüren
		⧓ *nouer des relations avec qn:* Verbindung anknüpfen mit jm
		⧓ *nouer un complot:* anstiften, schmieden, anzetteln

✠ <Drama> den Knoten schürzen
L'intrigue se noue au deuxième acte.

• nourrir[a] (2)
N - V -(N) <de/avec N>
ernähren, füttern, nahrhaft sein
Nourrir un bébé de bananes. Nourrir ses cochons avec des épluchures de pommes de terre. Les bonbons ne nourrissent pas.

nourrir[b] (2/3)
N - V - N
hegen, s. tragen mit
Il nourrit l'espoir de pouvoir rentrer dans son pays. A ma satisfaction, je sentis qu'ils ne nourrissaient aucun grief à mon endroit/Pilhes/.

N - V - N - de N
anreichern, ausstaffieren mit, ✠ einflechten in
Il nourrit son récit de détails pittoresques.

♦*Nqn - se V - de N*
hegen, s. hingeben
Il se nourrit de vains espoirs.

noyauter (2)
N - V - N
unterwandern
Le syndicat a noyauté le parti.

• noyer[a] (2)
N - V - N
ertränken, (Motor) absaufen lassen
Noyer un chat. Noyer son moteur.

♦*N - se V*
ertrinken, s. ertränken, <Motor> absaufen
Il tomba dans la Seine et se noya. Elle se noya de désespoir. Le moteur s'est noyé.

noyer[b] (2/2+L)
N - V - N
(Geräusch) übertönen
Le vacarme du bar noya le bruit du coup de feu.

N - V - N - dans N
ertränken in, ersticken in
Noyer son chagrin dans le vin, une révolte dans le sang.

♦*Nqn - se V - dans N*
s. verlieren in
Le conférencier s'est noyé dans les détails.

nuancer (2)
N - V - N
nuancieren, abstufen
Nuancer des couleurs, ses idées, son langage.

• nuire (2)
N - V - à N
schaden, schädlich sein für
Fumer nuit à la santé. Cette affaire a nui à sa carrière. L'imprécision nuit à la clarté.
✠ *N-V-Ø : On aime toujours ce qui nuit/A. Dumas/.*

numéroter (2)
N - V - N
numerieren
Numéroter les pages d'un manuscrit.

• **obéir** (2)
N - V -(à N)

gehorchen, folgen, e-r S nachgeben
Un enfant qui n'obéit pas. Obéir à la nécessité. Les changements phonétiques obéissent aussi au principe du moindre effort. La direction étant abîmée, la voiture n'obéissait plus. Il obéit à une brusque impulsion.
⧗ *se faire obéir:* s. Gehorsam verschaffen
Il sait se faire obéir.
⧗ Passiv:
Ce professeur est obéi de ses élèves.

objecter (3)
N - V -(à N) -(N)
einwenden gegen, jm vorwerfen, entgegenhalten, Einwände erheben
Je n'objecte rien à cela. On m'objecta mon passé.
▼N - V - N
Je lui demandai de venir, mais il objecta la fatigue pour pouvoir rester chez lui.
▼N - V - à N RARE
Je suis certain que vous n'objecterez pas à cette décision.
N - V - à N - que S Ind
Il m'objecta qu'il avait un rendez-vous. A cela la linguistique moderne objecte qu'une langue ne peut être saisie que dans sa fonction/P. Guiraud/.
Ind/Kj |neg/int
Allez-vous objecter que vous n'avez/n'ayez pas le temps de faire cela? Je ne vous objecterai pas que vous n'avez/n'ayez pas le temps.
Ø Inf 1
Il a objecté n'avoir pas été prévenu.
N - V - N - à ce que S Kj
Avez-vous quelque chose à objecter à ce que je fasse cela?

• **obliger** (3/2)
N - V -(N)-(à N)
verpflichten
Les délais nous obligent à un travail plus rapide.
▼N - V - N
Ce contrat oblige les deux parties.
▼N - V - à N
La vitesse oblige à l'attention.
N - V - N - à ce que S Kj 2
Le temps nous oblige à ce que nous restions à la maison.
à Inf 2
Le temps nous oblige à rester chez nous.
⧗ *être obligé* de *faire qc.*
N - V - N < en faisant qc >
Votre gentillesse m'oblige. Vous m'obligeriez en le saluant de ma part.
< de Inf 1 > VIEUX
Vous m'obligeriez de leur apporter cette lettre.

obliquer (1+L)
N - V -(qp)
(zur Seite) abbiegen, wohin biegen, drehen
Après le pont, vous obliquerez à droite. Au lieu de continuer sa route il obliqua. La tempête approchait des Caraïbes; fort heureusement, en fin de matinée, la dépression modifie sa course et oblique plus au sud/LeM/.

oblitérer[1] (2)
N - V - N
(Briefmarken) entwerten
Oblitérer un timbre-poste.

oblitérer[2] (2) LIT
N - V - N
verwischen
Le temps a oblitéré en partie les inscriptions murales. Le refoulement oblitère le souvenir d'un événement.

obscurcir (2)
N - V - N
verdunkeln, dunkel machen
Le rideau obscurcit la pièce.
Fig.: trüben, undeutlich machen
Le vin commence à m'obscurcir l'esprit. L'auteur obscurcit sa pensée par un style confus.

• **obséder** (2)
<etw> jn verfolgen, jm nicht aus dem Sinn gehen, ⧗ besessen sein von
Nqc - V - Nqn
L'idée de revanche l'obsède. J'ai vécu jusqu'à trente ans parmi des hommes qu'obsédait la sincérité/Malraux/.
Nqn - V - Nqn LIT
jm lästig fallen
La cantatrice est d'avis que la presse l'obsède.

• **observer**[1a] (2)
N - V - N
beobachten, betrachten, untersuchen
Il passe son temps à observer le ciel et les oiseaux.
Int.ind
L'étudiant observe au microscope comment les microbes réagissent.

• **observer**[1b] (2)
N - V - N
bemerken, feststellen
Les experts ont observé une reprise de la conjoncture.
que S Ind
J'ai observé que les arbres commencent à fleurir.
Ind/Kj |neg/int
Avez-vous observé que les jours ont augmenté? Avez-vous observé qu'il ait rendu la clef? Je n'ai pas observé qu'il a/ait rendu la clef.
Ø Inf 1
Je n'ai pas observé avoir perdu mes clefs.
⧗ bemerken, die Bemerkung machen
Au fond, observai-je, ce n'est pas une mauvaise coutume/Pilhes/. J'observai en passant que les choses s'étaient déroulées curieusement.
⧗ *faire observer:* bemerken
Au bon milieu de l'entretien il fit observer qu'on avait oublié le rendez-vous.

• **observer**[2] (2)
N - V - N
beachten, befolgen, einhalten
Observer les règles du jeu, les lois. Dans leurs commentaires, les journaux de Varsovie observent un équilibre savant entre le soutien inconditionnel à Moscou et à la volonté d'indépendance de certains pays communistes/LeM/.

• **s'obstiner** (2/1)
N - se V -(à ce que S Kj) |×1
s. versteifen auf, bestehen auf
Il s'obstine à ce qu'on lui dise "Bonjour, monsieur le professeur".
à Inf 1
Il s'obstine à vouloir passer ses vacances en Auvergne.

N - se V < dans N > — *Il s'obstine dans son point de vue.*
<sur N > — *Pourquoi s'obstiner sur cette question!*

obstruer (2) — verstopfen, versperren, blockieren
N - V - N — *Un caillot obstrue l'artère. Il obstrue le couloir de sa large stature. La foule obstruait le passage.*

obtempérer (2) — REL — gehorchen, Folge leisten
N - V -(à N) — *Obtempérer à un ordre. Il ne me reste plus qu'à obtempérer.*

• obtenir (2/3) — erhalten, bekommen
N - V - N — *Les socialistes ont obtenu 50% des voix. Le fonctionnaire a obtenu de l'avancement. J'ai obtenu la mention bien. Il a brillamment obtenu son diplôme. Nous n'avons obtenu aucun résultat.*
(Produkt) gewinnen
On obtient le nylon à partir du pétrole.
✗ *Je lui (= pour lui) ai obtenu un poste.*
N - V -(de N) - N — bekommen, erhalten, erreichen
J'ai obtenu ces renseignements d'un ami. J'ai obtenu de lui la permission de faire cela. Je n'ai obtenu aucun sursis. Après avoir obtenu de Saint-Ramé une recommandation d'emploi chez un sous-traitant marseillais/Pilhes/.
que S Kj — *J'ai demandé et obtenu que le personnel soit représenté à la veillée funèbre/Pilhes/. Il a obtenu que la réglementation sur les licences d'importation soit assouplie/LeM/. Obtiendra-t-elle que Bernard la suive jusque-là? C'est qu'il venait d'obtenir d'un roi allié que son armée ne serait pas pour toujours mise au repos, des Anglais qu'ils n'évacuassent pas Salonique/Giraudoux/.*
de Inf 1 — *J'ai obtenu (de la commission) de pouvoir continuer mes recherches.*

obturer (2) — zustopfen, verschließen
N - V - N — *Obturer une ouverture, une dent, un trou.*

obvier (2) — REL — entgegenwirken, vorbeugen, abhelfen
N - V - à N — *Obvier à un danger, aux accidents de la route.*

occasionner (2/3) — verursachen
N - V - N — *Le brouillard, un conducteur ivre ont occasionné l'accident.*
N - V - N - à Nqn — *Je vous ai occasionné de la peine. Ce travail m'a occasionné beaucoup de peine.*

occire (2) — ARCH — töten
N - V - N — *Le jardinier a donné la bise à la marquise qu'il a occise assise.*

• occuper¹ (2) — besetzen, innehaben, beanspruchen, beschäftigen
N - V - N — *Il n'y a personne qui occupe cette place réservée. Occuper un pays. Les ouvriers ont occupé l'usine. Le Rantec occupait un poste curieux qui faisait fureur à l'époque/Pilhes/. Les Arangrude occupaient un appartement de cinq pièces/Pilhes/. Mes enfants m'occupent beaucoup. Ce travail m'occupe depuis longtemps.*

• occuper² (2) — <etw> (Zeit) beanspruchen, in Anspruch nehmen
N - V - Nqc — *Cela n'occupera qu'un instant.*

• occuper³ (3) — beschäftigen, s. beschäftigen mit
N - V - N -(à N) — *Le patron occupe l'apprenti à des travaux inutiles. Cet enfant ne sait pas s'occuper. Le patron occupe cent ouvriers.*
à Inf 2 — *Le patron occupe ses employés à faire son déménagement. Il s'occupe à classer sa collection de timbres.*
à Inf 1 — *Il occupe ses journées à construire son bateau de plaisance.*

• s'occuper⁴ (2) — s. kümmern um, s. beschäftigen mit
N - se V - de N — *Il s'occupe de la bibliothèque. Personne ne s'occupe de lui. Il ne s'occupe plus que de politique. Ils ont abandonné le peuple à lui-même, sans s'occuper de son ravitaillement et de ses problèmes/LeM/.*

octroyer (3) — gewähren
N - V - N - à N — *L'Allemagne a octroyé un crédit à la Pologne. Il s'est octroyé une semaine de congé.*

oeuvrer (1) — REL — wirken, darauf hin-arbeiten, darauf hinwirken, tätig sein
N - V < pour N > — *Le Sahara occidental illustrait sa volonté d'oeuvrer dans le sens de l'unité arabe/LeM/. Il n'a cessé d'oeuvrer pour la révision de son procès/LeM/. Le camarade de Martinho ne figure pas parmi ceux qui ont oeuvré pour la scission du mouvement ouvrier et socialiste/LeM/.*

offenser (2) — beleidigen
N - V -(N) — *Je ne voulais pas vous offenser.*
Fig.: verstoßen gegen, (Sinne) beleidigen
Ceci offense la raison, le bon goût. Ces couleurs offensent la vue. Ces dissonances offensent l'oreille.
♦*N - se V -(de N)* — beleidigt sein
Il s'offense d'un rien, facilement.
de ce que S Ind/Kj — *Il s'est offensé de ce qu'on a/ait oublié de l'inviter.*
de Inf 1 — *Il s'offense de ne pas avoir été invité à la réunion.*

officier (1) — die Messe lesen
N - V — *Officier le dimanche. L'abbé Chichambre officiait avec cette brusquerie familière, ces gestes impétueux.../Bosco/.*

• **offrir**[1] (3) — an-bieten, schenken
N - V -(à N) - N — *Offrir un verre de vin aux amis. La situation n'offre pas de choix. Je vous offre 100 francs* de/pour *ce tableau.*
que S Kj 2 — *Je lui ai offert qu'il vienne passer ses vacances chez nous.*
de Inf 1 — *Je (lui) ai offert de faire ce travail à sa place.*
à N - de Inf 2 — *Je lui ai offert de faire ce travail à ma place.*
♦*Nqn - se V - N* — s. etw leisten
Il s'est offert de longues vacances. Seuls les gros commerçants peuvent s'offrir des voitures importées/LeM/.
♦*Nqn - se V -* à *Inf* RARE — (s-e Hilfe...) anbieten, es anbieten
Il s'est offert à nous aider.
♦*Nqn - se V - pour N* — s. anbieten, s. melden
Il s'est offert pour ce travail.
♦*Nqn - se V - comme n* — (s-e Dienste) anbieten, s. anbieten
Il s'est offert comme guide.
en n — *Ils se sont offerts en otages.*
♦*Nqc - se V* — s. an-bieten
L'occasion de lui parler ne s'est jamais offerte.
⧗ *se voir offrir qc:* geschenkt bekommen

• **offrir**[2] (2) — aufweisen, (Schwierigkeiten) bieten, liefern
N - V - N — *Ils présentèrent l'outil dans tous les pays dont le relief offrait des similitudes avec le relief vosgien/Pilhes/. Ses derniers moments offrent de frappantes analogies avec sa pièce. Cette traduction offre de nombreuses difficultés. Ce livre offre un tableau saisissant de la situation de la femme au moyen âge. Pierre offre l'exemple typique de quelqu'un qui ne sait pas ce qu'il veut.*
⧗ *s'offrir à l'esprit:* in den Sinn kommen, einfallen
Ce fut la première idée qui s'offrit à mon esprit.

offusquer (2) — jm mißfallen, ⧗ Anstoß nehmen an
N - V - Nqn — *Son comportement m'offusque.*
♦*Nqn - se V -(de N)* — Anstoß nehmen an
Il s'offusque de ma conduite. Ne vous offusquez pas!
(de ce) que S Kj — *Les gens qui n'ont jamais manqué de rien peuvent s'offusquer qu'une vie confortable en tous points suffise à rendre heureux /P. Benoit/. Il ne s'agit point de t'offusquer de ce que...le langage de l'un ne soit point le langage de l'autre/Saint-Exupéry/*
de Inf 1 — *C'est pourquoi je ne m'offusquai pas de l'entendre reposer la question à M./Pilhes/.*

omettre[1] (2) — auslassen
N - V - N — *Ai-je omis quelque chose? Tâchons de ne rien omettre.*
que S Ind — *Il a omis dans son discours que les exportations ont baissé.*

omettre[2] (aux) — unterlassen, vergessen (zu tun)
N - V - de Inf 1 — *J'ai omis de l'avertir.*

ondoyer[1] (1) — wogen, flattern
N - V — *Le blé, un drapeau qui ondoient dans le vent.*

ondoyer[2] (2) RARE — nottaufen
N - V - N — *Ondoyer un bébé malade.*

onduler (1/2) — wogen, in Wellenlinie verlaufen, <Haare> wellig sein, ondulieren
N - V — *L'eau ondule. De douces collines ondulent à l'horizon. Ses cheveux ondulent naturellement.*
N - V - N — *Marie ondule ses cheveux. Le vent ondule la surface de l'eau.*

• **opérer**[1] (1/2) — tätig sein, (militärisch) operieren, vorgehen
Nqn - V — *Les voleurs opèrent à l'aube. Ceux qui ont choisi ce mois d'août pour opérer, comptant sur l'insouciance estivale, peut-être ont-ils pour une fois mal calculé/LeM/. Les guérilléros rhodésiens opèrent à partir du Mozambique/LeM/.*
Nqc - V — wirken
Le médicament n'a pas opéré.
Nqc - V - sur N — einwirken auf
La sorcellerie, la magie veulent, en opérant sur la matière,..., conquérir une domination interdite à l'homme/Baudelaire/.
Nqn - V - sur N — umgehen mit
Il nous est plus facile d'opérer sur les signes des idées que sur les idées elles-mêmes/M. Bréal/.

opérer[2] (aux) — (Wahl) treffen, etw tun, bewirken, durchführen
N - V - N — *Opérer un choix, une distinction, le redressement des finances. Les vacances ont opéré sur lui un heureux changement.*
♦*Nqc - se V* — stattfinden, geschehen
L'implantation de l'idiome s'est opérée sans intermittences jusqu'à nos jours/R.L. Wagner/.

opérer[3] (2/3) — etw operieren
N - V -(N) — *Opérer un cancer. Le chirurgien a opéré ce matin.*
jn wo(ran) operieren
Opérer le bras de qn > lui opérer le bras/l'opérer au bras.
N - V - Nqn - de Nqc — jn woran operieren, (Krankheit) operativ behandeln
Il s'est fait opérer des reins, de l'appendicite. Opérer un oeil de la cataracte.

opiner (1/2)
N - V < sur N >
< pour/contre/en faveur de >
s-e Meinung äußern, s. aussprechen (für/gegen)
Tous les jurés ont opiné dans le même sens sur la question. Les notables ont opiné pour/contre le projet. Ils ont opiné en faveur de l'autre projet.

N - V - à N
s-e Zustimmung geben
Les jurés ont opiné à la proposition du parquet.
✕ *Loc.: opiner de la tête,* FAM: *opiner du bonnet:* zustimmend nicken

• **opposer**[a] (2)
N - V - Npl
RARE: einander gegenüber aufstellen, legen...
Le décorateur aurait préféré opposer dans la pièce deux meubles de style identique.
einander gegenüberstellen, kontrastieren
Le peintre a opposé dans son tableau le rose et le noir.
konfrontieren
Ce n'était pas la première fois que des duels d'artillerie opposaient les deux secteurs de Beyrouth/LeM/. De courtes bagarres opposant manifestants et C.R.S ont éclaté/France-Soir/.

♦*N - V - N - à N*
konfrontieren, entgegensetzen, -stellen, gegenüberstellen
Le Conseil adopte une décision à l'unanimité à la suite des incidents qui opposent les Israéliens à leurs voisins arabes/LeM/. Cette population a opposé à l'envahisseur une résistance passive quasi unanime/LeM/. Ces conventions opposaient une forte résistance aux innovations de toutes sortes/R.L. Wagner/. Il est difficile de leur opposer un candidat aussi éloquent. Opposer le concept d'antagonisme à celui de contradiction. Un conflit oppose depuis longtemps le père au fils. Le différend qui oppose depuis des mois la Bolivie, la Colombie,..et le Vénézuéla au Chili/LeM/.

♦*Npl - se V*
aneinandergeraten, gegensätzlich sein
Les deux partis se sont violemment opposés à l'Assemblée nationale. Leurs caractères s'opposent.

♦*N - se V - à N*
s. widersetzen, s. entgegenstellen, entgegenstehen, im Wege stehen
Le gouvernement du général Pinochet s'oppose à ses cinq partenaires/LeM. La famille s'est opposée au mariage. ...un gouvernement qui ait assez d'autorité pour s'opposer aux "minorités agissantes"/Le Figaro/. Je me suis opposé à sa décision. Les circonstances s'opposent à notre projet. Aucun obstacle majeur ne s'opposait à la réalisation de ce projet.

à ce que S Kj
Rien ne s'oppose à ce que nous fassions cela. M. Smith ne s'oppose plus à ce que les Américains jouent un rôle direct dans le dénouement de la crise/LeM/.

• **opposer**[b] (3)
N - V -(à N) - N
entgegenhalten, einwenden
Opposer son point de vue à celui de son interlocuteur. Mais il est admirable avec quelle furia française nous balayons tous les arguments que les Yankees nous opposent/Canard enchaîné/.

que S Ind
Il opposa à notre proposition que la solution était trop compliquée. Après mon exposé il opposa que j'avais négligé bien des détails.

Ø Inf 1
Je lui ai opposé avoir tout prévu.

oppresser (2)
N - V - N
drücken, liegen auf
La chaleur nous oppresse jusqu'à gêner la respiration.
bedrücken, schwer lasten auf
Quel souci, quelle angoisse vous oppresse?

opprimer (2)
N - V - N
unterdrücken
Opprimer un peuple, la liberté, l'opinion.

opter (2)
N - V - pour/en faveur de N
s. entscheiden für, stimmen für
Opter pour des études littéraires, en faveur d'un projet de loi. Je respecte ceux qui, en conscience, se sont sentis obligés d'opter pour la violence/LeM/.

orchestrer (2)
N - V - N
instrumentieren, für Orchester bearbeiten
Le compositeur a orchestré ce morceau à partir d'un air populaire.
Fig. organisieren, inszenieren
Orchestrer une campagne électorale, une campagne de presse.

• **ordonner**[1] (3)
N - V -(à N) - N
befehlen, den Befehl geben zu, anordnen
Le professeur ordonna le silence à ses éleves. Le lendemain, l'Etat-major ordonna l'assaut.
jm etw verschreiben, verordnen
Le médecin lui a ordonné du repos, une cure.

que S Kj
On nous a ordonné que nous quittions les lieux. Mme Mao Tsetoung a ordonné en 1964 que le piano soit utilisé pour accompagner les opéras/LeM/.

Ind_{futur}
En vertu de mon pouvoir discrétionnaire, j'ordonne que Me Popie sera entendu ici le moment venu/Le Figaro/.

de Inf 2
Au nom de l'entreprise, il ordonne aux Pompes funèbres d'installer dans le grand hall un catafalque/Pilhes/.

ordonner[2] (2)
N - V - Nqc
ordnen
Ordonner ses pensées. Insensiblement, ce tumulte s'ordonna, devint rythme/Martin du Gard/.

ordonner[3]
N - V - Nqn -(n)
zum Priester weihen, ordinieren
Ordonner qn (prêtre).

• organiser (2)
N - V - N
que S Kj
organisieren
Organiser son temps, un voyage.
es (so) einrichten, daß
Mais comment veux-tu organiser...que ça ne se sache pas?/Druon/.

• orienter[a] (2+L)
N - V - N -qp à/vers
ausrichten, orientieren, zuwenden
L'architecte a orienté l'église vers l'Est. Ma chambre est orientée au Nord. Il orienta sa longue-vue vers la droite. Les dirigeants politiques orientaient les fonds publics et les énergies vers des projets coûteux et inutiles/LeM/.
⧗ *orienter une carte, un plan:* nach Norden ausrichten, die Nordrichtung eintragen
⧗ *orienter qn:* jm den Weg zeigen
Orienter qn dans une ville qu'il ne connaît pas.
♦*Nqn - se V -(qp)*
s. zurechtfinden
J'ai du mal à m'orienter dans cette ville que je ne connais pas.

orienter[b] (2+L)
N - V - Nqn -(qp vers)
aus-richten auf
Le père aimerait orienter son fils vers une carrière scientifique. Le conférencier a orienté l'attention de l'auditoire vers les problèmes du tiers monde. Les hommes préfèrent orienter l'essentiel de leurs efforts vers une amélioration du bien-être sur la Terre/LeM/.
♦*N - se V - qp*
Il s'oriente vers de nouvelles recherches. Il s'oriente vers la carrière diplomatique.

• orner (3/2)
N - V - N -(de N)
N - V - N
schmücken, verzieren
Orner un mur de tableaux.
Des tableaux ornent le mur.

• osciller[a] (1)
N - V
s. hin und her bewegen, (hin und her) pendeln, (sch)wanken
L'aiguille se mit à osciller. La tour de télévision oscille dans le vent. La flamme de la bougie oscille au vent. La pendule oscille. La cabine du téléphérique oscilla légèrement sous son poids.

osciller[b] (1)
N - V < entre Npl >
schwanken
Pierre oscille entre Paule et Juliette. Son esprit oscilla... dans les fluctuations auxquelles se mêlait quelque lutte/Hugo/.

• oser (aux)
N - V - Ø Inf 1
wagen
Je n'ose pas en croire mes oreilles. Personne n'a osé le contredire.
♦*N - V - N*
Au moment d'oser une démarche très grave.../Bourget/.

• ôter (2+L/2/3)
N - V - N - de qp
wegnehmen, -schaffen, -tun, etw entfernen von
Otez les livres de la table. Oter les pierres d'un champ. Oter une tache d'un vêtement. Otez-lui cette idée de la tête.
♦*N - se V - de qp* — FAM
weggehen
Ote-toi de là!
N - V - N
(Kleidung) ablegen, -nehmen
Il ôta son manteau et son chapeau.
N - V - N - à N
ab-nehmen
Le sucre ôte son amertume au cacao. On lui a ôté son enfant. Elle a ôté quelques centimètres à sa jupe.
Fig.: Cette aventure m'a ôté l'envie de recommencer. Ce vin m'a ôté toutes mes forces.
⧗ *N-V-N-deN:* substrahieren, abziehen
Sept ôté de dix fait trois.

• oublier[1] (2)
N - V - N
que S Ind
Kj — REL/RARE
Int.ind
Ø Inf 1 — RARE
vergessen
Oublier qc/qn.
J'ai oublié qu'il allait venir.
Il oubliait la phrase de son père: du moins il oubliait que cette phrase vînt de son père/Gide/. Il avait oublié qu'elle eût le teint aussi fortement bistré/Martin du Gard/.
J'ai oublié comment cela s'est passé.
Il avait oublié lui avoir dit la veille le contraire.
♦*N - se V <jusqu'à Inf 1 >*
s. vergessen
Il ne s'est pas oublié dans le partage de l'héritage. Il s'oublia jusqu'à battre son enfant.

• oublier[2] (aux)
N - V - de Inf 1
vergessen zu tun
Il a oublié de nous prévenir.

ouir (2) — VIEUX
N - V - Ø Inf
hören
J'ai ouï dire qu'il compte venir demain.

ourdir[1] (2)
N - V - N
flechten
Ourdir de la paille, des brins d'osier.

ourdir[2] (2) — LIT
N - V - N
anzetteln, schmieden
Ourdir un complot. Le goût qu'il avait d'ourdir des machinations lui avait fait une réputation que d'autres appréciaient/Pilhes/.

ourler (2)
N - V - N
mit e-m Saum versehen, säumen
Ourler une jupe. Adieu, petite oreille que la lumière de la fenêtre ourle de givre rose/Duhamel/

outrager (2) — grob beleidigen, gegen etw verstoßen
N - V - Nqc/qn — *Outrager qn en public. Outrager les bonnes moeurs, le bon sens.*

outrepasser (2) — Fig. überschreiten
N - V - N — *Outrepasser ses droits, ses compétences.*

outrer[1] (2) — übertreiben, überspitzen, zu weit treiben
N - V - N — *Outrer une attitude, ses jugements, son accent, son jeu.*

outrer[2] (2) VIEUX — jn aufbringen
N - V - N — *Outrer qn par ses paroles.*

• **ouvrir**[a] (2/1/1+L/3) — er-öffnen
N - V - N — *Ouvrir une boîte de conserves, un livre, une école, un restaurant. C'est mon nom qui ouvre la liste. Ouvrir une enquête, un compte. Les deux gangsters ont ouvert le feu sur les deux hommes/LeM/.*
(Radio) anschalten, (Brunnen..) bohren, graben
Ouvrir la radio, un puits, une mine, une galerie.

♦*N - se V* — s. öffnen, <Beratungen..> eröffnet werden, beginnen
La porte s'ouvrit soudain. Dans ce climat, les consultations amorcées par M. Ortoli peuvent s'ouvrir aujourd'hui/France-Soir/. La conférence épiscopale continentale s'ouvrira pour une quinzaine de jours à Medellin/LeM/.

N - V — öffnen, geöffnet sein
Les magasins ouvrent à huit heures du matin.

N - V - qp_{sur} — hinausgehen, -führen auf, in
Des portes-fenêtres qui ouvrent sur une terrasse. Trois portes ouvraient sur le palier. Eh bien, monsieur, vous vous cachez derrière la petite porte qui ouvre sur votre secrétariat/Pilhes/.

N - V - N - à N — öffnen für, (Weg) freimachen
Les motards ouvraient le passage au cortège. Le développement économique commence à ouvrir le pays aux influences étrangères.

♦*N - se V - à N* — *La Chine s'est finalement ouverte au commerce étranger.*

ouvrir[b] (3/2) — er-öffnen
N - V - N - à N — *Cette décision ouvrait aux fidèles un accès aux mystères de la foi/R.L. Wagner/. Il m'a ouvert son coeur. Ouvrir les yeux à qn.*

♦*Nqn - se V - à Nqn* — *Il s'est finalement ouvert à moi.*

♦*Nqc - se V - à Nqc/qn* — *Une perspective nouvelle s'est ouverte à moi.*

N - V - à N RARE — eröffnen
Pour ouvrir à cet entretien, nous pourrions peut-être partir de ce mot.

ovationner (2) — *jm* zujubeln
N - V - Nqn — *La foule ovationnait l'orateur.*

pacifier (2)
N - V - N
befrieden
Pacifier un pays en révolte.
Fig.: beruhigen
La réponse de la direction a pacifié les esprits.

pactiser (2)
N - V - avec N
e-n Vertrag abschließen, übereinkommen mit, s. einigen
Pactiser avec l'ennemi.
⧗ *Fig.: pactiser avec sa conscience:* sein Gewissen zum Schweigen bringen, s. arrangieren mit

paginer (2)
N - V - N
mit Seitenzahlen versehen, paginieren
Paginer un livre.

paître (1/2)
N - V < qp >
N - V - N
weiden, grasen
Les moutons paissent dans le pré.
Les vaches paissent l'herbe du pré.

palabrer (1)
Npl - V
palavern
Ils palabraient interminablement.

pâlir (1/2)
Nqc - V
bleich, blaß werden, verblassen
Les couleurs de la tapisserie ont pâli à la lumière. (×se V).
Nqn - V < de N >
Pâlir de colère, de crainte
N - V - Nqc — RARE
Le froid qui le pâlissait semblait déposer sur sa figure une langueur plus douce/Flaubert/.

pallier (2)
N - V - N
vertuschen, verniedlichen, mildern
Pallier une faute, une erreur, une difficulté. Ce remède ne fait que pallier la douleur.
à N < par N > — CRIT
(Mangel) beheben, beseitigen, abhelfen
On pallie généralement au manque de matériel par des hommes /Camus/. → remédier

palper (2)
N - V -(N)
be-, abtasten
Palper un tissu, un mur dans l'obscurité, un malade.
⧗ FAM: *palper de l'argent (= toucher):* (Geld) bekommen, einstreichen

palpiter (1)
N - V
zucken, <Herz> klopfen
Le petit lapin palpitait dans mes mains. Mon coeur palpite.

se pâmer[a] (1) — VIEUX
N - se V
ohnmächtig werden
Madame se pâme à la vue de monsieur.

se pâmer[b] (1)
N - se V < de N >
außer sich sein
Se pâmer de joie, de peur, d'amour, d'exaltation.

panacher (2)
N - V - N
bunt zusammenstellen
Panacher des couleurs.
panachieren
Panacher une liste électorale.

• **panser** (2)
N - V - N
verbinden
Panser le bras de qn > lui panser le bras.

papillonner (1)
N - V
herumflattern
Des insectes papillonnaient autour de la lampe.
Fig.: Papillonner d'un sujet à l'autre, d'une femme à l'autre.

papilloter (1)
N - V
⧗ blinzeln mit
Ses yeux papillotent dans le soleil.
<Licht> flimmern
Le soleil papillote dans les haies/Sartre/. Sur s'écran de la télévision, l'image se mit à papilloter.
Nqn - V < de N >
blinzeln, mit den Augen klimpern
Pensez-vous? dit-elle en papillotant des yeux.

papoter (2)
N - V -(sur N)
schwatzen, tratschen, klatschen
Des voisines qui, penchées sur le rebord des fenêtres, papotent.
Elles papotent sur le maire du village.

parachever (2)
N - V - N
vollenden, den letzten Schliff geben, vervollkommnen
Parachever un roman.
FAM
vollenden
A Midway, en 1942, la marine impériale japonaise veut parachever Pearl Harbour/Canard enchaîné/.

parachuter (2+L)
N - V - N -(qp)
(vom Flugzeug) abwerfen
Parachuter des soldats, des munitions sur un champ de bataille.
Fig.: On se contente de "parachuter" dans nos classes un inspecteur qui nous juge et nous note/La Croix/.

parader (1)
N - V
Parade machen
L'armée parade pour la fête nationale.
großtun
Il paradait dans les salons devant les beaux esprits de la capitale.

parafer/parapher (2)
N - V -(N)
paraphieren
Parapher un traité. Parafer en bas de page.

• **paraître**[1] (1/1+A)
N - V <qp>
erscheinen, <jd> auftreten, auftauchen
Ce livre vient de paraître. L'acteur paraît sur scène. Il n'a pas paru en public depuis des mois. La mer paraissait à l'hori-

zon. Il n'a pas paru à son travail depuis deux jours.
⧗ *Le livre a paru il y a deux mois. Le dictionnaire n'est toujours pas paru.*

♦il - V - N qp — *Il est/a paru une nouvelle édition de cet ouvrage.*
⧗ *Loc.: y paraître:* auffallen
Encore une retouche et cela n'y paraîtra plus.
⧗ *Loc.: en paraître: à en juger d'après ce qu'il en paraît...:* dem Anschein nach zu urteilen...

N - V - adj — aussehen
Elle paraît jeune. Cette coiffure la fait paraître plus jeune qu'elle n'est. Il paraît bien son âge.

• **paraître**[2] (aux) — scheinen
N - V -(à Nqn) -(être) adj — *L'occasion paraît (être) propice. Le premier ministre paraît sensible aux critiques qui lui sont présentées/LeM/. Moscou ne paraît pas soucieux de voir se développer en Afrique un nouveau foyer de tension/LeM/. Une forte majorité paraît prête à entériner l'accord salarial/LeM/. Aussi la campagne électorale a-t-elle paru moins agitée avant le 7 mars/LeM/. Cette coutume funèbre me paraissait tombée en désuétude/Pilhes/. Aussi les entretiens bilatéraux entre eux lui paraissent-ils préférables aux rencontres multilatérales/LeM/.*
être n — *Il me paraît être un excellent cavalier.*
(être) adv — *Il me paraît (être) en bonne forme.*
Ø Inf 1 — *Jean (me) paraît avoir des difficultés.*
que S Kj -(cela) - V -(à N) - adj — *Que la poésie ait ses qualités propres, cela ne me paraît guère discutable/Paulhan/*
♦il-V-(à N)-adj-que S — *Il me paraît probable qu'il vienne. Il paraît certain que je suis reçu.*
(de)Inf-(cela)-V-(à N) -être n — *(De) partir au Sahara sans canne à pêche (cela) me paraît être une imprudence.*
(être) adj — *(De) partir maintenant au Sahara, cela me paraît (être) imprudent.*
♦cela-V-(à N)-être n-(que) de Inf — *Cela me paraît être une imprudence que de partir au Sahara.*
♦cela-V-(à N)-(être) adj-(que) de Inf — *Cela me paraît être imprudent que de partir au Sahara.*
♦il-V-(à N)-(être) adj-de Inf — *Il ne me paraît pas très difficile d'y répondre/Paulhan/.*

♦il - V - que S Ind — es scheint, man sagt
Il paraît que Jean est malade.
Kj RARE — scheinen, den Anschein haben
A vrai dire, il paraît bien qu'à la fin de sa vie il ait joué un double jeu fort déshonorant, qu'il ait eu sa part de honte, aussi large dans son ordre que celle de Moll Flanders dans le sien/Mauriac/. Ma foi, mon cher Rasselène, il peut paraître à première vue que vous ayez raison/M. Aymé/.
♦il - V - à Nqn - que S Ind — scheinen
Il me paraît que Jean est malade.
Kj |neg — *Il ne me paraît pas que Jean soit malade.*

• **paralyser** (2) — lähmen
N - V - N — *La maladie l'a paralysé.*
Fig.: lähmen, lahmlegen
La timidité le paralysait. Un accident a paralysé la circulation.

paraphraser (2) — paraphrasieren, umschreiben
N - V - N — *Paraphraser un mot.*

• **parcourir** (2) — herumgehen, -fahren, -reisen in
N - V - N — *Nous avons parcouru la région en car. Nous avons parcouru la Sicile en touristes. Nous avons parcouru la ville en quête d'un restaurant chinois. Il a parcouru toutes les mers du monde.*
(Strecke) zurücklegen
Le car parcourt le trajet en deux heures. Ils parcoururent ainsi une centaine de mètres en courant.
<etw> jn durchlaufen
(Un frisson parcourut son corps) > lui parcourut le corps.
(mit den Augen) überfliegen
Il parcourut rapidement la lettre.
<Blick> streifen, ⧗ mustern
Son regard parcourut rapidement la chambre où il se trouvait. Son regard parcourut longuement les rayonnages de la bibliothèque.
N - V - N < de N > — *Il parcourut du regard la vallée qui se trouvait à ses pieds.*

• **pardonner** (3) — vergeben, verzeihen
N - V -(à Nqn) -(N) — *Je lui pardonne son erreur.*
▼N - V - N — *Je ne pardonne pas cette erreur.*
▼N - V - à Nqn — *Je lui ai pardonné.*
▼N - V — *Jean ne pardonne pas facilement. C'est une maladie qui ne pardonne pas.*
N - V - à N - que S Kj — *Je ne lui pardonnerai pas qu'il ne vienne pas nous voir.*
à N - de Inf 2 — *Je lui pardonne d'avoir dit cela.*
⧗ <jd> Passiv:
Que celui qui a roulé le parchemin...se lève! Il sera pardonné/Pilhes/. Il sera pardonné de sa faute.

• **parer**[1a] (3/2) — schmücken
N - V - N -(de N) — *Parer une table de fleurs, son style de fioritures.*

N - V - N — *Des fleurs parent la table.*

parer[1b] (3) — ausstatten mit
N - V - N - de N — *L'auteur a paré son héros de qualités surhumaines. Elle pare ses enfants de toutes les qualités.*

parer[2a] (2) — abwehren, parieren
N - V - N — *Parer un coup.*

parer[2b] (2) — vorbeugen, abhelfen, abwenden, s. kümmern um
N - V - à N — *Parer à un danger, à un inconvénient, à une difficulté. Il s'agit de parer au plus pressé. Parer à toute éventualité.*

paresser (1) — faulenzen
N - V — *Il a passé la journée à paresser chez lui.*

parfaire (2) — vervollkommnen, vollkommen machen, (Summe) vollmachen, vervollständigen
N - V - N — *Il m'a envoyé de l'argent pour parfaire la somme qu'il me doit. J'ai acheté un livre pour parfaire mes connaissances de chiromancie. Pour parfaire la ressemblance, il avait mis de fausses moustaches. Il me resta à parfaire mon article. Il passe les dimanches aux musées pour parfaire sa culture.*

parfumer (2) — parfümieren
N - V - N — *Parfumer un mouchoir. Il a inventé un procédé pour parfumer le savon.*
e-r S e-n bestimmten Geschmack geben
J'ai parfumé cette crème au café.

• **parier** (1/2/3) — wetten (um)
Npl - V <N> — *Nous avons parié cent francs.*
♦*N - V <N> (avec, contre N)* — *J'ai parié une bouteille de champagne avec/contre lui. Je ne parie jamais.*
♦*N - V <N> (avec/contre N) que S Ind* — *J'ai parié dix francs contre lui que les bleus gagneraient.*
⧗ *Je te parie dix francs que les bleus gagneront.*
♦*N - V <Adv> que S Ind* — *Il y a gros à parier que Giscard en restera là et ne songera plus à mettre un tablier/Canard enchaîné/.*
N - V -(N) -(sur/pour N) — setzen auf, wetten zugunsten von
Parier (cent francs) sur un cheval, pour les bleus. Parier gros sur un cheval.
N - V - sur N — Fig.: setzen auf
Il a parié sur (la victoire de) la coalition socio-libérale.

se parjurer (1) — e-n Meineid leisten
N - se V — *Accuser qn de s'être parjuré.*

parlementer (2) — verhandeln
Npl - V — *Les adversaires ont parlementé pendant des heures.*
♦*N - V - avec N* — *La police a parlementé longtemps avec le ravisseur. Fille qui parlemente est à demi rendue.*

• **parler** (1/2/3) — sprechen
N - V — *L'enfant ne parle pas. Il a fait un effort pour parler comme tout le monde.*
⧗ reden
Sous la torture, il a fini par parler.
N - V <Adv> — *Il parle fort, bas, doucement, peu. Il parle la bouche pleine.*
N - V - N — (e-e Sprache) sprechen
On parle (le) français au Québec. On parle alors volontiers le langage technique, le jargon de métier ou de profession.
Npl - V — miteinander sprechen
Nous n'avons jamais parlé.
♦*N - V - avec N* — mit jm sprechen
Est-ce que tu as déjà parlé avec elle?
à N — *Il ne me parle plus.*
♦*Npl - se V* — *Ils ne se parlent plus.*
N - V -(à Nqn) -(de N) — zu jm sprechen über, reden
Le conférencier nous a parlé longuement de la situation actuelle.
▼*N - V - à N* — *Il nous a parlé pendant deux heures.*
▼*N - V - de/sur N* — *Il a parlé de/sur la situation actuelle.*
▼*N - V* — *Le ministre n'a pas encore parlé.*
Npl - V - de N — (miteinander) über etw/jn sprechen, s. unterhalten, besprechen
Nous avons parlé de la situation actuelle.
♦*N - V - à/avec Nqn - de N* — *Je lui ai parlé de vous. Je lui ai parlé de notre problème. J'ai parlé de la piscine avec le maire. J'ai parlé avec le maire de ta situation.*
♦*N - V -(à N) <N>* — *En cette semaine de victoires, je ne sais pourquoi, mais j'ai envie de parler "sports"/Canard enchaîné/. Nous nous voyons pour parler affaires/H. Troyat/. Si je vous parle ainsi ménage et famille/A. Dumas/.*
N - V - de Inf 1 — davon sprechen, s. mit dem Gedanken tragen
Il a parlé de venir nous voir.

parodier (2) — parodieren
N - V - N — *Parodier un style, un homme politique.*

parquer[1] (2+L) — zusammen-, einpferchen
N - V - N -(qp) — *Parquer des moutons dans un enclos. La foule était parquée dans une salle étroite.*

lagern, abstellen
Parquer des marchandises dans un entrepôt. Ils deviennent immédiatement oeuvres d'art et sont parqués au plafond du musée/Canard enchaîné/.

parquer[2] (2)
N - V -(N) <qp>
parken
J'ai parqué la voiture derrière la maison.
♦Nqn - se V <qp>
<jd> parken
Je me suis parqué derrière la maison.

parrainer (2)
N - V - N
Schirmherr sein von
La municipalité parraine cette fête sportive.

parsemer (3/2)
N - V - N - de Npl
bestreuen, bedecken, Fig.: spicken mit
Le vent a parsemé le pré de feuilles mortes.
Fig.: parsemer son discours d'allusions obscures.
Npl - V - N
Des feuilles mortes parsèment le chemin.

• **partager**[a] (2/3/2+A)
Nqn-pl - V - N
unter sich auf-, verteilen, s. teilen in, etw gemeinsam haben
Ils ont partagé le gâteau (entre eux). Ils partagent la même chambre.
♦N - V - N -(avec N)
Paul a partagé son gâteau (avec Pierre).
N - V - N -(parmi Npl)
|passiv: aufteilen
L'héritage a été partagé parmi les membres de la famille.
♦Nqn-pl - se V - N
unter sich aufteilen
Les enfants se sont partagé le gâteau.
N - V - N -(entre Npl)
verteilen
La mère partage le pudding en trois parties égales entre ses enfants.
N - V - N -(à N)
(Aufgaben) zu-, einteilen
*Le contremaître a partagé le travail. *Il a partagé le travail aux différentes équipes.*
*N - V - N - **en npl***
auf-teilen
Cet abri était partagé en deux pour la double fosse qui recevait les cabines du téléphérique. L'autoroute se partage en deux à partir de la ville suivante.

• **partager**[b] (2/3)
Nqn-pl - V - N
(Meinung...)teilen
Ils partagent le même point de vue. Tous les collaborateurs du général ne partagent pas l'avis du ministre/LeM/.
♦Nqn - V - N - avec N
Je partage ce point de vue avec bon nombre de mes collègues.
♦Nqn - V - Nqc(de qn)
Je ne partage pas votre point de vue.
Nqc - V - Nqn-pl -(en Npl)
teilen
Cette question partage depuis longtemps les spécialistes (en deux camps).
⌘ *Npl - être partagé (sur N):* geteilter Meinung sein
Les spécialistes sont partagés sur ce point. Leurs avis sont partagés sur ce point.
⌘ *Nqn - être partagé (entre Npl):* schwanken zwischen, hin und her gerissen sein, unschlüssig sein
Il était partagé entre la crainte et l'espoir. J'ai longtemps été partagé à ce sujet/Mauriac/.

• **participer** (2)
Nqn - V - à N
teilnehmen an
Je participe à votre chagrin. Il n'a guère participé à la conversation.
N - V - de N REL
teilhaben an, zu tun haben mit
Ce drame participe à la fois du genre burlesque et fantastique. Toutes les sensations participent de l'étendue/Bergson/. En fait, les réticences que le chef du gouvernement portugais devra vaincre participent aussi d'autres motivations/LeM/. Le Portugal participe depuis trop longtemps de l'histoire et de la culture, et de l'espace économique européen pour que le droit de participer pleinement à l'aventure commune des peuples d'Europe lui soit aujourd'hui contesté/LeM/.

• **partir**[1a] (1+L/1)
N - V -((de)qp)< Ø Inf_{fin} >
ab-, weg-gehen, -fahren, -reisen...
Il est parti pour Paris. Nous partons demain à la campagne acheter des oeufs frais. Ce train part de Paris à huit heures du matin. L'avion part à midi.
N - V - de qp
ausgehen von, beginnen
La révolte est partie du Sud et s'est répandue dans tout le pays. Le chemin part de l'autre bout du village. Les vacances partent du 15 août.
⌘ POP: *Nqn-être parti:* weg sein
Après trois verres, il était complètement parti.
Nqc - V
<Schuß> losgehen, knallen, <Motor> anspringen, starten
Un coup de feu partit à côté de moi. Le pétard n'est pas parti. Le moteur ne part pas à cause du froid.
⌘ *faire partir un moteur:* (Motor) in Gang setzen, starten
Je n'arrive pas à faire partir le moteur.
Nqn - V < de N >
(in Lachen) ausbrechen
A ces mots, tous partirent d'un éclat de rire.
⌘ FAM: *partir sur un sujet:* ein Thema beginnen
Quand il part sur ce sujet, on ne peut plus l'arrêter.

partir[1b] (2)
N - V - de N
ausgehen von
Je pars de votre remarque précédente. Ce raisonnement part de

fausses prémisses.
entspringen
Cela partait d'un bon sentiment.

partir[2] (aux)
N - V - à Inf 1 LIT
pour Inf 1
beginnen
Sur ces mots nous partîmes tous à rire. Il s'aperçut qu'il était parti pour parler au moins un quart d'heure/Duhamel/.

• parvenir[a] (1+L/2)
Nqn - V - qp
gelangen, erreichen, ankommen
Nous sommes parvenus au but. Vers midi, nous étions parvenus à l'auberge.
⧗ *Nqn-V-Ø:* gesellschaftlich aufsteigen
Il a mis vingt ans pour parvenir.

Nqc - V - qp
gelangen
Ces traditions très anciennes sont parvenues jusqu'à nous, jusqu'à notre époque.

Nqc - V - à Nqn
kommen, erreichen, gelangen, dringen bis zu, ⧗ erhalten, vernehmen, hören
Le courrier ne nous est pas encore parvenu. Une musique parvint à nos oreilles. Tout seul, dans un bureau où ne leur parvient, déformé, que la voix d'un interlocuteur invisible/Canard enchaîné/.
⧗ *faire parvenir qc à qn:* jm etw schicken

• parvenir[b] (2)
N - V - à N
gelangen zu, (es) erreichen, ⧗ jm gelingen
Il est parvenu à ses fins, au but qu'il s'est fixé. M. Kissinger espère parvenir à une solution pacifique/LeM/. A la Sorbonne, on ne parvenait pas à un accord/France-Soir/.

à ce que S Kj RARE
N'était-il pas parvenu à ce que même sa voix fût anonyme?/G. des Cars/.

à Inf 1
Il parviendra à réaliser ce projet. Les Kerensky en puissance ne parviendront pas à barrer seuls la route aux partisans minoritaires de la démocratie populaire/Le Figaro/. A travers les péripéties de la longue crise italienne, M. A. Moro est parvenu à constituer un ministère capable de maintenir la continuité de la politique/LeM/.

• passer[1a] (1+L/2/2+L/3)
N - V -(qp)
(être) vorbei-gehen, -fahren, -kommen....
Les vaches regardent passer les trains. J'ai vu passer M.Dupont sous notre fenêtre. Jean est passé ce matin devant notre maison. J'ai senti passer un courant d'air.
⧗ <Film> laufen
Ce film n'est pas encore passé à la télévision.
⧗ <jd> (im Fernsehen...) auftreten, zu sehen sein, zu hören sein
Notre voisin journaliste est passé à la radio la semaine dernière et il passera à la télévision demain.
⧗ *passer sous le nez de qn > lui passer sous le nez:* jm entgehen
Plusieurs dizaines de millions d'anciens francs lui sont passés sous le nez/Canard enchaîné/.

Nqn - V -(qp) < Ø Inf_{final} >
Le facteur vient de passer. Le facteur n'est toujours pas passé chez nous. Je suis passé chez des amis leur transmettre le message. Veuillez passer (payer) à la caisse! Je ne fais que passer.

N - V - qp
(être) unter, über, durch etw gehen, laufen, kommen...
Pour traverser la rivière, nous sommes passés sur un pont. Un rayon de lumière passait sous la porte. Notre voyage passera par Paris. L'argent passe de main en main. Le voleur était passé par la cheminée. Le poisson est passé entre les mailles du filet. Jean est passé par l'Ecole Normale Supérieure.
⧗ *Défense de passer:* Durchgang verboten!
⧗ *Le courant ne passe pas:* es kommt kein Strom.
⧗ *passer sous qc:* unter etw hervorschauen
Le jupon passe sous la jupe.
⧗ *laisser passer qc/qn:* durchlassen, passieren lassen
Laissez-le passer! Les rideaux laissent passer le jour.
⧗ *faire passer du café; le café passe (sc.: à travers le filtre)* (Kaffee) filtern, durchlaufen (lassen)
⧗ *passer par une agence immobilière pour..:* in Anspruch nehmen, s. wenden an
Nous sommes passés par une agence immobilière pour trouver un appartement.

N - V - qp
(être/avoir) wohin gehen, fahren, kommen, gelangen, übergehen
Passons à table! Il est passé à l'étranger, de France en Espagne. Après la mort du père, l'entreprise est passée au fils, dans les mains du fils, aux mains du fils. Son fils n'est pas passé en première. Ce mot a passé dans le langage commun. Cet usage est passé dans les moeurs. Le venin est passé dans le sang. Le politicien est passé à l'opposition. Certes, quelques mots scandinaves sont passés jusque dans notre langue/R.L. Wagner/. Le feu est passé au rouge. Le long des murs peints à la chaux, la lumière passait du rose au jaune/Camus/.
⧗ wo bleiben
Où sont passées mes pantoufles? Où est-il passé?
⧗ <Essen> (nicht) rutschen
Le repas, le café froid ne passent pas.
⧗ *Boire un coup pour faire passer un mauvais goût.*

⧗ *passer dans la clandestinité:* untertauchen
⧗ *passer sous une voiture:* unters Auto kommen

N - V - N — (avoir) über, durch ... etw gehen, fahren....
Il n'a pas passé la porte. Nous avons passé la frontière espagnole. Les marchandises passent la douane.
⧗ *passer un film:* e-n Film zeigen
Je vais vous (= pour vous) passer le film de nos vacances. La télévision n'a pas encore passé ce film.
passer un disque: e-e Platte auflegen
⧗ LIT: *passer son chemin:* s-n Weg gehen

N - V - N - qp — etw wohin, durch etw... bringen, schieben, stecken...
Il passa la lettre sous la porte. Jean a passé la tête à travers la fenêtre. On pouvait passer le doigt à travers l'interstice entre deux planches. Nous avons passé en fraude du vin à la frontière.

N - V - N — (Kleidung) anziehen
Passez cette veste pour l'essayer!

N - V - N - qp — etw auftragen auf, mit etw fahren über, durch
Passer une couche de peinture sur une porte. Passer l'éponge sur une tache. Il passe la main dans ses cheveux > il se passe la main dans les cheveux. Il se passe la main sur le front.
⧗ *passer l'aspirateur:* staubsaugen
Je n'ai pas encore passé l'aspirateur.
⧗ *Loc.: Fig.: passer l'éponge sur un différend.*

N - V - N < à N > — etw bestreichen mit, mit etw gehen, fahren über, ⧗ etw auftragen auf
J'ai passé la porte au décapant. J'ai passé le parquet à la cire. J'ai passé le tapis à l'aspirateur.

N - V - N - à N — jm über-reichen, geben, schicken, leihen, (teleph.) verbinden
Passez-moi le sel, s.v.p. Allô, pourriez-vous me passer M. Dupont? Pourrais-tu me passer ton dictionnaire? Passez-moi un coup de fil quand vous en aurez le temps. Passez-lui la consigne par téléphone.

• passer^{1b} (1/2/3)
N - V — (être) <Gesetz> angenommen werden, durchkommen, ankommen
La loi visant à réviser le § 218 n'est pas passée. Cette mise en scène ne passera pas.
noch gehen, akzeptabel sein
Le devoir qu'a remis l'élève n'est pas brillant mais passe encore.
⧗ *passe encore:* noch angehen mögen
Passe encore de bâtir, mais planter à cet âge!/La Fontaine/.
⧗ *soit dit en passant:* nebenbei gesagt, übrigens
Soit dit en passant, vous avez oublié de mentionner l'auteur du livre.
⧗ *passer inaperçu:* nicht bemerkt werden
Sa faute était passée inaperçue.
FAM ⧗ *le sentir passer:* etw spüren
J'ai reçu une pierre sur le pied et je l'ai senti passer! La facture du dentiste, je l'ai senti passer!

N - V -(de N) - à N — (être) übergehen zu
Passer à l'acte, à l'action, à l'offensive. Les garnisons de ces enclaves sont passées à l'offensive/LeM/. L'inculpé est passé aux aveux. Je passe au point suivant. Passons à un autre sujet. En quelques jours, on est passé des supputations habituelles à l'expression des espoirs/LeM/. Les durs des trois armes pourraient aussi passer à l'offensive au lieu d'attendre l'épuration promise/LeM/.
⧗ *Passons!* weitergehen, weitermachen, fortfahren
⧗ FAM: *Nqc/qn - y passer:* (dabei) draufgehen
Je me suis acheté une voiture et toutes mes économies y ont passé. J'ai bien failli y passer, mais j'ai eu de la chance.

N - V - par N — (avoir) etw durchmachen
Il a passé par une période difficile, par des épreuves.
⧗ *en passer par (toutes sortes de): Nous allons encore en passer par toutes sortes de complications.*

N - V - N — (avoir) (Gesetz...) verabschieden, vereinbaren...
L'accord de modération qu'elle a passé avec la Chambre syndicale ne cesse de gagner en transparence/Canard enchaîné/
s. (e-r Prüfung) unterziehen
Il a passé son examen. Il l'a passé avec succès.
⧗ *Il a passé à l'oral.*
(die Kräfte) übersteigen, gehen über
Cela passe mes forces.

N - V - N - à N — *passer la parole à qn:* jm das Wort geben

• passer^{2} (1/2)
N - V — (avoir) <Zeit> vorbei-, vorübergehen
Le temps passe et le dictionnaire n'avance pas. Calmez-vous, la douleur va passer.
⧗ *être passé:* vorbei sein
Le pire est-il passé?
⧗ *faire passer qc:* vergehen, vorübergehen lassen, verderben
L'aspirine fait passer les maux de tête. (×Cette expérience a fait passer mon goût des voyages collectifs) > Cette expérience m'a fait passer le goût des voyages collectifs.
⧗ *laisser passer qc:* s. etw entgehen lassen

J'ai laissé passer l'occasion.
<Farbe> verblassen, verschießen
La couleur de la chemise a passé au soleil.
✗ *passer de mode:* aus der Mode kommen
Cette expression a passé de mode.

N - V - N <à Inf 1 >
(Zeit) verbringen
Nous passerons nos vacances au bord de la mer. Nous avons passé une bonne journée. Nous avons passé l'après-midi à jouer au babyfoot.
(Schmerzen) vertreiben, beenden, stillen
Prenez de l'aspirine, cela passera vos maux de tête.
RARE: (Farben) verblassen, verschießen lassen
Le soleil a passé la couleur de la chemise.

♦*N - se V*
<Zeit> vergehen
Trois mois se sont passés depuis l'événement.

♦*N - se V - Adv*
stattfinden, s. ereignen, spielen, s. abspielen
Tout s'est passé avec une incroyable rapidité. La scène se passe à Paris. L'accident s'est passé au coin de la rue. Quand est-ce que cela s'est passé?

♦*il - se V - N*
Il se passe ici de drôles de choses et, d'ailleurs, ce n'est pas d'aujourd'hui/Pilhes/. Il ne se passe pas de jours (sans) qu'il ne pleuve. J'admire les idiots cultivés...qui affirment, le petit doigt en l'air, qu'il ne se passe rien de nouveau, que tout s'est vu/Bernanos/

que S Kj -(cela) - se V - Adv
Que les prix diminuent, (cela) se passe rarement.

♦*il - se V -(Adv) - que S Ind*
Il se passe qu'en ce moment plus personne ne domine la situation.

Kj
| *pouvoir se passer*
Il peut se passer parfois que l'on fasse des erreurs.

• passer[3] (2/3)
N - V - N
etw überschlagen, auslassen
L'imprimeur a passé une ligne.
✗ *laisser passer qc:* etw übersehen
Laisser passer une erreur dans une correction.
✗ *laisser passer qc:* zulassen, durchgehen lassen
Nous n'allons pas laisser passer cela.
✗ *passer qc sous silence:* etw stillschweigend übergehen
Je signale qu'un événement..a été passé sous silence/Pilhes/. La presse polonaise passe sous silence ou atténue les différences apparues...au congrès de Moscou/LeM/.
✗ *passer outre à qc:* etw übergehen, e-r S keine Beachtung schenken, darüber hinwegsehen
Je me gardai bien, au début, de passer outre à cette réserve du partenaire/Duhamel/.
✗ *Loc.: J'en passe, et des meilleures!*

♦*N - se V - de N*
verzichten können auf, auskommen können ohne, e-r S nicht bedürfen
Elle ne peut plus se passer de lui. Il ne se passe plus du tabac. Cela se passe de commentaires. Idoles éphémères qui se seraient peut-être bien passées de ces adorateurs ignares/Pilhes/.

de Inf 1
Il ne peut pas se passer de fumer.

N - V - sur N
übergehen, hinwegsehen über
Je passe sur les détails. Il passe facilement sur les défauts de son fils.
✗ *Passons!*

N - V - N - à Nqn
jm etw nachsehen, durchgehen lassen
On lui passe tous ses caprices. Passez-moi l'expression, c'est un Jean-foutre.
✗ *laisser passer qc(à qn)*
On lui laisse passer ses extravagances.

• passer[4] (1+A)
N - V - pour (être) n
gelten als
Il passe pour (être) un grand savant.

adj
Il passe pour (être) très compétent.

Ø Inf 1
es heißt, man sagt, sollen
Il passe pour avoir inventé la poudre.
✗ *faire passer qn pour:* jn ausgeben als
Je l'ai fait passer pour ma petite soeur. Je me suis fait passer pour l'inspecteur.

passionner (2)
N - V -(N)
begeistern
Cette invention avait passionné les techniciens-chercheurs de la firme/Pilhes/. C'est un jeu qui passionne.

♦*N - se V -(pour N)*
Il se passionne facilement. Il se passionne pour la peinture.

pasteuriser (2)
N - V - N
pasteurisieren
Pasteuriser du lait.

pasticher (2)
N - V - N
nachahmen
Pasticher le style d'un auteur.

patauger[a] (1+L)
N - V -(qp)
waten, planschen
Patauger dans la boue. Les enfants pataugent dans la baignoire.

patauger[b] (1+L) FAM
N - V - dans N
s. verheddern, s. nicht mehr zurechtfinden
Patauger dans un raisonnement, dans les difficultés.

patenter[1] (2)
N - V - N
patentieren
Faire patenter une invention.

patenter[2] (2) *N - V - N*		der Gewerbesteuer unterwerfen *Patenter un commerce.*
patienter (1) *N - V*		s.gedulden *Pourriez-vous patienter quelques instants s.v.p. J'ai dû patienter à la porte pendant un quart d'heure.*
patiner[1] (2) *N - V - N*		e-e Patina verleihen, patinieren *Des générations de pèlerins ont patiné de leurs lèvres le pied de la statue. L'antiquaire a patiné la lampe de cuivre.*
patiner[2] (1) *N - V*		Schlittschuh laufen *Patiner sur un lac.* <Räder> durchdrehen *Les roues de la voiture patinent dans la boue.* ausgleiten, ausrutschen *Ses pieds mouillés patinaient sur l'argile détrempée/Simenon/.*
pâtir (2) *Nqn - V - de N*	LIT	leiden unter *Les Petits ont pâti des sottises des Grands/La Fontaine/.*
Nqc - V - de N		*Sa santé pâtira de ses excès. Les cultures n'ont pas trop pâti du mauvais temps.*
de ce que S Ind		*Les cultures ont pâti de ce qu'il a plu tout l'été.*
Ind/Kj	*|neg/int*	*Les cultures n'ont pas trop pâti de ce qu'il ait plu cet été. Les cultures ont-elles pâti de ce qu'il a/ait plu cet été?*
de Inf 1		*Les arbres ont pâti d'être mal soignés.*
patronner (2) *N - V - N*		unterstützen, protegieren *Le leader du parti patronne un jeune politicien prometteur. Le parti patronne cette campagne, cette candidature.*
patrouiller (1) *N - V*		patrouillieren *Les soldats patrouillaient dans la rue.*
paumer (2) *N - V - N*	POP	verlieren *J'ai paumé mon portefeuille.*
♦Nqn - se V		s. verlaufen *Se paumer dans les ruelles d'une ville inconnue.*
se pavaner (1) *N - se V*		s. brüsten, groß tun *Il se pavane entouré de ses admiratrices.*
paver (3) *N - V - N -(de N)*		pflastern *Paver un trottoir. On a pavé la cour de carreaux rouges.*
pavoiser[a] (1/2) *N - V*		flaggen *Pavoiser pour la fête nationale.*
N - V - N		beflaggen *Pavoiser un bâtiment.*
pavoiser[b] (1) *N - V*	FAM	vor Freude aus dem Häuschen sein *Après la victoire électorale, on pavoisait à l'état-major du parti.*
• payer[a] (2/1/3) *N - V < Adv> - Nqc*		bezahlen *J'ai payé ma voiture mille francs. Je l'ai payée cher. Combien avez-vous payé cette voiture? Un chauffeur de taxi, ou prétendu tel, nous a contraint en plein jour à payer 5oo F une course de 5o F/LeM/.* ⧗ *N-V-Ø |K: Les locataires n'ont pas encore payé (sc.: le loyer).*
Nqc - V		s. bezahlt machen, Geld einbringen *C'est un procédé qui paie à long terme. C'est un métier qui ne paie pas.*
N - V - Nqn < pour N/ pour Inf 2 >		*Il paie mal ses employés. On ne vous paie pas pour ne rien faire.* ⧗ *être payé à Inf: Il est payé à ne rien faire (à = pour).* ⧗ *N-V-Ø |K: Le patron paie bien (sc.: les employés).*
♦Nqn - se V - N	FAM	s. kaufen, s. leisten *Il s'est payé un nouveau manteau. Tout le monde ne peut pas se payer de telles vacances.*
N - V - N < de/sur N >		*J'ai payé ce cadeau de ma poche. Je l'ai payé de mon dernier argent. Payons cela sur la caisse commune.* ⧗ *N-V-Ø -de N: Je paie toujours de ma poche.*
N - V - N - à Nqn	FAM	etw für jn bezahlen *Ses parents lui ont payé un voyage en Afrique. Je te paie l'apéro.*
N - V - N <à Nqn> - que S Ind	FAM	wetten *Je te paie dix dollars que les hommes de S. nous attendent à l'aéroport.*
• payer[b] (3/1) *N - V - Nqc - de Nqc*		etw bezahlen mit *Ils auraient pu payer de leur vie cette aventure. Des combattants payent de leur sang les erreurs des politiciens traditionnels/LeM/. Il a dû payer de plusieurs années de prison son engagement antimilitariste.* ⧗ *payer cher qc:* etw teuer bezahlen *Ils ont payé cher leur erreur.*
N - V - Nqn - de Nqc		jm etw lohnen, jn belohnen für etw *Il a été mal payé de ses efforts. Ce succès me paie de ma peine.* jn abspeisen mit *Payer qn de belles paroles, de promesses.*

♦Nqn - se V - de N		s. zufrieden geben mit *Il se paie d'illusions. Ne pas se payer de mots.*
Nqc - V		ǀneg: s. nicht auszahlen, bezahlt machen, lohnen *Le crime ne paie pas.*
N - V - N - à Nqn		jm etw büßen, ✖ jm heimzahlen *Tu me le paieras!* ✖ *se payer la tête de qn:* jm e-n Bären aufbinden
peaufiner (2) *N - V - N*		ab-ledern *Il peaufinait sa voiture (avec une peau de chamois).* ✖ *Fig.:* NEOL: FAM: ausfeilen, feilen an *Pour remplacer l'ancienne Association des amis du président Aref, ils peaufinent les statuts d'un nouveau club bien-pensant/LeM/.*
• pêcher[a] (2) *N - V -(N)*		fischen, angeln *Pêcher des truites. Pêcher à la ligne.* ✖ *pêcher en eau trouble:* im Trüben fischen
pêcher[b] (2) *N - V - Nqc/qn*	FAM	aufstöbern, jn schnappen *Où est-ce que vous avez pêché cette icône? La police a pêché le trafiquant à l'aéroport.*
• pécher[a] (2) *N - V -(contre N)*		sündigen, s. vergehen *Il était bien décidé à ne plus pécher. Vous avez péché contre l'esprit.*
• pécher[b] (2) *Nqn - V - par N*		s. zuschulden kommen lassen *Il a péché par négligence, par excès de naïveté.*
contre N		verstoßen gegen *Vous avez péché contre les coutumes du pays.*
Nqc - V - par N		kranken an, den Fehler haben *Cet article pèche par trop de pédanterie.*
sur N		fehlerhaft sein, ✖ hapern *Cet article pèche sur un point.*
pédaler (1) *N - V*		radeln *Le coureur pédalait courageusement dans la montée.*
• peigner (2) *N - V - N*		kämmen *Peigner ses cheveux > se peigner les cheveux.*
• peindre[a] (2/2+L) *N - V -(N)* *N - V - N - qp*		be-malen, an-streichen *Peindre un paysage, un mur. J'ai peint ma cuisine en blanc. Les hommes préhistoriques avaient peint des scènes de chasse sur les parois de la grotte.* ✖ *L'artiste préfère peindre sur verre.*
peindre[b] (2) *N - V - N*		schildern, darstellen, gestalten *Le romancier a peint la scène avec beaucoup de réalisme.*
♦N - se V - qp		s. zeigen, s. widerspiegeln *L'inquiétude se peignit sur son visage.*
peiner[1] (1) *N - V < à Inf 1 >*		s. abmühen, Mühe haben, ✖ jn Mühe kosten *Le coureur peinait dans la montée. Il peinait à monter la côte. La voiture peinait dans les côtes.*
< pour Inf 1 >		*J'ai peiné pour faire cette traduction.*
peiner[2] (2) *N - V - N*		jm Kummer bereiten, bedrücken *Il a bien peiné ses parents. Ses soucis le peinent beaucoup.*
peler[1] (2/1) *N - V - N*		schälen *Peler des patates, des oignons, un fruit.* ✖ ^{x}*se V*
N - V		s. schälen *J'ai la peau qui pèle facilement. Je pèle après chaque coup de soleil.*
(se) peler[2] (1) *N -(se)V*	POP	frieren *Qu'est-ce qu'on (se) pèle ici!*
pelleter (2) *N - V -(N)*		um-schaufeln, schippen *Une armée d'hommes en sueur pelletaient, extirpaient des rochers.*
pénaliser (2) *N - V - N*		bestrafen *Pénaliser un footballeur pour un coup franc. Pénaliser un excès de vitesse.* Fig.: benachteiligen *Ce système vise à éviter de favoriser ou de pénaliser des exportateurs ou des importateurs de produits agricoles/LeM/.*
• pencher[a] (1+L/2+L) *Nqc - V -(qp)*		s. neigen *Le poteau penche. Le tableau penche à droite.*
Nqn/qc - V - N -(qp)		beugen, neigen, schräg-, schiefhalten *Pencher sa tête. Pencher une bouteille pour remplir un verre. La brise penchait les arbres.*
♦Nqc/qn - se V -(qp)		s. beugen, s. bücken, s. neigen *Ne pas se pencher au dehors! Il se pencha pour ramasser son porte-monnaie. La voiture se pencha du côté droit sous le poids du chauffeur. Se pencher en avant, en arrière, de côté. Il se pencha sur son livre. Les arbres se penchent dans le vent.*

• pencher[b] (2) — neigen zu
Nqn - V - pour N — *Je penche plutôt pour votre solution.*
N - V - vers N — VIEUX — *La raison ne peut pencher plutôt vers l'une que vers l'autre /Pascal/*
Nqn - V - à Inf — *Je penche à croire le contraire.*
♦Nqn - se V - sur N — s. beschäftigen mit, s. befassen mit
Se pencher sur son passé. Le ministre a décidé de se pencher sur la question.

• pendre (1+L/2+L) — herab-, herunter-hängen
N - V -$(qp_{\grave{a}})$ — *Des chapelets de saucissons lombards pendaient au plafond. Un lustre immense pendait au milieu de la chambre. Il a des joues qui pendent. Son fusil de chasse lui pendait déjà à l'épaule /Gracq/. Son bras paralysé pendait inerte.*
(qp) — (bis) wohin herunterhängen, reichen
Son manteau pend jusqu'à terre.
<Kleidung> wo länger sein
La jupe pend du côté droit.
N - V - N -$(qp_{\grave{a}})$ — auf-hängen
Pendre son manteau à un crochet. On pendait autrefois facilement les voleurs.
⌘ *être pendu aux lèvres de qn:* an js Lippen hängen
La famille entière était pendue aux lèvres de M. le Curé.
⌘ *être pendu au téléphone:* dauernd telephonieren
Ce matin, je n'ai rien pu faire, j'ai été pendu au téléphone tout le temps.
⌘ *se pendre au cou de qn:* jm um den Hals fallen

• pénétrer[a] (1+L/2) — ein-dringen, <Flüssigkeit> einziehen in, eintreten in
Nqc/qn - V - qp — *Nous avons pénétré chez lui à l'improviste. L'eau avait pénétré dans la chambre. La colonne avait de la peine à pénétrer plus avant dans la forêt. La cabine est hermétique pour que l'air n'y pénètre pas. La première couche de peinture a pénétré dans le bois. La baile a pénétré profondément dans la jambe. Après nous être déchaussés, nous pénétrâmes dans la mosquée.*
Cette rumeur a pénétré jusqu'à nous: bis zu jm durchdringen
Nqc - V - N — durchdringen
Le froid nous pénétrait jusqu'aux os. La balle a pénétré la planche.

• pénétrer[b] (2) — durchdringen
Nqc - V - N(qc de)qn — *Quelle est cette langueur qui pénètre mon coeur/Verlaine/. L'angoisse pénétrait son coeur > lui pénétrait le coeur.*
⌘ *être pénétré de qc:* zutiefst überzeugt sein von, durchdrungen sein von
Il était pénétré de la justesse de son point de vue.
Nqc - V - Nqc — *La science n'a pas pénétré la vie de tous les jours/LeM/.*
Nqn - V - Nqc(de qn) — durchschauen
Ces néo-patriciens avaient décidément pénétré les secrets de l'âme humaine/Pilhes/. Pénétrer les arrière-pensées, les intentions de qn.
♦Nqn - se V - de N — zur Überzeugung, Einsicht kommen, gelangen
Il s'était pénétré du caractère louche de ce rouleau/Pilhes/. Mais plus particulièrement il faut se pénétrer de ceci: à la différence des textes oraux, les textes écrits sont relus.

• penser (1/2/3) — denken
N - V — *Il parle plus vite qu'il ne pense.*
N - V - à Nqc/qn — *Il pense déjà aux vacances. Je pense* à lui.
à ce que S Ind — *Avez-vous pensé à ce que la région est très humide?*
à Inf 1 — *Je n'ai pas pensé à vous prévenir/Pilhes/.*
N - V - N — durch-denken
Il a mal pensé son affaire. Le moindre détail avait été "pensé"/LeM/.
denken, der Meinung sein
Je le pensais autrefois, mais depuis j'ai changé d'avis.
s. denken
C'est bien ce que je pensais.
que S Ind — denken, der Meinung sein, glauben
Je pense que vous avez raison. Je pense qu'il va faire beau. Quel est votre avis? - Je pense que vous auriez pu faire autrement.
Ind/Kj |int — *Pensez-vous que ce soit quelqu'un de chez nous qui l'ait écrit et distribué?/Pilhes/. M.de Brett, avait-il articulé posément, que pensez-vous que soit votre mission? Et, est-ce que tu as pensé que je ne puis avoir de soleil que comme les bêtes, au revers d'un talus?/Giono/*
Ind/Kj |neg — *Le plus souvent, les hommes ne pensent pas qu'il en soit ainsi /LeM/. Je n'aurais pas pensé que ce sujet justifiât une discussion entre nous/Pilhes/. Ne pensez-vous pas que Dieu soit le message permanent de la révolution?/Montherlant/. Vous ne pensez pas, justement, qu'Erlane ait pu tomber dans une patrouille?/R. Vercel/. Je ne pensais pas que je pouvais t'estimer/Fr. Sagan/.*
∅ Inf 1 — *Je pense avoir réussi, pouvoir réussir.*
vorhaben, s. mit dem Gedanken tragen, gedenken

Il pense s'en aller bientôt.

N - V - N - de N — halten von
Que pensez-vous de lui? Qu'en pensez-vous?

pépier (1)
N - V — piepsen
L'oiseau pêpie dans sa cage.

• **percer**[a] (2/2+L/1+L)
N - V - N — durch-dringen, durchbohren, -stechen...
Une flèche avait percé son bras > lui avait percé le bras. Le soleil perce les nuages. Se percer l'oreille pour se mettre des boucles d'oreille.
⧗ *L'enfant perce ses dents:* Zähne bekommen

N - V - N -(qp) — *On a percé un tunnel sous le Mont-Blanc. On est en train de percer une nouvelle rue. J'ai percé un trou (dans) le mur. On a percé une fenêtre supplémentaire dans la façade.*

N - V -$(qp_{\text{à travers}})$ — zum Vorschein kommen, durchbrechen, -dringen, -scheinen, -kommen
Le soleil a percé à travers les nuages. L'eau a percé à travers la toile de la tente. La première dent vient de percer. L'abcès a percé.

percer[b] (2/1)
Nqn - V - N — etw durchdringen
On n'arrive toujours pas à percer ce mystère.
N - V — bekannt werden, s. durchsetzen, durchscheinen
Ce journaliste a percé vite. Déjà Napoléon perçait sous Bonaparte/Hugo/.

• **percevoir**[1] (2)
N - V - N — wahrnehmen, erkennen
Percevoir un bruit, une odeur. J'arrive mal à percevoir ses intentions.
que S Ind — *L'oeil humain, à cette vitesse, ne perçoit pas qu'une roue tourne.*
Ø Inf 1 — *Je n'ai pas perçu avoir le moindre malaise.*

percevoir[2] (2)
N - V - N — (Steuer) erheben
L'Etat perçoit des droits de douane à l'importation. Percevoir une taxe.
(Geld...) beziehen, bekommen
Percevoir une pension, une indemnité.

percher (1+L/2+L)
N - V - qp — <Vögel> hocken, sitzen
Le corbeau perchait sur un arbre.
Fig.: FAM: wohnen, hausen
Où est-ce qu'il perche? Il perche au soixantième étage d'un gratte-ciel.
N - V - N - qp — FAM — etw hoch (hinauf) stellen
Maman a perché les confitures sur le placard.

percuter (2/1+L)
Nqc - V - N — schlagen auf, stoßen, prallen gegen
Les marteaux du piano percutent les cordes. La voiture a percuté un arbre. La boule de billard en a percuté trois autres à la fois.
Nqc - V - qp_{contre} — *La voiture a percuté contre un arbre.*

• **perdre** (2)
N - V - N — verlieren
Jean a perdu son parapluie. Attention, tu perds ton pantalon. Les arbres perdent leur feuillage. Il ne perd jamais patience.
⧗ *N-V-Ø |sport, jeu: J'ai perdu.*
⧗ *perdre N de vue:* aus den Augen verlieren
⧗ *perdre le fil:* den roten Faden verlieren
N - V -(de N) — verlieren an
Le franc perd de sa valeur. Ce matin, les actions ont encore perdu. Des organisations telles que le conseil bantou de Soweto ont perdu de leur crédibilité auprès de la population africaine /LeM/.
♦*Nqc - se V* — <Obst> verderben, verkommen
On a laissé les fruits tombés se perdre.
♦*Nqn - se V - en N* — s. ergehen in, endlos etw tun
Il se perdit en conjectures. Il se perdit dans de longues explications.
♦*Nqn - se V -(qp)* — s. verlaufen, s. verirren
Je me suis perdu dans la forêt. Un enfant qui s'est perdu.
Nqc - se V - qp — s. verlieren
Nulle part, dans la plaine où le regard se perd.../Hugo/.

perfectionner (2)
N - V - N — vervollkommnen
Perfectionner un appareil, sa connaissance du français. Il s'est perfectionné en français.

perforer (2)
N - V - N — durchbohren, lochen
Perforer une planche, un ticket de métro.

péricliter (1)
N - V — verfallen, untergehen, zugrunde gehen, ⧗ bergabgehen mit
L'empire romain périclita peu à peu. Une entreprise, une banque qui périclitent. Comme il a mal soigné ses arbres, la plantation a périclité.

• **périr** (1)
N - V < de N > — LIT — zugrundegehen, umkommen
Deux personnes ont péri dans l'incendie. Il périt d'ennui quand il n'est pas à Paris. De nombreuses récoltes ont péri à cause de la sécheresse.

perler (1+L)
N - V -(qp) — perlen, rinnen
Des gouttes de sueur perlèrent sur son visage. L'eau perlait sur les parois de la grotte. Quelques gouttes de sueur perlaient sur son front, mais il ne les essuyait pas/Camus/.

• **permettre** (2/3) — erlauben, zulassen, gestatten
Nqc/qn - V - N — *Sa réponse me permet pas d'ambiguïté. Il savait que jamais les militaires ne permettraient un tel "retour au passé"/LeM/.*
que S Kj — *L'invention de la radio a permis que les nouvelles soient diffusées dans le monde entier. Le père ne permet pas que ses enfants fassent du vélo dans la rue.*
N - V -(à N) - N — *Le père ne permet pas le chewing-gum à ses enfants. Certains parents ne permettent pas le chewing-gum. Ses longues jambes permettent à ce cheval une course rapide.*
à N - que S Kj 2 — *Papa ne m'a pas permis que je m'en aille.*
de Inf 2 — *Le père a permis à Marie de sortir. Une réforme qui, à l'origine, devait permettre de lutter contre la spéculation/LeM/. La visite officielle à Lisbonne de M. S. a permis de constater une identité de vues sur la situation politique internationale*
♦*Nqn - se V - N* — s. erlauben, s. anmaßen
Il se permet de temps en temps des excès, des fantaisies.
de Inf 1 — *Puis-je me permettre de vous offrir un cigare? Je me permets de vous le redire. Il se permet de me corriger.*

permuter (2/1) — umkehren, -stellen
N - V - Npl — *Permuter plusieurs mots, l'ordre des mots.*
Npl - V — (Platz) tauschen
Ces deux officiers veulent permuter.
♦*N - V - avec N* — *Un fonctionnaire qui permute avec un collègue.*

pérorer (1) LIT — weitschweifig, anmaßend reden, salbadern
N - V — *Le chanoine pérorait du haut de sa chaire.*

perpétrer (2) REL — (Verbrechen, Attentat...) begehen, verüben
N - V - N — *Perpétrer un crime, un attentat. Les agresseurs impérialistes ont perpétré à nouveau une grave provocation/LeM/.*

• **perpétuer** (2) — bewahren, verewigen
N - V - N — *Perpétuer une tradition, un souvenir.*

perquisitionner (1+L/2) — durchsuchen
N - V - qp — *Perquisitionner chez qn.*
N - V - N — *Perquisitionner le domicile de qn.*

persécuter (2) — verfolgen, plagen
N - V - N — *C'est un tyran qui persécute son entourage. L'angoisse le persécute.*

• **persévérer** (aux) — beharrlich etw tun, festhalten an, nicht ablassen
Nqn - V - à Inf 1 LIT — *Il persévère à croire qu'il est le roi de Prusse.*
♦*Nqn - V -(dans N)* — *Persévérer dans son attitude. Malgré nos avertissements, il persévère. On lui reproche d'avoir persévéré dans l'application de la ligne révisionniste de Lin Piao/LeM/.*

persifler (2) — lächerlich machen, durch den Kakao ziehen
N - V - N — *Persifler ses adversaires.*

• **persister**[1] (1) — andauern
N - V — *La radio a annoncé que le temps froid persisterait. Le chômage non seulement persiste mais augmente/LeM/.*

• **persister**[2] (aux) — dabei bleiben
Nqn - V - à Inf — *Je persiste à penser que vous avez raison.*
♦*Nqn - V - dans N* — *Il a persisté dans son opinion.*

personnaliser (2) — e-e persönliche Note geben
N - V - N — *Personnaliser son style, son appartement.*
NEOL: etw persönlich gestalten, personalisieren, auf e-e Person beziehen
Les militants, à leur congrès de novembre, décidèrent qu'il convenait de mieux personnaliser leur action/LeM/. Le centre démocrate attaque en personnalisant au maximum la campagne électorale./L'Express/.

personnifier (2) — verkörpern, personifizieren
N - V - N — *Harpagon personnifie l'avarice.*
die reine ... sein
Il personnifie l'honnêteté.

• **persuader** (3) — überzeugen
N - V -(N) -(de N) — *Je l'ai persuadé de ma sincérité.*
▼*N - V - N* — *Ses paroles ne persuadent personne.*
▼*N - V - de N* — *Son travail persuade de sa compétence.*
▼*N - V* — *Il a le don de persuader.*
N - V - N - de ce que S Ind — *Vous êtes arrivé à me persuader de ce que ma décision était irréfléchie.*
que S Ind — *Vous m'avez persuadé que la décision était irréfléchie.*
de Inf 2 — überreden zu, dazu bringen
Brignon persuada Saint-Ramé de s'intéresser à cet engin/Pilhes/.
♦*Nqn - se V - de N* — s. überzeugen von
Il a fait cela pour se persuader de ses capacités.
✗ LIT: *Le savant fait des expériences pour se persuader de la justesse de sa théorie.*
de ce que S Ind — s. überzeugen, zur Überzeugung kommen, die Überzeugung haben
Le savant fait des expériences pour se persuader de ce qu'il est sur la bonne voie.

♦*N - se V - que S Ind*		*Elle s'est persuadé(e) qu'on l'avait trompée.*
de Inf 1		*Ils se persuadent de ne rien devoir à ceux qui les ont précédés/Mauriac/.*
N - V - à Nqn - N		überzeugen *On ne persuade aux hommes que ce qu'ils veulent/Joubert/. L'opinion que je lui ai persuadée.*
que S Ind		*Les femmes croient souvent aimer...la pente naturelle au plaisir d'être aimée, et la peine de refuser leur persuadent qu'elles ont de la passion, lorsqu'elles n'ont que de la coquetterie/La Rochefoucault/. Je lui ai persuadé que ce qu'il nous fallait c'était gagner Biskra au plus vite/Gide/.*
de Inf 2		*Aucun argument ne pouvait lui persuader de manquer à cet engagement.*
perturber (2) *N - V - N*		durcheinanderbringen *Il y avait longtemps que des employés de services publics n'avaient plus pris le risque de perturber ainsi les vacances des Français/LeM/. Les changements constants ont perturbé l'enfant.*
• peser[a] (2/1+Adv) *N - V - N*		ab-wiegen *Peser un poulet.*
N - V - $Adv_{Adv/N}$		wiegen, ...schwer sein *Le poulet pèse un kilo. Il pèse lourd. Combien pèse le poulet?*
N - V - sur N		lasten auf, (im Magen) liegen *Le lutteur pesait de tout son poids sur son adversaire. Le repas trop lourd pèse sur son estomac > lui pèse sur l'estomac.*
• peser[b] (2/1+Adv) *N - V - N*		abwägen *Peser le pour et le contre. Peser ses mots, des arguments.*
Nqc - V - à Nqn		lasten auf *Son travail lui pèse beaucoup.*
que S Kj -(cela) - V - à N		*Qu'il doive terminer à tout prix son travail (cela) lui pèse.*
♦*cela - V - à N - que S Kj*		*Cela lui pèse qu'il doive terminer son travail à tout prix.*
(de) Inf 2 -(cela) - V - à N		*(De) devoir terminer son travail (cela) lui pèse.*
♦*cela - V - à N -(que)de Inf 2*		*Cela lui pèse (que) de ne pas terminer son travail à temps.*
Nqc - V - sur N		*Les événements ce cette semaine vont peser lourd sur l'avenir du pays.*
N - V - Adv		Gewicht haben *Ce qui pèse le plus dans ce genre de discussion, ce sont les chiffres.*
pester *N - V -(contre N)*		fluchen, schimpfen auf *Pester contre le mauvais état des routes.*
péter[a] (1) *N - V*	FAM	furzen *Le marquis de Lescous, à la fin des repas, rote et pète comme un sapeur-pompier/J. Romains/.* ⧗ *Loc.:* FAM: *péter plus haut que le/son cul, que son derrière:* zu hoch hinaus wollen, hochnäsig sein ⧗ *Loc.:* FAM: *envoyer péter qn:* jn zum Teufel jagen
péter[b] (1) *N - V*		knallen, knattern, explodieren, platzen *Au tir, cela pétait ferme. La grenade lui a pété dans les mains.* reißen, <Knöpfe> abgehen *La courroie, la corde ont pété. Dans l'effort, les boutons de sa veste ont pété l'un après l'autre.*
	FAM	⧗ *Loc.: péter le feu:* vor Vitalität strotzen
	FAM	⧗ *Loc.: péter dans les mains de qn:* schiefgehen *L'affaire va vous péter dans les mains.*
N - V - N	FAM	⧗ jm kaputt gehen *J'ai pété ma ceinture.*
pétiller (1) *N - V*		knistern, prasseln, <Flüssigkeit> perlen, moussieren *Le bois pétille dans le feu. L'eau gazeuse pétille.* <Augen> funkeln *Ses yeux pétillaient de malice.* Fig.: (vor Geist..) sprühen *Il pétille d'esprit.*
pétrifier (2) *N - V - N*		versteinern *Des millions d'années ont pétrifié le bois.* jn zu Stein verwandeln, jn erstarren lassen *L'horreur le pétrifia.*
pétrir (2) *N - V - N*		kneten *Pétrir de la pâte, de l'argile.*
• peupler (3) *N - V - N -(de N)*		bevölkern, besiedeln *Peupler une région déserte d'immigrants.*
N - V - N - de N		⧗ (Fische...) wo einsetzen *Le club des amis de la nature a peuplé le ruisseau de truites. Peupler une réserve naturelle d'espèces nouvelles.*
philosopher (1) *N - V*		philosophieren *Après trois verres, il se mit à philosopher.*
photocopier (2) *N - V -(N)*		photokopieren *J'ai fait photocopier ce livre. Cet appareil photocopie mal.*
• photographier (2) *N - V -(N)*		photographieren, knipsen *Photographier une église.* ⧗ Fig.: (im Gedächtnis) fixieren/festhalten *Il photographiait l'événement dans son esprit.*

piaffer[a] (1) — (mit den Vorderhufen) auf den Boden stampfen, scharren
N - V — *Le cheval piaffe.*

piaffer[b] (1) — nervös, aufgeregt sein
N - V < de N > — *La veille de Noël, les enfants piaffaient d'impatience.*

piailler (1) — <Vögel> piepen, <Kinder> kreischen
N - V — *Un oiseau qui piaille. Une cour d'école où les enfants piaillent.*

pianoter (1+L) — FAM: (auf dem Klavier) klimpern
N - V -(qp) — *Il ne fait que pianoter.*
(mit den Fingern) trommeln
Il pianotait d'impatience sur la table.

piauler (1) — <Küken> piepen, FAM: <Kinder> schreien, weinen
N - V — *Les poussins et les bébés piaulent.*

picoler (1) — POP — trinken
N - V — *Papa, ça l'avait rendu triste et il s'était mis à picoler/Queneau/.*

picorer (2) — herum-, auf-picken
N - V -(N) — *Les poules picorent dans la cour. Les poules picorent des graines.*
FAM: *Marie ne mange pas, elle picore.*

picoter[1] (2) — <Rauch> beißen; pieksen
N - V -(N) — *La fumée picote les yeux. L'herbe picotait nos jambes > nous picotait les jambes.*
kribbeln
Les jambes me picotent.

picoter[2] (2) — auf-picken
N - V -(N) — *Une poule sur un mur qui picote du pain dur.*

• piétiner (1/2) — auf der Stelle treten, aufstampfen
N - V <de N> — *La procession piétinait. Piétiner d'impatience.*
Fig.: Je ne fais plus de progrès, je piétine.
N - V - N — (Boden) feststampfen, etw zer-, austreten
Piétiner le sol, des fleurs, des cendres encore fumantes.
Fig.: mit den Füßen treten
Je me plaisais à piétiner les vieux tabous/Beauvoir/.

piger (2) — POP — kapieren, verstehen
N - V -(N) — *Je pige (que) couic.*
que S Ind — *Il n'a toujours pas pigé qu'on se foutait de lui.*
Int.ind — *T 'as maintenant pigé pourquoi je t'ai dit ça?*

piler[1] (2) — zerstoßen, zerkleinern
N - V - N — *Piler du mil.*

piler[2] (1) — POP — plötzlich bremsen
N - V — *Tout d'un coup il pila.*

piler[3] (2) — POP — <Spiel, Sport> schlagen
N - V - N — *Il s'est fait piler.*

piller (2) — plündern
N - V -(N) — *Des soldats qui pillent. Piller une villa.*

pilonner (2) — zerstampfen
N - V - N — *Pilonner des légumes, de l'ail.*
mit Trommelfeuer belegen
Pilonner la position ennemie. Un officier libanais donne l'ordre de pilonner deux villages chrétiens/LeM/.

piloter (2) — (Flugzeug) fliegen, (Fahrzeuge) steuern, ((Renn)Wagen) fahren, (Schiff) steuern, lenken
N - V -(N) — *Piloter un avion. Savoir piloter. Piloter une voiture de course. Il pilote lui-même son yacht.*
jn herumführen
Piloter qn dans une ville inconnue.

pimenter (2) — pfeffern
N - V -(N) — *Pimenter un plat. Elle pimente toujours trop.*

pinailler (1) — (kleinlich) herumkritteln an, herum-nörgeln an
N - V < sur N > — *Il pinaille sur tout et à propos de n'importe quoi.*

• pincer[1] (2) — kneifen
N - V -(N) — *Le petit Nicolas pince les fesses de sa maîtresse > lui pince les fesses.*
<Kälte> beißen
Le froid pinça leurs visages > leur pinça le visage/ les pinça au visage.
klemmen
Pincer son doigt dans la porte > se pincer le doigt dans la porte.
<Kleidung> einzwängen
La ceinture étroite pinçait sa taille > lui pinçait la taille.
(Lippen) zusammenkneifen
Elle pinça les lèvres.
(Instrument) zupfen

Pincer les cordes de sa guitare. Il pinça quelques accords sur sa guitare.
⧓ *pincer de la guitare*
⧓ POP: *Ça pince:* saukalt sein

pincer[2] (2) — FAM
N - V - N
schnappen, erwischen
La police l'a pincé. Il s'est fait pincer à vendre de la drogue.

en pincer[3] (2) — FAM
N - en V - pour N
s. verknallen in, vernarrt sein
Elle en pince pour Jules. Il me paraissait inimaginable qu'une femme de sa condition puisse en pincer pour un type tel que moi.

pinter (2) — POP
N - V -(N)
tüchtig trinken, saufen
Il pinte du gros rouge. Il pinte sec. Deux pépées nous tombèrent dessus et nous nous mîmes à pinter sec.
♦*N - se V*
s. vollaufen lassen
Il s'est pinté au bistrot du coin.

• piocher[1] (2)
N - V -(N)
hacken
Piocher la terre. Piocher dans son jardin.
⧓ *Loc.: piocher dans le tas:* zugreifen, s. bedienen
Servez-vous, piochez dans le tas.

• piocher[2] (2) — FAM
N - V -(N)
büffeln, pauken
Piocher les maths, un programme, un examen.

pioncer (1) — POP
N - V
pennen
Il pionçait encore à dix heures du matin.

piper[1] (2)
N - V -(N)
kein Wort sagen
Ne pas piper. Ne rien piper.

piper[2] (2)
N - V - N
(Karten) zinken
Piper ses cartes, les dés.
⧓ *Loc.: les dés sont pipés:* das ist ein abgekartetes Spiel

pique-niquer (1)
N - V
ein Picknick machen
Nous avons agréablement pique-niqué au bord de la Nationale I.

• piquer[1a] (2/2+L)
Nqn - V - N
aufspießen, stechen
Piquer des morceaux de viande avec sa fourchette. (×Il a piqué son doigt) > il s'est piqué le doigt/ il s'est piqué au doigt.
e-e Spritze geben
Piquer un malade, un animal. Nous avons fait piquer notre chien.
Nqn - V -(N) - qp
⧓ hineinstechen mit etw
La cuisinière pique une fourchette dans le rôti pour savoir s'il est bien cuit. Elle pique dans le biftec pour la même raison.
N - V - (N)
stechen, beißen, brennen
Un serpent, une abeille l'a piqué. L'herbe pique. Le poivre pique la langue. La fumée pique les yeux.
⧓ *piquer une jupe:* zusammennähen
♦*Nqc - se V*
<Getränk> sauer werden, <Wein> umkippen
Ce vin se pique vite.

piquer[1b] (2)
N - V - Nqc(de qn)
(Neugierde...) erregen
Piquer la curiosité de qn.
⧓ *Loc.: Fig.: piquer au vif:* jn verletzen
Ma remarque l'a piqué au vif.

piquer[2] (1+L)
N - V -(qp)
herab-schießen auf, in
L'avion piqua brusquement sur nous. La mouette piqua dans l'eau.
⧓ *piquer un plongeon, une tête:* e-n Kopfsprung machen, tauchen

piquer[3] (2) — FAM
N - V - N
(Wutanfall..) bekommen, (in Zorn) geraten
Je m'attendais à voir Vicky piquer une colère terrible. Quand Bernie le saura, il va piquer sa crise.

piquer[4] (2) — FAM
N - V - N
erwischen, schnappen
La police l'a piqué sur les quais.

piquer[5] (3) — POP
N - V - N -(à N)
klauen
On m'a piqué mon vélo.

piquer[6] (2)
N - V - N
<Würmer...> Löcher fressen in
Les vers ont piqué les pieds de la table, le livre.
♦*N - se V*
<Papier> stockfleckig werden
Le papier s'est piqué à l'humidité.

se piquer[7] (2)
N - se V - de N
de Inf 1
so tun als ob man kenne, könne; angeben mit
Se piquer de philosophie. Il se piquait d'économie/Pilhes/. Un romancier, qui se pique d'être psychologue/Gide/.

pisser (1/2) — POP
N - V
N - V - N
pissen, pinkeln
Il s'arrêta dans la campagne pour aller pisser/Queneau/.
Pisser du sang, le sang.
⧓ rinnen aus, (Tank) leck sein
La bagnole pisse(de)l'essence. Le réservoir pisse.

pister (2)
N - V - N
jn beschatten
La police le piste.

pistonner (2) — FAM
N - V - N
jn fördern, protegieren
Son oncle au ministère l'a pistonné pour qu'il obtienne ce pos-

te. S'il a toujours ce poste, c'est qu'on le pistonne.

pivoter (1)
N - V < sur N >
s.(um s-e Achse) drehen auf, in
Pivoter sur ses talons. La porte pivota sur ses gonds. Jean pivota sur lui-même.

placarder (2+L)
N - V - N -(qp)
(Plakate) wohin kleben
Placarder une affiche sur un mur.
⌘ *placarder un ouvrage:* Fahnenabzüge machen

• placer[a] (2+L)
N - V - N -(qp)
(auf e-e bestimmte Stelle) setzen, stellen, legen..., anbringen
Placer de la vaisselle dans un placard. Placer ses pions sur l'échiquier. Les militants placent alors des charges d'explosif au pied de chaque cuve/LeM/.
e-n Platz zuweisen, lokalisieren
Placer ses invités autour de la table. Où placez-vous cette ville sur la carte?
(Geld) anlegen
Il a placé son argent dans des actions.
plazieren
Le résultat de la dernière étape l'a placé en tête du classement général.
jn wo an-, einstellen
Il a été placé dans le service de chirurgie.
(im Gespräch) etw einwerfen, zu Worte kommen
Placer un mot dans une conversation. Elle a parlé sans arrêt et je n'ai pas pu placer un seul mot.

♦*N - se V -(qp)-(comme n)*
e-e Stelle finden, in Dienst treten bei
Il a finalement réussi à se placer (comme employé) dans une banque. Il s'est placé comme assistant (chez un dentiste).

♦*N - se V -(qp)*
s. plazieren, rangieren
Le coureur s'est placé en tête du classement. Il s'est bien placé dans le concours. Il se place en tête de liste.

placer[b] (2+L)
N - V - N - qp
etw wo einordnen, stellen, rechnen zu
Il place le devoir au-dessus de tout. Je place cet auteur parmi les plus grands de notre époque.

♦*N - se V - qp*
rangieren
Ce livre se place parmi les plus importantes publications de ces dernières années.
(e-n Standpunkt..) einnehmen
Son conseil m'est toujours salutaire; car il se place à un point de vue différent du mien/Gide/.

plafonner[1] (2)
N - V - N
e-e Decke einziehen
Plafonner une pièce.

plafonner[2] (1+L)
N - V -(qp)
<Gehalt> die Aufstiegsgrenze erreichen
Les instituteurs plafonnent à l'indice 497.
die größte Flughöhe erreichen, haben
L'avion plafonne à mille mètres.

plagier (2)
N - V -(N)
plagiieren
Plagier un auteur, une oeuvre.

• plaider[a] (2)
N - V -(pour/contre N)
ein Plaidoyer halten, plädieren
Le procureur général a plaidé. Il a plaidé contre l'accusé.
N - V - N
ein Plaidoyer halten, jn verteidigen
Plaider la cause d'un accusé.
plädieren auf
L'avocat a plaidé l'irresponsabilité, la légitime défense. Le procureur a plaidé coupable.
⌘ *l'accusé a plaidé coupable:* s. für schuldig bekennen

• plaider[b] (2)
Nqn - V - pour/en faveur de/ contre N
plädieren, s. aussprechen für/gegen
Plaider pour/ contre une cause, en faveur de qn. La municipalité a plaidé en faveur du premier projet.
Nqc - V - en faveur de N
sprechen für
Son passé ne plaide pas en sa faveur. La politique sociale actuelle ne plaide pas en faveur du gouvernement.
Nqn - V - Nqc
verteidigen, vertreten, ein Wort einlegen für
Il a plaidé la cause des grévistes.

• plaindre (2)
N - V - Nqn
bemitleiden, jn bedauern
Je vous plains, mon petit.
N - V - Nqn < de N >
Je vous plains de votre malchance.
de ce que S Ind/Kj
Plaindre qn de ce qu'il a/ait de la malchance.
de Inf 2
Plaindre qn d'avoir de la malchance.
⌘ *il est à plaindre; il n'est pas à plaindre.*
N - V - Nqc
|neg.: (keine Mühe) scheuen, (mit s-r Zeit) nicht knausern
Il n'a pas plaint sa peine, ses efforts, son temps pour nous aider.

♦*Nqn-se V-(de N)-(à/auprès de Nqn)*
s. beklagen, klagen
Il s'est plaint à moi du trop de travail qu'on lui a donné.
▼*N - se V - à/auprès de N*
Il s'est plaint auprès de moi.
▼*N - se V - de N*
Il se plaint de maux de tête. De quoi te plains-tu?
▼*N - se V*
Il n'a aucune raison de se plaindre. La malade s'est plainte toute la nuit.
N-se V-à/auprès de N -de ce que S Ind/Kj
Achetons français ou n'allons pas nous plaindre de ce que l'éco-

nomie bat de l'aile/Canard enchaîné/. Il s'est plaint de ce qu'il a/ait trop de travail.

N - se V - à/auprès de N - que·S Ind/Kj — *Il se plaint qu'on le fasse trop travailler. Il s'est plaint à moi qu'il a trop de travail. Et pensez-vous que je vous aurais téléphoné pour me plaindre que la direction n'eût pas été avertie?/Pilhes/. Elle gardait toute sa gaieté; elle se plaignait seulement que sa robe devenait de plus en plus lourde/M.Adoux/.*

de Inf 1 — *Il se plaint auprès du patron d'avoir trop de travail.*

⧗ *se plaindre en justice:* (jur.) klagen

• **plaire** (2) — gefallen

N - V -(à Nqn) — *C'est un auteur qui ne plaît pas à tout le monde. L'iniquité ne plaît qu'autant qu'on en profite/Rousseau/.*

⧗ *Est-ce que ce film vous a plu? → Comment l'avez-vous trouvé?*

que S Kj -(cela) - V - à N — *Qu'il nous ait écrit en ces termes (cela) m'a beaucoup plu.*

♦cela - V - à N - que S Kj — *Cela me plaît qu'il vienne nous voir.*

il - V - à N - que S Kj REL — *Il me plaît qu'on fasse cela.*

Ø Inf - (cela) - V - à N — *Prendre un virage à la corde (cela) me plaît.*

♦cela - V - à N - de Inf — *Cela me plaît de prendre un virage à la corde.*

il - V - à N - de Inf REL — *Il me plaît de voyager.*

♦N - se V - qp — ⧗ jm wo gefallen

Il se plaît à Paris. Il s'est beaucoup plu chez nous. Les truites se plaisent dans l'eau vive.

dans N — s. gefallen in, Gefallen finden an, ⧗ jm gefallen

Il se plaît dans son travail. Elle se plaît dans des situations problématiques.

à N REL — *Il se plaît à son travail.*

à ce que S Kj |×1 RARE — *Il se plaît à ce qu'on le flatte.*

à Inf 1 REL — *Il se plaît à écouter Bach.*

Il se plaît à tourmenter ses collègues.

• **plaisanter** (1/2) — spaßen, scherzen

N - V < sur N > — *Il aime à plaisanter. Il plaisante sur tout.*

|neg.: keinen Spaß verstehen

Il ne plaisante pas sur la discipline.

< avec N > — *Comment peux-tu, ma chère enfant, plaisanter avec ces choses sacrées?/Zola/. On ne plaisante pas avec ces choses-là.*

N - V - Nqn < sur N > — jn aufziehen

On le plaisante sur ses aventures galantes.

de ce que S Ind/Kj RARE — *On l'a longtemps plaisanté de ce qu'il avait/ait confondu "baiser" avec "biaiser".*

de Inf 2 — *Il plaisante son père de regretter le bon vieux temps.*

• **planer**[a] (1) — schweben, segeln

N - V — *Les oiseaux de proie savent planer. Le planeur planait au-dessus de nous.*

planer[b] (1+L) — schweben

N - V - qp — *Il plane au-dessus de la réalité. Une menace planait sur nous.*

⧗ *laisser planer qc:* etw in der Schwebe lassen

Il laissa planer le mystère jusqu'au bout.

planifier (2) — planen

N - V -(N) — *Planifier son emploi du temps. Planifier l'économie. Le ministère a planifié plus rigoureusement.*

Int.ind — *Avez-vous planifié comment organiser la journée?*

planquer (2+L) POP — verstecken

N - V - N -(qp) — *Il a planqué le fric au fond du jardin. Il s'est planqué derrière la porte.*

• **planter**[a] (2/3) — an-, ein-pflanzen

N - V - N — *Planter des tulipes, du blé. Planter un arbre derrière la maison.*

N - V - N -(de N) — bepflanzen

Planter une allée de platanes.

• **planter**[b] (2+L) — rein-stecken, -schlagen...

N - V - N -(qp) — *Planter un clou (dans le mur) pour y accrocher qc. Il tenta de se planter une épingle dans la joue pour faire passer la douleur./B. Vian/. Le lion planta ses griffes dans le bras du dompteur.*

(Fahne) aufpflanzen, (Zelt) aufstellen, (Hut) aufsetzen

Planter un drapeau sur un pic conquis. Planter une tente. Planter son chapeau sur sa tête.

den Blick heften auf, ⧗ mit dem Blick durchbohren

Planter son regard sur qn.

⧗ *être/rester planté qp:* (unbeweglich) wo stehen

⧗ FAM: *planter là qc/qn:* im Stich, liegen lassen

Il planta là son travail et partit au bistrot.

♦Nqn - se V - qp_{devant} FAM — s. hinstellen

Il s'est planté devant moi. Je me suis planté devant la vitrine du magasin et je n'en ai pas décollé.

plaquer[1] (2+L) — ⧗ furnieren mit

N - V - N -(qp) — *Plaquer un feuille d'acajou sur une planche.*

(flach) drücken auf, an

Le vent nous a plaqués au sol. Le vent plaque sa robe et soulève sa chevelure/Vailland/. L'agresseur se plaqua contre le mur. Nous nous plaquâmes au sol pour éviter les projectiles.

⧓ *plaquer un accord:* (Akkord) anschlagen

plaquer[2] (2) — POP
N - V - Nqn — im Stich lassen, aufgeben
Plaquer sa famille pour une fille, sa situation pour une autre carrière. Elle a plaqué ses mômes.

plastiquer (2)
N - V -(N) — (Plastik-)Bomben legen, werfen
L'O.A.S. plastiquait des cafés maures fréquentés par des nationalistes algériens/Le Figaro/.

plastronner (1)
N - V — s. in die Brust werfen
Le maître-nageur plastronnait en essayant de rentrer le ventre.

plâtrer (2)
N - V - N — gipsen, in Gips legen
Plâtrer un mur. Plâtrer la jambe de qn > lui plâtrer la jambe.

plébisciter (2)
N - V - N — durch e-n Volksentscheid entscheiden, bestimmen
Plébisciter un projet de loi, le président de la République. Si l'on peut plébisciter des choses par téléphone/LeM/.

• **pleurer** (1/2)
N - V < de N > — weinen, <Augen> tränen
Il pleurait. Il pleurait de joie. La fumée fait pleurer les yeux.
⧓ *pleurer d'un oeil et rire de l'autre.*
⧓ FAM: *aller pleurer auprès de qn pour Inf 1:* jm etw vorheulen, -weinen um zu
Il est allé pleurer auprès du directeur pour obtenir une augmentation.

N - V - N — e-r S nachweinen, (Tod, Verlust) beweinen, beklagen
Il pleure la mort de son chien. Chacun pleure à sa façon le temps qui passe/Céline/.
⧓ *pleurer des larmes de joie.*
⧓ *pleurer misère (chez/auprès de qn):* jm sein Leid klagen
Il est venu pleurer misère alors qu'il pète dans la soie.

N - V - sur N — beklagen
En pleurant sur les malheureux on ne supprime pas leur misère /Gide/.

N - V - après N — FAM — betteln um
Laissons-leur faire leur augmentation de capital, puisqu'ils pleurent après/J. Romains/.

pleurnicher (1)
N - V — greinen, flennen
Cet enfant pleurniche beaucoup.

pleuvasser (o) — FAM
il - V — nieseln
Il pleuvasse.

pleuviner (o) — FAM
il - V — nieseln
Il pleuvine

• **pleuvoir** (o)
il - V — regnen
Il pleut sur la ville.
⧓ *il-V-N: Il faisait une chaleur accablante et il pleuvait des cordes.*

pleuvoter (o) — FAM
il - V — nieseln
Il pleuvote.

• **plier**[a] (2/1)
N - V - N — zusammen-falten, (Zelt) abbrechen, zusammenlegen
Plier une feuille de papier, un journal, du linge, une tente. Vous la pliez en trois/Butor/.
⧓ *Prière de ne pas plier:* bitte nicht knicken!
⧓ *Loc.:* FAM: *plier bagage:* s-e Siebensachen packen, aufbrechen
biegen
Plier une barre de fer.
⧓ *ˣse V*

N - V — s. biegen
Le bâton plie mais ne rompt pas. La branche plie sous le poids des fruits.
(militärisch) zurückweichen
Les troupes ont plié (devant l'attaque de l'ennemi). Les manifestants ont dû plier devant la police.

• **plier**[b] (3/2)
N - V - N - à N — jn e-r S unterwerfen
Les règles de l'ordre plient les moines à une discipline sévère.
♦*Nqn* - se *V -(à N)* — s. e-r S fügen, beugen
Se plier à l'autorité de qn. Comme il a refusé de se plier, il a été renvoyé. Elle était beaucoup trop dangereuse pour que je ne me plie pas à ses ordres. Il ne refuse pas de se plier à ces mauvaises manières/Canard enchaîné/.
Nqn - V - devant N — nachgeben
Il a fini par plier devant mon insistance.

plisser (2/1) — (geologisch) falten; in Falten legen, plissieren, ⧓ Falten bekommen
N - V - N
Les forces telluriques plissent la surface de la terre. Plisser un rideau, le front. J'ai plissé mon pantalon à rester assis toute la journée.
♦*N - se V* — Falten bekommen
Comme j'avais oublié de le suspendre, mon pantalon s'est plissé.
N - V — <Eigenschaft> Falten bekommen, s-e Falten behalten

Cette étoffe plisse vite. Cette étoffe plisse bien.

plomber (2)
N - V - N plombieren
Plomber un compteur à gaz. Plomber une dent cariée.

• **plonger** (1+L/2+L)
N - V -(qp) unter-tauchen, ins Wasser springen, hechten nach, (s.) stürzen
Plonger dans l'eau. Savoir plonger. Le sous-marin plonge.
✖ e-e Strecke tauchen → *nager sous l'eau.*
N - V - qp hechten nach, (s.) stürzen auf
Le gardien de but plongea sur le ballon. L'avion plongea sur l'objectif.
<Wurzeln> in die Tiefe gehen, herunterreichen bis
Les racines plongent profondément dans le sol. Son manteau plongeait dans sa cravate/Hugo/.
<Blick> fallen, reichen
Son regard plongeait par une fente dans le jardin/A. Dumas/. Du haut du balcon, notre regard plongeait jusqu'au fond de la cour intérieure.
(zeitlich) reichen, versinken
L'origine de cette coutume plonge dans la nuit des temps.
N - V - N - qp ein-, unter-tauchen, stecken in, greifen in
Plonger la tête dans l'eau. Plonger son stylo dans l'encre. Il plongea sa main au fond du tonneau. Il plongea son canif dans le gigot d'agneau. La coupure de courant plongea le quartier dans l'obscurité.
(Blick) werfen, hinunter-blicken, tief blicken in
Il plongea son regard dans l'obscurité de la cave. Il plongea un regard dédaigneux sur nous. Il plongea son regard dans le mien. Il plongea dans ses yeux un regard intransigeant/Troyat/.
jn stürzen, versetzen, bringen in
Votre remarque m'a plongé dans l'embarras. La faillite l'a plongé dans la misère. La guerre plongea Mona dans un étonnement incrédule/Gracq/.
♦*N - se V - qp* s. fallen lassen in
Il se plonge dans un fauteuil.
s. stürzen auf, s. versenken in
Il se plongea dans l'étude du sanscrit. Je me plongeai dans la lecture d'un roman policier.

ployer[a] (2/1)
N - V - N beugen
Ployer les genoux.
LIT: biegen
Le vent ployait les arbres.
N - V <sous N > s. biegen
Une pièce garnie d'étagères ployant sous le poids des dossiers /LeM/. La branche ploie sous le poids des fruits.

ployer[b] (2)
N - V - sous N stöhnen unter
Le peuple ploie sous des impôts écrasants. Le peuple opprimé ployait sous le joug de la tyrannie.

plumer[1] (2)
N - V - N rupfen
Plumer un poulet.
✖ FAM: *plumer qn:* jn ausnehmen

se plumer[2] (1) POP
N - se V s. in die Falle hauen
Il est allé se plumer.

pocher[1] (2)
N - V - N jm das Auge blau schlagen
Pocher l'oeil de qn > lui pocher l'oeil.

pocher[2] (2)
N - V - N verlorene Eier machen
Pocher des oeufs.

poétiser (2)
N - V -(N) poetisch ausschmücken
Il aime à poétiser. Il poétise son récit.

poignarder (2)
N - V - N erdolchen
Poignarder qn.
✖ *Loc.: Fig.: poignarder qn dans le dos:* jm den Dolchstoß versetzen, jn heimtückisch verraten

se poiler (1) POP
N - se V s. schief-, kaputtlachen
On s'est poilé toute la soirée.

poinçonner (2)
N - V - N lochen
Il poinçonne toute la journée les tickets à l'entrée du métro.

poindre (1)
N - V <Tag> anbrechen, <Pflanzen> sprießen, Fig.: auftauchen
Le jour point. L'herbe commence à poindre. Les difficultés commencent à poindre à l'horizon.

pointer[1] (2/1)
N - V - N abhaken, markieren
Pointer des noms sur une liste.
die Anwesenheitszeit kontrollieren
Pointer les ouvriers.
N - V die Stechuhr bedienen: *Les ouvriers pointent à l'entrée de l'usine.*
✖ *pointer au chômage:* stempeln (gehen), arbeitslos sein

pointer[2] (2/2+L/1+L)
N - V - N (Ohren) aufrichten
Le lapin pointa les oreilles.
N - V - N - qp etw richten auf, ✖ mit etw zeigen auf

Pointer son index sur qn. Pointer ses jumelles sur un château.

N - V - qp
zeigen
Les peupliers pointent vers le ciel.

se pointer[3] (1+L) POP
N - se V - qp
aufkreuzen
Il se pointa soudain chez nous à onze heures du soir.

pointiller (2)
N - V - N
(Linie) stricheln
Pointiller une ligne.

poisser[1] (2)
N - V - N
klebrig machen, verschmieren
Ne recommence pas à te poisser les mains avec des bonbons. Une pluie fine poissait le pavé.

poisser[2] (2) POP
N - V - N
erwischen, ertappen
On risque encore de se faire poisser/J. Romains/.

poireauter/poiroter (1) FAM
N - V
warten
Il m'a laissé poireauter pendant une heure.

poivrer (2)
N - V - N
pfeffern
Poivrer un plat.

polariser (2)
N - V - N
polarisieren
Le prisme polarise la lumière.
Fig.: (Aufmerksamkeit) auf s. ziehen, auf s. konzentrieren, (Kräfte, Energie) in Anspruch nehmen
Ce problème polarise l'attention de tous. Ce travail a polarisé mes énergies pendant plusieurs années.

polémiquer (2)
N - V -(contre N)
polemisieren
Polémiquer contre l'orientation actuelle de la politique, contre un dissident. Il ne fait que polémiquer.

politiser (2)
N - V - N
politisieren
Politiser un débat, l'art. Le Front de libération nationale tchadien avait été fondé en 1966 pour politiser le mécontentement, sur fond de militantisme arabe/L'Express/.

polluer (2)
N - V - N
verschmutzen
Les industries chimiques polluent l'atmosphère.

polycopier (2)
N - V -(N)
vervielfältigen
Polycopier une lettre.

se pommeler (1)
N - se V
s. mit Schäfchenwolken bedecken
Le ciel se pommelait.

pomper[1] (1/2)
N - V
N - V - N
pumpen
Il fallait pomper trois fois avant que l'eau n'arrive.
Il a pompé un sceau d'eau.
aufsaugen
L'éléphant pompe l'eau avec sa trompe. L'éponge a pompé l'eau.

pomper[2] (2) POP
N - V - N
herunterschütten, hinter die Binde gießen
Il a pompé un demi-litre de Bordeaux.

pomper[3] (2+L) FAM
N - V -(N) -(qp_{sur}*)*
abspicken, abschreiben, etw woher haben
L'élève a pompé son devoir sur son camarade. Où as-tu pompé ce renseignement?
▼*N - V - qp* — *Il a pompé sur son camarade.*
▼*N - V - N* — *L'élève a pompé son devoir.*
▼*N - V* — *Tout le monde a pompé à la composition.*

pomper[4] (2) FAM
N - V - N
jn erschöpfen, leerpumpen
Cet effort m'a pompé.

pomponner (2)
N - V - N
herausputzen
Elle pomponne ses enfants comme des clowns.

poncer (2)
N - V - N
schleifen, polieren
Ponçer une planche, du marbre. → *tailler (un diamant)*

ponctuer[1] (3)
N - V -(N)
Satzzeichen setzen
Ponctuer correctement un texte.

ponctuer[2] (3)
N - V - N - de N
unterstreichen, hervorheben
Ponctuer son discours de gestes expressifs.
begleiten
Notre long effort a été ponctué de vos encouragements inlassables.

pondérer (2)
N - V - N
ausgleichen, ein Gegengewicht bilden zu
Le Parlement pondère l'autorité du président.
NEOL: etw neu einstufen, neu bewerten
Pondérer un indice salarial.

• pondre[a] (2)
N - V -(N)
(Eier) legen
Pondre un oeuf.

pondre[b] (2) FAM
N - V - N
(Artikel..) verfassen, produzieren
Il pond un article par mois.

pontifier (1) FAM
N - V
feierlich, hochtrabend, geschwollen reden
Il pontifie devant ses camarades. Il voyait avec plaisir ses disciples se presser autour de lui, et il pontifia quelque peu.

populariser (2)
N - V - N — allgemein bekannt machen
Hugo a popularisé le personnage de Gavroche. Les ouvriers en grève ont décidé de populariser leur lutte.

• **porter**^{1a} (2+L/1+L/2)
N - V - N -(qp) — tragen, bringen, transportieren
Il portait un paquet sous son bras. Je porte ces lettres à la poste. Il faut que je porte mon argent à la banque. Le camion porte du bois à la scierie. Mes jambes ne me portent plus. Ils portent un malade sur un brancard.
⌘ *N-V-N-qp:* mit der Hand...langen an, in
Il porta sa main à son front, à sa poche.
etw wohin heben
Elle porta le verre à ses lèvres.
⌘ *porter sur son visage une expression/un air...:* e-n Gesichtsausdruck haben, aussehen
Il porte sur son visage une expression /un air de tristesse.
⌘ *le porter sur soi(-même):* ⌘ jm anzusehen sein, so aussehen
Est-il avare? - Cela ne m'étonnerait pas, il le porte sur lui.
⌘ *porter qc à l'écran:* etw verfilmen

♦*Nqn - se V - qp* — s. begeben, strömen
Les curieux se portèrent sur le lieu de l'explosion.
wohin vor-, aufrücken
Le coureur s'est porté en tête de la course, du peloton, à la deuxième place.

N - V -(qp) — <Stimme, Waffe> tragen, reichen
Il a une voix qui porte (loin). Le canon porte (jusqu') à 10 km.

N - V - sur N — ruhen auf, ⌘ getragen werden von
Tout le poids de l'édifice porte sur quatre piliers.
FAM ⌘ *porter sur les nerfs, le système (sc.: nerveux) de qn > lui porter sur les nerfs, sur le système:* jm auf die Nerven gehen, auf den Wecker fallen

♦*Nqn - se V - Adv* — jm wie gehen
Elle se porte bien. Comment vous portez-vous?

porter^{1b} (2+L/2/3)
N - V - N - qp — bringen, tragen
Porter un débat sur le plan politique. Porter un différend devant un tribunal. Ses intrigues l'ont porté au pouvoir. Cette réponse porta son impatience à son comble. Le journaliste a décidé de porter ce fait à la connaissance du public.

N - V - N — tragen
Il porte une lourde responsabilité.

N - V - sur N — betreffen, s. erstrecken auf, zum Thema haben
Le savoir porte sur des concepts ou sur des 'choses'. Le débat porte en premier lieu sur l'E.N.A. elle-même/LeM/. Les trois accords portent sur l'octroi par la R.F. A. à la Pologne d'un crédit de un millard de deutschemarks/LeM/. Cette étude porte sur le chômage.

Nqc - V — sitzen, treffen, treffend sein
Je savais que la phrase porterait/Pilhes/. Il nous faut trouver des arguments qui portent.

N - V -(Nqn) - à N — jn (dazu) bringen
Cet échec le portera à plus de prudence. Son attitude arrogante porte à la révolte. C'est un climat qui porte à l'apathie.
à Inf 2 — *Tout (me) porte à croire que vous avez raison.*
⌘ *tout porte à croire...:* dafür sprechen
⌘ *porter malheur/bonheur (à N):* (Un-) Glück bringen

• **porter**^{2} (aux)
N - V - N - à N — etw hegen
Porter une reconnaissance profonde, une grande estime, une haine tenace à qn. Porter amitié à qn.
⌘ *porter tort/un grand tort à:* beeinträchtigen, Schaden zufügen
⌘ *porter un coup définitif à:* den letzten Rest... geben
⌘ *porter préjudice/un grave préjudice à:* Schaden zufügen, zum Nachteil gereichen, nachteilig sein für
⌘ *porter atteinte à:* beeinträchtigen, in Mitleidenschaft ziehen
Toute diminution de ces revenus porte atteinte au niveau de vie de chacun/LeM/.
⌘ *porter secours à:* Hilfe leisten
⌘ *porter accusation (contre):* Anklage erheben, Beschuldigungen erheben gegen
Ceux-ci n'ont fourni aucune preuve des accusations d'espionnage portées contre M. Klimsky/LeM/.
⌘ *porter témoignage:* Zeugnis ablegen
porter conseil: Rat bringen
La nuit porte conseil.
⌘ *porter un jugement:* urteilen, ein Urteil fällen

N - V - N - à N — Fig.: bringen zu: *porter qc à la perfection.*
⌘ *porter qc à la connaissance de qn:* jn in Kenntnis setzen von

♦*Nqc - se V - sur N* — s. richten auf, gegen
Les soupçons se portent sur lui.

♦*Nqn - se V - n* — ⌘ *se porter candidat:* kandidieren
Il s'est porté candidat à/pour ce poste.
⌘ *se porter acquéreur:* erwerben
Personne ne s'est porté acquéreur de ce magasin.
⌘ *se porter garant:* garantieren, bürgen für

Je me porte garant de son innocence.
⌘ *se faire porter malade:* s. krankmelden

• poser[1a] (2+L/2)
N - V - N - qp
hin-stellen, -legen...
Pierre pose son livre sur la table. Je posai une main sur l'un de ses bras/Pilhes/. Il posa ses mains sur mon épaule > il me les posa sur l'épaule.
⌘ *poser son regard sur qn:* jn ansehen
Il posa longuement son regard sur moi.

♦N - se V - qp
<Insekt..> s. setzen
Une mouche s'est posée sur son nez.
<Blick> fallen auf
Son regard se posa sur la statue.

N - V - N - adj -(qp)
Pose ton livre droit sur la table. L'image est de travers, pose-la droite.

adv
Posez ce carton à plat, sur le côté. Il l'a posé à l'envers sur la table.

N - V - N -(qp)
abstellen, ablegen
Pose ta valise. Il la posa à terre. Où dois-je poser mon manteau? Posez votre manteau s.v.p.

♦N - se V -(qp)
<Flugzeug> landen, aufsetzen
L'avion vient de se poser (sur la piste d'atterrissage). Viking-2 se posera sur Mars dans la nuit du 3 au 4 septembre/LeM/.

N - V - N
anbringen, anlegen, installieren, (elektr. Leitungen) verlegen, (Schienen) legen
(Faire) poser une serrure, une sonnette, des rideaux.
Poser l'installation électrique d'un appartement.
⌘ *poser sa candidature:* kandidieren, s. bewerben
J'ai posé ma candidature à/pour ce poste.
⌘ *poser les armes:* die Waffen niederlegen

• poser[1b] (3/2/2+A)
N - V - N -(à N)
(Frage, Problem, Falle) stellen
Poser une question, une colle à qn. Cela ne pose pas de problèmes. Je me suis posé la question de savoir si j'allais le faire ou non. Jusqu'ici, ce problème ne s'est pas encore posé.

N - V - N
(Prinzip, Theorie) aufstellen, (Bedingung) stellen
Poser un principe, une thèse, des conditions.

que S Ind
(den Fall) setzen, annehmen
Posons que x égale y+1.

N - V - comme n - N
fest-setzen als
Ce projet de loi pose le concours comme principe d'accès à la fonction publique/LeM/.

que S Kj
Il posa comme condition à sa venue qu'il soit avisé à temps.

de Inf 1
Il posa comme condition à sa venue d'être avisé à temps.

♦Nqn - se V - pour n - N
s. zum Ziel setzen, s. das Ziel setzen
Le gouvernement s'est posé pour but la solution de la question agraire.

de Inf 1
Il s'est posé pour but d'apprendre le portugais en trente jours.

poser[2a] (1)
N - V
posieren
Poser devant les journalistes, pour une photo.

poser[2b] (1/2)
N - V
s. affektiert benehmen
Il n'est jamais naturel, il pose toujours.

Nqn - V < à N >
s. gebärden als, s. aufspielen als
Il se pose au patron, au justicier.

Nqc - V - Nqn
jm Wichtigkeit verleihen
Il n'y a rien qui pose un critique comme de parler d'un auteur étranger inconnu/Balzac/.

♦Nqn - se V - en n
s. aufspielen als
Il se pose en redresseur de torts.

• posséder[1] (2)
N - V - N
besitzen, haben
Posséder une maison. Le nouveau modèle possède un moteur plus puissant. Il possède une grande expérience dans son métier.
(Sprache...) beherrschen, gründlich kennen
Posséder une langue, son métier, son rôle.

♦Nqn - se V
s. in der Hand haben, s. beherrschen
Il est resté calme et froid, il se possédait parfaitement.

♦Nqn - se V < de N >
|neg.: außer sich sein vor, s. nicht mehr kennen
Quand il se met en colère, il ne se possède plus. Ne plus se posséder de joie, de colère.

Nqc - V - Nqn
⌘ besessen sein von
La passion le possède.

posséder[2] (2) FAM
N - V - N
jn reinlegen
Il nous a possédés. J'ai été possédé.

poster[1] (2+L)
N - V - Nqn -(qp)
aufstellen, postieren
Le commandant a posté des sentinelles. Poster un policier à l'entrée d'un bâtiment.

poster[2] (2)
N - V - N
(Brief) einwerfen
Poster une lettre.

postuler[1] (2)
N - V - N
s. bewerben um
Michel Sardou, le fameux criminaliste, postule un poste de maître-assistant/Canard enchaîné/.

N - V - à N — *Voici le cadre Brignon, postulant au poste que Saint-Ramé destinait à ce pauvre Arangrude/Pilhes/.*
pour N — *Vous postulez pour le poste de ministre de la Culture?/Canard enchaîné/.*

postuler[2] (2) — postulieren, behaupten
N - V - N — *Les philosophes de ce temps postulent pour la plupart l'existence d'une anima mundi/Yourcenar/.*
que S Ind — *Ils postulent que l'homme est bon par nature.*
Kj |neg/int — *Postulez-vous que l'homme soit bon par nature? Je ne postule pas que l'homme soit bon par nature.*
∅ Inf 1 — *Si l'on postule avoir un espace courbe, alors il n'existe plus de lignes droites.*
N - V - N - adj — *Postuler deux ensembles identiques.*

potasser (2) FAM — pauken, büffeln (für)
N - V -(N) — *J'ai potassé (mon examen) toute l'après-midi.*

poudrer (2) — pudern
N - V - N — *Poudrer son nez > se poudrer le nez.*

poudroyer (1) LIT — staubig sein, ⧗ <Staub> aufwirbeln
N - V — *La route poudroie (sur le passage des cavaliers).*

pouffer (1) — prusten
N - V < de N > — *Les jeunes filles pouffaient de rire.*

pouponner (1/2) — s. liebevoll um Kleinkinder kümmern
N - V — *Elle pouponne volontiers.*
schwanger sein (regional)
Savais-tu que Marie pouponne encore une fois?
N - V - N — bemuttern
Pouponner un enfant.

pourchasser (2) — verfolgen, etw bekämpfen
N - V - N — *La police a pourchassé un meurtrier évadé. Pourchasser la débauche.*
hinter etw her sein
Pourchasser l'argent, les fautes dans un texte.

pourfendre (2) LIT — mit e-m Hieb spalten
N - V - N — *Le vaillant chevalier pourfendait ses ennemis turcs l'un après l'autre.*
Fig.: hartnäckig verfolgen, brandmarken
Pourfendre les abus, ses adversaires, l'iniquité.

• pourrir[a] (1/2) — ver-faulen
N - V — *Les pommes de terre ont pourri à l'humidité.*
N - V - N — verfaulen lassen
Les pluies ont pourri la récolte. Les prunes se sont pourries.

pourrir[b] (1/1+L) — <Streik> verpuffen
N - V NEOL — *Laisser pourrir une grève.*
N - V - qp — verkommen, dahin-vegetieren
Pourrir dans l'ignorance, en prison.
♦*N - se V* — s. verschlechtern
La situation se pourrit.

• poursuivre[1] (2) — verfolgen
N - V - N — *Le chien poursuit le facteur tous les jours.*
Fig.: poursuivre un but, une idée impossible.
⧗ *poursuivre en justice:* gerichtlich vorgehen gegen jn
On sait que M . Giscard a poursuivi en justice M. Marc Ways. /Canard enchaîné/. Ulla poursuit "Minute" en diffamation/LeM/.

• poursuivre[2] (2) — fortsetzen, fortfahren mit, in
N - V - N — *Poursuivre un travail, une action, un discours. Nous poursuivions la conversation sans fin/Malraux/. M. Barre poursuit ses entretiens avec les partenaires sociaux/LeM/. "Non" poursuivit-il après un long silence.*
♦*N - se V* — weitergehen, andauern
La diminution du nombre des candidats se poursuit et même s'aggrave/LeM/. La grève se poursuivra encore pendant une semaine. Le procès se poursuit depuis des années.

pourvoir (2/3) — sorgen für
N - V - à Nqc REL — *Pourvoir à l'entretien de qn, aux besoins de qn.*
⧗ *pourvoir aux frais de qc:* das Geld aufbringen für
Il n'arrive plus à pourvoir à ses frais de voyage.
à ce que S Kj — dafür sorgen daß
Par cet ordre, la deuxième compagnie du quatrième bataillon devait pourvoir à ce que les objets mobiliers fussent portés à trois heures à M. Georges Devanne/M. Leblanc/.
N - V - Nqc/qn - de Nqc — versehen, versorgen mit
Pourvoir qn d'argent, une voiture de ceintures de sécurité.
⧗ *se pourvoir en cassation/en appel:* in (die) Berufung gehen

• pousser[1a] (2+L) — etw aufstoßen, stoßen, schieben, drücken, (Herde) treiben
N - V - N -(qp) — *Je n'arrive pas à pousser la porte. Il m'a poussé et m'a fait tomber. Pourriez-vous m'aider à pousser ma voiture (jusqu'au garage)? La foule nous poussait vers la sortie. Le berger pous-*

se son troupeau (vers la bergerie). Le vent pousse les nuages (vers l'Est).
⧗ *N-V-Ø-qp (sc.: son chemin, son voyage):* weitergehen,-fahren
Poussons jusqu'au prochain village. Au lieu de rester à la frontière, nous avons poussé jusqu'à Madrid.
⧗ *N-V-Ø:* drängen, drängeln
Ne poussez pas, il y aura de la place pour tout le monde!
⧗ *pousser un cri, un soupir:* (Schrei...) ausstoßen
⧗ *pousser un feu:* (Feuer) schüren
⧗ *pousser un moteur:* (Motor) hochdrehen

• pousser[1b] (2+L/3)
Nqn - V - Nqc -(qp) — vorantreiben, treiben
On a décidé de pousser les travaux de constructions (plus avant). Nous devons encore pousser nos recherches (plus avant, plus loin). Pousser la plaisanterie trop loin.

Nqn - V - Nqc - à N — etw treiben bis, soweit treiben
Pousser un travail à la perfection.

jusqu'à Inf 1 — *Il a poussé la gentillesse jusqu'à nous offrir un verre de champagne. On a même poussé la délicatesse jusqu'à avancer l'heure de ramassage des ordures/LeM/. Il a poussé la plaisanterie jusqu'à nous téléphoner à deux heures du matin.*
⧗ *N-V-Ø:* POP: übertreiben
Faut pas pousser. Là il pousse un peu.
⧗ *pousser à bout qn:* jn bis aufs Blut reizen
pousser à bout la patience de qn: die Geduld erschöpfen, ⧗ die Geduld verlieren

Nqc - V -(Nqc) - à N — treiben
La situation a poussé le pays à la catastrophe. Plusieurs des facteurs mentionnés qui poussent au changement linguistique sont de caractère psychologique.

Nqc/qn - V -(Nqn) -(à N) — drängen, treiben
Sa famille l'a poussé à cette décision.

▼*Nqn - V - Nqn* — *C'est sa famille qui l'a poussé.*

▼*Nqc/qn - V - à N* — *Dans ce café, on pousse à la consommation. Le désespoir peut pousser au pire. Cette invention avait passionné les techniciens-chercheurs de la firme, qui avaient poussé à son achat /Pilhes/.*

Nqn - V -(Nqn) - à ce que S Kj 2 — *Sa famille (le) pousse à ce qu'il fasse des études.*

Nqc - V - Nqn - à ce que S Kj 2 — *Tout nous pousse à ce que nous agissions rapidement.*

N - V -(Nqn)- à Inf 2 — *Sa grand-mère, la situation l'avait poussé à prendre cette décision. La famille pousse à acheter la propriété.*

• pousser[2] (1/2)
N - V — <Pflanzen, Haare> sprießen, wachsen
L'herbe a beaucoup poussé. Sa barbe ne pousse que lentement.
FAM: <Kind> wachsen
En ce moment, notre fils pousse terriblement.

N - V - N RARE — <Pflanzen> (Knospen..) treiben
Les arbres ont poussé de nouveaux rejetons.
(Zähne) bekommen
L'enfant pousse sa première dent.

• pouvoir[1] (aux)
N - V - Inf 1 — können
Il ne peut pas venir. Puis-je vous aider? Est-ce que je peux vous aider? Où peut bien être mon livre? Cet enfant peut avoir dix ans.
⧗ REL: *Il ne peut venir aujourd'hui. Je puis avoir des illusions. Puis-je?*
⧗ *ne plus en pouvoir:* nicht mehr können
Je n'en peux plus!

♦*N - V - N* — *Le pouvez-vous? Je ne peux pas n'importe quoi.*

♦*cela - se V* REL — möglich sein
Je voulais venir vous voir, mais cela ne se peut pas.
⧗ FAM: *ça se peut:* sein können
C'est possible, en y pensant, ça se pourrait/Giono/.

♦*il - se V - que S Kj* — möglich sein
Il se peut que je fasse une erreur.

y pouvoir[2] (2)
Nqn - y V - N — |neg/int: dafür können
Qu'y puis-je? Je n'y peux rien. Je n'y peux pas grand-chose.

• pratiquer (2)
N - V - N — praktizieren, aus-, durchführen, vornehmen, anbringen
Pratiquer un art, un sport, un métier. En revanche il refusa de pratiquer une épuration dans l'armée/LeM/. Le résultat des analyses que les médecins ont pratiquées ne sera connu que lundi /Canard enchaîné/. Pratiquer une ouverture dans un mur.
⧗ *N-V-Ø: Il a reçu une éducation religieuse, mais il ne pratique plus (sc.: la religion).*

• précéder (2)
N - V - N — vorausgehen
Les dix années qui ont précédé la crise dont nous essayons de sortir/LeM/.

N - V - N < de N > — vor jm gehen, jm voraussein, vor jm ankommen...
Je vous précède pour vous montrer le chemin. Vous arrivez trop tard, votre concurrent vous a précédé de dix minutes.

prêcher[a] (3/2)
N - V -(Nqc) -(à Nqn) — predigen, verkündigen
Les missionnaires prêchent l'évangile aux indigènes.

▼*N - V - Nqc* — *Prêcher un sermon, l'évangile.*
▼*N - V* — *L'abbé ne prêche plus le dimanche.*
N - V - Nqn — missionieren
Il est parti prêcher les aborigènes en Australie.
N - V - sur N — *Il prêche sur la parabole du bon Samaritain.*

prêcher[b] (3) — predigen, verkünden
N - V -(à Nqn) - Nqc — *Prêcher la morale à ses élèves. Pour lutter contre l'inflation, même quand on prêche la rigueur, mieux vaut avoir le teint frais et l'oeil vif/LeM/.*
que S Ind — *Je dis que les clercs modernes ont prêché que l'Etat doit être fort et se moquer d'être juste/LeM/.*
⧗ *prêcher d'exemple, par l'exemple:* mit gutem Beispiel vorangehen

• **précipiter**[a] (2+L) — stürzen, |se V: (wohin) los-stürzen, -springen
N - V - N - qp — *Précipiter qn du plongeoir, dans l'eau. La crise a précipité le pays dans la catastrophe. Il se précipita sur la voiture.*
⧗ *Nqc - V: |chimie:* s. niederschlagen
La solution a précipité en cristaux.

• **précipiter**[b] (2) — beschleunigen, überstürzen
N - V - N — *Précipiter son travail, un rythme. Des mesures dont le chef de l'Etat a personnellement favorisé l'adoption ont précipité cette évolution, ressentie comme une décadence/LeM/. Tâchons de ne rien précipiter!*

• **préciser** (3) — präzisieren
N - V -(à N) - N — → dire[1]
♦*Nqc - se V* — deutlich(er), klar(er) werden
Le danger, la menace se précise.

précompter (3) — einbehalten, abziehen
N - V - N -(sur N) — *La cotisation à la Sécurité sociale sera précomptée sur votre salaire.*

préconiser (3) — empfehlen, anpreisen
N - V -(à Nqn) - N — *Préconiser une cure à qn. Le ministère préconise une nouvelle répartition des impôts.*
que S Kj 2 — *Il nous a préconisé que nous prenions du repos.*
de Inf 2 — *Il nous a préconisé d'aller passer nos vacances en Angleterre.*

prédestiner (3) — (vorher)bestimmen, prädestinieren
N - V -(N) - à N — *Prédestiner son fils à un brillant avenir. Une telle formation ne prédestine pas à une carrière brillante.*
à ce que S Kj 2 — *Tout le prédestinait à ce qu'il devienne ce qu'il est devenu.*
- N - à Inf 2 — *Il était prédestiné à devenir le président du club.*

prédire (3) — voraussagen
N - V -(à Nqn) - N — *Prédire l'avenir à qn. Vous me prédisez là tous les malheurs du monde!*
que S Ind — *Mon horoscope m'a prédit que je tomberais dans les escaliers cette semaine.*
Int.ind — *Il avait prédit exactement comment l'événement allait se passer.*
à N - Ø Inf 2 — *Il m'a prédit avoir des chances de mourir vieux.*

prédisposer (3) — anfällig, bereit, geeignet machen zu
N - V -(N) -(à N) — *Sa constitution le prédisposait à cette maladie. Son éducation le prédisposait à ce genre d'études.*
▼*N - V - à N* — *L'abus du tabac prédispose au cancer du poumon.*
▼*N - V - Nqn* RARE — jn beeinflussen
Le jugement d'autrui nous prédispose.
N - V - N - à ce que S Kj — *Tout le prédisposait à ce qu'il devienne ce qu'il est devenu.*
à Inf 2 — *Rien ne le prédisposait à agir.*

prédominer (1) — vorherrschen, dominieren, überwiegen
N - V < qp > — *La culture du riz prédomine en Asie.*
sur N — die Oberhand gewinnen
Son point de vue a prédominé sur le nôtre.

préexister (2) — bestehen vor etw, e-r S - zeitlich vorausgehen
N - V - à N — *La monarchie a préexisté à la république.*

préfacer (2) — ein Vorwort schreiben für
N - V - N — *Il a préfacé un ouvrage récemment publié.*

• **préférer** (3) — vorziehen, lieber haben, etw bevorzugen
N-V-N- - à N — *Marie préfère Jules à Jim. Je préfère les fraises. Les arbres préfèrent le sable (au sol marécageux). Saint-Ramé avait préféré la solution des tickets de restaurant à celle d'une cantine d'entreprise/Pilhes/.*
que S Kj|×1 — *Je préfère que Jacques parte.*
- à ce que S Kj RARE — *Je préfère qu'il pleure à ce qu'il chante.*
- plutôt que de Inf 1 — *Il préfère qu'on le craigne plutôt que d'être aimé.*
Ø Inf 1 — *Je préfère rester encore quelques minutes. Vous préférez garder votre argent plutôt que de me voir en bonne santé.*
- que (de) Inf 2 LIT — *Il préfère tout louer que de faire son choix/E. Jaloux/. On peut préférer risquer de n'intéresser point...que passionner sans lendemain/Gide.*
⧗ *Elle a préféré aller chez les vieux messieurs que chez la*

vieille Dame/M. Donnay/.

- à Inf 1 — LIT — *Il préférait souffrir à ne pas aimer/Triolet/.*

de Inf 1 — VIEUX — *Elle préférait de rire/Duhamel/*

préjuger (2) — vorhersehen, -sagen, Mutmaßungen anstellen, s. im voraus ein Bild machen von

N - V - de N — *Préjuger de la décision d'autrui. Je ne peux pas préjuger de son attitude, de sa réaction.*

Int.ind — *Je ne peux pas préjuger quelle sera la réponse.*

N - V - N — LIT — *Je ne veux point préjuger la question.*

se prélasser (1) — s. hinfläzen, leger sitzen

N - se V < qp > — *Il se prélasse dans son fauteuil. Le chat se prélassait au soleil.*

prélever (3/2) — jm (e-e Blutprobe) entnehmen

N - V - N -(à N) — *Prélever du sang à qn.*

N - V - N < $qp_{sur/dans}$ > — (Probe) entnehmen, (für sich) ent-, weg-nehmen, (für sich) berechnen

La commission d'enquête a prélevé un échantillon. L'Etat prélève sa quote-part dans certaines transactions. Sur la livre de prunes, elle prélève pour son dessert plus de la moitié/Jouhandeau/. Le notaire a prélevé une certaine somme sur l'héritage. Ce banquier, un petit revolver à la ceinture, prélève 2% de commission pour transférer de l'argent d'un Beyrouth à l'autre/LeM/.

préluder[a] (1) — Präludium spielen, präludieren

N - V < par N > — *L'organiste a préludé par une fugue de Bach.*

préluder[b] (2) — einleiten, Vorbote sein

N - V - à N — *Les symptômes habituels ont préludé à la crise.*

préméditer (2) — vorbereiten, planen, aushecken

N - V - N — *Préméditer une attaque, un mauvais coup, un crime.*

de Inf 1 — *Préméditer de s'enfuir.*

prémunir (3) — schützen vor

N - V - N - contre N — *Prémunir les enfants contre une maladie par la vaccination.*

• **prendre**[1a] (2+L/3/2/2+A/1) — nehmen, holen

N - V - N -((de)qp) — *(D')où est-ce que tu a pris cela? Je l'ai pris* dans *l'armoire,* dans *mon sac à main. Prenez une cigarette, s.v.p.! Il prit une cigarette* du *paquet que je lui tendais. Je suis allé prendre de l'argent à la banque. Chez qui prenez-vous votre pain? Prendre qn dans ses bras. J'ai pris cet exemple* dans *un livre de Pilhes. Prendre qc du bout des doigts, à pleine main.*

(bei sich) aufnehmen

Je l'ai pris chez moi. Nous avons pris cet élève dans notre classe.

✖ *prendre qn à part:* jn beiseite nehmen

✖ *Fig.: prendre qc en main:* e-e S in die Hand nehmen

N - V - N - à N — weg-, ab-nehmen

Il m'a pris ma place, mon parapluie, 100 francs. Il a pris plusieurs points à son adversaire. Les troupes ont pris une position importante à l'ennemi. Cette séance de gymnastique m'a pris toutes mes forces.

✖ *N-V-N-(à N)<pour N>:* (Geld, e-n Preis) für etw nehmen von jm

Le mécanicien nous a pris cent francs. Combien prenez-vous pour cette réparation?

✖ *prendre du temps à qn:* jn Zeit kosten, jm Zeit rauben, ✖ Zeit brauchen für

Sa visite m'a pris tout l'après-midi. Ce travail me prendra beaucoup de temps. Cela ne lui prit que quelques minutes.

Nqn - V - N - sur N < pour Inf 1 > — (Geld, Zeit) nehmen von etw

Il a pris cent francs sur ses économies pour dépanner un ami. Il a pris une journée sur son congé pour m'aider à déménager.

N - V - de N — von etw nehmen

Prenez donc de cette moutarde, elle n'est pas comme les autres! /Pilhes/.

N - V - N — nehmen, fassen

Il prit le lapin par les oreilles. Il prit le charbon à pleines mains. J'ai pris trois places au théâtre. Prenez-moi (= pour moi) une place au cinéma. Il prit son vélo et s'en alla.

✖ *prendre (sa) place:* Platz nehmen

Il prit sa place. Prenez place!

✖ *prendre femme:* s. eine Frau nehmen, heiraten

✖ *prendre une femme:* eine Frau nehmen

C'est à l'aube ou au crépuscule que vous êtes venu et m'avez prise/Giraudoux/.

(Ort) einnehmen

Le peuple de Paris prit d'assaut la Bastille au matin du 14 juillet 1789. Les troupes ont pris un village, une place forte, une position ennemie.

fangen

Le joueur prit adroitement la balle. Il a pris la balle au vol.

fangen, ergreifen, fassen

Prendre un malfaiteur, un prisonnier évadé, des poissons.

⧓ RARE: *N-V-Nqn<à Inf 2>:* jn erwischen, ertappen, überraschen
Je l'ai pris à vouloir monter sur le toit. → *surprendre*
jn drannehmen, ⧓ drankommen
Le docteur vous prendra à dix heures.
nehmen, (Nahrung, Medikamente) zu sich nehmen, einnehmen
Prendre une boisson, un repas, un médicament. Je prends mon petit déjeuner à huit heures. Je prends un pastis.
(Bad, Zug...) nehmen
Prendre une douche, un bain. Prendre le train, l'avion, un taxi.
(Weg) nehmen, (Richtung) einschlagen
Prendre une route, une certaine direction. Prenez à gauche (sc. le chemin de gauche). FAM: *Prenez la porte et ne revenez plus.*
⧓ *prendre à travers champs:* querfeldein gehen
⧓ *prendre l'air:* (frische) Luft schnappen
(Unterricht) nehmen, (Urlaub) nehmen, machen
Prendre des leçons d'allemand. J'ai décidé de prendre une semaine de repos. Prendre ses vacances, son congé au mois d'août.
⧓ *prendre son temps:* s. Zeit lassen, nehmen
Il a pris son temps pour terminer ce travail.
prendre du temps: Zeit in Anspruch nehmen
Les libérations prendront plus de temps/LeM/.
(das Maß) nehmen, ausmessen
J'ai pris la mesure de l'armoire.
(Aufnahmen, Photos) machen
J'ai pris quatre photos de la cathédrale.
⧓ *prendre congé (de N):* s. verabschieden, gehen
Vers minuit, mes invités ont pris congé/Pilhes/.
⧓ *prendre des notes, prendre note:* (s.) etw aufschreiben, notieren
⧓ *Fig.: prendre note de:* etw zur Kenntnis nehmen
⧓ *prendre l'avis de qn:* js Ansicht, Rat einholen
⧓ *prendre un/des renseignement(s), prendre des nouvelles de qn:* Erkundigungen einziehen, s. erkundigen nach
Il me faut encore prendre quelques renseignements. Je suis venu prendre des nouvelles de M. Dupont.
⧓ *prendre pied:* Fuß fassen

Nqc - V - Nqn
jn aufnehmen
Une maison qui prend des estivants.
⧓ *prendre la mer:* in See stechen, auslaufen
⧓ *prendre le vent:* <Segel> den Wind einfangen, ⧓ s.im Winde blähen: *Les voiles prennent le vent.*
⧓ *Ce métal prend vite la chaleur.*
⧓ *prendre feu:* in Brand geraten, Feuer fangen
La toiture résiste, mais les installations prennent feu/LeM/.
⧓ *prendre l'eau:* undicht sein
Mes chaussures prennent l'eau.
⧓ *prendre de la vitesse:* (s.) beschleunigen

N - V - N - comme N
jn an-, einstellen als
Elle a été prise comme secrétaire chez Renault.

Nqn - V - Nqc
ab-bekommen, s. (e-e Krankheit) zuziehen
J'ai pris une belle averse sur le dos. Rudi a pris du ventre, du poids. Il a pris un bon rhume. J'ai pris froid.

Nqc - V - Nqn
jn überraschen
L'orage nous a pris en pleine route.

N - V
fest werden, <Zement, Mörtel> anziehen, abbinden
La mayonnaise ne prend pas. La crème, la colle prend. Le ciment a pris rapidement.
RARE: <Milch> sauer werden
Le lait a pris. → *tourner*
<Wasser> ge-, zu-frieren
La rivière a pris.
⧓ RARE: *N-seV: La Seine se prend.*
<Feuer> angehen, ausbrechen
Le feu n'a pas pris. Le feu a pris au troisième étage.
<Essen> anbrennen
La soupe a pris au fond de la casserole. La casserole a pris.
<Pflanzen> angehen
Les arbres transplantés n'ont pas pris.
<Impfung> anschlagen
Le vaccin a pris.

• prendre^{1b} (2/2+A/2+Adv/1)
Nqc/qn - V - N
bekommen, annehmen, <etw> etw erhalten
Le papier a pris une couleur jaune. Ce tableau a pris de la valeur. Le malade commence à prendre des couleurs. A ce moment-là, il prit une expression d'horreur. Il prit un ton rude.
⧓ *prendre courage, espoir, patience, peur.*
⧓ *prendre du plaisir, (du) goût à :* Gefallen finden an

Nqn - V - N
annehmen, s. angewöhnen
Il a pris des manières affectées. Il a pris de mauvaises habitudes. Il a pris l'habitude de prendre son bain le soir.
⧓ *prendre l'initiative:* die Initiative ergreifen
⧓ *prendre ombrage:* mißtrauisch werden, Anstoß nehmen
⧓ *prendre des libertés avec qn:* s. jm gegenüber Freiheiten herausnehmen
⧓ *prendre exemple sur:* s. ein Beispiel nehmen an

✕ *prendre un engagement:* e-e Verpflichtung eingehen
✕ *prendre sa retraite:* in den Ruhestand treten
✕ *prendre des mesures:* Maßnahmen ergreifen
✕ *prendre ses distances:* s. distanzieren, auf Distanz gehen

Nqn - V - N - pour n
halten für
Me prenez-vous pour un imbécile? On les prenait pour des rêveurs/Canard enchaîné/. Pour qui se prend-il?
✕ *prendre qc pour argent comptant:* etw für bare Münze nehmen
✕ *prendre qn pour cible:* jn aufs Korn nehmen
verwechseln
Prendre un mot pour un autre. On le prend souvent pour son frère.
✕ *prendre qn à témoin:* jn zum Zeugen nehmen
✕ *prendre qn à partie:* jn angreifen

N - V - Adv - N
nehmen
✕ *prendre au sérieux:* ernst nehmen
Personne ne prend au sérieux la thèse officielle/LeM/.
✕ *prendre à la lettre, au pied de la lettre:* (wort-)wörtlich nehmen
✕ *prendre qn au dépourvu:* jn überrumpeln, völlig überraschen
✕ *prendre du bon côté:* von der guten Seite nehmen
Il prend la vie du bon côté.
✕ *prendre à la légère:* auf die leichte Schulter nehmen
Il prend ses tâches à la légère.
✕ *prendre à coeur:* s. zu Herzen nehmen
✕ *prendre bien, mal qc:* etw gut/schlecht aufnehmen, etw übelnehmen
Il a mal pris ma remarque.

Nqc - V - Nqn
<Arbeit> jn in Anspruch nehmen
Son travail le prend beaucoup.
von jm Besitz nehmen, jn er-fassen, überkommen, ✕ bekommen
La colère le prit. La fièvre l'a pris.

(à) Nqn
Tout à coup, l'envie, l'idée, le besoin le/lui prit de sortir.
✕ FAM: *Qu'est-ce qui te prend?* was fällt dir ein?

♦*il - V - à Nqn - N*
Il lui prit l'envie de sortir.

♦*il - V - à Nqn - de Inf 2*
Soudain, il prit à Jean de sortir de la chambre.

Nqc - V
Anklang finden, Erfolg haben, einschlagen, ziehen
C'est une mode qui ne prendra pas. Ça ne prend pas avec moi.

• prendre[2] (aux)
N - V - N
✕ *prendre la fuite:* die Flucht ergreifen
prendre la relève(de qn jn ablösen
prendre une décision: e-n Entschluß fassen
prendre la défense de qn: verteidigen
✕ *prendre soin de:* Sorge tragen für
Une pièce qu'il avait pris soin d'aménager et d'orner à sa guise/Gide/.
✕ *prendre précaution/des précautions:* Vorsichtsmaßnahmen treffen
Ils n'ont pris naturellement aucune précaution/Gide/.
✕ *prendre part à:* teilnehmen an
✕ *prendre garde de:* vorsichtig sein, auf der Hut sein, aufpassen
Prends garde que ce ne soit toi, le pendu/Sartre/. Prends garde de ne pas donner dans un piège!
✕ *prendre contact avec:* Kontakt aufnehmen mit
✕ *prendre fin:* enden
✕ *prendre possession de:* Besitz ergreifen von

N - V - N - en N
prendre en considération, en aversion, en sympathie, en amitié, en horreur, FAM: *prendre qn en grippe. Prendre qn en chasse. Pris en chasse par les policiers, les malfaiteurs ont ouvert une nouvelle fois le feu/LeM/.*

♦*N - se V - de N*
Se prendre d'amitié pour qn. Ils se sont pris de querelle.

se prendre[3] (aux) LIT
N - se V - à Inf 1
beginnen
Je me pris à rire, car le spectacle était comique/Pilhes/. Xavier s'était pris à réfléchir.

s'y prendre[4] (1+Adv)
N - s'y V - Adv
etw im Griff haben, etw anfangen, s. geschickt/dumm anstellen
Il s'y prend bien, mal. Il ne sait pas comment s'y prendre. Tu t'y prends curieusement.
✕ *savoir s'y prendre avec qn:* mit jm umzugehen verstehen

s'en prendre[5] (2)
s. an jn halten, jn verantwortlich machen, jn angreifen, jn für etw büßen lassen

N - s'en - V - à N
Ce n'est pas à eux qu'il faut s'en prendre mais à ceux qui, logiquement, auraient dû occuper leur place/Pilhes/. L'ancien chef de l'Etat s'en est pris nommément à M. de Martino/LeM/. Il ne pourra s'en prendre qu'à lui-même/Aragon/. Bien que je n'y sois pour rien, il s'en prend à moi.

• préoccuper (2)
beunruhigen, beschäftigen, Sorgen bereiten, mit Besorgnis erfüllen

N - V - Nqn
Son état de santé me préoccupe.

que S Kj -(cela) - V - N
Qu'il soit en retard (cela) me préoccupe.

♦*cela - V - N - que S Kj*
Cela me préoccupe qu'il soit en retard.

de Inf 2 -(cela) - V - N
De le voir si pâle (cela) me préoccupe.

♦cela - V - N -(que)de Inf 2 — *Cela me préoccupe (que) de le voir si pâle.*

♦Nqn - se V - de N — s. Sorgen/Gedanken machen, s. kümmern um
Je me préoccupe de son état de santé. La direction s'en préoccupera/Pilhes/.

de ce que S Kj |×1 — *Je me préoccupe de ce que tout se passe bien.*
de Inf 1 — *Je me préoccupe de vous trouver une chambre d'hôtel. La droite s'est préoccupée de tenir en main les milieux ruraux.*

• **préparer** (2/3)
N - V - N — zubereiten
Préparer un repas. Je lui (= pour lui) ai préparé le petit déjeuner. Préparer un mélange de plusieurs couleurs, une solution chimique.
vorbereiten
Préparer ses affaires pour un voyage. Préparer un voyage, sa valise, son itinéraire. J'ai préparé une licence d'italien /Pilhes/.

N - V - N - à Nqn — (Empfang, Überraschung...) bereiten, bereithalten
Préparer une réception cordiale à qn. Préparer une surprise à qn. Son caractère lui prépare un avenir difficile.

N - V -(Nqn) - à Nqc — vorbereiten auf, für
Préparer qn à une nouvelle, des élèves à un examen. Cet institut prépare à la carrière administrative. Cette circulaire a pour but de préparer à des changements imminents.
à ce que S Kj 2 — *Ma lettre l'a préparé à ce qu'il ne s'étonne pas trop de cette nouvelle.*
à Inf 2 — *Préparer qn à pouvoir recevoir une nouvelle tragique.*

♦Nqn - se V -(à N) — s. vorbereiten, s. bereit machen, s. gefaßt machen
Se préparer à un examen. Préparez-vous, nous partons. Se préparer à des difficultés.
à ce que S Kj |×1 — *Préparez-vous à ce que l'on vous fasse des difficultés.*
à Inf 2 — *Le personnel se préparait à partir/Pilhes/. Préparez-vous à être convoqué prochainement. Préparez-vous à rencontrer de nombreuses difficultés.*

préposer (3)
N - V - Nqn - à Nqc — jm e-e Aufgabe zuweisen, betrauen mit, jn beauftragen mit
Préposer qn à l'entretien des machines.

présager (2) — <etw> etw ankündigen, Vorzeichen sein, darauf hinweisen, bedeuten
Nqc/qn - V - N — *Des nuages qui présagent le mauvais temps. Cela ne présage rien de bon.*
<jd> voraus-ahnen
Rien n'aurait laissé présager une telle issue. Cette visite officielle laisse présager un changement de politique.
Je n'aime pas ce silence...cela ne nous (= pour nous) présage rien de bon/Mérimée/.
que S Ind — *Le baromètre présage qu'il va pleuvoir.*
Kj |neg — *Rien ne présageait qu'Elia dût recevoir Ladureaux mieux ou plus mal que précédemment/J. Orieux/.*

prescrire[1] (3)
N - V -(à Nqn) - N — vorschreiben, (Medikament) verschreiben
La circulaire prescrit une application stricte du décret. Il me prescrit ma conduite. Prescrire un médicament à un malade.
erfordern
La nécessité de vivre en société prescrit l'usage du langage.
- à Nqn - que S Kj 2 — *Pourquoi lui prescrire qu'il se comporte selon vos idées? M. Kennedy a prescrit que les deux chefs d'Etat soient reçus avec pompe/Le Figaro/.*
de Inf 2 — *Le médecin m'a prescrit de faire une cure. Il prescrit à ses enfants de se brosser les dents tous les jours.*

se prescrire[2] (1)
N - se V — verjähren
Sa peine se prescrit l'année prochaine.

• **présenter** (2/3/2+A/1+Adv)
Nqc/qn - V - N — aufweisen, bieten
Cette entreprise présente de grosses difficultés. Son point de vue présente un intérêt particulier. Le malade présente des signes d'épuisement.

♦Nqc - se V — <Schwierigkeiten> auftreten, <Gelegenheit> s. bieten
De nombreuses difficultés se sont présentées pendant les travaux. L'occasion ne s'est toujours pas présentée de lui parler.

N - V - N -(à N) — vorstellen, vorlegen, zeigen, präsentieren
Je vous présente M. Dupont. Il faut présenter ses papiers au douanier. Un ingénieur du Kansas avait présenté à l'état-major américain le brevet d'une fouilleuse-pelleteuse à forage vertical/Pilhes/. Dans ce catalogue, le magasin présente sa nouvelle collection. Au ciné-club, il y a toujours quelqu'un qui présente le film.
jn anmelden für
Notre lycée a présenté trois candidats au concours général.
X *présenter brillamment un exposé:* ein Referat halten
X *présenter une thèse:* (Dissertation) einreichen, vorlegen
X *(Nqn) présenter un concours:* s. zu einem Concours melden
X *présenter ses félicitations, ses excuses à qn. Je vous présente toutes mes excuses.*

♦N - se V -(à N) — s. vorstellen
Permettez-moi de me présenter.

	<Idee> jm einfallen, kommen
	Une idée nouvelle se présenta à son esprit.
	s. (für ein Examen) anmelden, kandidieren
	Se présenter à un examen. Il s'est présenté aux élections.
	<jd> erscheinen, auftauchen
	Il se présenta chez nous le soir. Il ne s'est pas présenté à son travail aujourd'hui.
N - V - N -(à N) -(comme) adj	darstellen als
	L'éducation traditionnelle présente la science aussi austère et désincarnée que possible/LeM/.
comme n	*Il nous l'a présenté comme un ami d'enfance.*
adv	*Il a présenté l'affaire sous un jour favorable.*
♦*N - se V - comme n*	s. darstellen, erscheinen
	Il s'est présenté dans son autobiographie comme l'inventeur du fil à couper le beurre.
adv	*Aujourd'hui, l'affaire se présente sous un tout autre jour.*
	L'affaire se présente mal, bien.
Nqn - V - Adv	wie aussehen, e-n (...) Eindruck machen, etw/nichts darstellen
	M. Dupont présente bien, mal.
préserver (2/2+A/3)	bewahren, aufrechterhalten
N - V - N *N - V - N - adv*	*Il a su préserver ses chances. Il a su préserver son honneur dans cette affaire. Préserver sa voiture en bon état.*
N - V -(N) - de N	bewahren, schützen vor
	Préserver un enfant d'une chute, une voiture de la rouille. Deux facteurs l'en ont préservé/LeM/. Ce produit préserve de la rouille. Ce manteau vous préservera de la pluie.
de ce que(ne)S Kj 2 RARE	*Préserver qn de ce qu'il (ne) tombe.*
de Inf 2	*Préserver qn d'être induit en erreur.*
• présider[a] (2)	den Vorsitz haben, präsidieren, leiten
Nqn - V -(N)	*M.-Paul Parisot préside l'assemblée générale quotidienne/LeM/. Le chef de l'armée préside le directoire du Conseil de la révolution/LeM/. Saint-Ramé présida cette réunion avec Roustev à sa droite et moi à sa gauche/Pilhes/.*
• présider[b] (2)	lenken, leiten, zugrundeliegen
Nqc - V - à N	*Telle est dans sa simplicité originelle la règle qui préside à la transmission de cette langue appelée maternelle. L'idée générale qui préside à ce travail est la suivante.*
• pressentir[1] (2)	ahnen, spüren
N - V - N	*Pressentir un danger.*
que S Ind	*J'ai pressenti qu'il allait pleuvoir.*
Ind/Kj |*neg*	*Je n'avais pas pressenti que cela allait tourner ainsi/ que cela puisse tourner ainsi.*
Ø Inf 1	*La bouchère avait pressenti être la première victime.*
pressentir[2] (2+A)	bei jm vorfühlen wegen, jn um s-e Meinung fragen für,sondieren
N - V - Nqn - comme n	*Le président a pressenti M . Dupont comme ministre des Ponts et Chaussées.*
< pour N/ pour Inf 1 >	*J'ai été pressenti pour (faire) ce travail.*
• presser[a] (2/1+L/2+L)	zusammen-, aus-drücken, -pressen
N - V - N	*Presser le bras de qn > lui presser le bras. Presser une éponge, des fruits.*
	auf etw drücken
	Presser un bouton.
	✗ *presser qn de questions:* jn mit Fragen bestürmen
♦*Nqn - se V*	s. drängen
	La foule se pressait à l'entrée du cinéma.
N - V - qp	drücken auf
	Presser sur le bouton d'une sonnette.
N - V - N - qp	etw/jn wohin drücken
	Elle le pressa contre son coeur.
♦*N - se V - qp*	*Il se pressa contre moi, contre le mur.*
• presser[b] (2/1/3)	beschleunigen
N - V - N	*Presser le pas, l'allure, une affaire.*
N - V	eilen, <Zeit> drängen
	Rien ne presse. Ce travail presse. Le temps presse.
	✗ *Allons, pressons! Pressons-nous!:* s. beeilen
N - V - Nqn - de Inf 2	jn drängen
	Presser qn de terminer son travail. Le parti communiste néerlandais a pressé le gouvernement de prendre contact avec Paris /LeM/.
	✗ *être pressé que S Kj: La marquise semble être pressée que le crime soit découvert.*
	être pressé de Inf 1: Elle semble être pressée de découvrir le crime.
présupposer (2)	voraussetzen
Nqc - V - Nqc	*Votre participation à ce projet présuppose l'assiduité.*
♦*Npl - se V*	*Tous ces facteurs se présupposent(les uns les autres).*
que S Kj -(cela) - V - N	*Que vous participiez à ce projet (cela) présuppose une grande assiduité de votre part.*
que S Ind/Kj	*Que vous participiez à ce projet (cela) présuppose que vous êtes/soyez assidu.*

Ø Inf	*Traduire ce texte présuppose que l'on sait déjà bien le français. Traduire ce texte présuppose une grande assiduité de la part du traducteur.*
de Inf 2 <pour Nqn>	*Pouvoir ouvrir ce commerce présuppose pour lui d'avoir le capital nécessaire.*
Nqn - V - que S Ind	voraussetzen, annehmen *Je présuppose que vous êtes intéressé.*
Ind/Kj |neg/int	*Je ne présuppose pas que vous êtes/soyez au courant. Présupposez-vous que je le sais/sache?*
Kj |imp	*Présupposons que cela soit vrai.*
Ø Inf 1	*Je présuppose connaître par avance la solution.*
Nqn - V - N - adj	*Je présuppose le problème résolu.*
prétendre^{1} (2) LIT *N - V - à N*	Anspruch erheben *Le Prince prétend au trône.*
à Inf 1	*Ceux-ci ne sauraient prétendre à être des signes ou des symboles/Paulhan/.*
prétendre^{2} (2) *N - V - que S Kj* LIT	wollen, beabsichtigen, vorhaben *Tu prétends...que j'endure éternellement tes insolences?/Molière/.*
Ø Inf 1	*Charlemagne prétendait restaurer l'empire d'Occident/M.Cohen/. Kubitschek prétendait réussir avec la route ce que les Américains du Nord avaient réalisé avec le rail/LeM/.*
• **prétendre^{3}** (3/2+A) *N - V -(à N) - N*	etw (jm gegenüber) behaupten *Je prétends le contraire. Il m'a prétendu juste le contraire.*
que S Ind	*Il m'a prétendu qu'il ne le savait pas. Je prétends que cela est juste.*
Ind/Kj |neg/int	*Vous n'allez pas prétendre que la loi de l'offre et de la demande est convenablement exposée dans ce torchon/Pilhes/. Prétendez-vous que je ne sache plus aimer Oscar?/Gide/. Est-ce que vous allez prétendre que vous ignoriez que Houten est un trafiquant de stupéfiants?/Aragon/. Prétendez-vous que cela est/soit possible?*
Ø Inf 1	*Il prétend être le fils de Guillaume II.*
N - V - N - adj	*On le prétend milliardaire.*
• **prêter^{1a}** (3) *N - V - N -(à N)*	jm ver-leihen *Prêter de l'argent à un ami. J'ai prêté ma voiture.* ⧗ *prêter son nom pour qc:* s-n Namen hergeben für etw *Il a prêté son nom pour ce contrat.*
• **prêter^{1b}** (3) *Nqn - V - N -(à N)*	(Hilfe...) gewähren *Prêter son aide, son appui, son concours, son assistance. Il nous a prêté son aide. Il n'a pas refusé de prêter son concours.* ⧗ *prêter l'oreille:* Gehör schenken *Personne n'a prêté l'oreille à mes avertissements.*
♦*Nqn - se V - à N*	s. einlassen auf, mitmachen bei, s. (Fragen) stellen *Il s'est volontiers prêté à notre jeu. Il s'est prêté aux questions des journalistes.*
à ce que S Kj |×1 RARE	*Il s'est prêté à ce qu'on lui pose mille questions.*
à Inf 1 RARE	*Il s'est prêté volontiers à répondre aux journalistes.*
• **prêter^{2}** (aux) *N - V - N -(à N)*	⧗ *prêter attention:* Aufmerksamkeit schenken *prêter assistance, secours:* Beistand, Hilfe leisten *prêter foi:* Glauben schenken *prêter serment:* e-n Eid leisten, schwören *prêter vie:* Leben verleihen ⧗ *Il n'est pas rare de voir le droit fiscal prêter vie aux institutions juridiques ou, au contraire, les condamner/LeM/.*
prêter^{3} (3) *N - V - N - à N*	<etw> verleihen, (Bedeutung) beimessen *Le costume prêtait à tous un charme singulier. Vous prêtez trop d'importance à ses paroles.* unterstellen, zuschreiben *On m'a prêté la phrase d'un de mes personnages/Malraux/. Ne lui prêtez pas des intentions qu'il n'a pas. Vous lui prêtez beaucoup trop d'importance.*
prêter^{4} (3/2) *Nqn - V - N - à N*	(e-e Blöße) bieten ⧗ *prêter le flanc à: Par sa déclaration, l'ambassadeur a prêté le flanc à la critique.*
♦*Nqc - se V - à N*	s. eignen für, (⧗) s. anbieten *C'est un roman qui se prête facilement à l'interprétation psychanalytique.*
à ce que S Kj |×1	*Ce roman se prête à ce qu'on le transpose au cinéma.*
à Inf 1	*Ce roman se prête à être adapté au cinéma.*
Nqc - V - à N	(Verwirrung...) hervorrufen können, Anlaß geben zu *Cela prête à confusion, à équivoque.*
à ce que S Kj |×1	*Sa remarque prête à ce qu'on le critique.*
à Inf |×1	*Sa naïveté prête à sourire.*
prêter^{5} (1) *Nqc - V*	<Stoff> s. dehnen, s. weiten *Cette étoffe, ce cuir prête à l'usage.*
prétexter (2) *N - V - N*	vorgeben, -schützen *Il prétexta la maladie pour ne pas venir.*
que S Ind	*Il prétexta qu'il était malade.*

N - V - Ø Inf 1 — *Il prétexta avoir été malade.*

Nqn - V - de N < pour Inf 1 > RARE — zum Vorwand nehmen
On peut toujours prétexter d'un détail qui ne paraît pas en règle pour faire ouvrir une enquête/J. Romains/.→ *se prévaloir*

prévaloir[1] (2) LIT — s. durchsetzen, überlegen sein
Nqc - V -(contre N)
L'Eglise doit tout surmonter et...rien ne prévaudra contre elle /L. Bloy/. Il a tenu à faire prévaloir son droit. L'optimisme qui s'est exprimé dans les conversations politiques n'a pas prévalu dans les discussions économiques/LeM/.

se prévaloir[2] (2) — s. brüsten mit, s. etw einbilden auf
Nqn - se V - de N — *Il se prévaut de sa fortune.*
Nqn - se V - de N < pour Inf 1 > — Nutzen ziehen aus, in Anspruch nehmen
Se prévaloir de ses droits. Il s'est prévalu de sa carte d'abonné pour se faire réserver une place.

prévenir[1a] (2) — e-r S vorbeugen
N - V - Nqc — *Prévenir la maladie, les accidents.*

prévenir[1b] (2) — zuvorkommen
N - V - Nqc(de qn) — *Prévenir les désirs de qn, les ordres de qn, des objections.*

• **prévenir**[2] (3) — benachrichtigen, verständigen, unterrichten, warnen
N - V -(N) -(de N) — *Il nous a prévenus de son arrivée. Prévenir qn d'un danger.*
▼*N - V - N* — *Prévenez-moi dès qu'il y a du nouveau. Les syndicats, les cadres, moi-même sommes prévenus de la même façon/Pilhes/.*
▼*N - V - de N* — *Sur les routes, on prévient du verglas par un panneau spécial.*
N - V - N - de ce que S Ind RARE — *Il m'a prévenu de ce qu'il viendrait bientôt.*
que S Ind — *Je l'ai prévenu qu'il serait convoqué demain. Pam m'avait prévenu que cette femme était la reine des peaux de vache. J'ai prévenu que vous déjeuneriez ici; cela vous convient?*
de Inf 2 — *Je l'ai prévenu de se munir de vêtements chauds.*

• **prévoir** (2) — vorsehen, voraussehen, rechnen mit
Nqc/qn - V - N — *Le plan de relancement prévoit 62 milliards/LeM/. En novembre, l'organisation 'trotskiste' avait prévu une grande manifestation populaire/LeM/. Je n'avais vraiment pas prévu cela/Pilhes/.*
que S Ind — *J'avais prévu que cela arriverait.*
Ind/Kj |neg/int — *Mais je n'avais pas prévu que cela se produirait si tôt/J. Romains/. Mais comment aurait-il pu prévoir que ce serait le génie français qui le ferait sauter sur un pont!/G. des Cars/. Si j'avais pu prévoir que la chambre...dût être destinée à une femme, j'aurais, certes, veillé davantage à son arrangement/P. Benoit/.*
de Inf 1 — *J'ai prévu de partir demain. Au cours de l'année budgétaire, Séoul a prévu de doubler son budget militaire/LeM/.*

• **prier**[a] (1/2) — beten, bitten
N - V < pour N > — *Elle resta à l'église pour prier. Sainte Marie, mère de Dieu, priez pour nous, pauvres pécheurs.*
< pour que S Kj > — beten um
Et je prie pour qu'un fantôme charitable jette en passant son manteau sur son âme transie/Pilhes/.
N - V - N < (pour) que S Kj > — beten zu
Elle pria Dieu (pour) que son fils guérisse. On lançait le cerf-volant dans le ciel pour prier les dieux afin d'avoir une bonne récolte/LeM/.

• **prier**[b] (3) — bitten
N - V - N - de N — *Je vous en prie.*
⌘ *N-V-Ø |K: Dites-le-lui, je vous prie.*
que S Kj |×2 — *Je le prie seulement qu'on fasse une liasse de toutes nos requêtes/Voltaire/.*
de Inf 2 — *Je l'ai prié de me prévenir de son arrivée.*
⌘ VIEUX: *prier qn à déjeuner, à dîner:* (zm Essen) einladen

primer[1] (2) — prämieren
N - V - N — *Primer une vache.*

primer[2] (1/2) — dominieren
N - V — *Chez lui, c'est la sensibilité qui prime.*
N - V - N — s. durchsetzen gegenüber, den Vorrang haben vor
La forme voulant primer le fond/Bergson/.

priser[1] (2) — (Tabak) schnupfen
N - V -(N) — *Le chancelier prise parfois. Il prise du tabac parfumé.*

priser[2] (2) LIT — zu schätzen wissen
N - V - N — *Il prise la bonne chère. Une société qui ne prise pas la science ne saurait être libérale, cultivée et tolérante/LeM/. Terrains vagues de culture extensive que l'autochtone prisait peu /LeM/.*

• **priver** (3) — jm etw entziehen, jn e-r S berauben
N - V -(N) - de N — *Priver qn de ses droits civils. J'ai été privé de la possibilité de répondre. Je continue à ne pas voir pourquoi on priverait un être humain de liberté/A. Breton/. Votre absence va me priver de vous pendant un moi. Je ne voudrais pas vous priver de ma présence. L'hiver prive de la possibilité de se baigner.*
⌘ *priver les enfants de dessert.*

	✕ *être privé de:* etw nicht haben, ohne etw sein *Nous avons été privés d'eau ce matin. Ça faisait trois semaines que Barcelone était privée de tabac/Sartre/.*
♦*Nqn - se V -(de N)*	s. e-r S enthalten, s. etw versagen, s. e-r S begeben *Il se prive d'alcool et de tabac. Par timidité, je me suis privé de la possibilité de lui parler. Il ne se prive de rien. Elle s'est privée pour élever ses enfants.*
de Inf 1	|neg: nicht unterlassen, es s. nicht entgehen lassen *Je ne me priverai pas de lui dire ce que je pense. Il ne se prive pas de rabaisser ses collègues.*
privilégier (2) *Nqc - V - N*	privilegieren, <etw> bevorzugen *Le système fiscal actuel privilégie les hauts revenus.*
procéder[1] (2) LIT *N - V - de N*	s-n Ursprung haben in, hervorgehen, herrühren aus, von *Le Saint-Esprit procède du Père et du Fils. Le mal concourt au salut final des hommes et en cela il procède du bien/France/.*
• procéder[2] (1+Adv/2) *N - V - Adv*	verfahren, vorgehen *Comment pensez-vous que nous devrions procéder pour mener une enquête?/Pilhes/. Ainsi procède la psychanalyse/J. Lacroix/ Procédons par étapes!*
N - V - à N	etw vornehmen, (zur Wahl) schreiten *Je procédai à une inspection minutieuse de l'ensemble des sous-sols/Pilhes/. Le général Mobutu a procédé vendredi à un important remaniement ministériel/LeM/. J'espère qu'on procédera à une analyse détaillée/Pilhes/. Maintenant nous allons procéder au vote.*
• proclamer (2/2+A) *N - V - N* *que S Ind*	(offiziell) bekanntgeben, ausrufen, verkünden *Le Front Polisario a proclamé la naissance de la République arabe sahraoui démocratique/LeM/. Le peuple français proclame à nouveau que tout être humain sans distinction de race,de religion ni de croyance possède des droits inaliénables et sacrés /Constitution de 1945/.*
N - V - N - n	jn ausrufen als, proklamieren zu *Il fut proclamé empereur.*
adj	erklären(zu) *Le christianisme proclame les hommes frères et égaux devant Dieu.*
♦*Nqn - se V - n*	s. erklären (zu) *Il se proclame maintenant le strict défenseur de l'équilibre budgétaire/LeM/.*
adv	*M. Smith se proclame en mesure de faire face "indéfiniment" à la montée du nationalisme noir/LeM/.*
adj	*Cette forme de linguistique qui se proclame scientifique/M.Gross/.*
procréer (2) *N - V - N*	zeugen *Il n'aimait point les enfants, ne jugeait pas qu'il fût utile d'en procréer/Huysmans/. Un nombre sans cesse plus grand de couples...sont en âge de procréer la pyramide des âges/LeM/.*
• procurer (3) *N - V - N -(à N)*	verschaffen, schaffen, (Vergnügen) bereiten *Je lui ai procuré les pièces nécessaires. Votre visite m'a procuré un immense plaisir. La marge procurée par la dévaluation du franc en 1969 est maintenant épuisée/LeM/.*
que S Kj -(cela) - V - N -(à N)	*Qu'elle m'écrive cette lettre, (cela) me procure un plaisir immense.*
♦*cela - V -(à N) - N - que S Kj*	*Cela me procure un plaisir immense qu'elle m'écrive cette lettre.*
(de) Inf -(cela) - V - N -(à N)	*(De) faire de la bicyclette (cela) me procure un certain plaisir.*
♦*cela - V - N -(à N) -(que) de Inf*	*Cela me procure un plaisir certain (que) de faire de la bicyclette.*
prodiguer (2/3)	nicht sparen mit, verschwenderisch umgehen mit, (Kräfte) verausgaben
N - V - N	*Prodiguer de l'argent. L'été prodiguait sa chaleur. Prodiguer ses forces.*
N - V - N - à N	jn überhäufen mit, jm gegenüber es nicht fehlen lassen an *Prodiguer des soins à ses enfants. Prodiguer des attentions, des encouragements à qn. Ils m'avaient obligé à aller trop loin pour que je leur prodigue des remerciements/Pilhes/.*
• produire[a] (2) *N - V -(N)*	herstellen, produzieren *L'usine produit toute l'année.Produire des objets, un film.*
N - V - N	hervorbringen, liefern *La vigne produit du bon raisin.*
• produire[b] (2)	(Gründe) vorbringen, anführen, (Beweise) liefern, (Sensation) hervorrufen
N - V - N	*Produire des preuves, un effet, un résultat, une sensation.*
♦*Nqn - se V - qp*	auftreten *Il s'est souvent produit dans les cabarets de la ville.*
♦*Nqc - se V - Adv*	s. ereignen, stattfinden, ✕ es (ein Geräusch..) geben, machen *Les incidents les plus sérieux se sont produits au carrefour de l'Odéon/France-Soir/. Des glissements supplémentaires se produisent toujours au cours d'une telle opération générale /Le Figaro/. Soudain, un bruit épouvantable se produisit.*
♦*il - se V - N*	*Il se produit soudain un bruit épouvantable.*

♦*il - se V - que S Ind* — *Il s'est produit que personne ne s'est aperçu de cet incident.*
Kj |neg/int — *Il peut également se produire que ce soit le locataire qui ait intérêt à voir son loyer déterminé/Le Figaro/.*

profaner (2) — entweihen, schänden
N - V - Nqc — *Profaner un lieu de culte, une sépulture. Fig.: La justice a été profanée dans cette parodie de procès.*

proférer (2) — (Drohungen...) äußern, ausstoßen, (Worte) hervor-, herausbringen, äußern, sagen
N - V - N — *Proférer des injures, des menaces à l'égard de qn. Il ne proférait pas un seul mot.*

professer[1] (2) — lehren, unterrichten
N - V -(N) — *Il professe au Collège de France. Professer les mathématiques.*

• **professer**[2] (2) — vertreten, verkünden, kundtun
N - V - N — *Il professe un grand mépris à l'égard de la boxe. Sans doute ses dirigeants continuent-ils de professer une conception 'monolithique' de l'information/LeM/. Un hebdomadaire qui jadis professait à l'endroit des Etats-Unis une admiration sans bornes/Pilhes/.*
que S Ind — die Meinung vertreten
Il professe que l'inflation est la conséquence du mauvais temps.
Ind/Kj |neg/int — *Il ne professe pas que le chômage est/soit la conséquence du mauvais temps. Professeriez-vous que cela est/soit la conséquence du mauvais temps?*
∅ Inf 1 — *Il professe avoir trouvé la solution du problème.*

profiler (2) — hervortreten lassen
N - V - N — *La lumière profilait la silhouette des arbres.*
♦*Nqc - se V* — hervortreten
La silhouette de la maison se profilait dans le matin.

• **profiter** (2/1) — jm nützen, ✖ profitieren von
N - V - à Nqn — *Dans un sens, il n'y a qu'à elle que le crime a profité.*
Nqn - V - de N < pour N/pour Inf 1 > — Nutzen ziehen aus, etw benützen
Profiter de l'occasion pour s'en aller. Profiter du désordre pour se cacher.
de ce que S Ind/Kj — *J'aimerais profiter de ce que les principaux responsables de l'entreprise sont ici réunis pour m'informer sur un rouleau de papier/Pilhes/. Je profite de ce que vous soyez tous réunis pour vous soumettre mon problème. Ecoute, je voudrais profiter de ce que nous sommes seuls/G. Marcel/.*
que S Kj FAM — *Nous allons profiter que vous soyez tous réunis pour vous soumettre un problème.*
N - V — <Kind> s. entwickeln, gedeihen, <Baum> tragen
L'enfant profite bien. Les arbres n'ont pas profité.
<jd> gedeihen, dicker werden, s. erholen
Elle a bien profité pendant les vacances.
✖ *profiter en sagesse et en savoir:* an Weisheit... gedeihen

programmer (2) — planen
N - V - N — *Programmer ses vacances, une émission radiodiffusée.*
vorsehen
L'acquisition de cette voiture était programmée depuis longtemps.
de Inf 1 — *Nous avons programmé d'acquérir cette maison en dix ans.*
✖ *N-V-(N):* programmieren
Programmer un ordinateur. Savoir programmer.

progresser[a] (1) — s. fortbewegen, gehen, s. bewegen
N - V — *Je progressai lentement en direction de la lueur/Pilhes/. La raideur de ses genoux l'oblige à progresser d'un pas lourd et mécanique.*
vordringen
L'ennemi a progressé rapidement.
vorankommen
Nous n'avons toujours pas progressé dans la lecture de la pièce.

progresser[b] (1) — Fortschritte machen
Nqn - V — *L'élève progresse.*
Nqc - V — s. entwickeln, voranschreiten
Les importations ont progressé deux fois plus vite que les exportations/LeM/. Il fit progresser spectaculairement les ventes de charcuterie dans la région/Pilhes/. Il met en pratique un plan qui lui permettra plus tard d'affirmer qu'il avait fait progresser le Brésil de cinquante ans en cinq ans/LeM/. L'inondation progresse.
<Krankheit> s. zum Schlimmeren entwickeln, s. verschlimmern, voranschreiten
La maladie ne fait que progresser.

prohiber (2) — (gesetzlich) verbieten
N - V - N — *Prohiber la vente de l'alcool, la chasse au lièvre.*

• **projeter**[1] (2) — planen, beabsichtigen, vorhaben
N - V - N — *Projeter un voyage.*
de Inf 1 — *Il projette de changer de métier. Ils avaient sans doute projeté de sortir tous les trois/Simenon/.*

• **projeter**[2] (2+L)
N - V - N -(qp)
<etw> werfen, spritzen...
Le camion a projeté de la boue sur mon manteau. Les cyprès projetaient sous la lune leurs ombres/Apollinaire/. Le volcan ne cesse de projeter des cendres.

♦*N - se V - qp*
<Schatten> fallen auf
L'ombre de la cathédrale se projetait sur la place.

Nqn - V - N -(qp)
projizieren, (Film) zeigen
Projeter une surface courbe sur un plan. Projeter un film.

prolétariser (2)
N - V - N
proletarisieren
L'évolution économique et technique a prolétarisé de nombreux paysans.

proliférer (1)
Npl - V
s. vermehren, wuchern
Les microbes prolifèrent dans le bouillon de culture. Dans le cancer, les cellules se mettent à proliférer. Les mauvaises herbes prolifèrent dans notre jardin.
Fig.: L'extension extraordinaire qu'avaient prise dans sa conversation certaines expressions qui avaient proliféré/Proust/.

• **prolonger** (2)
N - V - N
ausdehnen, (zeitlich/räumlich) verlängern
Prolonger un séjour, un délai, une rue, un mur.

• **promener** (2)
N - V - N
spazierenführen, -fahren...
Promener son chien le soir.
✖ *promener ses yeux, son regard sur N:* s-n Blick streifen/schweifen lassen über

♦*N - se V*
spazierengehen: *Il s'est promené toute la matinée.*
✖ *aller se promener:* zum Spaziergang aufbrechen
FAM ✖ *envoyer promener qn:* jn zum Teufel jagen
envoyer promener qc: etw wegwerfen

• **promettre** (3/2)
N - V -(à N) - N
versprechen
Promettre la lune à qn. Je n'ai rien promis.
✖ *promettre à qn une carrière brillante....:* jm etw voraussagen
On lui promettait un brillant avenir.

que S Ind
Tu m'a promis que tu m'emmènerais au cinéma. Je ne promets pas que je le ferai.

de Inf 1
Il (m') a promis de venir.

♦*Nqn - se V -(de N) - N*
s. versprechen
Je me promettais beaucoup de joie d'un peu de temps passé seul avec elle/Gide/. Elle se promettait quelque plaisir à voyager avec un homme de plaisir/A. France/.

♦*Nqn - se V - de Inf 1*
s. vornehmen
Il s'apercevait souvent...des violences de son frère..., il se promettait bien de le remettre à sa place et de lui donner une leçon/Maupassant/.

Nqc - V - N
versprechen, erwarten lassen
Le beau temps promet une bonne récolte.

de Inf 1
Ma tâche promettait d'être rude/Pilhes/.
✖ *ça promet:* vielversprechend sein
✖ *qn promet:* zu großen Hoffnungen Anlaß geben
Ce jeune virtuose n'est connu que depuis peu, mais il promet.

promouvoir[1] (3/2+A)
N - V - Nqn -(à N)
befördern
Promouvoir un fonctionnaire à un échelon supérieur. Au lieu de promouvoir deux mille conducteurs les plus anciens/LeM/.

N - V - N - n
|Passiv:
Il a été promu capitaine.

promouvoir[2] (2)
N - V - N
einleiten, fördern, in die Wege leiten, durchsetzen
Le gouvernement veut promouvoir une nouvelle politique. Promouvoir la recherche scientifique. Les deux plans - services publics et urbanisme - visent à promouvoir une sorte d'autogestion municipale/LeM/. Le roi François Ier employa tous ses soins pour promouvoir et cultiver les lettres en France/Furetière/.

promulguer (2)
N - V - N
(Gesetz) verkünden
Promulguer une nouvelle loi.

prôner (2)
N - V - N
preisen, rühmen, anpreisen
Prôner la qualité d'un vin. Prôner une certaine méthode d'enseignement.

• **prononcer**[a] (2)
N - V -(N)
aussprechen
Tu prononces mal les consonnes. Cette lettre ne se prononce pas.

• **prononcer**[b] (2)
N - V - N
(Rede) halten
Prononcer un discours.
(Urteil...) fällen, verkünden, (Strafe) verhängen, befinden über
Prononcer un jugement, une condamnation.

♦*Nqn - se V -(sur N)*
s-e Meinung sagen, s. äußern, entscheiden über
Les sénateurs seront appelés à se prononcer sur la destitution des autorités universitaires de Montevideo/LeM/.

pour/ en faveur de N
s. aussprechen für/gegen
Jeudi, enfin, le colonel Kadhafi s'est prononcé en faveur de l'autodétermination/LeM/.

contre N
Se prononcer contre l'avortement.

pronostiquer (3)
N - V - N -(à N)
e-e Prognose stellen,
Le médecin a pronostiqué une crise de foie. Les médecins lui pronostiquèrent une meilleure santé/Balzac/.

voraussehen, -sagen
Personne n'avait pronostiqué le résultat des élections. Naïs pronostiquait un grand avenir, une gloire immense à Lucien /Balzac/.

propager[a] (2)
Nqc - V - N — verbreiten, ausstrahlen
Le soleil propage de la chaleur. Propager des vibrations
♦Nqc - se V — s. ausbreiten, <Brand> um sich greifen
La lumière se propage. L'incendie s'est propagé rapidement.

propager[b] (2)
Nqn - V - Nqc — (Gerücht...) verbreiten, propagieren
Propager un bruit, une nouvelle, une théorie, une mode.
que S Ind — *Le bureau politique avait propagé que sa tactique était infaillible.*
Ø Inf 1 — *Il propage autour de lui avoir été la victime d'une erreur judicière.*

prophétiser (3)
N - V -(N) -(à N) — prophezeien, voraussagen
La diseuse d'aventures m'avait prophétisé tous les malheurs.
▼N - V - N — *Prophétiser la venue du Messie, l'issue de la crise.*
▼N - V — *Vous allez croire que je me vante et dire qu'il est facile de prophétiser après l'événement/Laclos/.*
N - V - à N - que S Ind — *La diseuse de bonnes aventures m'avait prophétisé que j'allais me marier dans la semaine.*

proportionner (2)
N - V - Npl — in ein ausgeglichenes Verhältnis bringen
Proportionner dans son emploi du temps les différentes activités. Proportionner les activités intellectuelles et sportives.
♦N - V - N - à N — anpassen
Proportionner les dépenses à son budget. Le patron ne proportionne pas le salaire des ouvriers au travail qu'il demande d'eux.

• **proposer** (3/2+A)
N - V -(à Nqn) - N — vorschlagen, (Hilfe...) anbieten
Proposer son aide à qn, sa marchandise au client. Mme Saint-Ramé me proposa une liqueur/Pilhes/. Je n'ai pas de candidat à proposer. A toutes les forces qui n'adhèrent pas au F.L.N., il propose la coordination d'action contre les ennemis communs /LeM/.
que S Kj |×1 — *Je lui ai proposé qu'il tente ce concours. J'ai proposé qu'on vote à main levée.*
de Inf 1 — *Je (lui) ai proposé de faire ce travail à sa place.*
à N - de Inf 2 — *Je lui ai proposé de faire ce travail à ma place.*
♦Nqn - se V - de Inf 1 — s. vornehmen
Il se proposait de réunir ses collègues/Pilhes/.
N - V - N - comme n — *Proposer qn comme candidat.*
♦N - se V - comme n — *Il s'est proposé comme candidat.*
< pour N/Inf 1 > — *Il s'est proposé pour (faire) ce travail.*

propulser[1a] (2)
N - V - Nqc — antreiben
La fusée est propulsée à l'hydrogène. La première voiture propulsée par l'énergie solaire vient d'être présentée par France-Soir/Canard enchaîné/.

propulser[1b] (2/2+L)
N - V - Nqc — vorantreiben
Les calculs qui propulsèrent le marché des moissonneuses-batteuses/Pilhes/.
N - V - Nqn - qp — jn wohin katapultieren, lancieren
Il a été propulsé à la tête du syndicat.

se propulser[2] (1+L) POP
Nqn - se V -(qp) — s. (wohin) bewegen, gehen
Il se propulsa dignement jusqu'à la tribune.

proroger (2)
N - V - N — (Frist, Vertrag..) verlängern, (Sitzung) verschieben
Proroger une échéance, un traité. Proroger une réunion.

proscrire[a] (3)
N - V - N -(de N) — verbannen (aus), jn ächten
Proscrire qn d'une société. Proscrire qn.

proscrire[b] (2/3)
N - V - N — ächten, untersagen, verbieten
Proscrire (l'usage de) la drogue. Une doctrine qui proscrit le recours à la violence.
N - V - N - de N — verbannen, ausschließen, streichen
Proscrire les anglicismes de la langue française. Il est fâcheux que l'étude de l'ancien français ait été proscrite de nos programmes universitaires.

prospecter (2)
N - V - N — schürfen nach
Prospecter du pétrole. Prospecter une région en vue d'y trouver de l'eau.
⧗ *prospecter un secteur de vente:* Marktforschung treiben

• **prospérer** (1)
N - V — gedeihen, in Blüte stehen, gut gehen
La vigne a prospéré cette année. La plante prospère. Ses affaires prospèrent. Le crime prospère à New-York.

se prosterner[a] (1)
N - se V < devant N > — s. (tief) verneigen
Le prêtre se prosterne devant l'autel.

se prosterner[b] (2)
N - se V - devant N — vor jm kriechen, s. demütigen
Se prosterner devant le pouvoir. L'univers ne se prosterne que devant les statues/Villiers/.

prostituer^{a} (2)
N - V - N
jn zur Prostituierten machen
Avant le jour où Mme *L. avait commencé à prostituer Angèle, le restaurant L. végétait sans espoir/J. Green/.*

♦*N - se V*
auf den Strich gehen
Dans cette ville misérable, beaucoup de filles se prostituent.

prostituer^{b} (2/3)
N - V - N
Fig: prostituieren
Prostituer son talent.

N - V - N - à N
prostituieren, preisgeben, feilbieten
La nation prostitue aujourd'hui ses libertés à la monarchie dite républicaine/Chateaubriand/.

♦*Nqn - se V*
La gloire, c'est rester un, et se prostituer d'une manière particulière/Baudelaire/.

• **protéger** (3)
N - V -(N) -(contre/de N)
schützen, (Wild) hegen
Un toit de plastic nous protégeait de la pluie. Protéger sa voiture contre la rouille.
Le parapluie te protègera. Protéger du gibier.

▼*N - V - N*
▼*N - V - de/contre N*
L'imperméable protège de la pluie. Ces lunettes protègent du soleil. Prends ce cachet, ça protège contre la grippe.

• **protester** (2)
N - V -(contre N)
protestieren, Einspruch erheben
Les fonctionnaires ont protesté quand les subventions de cantine furent supprimées. Protester contre une décision.
⧗ beteuern
"Eh bien, non" protesta-t-il. Il protesta n'en rien savoir.

• **prouver** (3)
N - V -(à N) - N
beweisen
Ceci prouve sa sincérité. Il m'a prouvé le contraire.

que S Ind
Killy a, en outre, déjà prouvé qu'il était en passe de devenir aussi adroit au volant qu'il l'est sur skis/LeM/.

Ind/Kj |neg/int
Les couvents ont été épargnés jusqu'à présent, rien ne prouve qu'ils ne le soient pas à l'avenir/Bernanos/. Mais qui est-ce qui vous prouve, après tout, que ses intentions soient si noires?/Mauriac/. Si on te prouvait que ce n'est pas ton devoir, est-ce qu'on te ferait de la peine?/G. Marcel/. Rien ne prouve que ses supérieurs lui permettront de reprendre demain une place qu'il a quittée/Bernanos/. Et, bien vêtue, habilement fardée, rien ne prouvait qu'elle n'éclipserait pas sa rivale /H. Troyat/.

Int.ind
Prouvez-moi si vous en êtes capable.

Ø Inf 1
Il m'a prouvé avoir vu un OVNI, une soucoupe volante.

• **provenir**^{a} (1+L)
N - V - de qp
her-kommen, -rühren von, aus
La lumière provient du premier étage.

• **provenir**^{b} (2)
N - V - de N
her-kommen von, herrühren
Cette détérioration semble provenir d'un mauvais rapport qualité-prix des produits français/LeM/. Toutes nos difficultés proviennent de là. Le résultat faux provient d'une erreur préalable.

de ce que S Ind/Kj
Votre étonnement provient de ce que vous n'étiez pas au courant. Ma déconvenue...provenait de ce que Jean-Pierre ne fût pas mort ou séquestré/M. Aymé/. Le privilège détenu par la femelle chez un grand nombre d'insectes provient de ce que la fécondation est un processus généralement très rapide/S. de Beauvoir/.

• **provoquer**^{1} (2)
N - V - Nqc
hervorrufen, auslösen, bewirken
La grêle a provoqué bien des dommages dans les récoltes.
Fig.: Le discours du ministre a provoqué de vives réactions.
Il s'agit de données concrètes susceptibles de provoquer plus ou moins rapidement des renversements de majorité/LeM/. Le conflit du Sahara occidental est en passe de provoquer une crise sans précédent au sein de l'O.U.A./LeM/.

• **provoquer**^{2} (3)
N - V - Nqn -(à N)
jn provozieren, herausfordern, aufstacheln, -hetzen
Ne le provoquez pas! Provoquer qn à une riposte violente. Des meneurs auraient provoqué les soldats à une rébellion.

à ce que S Kj 2
Il faut le provoquer à ce qu'il s'explique en public.

à Inf 2
La lettre ouverte l'a provoqué à s'expliquer.

psalmodier (1/2)
N - V
psalmodieren, Psalmen singen, (Koran...) singen
Des moines psalmodiaient dans l'abbaye.

N - V - N
Psalmodier un office, les prières, le Coran. Une voix métallique, impersonnelle...psalmodia: "Il n'y a plus d'abonné au numéro que vous demandez"/Duhamel/.

psychanalyser (2)
N - V - N
<Psychologie> analysieren
Il a décidé de se faire psychanalyser. Il faudrait psychanalyser certains exemples de ce dictionnaire.

• **publier** (2)
N - V - N
veröffentlichen, publizieren
Publier un article, les résultats des élections.
⧗ *N-V-Ø: Cet écrivain ne publie plus depuis longtemps.*

que S Ind
Le journal a publié que le ministre allait se remarier pour la troisième fois.

Int.ind
Le journal a publié comment le crime s'est passé.

puer (1/1+Adv)
N - V
stinken
Un fromage qui pue.

N - V -(Adv$_{Adv/N}$) — stinken nach
Ça pue le gaz. La route pue le crottin/Martin du Gard/.
Fig.: Il pue le fric.

puiser[a] (2+L) — schöpfen, holen
N - V -(N) -(qp) — *Puiser de l'eau* dans *un puits.*
▼*N - V - N* — *Puiser de l'eau.*
▼*N - V - qp* — *Puiser dans une réserve.*

puiser[b] (2+L) — schöpfen aus, entnehmen, entlehnen
N - V - N - dans N — *Puiser des renseignements dans une grammaire. Des connaissances profanes puisées dans différents traités de droit, d'histoire. Jean Yanne, affublé d'un surnom puisé dans la Bible, défie la société/Canard enchaîné/.*

pulluler (1+L) — wimmeln
Npl - V - qp — *Les vers pullulaient dans le fromage. Les fautes d'impression pullulent dans cet ouvrage.*

pulvériser (2) — zerkleinern
N - V - N — *Pulvériser de la craie.*
zerstäuben
Pulvériser du parfum.
(jd) vernichtend schlagen, etw vom Tisch fegen, (Argumente, Ein-Einwände..) in der Luft zerfetzen
Pulvériser un adversaire, l'armée ennemie. Pulvériser des objections. Dans la ville même, le maire et son équipe ont pulvérisé toutes les normes en vigueur/LeM/. Pulvériser les arguments de son adversaire.
(Rekord) brechen
Pulvériser un record.

• punir (2/3) — bestrafen
N - V - Nqc — *Punir un vol.*
N - V - Nqn < pour N > — *Punir un enfant pour sa désobéissance.*
(de N) — | Passiv:
Etre puni de sa curiosité.
⧗ *N-V-N<de N>:* bestrafen mit
Punir qn de la peine capitale.
de ce que S Ind 2 — *Punir quelqu'un de ce qu'il a enfreint la norme.*
de/pour Inf 2 — *Punir qn de/pour avoir enfreint la norme.*

purger[a] (2) — reinigen, (jn) klistieren
N - V - N — *Purger un radiateur, une conduite d'eau. Purger un malade.*
⧗ *Nqn - se V:* e-e Entschlackungskur machen
→ *prendre un purgatif*

purger[b] (3) — säubern
N - V - N -(de N) — *Le gouvernement du Land veut purger le secteur public de tous les éléments supposés subversifs. Purger un parti de ses éléments contestataires.*
⧗ *purger une peine:* e-e Strafe verbüßen, absitzen

purifier (3) — reinigen
N - V - N -(de N) — *Purifier une canalisation, un organisme de ses toxines. Pour purifier l'air, il ouvrit la fenêtre.*
Fig.: REL: läutern
Une flamme qui avait tout purifié dans son âme/Barrès/. Il purifia son coeur de l'envie.

putréfier (2) — ver-faulen lassen
N - V - N — *La chaleur putréfie la viande. La viande se putréfie.*

quadriller (2)	in Zonen, Flächen einteilen
N - V - N	*La police a quadrillé la ville pour contrôler les émeutes. L'ombrage et le soleil quadrillent la pelouse/de Noailles/.*
quadrupler (2/1)	vervierfachen
N - V - N	*Quadrupler ses bénéfices.* ⧗ *ˣse V*
N - V	*Le nombre des participants a quadruplé.*
qualifier[1] (2+A)	bezeichnen als
N - V - Nqc/qn - de n	*Qualifier qn d'artiste. L'hérétique se qualifie lui-même de précurseur/LeM/.*
adj	*Qualifier qn d'incapable. Qualifier une attitude d'inadmissible.* ⧗ *N-V-Nqc-Ø* |*neg.: Voilà une conduite qu'on ne saurait qualifier/Bernanos/.*
N - V - N -n/adj	|Passiv *L'homicide commis volontairement est qualifié meurtre/Code pénal/. Sont qualifiés grands mutilés de guerre les personnes qui.../Dalloz/*
qualifier[2] (2)	qualifizieren
N - V - N < pour N/pour Inf 2 >	*Ses résultats le qualifient pour l'épreuve finale. Le coureur s'est qualifié pour les jeux olympiques.* ⧗ *être qualifié pour N/Inf:* qualifiziert sein für *Vous êtes mieux qualifié que moi pour ce travail.*
qualifier[3] (2)	(grammatisch) modifizieren, bestimmen
N - V - N	*L'adverbe qualifie l'adjectif ou le verbe.*
quémander[a] (3)	betteln (um)
N - V -(N) -(à Nqn) ▼*N - V - N* ▼*N - V*	*Il est venu me quémander de l'argent.* *L'enfant quémandait avec insistance du chocolat.* *Il est interdit de quémander à domicile.*
quémander[b] (3)	betteln (um)
N - V - N -(de Nqn)	*Dès que le danger fut connu, il quémanda de son cousin une réconciliation. Il ne cesse de quémander des privilèges.*
quereller (2) LIT	auszanken, -schimpfen, schimpfen mit
N - V - N	*Quereller ses enfants sans arrêt.*
♦*Npl - se V*	s. streiten, s. zanken *Ils se querellent sans cesse.*
♦*N - se V -(avec N)*	*Paul se querelle sans cesse (avec Jean).*
quérir (2) REL	|Infinitiv: holen
N - V - N	*Je l'ai envoyé quérir le médecin. Non, c'est trop haut, va quérir une échelle.*
questionner (3/2)	be-, aus-fragen
N - V - N -(sur N)	*On l'a questionné sur ce qu'il avait vu de l'accident. Mon interrogatoire a commencé aussitôt; le président m'a questionné avec calme/Camus/.*
N - V - N	*"De quoi est-il mort au juste?" questionna Portal/Pilhes/.*
quêter[a] (2)	(Geld) sammeln, die Kollekte machen
N - V -(N)	*Quêter de l'argent, des fonds. Aujourd'hui, c'est monsieur le curé qui quête.*
quêter[b] (2)	werben um, suchen
N - V - N	*Quêter des suffrages. Quêter un regard. Son regard quêtait une explication.*
• quitter (2)	verlassen
N - V - N	*Je vous quitte. Nous avons quitté Orléans. On nous a priés de quitter les lieux. Chers auditeurs, ne quittez pas l'écoute.* (Beruf) aufgeben, (Amt) quittieren *Quitter son métier, sa place. Le ministre a quitté son poste.* ⧗ *ne quittez pas!* Bleiben Sie am Apparat! ⧗ *ne pas quitter des yeux:* nicht aus den Augen lassen *Je ne la quittais pas des yeux.* ⧗ *quitter la piste:* <Flugzeug> abheben *L'avion quitte la piste.* ⧗ sterben, von jm gehen: *Notre ami nous a quittés.* ⧗ *quitter un vêtement:* (Kleidung) ausziehen, ablegen *Quitter sa veste, ses gants.*

rabâcher (1/2/3)
N - V
s. wiederholen, immer dasselbe sagen
Cette vieille femme ne cesse de rabâcher.
N - V - N
etw immer wieder wiederholen, wiederkäuen
L'élève rabâchait sa leçon d'anglais. Aujourd'hui, c'est M. G. Marchais qui secoue un tabou de plus en déclarant que les Soviétiques ont tendance à rabâcher des formules et des dogmes vieux de vingt ans/LeM/.
N - V -(à N) - N
Il ne cessait pas de nous rabâcher les mêmes phrases.
que S Ind
Il (nous) rabâche sans cesse que la vie est dure.
Ø Inf 1
Il nous rabâche sans cesse avoir connu tous les malheurs du monde.

rabaisser[a] (2)
N - V - N
tiefer hängen, niedriger machen...
Rabaisser un tableau, un mur.
noch einmal, wieder...
→ abaisser[a]: N - V - N

rabaisser[b] (3)
N - V - N(qc de)qn -((jusqu')à N)
herabwürdigen, erniedrigen
Il cherche à rabaisser les talents de ses collègues. L'homme n'est pas si simple qu'il suffise de le rabaisser pour le connaître. Leur manque rabaisse au second rang une oeuvre de grand homme/H. Taine/. Il pense que le matérialisme rabaisse l'homme jusqu'à la bête.

• **rabattre**[1] (2+L/2/1)
N - V - N - qp
herunter-, um-klappen, -schlagen..., herunterdrücken...
Rabattre un couvercle, sa jupe, le col de son manteau. Le vent rabat la fumée (sur la ville). Elle rabattit sa jupe, au maximum, sur ses cuisses.
Rabattre une balle au tennis: (Ball) nach unten schlagen
N - V - N
(Tür) zuschlagen
Rabattre une porte.
⧗ *rabattre une somme de qc:* Rabatt geben auf
Il m'a rabattu 1o francs de la facture.
Fig.: in seine Schranken verweisen
Rabattre qn, l'orgueil de qn.
⧗ *Loc.:* FAM: *rabattre le caquet à qn:* jm das Maul stopfen
N - V
<Kamin> nicht ziehen
La cheminée rabat.

rabattre[2] (2+L)
N - V - N -(qp)
(Wild) treiben
Rabattre le gibier vers les chasseurs. Les troupes ont été rabattues vers les lignes arrière.
♦*N - se V -(qp)*
<Vögel> niedergehen
Le faucon se rabat sur un arbre.
<Auto> (wieder) einscheren
L'automobiliste s'est rabattu sur sa droite. La voiture s'est rabattue brusquement.
wohin abbiegen
La fumée les aveuglant, ils se rabattirent à gauche/Flaubert/.

se rabattre[3] (2)
Nqn - se V - sur N
(mangels Besserem) zurückgreifen auf, vorliebnehmen mit
L'interprète étant malade, on s'est rabattu sur un remplaçant. Le restaurant chinois étant trop cher, on s'est rabattu sur une pizzéria.

en rabattre[4] (1)
N - en V
zurückstecken
Pour le moment il se vante, mais il en rabattra.

rabibocher (2) FAM
N - V - Npl
versöhnen
Rabibocher des amis désunis.
♦*N - V - N - avec N*
Rabibocher Jean avec Paul.

rabioter (2/3) FAM
N - V - N < sur N >
s. unter den Nagel reißen, abstauben
Il a rabioté le vin qui nous restait. Le marchand a rabioté 1oo francs sur la facture.
N - V - N - à N
(Reste) für sich abzweigen
La couturière nous a rabioté quelques bouts de tissu.

raboter (2)
N - V -(N)
hobeln
Raboter une pièce de bois.

rabougrir (2/1)
N - V - N
verkümmern lassen
La sécheresse rabougrit les plantes.
Fig.: On fait croire aux jeunes gens que la poursuite de la vérité rabougrit l'horizon de l'art et de la sensation, alors qu'elle l'élargit/LeM/.
N - V
verkümmern
Les arbres, au lieu de pousser normalement, ont rabougri.

rabrouer (2)
N - V - N
jn zum Teufel schicken, jn zurechtweisen
Si les premiers qui se sont adressés à moi m'avaient rabroué comme tu as fait, peut-être en serais-je devenu meilleur/Diderot/.

raccommoder[1] (2)
N - V -(N)
flicken, stopfen
Raccommoder des chaussettes.

raccommoder[2] (2) FAM
Nqn - V - Npl
aussöhnen
Raccommoder des amis brouillés.
♦*N - V - N - avec N*
aus-, versöhnen
Raccommoder qn avec sa femme.

raccompagner (2+L)
N - V - N -(qp)
zurückbegleiten
Raccompagner qn chez lui.

raccorder (2)
N - V - Npl
wieder verbinden, zusammenfügen
Après les travaux du métro, on a raccordé les deux portions de la rue. Raccorder (les deux bouts d') un fil électrique cassé.
♦N - V - N - à/avec N
Raccorder un bout de fil avec un autre. Raccorder l'antenne à la radio.

raccourcir (2)
N - V - N
kürzer machen, ab-kürzen
Raccourcir un fil électrique, un pantalon. Raccourcir un texte. Ce sentier raccourcit le chemin.
⧓ *N-V-Ø |K: Ce chemin raccourcit.*

• **raccrocher** (2+L/3)
N - V - N -(qp)
wieder aufhängen
Raccrocher un tableau au mur.
⧓ *raccrocher (l'écouteur du téléphone):* (den Hörer) auflegen
Je raccrochai brusquement l'appareil et respirai un grand coup/Pilhes/. Après avoir téléphoné, il raccrocha.
N - V - N - à N
anhängen, anfügen an
Raccrocher un article à un chapitre.
♦N - se V - à N
s. festklammern, -halten an
Dans sa chute, elle s'est raccrochée à la gouttière.
Fig.: se raccrocher à la religion.
N - V - N
(Passanten) ansprechen
Raccrocher des passants. Une prostituée qui raccroche des clients.

racheter[a] (3)
N - V - N -(à N)
wieder ab-kaufen
Je lui ai racheté sa voiture.
⧓ *racheter un esclave:* frei-, loskaufen

racheter[b] (2)
N - V - N
erlösen
Le Christ a racheté les hommes.
(Fehler...) wiedergutmachen, wettmachen
Sa gentillesse rachète sa laideur. Si la Légion est un refuge, c'est à la condition de racheter les erreurs du passé/Mac Orlan/.
♦Nqn - se V
s. läutern, s-e Würde wiedergewinnen
Mécontent de tous et mécontent de moi, je voudrais bien me racheter/Baudelaire/.

racler (2)
N - V - N
(sauber) ab-kratzen
Racler une casserole, les semelles de ses chaussures sur le paillasson. C'est un vin qui racle le gosier. Racler le trottoir avec les pneus de sa voiture.
⧓ *se racler la gorge:* s. räuspern
FAM ⧓ *Loc.: racler les fonds de tiroir:* die letzten Pfennige zusammenkratzen
⧓ fitscheln, schlecht spielen
Racler (de) la guitare, du violon, le violon.

racoler (2) FAM
N - V -(Nqn)
werben, keilen
Le parti racole de nouveaux adhérents. La publicité racole par tous les moyens.

• **raconter** (3)
N - V -(à Nqn) - N
erzählen
Raconter une histoire à ses enfants.
que S Ind
Je lui ai raconté que j'avais rencontré Pierre.
Ind/Kj |neg
Ce n'est pas moi qui ai raconté que vous n'étiez pas là. Elle ne raconte pas qu'elle ait été à Forges/R. Rolland/.
Int.ind
Il nous a raconté comment son voyage s'est passé.
Ø Inf 1
Je lui ai raconté avoir rencontré Pierre.

racornir (2)
N - V - N
(Leder, Haut) hart, spröde machen
La chaleur a racorni le cuir de nos chaussures. Jouer de la guitare racornit le bout des doigts.

radicaliser (2)
N - V - N
(Forderungen) härter werden lassen, radikaler werden lassen
Le mécontentement a radicalisé les revendications.
♦N - se V
radikaler werden
En Espagne, le mouvement étudiant s'est considérablement radicalisé/L'Express/.

radier (3)
N - V - N -(de N)
streichen aus
Radier un nom d'une liste.

(se) radiner (1+L) POP
N -(se) V -(qp)
aufkreuzen
Et c'est maintenant que tu radines? Il s'est radiné chez nous vers minuit.

radiodiffuser (2)
N - V - N
senden, im Radio bringen
Radiodiffuser un concert.

radiographier (2)
N - V -(N)
röntgen
Radiographier un malade.

radoter (1)
N - V
kindisches Zeug reden
Un vieillard qui radote.
FAM faseln
Qu'est-ce que tu radotes? Tu commences à nous fatiguer, tu ne fais que radoter.

radoucir (2)		milder machen, Fig.: milder stimmen, besänftigen
N - V - N		*Le soleil a radouci l'atmosphère. Ma réponse l'a radouci.*
♦*N - se V*		milder werden, Fig.: s. besänftigen
		Le temps s'est radouci. Il se mit en colère, mais se radoucit vite.
raffermir (2)		fester machen, Fig.: stärken, festigen
N - V - N		*Une pommade qui raffermit les tissus de la peau. Le parti est sorti raffermi des élections.*
raffiner[1] (2)		raffinieren
N - V -(N)		*Raffiner du sucre, du sel, du pétrole.*
raffiner[2] (2)		verfeinern
N - V - N		*Raffiner son goût, ses moeurs. Nous raffinerons dans la majorité des cas la discussion sur leurs conditions d'apparition/M. Gross/.*
N - V - sur N		etw raffiniert gestalten, e-r S e-n besonderen Pfiff geben
		Elle raffine sur sa toilette. Ils ont raffiné sur la présentation.
raffoler (2)		schwärmen für, vernarrt sein in, stehen auf jm/etw
N - V - de N		*Il raffole d'elle. Il raffole de musique pop. Grâce à eux, le public, qui raffole, quel qu'il soit, de spectacles touchant au drame, aura été servi à souhait/LeM/.*
rafistoler (2)	FAM	zusammenflicken, schlecht und recht reparieren
N - V - N		*Rafistoler un meuble, un appareil quelconque.*
rafler (2)	FAM	weg-raffen
N - V - N		*Rafler des pommes sur un comptoir.*
		einheimsen
		Le champion a raflé plusieurs médailles.
• rafraîchir (2/1)		kühlen
N - V - N		*Le vent rafraîchissait notre visage > nous le rafraîchissait.*
		Fig.: auffrischen
		Je vais vous rafraîchir la mémoire. Rafraîchir un tableau.
N - V -(Nqn)		erfrischen
		Cette boisson rafraîchit bien.
♦*N - se V*		frischer werden, s. erfrischen, frisch machen, abkühlen
		Le temps s'est rafraîchi depuis hier. Il est allé se rafraîchir à la buvette.
N - V		ab-kühlen, kühl stellen
		Mettre du vin à rafraîchir.
ragaillardir/regaillardir (2)	FAM	aufmuntern, wieder auf die Beine bringen
N - V - N		*Cette bonne nouvelle nous a ragaillardis. Cette promenade m'a regaillardi.*
rager (1)		wütend sein
N - V < de ce que S Kj >		*Il rage. Il rage de ce qu'on l'oblige à rester à la maison.*
< de Inf 1 >		*Il rage de ne pas pouvoir sortir.*
raidir[a] (2)		(Muskel, Seil...) spannen
N - V - N		*Raidir un câble. Le sportif raidit ses muscles dans l'effort. Le câble se raidit.*
raidir[b] (2)		jn unnachgiebig(er) machen
N - V - N		*Mes objections n'ont fait que le raidir.*
♦*Nqn - se V*		e-e harte, unbeugsame Haltung annehmen
		C'est que, naturellement bon, il avait dû se forcer, se raidir pour se montrer dur envers elle/Gide/.
♦*Nqn - se V - contre N*		s. abhärten
		Se raidir contre la douleur.
• railler (2)		ver-spotten, s. lustig machen
N - V -(N)		*Railler (les défauts de) qn. Les écrivains raillent le régime par des satires.*
N - V - N < de N >		*On me raille de mes fautes de prononciation.*
< de Inf 2		*Je n'étais pas d'humeur à supporter qu'il me raillât de n'avoir pas embrassé Marthe en cachette/Radiguet/.*
• raisonner[1] (2)		nachdenken (über), überlegen, denken, urteilen
N - V -(sur N)		*Il raisonne sur tout et rien. Il faut raisonner avant d'agir. Raisonner mal, clairement, d'après les règles de la logique. Il a la manie de raisonner.*
		⧗ FAM: *raisonner comme une pantoufle.*
N - V - N		nachdenken über, durchdenken, reflektieren
		C'est un artiste qui raisonne son art.
		⧗ *raisonner politique, philosophie.*
• raisonner[2] (2)		vernünftig reden mit
N - V - avec N		*On ne peut pas raisonner avec les fanatiques. Il est difficile de raisonner avec lui.*
Nqn - V - Nqn		jm gut zureden, jn zur Vernunft bringen
		J'ai essayé de le raisonner, mais il n'y a rien à faire. Un père qui raisonne son fils.
♦*Nqn - se V*		zur Vernunft kommen
		Raisonnez-vous donc!

• rajeunir (2/1)
N - V - N jünger machen, modernisieren, der Mode anpassen, verjüngen
Cette coiffure vous rajeunit. Le ravalement a rajeuni les monuments parisiens. Il a rajeuni le mobilier de son appartement. On a rajeuni le conseil d'administration de Daimler Benz.
♦*Nqn - se V* s. jünger ausgeben als man ist
Wilhelmine s'est rajeunie.
N - V jünger werden
Il ne rajeunit pas, au contraire.

rajuster (2)
N - V - N(pl) (wieder) in Ordnung bringen, zurechtrücken, einander anpassen
Rajuster ses cheveux, sa coiffure. Rajuster les divers éléments d'une vitrine. Rajuster ses lunettes, sa cravate.
♦*N - V - N -(à N)* wieder anpassen
Rajuster un tuyau à un robinet, un joint à un tuyau. Rajuster son langage à son auditoire. Rajuster le couvercle (à la marmite). Rajuster le tir. Le tailleur rajuste le costume à la taille du client. Rajuster les salaires, les prix.
N - V - Npl über-, umarbeiten
Il était en train de rajuster les dernières phrases de son discours.
⧗ *Nqn-seV:* (s-e Kleider...) (wieder) in Ordnung bringen

• ralentir (2/1)
N - V - N verlangsamen
La résistance des partisans a ralenti l'avance des troupes. Les piétons ralentissaient la traversée de la ville. Le mauvais temps a ralenti la marche des travaux.
N - V -(N) (Geschwindigkeit) herabsetzen, langsamer gehen, fahren...
Ralentir son allure, l'allure, le pas. Le train ralentissait (son allure). Ralentir! Travaux! En arrivant près de la Sorbonne, les passants ralentissent/France-Soir/.
♦*Nqc - se V* langsamer werden
Ses mouvements se ralentirent et il s'assit/B. Vian/.
Nqc - V s. verlangsamen
Le progrès ne ralentit pas.

râler[1] (2) FAM
N - V -(contre N) meckern, maulen, schimpfen auf
Il ne cesse de râler. Papa râle toujours contre les embouteillages.

râler[2] (1)
N - V röcheln
Le blessé râlait.

rallier (2)
N - V - Npl sammeln
Le commandant a rallié ses troupes dispersées.
<etw> zusammenführen, -bringen
L'intérêt rallie les pires adversaires.
<etw> auf s. vereinigen
Son point de vue a rallié tous les suffrages.
♦*N - V - N - à N* gewinnen für
Le député a rallié les diverses fractions à son projet.
♦*Nqn - se V - à Nqc* s. e-r S anschließen
Les Israéliens seraient maintenant enclins à se rallier à l'opinion de Washington/LeM/. Se rallier à un point de vue, à l'avis de qn, à une solution.
N - V - N wieder stoßen zu, zurückkehren
Un soldat rallie son unité après une permission. Le matelot rallie son bâtiment. Les marins, le navire rallient la côte au matin.

rallonger (2/1)
N - V - N verlängern, länger machen
Rallonger un pantalon, une sauce.
N - V FAM <Tage> länger werden
Les jours rallongent.

rallumer (2)
(Feuer, Zigarette..) wieder anzünden, anmachen, Fig.: wieder entfachen
N - V - N
Rallumer un feu, un cigare. Rallumer une guerre, une dispute.
♦*N - se V* wieder auflodern, wieder ausbrechen
L'incendie, qu'on pensait éteint, s'est rallumé.
Fig.: <Krieg, Streit> wieder ausbrechen, wieder aufflammen
La guerre, la dispute s'est rallumée.

• ramasser (2)
N - V - N aufheben, -lesen, ein-sammeln
Ramasser une pierre, un enfant tombé, du bois. Le surveillant a ramassé les copies à la fin de l'épreuve. Nous avons ramassé beaucoup d'argent avec la collecte.
Fig.: ramasser ses forces.
⧗ FAM: s. e-e Krankheit holen, zuziehen
J'ai ramassé un bon rhume.
N - V - Nqn jn auflesen, aufgreifen, mitnehmen
En une nuit, la police a ramassé tous les clochards.
♦*N - se V - sur soi-même* s. ducken
***Le tigre se ramasse** sur lui-même avant de bondir.*
♦*Nqn - se V* FAM wieder aufstehen
L'enfant s'est ramassé tout seul.
⧗ POP: *ramasser une bûche, se ramasser:* hinfallen

• ramener[a] (2+L/3)
N - V - Nqn -(qp) zurückbringen, wieder wohin bringen
On ramena l'enfant chez ses parents. Il a encore de la fièvre,

il faut que je le ramène chez le docteur.

♦Nqn - se V -(qp) — POP — aufkreuzen
Il s'est ramené chez nous à minuit.

N - V - Nqc -(qp) — (CRIT):*Je vous prête ce livre, mais ramenez-le rapidement. Doit-on ramener le corps chez vous?/Pilhes/.*
⧓ *Ramener le ballon au centre du terrain:* zurück-spielen
⧓ POP: *ramener sa fraise, la ramener:* wichtigtun, s. in den Mittelpunkt drängen
Il la ramène toujours. Il faut toujours qu'il ramène sa fraise.

N - V - Nqc/qn - de qp — mitbringen
Ils ont ramené d'Espagne une belle guitare. Il a habité quelque temps l'Angleterre et en a ramené une femme charmante. Je l'ai ramené de Turquie en voiture.

N - V - Nqc - qp — (Haare) wohin streichen, kämmen, (Gliedmaßen) wohin halten, ziehen
Ramener ses cheveux en arrière, ses bras derrière son dos. Elle s'assit en ramenant ses genoux sous elle/Sartre/.
(Kleidung) zurechtrücken
En parlant, elle ramenait le pan de son manteau sur ses genoux.

N - V - N - à Nqn — (wieder) zurückbringen
Nous vous ramenons votre chère petite Denise/Marceau/.

• ramener[b] (3/2) — wieder bringen zu, auf
N - V - N - à Nqc — *Ramener un noyé à la vie, qn à la raison. Cela nous ramène au sujet de notre discussion. L'objectif gouvernemental est de ramener le taux d'inflation à 7,5 % en 1976/LeM/.*
reduzieren auf, zurückführen auf
Ramener un incident à sa juste proportion. Ramener plusieurs problèmes à un seul.
à Inf 2 — *Le mythe matérialiste a l'avantage de ramener la pensée à n'être qu'une des formes de l'énergie universelle/Sartre/.*
N - V - N — wiederherstellen
La paix ramène la prospérité. Le gouvernement a ramené l'ordre. L'ordre a ramené la paix.

• ramer (1) — rudern
N - V — *Ramer tranquillement dans sa barque.*

se ramifier (1) — s. verästeln, s. verzweigen
N - se V — *Un arbre pousse en se ramifiant. La secte s'est ramifiée dans tout le pays. Le réseau ferroviaire se ramifie dans tout le pays.*

ramollir (2) — → amollir

ramoner (2) — (Schornstein) fegen, (Pfeife) reinigen
N - V -(N) — *Ramoner une cheminée, une pipe.*

ramper (1/1+L) — kriechen, (s. an-) schleichen, <Pflanzen> (s.) ranken, <Nebel> (langsam) ziehen
N - V — *Le serpent, l'indien rampent.*
N - V - qp — *Le lierre rampe le long du mur. La brume rampe dans la vallée.*
⧓ *Fig.: ramper devant N:* vor etw kriechen
Ramper devant toute autorité.

rancir (2) — ranzig werden
N - V — *Le beurre, le lard rancit.*

rançonner (2) — Lösegeld erpressen von
N - V - N — *Les ravisseurs ont rançonné les parents de l'enfant.*

• ranger[1] (2) — Ordnung bringen in, aufräumen, an-ordnen, sortieren
N - V - N — *Ranger des papiers, des dossiers, sa chambre, ses affaires. Ranger des mots par ordre alphabétique.*

• ranger[2a] (2+L) — hin-, ab-stellen, einräumen
N - V - N -(qp) — *Ranger des affaires dans une armoire. Ranger sa voiture.*
♦N - se V -(qp) — s. wohin stellen
Se ranger autour d'une table. Se ranger sur le bord de la route.
s. auf die Seite stellen, an die Seite fahren
Se ranger pour laisser passer un camion.

ranger[2b] (2+L) — rechnen zu, einordnen unter
N - V - N - qp — *Ranger un auteur parmi les écrivains réalistes.*
♦N - se V - qp — s. auf js Seite stellen, e-r Meinung, jm zustimmen, beipflichten
Se ranger du côté de l'ennemi. Ils s'étaient rapidement rangés du côté des normalisateurs/LeM/. Se ranger à l'avis de qn.
⧓ *N-seV: se ranger (sc. dans la vie normale):* wieder 'ordentlich' werden
Après une jeunesse tapageuse, il s'est rangé.

ranimer (2) — (wieder-)beleben, (Feuer) wieder anfachen
N - V - N — *Ranimer un noyé, le feu, les énergies de qn.*
⧓ *N-V-(Nqn): donnez-lui un cognac, ça ranime.*
M. dut ranimer des souvenirs prodigieusement comiques, car son hilarité devint contagieuse/Pilhes/.

rapatrier (2+L) — (ins Vaterland) zurückbringen, (ins Ursprungsland) zurücksenden
N - V - N (qp) — *Rapatrier ses biens, des prisonniers. Au cas où les filiales*

américaines installées en France seraient invitées à rapatrier leurs bénéfices aux Etats-Unis, le gouvernement de Paris n'assisterait sans doute pas sans réagir à une pareille injonction /LeM/.

râper (2)
N - V -(N)
reiben, raspeln
Râper du fromage, du bois.
✗ *Cette boisson râpe le gosier.*

rapetasser (2) FAM
N - V - N
schlecht und recht zusammenbauen, -flicken, reparieren
Rapetasser ses chaussures abîmées, un vêtement, un texte.

rapetisser (2/1)
N - V -(N)
verkleinern, kleiner aussehen lassen, kleiner machen
Rapetisser un vêtement. Le judas rapetisse ceux qui se trouvent devant la porte. Le judas rapetisse.
✗ *(×rapetisser des photos) → réduire*
Fig.: herabsetzen
Rapetisser (les mérites de) qn.
N - V
kleiner werden
Les objets rapetissent avec la distance.
RARE: <Stoff> einlaufen, <Tage> kürzer werden
Le pantalon a/s'est rapetissé. → rétrécir
Les jours rapetissent. → diminuer

rapiécer (2)
N - V - N
zusammen-flicken, ausbessern
Rapiécer un vêtement, une chambre à air. FAM: *Se faire rapiécer par un chirurgien.*

• **rappeler**^{1a} (2+L)
N - V - N -(qp)
zurückrufen, noch einmal kommen lassen
Rappeler le chien dans sa niche. Nous avons dû rappeler le médecin. Une affaire urgente me rappelle chez moi. Rappeler un acteur par des applaudissements.

rappeler^{1b} (3)
N - V - N - à N
(zurück-)rufen
Rappeler qn à la vie. Rappeler qn à l'ordre, à la raison.
✗ *Dieu a rappelé à lui notre confrère:* zu sich rufen

• **rappeler**^{2} (2)
N - V -(N)
(telephonisch) zurückrufen, wieder anrufen
Rappelez-moi dans un quart d'heure. Aussitôt je rappelai le secrétariat de Saint-Ramé/Pilhes/.

• **rappeler**^{3} (3)
N - V -(à N) - N
erinnern an, ins Gedächtnis zurückrufen
Je vous rappelle votre promesse. Son style rappelle Gauguin. Ils rappellent la primauté de la vie sur la ville/Canard enchaîné/. La veille, M. Chirac...avait rappelé sa politique agricole/LeM/.
que S Ind — *Je vous rappelle que nous déjeunons ensemble à midi.*
Int.ind — *Rappelez-lui quelle route il doit prendre.*
Ø Inf 1 — *Je lui ai rappelé lui avoir déjà envoyé une lettre.*
à N - que S Kj 2 — *Le marguillier C. avait bien calculé son affaire pour rappeler à la foule...que ce jour était celui du Seigneur et qu'on eût à se porter en masse à la grand-messe/G. Chevallier/.*
à N - de Inf 2 — *Rappelez-lui de me téléphoner.*
♦*Nqn - se V - N* — s. erinnern an, ✗ jm wieder einfallen
Je ne me rappelle pas son nom.
que S Ind — *Je me rappelle qu'il a dit cela.*
Ind/Kj |neg/int — *Je ne me rappelle pas que nous nous soyons/sommes déjà rencontrés. Vous rappelez-vous qu'il est/soit déjà venu chez nous? Vous rappelez-vous qu'il vous ait écrit comme il le dit? Je ne me rappelai plus que cette morne année 1924 était celle de sa majorité/P. Benoit/.*
Ø Inf 1 — *Je me rappelle l'avoir déjà vu.*
de Inf 1 — | Imperativ
Rappelle-toi bien d'employer tout ce que tu as d'esprit à être aimable/Stendhal/.
✗ *se rappeler au bon souvenir de qn.*

(se) rappliquer (1+L) POP
N -(se) V -(qp)
aufkreuzen
Il a/s'est rappliqué chez nous à minuit.

• **rapporter**^{1} (2+L)
N - V - N -(qp)
zurückbringen
Rapporter un livre à la bibliothèque.
à Nqn — *Je lui ai rapporté son livre.*
✗ <Hund> rapportieren
Dresser son chien à rapporter (le gibier).
N - V - N -(de qp)
woher mitbringen
J'ai rapporté de Paris un tas de livres.

• **rapporter**^{2} (3)
N - V -(à N) - N
berichten
Rapporter à qn ses expériences. On me demanda de rapporter les circonstances de l'accident. Je me promis de rapporter cela au directeur général/Pilhes/.
que S Ind — *Je lui ai rapporté que j'avais trouvé un rouleau de parchemin.*
Ind/Kj |neg/int — *Aucun témoin n'a rapporté que le jardinier est/soit passé devant la fenêtre à l'heure du crime. Qui a rapporté qu'il y est/soit passé?*
Int.ind — *Le témoin a rapporté à quel moment il l'avait vu sortir.*
Ø Inf 1 — *Les témoins ont rapporté avoir vu la marquise.*
✗ *N-V-Ø-Ø:* petzen
Un élève qui rapporte.

• **rapporter**[3] (2)	etw einbringen, einträglich sein
Nqc - V -(N) -(à N)	*Sa ferme lui rapporte un revenu considérable.*
▼*N - V - N*	*Cette imposition avait touché un million quatre cent cinquante mille contribuables et rapporté 3,3 milliards de francs/LeM/. Sa ferme ne rapporte rien.*
▼*N - V*	*Sa ferme rapporte bien. La campagne ne nourrit pas les siens; seule la transformation rapporte/LeM/.*
rapporter[4] (3)	etw beziehen auf, in Beziehung setzen zu, in Zusammenhang bringen mit, zurückführen auf, e-r S zuschreiben
N - V - N - à N	*Rien n'est inutile quand on sait le rapporter à sa fin. On rapporte la richesse de cette ville à la présence de nombreuses usines.*
à ce que S Ind/Kj	*On rapporte la disparition de cette peuplade à ce qu'une maladie l'a/l'ait décimée.*
♦*Nqc/qn - se V - à N*	Bezug nehmen auf, s. beziehen auf *Je me rapporte à ce qui est écrit au chapitre précédent. Le pronom relatif se rapporte à son antécédent. Votre réponse ne se rapporte pas à ma question.*
s'en rapporter[5] (2)	s. verlassen auf
Nqn - s'en V - à N(qc de)qn < pour Inf 2 >	*Je m'en rapporte à vous pour l'avertir. S'en rapporter au jugement, au témoignage de qn.*
rapprendre (2)	noch einmal lernen
N - V - N	*J'ai dû rapprendre le poème.*
• **rapprocher** (2)	einander annähern
N - V - Npl	*Rapprocher deux objets éloignés l'un de l'autre. La construction de l'autoroute a rapproché les deux villes.* einander näher bringen, annähern *La réconciliation les a rapprochés. Le besoin rapproche mutuellement les hommes, les lie, les réconcilie/La Bruyère/. Dans son article, l'auteur rapproche ces deux textes.*
♦*Npl - se V*	s. einander nähern, s. näherkommen *En se développant, les deux villes se rapprochent. Ils se sont rapprochés après une longue inimitié.*
♦*N - V - Nqc - de N*	heran-, näher-bringen, -rücken, Fig.: in Zusammenhang bringen, e-e Ähnlichkeit feststellen zwischen *Rapprocher la chaise du bureau. On peut rapprocher ce poème d'un poème de Goethe. Il est piquant de rapprocher ces mots de ceux écrits par Engels/LeM/.* ✖ *N-V-N-Ø: Les négociations ont rapproché l'issue du conflit (sc. de nous). Rapprochez la chaise! (sc. de moi, d'ici).*
N - V -(Nqn) - de N	*Les négociations ne (nous) rapprochent pas d'une solution.*
♦*N - se V - de N*	s. an-nähern, näherkommen *La mode actuelle se rapproche de celle des années trente.* ✖ *N-seV-Ø: L'orage se rapproche (sc. de nous, d'ici).*
raréfier (2)	selten werden lassen
N - V - N	*La chasse raréfie certaines espèces. L'oxygène se raréfie avec l'altitude.*
• **raser**[1] (2)	rasieren
N - V - N	*Raser la tête de qn > lui raser la tête. Se raser la barbe.*
raser[2] (2) FAM	langweilen
N - V - N	*Il me rase avec ses histoires.*
raser[3] (2)	dem Erdboden gleichmachen, schleifen
N - V - N	*Raser une ville, une forteresse.*
• **raser**[4] (2)	fast streifen
N - V - N	*Un projectile nous a rasés. L'avion a rasé un pylône.* dicht vorbeigehen an *Raser les murs.*
rassasier[a] (3/2)	sättigen
N - V - N -(de N)	*Rassasier un affamé d'une bonne soupe.*
N - V -(N)	*La soupe n'a rassasié personne. C'est une soupe qui rassasie.*
rassasier[b] (3)	s. sattsehen
N - V - N - de N	*Il ne pouvait pas rassasier ses yeux de ce beau spectacle.*
♦*N - se V - de N*	genug bekommen (können) *Il ne pouvait s'en rassasier.*
• **rassembler** (2)	auf-, ver-sammeln
N - V - Npl	*Rassembler des papiers épars. Rassembler des informations, des documents pour faire un article. Il a de la peine à rassembler ses souvenirs. Rassembler ses amis autour de soi.*
♦*N - se V*	s. ansammeln, s. versammeln *Les étudiants et les ouvriers se rassemblèrent de nouveau devant l'ambassade/LeM/. Le comité lançait ensuite un appel aux étudiants pour qu'ils se rassemblent en masse au Quartier Latin/France-Soir/.*
rasseoir[a] (2+L)	wieder setzen, wieder stellen
N - V - N -(qp)	*Rasseoir un enfant sur sa chaise. Rasseoir une statue sur son socle.*
♦*N - se V -(qp)*	*A peine levé il se rassit. Je me levai, mais il me fit (me) rasseoir.*

rasseoir[b] (3) — etw auf etw gründen
N - V - N - sur N — *Rasseoir son jugement sur des principes solides.*
✗ *rasseoir la paix:* (Frieden) wiederherstellen

rasséréner (2) — REL — beschwichtigen, (wieder)beruhigen
N - V - N — *Rasséréner la colère de qn. En République fédérale, le duel que se livrent les principaux partis n'est pas fait pour rasséréner l'atmosphère/LeM/. Pour mieux rasséréner cet électeur-là, Deferre lui a servi un développement musclé sur la loi/Canard enchaîné/.*
♦*N - se V* — LIT — <Gesicht> s. aufheitern
Le méridional se rassérénait à ce sourire de la nature/Daudet/.

(se) rassir (1) — <Brot> hart/alt werden
N -(se) V — *Le pain commence à(se)rassir.*

rassortir — → réassortir

• rassurer (2) — beruhigen
N - V -(Nqn) — *Ma lettre l'a rassuré. Rassurez-vous! La facilité...c'est l'art de rassurer par des discours harmonieux/Sartre/.*
que S Kj -(cela) - V -(Nqn) — *Que je lui aie écrit (cela) l'a rassuré.*
♦*cela - V - Nqn - que S Kj* — *Cela le rassurait qu'on lui parlât de haricots/Mauriac/.*

se ratatiner[1] (1) — FAM — schrumpfen, runzelig werden, Runzeln bekommen
Nqc/qn - se V — *Les pommes se sont ratatinées. Il s'est ratatiné avec l'âge.*

ratatiner[2] (2) — POP — kaputtmachen
N - V - N — *En passant dessus, la voiture a ratatiné mon chapeau.*

râteler (2) — (zusammen-)harken
N - V -(N) — *Râteler une allée dans le jardin. Râteler les feuilles mortes.*

• rater (1/2) — <Gewehr> nicht losgehen, versagen, <Schuß> danebengehen
N - V — *Il a voulu tirer, mais le coup a raté. Le tir a raté.*
FAM: fehlschlagen, nicht klappen
Cette entreprise a raté. Son affaire a raté.
✗ FAM: *et ça n'a pas raté:* und so ist es auch gekommen, und so mußte es kommen

N - V - N — verfehlen, danebenschießen, (Zug) verpassen, <Examen> durchfallen, etw verpassen, s. entgehen lassen
Le chasseur a raté le lapin. Rater la cible, une balle au tennis, un examen, le train. Et on voit tout de suite qu'il n'a jamais raté un repas de sa vie. Quand il y a quelque bêtise prud'hommesque à dire, on peut être sûr que vous ne la ratez pas/Proust/. Tu vas rater quelque chose d'intéressant!
FAM: jn verpassen
Je l'ai raté.
✗ FAM: *ne pas rater qn:* es jm geben, zeigen
S'il commence à faire l'insolent, je ne le raterai pas.

ratiboiser (3/2) — klauen, stiebitzen
N - V - N -(à N) — POP — *Ratiboiser à qn 100 francs.*
N - V - Nqn — FAM — jn (beim Spiel) ausnehmen
Il s'est fait ratiboiser au poker.

ratifier (2) — ratifizieren
N - V - N — *Ratifier un accord.*
REL — bestätigen
Je ratifie tout ce qu'on vous a dit de ma part/Académie/.

ratiociner (2) [rasjɔsine] — nach-grübeln
N - V -(sur N) — *Les ordres sont donnés, le nécessaire est fait. A quoi cela vous avancerait-il de ratiociner? /Montherland/. Il décide enfin de ne plus perdre le peu de temps qui lui est accordé..à ratiociner sur des mystères/Mauriac/.*

rationaliser (2) — vernünftig gestalten
N - V - N — *Rationaliser son alimentation.*
rational erklären, herangehen an
On rationalisa de plus en plus les problèmes artistiques/Malraux/.
rationalisieren
Rationaliser la production.

rationner (2) — rationieren, etw einschränken
N - V - N — *Rationner le sucre. Comme il fume trop, il a décidé de se rationner.*
jn kurz halten, auf Ration setzen
Vous n'allez tout de même pas rationner cet enfant!

ratisser[1a] (2) — harken, rechen
N - V -(N) — *Ratisser les feuilles mortes, le jardin.*

ratisser[1b] (2) — durchkämmen
N - V - N — *La police a ratissé le quartier.*

ratisser[2] (2/3) — FAM — jn ausnehmen
N - V - N — *Un monsieur très bien qu'elle avait ratissé jusqu'au dernier centime/Proust/.*
N - V - N - à N — RARE — klauen, stehlen
On m'a ratissé mon vélo.

• rattacher[a] (2)
N - V - Npl
(wieder) festbinden..., zusammenbinden...
Rattache tes lacets, ta chaussure! Rattacher deux fils.
♦*N - V - N -(à N)*
(wieder) wo fest-, anbinden
La barque s'en va à la dérive, il faut la rattacher. Je rattachai le ruban au rouleau de papier parchemin/Pilhes/.

• rattacher[b] (3)
anschließen an, eingliedern in, verbinden mit, in Verbindung bringen mit, zurückführen auf
N - V - N - à N
Le comté de Nice a été rattaché à la France au dix-neuvième siècle. La commune a été rattachée à la ville voisine. Essayons de rattacher ce problème à son contexte. Rattacher un effet à une cause. On ne sait à quel groupe linguistique rattacher la langue basque. Rien ne le rattache plus à sa ville natale.
à ce que S Kj |×2
On rattache la pauvreté de cette région périphérique à ce que la centralisation ait freiné son développement.

• rattraper (2)
N - V - N
(wieder) ein-, auf-fangen, erwischen
Rattraper un animal échappé. Rattraper une balle de justesse. Rattraper un enfant qui tombe, ses lunettes.
jn einholen, (Zeit) auf-, einholen
Devancez-moi, je vous rattrape. Rattraper le temps perdu, un retard.
⧗ *Nqn-seV:* aufholen, etw nachholen
Le coureur a du retard, mais il va se rattraper. Il s'est retenu pendant longtemps, mais maintenant il se rattrape.
Fig.: korrigieren, wieder gutmachen
Rattraper une erreur, une parole malheureuse. Il a failli faire une gaffe, mais il s'est rattrapé de justesse.
⧗ *rattraper un candidat (qui a échoué à l'écrit) par un oral de rattrapage. Se rattraper (à l'oral).*
♦*Nqn - se V -(qp)*
s. wo fangen, hängenbleiben an
Dans sa chute, il s'est rattrapé à un buisson.

raturer (2)
N - V - N
durchstreichen
Raturer un mot. IL est interdit de raturer un chèque.

• ravager (2)
N - V - N
verheeren
Un ouragan a ravagé la région.

ravaler[1] (2)
N - V - N
(Fassaden, Wände) säubern, reinigen
Ravaler une façade, un monument.

ravaler[2] (3)
N - V - N -(à N)
Fig.: herabsetzen, -würdigen
Ravaler l'homme au rang de *la brute.*

ravaler[3] (2)
N - V - N
(wieder) herunter-schlucken
Ravaler sa salive.

ravauder (2) VIEUX
N - V -(N)
stopfen
Ravauder des chaussettes. → repriser

ravigoter (2) FAM
N - V -(Nqn)
wieder auf die Beine bringen, stärken
Ce petit whisky m'a ravigoté.

raviner (2)
N - V - N
auswaschen, erodieren, wegschwemmen
La pluie a raviné le terrain.

ravir[1] (3) LIT
N - V - N - à Nqn
rauben, ⧗ jn js/e-r S berauben
Le jugement a ravi l'enfant à sa mère. La mort leur a ravi leur fille.

• ravir[2] (2)
N - V - N
entzücken, bezaubern
Cette musique me ravit.
⧗ *être ravi de N/ de ce que S Ind/Kj / que S Kj/ de Inf 1*

se raviser (1)
N - se V
s. eines Besseren besinnen, es sich anders überlegen
Il a voulu partir avec moi, mais il s'est ravisé au dernier moment.

ravitailler (3)
N - V - N -(en N)
versorgen mit
Ravitailler qn, une ville, un bateau en aliments.
⧗ *ravitailler un avion (sc. en essence):* (Flugzeug) auftanken

raviver (2)
N - V - N
wieder beleben, (Feuer) schüren, (Farben) auffrischen
Le souvenir ravive le passé. Raviver un feu, des couleurs.

ravoir (2)
N - V - N
etw wiederhaben
Perdu ma valise. C'est bien fait... En attendant, j'aimerais ravoir mes papiers/Gide/.

rayer[1] (3)
N - V - N -(de N)
aus-, weg-streichen
Rayer un nom d'une liste.

rayer[2] (2)
N - V - N
ver-kratzen, Kratzer machen in
La moto, l'enfant a rayé la carrosserie de la voiture. Rayer un disque.

rayonner[a] (1+L)
N - V -(de)qp
strahlen, s. (strahlenförmig) verbreiten, ausgehen von
La lumière rayonne à travers les rideaux. La douleur rayonne de la jambe dans tout le corps. La civilisation grecque a rayonné sur tout l'Occident.
⧗ *Pendant les vacances nous nous sommes installés à Mâcon et nous avons rayonné dans tout l'arrière-pays.*

rayonner[b] (1) — strahlen
N - V < de N > — *Il rayonnait de joie. Son visage rayonnait.*

réabonner — → abonner

réabsorber — → absorber[a/b]

réaccélérer — → accélérer

réacclimater — → acclimater

réaccoutumer — → accoutumer

réactiver (2) — wieder in Gang bringen, wiederbeleben, (Feuer) wieder anfachen
N - V - N — *Réactiver les exportations, l'économie, un feu.*

réadapter (3) — (Kranke) rehabilitieren, jn wieder anpassen
N - V - N -(à N) — *Réadapter un malade, un drogué. Réadapter un ancien détenu à la vie normale.*

réadmettre — → admettre[1a]

réaffirmer — → affirmer[a/b]

réagir[1] (2) — reagieren, <etw> ansprechen, Reaktion zeigen
Nqc - V -(à N) — *L'organisme n'a pas réagi (à l'excitation électrique). Le cardiographe ne réagit pas.*
contre N — reagieren, s. wehren gegen
L'organisme réagit contre la maladie.
Nqn - V -(à N) — reagieren auf
Il n'a pas réagi à ma lettre.
contre N — s. wehren gegen
Réagir contre une attaque, une critique. La population a réagi contre le projet de construction d'une centrale nucléaire.

réagir[2] (2) — ein-wirken auf
Nqc/qn - V - sur N — *Le rythme de vie des grandes villes réagit sur l'organisme. Les hommes réagissent sur les structures et les structures réagissent sur les hommes.*

réajuster — → ajuster

• réaliser[1] (2) — verwirklichen, in die Tat umsetzen, durch-, ausführen
N - V - N — *Réaliser un rêve. Un sondage France-Soir-IFOP, réalisé entre le 24 et le 28 mai /LeM/.*
✗ *réaliser un film:* (Film) machen, drehen
✗ FAM: Gewinne erzielen: *réaliser des bénéfices.*

réaliser[2] (2) NEOL — s. bewußt werden (engl. to realize)
N - V - N — *Il ne réalise pas son bonheur.*
que S Ind — *J'ai de la peine à réaliser que nous sommes déjà en octobre.*
Ø Inf 1 — *Soudain il réalisa avoir perdu son portefeuille.*

réanimer (2) — wieder zum Leben bringen
N - V - N — *Réanimer un noyé, la vie culturelle provinciale, une économie en crise.*

• réapparaître (1) — wieder erscheinen, wieder auftauchen
N - V — *Le général avait quitté la veille son domicile et n'était pas réapparu depuis lors/LeM/. Le thème principal de ce roman réapparaît dans diverses nouvelles.*

réapprendre — → apprendre

réarmer[1] (2) — (Waffe) wieder laden, (Photoapparat) wieder spannen
N - V - N — *Réarmer un revolver, un appareil de photo.*
N - V -(N) — wieder bewaffnen, wiederaufrüsten
Réarmer un pays. L'Europe commence à réarmer.

réarmer[2] (2) — (Schiff) wieder in Betrieb nehmen
N - V - N — *Réarmer un pétrolier désarmé.*

réarranger (2) — wieder in Ordnung bringen
N - V - N — *Réarranger sa coiffure.*

réassortir (2) — wieder vollständig machen
N - V - N — *Réassortir un service de porcelaine.*
dasselbe wieder kaufen, wieder finden
Ces chaussettes sont confortables, je vais en réassortir quelques paires, j'en ai réassorti quelques paires.

rebaisser (1) — wieder sinken
N - V — *Les prix ont rebaissé, mais remontent de plus belle.*

rebaptiser (2) — umtaufen
N - V - N — *Rebaptiser une rue.*

rebâtir (2) — wieder-aufbauen
N - V -(N) — *Rebâtir une maison détruite par le feu. L'Allemagne a rebâti après la guerre.*

rebattre — → battre
✗ *rebattre de qc les oreilles de qn > lui rebattre les oreilles de qc:* jm mit etw dauernd in den Ohren liegen
Il me rebat les oreilles de son voyage en Inde.

se rebeller (2) — rebellieren, s. auflehnen gegen
N - se V -(contre N) — *Les journalistes de France-Soir se rebellent avec une force qui*

peut étonner/LeM/. Se rebeller contre ses parents, contre une autorité, contre un occupant.

se rebiffer (2) — FAM
N - se V -(contre N)
s. jm widersetzen, aufmucken, s. sträuben gegen
Il se rebiffa contre le contremaître. Il se rebiffa contre son éducation.

reboiser (2)
N - V - N
wieder bepflanzen
Reboiser une colline ravagée par le feu.

• rebondir (1)
N - V
zurück-, ab-prallen
La balle touche le sol et rebondit.
Fig.: wieder in Gang kommen
L'affaire, le roman rebondit. Le procès a rebondi. Un problème fondamental de la politique militaire qui, à la suite d'un article, a rebondi après le récent débat sur la loi de programmation militaire/LeM/.

reboucher
→ boucher
(wieder) zukorken
Reboucher une bouteille de vin.

rebrousser (2)
N - V - N
etw entgegen der normalen Lage, gegen den Strich legen...
Le vent rebrousse les feuilles. Rebrousser le poil d'un chien.
⌘ *rebrousser chemin:* umkehren

rebuter[1] (2)
N - V -(N)
abschrecken, entmutigen
Un travail, un long chemin qui rebutent.
jn abstoßen
Ses manières me rebutent.

rebuter[2]
→ buter[1]

rebuter[3] (2)
N - V - sur/contre N
stoßen auf
J'ai rebuté mille fois sur/contre la même difficulté.

recaler[1]
→ caler[1]

recaler[2] (2)
N - V - N
jn durchfallen lassen
Recaler qn à un examen.
⌘ *se faire recaler:* durchfallen
Il s'est fait recaler pour la deuxième fois.

récapituler (3)
N - V -(à N) - N
kurz wiederholen, rekapitulieren
Récapituler un discours. Récapitulez-moi le programme! Récapituler les événements d'une année. Il m'a récapitulé en détail ce que j'avais à faire.
Int.ind
Il m'a récapitulé comment je devais procéder.

receler/recéler (2)
N - V - N
verbergen
Receler chez soi un déserteur, des objets volés.
Fig.: bergen, enthalten, ⌘ stecken in
La mer recèle encore des ressources inépuisables. Cette affaire recèle encore un mystère.

recenser (2)
N - V - N
aus-zählen
Recenser (la population d')un pays. Recenser les verbes transitifs. Recenser les votes.

réceptionner (2)
N - V - N
Waren annehmen, eingehende Waren überprüfen und registrieren
Réceptionner des marchandises, un colis.

• recevoir[1] (2+L/3/2)
N - V - N -(de qp)
erhalten, ab-bekommen, (Sakrament, Fernsehen) empfangen
Recevoir un colis de Paris.
de Nqn
Recevoir une lettre de qn. Recevoir un ordre de son supérieur. J'ai reçu une indemnité de la sécurité sociale.
N - V - N
Il a reçu une raclée. Nous avons reçu la pluie. Le projet a reçu de nombreuses modifications. Dites-nous, chers auditeurs, si vous recevez bien nos émissions! Recevoir un sacrement.
⌘ *J'ai reçu de lui l'ordre de faire cela. J'ai reçu de lui* comme *ordre de faire cela.*

• recevoir[2] (2+L)
N - V - N -(qp)
empfangen
Recevoir qn chaleureusement chez soi. Il nous a bien reçus. Le président a reçu le roi du Népal.
⌘ *Madame la marquise ne reçoit que le mardi.*

recevoir[3] (3/2+A)
N - V - N - à N
(in e-e Schule...) aufnehmen, ⌘ (Examen) bestehen
Recevoir qn à une grande école. Recevoir qn au bachot.
⌘ *être reçu à un examen:* ein Examen bestehen
N - V - N - n
Il a été reçu premier à l'agrégation.

se recevoir[4] (1+Adv)
N - se V -Adv
(un)glücklich, (un)geschickt fallen
Dans sa chute, il s'est bien reçu. Il s'est mal reçu et il s'est cassé la bras.

rechaper (2)
N - V - N
runderneuern
Rechaper un pneu usé.

réchapper (2)
N - V - à N
entkommen, entgehen
Réchapper à une maladie, à un accident.
N - V - de N
davonkommen
En réchapper
RARE
Réchapper d'un accident, d'une guerre.

recharger[1]	→ charger[1]
N - V - N -(de N)	*Recharger un appareil photographique (d'une pellicule). Recharger un briquet, un poêle, une batterie.*
recharger[2]	→ charger[2]
recharger[3]	→ charger[5]
• réchauffer (2)	auf-, er-wärmen
N - V -(N)	*Le soleil réchauffe l'atmosphère. Une bonne soupe, ça réchauffe. Mettre un plat à réchauffer.*
	✖ *Loc.: Fig.: Ça vous réchauffe le coeur.*
rechausser (2)	(wieder) die Schuhe anziehen
N - V - N RARE	*Rechausser un enfant.*
♦*N - se V*	*Il frotte son visage d'un coin de serviette trempé; se recoiffe; se rechausse/Gide/.*
• rechercher (2)	(nach) etw suchen, nach etw forschen
N - V - N	*Rechercher ses lunettes perdues. Deux sondes américaines étudient le sol d'une planète, Mars, et y recherchent des traces de vie/LeM/.*
	Fig.: rechercher la perfection.
	jn (polizeilich) suchen
	Il s'agit du J. Clerc, recherché pour le meurtre d'un patron de bar de la banlieue lilloise/LeM/.
Int.ind	*Il reste à rechercher si certaines cultures n'ont pas tendu à réaliser une sorte d'image fictive de cette structure alternative/Lévi-Strauss/. Il s'est mis en tête de rechercher comment fabriquer du calvados.*
rechigner (1/2)	ein mürrisches Gesicht ziehen, s-n Widerwillen zeigen
N - V	*Obéir en rechignant.*
N - V - à N	nur mit Widerwillen tun
	Rechigner à la besogne.
à Inf 1	*Rechigner à faire un travail.*
rechuter (1)	e-n Rückfall erleiden
Nqn - V	*A peine guéri, il rechuta.*
récidiver (1)	<Krankheit> wieder auftreten
Nqc - V	*Il était à peine guéri, lorsque son rhumatisme récidiva.*
Nqn - V	rückfällig werden
	A peine sorti de la prison, il récidiva.
réciter (3)	rezitieren, (Gedicht) aufsagen
N - V -(N) -(à N)	*Réciter une fable à un enfant.*
▼*N - V - N*	*Réciter un poème, des prières.*
▼*N - V*	*Réciter avec expression.*
• réclamer[1] (2/3)	verlangen (nach)
Nqn - V - Nqn	*L'enfant réclame sa mère. On vous réclame au téléphone.*
Nqn - V - Nqc < pour N >	beanspruchen, fordern, verlangen, erfordern
	La nécessité subjective que les artistes réclament pour leurs oeuvres/Sartre/. Les juges ont réclamé pour l'accusé la détention à perpétuité.
N - V -(de la part de N) - N	*La vigne réclame beaucoup de soin. L'enfant réclame beaucoup d'attention. Conduire réclame de la part du conducteur beaucoup d'attention.*
N - V - de(la part de) N - que S Kj 2	*Le professeur réclame de ses élèves qu'il préparent soigneusement leurs devoirs.*
Nqn - V -(à N) - N	*Je ne fais que réclamer mon dû. Les ouvriers ont réclamé une augmentation à la direction.*
de Inf 1	*Il (nous) a réclamé de pouvoir sortir.*
réclamer[2] (1/2)	reklamieren, s. beschweren
N - V < auprès de N >	*Les marchandises étant endommagées, j'ai réclamé auprès du fournisseur.*
N - V - contre N	Einspruch erheben, protestieren gegen
	L'équipe de football a réclamé contre la décision de l'arbitre.
N - V - en faveur de Nqn	s. einsetzen für
	Un comité a réclamé en faveur du détenu.
se réclamer[3] (2)	s. berufen auf
Nqn - se V - de Nqc	*L'artiste se réclame de la tradition surréaliste.*
Nqn - se V - de Nqn < pour Inf 1 >	*Il s'est réclamé d'un cousin haut placé pour obtenir ce poste.*
reclasser[1] (2)	neu ordnen
N - V - N	*Reclasser des timbres, son fichier.*
reclasser[2] (2)	e-n (neuen) Arbeitsplatz finden (für)
N - V - N	*La plupart des ouvriers licenciés ont pu être reclassés. Il n'est pas arrivé à se reclasser. Les autres demandeurs d'emploi mettraient moins de trois mois à se reclasser/LeM/.*
recoller[1]	→ coller[1]
recoller[2]	→ coller[3]
recoller[3]	→ coller[4]
recoller[4]	→ coller[5]
• récolter (2)	ernten
N - V - N	*Récolter des fruits. Fig.: Il n'a récolté que des ennuis.*

jn auflesen
Tandis que nous avancions en direction de l'immeuble de verre et d'acier, nous récoltions au passage cadres, employés... /Pilhes/.

• **recommander**^{1} (3)˙
N - V -(à Nqn) - N
empfehlen
Recommander un restaurant, la prudence à qn. Tu voudrais que je m'occupe de toi, que je te recommande à des gens/Adamov/. Se recommander à qn.
que S Kj 2 — *Recommander à qn qu'il fasse attention.*
de Inf 2 — *Recommander à qn de faire attention.*
⧗ *recommander son âme à Dieu/ se recommander à Dieu:* s. Gott anbefehlen

se recommander^{2} (2)
N - se V - de Nqn
s. berufen auf, jn als Befürworter angeben
Pour obtenir ce poste, il se recommanda de son ancien patron.

recommander^{3} (2)
N - V - N
als Einschreiben schicken
Recommander un coli.

• **recommencer**^{1} → commencer^{1}

• **recommencer**^{2} → commencer^{2}

• **récompenser** (3/2)
N - V -(Nqn) -(de/pour N)
belohnen für, ⧗ etw honorieren
Récompenser qn de/pour son aide. Il a été largement récompensé de sa peine. Vous serez récompensé de vos efforts.
▼*N - V - N* — *Récompenser un élève.*
▼*N - V - de N* — *Le succès récompensera de tant de peine.*
N - V - Nqc — *Le succès récompensera notre travail.*

recomposer (2)
N - V - N
wieder zusammenfügen, wieder herstellen
Recomposer un puzzle, un souvenir.

recompter (2)
N - V -(N)
nochmals zählen, nachrechnen
Il compta et recompta sans arriver à un résultat correct. Recompter une addition.

réconcilier (2)
N - V - Npl
versöhnen
Réconcilier des amis désunis.
¹ ♦*N - V - N - avec N* — *Réconcilier Pierre avec Paul. Ravel me réconcilie avec la musique moderne.*

reconduire^{1} (2+L)
N - V - N -(qp)
zurückbringen
Reconduire qn chez soi.

reconduire^{2} (2)
N - V - N
verlängern
Reconduire un traité, des mesures temporaires.

réconforter (2)
N - V -(Nqn)
jn stärken, jn aufrichten, jn aufmuntern
J'ai comme toi pour me réconforter le quart de pinard/Apollinaire/. Réconforter qn par des paroles chaleureuses.

• **reconnaître**^{1} (2)
N - V - N < à N >
wieder-erkennen
Reconnaître qn sur une photo. Reconnaître un peintre à son style, qn à ses cheveux longs. Je reconnais là sa façon d'agir.
auskundschaften, erkunden
Reconnaître le terrain, une île inconnue.
♦*N - se V - qp*
s. zurechtfinden, |neg: sich nicht mehr auskennen
Je ne me reconnais plus dans cette ville. Je ne m'y reconnais pas.

• **reconnaître**^{2} (2/2+A/3)
N - V - N
anerkennen, zugeben, eingestehen
Reconnaître un gouvernement, un enfant, la légitimité d'une action, l'innocence d'un accusé, sa faute. Tout le monde reconnaît l'existence et la légitimité des emprunts linguistiques.
que S Ind — *Je reconnais que c'est vrai.*
Ø Inf 1 — *Le docteur Elise Sabem a reconnu avoir délivré des ordonnances à plusieurs travestis depuis 1971/LeM/. Je reconnais n'avoir pas passé de longues heures à en faire l'exégèse/Pilhes/.*
N - V - N - comme n
anerkennen als
Le français a été reconnu comme langue officielle à l'O.N.U.
adj — *Je doute avec mon coeur de ce que mon esprit reconnaît comme vrai/Bourget/.*
pour n — *Reconnaître qn pour maître, chef.*
♦*N - se V - adj*
s. bekennen
Se reconnaître coupable.
N - V - Nqc - à Nqn
zuerkennen, zubilligen
En ce sens, on peut lui reconnaître un rôle de précurseur/Nouvel observateur/. Je ne me reconnais pas ce droit-là. Je lui reconnais beaucoup d'habileté. A la conjonction 'quand', on reconnaît en ancien et en moyen français une valeur temporelle.

reconquérir (2)
N - V - N
zurückerobern
Reconquérir un territoire que l'on a dû abandonner.
wiedererlangen
Reconquérir l'estime de qn, son honneur perdu.

reconsidérer (2)
N - V - N
erneut in Erwägung ziehen, wieder aufgreifen, überprüfen
Reconsidérer un projet, une question. Au cours de ses assises, le parti a décidé de reconsidérer sa tactique.

• **reconstituer** (2)
N - V - N
wiederherstellen, rekonstruieren
Reconstituer un vase antique. On a reconstitué le plan de la ville d'après des photos aériennes. Reconstituer son enfance d'après ses souvenirs. L'opposition de gauche se reconstitue donc telle qu'elle fut jusqu'en 1963/LeM/.

reconstruire (2)
N - V - N
wieder aufbauen
Reconstruire une ville détruite.
Fig.: Reconstruire sa vie sur des bases nouvelles.
rekonstruieren
Reconstruire son passé.

reconvertir (2)
N - V - Nqc < en N >
umwandeln
Les bâtiments qui vont être construits seront conçus pour être plus tard facilement reconvertis en un lycée/LeM/.
N - V - Nqn NEOL
e-e neue Tätigkeit finden für
Le gouvernement a proposé de reconvertir les mineurs licenciés.
umschulen
Un stage de formation est prévu pour reconvertir le personnel.

recopier (2)
N - V - N
abschreiben, ins Reine schreiben
Recopier un manuscrit.

recoucher (2+L)
N - V - N -(qp)
wieder ins Bett bringen, wieder hin-legen
Recoucher ses enfants. On vous recouchera dans le même lit. Le cinquième, encore moins sage, la recoucha sur le gazon.

recoudre (2)
N - V - N
(wieder) an-nähen
Recoudre un bouton qui s'est détaché.
(chirurgisch) nähen, zusammenflicken
Je m'imagine qu'on se lasse de recoudre les hommes comme on se lasse d'en découdre/Yourcenar/.

recouper[1] (2)
N - V - N
wieder, nochmals ab-schneiden
Recouper un tissu mal coupé. Est-ce que je dois recouper du pain?

recouper[2] (2)
N - V - N
s. überschneiden mit
Votre témoignage recoupe le mien.
♦*Npl - se V*
Nos deux témoignages se recoupent.

recourber (2)
N - V - N
um-biegen
Recourber une branche.
♦*N - se V*
s. erneut verbeugen
Jean se recourba.
e-e gebogene Form haben
Une gondole dont la proue se recourbe.

recourir[1] (1/2)
N - V
nochmals laufen
L'athlète a dû recourir.
N - V - N
| *sport:*
Recourir son 100 mètres.

• **recourir**[2] (2)
N - V - à Nqc
zurückgreifen auf
Recourir à des méthodes sévères. Recourir à la force. Il dut recourir à un mensonge pour s'en sortir.
N - V - à Nqn
s. an jn wenden
Puis-je recourir à vous pour une recommandation?

recouvrer (2)
N - V - N
wiedergewinnen, zurückgewinnen, -erhalten, wiederfinden
Recouvrer la liberté, la santé, la raison. Mes deux collaborateurs recouvrèrent tant bien que mal leur sérieux/Pilhes/.

• **recouvrir** (3/2)
N - V - N -(de N)
bedecken, zudecken
Recouvrir qn d'une couverture.
⌘ *recouvrir un livre (d'une couverture):* e-n Schutzumschlag tun um
⌘ *recouvrir un fauteuil:* (Sessel..)(neu) beziehen
N - V - N
bedecken
La neige a recouvert le sol.
Fig.: verbergen, verdecken
Ce que le langage d'entreprise de cette époque recouvrait de pensées et d'arrière-pensées/Pilhes/.
decken, umfassen
L'"Eurocommunisme" recouvre, si l'on entend bien M. Berlinguer, la description de situations politiques "analogues" dans différents pays d'Europe occidentale/LeM/. Ce mot recouvre deux acceptions différentes.
s. decken mit
L'usage de ce terme ne recouvre pas son sens traditionnel.
♦*Npl - se V*
s. decken
Des ensembles qui se recouvrent.

recréer (2)
N - V - N
neu er-schaffen
Recréer le monde.

récréer (2) LIT
N - V - N
jn unterhalten, zerstreuen
Sa femme, pour le récréer, fit venir des jongleurs et des danseuses/Flaubert/.
♦*N - se V*
s. zerstreuen, s. erholen
Je me récrée en écoutant de la musique.

se récrier (1/2) LIT
N - se V <de N>
e-n Ausruf tun
Se récrier d'admiration. Ils me dévisagèrent stupéfaits, puis

N - se V -(contre N)
ils se récrièrent/Pilhes/.
laut protestieren
A ces mots, il se récria vivement. L'opposition se récriait contre le projet de loi.

récriminer (2)
N - V -(contre N)
bitter kritisieren
Récriminer contre un politicien.

ré(é)crire[1] (2)
N - V - N
umarbeiten, neuschreiben
Récrire un article. Réécrire un exposé.

ré(é)crire[2]
jm zurückschreiben, jm e-n zweiten Brief schreiben
→ écrire

se recroqueviller
N - se V
s. zusammenziehen, zusammenschrumpfen
Une feuille de papier qui se recroqueville à la chaleur. Pierre se recroqueville dans son lit.

• recruter (2)
N - V - N
anwerben, jn einstellen
Recruter des jeunes gens, des troupes, des partisans. Le journal a recruté de nouveaux rédacteurs.

♦*N - se V -* $qp_{dans,parmi}$
s. rekrutieren, kommen aus
Les adeptes de cette secte se recrutent dans/parmi les couches les plus pauvres.

rectifier (2)
N - V - N
berichtigen, verbessern, richtigstellen
Rectifier une information fausse, le tir, une erreur, un texte.
(Kleidung) in Ordnung bringen
Pendant que je rectifiais ma tenue, elle me raconta tout ce qu'elle avait appris sur lui.
(Straßenführung) begradigen, korrigieren
Rectifier une route.

• recueillir[1] (2)
N - V - N
ein-sammeln, auffangen, aufnehmen, (Stimmen) erhalten
Recueillir de l'eau de pluie dans une citerne. Recueillir des fonds, des informations, des réfugiés chez soi. Nous avons enfin recueilli le fruit de notre travail. Le parti socialiste a recueilli plus de 50% des voix.

se recueillir[2] (1)
Nqn - se V
s. (andächtig) sammeln
Nous nous recueillîmes un bon quart d'heure, ce fut la veuve qui rompit le silence/Pilhes/.

• reculer (1/2)
N - V < de N/ devant N >
zurückweichen
Il s'est avancé trop loin pour pouvoir reculer. Reculer d'un pas. Reculer devant l'ennemi, devant une difficulté. Le basque recule lentement.

N - V - N
zurückziehen, -schieben ....
Reculer une armoire, ses troupes.

N - V - N < de N >
verschieben, hinausschieben, vorrücken, -schieben, ausdehnen
Notre siècle a réussi à reculer de beaucoup les bornes de l'histoire/Renan/. Reculer la date d'un paiement (d'une semaine). Reculer la clôture de sa propriété, les limites d'une ville, la frontière d'un état.

♦*N - se V*
zurückweichen, -rücken...
Gilbert se recula un peu.

récupérer[a] (2)
N - V - N
wiederbekommen, -gewinnen, -erhalten, wo abholen
Récupérer l'argent perdu, ses forces, sa valise à la gare.
✖ *N-V-Ø: Il récupère vite (sc.: ses forces):* s. erholen
(Eisen und Lumpen) sammeln
Récupérer de la ferraille et des chiffons.
nachholen
Récupérer des heures de travail perdues.

récupérer[b] (2)
N - V - N
(politisch) aufsaugen, integrieren, vereinnahmen
Une société, un parti qui récupère un mouvement de contestation. L'écrivain contestataire a été récupéré par la société.

récurer (2)
N - V - N
sauberscheuern
Récurer une casserole.

• récuser (2)
N - V - N
ablehnen, zurückweisen
Récuser un témoignage, la compétence d'un tribunal, un juge. Plusieurs chefs de Bantoustans récusent une "pseudo-indépendance"/LeM/.

recycler (2)
N - V - Nqc
erneuern, wieder aufbereiten
Recycler l'air, de l'eau.

N - V - Nqn
jn umschulen, fort-, weiterbilden
Aux Etats-Unis, on a décidé de recycler tous les professeurs de mathématiques de trois Etats/L'Express/. L'automatisation du réseau téléphonique peut-elle être accélérée sans que soient prévues et immédiatement appliquées des mesures pour recycler les vingt mille opératrices du système manuel?/LeM/.

redécouvrir (2)
N - V - N
wiederentdecken
Redécouvrir une civilisation oubliée. Jusqu'ici, je n'aimais pas Proust, mais je l'ai redécouvert.

redemander
→ demander

redescendre
→ descendre

• **redevenir** (1+A) — wieder werden
N - V - n — *Il est redevenu fonctionnaire.*
adj — *Il est redevenu aussi gras qu'avant son régime.*

• **rédiger** (2) — verfassen, redigieren
N - V -(N) — *Rédiger un article, une thèse, un discours, un communiqué. Il sait bien rédiger. Je voudrais que vous m'aidiez à rédiger une espèce de prospectus-manifeste/Gide/.*

rédimer (2) LIT — erlösen
N - V - N — *Rédimer les pécheurs.*

• **redire** — → dire
⧗ *avoir/trouver à redire (à Nqc):* etw auszusetzen haben/finden an
Il trouve à redire à tout ce qu'on fait/Académie/.

redistribuer — → distribuer

redonner[1] (3) — zurückgeben
N - V - N -(à N) — *Redonner à qn un livre qu'on lui a emprunté.*
nochmals geben
Redonner de la soupe aux enfants.
Fig.: Vous m'avez redonné quelque confiance.

redonner[2] (2) — wieder ver-fallen in
N - V - dans N — *Redonner dans un piège, dans les mêmes erreurs.*

redorer (2) — wieder vergolden
N - V - N — *Redorer un autel.*
⧗ *Loc.: redorer son blason:* reich einheiraten

redormir (1) — wieder ein-schlafen
N - V — *Il ne pouvait pas redormir après cet incident.*

redoubler[1] (2/1) — verdoppeln
N - V - N — *Redoubler des consonnes, ses efforts.*
⧗ ˣ*se V*
⧗ s. verdoppeln
N - V - de N — *La tempête a redoublé d'intensité.*
Fig.: A partir de ce jour-là, il redoubla de zèle.
N - V — *L'intensité de la tempête a redoublé.*

redoubler[2] — → doubler[2]

redoubler[3] — → doubler[3]

redoubler[4] (2) — sitzenbleiben, e-e Klasse wiederholen
N - V -(N) — *Il a redoublé la troisième. Cette année, il a redoublé.*

• **redouter** (2) — be-fürchten
N - V - N — *On redoute une aggravation du temps. Le premier ministre ne redoutait pas davantage la censure des députés/LeM/.*
que(ne) S Kj — *J'aurais redouté qu'elle ne criât sa haine et ne rendît la firme responsable de l'accident/Pilhes/. Je redoutais aussi qu'à la longue elle perdît cette largeur d'esprit/Jaloux/.*
de Inf 1 — *Je redoute de devoir rentrer par ce temps.*

• **redresser** (2) — wieder gerade machen, begradigen
N - V - N — *Redresser une poutre, une tôle, un virage.*
wieder aufrichten
Redresser un mât, une statue.
(Kopf) wieder heben
Redresser la tête.
⧗ *Fig.: redresser la tête.*
(Wirtschaft) wieder ankurbeln, wieder in Schwung bringen
Redresser l'économie d'un pays.
(Situation) wieder in Ordnung bringen
C'est ainsi que j'ai pu redresser la situation et sauver l'essentiel/de Gaulle/.
(Meinungen) korrigieren
Redresser les opinions des hommes.
♦*Nqn - se V* — s.aufrichten, s. erheben
Lilian, se redressant à demi, toucha du bout des doigts les cheveux châtains de Robert/Gide/.
Fig.: L'Allemagne s'est vite redressée après la guerre.

• **réduire**[1a] (2/2+A/1) — senken, kürzen, herabsetzen, abbauen, beeinträchtigen
N - V - N — *Réduire la hauteur d'un mur, l'épaisseur, le volume de qc. Réduire la vitesse de sa voiture, l'altitude d'un avion, une photo, une carte, ses dépenses, les heures de travail, le personnel, un salaire, une amende, une peine.*
⧗ *réduire une fracture:* (Bruch) richten
réduire une luxation: einrenken
N - V - N - en n — machen zu, (Kaffee) zer-mahlen, (Holz) zerkleinern, hacken, kleinsägen..., verwandeln in
Réduire du café en poudre, un arbre en bûches. Le feu a réduit la baraque en cendres.
⧗ *réduire des mètres cubes en litres:* umrechnen
N - V - N — (Saft...) eindicken
Réduire une sauce, du jus.
N - V — eindicken
La sauce a réduit. Faire réduire un bouillon.

• **réduire**[1b] (3/2)
N - V - N - à N
reduzieren auf, auflösen in, zurückführen auf
Réduire un problème à ses éléments de base, une structure à ses composantes.
beschränken auf
Le roman américain prétend trouver son unité en réduisant l'homme, soit à l'élémentaire, soit à ses réactions extérieures/Camus/.

♦Nqc - se V - à N
s. beschränken auf, s. reduzieren auf
Le marxisme ne se réduit pas à l'oeuvre de Marx. Il est en effet grave de laisser croire à des millions de lecteurs que la pensée de R. se réduit à ces formes de délire/N. Observateur/.

à Inf
La question se réduit à savoir si...

N - V - N
einschränken, ver-mindern
Il devenait donc urgent...de réduire les incidents en les démystifiant/Pilhes/. L'attitude intransigeante de Lagos a encore réduit les chances d'une solution négociée/LeM/.

• **réduire**[2] (3/2)
N - V -(N) - à N
bringen zu, jn stürzen in, nötigen zu
Réduire qn au désespoir, à la misère, au silence. Telle semble être la méthode choisie par les autorités soviétiques pour réduire au silence la maigre opposition ouverte/LeM/. Autrefois, le chômage réduisait à la misère. La censure qui bâillonne la presse et la réduit à de pâles reproductions.

N - à ce que S Kj 2
La misère l'a réduit à ce qu'il mendie.

N - à Inf 2
La misère l'a réduit à quitter le pays.

✗ *réduire à néant/rien:* zunichte machen, vernichten
Réduire à rien l'ambition de qn. Réduire les espoirs de qn à néant.

✗ *en être réduit à:* (jm) nichts anderes übrigbleiben als
Il en est réduit à la mendicité.

✗ *réduire qn en esclavage:* versklaven

N - V - N
vernichten
Réduire l'opposition, toute résistance.

réédifier (2)
N - V - N
wiederaufbauen
Réédifier une église, un monument.

rééditer (2)
N - V - N
wieder herausgeben, auflegen
Ce livre n'a jamais été réédité.

rééduquer (2)
N - V - N
(Kranke) rehabilitieren
Rééduquer un malade, un blessé, un paralysé.
umerziehen
Le régime actuel rééduque les dirigeants de l'ancien Etat.

réélire (2+A)
N - V - N -(n)
nochmals wählen, wiederwählen
Il a été réélu dans sa circonscription. Réélire qn député.

réemployer (2)
N - V - Nqn
wieder einstellen, wiederbeschäftigen
Réemployer un ouvrier licencié.

N - V - Nqc
wiederverwenden
Réemployer des déchets industriels.

réenrouler (2)
N - V - N
wieder aufrollen
Je réenroulais le parchemin/Pilhes/.

réentendre
wieder, nochmals hören
→ entendre[1a]

réévaluer (2)
N - V - N
aufwerten, neu bewerten
Réévaluer une monnaie.Allez savoir, ajoutai-je, s'il est bon ou mauvais de réévaluer le franc/Pilhes/.

réexaminer (2)
N - V - N
erneut prüfen, überprüfen
Réexaminer un problème, une question. Nous allons réexaminer votre candidature. Même les Etats totalitaires réexaminent d'une certaine façon la question/LeM/.

Int.ind
Il nous faut réexaminer si cela est juste.

réexpédier (2+L/3)
N - V - N -(qp/ à N)
zurückschicken, -senden
Réexpédier une lettre dont le destinataire est inconnu.
nachschicken
Se faire réexpédier le courrier pendant les vacances.

refaçonner
→ façonner

• **refaire** (2)
N - V - N
nochmals, wieder machen
J'ai refait plusieurs fois le même travail. Refaire un voyage, le même chemin.
neu machen, erneuern, reparieren, ausbessern
Refaire le toit d'une maison, une façade
(Sessel...) neu polstern
Refaire un fauteuil.
umarbeiten, überarbeiten
Refaire un article.
(Gesundheit) wiederherstellen
Refaire sa santé, ses forces.
(Leben) neu beginnen
Refaire sa vie.

♦Nqn - se V
s. wieder erholen
J'ai grand besoin de me refaire.

s. ändern, neu beginnen
Il faut que tu changes, que tu te refasses.

♦Nqn - se V - à N — s. wieder gewöhnen an
On a de la peine à se refaire au travail après les congés.

référer[1] (3/2)
N - V - N - à N — beziehen auf, in Beziehung/Bezug setzen zu
Ce n'est pas un hasard si, dans "Au-delà du principe de plaisir", il réfère sa conception de la pulsion de mort à Schopenhauer/J. Lacroix/
♦Nqc/qn - se V - à N — s. beziehen auf, Bezug nehmen auf, s. berufen auf
Cette circulaire se réfère au décret N°21 bis. Il s'est référé à l'avis du proviseur pour prendre cette mesure.
N - V - à N — <Wörter> bezeichnen
Le mot réfère à une classe d'objets définie par sa signification.

en référer[2] (2)
N - en V - à Nqn — jm etw zur Entscheidung vorlegen, unterbreiten, s. wenden an
J'en référerai aux autorités compétentes.

• **refermer** (2)
N - V - N — (wieder) zumachen, schließen
Refermer un livre, une valise.
♦N - se V — s. schließen, zugehen
La blessure ne se referme pas. La porte se referma sur nous.

refiler (3) POP
N - V - N - à N — aufschwindeln, andrehen
On lui avait refilé un faux billet. Puisque Barre, c'est Babar, il n'y a qu'à lui refiler la grand-croix de l'ordre des Mille Millions d'Eléphants/Canard enchaîné/.

• **réfléchir**[a] (2)
N - V -(N) — (Licht) zurückwerfen, reflektieren
La surface de l'eau réfléchissait la lumière.
♦N - se V -(qp) — s. (wider-)spiegeln
Les arbres se réfléchissent dans la rivière.
Fig.: Les contradictions d'une époque se réfléchissent dans la littérature.

• **réfléchir**[b] (2)
N - V -(sur N) — nachdenken, überlegen
Je réfléchis sur ce que je pourrais entreprendre en attendant 9 h/Pilhes/. Il était en train de réfléchir.
N - V - à N — nachdenken über, denken an
J'ai réfléchi à ce que tu m'as dit. Mais peut-être avez-vous parfois réfléchi au phénomène sous-jacent à toutes les manifestations de la vie de l'esprit?
que S Ind — *Réfléchissez que vous jouez là votre avenir. Je ne réfléchissais pas que Camille vivrait encore/P. Benoit/.*

• **refléter** (2)
N - V - N — (Licht) zurückwerfen, widerspiegeln, spiegeln
L'eau reflète la lumière. La surface de l'eau reflète les façades des maisons. Ce roman reflète la vie sociale de son époque. Cette position n'est guère originale et reflète celle de beaucoup de savants/J. Lacroix/.
que S Ind — *Son visage reflétait que ma remarque l'avait blessé.*
Kj |neg — *Les traits, le regard, sans être répugnants, étaient loin de refléter qu'une étincelle s'y fût jamais allumée/A. Blondin/.*

refleurir → fleurir

refluer (1+L)
N - V -(qp) — zurückfließen, -strömen, -kehren
L'eau reflue. Les manifestants refluent vers la place centrale. Les troupes refluent en désordre.

refondre[a] (2/1) — wieder ein-schmelzen
N - V - N — *Refondre du métal, des monnaies.*
N - V — *La rivière a refondu.*

refondre[b] (2)
N - V - N — umarbeiten, überarbeiten
Refondre un article, un texte.

reformer (2)
N - V - N — neu, wieder bilden
Reformer un cabinet. Les policiers ont reformé un cordon.
♦N - se V REL — s. neu formieren
Les troupes se sont reformées après la retraite.

• **réformer** (2)
N - V - N — reformieren, umorganisieren, neu gestalten
Réformer l'administration, le système fiscal, l'enseignement secondaire, un ordre religieux.
(Urteil) abändern
Réformer un jugement.
<Militär> ausmustern
Réformer une recrue.
♦Nqn - se V — s. bessern
Un jour, il décida brusquement de se réformer.

refouler[a] (2+L/1)
N - V - N -(qp) — zurückdrängen
Refouler un envahisseur.
jn abschieben
Refouler un immigré à la frontière.
N - V — <Kamin> nicht ziehen
La cheminée refoule.

refouler[b] (2)
N - V - N — (Gefühle) unterdrücken, zurückdrängen
Refouler ses larmes, sa colère, ses instincts, ses désirs. Moi,

	je refoulais péniblement une violente contrariété/Pilhes/.
N - V -(N)	(psychologisch) verdrängen *Refouler des souvenirs.*
réfracter (2) *N - V - N*	(Licht) brechen *Le verre réfracte la lumière.*
refréner/réfréner (2) *N - V - N*	zügeln, im Zaume halten *Refréner ses instincts, son impatience.*
réfrigérer (2) *N - V - N*	kühlen *Réfrigérer de la bière.*
• refroidir[a] (2/1) *N - V - N*	ab-kühlen *La neige a refroidi l'atmosphère.*
♦*Nqc - se V*	*Le temps s'est refroidi.*
♦*Nqn - se V*	s. erkälten, s. verkühlen *Je me suis refroidi.*
N - V	*L'eau a refroidi. Laisser refroidir la soupe.*
refroidir[b] (2) *N - V - N(qc de)qn*	abkühlen lassen, dämpfen *Refroidir l'ardeur, le zèle de qn. Cet échec l'a nettement refroidi. Quand la jeunesse se refroidit, le reste du monde claque des dents/Bernanos/. Son ardeur s'est refroidie.*
• se réfugier (1+L) *N - se V - qp*	flüchten *Se réfugier à l'étranger.* *Fig.: se réfugier dans le mutisme.*
• refuser (2/3) *N - V - N*	ablehnen, zurückweisen *Refuser un cadeau. Le premier ministre rhodésien refuse toute négociation avec les nationalistes/LeM/.* ⧗ die Annahme verweigern *Refuser une marchandise.* ⧗ jn durchfallen lassen *Refuser un candidat (à un examen).*
que S Kj |×1	*Il a refusé que je l'aide.*
de Inf 1	s. weigern, es ablehnen *J'ai refusé de participer à cette réunion. Les porte-parole officiels refusent de démentir comme de confirmer les rumeurs qui courent/LeM/.*
N - V - à N - N	jm etw verweigern, ausschlagen *Refuser son aide à qn.* jm etw absprechen *On lui refuse toute compétence en la matière.*
que S Kj 2	*Je lui ai refusé qu'il sorte le soir.*
de Inf 2	*On m'a refusé de sortir le soir.*
♦*N - se V - N*	s. etw versagen *Tu vas dîner chez Bocuse? - Tu ne te refuses rien!*
♦*N - se V - à N*	es ablehnen, s. weigern *Je me refuse à cette solution. Je me refuse à ce petit jeu. Les professionnels se refusent à tout pronostic/LeM/. L'Algérie se refuse à la moindre concession sur le droit des peuples à disposer d'eux-mêmes/LeM/.*
à ce que S Kj |×1	*L'université se refuse à ce que le ministère lui supprime des postes.*
à Inf 1	*Bucarest s'est refusé à prendre parti entre Moscou et Pékin /LeM/.*
réfuter *N - V - N*	widerlegen *Réfuter une théorie, une critique, une preuve, un philosophe.*
• regagner (2) *N - V -(N)*	wieder, nochmals gewinnen *Il a regagné (de l'argent) à la loterie.*
N - V - N	wieder erreichen, s. wieder wohin begeben, s. zurück-begeben, (wieder) zurückgehen *Le naufragé a regagné la rive à la nage. Les ouvriers nord-africains regagnent leurs logements, de l'autre côté de la route/LeM/. Je m'aspergeai d'eau fraîche et regagnai mon bureau/Pilhes/.* wiedergewinnen *Regagner du terrain, l'amitié de qn.* (Zeit) wieder einholen *Regagner le temps perdu.*
régaler (3) *N - V - N -(de N)*	festlich bewirten *Régaler ses invités (d'un bon vin).* ⧗ FAM: *N-V-Ø -Ø:* (die Zeche) bezahlen *Aujourd'hui, c'est moi qui régale.*
♦*Nqn - se V -(de N)*	gut essen, s. gütlich tun an *On s'est régalé au restaurant. Je me suis régalé d'un bon petit repas.* Fig.: genießen *On est allé au concert et on s'est régalé.*
• regarder[1] (2/1+L/2+A) *N - V - N*	an-schauen, -blicken, -sehen, betrachten *Pierre regarde sa voisine. Regarder qn en face, du coin de l'oeil.* Fig.: schauen auf *Il ne regarde que son intérêt.*

N - V - que S Kj — *Le chapeau de feutre marron...il l'a posé d'abord sur la toile cirée de la table en regardant de biais qu'elle soit bien propre/T. Monnier/.*
Int.ind — *Regardez si l'on a bien éteint la lumière!*
N - V - qp — (wohin, wodurch) schauen, blicken, sehen
Regarder par la fenêtre, devant soi, derrière soi, en arrière, dans son sac à main. Il pouvait regarder à trois mille mètres sous lui sans sourciller. (×regarder dans le blanc des yeux de qn) > il la regardait dans le blanc des yeux.
Nqc - V - qp — weisen auf, nach, schauen nach
La façade principale regarde vers le sud.
⧓ *à y regarder de près:* wenn man genau hinschaut, wenn man es genau nimmt
⧓ *y regarder deux fois:* es s. zweimal überlegen
♦*N - V - N - inf 2* — *Regarder partir qn. Regarder la neige tomber. Il joue avec elle, passant et repassant son pouce sur sa paume tandis qu'elle le regarde faire, contente/Butor/.*
N - V - N comme n REL — betrachten, ansehen als, halten für
On le regarde comme un homme de qualité.

• regarder[2] (2) — angehen, betreffen
Nqc - V - Nqc/qn — *Cela ne vous regarde pas. L'autre contradiction, plus lourde de confusions et de conflits, regarde l'avenir/LeM/.*

• regarder[3] (2) — achten auf, sehen auf
Nqn - V - à Nqc — *Regarder à la qualité de ce que l'on veut acheter. Ne pas regarder aux conséquences, à la dépense.*
à ce que S Kj — *Veuillez regarder à ce que l'on fasse suivre notre courrier.*

régénérer (2) — erneuern, verbessern, regenerieren
N - V - N — *Régénérer le monde, la société, les moeurs. Une pommade qui régénère la peau.*

régenter (2) — reglementieren, nach s-r Pfeife tanzen lassen
N - V - N — *Régenter une langue. Vouloir régenter tout le monde. On érige en absolus les instances qui se dressent au-dessus du quotidien en prétendant le régenter/Lefebvre/.*

(se) regimber (1) — s. sträuben, s. widersetzen
N -(se) V < devant N > — *Il regimbe toujours quand on lui demande son aide. Il est inutile de regimber devant cette décision.*

régir (2) — regeln, bestimmen, leiten
Nqc - V - V — *La loi de la pesanteur régit le mouvement des corps. La loi de 1966 qui régit le crédit-bail en France/LeM/. Les règles formulées par l'Académie régissent l'usage du français.*
(grammatisch) regieren
Le verbe transitif régit un complément d'objet.

réglementer (2) — (gesetzlich) regeln,
Nqc/qn - V - N — *Le code de la route réglemente la circulation. Réglementer le droit du travail, les conditions de l'exercice de la médecine.*
Int.ind — *Ce décret-loi réglemente dans quelles conditions le régime de la retraite va être modifié.*

• régler[1] (2) — (Rechnung..) bezahlen, begleichen
N - V - N — *Régler une facture, des dettes. Est-ce que tu as réglé le garagiste? Régler (une facture) par chèque.*
(Streit...) beilegen, schlichten, bereinigen, (Problem) lösen
Régler un différend. Il est intervenu pour régler leur querelle. Ils ont enfin réglé leur contentieux. Je n'arrive pas à régler ce problème. Comment allons-nous régler cette affaire?

• régler[2a] (2) — regulieren, ein-stellen, (Uhr) stellen
N - V - N — *Régler le ralenti de son moteur, une pendule, sa montre, les freins de sa voiture.*

régler[2b] (3) — ausrichten nach
N - V - N - sur N — *Régler sa vie, son attitude, son comportement, son emploi du temps sur une idée, sur un modèle, sur qn.*
♦*N - se V - sur N* — s. richten nach
Se régler sur qn.

régler[3] (2) — festlegen, regeln
N - V - N — *Régler l'emploi de sa journée, la date d'un rendez-vous.*
Int.ind — *Un arrêté municipal règle à quelle heure la piscine doit être fermée.*

• régner[a] (1/2) — herrschen
N - V — *Le Négus a cessé de régner.*
N - V - sur N — *Il a régné sur l'Ethiopie.*

• régner[b] (1+L) — herrschen
N - V - qp — *La peur règne dans cette ville. L'amour courtois régnait au Moyen Age.*
♦*il - V - N - qp* — *Il règne une atmosphère de fête dans la ville.*

regonfler — → gonfler

regorger (2) — überfließen an, im Übermaß haben
N - V - de N — *Un pays qui regorge de ressources inexploitées. Notre voisin regorge d'argent.*

régresser (1)
Nqc - V
zurückgehen, s. zurückentwickeln
Une équipe de chercheurs s'est fixé pour but de faire régresser le cancer. Son art semble avoir régressé. La population de Stuttgart ne cesse de régresser.

• regretter (2)
N - V - N
bedauern, jm leidtun, bereuen
Je regrette cette décision, cette faute. Non, je ne regrette rien.
jm/e-r S nachtrauern
Il regrette beaucoup son père, mort il y a deux ans. Regretter le bon vieux temps, le temps perdu, un ami parti.
⧓ *N-V-Ø K: Je regrette, mais je ne peux pas vous aider. Tu l'as ratée. - Je regrette, je ne l'ai pas ratée /Adamov/.*
que S Kj — *Je regrette que vous ne soyez pas venu.*
de Inf 1 — *Je regrette de ne pas pouvoir assister à la fête.*

regrouper (2)
N - V - N
umordnen, umgruppieren
Le musée a regroupé sa collection indienne.
zusammen-, umfassen
Une "quatrième force" qui regroupe trois petits partis/LeM/. Le rassemblement de la jeunesse regroupera environ mille cinq cents participants/LeM/. Vous avez su regrouper la gestion et l'administration de tous les secteurs d'engins de préparation du sol/Pilhes/.

régulariser[1] (2)
N - V - N
regelmäßig machen, regulieren
Régulariser le cours d'une rivière. Ce médicament régularise le rythme du coeur. Notre position régularise la forme générale des règles/M. Gross/.

régulariser[2] (2)
N - V - N
in Ordnung bringen
Régulariser sa situation fiscale. Régulariser sa situation en épousant sa maîtresse. Régulariser son passeport.

réhabiliter (2)
N - V - N
rehabilitieren
Je voudrais bien vivre assez pour voir Dreyfus réhabilité /Proust/.

réhabituer
→ habituer

rehausser[a] (2)
N - V - N
höher machen
Rehausser un mur.

rehausser[b] (3/2)
N - V - N - de N
hervorheben, betonen
Le peintre rehausse les contours de couleurs sombres.
N - V - N
hervorheben, betonen, erhöhen
De gros traits noirs rehaussent les silhouettes de ses personnages. Ce qui rehaussait l'intérêt de ma réunion/Pilhes/.

réimplanter
→ implanter

réinstaurer
→ instaurer

réintégrer (2)
N - V - Nqc
wieder zurückkehren, s. wieder wohin begeben
Réintégrer sa chambre d'hôtel, son poste. Sur ces mots, je me séparai d'eux et réintégrai mon bureau/Pilhes/.

réintroduire (2+L)
N - V - N -(qp)
wieder einführen, einfügen
Il essaya de réintroduire la clef dans la serrure. On cherche à réintroduire la mode des années trente. Ce passage a été réintroduit dans la troisième édition.

réinventer (2)
N - V - N
wieder erfinden
Un mot que je voudrais réinventer/Gide/.

réinviter
→ inviter[a]

réitérer (2/1)
N - V - N
wiederholen
Réitérer sa demande.
N - V
wieder anfangen
Tâchez de ne pas réitérer.

rejaillir[a]
→ jaillir[a]

rejaillir[b] (2)
N - V - sur N
zurückwirken, -fallen auf
La renommée du grand-père a rejailli sur toute la famille. Cette sombre affaire a rejailli sur sa carrière.

• rejeter[a] (2+L/2)
N - V - N -(qp)
wieder werfen, zurückwerfen
Rejeter des poissons à la mer. Rejeter des poissons trop jeunes. Rejeter la tête, les cheveux en arrière. Rejeter un envahisseur.
N - V - N
von sich geben
Un malade qui rejette les aliments.
antreiben, an Land treiben, werfen, spülen, anschwemmen
La mer rejette une épave.

rejeter[b] (3/2)
N - V - N - sur N
abwälzen auf
Rejeter sur qn d'autre la responsabilité de ses actes.
N - V - N
zurückweisen, von sich weisen, ablehnen
Rejeter un projet de loi, une demande. Le département d'Etat a rejeté vendredi l'accusation du gouvernement cambodgien/LeM/.

• rejoindre (2)
N - V - Npl
(wieder) zusammenfügen...
Rejoindre les lèvres d'une plaie
N - V - N
wieder stoßen zu, auf, nachkommen, jn treffen

La recrue rejoint son unité militaire. A bientôt, je vous rejoins à midi au café. Cette route rejoint l'autoroute à dix km d'ici.
jn einholen
Il court trop vite, je ne peux pas le rejoindre.
wieder wohin gehen, s. begeben, zurückkehren
Rejoindre son domicile.
♦*Npl - se V* — s. treffen
Nous nous rejoindrons là-bas. Les deux routes se rejoignent à dix km d'ici.

• réjouir (2) — er-freuen
N - V - N — *Cette nouvelle me réjouit.*
♦*N - se V -(de N)* — s. freuen
Je me réjouis de votre arrivée. Les spécialistes se réjouissent évidemment de la tendance nouvelle/LeM/.
< à N > — *Je me réjouis à l'idée que tu viens/viennes.*
de ce que S Kj — *Je me réjouis de ce qu'il vienne bientôt.*
que S Kj — *Je me réjouis que vous soyez venu.*
de Inf 1 — *Je me réjouis de vous revoir.*

relâcher[1] (2) — lockern, entspannen, Fig.: vermindern
N - V - N — *Relâcher les cordes d'un violon, ses muscles. L'U.R.S.S. n'a pas relâché son étreinte sur la C.S.S.R./LeM/.*
♦*N - se V* — s. lockern, nachlassen, nachlässig werden, erlahmen
♦*Nqn - se V - dans N* — *La discipline se relâche. Il se relâche dans son travail, dans son zèle. Son zèle se relâche.*

relâcher[2] (2) — freilassen
N - V - N — *Relâcher un prisonnier.*

relâcher[3] (2) — <Schiff> e-e Zwischenlandung machen
N - V - qp — *Des navires étrangers relâchent dans le port.*

relancer[1] (2+L/3) — zurückwerfen
N - V - N -(qp) — *Relancer une balle (vers la corbeille).*
à Nqn — *Je lui ai relancé la balle.*

relancer[2] (2) — wieder anwerfen, wieder ankurbeln, wieder in Gang bringen
N - V - Nqc — *Relancer un moteur, l'économie, la conversation.*

relancer[3] (2) — FAM — (zum Kauf...) zu überreden versuchen, bewegen...
N - V - Nqn — *L'assureur est venu me relancer ce matin.*

• relater (3) — berichten
N - V -(à N) - N — *Relater un évènement à qn. Je viens d'exposer ma première raison de relater ce monstrueux épisode/Pilhes/. Parfois, pour relater les évènements, j'ai recours à des mots/Pilhes/.*
que S Ind — *La presse locale a relaté que le maire a attrapé un rhume.*
Int.ind — *La presse a relaté dans quelles circonstances le maire a attrapé son rhume.*
Ø Inf 1 — *Le chasseur a relaté avoir aperçu un élan.*

relativiser (2) — NEOL — relativieren, herunterspielen
N - V - N — *Le gouvernement a relativisé les résultats de la gauche aux élections cantonales. Ceci relativise votre affirmation. (...)formuler deux remarques; la première pour relativiser l'augmentation du nombre des faillites constatée en 1975/LeM/.*

relaxer[1] (2) — freilassen
N - V - N — *Relaxer un prisonnier.*

relaxer[2] (2) — entspannen
N - V - N — *Relaxer un muscle.*
♦*N - se V* — s. entspannen
Se relaxer au soleil.

relayer (2) — ablösen, sich ablösen, sich abwechseln
N - V - N — *Les beaux jours ont enfin relayé l'hiver. Relayer qn qui a monté la garde.*
♦*Npl - se V* — *Ils se relaient pour rester au chevet du malade.*
⧗ *relayer (une émission) par satellite:* über Satellit senden

reléguer (1+L) — in den Hintergrund verweisen, in den Schatten stellen, jn zurückdrängen, etw abstellen
N - V - N - qp — *L'auteur de l'article relègue au même rang Ionesco, Beckett et Simone de Beauvoir/LeM/. Les évènements politiques du 25 août ont relégué au second plan les décisions prises en matière d'aide aux agriculteurs/LeM/. Reléguer qn au second plan, dans l'ombre du pouvoir. Reléguer ses vieux bouquins au grenier, sa bicyclette à la cave.*
⧗ *reléguer à plus tard qc/de Inf:* verschieben

• relever[1] (2) — wieder aufheben, -richten, hochziehen, hochkrempeln, erhöhen
N - V - N — *Relever qc/qn qui est tombé. Relever la tête, son col, les manches, un pays. Relever la vitre, les salaires, le niveau de vie de la population, l'économie, le courage de qn.*
⧗ einsammeln
Le professeurs relève les copies.
⧗ (Briefkasten) leeren
Relever le courrier.
⧗ *Relever un plat:* würzen
⧗ *Relever de maladie:* e-e Krankheit gerade hinter sich haben

✗ *Loc.: relever le gant, un défi:* e-e Herausforderung annehmen

relever[2]
N - V - N
notieren, vermerken, (Zähler) ablesen, entdecken, feststellen
Relever une adresse, une date, le courant, le compteur. Relever des fautes dans un devoir. Les policiers ont relevé des traces de balles dans la carrosserie.
hervorheben
Cela ne mérite pas d'être relevé. La plupart des commentateurs relèvent le caractère irréaliste de cette thèse.

relever[3] (2)
N - V - N
♦Npl - se V
ablösen
Relever qn qui a monté la garde.
Ils se sont relevés.

relever[4] (3)
N - V - N - de N
entheben, entbinden
Relever qn de ses fonctions, d'une obligation, d'un voeu, d'un serment.

relever[5] (2)
N - V - de N
gehören zu, fallen unter, etw sein, unter die Zuständigkeit fallen von
Trois partis communistes relèvent du schéma que M. Berlinguer a esquissé/LeM/. Ce bureau relève de l'administration municipale. Ce problème ne relève pas de votre compétence. Ceci relève de la pure spéculation.

• **relier** (2)
N - V - Npl
♦N - V - N - à N
verbinden, in Verbindung bringen
Un passage souterrain relie ces deux magasins.
A partir du mois prochain, une ligne rapide reliera Marseille à Paris.
✗ *relier un livre:* (Buch) binden

• **relire**
→ lire

reloger (2+L)
N - V - N -(qp)
wieder unterbringen
Dans le centre historique, les propriétaires seront obligés de reloger sur place les locataires ou les commerçants, après leur avoir trouvé un logement provisiore pendant les travaux de restauration/LeM/.

relouer
→ louer[1]

reluire (1)
N - V
glänzen, leuchten
Faire reluire des casseroles, ses chaussures. La grande rose de la façade reluisait dans l'ombre comme un fouillis de diamants/Hugo/.

reluquer (2) FAM
N - V - N
(begierlich, von der Seite) ansehen
Reluquer les jeunes filles. Il reluqua sa voisine.
Fig.: spekulieren auf
Reluquer un héritage.

remâcher
→ mâcher
✗ Fig: s. unablässig beschäftigen mit, nicht loskommen von
Remâcher un échec, ses soucis, son passé.

remailler (2)
N - V -(N)
(Netz, Pullover) flicken
Remailler un filet, un tricot.

remanier (2)
N - V - N
umarbeiten, umbilden
Remanier une pièce de théâtre, un cabinet ministériel.

remarier
→ marier

• **remarquer** (2)
N - V - N
que S Ind
Ind/Kj |neg/int
Int.ind
Ø Inf 1
bemerken
Remarquer un point lumineux dans la brume.
J'ai remarqué qu'il pleuvait.
Je n'ai pas remarqué que les choses se soient/se sont améliorées. Avez-vous remarqué que les choses se soient/se sont améliorées?
Avez-vous remarqué s'il est làou non?/Sieckfeld/.
J'ai remarqué trop tard m'être trompé de route.
✗ *Remarquez que...:* übrigens
✗ *Faire remarquer qc à qn:* aufmerksam machen auf
Je lui ai fait remarquer qu'il n'avait pas encore payé le loyer.
✗ *Se faire remarquer:* auf s. aufmerksam machen, auffallen
Cesse de te faire remarquer. A force de vouloir rester anonyme, il s'est fait remarquer.

remballer (2)
N - V - N
wieder einpacken
Les commerçants remballent leurs marchandises.
✗ *Fig.:* FAM: *remballer ses compliments:* für s. behalten
Il peut remballer ses compliments, je m'en fiche.

rembarquer
→ embarquer

rembarrer (2) FAM
N - V - N
schroff zurückweisen
Au lieu de me répondre, il m'a rembarré. Mme Essex a fait la coquette. Lui, naturellement, a foncé, et elle l'a rembarré.

remblayer (2)
N - V - N
an-, aufschütten, auffüllen
Remblayer une route, un fossé.

remboîter (2)
N - V - N
wieder einrenken
Remboîter un bras démis.

• **rembourser** (3) — jm die Kosten zurückerstatten
N -V - Nqn -(de N) — *Rembourser qn. On le remboursera de ses frais d'hôtel.*
♦*Nqn - se V* — auf s-e Kosten kommen
En fin de compte, je me suis remboursé.
N - V - Nqc -(à Nqn) — zurückzahlen, (Schulden) tilgen, begleichen
Je lui ai remboursé les 100 francs qu'il m'a avancés. On ne m'a pas remboursé mes frais d'hôtel. J'ai remboursé toutes mes dettes.

rembrunir (2) — Fig.: verdüstern, umwölken, verfinstern
N - V - Nqc(de qn) LIT — *Les soucis rembrunissent son front.*
♦*N - se V* REL — *Son visage s'est rembruni.*

remédier (2) — e-r S abhelfen, etw beheben, etw abstellen
N - V - à N — *Nous allons remédier à cette erreur, à cette situation, à ces abus.*

remémorer (2) — wieder ins Gedächtnis rufen
N - V - N LIT — *J'ai dessin de rapporter les rencontres singulières de ma vie, en les remémorant je doute moi-même si je n'ai pas rêvé/A.France/.*
♦*N - se V - N* — *L'homme touché par le malheur et qui se remémore les instants ou les jours qui l'ont précédé/Pilhes/.*

remembrer (2) — flurbereinigen
N - V - N — *Remembrer une exploitation agricole.*

• **remercier** (3) — jm bedanken, s. bedanken bei jm für
N - V - Nqn -(de/pour N) — *Remercier qn vivement. Je te remercie de ta lettre. Remercier qn pour son aide.*
de ce que S Ind/Kj — *Je vous remercie de ce que vous m'avez/m'ayez prévenu.*
de Inf 2 — *Je vous remercie de m'avoir prévenu.*
⧗ *N-V-Ø:* danke nein sagen, ablehnen
⧗ *N-V-Nqn:* jn entlassen: *Le patron l'a remercié.*

• **remettre**[1a] — → mettre[1a]

• **remettre**[1b] — → mettre[1b]
N - V - N - en N — *Le résultat va remettre en question l'unité du parti socialiste/LeM/.*

remettre[2] — → mettre[2]

• **remettre**[3] (3) — wieder-, zurück-, ab-, übergeben, überreichen, aushändigen
N - V - N -(à N) — *Remettre à qn une lettre recommandée. Remettre un enfant à la garde de qn. Remettre un condamné à la justice. Remettre ses pouvoirs à un remplaçant. Le ministre a remis sa démission au président. A la fin de l'examen, les étudiants remettent leurs copies. Il m'a remis une enveloppe contenant cent francs.*

remettre[4] (3) — erlassen, (Sünden) nachlassen
N - V - N -(à Nqn) — *Remettre une partie de sa peine à un condamné. Remettre une dette à son débiteur. Remettre les péchés.*

• **remettre**[5] (2+Adv) — verschieben
N - V -$(Adv_{à})$- N — *Remettre un travail à plus tard. Il est impossible de remettre cette réunion à demain.*
de Inf 1 — *J'ai remis à plus tard de faire cela.*

remettre[6] (3) — wieder auf die Beine bringen, ⧗ s. erholen
N - V - Nqn - de N — *La cure m'a remis de cette maladie.*
♦*Nqn - se V -(de N)* — s. erholen
Il ne s'est jamais remis de cet accident.

se remettre[7] (2) — s. erinnern an
N - se V - N — *Se remettre le visage, le nom de qn.*
⧗ *se remettre en mémoire qc:* s. ins Gedächtnis zurückrufen
Se remettre en mémoire une règle de grammaire.
⧗ FAM: *Nqn-V-N |neg:* jn wieder-erkennen
Je ne vous remettais pas.

s'en remettre[8] (2) — s. verlassen auf
N - s'en V - à Nqc/qn< pour N/Inf 2 > — *Je m'en remets à vous pour la traduction. Je m'en remets à vous pour faire cela. Je m'en remets à votre habileté.*

• **se remettre**[9] — → se mettre[4]

remettre[10] (2+L) POP — wieder beginnen
N - V - N — *Voilà qu'ils remettent ça.*
N - V — *Ça va remettre de plus belle.*

remeubler (3) — neu einrichten
N - V - N -(de N) — *Remeubler son appartement (de meubles modernes)*

remilitariser (2) — wiederaufrüsten
N - V - N — *Remilitariser un pays.*

remiser[1] (2+L) — ab-, unterstellen
N - V - N -(qp) — *Remiser un meuble, une bicyclette au garage.*

remiser[2] — → miser

remmailler — → remailler

remmencher — → emmancher

remmailloter → emmailloter

remmener → emmener

remodeler (2) — umgestalten, neu gestalten
N – V – N
Tout est à remodeler. Pour remodeler 35 hectares au centre d'une grande ville, où le terrain vaut très cher, il faut des sommes énormes au départ/Nouvel Observateur/. En sept jours, on vous retend la peau du visage, on en remodèle l'ovale/Le Figaro/. Le ministère a l'intention de profiter de la suppression de la première partie du baccalauréat pour remodeler l'ensemble des études de second cycle/LeM/.

• remonter[1] → monter[1]; zudem:
N – V – N
Remonter le cours d'un fleuve.
höher machen, hochschlagen, -krempeln
Remonter un mur, son pantalon, son col.
Fig.: (Mut...) heben, jn wieder auf die Beine bringen
Remonter le courage, le moral de qn > lui remonter le courage, le moral. Prenez un whisky, cela vous remontera.
N – V – à N — stammen aus, zurückgehen auf, bis
Un monument qui remonte à l'époque romaine. Cette famille remonte à la noblesse d'Empire. La Légion d'honneur remonte à Napoléon, remonte à lui.

• remonter[2] (2) — wieder montieren, aufbauen...
N – V – N
Monter, démonter et remonter une tente.

remontrer[1] → montrer

en remontrer[2] (2) — FAM — es aufnehmen mit
N – en V – à Nqn
Ce petit-là, on n'attendait rien de lui, mais il nous en a remontré. M. aurait pu en remontrer à un gardien de phare pour ce qui était de supporter la solitude.

remordre → mordre[a]

remorquer (2) — abschleppen
N – V – N
Remorquer une voiture en panne.

remoucher → moucher

remoudre → moudre

remouiller → mouiller[1/2]

remouler → mouler

rempailler (2) — (Stuhl) neu flechten, (Tier) neu ausstopfen
N – V – N
Rempailler une chaise, un animal.

rempaqueter → empaqueter

rempiler[1] → empiler

rempiler[2] — FAM — s. weiterverpflichten, verlängern
N – V
A la fin du service militaire, il a rempilé. A la fin de son engagement, il a rempilé.

• remplacer (3/2) — ersetzen, ablösen, vertreten, auswechseln
N – V – N –(par N)
Remplacer un poste de radio. Remplacer des chaussures usées par de nouvelles.
N – V – N
M. Dupont remplace M. Durand. Vous pouvez vous en aller, je vous remplace.

• remplir[a] (3/2) — aus-füllen
N – V – N –(de N)
Remplir une bouteille d'eau. Remplir un questionnaire. Mon emploi du temps est bien rempli.
N – V – N
Les spectateurs remplissent la salle.

• remplir[b] (3/2) — erfüllen
N – V – N – de N
Elle me remplissait de joie/Pilhes/. (×se V).
N – V – N
Remplir une condition.
(Amt..) ausüben
Remplir une fonction.

remployer → réemployer

se remplumer[1] (1) — neue Federn bekommen
N – se V
L'oiseau s'est remplumé.

remplumer[2] (2/1) — FAM — jn wieder zu Geld kommen lassen, ✗ Speck ansetzen, zunehmen
N – V – Nqn
Ses affaires l'ont bien remplumé. Ses vacances l'ont remplumé.
♦Nqn – se V
Speck ansetzen, zunehmen
Il s'est bien remplumé pendant les vacances.
N – V — zu Geld kommen
Il a bien remplumé grâce à ses actions.

remporter[1] (2+L) — zurücktragen, wieder mitnehmen
N – V – N –(qp)
Remporter qc dans la cuisine. Remportez cela!

remporter[2] (2) — (Sieg) erringen, (Preis) gewinnen...
N – V – N
Remporter une victoire, un prix, un succès. Le parti libéral a remporté mardi une incontestable victoire dans les élections législatives/LeM/. C'est une équipe très célèbre qui a remporté la coupe Davis.

• remuer (2/1) — bewegen, (herum-)rücken mit, wackeln, wedeln mit, um-rühren, -graben.
N - V - N — *Remuer les lèvres, sa chaise, la tête, la queue, la soupe, la salade, la terre. Fig.: Il a été très remué par cette nouvelle.*
auf den Kopf stellen
J'ai remué tout l'appartement pour chercher cette fiche.
♦*Nqn - se V* — Fig.: s. anstrengen, s. Mühe geben
L'image du chef d'Etat qui se remue et parle beaucoup/LeM/. Allons, remue-toi! Il ne s'est pas remué pour m'aider.
Nqc/qn - V — s. bewegen
Il y a quelque chose qui remue dans le grenier. Il a de la peine à remuer.

rémunérer (2) — bezahlen
N - V - N — *Rémunérer le travail de qn.*

renâcler[a] (1) — schnauben
N - V — *Les chevaux soufflaient fort et renâclaient/Simon/.*

renâcler[b] (2) — Widerwillen zeigen, etw widerwillig tun
N - V -(à N) — *Renâcler à la besogne. Faire qc en renâclant.*

renaître — → naître[a]

renarder (1) LIT — listig handeln
N - V — *Il renarde comme un malin qu'il est.*

rencaisser — → encaisser

renchérir[1] (2/1) — teurer machen
N - V - N — *Un procédé de fabrication qui renchérit la marchandise.*
N - V — *Le papier a renchéri.*

renchérir[2] (2) — etw überbieten
N - V -(sur N) — *Renchérir sur la hardiesse de tous. Nous avons renchéri sur la cruauté des bêtes féroces/A. France/. "On peut même dire", renchérit Musterffies, "que, lorsqu'il ont appris nos règles, ils les appliquent mieux que nous"/Pilhes/.*

• rencontrer (2) — treffen, begegnen, stoßen auf, treffen auf
N - V - N — *Je l'ai rencontré dans la rue. La sonde a rencontré le roc. Le projet de loi a rencontré une vive résistance de la part de l'opposition. Rencontrer le regard de qn. Je n'ai jamais rencontré ce mot.*
♦*Npl - se V* — s. treffen
Ils se sont rencontrés ce matin.

rendormir — → endormir

rendosser (2) — wieder anziehen
N - V - N — *Il fait froid, rendossez donc votre veste.*

• rendre[1a] (3/2) — wieder-geben, zurückgeben
N - V - N -(à N) — *Rendre à qn l'argent qu'on lui a prêté. Rendre à l'expéditeur une marchandise endommagée. Rendre une ville à l'ennemi. Rendre la liberté à un prisonnier. L'opération lui a rendu la vue. Aucun discours, voire aucun référendum ne sont plus de nature à apaiser les esprits ou à rendre la confiance à ceux qui l'ont perdue/Le Figaro/. Ces paroles de consolation lui ont rendu le courage, l'espoir.*
s. revanchieren für, etw erwidern
Rendre une politesse à qn. Jean est persuadé que je ne lui rends pas sa tendresse/Mauriac/.
♦*N - se V -(à N)* — s. über-, ergeben
La ville s'est enfin rendue. Il s'est rendu à la police.
⧗ vergelten, heimzahlen
Rendre l'injure pour l'injure. Rendre le bien par le mal.
⧗ *Rendre la monnaie:* (es) jm mit gleicher Münze heimzahlen
⧗ *Rendre sa visite à qn:* e-n Gegenbesuch machen
⧗ *Rendre l'âme:* den Geist aufgeben
⧗ FAM: *le rendre à qn:* es jm heimzahlen
Je te le rendrai.
N - V -(N) — von sich geben, er-brechen, s. übergeben
J'ai rendu. J'ai rendu tout ce que j'avais dans l'estomac /Sartre/.
N - V - N — geben, liefern, (Ertrag, Gewinn) abwerfen
Le rôti a rendu beaucoup de jus. La terre rend beaucoup. La cloche rend un beau son. Aujourd'hui la pêche ne rend plus beaucoup.
⧗ *rendre les armes:* die Waffen strecken
⧗ *rendre gorge:* (Gestohlenes) wieder herausrücken (müssen)
Faire rendre gorge à un trafiquant malhonnête.

• rendre[1b] (3/2) — (s-r Bestimmung...) wieder übergeben, zurückgeben
N - V - N - à N — *Rendre un édifice religieux au culte. Rendre des prisonniers à la liberté. Afin de rendre le plus tôt possible la Sorbonne à sa destination universitaire/France-Soir/.*
⧗ *se rendre à l'évidence:* es einsehen
N - V - N < par N > — (Bedeutung, Eindruck..) wiedergeben
Essayons de rendre le sens de ce texte (par la traduction). Ce tableau rend bien l'atmosphère de cette ville.

• se rendre^{2} (1+L)
Nqn - se V - qp
s. begeben
Je me suis habillé à la hâte et me suis rendu rue Oberkampf /Pilhes/.
(z. Arbeitsplatz) gehen, fahren
En général, je me rends à mon travail à pied, en train, en voiture, à cheval.
⧗ *être rendu (qp):* wohin kommen, wo ankommen
Par l'autobus on est plus vite rendu que par le métro/Céline/. Me voilà rendu à destination.

• rendre^{3} (2+A)
N - V - N - adj
machen, werden lassen
Cette particularité leur rendait difficiles les manifestations d'indépendance/Pilhes/. Pyongyonag rend d'ailleurs le président des Etats-Unis directement responsable de l'aggravation de la crise coréenne/LeM/. Cette politique rend dérisiore l'annonce d'un dialogue avec les étudiants et les enseignants/France-Soir/. On rend d'abord la science coupable des laideurs, des pollutions qui accompagnent l'explosion technique de notre temps/LeM/.
Nqc - V -(Nqn) - adj
Ce travail rend nerveux.

• rendre^{4} (aux)
N - V - N
Rendre un jugement: (Urteil) fällen
Le tribunal a rendu son jugement.
N - V - N -(à N)
Rendre hommage: jm huldigen
Rendre justice: jm Gerechtigkeit widerfahren lassen
Rendre (un) service :e-n Dienst erweisen
Rendre compte à qn: jm berichten
Il nous a rendu compte de son voyage.
⧗ *Fig.: rendre des comptes à qn:* jm Rechenschaft ablegen
Il va falloir nous rendre des comptes.
Rendre visite: Besuch abstatten
Rendre grâce(s): Dank abstatten
⧗ *se rendre compte de N, de ce que S Ind, que S Ind, que S Ind/Kj |neg.:* s. bewußt werden, sein
On ne se rendait pas compte du tout que la guerre dût finir /v.d. Meersch/.

renfermer^{a} (2+L/2)
N - V - N -(qp)
wieder einschließen, -sperren
J'ai renfermé les papiers dans le tiroir.
N - V - N
⧗ sein, stecken, liegen in...
Le tiroir renferme des documents importants.

renfermer^{b} (2+L/2)
N - V - N - qp
zusammenfassen
Il renferma sa pensée en peu de mots.
♦*Nqn - se V - qp*
s. in (Schweigen) hüllen
Se renfermer dans le silence, dans le mutisme.
⧗ *se renfermer dans sa coquille, en soi-même:* s. abkapseln, verschlossen werden, s. zurückziehen
N - V - N
enthalten
Cette étude renferme de nombreuses erreurs.

renflammer
→ enflammer

renfler (2)
N - V - N
bauchig machen
Une déformation a renflé la forme du vase. Le vase se renfle vers le bas.

renflouer (2)
N - V - Nqc
wieder flott machen, Fig.: wieder hochbringen
Renflouer un radeau échoué. Renflouer une entreprise au bord de la faillite.
N - V - Nqn FAM
wieder bei Kasse bringen
Cette affaire l'a renfloué.

• renforcer (2)
N - V - N
ver-stärken, bestärken
Renforcer un mur, une équipe. Cette preuve renforce mon hypothèse. Il n'a fait que renforcer mes opinions > me renforcer dans mes opinions. La ferveur de Jacques...renforçait par opposition le scepticisme d'Antoine/Martin du Gard/.

se renfrogner (1)
N - se V
ein saures Gesicht machen
Il se renfrogna quand je lui ai dit cela. Bien sûr, répondit-il en se renfrognant/Pilhes/.

rengager^{1} (2)
N - V - N
wieder verpfänden
Rengager ses bijoux.

rengager^{2} (2/1)
N - V - N
wieder einstellen
Rengager un employé.
♦*N - se V*
s. (militärisch) weiterverpflichten
Après son service militaire il s'est rengagé.
N - V
s. weiterverpflichten
Il a rengagé.

rengager^{3}
→ engager^{3a}

rengainer^{a} (2)
N - V - N
(Waffen) wieder in die Scheide, ins Halfter stecken
Rengainer l'épée, le revolver.

rengainer^{b} (2) FAM
N - V - N
für s. behalten, nicht aussprechen, nicht zuende sprechen
Il rengaina ses compliments. Il rengaina son discours.

se rengorger[a] (1)
N - se V
s. aufplustern
Le paon se rengorge face aux visiteurs.

se rengorger[b] (2)
N - se V -(de N)
de ce que S Ind/Kj
de Inf 1
s. aufplustern, s. brüsten
Se rengorger de son succès.
Il se rengorge de ce qu'il a/ait tant de succès.
Il se rengorge d'avoir autant de succès.

renier (2)
N - V - N
ab-, ver-leugnen
Renier Dieu, son passé, ses opinions, sa signature.

renifler (1/2)
N - V
<Pferd> schnauben; (die Luft durch) die Nase hochziehen
Le cheval renifle. L'enfant renifle après avoir pleuré.
N - V - N
be-riechen, (Tabak) schnupfen, ⧗ <Geruch> in die Nase steigen
La ménagère renifle d'un air soupçonneux le poisson. Renifler du tabac. En entrant dans la salle à manger les narines reniflaient une odeur de graisse et de graillon/Apollinaire/.
Fig.: FAM: wittern
Renifler une bonne affaire.

renommer
→ nommer

• renoncer (2)
N - V -(à N)
verzichten auf, aufgeben, resignieren, s. in e-e Lage schicken
Renoncer à une entreprise, à un poste, à une opinion. Après une lutte infructueuse avec les autorités, il finit par renoncer. Il ne m'est pas arrivé souvent de renoncer/Gide/.
à ce que S Kj |×1
Je renonce à ce que vous m'aidiez.
à Inf 1
Je renonce à partir en voyage.

renouer[a] (2)
N - V - N
wieder binden
Renouer sa cravate.

renouer[b] (2)
N - V - N
N - V - avec N
wieder aufnehmen, aufgreifen, wieder anknüpfen an
Renouer la conversation, des liens avec qn.
N'est-il pas singulier que, renouant avec la chaude et poétique tradition, la femme du défunt décide de le ramener à la maison? /Pilhes/.

• renouveler (2)
Nqc/qn - V - N
erneuern
Renouveler son passeport, l'air d'une pièce, son outillage, une demande, une question, une promesse, une interdiction. Cette réforme a pour but de renouveler le système fiscal. Son étude a entièrement renouvelé l'image que l'on avait de cet auteur.
♦*N - se V*
s. erneuern
La vie monachale s'est renouvelée après la réforme de Cluny.
s. entwickeln, Neues bringen
Cet auteur ne se renouvèle plus.
⧗ s. wiederholen, wieder vorkommen
Que ça ne se renouvèle pas, tu m'entends?/Arland/.

rénover (2)
N - V - N
erneuern, reformieren
Rénover l'enseignement.
renovieren
Rénover les tapisseries d'un appartement.

• renseigner (3)
N - V - N -(sur N)
jm Auskunft erteilen, jn informieren
Renseigner qn sur l'horaire du train. Je ne suis pas au courant parce que personne ne m'a renseigné.
♦*N - se V -(sur N) < auprès de Nqn >*
s. erkundigen, s. informieren, nachfragen
Je me suis renseigné là-dessus auprès de lui.

• rentrer (1+L/2+L)
N - V -(qp)
zurückkehren, -kommen, -gehen..., <Geld> eingehen
Je rentre à la maison. Il rentre de promenade. Il n'est pas encore rentré. L'argent que nous attendons n'est pas encore rentré.
⧗ *Les enfants rentrent en classe. Les étudiants rentrent à la mi-août. Les facultés rentrent en octobre.*
N - V - qp
wohin gehen, wo eintreten
Comme nous n'avions rien à faire, nous sommes rentrés dans un cinéma. Après son service militaire, il est rentré dans la police, chez les Jésuites.
(hinein-)passen in
La clef rentre bien dans la serrure.
FAM: auf, gegen etw fahren
Je suis rentré dans une 2 CV. Je lui suis rentré dedans.
Fig.: fallen in, unter, gehören in, zu
Cela ne rentre pas dans la même rubrique.
⧗ <Ordnung> wieder eintreten; in (Ordnung) kommen
Tout est rentré dans l'ordre.
⧗ *rentrer en fonction.*
<jd> etw wiederbekommen
Il est rentré dans ses droits.
⧗ *rentrer dans ses frais:* auf s-e Kosten kommen
⧗ *rentrer en soi-même:* in sich gehen
N - V - N -(qp)
hinein-stellen, -fahren, -bringen..., (Ernte) einfahren
Rentrer sa voiture au garage. Rentrer le foin à l'étable. En faisant rentrer les tuyaux de sa lunette dans leur fourreau d'ivoire/A. Dumas/.
einziehen, -fahren
Il rentre le ventre. Le pilote a rentré le train d'atterrissage.

ɪ Fig.: (Wut, Tränen) herunterschlucken, unterdrücken, zurückhalten
Rentrer sa colère, ses larmes.

• **renverser**[a] (2+L/2/1)
N - V - N -(qp)
um-kippen, -stürzen, -stoßen
Renverser un verre de vin. Renverser du vin sur la table. Renverser une chaise, son adversaire.
(Kopf) nach hinten werfen
Renverser la tête en arrière.
jn umfahren
La voiture a renversé le piéton.

♦*N - se V -(qp)*
s. (zurück-)werfen, um-kippen, -stürzen, s. zurücklehnen
Lilian se renversa en arrière en riant aux éclats/Gide/. La voiture s'est renversée dans le fossé.

N - V - N
(Haus) auf den Kopf stellen
Renverser toute une maison pour chercher qc.
(elektrisch) umpolen
Renverser le courant.

N - V RARE
(s-e Richtung) umkehren, <Strömung> s. drehen
Le courant électrique renverse. La mer renverse.

• **renverser**[b] (2)
N - V - N
(Regierung) stürzen, zu Fall bringen, umstürzen, -stoßen
Renverser un gouvernement, un ministre, l'ordre établi, une tradition.
umkehren, umstellen
Renverser l'ordre des mots.
FAM: jn umwerfen, umhauen
Cette nouvelle m'a renversé.

• **renvoyer** (2+L/3/2+Adv)
N - V - Nqn -(qp) < Ø Inf_{fin} >
zurück-, weg-schicken, zurücksenden
Je l'ai renvoyé chez le boulanger acheter encore un pain. Le médecin m'a renvoyé chez un spécialiste. Quand elle fut remise et bien établie dans sa chambre, elle renvoya tout le monde /Stendhal/.
ɪ *renvoyer qn:* jn entlassen
Mme la marquise a renvoyé sa bonne.
ɪ *renvoyer qn de l'école:* jn von der Schule verweisen

N - V - Nqc -(qp)
zurückwerfen, -strahlen
Jean a renvoyé le ballon par-dessus le mur. La glace renvoie la lumière. La façade de métal renvoie la chaleur. La paroi renvoyait le son.

N - V - N - à Nqn
zurückwerfen, -schicken
Renvoyez-moi la lettre. Je lui renvoyai le ballon.
ɪ *Fig.: renvoyer la balle à qn:* keine Antwort schuldig bleiben
Je ne laissai pas passer sa remarque et lui renvoyai aussitôt la balle.
ɪ *Fig.: se renvoyer la balle:* einander (die Schuld..) zuschieben, s. den schwarzen Peter zuschieben
Au lieu d'assumer leur part de responsabilité, ils se sont renvoyé la balle.

N - V -(Nqn) - à Nqc
Fig.: jn verweisen auf
Les astérisques renvoient (le lecteur) à l'index. Sans doute les renvoyait-il aux manuels qui circulaient de son temps/R.L. Wagner/.

N - V - $Adv_{à}$ *- Nqc*
verschieben, -legen, -tagen auf
La réunion a été renvoyée à une date ultérieure.

de Inf 1
J'ai renvoyé à plus tard de faire ce travail.

réoccuper[1] → occuper[1]

réoccuper[2] → occuper[2]

réordonner[1] → ordonner[1]

réordonner[2] → ordonner[2]

réordonner[3] → ordonner[3]

réorganiser → organiser

réorienter → orienter

repaître (3) LIT
N - V - N - de N
(s.) weiden, ergötzen an
Repaître ses yeux d'un spectacle. Repaître son esprit de lectures classiques.

♦*N - se V - de N*
Se repaître de littérature fantastique.
ɪ *se repaître d'illusions:* s. Illusionen hingeben

• **répandre** (2+L)
N - V - N -(qp)
verschütten, -gießen, aus-, ver-breiten
Répandre du vin sur la nappe, du gravier sur la route. Répandre des larmes. Répandre une odeur, de la chaleur, de la lumière. Répandre une doctrine, une nouvelle, un bruit, la joie, la crainte autour de soi. Un bruit se répandit place Voltaire de cafés en bistrots/Pilhes/. Déjà la nouvelle s'était répandue dans tout le Quartier Latin/France-Soir/. Pour arriver au pouvoir, il n'a pas hésité à répandre le *sang.*
ɪ *se répandre en:* s. ergehen in
Se répandre en excuses, en menaces, en injures.

LIT
verteilen
Dieu répand ses bienfaits.

reparaître → paraître[1]

• **réparer** (2)
N - V - N
reparieren, instandsetzen, ausbessern
Réparer une bicyclette, un vêtement, un mur délabré.
Fig.: wieder gutmachen
Réparer une faute, une erreur.
⧗ *réparer ses forces, sa santé:* wieder zu Kräften kommen
⧗ *réparer un dommage:* (Schaden) ersetzen
Tout fait quelconque de l'homme, qui cause à autrui un dommage, oblige celui par la faute duquel il est arrivé, à le réparer/Code civil/.

reparler → parler

repartager (2/3)
neu auf-, verteilen, wieder, nochmals teilen
Npl - V - N — *Ils ont repartagé le gâteau (entre eux). Nous repartagerons cette année la même chambre.*
♦*N - V - N - avec N* — *J'ai repartagé avec lui les bénéfices.*
N - V - N -(en Npl) — *Il a repartagé l'orange en quatre morceaux.*
entre/parmi Npl — *Repartager un gâteau entre ses enfants. Repartager l'héritage parmi ses enfants.*
à Npl — *Le contremaître a repartagé le travail aux nouveaux ouvriers.*

• **repartir**[1] (1+L)
N - V -((de)qp)
wieder abfahren, -reisen...
Il est reparti pour Paris. Il repart d'ici demain.

repartir[2] (1)
N - V
wieder, neu beginnen
Il a été ruiné et a dû repartir à zéro. L'économie repart. La pluie repart de plus belle.

répartir (2+L)
ver-, auf-, einteilen
N - V - N -(qp) — *Répartir ses livres sur des rayonnages, des troupes dans une ville.*
entre Nqn-pl — *Répartir une somme, un travail entre plusieurs personnes.*
sur Npl — *Répartir son travail sur plusieurs semaines.*
en Npl — *On répartit traditionnellement cette peuplade en cinq tribus.*
♦*Nqn-pl - se V - N -entre eux* — unter sich aufteilen
Ils se sont réparti le travail entre eux.

• **repasser**[1a] → passer[1a]

• **repasser**[1b] (1/1+A/2/3)
N - V — (wieder) s. entgehen lassen
Laisser repasser plusieurs fois une occasion.
N - V - adj — nochmals unbemerkt bleiben
Sa faute était repassée inaperçue.
N - V -(de N) - à N — wieder übergehen zu
Je repasse à un autre sujet. En quelques jours, le temps est brusquement repassé du beau temps à la pluie.
N - V - par N — wieder etw durchmachen
Il a repassé par une période difficile.
N - V - N — nochmals machen, wiederholen, nochmals durchgehen
J'ai dû repasser l'examen. Repasser un rôle, une leçon pour s'en assurer la maîtrise.
N - V - N - à N — jm wieder (das Wort) geben
Je vous repasse la parole.

repasser[2] (2)
N - V - N < à Inf 1 >
nochmals verbringen
Nous repasserons nos vacances au bord de la mer. Nous avons repassé l'après-midi à jouer au baby-foot.

repasser[3] (2)
N - V -(N)
bügeln
Passer son temps à repasser. Repasser des draps.

repaver → paver

repayer[a] (2/3)
nochmals bezahlen
N - V -(Nqc) — *Nous avons dû repayer à la sortie. Je n'ai pas envie de repayer la facture.*
N - V - Nqn < pour N > — *Vous devez refaire ce travail, mais je ne vais pas vous repayer pour cela.*
N - V - Nqc - à Nqn — *Ses parents lui ont repayé un voyage en Afrique.*
FAM: *Je te repaie l'apéro.*

repayer[b] (2)
N - V - N
wieder bezahlen, büßen
Il a repayé de plusieurs années de prison son cambriolage.
⧗ jm etw wieder heimzahlen
Tu me le repaieras.

repêcher (2)
N - V - N
wieder fischen, angeln
Repêcher un poisson rejeté.
jn (aus dem Wasser) bergen
Repêcher qn qui se noie. Repêcher des marins naufragés.
Fig.: FAM: jm aus der Patsche helfen
Repêcher qn qui est comblé de dettes.
FAM — jn gerade noch durchkommen lassen
Repêcher un élève qui devrait être collé.

repeindre → peindre[a]

rependre (2+L)
N - V - N -(qp)
wieder aufhängen
Rependre son manteau (au portemanteau). On a rependu le lustre au plafond.

repenser (2)		neu durchdenken
N – V – N		*Le ministre de l'Education nationale n'a pas caché qu'à son avis, il fallait repenser les conditions de la vie scolaire /L'Express/.*
N – V – à N		erneut denken an
		Je repense aux vacances, à lui.
∅ Inf 1		nochmals, wieder gedenken, vorhaben
		Nous repensons passer nos vacances en Italie.
• **se repentir** (2)		etw bereuen
N – se V –(de N)		*Se repentir d'une faute, d'une erreur.*
de ce que S Ind/Kj		*Je me repens maintenant de ce que l'on m'a/m'ait laissé trop peu d'initiative.*
de Inf 1		*Je me repens d'avoir choisi cette solution.*
repercer		→ percer[a]
répercuter[1] (2+L)		zurückwerfen
N – V – N –(qp)		*L'écho répercute le son. Un miroir répercute la lumière au plafond.*
se répercuter[2] (2/1+L)		Auswirkungen haben auf, s. auswirken auf
N – se V – sur N		*Voilà des décisions qui se répercuteront sur la vie quotidienne. Les revendications salariales se répercuteront sur le prix des voitures.*
qp		*La lutte idéologique se répercutera en particulier dans notre pays/L'Humanité/.*
repérer[1] (2)		markieren
N – V – N		*Repérer le tracé d'une route, l'alignement d'une allée. Repérer à la craie les traces d'un accident.*
repérer[2] (2)		ausfindig machen, orten, ausmachen, bemerken
N – V – N		*Repérer une ville sur une carte, qn dans une foule, un sous-marin. J'ai repéré facilement mon chemin. Un barreau qui a commencé d'être scié ne se repère pas si facilement/LeM/.*
		⧗ *Nqn-seV(qp):* s. zurechtfinden
		Bien se repérer dans une ville.
		⧗ FAM: *se faire repérer:* die Aufmerksamkeit auf sich ziehen, bemerkt werden
que S Ind		*La douane a repéré que je passais régulièrement en fraude des cigarettes.*
Int.ind		*Le radar a repéré où se trouvait l'avion.*
∅ Inf 1		*J'ai repéré avoir commis une erreur de frappe dans la phrase précédente.*
répertorier (2)		in ein Verzeichnis, e-e Kartei aufnehmen, verzeichnen
N – V – N		*Répertorier des adresses, des livres, des informations.*
• **répéter**[1] (2/3)		wiederholen
N – V – N		*Répéter une tentative, un geste, la même chose.*
N – V – N –(à N)		→ dire[1]
répéter[2] (2)		proben
N – V –(N)		*Répéter une pièce de théâtre. Nous répétons le lundi.*
repeupler		→ peupler
repincer[1] (2)		wieder kneifen, s. etw klemmen
N – V – N		*Il repinça les fesses de sa maîtresse. (×Il a repincé son doigt dans la porte) > il s'est repincé le doigt dans la porte.*
		wieder zupfen
		Le virtuose repinça quelques accords.
		(Lippen) wieder zusammenkneifen
		A chaque remarque gaillarde, tante Amélie repince les lèvres.
repincer[2]	FAM	→ pincer[2]
repiquer[1]		→ piquer[1a]
repiquer[2]		→ piquer[2]
repiquer[3]	FAM	→ piquer[3]
repiquer[4]		→ piquer[4]
repiquer[5]		(Pflanzen) umsetzen
N – V – N		*Repiquer un arbuste, une salade.*
		⧗ *repiquer une bande magnétique:* (Tonband) überspielen
repiquer[6]	POP	wieder anfangen
N – V –(à N)		*Repiquer au truc. Toi, évidemment, qui aurais repiqué comme simple soldat/J. Romains/.*
		e-n Rückfall erleiden
		A peine guéri, il repiqua.
replacer		→ placer
replanter[a]		→ planter[a]
replanter[b]		(Zelt..) wieder aufbauen, -stellen, (Blick) wieder heften auf
N – V – N –(qp)		*Ils sont venus replanter leur tente. Il replanta à plusieurs reprises son regard sur moi.*
♦*Nqn – se V – qp*		s. wieder (wo) hinstellen
		Il se replanta devant moi sans rien dire.

replâtrer	→ plâtrer
• replier^{1} (2)	zusammenfalten, -legen, -klappen, zurückbiegen
N - V - N	*Replier un journal, un bras, une chaise, une tente. La chaise s'est repliée d'elle-même.*
	⧗ *replier une jambe sur l'autre:* (Beine) übereinanderschlagen
replier^{2} (2)	zurückziehen
N - V - N	*Replier ses troupes.*
♦*N - se V -(sur N)*	*Les troupes se replient sur leur position initiale.*
	⧗ *se replier sur soi-même:* s. abkapseln
répliquer	→ répondre^{1}
N - V - N -(à N)	
replisser	→ plisser
replonger	→ plonger
repolir	→ polir
• répondre^{1} (3)	jm antworten, antworten auf etw, *etw* beantworten
Nqn - V -(à Nqc/qn) -(N)	*Que lui répondrai-je?*
▼*N - V - N*	*Qu'est-ce qu'il a répondu?*
▼*N - V - à N*	*Il ne nous a pas répondu. Il n'a pas répondu à notre question.*
▼*N - V*	*Je lui ai écrit, mais il n'a pas répondu.*
	⧗ *Nqn-V-àNqc/qn-parN:* auf etw antworten mit etw, etw quittieren mit etw
	Il nous a répondu par un silence méprisant. Il répondit à ma remarque par un sourire ironique.
N - V - à N - que S Ind	*J'ai répondu (à Jean, à cette question) que cela était vrai.*
Ø Inf 1	*Je lui ai répondu être d'accord.*
que S Kj 2	*Je lui ai répondu qu'il se taise.*
à N - de Inf 2	*Je lui ai répondu de venir me voir.*
• répondre^{2} (2)	entsprechen
Nqc/qn - V - à Nqc	*Ceci répond à l'idée que je m'en faisais. Je réponds à leur attente/Pilhes/. Le texte du projet de loi répond à deux objectifs/LeM/.*
♦*Npl - se V*	*Les parfums, les couleurs et les sons se répondent/Baudelaire/.*
• répondre^{3} (2)	einstehen, bürgen für
Nqn - V - de Nqc/qn	*Je ne réponds de rien. Je réponds de lui.*
de Inf 1	*Si nous persistons à ne pas fabriquer des fantaisies, je ne réponds plus de maintenir le chiffre/Maurois/.*
• reporter^{1a} (2+L/3/2)	zurückbringen, -tragen, wiederbringen, wieder tragen, (an die Lippen..) heben
N - V - N -(qp)	*Reporter un objet à sa place. Il reporta le verre à ses lèvres.*
	⧗ *Il reporta sa main à son front:* (Hand) wieder legen an
	⧗ *Reporter un film à l'écran:* neu verfilmen
♦*Nqn - se V - qp*	s. wieder begeben, s. wieder (an die Spitze) setzen
	Le lendemain, les curieux se reportèrent sur les lieux de l'explosion. Le coureur s'est reporté en tête de la course.
N - V - N - à Nqn	*Je lui ai reporté le livre qu'il m'a prêté.*
N - V - N	(Kleidung) von neuem, wieder tragen
	Il reporte son chapeau depuis hier. Il reporte des lunettes. Elle reporte le deuil.
• reporter^{1b} (2+L/2)	wieder bringen auf, an
N - V - N - qp	*Il reporte sans cesse le débat sur le plan politique. Un putsch militaire a reporté de Gaulle au pouvoir.*
	übertragen
	Reporter son amour sur un enfant. Beaucoup d'électeurs ont reporté leur voix sur un autre candidat. Reporter en tête d'une colonne le total de la page précédente.
	zurückversetzen
	Le souvenir nous reporte dans le passé. Il se reportait à l'époque où il était heureux.
N - V - N	wieder (Verantwortung) tragen
	Il reporte une lourde responsabilité.
• reporter^{2} (2+Adv/2+L)	verschieben, verlegen
N - V - N -($Adv_{à}$)	*L'émission télévisée qui devait être diffusée jeudi 10 juin, a été reportée sine die/LeM/. Reporter qc à un autre jour, à plus tard.*
qp	*L'arrêt du tram a été reporté (plus loin). L'auteur a reporté les remarques à la fin de l'ouvrage.*
se reporter^{3} (2)	nachsehen in, ⧗ verwiesen werden auf
Nqn - se V - à N	*Pour l'essentiel, le lecteur pourra se reporter au volume sur les patois à paraître ultérieurement dans notre collection.*
	s. beziehen, s. berufen auf
	Se reporter au texte d'une loi.
• reposer^{1}	→ poser$^{1a/1b}$
• reposer^{2a} (1+L)	ruhen
N - V - qp	*La maison repose sur des piliers en béton. Ses mains reposaient sur sa poitrine.*
	⧗ <Tote> (begraben) liegen, ruhen, aufgebahrt sein
	Ici repose Henri IV. Le mort repose sur son lit. Mon mari

repose dans la chapelle de l'hôpital de Saint-Ouen/Pilhes/.

reposer[2b] (2)
N - V - sur N
beruhen auf
Vos arguments ne reposent sur rien. Le système d'expression que les clercs avaient mis au point reposait sur un certain nombre de conventions/R.L. Wagner/.

• reposer[3] (3)
N - V - N -(de N)
s. erholen lassen
Cette lecture repose l'esprit (des fatigues de la journée).
♦Nqn - se V -(de N)
s. ausruhen, s. erholen (von), ausspannen
Mon mari repose dans la chapelle de l'hôpital de Saint-Ouen, j'y ai passé la nuit, je voudrais me reposer un peu/Pilhes/. Je me repose de mon voyage.
⌘ *laisser reposer du vin:* (Wein) ruhen lassen

se reposer[4] (2)
Nqn - se V - sur N < pour N >
s. verlassen auf
Il se repose sur sa femme pour l'éducation de ses enfants. Ils se reposent sur moi. Il se repose sur sa mémoire.
pour Inf
Henri s'était reposé sur sa femme, ce qui était naturel, pour élever leur fille unique/Pilhes/.

• repousser[1a] (2+L)
N - V - N -(qp)
zurückschieben, -stoßen, -drängen...
Repousser la table contre le mur. Le vent changea de direction et repoussa les nuages vers l'est. La foule nous repoussait sans cesse vers la sortie. Je la repoussais avec dédain et je fis deux ou trois pas en arrière pour m'éloigner d'elle/Abbé Prévost/.
⌘ *repousser du cuivre:* (Kupfer) treiben

• repousser[1b] (2)
N - V - N
ab-, zurückweisen, ablehnen, (Ansinnen, Idee...)von sich weisen
Sa famille l'a repoussé. Son obstination à me séduire et à me repousser, ce manège qui durait depuis un an déjà/P. Louys/. Repousser les conseils, l'aide de qn. Votre demande d'augmentation est repoussée/Zola/. Le premier ministre rhodésien avait repoussé toute idée de négociations avec les nationalistes/LeM/. Il repoussait les avances de M. K./LeM/.
zurückschlagen, -weisen
Repousser une attaque, les assauts de l'ennemi.

repousser[2] (2+Adv) FAM
N - V -(Adv$_{à}$) - N
verschieben
Le mariage a été repoussé à plus tard.
de Inf 1
Il a repoussé à plus tard de se marier.

repousser[3] (1/2)
N - V
wieder wachsen, sprießen
L'herbe repousse.
N - V - N RARE
<Pflanzen> (Knospen..) wieder treiben
Cet arbre a repoussé de plus belles branches/Littré/.

• reprendre[1a] (2/3/1)
N - V - N
wieder, nochmals nehmen
Elle reprit le stylo qu'elle avait posé sur la table. Il reprenait un morceau de viande. Je vais reprendre une douche.
(Platz, Ort) wieder ein-nehmen
Reprendre sa place. Reprendre une position ennemie.
(Waren) zurücknehmen
Reprendre des articles vendus en solde.
jn wieder festnehmen
Reprendre un prisonnier évadé.
jn wieder einstellen
Reprendre un ouvrier licencié.
(Weg) wieder einschlagen, s. wieder auf den Weg machen
Il reprit la direction de la tour Eiffel. Il reprit son chemin.
N - V - de N
wieder, nochmals nehmen
Reprenez de ce vin, de la soupe!
N - V - N - à N
wieder ab-nehmen
Reprendre à qn ce qu'on lui a donné.
N - V
<Baum..> wieder anwachsen, wieder Wurzeln schlagen, <jd> wieder zu Kräften kommen, <Wunde> heilen
Après avoir été transplanté, l'arbre a mis longtemps pour reprendre. Jean a bien repris après sa maladie. Les chairs reprennent.

• reprendre[1b] (2)
wieder (zu Bewußtsein..) kommen, gelangen, wieder (Mut) fassen, (Hoffnung) schöpfen
N - V - N
Reprendre connaissance, ses forces, son souffle, haleine, confiance, courage.
⌘ wieder e-e Krankheit bekommen
Mon rhumatisme m'a repris de plus belle.
⌘ *reprendre le dessus:* wieder auf die Beine kommen
⌘ *reprendre son cours:* s-n Lauf nehmen

reprendre[2] (2)
N - V - N
(Kleidung) enger machen
Reprendre un vêtement trop large.
etw überarbeiten, korrigieren
Reprendre un article avant l'impression.

reprendre[3] (2)
N - V - N
tadeln
Reprendre un élève qui accumule des erreurs.
⌘ *trouver à reprendre à:* etw auszusetzen finden an

• reprendre[4] (2/1)
N - V - N
wieder aufnehmen, fortfahren in
Reprendre son travail. M. Waldeck-Rochet reprenait les thèmes

communistes de l'heure sans rien y ajouter/leM/.

N - V
wieder, von neuem beginnen, wieder in Gang kommen
Les cours reprennent bientôt. Le travail reprendra demain comme d'habitude. Les négociations sur l'avenir de Djibouti reprennent ce mardi 8 juin/LeM/. Ce débat sur la peine de mort, qui reprend à chaque crime affreux, n'est pas un faux débat/LeM/.

se reprendre[5] (aux)
Nqn - se V - à Inf 1
wieder beginnen
Là-dessus, il se reprit à penser à son père/Aragon/.

• représenter[1] (2)
N - V - N
darstellen, abbilden
Le tableau représente un paysage. La statue représente la liberté.
aufführen
Représenter une pièce de théâtre.
vertreten, repräsentieren
Représenter un pays, une entreprise.

N - V - N < pour Nqn >
Fig.: darstellen, (Wert) haben
L'agriculture représente un facteur essentiel de notre puissance économique/LeM/. Le tracteur représente néanmoins pour lui un capital circulant/Pilhes/. Avoir des enfants représente beaucoup de travail. Cet objet d'art représente une grande valeur. Le moteur rotatif représente un progrès par rapport au moteur à pistons.
⌘ FAM: *Nqn-V-Ø:* etwas darstellen, würdig auftreten
Nathalie Rabbe était une de ces femmes qui partout et toujours représentent/Hermant/.

♦*Nqn - se V - N*
s. vorstellen, s. ausmalen
Se représenter l'avenir.

que S Ind
J'essaie de me représenter que votre fils a déjà dix ans.

Kj |neg
Je n'arrive pas à me représenter qu'il ait pu faire cela. Mais on comprend que les pauvres aient de la peine à se représenter qu'on ait pu souffrir mille morts dans les souffles et les senteurs d'un si beau jardin/J. Romains/.

Int.ind
Je n'arrive pas à me représenter comment il a pu faire cela.

♦*Nqn - se V - N - comme N*
Je me représentais ce pays comme une plaine. Une idéologie qui se représente l'école comme un milieu neutre dépourvu d'idéologie /Althusser/.

représenter[2] (3)
N - V - N -(à Nqn)
wieder vorlegen
Je lui ai représenté mon travail pour la troisième fois.
wieder vorstellen
Je lui ai représenté ma femme.

♦*N - se V - à N*
wieder auftauchen
Le souvenir se représente à mon esprit.
s. melden, s. wieder aufstellen lassen
Il s'est représenté à l'examen, aux élections.

qp
s. melden, wieder auftauchen
Je me suis représenté au bureau de placement. Il ne s'est pas représenté à son travail. Il s'est représenté chez nous le soir.

N - V - à Nqn - N LIT
jm darlegen, vor Augen führen
Il représenta au maréchal la nécessité de mettre un terme aux malheurs de la capitale/Chateaubriand/.

que S Ind LIT
On lui représenta que sa qualité de femme mariée ne permettait pas de la recevoir sans une permission particulière/Laclos/.

Int.ind LIT
P. lui représenta combien il se faisait tort/Sainte-Beuve/.

réprimander (2)
N - V - N < pour/sur N >
tadeln, Vorwürfe machen, zerechtweisen
Réprimander qn pour une erreur, sur sa conduite.

pour Inf 2
Réprimander qn pour avoir commis une erreur.

réprimer (2)
N - V - N
unterdrücken
Réprimer l'expression d'un sentiment, une révolte.
ahnden
La fraude fiscale sera à l'avenir réprimée plus sévèrement.

repriser (2)
N - V -(N)
stopfen
Repriser des chaussettes.

• reprocher (3)
N - V - à Nqn - N
vorwerfen
Je lui reproche son mensonge.

que S Kj
Je lui reproche qu'il ne me l'ait pas dit plus tôt.

de Inf 2
Il a vivement reproché à son adversaire de rester dans les généralités/LeM/.
⌘ ARCH: *que S Ind: Des personnes m'ont reproché que je faisais ce prince plus grand qu'Alexandre/Racine/.*

reproduire (2)
N - V - N
wiedergeben, reproduzieren, vervielfältigen
Reproduire un modèle, un comportement social, un texte. Ce tableau reproduit un paysage rural. Ce magnétophone reproduit fidèlement les basses et les aigus de la musique. Comme le disait Marx, un enfant lui-même sait que, si une formation sociale ne reproduit pas les conditions de la production en même temps qu'elle produit, elle ne survivra pas une année/Althusser/.

♦*N - se V*
→ produire[b]

réprouver (2)
N - V - Nqc
verdammen, verurteilen, mißbilligen
Réprouver le comportement de qn. Réprouver un acte pour des raisons morales.

répudier (2)
N - V - N
(Frau) verstoßen
Répudier sa femme.
verabscheuen
Au fond, ils répudiaient dans le privé les produits qu'ils vendaient au public/Pilhes/.
abschwören, verleugnen, verwerfen
Répudier sa foi, ses engagements, ses convictions, une opinion, une doctrine.

répugner (2)
jn abstoßen, jm widerstreben, jm zuwider sein
Nqc/qn - V - à Nqn — *Cela lui répugne. Il me répugne.*
que S Kj -(cela) - V - à Nqn — *Qu'on lui fasse balayer les chiottes tous les jours (cela) lui répugne profondément.*
♦il/cela - V - à Nqn- que S Kj — *Il/cela lui répugne profondément qu'on lui fasse balayer les chiottes tous les jours.*
(de) Inf -(cela) - V - à Nqn — *De devoir saluer le colonel tous les jours, (cela) lui répugne profondément.*
♦il/cela - V - à Nqn -(que) de Inf — *Il/cela lui répugne profondément (que) de devoir saluer le colonel tous les jours.*
N - V - Nqn RARE — *Elle était bête comme trente-six mille pots et sale à répugner une paroisse/Zola/.*
Nqn - V - à Nqc — ♅ jn abstoßen, jm widerstreben, jm zuwider sein
Je ne répugne pas à ce genre de travail. Il ne répugnait pas à la perspective d'une guerre/J. Romains/.
à Inf 1 — *Je répugne à faire ce genre de travail. Mais je répugnai à la rappeler à ce sujet/Pilhes/.*

requérir (3)
verlangen, ersuchen um, er-fordern
Nqc/qn - V -(de N) - Nqc — *Le préfet a requis l'intervention de la police pour disperser la manifestation. Ce travail va requérir de vous la plus grande attention. Le procureur a requis 10 ans de réclusion criminelle pour l'accusé. Cette nuit nous avons été abusés dans des circonstances qui auraient requis de la solennité et du recueillement/Pilhes/. Là aussi, c'est le courage de braver une certaine impopularité qui sera requis/LeM/. Cette discipline requiert, en plus de la connaissance du latin classique, celle du latin vulgaire/R.L. Wagner/. Soucieux, je décidai de requérir l'appui total de mon directeur général/Pilhes/.*
que S Kj REL — *Cette situation m'a paru requérir que la discussion soit conduite tantôt du dehors, tantôt du dedans/Hagège/.*
de Inf 1 REL — *Je requiers d'être mis en liberté.*
Nqn - V - Nqn - de Inf 2 VIEUX — *Mes amis m'importunent étrangement quand ils me requièrent de requérir un tiers/Montaigne/.*
♅ *requérir (contre Nqn):* <Staatsanwalt> Strafe beantragen, die Anklagerede halten
Le procureur requiert contre l'accusé.

• **réquisitionner** (2)
N - V - N
beschlagnahmen, requirieren
L'armée réquisitionne des camions. La mairie a réquisitionné des locaux.

• **réserver**[a] (3/2)
reservieren, etw aufheben (für jn)
N - V - N -(à N) — *On m'a réservé une chambre à l'hôtel. Faites-vous réserver une place dans le train. Je vous ai réservé une part de gâteau.*
< pour N > — *L'agence réservera pour vous une place à l'hôtel. J'ai réservé une part de gâteau pour vous.*
N - V - N — s. reservieren (lassen), vorbestellen
J'ai réservé ma chambre d'hôtel. De nombreux clients ont d'ores et déjà réservé un exemplaire de la seconde édition.

• **réserver**[b] (3/2)
(Empfang, Überraschung...) bereiten, vorbehalten, bereithalten
N - V - N - à N — *Son arrivée devait me réserver une surprise. L'auditoire m'a réservé un accueil bruyant/LeM/. Personne ne sait ce que l'avenir nous réserve. Ce large sourire amical que le chef réserve à ses clients préférés. Ils réservaient ces caves au classement des archives, au logement du Grand Ordinateur/Pilhes/.*
♦N - se V - N — s. vorbehalten, s. aufsparen
Je me réserve une réponse pour plus tard.
de Inf 1 — *Je me réserve de lui dire ce que je pense.*
♅ *se réserver pour qc: Reprendriez-vous du rôti? - Non, je me réserve pour le dessert.*
N - V - N < pour N/Inf 1 > — aufsparen, (s.) vorbehalten, <Meinung> zurückhalten mit
Il faudrait réserver une réunion pour la discussion, pour traiter de ce problème. Il réserve volontiers son point de vue.

• **résider**[a] (1+L)
N - V - qp
s-n Wohnsitz haben
Il réside actuellement en Italie.

• **résider**[b] (2)
s. gründen auf, bestehen in
N - V - dans N — *La démocratie réside dans la représentation parlementaire. L'une des différences les plus aisément perceptibles...réside dans l'emploi des arbres syntaxiques/M. Gross/.*
en N — *En quoi réside la difficulté?*
en ce que S Ind — *La démocratie réside en ce que le citoyen est censé exercer librement ses droits.*

résigner[1] (2) REL
N - V - N
(Amt..) niederlegen, verzichten auf, aufgeben
Résigner ses fonctions, son emploi.

• **se résigner**[2] (2)
Nqn - se V -(à N)
s. abfinden mit, resignieren
Après de longues querelles, il a fini par se résigner. Je ne

peux pas me résigner à cette situation. Il se résigne à l'idée qu'il restera dans cette ville.

N - se V - à ce que S Kj |×1 — *Je ne peux pas me résigner à ce que mon fils ne veuille pas apprendre à nager.*

à Inf 1 — *Il s'est résigné à partir. Il faudra bien se résigner à voir la presse de Prague...susciter l'horreur des orthodoxes de Moscou/LeM/.*

résilier (2) — (Vertrag) kündigen
N - V - N — *Résilier un contrat, un engagement, un bail.*

• **résister** (2) — widerstehen, halten, Widerstand leisten
N - V -(à N) — *Les troupes ont résisté (à l'ennemi) pendant plusieurs semaines. Elle tira la poignée à elle; quelque chose résistait/J. Green/. La digue n'a pas résisté (à la crue).*
Nqc - V - à Nqc — widerstehen, (Hitze...-) beständig sein, standhalten
L'amiante résiste au feu. Cette plante résiste à la chaleur. Le tissu a résisté à l'eau. Les couleurs de ces fresques ont résisté aux intempéries. Cet argument ne résiste pas à une analyse sérieuse.
Nqn - V - à Nqc/qn — widerstehen, s. widersetzen, Widerstand leisten
Résister à la tentation, à la fatigue. Il n'aime pas qu'on lui résiste.
à Inf 1 — LIT — *Je ne suis pas grand amateur de prémonitions; je résiste à croire à ces attractions mystérieuses/Valéry/.*

résonner (1) — widerhallen
N - V < qp > — *La voix résonne dans ce couloir. La salle résonne trop.*
♦*N - V - de N* — *Le couloir résonnait de nos voix.*

résorber (2) — aufsaugen, fig.: beseitigen
N - V - N — *Le pansement a résorbé la contusion. On n'est pas encore arrivé à résorber le déficit, le chômage.*

résoudre[1a] (3) — verwandeln in
N - V - N - en N — RARE — *Le feu résout le bois en cendres.*
♦*N - se V -(en N)* — s. verwandeln in, s. auflösen
La vapeur se résout en pluie. Ces eaux s'amassent, croupissent et, se résolvant par l'évaporation, remplissent l'atmosphère de miasmes pestilentiels/Gautier/.

• **résoudre**[1b] (2) — lösen
N - V - N — *On n'a pas encore résolu le problème de l'isolement des déchets atomiques.*

• **résoudre**[2] (2/3) — beschließen
N - V - N — RARE — *Les comploteurs ont résolu la mort du dictateur.*
que S Kj |×1 — RARE — *Le ministère a résolu que l'on augmente les fonctionnaires.*
de Inf 1 — *Après avoir médité quelques minutes, je résolus d'aller faire un tour dans les bureaux/Pilhes/. Je résolus d'en parler le soir même au directeur général/Pilhes/.*
N - V - Nqn - à N — jn (zu e-m Entschluß) bringen, bewegen zu
Résoudre qn à une décision.
à ce que S Kj 2 — *Personne ne peut le résoudre à ce qu'il renonce à ce droit.*
à Inf 2 — *Je l'ai résolu à rester encore un peu.*
⧗ *être résolu à Inf 1*
♦*Nqn - se V - à N* — s. entschließen zu, beschließen
Je me suis résolu à une nouvelle tentative.
à ce que S |×1 — *Je me suis résolu à ce qu'ils mettent à exécution leur projet.*
à Inf 1 — *Je me suis résolu à partir.*

• **respecter** (2) — be-achten, respektieren
N - V - Nqn < pour N > — *Respecter qn pour ses qualités humaines.*
N - V - Nqc — *Respecter un droit, une tradition. Les troupes de sécurité ont tué six civils noirs qui n'avaient pas respecté le couvre-feu /LeM/.*
Rücksicht nehmen auf
Respecter le sommeil d'autrui.
que S Kj |×1 — *Je respecte que l'on puisse penser ainsi, mais je pense autrement.*

• **respirer** (2/1+Adv) — ein-atmen
N - V -(N) — *Il respira doucement. Respirer l'air pur.*
⧗ *laisser respirer qn:* jn in Ruhe lassen
Laissez-moi respirer encore quelques minutes.
⧗ aufatmen
Si l'on mettait toute cette racaille en prison, avait dit la marchande, les honnêtes gens pourraient respirer/Camus/.
N - V - Adv_N — atmen
Ce paysage respire la paix. Cette petite retraite qui respirait le calme/A. Dumas/.
⧗ *il respire la santé:* die verkörperte Gesundheit sein

resplendir[a] (1) — LIT — glänzen, strahlen
N - V — *La lune resplendissait.*

resplendir[b] (1) — LIT — strahlen
N - V < de N > — *Son visage resplendissait de joie. Son visage resplendissait de foi/Martin du Gard/.*

resquiller (1/2) FAM
N - V
N - V - N
nicht bezahlen, schwarzfahren...
Il a resquillé au cinéma. Il a resquillé pour prendre le tram.
Resquiller une place de cinéma.

ressaisir (2)
N - V - N
wieder ergreifen
La police a ressaisi l'évadé. La peur le ressaisit.
Fig.: Elle tâchait de ressaisir les plus imperceptibles détails de cette journée disparue/Flaubert/.
♦*Nqn - se V*
s. aufraffen
Allons, il faut se ressaisir.
s. wieder fassen, s. beherrschen
Il était prêt à se mettre en colère, mais il se ressaisit.

ressasser (2/3)
N - V - N
s. immer wieder durch den Kopf gehen lassen
Je passe des nuits et des nuits à ressasser ces choses/Duras/.
N - V - N -(à N)
wiederkäuen, wiederholen
La vieille nous ressassait ses souvenirs. On ne reprendra pas ici les éléments d'une controverse où tous les arguments ont été si souvent ressassés/LeM/.
< auprès de Nqn >
Il ne cesse de ressasser ses regrets auprès de son collègue.

• **ressembler** (2)
N - V - à N
ähnlich sein, ähneln, so aussehen wie
Un fils qui ressemble à son père. Ça ressemble à de l'or.
⋈ *Loc.:* FAM: *Cela ne ressemble à rien:* mies, geschmacklos..sein
♦*Npl - se V*
Ils se ressemblent.

ressemeler (2)
N - V - N
besohlen
Ressemeler des chaussures.

• **ressentir** (2)
N - V - N
fühlen, ver-spüren, empfinden
Ressentir une douleur, un sentiment. Telle est l'impression ressentie auprès des deux délégations/LeM/.
♦*Nqc/qn - se V - de N*
unter den Nachwirkungen von etw zu leiden haben
Jean se ressent toujours de sa grippe. L'économie se ressent de la guerre.
durchscheinen, fühlen, merken lassen, ⋈ etw e-r S anmerken
Ces pages se ressentent de l'effort/Gide/.
de Inf 1
Ces pages se ressentent d'avoir été écrites à la hâte.

resserrer (2)
N - V - N
fest(er) machen, anziehen
Resserrer un écrou, une vis.
Fig.: L'U.R.S.S. resserre son étreinte sur la Tschécoslovaquie.
⋈ jm das Herz zuschnüren
La peur resserre son coeur > lui resserre le coeur.
⋈ (Text...) straffen
Vous auriez intérêt à resserrer un peu votre texte.

resservir
→ servir

• **ressortir**[1a] (1+L/1/2+L)
N - V -((de)qp)
wieder heraus-kommen, hinaus-gehen...
Il entra dans la chambre et en ressortit aussitôt. La rivière ressort de terre plusieurs km en aval.
N - V
herauskommen, (deutlich) hervortreten
Les couleurs ressortent bien sur la photo. Le relief ressort bien sur la carte.
N - V - N -((de)qp)
wieder herausholen, (wieder) hervorholen
Ressortir des documents d'une armoire. Ressortir une vieille histoire. On peut naturellement ressortir les vieux dossiers sanglants de la guerre civile/LeM/.

• **ressortir**[1b] (2)
N - V - de N RARE
s. ergeben aus, folgen aus, hervorgehen aus
On conçoit que la pensée ne ressort pas plus des sensations animales que des mouvements de la matière/Maine de Biran/. La plus remarquable différence des "voies nationales" qui ressortait des deux discours tenait à la pratique politique elle-même/LeM/. Cela ressort du double préambule des Serments de Strasbourg/R.L. Wagner/.
que S Ind/Kj -(cela) - V - de N
Que cet idiome ait déjà été utilisé au cours des communications publiques officielles, cela ressort d'une décision prise lors d'un concile régional à Tours/R.L. Wagner/.
♦*il - V - de N - que S Ind*
Il ressort de cette étude que l'économie est en pleine croissance. De notre examen il ressort de plus que dans une large mesure ces procédés apparaissent comme équivalents/M. Gross/.
N - V - de ce que S Ind
Le mauvais état des récoltes ressort de ce que le climat s'est détérioré. Que les récoltes sont/soient mauvaises, (cela) ressort de ce que le climat s'est détérioré.

ressortir[2] (2)
N - V - à N
gehören zu, unter die Kompetenz fallen von
Votre affaire ressortit au tribunal de première instance. La littérature orale intéresse le folklore, mais elle ressortit aussi à l'ethnologie/M. Eliade/.
⋈ CRIT: *Quelque chose qui n'est ni de la grammaticalisation ni de la lexicalisation mais ressort plutôt du style/M.Cohen/.*

se ressouvenir
→ se souvenir

ressurgir
→ surgir

ressusciter (1/2)
N - V
(von den Toten) auferstehen
Lazare a ressuscité à la voix de Jésus/Littré/.
wieder aufleben, zu neuem Leben erwachen

	De vieux souvenirs ressuscitaient en lui. La nature ressuscite à chaque printemps.
N - V - N	auferwecken *Jésus ressuscita Lazare.* wieder beleben, erneuern, wieder aufleben lassen *Ressusciter une mode, une tradition, une doctrine.*
• **restaurer** (2) *N - V - N*	wiederherstellen, renovieren *Restaurer un monument, un appartement, une église. Restaurer l'ordre, les libertés, un régime.*
♦*Nqn - se V*	s. stärken *Se restaurer après une longue marche.*
• **rester**[1] (1/2) *Nqc - V*	übrig-bleiben *Peu de choses sont restées de Carthage.*
♦*il - V - Nqc*	*Il reste du pain. Il ne reste pas grand-chose de Carthage.*
que S Ind	*Il reste que la plupart des actuels dirigeants de formations modérées ont servi Franco avec fidélité/LeM/.*
à Inf	*Il reste à savoir si cela est possible.* ✗ FAM: *Ø-V-N...: Restent 100 francs. Reste que j'ai raison. Reste à savoir si cela est possible.*
N - V - à Nqn	*L'avantage lui est resté dans l'affaire. Trois fils lui sont restés.*
♦*il - V - à N - N*	*Il me reste à peu près un quart d'heure/Pilhes/. Il me reste 100 francs.*
à Inf 2	*Il ne me reste plus qu'à appeler le docteur.* ✗ FAM: *Ø-V...: Restait à Xavier à prouver le contraire.*
• **rester**[2a] (1+L) *Nqc/qn - V - qp* < *Ø* Inf_{fin} >	wo bleiben *Il est allé à Bordeaux et y est resté dix jours. Il est resté (pendant) dix jours avec nous. La voiture est restée tout l'hiver au garage. Il est resté en ville acheter des chaussures.*
< *à Inf 1* >	*Je me souviens d'être resté un long moment à méditer dans mon bureau/Pilhes/.*
rester[2b] (2) *Nqn - V - sur N*	etw bewahren *J'espère que vous ne partirez pas sans rester sur une bonne impression.*
• **rester**[3] (1+A) *N - V - n*	bleiben *Il est resté capitaine. Il est et il reste l'un des écrivains les plus intéressants de notre époque.*
adj	*Le temps est resté gelé tout l'hiver. L'opposition entre puissances industrialisées et pays du tiers-monde n'en reste pas moins nette/LeM/.*
que S -(cela) - V - adj	*Que deux et deux égalent quatre (cela) reste toujours vrai.*
♦*il - V - adj - que S*	*Il reste toujours vrai que deux et deux égalent quatre.*
(de)Inf -(cela) - V - adj	*(D')opérer des tests de comparaison (cela) reste nécessaire.*
♦*il - V - adj - de Inf*	*Il reste toujours nécessaire d'opérer des tests de comparaison.* ✗ *Ce devoir reste à terminer.*
en rester[4] (1+L/2) *Nqc - en - V - qp*	stehenbleiben, wie stehen mit *Où en sont restés les travaux?*
Nqn - en V - qp < *de N* >	*Où en êtes-vous resté de votre traduction?* ✗ *Restons-en là:* es dabei bewenden lassen
à N	*J'en suis resté au premier chapitre.* Fig.: bleiben bei, nicht hinauskommen über *Il en est resté à la conception positiviste de la littérature.*
à Inf 1	*Il en est resté à croire ce qu'il croit depuis toujours.* ✗ *en rester pour ses frais:* jm nicht gelingen *Il a essayé de contrecarrer notre projet, mais il en est resté pour ses frais.*
y rester[5] (1) FAM *Nqn - y V*	dabei sein Leben verlieren *Il a voulu lui sauver la vie et il y est resté.*
restituer[1] (2) *N - V - N*	wiederherstellen, rekonstruieren, nachzeichnen, -vollziehen *Restituer un monument. Restituer les circonstances d'un accident. Et alors je ne restitue que les lignes essentielles des événements/Pilhes/. Ce village gallo-romain a été restitué à partir de vestiges.* wiedergeben *L'enregistrement restitue parfaitement l'atmosphère du festival.*
restituer[2] (3) *N - V - N -(à N)*	wieder-, zurückgeben *Restituer ses biens à qn. Restituer un objet volé.*
• **restreindre** (3) *N - V -(N) -(à N)*	be-, einschränken *Restreindre son langage aux mots les plus courants. Le département d'Etat propose de restreindre les crédits militaires aux pays qui ne respectent pas les droits de l'homme/LeM/.*
▼*N - V - N*	*Les pays en développement cherchent à restreindre la zone où s'exercent les activités des Grands/LeM/.*
▼*N - V - à N*	*Un petit salaire restreint à de petites dépenses.*
N - V - N - à Inf 2	*Son salaire le restreint à ne dépenser que le nécessaire. Un petit salaire restreint à dépenser peu.*
♦*N - se V - à N*	s. beschränken auf *Nous nous sommes restreints à un petit nombre de propriétés claires et nettes.*

• **résulter** (3) — s. ergeben aus, kommen von, herrühren von

N – V – N – de N — *Son rhume résulte du mauvais temps. La segmentation des langues romanes résulte des conditions dans lesquelles l'emploi du latin s'est implanté parmi les populations étrangères de l'Empire/R.L. Wagner/.*

♦il – V – de N – N — *Il résulte du mauvais temps une récolte catastrophique. Mais, du contact prolongé entre le roman et le francique, il résulta des conséquences importantes/R.L. Wagner/.*

N – V – de ce que S Ind — *Sa mauvaise santé résulte de ce qu'il ne s'est pas soigné.*

♦de ce que S Ind – il – V – N — *De ce qu'il a plu tout l'été il résulte une mauvaise récolte.*

que S Kj –(cela) – V – de N/de ce que S — *Que la récolte soit mauvaise, (cela) résulte du mauvais temps, de ce que l'été a été pluvieux.*

♦il – V – de N – que S Ind — *Il résulte du mauvais temps que la récolte est mauvaise.*

Kj |neg — *Il n'en résulte pas que la récolte soit mauvaise. Il n'en résulte pas nécessairement qu'elle soit la bonne/LeM/.*

• **résumer** (3/2) — zusammenfassen, resümieren

Nqn – V –(à N) – N — *Résumer un article, les paroles de qn, ses pensées. Il nous a résumé en quelques mots ce qu'on lui avait dit. Résumez-vous!*

Int.ind — *Il nous a résumé en quelques mots comment cela s'est passé.*

Nqc – V – N — beinhalten, enthalten, umfassen
Le simple énoncé de ce prénom caressant résumait toute l'affection que lui vouait silencieusement l'un des peuples les plus sentimentaux de la planète/LeM/.

♦Nqc – se V – à Nqc < pour Nqn > — s. beschränken auf
Le nombre des reçus se résume à dix. La vie se résumait pour lui à la stricte observance du "tableau de service"/P. Loti/.

à Inf 2 — *Le travail se résume (pour moi) à perforer des fiches.*

• **rétablir** (2/2+L) — wiederherstellen

N – V – Nqc — *Rétablir le courant électrique, les faits, la vérité, l'ordre, la censure, la royauté, le texte original d'un poème. Les communications téléphoniques ont été rétablies.*

N – V – Nqn — wiederherstellen, heilen
Ce traitement m'a rétabli.

N – V – Nqn – dans N — wieder einsetzen
Rétablir qn dans ses fonctions.

retaper (2) FAM — reparieren

N – V – N — *Retaper une vieille maison.*
jn wieder auf die Beine bringen
Ce traitement l'a retapé.

retapisser — → tapisser

rétamer (2) POP — jn erledigen, fertig machen

N –V – Nqn — *Ce whisky m'a rétamé.*

♦Nqn – se V — s. verletzen
Il s'est rétamé en tombant.

• **retarder** (2/1) — aufhalten

N – V – N < de N > — *Jean a retardé notre travail > nous a retardés dans notre travail.*
ver-, hinausschieben, ver-, hinauszögern
Retarder la date des vacances. J'ai retardé longtemps le moment de vous écrire. Le mauvais temps a retardé son arrivée d'une semaine.
(Uhr) zurückstellen
Retarder de dix minutes une montre qui avance.

N – V < de N> <sur N > — zurückbleiben hinter
Il retarde de cinquante ans sur son époque.

• **retenir**[a] (2/2+A) — festhalten

N – V – N — *Retenir une assiette avant qu'elle ne tombe. Retenir qn par la veste.*
zurückhalten, (Atem) anhalten
Si nous ne l'avions pas retenu, il serait parti. La digue retient l'eau du fleuve. Retenir son souffle. Le travail le retenait loin d'elle.
zurückbehalten
L'hôtelier retient les bagages d'un client insolvable.
reservieren, vorbestellen
Retenir une place à l'opéra. L'agence me (= pour moi) retiendra une chambre d'hôtel.
aufhalten, zurückhalten
J'ai été retenu chez M. Dupont. Sans doute que ses occupations la retiennent ailleurs/Gide/.

♦Nqn – se V – qp — s. festhalten
Dans sa chute, il s'est retenu à un arbre.

N – V – N < sur N > — einbehalten
Dix pour cent du salaire sont retenus par la sécurité sociale. On retient dix pour cent sur le salaire pour la sécurité sociale.

N – V – Nqn – adj — (gefangen-)halten, festhalten als
Retenir qn captif.

(comme) n — *Retenir qn prisonnier, comme otage.*

• **retenir**[b] (2/3) — (Gefühle) unterdrücken, mäßigen, zügeln

N – V – N — *Il retenait sa colère, sa curiosité, un cri, ses larmes.*

⧗ *retenir sa langue:* s-e Zunge im Zaume halten
Le fanatisme n'est pas une erreur, mais une fureur aveugle et stupide que la raison ne retient jamais/Rousseau/.
auf s. ziehen, fesseln
Elle retenait les regards et l'attention de toute la salle. J'admire les confessions que nous appelons Mémoires, mais elles ne me retiennent qu'à demi/Malraux/.
(im Gedächtnis) behalten
Je n'arrive pas à retenir son nom. C'est un nom qui n'est pas facile à retenir.
annehmen, übernehmen
Votre candidature a été retenue. Le jury n'a retenu aucun des projets proposés. Le tribunal a retenu les principaux chefs d'accusation.

N - V -(Nqn) -(de Inf 2) — zurückhalten, ver-hindern, se V: an sich halten
Il fallait que Marie la retînt de se mettre à genoux/Mauriac/.
▼*N - V - N* — *La peur le retenait.*
▼*N - V - de Inf* — *Eplucher les oignons sous l'eau retient de pleurer.*
♦*Nqn - se V -(de Inf 1)* — *Elle se retenait pour ne pas pleurer. Il ne peut se retenir de me faire une remarque.*
< pour Inf 1 > — *Il se retenait pour ne pas crier.*

N - V - de N - N — behalten
Je n'ai retenu de la poésie que la première strophe.
que S Ind — *J'ai retenu du discours du président qu'il avait l'intention d'organiser un référendum.*
Int.ind — *Je n'ai retenu de son explication qu'une chose: comment s'y prendre pour ouvrir le coffre-fort.*

retenter — → tenter

• retentir (1)
N - V < qp > — er-schallen, knallen..., ertönen
Un bruit retentissait dans la nuit.La sonnerie retentit de nouveau.
◇*N - V - de N* — *La nuit retentissait du chant des grillons.*

• retirer (2+L/3)
N - V - N -((de)qp) — (von der Schule) ab-nehmen, etw abnehmen, absetzen
Saint-Ramé retira ses lunettes, ce qui était relativement rare /Pilhes/. Les parents ont retiré leur enfant de cette école.
heraus-nehmen, -ziehen, -holen...
Retirer le courrier de la boîte aux lettres. Retirer des provisions d'un sac. Il retira de son cartable un gros dossier. Il retira vite sa main (de la mienne). Retirer des fonds d'une entreprise. L'écrivain a retiré de gros bénéfices de son roman. Je persiste à croire que le gouvernement du Roi en retirerait beaucoup de gloire/Chateaubriand/. Le docteur V., dans une récente étude sur la sexualité du groupe, note que certaines participantes retirent leur plaisir de la peur d'un viol collectif/LeM/.
⧗ *Nqn-V-Nqc<à ce que S Kj/à Inf 1>: Il semble retirer du plaisir à ce qu'on le flatte, à faire souffrir les autres.*

N - V - N — ausziehen, ablegen
Retirer ses chaussures, son manteau.

N - V - N -(de N) — weg-nehmen, entfernen
Les ouvriers avaient utilisé des bougies et les avaient retirées dès le retour de la lumière/Pilhes/. Cette pièce de monnaie a été retirée de la circulation. (× retirer le pain de la bouche de qn) > lui retirer le pain de la bouche.
⧗ *retirer de l'argent (à la banque):* Geld abheben
⧗ *retirer sa candidature, une plainte, une promesse:* (Kandidatur, Versprechen...) zurückziehen

♦*N - se V -((de)qp)* — s. zurückziehen, <Meer> zurückgehen
Se retirer chez soi. Il s'est retiré après quelques minutes. Se retirer de la vie politique. La mer se retire. L'ennemi s'est retiré dans les montagnes.

N - V - N - à N — entziehen, ab-, weg-nehmen
Retirer à qn son appui. Retirer un enfant à sa mère. Retirer à qn son permis de conduire. Mais alors pourquoi ne pas retirer à l'homme seul la charge qui l'écrase?/LeM/.
ausziehen
Retirer ses vêtements à un enfant.

retisser — → tisser

• retomber — → tomber
⧗ *retomber sur ses pieds, sur ses pattes:* wieder auf die Füße fallen, s. wieder fangen, wieder auf die Beine kommen

N - V - sur Nqn — zurück-fallen auf
Toute la responsabilité retombe sur lui.

retordre — → tordre
⧗ *donner du fil à retordre:* Kopfzerbrechen bereiten
Autant de fil à retordre pour les critiques de demain/Gide/.

rétorquer — → répondre[1]

retoucher (2)
N - V - N — überarbeiten, retuschieren
Retoucher un article, un tableau, une photo.

• retourner[1] (2)
N - V - N — umkehren, -drehen..., (Heu, Salat) wenden
Retourner un objet, du foin, de la salade, une phrase, sa veste.

✗ Fig. FAM: *retourner sa veste:* s-e Meinung ändern
✗ Fig.: *Elle retourne la situation admise, veut montrer la victoire de Dora sur Freud/LeM/.*
✗ FAM: auf den Kopf stellen: *Retourner un appartement.*
✗ Fig. FAM: jn aufwühlen, erschüttern
Cette histoire m'a bien retourné.

♦Nqn - se V — s. umdrehen: *Retourne-toi!*
♦Nqc/qn - se V - contre Nqn — s. wenden gegen
Je me retourne contre lui. Ses intrigues se sont retournées contre lui.

• retourner[2a] (1+L/2+L/3)
N - V - (qp) — zurückkehren....
Retourner chez soi. Il n'est pas encore retourné.
< *Ø* Inf_{fin} > — *Une dernière fois, M. retourna inspecter la tour de contrôle.*
✗ *retourner sur ses pas:* umkehren
N - V - N -(qp) — zurückbringen, -geben, -schicken...
Retourner un colis à la poste.
à Nqn — *Retourner une lettre à l'envoyeur.*

retourner[2b] (2/3)
N - V - à N — zurückkehren
Retourner à l'état sauvage.
N - V - N - à Nqn — zurückgeben
Retourner son compliment à qn. Je lui ai retourné sa critique.

s'en retourner[3] LIT
Nqn - s'en V -(qp) — zurückkehren
S'en retourner mécontent. S'en retourner chez soi.

retracer — → tracer
Fig.: retracer par écrit qc: darstellen, schildern

rétracter[1] (2)
N - V - N — zurücknehmen, widerrufen
Je rétracte ce que j'ai dit.
♦Nqn - se V — widerrufen
La municipalité, qui avait accepté la tenue du concert, s'était brusquement rétractée, après les incidents d'Arles/LeM/.

rétracter[2] (2)
N - V - N — (Klauen..) einziehen
Le chat rétracte ses griffes.
♦N - se V — s. zusammenziehen
Les pupilles peuvent se rétracter.

retraduire — → traduire[1a/2]

retrancher[1] (3)
N - V - N -(de N) — streichen, abziehen
Retrancher un chapitre d'un livre. Retrancher une cotisation d'un salaire.

se retrancher[2] (1+L)
N - se V -(qp) — s. verschanzen
Se retrancher dans une forteresse.
N - se V - derrière N — *Fig.: se retrancher derrière son autorité.*

retranscrire — → transcrire
wiedergeben
Le ton que je m'efforce de retranscrire fidèlement était tout à fait normal en ce temps-là/Pilhes/.

retransmettre — → transmettre

retravailler (2/1)
N - V - N — neu bearbeiten, überarbeiten
Retravailler un article.
N - V - à N — wieder arbeiten an
Il retravaille à son roman.
à Inf 1 — *Il retravaille depuis quelque temps à me nuire.*
N - V — wieder arbeiten
Il retravaille depuis quelque temps chez nous.

retraverser — → traverser

rétrécir (2/1)
N - V - N — einlaufen lassen, enger, kleiner machen
La pluie a rétréci le tissu. Ce miroir rétrécit les objets.
Fig.: Son éducation lui a rétréci l'esprit.
N - V — <Stoff> einlaufen
Cette jupe a rétréci au lavage.

retremper — → tremper
♦Nqn - se V - dans N — Fig.: wieder eintauchen in
Se retremper dans le milieu familial, estudiantin.

rétribuer (2)
N - V - N — bezahlen, honorieren
Rétribuer un artisan, le travail d'un artisan.

rétrocéder (3)
N - V - N -(à Nqn) — abtreten, wieder zurückgeben
Rétrocéder une concession, un droit à qn.
weiterverkaufen
Rétrocéder quelque chose qu'on a acheté.

rétrograder (1+L/2+L)
N - V - (qp) — zurückgehen, -weichen
L'armée a rétrogradé.
zurückfallen
Le coureur a rétrogradé au bas du classement.
sozial absteigen, rückläufig sein
Une vieille famille qui ne fait que rétrograder. L'économie du pays a rétrogradé.

zurück-, runterschalten
Rétrograder de troisième en seconde.

retrousser (2)
N - V - N
auf-, hochkrempeln
Retrousser ses manches.
(Lefzen) hochziehen
Le chien retrousse les babines.

• **retrouver** (2/2+A)
N - V - N
wiederfinden
On retrouve chez lui les traits de sa mère. J'ai retrouvé mon parapluie. Je chassai ces méchantes idées et retrouvai à propos mon sens de l'humour/Pilhes/. Il a retrouvé sa dignité habituelle.
⧗ *aller retrouver qn:* jn aufsuchen

♦*Npl - se V < sur N >*
Fig.: s. treffen, s. einig sein
Sur l'autonomie et la souveraineté des partis communistes et des peuples, les deux secrétaires généraux se retrouvèrent également/LeM/.

♦*N - se V - qp*
s. zurechtfinden
Je ne me retrouve plus dans cette ville. Je me retrouve facilement dans ces abstractions. Je ne m'y retrouve plus.
⧗ *s'y retrouver:* auf s-e Kosten kommen
Cela coûte cher, mais on s'y retrouve.

♦*Nqn - se V* LIT
wieder zu sich selbst finden
Il avait besoin d'être seul et d'être libre, ce n'est pas facile de se retrouver au bout de quatre ans/S. de Beauvoir/.

N - V - N - adj
(wieder-)finden, se V: (wie) dastehen
Nous le retrouvons toujours semblable à lui-même.

♦*Nqn - se V - adj*
adv
Il s'est retrouvé bien seul quand nous sommes partis.
Il s'est retrouvé du jour au lendemain sans emploi. M. Barre se retrouve malgré lui au centre des débats électoraux/LeM/.

réunifier (2)
N - V - N
wiedervereinigen
Cette étude estime que le Viet-nam devra être réunifié/LeM/.

• **réunir** (2)
N - V - Npl-2
verbinden, wieder zusammenbringen, -führen
Un projet prévoit de réunir les deux villes par une ligne de chemin de fer. Réunir deux provinces. Réunir les deux bouts d'un câble, les lèvres d'une plaie. Un pont réunit les deux rives du fleuve.

♦*N - V - N - à N*
anschließen, verbinden
Réunir une province à un état. Un pont réunit une partie de la ville à l'autre.

N - V - Npl
versammeln, vereinigen, zusammenbringen, (Geld) aufbringen
A Addis-Abéba, les délégations nigériane et biafraise se sont réunies vendredi une nouvelle fois sans résultat/LeM/. Les conditions nécessaires n'étaient pas réunies/Vailland/. Ils ne sont pas arrivés à réunir les capitaux nécessaires.
(Stimmen) auf sich vereinigen, erhalten
Le candidat de la gauche a réuni 50 % des voix.
⧗ *réunir le quorum:* Beschlußfähigkeit erreichen
L'assemblée n'a pas réuni le quorum.

• **réussir** (1/2)
Nqn - V - dans N
(à N)
Erfolg haben, erfolgreich sein, ⧗ jm gelingen
Il réussit dans tout ce qu'il fait.
(Prüfung) bestehen
Réussir à un examen, à une épreuve. As-tu réussi?

Nqn - V - à Inf 1
⧗ jm gelingen
Je n'ai pas réussi à le retrouver.

Nqc - V
Erfolg haben, zeigen, gedeihen
Le traitement n'a pas réussi. La vigne n'a pas réussi sur ce terrain.

Nqn - V - Nqc
⧗ jm gelingen
Vous, qui avez réussi les négociations sur la reconversion dans la fabrication des moteurs de camions/Pilhes/. Ils ont parfaitement réussi un difficile travail de tapisserie/Canard enchaîné/. Après avoir réussi pour la première fois une manoeuvre d'amarrage essentielle pour les futurs vols vers la Lune/LeM/.

Nqc - V - à Nqn
jm bekommen, jm von Nutzen sein
J'ai l'impression que la chaleur ne te réussit pas. Sa méchanceté ne lui a guère réussi.

(de) Inf -(cela) - V - à Nqn
(De) boire de la bière sur du champagne (cela) ne réussit à personne.

♦*cela - V - à Nqn - de Inf 2*
Cela ne t'a pas réussi de faire le clown.

réutiliser (2)
N - V - N
wiederverwenden
Réutiliser les déchets industriels.

revaloriser (2)
N - V - N
aufwerten, anheben
Revaloriser une monnaie. Les allocations familiales ont été revalorisées. Les syndicats ont exigé du gouvernement qu'il revalorise la fonction publique.

rêvasser (1)
N - V
vor sich hinträumen
Il travaille en rêvassant.

• **réveiller** (2)
N - V -(Nqn)
aufwecken, se V: wach werden, auf-, erwachen
Réveiller qn qui s'est endormi. Tenez, buvez ça, ça réveille /Pilhes/.

N - V - N — wieder-beleben
La chaleur a réveillé la douleur dans le bras gauche. Réveiller le courage de qn.

réveillonner (1) — Silvester feiern, Weihnachten feiern
N - V — *Nous avons réveillonné toute la nuit.*

• révéler (3) — enthüllen, aufdecken, offenbaren
N - V -(à Nqn) - N — *Révéler un secret d'Etat. Révéler à sa concierge un secret militaire.*
que S Ind — *La "Bildzeitung" a révélé que Karel Gott était un espion. Il a révélé à cette occasion que son parti n'avait pas encore pris de décision/LeM/.*
Ind/Kj |neg — *Son comportement n'avait révélé à personne qu'il était un espion. Rien dans cette conversation ne révélait que Mme de Chaligny fût taquine/B. Beaumont/.*
Int.ind — *Cet homme révèle comment un espion peut s'infiltrer dans le personnel de votre entreprise/Canard enchaîné/.*
Ø Inf 1 — *Il m'a révélé avoir eu des relations avec elle.*
♦*N - se V* — s. zeigen, s. erweisen, s. offenbaren
Sa culpabilité ne s'est révélée que plus tard. Un être qui ne se révèle par aucun acte est pour la science un être qui n'existe pas/Renan/. Dieu ne se révèle pas par le miracle/Renan/.
♦*N - se V -(être) adj* — *Comme trop souvent les Français se révèlent incapables de passer de l'énoncé de principes généraux aux réalisations concrètes/LeM/. Ce travail s'est révélé être plus difficile qu'on ne le pensait.*
n — *Je ne doute pas qu'André ne se révèle excellent médecin/Pilhes/. Il s'est révélé être un excellent pédagogue.*

revendiquer (2) — (Recht) beanspruchen, Anspruch erheben auf, fordern, verlangen, für s. in Anspruch nehmen
N - V - N < pour N > — *Il revendique son droit, sa part d'héritage. Il enrageait de voir les nationalistes revendiquer toujours pour eux seuls le monopole de la noblesse/Martin du Gard/. Le parlement, dont les Anglais revendiquent l'invention, a perdu beaucoup de son prestige/LeM/. Les ouvriers revendiquent de meilleures conditions de travail.*
(Verantwortung) übernehmen
A plusieurs reprises, le Front de libération nationale avait revendiqué des attentats au plastic/LeM/.
que S Kj |×1 — *Je revendique que la maison me soit restituée.*
de Inf 1 — *Je revendique de pouvoir passer ce concours.*
♦*Nqn - se V - comme n* RARE — *Il ramasse le mot de nègre qu'on lui a jeté comme une pierre, il se revendique comme noir/Sartre/.*

• revenir[1a] (1+L/2/1) — wieder-, zurückkommen, -kehren....
Nqn - V -((de)qp) < Ø Inf_{fin} *>* — *Il est revenu nous voir. Il n'est toujours pas revenu. Il revient d'Amérique. Il revient chez nous tous les dimanches.*
✖ *revenir sur ses pas:* wieder umkehren, (denselben Weg) zurückgehen
Nqc - V -(qp) — *Nous avons envoyé le ballon, il est revenu (dans notre jardin).*
Nqc - V -(à Nqn) — *La lettre (nous) est revenue.*
✖ <Speisen> jm aufstoßen
Le repas me revient.
N - V — *L'hiver est revenu. Le carnaval ne revient pas tous les jours.*
✖ *faire revenir qc:* anbraten, schmoren
Faire revenir des oignons, de la viande, des légumes.

• revenir[1b] (2) — s. erholen von, drüber (hinweg-)kommen
Nqn - V - de N — *Je ne reviens pas de ma surprise.*
(Illusion...) verlieren, (Irrtum) einsehen
Revenir de ses illusions, de ses erreurs, de son enthousiasme.
✖ *faire revenir qn de qc:* jn abbringen von
Faire revenir qn d'une décision, d'un projet.
✖ *en revenir:* etw überstehen, s. (von e-r Krankheit) erholen
Il est très malade et l'on se demande s'il en reviendra.
Nqn - V - à N — zu, auf etw zurückkommen, wiederaufnehmen, auf jn zurückkommen
Il est revenu à ses premières amours, à sa théorie antérieure. Revenons à notre dernière conversation, au thème de notre discussion. J'y reviens tout de suite. Revenir à qn, à lui.
✖ *revenir à ses moutons:* zum Thema zurückkommen
Revenons à nos moutons!
✖ *y revenir:* etw noch einmal tun
Tâchez de ne plus y revenir!
✖ *revenir à la vie, à soi:* wieder zu sich, zu Bewußtsein kommen
✖ *revenir à la santé:* die Gesundheit wiedererlangen, genesen
✖ *revenir à de meilleurs sentiments au sujet de qn:* zu einer besseren Meinung über jn kommen/gelangen
Nqc - V - à Nqc — herauslaufen auf, hinauskommen auf
Cela revient au même.
à Inf — *Cela revient à dire que...*
Nqn - V - sur N — wieder zu sprechen kommen auf, wieder aufgreifen
Il est revenu cent fois sur le même sujet. A quoi cela sert-il de revenir sur le passé? Revenons sur notre problème.
s-e Meinung...ändern, aufgeben, zurücknehmen, widerrufen, rückgängig machen
L'un des cambrioleurs qui l'avait accusé...était ensuite revenu sur ses déclarations/LeM/. Revenir sur son opinion. Je reviens

sur mon point de vue. Il est revenu sur sa promesse, sur sa décision.
✖ *Il n'y a pas à y revenir:* Der Fall ist erledigt. Das liegt fest.
✖ *revenir sur le compte de qn:* s-e Meinung über jn ändern

en revenir^{2} (2) — (wieder) zurückkommen auf
Nqn - en V - à N — *J'en reviens toujours au même point. J'en reviens toujours à lui. Pour en revenir à notre dernière discussion, je pense que vous avez raison.*
à Inf 1 — *Nous en revînmes forcément à parler de la vie en général/Céline/.*

en revenir^{3} (2) — |neg.: nicht fassen können
Nqn - en V -(de N) — *Je n'en reviens pas (de ma surprise).*
de ce que S Ind/Kj — *Je n'en reviens pas de ce qu'il a/ait grandi si vite.*
que S Kj — *Je n'en reviens pas qu'il ait grandi si vite.*
de Inf 1 — *Je n'en reviens pas de voir les progrès qu'il a faits.*

s'en revenir^{4} (2) LIT — zurückkommen, -kehren
Nqn - s'en V - de N — *On croisait de lourds paysans avec leurs chevaux qui s'en revenaient des labours/Aragon/.*

revenir^{5} (2) — wieder einfallen, wiederkommen, zu Ohren kommen
Nqc - V - à Nqn — *Le souvenir de ce voyage m'est revenu brusquement. Comme vous revient une musique oubliée/Montherland/. (Son nom est revenu à mon esprit) > son nom m'est revenu à l'esprit, en mémoire. Le besoin de lui écrire m'est revenu. Certains propos me concernant me sont revenus par l'intermédiaire de certaines personnes.*
♦*il - V - à Nqn - V* — *Il m'est revenu brusquement le besoin de leur écrire. Il m'est revenu l'idée que je pouvais lui téléphoner.*
que S Kj -(cela) - V - à N — zu Ohren kommen, zugetragen werden
Que l'on parle de moi (cela) m'est revenu par certaines personnes.
♦*il - V - à N - que S Ind* — *Il m'est revenu que vous avez répandu une certaine rumeur me concernant.*

revenir^{6} (2) — FAM: |neg.: jm nicht passen
Nqc - V - à Nqn — *Cette solution ne me revient pas. Sa tête ne me revient pas.*
que S Kj -(cela) - V - à Nqn — *Que l'on dise cela ne me revient pas.*
♦*il/cela - V - à N - que S Kj* — *Il/cela ne me revient pas que l'on dise cela de moi.*
(de) Inf 2 -(cela) - V - à Nqn — *(D')être ainsi critiqué (cela) ne me revient pas.*
♦*il/cela - V -(à N)- de Inf 2* — *Cela/il me me revient pas d'être ainsi critiqué.*

Nqc - V - à Nqn LIT — jm gefallen
Votre charmante histoire me revient parfaitement-

revenir^{7} (2) — jm zustehen, zukommen
N - V - à Nqn — *Vous pouvez revendiquer une chose qui vous revient légitimement. Cette place lui revient de droit. Et il convient de faire aux femmes la place qui leur revient/LeM/.*
de Inf - V - à N — *De prendre cette décision ne vous revient pas.*
♦*il - V - à N - de Inf 2* — *Il ne vous revient pas de prendre cette décision.*

revenir^{8} (2+Adv) — zustehenkommen, kosten
Nqc - V - $Adv_{Adv/à\ N}$ *-(à Nqn)* — *L'achat de la voiture m'est revenu cher, m'est revenu à 20000 francs. L'achat d'une vieille maison peut revenir cher.*

revenir^{9} (2) — gleichkommen, darauf hinauslaufen
Nqc - V - à Nqc < pour Nqn > — *Cette mesure administrative revient à une expulsion. Cela revient (pour moi) au même.*
à ce que S Kj RARE — *Travailler, cela revient pour lui à ce qu'il lise le journal.*
à Inf — *Cela revient à dire que vous êtes d'accord avec moi. Travailler revient pour lui à lire le journal.*

• rêver^{a} (1/2) — träumen
N - V — *J'ai rêvé cette nuit. Au lieu de rêver, viens nous aider.*
N - V - Nqc — *J'ai rêvé cette nuit la même chose que toi.*
que S Ind — *J'ai rêvé que j'étais en Chine.*
Ø Inf 1 — *J'ai rêvé avoir fait un voyage en Chine.*
N - V - de Nqc/qn — *J'ai rêvé cette nuit de toi,* (plus rare:) *d'un accident.*
N - V - à Nqc/qn — *Il était accoudé au comptoir et rêvait à je ne sais quoi. A quoi rêves-tu? Je me mis à rêver à ces vieillards.*

• rêver^{b} (2) — (s. er-) träumen
N - V - N — *La "révolution" rêvée rhétoriquement par M. L. est avortée avec le vigilant concours de son gouvernement/LeM/. Ainsi vous retrouverai-je, vieux frères, tels que mon enfance vous a rêvés /Bernanos/.*
N - V - de N — träumen von
Il rêve d'une vie meilleure.
de ce que S Ind/Kj — *Je rêve de ce qu'il sera/soit un jour possible de se déplacer dans le temps.*
que S Ind/Kj — *L'homme a toujours rêvé qu'il volerait un jour. Je rêve qu'il soit un jour possible de se déplacer dans le temps. J'ai rêvé qu'un homme me dominât, m'emportât dans une tempête/Montherland/.*
de Inf 1 — *A ton âge, je rêvais de faire la révolution, de libérer tous les travailleurs/Vailland/.*

N - V - à N
L'un rêvait au pouvoir total/Pilhes/.
✗ REL: *Je rêve à la sagesse comme on rêve à la terre promise /Duhamel/.*
grübeln, nachdenken
Il ne cesse de rêver aux moyens de gagner de l'argent.

révérer (2)
N - V - N
verehren, anbeten
Révérer Dieu, une relique, une icône. Tout ce que tu as révéré est donc méprisé/Gautier/.

• revêtir[a] (2/3)
N - V - N
anziehen, anlegen
Revêtir ses habits du dimanche, l'uniforme.
N - V - Nqc/qn - de N
kleiden in
La firme revêt uniformément ses employés d'une blouse blanche.
auslegen mit, verkleiden mit
Revêtir un sol, un mur de carreaux.
versehen mit
Revêtir un passeport d'un visa.

• revêtir[b] (2/3)
annehmen, (Bedeutung, Beschaffenheit, Funktion) haben, aufweisen
Nqc - V - Nqc
La façade repeinte revêt un aspect plus gai. C'est une mode qui revêt les formes les plus variées. Des personnalités dont la candidature revêt un caractère original/LeM/. Le droit de passage à travers les détroits revêt pour leurs navires une très grande importance/LeM/. Les deux mesures que veut prendre le Kremlin revêtent un caractère différent en apparence, mais l'effet recherché est identique/LeM/.
N - V - N - de N
versehen mit, ausstatten mit, ✗ verleihen
Sa position sociale le revêt d'une certaine autorité. Revêtir son argumentation des apparences de la vérité.

revigorer (2)
N - V -(N)
wiederbeleben, kräftigen
Ce repas vous revigorera. Revigoré, je m'en fus déjeuner/Pilhes/

réviser (2)
überprüfen, korrigieren, revidieren, (Maschinen) überholen, (Gesetze) ab-ändern
N - V - N
Réviser des épreuves typographiques, une facture, un moteur, la constitution. Il a révisé son point de vue.
(Prozeß) wiederaufnehmen
Réviser un procès.
wiederholen
Réviser un examen, le programme d'un examen.

revisser
→ visser

revivifier
→ vivifier

• revivre (1/2)
N - V
wieder auf-leben
Cette nouvelle m'a fait revivre. Il revit depuis qu'il est ici. Faire revivre une mode. Un historien qui fait revivre une époque.
N - V - N
wieder er-leben
Revivre sa vie, son passé , un cauchemar.

• revoir (2)
N - V - N
wieder sehen, wiedersehen
Mais il advient que je revoie en détail certaines tranches de temps/Pilhes/. Je ne vous ai pas revu depuis longtemps.
überprüfen, korrigieren
Revoir un dictionnaire pour sa deuxième édition.
wiederholen
Revoir le programme d'un examen.
♦*Npl - se V*
s. wiedersehen
Ils se revoient souvent.
♦*Nqn - se V - adj*
s. wieder sehen
Il se revoit acculé dans le couloir/Martin du Gard/. Je me revois essayant de tout refaire.
adv
Je me revois à la plus haute fourche du vieil arbre/Claudel/.

revoler[1]
→ voler[1]

revoler[2]
→ voler[2]

• révolter[1] (2)
N - V -(N)
empören
Son arrogance me révolte. C'est une injustice qui révolte.
♦*N - se V*
empört sein
Il se révolta devant l'arrogance de l'autre.

• se révolter[2] (2)
N - se V - contre N
s. auflehnen gegen
Se révolter contre l'injustice, contre l'autorité de ses parents.

révolutionner (2)
N - V - N
in Aufregung versetzen
La nouvelle a révolutionné tout le quartier.
revolutionieren
Cette invention a révolutionné la technique de la communication

révoquer (2)
N - V - N
jn absetzen, jn s-s Amtes entheben
Révoquer un fonctionnaire, un diplomate.
etw aufheben, annullieren, widerrufen
Révoquer un décret, un contrat, un testament.
✗ LIT: *révoquer qc en doute:* in Zweifel ziehen

rhabiller
→ habiller
⧗ FAM: *Il peut aller se rhabiller. Va te rhabiller!*
Er kann einpacken. Du kannst einpacken.

ricaner (1)
N - V
(hämisch, höhnisch) lachen, grinsen; (albern) kichern
Dire qc en ricanant. Il avait le rictus d'un homme qui ricane. "Vous allez voir" ricana-t-il.

ricocher (1)
N - V
abprallen
La balle a ricoché. Faire ricocher des galets sur l'eau.

rider (2)
N - V - N
faltig, runzlig werden lassen (Wasseroberfläche) kräuseln
L'âge ride le visage. La sécheresse a ridé les pommes. Le vent ride la surface de l'eau.

ridiculiser (2)
N - V - N
lächerlich machen, der Lächerlichkeit preisgeben
Les parodies ont l'inconvénient de ridiculiser les plus belles choses. Ridiculiser le comportement de qn.

• **rigoler** (2) FAM
N - V -(de N)
s. kaputtlachen, scherzen, es nicht ernst meinen
C'était poilant...maintenant j'en rigole/Dorgelès/. Qu'est-ce qu'on a rigolé! Mais non, vous rigolez. Je dis ça pour rigoler.
⧗ *Soignez-vous, il ne faut pas rigoler avec ça:* damit ist nicht zu scherzen.

rimer (1/2)
Npl - V
♦*N - V - avec N*
s. reimen
'Rhume' et 'brume' riment.
'Rhume' rime avec 'brume'.
⧗ *Ça ne rime à rien:* das ist Unfug, ungereimtes Zeug
Il dit des choses qui ne riment à rien.

N - V - N
in Reime setzen
Rimer une chanson.

rincer (2)
N - V -(N)
(mit klarem Wasser) ab-, klar-, ausspülen
Rincer la vaisselle, du linge. (×Rincer sa bouche) > se rincer la bouche après s'être brossé les dents.
⧗ POP: *se rincer la gorge, la dalle, le bec:* einen trinken
⧗ POP: *se rincer l'oeil:* (e-n Anblick) genießen
A la terrasse du café, il se rince l'oeil à regarder passer les jeunes filles.

ripailler (1)
N - V
schmausen
Nous avons joyeusement ripaillé.

riposter[a]
→ répondre[1]

riposter[b] (2)
N - V -(à/contre Nqc) < par N >
zurückschlagen
L'ennemi a riposté avec rigueur. Riposter à une attaque par une contre-attaque. La stratégie tous azimuts, c'était une manière de se tenir prêt à riposter...à tout instant et contre toute attaque étrangère/LeM/.

• **rire**[1] (2)
N - V
lachen
Dire qc en riant. Ses yeux riaient de plaisir.
⧗ *rire aux éclats, à gorge déployée:* lauthals lachen
⧗ *j'ai dit cela pour rire:* zum Spaß

N - V - à Nqn LIT
zulachen
Puisque je ris à peine aux enfants qui m'entourent/Hugo/.
⧗ *Rire au nez, à la barbe de qn:* jn auslachen

N - V - de N
de ce que S Kj
de Inf 1
lachen über
Rire de quelque chose, de quelqu'un.
Je ris de ce que l'on me prenne au sérieux.
Je ris de me voir si belle en ce miroir.

se rire[2] (2)
N - se V - de N
lachen über, pfeifen auf, s. nichts machen aus
Je me ris de vos menaces.

• **risquer**[1] (2)
N - V - N
aufs Spiel setzen, riskieren, das Risiko eingehen
Risquer sa vie, toute sa fortune au jeu. En menaçant les citoyens d'un autre pays de représailles économiques, nous risquons un effet opposé à celui que nous recherchons/LeM/. Des millions d'êtres risquaient le décadence et le dérèglement/LeM/.

que S Kj |×1
Vous risquez que personne ne vous soutienne. Vous risquez surtout qu'il fasse mauvais là-bas aussi, que la course n'ait pas lieu/Montherland/.
⧗ *risquer gros: Chacun de nous risque gros, s'il revient.*

• **risquer**[2] (aux)
Nqc/qn - V - de Inf 1
<jd> wagen, <etw>können, womöglich, beinahe
Il risque de perdre sa vie dans cette aventure. Le cheval a risqué de faire une chute. Ça risque bien d'arriver. Sans lesquels tout risquerait d'être perdu/Le Figaro/. J'ai trouvé que ce texte risquait de perturber l'entreprise/Pilhes/.

♦*Nqn - V - N*
wagen, riskieren
Risquer une allusion, une question.

• **se risquer**[3] (2)
Nqn - se V - à N
à ce que S Kj |×1
à Inf 1
s. der Gefahr aussetzen, wagen, riskieren
Les radios ou les télévisions se risquent à l'inquiétude/LeM/.
Il s'est risqué à ce qu'on le critique.
Xavier s'était risqué à lui demander des précisions sur le but.

• **se risquer**[4] (1+L)
Nqn - se V - qp
s. wohin wagen
Je ne me risquerais pas dans cette boîte.

rissoler (1/2)		anbräunen, braun braten
N - V		*Des pommes de terre qui rissolent dans la poêle.*
N - V - N	RARE	*Rissoler un rôti.* → *faire rissoler*
rivaliser (1)		wetteifern, konkurrieren, es aufnehmen mit
Npl - V < de N >		*Des amis qui rivalisent d'adresse, d'esprit, de générosité.*
♦*N - V - avec N < de N >*		*Jean rivalise de générosité avec Paul. Si nous lançons cet article à ce prix, les autres maisons ne pourront pas rivaliser avec nous.*
river[a] (2+L)		fest-, ver-nieten
N - V - N -(qp)		*River un clou, un rivet, une plaque de métal sur une autre.*
river[b] (3)		(Blick) heften auf
N - V - N - sur N		*Il riva son regard sur moi.*
à N		binden an *Un lien invisible et tout-puissant les rivait l'un à l'autre /Pergaud/.*
riveter (2)		ver-, zusammen-nieten
N - V - N		*Riveter une plaque de métal.*
robotiser (2)	NEOL	roboterhaft machen
N - V - N		*Le second grand reproche qu'on adresse à la science est d'édulcorer la vie jusqu'à la "robotiser"/LeM/.*
roder (2)		(Auto..) einfahren
N - V - N		*Roder un moteur, une voiture.* Fig.: ausprobieren *Une expérience permettant de roder pendant un ou deux ans un nouveau programme et les méthodes pédagogiques correspondantes /L'Express/.*
♦*N - se V*		s. einspielen *Notre intimité conjugale avait besoin de se roder/Bazin/. Depuis lors, Kennedy s'est "rodé", si l'on nous permet cette expression/Le Figaro/.*
• rôder (1+L)		herumstreichen, -streifen
N - V - qp		*Rôder autour d'une propriété. Passer son temps à rôder dans les rues, en ville.*
rogner[1a] (2)		ab-, beschneiden, kürzer machen..., stutzen
N - V - N		*Rogner un bâton, un livre. Rogner les ailes d'un oiseau > lui rogner les ailes. Rogner les griffes à un chat.*
rogner[1b] (2/3)		kürzen,(⧗)abziehen von
N - V - N < de N >		*Rogner un salaire de quelques francs.*
N - V -(N)- sur N		*Rogner une petite somme sur un salaire. Soucieux d'autant plus de ne rien rogner sur ce qu'il estimait devoir à sa mère.*
rogner[2] (1)		brummen, wütend sein
N - V		*Rogner dans son coin.*
• rompre (1/2)		unter-, ab-, durch-, auf-brechen
N - V - N		*Le fleuve a rompu ses digues. Le vent a rompu plusieurs arbres. Rompre le silence, la conversation, ses liens avec qn. Une ligne qui, sans jamais se rompre, encercle les obstacles, traverse les apparences/LeM/. (×Rompre son cou) > tâche de ne pas te rompre le cou. Rompre les relations diplomatiques avec un autre pays.*
N - V		*La corde a rompu. La chaîne, la branche, les digues ont rompu.*
Nqn-pl - V		(miteinander) brechen *Après une longue amitié, ils ont rompu.*
♦*Nqn - V - avec Nqc/qn*		*Juliette a rompu avec Paul. Il a rompu avec cette tradition, avec cette habitude.* ⧗ *être rompu à qc:* bewandert sein in, vertraut sein mit *Acrobates et danseurs, rompus aux exercices de force et de grâce/Colette/.*
ronchonner (1)	FAM	brummen, nörgeln
N - V		*Il ronchonne sans cesse.*
ronéotyper/ronéoter (2)		vervielfältigen
N - V -(N)		*Ronéoter des tracts.*
ronfler (1)		schnarchen
N - V		*Il ronfle en dormant.* brummen, dröhnen *Un poêle, un moteur qui ronfle.*
• ronger (2)		ab-, an-nagen, (an den Nägeln) kauen
N - V -(N)		*Le lapin ronge (sa carotte).*
N - V - N		*(×Ronger ses ongles) > se ronger les ongles. Les vers ont rongé le bois.* Fig.: an jm nagen... *Les soucis le rongent. Le mal, profond, invétéré, universel qui ronge cette société/Michelet/.* ⧗ *ronger son frein:* s-n Ärger/sich zügeln, s. zurückhalten
ronronner (1)		schnurren
N - V		*Le chat, le moteur ronronnent. On entendait ronronner la machine à coudre/Duhamel/.*

rosir (1/2)
N - V — erröten
Son visage rosit.
N - V - N — in rosarotes Licht tauchen
Le couchant rosit les cimes.

rosser (2) FAM — ver-prügeln
N - V - N
Rosser quelqu'un.

roter (1) FAM — rülpsen
N - V
Après le repas, il rota solennellement.

rôtir (2/1) — braten
N - V - N
Rôtir un biftec.
⧓ ^{x}*se V*
N - V
La viande est en train de rôtir. Mettre une viande à rôtir. Faire rôtir un biftec.
⧓ *Jules (se) rôtit au soleil.*

roucouler[a] (1) — gurren
N - V
Les colombes roucoulent.

roucouler[b] (1/2) — turteln, Süßholz raspeln
N - V
Des amoureux qui roucoulent.
N - V - N
Tu te pâmais en mille poses Et roucoulais des tas de choses /Verlaine/.

rouer (3) — grün und blau, windelweich schlagen
N - V - N -(de N)
Il a été roué de coups.

rougeoyer (1) — s. röten, rötlich werden
N - V
Le ciel rougeoie au lever du soleil.

• **rougir** (1/2) — erröten, rot werden
N - V < de N >
Rougir de honte. Les crevettes rougissent à la cuisson.
N - V - Nqc — rot machen
Il suffit d'une goutte de vin pour rougir tout un verre d'eau /Hugo/.
⧓ (Eisen) glühend machen
Rougir une barre de fer.

rouiller[a] (1) — ver-rosten
N - V
Le fer rouille. La voiture commence à rouiller.

rouiller[b] (2) — Fig.: einrosten lassen, ungelenk machen
N - V - N
L'inactivité rouille l'esprit, le corps.
♦*N - se V*
L'athlète se rouille sans exercice. L'esprit se rouille dans l'inaction.

• **rouler**[1a] (1/2) — rollen, <Auto> fahren, <Schiff> schlingern
N - V
Pierre qui roule n'amasse pas mousse. La voiture roule encore bien. Nous avons roulé toute la journée. Le bateau roulait et tanguait.
N - V - N — ein-rollen, (mit den Augen) rollen, (Augen) verdrehen, (Zigaretten) drehen
Rouler un tonneau, du papier, un tapis, les yeux, une cigarette.
♦*N - se V - qp* — s. wälzen, s. einwickeln, s. einrollen
Se rouler dans l'herbe. Se rouler dans une couverture.

rouler[1b] (2) — s. drehen um
N - V - sur N
Notre conversation roule encore sur les mêmes sujets.

rouler[2] (2) POP — jn reinlegen
N - V - N
Il s'est fait rouler. Il est en train de vous rouler.

roupiller (2) POP — pennen
N - V
Roupiller toute la matinée.

rouspéter (2) — schimpfen, meckern, nörgeln
N - V -(contre N)
Cesse de rouspéter. La population commence à rouspéter contre le prix des transports publics.

roussir (1) — rotbraun werden
N - V
Les feuilles roussissent en octobre.

• **rouvrir** (2/1/3) — wieder öffnen
N - V - N
Après des réparations, le magasin a rouvert ses portes. La porte s'est rouverte.
Fig.: neu eröffnen
Rouvrir les hostilités, un débat.
N - V
Le magasin rouvre à deux heures.
N - V - N - à N
Rouvrir une route à la circulation. Rouvrir ses portes à qn.

rudoyer (2) — rüde, grob behandeln, jn grob anfahren
N - V - N
Le corps que l'on rudoie par un ascétisme sans pitié. Chez "Baptiste", on était mal assis et le patron vous rudoyait /Pilhes/.

ruer[1] (1) — <Pferd> ausschlagen
N - V
Un cheval qui rue.
⧓ FAM: *(Nqn) - ruer dans les brancards:* Widerstand leisten, protestieren, s. sträuben

se ruer[2] (2) — s. stürzen, herfallen über
N - se V - sur N
Se ruer sur l'ennemi. Les journalistes se ruèrent sur la ve-

dette. Tout le monde se ruait sur l'occasion.

rugir (1)
N - V < de N >
brüllen
Le tigre, le lion rugissent. Pierre rugissait de colère, de douleur.

• **ruiner** (2)
N - V - N
ruinieren, vernichten...
La grêle a ruiné les récoltes. La guerre a ruiné le pays.
♦*N - se V < à N/ à Inf 1 >*
Se ruiner au jeu, à jouer au poker.

ruisseler (1+L/2)
N - V -(qp)
rinnen, strömen
La pluie ruisselait contre les vitres. La foule ruisselait de toutes les portes/Sartre/.
N - V - de N
triefen, rinnen vor
Ruisseler de sueur.

ruminer[a] (2)
N - V -(N)
wiederkäuen
La vache rumine. Elle rumine de l'herbe.

ruminer[b] (2)
N - V - N
s. etw hin und her überlegen, (Problem) wälzen, (nach-)grübeln
Ruminer un projet, un problème. Tandis qu'il ruminait la journée, il n'éprouvait plus de colère.

ruser (1)
N - V < avec N >
List, Tricks anwenden, etw listig tun, listig umgehen mit
Il sait ruser avec l'administration. Il lui fallait maintenant ruser, mentir/Balzac/.

rutiler (1)
N - V
glänzeln, funkeln
La cuisinière de fonte jetait des flammes, les cuivres rutilaient/S. de Beauvoir/.

rythmer (2)
N - V - N
Rhythmus geben, rhythmisch gestalten
Il avait médité sa phrase, il l'avait arrondie, polie, rythmée/Flaubert/. Rythmer son travail en chantant.

sabler (2) — mit Sand bestreuen
N - V - N — *Sabler le trottoir.*
✖ *sabler le champagne:* aus festlichem Anlaß Champagner trinken

saborder^{a} (2) — (Schiff) anbohren, versenken
N - V - N — *Saborder un navire afin qu'il ne tombe pas aux mains de l'ennemi.*
♦*N - se V* — sein Schiff selbst versenken, s. versenken
La flotte française reçut l'ordre de se saborder.

saborder^{b} (2) — aufgeben, einstellen
N - V - N — *Saborder son entreprise, un journal*

saboter (2) — zusammen-schludern, pfuschen
N - V - N — *Saboter un travail, un devoir.*
Sabotage vornehmen an
Saboter une voiture, un pont, un avion.
Fig.: sabotieren
Saboter les efforts, les plans de qn.

saccader (2) — abgehackt aus-sprechen
N - V - N — *Saccader les mots.*

saccager (2) — verheeren, verwüsten
N - V - N — *Un ouragan a saccagé la région. Les ennemis ont saccagé la ville.*
FAM: durcheinanderbringen, kaputtmachen, verwüsten
Les cambrioleurs ont saccagé son bureau. Un chien a saccagé les plates-bandes.

sacrer^{1} (2+A) — weihen, salben
N - V - N -(n) — *Sacrer un roi. Charlemagne a été sacré empereur à Rome.*

sacrer^{2} (1) — FAM — fluchen
N - V — *Il sacre comme un charretier.*

sacrifier^{1} (3) — opfern
N - V -(N) -(à N) — *Sacrifier un poulet à la divinité.*
▼*N - V - N* — *Le prêtre a sacrifié une chèvre.*
▼*N - V - à N* — *Les Romains sacrifiaient à plusieurs dieux.*

• **sacrifier**^{2} (2) — weihen, opfern
N - V - N -(à N) — *Sacrifier sa vie à la science. Sacrifier son temps. Il a tout sacrifié à sa carrière. Il a sacrifié la qualité de son travail au goût du public. Malheur à qui ne sait pas sacrifier un jour de plaisir aux devoirs de l'humanité/Rousseau/. Je t'ai sacrifié ma vie/Stendhal/.*
N - V - N -(pour N) — *Sacrifier son bonheur individuel pour le bonheur collectif.*

sacrifier^{3} (2) — LIT — huldigen
N - V - à N — *Sacrifier à la mode, au goût du public. Il a toujours sacrifié à la considération du nom de l'écrivain/Goncourt/.*

• **saigner** (1/2) — bluten
N - V < de N > — *Saigner du nez.*
N - V - N — jn zur Ader lassen, (Tier) abstechen
Saigner un malade. Saigner un cochon.
Fig.: ausbluten lassen
La guerre a saigné à blanc le pays.
✖ *se saigner (à blanc):* sein Letztes hergeben
Il avait dû se saigner à blanc pour l'envoyer là-bas/Gide/.
✖ *saigner qn à blanc:* jm den letzten Pfennig aus der Tasche ziehen

saillir^{1} (1) — hervortreten
Nqc - V — *Des muscles, des pommettes qui saillent.*

saillir^{2} (2) — decken, bespringen
N - V - N — *Le cerf saillit la biche.*

• **saisir**^{1a} (2) — er-greifen, fassen, packen
N - V - N — *Saisir le bras de qn > le saisir au/par le bras. Saisir une balle au vol. Saisir une occasion, un prétexte. Le froid nous a saisis au sortir de l'eau. La peur le saisit.*
beschlagnahmen, pfänden
Poniatowski a fait saisir tous les exemplaires d'un ouvrage sur la Guinée/Canard enchaîné/. L'huissier est venu saisir les meubles. Saisir un débiteur.
✖ *saisir une côtelette:* anbraten
✖ VIEUX: *Nqn-seV-deNqn:* jn ergreifen, packen
A peine un grand est-il débarqué qu'il l'empoigne et s'en saisit/La Bruyère/.

saisir^{1b} (2) — erfassen
N - V - N — *Le langage n'arrive pas à saisir la complexité du monde.*
erfassen, einfangen, treffen
Le peintre a su parfaitement saisir le caractère de ce paysage.

saisir^{2} (3) — (jm e-n Streitfall...) vorlegen, (Gericht...) befassen mit
N - V - N - de N — *Saisir un tribunal d'une affaire. Le conseil municipal fut saisi de la question.*
♦*Nqn - se V - de N* — s. befassen mit
Le commissaire s'est lui-même saisi de l'affaire. Le tribunal ne s'est pas encore saisi de cette affaire.

• saisir[3] (2) — begreifen, verstehen
N - V - N — *Saisir le sens d'une phrase. Je vous saisis parfaitement.*
X FAM: *N-V-Ø* |*K: Avez-vous saisi?*
que S Ind — *J'ai bien saisi que cela devait/doit se dérouler de cette manière.*
Int.ind — *Avez-vous saisi comment il faut procéder?*
Ø Inf 1 — *Je saisis parfaitement avoir commis une erreur.*

• saler (2) — salzen
N - V -(N) — *Saler un plat. Vous avez trop salé.*

• salir (2) — beschmutzen, dreckig machen
N - V -(N) — *Salir ses vêtements.*
Fig.: salir la réputation de qn.

saliver (1) — <Hund> seibern, sabbern
N - V — *Le dogue salivait en haletant.*
schlucken
Il saliva d'envie.

saloper (2) POP — schludern, pfuschen
N - V - N — *Saloper un travail.*

• saluer[a] (2) — be-grüßen, salutieren
N - V -(N) — *Saluer la concierge, le drapeau. Son arrivée fut saluée par des huées.*

saluer[b] (2+A/3) — Fig. jn anerkennen als, etw in jm sehen
N - V - N - comme n — *Rimbaud n'a pas été salué par tout le monde comme le précurseur de la modernité.*
N - V - N - en N — *Toute l'époque salua en lui le plus grand génie scientifique.*

sanctifier (2) — heiligen
N - V - N — *La vertu nous sanctifie. Sanctifier sa vie. Dans notre famille, on sanctifie le jour du Seigneur.*
Fig.: La fin sanctifie les moyens.

sanctionner[1] (2) — bestätigen, billigen, sanktionieren
N - V - N — *Sanctionner une loi, une décision.*

sanctionner[2] (2) — X bestraft werden mit
Nqc - V - Nqc — *Des peines considérables sanctionnent le trafic de drogue.*
Nqn - V - N — bestrafen
Sanctionner une faute, un délit. Le tribunal a sanctionné le délit.

sangloter (1) — schluchzen
N - V — *Une petite fille qui sanglote. "Maman" sanglota-t-elle.*

saouler/soûler (2) FAM — betrunken machen, vollaufen lassen, abfüllen, seV: s. besaufen
N - V - N — *Ils avaient tous décidé de le saouler ce soir. Il se soûlait à la bière. C'est une boisson alcoolique qui soûle vite.*
X *Fig.: Il m'a saoulé avec ses discours. Il se saoule de mots.*

saper[1] (2) — untergraben, fig.: unterminieren
N - V - N — *La mer sape les rochers. Saper un mur.*
Fig.: Les menées révolutionnaires sapent les fondements de notre société.

(se) saper[2] (1) POP — s. kleiden
N - (se) V — *Le mec, qu'est-ce qu'il (se) sape!*

sarcler (2) — jäten
N - V -(N) — *Sarcler des mauvaises herbes, un chemin.*

• satisfaire (2) — befriedigen, erfüllen
N - V - N — *Satisfaire les désirs de qn. Le travail ne me satisfait pas. La société moderne a voulu satisfaire aussi vite que possible les aspirations - légitimes - d'un nombre aussi grand que possible d'hommes jusqu'ici frustrés/LeM/.*
N - V - à Nqc — entsprechen, genügen, nachkommen, erfüllen, Genüge tun
L'avion était équipé afin de satisfaire à tous les besoins d'un grand patron. Le candidat ne satisfait pas aux conditions. Satisfaire aux exigences de qn. Satisfaire au goût du public. Le gouvernement n'a pas satisfait à nos revendications.

saturer (3) — tränken, sättigen
N - V - N -(de N) — *Saturer une éponge d'eau. Saturer l'air de vapeur.*
Fig.: Saturer son esprit de lectures.

saucer[1] (2) — ein-tunken
N - V - N — *Saucer son pain.*
(mit Brot) saubermachen
Saucer son assiette.

saucer[2] (2) FAM — durchnässen
N - V - N — | passif: *nous avons été saucés par l'orage.*
X *se faire saucer:* durchnäßt, klatschnaß werden
Nous nous sommes fait saucer.

saucissonner (1) FAM — kalt essen, picknicken
N - V — *Nous avons rapidement saucissonné au bord de la route.*

saupoudrer (3) — bestreuen
N - V - N -(de N) — *Saupoudrer une tarte de sucre en poudre.*

• sauter[1a] (1+L/2) — springen, <Knopf> abgehen
N - V -((de)qp) — *Sauter deux fois. Je saute très haut. Un bouton de ma veste a*

sauté. *Sauter dans un fossé. Sauter d'un arbre.*
⧗ *sauter à bas de son lit:* aus dem Bett springen
⧗ *faire sauter une crêpe:* hochwerfen
⧗ jm um den Hals fallen:
Sauter au cou de qn > lui sauter au cou.
⧗ *sauter sur ses pieds:* aufspringen
⧗ *sauter sur qn:* über jn herfallen, jn angreifen, s. stürzen auf jn
⧗ <Fahrradkette> abspringen
La chaîne sauta et il lui fallut la remettre sur le pignon.
⧗ FAM: s-n Posten verlieren
Il a sauté. On l'a fait sauter.

N - V - N
über-springen
Sauter un fossé, un mur. Au deuxième essai, il n'a sauté qu'un mètre vingt-cinq.

• **sauter**^{1b} (3/2)
N - V -(de N) - à N
über-springen, auslassen
Sauter d'une idée à l'autre. Il a sauté au prochain chapitre.
⧗ *Ça saute aux yeux:* ins Auge springen, fallen, auffallen

N - V - N
Sauter un repas, un chapitre, une classe.

• **sauter**^{2} (1)
N - V
in die Luft fliegen, explodieren
L'usine à gaz a sauté. Aussitôt après, les bâtiments sautent: la toiture résiste, mais les installations prennent feu/LeM/.
⧗ *faire sauter qc:* sprengen, in die Luft jagen
Faire sauter un pont, un navire. Faire sauter la banque au casino.
⧗ *se faire sauter la cervelle (*FAM: *le caisson):* s. e-e Kugel durch den Kopf jagen
⧗ *faire sauter un lapin, des pommes de terre, des oignons:* schmoren

sautiller (1)
N - V
herum-hüpfen
L'écureuil sautillait dans le jardin.

sauvegarder (2)
N - V - N
schützen, bewahren, (Interessen) wahren
Sauvegarder un site historique, une coutume, des libertés acquises, ses intérêts.

• **sauver**^{1} (3)
N - V - N -(de N)
retten
Sauver la vie de qn > lui sauver la vie. Il faut sauver les monuments du passé. Ce qui sauve l'art, c'est l'invention.
retten, erlösen
Va, ta foi t'a sauvé. Il devait naître un Rédempteur qui sauverait son peuple/Pascal/.
⧗ *sauver l'apparence, les apparences, la face:* den Anschein, das Gesicht wahren
⧗ *Loc.: sauver les meubles:* retten was noch zu retten ist
retten, bewahren vor
Sauver qn de la noyade. En les divulgant, elle sauve de la publicité des secrets confus/Colette/.

♦*N - se V - de N*
e-r S entkommen
On ne se sauve pas de la réalité en refusant de la connaître /Maurois/.

se sauver^{2} (1+L)
N - se V -(de qp)
davonlaufen
Il n'avait pu s'entendre avec ses parents...il s'était sauvé de chez eux/Zola/. Ils se sont sauvés à toute allure.

• **savoir**^{1} (2/2+A/3)
N - V - Nqc
wissen, etw kennen
Il sait tout. Je ne sais pas votre nom/Duhamel/. Pour des raisons politiques que l'on sait...
LIT ⧗ *savoir* qn *qui...:* jn kennen
Je sais un professeur qu'on surnommait Caboche.
⧗ *N-V-Ø |K: Savez-vous où est la gare? - Non, je ne sais pas. On ne sait jamais. (Pour) autant que je sache, il....*
Pompidou est le seul à garder son sang-froid et même à sourire. Il a pour cela une raison que les autres n'ont pas. Lui, il sait. Il sait où est de Gaulle et ce qu'il va faire /Nouvel Observateur/.
Ainsi, Henri Saint-Ramé...sait distinguer entre ces biens et ces richesses. Ceux qui ne savent pas croient que les biens désignent uniquement des objets matériels/Pilhes/.
⧗ *savoir qc de qn:* etw von jm wissen, von jm haben
Je sais cela de lui. Savoir de source sûre que...

que S Ind
Je sais qu'il va venir.

Ind |neg/int
Je ne savais pas qu'il allait venir. Saviez-vous qu'il allait venir? Je ne savais pas qu'il était marié/A. Roussin/.

Kj |neg RARE
Je ne savais pas que Ninou eût fait tant de mal aux hommes/Giraudoux/. D'ailleurs, il ne savait point que l'Italienne habitât boulevard des Capucines/Aragon/. Je ne savais pas qu'il m'aimât/R. Radiguet/.

Int.ind
Les gouvernements de Buenos-Aires et de Montevideo savent qui sont les tueurs/LeM/. Nous avouons donc ne pas savoir que répondre/Nouvel Observateur/. Je ne sais pas comment faire. Qui sait si elle trouverait Albertine?/Proust/.

Ø Inf 1
Je sais pertinemment avoir écrit cela. Je sais très bien être vieux jeu.

N - V - N - être n — *On la savait être la fille du maire.*
(être) adj — *Je ne la savais pas (être) si riche.*
(être) adv — *Je ne vous savais pas (être) au courant. M. Musterffies, que je savais en tournée d'inspection à Londres et à Amsterdam/Pilhes/.*

♅ *savoir gré à qn de Inf 2:* jm dankbar sein
Je vous saurais gré de lui transmettre mon meilleur souvenir.
♅ *faire savoir:* mitteilen
M. Smith fait savoir à la nouvelle administration américaine qu'il compte sur son concours/LeM/. Le Département d'Etat a dès le 26 janvier fait savoir que les Rhodésiens ne pourraient en aucun cas compter sur une aide/LeM/.

N - V - de/sur N - N — *Je sais peu de choses de/sur lui, à son sujet.*
que S Ind 2 — *Je sais de Marie qu'elle va bientôt quitter l'école.*
♅ *en savoir long:* ein Lied singen können von
J'en savais long au sujet de leur situation dans ce domaine /Pilhes/. Mais j'en connais qui en savent long.

• **savoir**[2] (aux) — es verstehen, können
Nqn - V - Ø Inf 1 — *Il sait être habile quand il veut. Il sait nager. J'ai su quelques fois agir/Malraux/. Il a su me convaincre. C'est un malin qui sait se tirer d'affaire.*
Nqc - V - Ø Inf 1 — |neg.: könnte, dürfte
Rien ne saurait l'arrêter. La réponse ne saurait tarder.

savonner (2) — einseifen
N - V - N — *(×Savonner la main de qn) > lui savonner la main. Savonner du linge, un parquet.*

savourer (2) — genießen
N - V - N — *Savourer un bon repas, un verre de vin, le silence.*

scalper (2) — skalpieren
N - V -(N) — *Les indiens d'Amérique scalpaient de temps en temps. Ils scalpaient leurs ennemis vaincus.*

scandaliser (2) — entrüsten, Ärgernis, Anstoß erregen bei
N - V -(Nqn) — *C'est un incident qui scandalise toute l'Angleterre. Cette affaire ne cesse de scandaliser.*
♦*Nqn - se V -(de N)* — Anstoß nehmen an, s. entrüsten über
Monsieur se scandalise de l'audace de Madame.
de ce que S Ind/Kj — *Il se scandalise de ce que Jean a/ait fait cela.*
que S Kj — *Il se scandalise que Jean ait fait cela.*
de Inf 1 — *Il se scandalise d'apprendre cela.*

scander (2) — skandieren
N - V -(N) — *Les manifestants scandaient des slogans. Scander un vers grec.*

scarifier (2) — auf-, ein-ritzen
N - V - N — *En Afrique, on scarifie la peau pour marquer un jeune homme comme appartenant à une certaine tribu.*

sceller[1] (2) — versiegeln, Fig.: besiegeln
N - V - N — *Sceller une lettre. Sceller une alliance.*

sceller[2] (2) — fest-, zu-gipsen, -zementieren
N - V - N — *Sceller une fenêtre.*
N - V - N -(qp) — *Sceller des crochets dans un mur.*

schématiser (2) — schematisieren
N - V -(N) — *Schématiser un processus de production. Vous schématisez trop!*

• **scier** (2) — zer-, durch-sägen
N - V -(N) — *Scier du bois, un arbre. J'ai scié toute la matinée.*

scinder (3) — auf-spalten
N - V - N -(en/dans Npl) — *Scinder une question, un problème. Cette discussion a scindé le parti en plusieurs fractions. Il faut nettement scinder le bloc subjonctif dans ses deux moitiés/M. Cohen/.*

scintiller (1) — funkeln
N - V — *Les étoiles scintillent dans la nuit.*

scléroser (2) — verkalken lassen
N - V - N — *Une mauvaise alimentation sclérose les artères. L'organisme se sclérose en vieillissant. Il se sclérose.*
Fig.: erstarren lassen
Le monde arabe devra bien se libérer d'un cléricalisme anachronique qui le sclérose/LeM/.

scolariser (2) — einschulen
N - V - N — *Scolariser un enfant.*
ein Schulsystem aufbauen in
Le Brésil fait un effort pour scolariser les régions les plus éloignées.

scruter (2) — erkunden, untersuchen, forschend anschauen, (Horizont) absuchen
N - V - N — *Scruter une attitude, les intentions de qn. Scruter l'horizon. Ses petits yeux me scrutèrent.*

• **sculpter** (2) — bildhauern, schnitzen, meißeln
N - V -(N) — *Sculpter le marbre, une statue. Il peint, mais il ne sculpte pas. Sculpter dans le bois. Sculpter un bâton avec un canif. Il préfère sculpter au ciseau.*

• **sécher**[1] (2/1)		trocknen (lassen)
N - V - N		*Le soleil sèche le linge. Sécher des figues.*
♦*N - se V*	RARE	*Tourner et retourner le fourrage vert pour l'aider à se sécher /LeM/.*
N - V		*Faire sécher des figues. Le linge sèche au soleil.*
sécher[2] (2/1)	FAM	schwänzen
N - V - N		*Sécher un cours, la classe.*
Nqn - V		(in e-r Prüfung) versagen, durchfallen *Il a séché lamentablement en histoire.*
seconder (2)		jm zur Seite stehen, jn unterstützen
N - V - N(qc de) qn		*Seconder les plans de qn. Seconder qn.*
• **secouer** (2)		schütteln, rütteln (an), (Zigarettenasche) abklopfen
N - V - N		*Secouer son tapis, la salade, la porte, la poussière d'un tapis. Il secoua la cendre de sa cigarette et en alluma une autre. Le directeur secoua négativement la tête à plusieurs reprises.* Fig.: erschüttern *La tempête justicière qui vient de secouer, une fois de plus, la France semble s'apaiser/LeM/. Depuis combien de siècles une grande religion n'a-t-elle pas secoué le monde?/Malraux/.* <Krankheit> jn mitnehmen *Sa maladie l'a bien secoué.* abschütteln *Secouer le joug d'une oppression.*
• **secourir** (2)		helfen, beistehen
N - V - N < contre N >		*Secourir qn contre un danger. Secourir un blessé.* Fig.: e-r S abhelfen *Secourir la misère.*
sécréter (2)		absondern
N - V - N		*Les glandes sécrètent des substances utiles à l'organisme.* Fig.: um sich verbreiten *Presque tous les métiers sécrètent l'ennui à la longue. L'odeur pestilentielle du mépris sécrétée par les états-majors d'entreprises/Pilhes/.*
sectionner[a] (2)		abschneiden, abtrennen
N - V - N		*Sectionner un câble. La scie a sectionné son bras > lui a sectionné le bras.*
sectionner[b] (3)		aufteilen
N - V - N - en Npl		*Sectionner une ville en circonscriptions.*
séculariser (2)		säkularisieren
N - V - N		*Séculariser un couvent, des biens religieux.*
sécuriser (2)	NEOL	jm Sicherheit geben, jn sicherer machen
N - V - N		*Il faut sécuriser les enfants en mathématiques/Réalités/.*
sédentariser (2)		seßhaft machen
N - V - N		*Sédentariser des nomades, des tsiganes.*
• **séduire** (2)		verführen, <etw> jn reizen
N - V -(N)		*Juliette séduit Jules. M. Trudeau a littéralement séduit les classes moyennes anglophones/LeM/. Cette vie de bureaucrate ne me séduit guère. Il a une voix qui séduit.*
segmenter (3)		aufteilen, in Teile zerlegen
N - V - N -(en Npl)		*Segmenter un tuyau. Segmenter une barre de fer en plusieurs bouts.*
• **séjourner** (1+L)		s. aufhalten, bleiben, weilen
N - V - qp		*Il a séjourné en Italie pour quelques années. Il a séjourné chez nous quelques jours.*
sélectionner (2)		auswählen, e-e Auswahl treffen aus
N - V - N		*Sélectionner des candidats. La mémoire sélectionne et modifie les souvenirs/Lalande/.*
seller (2)		satteln
N - V - N		*Seller un cheval.*
• **sembler** (aux)		scheinen
N - V -(à Nqn) - être n		*Il (me) semble être le père de ce garçon.*
(être) adj		*Il semble être fatigué. Cela me semble possible.*
∅ Inf 1		*Il (me) semble comprendre.*
que S Kj-(cela)-V-(àNqn)-(être)adj		*Qu'il ne soit pas chez lui, (cela) me semble (être) improbable.*
♦*il/cela-V-(àN)-(être)adj-que S*		*Il/cela semble improbable qu'il ne soit pas chez lui. Il semble probable qu'il viendra.*
(de)Inf-(cela)-V-(àN)-(être) adj		*(De) partir sans parapluie au Sahara (cela) me semble (être) difficile.*
♦*il/cela-V-(àN)-(être) adj - de Inf*		*Il/cela me semble (être) difficile de partir sans parapluie.*
▼*il - V - que S Kj*		*Il semble qu'il soit parti au Sahara.*
Ind	RARE	*En tout état de cause, il semble que le Sénégal tiendra à s'exprimer devant la commission politique/Le Figaro/. Il semblait qu'elle n'eût jamais été jeune, qu'elle ne pouvait pas l'avoir été/Gide/.*

▼*il - V - que S Kj* |*neg*
Il ne semble pas qu'il doive revenir sur ces positions/France-Soir/. Il ne semblait pas qu'elle s'adonnât à la prostitution /Aragon/.

▼*il - V - à Nqn - que S Ind*
Il me semble qu'il est parti sans parapluie. Il me semblait que j'étais une bouteille pleine de vin rouge/Giono/. Il m'a semblé que vous aviez bien travaillé aujourd'hui/H. Troyat/. Il lui semble constamment que ses enfants ne peuvent se passer d'elle/H. Troyat/. Il lui sembla que la présence de ce nuage était un mauvais signe/H. Troyat/.

Kj RARISSIME
Il semblait au romancier qu'il s'enfonçât dans l'aventure/Gide/.

Kj |*neg*
Il ne me semble pas que jusqu'ici la critique ait aperçu ces liens profonds/Aragon/. Or, il ne m'avait pas semblé qu'il m'eût plus manqué de respect que d'habitude/Fr. Sagan/.

• semer[1a] (2)
N - V -(N)
säen
Semer du blé, un champ. Passer une journée à semer.

• semer[1b] (2)
N - V - N
säen, (Gerücht...) verbreiten
Semer le désordre, la discorde, la ruine. Les calomnies frivoles qu'elle avait semées/A. France/.

semer[2] (2) FAM
N - V - N
abschütteln
Le chauffard a semé les flics qui le poursuivaient.

sensibiliser (3)
N - V - N -(à N)
jn empfänglich machen (für)
Sensibiliser l'opinion publique à un problème. L'essentiel est de sensibiliser les cadres et les dirigeants à ce problème/LeM/. Une exposition sur le livre scolaire dans le but de sensibiliser tous les parents/LeM/.

• sentir[a] (2/1+Adv)
N - V - N
fühlen, spüren, riechen
Sentir une douleur, la fatigue, un courant d'air, une odeur, les aspérités du mur, le goût de l'ail dans la salade.

♦*N - V - N - inf 2*
Je sens la fièvre monter. Vous sentez vos muscles et vos tendons se dessiner dans vos phalanges/Butor/.

FAM
⌘ *ne pas pouvoir sentir N/que S Kj:* nicht riechen, nicht leiden können
Je ne peux pas le sentir. Je ne peux pas sentir qu'on dise cela.

N - V - Adv$_{\text{Adv/N}}$
riechen (nach)
Ça sentait le pétrole à plein nez. Et d'abord, comme dit l'autre, l'argent sent toujours bon. La chambre sent le renfermé. La salade sent l'ail. Ça sent bon.
⌘ *N-V-Ø: (= sentir mauvais): La viande est avariée, elle sent.*

♦*Nqn - se V - Adv*
s. fühlen
Comment vous sentez-vous? Je me sens bien.

♦*Nqn - se V - n*
s. fühlen
Je me sens un autre homme.

adj
Je me sens brusquement un peu écrasé par les tâches qui m'attendent. Vous sentez-vous suffisamment rétabli pour assister à la réunion?/Pilhes/.

inf 1
Laurent se sentait renaître/Zola/.

• sentir[b] (2)
N - V - N
fühlen, spüren
Sentir le danger. Ne pas sentir une différence. (×Sentir son courage de...) > se sentir le courage de faire qc.

que S Ind
Je sens qu'il va se passer quelque chose.

Ind/Kj |*neg*
Il ne sentait pas qu'on lui était hostile. Elle aussi, il pourrait sans doute l'appeler sa tante comme une autre, mais il ne sent pas, vraiment, qu'elle appartienne aux siens/H. Queffelec/.

Int.ind
Je sens bien à quel point cela a dû être difficile.

Ø Inf 1
Je sens être capable de faire cela.
⌘ *(Nqc) se faire sentir:* spürbar werden, s. auswirken
L'inflation se fait sentir dans tous les domaines de la vie quotidienne.
⌘ FAM: *(Nqn) ne plus se sentir:* den Kopf verlieren
Alors, tu ne te sens plus?

seoir (2)
Nqc - V - à N
passen zu, jm stehen
Elle avait enfin trouvé un chapeau qui seyait à sa robe. Cette robe lui sied bien.

♦*il - V -(à Nqn) - de Inf*
angebracht sein
Il sied donc d'être prudent/Gide/.

• séparer (2/3)
N - V - Npl
trennen
Séparer deux enfants qui se disputent. Un mur sépare les deux jardins. Cette mesure tendait à séparer 'révolutionnaires' et 'modérés' au sein de l'opposition/LeM/.

♦*Npl - se V*
s. trennen, auseinandergehen
Ils se sont séparés. L'assemblée s'était séparée sans avoir fixé la date d'ouverture de sa session ordinaire suivante/LeM/.

♦*N - V - N - de/d'avec N*
Séparer la théorie de/d'avec la pratique. Les trois semaines qui les séparent du congrès extraordinaire de leur parti/LeM/.

♦*N - se V - de N*
Jules s'est séparé de Juliette.

N - V - N - en Npl
auf-teilen
Un mur sépare le jardin en deux parties. A cet endroit, le fleuve se sépare en deux.

séquestrer[1] (2)
N - V - N
einsperren
Les ouvriers en révolte ont séquestré leur patron.

séquestrer[2] (2)
N - V - N
beschlagnahmen, unter Zwangsverwaltung stellen
Sa propriété a été provisoirement séquestrée.

sermonner (2)
N - V - N
abkanzeln, jm e-e Gardinenpredigt halten, schulmeistern
Il sermonna longuement sa fille. Cette lâche attitude adoptée par presque tous les chefs sermonnés par leurs super-chefs /Pilhes/.

serpenter (1+L)
N - V - qp
s. schlängeln
Ils empruntèrent un petit sentier qui serpentait vers le village. La rivière serpente dans la plaine.

• serrer (2/2+L/1+L)
N - V - N
drücken, pressen, klemmen, fester, enger machen, festdrehen, festschrauben..., anziehen, (Zähne) zusammenbeißen
Serrer la main de qn > serrer la main à qn, lui serrer la main. Serrer les lacets de ses chaussures. Serrer un robinet, un écrou. Serrer les dents. A la course, le cheval arrivé second avait serré le premier de près.
⧗ *serrer le coeur de qn > lui serrer le coeur:* das Herz zusammenschnüren
⧗ *serrer de près:* dicht folgen
⧗ POP: *serrer les fesses:* Schiß haben
⧗ *(serrer sa ceinture) > se serrer la ceinture:* den Gürtel engerschnallen
⧗ *Npl - se serrer les coudes:* s. gegenseitig beistehen
Fig.:
Serrer son style: straffen
Serrer un sujet: beim Thema bleiben
Serrer une traduction: genau, eng übersetzen

♦*Npl - se V*
zusammenrücken
Pouvez-vous vous serrer un peu pour laisser une place?

N - V - N - qp
wohin drängen, drücken
Un automobiliste qui serre un cycliste sur/contre/vers le trottoir.

♦*N - se V - qp*
Se serrer contre qn

N - V - qp
s. (rechts) halten, mehr nach (rechts) gehen...
Serrer à droite, sur sa droite.
⧗ *= serrer sa droite.*

• servir[1a] (2/1+L)
Nqn - V - Nqn
jm dienen
Les mercenaires suisses ont servi tous les gouvernements/rois d'Europe.
die Messe dienen
Le dimanche, quatre garçons servent la messe.

Nqn - V - qp
(militärisch) dienen
Il a servi dans l'armée française pendant la guerre d'Algérie.
⧗ *×N-V-Ø: → faire son service (militaire).*
⧗ *servir qn:* jm behilflich sein, helfen
Il est obligeant et se plaît à servir ses amis/A. France/.

• servir[1b] (2)
Nqn - V - Nqc
dienen, s. verdient machen
Il a vaillament servi la patrie. Il a servi la bonne cause.

• servir[2] (2/3)
Nqn - V - Nqn
jn bedienen
On ne nous a pas encore servis.

Nqn - V -(Nqc) -(à Nqn)
servieren, auftragen, einschenken
On nous a servi un soufflé. Servez-moi encore un vin blanc.

▼*N - V - N*
Puis-je servir la soupe?

▼*N - V*
Qui est-ce qui sert aujourd'hui?
⧗ Fig. FAM: auftischen: *Il nous sert toujours les mêmes histoires.*
⧗ ***Il nous a servi (quelque chose) à boire.***

♦*Nqn - se V -(de N)*
Servez-vous. Il s'est abondamment servi de whisky.

• servir[3] (2/3)
Nqc - V - N(qc de) qn
dienen, nützen
Cela sert ses intérêts > le sert dans ses intérêts. Votre tactique ne l'a guère servi. (×Cela n'a pas servi son travail) > Cela ne l'a pas servi dans son travail.

que S Kj -(cela) - V - N
Que vous ayez employé cette tactique (cela) n'a guère servi vos intérêts > ne vous a guère servi dans vos intérêts.

♦*cela - V - N-que S Kj*
Cela ne l'a guère servi dans ses intérêts qu'il ait employé cette tactique.

(de) Inf -(cela) - V - N
(D')avoir acheté ce dictionnaire, (cela) ne l'a guère servi (dans/pour son travail, pour traduire ce texte).

♦*il/cela - V - N - de Inf*
Il/cela ne l'avait guère servi dans son travail d'utiliser ce dictionnaire.

Nqc - V -(à Nqn) - à Nqc
dienen, nützen
Ma voiture me sert au transport de meubles. Elle ne sert à rien. Une immense bibliothèque qui servait aussi à la fête de fin d'année/Pilhes/. A quoi sert votre diplôme? Mon diplôme ne me sert à/de *rien.*
⧗ *Sa voiture lui sert beaucoup.*
⧗ *Nqc-V-Ø-Ø:* in Gebrauch sein
Cette machine ne sert plus.

à ce que S Kj
Son diplôme lui a servi à ce qu'il trouve un poste.

à Inf 2
Son diplôme ne lui a pas servi à obtenir ce poste.

pour Inf
En Corée, le cerf-volant servait pour éloigner les mauvais esprits du berceau des enfants/LeM/.

que S Kj -(cela) - V -(à N) - à N...
A quoi cela sert-il que l'on mette de l'engrais? Que l'on mette de l'engrais (cela) sert à l'augmentation de la productivité/à ce qu'on puisse augmenter la productivité/ à augmenter la productivité.

♦*il/cela-V-(à Nqn)- à N... - que S Kj*
Cela lui sert à l'augmentation...de la productivité qu'il mette

de l'engrais. Il ne sert à rien que je me mette en colère.

(de)Inf -(cela) - V -(à Nqn) - à N... — *(De) mettre de l'engrais (cela) lui sert à l'augmentation de/à ce qu'il puisse augmenter/ à augmenter la productivité.*

♦cela - V -(à Nqn) - à N... -(que) de Inf — *Cela lui sert à augmenter la productivité (que) de mettre de l'engrais.*

♦il/cela - V -(à Nqn) -(Adv) -(que)de Inf — *Il/cela ne (lui) sert à rien/à peu de choses (que) de mettre de l'engrais. Cela sert beaucoup que de mettre de l'engrais.*

Nqc/qn - V - (à Nqn) - de N — dienen als
Il nous a servi d'interprète. Son parapluie lui sert de canne à pêche. Il sert d'interprète. En Inde, la bouse de vache sert de combustible.

que S Kj... — *Qu'il n'ait plus de dents lui sert de prétexte pour taire sa pensée.*

♦il/cela ... — *Il/cela lui sert de prétexte pour taire sa pensée qu'il n'ait plus de dents.*

(de) Inf... — *(De) n'avoir plus de dents lui sert d'excuse pour se taire.*

♦il/cela - V - à Nqn - de N -(que)de Inf — *Il/cela lui sert d'excuse (que) de n'avoir plus de dents.*

♦Nqn - se V - de N < pour N/Inf 1 > — benützen, s. bedienen
Il se sert de sa camionnette pour le transport de ses meubles. Se servir de son autorité pour intimider ses élèves.

• sévir[1] (1) — wüten, grassieren
N - V <qp>
Cette épidémie sévit en Afrique. D'autre part, le chômage sévit, et l'on compte environ deux millions de Noirs sans emploi /LeM/.

sévir[2] (2) — einschreiten, vorgehen gegen
N - V - contre N
Sévir contre les abus.

sevrer[a] (2) — entwöhnen
N - V - N
Sevrer un bébé.

sevrer[b] (3) LIT — entziehen, berauben
N - V -(N) - de N
Le travail sèvre de plaisir. Sevrer un enfant de tendresse.

shooter (2) — (Ball) schießen
N - V -(N)
L'avant-centre shoota. Shooter un pénalty.

sidérer (2) FAM — verblüffen
N - V - Nqn
Cette nouvelle m'a sidéré.

siéger (1/1+L) — Sitzung halten, tagen, s-n Sitz haben
N - V
Le tribunal siégera lundi.
N - V - qp — s-n Sitz haben, (als Mitglied) sitzen in
Il siège à l'assemblée. Depuis toujours, la Cour des Comptes siège à Paris.

• siffler[1] (1/2) — pfeifen
N - V
Se promener en sifflant.
N - V - N
Siffler un air.
herbeipfeifen, pfeifen nach
Siffler son chien.
auspfeifen
Siffler une pièce de théâtre, un acteur.

siffler[2] (2) POP — herunterkippen, austrinken
N - V - N
Siffler un verre de bière.

siffloter (1/2) — vor sich hin pfeifen
N - V
Siffloter allègrement.
N - V - N
Siffloter un air à la mode.

• signaler (3) — ankündigen, melden, hinweisen auf, signalisieren, anzeigen
N - V -(à Nqn) - N
Il nous a signalé son arrivée. Un panneau signalait à l'entrée la hauteur de la porte. L'automobiliste n'avait pas signalé son changement de direction. Signaler un espion à la police. Il m'a signalé la présence de plusieurs fautes dans le manuscrit. Le gardien de nuit avait signalé l'existence de la fêlure au service compétent de l'entreprise/Pilhes/.
que S Ind — *Je vous signale que vous avez perdu votre portefeuille.*
Ind/Kj |*neg/int* — *La presse n'a pas signalé que le ministre était/fût rentré d'Egypte. La presse a-t-elle signalé que le ministre est/soit rentré de son voyage?*
Int.ind — *On n'a pas signalé si le train avait du retard.*

signaliser (2) — be-, ausschildern, signalisieren, hinweisen auf
N - V - N
Signaliser une route, un danger par un panneau.

• signer[1] (2) — unterschreiben, -zeichnen
N - V - N
Signer une lettre. Signer un traité de coopération.
signieren
L'artiste signe son tableau.

se signer[2] (1) — s. bekreuzigen
N - se V
Elle se signa devant l'autel.

• signifier[1] (2) — bedeuten, heißen
N - V - N
Que signifie "zut" en français?L'apparition d'une majorité de rechange signifierait la rupture de la coalition/LeM/.
que S Ind/Kj — *La priorité donnée au plein emploi signifie qu'on combatte l'in-*

flation/LeM/. Mais cela ne signifiait pas que ces affaires fussent dirigées contre ma personne ni contre ma fonction/Pilhes/. Ils se turent, ce qui signifiait que le rouleau mobilisait leur attention/Pilhes/. Sa réponse ne signifie pas nécessairement qu'il est d'accord.

que S Kj -(cela) - V - que S Ind — *Qu'il ne soit pas venu (cela) signifie qu'il n'est pas content.*
Ind/Kj |neg/int — *Cela ne signifie pas qu'il soit/est content. Qu'il ne soit pas venu, cela signifierait-il qu'il est/soit fâché?*

• **signifier**[2] (3) — bekanntgeben, (Mitteilung) zustellen, kundtun, zu verstehen geben, mitteilen
N - V -(à N) - N — *On m'a signifié mon renvoi. Le chef de l'Etat et le gouvernement montrent qu'ils sont prêts à signifier leur volonté d'intervenir en Europe ou dans les zones périphériques/LeM/.*
que S Ind — *L'Américain remercia d'un sourire inexpressif. Et, soudain, il signifia qu'il allait parler/Pilhes/.*
Ind/Kj |neg/int — *On ne m'a pas signifié que je dois/doive me rendre à Lyon.*
Ø Inf 1 — *Il m'a signifié avoir reçu mon envoi.*
à N - que S Kj 2 — *On lui a signifié qu'il doive se rendre demain à Lyon.*
à N - de Inf 2 — *On m'a signifié de quitter les lieux.*

sillonner (2) — durch-ziehen, -furchen
N - V - N — *Des voiliers sillonnent la baie. Des planeurs sillonnent le ciel. Des fêlures sillonnent le mur. De nombreuses autoroutes sillonnent l'Allemagne. Il a sillonné les mers pendant des années.*

• **simplifier** (2) — vereinfachen
N - V -(N) — *Simplifier une procédure. Il simplifie à l'extrême.*

simuler (2) — vortäuschen, -schützen, etw darstellen
N - V -(N) — *Simuler une maladie, la fatigue. Sur la scène, un décor stylisé simulait un palais.*
que S Ind — *Il a simulé qu'il avait la grippe.*
Ø Inf 1 — *Il a simulé avoir la grippe.*

singer (2) — nachäffen
N - V -(N) — *Singer qn, l'attitude de qn.*

singulariser (2) — auszeichnen
N - V - N — *Une culture originale singularise cette peuplade.*
♦*N - se V < par N >* — *Se singulariser par son originalité.*

siroter (2) — nippen an, genießerisch trinken
N - V - N — *Siroter son café. Les vrais amateurs sirotent leur vin.*

• **situer** (2+L) — den Ort/die Lage bestimmen, etw wohin verlegen
N - V - N -(qp) — *Situer une ville sur une carte. Situer par erreur les Comorres au Sud de Madagascar. Situer par erreur la chute de l'Empire en 181o.*
⧗ Fig.: einordnen, bestimmen
J'ai du mal à situer son point de vue, à le situer.
⧗ *être situé - Adv:* liegen
La maison est bien située. La ville est située dans la plaine.
♦*N - se V - qp* — liegen
L'apparition de la machine à vapeur se situe au début du dix-neuvième siècle. L'augmentation réelle se situera plutôt aux alentours de 1o %/Le Figaro/.

skier (1) — schifahren
N - V — *Monsieur le professeur est parti skier un peu.*

snober (2) FAM — jn von oben herab behandeln, jn nicht mehr kennen
N - V - N — *Depuis qu'il s'est collé avec cette nana, il nous snobe.*

socialiser (2) — verstaatlichen, sozialisieren
N - V - N — *Socialiser la propriété privée, les moyens de production. Socialiser les malades mentaux.*

• **soigner** (2) — pflegen, <Arzt> jn behandeln
N - V - N — *Soigner un malade, sa santé, un chien, son jardin, ses mains. Quel est le médecin qui vous soigne?*
achten auf, sorgfältig tun
Soigner sa prononciation. Soigner la traduction d'un texte.
(Kunden) zuvorkommend behandeln
C'est un marchand qui soigne ses clients.

solder[1] (2) — ausverkaufen
N - V - N — *Le magasin solde ses stocks.*

se solder[2] (2) — von Erfolg gekrönt sein
N - se V - par N — *Notre entreprise s'est soldée par un succès total.*
scheitern
Notre entreprise s'est soldée par un échec.

solenniser (2) — e-n feierlichen Rahmen geben, feierlich begehen
Nqc/qn - V - N — *Solenniser un anniversaire. Des fêtes exceptionnelles ont solennisé les événements.*

solfier (2) — mit Benennung der Noten singen
N - V -(N) — *Solfier un air.*

solidariser (2) — solidarisieren
N - V - Npl — *La situation de l'entreprise a solidarisé le personnel, les*

		ouvriers et les employés.
♦N - V - N - à/avec N		*Cette action a solidarisé les ouvriers avec les/aux employés.*
♦Npl - se V		*Ils se sont solidarisés face à la situation de l'entreprise.*
♦N - se V - à/avec N		*A Barcelone, la police s'est solidarisée avec les/aux manifestants.*
solidifier (2)		hart machen, konsistent, fest werden lassen
N - V - N		*Le gel solidifie l'eau.*
• solliciter (2/3)		(Aufmerksamkeit...) erregen
N - V - N		*Voilà un livre qui sollicite ma curiosité. J'ai sollicité son attention par des signes. Les vitrines sollicitent les passants.*
		s. bemühen um, dringend bitten um, ersuchen
		Les syndicats ont sollicité une entrevue. Les enquêteurs sollicitèrent mon témoignage/Pilhes/.
		⧗ *solliciter qn pour une danse:* jn zum Tanz auffordern
N - V - N - de N		*M. le maire, je sollicite de votre haute bienveillance l'autorisation d'ouvrir un bar. Il a indiqué qu'il sollicitera du Parlement local l'autorisation de négocier avec d'autres pays /LeM/.*
N - V - Nqn - de Inf 2	RARE	*On m'a sollicité de prendre ce poste.*
solutionner (2)	NEOL/CRIT	lösen
N - V - N		*Solutionner un problème.*
sombrer[a] (1)		untergehen, versinken
N - V		*Le navire sombre rapidement.*
sombrer[b] (1+L)		e-r S verfallen, fallen in
N - V - qp		*Sombrer dans l'alcoolisme, dans la débauche, dans la folie.*
sommeiller (1)		schlummern, ein Schläfchen halten
N - V		*Sommeiller après le repas.*
sommer (3)		auffordern
N - V - Nqn - de Inf 2		*On m'a sommé de m'en aller. Les palestiniens dénoncent aussitôt la "provocation" et somment l'officier rebelle de cesser immédiatement le bombardement des deux localités/LeM/.*
somnoler (1)		dösen
N - V		*Il somnolait dans un fauteuil.*
sonder[a] (2)		ausloten, untersuchen
N - V - N		*Sonder la profondeur d'une rivière. Sonder une plaie. Il sonda le précipice du regard.*
sonder[b] (2)		ausforschen, festzustellen suchen
N - V - N		*Il sonda les raisons de mon refus. Sonder les intentions de qn.*
		⧗ *sonder le terrain:* die Lage peilen
		⧗ *sonder l'opinion publique:* e-e Meinungsumfrage machen
Int.ind	RARE	*Il chercha à sonder pourquoi j'avais refusé.*
songer[1] (1)	LIT	träumen
N - V		*Tandis que je songeais le coude sur mes livres/Hugo/.*
• songer[2] (2)		bedenken
N - V - que S Ind		*Songez que dans quelques siècles, les déchets atomiques auront refroidi/M.-P. Hazéra/. Songez qu'il vous reste encore 300 km à faire.*
Int.ind		*Songez combien c'est difficile!*
N - V - à N		denken an, gedenken
		Songez surtout à votre avenir. Je songe à Marie, à elle. *J'y songerai.*
à ce que S Kj		*Songez à ce qu'on le prévienne.*
à Inf 1		*Nul ne songerait à nommer confessions les Mémoires de Saint-Simon/Malraux/. De nombreux parlementaires songeraient à abandonner le président/LeM/. Deux nouvelles ont paru récemment dans la presse, qu'on n'a pas encore songé à mettre en rapport /LeM/.*
• sonner[1a] (1/2)		läuten
N - V		*La cloche sonne. Huit heures viennent de sonner.*
♦il - V - N		*Il sonne huit heures.*
N - V - N		etw/ nach jm läuten
		Sonner les cloches. La pendule sonnait dix heures. La marquise sonna la bonne.
sonner[1b] (1+Adv)		klingen, s. anhören
N - V - Adv		*Ce mot sonne bien à l'oreille. Son rire sonnait faux. Cet argument sonne creux.*
	FAM	⧗ *sonner les cloches à qn:* jm die/s-e Meinung sagen
sonner[2] (2)	POP	zu Boden schlagen, k.o. schlagen
N - V - N		*Le boxeur a sonné son adversaire.*
		⧗ *je suis sonné:* ich bin k.o.
sonoriser (2)		stimmhaft machen, aussprechen
N - V - N		*Sonoriser une consonne.*
		mit Ton versehen
		Sonoriser un film.
		mit einer Tonanlage ausstatten
		Sonoriser une salle de cinéma.

• sortir[1a] (1+L/2+L/2)
N - V -((de)qp) $< \emptyset$ *Inf*$_{fin} >$

heraus-gehen, -kommen, ausgehen, <Buch> erscheinen...
Avant de sortir, il mit un chapeau. Il est sorti en ville acheter son journal. Il vient de sortir de la maison. Il sort souvent le soir. La rivière est sortie de son lit. Le blé sort de terre. Les bourgeons viennent de sortir. Les tissus qui sortent de cette fabrique sont excellents. Le livre vient de sortir. Le ballon est sorti du terrain de football. Il vient de sortir de *l'hôpital,* de *prison.*
<etw> hervor-, herausragen, -schauen aus
Une pierre sort du mur. Un clou sort de la planche.
⧗ *sortir d'une école:* e-e Schule abschließen, ehemaliger Schüler sein von
Il sort de Polytechnique.
⧗ Prüfungsthema sein
Quel sujet est sorti à l'examen?
⧗ FAM: *sortir de l'esprit de qn:* jm entfallen
Ce mot m'est sorti de l'esprit.

N - V - N -((de)qp)
N - V - N

heraus-holen, -ziehen, heraus, aus-,hinaus-bringen, -fahren...
(Buch) herausbringen, (ein neues Modell...) herausbringen
Sortir le bétail de l'étable. Sortir un enfant d'un appartement. Sortir sa voiture du garage. Il sortit les mains de ses poches. Il faut sortir cet enfant pour qu'il prenne l'air. Il sortit son mouchoir, un document. Voulez-vous venir au cinéma? - Ça vous sortira un peu. Mercédès a sorti un nouveau modèle. Gallimard a sorti une nouvelle collection.
⧗ (Fahrgestell) ausfahren
Le pilote a sorti le train d'atterrissage.
⧗ FAM: jn hinauswerfen
Sortir qn de la salle.

• sortir[1b] (2/3)
N - V - de N

(Krankheit) soeben überstanden, hinter sich gebracht haben
Il sort de maladie.
Sortir de ses gonds, de soi-même: außer sich geraten
Ma remarque l'a fait sortir de ses gonds.
Sortir du sujet: vom Thema abweichen, -kommen
Il n'en sortira rien de bon: das wird nichts, daraus wird nichts
Ça sort de l'ordinaire: über das Gewöhliche hinausgehen
heraustreten aus
On comprend en tout cas la satisfaction des émissaires de Bucarest, qui sortent enfin de l'isolement dans lequel ils se trouvaient au sein du pacte de Varsovie/LeM 18.8. 1968/.
⧗ FAM: *sortir de faire qc: = venir de faire*
Je sors de travailler, d'être malade.
⧗ *en sortir:* fertig werden mit etw
C'est un travail sans fin et je n'en sors pas.
hervorgehen aus
Son prestige sort d'autant plus renforcé de la consultation que le premier ministre a assuré une majorité parlementaire au gouvernement/LeM/.

N - V - N - de N

herausbringen, -helfen....aus
Sortir qn d'une difficulté, d'un mauvais pas. La conversation le sortit de son mutisme. Cette promenade nous a sortis de l'ordinaire. Pour être entraînés il nous faut une pensée en mouvement et qui nous sort nous-mêmes de notre inertie/Foulquié/.

♦*N - se V - de N*

Il s'est habilement sorti d'affaire.

FAM
⧗ *s'en sortir:* s. aus der Affäre ziehen, mit etw fertig werden, über die Runden kommen
L'examen a été difficile, mais il s'en est bien sorti. J'ai trop de travail, je ne m'en sors pas. Il est très malade, on se demande s'il va s'en sortir.

sortir[2] (3) POP
N - V -(à N) - N
que S Ind
$\emptyset$ *Inf 1*

etw rauslassen
Il a sorti une splendide bourde. Tu m'en sors de belles!
Il m'a sorti qu'il était du coup.
Il m'a sorti avoir été du coup.

• soucier (2)
N - V - Nqn
que S Kj -(cela) - V - Nqn
♦*cela/il - V - Nqn - que S Kj*

Sorgen machen
Son état de santé me soucie.
Qu'il ne soit pas encore arrivé (cela) me soucie.
Cela/il me soucie qu'il ne soit pas encore arrivé.

♦*Nqn - se V - de N*

s. Sorgen machen, besorgt sein
Je me soucie de son état de santé. Je fus d'ailleurs l'un des rares à me soucier aussitôt de ce parchemin, qui avait été distribué dans tous les services/Pilhes/.

de ce que S Kj
que S Kj
de Inf 1

Je me soucie de ce qu'il ne soit toujours pas arrivé.
Je me soucie qu'il soit en retard.
Les hôpitaux se soucient peu de vous fournir des explications /Pilhes/. Je me soucie de le voir travailler ainsi.

souder (2)
N - V -(N)

schweißen, löten
Souder un tuyau, le pot d'échappement.

♦*Npl - se V*

zusammenwachsen
Les deux parties de l'os se sont enfin soudées.

♦*N - se V - à N*

zusammenwachsen mit
Avec le temps, l'île s'est soudée à la côte.

soudoyer (2)
N - V - N — bestechen
Soudoyer un douanier à l'aide de/ par une bouteille de whisky.

• **souffler**[1] (1/2)
N - V — wehen, blasen, pusten, schnaufen, hauchen
Le vent soufflera demain sur la Provence. Souffler sur une bougie, sur la soupe. Il ne peut marcher quelques pas sans souffler comme un phoque. Elle avait l'habitude de souffler en l'air pour écarter de son sourcil une mèche indisciplinée/Larbaud/. Souffler dans ses mains.
N - V - N — aus-, weg-blasen
Souffler une bougie. L'explosion a soufflé l'appartement.
⌘ *ne (pas) souffler mot:* kein Wort verraten, verlauten lassen
La presse ne souffle mot des divergences dans les interprétations des dogmes marxistes-léninistes/LeM/.

• **souffler**[2] (3)
N - V - N -(à N) — zu-, ein-flüstern, vorsagen, soufflieren, einreden
→ dire[1]

souffler[3] (3) FAM
N - V - N -(à N) — weg-, ab-nehmen
Elle lui a soufflé son amant. Souffler un pion à son adversaire.

souffleter (2) LIT
N - V - N — ohrfeigen
Le diplomate s'est fait souffleter devant le buffet froid.

• **souffrir**[a] (2)
N - V -(de N) — leiden (an, unter)
Souffrir de rhumatisme, de la faim, de crises dépressives. Des millions d'enfants souffrent de malnutrition/LeM/.
Les récoltes ont souffert de la sécheresse. Le pays souffre d'une grave crise économique. Il souffre beaucoup de l'incompréhension de son entourage.
de ce que S Ind/Kj — *Il souffre de ce que personne ne le comprend/comprenne.*
de Inf 1 — *Il souffre d'être incompris.*
N - V - N — aushalten, ertragen, durchmachen
Il a souffert les pires tortures sans dénoncer personne. Il a souffert le martyre pendant des mois.
⌘ REL: *souffrir la faim.*

• **souffrir**[b] (2)
Nqc - V - N — |neg.: dulden, zulassen
Cette mesure ne souffrira pas d'exception. Cette affaire est urgente et ne souffrira aucun retard. Ce travail ne souffre aucune négligence.
Nqn - V - N — |neg.: dulden, zulassen, ertragen
Je ne souffrirai pas ce genre de remarques.
⌘ LIT: *Souffrez que je fasse une remarque. Allez-vous souffrir de telles remarques?*
⌘ *ne pas pouvoir souffrir qc/qn:* nicht ausstehen/leiden können
que S Kj — *Je ne souffrirai pas que vous restiez dehors.*
de Inf 1 — *Il n'a pas pu souffrir d'être traité ainsi.*
♦*Nqn-pl - se V* — |neg.: s. nicht ausstehen können
Ils ne peuvent pas se souffrir.

• **souhaiter** (2/3)
N - V - N — (s.) herbei-wünschen
Je souhaite vivement le printemps.
que S Kj |×1 — *Je souhaite que vous veniez. Il a souhaité, en tout cas, que son acte individuel n'ait pas de suite/LeM/.*
(de) Inf 1 — *Je souhaite vivement (de) pouvoir participer à ce voyage.*
N - V - N < pour N > — *Le Drapeau rouge, revue de doctrine du parti, souhaite une vie matérielle plus confortable et une vie culturelle plus variée et plus colorée pour les Chinois/LeM/.*
N - V - à Nqn - N — jm etw wünschen
Souhaiter le bonjour à qn.
que S Kj 2 — *Je vous souhaite que vous puissiez vous reposer.*
de Inf 2 — *Je vous souhaite de pouvoir vous reposer.*

souiller (3) LIT
N - V - N -(de N) — be-, verschmutzen, besudeln
Souiller la nature. Souiller ses mains > se souiller les mains (de sang).
Fig.: Souiller la réputation de qn.

soulager (3/2)
N - V -(Nqn) -(de N) — jn erleichtern, jm (e-e Last...) abnehmen, befreien von
Une réforme soulagera les petits salaires de certains impôts. Soulager qn d'un travail. Confessez-vous-en à votre ami, cela vous soulagera.
▼*N - V - Nqn* — *Cette nouvelle me soulage*
helfen, beistehen
Soulager un malheureux.
▼*N - V - de N* — lindern
L'aspirine soulage des maux de tête.
▼*N - V* — *L'aveu soulage.*
que S Kj... — *Que vous ayez trouvé un emploi, (cela) me soulage (de mes soucis).*
♦*cela ...* — *Cela me soulage (de mes soucis) que vous ayez trouvé un emploi.*
(de) Inf... — *(D')apprendre qu'il est guéri (cela) me soulage (de mes craintes).*
♦*cela...* — *Cela me soulage (de mes craintes) (que) d'apprendre qu'il est guéri. Cela soulage (des maux de tête) (que) de prendre de l'aspirine.*
N - V -(Nqc(de qn)) — lindern, Linderung verschaffen
C'est un médicament qui soulage (la migraine).

⧗ *N-V-Nqn:* jm Linderung verschaffen
On appela le docteur F., qui revint trois fois, sans la soulager/Zola/.

soûler
→ saouler

• soulever[a] (2)
N - V - N
auf-, hoch-heben, (Staub) aufwirbeln
Soulever qn qui est tombé. Soulever un poids. Le vent soulève la poussière. Soulever le couvercle d'une casserole. Du blé poussait là où Moïse sous ses pas soulevait de la poussière /Pilhes/. Soulever le bras.

• soulever[b] (2)
N - V - N
(Problem...) aufwerfen, anschneiden, (Einwände) erheben
Soulever un problème, une question. Les autres participants n'avaient pas soulevé d'objections/Pilhes/
(Schwierigkeiten...) hervorrufen, bereiten
La méthode traditionnelle soulève de nombreuses difficultés/M. Gross/. Une pareille intervention aurait soulevé la désapprobation unanime/Pilhes/. Ce scandale a soulevé une tempête de protestations.
⧗ *soulever le coeur de qn:* ⧗ jm übel werden bei
Ce spectacle me soulève le coeur.

N - V - N -(contre N)
aufwiegeln
Des agitateurs parisiens ne manquaient pas une occasion de soulever la rue/Bainville/. Soulever la population contre le régime.

souligner[a] (2)
N - V - N
unterstreichen
Souligner un mot.

• souligner[b] (2)
N - V - N
unterstreichen, hervorheben, betonen
Souligner l'importance de qc.
que S Ind
Il convient de souligner que le tracteur représente néanmoins pour lui un capital non circulant /Pilhes/. La déclaration conjointe souligne d'autre part que.../LeM/.
Ø Inf 1
Il a souligné avoir déjà dit cela.

• soumettre[1a] (3/2)
unterwerfen
N - V - N - à N RARE
Les Romains ont soumis de nombreux peuples à leurs lois.
♦*N - se V - N*
Ils se sont soumis de nombreux peuples.
♦*N - se V -(à N)*
Les mutins ont refusé de se soumettre (aux ordres du général).
N - V - N
L'armée a soumis la région révoltée.

• soumettre[1b] (3)
N - V - N - à N
etw e-r S unterwerfen, unterziehen
Soumettre un produit à une analyse. La rénovation d'un immeuble ancien sera soumise à une réglementation particulière.
♦*Nqn - se V - à N*
Se soumettre à un arbitrage.

• soumettre[2] (3)
N - V - N - à N(qc de)qn
unterbreiten, vorlegen
Soumettre une décision à qn. Soumettre un projet au jugement de qn.

• soupçonner (2/3)
N - V - Nqc
vermuten, ahnen
Je soupçonne quelque intrigue là-dessous. Voyons, Rumin, vous soupçonnez partout des pièges ou des offenses, m'écriai-je /Pilhes/. Personne ne soupçonnait l'existence de cette peuplade.
que S Ind
Je soupçonne qu'il y a anguille sous roche.
Ind/Kj |*neg/int*
Je n'aurais jamais soupçonné que l'on puisse en arriver là. Soupçonnez-vous comme moi qu'il y a/ait là une erreur? Il ne soupçonne pas qu'un abîme s'est peu à peu creusé entre elle et lui /G. Marcel/. Je ne soupçonnais pas alors que la pièce était déjà commencée/Mauriac/. Soupçonne-t-il qu'on lui désobéit? /Martin du Gard/.
Int.ind
Si j'avais soupçonné à quel point j'étais encore bornée, ignare /S. de Beauvoir/.
Ø Inf 1
Je soupçonne encore une fois ne pas avoir été averti.
N - V - Nqn -(de N)
verdächtigen, ⧗ vermuten
Je le soupçonne de malhonnêteté.
de Inf 2
Ils ne me soupçonnaient pas d'être l'auteur du texte.
⧗ RARE: *On lui soupçonne quelques amours.*

souper (1)
N - V < de N >
zu Abend essen
Nous avons soupé d'un excellent couscous.
⧗ FAM: *en avoir soupé de:* es satt sein/haben, etw über haben, etw leid sein
J'en ai soupé de ses remontrances.

soupeser[a] (2)
N - V - N
mit der Hand wiegen
Soupeser un lingot d'or.

soupeser[b] (2)
N - V - N
abwägen
Soupeser des arguments
Int.ind
Soupesez, avant d'agir, combien cela est délicat.

• soupirer[a] (1)
N - V < de N >
seufzen
Pour toute réponse elle soupira. Elle soupira de regret. "Pauvre Arangrude" soupira Brignon/Pilhes/.

soupirer[b] (2) LIT
N - V - pour/après N
s. sehnen nach
Marie soupire pour/après Jules.

sourciller (1)
N - V
|neg.: nicht mit der Wimper zucken
Il ne sourcilla pas. Il supporta mes remarques sans sourciller.

• sourire (1/2)
N - V < de N >
lächeln
Il souriait de joie.
N - V - de N
lächeln über
Sourire de ses amours de jeunesse.
N - V - à N
zulächeln
Jules sourit à Juliette.
Fig.: L'avenir lui souriait. La vie lui sourit.

• souscrire (2)
N - V - à N
subskribieren
Souscrire à une publication.
zeichnen
Souscrire à un emprunt.
Fig.: unterschreiben, einverstanden sein mit, beipflichten
Je souscris entièrement à votre interprétation des faits.
N - V - N
(Versicherung, Abonnement) abschließen
Souscrire une assurance-vie, un abonnement.
(Anleihen...) zeichnen
Souscrire un emprunt.

sous-entendre (2)
Nqn - V - N
durchblicken lassen, andeuten, stillschweigend mitverstehen
Le directeur a sous-entendu l'éventualité de licenciements.
que S Ind
Il a sous-entendu qu'il le ferait.
Ind/Kj |neg/int
Sous-entendez-vous que cela est/soit possible? Je ne sous-entends pas que vous êtes/soyez d'accord.
Ø Inf 1
Il a sous-entendu avoir été mis au courant.

sous-estimer (2)
N - V - N
unterschätzen
Ne le sous-estimez pas! Vous sous-estimez l'importance des facteurs économiques.

soustraire[1] (3)
N - V - N - à N
stehlen, entwenden, entnehmen
Soustraire de l'argent à qn. Soustraire des pièces d'un dossier.
entziehen
Soustraire sa vie privée à la curiosité du public.
bewahren vor
Soustraire qn au danger. Ses parents l'on jalousement soustrait à toute influence extérieure.
♦*N - se V - à N*
s. e-r S entziehen
Il va être difficile de me soustraire à cette obligation.

soustraire[2] (3)
N - V - N - de N
abziehen
Soustraire 1o de 1oo.

• soutenir[1a] (2)
N - V - N
ab-stützen, tragen, (aufrecht) halten
Un pilier soutient la poutre. Un tuteur soutient l'arbre. Soutenir un blessé.
festhalten
Soutenir qc/qn qui tombe.
♦*N - se V*
s. (aufrecht..) halten
Le malade avait de la peine à se soutenir debout. On se soutient à la surface de l'eau en faisant des mouvements.

• soutenir[1b] (2/3)
N - V - N
stärken
Un bon repas, cela vous soutiendra. Mais le sentiment de ne m'être pas exposé moralement à de graves reproches me soutint très fort/Pilhes/.
aufrechterhalten
Soutenir la conversation, son effort, la curiosité de qn.
aushalten, standhalten
Soutenir un choc. Il ne soutient pas la comparaison. Il ne soutient pas longuement mon regard.
Nqn - V - Nqn -(contre N)
jn unterstützen, jm beistehen
Soutenir un candidat, qn dans une épreuve. Un faible espoir est né de voir les institutions traditionnelles se renouveler de telle sorte que l'Eglise soutienne sans réticence les pauvres contre l'exploitation d'une classe dominante/LeM/.
⌘ *soutenir une thèse:* e-e Dissertation verteidigen

• soutenir[2] (2)
N - V - N
(weiter) behaupten, der Meinung sein, bei (e-r Meinung) bleiben
Soutenir une opinion. Je soutiens précisément le contraire. Soutenez-vous ce que vous avez affirmé tout-à-l'heure?
que S Ind
Les autres cadres soutenaient que le secrétariat général était une voie de garage/Pilhes/. Rabat a toujours soutenu que la création d'un micro-Etat indépendant au Sahara occidental n'eût (=n'aurait) point favorisé cette unité économique/LeM/.
Ind/Kj |neg/int
Soutenez-vous que cela est/soit possible? Je ne soutiens pas que cela est/soit vrai.
Ø Inf 1
Je soutiens avoir eu raison dans cette affaire.

soutirer[1] (2)
N - V - N
umfüllen
On soutire du vin afin d'éliminer le dépôt.

soutirer[2] (3)
N - V - N - à N
jm etw ablocken, jm (Geld..) abluchsen, abschwindeln
Soutirer de l'argent à qn. Soutirer à qn un secret, une promesse.

• se souvenir (2)
N - se V -(de N)
s. erinnern
Je ne me souviens pas de lui.

N - se V - de ce que S Ind		*Je me souviens de ce que l'on m'a promis cela.*
Kj |neg/int		*Je ne me souviens pas de ce que l'on m'ait dit cela. Vous souvenez-vous de ce que l'on vous ait téléphoné?*
que S Ind		*Je me souviens que la table était rouge. Je me souviens qu'après ce déjeuner, j'étais allé me promener au Père-Lachaise /Pilhes/.*
Ind/Kj |neg/int		*Vous souvenez-vous qu'Hermelin ait eu des cousines?/M. Aymé/. Il ne se souvenait pas qu'il eût échoué/van der Meersch/. Je ne me souviens pas qu'il m'ait/m'a téléphoné.*
Int.ind		*Je me souviens parfaitement comment cela s'est passé.*
(de) Inf 1		*Je me souviens d'avoir vu cela. Je me souviens avoir déjà entendu dire cela.*
spécialiser (2)		spezialisieren, (besonders) ausbilden in
N - V - Nqc		*Spécialiser un enseignement.*
N - V - Nqn < dans N >		*Un stage qui a pour bout de spécialiser le personnel dans l'utilisation de nouvelles techniques.*
♦*Nqn - se V < dans N >*		*Il s'est spécialisé dans la salmoniculture.*
• **spécifier** (3)		einzeln aufführen, einzeln angeben, spezifizieren, deutlich(er) machen, deutlich sagen
N - V -(à N) - N		*Spécifiez les titres des livres vendus, s.v.p. Spécifiez le code postal devant le nom de la ville. Je lui ai spécifié mes intentions.* → dire[1]
spéculer[a] (1)		spekulieren
N - V		*Spéculer en bourse, sur le deutschemark, à la baisse, à la hausse. La gauche travailliste accuse les conservateurs de spéculer sur la livre/LeM/.*
spéculer[b] (2)		spekulieren
N - V - sur N		*Il spécule sur l'ignorance de ses clients.*
N - V -(sur N)		s. in Spekulationen ergehen *Un philosophe qui spécule sur l'essence du monde et de la vie.*
spiritualiser (2)	LIT	vergeistigen
N - V - N		*Son visage ne spiritualise aucune flamme intérieure/Gide/.*
spolier (3)		berauben, betrügen um
N - V - Nqn -(de N)		*Spolier qn par fraude. Spolier un héritier de sa part.*
sprinter (1)		sprinten
N - V		*Il sprinta (sur) les derniers cent mètres.*
stabiliser (2)		festigen, stabilisieren
N - V - N		*Stabiliser un échafaudage, la monnaie.*
stagner (1) [stagne]		<Wasser> stehen
N - V < qp >		*Après l'orage, l'eau stagna dans la cave.* Fig.: stagnieren, keine Fortschritte machen *Stagner dans l'ignorance, dans l'inactivité. Les affaires stagnent depuis plusieurs mois.*
standardiser (2)		normen, standardisieren
N - V - N		*Standardiser le format du papier.*
stationner[1] (1+L)		(kurz) anhalten
N - V -(qp)		*Il est interdit de stationner devant ce garage.*
stationner[2] (1+L)		stationiert sein
N - V - qp		*Les troupes américaines vont-elles stationner encore longtemps en Europe?*
statuer (2)		entscheiden über, bestimmen, befinden über
N - V -(sur N)		*L'assemblée a statué sur le projet de loi. Ce n'est pas un homme qui statue comme une sorte de prophète inspiré/LeM/.*
que S Ind		*L'assemblée a statué que la T.V.A ne sera pas augmentée.*
Int.ind		*L'assemblée a statué à quelle date est à remettre la déclaration des revenus.*
sténographier (2)		stenographieren, in Kurzschrift schreiben
N - V -(N)		*Il sait bien sténographier. Sténographier une lettre.*
stéréotyper (2)	NEOL	stereotyp machen
N - V - N		*Le second grand reproche qu'on adresse à la science et à la technique est de stéréotyper les esprits et de dessécher les coeurs/LeM/.*
stériliser (2)		sterilisieren
N - V -(N)		*Stériliser une plaie, un instrument, un homme.* ⌘ *Fig.: Il y a deux façons de bénéficier des suffrages communistes: les recevoir ou les stériliser/LeM/.*
stigmatiser (2)		brandmarken, anprangern, an den Pranger stellen
N - V - N < de N >		*Un article où l'on stigmatise les pourfendeurs de la science. Le président de la République stigmatise l'opposition, qui n'offre, à l'en croire, que "l'aventure" et la désorganisation de notre économie/LeM/. Un rôle qu'on ne manquerait pas de stigmatiser du nom d'aventurier.*
• **stimuler** (2)		jn anregen
N - V -(Nqn)		*L'air frais nous stimula.*

N - V - Nqc — anregen, anstacheln, anspornen
M. Mitterand propose de stimuler puissamment la consommation /LeM/. L'ambition stimule son effort.

stipendier (2)
N - V - Nqn — jn dingen, kaufen
Stipendier un nervi, des barbouzes.

stipuler (2) — (vertraglich) festsetzen, festlegen
N - V - N — *Stipuler les conditions d'une assurance.*
que S Ind/Kj — *Le bulletin de garantie stipule que les réparations sont gratuites. La résolution stipulait notamment que le Conseil de sécurité aurait à étudier les dispositions nouvelles/LeM/. Il avait stipulé dans les siennes (sc. dernières volontés) que l'église fût chauffée à ses frais s'il mourait en hiver/G. Cesbron/.*
Int.ind — *Ce contrat stipule dans quelles conditions la vente aura lieu.*
Ø Inf 1 — *Les co-signataires ont stipulé s'associer pour un an.*

stocker (2) — ein-lagern, horten
N - V -(N) — *Stocker des pommes de terre. Les entreprises ont particulièrement stocké cette année.*

stopper[1] (2/1) — anhalten, stoppen, zum Halten bringen, Einhalt gebieten
N - V - N — *Stopper un véhicule, une attaque, une colonne ennemie. Les crieurs des journaux du soir annonçaient que l'invasion des rats était stoppée/Camus/. Ce jour-là, le processus de concentration sera stoppé/LeM/.*
N - V — *Il stoppa brusquement devant nous. Il stoppa net au beau milieu de la phrase.*

stopper[2] (2) — kunststopfen
N - V -(N) — *Stopper un vêtement qui a un accroc.*

strier (2) — Streifen bilden auf, in
N - V - N — *A travers les volets, le soleil striait le parquet. Des mèches blanches striaient sa chevelure rousse et crépue/Troyat/*

stupéfier (2) — verblüffen
N - V - N — *Sa réponse m'a stupéfié.*

styliser (2) — stilisieren
N - V - N — *La recherche de qualité que tout art porte en lui le pousse bien plus à styliser les formes qu'à se soumettre à elles/Malraux/.*

subdiviser (3) — unterteilen
N - V - N -(en Npl) — *Subdiviser un chapitre en trois paragraphes.*

• **subir** (2) — ertragen, über s. ergehen lassen, s. unterziehen
N - V - N — *Subir des douleurs, la violence, un examen médical, un interrogatoire, les conséquences d'un acte, une intervention chirurgicale, l'influence de qn. On subit sa famille, on choisit ses amis. Le projet de loi a subi de nombreuses modifications. On a décidé que les automobilistes toulousains ne subiraient pas de contraventions, même s'ils contreviennent aux règles de stationnement, pendant la dernière semaine avant les élections /Canard enchaîné/.*

subjuguer (2) — Fig.: jn überwältigen, in s-n Bann schlagen
N - V - N — *L'avocat, par son éloquence, subjugua les jurés.*
X LIT: unterwerfen
César a subjugué la Gaule.

sublimer[1] (2) — in Gaszustand überführen
N - V - N — *Sublimer du charbon.*

sublimer[2] (2) — sublimieren
N - V -(N) — *Sublimer ses instincts, ses pulsions. Après tout cela, il ne me reste qu'à sublimer.*

submerger[a] (2) — überfluten
N - V - N — *La marée submerge l'ancienne jetée à marée haute.*

submerger[b] (2/3) — überfluten...
N - V - N — *Les manifestants ont submergé le service d'ordre. La présence du passé submerge le présent et se retire, soudain impalpable /LeM/.*
N - V - N - de N — überhäufen
Mon patron me submerge de lettres à écrire.
X *être submergé de travail:* <Arbeit> jm über den Kopf wachsen

subodorer[a] (2) RARE — riechen, wittern
N - V - N — *Le chien a subodoré du gibier.*

subodorer[b] (2) FAM — (Lunte...) riechen, ahnen, wittern
N - V - N — *Le petit malin subodora quelque machination. Il avait subodoré les funestes conséquences de ce rouleau/Pilhes/. Il levait la tête comme s'il subodorait quelque chose d'inquiétant/Gautier/.*
que S Ind — *Le petit Nicolas subodora qu'il y avait anguille sous roche.*

subordonner (3) — unterordnen, abhängig machen von
N - V - N - à N — *La hiérarchie subordonne l'inférieur au supérieur. Je subordonne ma participation aux conditions suivantes.*

suborner (2) — (Zeugen) bestechen
N - V - N — *Suborner des témoins.*

• subsister[1] (1) — weiter bestehen, bestehenbleiben
Nqc - V — *Un assez fort contingent de chômeurs subsiste pendant des années/LeM/. Voilà une erreur qui subsiste.*
♦*il - V - N* — *Il subsiste encore de nombreuses difficultés.*

subsister[2] (2/1) — s. über Wasser halten mit
Nqn - V - de N — *Il subsiste de la vente de prospectus.*
Nqn - V < à l'aide de N > — *Il subsiste tant bien que mal. Il subsiste à l'aide de petits travaux/grâce à de petits travaux.*

substituer (3) — ⧗ ersetzen durch, anstelle setzen von
N - V - N - à N — *Substituer un chiffre à un autre. Le père a substitué son neveu à son fils dans son héritage.*

subtiliser[1] (2) — spitzfindige Unterscheidungen machen
N - V < sur N > — *Cessons de subtiliser, cela ne mène à rien. Les linguistes formalistes subtilisent sur la moindre petite phrase inventée.*

subtiliser[2] (3) FAM — klauen, entwenden
N - V - N -(à N) — *Des horloges, des baromètres etc. ont été également subtilisés/LeM/. On m'a subtilisé mon portefeuille.*

subvenir (2) — (Ausgaben) bestreiten, (für den Lebensunterhalt..) aufkommen
N - V - à N — *Subvenir aux frais, aux besoins de qn.*

subventionner (2) — bezuschussen, subventionieren
N - V - N — *Subventionner un théâtre, le marché du beurre.*

• succéder (2) — folgen auf, Nachfolger sein von
N - V - à N — *La nuit succède au jour. M. Dupont succède à M. Durand au poste de directeur. Le président Pacheco, qui avait succédé en septembre dernier au président réformiste Gestido/LeM/.*
♦*Npl - se V* — *Les délégations se sont succédées toute la matinée auprès du chancelier. Les jours se succèdent et se ressemblent.*

• succomber[a] (1/2) — sterben, umkommen, e-r S erliegen, das Opfer sein von etw
N - V <de N > — *Quatre personnes ont succombé dans un accident d'avion. Ils doivent marcher jusqu'au lever du soleil pour ne pas succomber de froid/LeM/.*
N - V <à la suite de N > — *Le conducteur de la voiture a succombé à (la suite de) ses blessures.*
N - V - à N

succomber[b] (2/1) — nicht widerstehen können
N - V - à N — *Succomber à la tentation, au sommeil.*
N - V < sous N > LIT — zusammenbrechen unter
Succomber sous (le poids d') une charge.

• sucer (2) — lutschen (an)
N - V -(N) — *Sucer son pouce, un bonbon, une glace. Sucer le jus d'une orange.*
⧗ *Fig.: sucer qc avec le lait:* mit der Muttermilch in sich aufnehmen
Sucer avec le lait une très sainte doctrine.

suçoter (2) FAM — lutschen (an)
N - V -(N) — *Suçoter son pouce, une glace, un bonbon.*

sucrer (2) — ver-süßen
N - V -(N) — *Sucrer son café. La saccharine sucre plus que le sucre.*
⧗ FAM: *sucrer les fraises:* tatterig sein
♦*N - se V* FAM — Zucker nehmen: *Sucrez-vous!*
⧗ *Fig.:* Geld abzweigen: *Les intermédiaires se sont sucrés au passage.*

• suer (1/2/1+iO) — schwitzen
N - V — *Suer à force d'avoir couru. Des murs humides qui suent.*
Fig.: suer sur son travail, sur un devoir.
⧗ FAM: *faire suer qn:* jm auf den Wecker fallen, jm zum Halse raushängen
Tu me fais suer. Ça me fait suer.
N - V - N — aus-schwitzen
Suer de grosses gouttes. Suer le sang. Suer sang et eau.
♦*N - V <<N>>* — Fig.: stinken vor, ausstrahlen, (um s.) verbreiten
Suer la bêtise, la richesse. Suer la misère, l'ennui. Un directeur général suant l'amertume/Pilhes/.

• suffire (2/o+2) — genügen, aus-reichen
Nqc - V - à Nqc — *Trois jours suffiront à ce travail. La langue ordinaire ne suffit plus aux besoins de la réclame/Roqueplan/.*
⧗ *Loc.: A chaque jour suffit sa peine.*
N - V -(à Nqn)< pour N > — *Trois jours lui suffiront pour ce travail. Ça suffit. Deux personnes suffiront pour la construction de l'échafaudage.*
pour que S Kj — *Trois jours suffiront pour qu'il puisse achever le travail. Un jour lui suffit pour qu'il puisse faire cela.*
pour Inf — *Trois aides suffiront à M. Dupond pour transporter le piano.*
que S Kj -(cela) - V -(à Nqn)< pour N...> — *Que nous gagnions encore une fois (cela) nous suffira pour arriver en finale.*
(de) Inf -(cela) - V -(à Nqn)< pour N...> — *(D')avoir rapidement relu le roman (cela) lui suffisait pour se souvenir des personnages.*
♦*il - V -(à Nqn) - de Inf 2 < pour N...>* — *Il lui suffit de relire le roman pour en comprendre l'intrigue.*

il - V - de N -(à Nqn) < pour N...>
Il (nous) suffira de trois jours (pour l'achèvement du travail/pour que le travail soit achevé/pour achever le travail).

il - V - de ce que S Kj -(à Nqn)< pour N...>
Il nous suffira de ce que nous doublions notre rendement pour que nous puissions terminer ce travail dans les délais. Il suffit de ce qu'il pleuve pour que tout le monde reste à la maison.

il - V - que S Kj |×2 -(à Nqn) <pour N...>
Il vous suffira que l'on vous avertisse pour que vous commenciez votre enquête.

▼*il - V - que S Kj < pour N...>*
Il suffira que cette équipe gagne encore une fois pour qu'elle arrive en finale/ pour que la nôtre soit éliminée.

il - V - de Inf |2 - à Nqn < pour N...>
Il me suffit d'éplucher des oignons pour que je pleure.

▼*il - V - de Inf < pour N...>*
Il suffit d'éplucher des oignons pour pleurer.
⧓ *Il suffit d'une fois:* Einmal genügt.

suffoquer[a] (2/1)
ersticken
N - V -(N)
Cette chaleur me suffoque. C'est une chaleur qui suffoque.
N - V <de N>
Je suffoque de chaleur.

suffoquer[b] (2)
N - V - N
jm den Atem verschlagen
Cette nouvelle l'a suffoquée.
N - V - de N
ersticken
Suffoquer de colère.

• suggérer (2/3)
suggerieren
Nqc - V - Nqc
La terre suggère la mort par sa torpeur millénaire/Malraux/.
Ce poème suggère la tranquillité de l'âme.

Nqn - V -(à Nqn) - N
anregen, vorschlagen, nahelegen
Suggérer une idée à qn. La demande touristique suggère parfois des proposition dangereuses et saugrenues/LeM/.

que S Kj
On m'a suggéré que je fasse publier cet article. Il suggère ensuite que la société libérale avancée devienne "la société libérale réfléchie"/LeM/. J'avais suggéré que les fonds soient versés à votre nom à la Banque nationale.

de Inf 1/2
Je vous suggérerais de prendre quelques jours de congé.
Je lui ai suggéré de faire moi-même le travail.

que S Ind
andeuten
La grammaire suggère qu'il est possible ici d'employer l'indicatif. Rien de tel que de lui suggérer qu'elle (sc. la guerre) ressemble à un match de football/Maurois/.

suggestionner (2)
jn beeinflussen
N - V - Nqn
Je ne me laisserai pas suggestionner.

se suicider (1)
Selbstmord begehen, s. den Freitod geben
N - se V
Le nombre des gens qui se suicident ne diminue pas.

suinter (1/1+L)
<etw> schwitzen
Nqc - V
Un mur qui suinte.
N - V -(qp)
tröpfeln, <Wasser> wo laufen
L'eau suintait au long des murs/Martin du Gard/.

• suivre[1] (2)
jm, e-r S folgen, verfolgen, hinter etw, jm (her-)gehen, -fahren...

N - V - N
Suivez-moi, s.v.p.! Il court, il se retourne pour voir s'il est bien suivi. Une foule immense suivit le cortège. Ahuris, se frottant les yeux, les deux derniers occupants de la Sorbonne suivirent le policier jusqu'à la sortie/France-Soir/. Le coureur suivait de près son concurrent. Mon frère me suit d'un an.
⧓ *N-V-Ø |K: Le jour qui suit (sc.: le jour précédent).*
⧓ jn begleiten
Sa femme le suit dans tous ses voyages.
⧓ *suivre des yeux, du regard:* mit den Augen ver-folgen
Nous suivions du regard les mouvements du cerf-volant. Nous suivions tous deux l'avion dans le ciel.
⧓ *à suivre:* Fortsetzung folgt.
⧓ *faire suivre:* (Post) nachschicken
Prière de faire suivre.

♦*Npl - se V*
aufeinander folgen
Les jours se suivent et se ressemblent.

N - V - N
(e-m Weg) folgen, entlanggehen, -fahren...
Suivez cette rue et vous aboutissez sur la place centrale. Nous suivîmes la rivière sur plusieurs kilomètres.
an (e-m Kurs..) teilnehmen, (Vorlesung..) besuchen, hören
Suivre un cours de russe.
⧓ *suivre la mode:* e-e Mode mitmachen
⧓ *suivre un traitement:* s. (e-r Behandlung..) unterziehen
⧓ FAM: *suivre le mouvement:* mit dem Strom schwimmen
etw verfolgen
Est-ce que vous avez suivi les jeux olympiques à la télévision? Je n'ai pas suivi les événements/l'évolution des événements. Les difficultés de transmission ont empêché les techniciens de suivre en direct la descente vers Mars/LeM/.
⧓ die Entwicklung von jm verfolgen
Le médecin suit de près le malade.
jm/e-r S (geistig) folgen
Est-ce que vous me suivez? Je ne suis plus votre argumentation. Il parle trop vite, il est difficile de le suivre.

		(e-m Rat, Befehl..) folgen, befolgen *Suivre les conseils de qn, l'ordre, l'exemple de qn. L'appel à la grève générale des transports était très largement suivi ce lundi 23 août/LeM/. (×Personne ne suivra votre décision) > Personne ne vous suivra dans votre décision.*
suivre[2]		→ résulter ✗ *(×il en suit que...): il s'en suit que...*
sulfater (2) *N - V - N*		(Pflanzen mit Vitriol) spritzen *Sulfater la vigne.*
superposer (2) *N - V - Npl* ♦*N - V - N - à N*		aufeinander legen, stapeln *Superposer des assiettes.* *Superposer un livre à un autre.*
superviser (2) *N - V - N*		überwachen *J'aurais été amené à superviser la constitution de leur dossier/Pilhes/.*
supplanter (2) *N - V - N*		ersetzen, verdrängen, ausstechen *Les écoles américaines finiront peut-être par supplanter toutes les autres écoles/Pilhes/. Supplanter son rival. Mais au dernier moment, il s'était vu supplanté par la vague de jeunes managers/Pilhes/.*
suppléer[1] (2) *N - V - Nqn*		ersetzen, vertreten *Suppléer un enseignant en congé.*
suppléer[2] (2) *Nqc - V - à Nqc* *Nqn - V - à Nqc -(par N)*		kompensieren, ausgleichen mit, wettmachen *La quantité supplée à la qualité.* *Ils essaient de suppléer à la qualité par la quantité.*
Nqn - V - Nqc	LIT	(Fehlendes) ergänzen, hinzufügen *Nous essayons de suppléer la somme qui manque. Suppléer une ellipse.*
supplicier (2) *N - V - N*		hinrichten, Fig.: quälen *Supplicier un condamné. Fig.: La jalousie le suppliciait.*
• supplier (3) *N - V - N - de N*		anflehen, bitten |*en: Je vous en supplie.* ✗ *N-V-N-Ø: Elle suppliait le Seigneur.*
de ce que S Kj 2		*Supplier qn de ce qu'il soit indulgent.*
pour que S Kj 2		*On a dû le supplier pour qu'il s'occupe de cela.*
de Inf 2		*Il m'a supplié de m'occuper de cela.*
(N)- que S Kj		*On a supplié Jean qu'il s'occupe de cela. Il a supplié que je m'occupe de cela.*
supporter[a] (2) *Nqc - V - N*		tragen *La grue supporte jusqu'à 2o t. Des piliers qui supportent un édifice.*
• supporter[b] (2) *Nqn - V - Nqc/qn*		er-, ver-tragen, (Kosten) tragen *Je supporte mal ce gars-là, ce climat. C'est moi qui supporte les conséquences de cette affaire. J'ai décidé que notre firme supporterait les frais des obsèques/Pilhes/. Il supporte une forte dose d'alcool.*
Nqc - V - Nqc		e-r S standhalten *Cette étude ne supporte pas un examen critique.*
N - V - que S Kj		*Je ne supporte pas qu'on me fasse attendre.*
de Inf 1		*Je ne supporte pas d'attendre.*
• supposer (2/2+A/3) *Nqn - V - N*		annehmen, vermuten, halten für *Je suppose de sa part une réponse positive.*
que S Ind		*Je suppose que vous avez trouvé la solution.*
Kj |neg/int		*Je ne suppose pas que vous soyez en mesure de le faire. Supposez-vous que je sois capable de le faire? Supposez/supposons que cela soit vrai.*
Ø Inf 1		*Je suppose être concerné par votre remarque.*
N - V - N - être n		*On le suppose être le chef du gang.*
(être) adj		*Je suppose ce problème (être) résolu. Supposons admise cette description générale de la conjonction "car".*
adv		*Je le suppose (être) à la tête du gang. Je le suppose (être) en mesure de faire cela.*
Nqc - V - N < de la part de N >		voraussetzen *Ce sport suppose de l'endurance (de la part de l'amateur).*
que S Kj		*Vous voulez arrêter votre traitement? - Cela supposerait que vous soyez guéri.*
de Inf		*Cela suppose d'y faire prévaloir le respect de l'indépendance des nations/LeM/.*
Nqn - V - N - à Nqn		unterstellen *Vous lui supposez des intentions qu'il n'a pas.*
• supprimer (2/3)		etw abschaffen, beseitigen, (Gesetz) aufheben, (Wort..) auslassen, etw ausfallen lassen, (Stellen) streichen, etw/jn verschwinden lassen, beseitigen
N - V - N		*Supprimer une loi, un mur, une difficulté, un mot, un cours. Supprimer un document compromettant. Supprimer des postes déclarés superflus, des emplois. Il faudrait supprimer les descriptions inutiles dans votre article. La mafia a supprimé Jojo. Supprimer un train.*

N - V - N - à N — jm etw entziehen
On lui a supprimé son permis de conduire.

suppurer (1)
N - V — eitern
Une plaie qui suppure.

supputer (2) LIT — berechnen, schätzen
N - V - N — *Il supputa d'un coup d'oeil la qualité de ma cravate.*
que S Ind — *Il supputa que la voiture était trop chère.*
Int. ind — *Il n'avait pas supputé si l'affaire valait la peine.*
Ø Inf 1 — *Il supputa être à la moitié du chemin.*

surabonder (1+L/2)
Npl - V - qp — im Übermaß vorhanden sein
A Capri, les Américains y abondent et les Allemands y surabondent/Gide/.
N - V - de/en Npl — im Übermaß verfügen über
Ce pays surabonde de/en richesses minières.

surcharger[1] (3/2)
N - V - N -(de N) — überladen
Surcharger sa voiture de bagages.
Fig.: überlasten, überladen, -häufen
Surcharger son style. Surcharger qn de travail.
N - V - N — *Les bagages surchargent la voiture.*

surcharger[2] (2)
N - V - N — überdrucken, Korrekturen anbringen, darüberschreiben
Surcharger un timbre pour en augmenter la valeur. Surcharger un manuscrit. Surchrager un chèque.

surclasser (2)
N - V - N — jn/etw übertreffen, überlegen sein
Il a surclassé de loin tous ses concurrents.

surélever (2)
N - V - N < de N > — erhöhen, aufstocken
Surélever un mur, une maison (d'un étage).

surenchérir (1)
N - V — überbieten, (noch) mehr bieten
Pierre a mis 1oo F aux enchères, mais Jean a surenchéri.
noch teurer werden
Le prix du papier a surenchéri ces dernières années.

suréquiper (2)
N - V - N — mit Ausrüstung überladen
Suréquiper un avion de chasse.

surestimer (2)
N - V - Nqc/qn — überschätzen
Surestimer ses forces. Tu le surestimes.

• **surgir** (1)
N - V — auftauchen, <Schwierigkeiten...> auftreten
Mais, au loin, de nouvelles tours ont surgi/LeM/. Alors surgirent dans les Conseils des hommes d'un type nouveau, compétents, capables de gérer aussi bien une administration qu'une entreprise/Pilhes/. Je n'assumerais plus en solitaire le fardeau des complications qui surgiraient dans l'entreprise /Pilhes/. Pourtant un accord complet n'a pas encore été réalisé, plusieurs difficultés ayant surgi du fait des structures scolaires françaises/LeM/.

surgeler (2)
N - V - N — tiefgefrieren
Surgeler de la viande.

surmener (2)
N - V - N — überanstrengen, übermüden
Les cadences de la chaîne surmènent les ouvriers. Les devoirs surmènent les écoliers.

• **surmonter**[1] (2)
N - V - N — s. befinden (oben) auf etw, X tragen
Une antenne surmonte la tour. Un dôme qui surmonte un édifice.

• **surmonter**[2] (2)
N - V - N — überwinden
Surmonter des difficultés, un obstacle, sa timidité, son émotion.

surnager[a] (1+L)
N - V - qp — an der Oberfläche schwimmen
Des ordures surnageaient à la surface de la mer. En mer, le pétrole surnage toujours/Renan/.

surnager[b] (1)
N - V — <Wahrheit> nicht untergehen
C'est ainsi qu'il se fait que le vrai...surnage toujours et finit par l'emporter.

surnommer (2+A)
N - V - N - n — jm e-n Spitznamen geben, X e-n Spitznamen haben
Je sais un professeur qu'on surnommait Caboche.

surpasser (2)
N - V - N — übertreffen
Cassius Clay surpasse tous les boxeurs. Le résultat de ce match surpasse toutes les espérances.

surplomber (1/2)
N - V — überhängen, hinausragen über
Une muraille qui surplombe.
N - V - N — überhängen über
Un rocher qui surplombe une route. Le soubassement était taillé dans la face est du plateau qui surplombait le pic de Champac.

• **surprendre** (2)
Nqn - V -(Nqn) — überraschen
Tu me surprends.
Nqn - V - Nqn < à Inf 2 > — überraschen, ertappen
J'ai surpris mon voisin à arracher du persil dans mon jardin.

♦Nqn - se V - à Inf 1 — s. ertappen bei
Je me suis surpris à souhaiter son échec.

Nqc - V -(Nqn) < par N > — *Ce résultat me surprend. Son audace surprend. Ses déclarations dans les derniers jours de mai surprennent par leur modération /LeM/.*

que S Kj -(cela) - V -(Nqn) — *Qu'il se mette à neiger (cela) me surprend.*
♦cela - V - (Nqn) - que S Kj — *Cela me surprend qu'il se mette à neiger.*
il - V - (Nqn) - que S Kj REL — *Il me surprend qu'il se remette à neiger.*
(de) Inf 2 - (cela) - V -(Nqn) — *(De) l'entendre chanter à la radio (cela) m'a bien surpris.*
♦cela - V - Nqn - de Inf 2 — *Cela m'a bien surpris de l'entendre chanter l'Internationale au Rotary Club.*
⌘ *être surpris de N; de ce que S Ind/Kj; que S Kj; de Inf 1*

sursauter (1) — hochfahren, aufschrecken
N - V — *Il sursauta quand il me vit entrer.*

surseoir (2) REL — aufschieben
N - V - à N — *Surseoir à une décision.*
zur Bewährung aussetzen
Surseoir à une peine.

• surveiller (2) — überwachen, achten auf, wachen über
N - V - N — *Surveiller ses enfants, des travaux, son langage, sa santé, sa ligne.*
que S Kj — *Il a fallu surveiller que ça n'aille pas plus loin/Giono/.*
Int.ind — *Pourriez-vous surveiller si tout se passe bien.*

• survenir (1+Adv) — <jd/etw> auftauchen, <Ereignis...>eintreten, passieren, s. ereignen, vorfallen, <etw> auftreten
N - V - Adv — *La maîtresse de maison ne survint qu'au beau milieu du banquet. De nouveaux éléments survinrent dans le procès, qui ont tout changé. Un événement lui aussi survenu hier a été passé sous silence/Pilhes/. L'accident survenu le vendredi 4 février à l'usine de retraitement des combustibles irradiés/Canard enchaîné/. Ainsi étaient façonnés les esprits dans le monde industrialisé lorsque survint un incident dans la firme française de cette compagnie géante/Pilhes/. Il s'agit là de changements survenus au cours de l'évolution de l'homme.*
♦il - V - N - Adv — *Il survint des éléments nouveaux qui changèrent le cours du procès.*

• survivre (1/2) — überleben, überdauern
N - V — *Dans cet accident, personne n'a survécu. L'Eglise ne survit qu'en s'ouvrant au rock 'n roll/LeM/.*
N - V - à Nqc/qn <de N> — *Survivre à son mari, à un accident. Il a survécu de dix ans à son fils. Il lui/y a survécu.*

survoler (2) — überfliegen
N - V - N — *Je me penchais en avant tandis que l'hélicoptère survolait le terrain.*
Fig.: (lesend) überfliegen
Je survolai rapidement l'article.

• susciter (2/3) — hervorrufen, etw erregen
N - V - Nqc — *Seul ce rouleau était de nature à susciter les jacasseries des employés/Pilhes/. Il n'était pas loin de susciter mon admiration/Pilhes/. Cette critique a suscité bien des commentaires. Le mot de "sapeur" suscite en moi l'image d'un pompier.*
N - V - N - à Nqn — jm etw einbringen, bereiten
Cet article nous a suscité de nombreuses réponses. Cette affaire m'a suscité bien des ennuis.

suspecter (2/3) — in Frage stellen
N - V - Nqc(de qn) — *Certes, la pathologie est en droit de suspecter et de rectifier l'opinion du malade/Canguilhem/.*
N - V - Nqn -(de N) — verdächtigen, in Verdacht haben
On l'a suspecté à tort. On l'a suspecté de complicité dans cette affaire. Ils suspectent de faiblesse les autorités en place/LeM/.
de ce que S Kj 2 RARE — *Il suspecte son voisin de ce qu'il ait volé du persil dans son jardin.*
de Inf 2 — *Suspecter qn d'avoir volé du persil dans son jardin.*

• suspendre[1] (2+L) — aufhängen
N - V - N - qp — *Suspendre un lustre au plafond, un tableau au mur.*

• suspendre[2] (2/3) — (Sitzung...) unterbrechen, aussetzen mit
N - V - N — *Le président a suspendu la séance. Chirac a suspendu sa campagne électorale pendant toute la journée du 31 janvier/Canard enchaîné/.*
(Zahlungen) einstellen
Suspendre le traitement de qn.
(Rechte) aufheben, außer Kraft setzen
L'article 116-b suspend les libertés démocratiques.
(das Erscheinen, Feindseligkeiten..) einstellen
La direction a suspendu la publication de la revue. Les deux camps ont suspendu les hostilités.
aufschieben
Je suspends mon jugement jusqu'à plus ample information.

		✖ (Veröffentlichung) verbieten
		La commission de censure a suspendu la revue.
N - V - Nqn -(de N)		jn absetzen, des Amtes entheben
		Suspendre un fonctionnaire de son poste. Le ministre a suspendu le préfet.
se sustenter (1)	FAM	s. stärken
N - se V		*Ils se sustentent à la terrasse d'un restaurant.*
susurrer (1/3) [sysyʀe]		flüstern
N - V		*Il ne parle pas, il susurre.*
N - V - N -(à N)		→ dire[1]
symboliser (3/2)		symbolisieren
N - V - N -(par/ à l'aide de N)		*Symboliser la justice par une balance/ à l'aide d'une balance.*
que S Ind		*L'auteur symbolise par l'image du soleil que la vie est un éternel retour.*
N - V - N < pour Nqn >		*La balance symbolise la justice. Ces hauts et splendides bâtiments qui symbolisaient la puissance des patriciens/LeM/.*
que S Ind		*La croix symbolise pour les chrétiens que le Christ a racheté l'humanité.*
sympathiser (1)		für einander Sympathie empfinden, sympathisieren
Npl - V		*Ils ont sympatisé tout de suite.*
♦*N - V - avec N*		*Jean a sympatisé avec Pierre.*
synchroniser (2)		(zeitlich) auf einander abstimmen, gleichschalten
N - V - Npl		*Le contremaître synchronise le travail des équipes.*
♦*N - V - N - avec N*		*Ils synchronisent leur travail avec le nôtre.*
		✖ *synchroniser un film:* (Film) synchronisieren
syndicaliser (2)	NEOL	jn für die Sache der Gewerkschaft gewinnen
N - V - N		*Nous sommes favorables à un tel système s'il conduisait à "syndicaliser" les membres du conseil/LeM/.*
syndiquer (2)		gewerkschaftlich organisieren
N - V - Npl		*La parti fait un effort pour syndiquer les journalistes. Les journalistes se sont enfin syndiqués.*
♦*N - se V*		e-r Gewerkschaft beitreten
		Je me suis syndiqué récemment.
synthétiser (2)		(in e-r Synthese) zusammenfassen
N - V - N		*Synthétiser des informations, les éléments d'une théorie. Il se risquait à synthétiser les informations recueillies par les scientifiques/LeM/.*
systématiser (2)		systematisieren
N - V -(N)		*Systématiser les connaissances de l'homme, sa pensée. Vous systématisez à l'extrême.*

tabler[1] (2) — setzen auf, rechnen mit
N - V - sur N — *Les spéculateurs tablent sur la réévaluation du deutschemark.*

tabler[2] (2) FAM — wetten
N - V - que S Ind — *Il allait tabler que le temps se mettrait au beau.*

tacher[a] (2) — beschmutzen
N - V - N — *Tacher ses vêtements.*
N - V -(N) — Flecken machen, geben
Les cerises tachent.

tacher[b] (2) — beflecken
N - V - N — *Tacher son honneur, sa réputation.*

• **tâcher** (2) — s. bemühen, zusehen daß
N - V - que S Kj |×1 — *Tâchez que tout se passe bien!*
de Inf 1 — *Tâche d'être à l'heure!*
à Inf 1 FAM — *Célia qui tâche à expliquer au médecin le mal dont souffre sa petite-fille/Paulhan/.*
⌘ FAM: *y tâcher:*
Peut-on trouver des explications à tout ça? - Il faut y tâcher.

taillader (2) — schneiden, Schnitte machen in, zerschneiden
N - V - N — *(Taillader la joue de qn) > se taillader la joue en se rasant. (×Le pare-brise a tailladé son visage) > dans l'accident, le pare-brise lui a tailladé le visage.*

• **tailler**[1] (2) — zu-, be-schneiden, schleifen, be-hauen, anspitzen
N - V - N — *Tailler une robe, un arbre. Il a taillé sa moustache. Tailler un diamant, du marbre, un crayon. Les cheveux noirs taillés en brosse étaient striés de blanc.*
⌘ *se tailler qc:* s. ver-schaffen, s. zuschanzen, s. aneignen
Se tailler la part du lion. Ce monde était le mien, la seule question c'était de m'y tailler ma place à moi/Beauvoir/.

se tailler[2] (1) POP — s. aus dem Staube machen, Leine ziehen, verduften
N - se V — *Taille-toi, et un peu vite!*

• **taire** (3) — ver-schweigen
N - V -(à N) - N — *Taire une information. On nous a tu le secret. Pourquoi Finville a-t-il tu ce qu'il savait?/L'Express/.*
que S Ind — *Wulf a tu pendant longtemps qu'il était marié.*
Ø Inf 1 — *Pourquoi a-t-il tu être marié?*
♦*N - se V* — *Pendant l'éclipse du soleil, les oiseaux se turent.*
♦*N - se V - sur N* — s. ausschweigen über
La presse s'est tue sur cet incident.
⌘ *faire taire qn:* zum Schweigen bringen

talonner (2) — auf den Fersen sein
Nqn - V - N — *Les poursuivants talonnaient la voiture. Le coureur talonnait son concurrent.*
Nqc/qn - V - Nqn — jm keine Ruhe lassen, jn drängen
Le créancier, l'échéance me talonnent.

tambouriner (1/2) — trommeln
N - V <qp> — *Tambouriner sur son bureau.*
N - V - N — *Tambouriner une marche.*

tamiser (2) — durch-sieben, (Licht) dämpfen
N - V - N — *Tamiser du sable, de la farine. Les rideaux tamisent la lumière.*

tamponner[1] (2) — abtupfen, -wischen
N - V - N — *Tamponner une blessure. Il tira son mouchoir et se tamponna longuement le creux des mains/Martin du Gard/*

tamponner[2] (2) — stempeln
N - V - N — *Tamponner un formulaire, une lettre.*

tamponner[3] (2) FAM — zusammenstoßen mit, stoßen, fahren gegen, rammen
N - V - N — *Tamponner une voiture.*
♦*Npl - se V* — zusammenstoßen, kollidieren
Deux voitures se sont tamponnées.

s'en tamponner[4] (1) FAM — drauf pfeifen
Nqn - s'en V — *Je m'en tamponne.*
⌘ *Loc.: s'en tamponner le coquillard:* ⌘ jm wurst sein

tancer (2) LIT — aus-schelten
N - V - N — *Le médecin n'avait vu qu'une partie de la vérité, il aurait dû tancer Mme Saint-Ramé/Pilhes/.*

tanguer (1) — <Schiff> stampfen
N - V — *Le bateau tanguait avec la houle.*

tanner[1] (2) — gerben
N - V -(N) — *Tanner des peaux.*
⌘ FAM: *tanner le cuir à qn:* jm das Fell gerben, jn durchprügeln

tanner[2] (2) FAM — jm auf den Wecker fallen
N - V - N — *Il me tanne.*

• **taper**[1] (1+L/2/2+L) — schlagen, klopfen
N - V -(qp) — *Taper à la porte. Elles tapèrent sur le fond des boîtes à or-*

dures/B. Vian/. *Taper sur un clou, dans un ballon. (Taper sur l'épaule de qn) > lui taper sur l'épaule.*
⧗ FAM: *taper sur qn:* jn schlagen
Pierre a tapé sur sa soeur.
⧗ *Fig.:* FAM: *taper sur qn:* über jn herziehen
⧗ FAM: *taper à côté:* danebentreffen
taper dans le mille: ins Schwarze treffen
⧗ FAM: *taper dans le tas:* blind drauflos schlagen
⧗ *taper dans l'oeil de qn:* ins Auge stechen, gefallen
(×Cela a tapé dans son oeil) > cela lui a tapé dans l'oeil.
⧗ FAM: *taper sur les nerfs, sur le système de qn:* jm auf die Nerven gehen, auf den Wecker fallen
Il me tape sur le système.

N - V - N — FAM — jn schlagen
Pierre a tapé Marie.

N - V - N -(qp) — schlagen, klopfen
Il tapa trois coups à la porte.
⧗ POP: *se taper le derrière par terre:* s. kaputtlachen
C'est une histoire à se taper le derrière par terre.

• **taper**[2] (1) — <Sonne> stechen
N - V — *Le soleil tape.*
⧗ FAM: *Ça tape.*

• **taper**[3] (2) — tippen
N - V -(N) < à N > — *Taper un texte à la machine à écrire. Elle tape bien.*

taper[4] (2) — FAM — s. bedienen
N - V - dans N — *Taper dans un plat. Tapez donc là-dedans, c'est là pour ça!*

taper[5] (3/2) — FAM — an-pumpen, schnorren
N - V - Nqc - à Nqn — *Notre logicien vient régulièrement me taper une clope. Taper de l'argent à qn.*
N - V - Nqn — *Il est venu me taper.*

se taper[6] (2) — FAM — auf s. nehmen, übernehmen
Nqn - se V - N — *Se taper un travail que personne ne veut faire.*

se taper[7] (2) — FAM — s. gönnen
Nqn - se V - N — *Se taper un bon gueuleton. Si l'on se tapait une petite belote /Sarrazin/.*
⧗ POP: *se taper la cloche:* s. den Bauch vollschlagen

se tapir (1+L) — s. hocken, ducken, kauern
N - se V - qp — *Elle se tapissait dans un coin. Ta pie se tapit sur le tapis.*

tapisser (3/2) — tapezieren
N - V - N -(de N) — *Tapisser un studio de papier peint.*
N - V - N — bedecken
Des photos tapissaient sa chambre.

tapoter (2+L/2/1+L) — leicht schlagen, klopfen, tätscheln
N - V - N - qp — *Tapoter sa pipe contre le cendrier.*
N - V - N — *Tapoter la joue de qn > le tapoter sur la joue/lui tapoter la joue.*
N - V - qp — *Tapoter sur la table.*

taquiner (2) — jn necken, aufziehen, hänseln
N - V - N < sur N > — *Taquiner une jeune fille. On la taquinait sur son habillement.*
⧗ *Loc.:* FAM: *taquiner le goujon:* angeln

tarabuster (2) — FAM — jn drängen zu, jm zusetzen
Nqn - V - Nqn <pour que S Kj 2 > — *Moi, mes patrons me tarabustaient pour que j'accepte enfin de partir en congé/P. Benoit/.*
Nqc - V - Nqn — Fig.: jn quälen
Voilà une idée qui me tarabuste.

• **tarder**[1] (1) — auf s. warten lassen
Nqc/qn - V — *Cela m'inquiète qu'il tarde ainsi. La riposte du Polisario n'a pas tardé: les dirigeants sahraouis ont proclamé une république démocratique et arabe/LeM/.*
♦*il - V - à Nqn - que S Kj* |×2 — ⧗ ungeduldig erwarten,
Il lui tarde que les vacances arrivent.
de Inf 2 — *Il me tarde de la revoir. Maintenant, il lui tardait de sortir de là.*

• **tarder**[2] (aux) — zögern, säumen,
N - V - à Inf 1 — *Mes prestigieux commensaux tardaient à donner leur opinion /Pilhes/. Les effets de la reprise de l'activité tardent à se faire sentir sur l'emploi/LeM/.*
|neg: unverzüglich (etw tun)
Il ne va pas tarder à venir.

se targuer (2) — LIT — s. brüsten mit, angeben mit
N - se V - de N — *Se targuer de son courage.*
de ce que S Ind — *Il se targue de ce qu'il n'a pas cédé.*
de Inf 1 — *Il se targue de ne pas avoir cédé. Le franc, qu'il se targuait d'avoir stabilisé, flageole/Canard enchaîné/.*

tarifer (2) — Preis/Zoll von etw festsetzen
N - V - N — *Tarifer des marchandises.*

tarir[a] (1/2) — versiegen
N - V — *La source, le puits, le ruisseau ont tari. Ils descendent jusqu'à la seule source de la région qui ne tarisse jamais*

N - V - N — */Pagnol/.*
versiegen lassen
La sécheresse a tari la source. Le puits s'est tari.

tarir[b] (1/2)
N - V — versiegen, stocken
La conversation tarit.
N - V - sur N — |neg.: nicht müde werden, unaufhörlich (reden über...)
Il ne tarit pas sur ce sujet.
✖ ne pas tarir d' éloges sur qn.

tartiner (3/2+L)
N - V - N -(de N) — (Butterbrot) schmieren, streichen, bestreichen mit
Tartiner une tranche de pain. Il tartina sa tranche de beurre. Après un petit hochement de tête il tartina sa bouchée de steak avec de la moutarde.
N - V - N - qp — *Tartiner du fromage sur du pain.*

tasser[1] (2/2+L/1)
N - V - N — zusammen-pressen
Tasser du foin, de la neige.
N - V - N - qp — hinein-pressen, hineinpferchen
Tasser du tabac dans sa pipe. Tasser des gens dans une voiture.
♦Nqc - se V — s. senken
Une véranda qui se tasse.
♦Nqn - se V - qp — s. tief setzen in
Marie s'est tassée dans le fauteuil.
N - V — <Pflanzen> dichter werden
La pelouse a bien tassé.

se tasser[2] (1)
Nqc - se V — FAM — <etw> s. geben, s. legen, vorbeigehen
Les choses vont se tasser. Ça va se tasser.

tâter[a] (2)
N - V -(N) — be-, ab-tasten, (Puls) fühlen
Tâter un mur dans l'obscurité. Tâter une étoffe. Le médecin tâta son pouls > lui tâta le pouls. Est-il fou celui qui tâte dans le noir vers le mur, au milieu de son cauchemar?/Gracq/.Il tâta sa poche de gilet pour voir s'il lui en restait/Vian/.

tâter[b] (2)
N - V - N — (das Terrain) sondieren, bei jm vorfühlen
Tâter le terrain. Tâter qn.
♦N - se V — hin und her überlegen
Je me tâte pour savoir si j'accepte son offre.
N - V - de N — LIT — es versuchen mit, ausprobieren
Cadet, et quelque peu dédaigné, François René tâte de l'armée, faute de mieux/Levaillant/.
Erfahrungen machen mit
Il a tâté de la prison.

tâtonner (1)
N - V — herumtappen, s. vortasten...
Tâtonner dans l'obscurité.
Fig.: Tâtonner dans ses recherches.

tatillonner (1)
N - V — VIEUX — pingelig sein
Il tatillonne de plus en plus.

tatouer (2)
N - V -(N) — tätowieren
Tatouer le bras à qn. Bien savoir tatouer.

taxer[1] (2+Adv)
N - V - N -($Adv_{à\ N}$) — besteuern
Taxer l'alcool. C'est pourquoi le plus simple est de les taxer à leur valeur/LeM/.

taxer[2] (2+A/3)
N - V - Nqc/qn - de n_{adj} — nennen, halten für
Taxer une entreprise d'escroquerie.
Taxer qn d'incapable. Taxer qc d'injuste.
N - V - N - de N — jm etw vorwerfen
Taxer qn d'oisiveté.

• **teindre** (2+A)
N - V - N -(en n) — färben
Teindre ses cheveux, un tissu. Teindre qc en rouge.

teinter[1] (2)
N - V - N < de N > — tönen
Teinter un meuble à l'aide de cire. Teinter de rouge un papier.

se teinter[2] (2)
N - se V - de N — leicht gefärbt sein
Une remarque qui se teinte d'ironie.

télécommander (2)
N - V - N — fernsteuern,-bedienen
Télécommander une fusée, son appareil de télévision.

• **télégraphier** (3)
N - V -(N) -(à N) — telegraphieren
→ dire[1]

téléguider (2)
N - V - N — fernsteuern
Téléguider un modèle réduit.
Fig.: Ces mouvements sont téléguidés de l'étranger. Ayant réuni son bureau fédéral, il téléguidait les opérations/L'Express/.

• **téléphoner** (3)
N - V -(N) -(à N) — telephonieren, anrufen
→ dire[1]

télescoper (2)
N - V - N — zusammenstoßen
Le train a télescopé un camion.
♦Npl - se V — *Deux trains se sont télescopés.*

Fig.: ineinandergreifen
Certains souvenirs se chevauchent, se télescopent/Gide/.

téléviser (2)
N - V - N — (im Fernsehen) senden
Téléviser un opéra, les résultats des élections.

• **témoigner**[a] (1/2)
Nqn - V < pour/en faveur de N > — als Zeuge aussagen, bezeugen
J'ai témoigné pour/en faveur de/contre lui.
N - V - que S Ind |×1 — *Tout/tout le monde témoigne que vous êtes innocent.*
Ø Inf 1 — *Il a témoigné avoir vu le jardinier rôder sur les lieux du crime.*
Nqn - V - de Nqc — *Témoigner de la culpabilité, de l'innocence de qn.*
de ce que S Ind — *Oui, je suis là pour témoigner de ce qu'il est un bon garçon.*

• **témoigner**[b] (2/3)
Nqn - V - de N — einstehen, bürgen für
Je témoigne de sa sincérité.
Nqc/qn - V - de Nqc — zeugen von, zeigen, ein Beispiel sein für
Ce résultat témoigne de ses capacités. Les mots témoignent non point directement de ce que voit ou sent celui qui parle /Paulhan/. Cela témoigne de la grande importance que j'y attache.
(de ce) que S Ind — *Vercingétorix témoigne (de ce) que la Gaule a été capable de s'élever jusqu'au sentiment de son unité.*
Nqc - V - Nqc — zeugen von, zeigen
Ce fait témoigne l'importance que j'attache à cela.
que S Ind — *L'insuffisance des moyens pour prévenir de pareils attentats témoignait assez qu'on les jugeait impossibles/Flaubert/.*
Int.ind — *Cet accident témoigne à quel point il est nécessaire de mettre la ceinture de sécurité.*
Nqn - V - Nqc - à Nqn — bezeigen
Au mieux, ils me témoignaient une courtoisie condescendante /Pilhes/.

tempérer (2)
N - V - N — mäßigen, mildern
La latitude tempère le climat de ce pays.
Fig.: Tempérer la colère, l'agressivité de qn. Ou plutôt, comme il advient toujours, mieux je les comprends et plus mon jugement sur eux se tempère/Gide/.

tempêter (2)
N - V -(contre N) — wettern
Le proviseur tempêta toute la matinée contre les élèves qui fumaient en cachette.

temporiser (1)
N - V — abwarten, zögern
Temporiser pour attendre l'issue des événements. J'ai forcé à combattre l'ennemi qui ne voulait que temporiser/Laclos/.

tenailler (2)
N - V - N — <etw> jn quälen, peinigen
La faim, le remords le tenaillent.

• **tendre**[1] (2/2+L/3)
N - V - N — auf-spannen, (Falle) aufstellen, (Hals) recken
Tendre une corde, un filet pour attraper des poissons, un arc, un ressort. Il tendit le cou pour regarder les poutrelles.
♦*N - se V* — *La corde se tend.*
Fig.: <Beziehungen> gespannter werden
Nos rapports se sont tendus.
N - V - N - qp — bespannen mit
Tendre une tapisserie sur un mur.
♦*N - V - N - de N* — *Tendre un mur de toile de jute.*
N - V - N -(à N) — reichen
Tendre la main à qn. Tendre son billet au contrôleur. Lui tendre le billet.
⧗ *tendre l'oreille (à N):* die Ohren spitzen
Elle s'arrêta, tendit l'oreille/Gide/.
⧗ *tendre un piège à qn:* jm eine Falle stellen

• **tendre**[2a] (2)
Nqc - V - à/vers N — s. neigen
L'aiguille du baromètre tend au beau. L'aiguille du réservoir tend vers zéro.

• **tendre**[2b] (2)
N - V - à N — neigen, tendieren zu
Pierre tend à la dépression.
à Inf 1 — *Je tends à penser que vous avez raison. Les faits tendent à faire croire que tout s'est passé autrement. Cela tend à prouver que vous avez tort.*
N - V - vers N — wohin streben
Nos efforts tendent vers le même résultat.

• **tenir**[1a] (2/2+A/1+Adv)
Nqc - V - Nqc — halten, ⧗ befestigt sein mit
Une corde tient le poteau. L'amarre qui tenait le bateau s'est rompue.
⧗ <Auto> Straßenlage haben
La voiture tient bien la route.
Nqc - V - Nqc - adj — *Un câble tient le poteau droit.*
Nqc - V - $qp_{\text{à}}$ *< par N >* — wo befestigt sein
Le bateau tenait au quai par deux amarres.
wo anliegen, halten
Les tapisseries ne tiennent plus au mur. L'armoire tient au mur. Des dépendances tiennent au bâtiment principal.
Nqc - V -(Adv) — *La corde ne tient pas. La corde tient bon, ferme. La corde*

tient. Le navire tient bon contre les vagues/LeM/.

N - V -(Adv) < qp >
Son chapeau ne tient pas (sur sa tête). Le clou tient dans le mur. Le clou tient bon. Il n'y a rien qui tienne dans ce mur.

Nqn - V - N
halten
Pierre tient le gouvernail. La mère tenait un enfant dans ses bras. Tenir un enfant par la main. Il tenait fièrement du bout des doigts le poisson qu'il avait pêché. Tenir un chien en laisse. Pierre tenait le volant.
⧗ *(×tenir ses côtes de rire) > se tenir les côtes de rire:* s. den Bauch halten vor Lachen

♦*Nqn - se V - qp*
s. wo festhalten
Il se tenait à une branche.

Nqn - V - N - adj
halten
Il tenait les yeux fermés. Tenir une porte ouverte. Tenir les bras levés.

adv
Il tenait les bras en l'air. Il tenait ses mains dans ses poches. Tenir un plat au chaud.Tenir des provisions en réserve.

♦*Nqn - se V - adj*
s. halten, bleiben, sein..
Se tenir debout, assis.

♦*Nqn - se V - qp*
s. aufhalten, s. befinden
Je me tenais seul dans le petit hall sévère mais douillet de la direction générale/Pilhes/.

Nqn - V - Adv
s. halten
Il ne tient plus debout.

• tenir[1b] (2/2+A/1+Adv)

Nqc - V - N
(Raum) einnehmen
La musique tient une place importante dans sa vie.
in s-r Gewalt halten
La colère le tenait. Amour, amour, quand tu nous tiens On peut bien dire Adieu Prudence/La Fontaine/.

♦*Nqc-pl - se V*
zusammenhängen
La langue est un système où tout se tient/F. de Saussure/.

Nqc - V -(Nqn) - adv
(warm, wach...) halten
Cette couverture vous tiendra chaud. Un manteau de fourrure tient chaud. L'inquiétude le tenait en éveil. Le café tient en éveil.

Nqc - V - Nqc -(Adv)
stand-, aushalten
Le navire tient bien la mer.

Nqc - V -(Adv)
(s.) halten, andauern
Le beau temps ne va pas tenir. Le gouvernement ne tiendra plus longtemps.
⧗ es dabei bleiben
Nous avons pris rendez-vous pour demain, est-ce que cela tient toujours?
⧗ *Loc.: il n'y a pas de N qui tienne:* keine Rede sein(können)
Vous voulez une augmentation? - Il n'y a pas d'augmentation qui tienne.

Nqn - V - N
in s-n Händen haben, (inne)haben, halten, im Besitz sein von
L'ennemi tient la capitale. Le gouvernement tient toujours le pouvoir. Je tiens un bon rhume depuis une semaine. Il tient une bonne cuite. Tenir un restaurant. Je tiens enfin la solution. Il a la certitude de tenir la vérité.
in der Hand haben
Le professeur sait tenir ses élèves. Tenir qn par la peur, par un sentiment. Le meilleur moyen de gouverner les hommes c'est de les tenir par leurs passions/Barbey d'Aurevilly/.
gefaßt haben
La police tient les voleurs.
jn aufhalten, nicht mehr loslassen
Ce bavard m'a tenu pendant une heure.
zurück-, anhalten, (Ernst) bewahren
Tenir ses larmes, son souffle, sa langue, son ***sérieux.***

LIT ⧗ *ne pouvoir se tenir de Inf 1:* nicht umhin können
Il n'a pu se tenir de crier. → *retenir*
(Wort) halten
Tenir sa promesse, sa parole.
innehaben, führen, (Tagebuch) führen, (Hotel...) leiten
Tenir la comptabilité. Tenir un journal intime.Tenir un hôtel.
⧗ *tenir sa droite:* s. rechts halten
⧗ *tenir un discours:* e-e Rede halten
⧗ *tenir des propos, un langage (à qn):* (Worte) äußern, wie zu jm sprechen
C'est pourquoi le langage que je leur tins n'était faux qu'en apparence/Pilhes/. Les propos intransigeants tenus vendredi par M. Ian Smith ne sont pas surprenants/LeM/.
⧗ (Sitzung...) ab-halten
Tenir une séance. Le comité tenait vendredi sa sept cent vingt-septième réunion/LeM/.
se tenir - Adv: <Sitzung> stattfinden
La prochaine conférence annuelle se tiendra dans les mêmes conditions que les précédentes/LeM/.
⧗ *être tenu de Inf 1:* gehalten sein
Tout le monde est tenu de respecter le règlement.
⧗ *tenir compagnie à qn:* jm Gesellschaft leisten
tenir tête à qn: jm die Stirn bieten, jm trotzen

⧗ *tenir rigueur à qn de qc:* jm etw nachtragen
Vous ne me tiendrez pas rigueur de ma remarque, j'espère.
⧗ *tenir compte de:* berücksichtigen
tenir compte de N; de ce que S Ind; que S Ind; que S Ind/Kj |neg
Le curé Patard conversait sans façon avec n'importe quel habitant du bourg, sans tenir compte qu'on fût ou non de son bord/G. Chevallier/.
⧗ *Tiens!:* (Interjektion)
Tiens, c'est vrai, vous avez raison.
FAM: *Tenez!*
Tenez, moi, ces gens-là, ils me dégoûtent.
⧗ FAM: *tenir le vin...:* (Alkohol) vertragen (können)
Il ne tient pas le vin. Il tient le vin, l'alcool.
⧗ FAM: *Je te tiens:* Da hab ich dich (erwischt).

N - V - N - adj — (sauber, geheim...) halten
Elle tient sa maison propre. Tenir son mariage secret.
⧗ *tenir qn responsable:* jn verantwortlich machen
L'a-t-on tenu responsable de ce qui était arrivé?

adv — *L'élève tient bien ses cahiers. Tenir son jardin en bon état. Tenir qn en échec. Je vous tiendrai au courant. Tenir un pays en tutelle.*
⧗ *tenir entre ses mains:* in Händen halten, ⧗ in js Händen liegen
Le juge tient entre ses mains le sort de l'accusé.
⧗ *tenir à l'oeil:* im Auge behalten
La Direction des prix aura du mal à tenir à l'oeil les tarifs des verres optiques/Canard enchaîné/.

♦*Nqn - se V - adj* — *Se tenir caché, prêt.*
adv — *Se tenir à la disposition:* <jd> jm zur Verfügung stehen
Je me tiens à votre disposition.
Il se tenait à distance, à l'écart.

Nqn - V -(Adv) — aus-, durchhalten, s. halten
Mais devant les enfants je me dois de tenir bon/Pilhes/. C'est sans doute grâce à notre esprit d'organisation que nous avons pu tenir, malgré notre isolement/LeM/. Combien de temps croyez-vous qu'elle tiendra sans rien à boire ni à manger?/LeM/.Il ne tient pas en place, il est trop nerveux. Je ne tiens plus de fatigue.
⧗ es wo aushalten
Cette pièce est trop chaude, on ne tient pas ici.
⧗ es aushalten (können), s.(nicht mehr) halten können
N'y tenant plus, il explosa de rire.

• tenir[2] (2/1+L) — <Raum> fassen, ⧗ Platz haben in
N - V - N — *La salle tient 3oo personnes*
(Platz, Raum) beanspruchen, einnehmen
Vous tenez toute la place. Une inscription tenait toute la largeur de la façade.

N - V - qp — wohin passen, wo Platz haben
On peut tenir à huit autour de cette table. Le problème de la traduction, dont la théorie pourrait tenir en quelques lignes /H. Frei/.
⧗ *faire tenir qc qp:* fassen in
Vous pourriez faire tenir cela en deux pages.

• tenir[3] (2+A) — halten für
N - V - pour n - N — *Je le tiens pour un fripon.*
adj — *Je tiens cela pour impossible.*
que S — *Je tiens pour peu probable qu'il vienne.*
de Inf — *Je tiens pour dangereux de conduire sans ceinture de sécurité. Il n'avait pas le caractère à tenir pour un danger qu'on balançât par-dessus bord une convention périmée/R.L. Wagner/.*

• tenir[4] (3/2) — etw haben von
Nqn - V -(Nqc) - de Nqn — *Il tient (cela) de son oncle. Son humour, il le tient de son père. La petite tient de sa mère.*
Nqc - V - de N — etw (an sich) haben von
Le trajet de Valéry en Bretagne a tenu du jeu de l'oie, du saut de puce/Canard enchaîné/. L'entrée dans un ministère tient de l'exploit/LeM/.

• tenir[5] (2) — Wert legen auf, hängen an
Nqn - V - à N — *Je tiens à Jean,* à lui. *Je tiens à mon confort. J'y tiens.*
à ce que S Kj — *Elle ne tenait pas à ce que cela se sache/Canard enchaîné/. Je tiens à ce que tout soit préparé.*
à Inf 1 — *Je tiens à prendre mon congé en hiver.*

• tenir[6] (2) — liegen an, abhängen von, s-n Grund haben in
Nqc - V - à N — *Cela ne tient qu'à Jean,* à lui. *La ratification de l'ensemble n'a tenu qu'à un mot ou plutôt à sa suppression/LeM/. A quoi donc tient son illusion/Paulhan/. Le fond des pensées de Poe tient à une certaine métaphysique qu'il s'était faite/Valéry/.*
à ce que S Ind — *Votre fatigue tient à ce que vous avez trop peu dormi.*
que S Kj -(cela) - V - à N... — |neg.: *ne tenir qu'à..*
Que la récolte soit bonne (cela) ne tient qu'au beau temps.

♦*il/cela - V - à N... - que S Kj* — *Il/cela ne tient qu'au beau temps que la récolte soit bonne. Il ne tient qu'à vous que la fête soit une réussite.*

♦*il - V - à N - de Inf 2* — *Il ne tient qu'à vous de le lui dire.*
⧗ *Loc.: qu'à cela ne tienne:*
Vous voulez une augmentation? - Qu'à cela ne tienne, vous l'aurez.

• s'en tenir[7] (2)
N - s'en V - à N — s. halten an, s. beschränken auf
Je m'en tiens au paragraphe 23 b. Vous savez maintenant à quoi vous en tenir. J'aurais beaucoup à dire sur les erreurs commises ces deux dernières années, mais je m'en tiendrai aux événements actuels/Pilhes/.
⧗ *s'en tenir là:* es dabei bewenden lassen
Tenons-nous-en là pour aujourd'hui.

• tenter[1] (2)
N - V - N — versuchen
Tenter le diable. L'occasion l'a tenté. Tenter ses chances. Viens-tu au cinéma? - Cela ne me tente guère.
(de) Inf 2 -(cela) - V - Nqn — *(D')aller au cinéma ce soir (cela) ne me tente guère.*
♦*il/cela - V - Nqn - (que) de Inf 2* — *Il/cela ne me tente guère (que) d'aller au cinéma ce soir.*
⧗ *être tenté de Inf 1: Je suis tenté de croire que vous avez finalement raison.*

• tenter[2] (aux)
Nqn - V - de Inf 1 — versuchen, riskieren
Il tente de faire le tour du monde en bicyclette. Nous avons tenté de démontrer dans ce livre le danger que représente l'énergie nucléaire.
♦*N - V - Nqc* — *Tenter une expérience, démarche. Mais la consigne est de ne pas tenter d'affrontement direct avec les forces de police/France-Soir/.*
⧗ *tenter l'impossible, le tout pour le tout:* alles auf eine Karte setzen

tergiverser (1)
N - V — Ausflüchte machen
Tergiverser pour retarder la décision, pour ne pas avoir à répondre clairement.

• terminer[1] (2)
Nqc - V - Nqc — am Ende stehen von, das Ende bilden von
Un point d'interrogation termine la phrase.
♦*Nqc - se V - en/par N* — enden auf, mit
Ce mot se termine par "c". Ses cheveux noirs lui tombent sur les épaules et se terminent par des boucles roulées vers l'intérieur.
qp — wo enden
Les Champs-Elysées commencent à l'Etoile et se terminent à la place de la Concorde.
♦*Nqc - se V* — zuende gehen
La cérémonie se termine. La plus longue grève d'étudiants se termine/LeM/.

• terminer[2] (aux)
Nqn - V - de Inf 1 — beenden, abschließen, fertig sein mit
Je n'ai pas terminé d'arroser mon jardin.
♦*Nqn - V - N -(par N)* — *Il n'a pas terminé son travail. Nous terminâmes la soirée au cinéma, par un bon repas.*
♦*N - se V -(par N)* — *Les travaux se terminent lundi. La grève se termine par un échec.*

en terminer[3] (2)
Nqn - en V - avec N — |en avoir terminé: fertig sein mit
J'en ai terminé avec mon travail. Il attendit que la réceptionnaire en eût terminé avec les clients.
⧗ *en terminer avec qn:* mit jm Schluß machen
J'en ai terminé avec elle.

ternir (2/1)
N - V - N — matt, glanzlos machen
L'humidité a terni la monture de mes lunettes. La poussière a terni l'éclat des meubles.
Fig.: herabsetzen, -würdigen, schmälern, (Ruf) schädigen, verblassen lassen
Ce jugement dont il osa ternir...l'auguste mémoire de mon père /Villiers de l'Isle-Adam/. Ternir la réputation de qn.
♦*N - se V* — <Spiegel, Farben> matt werden, den Glanz verlieren
Le miroir, les couleurs se ternissent.
Fig.: <Ruf> verblassen
Sa réputation s'est ternie. La sensibilité s'émousse; la pureté se ternit; les réactions se font moins vives; on tolère, on accepte.../Gide/.
N - V — matt, glanzlos werden
Le cuivre a fini par ternir.
Fig.: Je ne songe qu'à passer outre dès que ternit la nouveauté /Gide/.

terrasser[1] (2)
N - V -(N) — umgraben, Erdarbeiten machen, Erde bewegen
Terrasser un champ.
N - V - N — (Weg...) an-, aufschütten
Terrasser un chemin.

terrasser[2] (2)
N - V - N — niederschmettern, -schlagen, zu Boden schmettern
Selon la légende, St. Georges terrassa le dragon. Terrasser l'ennemi, son adversaire.
Fig.: Cette nouvelle l'a terrassé.

se terrer (1+L) — s. (in die Erde) eingraben
N - se V -(qp) — *Des soldats qui se terrent. Les soldats se terraient dans le fossé.*
Fig.: s. absondern, s. isolieren
Il se terre chez lui sans recevoir personne.

terrifier (2) — erschrecken, e-n Schrecken einjagen, in Angst u. Schrecken versetzen
N - V -(N) — *Un animal qui terrifie un enfant.*

terroriser (2) — terrorisieren
N - V - N — *Les kidnappeurs ont terrorisé la famille pendant des jours.*

tester (2) — prüfen, erproben
N - V - N — *Il voulait tester ma résistance.*
NEOL: jn e-m Test unterwerfen, e-n Test machen lassen, testen
Le psychologue a testé l'écolier. Ce produit a été testé depuis un an dans un département pilote.

têter (2) — (an der Brust) saugen, <Baby> trinken
N - V -(N) — *Le bébé est en train de têter. Il tête (le sein de) sa mère.*
⧓ FAM: *têter son pouce:* lutschen

thésauriser (2) — horten
N - V -(N) — *En attendant la dévaluation, les spéculateurs thésaurisent. Thésauriser du blé.*

tiédir (1/2) — lau werden, abkühlen
N - V — *Le temps tiédit. Laisser tiédir son café.*
Fig.: Son enthousiasme a tiédi.
N - V - N — *Tiédir un biberon trop chaud.*
⧓ *×se V*

timbrer (2) — frankieren
N - V - N — *Timbrer une lettre.*

tinter (1/2) — bimmeln, läuten
N - V — *Les cloches des vaches tintent dans les prés.*
N - V - N — *Tinter une cloche.*
⧓ *tinter la messe:* (zur Messe) läuten

tiquer (1) FAM — das Gesicht verziehen, (durch Mimik/Gestik) s-r Mißbilligung Ausdruck geben
N - V — *Quand je lui ai dit cela, il a tiqué.*

tirailler[1] (2) — zerren, ziehen an
N - V - N < par N > — *Tirailler qn par la manche.*
⧓ *Fig.: être tiraillé par Nqc:* hin und her gerissen werden
Etre tiraillé par des désirs contraires.

tirailler[2] (1+L) — wild herumschießen, ballern
N - V -(qp) — *Des chasseurs qui tiraillent dans la forêt, sur du gibier.*

• tirer[1a] (2+L/2/1/3) — ziehen
N - V - N -((de)qp) — *Le cheval tire la charrue. Tirer la sonnette d'alarme. Tirer un trait. Tirer qn à l'écart. Il me tira dans un grand magasin. (×Tirer la manche de qn) > tirer qn par la manche. (×Tirer le bras de qn) > tirer qn par le bras. Tirer la couverture à soi, sur sa tête. Il jeta vers la glace un bref regard d'ensemble, et tira ses manchettes/Martin du Gard/.*
(Schublade) aufziehen
Tirer un tiroir.
(Vorhang) zu-, vorziehen
Tirer les rideaux.
⧓ *tirer les oreilles à qn > lui tirer les oreilles:* jm die Ohren lang ziehen, jn tadeln
⧓ *Loc.: Fig.: tirer une affaire au clair:* eine Angelegenheit aufklären
⧓ *tirer un chèque:* (Scheck) ausstellen
⧓ *tirer la jambe:* (Bein) nachziehen
⧓ (Wein) abziehen, abfüllen
Tirer du vin d'un tonneau. Tirer du vin.
⧓ (Los) ziehen
Il tira au hasard un numéro dans le tas. Il avait tiré un bon/mauvais numéro.
⧓ *tirer à la courte paille:* aus-losen
⧓ *tirer les cartes à (= pour) qn:* jm die Karten legen, die Zukunft voraussagen

N - V - sur N — ziehen an
Tirer sur la sonnette d'alarme. Grands yachts ou simples dériveurs, les voici qui tirent sur l'amarre/LeM/.

N - V — <Schornstein> ziehen, <Haut> s. spannen
La cheminée tire mal. (×Sa peau tire) > la peau lui tire.

N - V - N - à N — *Tirer des larmes à qn:* jm Tränen entlocken
Tirer la langue à qn: jm die Zunge herausstrecken
⧓ *Fig.: tirer un texte à soi:* (Text) zu s-n Gunsten auslegen

N - V - N - de N — etw gewinnen aus
De quoi tire-t-on le cuivre? On peut tirer du gaz du charbon.
(Töne) entlocken
Il sait tirer des sons magnifiques de sa guitare.
⧓ FAM: *n'en rien tirer:* <jd> nichts davon haben, ⧓ jm nichts

einbringen
Laisse-le, tu n'en tireras rien.
beziehen von
La chambre tire sa lumière d'une lucarne.

• **tirer**^{1b} (3/2)
N - V - N - de N
beziehen von, aus
La ville tire son importance de son passé. Un directeur tirait son influence des rapports qu'il entretenait avec les dirigeants suprêmes/Pilhes/
⌘ *tirer avantage, parti de; tirer argument de; tirer vengeance de; tirer gloire, vanité de; tirer satisfaction de.*

jm heraushelfen aus, jn befreien von
Je l'ai tiré d'un mauvais pas. Vous m'avez tiré d'une sale affaire. Tirez-moi du doute. Tirer qn d' embarras, d'affaire, de difficulté. FAM: *Tirer qn du pétrin:* jm aus der Patsche helfen
(aus dem Schlaf) herausreißen
Le téléphone me tira de mon sommeil, du sommeil.
⌘ *Loc.: tirer son épingle du jeu:* s. geschickt aus der Affäre ziehen
⌘ *Loc.:* FAM:(ˣ*tirer les vers du nez de qn*)> *lui tirer les vers du nez:* jm die Würmer aus der Nase ziehen, jn aushorchen

♦*Nqn - se V - de N*
s. (aus der Affäre...) ziehen
Se tirer d'affaire. Se tirer des pattes de qn. FAM: *se tirer du pétrin.*

♦*Nqn - se V - Adv - de N*
mit (e-r Aufgabe) fertigwerden
Il s'est bien tiré de cette tâche. Il s'en est mal tiré.

N - V - N - en N
Tirer qc en longueur: in die Länge ziehen, hinauszögern

N - V - en N
s. hinziehen, s. in die Länge ziehen
Qc tire en longueur.
⌘ POP: *Nqc-se V:* s. hinziehen

N - V - à N
Tirer à conséquence: Konsequenzen, Folgen haben
Tirer au flanc : <jd> s. drücken
Tirer à sa fin: <etw> dem Ende zugehen

N - V - sur N
<Farben> über-gehen in, spielen in
C'était un bleu qui tirait sur le vert.
⌘ RARE: *tirer l'oeil:* auffällig sein → *attirer*

• **tirer**^{2} (2/2+Adv/1+Adv)
N - V - N
(Photo) abziehen
Tirer une photo en noir et blanc.

N - V - N -(Adv$_{à\ N}$)
drucken, vervielfältigen, abziehen
Tirer un journal à 300 exemplaires. Tirer un tract à 1000 copies.

N - V - Adv$_{à\ N}$
Auflage haben: *Ce journal tire à 300 exemplaires.*

N - V - N
La semaine suivante, le Canard tirait 84400 exemplaires.

• **tirer**^{3} (2+L/2/1+L)
N - V -(N) -(qp)
schießen (auf)
Tirer trois coups sur une cible, sur un lapin.
▼*N - V - N*
Il avait tiré trois coups.
▼*N - V - qp*
Essayez de tirer sur la cible. Il tira droit au but.
▼*N - V*
Il ne sait pas tirer.
N - V - N
Tirer un lapin.
⌘ (Feuerwerk) abschießen
Tirer un feu d'artifice.

N - V - qp
<Fußball> schießen
L'avant-centre tira au but. → *shooter*

tirer^{4} (2) POP
N - V - N
(Strafe) beziehen, kriegen
Il a tiré deux ans, ce mec.

se tirer^{5} (1+L) FAM
Nqn - se V -((de)qp)
s. aus dem Staube machen, abhauen, (von zu Hause) durchbrennen
Tire-toi! Il s'est vite tiré chez lui sans rien dire. Paul s'est tiré de chez lui.

s'en tirer^{6} (1+Adv) FAM
N - s'en V - Adv
davonkommen
Il s'en est tiré de justesse. Il s'en est tiré avec un mois de prison.

tisonner (2)
N - V -(N)
(Feuer) schüren, stochern
Tisonner un feu. Il rechargea le poêle, tisonna pour obtenir un feu d'enfer. Tisonner dans la braise.

tisser^{a} (2)
N - V -(N)
weben
Savoir bien tisser. Tisser un drap.

tisser^{b} (2)
N - V - N
Bande knüpfen, (Intrigue...) anzetteln, aushecken
Mon premier soin fut de tisser d' abord les liens/Gide/. Tisser une intrigue.

titrer^{1} (2/1+iO)
N - V - N
den Alkoholgrad bestimmen
Titrer le degré d'alcool d'un vin.
♦*N - V << N >>*
Grad haben
Ce vin titre 12 degrés.

titrer^{2} (2)
N - V - N
e-n Titel geben
Titrer un film, un poème, un livre.
⌘ als Schlagzeile bringen
Le Journal du dimanche titre sur huit colonnes: "Chirac prêt à partir"/LeM/. "La Chine a-t-elle échappé à un coup d'Etat?" titre Le Monde du 9 avril.

tituber (1)
N - V
torkeln
Un ivrogne qui titube de réverbère en réverbère.

titulariser (2)
N - V - N
fest anstellen, beamten
Titulariser un assistant, un professeur étranger.

toiser (2)
N - V - N
jn (mit dem Blick) messen, von oben herab ansehen
Toiser qn de la tête aux pieds.

• **tolérer** (2/3)
Nqc/qn - V - N
dulden, zulassen
Il ne tolère aucune contradiction. C'est un sport qui ne tolère aucune distraction.
que S Kj
Il ne tolère pas qu'on le contredise.
de Inf 1
Il ne tolère pas d'être contredit.
Nqn - V - N - à Nqn
etw dulden bei jm
Il ne lui tolère aucun défaut.

• **tomber**[1a] (1+L/2/1)
N - V -(qp)
fallen, <Haare> ausfallen, herunterhängen
Il est *tombé par terre, sur le dos. Il s'est laissé tomber dans le fauteuil. La neige tombe en abondance. Ses cheveux commencent à tomber. (×De longs cheveux tombaient sur ses épaules) > de longs cheveux lui tombaient sur les épaules. Tomber dans un piège, dans une embuscade. Tomber sur le champ de bataille.*
N - V < de N >
umfallen vor
Je tombe de sommeil, de fatigue.
N - V - sur N
herfallen über
Tomber sur l'ennemi. Fig.: Les critiques lui sont tombés dessus sans ménagement.
N - V
fallen, <Nacht> hereinbrechen, <Tag> s. neigen,<Wind> s. legen
La fièvre tombe. Le vent est tombé. Le brouillard tombe. Le cours du franc est tombé. Le soir, la nuit tombe. Le jour tombe.
⧖ FAM: *laisser tomber qc:* etw lassen
Laisse tomber! Eh bien, laisse tomber, ne t'en occupe plus.
FAM: *laisser tomber qn:* jn fallen lassen
Il ne semblait pas y avoir de raison pour que Marthe laissât tomber Louis pour Paul.
⧖ *tomber (raide) mort:* tot umfallen
⧖ *Loc.: Fig.: tomber du ciel, des nues:* aus allen Wolken fallen
⧖ FAM: *tomber dans le panneau:* jm auf den Leim gehen, s. reinlegen lassen
<Kleidung> fallen
Cette robe tombe bien.
N - V - N
FAM: *tomber sa veste:* (Jacke) ausziehen, ablegen
FAM: <Sport> jn auf die Bretter schicken
Le boxeur a tombé son adversaire.
FAM: *tomber une femme:* (Frau) verführen, rumkriegen

• **tomber**[1b] (1/2)
N - V
<Unterhaltung> ins Stocken geraten, <Gefühl> verschwinden
La conversation est tombée. Toutes mes craintes sont tombées.
⧖ flachfallen
Sa remarque, sa proposition est tombée à plat.
⧖ *N-V-N |passif:* (Regierung) stürzen
Un gouvernement formé le 17 avril et tombé le 22 août/LeM/.
N - V - sur N
stoßen auf
Je suis tombé sur une porte ouverte. Que le douanier tombe sur un rasoir électrique, ...c'est la taxation/LeM/. Je suis tombé sur ce livre chez un bouquiniste. Je suis tombé sur lui en sortant du café.
⧖ *tomber aux mains de qn:* in die Hände von jm fallen
La ville est tombée aux mains de l'ennemi.
⧖ *<qn> tomber bas:* tief singen
N - V - dans N
ver-fallen in
Tomber dans le ridicule, dans l'excès, dans l'erreur, dans l'oubli, dans la misère, dans le discrédit.
N - V - en N
fallen
Tomber en décadence: verfallen
Tomber en désuétude: außer Gebrauch kommen
Tomber en syncope: in Ohnmacht fallen
Tomber en disgrâce: in Ungnade fallen
Tomber en panne: e-e Panne haben
Tomber en arrêt devant une affiche: anhalten, stehenbleiben
Tomber en friche: brach liegen, verwildern
⧖ *tomber d'un excès dans un autre*
⧖ *tomber de Charybde en Scylla:* vom Regen in die Traufe kommen
N - V - en Npl
zerfallen
Tomber en morceaux, en poussière. Un vêtement qui tombe en lambeaux.
⧖ *tomber en ruine:* verfallen
N - V - sous N
fallen, kommen, geraten
Tomber sous la main de qn > lui tomber sous la main: in die Finger geraten
Tomber sous la dent de qn > lui tomber sous la dent: unter die Finger kommen
Tomber sous le joug, sous la domination de l'ennemi.
⧖ *tomber sous le sens:* auf der Hand liegen
Ça tombe sous le sens.

⧗ *tomber sous le coup de la loi:* unters Gesetz fallen, strafbar sein
Cet acte est repréhensible et tombe sous le coup de la loi.

tomber^{2} (1+Adv)
N - V - Adv(à) N
(zeitlich) fallen auf
Pâques tombe quel jour cette année? A quelle date tombent les vacances de Noël cette année?
⧗ *tomber bien, mal:* im richtigen Augenblick kommen, recht kommen
Vous tombez bien.
Ça tombe bien: Das trifft sich gut.

tomber^{3} (1+A)
N - V - adj
werden (krank... werden; s. verlieben)
Tomber amoureux, malade, paralysé.
⧗ *tomber d'accord:* s. einigen
Nous sommes enfin tombés d'accord.

• **tondre** (2)
N - V - N
scheren, mähen, schneiden
Tondre ses moutons, une haie, le gazon.
FAM: *se faire tondre:* zum Friseur gehen
⧗ *Fig.:* jn rupfen
Tondre le contribuable par des impôts démesurés.

• **tonner**^{1} (o)
il - V
donnern
Il tonne.

tonner^{2} (2)
N - V - contre N
wettern
Tonner contre la dépravation des moeurs.

se toquer (2)
N - se V - de N
s. verknallen
Se toquer de la cousine de sa voisine.

torcher^{1} (2)
N - V - N
FAM (s-n Teller) abwischen
Petit-Pouce venait de torcher la dernière goutte de jus/Queneau/
POP (den Popo) abwischen
Il y a toujours chez nous quelques mômes à torcher.

torcher^{2} (2+Adv)
N - V - N -(Adv)
POP (e-e Arbeit) hinschludern
Ils ont torché en quelques mois un dictionnaire lamentable.
(e-e Arbeit) gut, ordentlich machen
Vous avez trouvé que c'était joli, bien torché, mais vous n'êtes pas allé plus loin/M. Aymé/.

torchonner^{1} (2)
N - V - N
FAM abwischen
Torchonner la vaisselle.

torchonner^{2} (2)
N - V -(N)
POP (e-e Arbeit) schlampig erledigen, hin-schludern
Torchonner son travail.

tordre (2)
N - V - N
um-, ver-, ab-drehen, -biegen; aus-wringen, verrenken,-stauchen
Tordre le bras, le cou de qn > lui tordre le bras, le cou. Tordre une barre de fer. Tordre du linge.
⧗ *tordre l'estomac de qn > lui tordre l'estomac:* jm den Magen umdrehen ⧗ jm übel sein vor
La douleur, l'angoisse lui tordait l'estomac.
(×Il a tordu son pied) > Il s'est tordu le pied. Le choc a tordu le pare-choc. Le vent tordait les arbres.

♦*Nqn - se V < de N >*
s. (vor Schmerzen) krümmen
Il se tordait de douleur.
s. (vor Lachen) biegen
Il s'est tordu de rire. Qu'est-ce qu'on s'est tordu!

torpiller (2)
N - V - N
torpedieren
Torpiller un cargo.
Fig.: torpedieren, zu Fall bringen
Torpiller un projet de loi. Il torpillait sans cesse autant qu'il pouvait toute tentative de rapprochement ou de détente /Pilhes/.

torréfier (2)
N - V - N
rösten
Torréfier du café.

tortiller (2/1)
N - V - N
zusammenrollen, -drehen, zwirbeln
Elle tortillait comme machinalement une mèche de ses cheveux. Tortiller un bout de laine entre ses doigts.

♦*N - se V*
s. hin und her drehen, s. winden
Le bébé se tortillait comme un ver dans son berceau.

N - V < de N >
wackeln mit
Tortiller des hanches.
FAM ⧗ *Loc.: il n'y a pas à tortiller:* Da hilft kein Winden und kein Drehen

torturer (2)
N - V -(N)
foltern
Torturer un prisonnier.
N - V - N
Fig.: martern, peinigen
Cette idée le torturait depuis plusieurs jours. La faim nous torturait.
⧗ *se torturer le cerveau:* s. den Kopf zerbrechen

totaliser (2)
N - V - N
die Gesamtanzahl, -summe feststellen
Totaliser le nombre des bulletins de vote.

<Sport> Punkte erreichen
L'équipe totalise 1o points.

• toucher^{1a} (2)
N - V - N
berühren, an etw kommen
Toucher une bougie, la chaussure de sa voisine. Il toucha son pied > il lui toucha le pied. J'ai touché l'arrière de sa voiture. La balle a touché son épaule > l'a touché à l'épaule/ lui a touché l'épaule.

N - V - à N
an-, berühren, rühren an, anfassen
Ne touche pas à ma soeur! Cet enfant touche à tout. Sa propriété touche à la mienne.

• toucher^{1b} (2)
Nqc/qn - V - Nqc
berühren, betreffen
Il s'agit d'un problème qui touche uniquement le monde sous-développé/LeM/. Et c'est là que nous touchons l'une des plus formidables distinctions ayant cours dans la théorie de l'économie moderne/Pilhes/.

Nqc/qn - V - à Nqc
berühren, nahe sein, stoßen, grenzen an
C'est quelqu'un qui touche à tout sans rien faire à fond. Toucher au but. L'affaire touche à sa fin. La société libérale avancée touche à son terme/Sartre/. Toucher à un problème difficile. Il est vrai que tout ce qui touche à la psychanalyse fait réagir très fort l'inconscient/LeM/.

• toucher^{2} (2)
N - V - Nqn
jn rühren, ergreifen
Cette tragédie a touché tout le monde. M. le chanoine touche toutes ses ouailles par ses sermons.

• toucher^{3} (2)
N - V - N
(Geld) bekommen, (Rente) beziehen, (Geld) einstreichen
Toucher tant par mois. Il a touché six mille balles pour une sale besogne. Il touche une petite retraite.
Fig.: Les pays riches touchent les dividendes du savoir et de la technique.

touiller (2) FAM
N - V - N
herum-rühren in, umrühren
Touiller la soupe.

tourbillonner (1)
N - V
wirbeln, strudeln, s. schnell im Kreise drehen
A cet endroit, l'eau tourbillonne. Les feuilles tourbillonnent dans le vent. Les danseurs tourbillonnent sur la scène.
Fig.: Les pensées tourbillonnent dans ma tête.

• tourmenter (2)
N - V - N
quälen, plagen
Cette idée le tourmente depuis quelque temps. Il se plaît à tourmenter son entourage.

♦*Nqn - se V*
s. Sorgen machen
Ne vous tourmentez pas, tout va s'arranger.

• tourner^{1a} (2/1+L/1/2+L)
N - V - N
herum-drehen
Tourner une manivelle. Tourner la clef dans la serrure.
⧗ *(×tourner ses pouces) > se tourner les pouces:* Däumchen drehen
(Salat) wenden, (Sauce) umrühren, (Teig) kneten
Tourner la salade. Tourner une pâte, une sauce.
(Seite) umblättern
Tourner les pages d'un livre.
drehen, drechseln
Tourner une pièce de bois, un pied de table.
(Film) drehen: *Tourner un film.*
Tourner le coin: um die Ecke gehen
⧗ *Fig.: bien tourner ses phrases:* gut formulieren
⧗ *(×tourner la tête de qn) > tourner la tête à qn/ lui tourner la tête:* jm den Kopf verdrehen
Paul a tourné la tête à Marie. Il lui a tourné la tête.
⧗ *<qc> tourner la tête à qn:* in den Kopf/zu Kopfe steigen
Ce vin, cette odeur m'a tourné la tête.
Fig.: Son succès lui a tourné la tête.
⧗ *×se V*

N - V - autour de N
kreisen um, s. drehen um
La terre tourne autour du soleil. L'abeille tourne autour de la fleur. Tout tourne autour de cette question.
<Straße> umgehen, herumführen um
La route tourne autour de la ville. → *contourner*
⧗ *tourner autour de qn:* jn umwerben
Depuis quelques semaines, Pierre tourne autour de Marie.
⧗ *Loc.:* FAM: *tourner autour du pot:* wie die Katze um den heißen Brei gehen, nicht mit der Sprache herausrücken

N - V - sur N
rotieren, s. um die Achse drehen
La terre tourne sur elle-même. Elle tourne sur son axe.

N - V
s. drehen
La clef tourna dans la serrure. Le manège tourne vite. Le moteur tourne (rond, à plein régime, à vide) La terre n'est pas immobile, elle tourne. La toupie tourne vite. (Ma tête tourne) > la tête me tourne/j'ai la tête qui tourne.
<Straße> e-e Biegung, Kurve machen
L'angle où l'avenue tourne.
⧗ *voir tout tourner:* ⧗ jn schwindelig sein
⧗ *L'heure tourne:* die Zeit vergeht.

✖ *L'usine tourne toute l'année:* in Betrieb sein
L'usine tourne à vide: leerlaufen, Leerlauf haben

N - V - N -(qp) — um-wenden, -drehen
Tourner un tableau de l'autre côté. Il tourna sa tête vers moi. Ne tourne pas la tête.
✖ *tourner le dos (à Nqn):* jm den Rücken zukehren
Quand elle me vit. elle (me) tourna le dos.
✖ *tourner le dos à N:* ✖ gerade hinter jm liegen, s. hinter jm befinden
Vous cherchez la poste? - Vous lui tournez le dos!

♦*N - se V - qp* — s. wenden
Il se tourna vers moi. Tous les regards se tournèrent en même temps vers la porte/Butor/.
✖ *Fig.: de quelque côté qu'on se tourne, il n'y a pas de solution:* wie man es auch dreht und wendet
✖ *ne plus savoir de quel côté se tourner:* nicht mehr ein noch aus wissen

N - V - qp — s. wohin wenden, wohin ab-biegen
Vous allez tout droit, puis vous tournez à (votre) gauche. Le virage tourne à droite.
✖ *Loc.: Fig.: tourner du côté de qn:* s. auf js Seite schlagen

N - V — <Milch> sauer werden, <Wein> umkippen
Le lait a tourné. Le vin a tourné.

• tourner^{1b} (2)
N - V - N — umgehen
Tourner un obstacle, une difficulté, la loi.
✖ *tourner le coeur, l'estomac à qn:* jm den Magen umdrehen
✖ FAM: *tourner le sang à qn:* jm einen Schrecken einjagen

♦*Nqn - se V - vers Nqc* — s. e-r S zuwenden
Il s'est tourné vers la médecine.

♦ *Nqn - se V - vers Nqn* — s. an jn wenden
Comme il n'a rien obtenu de lui, il s'est tourné vers moi.

♦ *Nqn - se V - contre Nqn* — s. wenden gegen jn
L'affaire s'est tournée contre lui. Il s'est tourné contre moi.

N - V - autour de N — s. drehen um, zum Thema haben
La discussion tournait toujours autour du même sujet.
sur N — *La conversation tournait sur la politique.*

• tourner^{2} (2+Adv/1+Adv)
N - V - N - $Adv_{en\ N}$ — (ins Lächerliche...) ziehen
Il tourne tout en ridicule. Il a tourné l'affaire en plaisanterie.

N - V - Adv — e-e schlechte Wendung nehmen, s. zum Guten/Schlechten wenden
Les choses tournaient mal/Pilhes/.
<jd> s. zum Schlechten entwickeln
On n'en parlait pas; elle avait mal tourné/Malraux/. La fille de M. le notaire a mal tourné: il paraît qu'elle se drogue.
✖ *tourner rond:* gut laufen
Les affaires tournent rond.
✖ *tourner court:* scheitern
Ils avaient de grands projets, qui ont tous tourné court.

N - V - $Adv_{à\ N}$ — werden (zu), ausarten in
En fait, son match avec le comte favori de Giscard tourne au combat de taupes/Canard enchaîné/. Mais il ne faudrait pas que l'examen des textes tournât à la dérision/LeM/. C'était le grondement d'une foule qui tournait à l'émeute. Le temps tourne au froid. Sa voix tourne à l'aigre. Le vin a tourné (au vinaigre).
$Adv_{en\ N}$ — *Son sourire tourna en un rictus. La dispute a tourné en bagarre.*

tournoyer (1)
N - V — s. im Kreise drehen, wirbeln
Faire tournoyer une toupie. Les feuilles mortes tournoyaient dans le vent.
<Weg> s. winden
Le sentier tournoyait dans la montagne.

• tousser (1)
N - V — husten
Il toussa fort. Le moteur tousse.

toussoter (1)
N - V — hüsteln
Il toussota doucement.

tracasser (2)
N - V - N — plagen, quälen, beunruhigen, schikanieren
J'avoue que ce rouleau me tracasse/Pilhes/. Les enfants ont tracassé leur mère toute la journée. Voilà un problème qui me tracasse.

• tracer^{1a} (2/2+L)
N - V - N — skizzieren, zeichnen
Il traça vite un petit dessin.
N - V - N -(qp) — *Il traçait machinalement des dessins sur le sable.*

• tracer^{1b} (2)
N - V - N — skizzieren
Le premier ministre a tracé les grandes axes de la politique agricole du gouvernement/LeM/.

tracer^{2} (2)
N - V - N — trassieren, abstecken
Tracer une route.

tracer^{3} (1) POP
N - V — flitzen, rasen
Qu'est-ce qu'il trace. Ça trace, ces bagnoles-là.

• **traduire**[1a] (3) — übersetzen
N - V -(N) -(de N - en N)
Ce roman a été traduit d'anglais en français. En parlant ou en écrivant une langue étrangère, ou en traduisant de cette langue dans l'idiome maternel, on est acculé à une impasse/Ch.Bally/. Ce roman est traduit de l'anglais. Traduire un article. Traduire est presque impossible. On a traduit l'Ulysse de Joyce en allemand.

• **traduire**[1b] (3/2) — übertragen, fassen in
N - V - N - en N
Il a traduit la pensée de l'auteur en un langage accessible.
♦*N - se V -(en/par N)* — s. ausdrücken, s. äußern, zum Ausdruck kommen
La joie des spectateurs se traduisait en exclamations/Gautier/. La promotion dans ce secteur se traduit par une proportion égale d'effectifs entre les employés, les gradés et les cadres /LeM/. La peur se traduisait sur son visage (par une grimace).
N - V - N — ausdrücken, Ausdruck sein von
Son regard traduisait son inquiétude. Le rappel d'une politique de libre expression...traduisait plus un usage discursif qu'une réalité/Pilhes/.

traduire[2] (2+L) — (gerichtlich) belangen
N - V - Nqn - qp
Traduire qn en justice, devant un tribunal.

trafiquer[1a] (1/2) — dunkle Geschäfte machen, Schwarzhandel treiben
N - V
Il a trafiqué pendant la guerre.
N - V - de N REL
Je trafiquais avec eux des ivoires, des oiseaux/Céline/.

trafiquer[1b] (2) — auszunutzen verstehen, Gewinn schlagen aus
N - V - de N
Trafiquer de ses charmes.

trafiquer[2] (2) NEOL — (Wein) panschen, (Motor) frisieren
N - V - N
Trafiquer du vin, un moteur.

• **trahir**[a] (2) — verraten
Nqn - V - N
Trahir une cause. Judas trahit Jésus.
que S Ind
Un journaliste a trahi que l'on allait procéder à une expérience atomique.
Ind/Kj |neg/int
Je n'ai pas trahi que vous l'ayez dit. Le journal n'a pas trahi que l'expérience aurait lieu.
Ø Inf 1
Le journaliste a trahi avoir été à l'origine de tout cela.

• **trahir**[b] (2) — verraten
Nqc - V - N
Le tremblement de la jambe, les mains fines à la recherche constante d'un objet trahissaient une inquiétude profonde/LeM/.
ⅹ <Nerven, Kräfte> jn im Stich lassen
Ne penserait-il pas à la longue que mes nerfs me trahissaient et que, par conséquent, le moment était venu de me remplacer? /Pilhes/.
ⅹ (den Hoffnungen) zuwiderlaufen
Les événements ont trahi ses espoirs.
ⅹ (js Gedanken...) verfälschen
Je ne veux pas trahir votre pensée.
que S Kj -(cela) - V - N
Qu'il ait tiqué, (cela) trahit sa surprise.
que S Ind
Son regard trahissait qu'il n'était pas d'accord.
Ind/Kj |neg
Son regard ne trahissait pas qu'il était/fût au courant. Aucun son, aucun mouvement ne trahirent que M. de Charlus eût entendu ma question/Proust/.
Int.ind
Son regard trahissait à quel point il était surpris.
♦*Nqc - se V - par N*
Il fit la connaissance d'une femme chez qui l'intelligence ne se trahissait que par une grâce plus subtile/Proust/.

traînasser (1) FAM — trödeln, herumbummeln
N - V
Au lieu de faire vite, il traînasse. Des gens qui traînassent dans la rue.

• **traîner** (2/2+L/1+L/1) — (hinter s. her) ziehen, schleppen
Nqc - V - Nqc
La locomotive traîne vingt wagons.
Nqn - V - Nqc -(qp)
La petite fille traîne toujours son ours derrière elle. Il traîna sa chaise jusqu'à nous.
ⅹ *traîner les pieds:* schlurfen
ⅹ *traîner la jambe/ se traîner:* ein Bein nachziehen
ⅹ *traîner une maladie:* (Krankheit) mit s. (herum-)schleppen
ⅹ *traîner qc en longueur:* in die Länge ziehen
Le tribunal traîne l'affaire en longueur.
ⅹ Wörter... in die Länge ziehen, schleppend sprechen
Traîner la voix sur les mots. Traîner les fins de phrase. Traîner sur les mots.
Nqn - V - Nqn - qp
Il m'a traîné dans tous les magasins.
ⅹ *Fig.: traîner qn dans la boue:* in den Schmutz ziehen
♦*Nqn - se V - qp* — s. schleppen
Je me traînais d'une chaise à l'autre, je végétais dans la maladie/Céline/.
Nqc - V -(qp) — (auf dem Boden) schleifen
La robe de la mariée traînait par terre.
hängen
Une odeur de tabac traînait dans l'appartement. Quelques nuages traînaient dans le ciel.
ⅹ s. ziehen durch, wo erscheinen
Un poncif rebattu qui traîne dans tous les manuels.

herumliegen
Les vêtements traînaient dans l'appartement. Il laisse toujours traîner ses affaires.

Nqn - V
trödeln, bummeln
Les enfants traînaient sur le chemin de l'école. Quelques attardés traînaient à l'arrière. Il a passé l'après-midi à traîner dans les rues. Ne traînez pas, le travail presse!

Nqc - V
s. hinziehen, keinen Fortgang nehmen
L'affaire traîne. Faire traîner un procès. La conversation traîne. Le film traîne en longueur.

traire (2)
N - V -(N)
melken
Traire le matin et le soir. Traire une vache.

• **traiter**[1] (2+Adv/2)
N - V - Nqn - Adv
behandeln
Traiter bien sa bonne. Traiter qn avec respect, avec dédain, avec brutalité.

$Adv_{en\ N}$
jn behandeln wie, als
Ses parents la traitent en gamine
⧓ *traiter qn en parent pauvre:* jn stiefmütterlich behandeln
⧓ LIT: *N-V-Nqn-(deN):* jn bewirten
Traiter ses amis (d'un bon repas).

N - V - Nqc
etw behandeln
Dans son article, l'auteur traite le problème suivant, la question juive, un sujet délicat. Son article ne traite le problème que de façon superficielle.

N - V - N(qc de) qn
<Arzt> jn/etw behandeln
Quel est le médecin qui vous traite? Il traite cette maladie aux rayons x.
⧓ *traiter qc à la légère/légèrement:* auf die leichte Schulter nehmen
Oui, je vois que vous traitez cela légèrement/Pilhes/.

N - V - de Nqc
behandeln, handeln von
Le conférencier a traité de la culture polynésienne. Un ouvrage qui traite de la guerre de Trente Ans.

• **traiter**[2] (2+A)
N - V - Nqn - de n / adj
jn etw heißen, nennen
Traiter qn de tous les noms et de quelques autres encore.
Traiter qn d'imbécile.

traiter[3] (2)
Npl - V -(N)
♦*N - V -(N) - avec N*
aus-, verhandeln
Ils avaient traité un marché.
La France traite avec l'Allemagne.

tramer (2)
N - V - N
(Plan) schmieden, aushecken
Tramer une évasion, un complot.

• **trancher**[1] (2)
N - V - N
ab-, durch-, auf-schneiden
Trancher de la viande, une corde. (Trancher la tête, la gorge de qn) > lui trancher la tête, la gorge.

• **trancher**[2] (2)
N - V - N
entscheiden, (Problem) lösen
Trancher une question, un problème, une difficulté. Cependant, il peut arriver que la délimitation entre phrases acceptables et phrases inacceptables ne soit pas tranchée d'une manière aussi nette/M. Gross/.

N - V - sur N
Je me garderai bien de trancher sur cette question.

N - V - en faveur de N
Le Caudillo continue de trancher en faveur du conservatisme le plus étroit/LeM/. Diverses considérations nous ont souvent fait trancher en faveur d'une solution plutôt que de l'autre/Gross/.

trancher[3] (1+Adv)
N - V - $Adv_{sur/auprès\ de/\ avec}$
s. abheben
Une tache de couleur vive qui tranche sur un fond morne. Son caractère tranche sur celui de ses frères. Son caractère tranche avec celui de ses frères. Le rouge tranche auprès du bleu dans ce tableau.
⧓ *Fig.: Son style tranche nettement (sur celui des autres).*

tranquilliser (2)
N - V -(N)
beruhigen
Il est d'un calme qui tranquillise. Le valium tranquillise les angoissés. Il souriait pour la tranquilliser.

transcrire (2)
N - V - N
umschreiben
Transcrire en symboles phonétiques un texte français. Transcrire en clair un message secret. Transcrire pour le piano un morceau pour flûte.
abschreiben
Transcrire un texte.
niederschreiben
Je ne compose pas; je transcris mes souvenirs comme ils viennent/Gide/

transférer (2+L)
N - V - N -(qp)
verlegen, transferieren, jn wohin überführen
Transférer un malade dans un autre hôpital. Transférer le siège d'une entreprise dans une autre ville. Transférer des capitaux à l'étranger. En fait, l'idée de transférer la capitale fédérale sur le haut plateau n'était pas neuve/LeM/.
Fig.: übertragen
Transférer ses complexes sur autrui.

transfigurer (2)
N - V - N
verklären
Le souvenir transfigure le passé. Le Christ fut transfiguré sur le mont Thabor.

• **transformer** (2+A)
N - V - N -(en n)
umformen, verwandeln, umgestalten
Transformer du charbon en électricité. Les vacances l'ont transformé. Transformer son appartement, un magasin.
ж (Strom) transformieren
Transformer du courant.

transfuser (3)
N - V - N -(à N)
(Blut) übertragen
Transfuser du sang à un blessé.

transgresser (2)
N - V - N
übertreten, verstoßen gegen
Transgresser les normes, la loi, des tabous. Chaque société traçait un cadre rigide qu'à de rares exceptions près nul ne songeait à transgresser, ni même à discuter/LeM/.

transiger[a] (1)
N - V
nachgeben, (jur.) einen Vergleich eingehen
Il vaut mieux transiger que plaider.

transiger[b] (2)
s. arrangieren mit, auf die leichte Schulter nehmen, s. abfinden mit
N - V - avec N
Transiger avec sa sonscience. Il ne transige pas avec le règlement. Transiger avec la justice, avec ses devoirs.
sur N
Transiger sur les principes.

transir (2/1) — LIT
N - V - N
erstarren, steif werden lassen
Le froid nous a transis. La peur l'a transi.
N - V < de N > — RARE
Transir de froid, de peur.
ж *être transi de froid, de peur.*

transiter (2/1)
N - V - N
im Transitverkehr verfrachten, durchgehen lassen
Transiter des marchandises.
N - V
im Transitverkehr durchgehen
Ces marchandises transitent par l'Allemagne.

translater (3) — RARE
N - V - N -(de N - à N)
übertragen
Les fautes de traduction qu'élèves et étudiants commettaient en translatant un texte du latin au français/R.L. Wagner/.

transmettre (2/3)
N - V - N
<Metall> leiten
Les métaux transmettent le courant électrique. Le bois transmet mal la chaleur.
N - V -(à N) - N
(Bewegung, Krankheit) übertragen
Le rat transmet le virus de la peste (à l'homme). L'arbre de transmission transmet le mouvement aux roues.
weiterleiten, übergeben, übermitteln, (Geld) überweisen
Transmettre une information, un ordre, une invitation à qn. Transmettez mon souvenir à votre épouse. On m'a transmis cette lettre. Le secret de cette liqueur a été transmis d'une génération à l'autre. Le but d'une encyclopédie est de rassembler les connaissances,...de transmettre le système général des connaissances aux hommes qui viendront après nous/Diderot/.
que S Ind
Mon partenaire m'a transmis par télégramme qu'il arriverait demain.
<Radio/Fernsehen> übertragen, senden
On a transmis à la télévision le match de football. La radio vient de transmettre qu'il y a eu un tremblement de terre en Roumanie.
Int.ind
On n'a toujours pas transmis quelle était l'ampleur de la catastrophe.

transparaître (1) — REL
N - V
durchscheinen, sichtbar werden
L'expression de son visage laissait transparaître son inquiétude.

transpercer (2)
N - V - N
durchbohren, -löchern, -dringen
Certains tribus transpercent leur nez pour y mettre un anneau d'ivoire. (Une balle a transpercé son épaule) > lui a transpercé l'épaule. La pluie a transpercé l'imperméable.

transpirer (1/2)
N - V
schwitzen
Transpirer dans le sauna.
Fig.: durchsickern
Le secret a transpiré.
N - V - N
Transpirer de grosses gouttes.
Fig.: Il transpire la bonté.

transplanter (2+L/3)
N - V - N -((de)qp)
(Pflanzen) verpflanzen, umsetzen
Transplanter un arbre.
(Bevölkerung) umsiedeln
Transplanter une population (dans une région déserte).
N - V - N - qp
verlegen
La firme a transplanté sa succursale à l'étranger.
N - V - N -(à Nqn)
transplantieren, (Organ) verpflanzen
Transplanter un rein à qn. Transplanter un coeur.

• **transporter**[a] (2+L)
N - V - N -(qp)
transportieren, befördern
Transporter des marchandises en camion vers la capitale.
♦Nqn - se V - qp
s. begeben
La commission s'est transportée sur les lieux de l'accident.

transporter[b] (2+L)
N - V - N - qp
versetzen
Le conférencier nous transporta en imagination dans le passé. Transportons-nous dans le futur!

(Wort) übertragen, ⧗ (Wort) entlehnen aus
Transporter un mot en français.
etw wohin tragen
Transporter la guerre à l'étranger. Transporter les conflits dans le tiers monde.
⧗ *transporter qn de joie:* entzücken, begeistern
Cette nouvelle m'a transporté de joie.

transvaser (2+L)
N - V - N -(qp)
umfüllen
Transvaser de l'huile, le l'essence, le vin dans une autre bouteille, dans un pichet.

traquer (2)
N - V - N
(Wild) treiben, hetzen, jn hetzen, in die Enge treiben, unerbittlich verfolgen
Traquer du gibier. La police a traqué les malfaiteurs. Je crois savoir, Paul, que Burren vous a traqué dans votre repaire, hier soir. Traquer qn par ses questions. Traquer qn jusque dans ses derniers retranchements. Traquer l'injustice, la bêtise.

• travailler (2/1)
N - V - N
bearbeiten, arbeiten an, (Musikstück) ein-üben
Travailler du bois, un métal, la terre, son style, un morceau de musique.
(die öffentliche Meinung) bearbeiten, beeinflussen
Quotidiennement, la presse travaille l'opinion.
<etw> jm keine Ruhe lassen
C'est une idée qui me travaille depuis quelque temps.

N - V - sur N
s. befassen, s. beschäftigen mit
Je suis en train justement de travailler sur la question, sur ce sujet.

N - V - à N
arbeiten an, darauf hinarbeiten daß, bemüht, beschäftigt sein
Il travaille depuis longtemps à ce roman.
à ce que S Kj RARE
Travaillons à ce que les choses aillent mieux!
à Inf 1
Il travaille depuis longtemps à me nuire. Le parti travaille à conquérir les classes moyennes. Il était clair qu'une haute influence travaillait à protéger Roman de tout contact avec le public. Un petit groupe d'ouvriers travaillaient à installer un bureau de vote dans la mairie.

Nqn - V
arbeiten
Il travaille dans une usine.

Nqc - V
<Holz> arbeiten, s. verziehen, s. werfen, <Teig> auf-gehen
Le bois travaille encore. La pâte travaille.

• traverser (2)
N - V - N
durch-, überqueren, durch einen Ort kommen, (Zeit) durchmachen
Ils traversaient le hall d'entrée. Traverser une rue, un village. Traverser une époque difficile.
⧗ *N-V-Ø:* (Straße) überqueren
Fais attention avant de traverser.
⧗ <Idee> jm durch den Kopf gehen
Cette idée m'a traversé l'esprit.

travestir (2)
N - V - N < en N >
verkleiden
Travestir un enfant en clown.
Fig.: verfälschen
Travestir la vérité, la pensée de qn d'autre.

♦*Nqn - se V < en N >*
s. verkleiden
Se travestir pour le carnaval.
s. transvestieren
Une grande folle qui se travestit.

trébucher[a] (2)
N - V -(contre/sur N)
stolpern
Trébucher contre/sur un obstacle, une pierre.

trébucher[b] (2)
N - V -(sur N)
stolpern, stocken
Trébucher sur un mot. Ma mémoire même trébuche dès les premières mesures du morceau que je sais le mieux/Gide/.

• trembler (1)
Nqc - V
Nqn - V < de N >
zittern, beben, <Flamme> flackern
La terre a tremblé en Roumanie. La flamme de la bougie tremble. Trembler de froid, de fièvre, de peur. Sa voix tremblait. Sa main tremblait > la main lui tremblait. Trembler comme une feuille.

trembloter (1)
Nqc - V
<Licht> flimmern
La lumière de la lampe tremblote.
N(qc de)qn - V < de N >
schlottern, zittern
Il tremblote de peur, de froid. Une voix, une main qui tremblote. Sa main tremblote > la main lui tremblote.

se trémousser (1)
N - se V
hin und her rutschen..., unruhig sein
Rumin se trémoussait sur sa chaise, signe que la situation le passionnait, ce qui m'inquiétait quelque peu/Pilhes/.
⧗ wackeln mit
Ça joue de la prunelle, ça se trémousse du derrière/O. Mirabeau/.

• tremper (2+L/2/1+L)
N - V - N -(qp)
ein-tauchen, -stippen
Tremper un bout de pain dans la soupe.
N - V - N
durchnässen
La pluie nous a complètement trempés.
(Metall) härten, abschrecken

Tremper de l'acier.
⧗ Fig.: hart machen
Les épreuves ont trempé son caractère.

N - V -(qp) — (in einer Flüssigkeit) liegen, stehen..., wässern, einweichen
Mettre à tremper du linge. Les filets d'anchois trempent dans de l'eau. Mettre à tremper des fleurs.

N - V - qp — unter Wasser stehen
Après l'inondation, le rez-de-chaussée trempait dans l'eau.
Fig.: stecken, verwickelt sein in
Il trempe dans une sale affaire.

trépasser (1) — LIT
N - V — verscheiden
Trépasser héroïquement.

trépider (1)
N - V — er-zittern, wackeln
Au passage du métro, le studio trépide.

trépigner (1)
N - V < de N > — (auf den Boden) auf-stampfen
Un enfant qui trépigne de colère, d'impatience.

tressaillir (1)
N - V < de N > — zusammen-zucken, -fahren
Tressailir en apprenant une nouvelle.
(vor Freude, Wonne) erschauern, erbeben
Tressaillir de joie.

tressauter (1)
N - V — zittern, wackeln
L'autocar roulait lentement...derrière les vitres...tressautait un paysage nocturne.
hoch-, auffahren
Un bruit le fit tressauter.

tresser (2)
N - V -(N) — flechten
Tresser un panier, une natte.

tricher (1)
N - V — schummeln, mogeln
Il a triché au poker.
N - V < sur N > — zu hohe Preise verlangen
Ce commerçant triche sur les prix.
ein falsches Alter angeben
Wilhelmine a triché sur son âge.

• **tricoter** (2)
N - V -(N) — stricken
Tricoter un pull-over.

• **trier** (2)
N - V - Npl — aus-sortieren
Trier des graines, le courrier.
♦*N - V - N - de N* — *Trier le bon grain de l'ivraie.*

trimbaler (2/1) — FAM
N - V - N — mit s. rumschleppen
Il trimbale toujours sa valise avec lui.
N - V — ⧗ POP: bekloppt sein, beknackt sein
Qu'est-ce qu'il trimbale.

trimer (1) — FAM
N - V — schuften
Trimer comme un nègre. Trimer dur.

trinquer (1)
Npl - V — (die Gläser) anstoßen
Ils trinquaient pour fêter la fin du bouquin. Trinquer à la santé de qn.
♦*N - V -(avec N)* — *Pierre trinque avec son beau-père.*
⧗ FAM: einen trinken, einen heben
Est-ce que tu viens avec moi trinquer au café?
⧗ FAM: der Dumme sein, den Schaden haben, dran glauben müssen
C'est toujours les mêmes qui trinquent. Dans l'accident, c'est surtout l'aile gauche de ma voiture qui a trinqué.

• **triompher** (1/2)
N - V — den Triumph feiern
Jules César rentrait à Rome pour triompher.
triumphieren
Maintenant qu'il a gagné il triomphe.
N - V - de N — bezwingen, besiegen
Triompher d'un adversaire, d'une maladie.

tripler (1/2)
N - V — s. verdreifachen
Le nombre des chômeurs a triplé.
N - V - N — verdreifachen
Tripler le salaire de qn.

tripoter[1] (2) — FAM
N - V - Nqc — herumfummeln, -fingern an
Qui a tripoté mon tourne-disque? Non, il a fallu que tu tripotes les moteurs!
N - V - Nqn — POP — *Tripoter sa voisine de gauche. Je vais bien rigoler de les voir tripoter cette salope avec leurs mains sales.*

tripoter[2] (1+L)
N - V - qp — herumplanschen
Tripoter dans l'eau, dans la boue, dans le caniveau.
Fig.: verwickelt sein in
Tripoter dans une spéculation immobilière.

triturer (2)
N - V - N — zurstampfen, zerkleinern, zerkauen
Triturer du sel, des aliments.
durch-walken
Un masseur habile qui triture les chairs.

⧗ FAM: *se triturer la cervelle:* s. den Kopf zerbrechen

• **tromper** (2)
Nqc - V -(Nqn) — täuschen
La signalisation nous a trompés. C'est une statistique qui trompe.
N(qcde)qn - V - Nqn — täuschen, betrügen, (s-e Frau, s-n Mann) betrügen
Sa manoeuvre nous a trompés. Vous vous êtes laissé tromper par la vendeuse. Tromper sa femme, son mari.
Nqn - V - Nqc(de qn) LIT — *Tromper sa faim, sa soif:* (Hunger..) betäuben
Tromper son ennui: s. die Langeweile vertreiben
Kubitschek trompait son ennui, sa "saudade", en donnant des conférences aux Etats-Unis/LeM/
Tromper la confiance de qn: (Vertrauen) enttäuschen
Ce faisant, j'avais trompé la confiance de tous/Pilhes/.
Tromper la surveillance de qn: (Wachsamkeit) überlisten
Il a trompé la surveillance de ses gardiens.
♦*Nqn - se V < de N >* — s. vertun, verwechseln
Se tromper de porte. Vous vous trompez de temps; il fallait me dire cela il y a deux mois/A. Dumas/.
< sur N > — s. täuschen in etw
En se trompant même parfois sur leur sens original/Sauvageot/.
s. in jm täuschen
Je me suis trompé sur son compte.
⧗ *s'y tromper:* s. täuschen lassen
L'instinct populaire ne s'y est jamais trompé/Hugo/. Ne vous y trompez pas.
⧗ *Il lui ressemble à s'y tromper:* zum Verwechseln ähnlich sein

tronçonner (2)
N - V - N — klein-, zer-sägen
Tronçonner un arbre.

trôner (1+L)
N - V - qp — thronen
A table, il trône comme un patriarche au milieu de sa famille.

tronquer (2)
N - V - N — verkürzen, verstümmeln
Tronquer un texte, un discours, une citation.

troquer (2)
N - V - Npl — tauschen
Troquer du sel, des bijoux.
♦*N - V - N - contre/pour N* — *Troquer du sel contre des bijoux, son âme pour un instant de bonheur.*

• **trotter** (1)
N - V — trippeln
Une vieille dame trottait vaillamment de l'autre côté de la rue.
⧗ im Kopf herumgehen
Il y a une idée qui me trotte dans la tête.

trottiner (1)
N - V — trippeln
Un enfant d'un an qui trottine déjà. La souris trottine dans le grenier.

• **troubler** (2)
N - V - N — trüben
Troubler de l'eau. La buée trouble le miroir.
(Ruhe, Ordnung) stören
Troubler le repos de qn, l'ordre public.
jn verwirren
Il y a là un détail qui me trouble, dit le commissaire. Juliette trouble Jules.

• **trouer** (2)
N - V - N — ein Loch machen in, durchbohren
Trouer un papier, un billet. Les deux phares trouaient la nuit opaque/Le Clézio/. J'ai troué mon manteau.

trousser (2)
N - V - N — aufkrempeln, -schürzen
Trousser sa jupe, ses manches.
⧗ FAM: *trousser une femme.*

• **trouver**[1] (2/3)
Nqn - V - Nqc/qn — finden
J'ai enfin trouvé mon parapluie. J'ai trouvé ce portefeuille sous la voiture. Avez-vous trouvé la personne que vous cherchiez? Je ne m'attendais pas à vous trouver là. On trouve dans ce livre de nombreuses idées originales. En rentrant chez moi, j'ai trouvé la porte enfoncée. Quand je l'ai revu, je l'ai trouvé amaigri. J'ai trouvé la solution du problème. J'ai trouvé un moyen pour y parvenir. Il trouve son bonheur dans la lecture. Tu trouveras (quelque chose) à manger dans le garde-manger.
⧗ *trouver place: Je n'ai pas trouvé de place dans le train.*
⧗ *trouver moyen: Il a trouvé moyen de s'en tirer tout de même. Il fallait trouver moyen qu'Olivier achevât son éducation /R. Rolland/.*
⧗ *trouver refuge: Il a trouvé refuge à l'étranger.*
⧗ *trouver la mort:* den Tod finden
⧗ *aller trouver qn:* jn aufsuchen
Je suis allé le trouver chez lui.
que S Ind — herausfinden
Comment avez-vous trouvé que le jardinier était l'assassin?
Nqn - V - Nqc - à Nqc/qn — finden an, bei
Tel était alors mon état d'esprit que je trouvais à cela une grande poésie/Mauriac/. Je lui trouve un certain charme. Je lui trouve mauvaise mine.
⧗ *trouver à redire :* etw auszusetzen haben an

Il trouve à redire à tout ce que l'on fait.

Nqc/qn – V – Nqc — finden, stoßen auf
Sa politique ne trouve même plus l'appui de tous les membres du parti/LeM/.

♦*Nqn – se V – qp –(adj)* — s. wiederfinden, auf einmal sein
Il franchit la grille et se trouva dans le jardin. Elle s'est trouvée brusquement perdue dans la foule.

♦*Nqn – se V – adv* — *En sortant du café je me suis trouvé nez à nez avec lui.*
Ӿ *se trouver mal:* Ӿ jm schlecht werden

♦*Nqc/qn – se V – qp* — s. befinden
Il se trouve actuellement en Angleterre. Kabul se trouve en Afghanistan. C'est à la Faculté des Lettres que se trouvent les noyaux les plus durs des étudiants révolutionnaires/France-Soir/. L'U.R.S.S. se trouve aujourd'hui dans une position plus délicate que d'autres pays/LeM/.

♦*Nqc – se V – adj* — sein, s. (wieder-)finden
Elle risque de se trouver réduite jusqu'à zéro/Sauvageot/. L'action qu'il avait engagée se trouve, selon lui, bloquée /LeM/. Chacun de ces verbes peut se trouver employé sous la même forme dans deux énoncés sensiblement équivalents.

♦*N – se V – être n* — s. herausstellen als
Ce M. Dupont se trouvait être mon beau-frère.

♦*il – se V – que S Ind* — s. herausstellen, es fügt sich, es begibt sich, daß
Il se trouva que ces cailloux étaient des phosphates/Henriot/. Il se trouve que moi, je me tais depuis dix ans/Cocteau/.
Kj |neg — *Par quelle injustice du sort se trouvait-il qu'elle dût livrer la dernière bataille après cette nuit d'insomnie?/H. Troyat/.*

• **trouver**[2] (2/2+A) — finden, der Ansicht sein
Nqn – V – que S Ind — *Je trouve qu'elle exagère.*
Ind/Kj |neg/int — *Mais vous ne trouvez pas que c'est curieux? Je ne trouve pas qu'elle est/soit maigre.*
Nqn – V – N – adj — *Je trouve bonne votre idée. Je la trouve belle.*
adv — *J'ai parcouru ce paradis et je l'ai trouvé, en cette saison, d'une poignante tristesse/LeM/. Parce qu'il te trouve à son goût/H. Troyat/.*
Nqn – V – adj – que S — *Je trouve bon que vous soyez restés.*
de Inf — *Il trouve difficile de répondre à votre question.*

truffer[a] (3) — trüffeln, füllen
N – V – N –(de N) — *Truffer une dinde (de truffes fraîches).*

truffer[b] (3) — spicken mit
N – V – N – de N — *Truffer un texte d'examen de difficultés grammaticales.*

truquer (2) — (Karten) zinken, fälschen, manipulieren, frisieren
N – V – N — *Truquer des cartes, les élections, un dossier, une statistique.*

• **tuer**[a] (2) — töten, (Tiere) schlachten
N – V –(N) — *Tuer qn. Tuer un cochon. Le tueur de la fillette de Nancy n'hésitera pas à tuer encore/France-Soir/.*
Ӿ *se faire tuer:* umkommen, das Leben verlieren, fallen
Il s'est fait tuer à la guerre du Viet-nam.
♦*Nqn – se V* — s. umbringen, umkommen
Il s'est tué d'une balle dans la tête. Il s'est tué dans un accident.

tuer[b] (2) — (Zeit) totschlagen, Fig. jn umbringen; abtöten
N – V – N — *Tuer le temps. Ce métier me tue. L'habitude tue la sensibilité.*
♦*Nqn – se V < à N/à Inf 1 >* — *Se tuer au travail, à travailler.*

tuméfier (2) — anschwellen lassen
N – V – N — *Les engelures ont tuméfié ses doigts. Cette fente horrible qui tuméfie le soubassement/Pilhes/.*

turlupiner (2) FAM — jm Sorgen bereiten, nicht aus dem Kopf gehen
Nqc – V – N — *Cette idée me turlupine.*
que S Kj –(cela) – V – N — *Que cet enfant ne mange pas (cela) me turlupine.*
♦*cela – V – N – que S Kj* — *Cela me turlupine que l'enfant ne mange pas. Pourtant ce qui me turlupine, vois-tu,...,c'est qu'un homme intelligent comme toi ait admis mon mensonge et non la vérité/S. Guitry/.*

• **tutoyer** (2) — duzen
N – V –(N) — *Il tutoie tout le monde.*

tuyauter (2) FAM — jm e-n Tip geben
N – V – N < sur N > — *Pourriez-vous me tuyauter là-dessus?*

tyranniser (2) — tyrannisieren
Nqc/qn – V – N — *Cet enfant tyrannise son entourage. L'obsession de ne pas être à la hauteur le tyrannise.*

ulcérer (2)
N - V - N
Fig.: jn verletzen, kränken, verbittern
Sa réponse m'a ulcéré. Une telle impudence l'a ulcéré.

ululer
→ hululer

unifier (2)
N - V - Npl
vereinen, vereinheitlichen
Unifier des tendances diverses, deux administrations. Unifier l'orthographe, la législation des pays européens.

uniformiser (2)
N - V - Npl
vereinheitlichen
Uniformiser des législations, des programmes.

• **unir** (2)
N - V - Npl
vereinen
Unir deux pays, deux personnes. Il s'agit d'unir, en ces circonstances troublantes, les efforts du personnel et ceux de la direction/Pilhes/.

♦*Nqc-pl - se V*
Dans ce roman, le réalisme et le fantastique s'unissent parfaitement.

♦*Nqc - se V - à N*
Le réalisme s'unit parfaitement au fantastique dans ce roman.

♦*Nqn-pl - se V -(contre N)*
Nous nous sommes unis (pour lutter) contre l'injustice.

♦*Nqn - se V - avec Nqn -(contre N)*
Le personnel s'est uni avec les étudiants contre les mesures ministérielles.

universaliser (2)
N - V - N
allgemein, in der ganzen Welt verbreiten
Les Etats-Unis ont universalisé le chewing-gum et le Coca Cola.

urger (1) POP
N - V
dringend sein, pressieren
Ça urge.
C'est pas le moment de parler comme ça, ça urge l'histoire de la gosse /Queneau/.

♦*il - V - de Inf* NEOL
Il urgeait, vu les coûts d'immobilisation d'un appareil de cette taille, d'en faire voler quelques-uns à n'importe quel prix/C.E./.

uriner (1+L)
N - V -(qp)
urinieren
Veuillez, s.v.p., uriner dans ce petit flacon!

• **user**[1] (2)
N - V - N
abnutzen, verschleißen
User ses chaussures. User sa santé > s'user la santé.

• **user**[2] (2)
N - V - de N < pour Inf 1 >
Gebrauch machen von, aufwenden, einsetzen
User de ruses, légitimement de son droit. User de moyens illégaux pour dominer le marché. User de qn. M. Soares devra donc user de toute son éloquence pour convaincre ses interlocuteurs/LeM/.

de ce que S Ind
Il a usé de ce qu'il avait des relations pour obtenir ce poste.

usiner (2)
N - V - N
verarbeiten
Usiner une matière première.
in e-r Fabrik herstellen
Usiner des produits finis.

usurper (2)
N - V - N
s. gewaltsam/widerrechtlich aneignen, usurpieren
Usurper le pouvoir.

• **utiliser** (2/2+A)
N - V - N < pour Inf 1 >
benutzen, anwenden, verwenden
Utiliser une cuiller pour ouvrir la porte. Quelle marque de lessive utilisez-vous? A l'occasion il fallait utiliser des méthodes russes et des capitaux américains/Malraux/.

N - V - N comme n
Utiliser qn comme messager. Utiliser la cuillère comme clef.

vacciner[a] (2)
N - V -(N) <contre N >
impfen
Vacciner les enfants contre la grippe.

vacciner[b] (3) FAM
N - V - N - contre N
jn immunisieren, jn heilen von, immun machen
Cet accident m'a vacciné contre les vols en charter. Je suis loin d'être vacciné contre la trouille.

vaciller (1)
N - V
schwanken, wanken, taumeln
La statue se mit à vaciller sur son socle. L'animal vacilla, puis s'abattit lourdement.

vagabonder (1)
N - V
herumstreifen, vagabundieren
Vagabonder de ville en ville.
Fig.: schweifen
Mes pensées vagabondaient au fil de ma rêverie.

vagir (1)
N - V
schreien
Le petit bébé vagissait. Le crocodile, le lièvre vagissent.

• vaincre (1/2)
N - V <contre N >
<à N >
siegen, Sieger sein
Les bleux ont vaincu contre les rouges.
L'équipe de Saint-Etienne a vaincu à la coupe de France.
N - V - N <à N >
besiegen
Il n'est pas facile de le vaincre aux échecs.

valider (2)
N - V - N
für (rechts-)gültig erklären
Valider une signature, une décision, une pièce administrative.

• valoir[1a] (1+Adv)
N - V - $Adv_{Adv/N}$
wert sein, kosten
La lampe vaut cent francs. Elle vaut cher.
⧗ nichts wert sein, nichts taugen
Ça ne vaut rien. Il ne vaut rien.
⧗ *valoir mieux que S Kj; Ø Inf:* besser sein
Il vaut mieux que tu viennes. Il vaut mieux se taire.
⧗ *faire valoir des/ses droits (à N):* Ansprüche geltend machen

valoir[1b] (2)
N - V - N
aufwiegen, so viel wert sein wie
Pourtant le Saint Louis de Joinville, les portraits de Bossuet, valent sans nul doute les personnages du Journal des Goncourt /Malraux/. Son poème vaut une dizaine de leurs romans.
♦Npl - se V
Ces deux romans se valent.

• valoir[2] (3)
N - V - à Nqc/qn - N
einbringen, eintragen
Cela lui a valu l'amitié de bien des gens. Cette élection avait valu à M. Veltri quelques ennuis avec la direction du parti socialiste/LeM/.Des îles à la végétation luxuriante ont valu au lac sa réputation internationale.
que S Kj |×2
Ses critiques lui ont valu qu'on le change de poste.
de Inf 2
Cela lui a valu d'être changé de poste.

valoriser (2)
N - V - Nqc/qn
den Wert von etw heben, js Ansehen steigern
Il n'y a pas de nouvelles Renault au Salon de l'Auto, mais des modifications qui valorisent les modèles existants/LeM/. Ce succès l'a valorisé auprès de ses collègues.

valser (1)
N - V
(Walzer) tanzen
Valser toute la nuit.
⧗ FAM: fliegen
Le livre valse à travers la pièce.
⧗ FAM: *faire valser qn:* rücksichtslos versetzen
Le ministère fait valser son personnel.
⧗ FAM: *envoyer valser qn:* jn entlassen
⧗ FAM: *envoyer valser qc:* schmeißen
Il envoya valser son bouquin contre le mur.
⧗ FAM: *faire valser de l'argent:* Geld springen lassen

• vanter (3)
N - V -(à/auprès de Nqn) - N
rühmen, an-preisen
Il m'a vanté les mérites de ce médicament. Vanter sa marchandise.
que S Ind RARE *Il nous a vanté qu'il savait tout faire.*
Ø Inf 1 RARE *Il nous a vanté savoir tout faire.*
♦Nqn-seV-(auprès de Nqn)-de N *Il se vante de sa Légion d'honneur.*
de ce que S Ind/Kj *Il se vante de ce qu'il sait/sache tout faire.*
que S Kj |×1 VIEUX *Il se vante que personne ne soit capable de faire ce qu'il fait.*
de Inf 1 *Il s'est vanté auprès de moi de l'avoir échappé belle.*
s. anheischig machen
Il se vante de parcourir la même distance en deux fois moins de temps.

vaporiser[1] (2)
N - V - N
verdunsten lassen
Vaporiser de l'eau pour humidifier l'air.

vaporiser[2] (2)
N - V - N -(qp)
sprayen, sprühen
Se vaporiser une laque sur les cheveux.

vaquer[1] (1)
N - V
Betriebsferien haben, <Amt> in Ferien sein, geschlossen sein
Les bureaux de l'entreprise vaqueront au mois d'août.

vaquer[2] (2) REL
N - V - à N
(s-r Beschäftigung) nachgehen
Vaquer à ses occupations, à son travail.

• varier (1/2)
N(pl) - V
variieren, wechseln
Les moeurs varient d'un pays à l'autre. Le répertoire de ce ca-

baret varie souvent. Ses occupations varient > il varie dans ses occupations. Mais comme il a, par la suite, constamment varié dans ses déclarations, les gendarmes se demandent s'ils n'ont pas affaire à un mythomane/LeM/.

N - V - N(pl) — *Varier ses distractions, son alimentation.*

vaticiner (1)
N - V
wahrsagen, die Zukunft voraussagen
Et vaticinant du haut de son Concorde comme la Pythie du haut de son trépied, il répond oui/Canard enchaîné/.

se vautrer (1+L)
N - se V - qp
s. wälzen
Se vautrer dans son lit. Un cochon qui se vautre dans la boue.
s. fläzen, s. lümmeln
Ne te vautre pas ainsi dans ton fauteuil!

végéter (1)
N - V
vegetieren
Il ne gagne presque rien, il ne fait que végéter. Son affaire végète.

véhiculer[a] (2+L)
N - V - N -(qp)
transportieren
Véhiculer des marchandises au dépôt. L'Empire romain a véhiculé le christianisme en Europe.
(Krankheit) übertragen
Le rat véhicule la peste.

véhiculer[b] (2)
N - V - N
(Informationen) weiterleiten, verbreiten
Il a été expulsé parce qu'il recherchait et véhiculait cette information avec un peu trop de zèle au gré des autorités/LeM/.

• **veiller**[1] (1/2)
N - V
wachen, wach sein, wach bleiben
J'ai veillé toute la nuit.
N - V - N
Wache halten bei
Veiller un malade, un mort, un enfant. J'ai aussi veillé mes grands-parents, un voisin/Pilhes/.

• **veiller**[2] (2)
N - V - sur N
wachen über
Supplions Dieu de garder en bonne santé les chefs qui veillent sur notre croissance et notre expansion/Pilhes/.
à Nqc
aufpassen auf, überwachen, sorgen für
Ils veillent sans relâche à la bonne application de cette loi /Pilhes/. Il nous a surtout paru soucieux de respecter notre qualité d'étranger et de veiller à notre confort de touriste /LeM/.
à Nqn RARE
Le ménage pouvait veiller aux enfants sur le lieu même de son travail/M. Cohen/.
à ce que S Kj
Le président Assad se serait engagé à veiller à ce que le "statu quo" à la frontière israélo-libanaise ne soit pas modifié /LeM/. Veillez à ce que des faire-part soient affichés à tous les étages et signés par moi/Pilhes/.
à Inf 1
Veillez à fermer la porte à clef en sortant.

vendanger (2)
N - V -(N)
Wein lesen
Nous vendangerons dès la semaine prochaine. Il nous faut vendanger dix hectares.

• **vendre** (3)
N - V <N/Adv> N -(à N)
verkaufen
Vendre cher sa peau. Vendre mille francs sa voiture. Nous avons vendu cet appareil trois millions de dollars à un révolutionnaire mexicain.
⧗ *vendre qn:* jn verraten

vénérer (2)
N - V - N
verehren
Vénérer Marie.

• **venger** (2/3)
rächen
N - V - Nqc — *Venger une offense.*
N - V - Nqn -(de Nqc) — *Venger qn d'une offense.*
♦*N - se V - de Nqc* — *Se venger d'un affront.*
de ce que S Ind/Kj — *Il s'est vengé de ce qu'on l'a/l'ait humilié.*
que S Kj — *En ces occasions, on tue beaucoup pour se préserver et se venger qu'on vous ait amené là/G. Chevallier/.*
de Inf 1 — *Il s'est vengé d'avoir été humilié.*
♦*N - se V - sur Nqn - de N*
s. für etw an jm rächen, ⧗ etw an jm auslassen
Il se venge sur ses élèves de son insatisfaction.

• **venir**[1a] (1+L/2)
Nqn - V -((de)qp) < Ø Inf_{fin} >
kommen
Il est venu nous voir. Il vient de Paris. Je viens tout de suite.
⧗ *venir en aide à qn, lui venir en aide:* jm zu Hilfe kommen.
⧗ *Venons à son aide.*
⧗ *Venir à ses fins:* zum Ziel gelangen
⧗ *Venons au fait, au sujet. Venons-y!* zur Sache kommen
⧗ FAM: *voir venir qn:* wissen worauf jd abzielt, hinaus will, jn durchschauen
Je vous vois venir.
Nqc - V -(de)qp
Ces colis viennent de Paris. La plupart des mots français viennent du latin. (×Des rougeurs sont venues sur son corps) > des rougeurs lui sont venues sur le corps. L'eau ne venait plus au robinet/Giono/.
⧗ *Ces appareils sont venus s'ajouter aux 7o Phantom que possède déjà l'armée sud-coréenne/LeM/.*

Nqc - V - à Nqn — ✕ bekommen
Des boutons lui sont venus.
♦il - V - N - à N — *Il lui est venu des boutons.*
Nqc/qn - V - à N — wohin reichen
(×Mon fils vient à mon épaule) > il me vient à mon épaule. L'eau nous venait au mollet.
N - V - à Nqn - de Nqn — ✕ haben von: *Cette bague me vient de ma grand-mère.*
de qp — *La berline, sorte de voiture, nous vient de Berlin.*

• venir^{1b} (2) — <Idee..> kommen, einfallen
Nqc - V - à N(qc de)qn — *L'idée de faire cela est venue à mon esprit > m'est venue à l'esprit. L'idée de faire cela m'est venue tout d'un coup. L'envie m'est venue d'acheter une glace.*
♦il - V - à N - N — *Il m'est venu une drôle d'idée (à l'esprit). Il m'est venu l'idée d'acheter une glace. Il ne serait venu à l'esprit d'aucun cadre...de prendre au mot les proches des dirigeants/Pilhes/.*

• venir^{2} (2) — kommen von, herrühren von
N - V - de N — *De qui vient cette idée? L'odeur pestilentielle du mépris... venant en grande partie d'eux/Pilhes/. Votre mauvaise vue vient de vos lunettes trop faibles.*
de ce que S Ind/Kj — *Votre mauvaise vue vient de ce que vos lunettes sont trop faibles. La seule gêne venait de ce qu'Ida et Edith fussent mère et fille/G. des Cars/.*
que S Kj -(cela) - V - de N... — *Que vous voyiez mal (cela) vient de vos lunettes trop faibles.*
♦cela - V - de N... - que S Kj — *Cela vient de vos lunettes trop faibles que vous voyiez mal.*
✕ *d'où vient que S Ind/Kj:*
D'où vient qu'ils attribuent tant de valeur à un acte solitaire et si peu productif?/Pilhes/. D'où vient qu'une parole, un geste, puissent faire des ronds à n'en plus finir, dans une destinée?/Saint-Exupéry/.

• en venir^{3} (2) — gelangen, kommen zu
N - en V - à N — *Enfin nous en venons à un concept nouveau, c'est celui de la gestion/Pilhes/. Venons-en au fait!*
à Inf 1 — *C'est pourquoi ces gens qui édifiaient le bonheur de l'humanité en vinrent à se demander à quoi pouvaient servir les assemblées politiques et les gouvernements/Pilhes/. Les autorités en sont venues à ouvrir un magasin réservé exclusivement aux étrangers/LeM/.*

• venir^{4} (aux) — "passé récent"
N - V - de Inf 1 — *Je viens d'arriver. Il vient de pleuvoir.*

venir^{5} (aux) — REL — es geschehen, kommen, daß
N - V - à Inf 1 — *Et ainsi Judith vint à mourir. Il y avait déjà cinq personnes et elles montèrent toutes dans le premier 975 qui vint à passer/Vian/. Ensuite, quand la viande vient à manquer, les phrases s'amenuisent/LeM/.*

venter (o) — RARE — windig sein
il - V — *Il vente. → faire du vent*

ventiler^{1} (2) — lüften
N - V - N — *Ventiler un bureau.*

ventiler^{2} (2) — aufteilen
N - V - N — *Ventiler un budget, des crédits.*

verbaliser^{1} (1) — ein Protokoll aufnehmen
N - V — *Verbaliser contre un automobiliste en infraction.*

verbaliser^{2} (2) — NEOL — zur Sprache bringen
N - V - N — *Aussi longtemps que les choses n'ont pas été dites, formulées, verbalisées, elles n'ont pas d'existence/L'Express/.*

verdir (1/2) — grün werden, grünen
N - V — *Le gazon commence à verdir.*
N - V - N — *Les pousses neuves commencent à verdir les arbres.*

verdoyer (1) — grünen
N - V — *Les arbres verdoient après la pluie.*

• vérifier (2) — nach-, über-prüfen
Nqn - V - N — *Vérifier la production, la qualité d'un produit. Vérifier un calcul, l'authenticité d'une citation.*
que S Ind/Kj — *Avez-vous vérifié que tout le monde a reçu ça?/Pilhes/. Il replia avec un soin extrême tous les papiers, vérifia que chaque pince fixât les feuilles/Daniel-Rops/. Vérifiez que tout fonctionne bien. Vérifiez que tout soit en bon état.*
Int.ind — *Nous avons vérifié si ces verbes présentaient ou non certaines propriétés syntaxiques.*
Nqc - V - Nqc — bestätigen
Les résultats ont vérifié nos pronostics.
que S Ind — *Une expérience constante semblait...vérifier que c'étaient les plus crapuleux qui avaient le plus de talent/Péguy/.*

vernir (2) — lackieren, firnissen
N - V -(N) — *Vernir des tableaux.*

vernisser (2) — glasieren
N - V -(N) — *Vernisser des poteries, des faïences.*

verrouiller
N - V - Nqc — verriegeln
Verrouiller une porte.
N - V - Nqn — einschließen
Verrouiller un prisonnier.

• **verser**[1a] (2+L/3/1+L)
N - V - N -(qp) — um-, ver-schütten, -gießen, umkippen
Verser de l'eau dans le lavabo. Verser du café sur le tapis.
⧓ *Il a été versé dans l'infanterie:* jn (beim Militär) e-r Waffengattung zuweisen
⧓ *verser une nouvelle pièce à un dossier:* hinzufügen
⧓ LIT: *verser des larmes:* Tränen vergießen
⧓ LIT: *verser son sang:* Blut vergießen
N - V - N -(à Nqn) — eingießen, einschenken
Versez-moi s.v.p. un verre de vin.
N - V -(qp) — überlaufen
Le lait a versé (de la casserole, un peu partout).
N - V - qp — um-kippen
La diligence a versé dans le fossé.

verser[1b] (2)
N - V - dans N — fallen in, verfallen in, (Meinung) übernehmen
Vous avez tendance à verser dans la paraphrase. De maintenir au Chili la démocratie, menacée, disait-on, de verser dans le totalitarisme/LeM/. Verser dans une opinion.

• **verser**[2] (2+L/3)
N - V - N -(qp)
à Nqn — ein-, aus-zahlen
Verser une somme d'argent sur/ à un compte.
Verser mille francs à qn.
⧓ *verser des arrhes:* e-e Anzahlung machen

versifier (1/2)
N - V — Verse machen
M. le préfet versifie à ses heures.
N - V - N — in Verse bringen
Versifier un texte en prose.

vêtir (3)
N - V - N -(de N) — kleiden
Vêtir son caniche d'un blue-jean.

vexer (2)
N - V -(N) — beleidigen, kränken
Sa remarque m'a vexé.
♦*Nqn - se V -(de N)* — *Il se vexe de tout. Il s'est vexé de ma remarque.*
de ce que S Ind/Kj — *Il se vexe de ce que tu lui as/aies fait cette remarque.*
que S Kj — *Il se vexe que tu lui aies fait cette remarque.*
de Inf 1 — *Il se vexe de se voir critiquer.*

• **vibrer** (1)
N - V < de N > — beben, vibrieren
Les vitres du train vibrent. Sa voix vibra de colère.
⧓ *Fig.: L'orateur fait vibrer les foules:* mitreißen

vicier (2) RARE
N - V - Nqc — verderben
Le transport a vicié le vin.
ungültig machen
Une erreur a vicié le testament.

vidanger (2)
N - V - N — leeren
Vidanger un réservoir.
⧓ FAM: *Avez-vous pensé à vidanger?:* den Ölwechsel machen
→ *faire la vidange.*

• **vider** (3/2+L/2)
N - V - N -(de N) — leeren, ausleeren, austrinken
Vider une bouteille (de son contenu).Il vida son verre d'un trait. Ils entraient dans le bâtiment vidé de ses 19o derniers occupants/France-Soir/. Vider la coupe jusqu'à la lie.
N - V - N -(qp) — *Vider le contenu d'une bouteille dans une autre, sur le sol.*
⧓ FAM: *je suis vidé:* k.o. sein
⧓ POP: *se faire vider:* rausfliegen
N - V - N — räumen
On nous pria de vider les lieux.

• **vieillir** (1/2)
N - V — altern
Il a beaucoup vieilli.
N - V - N — älter machen, altern lassen
La guerre...n'avait pas vieilli M. Reboudin/Aymé/.

vilipender (2) LIT
N - V - N — verunglimpfen, mit Schmutz bewerfen
M. le marquis vilipende tout ce qui n'est pas du côté de la noblesse.

violenter (2)
N - V - N — vergewaltigen
Violenter une femme.
Fig.: LIT: Gewalt antun
Violenter un texte.

violer (2)
N - V - N — vergewaltigen
Violer une femme.
⧓ *violer le domicile de qn:* Hausfriedensbruch begehen
Fig.: verletzen
Violer un traité, les règles d'un jeu, de l'hospitalité.
entweihen
Violer un lieu de culte.

• **virer**[1] (2/1)
N - V - N — drehen
Virer le gouvernail.

N - V — s. drehen, wenden
Les valseurs tournaient et viraient dans la salle. La voiture vire à droite. Le navire vira de bord.

virer[2] (2) — übergehen in
N - V - à N — *Une couleur qui vire au rouge. Le vin vire à l'aigre.*

virer[3] (3) — überweisen
N - V - N -(à Nqn/sur Nqc) — *Virer de l'argent à qn, sur son compte.*

virer[4] (2+L) POP — rausschmeißen
N - V - N -(de qp) — *Il s'est fait virer de sa boîte.*

• viser[a] (2) — zielen
N - V -(N) — *Viser une boule et la manquer. Il a visé juste.*

• viser[b] (2) — ab-zielen auf, s. richten gegen
Nqc/qn - V - N — *Les accusations qui sont formulées visent, entre autres, les fliens/LeM/.*
N - V - à Nqc — darauf ab-, hinzielen, im Auge haben
Les mesures prises par le gouvernement visent au relancement de l'économie.
à ce que S Kj |×1 — *Ces mesures visent à ce que l'économie reparte. Tout au moins, M. Macmillan viserait à ce que la conférence anglo-américano-soviétique...accomplisse enfin un progrès/Le Figaro/.*
à Inf 1 — *Une campagne de rumeurs vise apparemment à faire croire cela /Canard enchaîné/. Une stratégie visant à affaiblir au maximum les formations politiques issues d'une interminable et cruelle clandestinité/LeM/. Les deux plans visent à promouvoir une sorte d'autogestion municipale/LeM/.*

visionner (2) — (Film vor der Aufführung) überprüfen, kontrollieren
N - V - N — *Visionner un film.*

• visiter (2) — besichtigen, inspizieren
N - V - Nqc — *Visiter une usine, un appartement. Elle visita les tiroirs de la commode/H. Troyat/.*
N - V - Nqn — (aus Nächstenliebe) besuchen
Visiter les pauvres, les malades. les prisonniers.
(offiziell) besuchen, inspizieren, visitieren
L'évêque visite son diocèse, ses ouailles.

visser[1] (2) — zu-, fest-schrauben
N - V -(N) — *Il ne me reste plus qu'à visser. Visser une planche, un écrou.*

visser[2] (2) FAM — jn streng halten, tüchtig rankriegen
N - V - N — *Dans cette école, on visse les élèves.*

vitrer (2) — verglasen
N - V - N — *Vitrer une fenêtre.*

vitrifier (2) — (Fussboden, Parkett) versiegeln
N - V - N — *Vitrifier un parquet.*

vitupérer (2) LIT — heftig tadeln
N - V - N — *Vitupérer qn, l'époque.*
N - V - contre N — schimpfen auf
Il vitupère contre tous et contre tout.

vivifier (2) — beleben
N - V -(N) — *L'air frais (nous) vivifie.*

vivoter (1) — kümmerlich leben
N - V — *Avec son salaire, il ne peut que vivoter.*

• vivre (1/2) — er-leben, durchmachen
N - V — *Je veux enfin vivre! Il vit en Australie.*
N - V - N — *Vivre sa vie, des moments heureux. Les bouleversements que vivent nos sociétés depuis le XVIIe siècle. C'est vrai qu'il avait vécu son enfer de son vivant,cet enfer qu'il a décrit dans ses livres/LeM/.*
N - V - de N — leben von
Vivre de ses rentes.

vociférer (1/3) — brüllen, toben
N - V — *Le contremaître se mit à vociférer.*
N - V -(N) -(contre N) — *Vociférer des injures contre qn.*
▼*N - V - N* — *Vociférer des injures.*
▼*N - V - contre N* — *Vociférer contre qn.*

voguer (1) LIT — fahren, segeln
N - V — *Les bateaux voguent sur le lac.*

voiler[1] (2) — verhüllen, -schleiern
N - V - N — *Voiler son visage > se voiler le visage.*
Fig.: verbergen
Il s'efforce de voiler son trouble. Une brume voilait les contours du paysage.

voiler[2] (2) — krumm, eirig machen
N - V - N — *Un choc a voilé la roue de la bicyclette. Les disques mal rangés se voilent.*

voiler[3] (2) — (Film) dem Licht aussetzen, belichten
N - V - N — *Après avoir voilé la pellicule, l'un d'entre eux va s'acharner sur la cassette/LeM/.*

• voir[1a] (2) — sehen
N - V -(N) — *Il voit mal. Il voit l'horizon. Un peu basse, la salle polyva-*

lente de Beaubourg est bien aménagée et la pente permet de bien voir/LeM/. M. Ceausescu a même pu parler d'unité de vues sur toutes les questions discutées, ce qui ne s'était pas vu depuis des temps immémoriaux/LeM/.
⧗ *voir grand:* (zu) hoch hinauswollen
Mais beaucoup de rapatriés sont partis, ayant vu trop grand, ou trop dépaysés/LeM/.
⧗ *être bien vu:* gern gesehen, beliebt sein
Se prendre pour Napoléon est très bien vu chez les paranoïaques/Canard enchaîné/.

N - V - que S Ind — *Voyez-vous qu'il pleut? Je ne vois pas que vous allez bien.*
N - V - Int.ind — *As-tu vu comment il a fait? Voyez si le courrier est arrivé!*
♦*N - V - N - inf 2* — *Je le vois entrer.*
⧗ *se voir + Inf 1:* Passivperiphrase: Vpp + bekommen
Les organisations locales du parti se voient reprocher leur formalisme dans ce domaine/LeM/.
⧗ *se voir offrir qc:* etw geschenkt bekommen

• voir[1b] (2) — ein-sehen, verstehen
N - V - N — *Je vois maintenant ce que vous voulez dire.*
que S Ind — *Je vois bien que vous avez changé d'avis.*
Kj |neg/int — *Elle a été acceptée par moi dans les conditions que vous savez, et je ne vois pas qu'elle soit remise en question en Amérique/Clémenceau/. Vois-tu que je me mette à t'aimer?/C.Anet/. Tu ne vois pas qu'il ait été acheté?/R. Fallet/.*
Int.ind — *Je vois mal comment on pourrait faire cela.*
∅ Inf 1 — *Je vois ne pas correspondre à votre attente.*

voir[2] (2) — zusehen, daß; (darauf) achten, (daß)
N - V - à N — *Sa tante verra à son éducation.*
à ce que S Kj — *Elle verra à ce qu'il soit bien éduqué.*
à Inf 1 — *Elle verra à l'éduquer comme il faut.*

voisiner (1) — benachbart sein, aneinandergrenzen
Nqc-pl - V — *Deux jardins qui voisinent.*
♦*N - V - avec N* — *Mon jardin voisine avec celui du maire.*
⧗ *faire voisiner:* nebeneinanderstellen
Dans la salle de lecture, on a fait voisiner les encyclopédies avec les dictionnaires.

volatiliser[1] (2) — verflüchtigen lassen
N - V - N — *Volatiliser un liquide.*
in Nichts aufgehen lassen, vernichten
L'explosion a volatilisé son appartement et toutes ses espérances avec.

volatiliser[2] (3) FAM — stibitzen
N - V - N -(à N) — *Volatiliser un bouquin à qn.*

• voler[1] (3/2) — stehlen
N - V - Nqc -(à N) — *On m'a volé mon briquet.*
N - V - Nqn — bestehlen
Voler qn.

• voler[2] (1) — fliegen
N - V — *Voler au-dessus des nuages. Voler bas, haut.*
eilen
Voler au secours de qn. J'ai volé chez lui pour lui apprendre la nouvelle.
⧗ *voler en éclats:* zersplittern, auseinanderfliegen
Le miroir a volé en éclats.
⧗ *voler de ses propres ailes:* flügge sein

voleter (1) — flattern, gaukeln
N - V — *Des plumes volettent dans l'air. Le papillon volette autour de la lampe.*

voltiger (1) — fliegen, wirbeln, flattern
N - V — *Des moustiques voltigent en essaim au-dessus du fumier sous la fenêtre, vive la campagne! Les feuilles mortes voltigeaient avec le vent.*

• vomir[a] (1/2) — (s. er-) brechen
N - V — *Vomir sans savoir pourquoi.*
N - V - N — ausbrechen, erbrechen
Vomir tout ce qu'on a mangé.

vomir[b] (2) — verabscheuen
N - V - N — *Il vomit toute la littérature moderne.*

• voter (1/1+Adv/2) — abstimmen, wählen
N - V — *Le pays vote demain.*
N - V - Adv — wie wählen
En 1977 Chirac votera encore à gauche. Il faut préciser que Chirac est une commune de 693 habitants qui vote communiste (sic) *à l'unisson depuis 1975/Canard enchaîné/.*
N - V - Nqc — wählen, stimmen für, annehmen, billigen
Il n'a cependant pas voté la motion de censure/LeM/. L'assemblée a voté le projet de loi.
N - V - pour/en faveur de/ contre N — stimmen für/gegen
Le conseil municipal a voté pour/contre l'élargissement du trottoir, en faveur de la construction de la piscine.

• vouer (3) — weihen
N - V - N - à N — *Vouer une chapelle à la Vierge.*
weihen, widmen
Vouer sa vie à la science.
schwören
Vouer une amitié éternelle à qn.
hegen gegenüber jm, bezeigen
Ce n'est pas qu'il me voue un respect religieux ni qu'il me craigne/Pilhes/. Le simple énoncé de ce prénom caressant résumait toute l'affection que lui vouait l'un des peuples les plus sentimentaux de la planète/LeM/. Ils vouaient un mépris ostentatoire à autrui/Pilhes/.
¤ *être voué à N/Inf:* bestimmt sein, verurteilt sein
Notre tentative ne sera pas vouée à l'échec. De telles notions sont vouées à être remises en question/LeM/.

• vouloir[1] (2/2+A/3) — wollen, <etw> verlangen
N - V - N — *Je veux un bonbon! Je ne veux pas ce bonbon-là! Je ne le veux pas! Sans doute, ce grognement, ce cri peut-il être voulu. Est-ce que ce verbe veut le subjonctif?*
♦*N - V -(de) N* |neg — *Je ne veux pas (de) ce cahier-là. Ne pas vouloir de qn. Les citoyens ne veulent ni d'une caricature de démocratie ni que la France devienne un pays sous-développé/Le Figaro/. Je n'en veux pas.*
N - V - que S Kj |×1 — *Je veux que tu viennes. La chance a voulu que le même jour les mineurs donnent leur consentement à la limitation à 4,5 % des hausses de salaires/LeM/. L'honnêteté aurait voulu que le Président ouvre un large débat devant le pays et que celui-ci soit directement consulté/LeM/.*
∅ Inf 1 — *Je veux partir.*
N - V - N - comme n — *Je ne le veux pas comme partenaire.*
N - V - N - adj — wünschen
Je voudrais la salle à manger plus claire.
♦*N - se V - n* — sein wollen, beanspruchen zu sein, s. geben + Adj
Nos politiciens qui se veulent tous des hommes de plume/Canard enchaîné/.
adj — *Le premier ministre, qui répondait samedi soir à sa première interview télévisée, s'est voulu rassurant/LeM/. Souples dans leur organisation, les commissions se veulent fermes dans les principes/LeM/.*
N - V - de Nqn - Nqc — von jm wollen
Que voulez-vous de moi?
que S Kj 2 — *Je veux de lui qu'il obéisse.*
Nqc - V - que S Ind — es so wollen, es so fügen
Le malheur a voulu que tout dernièrement... on a brûlé une foule de papiers/Chateaubriand/.

• en vouloir[2] (3) — jm böse sein
N - en V - à Nqn -(de N) — *Je lui en veux (de son impertinence).*
de ce que S Kj 2 — *Je lui en veux de ce qu'il ne m'ait rien dit.*
que S Kj 2 — *Je lui en veux qu'il ne m'ait rien dit.*
de Inf 2 — *Je lui en veux de ne m'avoir rien dit.*

• voyager (1) — reisen
N - V < qp > — *J'aime voyager. Voyager autour du monde.*

vriller[1] (1) — s. spiralförmig einrollen, s. verdrehen
N - V — *La corde vrille.*

vriller[2] (2) — durch-bohren
N - V - N — *Vriller une planche.*
Fig.: (×Les cris des enfants vrillaient notre tympan) > nous vrillaient le tympan.

vrombir (1) — <Motor...> brummen, dröhnen
N - V — *Un moteur qui vrombit.*
Fig.: La France vrombit d'ardeur et de fureur superbes pour son supersonique/Canard enchaîné/.

vulcaniser (2) — vulkanisieren
N - V - (N) — *Vulcaniser un pneu.*

vulgariser[1] (2) — vulgarisieren
N - V - N — *Vulgariser les résultats de la science.*

vulgariser[2] (2) — vulgär erscheinen/werden lassen
N - V - N — *Une expression...insolemment sensuelle déformait et vulgarisait ses traits/Martin du Gard/.*

zébrer (2)
N - V - N
gestreift erscheinen lassen, Streifen bilden auf
Edmée remarqua qu'une écorchure zébrait sa main droite/Simenon/.

zézayer (1/3)
N - V
N - V - N -(à N)
zu-lispeln
Il zézaie.
→ dire[1]

zigzaguer (1)
N - V
im Zickzack gehen, fahren, (hin und her) torkeln
L'ivrogne zigzaguait sur le trottoir. Il rentra à la maison en zigzaguant.

zigouiller (2) POP
N - V - N
abmurksen
On a zigouillé le gros Jojo.

zozoter FAM
→ zézayer

zyeuter ((2) POP
N - V -(N)
an-glotzen
A la terrasse du café, un phallocrate satisfait zyeutait tout ce qui porte jupon.

+ + +
19. 4. 1977
Dieu soit loué
(2.A. 1.1.1983)

Verzeichnis der deutschen Übersetzungen

abändern: *infléchir, modifier;* (Gesetz -)*amender;* (Urteil -)*réformer, réviser.*
abbauen: *réduire 1a;* (Bodenschätze -) *exploiter, extraire.*
abbeizen: *décaper.*
abbekommen: *encaisser, prendre 1a, recevoir.*
abbestellen: *décommander.*
abbiegen: *bifurquer, rabattre 2;* ((Fluß)) *infléchir,* (zur Seite -) *obliquer 1.*
abbilden: *calquer, représenter 1.*
abbinden: *garrotter;* ((Mörtel/Zement)) *prendre 1a.*
abblasen: *décommander.*
abblättern: *écailler.*
abbrechen: *briser, interrompre, rompre;* (Lager -) *lever;* (Rede -) *interrompre;* (Zelt -) *plier 1a.*
abbrennen: *brûler.*
abbringen: (jn - von) *détourner b, dissuader, revenir 1b;* (vom Kurs -) *désorienter a;* (vom rechten Weg -) *dévoyer.*
abbröckeln: *ébouler, s'effriter.*
abbrühen: *échauder, ébouillanter.*
abbüßen: (Strafe -) *purger a.*
abdanken: *abdiquer.*
abdecken: *couvrir;* (Tisch -) *desservir 1.*
abdichten: *calfeutrer, colmater.*
abdriften: *dériver 1a.*
Abend: (etw zu - essen) *dîner.*
Abenteuer: (ins - stürzen) *lancer b.*
abfahren: *partir 1a;* (wieder -) *repartir a.*
abfangen: *capter, intercepter.*
abfärben: *décharger 2, déteindre.*
abfertigen: *dédouaner a, expédier 2, liquider.*
abfinden: (sich - mit) *accommoder 3, arranger 1, se résigner.*
abfließen: *s'écouler 2.*
abfragen: *interroger a.*
Abfuhr: (jm e-e - erteilen) *éconduire.*
abfüllen: (in Flaschen -) *embouteiller;* (in Säcke/Tüten -) *ensacher;* (jn -) *saouler.*
abgeben: *céder, se dépouiller 1a, dessaisir, faire 2;* (etw wo -) *déposer 2;* (Klassenarbeit/Hausaufgaben -) *remettre 3;* (Dissertation -) *présenter;* (Schuß - auf) *décharger 1a.*
abgehackt aus-sprechen: *hacher, saccader.*
abgehen: ((Knopf)) *péter b, sauter 1a.*
abgewöhnen: (jm etw -) *désaccoutumer, déshabituer;* (sich etw -) *défaire, guérir b.*
abgleiten: *glisser a;* ((etw))(an jm -) *glisser b.*
abgöttisch lieben: *idolâtrer.*
abgrasen: *brouter.*
abgrenzen: *circonscrire a/b, délimiter.*
abhaken: *cocher, pointer 1.*
abhalten: (von der Arbeit -) *débaucher 2;* (Sitzung -) *tenir 1b.*
Abhandlung schreiben/verfassen: *disserter.*
abhängen: (etw - von) *dépendre 1;* (fig. - von) *dépendre 2, tenir 6;* ((Sport))(jn -) *distancer.*
abhängig machen von: *inféoder, subordonner.*
abhärten: (jn - gegen) *endurcir b, raidir b.*
abhauen: *se barrer 3, se casser 2, décamper, détaler, ficher 3, filer 3, mettre 1a, se tailler 2;* cf. verduften.
abhäuten: *écorcher a.*
abheben: (sich - von) *découper 2, démarquer 3, détacher 1a, distinguer, trancher 3;* ((Flugzeug)) *décoller 2, quitter;* (Geld -) *retirer;* (Hörer -) *soulever.*
abhelfen: *obvier, pallier, parer 2b, remédier, secourir.*
abholen: *récupérer a;* (jn wo -) *cueillir, aller chercher;* (bei der Gepäckaufbewahrung -) *déconsigner 2.*
abholzen: *déboiser.*
abhorchen: *ausculter.*
abkanzeln: *incendier 2, sermonner.*
abkapseln: (sich -) *calfeutrer, emmurer, renfermer b, replier 2.*
abkaufen: *acheter;* (wieder -) *racheter.*
abklopfen: (Zigarettenasche -) *secouer.*
abknabbern: *mordiller.*
abkommandieren: *détacher 2.*
abkommen: (vom Kurs -) *dériver 1a.*
abkratzen: *gratter 1, racler; claquer, crever.*
abkühlen: *refroidir a, tiédir;* fig. *rafraîchir, refroidir b.*
abkürzen: *écourter, raccourcir.*
abladen: *décharger 1a.*
ablassen: (nicht - von) *démordre, persévérer.*
ablaufen: *s'écouler 2;* ((Frist)) *échoir 1, expirer 2.*
ablecken: *lécher.*
abledern: *peaufiner.*
ablegen: *se dépouiller 1a, ôter, poser 1a, retirer;* (Kutte -) *défroquer;* (negative Eigenschaft -) *guérir b;* (Rechenschaft -) *rendre 4;* (Zeugnis -) *porter 2.*
ablehnen: *dédaigner, récuser, refuser, rejeter b, repousser 1b;* (Einladung -) *décliner 2;* (Verantwortung -) *décliner 2, dégager b, dénier.*
ableiten: *évacuer;* fig. *induire;* (Wort -) *dériver 2.*
ablenken: *détourner a, dévier, dissiper b, distraire 2;* (von der Arbeit -) *débaucher.*
ablesen: *lire;* (stockend -) *ânonner;* (Strom-Zähler -) *relever 2.*
ableugnen: *dénier, renier.*
ablocken: *soutirer 2.*
ablösen: (etw - von) *décoller 1, détacher 1a, dégommer a;* (jn -) *prendre 2, relayer, relever 3, remplacer;* (sich - von) *se détacher 1b;* (Mode -) *détrôner.*
abluchsen: *soutirer 2.*
abmachen: (- von) *enlever;* fig. *concerter;* cf. vereinbaren.
abmagern: *amaigrir, décoller 3.*
abmalen: (sich - auf) *empreindre.*
abmessen: *mesurer a.*
abmontieren: *démonter.*
abmühen: (sich - (mit)) *s'acharner, se démener, s'escrimer, peiner 1.*
abmurksen: *étriper, zigouiller.*
abnagen: *ronger.*
abnehmen: itr. *décroître, diminuer;* (etw - von/wo) *dépendre 1, déposer 1a, détacher 1a;* (jm etw -) *enlever, ôter, prendre 1a, retirer;* (Beichte -) *confesser;* (Gepäck -) *débarrasser;* (Tel.-Hörer -) *décrocher 1a;* (Hut -) *découvrir a;* (jm die Kleider -) *dépouiller 1a;* (Kleidung -) *ôter;* (jm die Kopfbedeckung -) *décoiffer;* (jm e-e Last -) *délester, soulager;* (jm e-n Titel/Weltmeistertitel -) *dégommer;* (Verband -) *débander 1;* (Verschalung -) *décoffrer;* itr. (jd)(-) *décoller 3.*
abnötigen: *extorquer.*
abnutzen: *user 1;* ((Stoff))(sich -) *s'élimer.*
Abonnement: (- eingehen) *souscrire;* (jn für ein - gewinnen) *abonner.*
abonnieren: *abonner.*
abordnen: *députer, détacher 2.*
abpassen: (Gelegenheit -) *épier, guetter b.*
abpausen: *calquer.*
abpflücken: *cueillir, grappiller.*
abprallen: *rebondir, ricocher.*
abrackern: (sich -) *se décarcasser, esquinter.*
abraten: (jm - von) *déconseiller.*
abräumen: *débarrasser, desservir.*
abreisen: *partir 1a;* (wieder -) *repartir.*
abreißen: *arracher, démanteler, démolir, mettre 1a.*
abringen: (sich etw -) *fendre.*
abrollen: *dérouler a, dévider.*
abrunden: *arrondir.*
abrüsten: *désarmer a.*
abrutschen: *glisser a;* (beim Bergsteigen -) *dévisser 1.*
absacken (- lassen): *affaisser.*
absagen: *décommander.*
absahnen: *écumer b.*
absaufen: ((Motor)) *noyer a.*
absaugen: *aspirer a, évacuer.*
abschaffen: *supprimer;* (Gesetz -/ etw gesetzlich -) *abolir, abroger.*
abschälen: *écorcer.*

abschalten: *débrancher, décrocher 2.*
abschätzen: *apprécier 1, évaluer.*
abschicken: *envoyer 1, expédier 1.*
abschieben: (jn -) *refouler a.*
abschießen: (mit dem Bogen -) *décocher 1;* (Flugzeug -) *abattre a, descendre.*
abschlaffen: *débander 4.*
abschleppen: *remorquer;* (Auto -) *dépanner.*
abschließen: *clore, clôturer, conclure 1, fermer, régler 1, terminer 2;* (e-e Angelegenheit -) *classer;* (ohne Defizit -)*boucler 1;* (Geschäft -) *arrêter 4;* (e-e Schule -) *sortir 1a;* (Versicherung -) *souscrire;* (Vertrag -) *contracter 2, pactiser.*
abschminken: *défarder, démaquiller.*
abschneiden: *couper 1a, découper 1, rogner 1a, sectionner a, trancher 1;* (- von) *couper 1b, isoler 1;* (nochmals -) *recouper 1;* (jm das Wort -) *couper 1b.*
abschnüren: *étrangler.*
abschöpfen: *éponger;* (Schaum -) *écumer a.*
abschrägen: *biseauter.*
abschrauben: *dévisser 2.*
abschrecken: (jn/jn - von) *décourager, dissuader, effaroucher, effrayer, rebuter;* (etw -) *tremper.*
abschreiben: *recopier, transcrire;* (- von) *copier, pomper 3;* (steuerlich -) *amortir.*
abschuppen: *écailler.*
abschütteln: *secouer; semer 2.*
abschwächen: *atténuer, attiédir, édulcorer, gommer.*
abschwellen (lassen): *désenfler.*
abschwindeln: *escroquer, extorquer, soutirer 2.*
abschwören: *répudier;* (dem Glauben -) *abjurer.*
absehen von: *faire abstraction de.*
absengen: *flamber.*
absenken: (die Körpertemperatur -) *hiberner.*
absetzen: (wo -) *débarquer;* (jn wo -) *déposer 1b, descendre;* (etw - von) *décompter;* (Brille... -) *retirer;* ((Truppen))(sich -) *décrocher 2;* (Waren -) *écouler 1;* fig. (jn -) *déchoir, dégommer b, destituer, révoquer, suspendre 2.*
absichtlich überschätzen: *gonfler b.*
absinken: (sozial - lassen) *déclasser 2.*
Absolution erteilen: *absoudre a.*
absondern: *distraire 1, isoler 1;* (sich -) *se terrer;* (von sich -) *sécréter,* ((Bienen))(Honig -) *distiller.*
absorbieren: *absorber a.*
abspeisen: (jn - mit) *payer b.*
absperren: *boucler 1, fermer.*
abspicken: *pomper 3;* cf. abschreiben.
abspielen: (sich -) *se dérouler b, jouer 1b, passer 2.*
absprechen: (sich -) *accorder 1, concerter;* (jm - etw) *dénier, refuser;* (jm ein Recht -) *contester.*
abspringen: ((Fahrradkette)) *sauter 1a.*
abspulen: *dérouler a, dévider, filer 2.*
abspülen: (mit klarem Wasser -) *rincer.*
abstammen: *descendre.*
Abstand: (immer größeren - einschieben zwischen) *espacer;* (von Meinungen... - nehmen) *abjurer.*
abstatten: (Besuch/Dank -) *rendre 4;* (Gegenbesuch -) *rendre 1a.*
abstauben: *épousseter;* (zum eigenen Profit -) *gratter 2, rabioter.*
abstechen: (Tier -) *saigner.*
abstecken: (Stück Land... -) *jalonner.*
absteigen: *descendre;* (wo -) *descendre, loger 1;* (sozial -) *rétrograder.*
abstellen: (etw -) *couper 1b;* (wo -) *déposer 1a, parquer 1, poser 1a, reléguer, remiser 1;* fig. *remédier.*
abstempeln als: *étiqueter b.*
abstimmen: *voter;* fig. *harmoniser, synchroniser.*
abstoßen: (jn -) *rebuter, répugner;* (die Ecke von etw -) *écorner.*
abstrahieren: *abstraire.*
abstreiten: *contester, défendre 1b;* (jm etw -) *chipoter 1.*
abstufen: *graduer 2, nuancer;* (Preise -) *étager.*
abstumpfen: fig. *abrutir, émousser.*
abstürzen: ((Bergsteigen)) *dévisser 1, dérocher.*
abstützen: *appuyer 1a, arc-bouter, étayer a, soutenir 1a.*
absuchen: *inspecter a, scruter.*
abtakeln: (Schiff -) *désarmer a.*
abtasten: *palper, tâter a.*
abtauen: *dégivrer.*
abtaxieren: *jauger b.*
abteufen: *boiser.*
abtöten: *mortifier, tuer b;* (Nerv -) *insensibiliser;* (Zahn -) *dévitaliser.*
abtragen: (Geschirr -) *desservir 1;* (Schulden -) *acquitter 2.*
abtreiben: *avorter.*
abtrennen: *disjoindre 1b, distraire 1, sectionner a.*
abtreten: *céder, déléguer, dessaisir, rétrocéder.*
abtrocknen: *essuyer 1.*
abtropfen (lassen): *égoutter.*
abtupfen: *tamponner 1.*
aburteilen: *juger.*
abverlangen: *demander, exiger.*
abwägen: *balancer 1b, peser b, soupeser b.*
abwälzen: (etw - auf jn) *décharger 1b, rejeter b.*
abwarten: *attendre 1, temporiser.*
abwaschen: *lessiver.*
abwechseln: *alterner;* (sich -) *relayer.*
abwechslungsreich gestalten: *diversifier.*
Abwege: (auf - geraten) *se dévoyer.*
abwehren: *parer 2a.*
abweichen: *dériver 1a, dévier;* fig. *déroger, écarter a;* (vom Thema -) *sortir 1b.*
abweisen: *débouter, repousser 1b.*
abwenden: *détourner a;* fig. *conjurer 2, parer 2b.*
abwerfen: ((Bäume))(Blätter... -) *dépouiller 1a;* fig. *dépouiller 1b;* (Ertrag/Gewinn -) *rendre 1a;* (vom Flugzeug... -) *larguer, parachuter.*
abwerten: *dévaluer.*
abwesend sein: *s'absenter.*
abwickeln: *dérouler a;* (Erbschaft -) *liquider.*
abwischen: *éponger, essuyer 1, torchonner 1;* (den Popo/s-n Teller -) *torcher 1.*
abwürgen: (Motor -) *caler 2.*
abzeichnen: (= gegenzeichnen) *émarger;* (sich -) *ébaucher, esquisser.*
abziehen: (- von) *décompter, déduire a, défalquer, distraire 1, excepter, ôter, précompter, retrancher 1, rogner 1b, soustraire 2;* (auf Flaschen -) *embouteiller;* (die Haut -) *dépouiller 1a.*
abzielen: (- auf) *chercher, viser b;* (wissen worauf jd abzielt) *venir 1a.*
abzweigen: ((Weg)) *bifurquer;* (Reste für sich -) *rabioter.*
Achse: (sich um s-e - drehen) *pivoter, tourner 1a.*
Achseln: (die - zucken) *hausser a.*
Acht: (außer - lassen) *négliger 1;* (sich in - nehmen) *se méfier.*
achten: *respecter;* (- auf) *regarder 3, soigner, surveiller, veiller 2, voir 2.*
ächten: *proscrire b.*
Achtung: (in der - von jm sinken) *baisser, déchoir, déconsidérer.*
ächzen: *gémir.*
addieren: *additionner.*
adeln: *ennoblir.*
Ader: (jn zur - lassen) *saigner.*
adoptieren: *adopter.*
Adresse angeben: *mentionner.*
Affäre: (sich aus der - ziehen) *sortir 1b, tirer 1b.*
affektiert: (sich - benehmen) *poser 2b.*
ahnden: *réprimer.*
ähneln: *ressembler.*
ahnen: *se douter 2, entrevoir b, flairer b, présager, pressentir 1, soupçonner, subodorer b.*
ähnlich sein: *s'apparenter b, ressembler;* (täuschend -) *se méprendre.*
Ähnlichkeit: (e-e - feststellen) *rapprocher.*
Ähren sammeln: *glaner a.*
akklimatisieren: *acclimater.*
Akkord anschlagen: *plaquer 1.*
akkreditieren: *accréditer 2.*
Akten: (zu den - legen) *classer, geler.*
Aktien: (notieren) *coter;* (sinken) *dégringoler.*
akzeptabel sein: *passer 1b.*
akzeptieren: *accepter 1, admettre 1b.*
alarmieren: *alerter.*
Alkohol: (- brennen) *distiller;* (- (nicht) vertragen) *tenir 1b.*
Alkoholgrad bestimmen: *titrer 1.*
allmählich steigern: *graduer 2.*
alt: (- sein) *dater 1;* (- werden) *vieillir,* ((Brot)) *rassir.*
Alter: (ein falsches - angeben) *tricher;* (das - bestim-

men von) *dater 1;* (- haben) *compter 1;* (auf ein - schätzen) *donner 1.*
altern: *vieillir.*
altmodisch sein: *dater 1.*
amalgamieren: *amalgamer.*
amortisieren: *amortir 2.*
Ampel überfahren: *brûler, griller 2.*
amputieren: *amputer.*
Amt: (in sein - einführen) *introniser;* (Botschafter --) *accréditer;* (jn s-s Amtes entheben) *suspendre 2;* (Ämter kumulieren) *cumuler;* (- quittieren) *quitter.*
amtlich anerkennen/beglaubigen/bestätigen: *homologuer, légaliser.*
amüsieren: *amuser;* (sich -) *fendre;* (sich gut -) *s'en donner 4.*
analysieren: *analyser, décomposer, disséquer;* ((Psychoanalyse)) *psychanalyser.*
anbauen: *accoler.*
anbefehlen: (sich jm -) *recommander 1.*
anbeißen: *mordre a;* (wieder -) *remordre.*
anbellen: *aboyer.*
anbeten: *adorer, révérer.*
anbieten: *offrir 1, prêter 4;* (s-e Dienste/Hilfe -) *offrir 1, proposer;* (zum Verkauf -) *mettre 2.*
anbinden: *attacher a, lier;* (wieder -) *rattacher a.*
Anblick: (- genießen) *rincer.*
anblicken: *regarder 1.*
anbohren: (Schiff -) *saborder a.*
anbraten: *revenir 1a, saisir 1a.*
anbräunen: *rissoler.*
anbrechen: itr. ((Tag)) *lever, poindre;* tr. (Geld -) *casser, écorner.*
anbrennen: *attacher a, prendre 1a.*
anbringen: (wo -) *mettre 1a, placer a, poser 1a, pratiquer;* (wo entlang -) *jalonner;* (- lassen) *mettre 1a;* (Korrekturen -) *surcharger 2;* (Öffnung -) *ménager 2, pratiquer.*
anbrummen: *grogner.*
andauern: *durer, maintenir 1b, persister 1, poursuivre 2, tenir 1b.*
andauernd etw tun: *être 2.*
ändern: *changer, modifier;* (sich -) *refaire;* (nichts daran - können) *faire 1;* (Gesetze -) *amender, réviser;* (s-e Meinung -) *se déjuger, retourner 1, revenir 1b;* (die Richtung -) *infléchir.*
andeuten: *ébaucher, insinuer 2, sous-entendre, suggérer.*
andrehen: (jm etw -) *refiler.*
androhen: (jm etw -) *menacer 1.*
aneignen: (sich -) *acquérir, s'approprier 2, assimiler 2, tailler 1, usurper.*
aneinander-:
-- bauen, - binden, -fügen: *accoler;*
-- geraten: *affronter, heurter b, opposer a;*
-- stoßen (lassen): *entrechoquer, heurter a.*
anekeln: *dégoûter, écoeurer.*
anerkennen: *créditer, reconnaître 2;* (jn - als) *saluer b;* (amtlich/gerichtlich -) *homologuer.*
anfachen: (wieder -) *ranimer, réactiver.*
anfahren: itr. ((Auto)) *démarrer;* tr. (Auto -) *accrocher b, caramboler;* (jn grob -) *apostropher, rudoyer.*
anfällig machen: *prédisposer.*
anfangen: itr. *commencer 1, débuter, entrer 2, se mettre 4;* tr. *aborder 3b, commencer 1, s'y prendre 4;* (wieder -) *recommencer, refaire, réitérer, repiquer 6;* (zu spinnen -) *débloquer.*
anfechten: (etw -) *contester.*
anfeuchten: humecter, mouiller 2.
anfeuern: *animer.*
anflehen: *implorer, supplier.*
anfliegen: ((Luftlinie))(Stadt/Flughafen -) *desservir.*
Anfrage: (e-e - richten an) *interpeller.*
anfügen: *joindre, raccrocher.*
anführen: *mener 1b;* (Argumente -) *alléguer, argumenter, invoquer b;* (Gründe -) *produire b.*
angeben: tr. *déclarer, spécifier;* (- mit) *se piquer 7, se targuer;* (Adresse -) *mentionner;* (ein falsches Alter -) *tricher;* (Grund -) *motiver;* (s-e persönlichen Daten -) *décliner 4.*
angebracht sein: *convenir 1.*
angehen: itr. ((Licht)) *allumer;* fig. (etw -) *aborder 3b;* (jn/etw -) *concerner, intéresser, regarder 2;* (- mögen) *passer 1b;* itr. ((Feuer/Pflanzen)) *prendre 1a.*
Angelegenheit abschließen: *classer.*
angeln: *pêcher a, taquiner;* (wieder -) *repêcher.*
angenehm sein: (für Sinnesorgane -) *flatter.*
angenommen werden: ((Gesetz)) *passer 1b.*
angewöhnen: (sich etw -) *s'encanailler, prendre 1b.*
anglotzen: *lorgner, mirer 2, zyeuter.*
angreifen: *agresser, assaillir a, attaquer 1a/b, charger 4, prendre 1b, s'en prendre 5,sauter 1a;* (dauernd -) *harceler a.*
Angriff: (in - nehmen) *attaquer 1b,* (Problem --) *entamer.*
Angst haben vor: *craindre.*
ängstigen: *alarmer, angoisser.*
anhaben: (zu enge/hinderliche Kleidung -) *harnacher.*
anhalten: itr. *arrêter 1a, stopper 1,* (e-e Zeitlang -) *durer,* ((Wetter)) *continuer,* (kurz -) *stationner 1;* tr. *arrêter 1a, immobiliser;* (Atem -) *tenir 1b, retenir a;* (Schiff - und überprüfen) *arraisonner;* fig. (jn - zu) *engager 2b.*
anhängen: *annexer, raccrocher.*
anhauen: (jn -) *accoster 2;* (Angelrute -) *ferrer.*
anhäufen: *accumuler, agglomérer, amasser, cumuler;* (Irrtümber... -) *multiplier.*
anheben: (Miete/Preise... -) *augmenter;* (Wechselkurs/ Beiträge... -) *revaloriser.*
anheischig: (sich - machen) *vanter.*
anhören: *écouter, entendre 1a;* (sich Kandidaten -) *auditionner;* ((etw))(sich wie -) *sonner 1b.*
anhupen: *klaxonner.*
Anker: (vor - gehen/legen) *ancrer a;* (vor - liegen / den - werfen) *mouiller 1;* (- lichten) *lever.*
ankern: *ancrer a, mouiller 1.*
Anklage: (- erheben) *porter 2;* (unter - stellen) *inculper.*
anklagen: *accuser 1, inculper.*
Anklang finden: *prendre 1b.*
ankleiden: *habiller a;* (Braut -) *apprêter.*
anknüpfen: (- an) *embrayer b, enchaîner b;* (an e-e Tradition/Gewohnheit wieder -) *renouer b;* (Verbindung mit jm -) *nouer.*
ankommen: *arriver 1a, parvenir a, se rendre 2;* (vor jm -) *précéder;* (beim Publikum -) *passer 1b.*
ankreuzen: *cocher.*
ankündigen: *annoncer, présager, signaler.*
ankurbeln: fig. *redresser, relancer 2.*
anlachen: (sich ein Mädchen -) *lever.*
Anlaß: (- geben zu) *donner 1, prêter 4;* (- zur Unzufriedenheit geben) *mécontenter.*
anlassen: (Motor...-) *lancer a;* ((etw))(sich wie -) *goupiller 2.*
anlasten: *imputer 1.*
Anlauf nehmen: *lancer a.*
anlaufen: itr. (rot -) *congestionner, empourprer;* tr. (etw/wo -) *desservir 2.*
anlegen: itr. (wo -) *accoster 1, aborder 2;* tr. (etw -) *ceindre, poser 1a;* (jm etw -) *appliquer 1;* (Geld -) *déposer 1a, investir 2a, mettre 1a, placer a;* (Hand -) *mettre 1a;* (jm den Harnisch -) *barder 1;* (Kapital fest -) *immobiliser;* (Maulkorb -) *museler;* (Pfeil -) *encocher;* (e-n Weg -) *ménager 2.*
anlehnen: *adosser;* (sich -) *se caler 3.*
anlesen: (sich etw -) *grappiller.*
anliegen: itr. *joindre;* (wo -) *tenir 1a;* ((Kleidung)) (eng -) *mouler a.*
anlocken: *allécher, attirer.*
anlügen: *mentir.*
anmachen: (Feuer/Licht/Zigarette -) *allumer;* (wieder -) *rallumer;* (Salat -) *assaisonner a.*
anmaßen: (sich etw -) *s'arroger, s'aviser 5, oser, se permettre.*
anmaßend reden: *pérorer.*
anmelden: (Auto -) *immatriculer;* (jn für/sich für ein Examen -) *présenter;* (in der Schule -) *inscrire;* (s-n Wohnsitz -) *domicilier.*
anmerken: (es e-r Sache - daß/etw e-r S. -) *ressentir.*
Anmerkungen: (mit - versehen) *annoter, gloser.*
annagen: *ronger.*
annageln: *clouer.*
annähen: (wieder -) *recoudre.*
annähern: (sich einander -) *rapprocher.*
Annahme: (Anlaß zu der - geben, daß) *donner 1.*
annehmen: *accepter, adopter;* fig. *agréer, poser 1b, prendre 1b, présumer N, présupposer, mettre 3, retenir b, supposer; voter* (= stimmen für); (Form -) *épouser b, revêtir b;* (Gestalt -) *incarner;* (etw Gestalt - lassen)

cristalliser b, (e-e Herausforderung -) *relever 1*; (e-e Religion -) *embrasser b*; (e-e neue Stelle -) *replacer 2*.
annektieren: *annexer*.
annullieren: *annuler, révoquer*.
anordnen: *agencer*, (etw. wie -) *ranger 1*, (stufenförmig -) *étager; arrêter 4, ordonner 1*, (durch Erlaß -) *décréter*.
anpassen: *ajuster, approprier 1, accommoder 3, adapter, conformer, épouser b, mouler b*; (einander -) *ajuster*, (sich - an) *adapter*, (sich/jn wieder - an) *réadapter*, (der Form nach - an) *mouler a*, (Löhne/Preise - an) *rajuster*.
anpflanzen: *planter a*.
anprangern: *dénoncer 3, fustiger, incriminer, stigmatiser*.
anpreisen: *préconiser, prôner, vanter*.
anprobieren: *essayer*.
anpumpen: *taper 5*.
anrechnen: (etw - auf) *imputer 2*; (jm etw wie -) *créditer*; (sich als Ehre -) *honorer*.
anreden: *aborder 3b, accoster 2*, vgl. ansprechen.
anregen: *exciter, émoustiller, inciter, stimuler, suggérer*; (den Appetit -) *aiguiser, aviver*; (sich - lassen von) *inspirer 2*.
anreiben: (Streichholz -) *frotter 1, craquer a*.
anreichern: *enrichir, étoffer, nourrir b*.
anreißen: (Streichholz -) *craquer a, frotter 1*.
anrempeln: *bousculer*.
anrufen: *appeler 3, interpeller, invoquer a, téléphoner*, (wieder -) *rappeler 2*.
anrühren: *toucher 1a*; (Mehl -) *délayer*; (Mörtel/Speise -) *gâcher 1*.
ansammeln: (sich -) *rassembler*; (Flüssigkeit)(sich wo -) *épancher a*.
ansaugen: *aspirer a*.
anschalten: (Geräte -) *brancher*; (Radio -) *ouvrir a*.
anschauen: vgl. ansehen.
Anschein: (den - haben) *paraître 1 N, paraître 2*; (den - wahren) *sauver 1*; (dem - nach zu urteilen) *paraître 1*.
anschicken: (sich -) *apprêter, se disposer 1b, mettre 2*.
anschirren: *harnacher*.
Anschlag: (e-n - verüben auf) *attenter*.
anschlagen: (etw wo -) *afficher a*; (Akkord -) *plaquer 1*; (Impfung) (-) *prendre 1a*.
anschleichen: (sich -) *ramper*.
anschließen: *affilier, brancher, embrancher, rattacher b*; (sich -) *associer 2, joindre, rallier*; (ein Gebiet -) *réunir*; (sich e-r Meinung -) *adhérer b, ranger 2b*.
anschmiegen: (Kleidung...)(sich -) *mouler a*.
anschnauzen: *aboyer, engueuler, enguirlander 2*.
anschneiden: (Brot -) *entamer*; (Frage/Problem -) *aborder 3b, entamer, soulever b*.
anschuldigen: *incriminer*.
anschütten: *remblayer, terrasser 1*.
anschwärzen: *noircir*.
anschwellen: *enfler, gonfler a*; (Fluß) *gonfler a, grossir*.
anschwemmen: *charrier 1, rejeter a*.
ansehen: *poser 1a, regarder 1*; (begierlich/von der Seite -) *lorgner, reluquer*; (forschend -) *scruter*; (intensiv -) *lorgner*; (sich Auslagen/Schaufenster -) *lécher*; (von oben bis unten -) *dévisager*; (von oben herab -) *toiser*; (- als) *considérer 2, regarder 1*; (jm anzusehen sein) *porter 1a*; vgl. betrachten.
Ansehen: (jm - einbringen) *valoir 2*; (js - steigern) *valoriser*; (sein - verlieren) *démériter*.
anseilen: (sich -) *encorder*.
ansengen: *roussir*.
ansetzen: (Speck -) *remplumer*; (Früchte mit Alkohol -) *macérer 1*; (etw -) *incruster*; fig. (- zu) *amorcer 2, ébaucher*.
Ansicht: (der - sein) *estimer 2, juger*.
ansiedeln: (sich/Industrie -) *implanter*.
anspannen: (Pferd... -) *accoupler, atteler a*.
anspitzen: *affiner, tailler 1*.
anspornen: *éperonner, stimuler*.
Ansprache halten vor: *haranguer*.
ansprechen: *aborder 3b*; (jn auf der Straße -) *interpeller, raccrocher*; (jn ungeniert -) *accoster 2*; (jn brüsk -) *apostropher*; (etw)(-) *réagir 1*.
anspringen: (Motor) *partir 1a*.
Anspruch: (in - nehmen) *absorber b, occuper 2, passer 1a, polariser, se prévaloir 2*; (für sich --) *revendiquer*; (zu sehr --) *abuser 1*; (- erheben) *prétendre 1, revendiquer*; (Aufmerksamkeit in - nehmen) *mobiliser b, polariser*; (Zeit/jn in --) *prendre 1a/b*.
Ansprüche geltend machen auf: *valoir 1a*.
anstacheln: *inciter, provoquer 2, stimuler*.
Anstalt: (in e-e - bringen) *interner*.
anstecken: *contaminer, infecter 2; épingler 1*; (Streichholz -) *flamber, frotter 1*, vgl. anzünden.
ansteigen: *accroître, augmenter, monter*; (stufenförmig -) *étager*.
anstellen: (jn -) *employer 2, engager 2a, placer a, prendre 1a*; (jn fest -) *titulariser*; (etw -) *livrer 2b, mettre 1a*; (sich wie -) *s'y prendre 4*; (Mutmaßungen -) *préjuger*; (Nachforschungen -) *enquêter*; (Vermutungen -) *conjecturer*.
anstiften: *fomenter, monter 2, nouer*.
anstimmen: *entonner*.
anstoßen: (an etw -) *choquer a*; (wo - mit) *cogner, heurter a*; (mit den Gläsern -) *trinquer*.
Anstoß: (- erregen bei) *scandaliser*; (- nehmen an) *se formaliser 2, prendre 1b, scandaliser, offusquer*.
anstreben: *aspirer b*.
anstreichen: *peindre a*; (grob -) *barbouiller*.
anstrengen: (sich -) *s'évertuer, fatiguer, forcer a/b, remuer*; (e-n Prozeß -) *intenter*.
Anstrengung machen: *s'efforcer, fournir*.
Anteil: (den größten - nehmen) *se sucrer b*.
antippen: (Problem -) *effleurer*.
antreiben: *aiguillonner, animer, chauffer 2, gouverner b, impulser*; (mechanisch -) *entraîner, propulser 1a*.
antun: (jm Gewalt -) *violenter*; (sich --) *forcer a*.
Antwort: (keine - schuldig bleiben) *renvoyer*.
antworten: *répondre 1, riposter a*.
anvertrauen: *confier*; (sich -) *abandonner, livrer 2b*.
anwachsen: (Pflanzen) *prendre 1a*; (wieder -) *reprendre 1a*; vgl. ansteigen.
anwenden: (etw - auf) *appliquer 2, utiliser*; (List -) *ruser*; (Gewalt - gegen) *molester*.
anwerben: *embaucher, enrôler, recruter*.
anwerfen: (Motor -) *lancer a*; (- wieder -) *relancer 2*.
Anwesenheit kontrollieren: *pointer 1*.
anwidern: *dégoûter, écoeurer*.
Anzahl: (e-e bestimmte - von Einwohnern haben) *compter 1a*.
Anzahlung machen: *verser*.
anzapfen: (Stromleitung -) *capter*.
anzeigen: (etw -) *indiquer, signaler*; (etw) (etw -) *détecter*; (Uhr)(Zeit -) *marquer 1*; (jn)(-) *dénoncer 2a*.
anzetteln: *combiner 2, machiner, manigancer, nouer, ourdir 2, tisser b*.
anziehen: (jd)(etw -) *chausser, endosser, fringuer, habiller, mettre 1a, passer 1a, rendosser, revêtir*; (Sommerkleidung -) *mettre 1a*; (sich sonntäglich -) *s'endimancher*; (verkehrt herum/auf links -) *mettre 1a*; (Zement/Mörtel) (-) *prendre 1a*; (jn/die Aufmerksamkeit -) *attirer*; (jn -) *drainer*; (Schrauben ... -) *resserrer, serrer*.
anzünden: *allumer, incendier 1, mettre 1a*; (wieder -) *rallumer*.
Apparat: (Bleiben Sie am -!) *quitter*.
Appell richten an: *lancer b*.
appellieren an: *en appeler 5*.
Appetit: (den - anregen) *aiguiser, aviver*; (jm den - nehmen) *couper 1b*.
applaudieren: *applaudir a*.
aquarellieren: (e-e Zeichnung -) *laver a*.
Arbeit: (- erledigen) *abattre a, liquider*; (- hinhauen, hin-schludern, pfuschen, schlampen, schlampig erledigen) *gâcher 2a, torcher 1, torchonner 2*; (die - niederlegen) *cesser, débrayer 2*; (jm - machen) *donner 1*; (jn von der - ablenken, abhalten) *débaucher 2*; (e-e lästige - auf sich nehmen) *s'envoyer 2*; (fast die ganze - für jn machen) *mâcher*; (-)(jn in Anspruch nehmen) *prendre 1b*; (-)(jm über den Kopf wachsen) *déborder 1b*.
arbeiten: *bosser, oeuvrer, travailler*; (- an) *travailler*; (nicht -) *chômer*; (wieder -) *retravailler*; (sich zu Tode -) *abrutir*; (im Garten -) *jardiner*; (Schneider) (für jn -) *habiller a*.
arbeitslos sein: *être au chômage*.
Arbeitsplatz: (zum - gehen/fahren) *se rendre 2*; (e-n neuen - finden) *reclasser 2*.

Ärger: (s-n - zügeln) *ronger.*
ärgerlich sein/machen: vgl. ärgern.
ärgern: *agacer, braquer 3, chagriner, chicaner, contrarier 1, crisper b, défriser 2, dépiter, énerver, ennuyer 1, enquiquiner, fâcher, hérisser 1b, irriter, maronner, mortifier;* (sich -) *bisquer;* (sich schwarz -) *enrager;* (jn durch Radau -) *chahuter.*
Ärgernis erregen: *scandaliser.*
Argument: (etw als - anführen) *alléguer, argumenter;* (- vorbringen, anführen, als - heranziehen...) *alléguer, invoquer b.*
argumentieren: *argumenter, arguer;* (haarspalterisch -) *ergoter.*
Arm: (jm den - umdrehen) *tordre;* (auf den - nehmen) *se ficher 4, se foutre 4, payer b.*
Arme: (die - ausbreiten) *écarter;* (jm unter die - greifen) *épauler b;* (jn in die - schließen) *enlacer;* (die - verschränken) *croiser 1.*
Armee: (e-e - ausheben) *lever;* (in e-e - gehen) *engager 2a.*
arm machen: *appauvrir.*
armieren: *armer.*
arrangieren: (etw -) *goupiller;* (es so -, daß) *combiner 2;* (sich - mit) *composer 4, transiger;* (sich rheinisch - mit) *accommoder;* (Musikstück -) *arranger 1.*
Artikel verfassen, produzieren: *pondre b.*
artikulieren: *articuler 1.*
assimilieren: *assimiler 2.*
assoziieren: *associer 1.*
Atem: (den - anhalten) *retenir a;* (außer - bringen) *essoufler;* (den - stocken lassen/rauben) *couper 1b;* (jm den - verschlagen) *suffoquer b.*
atmen: *respirer.*
Atom spalten: *désintégrer.*
aufatmen: *respirer.*
aufbauen: *construire a, monter 2;* fig. (etw gut aufbauen) *charpenter;* (Plan/Theorie -) *construire b, édifier b;* (ein Schulsystem -) *scolariser.*
aufbäumen: (sich -) *cabrer.*
aufbauschen: *amplifier, grossir.*
aufbereiten: *conditionner 2;* (wieder-) *recycler.*
aufbewahren: *conserver, garder 1, mettre 1a.*
aufbieten: *mettre 2;* (s-e ganzen Kräfte -) *mobiliser b.*
aufbinden: (etw -) *délier a;* (jm e-n Bären -) *conter, marcher 2, payer b.*
aufblähen: (sich -) *gonfler a.*
aufblasen: (etw -) *gonfler a;* fig. (sich -) *gonfler b.*
aufblühen: *éclore.*
Aufblühen: (zum - bringen) *épanouir.*
aufbrauchen: (Ersparnisse -) *grignoter b.*
aufbrechen: tr. (etw -) *effondrer, forcer a, fracturer;* (Siegel -) *desceller;* itr. *mettre 1a, plier a;* (zum Spaziergang -) *promener.*
aufbringen: (Geld -) *pourvoir, réunir;* fig. (jn -) *braquer 3, indisposer, monter 1, outrer 2.*
aufdecken: *déceler, découvrir a/b, révéler.*
aufdrängen: (Idee)(sich jm -) *imposer 1.*
aufeinander:
(- folgen) *succéder, suivre 1;* (- legen) *superposer;* (- stapeln) *superposer;* (-stoßen) *affronter.*
Aufenthaltsverbot haben: *interdire 2.*
auferlegen: *imposer 1, infliger, frapper 2.*
auferstehen: *ressusciter.*
auferwecken: *ressusciter.*
aufessen: *boulotter, liquider.*
auffahren: *bondir, tressauter;* (auf etw -) *tamponner 3.*
auffallen: *frapper 1b, paraître 1, remarquer, sauter 1b.*
auffalten: *déplier.*
auffangen: *capter, rattraper, recueillir 1.*
Auffassung: (der - sein) *considérer 3.*
aufflammen: *rallumer.*
auffordern: *convier b, engager 2b, inviter b, solliciter, sommer;* (zum Tanz -) *inviter a.*
Aufforderung: (e-r - Folge leisten) *exécuter 1.*
auffressen: *boulotter, dévorer;* (einander -) *s'entre-dévorer.*
auffrischen: tr. (Farben -) *aviver;* fig. *rafraîchir;* itr. (Wind)(-) *fraîchir.*
aufführen: *monter, représenter 1;* (einzeln -) *spécifier.*
auffüllen: *combler a, étoffer, remblayer.*
Aufgabe: (die - von jm sein) *appartenir b, incomber;* (jm e-e - zuteilen) *partager a;* (jm e-e - zuweisen) *préposer.*
aufgebahrt sein: *reposer 2a.*
aufgeben: *abandonner 1, céder, délaisser, déserter, dessaisir, démettre 2, se départir 2, larguer, plaquer, renoncer, résigner 1, saborder;* (Amt/Position -) *abdiquer a;* (Belagerung -) *lever;* (Beruf/Posten -) *lâcher;* (Ermittlung -) *geler;* (den Geist -) *expirer 2;* (e-e Gewohnheit -) *déshabituer;* (Gepäck -) *enregistrer;* (die Hoffnung -) *écarter b;* (den Geist -) *rendre 1a;* (s-e Meinung -) *revenir 1b;* (die Möglichkeit zu handeln -) *abdiquer b;* (e-n Posten/e-e Stellung -) *quitter.*
aufgedunsen machen: *boursoufler.*
aufgehen: (Sonne) *lever;* (Teig) *fermenter, lever;* (- in) *absorber b, s'adonner, se fondre 1b;* (in nichts - lassen) *volatiliser 1.*
aufgenommen werden in: (e-e Schule) *intégrer 1a.*
aufgeregt sein: *piaffer b.*
aufgießen: (Tee -) *infuser.*
aufgreifen: (jn -) *ramasser;* (e-n Gedanken -) *inspirer 2;* (wieder -) *reconsidérer, renouer b, revenir 1b.*
aufhalten: (jn -) *accrocher b, attarder, harponner b, retarder, retenir a, tenir 1b;* (sich/sich wo -) *séjourner;* (sich wo länger -) *attarder;* (sich mit Kleinigkeiten -) *arrêter 1b;* (sich -) *tenir 1a.*
aufhängen: *accrocher a, pendre, suspendre 1;* (wieder -) *raccrocher, rependre;* (Wäsche -) *mettre 1a.*
aufhäufen: *accumuler, agglomérer, amasser, amonceler, entasser.*
aufheben: (etw wo -) *ramasser, soulever a;* (wieder --) *relever 1;* (= aufbewahren) *conserver, garder, réserver a;* fig. *supprimer;* (einander/sich -) *annuler, neutraliser;*
(Ausgangssperre -) *déconsigner 1;* (Belagerung -) *lever;* (Denkmalschutz -) *déclasser 2;* (Erlaß... -) *révoquer;* (Gesetz -) *supprimer, révoquer;* (Kontosperrung -) *débloquer 1;* (Rechte -) *suspendre 2;* (Sitzung -) *lever;* (Stimmengleichheit -) *départager;* (die Steuer von etw -) *détaxer;* (die Tafel -) *lever;* (ein Urteil -) *infirmer;* (Verbot -) *lever.*
aufheitern: (jn -) *dérider, égayer, émoustiller, ensoleiller;* (Gesicht)(sich -) *rasséréner;* (Himmel)(sich -) *découvrir a, dégager a.*
aufhellen: *éclaircir a;* (Himmel)(sich -) *éclaircir a N.*
aufhetzen: *animer, ameuter, exciter, monter 1, provoquer 2.*
aufholen: (Zeit -) *rattraper.*
aufhören: *arrêter 1a, s'arrêter 2, cesser, finir 1/2, interrompre;* (nicht - zu) *en finir 3, laisser 2.*
aufkaufen: (wucherisch -) *accaparer.*
aufklaren: (Wetter) *éclaircir a N, lever.*
aufklären: (etw -) *débrouiller, élucider;* (jn - über) *éclairer b.*
aufknacken: *décortiquer.*
aufknöpfen: *déboutonner.*
aufknoten: *délacer, dénouer.*
aufknüpfen: vgl. aufknoten.
aufkommen für: *fournir, subvenir.*
aufkrempeln: *retrousser, trousser.*
aufkreuzen: *débarquer, se pointer 3, (se) radiner, ramener, rappliquer.*
aufkündigen: *dénoncer 1.*
auflachen: *éclater.*
auflaufen: (Schiff) *échouer 1a, gîter 2.*
aufleben: (wieder -) *ressusciter, revivre.*
auflegen: (Buch wieder -) *rééditer;* (Hörer -) *raccrocher;* (Platte -) *passer 1a.*
auflehnen: (sich -) *s'insurger, se rebeller, se révolter.*
auflesen: *glaner a, ramasser;* (jn -) *ramasser, récolter.*
auflodern: (wieder -) *rallumer.*
auflösen: *décomposer, désintégrer, diluer, dissiper a, dissocier, dissoudre;* (etw - in) *délayer, réduire 1b;* (sich -) *résoudre a;* (Konto/Geschäft -) *liquider;* (Heer)(sich -) *se débander 3;* (Intrige/Krise)(sich -) *dénouer;* (Nebel)(sich -) *lever.*
aufmachen: *défaire, ouvrir;* (e-e Flasche Wein -) *dépuceler;* (Muscheln -) *écailler.*
aufmerksam: (- machen) *désigner, remarquer;* (auf sich

- machen) *remarquer;* (- werden auf) *arrêter 1b.*
aufmucken: *se rebiffer;* (nicht -) *filer 1a, broncher.*
aufmuntern: *émoustiller, ragaillardir, réconforter.*
Aufnahme: (e-e - machen) *prendre 1a;* (Ware)(die - verweigern) *refuser.*
aufnehmen: (jn -) *accueillir a, admettre 1a, incorporer, prendre 1a, recueillir 1;* (etw -) *absorber a;* (jn bei sich -) *prendre 1a;* (etw in sich -) *assimiler 2;* (etw gut/schlecht -) *accueillir b, prendre 1b;* (es - mit) *en remonter 2, rivaliser;* (auf Band -) *enregistrer;* (Beziehungen -) *établir 2a;* (- wieder -) *renouer b;* (Kontakt -) *contacter, prendre 2;* (Protokoll -) *verbaliser 1;* (Schallplatten/Musik -) *graver;* (Verhandlungen -) *engager 4;* (in ein Verzeichnis/in eine Kartei -) *répertorier.*
aufopfern: (sich -) *se dévouer.*
aufpassen: *prendre 2, veiller 2.*
aufpicken: *picorer, picoter 2.*
aufpflanzen: (Fahne -) *planter b.*
aufpfropfen: *greffer.*
aufplustern: (sich -) *se rengorger a/b.*
aufraffen: (sich -) *ressaisir.*
aufragen: *dresser.*
aufräumen: *ranger 1.*
aufrechterhalten: *maintenir 1b, préserver, soutenir 1a/b.*
aufregen: *énerver, exaspérer, exciter, irriter;* (etw aufregend finden) *exciter;* vgl. aufgeregt sein.
Aufregung: (in - versetzen) *révolutionner.*
aufreiben: (Truppen -) *défaire.*
aufreihen: *enfiler 1.*
aufreißen: (die Augen -) *écarquiller;* (die Haut -) *crevasser;* (jn/ein Mädchen -) *draguer 2, lever;* (das Pflaster -) *dépaver.*
aufreizen: *exciter.*
aufribbeln: *effiler 1, défiler 2.*
aufrichten: (etw -) *dresser;* (- wieder -) *redresser, relever 1;* (sich -) *dresser, redresser;* fig. (jn -) *réconforter;* (Haare -) *hérisser 1a;* (Ohren -) *pointer 2.*
aufriegeln: *déverrouiller.*
aufritzen: (Haut -) *égratigner, entamer, scarifier.*
aufrollen: *enrouler;* (wieder -) *réenrouler.*
aufrücken: *porter 1a.*
aufrufen zu: *appeler 1b.*
aufrütteln: *bousculer.*
aufrunden: *arrondir.*
aufsagen: (Gedicht -) *réciter.*
aufsammeln: *glaner a, rassembler.*
Aufsatz: (e-n - verfassen/schreiben) *composer 3, disserter.*
aufsaugen: *absorber a, étancher, pomper 1, résorber;* fig. *récupérer.*
aufscheuchen: (Wild -) *débusquer, lever.*
aufschieben: *différer 2, surseoir, suspendre 2;* vgl. verschieben auf.
aufschlagen: (Lager -) *établir 1a;* (Zelt -) *monter 2.*
aufschließen: *déverrouiller.*
aufschlitzen: (den Bauch -) *éventrer.*
aufschnappen: (Gesprächsfetzen -) *accrocher b;* (Kenntnisse -) *grappiller.*
aufschneiden: *couper 1a, inciser, trancher 1.*
aufschrauben: *dévisser 2.*
aufschrecken: *sursauter.*
aufschreiben: *noter 1, prendre 1a.*
aufschürfen: *érafler.*
aufschürzen: *trousser.*
aufschütten: *remblayer, terrasser 1.*
aufschwindeln: *refiler.*
aufsetzen: itr. (Flugzeug) *poser 1a;* tr. (Brille -) *camper 2, chausser;* (Kopfbedeckung -) *camper 2, coiffer 1a, mettre 1a, planter b;* (ein Lächeln -) *grimacer, arborer, esquisser.*
aufspalten: *débiter 1, scinder;* (sich -) *éclater.*
aufspannen: *tendre 1.*
aufsparen: *réserver b;* (sich etw -) *réserver b, ménager 3.*
aufspielen: (sich -) *crâner;* (-- als) *poser 2b.*
aufspießen: *embrocher, empaler, piquer 1a.*
aufsplittern: *fractionner.*
aufspringen: *sauter 1a;* (die Haut - lassen) *crevasser, gercer.*
aufspritzen: *gicler, rejaillir a.*
aufspulen: *embobiner.*
aufspüren: *dépister 1, détecter.*
aufstacheln: *animer, exciter, provoquer 2.*
aufstampfen: *piétiner.*
aufstapeln: *empiler 1.*
aufstehen: *lever;* (wieder -) *ramasser.*
Aufstehen: (beim - helfen) *lever.*
aufsteigen: *monter 1;* (gesellschaftlich -) *monter 1, parvenir a.*
aufstellen: *ériger 1, établir 2a, installer, mettre 1a, monter 2, poster 1;* (einander gegenüber -) *opposer a;* (sich - lassen) *représenter;* (Falle -) *tendre 1;* (Gerüst -) *échafauder;* (Hypothese -) *avancer 2;* (Liste -) *dresser;* (Prinzip/Theorie -) *poser 1b;* (Plan -) *échafauder;* (Plan/Theorie -) *édifier b;* (in e-r Reihe -) *aligner, disposer 1a;* (Theorie -) *élever 1;* (Zelt -) *planter b;* (Zelt wieder-) *replanter b.*
Aufstiegsgrenze: (Gehalt)(die - erreichen) *plafonner 2.*
aufstöbern: *dégot(t)er, déloger, dénicher, déterrer, pêcher b.*
aufstocken: (Haus -) *élever 1, exhausser, hausser a, surélever.*
aufstoßen: itr. (jd)(-) *éructer a;* (Speisen) *revenir 1a;* tr. (etw -) *pousser 1a.*
aufstützen: (sich -) *appuyer, arc-bouter;* (sich mit dem Ellenbogen -) *s'accouder;* vgl. s. stützen.
aufsuchen: *retrouver.*
auftauchen: *émerger a/b, paraître 1, poindre, présenter, surgir, survenir;* (wieder -) *représenter 2.*
auftauen: *décongeler, dégeler.*
aufteilen: *compartimenter, couper 1b, découper 1, distribuer, diviser a, fractionner, morceler, partager a, sectionner b, segmenter, séparer, ventiler 2;* (unter sich -) *partager a, répartir;* (wieder -) *repartager.*
auftischen: fig. *servir 2.*
auftragen: (etw auf etw -) *encrer, enduire, étaler 1, étendre a, passer 1a;* (das Essen -) *servir 2;* (jm etw -) *charger 1b;* (etw wo -) *appliquer 1.*
auftrennen: *découdre 1, dépiquer 1.*
auftreten: (jd) *entrer 1a, paraître 1, produire b;* (jd/etw) *surgir;* (etw) *apparaître, survenir;* (würdig -) *représenter;* (im Fernsehen -) *passer 1a;* (Krankheit)(wieder -) *récidiver;* (Schwierigkeiten) *présenter.*
auftun: (neues Leben)(sich jm -) *naître b N.*
aufwachen: *éveiller, réveiller.*
aufwärmen: *réchauffer.*
aufwecken: *réveiller.*
aufweichen: *délaver;* (Boden -) *détremper.*
aufweisen: *accuser 2, offrir 2, présenter, revêtir b.*
aufwenden: *appliquer 3, investir 2b, mettre 1b/2, user 2.*
aufwerfen: (Problem -) *soulever b;* (sich (zum Richter) -) *ériger 2.*
aufwerten: *revaloriser, réévaluer.*
aufwickeln: *détortiller, embobiner, enrouler.*
aufwiegeln: *agiter, ameuter, exciter, soulever b.*
aufwiegen: *valoir 1b.*
aufwirbeln: (Staub -) *poudroyer, soulever a.*
aufwischen: *éponger, étancher.*
aufwühlen: *labourer;* fig. (jn -) *retourner 1.*
aufzählen: *dénombrer, énumérer.*
aufzäumen: *brider, harnacher.*
aufzehren: fig. *miner 1.*
aufzeichnen: *coucher 1, enregistrer, filmer.*
aufziehen: (jn -) *élever 2;* (etw -) *monter 1/2;* fig. (jn -) *blaguer, charrier 3, plaisanter, taquiner,* (vgl. sich lustig machen); (Saiten -) *encorder;* (Vorhang -) *lever.*
Aufmerksamkeit: (- erregen) *mobiliser b, solliciter;* (- schenken) *prêter 2;* (zu wenig - schenken) *négliger 1;* (- auf sich ziehen) *polariser, repérer 2.*
aufzwingen: *imposer 1.*
Auge(n): (die - aufreißen) *écarquiller;* (im - behalten) *tenir 1b;* (ein - blau schlagen) *pocher 1;* (ins - fallen) *frapper 1b;* (ins - fassen) *envisager;* (vor - führen) *représenter 2;* (nicht aus den - lassen) *quitter;* (im - haben) *viser b;* (mit den - klimpern) *papilloter;* (jm die - öffnen) *désabuser, dessiller;* (mit den - rollen/ die - verdrehen) *rouler 1a;* (ins - springen/stechen) *crever, sauter 1b, taper1;* (seinen - nicht trauen) *en croire 2;* (mit den - überfliegen) *parcourir;* (aus den - verlieren) *perdre;* (ein - verlieren) *éborgner;* (mit den - verfolgen) *suivre 1;* (ein - zudrücken) *fermer;* (jm wie Schuppen von den - fallen) *dessiller;* (-)(anfangen zu leuchten) *allumer.*

ausarbeiten: élaborer, mettre 1a; (sorgfältig -) fignoler, fouiller.
ausarten: dégénérer b.
ausästen: élaguer, émonder.
ausatmen: expirer 1.
ausbaggern: draguer 1.
ausbessern: rapiécer, refaire, réparer; (Risse -) colmater.
ausbeuten: exploiter.
ausbilden: exercer 2, former; (besonders - in) spécialiser.
ausblasen: souffler 1.
ausbluten lassen: saigner.
ausbohren: évider.
ausbrechen: (Auto)(hinten-) chasser 2; (Feuer/Krankheit) déclarer; (Feuer) prendre 1a; (Feuer/Streit) (wieder -) rallumer; (Gewitter/Krieg) éclater; (Krieg/Streit) déclencher; (aus dem Gefängnis -) échapper a, s'évader; (in Lachen -) éclater, s'esclaffer, exploser b, partir 1a; (in Tränen -) fondre 1a.
ausbreiten: déployer, dérouler b, étaler 1, étendre a, répandre; (sich -) généraliser, propager a; (Arme -) écarter a; (Schmerz)(sich -) irradier.
ausbrennen: brûler.
Ausbruch: (dem - nahe sein) gronder 1.
ausbrüten: couver a.
ausbuhen: houspiller, huer.
ausdehnen: dilater, élargir 1, prolonger, reculer; (- auf) étendre b.
ausdenken: cogiter, imaginer, machiner; (sich Hirngespinste -) élucubrer.
Ausdruck: (e-r Sache - geben) exhaler, s'exclamer, exprimer 2; (s-r Mißbilligung - geben) tiquer.
ausdrücken: (Früchte -) presser a; (Zigarette -) écraser 1a; fig. (etw -) énoncer, exprimer 1/2, extérioriser; (klar und deutlich -) expliciter; (sich gewunden -) entortiller a.
ausdünnen: (Haare -) effiler 2.
auseinander:
(- fallen lassen) disloquer; (- falten) déplier, déployer; (- fliegen) voler 2; (- gehen) écarter a, séparer; (- kuppeln) désunir; (- laufen) diverger a, écarter a; (- nehmen) démolir, démonter, disloquer; (- rücken) écarter a, espacer; (- schieben) écarter a; (- treiben) (Demonstration...) disloquer, disperser; (- ziehen) écarter a.
Auseinandersetzung: (e-e - haben mit jm) affronter, s'expliquer 2.
ausfahren: sortir 1a; (Fahrgestell -) sortir 1a.
ausfallen lassen: supprimer.
ausfasern: effiler 1.
ausfeilen: fig. fignoler, peaufiner.
ausfindig machen: dégot(t)er, dénicher, repérer 2.
ausflechten: (mit Stroh -) empailler.
Ausflüchte machen: tergiverser.
ausforschen: sonder b.
ausfragen: cuisiner 2, questionner.
ausführen: accomplir, effectuer, exécuter 1, pratiquer, réaliser; (etw weitschweifig -) délayer.
ausführlich beschreiben/darlegen: détailler.
ausfüllen: (Formulare -) libeller, remplir a.
Ausgaben bestreiten: subvenir.
Ausgangssperre: (- verhängen) consigner 3; (- aufheben) déconsigner 1.
ausgeben: débourser, dépenser a, émettre, mettre 1a; (mit vollen Händen -) claquer; (sich - als) donner 1; (sich/jn - als) passer 4.
ausgehen: partir 1a/b; rayonner a, sortir 1a; (etw) (- von) émaner; (Drama)(wie -/ - als) dénouer; (Licht) éteindre; (Motor) caler 2.
ausgestalten: étoffer.
ausgießen: déverser a.
ausgleichen: contrebalancer, équilibrer, pondérer; (- mit) suppléer.
ausgleiten: glisser a, patiner 2.
ausgraben: exhumer, déterrer; fig. dénicher.
aushalten: itr. durer; tr. endurer, souffrir a, soutenir 1b, tenir 1b; (es lange wo -) éterniser; (sich - lassen) entretenir 1a.
aushandeln: négocier, traiter 3; (Preis -) débattre 1.
aushändigen: délivrer 2, remettre 3.
aushängen: afficher a; (Fahne -) arborer.
aushauchen: (das Leben -) expirer 2.
ausheben: (Armee -) lever; (Loch...-) creuser.
aushecken: comploter, manigancer, mijoter b, préméditer, tramer.
aushelfen: dépanner.
aushöhlen: évider.
ausholzen: jardiner, aérer.
aushungern: affamer.
aushusten: expectorer.
auskennen: (sich - in) s'y entendre 5, s'y connaître 3; (sich wo -) reconnaître 1.
auskommen: (gut miteinander -) accorder 1, accrocher b, entendre 4; (- können ohne) passer 3.
auskratzen: effacer.
auskugeln: déboîter 1.
auskundschaften: reconnaître 1.
Auskunft erteilen: renseigner.
auskuppeln: débrayer 1.
auslachen: rire 1.
ausladen: décharger 1a; (Gäste wieder -) décommander.
auslassen: brûler, escamoter, griller 2, omettre 1, passer 3, sauter 1b, supprimer; (sich - über) discourir, étendre b; (Zorn - an) décharger 1b.
auslaufen: appareiller 1, prendre 1a; baver 1, fuir.
auslaugen: (Boden -) appauvrir.
auslecken: lécher.
ausleeren: vider.
auslegen: (etw - mit) étaler 1a, revêtir a; (mit Fliesen -) daller; (Text -) interpréter.
ausleiern: avachir.
ausleihen: emprunter 1.
ausleuchten: éclairer a.
ausliefern: déférer 1, extrader, livrer 2a/b.
auslösen: déclencher, provoquer 1.
ausloten: jauger b, sonder a.
auslüften: éventer 1, aérer.
ausmachen: (Licht -) éteindre; fig. (etw - (= orten)) repérer; (etw - können) discerner; (jm etw -) faire 1, ficher 3, gêner.
ausmalen: colorier; fig. (sich etw -) imaginer, représenter 1.
ausmauern: maçonner.
ausmerzen: bannir, exterminer.
ausmessen: mesurer a, prendre 1a.
ausmustern: (Militär) réformer; (Waren -) trier.
Ausnahmen machen: excepter.
Ausnahmezustand verhängen: décréter.
ausnehmen: excepter; (Nest -) dénicher; (Tier -) étriper; fig. (jn -) déplumer, écorcher b, estamper 2, étriller, lessiver, matraquer, nettoyer b, plumer 1, ratiboiser, ratisser 2.
ausnutzen: exploiter, jouer 1b; (auszunutzen verstehen) trafiquer 1b; (Boden besser -) mettre 1b.
auspacken: déballer, défaire.
auspfeifen: huer, siffler 1.
ausplaudern: ébruiter, jaser.
ausplündern: dévaliser, dépouiller 1a, écumer b.
ausposaunen: claironner b.
auspressen: exprimer 1, presser a.
ausprobieren: éprouver 1, essayer, expérimenter, roder, tâter b.
ausquartieren: déloger.
ausradieren: effacer, gommer.
ausrauben: dépouiller 1a, dévaliser.
ausräuchern: enfumer.
ausräumen: débarrasser, déménager 1.
ausrechnen: calculer.
ausreden: (jm etw -) calculer.
ausreiben: effacer.
ausreichen: suffire.
ausreißen: arracher, extirper; (sich kein Bein -) se fouler 3.
ausrenken: démettre 1.
ausrichten: (- nach/auf) aligner, axer, braquer 1, conformer, diriger 1a, modeler b, orienter a/b, régler 2b; (jm etw -) adresser, transmettre.
ausrotten: extirper.
Ausruf: (e-n - tun) s'exclamer, se récrier.
ausrufen: s'écrier, s'exclamer; (etw offiziell -/ jn - als) proclamer; (zum König -) acclamer.
ausrupfen: arracher; (Unkraut -) désherber.
ausruhen: (sich -) reposer 2.
ausrüsten: doter b, équiper, munir, monter 2; (bemannen und -) armer.
ausrutschen: glisser a, patiner 2; (beim Bergsteigen -) dévisser 1.

aussagen: (vor Gericht -) *déposer 3;* (als Zeuge -) *témoigner a.*
Aussage widerrufen: *se dédire.*
aussaugen: *étancher.*
ausschachten: *creuser;* (Brunnen -) *foncer 3.*
ausschalen: (Beton -) *décoffrer.*
ausschalten: *débrancher, éteindre;* (jn -) *évincer.*
ausscheiden: (Organismus/Körper) *éliminer, expulser 2;* itr. *s'en aller 2, retirer;* (Kandidaten -) *éliminer.*
ausschelten: *disputer 3, tancer;* vgl. ausschimpfen.
ausschenken: *débiter 2.*
ausscheren: *déboîter 2.*
ausschildern: *signaliser.*
ausschimpfen: *attraper, crier 2, disputer 3, emballer 3, gronder 2, houspiller, morigéner, quereller.*
ausschlachten: *exploiter.*
ausschlafen: (Rausch -) *cuver.*
Ausschlag geben: *départager 2.*
ausschlagen: (Pflanzen) *bourgeonner;* (Pferd) *ruer 1;* (jm etw -) *refuser.*
ausschließen: fig. *écarter b, éliminer, évincer, exclure 1/2, proscrire b.*
ausschlüpfen: *éclore.*
ausschlürfen: *gober 1.*
ausschmücken: *agrémenter, broder b, décorer, enguirlander 1, enjoliver;* (poetisch -) *poétiser.*
ausschneiden: *découper 1.*
Ausschnitt: (photographisch)(e-n - wählen) *cadrer 2.*
ausschütten: *déverser a;* (jm sein Herz -) *confesser, décharger 1b, épancher b, libérer.*
ausschwärmen: *essaimer.*
ausschweigen: (sich - über) *taire.*
ausschwitzen: *suer.*
aussehen: *faire 2, paraître 1, porter 1a, présenter;* (so - wie) *ressembler;* (Möbel)(gut -) *meubler a;* (kleiner - lassen) *rapetisser.*
aussenden: *émettre.*
außer: (= es sei denn) *être 2;* (- sich sein) *se pâmer b, posséder 1.*
äußern: *extérioriser, manifester 2;* (sich -) *prononcer b;* (Drohungen -) *proférer;* (Meinung -) *émettre, opiner;* (Worte -) *tenir 1b;* (spitze Worte -) *décocher 2, lancer b;* (etw -) *avancer 2;* (Gefühle)(sich -) *traduire 1b.*
aussetzen: (Herz/Motor) *flancher;* (- mit) *arrêter 1a, suspendre 2;* fig. (sich e-r Sache -) *exposer 2, encourir;* (zur Bewährung -) *surseoir;* (jm e-e Rente -) *constituer;* (etw auszusetzen haben an) *redire, trouver 1.*
Aussicht: (die - versperren) *masquer b.*
aussieben: *écrémer.*
aussöhnen: *raccommoder 2.*
aussortieren: *trier.*
ausspähen: *guetter a.*
ausspannen: itr. *reposer 3;* tr. (Pferde -) *dételer.*
ausspielen: (Karte -) *jouer 1a;* (die erste Karte e-r Farbe -) *entamer;* fig. (etw - (gegen)) *jouer 1b.*
ausspinnen: (Bild/Gleichnis -) *filer 1b.*
ausspionieren: *espionner.*
aussprechen: *articuler 1, formuler, prononcer a;* (etw nicht -) *rengainer b;* (abgehackt -) *hacher, saccader;* (e-n Namen falsch -) *écorcher a;* (s wie sch -) *chuinter;* (undeutlich -) *manger b;* (sich - für/gegen) *opiner, plaider b, prononcer b;* (der Regierung das Mißtrauen -) *censurer.*
ausspritzen: *éjaculer.*
ausspucken: *cracher.*
ausspülen: *rincer;* (heiß -) *ébouillanter, échauder.*
ausstaffieren: *garnir, nourrir b.*
Ausstand: (in den - treten) *débrayer 2.*
ausstatten: (jn/etw - mit) *doter, munir, meubler a, parer 1b, revêtir b;* (jn - mit) *départir 1, douer, investir;* (mit einer Tonanlage -) *sonoriser.*
ausstechen: (jn -) *éclipser 1, évincer, lessiver, supplanter.*
ausstehen: (nicht - können) *encaisser, gober 1, souffrir b.*
aussteigen: *débarquer, descendre.*
ausstellen: (etw -) *étalager, étaler 1, exposer 1;* (Paß -) *délivrer 2;* (Haftbefehl -) *décerner;* (Rechnung -) *facturer;* (Scheck -) *émettre.*
aussterben: *éteindre.*
ausstopfen: *empailler;* (wieder -) *rempailler.*
ausstoßen: (Drohungen/Worte... -) *éructer b, proférer;* (Schrei -) *lancer a, pousser 1a.*
ausstrahlen: *dispenser 2a, émettre, propager a;* fig. (etw -) *suer;* itr. (Schmerz) *irradier.*
ausstrecken: *étendre a, étirer.*
ausstreichen: *biffer, effacer, rayer 1.*
ausstreuen: *disséminer, épandre, éparpiller a.*
ausströmen: *émaner, exhaler;* vgl. ausstrahlen.
austauschen: *échanger, intervertir.*
austoben: (sich -) *se défouler.*
austragen: (Wettkampf -) *disputer 1.*
austreiben: (den Teufel -) *exorciser.*
austreten: (aus dem Kloster -) *défroquer;* (aus e-r Partei -) *quitter;* (Wild) *débusquer;* tr. (etw -) *piétiner.*
austrinken: *liquider, siffler 2, vider.*
austrocknen: *assécher, dessécher, tarir.*
ausüben: *exercer 1, remplir b;* (Einfluß -) *exercer 1, influer.*
ausverkaufen: *solder 1.*
Auswahl: (e-e - treffen) *sélectionner.*
auswählen: *sélectionner.*
auswaiden/ausweiden: *étriper.*
auswandern: *émigrer, essaimer, expatrier.*
auswaschen: *laver a;* (den Boden -) *raviner.*
auswechseln: *changer, remplacer.*
ausweichen: fig. (e-r Sache -) *biaiser, couper 2, éluder, esquiver, éviter, tergiverser.*
Ausweis: (-)(verfallen) *expirer.*
ausweisen: (jn -) *expulser;* (sich -) *justifier, présenter.*
ausweiten: *évaser,* vgl. ausdehnen; (- auf) *élargir 1, étendre b;* (sich -) *étendre a, généraliser;* (sich - zu) *élargir 1.*
auswerfen: *éjecter.*
auswirken: (sich - (auf)) *se répercuter 2, sentir b;* (sich günstig - für) *militer;* (sich auf die Zukunft -) *hypothéquer.*
Auswirkungen haben auf: *se répercuter 2.*
auswringen: *essorer, tordre.*
auswuchten: *équilibrer.*
auszahlen: *verser 2;* (Scheck/Überweisung -) *honorer;* fig. (sich -) *payer b.*
auszählen: *dépouiller 2, recenser.*
auszanken: *quereller;* vgl. ausschimpfen, ausschelten.
auszeichnen: *distinguer, singulariser;* (sich -) *marquer 1, singulariser.*
ausziehen: (wo -) *déloger, déménager 1, retirer;* (jn -) *déshabiller;* (nackt -) *mettre 1a;* (jm die Hose -) *déculotter;* (sich bis aufs Hemd -) *mettre 1a;* (jm die Kleider -) *dévêtir;* (jm die Schuhe -) *déchausser 1.*
Auto: (-)(jn erfassen/packen) *happer;* (-)(fahren) *rouler 1a;* (unter ein - kommen) *passer 1a;* (- anmelden) *immatriculer;* (- fahren) *conduire 1a.*
automatisieren: *automatiser.*

B

Bad nehmen: *prendre 1a.*
baden: (im offenen Wasser/Schwimmbad -) *baigner.*
baff machen: *époustoufler;* vgl. verblüffen.
bagatellisieren: *minimiser.*
baggern: *draguer 1.*
Bahn: (freie - machen) *libérer.*
bahnen: *fendre, frayer 1, ménager 2.*
Baken: (mit - markieren/versehen) *baliser.*
balgen: (sich -) *se bagarrer a.*
Ballast: (mit - versehen) *lester;* (vom - befreien) *délester.*
ballern: *tirailler 2.*
Bande knüpfen: *tisser.*
bändigen: *dompter, maîtriser.*
bankrott gehen: *couler 2.*
Bann: (in s-n - schlagen) *fasciner, hypnotiser, subjuguer.*
bannen: (Gefahr -) *éloigner.*
Bären: (jm e-n - aufbinden) *marcher 2, payer b.*
Barrikaden errichten in: *barricader.*
Bart: (etw in s-n - murmeln) *mâchonner.*
Bartspitzen zwirbeln: *effiler 2.*
basieren auf: *baser.*
basteln: *bricoler.*
Bau: (Hase)(s-n - haben) *gîter 1.*
Bauch: (den - aufschlitzen) *éventrer;* (sich den - vollschlagen) *s'empiffrer, se taper 7;* (sich den - halten

vor Lachen) tenir 1a.
bauchig machen: renfler a.
bauen: bâtir, construire a, édifier a; (- auf) fonder 1a; (stufenförmig -) étager; (an-, nebeneinander-, zusammen-) accoler.
baufällig machen: délabrer.
Bäume: (- ausästen) émonder; (- beschneiden/stutzen) étêter, émonder.
bauschen: bouffer 1, enfler.
beabsichtigen: entendre 3, prétendre 2, projeter 1.
beachten: observer 2, remarquer, respecter.
Beachtung: (e-r Sache keine - schenken) passer 3.
beanspruchen: (etw -) réclamer 1; (etw zu sein -) vouloir 1; (Raum -) tenir 2; (Recht -) revendiquer; (etw)(jn -) absorber b, occuper 1/2.
beansprucht sein: (Motor)(zu stark -) fatiguer.
beantragen: (Staatsanwalt)(Strafe -) requérir.
beantworten: répondre 1.
bearbeiten: façonner, travailler, mettre 1a; (neu -) retravailler; (sorgfältig -) fouiller; (Land -) labourer, travailler; (etw - für) adapter; (für Orchester -) orchestrer; fig. (jn -) circonvenir.
beauftragen: charger 1b, mandater 2, préposer.
beben: trembler, vibrer.
bedanken: (sich -) remercier.
bedauern: déplorer, plaindre, regretter.
bedecken: couvrir, parsemer, recouvrer, tapisser; (mit Blüten -) fleurir; (von neuem mit Blüten -) refleurir; (sich mit Pickeln -) boutonner 2; (mit Schotter -) empierrer; (mit Stroh -) empailler; (Himmel)(sich mit Schäfchenwolken -) moutonner, se pommeler; (Meer)(sich mit Schaumkronen -) moutonner.
bedenken: songer 2; (jn - mit) gratifier; (reichlich - mit) marchander b.
bedeuten: présager, signifier 1.
Bedeutung: (- haben) revêtir b; (- beimessen) attacher b, prêter 3; (- wiedergeben) rendre 1b; (von - sein) importer 1; (die - von etw mindern) éclipser 1.
bedienen: (jn -) servir 2; (sich -) piocher, servir 3, taper 4; (etw -) manier 1; (die Stechuhr -) pointer 1; (sich eines Vorwandes -) s'emparer.
bedingt werden/sein durch: conditionner 1.
Bedingungen: (- stellen) poser 1b; (- knüpfen an) mettre 1b.
bedrängen: harceler b.
bedrohen: menacer 1.
bedrucken: (bunt -) barioler.
bedrücken: oppresser, peiner 2.
bedürfen: (e-r Sache nicht -) passer 3.
Bedürfnisse: (s-n - freien Lauf lassen) se défouler.
beehren: gratifier, honorer.
beeilen: (sich -) activer, se démerder, se dépêcher 2, s'empresser 2, (se) grouiller 2, se hâter 2, se magner, se manier 2, presser b; (sich(nicht)-) se hâter 2.
beeindrucken: frapper 1b, impressionner.
beeinflussen: influencer, influer, prédisposer, suggestionner, travailler; (die Zukunft -) hypothéquer.
beeinträchtigen: entacher, entamer, léser, porter 2, réduire 1a; (das Wohlbefinden -) indisposer.
beenden: achever 1, finir 1, terminer 2; (Liebschaft -) liquider; (Schmerzen -) passer 2.
beerben: hériter a.
Befangenheit: (jm die - nehmen) mettre 1b.
befassen: (sich - mit) pencher b, saisir 2, travailler; (ein Gericht - mit) saisir 2.
Befehl geben zu: ordonner 1.
befehlen: commander 1, ordonner 1.
befehligen: commander 1.
befestigen: consolider, fixer a; fortifier; (mit Krampen -) cramponner 2.
befestigt sein mit/wo: tenir 1a.
befeuchten: mouiller 2; (Luft -) humidifier.
befinden: (- über) conclure 2, prononcer b, statuer; (sich -) tenir 1a, trouver 1; (sich - oben auf etw) surmonter 1; (sich - unter) figurer 2.
beflaggen: pavoiser a.
beflecken: tacher b.
befolgen: suivre 1.
befördern: (etw -) acheminer; fig. (jn -) élever 1, promouvoir 1; (befördert werden) avancer 1.
befragen: interroger a, questionner; (die Sterne -) interroger b.
befreien: affranchir 1, libérer; débarrasser, dégager a, délivrer 1a/b, dépêtrer, dispenser 1, exempter, guérir b, soulager; (sich - von) dépouiller 1b; (sich - aus) dégager a; (vom Ballast -) délester; (von Gestrüpp -) débroussailler; (von Steuern -) exonérer; (jn von e-m Versprechen -) dégager b.
befremden: déconcerter, dépayser.
befrieden: pacifier.
befriedigen: satisfaire.
befolgen: observer 2.
befruchten: féconder.
Befugnis erteilen: habiliter.
befürchten: appréhender 3, craindre, redouter.
begaunern: escroquer.
begeben: (sich wohin -) diriger 1a, gagner, porter 1a, rejoindre, se rendre 2, transporter a; (sich wieder wohin -) réintégrer, regagner; (sich wohin -) acheminer; fig. (s. e-r Sache -) priver; (es)(sich -) advenir.
begegnen: rencontrer; (jm kurz -) entrevoir a.
begehen: commettre 1; (e-n Fehltritt -) fauter; (Selbstmord -) se suicider; (Verbrechen -) consommer; (Verbrechen/Attentat -) perpétrer; (etw feierlich -) commémorer, solenniser.
begehren: convoiter, désirer.
begehrlich ansehen: reluquer.
begeistern: emballer 2b, exalter 2, enflammer b, enthousiasmer, galvaniser, passionner, transporter 1b; (sich - für) captiver, enflammer b, s'engouer, s'enticher.
begießen: fig. (etw -) arroser b.
beginnen: amorcer 2, commencer 1/2, débuter, engager 4, entrer 2, mettre 4, partir 1a/2, se prendre 3; (wieder/neu -) recommencer, remettre 1o, repartir 2, reprendre 4/5; (Beratungen... -) engager 4, entamer, ouvrir 1; (mit jm ein Gespräch -) entreprendre 2; (ein Thema -) partir 1a.
beglaubigen: authentifier, certifier, légaliser.
begleichen: (Rechnung -) liquider, régler 1; (Schulden -) libérer.
begleiten: accompagner a/b, assortir 2, jalonner, ponctuer 2, suivre 1.
beglückwünschen: complimenter, congratuler, féliciter.
begnadigen: gracier.
begnügen: (sich - mit) contenter, satisfaire N.
begraben: ensevelir, enterrer, inhumer; (- liegen) gésir, reposer 2a.
begradigen: corriger, rectifier, redresser.
begreifen: apercevoir 1, appréhender 2, concevoir 2, saisir 3.
begrenzen: borner, limiter, localiser.
Begriff: (auf den - bringen) conceptualiser.
begründen: fonder 1b, justifier, motiver; (etw)(etw -) instaurer.
begrüßen: acclamer, saluer a.
begünstigen: avantager, entretenir 1b.
behaftet sein mit: entacher.
behalten: garder 1, retenir a/b; (etw für sich -) remballer, rengainer b; (jn in s-m Amt -) maintenir 1b; (im Auge -) tenir 1b; (im Gedächtnis -) retenir b.
behandeln: (jn -) traiter 1; (jn brutal -) brutaliser; (jn grob/rüde -) rudoyer; (jn stiefmütterlich -) traiter 1, déshériter; (jn von oben herab -) snober; (jn zuvorkommend -) mitonner, soigner; (Arzt)(jn -) traiter 1, soigner; (Krankheit operativ -) opérer 3; (etw -) traiter 1; (rücksichtsvoll/schonend -) ménager 1; (etw stiefmütterlich -) négliger 1; (ein Thema erschöpfend -) épuiser; (ein Thema ungeschickt/oberflächlich -) déflorer.
Behandlung: (sich e-r - unterziehen) suivre 1.
behängt sein mit: barder 1, harnacher.
beharren auf: attacher b, buter 2, s'entêter 2.
beharrlich etw tun: s'acharner a, persévérer.
behauen: équarrir, tailler 1; (grob -) dégrossir.
behaupten: affirmer 1, postuler 2, prétendre 3, soutenir 2; (weiter -) maintenir 2.
beheben: liquider, pallier, remédier.
beherbergen: abriter, héberger, loger 1.
beherrschen: commander 1, dominer, gouverner b; (sich -) convenir 2, posséder 1, ressaisir; (Gefühle -) maîtriser; (e-e Sprache -) posséder 1; (Gefühle)(jn -) animer.
behexen: envoûter.
behilflich sein: aider, servir 1a.
behindern: contrarier 1, embarrasser, entraver 1, gêner, handicaper.

beibehalten: *conserver, garder 1.*
beibringen: (jm etw -) *apprendre, inculquer;* (Disziplin -) *discipliner;* (Manieren -) *décrasser;* (schriftliche Unterlagen -) *fournir.*
Beichte abnehmen/hören: *confesser.*
beichten: *confesser.*
Beifall spenden: *applaudir a.*
beigeben: (klein -) *filer 1a.*
beilegen: *joindre;* (Streit -) *aplanir, arranger 1, cesser, démêler b, régler 1.*
beimessen: (Bedeutung/Wert... -) *assigner, attacher b, attribuer, prêter 3.*
Bein(e): (sich kein - ausreißen) *se fouler 3;* (wieder auf die - bringen) *ragaillardir, ravigoter, remettre 6, remonter 1;* (wieder auf die - kommen) *reprendre 1b;* (ein - nachziehen) *traîner;* (die - spreizen) *écarter;* (auf die - stellen) *mettre 1a, monter 2;* (sich die - vertreten) *dégourdir 2, dérouiller 1b;* (jn wieder auf die - bringen) *retaper.*
beinahe etw tun/passieren: *faillir 2, manquer 4, risquer 2.*
beinhalten: *impliquer 2, résumer.*
beiordnen: (jn -) *adjoindre.*
beipflichten: *abonder, déférer 2, ranger 2b, souscrire.*
beiseite: (- stellen/-legen) *écarter b, mettre 1a;* (- treten) *écarter a, effacer;* (-schieben fig.) *écarter b.*
beisetzen: *ensevelir.*
Beispiel: (ein - sein von/für) *illustrer 1, témoigner b;* (mit gutem - vorangehen) *prêcher b;* (sich ein - nehmen an) *prendre 1b;* (mit - versehen) *illustrer 1.*
beißen: *croquer 1, mordre a;* (wieder -) *remordre;* (Farben)(sich -) *jurer 3;* (Kälte) *pincer 1;* (Rauch) *picoter 1, piquer 1a.*
Beistand leisten: *prêter 2.*
beistehen: *assister 2, secourir, soulager, soutenir 1b;* (sich gegenseitig -) *serrer.*
beistimmen: *abonder, acquiescer, approuver.*
Beitrag: (- leisten zu) *mettre 1b;* (- zahlen) *cotiser 1.*
beitragen: *alimenter, collaborer, concourir 2, conspirer b, contribuer.*
beitreten: *affilier, adhérer, entrer;* (e-r Gewerkschaft -) *syndiquer;* (e-r Versicherung -) *affilier, immatriculer.*
beiwohnen: (e-r Sache -) *assister 1.*
beizen: vgl. marinieren.
bekämpfen: *combattre, pourchasser.*
bekannt: (- sein als) *connaître 1;* (- werden) *percer b;* (- geben) *annoncer, signifier 2;* (förmlich - geben) *proclamer, notifier;* (allgemein - machen) *populariser.*
Bekanntschaft machen: *lier, faire 6;* (- mit etw) *goûter 1.*
bekehren: *convertir 2.*
bekennen: (sich - als) *confesser;* (sich schuldig -) *plaider a;* (sich zu e-r Religion -) *acquérir.*
beklagen: *pleurer;* (sich -) *plaindre;* (Opfer zu - haben) *déplorer.*
beklauen: *carotter;* vgl. klauen, stehlen.
beklemmen: *étreindre.*
beknackt sein: vgl. spinnen.
bekommen: *obtenir, prendre 1a/b;* (nicht genug - können von) *rassasier b;* (etw)(jm -) *réussir;* (Speisen)(jm nicht -) *incommoder, indisposer;* aux. *voir 1a;* (Falten -) *plisser;* (neue Federn -) *remplumer a;* (kalte Füße -) *déculotter, mouiller 3;* (Geld -) *palper, toucher 3;* (s-e Rechte wieder -) *rentrer;* (Schiß -) *déculotter;* (Schläge -) *déguster b;* (Schläge/Strafe -) *écoper 2;* (Wutanfall -) *piquer 3;* (Zahn -) *faire 1, percer a, pousser 2;* (Zutritt -) *approcher.*
bekräftigen: *confirmer 1.*
bekreuzigen: (sich -) *croiser 1, se signer 2.*
bekriegen: *guerroyer.*
bekritzeln: *crayonner, gratter 1, griffonner, noircir.*
bekunden: *manifester 2.*
beladen: *charger 1a;* (sich - mit) *embarrasser.*
belagern: *assiéger.*
Belagerung aufheben/aufgeben: *lever.*
belangen: *traduire 2.*
belasten: fig. *accabler b, accuser, charger 2, écraser, frapper 2, hypothéquer, imputer;* (sich - mit) *embarrasser, empêtrer b, encombrer;* (finanziell -) *grever;* (mit e-r Hypothek -) *hypothéquer;* (Konto -) *débiter 3.*
belastet: (Seil)(zu sehr - sein) *forcer a.*
belästigen: *gêner, harceler b, importuner.*
belauern: *guetter a.*
belaufen: (sich - auf) *chercher, chiffrer 2, élever 1, monter 1.*
beleben: *animer, aviver, ranimer, vivifier;* (wieder -) *ranimer, réanimer, réactiver, réveiller.*
belegen: *attester;* (jn/etw - mit) *frapper 2;* (jn mit Lokalverbot -) *exclure 1;* (mit Steuern-) *imposer 2;* (mit Trommelfeuer -) *pilonner.*
belehren: *instruire 1a.*
beleidigen: *injurier, insulter, offenser, vexer;* (jn grob -) *outrager;* (die Sinne -) *offenser.*
beleuchten: *éclairer a, illuminer.*
belfern: *glapir.*
beliebt: (sich - machen bei)*mitonner;* (etw)(- sein) *voir 1a.*
beliefern: *approvisionner, assortir 3, fournir, livrer 1.*
bellen: *aboyer.*
belohnen: *payer b, récompenser.*
belügen: *mentir.*
belustigen: *amuser.*
bemächtigen: (sich -) *s'emparer;* (Gefühle)(sich jds -) *envahir.*
bemalen: *barioler, colorier, peindre a.*
bemannen (und ausrüsten): (Schiff -) *armer.*
bemerken: *apercevoir 1/2, s'aviser 2, noter 1, observer 1b, remarquer;* (etw nicht -) *échapper b, passer 1b;* (bemerkt werden) *repérer 2.*
bemerkenswert sein: *marquer 1.*
Bemerkung(en): (- machen) *observer 1b;* (- einfließen lassen) *glisser b;* (hämische - machen) *décocher 2;* (endlose - machen zu) *épiloguer.*
bemessen: (jm etw knapp -) *mesurer a.*
bemitleiden: *plaindre.*
bemühen: (sich -) *briguer, appliquer 3, attacher b, s'efforcer, employer 2, s'évertuer, s'ingénier, tâcher;* (sich um jn -) *s'affairer, s'empresser 1;* (sich um etw -) *solliciter.*
bemuttern: *couver b, pouponner.*
benachbart sein: *avoisiner, voisiner.*
benachrichtigen: *aviser 3, informer, prévenir 2.*
benachteiligen: *défavoriser, désavantager, handicaper, léser, pénaliser.*
benebeln: *embrumer, étourdir.*
benehmen: (sich -) *se conduire 2, se comporter 2;* (sich affektiert -) *poser 2b.*
beneiden: *envier, jalouser.*
benennen: *dénommer, désigner.*
benetzen: (mit Tränen -) *inonder b.*
benoten: *noter 2.*
benötigen: (Zeit - um zu) *mettre 1b.*
benutzen: *employer 1, mettre 2, profiter, servir 3, utiliser;* (zum erstenmal -) *étrenner, inaugurer;* (nicht mehr -) *désaffecter;* (etw mit Vorliebe -) *choyer.*
beobachten: *épier, inspecter a, observer 1a.*
Beobachtung: (jn unter - stellen) *mettre 2.*
bepflanzen: *boiser, planter a;* (wieder -) *reboiser.*
bequem: (es sich - machen) *mettre 1a.*
beraten: itr. *conférer, délibérer;* tr. (jn -) *conseiller;* (sich -) *consulter.*
beratschlagen: vgl. beraten itr.
berauben: *démunir, dérober a, déshériter, priver, ravir 1, sevrer b, spolier.*
berauschen: *enivrer, griser 2a/b.*
berechnen: *calculer, supputer;* (für sich -) *prélever;* (Pfand -) *consigner 4;* (die Pension -) *liquider.*
bereichern: *enrichir.*
bereifen: (Faß -) *cercler.*
bereinigen: *régler 1.*
bereit: (- sein) *y être 8;* (- machen) *prédisposer;* (sich - machen) *préparer, apprêter.*
bereiten: (jm e-n Empfang -) *préparer, réserver b;* (Kummer -) *causer 1, peiner 2, susciter;* (Kummer/Vergnügen -) *procurer;* (Kopfzerbrechen -) *retordre;* (e-e Niederlage -) *infliger;* (Sorgen -) *préoccuper;* (Schwierigkeiten -) *créer b, soulever b;* (Überraschung -) *ménager 3, préparer, réserver b.*
bereithalten: *préparer, réserver b;* (sich -) *disposer 1b, apprêter.*
bereitwillig gewähren: *marchander b.*
bereuen: *regretter, se repentir.*
bergabgehen mit etw/jm: *décliner 1, dégrader 1, filer 1a, péricliter.*

bergen: (jn aus dem Wasser -) *repêcher;* fig. (etw) (etw -) *recéler, recouvrir.*
berichten: *mander 2, rapporter 2, relater, rendre 4.*
berichtigen: *corriger, rectifier.*
beriechen: *flairer a, renifler.*
bersten: *éclater.*
berücksichtigen: *tenir 1b.*
Beruf: (- ausüben) *exercer 1;* (- aufgeben) *quitter;* (- ergreifen) *embrasser b.*
berufen: *appeler 1b, nommer 2;* (sich - auf) *autoriser, exciper, invoquer b, se réclamer 3, se recommander 2, référer 1, reporter 1b.*
beruflich etw werden: *faire 1.*
Berufung: (in die - gehen) *pourvoir;* (- einlegen gegen) *en appeler 6.*
beruhen auf: *reposer 2b.*
beruhigen: *apaiser, calmer, mettre 1b, pacifier, rassurer, tranquilliser;* (wieder -) *rasséréner.*
berühmt machen: *illustrer 2.*
berühren: *toucher 1a/b, mordre b;* (leicht -) *affleurer, effleurer, frôler;* (etw)(jn nicht -) *glisser b.*
Berührung: (in - kommen mit) *côtoyer.*
besänftigen: *abîmer 1, dégrader 1, détériorer, endommager, esquinter.*
Beschaffenheit: (e-e - haben) *revêtir b.*
beschäftigen: tr. (jn -) *employer 2, occuper 1/3;* fig. *préoccuper;* (jn wieder -) *réemployer;* (sich - mit) *arrêter 1b, employer 2, occuper 3/4, pencher b, travailler;* (sich unablässig - mit) *remâcher.*
Beschäftigung: (s-r - nachgehen) *vaquer 2.*
beschatten: (jn -) *filer 4, pister.*
bescheidwissen: *s'y connaître 3, fixer a.*
bescheinigen: *attester, certifier.*
beschießen: *canonner, mitrailler a.*
beschildern: *signaliser.*
beschimpfen: *houspiller, injurier, invectiver;* (einander -) *apostropher.*
Beschlag: (in - nehmen) *accaparer, monopoliser.*
beschlagen: (Pferd -) *ferrer;* (Scheibe)(-) *embuer.*
beschlagnahmen: *confisquer, saisir 1a, séquestrer 2, réquisitionner.*
beschleunigen: *accélérer, activer, diligenter, hâter 1, précipiter b, presser b;* (Gangart -) *forcer a.*
beschließen: *décider, résoudre 2.*
Beschlußfähigkeit: (die - erreichen) *réunir.*
beschmieren: *barbouiller;* (mit Blut -) *ensanglanter.*
beschmutzen: *salir, souiller, tacher a.*
beschneiden: *rogner 1a, tailler 1;* (Baum...-) *émonder, étêter;* (jn - in) *amputer.*
beschnuppern: *flairer a.*
beschränken: *borner, limiter, réduire 1b, restreindre, cantonner;* (sich - auf) *s'en tenir 7, résumer;* (zeitlich -) *minuter.*
beschreiben: *décrire 1;* (ausführlich -) *détailler b;* (Bogen/Kurve -) *décrire 2.*
beschuldigen: *accuser 1.*
Beschuldigung erheben: *porter 2.*
beschwatzen: *baratiner, chambrer 2, enjôler.*
beschweren: (sich -) *réclamer 2.*
beschwichtigen: *apaiser, rasséréner, amadouer.*
beschwindeln: *escroquer.*
beschwören: *adjurer, conjurer 1, évoquer, jurer 1;* (Schlangen -) *charmer.*
beseelen: *animer, habiter b.*
beseitigen: (jn -) *éliminer, éloigner, liquider;* (etw -) *abolir, pallier, résorber, supprimer;* (Gefahr -) *éliminer, éloigner;* (Hindernisse/Schwierigkeiten -) *lever;* (Problem -) *liquider.*
besessen sein von: *obséder, posséder 2.*
besetzen: *occuper 1.*
besiedeln: *coloniser, peupler;* (wieder -) *repeupler.*
besiegen: *gagner, triompher, vaincre.*
besiegeln: *entériner, sceller 1.*
besingen: *chanter 1.*
besinnen: (sich e-s Besseren -) *se raviser.*
besitzen: *détenir, posséder 1.*
Besitz: (- ergreifen von) *prendre 2;* (in - sein von) *tenir 1b;* (etw)(- nehmen von) *prendre 1b.*
besohlen: *ressemeler.*
Besorgnis: (mit - erfüllen) *préoccuper.*
besorgt sein: *soucier.*
bespannen mit: *tendre 1.*
bespicken: *hérisser 2.*
bespitzeln: *espionner, moucharder 2.*
besprechen: *discuter 1, parler;* (sich -) *conférer 2;* (etw zu - haben mit) *démêler b.*
bespringen: *saillir 2.*
bespritzen: *asperger, éclabousser.*
besser: (es ist - daß) *valoir 1a.*
bessern: *améliorer, amender;* (jd)(sich -) *réformer;* (etw)(sich -) *arranger 1.*
beständig: (hitze-, wasser- sein) *résister.*
Bestandsaufnahme machen: *inventorier.*
Bestandteil(e): (- sein von) *appartenir a;* (in s-e - zerlegen) *décomposer.*
bestärken: *entretenir 1b, fortifier, renforcer.*
bestätigen: *certifier, confirmer 1, entériner, justifier, ratifier, sanctionner 1, vérifier;* (gerichtlich/amtlich -) *homologuer;* (die Echtheit - von) *authentifier;* (Erhalt/Empfang -) *accuser 3.*
bestatten: *inhumer.*
bestechen: *soudoyer;* (Zeugen -) *suborner.*
bestehen: *exister;* (in der Zeit vor etw -) *préexister;* (weiter -) *subsister 1;* (- in) *consister, résider b;* (- aus) *comporter 1, composer 1, consister;* (- auf) *entendre 3, insister, s'obstiner;* (Examen -) *recevoir 3, réussir.*
bestehenbleiben: *subsister 1.*
bestehlen: *voler 1;* vgl. stehlen, klauen.
besteigen: *gravir, escalader, monter 1;* (Thron -) *accéder b.*
bestellen: *commander 2;* (Land -) *cultiver, labourer.*
besteuern: *imposer 2, taxer 1;* (geringer -) *dégrever.*
besticken: *broder a.*
bestimmen: *conditionner 1, décréter, définir décider, déterminer, engager 1, régir, statuer;* (Alkoholgrad -) *titrer 1;* (Alter/Zeitpunkt -) *dater 1;* (grammatisch -) *qualifier 3;* (die Lage -) *situer;* (durch einen Volksentscheid -) *plébisciter;* (vorher-) *prédestiner;* (jn - zu/für) *affecter 3, désigner, destiner, déterminer.*
bestimmt sein zu: *vouer.*
Bestimmung: (wieder s-r - übergeben) *rendre 1b.*
bestrafen: *châtier, flétrir 2, pénaliser, punir, sanctionner 2.*
bestrahlen: *irradier.*
bestreichen: *passer 1a;* (Butterbrot -) *beurrer, tartiner;* (mit Leim -) *engluer a.*
bestreiten: *controverser, discuter; contester, nier;* (Ausgaben -) *subvenir.*
bestreuen: *parsemer, saupoudrer;* (mit Sand -) *sabler.*
bestürmen: *assaillir b, harceler b, presser a.*
bestürzen: *atteindre b, consterner.*
Besuch abstatten: *rendre 4.*
besuchen: *visiter;* (häufig/gewohnheitsmäßig -) *fréquenter, hanter;* (e-n Kurs -) *suivre 1.*
besudeln: *entacher, souiller.*
betasten: *palper, tâter a.*
betätigen: *actionner, commander 1;* (sich -) *activer;* (sich - als) *improviser 2.*
betäuben: *étourdir, assommer;* (Hunger -) *tromper;* (Nerv -) *insensibiliser.*
beteiligen: (jn - an) *associer 2.*
beten: *prier a.*
betonen: *accentuer a, appuyer b, insister, mettre 1a, rehausser b, souligner b;* (stark -) *marteler b.*
betören: *enjôler.*
Betracht: (in - ziehen) *envisager.*
betrachten: *contempler, considérer 1, envisager, mirer 1, observer 1a, regarder 1;* (jn lange -) *envelopper;* (prüfend -) *interroger b;* (im Einzelnen/eingehend -) *détailler b;* (getrennt -) *abstraire.*
betragen: (Summe)(-) *monter 1, élever 1,* vgl. s. belaufen auf; (sich -) *se comporter 2, se conduire 2.*
betrauen: (jn - mit) *préposer.*
betreffen: *concerner, intéresser, porter 1b, regarder 2, toucher 1b.*
betreten: *fouler 1, marcher 1a.*
Betrieb: (in - setzen) *mettre 1b;* (in - nehmen) *mettre 2;* (Schiff wieder in - setzen/nehmen) *réarmer.*
betriebsbereit machen: *amorcer 2.*
Betriebsferien haben: *vaquer 1.*
betrinken: (sich -) *enivrer, saouler.*
betroffen: (tief - machen) *bouleverser.*
betrüben: *affliger, attrister, désoler b, navrer.*
betrügen: *berner, duper, frauder, spolier, tromper.*
betrunken machen: *saouler.*
Bett: (zu - gehen/ins - bringen) *coucher 1;* (wieder

ins - bringen) *recoucher;* (aus dem - springen) *sauter 1a;* (das - hüten) *garder 1;* (ans - fesseln) *clouer.*
Bettdecke: (- am Rand unterschlagen) *border 2;* (- herausziehen) *déborder 2.*
betteln: *mendier, quémander a/b;* (- um) *pleurer.*
Bettelstab: (jn an den - bringen) *mettre 1a.*
beugen: *fléchir, infléchir, pencher a, ployer a;* (sich -) *incliner a, pencher a;* (sich e-r Sache -) *plier b.*
Beulen machen in: *bosser.*
beunruhigen: *alarmer, inquiéter 1, préoccuper, tracasser, chicaner.*
beurlauben: *détacher 1a.*
beurteilen: *juger;* (falsch -) *méjuger.*
bevölkern: *peupler.*
Bevölkerung umsiedeln: *transplanter.*
bevollmächtigen: *habiliter.*
bevorzugen: *favoriser, préférer, privilégier.*
bewaffnen: *armer.*
bewahren: *conserver, garder 1, perpétuer, préserver, rester 2b, sauvegarder;* (- vor) *garder 2, sauver 1, soustraire 1;* (Ernst -) *tenir 1b.*
Bewährung: (zur - aussetzen) *surseoir.*
bewandert sein in: *s'y connaître 3, rompre.*
bewässern: *irriguer.*
bewegen: *mouvoir, remuer;* (- /sich -) *bouger, marcher 1b, mouvoir, progresser a, remuer;* (hin und her -) *agiter;* (sich hin und her -) *osciller a;* (sich fort -) *se déplacer a;* (sich wohin -) *se propulser 2;* (sich auf der Bühne/auf dem Manöverplatz/in bestimmten Kreisen -) *évoluer 2;* (Erde -) *terrasser 1;* fig. (jn -) *émouvoir;* (jn - zu) *déterminer, amener b, disposer 1b, incliner b, résoudre 2.*
Bewegung: (in - setzen) *mettre 2;* (sich in - setzen) *ébranler;* (- übertragen) *transmettre.*
bewegungslos liegen: *gésir.*
beweihräuchern: *encenser.*
beweinen: (den Tod/Verlust - von) *pleurer.*
Beweis liefern: *administrer 2, fournir, produire b.*
beweisen: *démontrer, prouver.*
bewenden lassen: (es dabei -) *en demeurer 2, en rester 4, s'en tenir 7.*
Bewenden: (damit sein - haben) *en demeurer 2.*
bewerben: (sich - um) *briguer, poser 1a, postuler 1, solliciter.*
bewerfen: (mit Dreck -) *vilipender.*
bewilligen: *consentir;* (Frist -) *impartir.*
bewirken: *engendrer, faire 1, opérer 2, provoquer 1.*
bewirten: *traiter 1, régaler.*
bewirtschaften: (Land -) *exploiter.*
bewohnen: *habiter a.*
bewundern: *admirer.*
bewußt: (sich - sein) *méconnaître;* (sich - werden) *réaliser 2, rendre 4.*
bewußtlos schlagen: *assommer a, estourbir.*
Bewußtsein: (wieder zu - kommen) *revenir 1b, reprendre 1b.*
bezahlen: *payer a/b, rémunérer, rétribuer;* (nochmals -) *repayer a;* (nicht -) *resquiller;* (fig. etw teuer -) *payer b;* (Arzt/Anwalt -) *honorer;* (Geld im voraus -) *anticiper;* (Rechnung -) *régler 1;* (Schulden -) *acquitter 2, liquider;* (die Zeche -) *défrayer 1, régaler.*
bezahlt: (sich - machen) *payer a/b.*
bezaubern: *charmer, enchanter, ravir 2.*
bezeichnen: *dénoter 2, désigner, qualifier 1, référer.*
bezeigen: *manifester 2, témoigner b.*
bezeugen: *attester, témoigner a.*
bezichtigen: *accuser 1.*
beziehen: (etw - mit) *habiller a, recouvrir;* (Gehalt -) *émarger, toucher 3, percevoir 2;* (Prügel -) *dérouiller 2;* (Quartier -) *cantonner, établir 1a;* (Stellung -) *établir 1a;* (Wache -) *monter 1;*
(etw - auf) *rapporter 4, référer 1;* (sich - auf) *référer 1, reporter 3;* (etw auf e-e Person -) *personnaliser.*
Beziehung: (- aufnehmen/herstellen) *établir 2a;* (in - setzen) *rapporter 4, référer 1.*
Bezug nehmen auf: *rapporter 4, référer 1.*
bezuschussen: *subventionner.*
bezweifeln: *douter 1.*
bezwingen: *triompher.*
biegen: *couder, courber, fléchir, incurver, plier a, ployer a, recourber, tordre, infléchir;* (wieder gerade -) *détordre;* (wohin ab-biegen) *obliquer;* (sich vor Lachen -) *tordre;* (Fluß)(wohin ab-) *infléchir.*
bieten: *offrir 1, présenter;* (mehr -) *surenchérir;* (e-e Blöße -) *prêter 4;* (Schwierigkeiten -) *offrir 2;* (die Stirn -) *braver, défier 1, tenir 1b;* (Gelegenheit) (sich -) *présenter.*
Bild: (sich ein - machen von) *juger;* (sich im voraus ein - machen von) *préjuger.*
bilden: *composer 1, constituer, établir 2a, former, fournir;* (neu/wieder -) *reformer;* (e-e Linie... -) *faire 1;* (das Ende - von) *terminer 1;* (ein Gegengewicht - zu) *contrebalancer, pondérer;* (die Grenze - von) *limiter;* (das Rückgrat - von) *encadrer 1;* (die Umgebung - von) *environner;* (sich -) *cultiver, instruire 1a.*
bildhauern: *sculpter.*
Bildnis: (ein - ausspinnen) *filer 1b.*
billig sein: *coûter 1a.*
billigen: *approuver, cautionner, sanctionner 1, voter.*
bimmeln: *tinter.*
Binde: (e-n hinter die - gießen) *pomper 2.*
binden: *garrotter, lier, ligoter, nouer;* (wieder -) *rattacher a, renouer a;* (- an) *river b;* (Buch -) *relier.*
Birne durchbrennen lassen: *griller 2.*
Bitte: (- erfüllen) *exaucer;* (e-r - nachgeben/stattgeben) *déférer 2, condescendre.*
bitten: *demander, implorer, prier a/b, solliciter, supplier.*
bitter werden: *aigrir.*
blähen: *gonfler a;* (sich im Winde -) *prendre 1a.*
blamieren: (sich -) *disqualifier.*
blank putzen: *fourbir, lustrer.*
blasen: *souffler;* (ein Horn -) *sonner 1a N.*
blaß werden: *pâlir.*
blättern: *feuilleter;* (jm das Geld auf den Tisch -) *allonger.*
blau machen/anlaufen/ werden: *bleuir.*
blechen: *casquer, cracher.*
bleiben: *demeurer 1, maintenir 1a, passer 1a, rester 1/2/3, séjourner;* (lange -) *languir b;* (zu lange -) *attarder, éterniser;* (zu Hause -) *se déranger;* (- Sie am Apparat!) *quitter;* (sitzen-/stehen-) *tenir 1a;* (- bei) *arrêter 1b, maintenir 2, en rester 4;* (dabei -) *démordre, persister 2, soutenir 2;* (beim Thema -) *serrer;* (es dabei - daß) *demeurer 1, tenir 1b.*
bleich werden: *blêmir, pâlir.*
bleichen: *décolorer.*
blenden: *aveugler, éblouir.*
Blick: (e-n kurzen - werfen auf) *guigner;* (jm e-n - zuwerfen) *couler 1;* (s-n - heften auf) *fixer a, planter b;* (- wieder heften auf) *replanter b;* (Blicke wechseln) *échanger;* (jn mit dem - messen) *toiser;* (den - freimachen/freigeben auf) *libérer;* (-)(schweifen) *errer;* (- schweifen lassen über/mit dem - streifen über) *promener.*
blicken: (wohin -) *regarder 1,* vgl. sehen; (tief - in) *plonger.*
blinken: *clignoter, étinceler, miroiter.*
blinzeln: *ciller, clignoter, papilloter.*
Blitz: (-)(treffen/erschlagen) *foudroyer.*
blockieren: *bloquer, obstruer.*
blöken: *bêler.*
Blöße bieten: *prêter 4.*
bloßlegen: *dénuder.*
bloßstellen: *confondre 2.*
blubbern: *gargouiller.*
bluffen: *bluffer.*
blühen: *fleurir;* (wieder -) *refleurir.*
Blume(n): (mit - schmücken) *fleurir;* (e-e - ins Knopfloch stecken) *fleurir.*
Blut: (mit - beschmieren) *ensanglanter;* (in - tauchen) *ensanglanter;* (jn bis aufs - reizen) *pousser 1b;* (- übertragen) *transfuser;* (- vergießen) *répandre;* (sein - vergießen) *verser 1a.*
bluten: *saigner.*
blutunterlaufen werden: (Augen)(-) *injecter.*
Blüte(n): (mit - bedecken) *fleurir;* (in - stehen) *fleurir, prospérer;* (s-e - verlieren) *défleurir;* (in ein Blütenmeer verwandeln) *fleurir.*
Blutprobe: (jm e-e - entnehmen) *prélever.*
Bock: (e-n - schießen) *gaffer.*
Boden: (- aufweichen) *détremper;* (- besser ausnutzen) *mettre 1b;* (- betreten) *fouler 1;* (- bearbeiten) *cultiver, labourer;* (- erschöpfen) *fatiguer;* (den - einschlagen/eindrücken) *défoncer;* (auf den - stampfen) *trépigner;* (auf dem - schleifen) *traîner;* (zu - schla-

gen) *sommer 2;* (zu - schmettern) *terrasser 2;* (an - gewinnen) *gagner, mordre b.*
Bodenschätze abbauen/fördern/gewinnen: *exploiter, extraire.*
Bogen: (mit dem - ab-schießen) *décocher 1;* (e-n - machen/beschreiben) *décrire 2.*
bohnern: *cirer, encaustiquer.*
bohren: *creuser, ouvrir a, percer a, vriller 2.*
Bomben legen/werfen: *plastiquer.*
Boot: (- fahren) *canoter;* (in ein - steigen) *monter 1.*
Bord: (an - gehen/nehmen/bringen) *embarquer.*
böse: (jm - sein) *en vouloir 2.*
boxen: *boxer.*
boykottieren: *boycotter.*
brabbeln: *gazouiller.*
Brand: (- eindämmen) *circonscrire a;* (in - geraten) *prendre 1a;* (in - setzen/stecken) *enflammer a, incendier 1, mettre 1a/b.*
branden: *briser, déferler.*
brandig werden: *gangrener.*
brandmarken: *flétrir 2, pourfendre, stigmatiser.*
braten: *rôtir;* (braun -) *rissoler.*
brauchen: *falloir 1;* (nur -) *avoir 3, être 6;* (Zeit -) *en avoir 6, mettre 1b, prendre 1a;* (Auto/Motor)(Benzin -) *manger b.*
brauen: *brasser.*
braun werden: *bronzer, brunir.*
bräunen: *bronzer, brunir, hâler.*
brechen: *briser, casser, fracasser, fracturer, rompre;* (- mit) *divorcer b, rompre;* (das Licht -) *diffracter, réfracter;* (Rekord -) *pulvériser;* (Widerstand -) *écraser 1b;* (Wellen)(sich -) *déferler;*
(= sich übergeben) *rendre 1a, vomir a.*
breiter machen/werden: *élargir 1.*
bremsen: *brider, enrayer, freiner;* (plötzlich -) *piler 2;* (die Inflation -) *juguler.*
brennen: *brûler, flamber, incendier 1;* (Alkohol -) *distiller;* (in den Augen -) *piquer 1a;* fig. (darauf -/- vor) *brûler, griller 2.*
Brief: (- datieren auf) *dater 1;* (- einwerfen) *poster 2;* (jm e-n zweiten - schreiben) *réécrire 2.*
Briefkasten leeren: *lever, relever 1.*
Briefmarken entwerten: *oblitérer 1.*
Briefwechsel: (in - stehen mit) *correspondre 2.*
brillant spielen: *enlever.*
brillieren: *exceller.*
bringen: *apporter, conduire 1a, entrer 1a, mener 2, mettre 1a, passer 1, porter 1a/b;* (etw durch etw -) *passer 1a;* (näher -) *approcher, rapprocher;* (noch einmal wohin/zurück -) *ramener a;* (mit -/her -)*amener a, apporter a;*
(jn - auf) *lancer b;* (jn/etw - auf) *engager 3b;*
(- in)(Ordnung --) *ranger 1;* (Sonne --) *ensoleiller;*
(hinter sich gebracht haben) *sortir 1b;*
(mit sich -) *comporter 1, entraîner 2, impliquer;*
(jn - zu) *amener a/b, conduire 1b, décider, mener 2a/b, persuader, porter 1b, résoudre 2;* (jn wieder - zu/auf) *ramener b;*
(jn in e-e Anstalt -) *interner;* (außer Atem -) *essouffler;* (zum Aufblühen -) *épanouir;* (jn wieder auf die Beine -) *ravigoter, remonter 1, retaper;* (jn an den Bettelstab -) *mettre 1a;* (etw auf den Begriff -) *conceptualiser;* (in Dialogform -) *dialoguer;* (in Einklang -) *concilier 1, harmoniser;* (Stoff aus der Façon -) *avachir;* (etw zu Fall -) *torpiller;* (jn aus der Fassung -) *décontenancer, démonter, dérouter b, désarçonner, effarer, interloquer, ébouriffer;* (in Gang -) *amorcer 2, embrayer b, emmancher;* (wieder in Gang -) *débloquer a, décoincer, dépanner, réactiver, relancer 2;* (in Gefahr -) *compromettre, mettre 1b;* (zur Geltung -) *mettre 1b;* (vor Gericht -) *déférer 1;* (aus dem Gleichgewicht -) *dééquilibrer;* (ins Gleichgewicht -) *équilibrer;* (Glück/Unglück -) *porter 1b;* (zum Halten -) *stopper 2;* (unter die Haube -) *caser, marier 1;* (jn um seine Hoffnungen -) *frustrer;* (ins Krankenhaus -) *hospitaliser;* (jn in e-e üble Lage -) *mettre 1a;* (an die frische Luft -) *aérer;* (etw auf den Markt -) *commercialiser;* (Neues -) *renouveler;* (in Ordnung -) *ajuster, discipliner, mettre 1b, régulariser 2;* (wieder in Ordnung -) *réarranger;* (s-e Kleidung in Ordnung -) *rectifier;* (e-e Situation wieder in Ordnung -) *redresser;* (im Radio -) *radiodiffuser;* (zur Raison -) *mater;* (Rat -) *porter 2;* (in e-e Reihe -) *aligner;* (aus der Richtung -) *déporter 2, désorienter a;* (jn um s-n Ruf/s-e Stellung -) *déboulonner 1b;* (jn zum Schweigen -) *réduire 2;* (sein Gewissen zum Schweigen -) *pactiser;* (jn in Schwierigkeiten -) *embourber, mettre 1b;* (in Sicherheit -) *abriter, mettre 1a;* (zur Sprache -) *verbaliser 2;* (jn auf die Spur -) *mettre 1a;* (Auto aus der Spur -) *désaxer;* (auf den neuesten Stand -) *mettre 1a;* (Verkehr zum Stehen -) *immobiliser;* (etw zum Stehen -) *enrayer;* (ans Tageslicht -) *mettre 1a;* (in Übereinstimmung -) *accorder 1, ajuster;* (in Unordnung -) *déclasser 1, déranger;* (Frisur in Unordnung -) *décoiffer;* (in Verbindung -) *relier, rattacher b;* (in Verlegenheit -) *embarrasser;* (zur Vernunft -) *raisonner 2;* (in Verruf -) *déconsidérer, diffamer, discréditer;* (in Verwirrung -) *confondre 2;* (zur Verzweiflung -) *désespérer, exaspérer, mettre 2;* (zum Vorschein -) *mettre 1b;* (zum Wanken -) *ébouriffer;* (jn in Wut... -) *plonger;* (zur Welt -) *mettre 1a;* (auf Zimmertemperatur -) *chambrer 3;*
(in Zusammenhang -) *enchaîner b, rapporter 4, rapprocher;*
(außer Landes -) *expatrier.*
brodeln: *bouillonner.*
broschieren: *brocher.*
Brot: (hart/alt werden) *rassir;* (- anschneiden) *entamer.*
Bruch richten: *réduire 1a.*
brüllen: *beugler, hurler, mugir, rugir, vociférer;*
(wie am Spieß -) *écorcher.*
brummen: *bourdonner, grogner a/b, gronder, mâchonner, maugréer, rogner 2, ronchonner, ronfler.*
Brunnen ausschachten/graben: *foncer 3.*
brüskieren: *brusquer.*
Brust: (sich in die - werfen) *cambrer, plastronner.*
brüsten: (sich - mit) *se gargariser 2, se pavaner, se prévaloir 2, se rengorger b, se targuer.*
brüten: *couver a;* fig. (über etw -) *mijoter b.*
brutal behandeln: *brutaliser.*
brutzeln: *grésiller 2.*
Buch: (- aufschneiden) *couper 1a;* (- binden) *relier;* (- herausbringen) *sortir 1b;* (- lesen) *bouquiner.*
buchstabieren: *épeler.*
bücken: (sich -) *baisser, pencher a.*
büffeln: *bachoter, bosser, bûcher, gratter 4, piocher 2, potasser.*
bügeln: *repasser 3.*
bummeln: *balader, flâner, traîner.*
Bündnis: (ein - eingehen/durch ein - vereinigen) *confédérer.*
bürgen: *témoigner b.*
bürsten: *brosser.*
büßen: *expier, payer b, repayer b;* (jn - lassen) *s'en prendre 5.*
bumsen: *baiser 2.*
bürgen: *cautionner, garantir 2, porter 2, répondre 3, témoigner b.*
Butterbrot schmieren: *beurrer, tartiner.*

C

Champagner: (aus einem feierlichen Anlaß - trinken) *sabler.*
Charakter prägen: *forger 2.*
charakterisieren: *caractériser.*
charakteristisch sein: *appartenir a, caractériser.*
Chimäre: (e-r - nachjagen) *enfourcher.*
Concours: (sich zu e-m - melden) *présenter.*

D

dabeisein: *assister 1.*
Dachorganisation sein von: *coiffer 1b.*
dafür sein: *être 2.*
dagegen sein: *être 2.*
daher kommen: *dériver 2, venir 2, naître b.*
dahin-:
(-fließen)(Leben/Zeit) *couler 1;* (-siechen) *dépérir, languir a;* (-treiben) *flotter 1;* (-vegetieren) *croupir b, pourrir b;* (sich -ziehen) *cheminer a.*
damit ist nichts: *se ficher 4.*
dämmern: (jm -) *entrevoir b.*
dampfen: *fumer 1.*
dämpfen: (Geräusche -) *amortir 1, assourdir, étouffer, filtrer;* (Licht -) *filtrer, tamiser;* (Gefühle... -) *refroidir b.*
daneben-: (-gehen/-schießen) *rater;* (-treffen) *taper 1.*

Dank abstatten: *rendre 4.*
danken: *remercier.*
dankbar sein: *savoir 1.*
daran-: (-gehen zu/ sich -machen zu) *entreprendre 1;* (-setzen) *mettre 1b/4;* (alles -setzen) *s'acharner a;* (s-e Erfindungsgabe -setzen) *s'ingénier.*
darlegen: *développer b, exposer 3, représenter 2;* (ausführlich -) *détailler b.*
darstellen: *constituer, développer b, figurer 1, matérialiser, peindre b, représenter 1, retracer, simuler;* (klar und deutlich -) *expliciter;* (lebendig -) *camper 3;* (- als/ sich - als) *présenter;* (etwas/nichts -) *présenter.*
darüberschreiben: (Korrekturen -) *surcharger 2.*
dasein: (nicht -) *y être 8.*
dastehen: (wie -) *retrouver.*
Daten: (s-e persönlichen - angeben) *décliner 4.*
datieren: *dater 1.*
dauern: *durer, maintenir 1b;* (ewig -) *éterniser.*
dauernd telephonieren: *pendre.*
davon-: (-flitzen) *détaler, se défiler 3, échapper a, filer 3;* (-laufen) *se sauver 2;* (sich -machen) *se défiler 3, déguerpir;* (-kommen) *s'en tirer 8, réchapper;* (mit heiler Haut -kommen) *échapper a;* (den Sieg -tragen) *emporter 1/3, enlever, remporter 3.*
dazwischen-: (-kommen) *intervenir 1;* (-setzen/-stellen) *interposer.*
Debatte eröffnen: *instituer.*
debattieren: *débattre 1.*
Debüt: (sein - geben) *débuter.*
Decke: (Wild aus der - schlagen) *dépouiller 1a;* (e-e - einziehen) *plafonner 1.*
decken: *couvrir, recouvrir;* (sich - mit) *recouvrir;* (jn -) *justifier;* (e-n Spieler -) *marquer 1;* (Kosten -) *rentrer;* (Tisch -) *mettre 1a;* (Währung -) *gager 1;* (Tiere)(-) *saillir 2.*
Deckung: (in - gehen) *mettre 1a.*
defilieren: *défiler 1.*
definieren: *définir.*
deflorieren: *déflorer.*
degenerieren: *dégénérer a.*
degradieren: *dégrader 2.*
dehnen: *étirer;* (Stoff)(sich -) *prêter 5.*
deklamieren: *déclamer 1.*
deklarieren: *déclarer.*
deklinieren: *décliner 3.*
dekorieren: *décorer.*
Dekret: (durch - anordnen) *décréter.*
Delegation: (e-e - leiten) *conduire 1a.*
delegieren: *déléguer.*
demaskieren: *démasquer.*
dementieren: *démentir, inscrire.*
demobilisieren: *démobiliser.*
demokratisieren: *démocratiser.*
Demonstration: (e-e - auseinandertreiben/sprengen) *disloquer.*
demonstrieren: *manifester 1.*
demoralisieren: *démoraliser.*
demütigen: *abaisser b, humilier, mortifier;* (sich -) *se prosterner b.*
denaturieren: *dénaturer.*
denken: *concevoir 2, penser, raisonner 1, réfléchir b, songer 2;* (erneut - an) *repenser;* (zu - geben) *donner !, laisser 1.*
Denkmalschutz: (unter - stellen) *classer;* (- aufheben) *déclasser 2.*
denunzieren: *dénoncer 2a.*
deponieren: *consigner 2, déposer 1a.*
deportieren: *déporter 1.*
deprimieren: *déprimer.*
desavouieren: *désavouer.*
desertieren: *déserter.*
desillusionieren: *désabuser, désillusionner.*
designieren: *désigner.*
desinfizieren: *assainir, désinfecter.*
desodorieren: *désodoriser.*
destillieren: *distiller.*
deuten: *interpréter.*
deutlich(er): (- werden) *s'affirmer 2, préciser;* (klar und - ausdrücken/darstellen...) *expliciter;* (- sagen) *spécifier;* (- hervortreten lassen) *accuser 2.*
dezentralisieren: *décentraliser.*
dezimieren: *décimer.*
diagnostizieren: *diagnostiquer.*
Dialogform: (in - bringen) *dialoguer.*
dicht: (jm - folgen) *serrer;* (Fenster)(- sein) *joindre.*
dichter: (- werden) *épaissir;* (Rasen)(--) *tasser 1.*
dick(er): (- werden) *s'empâter, épaissir, engraisser 1, grossir, profiter;* (- machen/aussehen lassen) *épaissir, grossir.*
dickflüssig machen: *figer.*
dienen: (jm -) *servir 1a;* (dem Vaterland/der gerechten Sache... -) *servir 1b;* (Militär)(-) *servir 1a;* (- als) *servir 3.*
Dienst: (jm e-n schlechten - erweisen) *desservir 3;* (s-e Dienste anbieten) *offrir 1;* (in - treten bei) *placer a;* (jm e-n - erweisen) *rendre 4;* (Beine)(den - versagen) *se dérober b.*
Dietrich: (mit e-m - öffnen) *crocheter.*
diffamieren: *diffamer.*
diktieren: *dicter.*
dingen: (e-n Mörder... -) *stipendier.*
dirigieren: *diriger 2.*
diskontieren: (e-n Wechsel -) *escompter a.*
diskreditieren: *discréditer.*
diskutieren: *agiter, discuter 1.*
dispensieren: *dispenser 1, exempter.*
disqualifizieren: *disqualifier.*
Dissertation abgeben/einreichen/vorlegen: *présenter.*
dissimilieren: *dissimiler.*
Distanz: (auf - gehen) *prendre 1b.*
distanzieren: (sich - von) *abjurer, prendre 1b.*
Disziplin beibringen: *discipliner.*
disziplinieren: *discipliner.*
divergieren: *diverger b.*
dividieren: *diviser a.*
dokumentieren: *documenter.*
Dolchstoß: (e-n - versetzen) *poignarder.*
dominieren: *dominer, prédominer, primer 2.*
Donner: (-)(grollen) *gronder 1.*
donnern: *gronder 1, tonner 1.*
dopen: *doper.*
dösen: *somnoler.*
dosieren: *doser.*
dotieren: *doter a.*
doublen: *doubler 4.*
dramatisieren: *dramatiser.*
drängen: (jn -) *pousser 1a/b, presser b, talonner, tarabuster;* (sich -/sich wo -) *amasser 1, masser 1, presser a, serrer;* (in den Hintergrund -) *refouler a;* (zurück -) *acculer a;* (Zeit)(-) *presser b.*
drängeln: *pousser 1a.*
dränieren: *drainer.*
drangsalieren: *tarabuster.*
drankommen: *prendre 1a.*
drannehmen: *prendre 1a.*
draufgehen: *passer 1b.*
dreckig machen: *salir;* (sich die Finger -) *mouiller 2.*
drehen: *obliquer, tourner 1a, virer 1;* (sich hin und her -) *tortiller;* (sich um seine Achse -) *pivoter;* (sich im Kreise -) *tournoyer;* (Strömung)(sich -) *renverser a;* (Unterhaltung)(sich - um) *tourner 1a, rouler 1b;* (Film -) *réaliser 1;* (Zigaretten -) *rouler 1a.*
Drehen: (da hilft kein - und kein Winden) *tortiller.*
dreschen: (Korn -) *battre.*
dressieren: *dresser, exercer 2.*
dribbeln: *dribbler.*
dringen: (- in) *entrer 1a, percer a, pénétrer a;* (bis zu jm -) *parvenir a;* (darauf -) *insister.*
dringend bitten: *solliciter.*
dringend sein: *urger.*
Drogen: (- nehmen/jn unter - setzen) *droguer.*
drohen: *menacer 1/2;* (zusammenzubrechen -) *craquer b;* (etw)(jm -) *guetter b, menacer 2.*
dröhnen: *ronfler, vrombir.*
Drohungen äußern/aussprechen: *proférer.*
drucken: *encrer, imprimer 1.*
drücken: *appuyer 1a, étreindre, pousser 1a, presser a, serrer;* (etw ein- in) *imprimer 2;* (flach - auf) *plaquer 1;* (sich platt - auf) *écraser 1a, coller 1;* (zusammen -) *presser a;* (Wind)(etw wohin weg -) *déporter 2;* (etw)(jn -) *oppresser;* (Schuhe)(-) *gêner;* (sich - vor) *se dérober b, se défiler 3.*
drückend sein: *accabler a.*
ducken: (sich -) *baisser, ramasser, se tapir.*
duckmäusern: *filer 1a.*
Duft: (mit - erfüllen) *embaumer 2.*
duften: *embaumer 2.*

dulden: *endurer, souffrir b, tolérer.*
Dumme: (der - sein) *trinquer.*
dummes Zeug reden: *délirer.*
düngen: *engraisser 2;* (mit Mist -) *fumer 2.*
dunkel: (- werden lassen/machen) *assombrir, obscurcir, foncer 2, noircir.*
dünner: (- machen/werden lassen/erscheinen lassen) *amincir, maigrir.*
durchblättern: *feuilleter.*
durchblicken lassen: *sous-entendre.*
durchbohren: *embrocher, percer a, perforer, transpercer, trouer, vriller 2;* (mit dem Blick -) *planter b, transpercer.*
durchbrechen: *percer a, rompre;* (die feindlichen Linien -) *enfoncer.*
durchbrennen lassen: (Birne/Sicherung...-) *griller 2.*
durchbringen: (Geld -) *craquer a, fusiller, gâcher 2b, gaspiller.*
durchdenken: *creuser, mûrir, penser, raisonner 1;* (neu -) *repenser.*
durchdrehen: (Räder)(-) *patiner;* fig. (jd) *débloquer 2, déménager 2.*
durchdringen: *imprégner a/b, pénétrer a/b, percer a/b, transpercer;* (bis zu jm -) *parvenir a, pénétrer a;* (etw)(bis zu jm -) *parvenir a, pénétrer a;* fig. (jn -) *inonder.*
durchdrungen sein von: *pénétrer b.*
durcheinander-:
(etw -bringen) *bousculer, brouiller 1, chambarder, chambouler, déranger, dérégler, désorganiser, détraquer, embrouiller a, emmêler, fourrager, mêler, perturber, saccager, troubler;* (jn -bringen) *affoler, bouleverser, chavirer, déconcerter, perturber;*
(-geraten) *mêler;*
(-rütteln/-schütteln) *ballotter, cahoter.*
durchfallen: (im Examen -) *échouer 2, rater, recaler 2, sécher;* (-- lassen) *coller 3, recaler 2, refuser.*
durchforsten: *dépeupler, éclaircir a.*
durchführen: *accomplir, effectuer, exécuter 1, mener 1b, pratiquer, opérer 2, réaliser 1.*
durchfurchen: *sillonner.*
Durchgang verboten: *passer 1a.*
durchgehen: (etw - lassen) *passer 3;* (im Transitverkehr - (lassen)) *transiter;* (nochmals etw -) *repasser 1b;* (Pferd)(-) *emballer 2a;* (Phantasie)(-) *galoper.*
durchhacken: *biner.*
durchhalten: *tenir 1b.*
durchhängen: *affaisser.*
durchkämmen: *ratisser 1b.*
durchkneten: *malaxer.*
durchkommen: *percer a;* (Gesetz)(-) *passer 1b;* (jn in e-r Prüfung gerade noch - lassen) *repêcher.*
durchkreuzen: fig. *contrarier 1, contrecarrer.*
durchlassen: *livrer 2b, passer 1a.*
durchlaufen: (Kaffee)(-) *filtrer;* (Kaffee - lassen) *passer 1a;* (Schauder)(jn -) *parcourir.*
durchlöchern: *cribler 2a, transpercer;* (jn mit Fragen -) *cribler 2b, mitrailler b.*
durchmachen: *connaître 2, endurer, passer 1b, souffrir a, traverser, vivre;* (etw wieder -) *repasser 1b;* (e-e Entwicklung -) *évoluer 1;* (e-e Krankheit -) *faire 1.*
durchnässen: *saucer 2, tremper.*
durchprügeln: *dérouiller 2, rosser, rouer, tanner 1.*
durchqueren: *traverser.*
durchrütteln: *cahoter, ballotter.*
durchsägen: *scier.*
durchschauen: *deviner, discerner, pénétrer b, venir 1a.*
durchscheinen: *percer a/b, trancher 1, transparaître.*
durchschlagen: (sich -) *débrouiller, se démerder.*
durchschlüpfen: *se faufiler 2.*
durchschneiden: *couper 1a/b;* (die Kehle -) *égorger.*
durchsehen: *compulser, dépouiller 2.*
durchsetzen: *imposer 1, promouvoir 2;* (sich -) *s'affirmer 2, emporter 1, l'emporter 3, imposer 1, percer b, prévaloir 1, primer 2.*
durchsickern: *filtrer;* fig. *filtrer, transpirer;* (- lassen) *ébruiter.*
durchsieben: *cribler 1, tamiser.*
durchstechen: *percer a.*
durchstreichen: *raturer, rayer.*
durchsuchen: *fouiller, perquisitionner.*
durchtränken: *imbiber, imprégner a, gorger.*
durchwalken: *triturer.*
durchwinden: (sich -) *se faufiler 2.*
durchziehen: *sillonner.*
dürfen: (nicht -) *devoir, falloir.*
Durst stillen: *désaltérer, étancher.*
duschen: *doucher.*
Dusche: (e-e kalte - sein für jn) *doucher.*
duzen: *tutoyer.*

E

eben machen: *aplanir.*
Echtheit: (die - bestätigen von) *authentifier.*
Ecke: (um die - gehen) *tourner 1a.*
effilieren: (Haare -) *effiler.*
egal: (jm - sein) *se ficher 4, importer 1.*
Ehrgeiz: (s-n - zurückschrauben) *déchanter.*
ehemaliger Schüler sein von: *sortir 1a.*
ehelich: (ein Kind für - erklären) *légitimer.*
Ehre: (jm die - machen/sich etw als - anrechnen) *honorer.*
ehren: *honorer.*
Ehrfurcht gebieten: *imposer 1.*
eichen: *étalonner, graduer 1.*
Eid schwören/leisten: *prêter 2.*
Eier: (- legen) *pondre a;* (- prüfen) *mirer 2;* (- ausschlürfen) *gober;* (verlorene - machen) *pocher 2.*
eifersüchtig sein auf: *jalouser.*
eigen: (sich etw zu - machen) *épouser b.*
eignen: (sich - für) *prêter 4.*
eilen: *accourir, hâter 1, presser b, voler 2.*
eilig: (etw - tun) *se hâter 2.*
einander: (- auffressen) *s'entre(-)dévorer;* (- zerfleischen) *s'entre(-)déchirer.*
einäschern: *incinérer.*
einatmen: *aspirer a, flairer a, humer, inhaler, inspirer 1, respirer.*
einbalsamieren: *embaumer 1.*
einbauen: *encastrer, intégrer 1b;* (in e-n Vertrag -) *coucher 1.*
einbehalten: *précompter, retenir a.*
einberufen: *convoquer;* (Militär) *appeler 1a.*
einbeulen: *bosseler.*
einbeziehen: (- in) *agglomérer, embrasser b;* (mit - in) *inclure a, intégrer 1b.*
einbilden: (sich etw -) *flatter, se gober 2, imaginer, se prévaloir 2.*
einbrechen: *cambrioler.*
einbringen: (jm etw -) *susciter, valoir 2;* (Geld -) *payer a, rapporter 3;* (Geld wo -) *engager 3a.*
einbuchten: *boucler 1, coffrer 1.*
einbürgern: *naturaliser;* (etw)(sich -) *établir 2a, introduire.*
eindämmen: *circonscrire a, endiguer, localiser.*
eindecken: (sich - mit) *monter 2;* (mit Schlägen -) *morteler b.*
eindellen: *bosseler, emboutir.*
eindicken: *concentrer a, réduire 1a.*
eindringen: *envahir, se faufiler 3, insinuer 1, introduire, nicher b, pénétrer a;* (etw)(wo -) *entrer 1a, pénétrer a;* (Wasser) *s'infiltrer;* (Polizei)(plötzlich - in) *descendre.*
Eindruck: (e-n - wiedergeben) *rendre 1b;* (e-n guten/schlechten - machen) *présenter;* (e-n schlechten - machen) *marquer 1.*
eindrücken: *empreindre, imprimer 2;* (den Boden -) *défoncer.*
einebnen: *aplanir, niveler.*
einfädeln: *enfiler 1.*
einfahren: (- in) *entrer 1a;* (Ernte -) *engranger, mettre 1a, rentrer;* (Motor -) *roder.*
einfallen: itr. *crouler, effondrer, s'écrouler;* (- in) *envahir;* (jm -) *offrir 2, prendre 1b, présenter, venir 1b;* (jm wieder -) *rappeler 3, revenir 5;* (jm -/sich - lassen) *s'aviser 5, inventer, mêler;* (was fällt dir ein?) *prendre 1b;* (Wort)(jm nicht -) *fuir.*
einfangen: *rattraper;* (Tier -) *capturer, saisir 1b;* (photographisch -) *intercepter;* (Segel)(den Wind -) *prendre 1a.*
einfassen: *enchâsser, incruster.*
einflechten: (etw - in) fig. *entrecouper, entremêler, nourrir b.*
einfließen lassen in: *glisser b.*
einflößen: *insuffler, inspirer 2.*

Einfluß ausüben: *influer.*
einfrieren: *congeler, geler;* (Preise -) *bloquer, geler.*
einfügen: *agglomérer, encastrer, englober, imbriquer, inclure a, incorporer, intégrer 1a, intercaler;* (wieder -) *réintroduire;* (sich -) *agencer, inscrire;* (irrtümlich/in böser Absicht -) *interpoler.*
einführen: *initier, insinuer 1, implanter, instaurer, instituer, introduire;* (wieder -) *réintroduire;* (etw wo -) *introduire;* (in sein Amt -) *introniser;* (Gesetz... -) *établir 2a;* (Mode -) *introniser;* (Neuerungen -) *innover; (unverzollt -)* frauder, *importer 2.*
eingeben: (jm zuviel Medizin -) *droguer;* fig. (jm e-e Idee... -) *inspirer 2, insuffler.*
eingehen: (Tier/Pflanze)(-) *crever;* (Pflanzen)(langsam -) *languir a;* (Geld)(-) *rentrer;* (ein Abonnement -) *souscrire;* (Risiko -) *risquer 1;* (Vergleich -) *transiger a;* (Verpflichtung -) *prendre 1b.*
eingehend betrachten/prüfen/schildern: *détailler b.*
eingenommen sein: (von sich -) *se gober 2.*
eingeschlossen: (jn gewaltsam - halten) *chambrer 1.*
eingestehen: *confesser, convenir 3, reconnaître 2.*
eingetaucht sein: *baigner.*
eingliedern: *agglomérer, agréger, annexer, enrégimenter, incorporer, intégrer 1a, rattacher b;* (wieder -/ jn wieder - in) *réintégrer.*
eingraben: *enfouir, enterrer;* (sich in die Erde -) *se terrer.*
eingreifen: *intervenir 2;* (vermittelnd -) *s'entremettre.*
eingrenzen: *borner.*
Einhalt gebieten: *conjurer 2, contenir 2, enrayer, juguler, stopper.*
einhalten: *observer 2.*
einhämmern: fig. *enraciner b.*
einhauchen: *insuffler.*
einheimsen: *glaner b, moissonner b, rafler.*
einheiraten in: *s'apparenter a;* (reich -) *redorer.*
einhergehen mit: *accompagner a.*
einholen: *rattraper, rejoindre, gagner;* (js Ansicht/ Rat -) *prendre 1a;* (Leine -) *haler;* (Zeit wieder -) *regagner.*
einhüllen: *enrober b, envelopper, habiller b.*
einig sein/sich einig sein: *accorder 1, retrouver.*
einigen: (sich -) *arranger 1, mettre 1b, pactiser.*
einimpfen: *inoculer a/b.*
einjagen: (jm Schrecken -) *terrifier.*
einkerben: *encocher, entailler.*
einkerkern: *incarcérer.*
Einklang: (in - sein) *communier 1;* (in - bringen) *concilier 1, harmoniser.*
einkleiden: *habiller a;* (etw - in) *habiller b, enrober b.*
einklemmen: *coincer.*
einkreisen: *encercler.*
einladen: *convier a/b, inviter a;* (zum Essen -) *prier b, traiter 2.*
Einladung rückgängig machen: *décommander.*
einlagern: (Waren -) *manutentionner, stocker.*
einlassen: (sich auf etw -) *lancer b, prêter 1b;* (pej. sich mit jm -) *se commettre 2, compromettre, s'accointer, s'abaisser;* (etw wo -) *encastrer.*
einlaufen: (Stoff) *rapetisser, rétrécir;* (wo -) *entrer 1a.*
einläuten: *carillonner.*
einlegen: *mariner;* (Fürsprache -) *intercéder;* (e-n Gang -) *embrayer a;* (e-e Pause -) *marquer 1;* (ein Wort -) *intervenir 2, plaider b.*
einleiten: *ménager 3, préluder b, promouvoir 2.*
einlenken: *céder.*
einlochen: *boucler 1, coffrer 1.*
einlösen: (Pfand -) *dégager a;* (Scheck -) *honorer;* (Versprechen nicht -) *dégager b.*
einmachen: *confire.*
einmauern: *emmurer.*
einmeißeln: *graver.*
einmischen: (sich - in) *s'immiscer, ingérer 2, insinuer 1, mêler N.*
einmummen: *emmitoufler.*
einnehmen: *prendre 1a;* (Medikament -) *ingérer 1;* (e-n Ort/Platz wieder -) *reprendre 1a;* (Raum -) *tenir 1b/2;* (e-n Standpunkt -) *placer b;* (die Stelle von etw -) *détrôner.*
einnicken: *assoupir.*
einnisten: (sich -) *incruster.*
einölen: *huiler.*
einordnen: *classer, placer b, situer;* (jn für sich -) *cataloguer.*
einpacken: *emballer 1, empaqueter;* (wieder -) *remballer;* (- können) *rhabiller.*
einpassen: *encastrer.*
einpferchen: *parquer 1.*
einpflanzen: *enraciner a, planter a.*
einprägen: (jm etw -) *ancrer b;* (sich etw -) *graver.*
einquartieren: *cantonner.*
einrahmen: *encadrer 1.*
einrammen: *ficher 2.*
einräuchern: *enfumer.*
einräumen: (etw wo -) *ranger 2a;* fig. *concéder.*
einreden: *souffler 2.*
einreiben: *passer 1a.*
einreichen: *déposer 2, présenter;* (Dissertation -) *présenter.*
einreihen: *enrégimenter, classer, étiqueter b.*
einreißen: (etw -) *mettre 1a;* fig. (etw)(-) *enraciner b.*
einrenken: *remboîter.*
einrichten: *aménager, établir 1a, installer, meubler a;* (es so - daß) *organiser;* (sein Leben/es so - daß) *arranger 1;* (neu -) *remeubler.*
einritzen: *encocher, graver;* (Haut -) *scarifier.*
einrollen: *rouler 1a;* (sich spiralenförmig -) *vriller 1.*
einrosten: *s'encroûter.*
eins werden: *confondre 1.*
einsäen: *ensemencer.*
einsammeln: *ramasser, recueillir 1, relever 1.*
einsäumen: *border.*
einschalten: *enclencher;* (Radio/Sender... -) *mettre 1a;* (sich als Vermittler -) *interposer, s'entremettre.*
einschärfen: *inculquer.*
einschätzen: (zu gering -) *méjuger.*
einschenken: *servir 2, verser 1a;* (nochmals -) *resservir.*
einscheren: (Fahrzeug)(wieder -) *rabattre 2.*
einschieben: *intercaler;* (immer größeren Abstand - zwischen) *espacer.*
einschiffen: (sich -) *embarquer.*
einschlafen: *endormir;* (wieder -) *redormir, rendormir;* (Glieder - lassen) *engourdir;* (Konversation)(-) *languir b.*
einschläfern: *assoupir, endormir.*
einschlagen: *enfoncer, ficher 2;* (den Boden von etw -) *défoncer;* (Lenkrad -) *braquer 2;* (Weg -) *emprunter 2, enfiler 1, engager 3a;* (Richtung -) *prendre 1a;* (Karriere -) *lancer b;* (etw)(-) *prendre 1b.*
einschleichen: (sich -) *s'infiltrer, insinuer 1, introduire, glisser b.*
einschließen: *enceindre, enclaver, enfermer, englober, emmurer, enserrer, investir 1, verrouiller;* (wieder -) *renfermer a;* (mit -) *comprendre 1, inpliquer 2, inclure a/b.*
einschmelzen: (wieder -) *refondre a.*
einschneidende Maßnahmen ergreifen: *couper 1b.*
einschnüren: *enserrer.*
einschränken: *borner, limiter, rationner, réduire 1b, restreindre;* (sich -) *gêner.*
einschreiben: (sich -) *inscrire, immatriculer.*
Einschreiben: (als - schicken) *recommander 3.*
einschreiten: *intervenir 2, sévir.*
einschüchtern: *frigorifier, effaroucher, intimider.*
einschulen: *scolariser.*
einsehen: *voir 1b;* (es -) *rendre 1b;* (Irrtum -) *se détromper, revenir 1b;* (nicht - wollen) *aveugler.*
einseifen: *savonner.*
einsetzen: (etw -) *mettre 2;* (jn -) *installer, instituer;* (jn wieder -) *rétablir;* (jn als Erben -) *constituer;* (sich -) *se dévouer;* (sich - für) *employer 2, réclamer 2, militer;* (Fleiß... -) *mettre 1b;* (Fische wo -) *peupler;* (Truppen -) *engager 3a;* (Edelsteine -) *incruster.*
Einsicht: (zur - gelangen) *pénétrer b.*
einsickern: *insinuer 1, filtrer, s'infiltrer.*
einsinken: *enfoncer.*
einspannen: (jn -) *atteler b.*
einsparen: *économiser.*
einsperren: *claustrer, cloîtrer, confiner 2, écrouer, enfermer, séquestrer 1;* (wieder -) *renfermer a.*
einspielen: (sich -) *roder.*
Einspruch erheben: *protester.*

einstecken: *empocher, encaisser, enfourner;* (Schläge -) *déguster b, encaisser.*
einstehen für: *répondre 3, témoigner b, garantir.*
einstellen: *embaucher, employer 2;* (jn wieder -) *réintégrer 2 N, reprendre 1a, réemployer, rengager 2;* (jn wo -) *placer a;* (jn als Hilfs-... -) *improviser 2, prendre 1a, recruter;*
(sich -) *établir 2a;* (etw -) *mettre 1a, régler 2a;* (das Objektiv -) *accommoder 3;* (Radio/Fernsehen - auf) *mettre 1a;* (das Erscheinen -) *saborder, suspendre 2;* (Feindseligkeiten -) *suspendre 2;* (Zahlungen -) *cesser, suspendre 2;* (e-n Rekord -) *égaler.*
einstudieren: *mettre 1a.*
einstufen: *déclasser 2;* (neu -) *reclasser 2, pondérer.*
einstürzen: *s'écrouler, effondrer.*
eintauchen: *immerger, mouiller 2, plonger, tremper;* (wieder -) *retremper.*
einteilen: *partager a, répartir;* (in Zonen/Flächen -) *quadriller;* (Zeit strikt -) *minuter.*
eintunken: *saucer.*
eintragen: *consigner 1, enregistrer, coucher 1, inscrire, marquer 2, émarger;* (die Nordrichtung -) *orienter a;* (jm Schaden -) *valoir 2;* (jm etw -) *mériter.*
einträglich sein: *rapporter 3.*
eintreten: itr. *survenir;* (Ordnung/Stille)(-) *établir 2a;* (Ordnung)(wieder -) *rentrer;* (wo -) *entrer 1a/b, pénétrer a, rentrer;* (in eine Partei -) *adhérer.*
eintrichtern: *ancrer b, enraciner b, inculquer.*
eintunken: *saucer.*
einüben: *étudier.*
einverleiben: (sich Stück für Stück -) *grignoter b.*
einverstanden sein: *consentir, souscrire.*
einwachsen: *cirer.*
Einwände erheben: *contester, objecter.*
einwandern: *immigrer.*
einweichen: *tremper.*
einweihen: *étrenner, inaugurer, initier, introduire.*
einwenden: *objecter, opposer b;* (einzuwenden haben) *redire N.*
einwerfen: (Brief -) *poster 2;* (etw in ein Gespräch -) *placer a.*
einwickeln: *entortiller a, envelopper, rouler 1a;* (jn -) *emberlificoter b, embobiner, entortiller b.*
einwilligen: *consentir.*
einwirken auf: *agir 1, infléchir, opérer 1, réagir 2.*
einzahlen: *mettre 1a, verser 2;* (auf ein Konto -) *créditer.*
einzäunen: *enclore.*
einzeichnen: *inscrire.*
einzeln:
(- aufführen) *spécifier;* (- verkaufen) *détailler a;* (im Einzelnen betrachten/prüfen) *détailler b.*
einziehen: (etw -) *rentrer, rétracter 2;* (wo -) *emménager;* (Militär)(-) *appeler 1a;* (Flüssigkeit)(- in) *pénétrer a;* (e-e Decke wo -) *plafonner 1;* (Erkundigungen -) *prendre 1a.*
einzwängen: (Kleidung)(jn -) *pincer 1.*
eirig machen: *voiler 2.*
Eis: (zu - werden) *geler, glacer 1a.*
eitern: *suppurer.*
ejakulieren: *éjaculer.*
ekeln: *écoeurer;* (sich - vor) *dégoûter.*
elektrifizieren: *électrifier.*
elektrisieren: *électriser.*
Ellenbogen: (mit den - stoßen) *coudoyer;* (die - gebrauchen) *jouer 1a.*
emanzipieren: *émanciper.*
emigrieren: *émigrer.*
empfangen: *accueillir a, recevoir;* (Kind -) *concevoir 1.*
Empfang bereiten: *préparer, réserver b.*
empfänglich: (jn - machen für) *sensibiliser.*
empfehlen: *préconiser, recommander 1.*
empfinden: *concevoir 1, éprouver 2, ressentir;* (Sympathie -) *sympatiser.*
empören: *révolter 1.*
emporragen: *élancer 2, jaillir a.*
emporranken: *grimper.*
emporschwingen: (sich -) *élancer 2.*
emporspritzen: *jaillir a.*
emporsprühen: *jaillir a.*
emportragen: *hausser b.*
empört sein: *se formaliser, révolter 1.*
enden: *prendre 2;* (wo -) *terminer 1;* (- auf/mit) *terminer 1.*
Ende: (zu - gehen/das - bilden von/am - stehen von) *terminer 1;* (zu - gehen) *achever 1;* (ein - setzen) *couper 1b, mettre 1b, liquider;* (ein - machen/zu (k)einem - kommen) *en finir 3;* (kein - nehmen) *en finir 3;* (etw nicht zu - sprechen) *rengainer b.*
endlos: (- tun... -) *perdre.*
Energie: (alle - verlieren) *liquéfier.*
eng(er): (Kleidung)(- anliegen) *emboîter, mouler a;* (- machen) *étrangler, rétrécir, reprendre 2, serrer.*
Enge: (jn in die - treiben) *acculer a/b, coincer, mettre 1a, traquer.*
engagieren: *engager 1a;* (sich -) *donner 1, engager 3b.*
entarten: *dégénérer a.*
entbinden: *accoucher;* (jn - von) *délier b, libérer, relever 4;* vgl. entheben.
entblättern: *effeuiller.*
entblößen: *découvrir a, dénuder;* (milit. -)*dégarnir.*
entdecken: *déceler, découvrir b, relever 2.*
enteignen: *déposséder, exproprier.*
entehren: *déshonorer.*
enterben: *déshériter.*
entern: *aborder 1.*
entfachen: *déclencher;* (wieder -) *rallumer.*
entfallen: (jm -) *sortir 1a.*
entfalten: *déployer, épanouir.*
entfärben: *décolorer.*
entfernen: (jn -) *écarter a, éloigner, exclure 1;* (sich -) *s'absenter;* (etw -) *enlever, dégarnir, extirper, ôter, retirer;* (die Blüten -) *défleurir;* (das Futter -) *défourrer;* (die Klebe -) *dégommer a;* (die Falten -) *déplisser;* (Lackschicht - von) *décaper;* (das Markenzeichen -) *démarquer 2;* (die moralisch/politisch anstößigen Stellen - aus) *expurger.*
Entfernung: (e-e - zurücklegen) *couvrir, parcourir.*
entfesseln: *déchaîner;* (Krieg/Streit -) *déclencher.*
entfliehen: *s'enfuir, s'évader.*
entfremden: *aliéner.*
entfrosten: *dégivrer.*
entführen: *enlever, kidnapper.*
entgegen-:
(-arbeiten) *contrecarrer;* (-halten) *objecter, opposer b;* (-nehmen) *agréer;* (-setzen) *opposer a;* (-stehen) *heurter b, opposer a;* (-stellen) *opposer a;* (sich --) *jouer 1b, opposer a;* (-wirken) *neutraliser, obvier.*
entgehen: (etw)(jm -) *échapper b, passer 1a;* (sich etw - lassen) *passer 2, rater;* (sich etw wieder - lassen) *repasser 1b;* (es sich nicht - lassen) *priver.*
entgleisen: *dérailler 1.*
entgleiten: *échapper a, glisser a.*
enthaaren: *épiler.*
enthalten: *comporter 1, comprendre 1, contenir 1, englober, inclure b, recéler, renfermer b, résumer;* (sich -) *s'abstenir, priver.*
enthaupten: *décapiter.*
enthäuten: *écorcher 1.*
entheben: *déchoir, démettre 2, déposséder, destituer, relever 4;* (jn e-r Verpflichtung -) *dispenser 1;* (jn s-s Amtes... -) *révoquer, suspendre 2.*
enthüllen: *découvrir a/b, dévoiler a/b, révéler.*
enthülsen: *écosser.*
entjungfern: *dépuceler, déflorer.*
entkleiden: *déshabiller.*
entkolonisieren: *décoloniser.*
entkommen: *échapper a, réchapper, sauver 1.*
entkorken: *déboucher 1.*
entkörnen: *égrener.*
entkräften: *infirmer.*
entladen: *décharger 1a, désamorcer, désarmer a.*
entlang-:
(-fahren/führen/laufen/gehen...) *longer, suivre 1.*
entlarven: *démasquer;* (als Lügner -) *confondre 2.*
entlassen: *congédier, débaucher 2, dégommer b, licencier, mettre 1a, remercier, renvoyer, valser, virer 4.*
entlasten: *décharger 1b;* (steuerlich -) *dégréver.*
entlauben: *dépouiller 1a.*
entledigen: (sich e-r Sache -) *débarrasser, défaire.*
entleeren: *dégorger 1.*
entlehnen: *puiser b, transporter b, emprunter 1.*
entleihen: *emprunter 1.*
entlocken: *arracher, extirper.*
entmenschlichen: *déshumaniser.*
entmilitarisieren: *démilitariser.*
entmutigen: *abattre b, décourager, démoraliser, rebuter*

entnehmen: puiser b; (Geld -) distraire 1, soustraire 1; (für sich -) prélever; (Blutprobe -) prélever; (etw e-r Sache -) déduire b, conclure 2.
entpolitisieren: dépolitiser.
entrahmen: écrémer.
entreißen: arracher.
entriegeln: déverrouiller.
entrinden: décortiquer, écorcer.
entrosten: dérouiller 1a.
entrüsten: indigner, scandaliser.
entschädigen: dédommager a/b, indemniser.
entschärfen: désamorcer.
entscheiden: décider, trancher 2, statuer, prononcer b; (sich - für) décider, opter; (- zwischen) départager; (sich nicht - können) balancer 1b; (etw)(sich -) jouer 1b; (durch Volksentscheid -) plébisciter.
Entscheidung: (jm zur - vorlegen) en référer 2.
Entschlackungskur machen: purger a.
entschleiern: dévoiler a.
entschließen: (sich - zu) décider, déterminer, résoudre 2.
entschlossen sein zu: décider, déterminer.
entschlüpfen: échapper b.
Entschluß: (- fassen) prendre 2a; (jn zu e-m - bewegen/bringen) décider, résoudre 2.
entschuldigen: excuser.
entsetzen: épouvanter.
entsichern: armer.
entspannen: débander 2, détendre a/b, décontracter, délasser, relâcher 1, relaxer 2.
entsprechen: convenir 1, correspondre 1, équivaloir, répondre 2, satisfaire; (nicht -) contredire.
entspringen: jaillir b, partir 1b.
entstehen: naître b.
entstellen: altérer, défigurer, déformer, dénaturer, estropier, décomposer, fausser, gauchir, mutiler; (Namen -) écorcher; (Sinn -) forcer a.
enttäuschen: décevoir, défriser 2, désappointer, désespérer, échauder, tromper; (Erwartung -) frustrer.
entthronen: déboulonner b.
entvölkern: dépeupler.
entwaffnen: désarmer a/b.
entweichen: dégager a, échapper a.
entweihen: profaner, violer.
entwenden: soustraire 1, subtiliser 2.
entwerfen: échafauder; (in großen Zügen -) ébaucher.
entwerten: galvauder, dévaloriser; (Briefmarken -) oblitérer; (Währung -) avilir.
entwickeln: développer a; (sich -) progresser b, renouveler, évoluer 1; (Kind)(sich -) profiter; (Krankheit)(sich zum Schlimmeren -) progresser b; (Intrige im Drama)(sich -) filer 1b.
Entwicklung durchmachen: évoluer 1.
entwirren: débrouiller, démêler a.
entwischen: échapper a.
entwöhnen: sevrer a.
entwurzeln: déraciner.
entziehen: priver, retirer, sevrer b, soutirer 2, supprimer; (sich e-r Sache -) dérober b, soustraire 1; (der Zuständigkeit e-s Gerichts -) dessaisir.
entziffern: déchiffrer, décrypter.
entzücken: enchanter, ravir 2, transporter 1b, charmer.
entzünden: infecter 2.
entzweien: brouiller 2, diviser b, désunir.
Epoche machen: dater 2.
erachten: (für zu gering -) méjuger.
erarbeiten: élaborer.
erbauen: (jn -) édifier b.
Erbe sein/erben: hériter a/b.
erbetteln: mendier.
erbeuten: capturer.
erbitten: implorer.
erbittern: aigrir.
erbleichen: blêmir.
erblicken: apercevoir 1, aviser 1.
erbrechen: rendre 1a, vomir a.
erbringen: (Beweis -) fournir.
Erbschaft regeln/abwickeln: liquider.
Erdarbeiten machen: terrasser 1.
Erdboden: (dem - gleichmachen) raser 3.
Erde: (- bewegen) terrasser 1; (- durch-tränken mit) gorger.
erdenken: concevoir 2.
erdichten: inventer.
erdolchen: poignarder.
erdrosseln: étrangler.
erdrücken: accabler b, écraser 1b.
ereifern: (sich -) échauffer.
ereignen: (sich -) advenir, arriver 2, passer 2, produire b, survenir.
erfahren: éprouver 2; (von jm -) apprendre.
Erfahrung machen: éprouver 2; (-en machen mit) tâter b.
erfassen: prendre 1b, saisir 1b; (Auto)(jn -) happer; (auf Karteikarten/Zetteln -) ficher 1.
erfinden: inventer, fabriquer; (wieder -) réinventer; (Vorwand -) forger 2.
Erfindungsgabe: (s-e - daransetzen zu)s'ingénier.
erflehen: implorer.
Erfolg: (- haben) aboutir b, prendre 1b, réussir; (- zeigen) réussir; (von - gekrönt sein) se solder 2.
erfolgen: (- im Rahmen von) inscrire.
erfolgreich sein: réussir.
erforderlich sein: imposer 1.
erfordern: commander 1, exiger, nécessiter, prescrire 1, réclamer 1, requérir.
erforschen: explorer, scruter.
erfreuen: réjouir; (sich e-r Sache -) jouir; (das Herz -) dilater.
erfrieren (lassen): geler.
erfrischen: désaltérer, rafraîchir.
erfüllen: combler b, emplir, remplir b, satisfaire; (Freude...)(jn -) inonder b; (das Herz/jn - mit) gonfler b; (mit Besorgnis -) préoccuper; (Bitte... -) exaucer; (Pflicht -) acquitter 2; (mit Duft -) embaumer 2; (etw -) accomplir; fig. (mit etw -) imprégner b.
Erfüllung: (in - gehen) accomplir.
ergänzen: compléter; (Fehlendes -) suppléer 2.
ergattern: accrocher b.
ergaunern: escroquer.
ergeben: déterminer, donner 3; (sich - aus) découler b, dériver 2, dégager b, ressortir 1b, résulter, s'ensuivre/s'en suivre b; (etw)(sich -) intervenir 1; (jd)(sich -) rendre 1a.
ergeben sein: acquérir.
ergehen: (sich - in) confondre 2, se gargariser 2, perdre, spéculer a, répandre; (über sich - lassen) essuyer 2, subir.
ergießen: (sich -) dégorger 1, déverser a, épancher a, jeter 1a.
ergötzen: délecter; (sich - an) repaître.
ergreifen: agripper, empoigner, harponner b, prendre 1a, saisir 1a; fig. émouvoir, toucher 2; (wieder -) ressaisir; (Beruf -) embrasser b; (Besitz - von) prendre 2; (die Flucht -) prendre 2; (die Initiative -) prendre 1b; (Maßnahmen -) décider, prendre 1b; (einschneidende --) couper 1b.
ergründen: approfondir, creuser.
erhalten: conserver, entretenir 1a; obtenir, parvenir a, recevoir; (e-n Preis -) décrocher 1b; (Stimmen -) recueillir 1, réunir.
erheben: lever; (sich -) lever, redresser; (Wind/Sturm)(sich -) lever; (Steuern -) lever, percevoir 2; (die Stimme -) élever 1; (jn sittlich -) moraliser; (sich -) s'insurger; (- zu) ériger 2; (zum Gott -) déifier; (Anklage/Beschuldigung -) porter 2; (Anspruch -) prétendre 1, revendiquer; (Einspruch -) protester, réclamer 2; (Einwände -) contester, objecter, soulever b; (Zweifel -) élever 1.
erhellen: éclaircir b, éclairer, élucider, illuminer.
erhitzen: chauffer 1, échauffer, enfiévrer.
erhoffen: escompter b, espérer.
erhöhen: élever 1, majorer, surélever; rehausser b, relever 1; (jn -) magnifier; (Preise -) hausser a, majorer; (Miete -) augmenter.
erholen: (sich -) remettre 6, reposer 3, se recréer, profiter; (sich - von) revenir 1b, reposer; (sich wieder -) refaire.
erhören: exaucer.
erigieren: bander 2; (aufhören zu -) débander 4.
erinnern: évoquer, rappeler 3; (sich - an) se remettre 7, se souvenir.
erkalten lassen: attiédir.
erkälten: (sich -) enrhumer, refroidir a.
erkennen: discerner, distinguer, percevoir 1; (- lassen) manifester 2; (wieder -) reconnaître 1.
erkennbar werden: distinguer.
erklären: déclarer, expliquer 1; (sich - können) expliquer 1; (rational -) rationaliser; (- zu) proclamer,

déclarer; (sich - für/gegen) *déclarer;* (Kind für ehelich -) *légitimer;* (für rechtsgültig -) *valider;* (sich für inkompetent -) *récuser;* (für neutral -) *neutraliser;* (für volljährig -) *émanciper;* (für rechtskräftig -) *homologuer;* (für ungültig -) *invalider;* (für unschuldig -) *innocenter;* (sich als nicht mehr solidarisch -) *désolidariser.*
erklettern: *escalader.*
erklingen: (Lachen/Rufe...)(-) *fuser.*
erkühnen: (sich -) *enhardir.*
erkunden: *explorer, reconnaître.*
erkundigen: (sich -) *s'enquérir, informer, s'inquiéter 2, prendre 1a, renseigner.*
erlahmen: *relâcher 1.*
erlangen: *acquérir.*
erlassen: *décréter, édicter, légiférer;* (jm e-e Strafe -) *gracier, remettre 4.*
erlauben: *accorder 2, autoriser, permettre.*
erleben: *connaître 2, vivre;* (wieder -) *revrivre.*
erledigen: *exécuter 1, régler 1;* (schlampig -) *torchonner 2;* (schnell -) *expédier 2;* (Arbeit -) *liquider;* (viel Arbeit -) *abattre a;* (der Fall ist erledigt) *revenir 1b;*
(jn -) *crever, rétamer.*
erleichtern: (etw -) *faciliter;* (jn -) *soulager;* (jn um sein Geld -) *alléger, délester;* (sein Gewissen -) *libérer.*
erleiden: *déguster b, essuyer 2;* (e-n Rückfall -) *rechuter;* (Verluste -) *éprouver 2.*
erlegen: *abattre a.*
erliegen: (e-r Sache -) *succomber a.*
erlösen: *racheter b, rédimer, sauver 1.*
ermächtigen: *autoriser, habiliter.*
ermahnen: *exhorter.*
ermatten: *accabler a, abattre b, exténuer.*
ermessen: *jauger b, mesurer b.*
ermitteln: *enquêter, informer.*
ermorden: *assassiner.*
ermüden: *fatiguer, lasser.*
ermuntern: *exhorter, inspirer 2.*
ermutigen: *encourager.*
ernähren: *alimenter, nourrir a.*
ernennen: *désigner, élever 1, faire 1, nommer 2.*
erneuern: *refaire, régénérer, renouveler, rénover, ressusciter;* (Luft/Wasser -) *recycler.*
erniedrigen: *abaisser b, humilier, rabaisser b, ravaler 3;* (sich -) *déroger.*
ernst: (- nehmen) *prendre 1b;* (nicht - sein) *rigoler;* (es nicht - meinen) *rigoler.*
Ernst bewahren: *tenir 1b.*
Ernte einfahren: *engranger, mettre 1a.*
ernten: *moissonner a/b, récolter.*
ernüchtern: *dégriser, désabuser, désenchanter, doucher, échauder.*
erobern: *conquérir a/b.*
erodieren: *raviner.*
eröffnen: *inaugurer, ouvrir a/b;* (neu -) *rouvrir;* (Debatte -) *instituer.*
erörtern: *conférer 2, débattre 1;* (pedantisch -) *disserter.*
erpressen: *extorquer;* (Lösegeld -) *rançonner.*
erproben: *expérimenter, tester.*
erraten: *deviner.*
erregen: (jn -) *enfiévrer, enflammer b, émouvoir, exalter 2, exciter;* (etw -) *susciter;* (Aufmerksamkeit -) *ameuter, mobiliser b, solliciter;* (Anstoß/Ärgernis -) *scandaliser;* (Mitleid -) *apitoyer;* (Neugierde -) *piquer 1b.*
erreichen: *accéder a, acquérir, arriver 1b, atteindre a/b, gagner, parvenir a/b, obtenir, toucher 1a;* (jn -) *gagner, joindre;* (wieder -) *regagner;* (zu - suchen) *chercher;* (beinahe -) *friser 2;* (die Beschlußfähigkeit -) *réunir;* (den höchsten Punkt/den Höhepunkt -) *culminer;* (Flugzeug)(die größte Flughöhe -) *plafonner 2;* (Gehalt)(die Aufstiegsgrenze -) *plafonner 2.*
errichten: *dresser, édifier a, élever 1, ériger 1;* (Barrikaden -) *barricader.*
erringen: (Sieg -) *remporter 2.*
erröten: *empourprer, rosir, rougir.*
erschaffen: *créer;* (neu -) *recréer.*
erschallen: *fuser, retentir.*
erscheinen: *apparaître 1/2, paraître 1, présenter;* (wieder -) *réapparaître;* (größer - lassen) *grandir;* (vor Gericht -) *comparaître ;* (Buch)(-) *paraître 1, sortir 1a.*
Erscheinen: (das - einstellen) *suspendre 2.*
erschlagen: (Blitz)(-) *foudroyer.*
erschleichen: (sich -) *insinuer 1.*
erschöpfen: *anéantir, épuiser, éreinter, exténuer, harasser, pomper 4;* (Geduld -) *pousser 1b;* (den Boden -) *fatiguer, épuiser.*
erschöpfend behandeln: *épuiser.*
erschließen: fig. *conclure 2;* (Gelände -) *aménager, défricher 2, mettre 1b.*
erschießen: *fusiller.*
erschrecken: *affoler, effrayer, terrifier.*
erschüttern: *affecter 2, agiter, bouleverser, chavirer, ébranler, émouvoir, entamer, retourner 1, secouer.*
erschweren: *compliquer.*
ersetzen: *remplacer, supplanter, suppléer 1, substituer;* (Schaden -) *réparer.*
ersinnen: *imaginer.*
ersparen: (jm etw -) *épargner b, infliger;* (etw)(Zeit -) *économiser.*
erst: *faire 3.*
erster...: (als - dransein/der erste sein) *étrenner;* (als erstes tun) *commencer.*
erstarren: *se scléroser, transir;* (- lassen) *figer, glacer 1b, pétrifier, scléroser.*
erstaunen: *étonner.*
erstaunt sein über: *émerveiller.*
ersteigen: *escalader.*
erstellen: (Plan/Theorie... -) *édifier b.*
ersticken: *asphyxier, étouffer, étrangler, suffoquer a/b;* (- in) *noyer b;* (jn in Arbeit -) *abrutir;* (Feuer -) *étouffer;* (im Keime -) *étouffer, étrangler.*
erstrecken: (sich -) *se dérouler a, étendre a, étirer;* (sich - auf) *porter 1b.*
ersuchen: *requérir, solliciter.*
ertappen: *attraper, épingler 2, pincer 2, piquer 4, poisser 2, prendre 1a, surprendre.*
erteilen: *dispenser 2b;* (Auskunft -) *renseigner;* (Absolution -) *absoucre a;* (Befugnis -) *habiliter.*
ertönen: *retentir;* (Lachen/Rufe... -) *fuser.*
Ertrag abwerfen: *rendre 1a.*
ertragen: *endurer, souffrir a/b, subir, supporter b.*
ertränken: *noyer a/b.*
ertrinken: *noyer a.*
erwachen: *éveiller, réveiller;* (zu neuem Leben -) *ressusciter.*
Erwägung: (in - ziehen) *envisager;* (erneut --) *reconsidérer.*
erwähnen: *évoquer, mentionner;* (im Testament -) *coucher 1.*
erwärmen: *chauffer 1, échauffer.*
erwarten: *attendre 1, entendre 3;* (- lassen) *promettre;* (ungeduldig -) *tarder 1.*
Erwartungen enttäuschen: *frustrer.*
erwecken: (etw -) *éveiller.*
erweichen: *attendrir.*
erweisen: (sich - als) *s'avérer, montrer, révéler;* (e-n Dienst -) *rendre 4;* (e-n schlechten Dienst -) *desservir 3.*
erweitern: *élargir 1.*
erwerben: *acquérir, porter 2.*
erwidern: *rendre 1a, rétorquer, répliquer.*
erwischen: *coincer;* (sich - lassen) *choper;* vgl. ertappen.
erwürgen: *étrangler.*
erzählen: *conter, narrer, raconter;* (was für einen Quatsch -) *chanter 1.*
erzeugen: *engendrer.*
erziehen: *éduquer, élever 2.*
erzielen: (Gewinne -) *réaliser 1;* (e-n Preis -) *décrocher 1b;* (ein Tor -) *marquer 1.*
erzittern: *trépider.*
erzürnen: *courroucer.*
erzwingen: *forcer a.*
Eselsohren machen in: *corner 1.*
eskortieren: *escorter.*
essen: *bouffer 2, boulotter, casser, manger a;* (gut -) *régaler;* (gierig/große Mengen -) *ingurgiter;* (zu Abend -) *dîner, souper;* (zu Mittag -) *déjeuner;* (kalt -) *saucissonner.*
Essen: (zum - einladen) *prier b, traiter 2;* (- zubereiten) *cuisiner 1;* (-)(nicht rutschen) *passer 1a.*
Etappe auslassen: *brûler, griller 2.*
etikettieren: *étiqueter a.*

Eule: (-)(schreien) *(h)ululer.*
evakuieren: *évacuer.*
evangelisieren: *évangéliser.*
Examen: (- bestehen) *réussir;* (im - durchfallen) *échouer 2.*
exhumieren: *exhumer.*
Exil: (ins - gehen) *exiler.*
existieren: *être 1, exister.*
exkommunizieren: *excommunier.*
experimentieren: *expérimenter.*
explodieren: *détoner, exploser a/b, péter b, sauter 2.*
exponieren: (sich -) *exposer 2, mouiller 2.*
exportieren: *exporter.*
extrapolieren: *extrapoler.*
exzerpieren: *dépouiller 2.*

F

Fabrik: (in e-r - herstellen) *usiner.*
Façon: (etw aus der - bringen) *avachir.*
Faden: (den(roten) - verlieren) *embrouiller b, perdre;* (Käse)(Fäden ziehen) *filer 1a.*
Fahne: (-)(flattern/wehen) *flotter 1.*
Fahnenabzüge machen: *placarder.*
fahren: *circuler, conduire 1a, marcher 1a;* (- an, gegen, in) *accrocher b, caramboler, entrer 1a, heurter a, rentrer, tamponner 3;* (- in/auf) *engager 3a;* (etw/jn herunter -) *descendre;* (langsamer -) *ralentir;* (schwarz -) *resquiller;* (wohin -) *passer 1a;* (zum Arbeitsplatz -) *se rendre 2;* (Auto -) *conduire 1a;* (Boot -) *canoter;* ((Renn-)wagen -) *piloter;* (Auto)(-) *rouler 1a;* (Schiff)(-) *naviguer, voguer;* (mit etw - über/durch) *passer 1a;* (etw - lassen) *lâcher.*
Fall: (zu - bringen) *renverser b, torpiller;* (der - ist erledigt) *revenir 1b;* (den - setzen) *poser 1b.*
Falle: (e-e - aufstellen) *tendre 1;* (jm e-e - stellen) *poser 1b, tendre 1;* (in e-e - gehen) *donner 2a;* (sich in die - hauen) *se plumer 2.*
fallen: *abattre a, choir, chuter, culbuter, tomber; baisser;* (- in) *sombrer;* (wieder - in) *redonner 2;* (- in/unter) *entrer, rentrer;* (ungeschickt/(un-)glücklich -) *se recevoir 4;* (- unter) *relever 5;* (ins Auge -) *frapper 1b;* (um den Hals -) *pendre, sauter 1a;* (unter die Kompetenz -) *ressortir 2;* (im Krieg -) *tuer a;* (in Ohnmacht -) *défaillir, s'évanouir;* (aus dem Rahmen -) *détonner;* (in e-n geschwollenen Stil -) *enfler;* (zeitlich - (auf)) *intervenir 1, tomber 2;* (Blick)(- auf) *poser 1a, plonger;* (Schatten)(- auf) *projeter 2;* (Schuld/Verantwortung)(- auf) *retomber;* (Wahl)(- auf) *fixer a;* (Aktien-Kurse)(-) *fléchir;* (- lassen) *lâcher, larguer, échapper a;* (sich -- in) *s'affaler, plonger;* (die Maske --)*lever;* (jn in Ungnade --) *disgracier;* (jn - lassen) *choir;* (jm auf den Wecker -/ lästig -) *bassiner, casser, coller 6, emmerder, embêter, enquiquiner, importuner, porter 1a, tanner 2.*
fällen: *abattre a, couper;* (Urteil -) *juger, porter 2, prononcer b, rendre 4.*
fällig werden: *échoir 1.*
falsch: (- beurteilen) *méjuger;* (- singen) *détonner;* (Namen - aussprechen) *écorcher a.*
fälschen: *contrefaire, falsifier, truquer;* fig. *maquiller.*
Falschgeld herstellen: *fabriquer.*
Falten: (- bekommen) *plisser;* (in - legen) *plisser;* (Stoff in - legen) *draper 2;* (- herausmachen aus/entfernen aus) *défoncer, déplisser.*
falten: *plier a;* (geologisch -) *plisser;* (Hände -) *joindre.*
fälteln: *froncer.*
faltig werden lassen: *rider.*
fangen: *attraper, prendre 1a;* (sich -) *rattraper;* (sich wieder -) *retomber;* (Tier -) *capturer;* (Feuer -) *prendre 1a.*
Farben: (- harmonisch zusammenstellen) *marier b;* (- kontrastieren lassen) *contrarier 2, contraster;* (- verblassen/verschießen lassen) *passer 2;* (-)(verwaschen) *délaver.*
färben: *colorer, teindre;* (purpurrot -) *empourprer.*
faseln: *divaguer 2, radoter.*
fassen: *contenir 1, étreindre, prendre 1a/b, saisir, 1a;* (sich wieder -) *ressaisir;* (nicht - können) *en revenir 3;* (ins Auge -) *envisager;* (Entschluß -) *prendre 2;* (Fuß -) *implanter, prendre 1a;* (sich ein Herz -) *enhardir;* (jn mit einem Griff um die Taille -) *ceinturer;* (in Worte... -) *formuler, traduire 1b;* (Quelle -) *capturer;* (Raum)(soundsoviel Personen -) *tenir 2.*
Fassung: (aus der - bringen) *déconcerter, décontenancer, dérouter b, démonter, désarçonner b, ébouriffer, effarer, interloquer.*
Fassungsvermögen: (das - überschreiten) *dépasser.*
fasten: *jeûner.*
faszinieren: *envoûter, fasciner, hypnotiser b.*
faulen: *pourrir a, putréfier.*
faulenzen: *fainéanter, paresser.*
Federn: (neue - bekommen) *remplumer 1.*
fegen: *balayer;* (vom Tisch -) *pulvériser;* (Schornstein -) *ramoner.*
fehleinschätzen: *aveugler.*
fehlen: *manquer 1, s'en falloir;* (jm -) *démunir;* (in der Schule -) *manquer 2;* (es jm gegenüber nicht - lassen an) *marchander, ménager, prodiguer.*
Fehler machen: *commettre 1;* (- über - machen) *accumuler;* (keinen -) *faillir 1;* (Fehler wieder gut machen) *racheter a;* (etw)(den Fehler haben) *pécher b.*
fehlerhaft sein: *pécher b.*
fehlschlagen: *manquer 2, rater.*
Fehltritt begehen: *fauter.*
feierlich: (- reden (zu)) *haranguer, pontifier;* (etw - begehen) *commémorer, solenniser.*
feiern: *célébrer, commémorer, fêter, festoyer;* (den Triumpf -) *triompher;* (Weihnachten/Silvester -) *réveillonner.*
feilbieten: *prostituer b.*
feilen: *limer;* fig. (- an) *arrondir, châtier, fignoler, peaufiner.*
feilschen: *marchander a.*
Feind: (- dauernd angreifen) *harceler a;* (- überrennen) *culbuter;* (- zerschlagen) *enfoncer.*
Ferien: (- machen/in - sein) *prendre 1a, vaquer 1.*
fernbedienen: *télécommander.*
fernhalten: *écarter a, éloigner.*
Fernsehen einstellen auf: *mettre 1a.*
fernsteuern: *télécommander, téléguider.*
Fersen: (jm auf den - sein) *talonner.*
fertig: (- sein) *y être 8, en finir 3, en terminer 3, terminer 2;* (- werden mit) *en finir 3, sortir 1b;* (spielend - werden mit) *se jouer 3;* (jn - machen) *claquer, crever, rétamer;* (- + Verb, tun...) *achever 1;* (mit einem Schicksalsschlag - werden) *accuser 3.*
fesseln: *ficeler, ligoter;* (die Aufmerksamkeit -) *capter, captiver, retenir b;* (ans Bett -) *clouer.*
fest(er): (- werden) *prendre 1a;* (- werden lassen/machen) *solidifier, raffermir, resserrer.*
festbinden: *amarrer, attacher a, lier;* (wieder -) *rattacher a.*
festdrehen: *serrer.*
festfahren: (sich -) *embourber a, enliser.*
festfressen (lassen): (sich -) *gripper.*
festgipsen: *sceller 2.*
festhalten: *agripper, maintenir 1a, retenir a, soutenir 1a;* (sich wo -) *persévérer, raccrocher, tenir 1a, retenir a;* (Arm... -) *immobiliser;* (jn zu Hause -) *immobiliser.*
festigen: *affermir, asseoir b, cimenter, consolider, stabiliser, raffermir.*
festkeilen: *caler 1, coincer.*
festketten: *enchaîner a.*
festklammern: (sich - an) *agripper, accrocher, raccrocher.*
festklemmen: *coincer.*
festkrallen:(sich - an) *s'agriffer.*
festlegen: *arrêter 4, déterminer, fixer a/b, régler 3;* (vertraglich -) *stipuler.*
festliegen: (Schiff)(-) *gîter 2;* fig. *revenir 1b.*
festmachen: *fixer a.*
festnageln: *clouer.*
festnehmen: *appréhender 1, arrêter 3, interpeller;* (wieder -) *reprendre 1a.*
festnieten: *river a, riveter.*
festschrauben: *boulonner 1, serrer, visser 1.*
festsetzen: *arrêter 4, fixer a/b, poser 1b;* (Preis/Zoll -) *tarifer;* (vertraglich -) *stipuler;* (sich -) *enraciner b, incruster, nicher b.*
feststampfen: *piétiner.*

feststecken: *épingler 1.*
feststehen: *acquérir.*
feststellen: *constater, établir 2b, observer 1b, relever 2* ; (e-e Ähnlichkeit -) *rapprocher;* (festzustellen suchen) *sonder b.*
festzementieren: *sceller 2.*
fett werden: *engraisser 1.*
feucht machen: *humecter, mouiller 2.*
Feuer: (- legen) *incendier 1, mettre 1a;* (- fangen) *prendre 1a;* (- schüren) *attiser, pousser 1a;* (- ersticken) *étouffer;* (- wieder anfachen) *réactiver;* (Öl ins - gießen) *mettre 1a.*
Fieber senken: *couper 1b.*
Filialen gründen: *essaimer.*
Film: (- machen/drehen) *réaliser 1, tourner;* (- vor der Aufführung überprüfen/laufen lassen) *visionner;* (- zeigen) *passer 1a, projeter 2;* (- kürzen) *couper 1a;* (auf - aufzeichnen) *filmer.*
filmen: *filmer.*
filtern: *déféquer 1, filtrer;* (Kaffee -) *passer 1a.*
finanzieren: *financer.*
finanziell belasten: *grever.*
finden: *dénicher, juger, trouver 1/2;* (zu sich selbst -) *s'affirmer 2;* (wieder --) *retrouver;* (etw aufregend -) *exciter;* (Anklang -) *prendre 1b;* (Gefallen - an) *goûter 1, plaire, prendre 1b;* (e-n Modus vivendi -) *accommoder 3;* (Wege und Mittel -) *arranger 1;* (e-e Stelle/Stellung -) *placer a;* (für jn e-e neue Stelle -) *replacer 2;* (e-e neue Tätigkeit für jn -) *reconvertir.*
Fingernägel: (an den -n kauen) *ronger.*
Finten machen: (Sport) *feinter.*
firmen: *confirmer 2.*
firnissen: *vernir.*
fischen: *pêcher a;* (wieder -) *repêcher;* (im Trüben -) *pêcher a.*
fitscheln: *gratter 1, racler.*
fixieren: *fixer a;* (im Gedächtnis -) *photographier;* (Photo -) *fixer a.*
flach machen: *aplatir.*
Flächen: (in - einteilen) *quadriller.*
flaggen: *pavoiser a.*
flambieren: *flamber.*
Flammen: (in - setzen) *embraser, enflammer a.*
flanieren: *flâner.*
flankieren: *flanquer.*
Flaschen: (auf - abziehen/abfüllen) *embouteiller.*
flattern: *flotter 1, ondoyer 1, voleter, voltiger.*
fläzen: (sich -) *s'affaler, se vautrer.*
flechten: *entrecroiser, ourdir 1, tresser;* (Stuhl neu -) *rempailler.*
Fleck: (sich nicht vom - rühren) *décoller 1.*
Flecken machen/geben: *tacher a.*
Fleisch: (- spicken) *entrelarder;* (- mürbe machen) *mortifier.*
fleißig: (- sein/etw - tun) *appliquer 3.*
flennen: *pleurer, pleurnicher.*
flicken: *raccommoder 1, rapiécer, remailler.*
fliegen: *voler 2, voltiger; valser;* (ein Flugzeug -) *naviguer, piloter;* (in die Luft -) *sauter 1b.*
fliehen: *fuir, s'enfuir.*
Fliesen legen/mit - auslegen: *daller.*
fließen: *couler 1, découler a, dégorger 1, s'écouler 2.*
flimmern: *trembloter, papilloter.*
flirten: *flirter.*
flitzen: *filer 3, gazer, tracer 3.*
floaten: (Währung)(-) *flotter 2.*
flößen: *flotter 1.*
flott machen: (wieder -) *renflouer.*
fluchen: *jurer 2, sacrer 2.*
Flucht ergreifen: *prendre 2.*
fluchtartig etw verlassen: *déguerpir.*
flüchten: *s'évader, se réfugier.*
flüchtig sehen: *entrevoir a.*
flügge sein: *voler 2.*
Flughöhe: (die größte - erreichen/haben bei) *plafonner 2.*
Flugzeug: (-)(abheben/starten) *décoller 2, quitter.*
flurbereinigen: *remembrer.*
Fluß: (-)(anschwellen) *grossir;* (-)(sinken) *décroitre.*
Flüssigkeit: (- verdünnen) *éclaircir a, étendre a, couper 1a, diluer;* (- in sich aufnehmen) *imbiber;* (in e-r - liegen/stehen) *tremper;* (-)(etw durchtränken) *imprégner.*

flüstern: *chuchoter, souffler 2, susurrer.*
Föderation eingehen: *fédérer.*
föderieren: *fédérer.*
Folge: (zur - haben) *entraîner 2;* (- leisten) *obtempérer;* (e-r Aufforderung --) *exécuter 1.*
folgen: *suivre 1; obéir, suivre 1;* (e-r Sache geistig -) *suivre 1;* (daraus -) *s'ensuivre b, suivre 2, ressortir b, découler b;* (- auf) *s'en suivre a, succéder;* (jm dicht -) *serrer;* (auf dem Fuße -) *emboîter.*
folgern: *déduire b, inférer.*
Folter: (jn auf die - spannen) *mettre 1b.*
foltern: *torturer.*
fordern: *exiger, réclamer 1, requérir;* (Recht -) *revendiquer;* (Unfall)(Opfer -) *faire 1.*
fördern: *activer, encourager, flatter, promouvoir 2;* (jn -) *pistonner;* (Bodenschätze -) *exploiter.*
Form: (die - von etw annehmen) *épouser b;* (die - haben von) *faire 1;* (der - nach passen in/zu) *épouser b;* (in e-e - gießen) *mouler a;* (e-e gebogene - haben) *recourber;* (e-e gebogene - geben) *incurver;* (etw aus e-r - nehmen) *démouler.*
formalisieren: *formaliser.*
formen: *façonner, modeler b, mouler a.*
formieren: (sich zu etw -) *former;* (sich neu -) *reformer.*
Formular ausfüllen: *libeller, remplir.*
formulieren: *articuler 1, formuler.*
forschen: (nach etw -) *rechercher.*
forschend anschauen, betrachten: *scruter.*
fortbewegen: (sich -) *déplacer a, progresser a.*
fortbilden: (sich -) *recycler.*
fortfahren: *partir a;* (- in/mit) *continuer, enchaîner b, passer 1b, poursuivre 2.*
fortfliegen: *s'envoler.*
Fortgang: (keinen - nehmen) *traîner.*
fortnehmen: *enlever.*
Fortschritte: (- machen) *avancer 1, progresser b;* (keine - machen) *stagner.*
fortsetzen: *continuer, poursuivre 2.*
Fortsetzung folgt: *suivre 1.*
forttun: *enlever.*
fortziehen: (mit sich -) *entraîner 1a.*
Frage: (- anschneiden) *soulever b;* (mit - bestürmen) *cribler 2b, harceler b, mitrailler b, presser a;* (- stellen) *poser 1b;* (in - stellen) *en appeler 6, contester, mettre 1b, suspecter;* (sich den - von jm stellen) *prêter 1b.*
fragen: *demander, interroger a, questionner;* (sich - nach) *interroger a;* (jn um s-e Meinung -) *pressentir 2;* (jn um Rat -) *consulter.*
frankieren: *affranchir 2, timbrer.*
französisieren: *franciser.*
fraternisieren: *fraterniser.*
Frau: ((sich) e-e - nehmen) *prendre 1a.*
frei: (- werden) *dégager a;* (- herumlaufen) *divaguer 1.*
freigeben: *dégager a, libérer;* (Kredite -) *débloquer 1, dégeler.*
freihalten: (jn -) *défrayer 1.*
Freiheit(en): (in - setzen) *mettre 1b;* (sich jm gegenüber - herausnehmen) *prendre 1b.*
freikaufen: *racheter a.*
freilassen: *affranchir 1, dégager a, élargir 2, libérer, mettre 1b, relâcher 2, relaxer 1.*
freimachen: *déblayer, débarrasser, dégager a, dépouiller 1b;* (wieder -) *débloquer 1;* (Brief -) *affranchir 2;* (Leitungen -) *déboucher 1;* (sich von Verpflichtungen -) *se désengager;* (den Weg -) *dégager a, livrer 2b, ouvrir;* (sich zeitlich -) *libérer;* (sich - von) *débarrasser, libérer.*
freisetzen: *dégager a; libérer.*
freispielen: (Fußball)(jn -)*démarquer 2.*
freisprechen: *absoudre a/b, acquitter 1, innocenter.*
freistrampeln: (sich -) *déborder 2, découvrer a.*
freiwillig: (sich - melden zu) *enrôler;* (- verzichten auf) *dépouiller 1a.*
fressen: (Mensch)(-) *bouffer 2, boulotter, dévorer, se goinfrer;* (Tier)(-) *manger a;* (Motor)(-) *manger b;* (Würmer)(Löcher - in) *piquer 6.*
Freude: (vor - aus dem Häuschen sein) *pavoiser b.*
freuen: *réjouir.*
freundlich(es):(wieder ein - Gesicht machen) *défroncer.*
frieren: *(se) cailler 2, geler, glacer 1a, (se) peler 2, prendre 1a.*
frisch: (sich - machen) *rafraîchir;* (Wetter)(frischer

werden) *rafraîchir*.
frisieren: (Motor -) *gonfler a, trafiquer 2;* (Statistik -) *truquer*.
Frist: (e-e - bewilligen/gewähren) *impartir;* (- verlängern) *proroger;* (r)(ablaufen) *expirer 3*.
Frisur: (in Unordnung bringen) *défriser 1, décoiffer, ébouriffer, écheveler*.
frittieren: *frire*.
frohlocken: *exulter*.
frösteln: *frissonner*.
fruchtbar machen: *féconder, fertiliser*.
Früchte: (- tragen) *fructifier;* (- mit Alkohol ansetzen) *macérer 1*.
Frühstück: (etw zum - essen/trinken) *déjeuner*.
frustrieren: *frustrer*.
fügen: (etw - in/ineinander-) *encastrer, imbriquer;* (sich -) *exécuter 1;* (sich e-r Sache -) *plier b;* (es sich - daß) *trouver 1*.
fühlen: *sentir a/b, ressentir;* (sich wie -) *sentir a, trouver 1;* (sich nicht wohl -) *déplaire;* (jn etw stärker - lassen) *appesantir;* (den Puls -) *tâter a*.
führen: *aboutir a, accéder a, conduire 1a, guider, mener 1a/b, 2a/b;* (dazu -) *aboutir b, conduire 1b, faire 1, mener 2;* (vor Augen -) *représenter 2;* (sich zu Gemüte -) *se farcir 2;* (ein Gespräch -) *entreprendre 2;* (e-e Kontroverse -) *controverser;* (Krieg -) *guerroyer;* (ein liederliches Leben -) *débaucher 1;* (jn hinters Licht -) *ficher 3;* (e-n Monolog -) *monologuer;* (Tagebuch -) *tenir 1b;* (in Versuchung -) *induire 1;* (Fluß)(mit sich -) *charrier 1;* (Weg)(wo durch -) *cheminer*.
füllen: *combler a, emplir, farcir 1, garnir, lester, remplir a, truffer a;* (fig.) *meubler b;* (mit Rauch -) *enfumer;* (in Säcke/Tüten -) *ensacher;* (Geruch)(etw -) *imprégner a*.
funkeln: *étinceler, rutiler, scintiller, flamboyer;* (Augen)(-) *pétiller*.
Funktion: (e-e - aufweisen/haben) *revêtir b*.
funktionieren: *fonctionner;* (nicht -) *déconner;* (gut -) *carburer 2;* (schlecht -) *défaillir;* (leicht -) *jouer 2;* (nicht mehr genau -) *dérégler*.
fürchten: *appréhender 3, craindre, redouter*.
furnieren: *plaquer 1*.
Fürsprache einlegen: *intercéder*.
furzen: *péter a*.
fusionieren: *fusionner*.
Fuß: (- fassen) *implanter, prendre 1a;* (auf dem - folgen) *emboîter;* (mit den Füßen treten) *fouler 1;* (kalte Füße bekommen) *déculotter, mouiller 3*.
füttern: *nourrir a; doubler 2, fourrer 2*.

G

gabeln: (sich -) *bifurquer, fourcher*.
gackern: *caqueter*.
gähnen: *bâiller*.
galoppieren: *galoper*.
galvanisieren: *galvaniser*.
Gang: (in - bringen/setzen) *amorcer 2, embrayer b, emmancher, déclencher, engager 4, lancer a, mettre 2, partir 1a;* (wieder - -) *dépanner, décoincer, débloquer, réactiver, relancer 2;* (wieder in - kommen) *reprendre 4;* (e-n - einlegen) *embrayer a*.
Gangart: (die - beschleunigen) *forcer a*.
Garantie geben auf: *garantir 2*.
garantieren: *garantir 2, porter 2*.
Gardinenpredigt: (jm e-e - halten) *sermonner*
gären: *couver b, cuver, fermenter*.
garnieren: *garnir*.
Garten: (im - arbeiten) *jardiner*.
Gäste wieder ausladen: *décommander*.
Gaszustand: (in - überführen) *sublimer 1*.
gaukeln: *voleter*.
gebären: *accoucher, enfanter a*.
gebärden: (sich - als) *poser 2b*.
geben: *donner 1/3, filer 5, flanquer 2, passer 1a, refiler;* (nochmals -) *redonner 1;* (es jm -) *rater;* (es gibt) *y avoir 4a, être 1;* (jd)(sich wie -) *vouloir 1;* (etw)(sich -) *se tasser 2;* (sich zufrieden - mit) *contenter, payer b;* (von sich -) *dispenser 2a, lâcher, lancer b, rejeter a, rendre 1a;* (dosiert von sich -) *distiller;* (Anlaß - zu) *prêter 4;* (Anlaß zu der Annahme - daß) *donner 1;* (Anlaß zur Unzufriedenheit -) *mécontenter;* (e-r Sache Ausdruck -) *exhaler;* (den Ausschlag -) *départager 2;* (Befehl -) *intimer, ordonner 1;* (sein Debut -) *débuter;* (Geleitschutz -) *convoyer;* (Gestalt -) *concrétiser;* (zur Gepäckaufbewahrung -) *consigner 2;* (Kontra -) *contrer;* (jm Kredit -) *créditer;* (zum Lehen -) *inféoder;* (jm ein Mandat -) *mandater 2;* (jm e-e Mitgift -) *doter a;* (sich Mühe -) *s'efforcer;* (sich keine Mühe -) *se fouler 3;* (e-r Sache Nahrung -) *entretenir 1b;* (die Peitsche -) *fouailler, fouetter;* (die Sporen -) *éperonner;* (Rabatt -) *rabattre 1;* (e-e persönliche Note -) *personnaliser;* (jm/e-m Tier den Rest -) *achever 2;* (den ersten Schliff -) *dégrossir;* (den letzten Schliff -) *parachever;* (e-e Spritze -) *piquer 1a;* (sein Wort -) *engager 2b;* (jm das Wort -) *passer 1b;* (ein Zeichen von sich -) *manifester 2;* (s-e Zustimmung -) *opiner*.
gebieten: *enjoindre;* (Einhalt -) *contenir 2, enrayer, juguler, stopper;* (Schweigen/Ehrfurcht -) *imposer 1*.
gebogen: (e-e gebogene Form haben) *recourber;* (e-e gebogene Form geben) *incurver*.
geboren: (- werden) *naître a;* (- sein als Kind von) *naître a*.
gebrauchen: *employer 1;* (etw zum erstenmal -) *étrenner;* (die Ellenbogen -) *jouer 1a*.
Gebrauch: (- machen von) *mettre 1b/2; user 2;* (in - sein) *servir 3;* (wieder in - kommen) *resservir 2*.
Gedächtnis: (-)(nachlassen/versagen) *défaillir;* (im - behalten) *retenir b;* (wieder ins - rufen/sich ins - zurückrufen) *rappeler 3, remémorer, se remettre 7*.
Gedanken: (sich - machen) *interroger a, préoccuper;* (sich mit dem - tragen) *mijoter b, parler, penser;* (js - verfälschen) *trahir b*.
gedeihen: *profiter, prospérer, réussir*.
gedenken: *penser, songer 2;* (wieder/nochmals -) *repenser;* (e-r Sache -) *commémorer*.
Geduld erschöpfen/verlieren: *pousser 1b*.
gedulden: (sich -) *patienter*.
geeignet machen: *prédisposer*.
Gefahr: (in - bringen) *compromettre, mettre 1b;* (- abwenden) *conjurer 2;* (sich der - aussetzen) *se risquer 3;* (- laufen) *courir*.
Gefallen haben/finden an: *se gargariser 2, goûter 1, plaire, prendre 1b*.
gefallen: *agréer, plaire, revenir 6, taper 1, aimer;* (nicht -) *déplaire;* (es jm wo -) *plaire;* (sich - in) *se complaire, plaire;* (sich - lassen) *encaisser, laisser 3*.
gefangen: (- halten) *détenir, retenir a;* (- nehmen) *capturer*.
Gefängnis: (ins - stecken/werfen) *coller 4, emprisonner;* (aus dem - ausbrechen) *s'évader*.
gefaßt: (- sein auf) *attendre 2;* (sich - machen) *préparer;* (jn - haben) *tenir 1b*.
gefärbt: (leicht - sein) *se teinter 2*.
Gefecht: (außer - setzen) *mettre 1b*.
gefehlt: (weit -) *s'en falloir 2*.
gefeit machen: *immuniser b*.
gefrieren: *prendre 1a;* (- lassen) *glacer 1a*.
Gefühle: (- beherrschen) *maîtriser;* (- mäßigen/unterdrücken/zügeln) *contenir 2, retenir b, refouler;* (ein - bei jm hervorrufen) *insuffler;* (s-n - freien Lauf lassen) *se défouler;* (s-n - Luft machen) *épancher b;* (-)(dem Ausbruch nahe sein) *gronder 1;* (-)(nicht nachlassen) *désarmer b*.
gefühllos werden: *endurcir b*.
gegebenenfalls: *échoir 1*.
gegen etw/jn sein: *jouer 1b*.
Gegenangriff machen/starten: *contre-attaquer*.
Gegenbesuch machen/abstatten: *rendre 1a*.
gegeneindanderstoßen lassen: *heurter a*.
Gegengewicht bilden zu: *contrebalancer, pondérer*.
gegensätzlich sein: *opposer a*.
gegenseitig: (sich - helfen) *s'entraider*.
gegenüberstellen: *affronter, confronter, opposer a*.
gegenzeichnen: *contresigner, émarger*.
Gehalt beziehen: *émarger, toucher 3*.
gehalten sein: *tenir 1b*.
Geheimnis verraten: *livrer 2b*.
Geheimschrift entziffern: *décrypter*.
gehen: *aller 1, marcher 1a, passer 1a, partir 1a, prendre 1a, progresser a, se propulser 2;* (langsamer -) *ralentir;* (vor jm -) *précéder;* (wieder wohin -) *rejoindre;* (hinter etw/jm (her) -)*suivre 1;* (- in/zu) *entrer 1b, rentrer;* (unter/über/durch etw -) *passer*

1a; (längs -) *côtoyer;* (hin und her - in) *arpenter b;* (querfeldein -) *prendre 1a;* (vorwärts -) *avancer 1;* (weg -) *s'en aller 7;* (weiter -) *avancer 1;*
(in die Armee -) *engager 2a;* (zum Arbeitsplatz -) *se rendre 2;* (nicht aus dem Hause -) *se déranger;* (an Land -) *débarquer;* (über den Rand/die Grenzen -) *déborder 1a;* (zu Bett -) *coucher 1;* (ins Exil -) *exiler;* (aus dem Wege -) *couper 2, éviter;* (um die Ecke -) *tourner 1a;* (in Deckung -) *mettre 1a;* (in die Politik -) *lancer b;* (s-n Weg -) *cheminer a, passer 1a;* (auf den Strich -) *prostituer a;*
(jm nicht aus dem Kopf/aus dem Sinn -) *hanter, lanciner b, obséder;* (auf Distanz -) *prendre 1b;* (auf den Leim -) *gober 1;* (in die (Tausende...) -) *chercher, chiffrer 2;*
(Teig)(-) *gonfler a;* (Räume)(ineinander -) *communiquer 1;* (Schlüssel)(leicht -) *jouer 2;* (Zimmer...)(- nach/auf) *donner 2a;* (etw)(vorbei -) *se tasser 2;* (jd)(in die Luft -) *exploser b;*
(es jm wie gehen) *aller 2, porter 1a;*
(gut/schlecht -) *aller 2, marcher;* (gut -) *prospérer;* (nicht mehr genau -) *se dérégler;* (schief -) *foirer;* (zugrunde/bergab -) *décliner 1, dépérir, péricliter, périr;* (bankrott -) *couler 2;* (daran -) *entreprendre 1;* (zuende -) *achever 1, terminer 1;* (über etw (hinaus) -) *passer 1b;* ((gerade) noch -) *passer 1b;* (so weit - zu sagen...) *s'avancer 4;* (zu weit -) *abuser 2;* (von jm - (= sterben) *quitter;*
(sich - lassen) *abandonner, laisser 3;*
(auf die Nerven -) *assommer b, coller 6, crisper b, excéder 2, empoisonner, horripiler, porter 1a, casser;* (es darum -) *agir 2;* (in sich -) *rentrer.*
Gehör schenken: *prêter 1b.*
gehorchen: *obéir, obtempérer;* (nicht -) *désobéir.*
gehören: (jm -) *appartenir a, être;* (- zu) *appartenir b, compter 1, entrer 1b, être 4, relever, ressortir 2, rentrer.*
Gehorsam: (sich - verschaffen) *obéir.*
geißeln: *châtier, flétrir 2, fustiger.*
Geist: (den - aufgeben) *expirer 2, rendre 1a.*
gekleidet sein in: *harnacher.*
gekränkt sein: *se formaliser 2, froisser 2.*
gelangen: (- zu) *aboutir b, accéder b, arriver 1b, passer 1a, parvenir a/b, en venir 3, venir 1a;* (zu e-m Amt -) *accéder b;* (zu der Einsicht -) *pénétrer b.*
gelb: (- werden/erscheinen lassen) *jaunir.*
Geld: (-schein anbrechen) *écorner;* (- anlegen) *investir 2a, placer a;* (- abheben) *retirer 1;* (- ausgeben) *débourser, dépenser;* (- bekommen/beziehen) *palper, percevoir 2, toucher 3;* (- durchbringen) *craquer a, gâcher 2b;* (- einbringen) *rapporter 3;* (- einbringen in) *engager 3a, payer a;* (- auf ein Konto einzahlen) *créditer;* (- einzahlen auf/setzen auf/anlegen/hineinstekken) *mettre 1a;* (- einstreichen) *toucher 3;* (- entnehmen) *distraire 1;* (jn um - erleichtern) *délester;* (- fälschen) *contrefaire;* (kein - haben) *démunir;* (- investieren in) *engager 3a;* (- unter totalem Verlust investieren) *engloutir;* (- kassieren) *palper;* (wieder zu - kommen (lassen)) *remplumer 2;* (jn (sein ganzes) - kosten) *démunir;* (- lockermachen) *débloquer 1;* (- machen aus/ etw zu - machen) *monnayer;* (- nehmen von etw) *prendre 1a;* (- prägen) *frapper 1a;* (- springen lassen) *valser;* (- überweisen) *transmettre, virer;* (- rausrükken) *lâcher;* (- zum Fenster rauswerfen) *fusiller;* (- setzen auf) *jouer 1a;* (in - umsetzen) *monnayer;* (- verschwenden) *dissiper a;* (- vergeuden) *gâcher 2b;* (- zusammenlegen) *se cotiser 2;* (- zurückbezahlen) *rembourser;*
(-)(zerrinnen) *filer 2;* (-)(an Wert verlieren) *déprécier a.*
Gelegenheit: (- abpassen) *guetter b;* (- verpassen) *gâcher 2b.*
geleiten: *escorter.*
geleitet sein von: *mouvoir.*
Geleitschutz geben: *convoyer.*
gelenkig machen: *assouplir.*
gelingen: *arriver 1b, parvenir b, réussir;* (nicht -) *échouer 2, manquer 2, en rester 4.*
gelten: *compter 1;* (- als) *passer 4;* (- lassen) *adopter;* (es gilt, zu...) *s'agir 2.*
geltend machen: *valoir 1a.*
Geltung: (zur - bringen) *mettre en valeur.*
gemeinsam: (etw - haben) *partager a.*
Gemüte: (sich zu - führen) *se farcir 2.*
genau: (- sitzen) *emboîter;* (nicht mehr - funktionieren/gehen) *dérégler;* (- übersetzen) *serrer.*
genehmigen: *autoriser;* (sich einen -/ sich etw -) *s'appuyer 2, s'envoyer 2, se farcir.*
geneigt machen zu: *incliner b.*
genesen: *guérir a, revenir 1b.*
genieren: (sich (nicht) -) *gêner.*
genießen: *déguster a, goûter 1, jouir, régaler, savourer;* (Vertrauen -) *bénéficier;* (Ausblick -) *rincer.*
genießerisch trinken: *siroter.*
genug: (nicht - bekommen können von) *rassasier b.*
genügen: *satisfaire, suffire.*
genügend: (nicht - haben) *manquer 1.*
Genüge tun: *satisfaire.*
geöffnet sein: *ouvrir a.*
Gepäck: (jm das - abnehmen) *débarrasser;* (zuviel - mit sich herumschleppen) *encombrer.*
geplagt werden von: *affliger.*
geprägt sein von: *empreindre.*
gerade erst: *faire 3.*
gerade: (-machen) *redresser;* (wieder - biegen) *détordre.*
geraten: (auf Abwege -) *se dévoyer;* (außer sich -) *sortir 1b;* (in Brand -) *prendre 1a;* (in Streit -) *fâcher;* (in Verzückung -) *s'extasier;* (in Zorn -) *entrer 2, s'emporter 2, piquer 3;* (in schlechte Gesellschaft -) *s'encanailler;* (gegen jn in Harnisch -) *se gendarmer;* (sich in die Haare -) *empoigner.*
Geräusch: (-)(leiser werden) *décroître;* (-)(ans Ohr treffen) *frapper 1a;* (-)(lauter werden) *grossir;*
(- verstärken) *grossir;* (- dämpfen) *étouffer, filtrer;* (- geben) *produire b.*
gerben: *tanner.*
Gerechtigkeit widerfahren lassen: *rendre 4.*
gereichen: (jm zum Nachteil -) *porter 2;*
Gericht: (vor - erscheinen) *comparaître;* (vor - bringen) *déférer 1;* (vor - zitieren) *citer.*
gerichtlich: (- anerkennen/bestätigen) *homologuer;* (- vorgehen gegen) *poursuivre 1;* (- belangen) *traduire 2.*
gering(er): (- werden) *diminuer;* (etw - schätzen) *dédaigner;* (zu - einschätzen) *méjuger.*
gerinnen (lassen): *(se) cailler 1, coaguler, figer.*
gerissen sein: *faire 1.*
gerissen: (hin und her - sein/werden) *ballotter, écarteler.*
Geruch: (-)(schweben/hängen) *flotter 1;* (-)(etw durchdringen/füllen) *imprégner a;* (- verbreiten) *dégager a, répandre;* (- einatmen) *flairer a;* (- festzustellen versuchen) *humer.*
Gerücht(e): (- verbreiten) *propager b, semer 1b;* (-)(umgehen) *circuler.*
geruhen: *daigner.*
gerührt sein/werden: *attendrir, émouvoir.*
Gerüst aufstellen: *échafauder.*
Geschäft(e): (- auflösen) *liquider;* (dunkle - machen) *trafiquer 1a.*
geschäftig sein: *activer.*
geschehen: *arriver 2, produire b, venir 5.*
geschenkt bekommen: *offrir 1.*
geschickt sein: *faire 1.*
geschlossen sein: (Amt)(-) *vaquer 1.*
Geschmack: (e-r Sache e-n bestimmten - geben) *parfumer.*
geschmeidig machen: *assouplir.*
geschüttelt werden: *hoqueter.*
Geschwindigkeit herabsetzen: *ralentir.*
geschwollen: (- reden) *pontifier;* (in e-n - Stil fallen) *enfler.*
Gesellschaft leisten: *tenir 1b.*
Gesetz: (- ab-ändern) *réviser;* (- aufheben) *supprimer;* (- einführen) *établir 2a;* (- erlassen) *légiférer;* (- übertreten) *enfreindre;* (- umgehen/verstoßen gegen) *enfreindre 1, frauder;* (- verkünden) *promulguer;* (- verabschieden) *passer 1b.*
gesetzlich: (- regeln) *réglementer;* (- verbieten) *prohiber.*
Gesicht: (ein saures - machen) *se renfrogner;* (ein mürrisches - ziehen) *rechigner;* (das - verziehen) *grimacer, tiquer;* (wieder ein freundliches - machen) *défroncer;* (jm ins - lachen) *rire;* (jm etw ins - schleudern) *lancer b;* (jm das - zerkratzen) *labourer;* (jm das - waschen) *débarbouiller;* (das - wahren) *sauver 1.*
Gesichtsausdruck: (e-n traurigen - haben) *porter 1a.*
gespannter werden: (Beziehungen)(-) *tendre 1.*

Gespenst: (-)(heimsuchen) *hanter.*
Gespräch: (mit jm ins - kommen) *lier;* (mit jm ein - beginnen/führen) *entreprendre 3.*
Gestalt: (- annehmen) *incarner;* (etw - annehmen lassen) *cristalliser b;* (- geben) *concrétiser;* (der - nach passen zu/in) *épouser b.*
gestalten: *façonner, former, modeler a/b, peindre b;* (etw nach etw -) *mouler b;* (etw abwechslungsreich -) *diversifier;* (etw neu -) *réformer, remodeler;* (etw persönlich -) *personnaliser;* (etw rhythmisch -) *rythmer;* (etw raffiniert -) *raffiner 2;* (etw vernünftig -) *rationaliser.*
gestatten: *accorder 2, agréer, permettre.*
gestehen: *avouer, confesser.*
gestelzt: (sich - geben/- wirken) *se guinder 2.*
gestikulieren: *gesticuler.*
Gestrüpp: (von - befreien) *débroussailler.*
gesund werden: *guérir a.*
Gesundheit: (die - wiedererlangen) *recouvrer, revenir 1b.*
getragen werden von: *porter 1a.*
Getränk herunterkippen/-schütten: *avaler.*
getrieben sein von: *mouvoir.*
gewachsen sein: (e-r Sache nicht mehr - sein) *dépasser.*
Gewalt: (etw in s-r - halten) *tenir 1b.*
gewahr werden: *s'apercevoir 2.*
gewähren: *accorder 2, concéder, octroyer;* (bereitwillig -/nur widerwillig -) *marchander b;* (e-e Frist -) *impartir;* (Hilfe... -) *prêter 1b;* (Zutritt -) *admettre 1a.*
gewährleisten: *assurer 1, garantir 2.*
Gewalt: (- antun) *violenter;* (- anwenden gegen jn) *molester;* (sich - antun) *forcer a;* (etw in s-r - halten) *tenir 1b.*
gewaltsam: (sich - aneignen) *usurper.*
gewärtigen: (zu - haben) *encourir.*
Gewerbesteuer: (der - unterwerfen/mit - belegen) *patenter.*
Gewerkschaft: (e-r - beitreten) *syndiquer;* (für die Sache der - gewinnen) *syndicaliser.*
gewerkschaftlich organisieren: *syndiquer.*
Gewicht haben: *peser b;* (nicht das -) *faire 2.*
Gewinde schneiden in: *fileter.*
Gewinn: (- abwerfen) *rendre 1a;* (- schlagen aus) *trafiquer 1b;* (- machen/erzielen) *grignoter b, réaliser 1;* (nebenbei - herausschlagen) *grappiller;* (dicken - machen) *se sucrer b.*
gewinnen: *gagner, remporter 2;* (nochmals -) *regagner;* (um e-n Kopf vor jm -) *coiffer 3;* (jn -) *concilier 2, conquérir b;* (jn - für) *amadouer, gagner, rallier;* (jn für sich zu - suchen) *circonvenir;* (jn für die Sache der Gewerkschaft -) *syndicaliser;* (- an) *gagner;* (an Boden -) *gagner;* (Aufmerksamkeit/Vertrauen zu - suchen) *capter;* (jn für ein Abonnement -) *abonner;* (Zeit zu - suchen) *atermoyer;* (ein Produkt -) *obtenir;* (Bodenschätze -) *exploiter, extraire;* (die Oberhand -) *l'emporter 3, prédominer;* (an Boden/Stimmen -) *mordre b.*
Gewissen: (sein - erleichtern) *libérer;* (sein - zum Schweigen bringen) *pactiser.*
gewöhnen: *accoutumer, faire 4, habituer;* (sich - an) *adapter;* (sich wieder - an) *refaire;* (an ein Klima -) *acclimater.*
Gewohnheit: (e-e - aufgeben) *déshabituer;* (jn e-e - verlieren lassen) *désaccoutumer, déshabituer.*
gewohnheitsmäßig besuchen: *fréquenter.*
gewogener werden: *amadouer.*
gieren nach: *convoiter.*
gießen: *arroser a, couler, percer 1a, verser 1a;* (in e-e Form -) *mouler a;* (Öl ins Feuer -) *mettre 1a;* (einen hinter die Binde -) *pomper 2.*
Gift: (darauf kannst du - nehmen) *louper.*
Gips: (in - legen) *plâtrer.*
gipsen: (ein-/zu-/ver-) *plâtrer, sceller 2.*
Gitter: (mit e-m - umgeben/versehen) *grillager.*
Glanz: (den - verlieren) *ternir.*
glänzen: *briller, luire, reluire, resplendir a/b, rutiler.*
glanzlos werden: *ternir.*
glasieren: *glacer 2, vernisser.*
glatt: (- machen/ wieder - machen) *défriper;* (- streichen) *défriper, lisser;* (- ziehen) *défroncer.*
glätten: (wieder -) *défroisser;* (die Stirn -) *déplisser.*
glauben: (etw/jm -) *croire 1, en croire 2, gober 1, penser;* (- an) *croire 1;* (jn etw - machen) *en croire 2, gober 1;* (dran - müssen) *trinquer.*
Glauben: (- schenken) *ajouter a, croire 1, prêter 2;* (e-r Sache - verschaffen bei) *accréditer 1.*
glaubhaft machen: *accréditer 1.*
gleich sein/kommen: *égaler.*
Gleichgewicht: (ins - bringen) *équilibrer;* (aus dem - kommen/bringen) *déséquilibrer.*
gleichkommen: *correspondre 1, équivaloir, égaler, revenir 9.*
gleichmachen: *égaliser;* (dem Erdboden -) *raser 3.*
gleichschalten: *synchroniser.*
gleichsetzen/-stellen: *assimiler 1.*
gleichwohl: *empêcher.*
gleichzeitig vorhanden sein: *coexister.*
gleiten: *couler 1, glisser a/b, coulisser;* (Licht/Blick...)(- über) *balayer.*
gliedern: *articuler 2, mettre 1b.*
Gliederschmerzen verursachen: *courbaturer.*
Gliedmaße wohin halten/ziehen/legen: *ramener a.*
glitzern: *étinceler.*
Glossen: (mit - versehen) *gloser.*
glossieren: *gloser, épiloguer.*
Glück bringen: *porter 1b.*
glücklich: (sich - schätzen) *féliciter.*
glucksen: *gargouiller, glousser.*
glühend: (Eisen - machen) *rougir;* (- heiß machen) *embraser.*
gönnen: (sich etw -) *fendre, se taper 7.*
Gott: (zum - erheben) *déifier.*
graben: *bêcher, creuser, foncer 3, ouvrir a.*
Gras wenden: *faner.*
grasen: *brouter, paître.*
grassieren: *sévir 1.*
gratulieren: *féliciter.*
grau: (Haare)(- werden) *grisonner;* (- tönen) *griser 1.*
graupeln: *grésiller 1.*
greifen: *saisir 1a;* (- zu) *recourir 2;* (jm unter die Arme -) *épauler b;* (um sich -) *gagner, généraliser, étendre a, propager a.*
greinen: *pleurnicher.*
Grenze: (die - bilden von) *limiter;* (die - passieren) *franchir;* (über die Grenzen (hinaus)gehen) *déborder 1a.*
grenzen an: *avoisiner, confiner 1, friser 2, voisiner.*
Grenzlinie: (e-e - berühren) *mordre b.*
Griff: (im - haben) *maîtriser, s'y prendre 4;* (in den - bekommen) *maîtriser, mordre b.*
grillen: *griller.*
grinsen: *ricaner.*
grob: (- behauen) *dégrossir;* (- anfahren/behandeln) *rudoyer.*
gröhlen: *brailler.*
grollen: (Donner)(-) *gronder 1.*
groß: (wie - sein) *mesurer a.*
größer: (- werden) *grandir, grossir;* (- erscheinen lassen) *grandir.*
großtun: *parader, se pavaner.*
großzügig sein: *fendre;* (nicht - mit) *mesurer a.*
grübeln: *raisonner 1, ratiociner, rêver b, ruminer b.*
grün werden: *verdir.*
Grund: (e-n - angeben/anführen/vorbringen) *motiver, produire b;* (- sein für) *motiver;* (s-n - haben in) *tenir 6.*
gründen: *créer a, fonder 2, instituer;* (- auf) *asseoir b, établir 1b, rasseoir b;* (sich - auf) *résider b;* (Filialen -) *essaimer.*
grünen: *verdoyer.*
grunzen: *grogner a.*
gruppieren: *grouper.*
grüßen: *saluer a.*
Guillotine: (mit der - hinrichten) *guillotiner.*
gültig: (für - erklären) *valider.*
günstig: (jn - stimmen) *disposer 1b;* (Zug...-Verbindungen)(- sein) *desservir.*
günstiger stellen: (Gruppen von Steuerzahlern -) *alléger.*
gurgeln: *se gargariser 1.*
gurren: *roucouler a.*
Gürtel: (den - enger schnallen) *serrer.*
gutheißen: *applaudir b.*
gütlich tun: (sich - an) *régaler.*

H

Haar(e): (-)(grau werden) *grisonner;* (-)(sich lichten) *dégarner, éclaircir a ;* (sein - ordnen) *coiffer 2;* (- in Unordnung bringen/durcheinanderbringen/zerzausen) *décoiffer, écheveler;* (- sträuben/aufrichten) *hérisser a;* (- ausdünnen/effilieren) *effiler 2;* (- kräuseln) *friser 1;* (- toupieren) *crêper;* (sich in die - kriegen) *crêper, empoigner.*
haarspalterisch argumentieren: *ergoter.*
haben: *avoir 1, connaître 2, posséder 1;* (etw wieder -) *ravoir;* (etw nicht -) *démunir, priver;* (etw woher -) *pomper 3;* (etw von jm -) *inoculer b;* (etw an sich - von) *tenir 4;* (etw - gegen) *en avoir 7;* (etw satt/über -) *souper;* (es schwer -) *en baver 2;* (etw unter sich -) *coiffer 1b;* (etw inne -) *tenir 1b;* (Alter/Anzahl von Einwohnern -) *compter 1;* (Bedeutung/Beschaffenheit/Funktion -) *revêtir b;* (Krankheit -) *faire 1.*
habhaft werden: *mettre 1a.*
hacken: *biner, piocher 1;* (Holz -) *casser, fendre.*
Haftbefehl ausstellen: *décerner*
haften: (- an) *adhérer a;* (- für) *répondre 3.*
hageln: *grêler.*
Hals: (jm den - umdrehen) *tordre;* (jm um den - fallen) *pendre, sauter 1a;* (sich die Lunge aus dem - schreien) *s'époumonner;* (sich vom - schaffen) *dépêtrer;* (sich auf den - laden) *empêtrer b;* (bis zum - in Schulden stecken) *cribler 2b;* (jm zum - raushängen) *suer.*
halten: itr.: *résister, tenir 1a/b;* (Kleidung)(-) *faire 1;* (wo -) *arrêter 1a;* (Bus/Zug...)(wo -) *desservir 2;*
(sich rechts -) *serrer;* (s. halten) *maintenir 1b;* (sich an jn -) *s'en prendre 5;* (sich - an) *s'en tenir 7;* (sich nicht mehr - können) *tenir 1b;* (an sich -) *retenir b;* (sich zugute -) *flatter;* (sich über Wasser - mit) *subsister 2;*
tr.: *tenir 1a/b; maintenir 1a/b;* ((sich) aufrecht -) *soutenir 1a;* (jn kurz -) *rationner;* (etw halten von) *penser;* (Gliedmaße wohin -) *ramener a;* (etw in s-r Gewalt -) *tenir 1b;* (jn/etw wie (sauber/wach...) -) *tenir 1b;*
(e-e Ansprache - vor) *haranguer;* (zum Besten -) *se jouer, mystifier;* (Rede -) *prononcer b, tenir 1b;* (Referat -) *présenter;* (in Schach -) *mettre 1b;* (in Schranken -) *contenir 2;* (Sitzung -) *siéger;* (Sprechstunde -) *consulter;* (Tiere -) *élever 2;* (Versprechen/Wort nicht -) *manquer 3, dégager b;* (Wort -) *tenir 1b;* (im Zaume -) *réfréner;*
(- für) *croire 1, estimer 2, juger, prendre 1b, regarder, supposer, taxer 2, tenir 3;* (für möglich/wahrscheinlich/existent -) *croire 1;*
(es nicht für nötig -) *dédaigner.*
Halten: (zum - bringen) *stopper 1.*
hämisch(e): (- lachen) *ricaner;* (- Bemerkungen machen) *décocher 2.*
hämmern: *emboutir, marteler a.*
hampeln: *gigoter.*
Hand: (die - heben/erheben gegen) *lever;* (die Hände falten) *joindre;* (mit der - wiegen) *soupeser a;* (mit der - langen in/an) *porter 1a;* (- anlegen an/die letzte - anlegen an) *mettre 1a;* (von langer - vorbereiten) *mitonner;* (etw in die - nehmen, fig.) *prendre 1a;* (sich in der - haben) *posséder 1;* (in s-n Händen/in der - haben/halten) *tenir 1b;* (s-e Hände in Unschuld waschen) *laver b;* (mit vollen Händen ausgeben) *claquer.*
Handel treiben: *commercer.*
handeln: *marchander a; agir 1;* (listig -) *renarder;* (es sich - um) *s'agir 2.*
handgreiflich werden: *en découdre 2.*
handhaben: *manier 1, manipuler.*
hängen: *pendre;* (tiefer -) *rabaisser a;* (Geruch...) (wo -) *flotter 1;* (- an) *attacher b, chérir, tenir 5;* (sich an jn -) *cramponner b;* (an js Lippen -) *pendre.*
hängenbleiben: (mit etw - an) *accrocher a, rattraper.*
hänseln: *taquiner.*
hapern: *pécher b.*
harken: *râteler, ratisser a.*
harmonisieren: *harmoniser.*
Harnisch: (jm den - anlegen) *barder 1;* (in - geraten) *se gendarmer.*
harpunieren: *harponner a.*
hart werden: *durcir, endurcir a;* (Brot)(-) *(se) rassir.*
hart machen: *durcir, solidifier, endurcir a;* (Leder/Haut -) *racornir.*
hart: (jm - zusetzen) *malmener.*
härten: *endurcir a;* (Stahl -) *tremper.*
härter werden lassen: fig. *durcir;* (Forderungen -) *radicaliser.*
hartnäckig verfolgen: *s'acharner, pourfendre.*
hassen: *haïr.*
häßlich machen: *enlaidir.*
Haube: (unter die - bringen) *caser, marier a.*
hauchen: *insuffler, souffler 1.*
hauen: *battre, cogner, taper; tailler;* (Geld auf den Kopf -) *flamber;* (sich in die Falle -) *se plumer;* (jn übers Ohr -) *estamper 2, étriller.*
häufen: *agglomérer, cumuler;* (sich -) *chiffrer 2, multiplier;* (Fehler auf Fehler... -) *accumuler, entasser.*
häufig besuchen: *fréquenter, hanter.*
Haus: (- aufstocken) *élever, hausser a;* (zu - bleiben/nicht aus dem - gehen) *déranger;* (zu - festhalten) *immobiliser;* (außer - schlafen) *découcher.*
Häuschen: (vor Freude aus dem - sein) *pavoiser b.*
hausen: *gîter 1, (se) nicher b, percher.*
Haut: (e-m Tier die - abziehen) *dépouiller 1a;* (mit heiler - davonkommen) *échapper a;* (sich e-e dicke - zulegen) *blinder.*
häuten: (sich -) *dépouiller 1; muer 1.*
heben: *hausser b, lever, soulever a;* (wieder/von neuem -) *reporter 1a;* (etw wohin -) *porter 1a;* (den Kopf -) *redresser;* (die Stimme -) *enfler;* (in den Himmel -) *exalter 1.*
hecheln: *haleter.*
hechten nach: *plonger.*
heften: *river b;* (Stoff/Kleidung -) *faufiler 1;* (Blick - auf) *arrêter 1b, attacher a, fixer a, planter b.*
hegen: (Wild -) *protéger;* fig.: *caresser, concevoir 1; entretenir 1b, nourrir b, porter 2, vouer.*
Hehl: (k-n - machen aus) *cacher a.*
heilen: *corriger, guérir a/b, rétablir, reprendre 1a, vacciner b.*
heiligen: *sanctifier.*
heiligsprechen: *canoniser.*
heimsuchen: (Krankheit/Unglück...)(jn -) *abattre a, frapper 2;* (Gespenst)(-) *hanter.*
heimzahlen: *payer b, rendre 1a;* (wieder -) *repayer b.*
heiraten: *épouser a, marier a, prendre 1a;* (untereinander -) *s'apparenter a.*
heiser: (- machen) *enrouer;* (sich - schreien) *s'égosiller.*
heiß: (- werden) *chauffer 1;* (glühend - machen) *embraser;* (- ausspülen) *ébouillanter.*
heißen: *appeler 2, signifier 1;* (jn etw -) *traiter 2;* (es heißt daß) *paraître 2, passer 4;* (soviel - wie) *équivaloir.*
heißlaufen(-lassen): *gripper.*
helfen: *aider, assister 2, secourir, servir 1a, soulager;* (sich gegenseitig -) *s'entraider;* (sich zu - wissen) *débrouiller;* (sich nicht - können, zu) *empêcher;* (heraus-/hervor-) *dépanner, dépêtrer;* (aus der Patsche -) *dépêtrer, repêcher;* (jm beim Aufstehen -) *lever.*
hemmen: *enrayer.*
herabfließen: *découler a.*
herabhängen: *pendre.*
herablassen: (sich -) *abaisser b, condescendre.*
herabnehmen: *décrocher 1a.*
herabschießen auf/in: *piquer 2.*
herabsetzen: *déprécier b, disqualifier, rapetisser, ravaler 2, réduire 1a, ternir;* (den Wert/im Wert -) *dévaloriser;* (die Geschwindigkeit -) *ralentir;* (Steuern -) *alléger.*
herabsinken: *déchoir.*
herabstufen: (sozial -) *déclasser.*
herabtröpfeln: *dégouliner.*
herabwürdigen: *abaisser b, dénigrer, disqualifier, rabaisser b, ravaler 2, ternir.*
heranbringen: *rapprocher.*
herangehen an: *aborder 3b;* (rational -) *rationaliser.*
heranmachen: (sich an jn -) *entreprendre 2.*
heranrücken: *rapprocher.*
heranziehen: (fig. ein Argument... -) *alléguer, invoquer b.*
heraufsetzen: (den Preis -) *majorer.*
herausarbeiten: *dégager b.*
herausbilden: (sich -) *émerger b.*
herausbrechen: (etw aus e-r Befestigung/Verankerung -) *desceller;* (Zorn)(-) *éclater, exploser b.*

herausbringen: *sortir 1a/b;* (Buch -) *sortir 1a;* (Worte -) *proférer.*
herausfahren: *sortir 1a.*
herausfinden: *démêler b, trouver 1.*
herausfordern: *défier 1, se frotter 2, narguer, provoquer 2.*
Herausforderung: (e-e - annehmen) *relever 1.*
herausgeben: *sortir 1a;* (Buch -) *éditer;* (Buch wieder -) *rééditer.*
herausgehen: *sortir 1a;* (aus sich -) *extérioriser.*
heraushelfen: (jm aus etw -) *dépêtrer, dépanner, repêcher, sortir 1b;* (sich - aus) *démêler b.*
herausholen: *extraire, retirer, sortir 1a;* (wieder -) *ressortir 1a.*
herauskommen: *déboucher 2a, sortir 1a;* (wieder -) *ressortir 1a;* (groß -) *lancer b.*
herauskristallisieren: (sich -) *cristalliser b.*
herausnehmen: *retirer; excepter;* (sich etw -) *s'arroger, prendre 1b.*
herausputzen: *accoutrer, affubler, attifer, fagoter, pomponner.*
herausragen: *dépasser, émerger a/b, sortir 1a.*
herausreißen: *arracher, détacher 1b.*
herausrücken: (Gestohlenes wieder - müssen) *rendre 1a.*
herausrutschen: (etw)(jm -) *échapper b.*
herausschauen: (etw)(- aus) *sortir 1a.*
herausschlagen: (Gewinne nebenbei -) *grappiller.*
herausschleudern: *éjecter.*
herausspritzen: *gicler, jaillir a.*
herausstellen: (sich - als) *s'avérer, révéler.*
herausströmen: *dégager a.*
heraustreten: *sortir 1b;* (Wild)(-) *débusquer.*
herauswerfen: (jn -) *éjecter.*
herausziehen: *retirer, sortir 1a.*
herbei-:
(-eilen) *accourir;* (-laufen) *accourir;* (-pfeifen) *siffler 1;* (-rufen) *appeler 1a, héler;* (-strömen) *affluer;* (-winken) *héler;* (sich -wünschen) *souhaiter.*
herbringen: *apporter a.*
Herd: (in den - schieben) *enfourner.*
Herde: (e-e - treiben) *pousser 1a.*
hereinbrechen: fig. *déferler.*
hereinfallen auf: *marcher 2.*
hereinkommen: *entrer 1a.*
hereinlegen: vgl. reinlegen.
herfallen über: *assaillir a, se ruer 2, sauter 1a.*
hergeben: (sein Letztes -) *saigner.*
herkommen von: *provenir a/b.*
herlaufen: (hinter jm -) *courir.*
herleiten: (sich - von) *dériver 2.*
Herr: (e-r Sache - werden) *mater, maîtriser.*
herrichten: (neu -) *mettre 1a.*
herrühren von/aus: *découler b, émaner, procéder 1, provenir a/b, résulter, venir 2.*
herrschen: *régner a/b.*
hersagen: *débiter 2.*
hersein: *faire 2.*
herstellen: *confectionner, fabriquer, produire a, usiner;* (Beziehungen... -) *établir 2a;* (sich -) *établir 2a.*
herumbeißen an: *mordiller.*
herumbummeln: *balader.*
herumfahren: (wo -) *parcourir.*
herumfingern an: *tripoter 1.*
herumflattern: *papillonner.*
herumführen: (- um etw) *contourner;* (jn -) *piloter;* (jn an der Nase -) *marcher 2, mener 1b, se moquer.*
herumfummeln an: *tripoter 1.*
herumgehen: (wo -) *parcourir;* (Idee/Gedanke)(jm im Kopf -) *trotter.*
herumgraben: *terrasser 1.*
herumhüpfen: *gambader, sautiller.*
herumirren: *errer.*
herumkauen an/auf etw: *mâchonner.*
herumkommen: (um etw -) *échapper a;* (nicht darum -) *couper 2.*
herumkramen in: *farfouiller.*
herumkritteln: (kleinlich - an) *pinailler.*
herumlaufen: (frei -) *divaguer 1.*
herumliegen: *encombrer, gésir, joncher, traîner.*
herumnörgeln an: *pinailler.*
herumpicken: *picorer.*
herumplanschen: *barboter 1, tripoter 2.*
herumreisen: *parcourir.*
herumreiten auf: *chicaner.*
herumschießen: (wild -) *tirailler 2.*
herumschleppen: (zuviel Gepäck mit sich -) *encombrer.*
herumschnüffeln: *fouiner, fureter.*
herumspazieren: *déambuler.*
herumstreichen/-streifen: *courir, rôder, vagabonder.*
herumstreiten: *chamailler.*
herumsuchen: *farfouiller, fouiner, fureter.*
herumtappen: *tâtonner.*
herumtollen: *s'ébattre.*
herumtragen: (mit sich -) *balader.*
herumtrödeln: *lambiner.*
herumwühlen: *farfouiller, fourrager.*
herunterbringen: *descendre.*
herunterfahren: (etw -) *descendre.*
herunterdrücken: *rabattre 1.*
herunterfallen: *abattre a, dévaler;* (Haare)(-) *dérouler.*
heruntergehen: *baisser; descendre.*
herunterhängen: *pendre.*
herunterholen: *descendre.*
herunterkippen: (ein Getränk -) *avaler, siffler 2.*
herunterklappen: *rabattre 1.*
herunterkollern: *débouler.*
herunterkommen: *avilir.*
herunterlassen: *abaisser a, baisser.*
herunterlaufen: *dévaler.*
herunterleiern: *débiter 2, défiler 2.*
heruntermachen: (jn -) *incendier 2.*
herunternehmen: *dépendre 1, déposer 1a.*
herunterpurzeln: *dégringoler.*
herunterreichen: (etw)(- bis) *descendre, plonger.*
herunterreißen: (jm die Kleider -) *dépouiller 1a.*
herunterrennen: *dégringoler, dévaler.*
herunterrollen: *dévaler.*
herunterschalten: *rétrograder.*
herunterschlagen: *abattre a.*
herunterschlingen: *avaler.*
herunterschlucken: *avaler, déglutir;* (wieder -) *ravaler 3;* fig. *rentrer.*
herunterschütten: (Getränk -) *avaler, pomper 2, siffler 2.*
herunterspielen: *minimiser, relativiser.*
herunterstürzen: *abattre a.*
heruntertröpfeln: *dégouliner, dégoutter.*
herunterstufen: *déclasser.*
hervorbrechen: (etw)(aus jm -) *éclater, exploser b.*
hervorbringen: *enfanter b, engendrer, produire a;* (Worte -) *proférer.*
hervorgehen aus: *jaillir b, procéder 1, ressortir 1b, sortir 1b.*
hervorheben: *accentuer b, distinguer, insister, mettre 1a/b, ponctuer 2, rehausser b, relever 2, marquer 1, souligner b;* (mit der Stimme -) *appuyer b.*
hervorhelfen: *dépêtrer.*
hervorholen: *ressortir 1a.*
hervorragen: *dépasser, sortir 1a.*
hervorrufen: *exciter, forcer a, provoquer 1, soulever b, susciter;* (ein Gefühl bei jm -) *insuffler;* (e-e Sensation -) *produire b;* (Verwirrung - können) *prêter 4.*
hervorschauen unter etw: *passer 1a.*
hervortreten: *profiler, saillir 1;* (- lassen) *profiler;* (deutlich -) *ressortir 1a;* (deutlich(er) - lassen) *accuser 2.*
hervortun: (sich -) *distinguer, exceller, marquer 1.*
hervorwölben: *cambrer.*
Herz: (-)(aussetzen) *flancher;* (jm sein - ausschütten) *confesser, décharger 1b, épancher b, libérer;* (jm das - zusammenschnüren) *resserrer, serrer;* (sich ein - fassen) *enhardir;* (das - erfreuen) *dilater;* (jm das - schwer/leicht machen/erfüllen mit) *gonfler b;* (sich etw zu Herze nehmen) *prendre 1b.*
herziehen über: *gloser, taper 1.*
hetzen: (von e-m Ort zum anderen -) *courir;* (Wild -) *s'acharner, harceler a, traquer.*
heulen: (Eule)(-) *(h)ululer.*
heutzutage: *courir.*
hieven: *hisser.*
Hilfe: (- gewähren/leisten) *apporter, porter 2, prêter 1b/2;* (jm zu - kommen) *venir 1a;* (etw zu - nehmen) *aider.*
Himmel: (-)(sich aufheitern) *découvrer a, dégager a;* (sich aufhellen) *éclaircir a ;* (in den - heben) *exalter 1, mousser.*
hin und her gerissen sein/werden: *ballotter, écarteler,*

partager b, tirailler 1.
hin und her bewegen: *agiter, balancer 1a.*
hinarbeiten auf: *oeuvrer, travailler.*
hinauf-:
(- bringen/-fahren/-gehen/-holen) *monter 1;* (-klettern) *grimper;* (-kommen) *monter 1;* (-ragen/-schicken) *élancer 2;* (-steigen) *escalader, gravir, grimper, monter 1;* (Straße)(sich - ziehen) *escalader.*
hinaus-:
(-bringen/-fahren) *sortir 1a;* (-führen in/auf) *ouvrir a;* (-gehen auf) *ouvrir a;* (-gehen) *ressortir 1a;* (-gehen über) *déborder 1b, dépasser, franchir, sortir 1b;* (nicht - kommmen über) *en rester 4;* (-komplimentieren) *éconduire;* (-laufen auf) *déboucher 2b, revenir 9;* (-posaunen) *carillonner, claironner, corner 2b;* (-schieben) *atermoyer, reculer, retarder;* (-ragen über) *surplomber;* (-schleichen) *esquiver;* (-schreien) *clamer;* (über sich -wachsen) *dépasser;* (-werfen) *sortir 1a;* (-zögern) *retarder.*
hinbrummen: (vor sich -) *grommeler.*
hinderlich: (Kleidung)(- sein) *empêtrer a.*
hindern: *contrarier 1, embarrasser, empêcher, retenir b.*
hinein-:
(- +tr. Verb/-tun...) *rentrer;* (-gehen) *entrer 1a;* (-gezogen sein) *engager 3b;* (s. in eine Arbeit -knien) *atteler b;* (-laden) *engouffrer;* (-passen) *rentrer;* (-pferchen) *tasser 1;* (-pumpen) *injecter;* (sich -schleichen) *glisser a, se faufiler 3;* (-setzen) *loger 2;* (-stechen) *piquer 1a;* (-stecken) *engager 3a, glisser a, introduire, rentrer;* (Geld -stecken in) *mettre 1a;* (-stellen) *loger 2;* (-stopfen) *engouffrer;* (-pressen) *tasser 1;* (-tun) *engouffrer, inclure a;* (-werfen) *engouffrer;* (-wirken in) *interférer;* (jn -ziehen in) *engager 3b, entraîner 1b, mêler;* (sich -zwängen) *glisser a.*
hinfallen: (der Länge nach -) *étaler 1, ramasser.*
hinfläzen: (sich -) *se prélasser.*
hingeben: (sich jm -/sich e-r Sache -) *abandonner, s'adonner, donner 1, livrer 2b;* (sich Illusionen...-) *leurrer, nourrir b, repaître.*
hinhalten: *entretenir 1b.*
hinhauen: (etw -) *bâcler, torcher 1;* (etw)(-) *coller 2.*
hinhören: *écouter.*
hinken: *boiter.*
hinknien: (sich -) *s'agenouiller, mettre 1a.*
hinkritzeln: *gribouiller, griffonner.*
hinlegen: *déposer 1a, poser 1a;* (wieder -) *recoucher, replacer 1a;* (sich -) *allonger, étendre a.*
hinreißen: *vibrer.*
hinrichten: *exécuter 2, supplicier; guillotiner.*
hinschauen: (wenn man genau hinschaut) *regarder 1.*
hinschmieren: *gribouiller.*
hinsetzen: *asseoir a, déposer 1a;* (wieder -) *replacer 1a;* (sich -) *asseoir a, installer;* (sich bequem -) *se caler 3.*
hinsingen: (vor sich -) *chantonner, fredonner.*
hinstellen: *placer a, déposer 1a, poser 1a;* (wieder -) *replacer 1a;* (an die Seiten -) *flanquer 1;* (sich -) *planter b;* (sich wieder wo -) *replanter b;* (sich stolz/provozierend vor jn -) *se camper 3.*
hinströmen: *déferler.*
hinter: (hersein -) *courir, pourchasser;* (- etw/jm her gehen/fahren) *suivre 1;* (- sich lassen) *distancer.*
Hintergrund: (in den - treten) *effacer;* (in den - treten lassen/stellen/drängen) *éclipser 1, reléguer, refouler a.*
Hinterhalt: (in den - legen) *embusquer.*
hinterlassen: *laisser 1, marquer 1.*
hinterziehen: *frauder.*
hinträumen: (vor sich -) *rêvasser.*
hinunterblicken: *plonger.*
hinweggehen über: *glisser b, négliger 1.*
hinwegkommen über: *revenir 1b.*
hinwegraffen: *emporter 1, enlever.*
hinwegsehen über: *passer 3.*
hinwegsetzen: (sich - über) *brûler.*
hinwegtrösten über: *dédommager b.*
hinweisen: *avertir, indiquer, présager, remarquer, signaler, signaliser.*
hinwirken auf: *oeuvrer, travailler.*
hinziehen: (sich -) *dérouler a, traîner;* (Konversation)(sich -) *languir b.*
hinzufügen: *additionner, ajouter a/b, joindre;* (Fehlendes -) *suppléer.*
hinzukommen: (noch -) *doubler 1, greffer.*
hinzuwählen: *coopter.*
Hirngespinste: (sich - ausdenken) *élucubrer.*
hissen: *hisser;* (Fahne -) *arborer.*
hitzefrei geben: *libérer.*
hitzig werden: *échauffer.*
hobeln: *raboter.*
hoch: (zu - hinauswollen) *péter a.*
hochachten: *considérer 2.*
hochbinden: (Reben -) *accoler.*
hochbringen: (wieder -) *renflouer.*
hochdrehen: (Motor -) *pousser 1a.*
hochfahren: (jd)(-) *sursauter, tressauter.*
hochheben: *lever, soulever a.*
hochhieven: *hisser.*
hochjagen: (Motor -) *emballer 2a.*
hochkrempeln: *relever 1, remonter 1, retrousser.*
hochmütig machen/sein/werden: *enorgueillir.*
hochnäsig sein: *péter a.*
hochschlagen: *remonter 1.*
hochstehen: (vorn -/an der Spitze -) *rebiquer.*
hochtrabend reden: *pontifier.*
hochwerfen: *sauter 1a.*
hochwinden: (Last -) *guinder 1.*
hochziehen: *relever 1;* (sich -) *hausser a;* (Flugzeug/Pferd vorn -) *cabrer;* (Lefzen -) *retrousser;* (Luft durch die Nase -/ die Nase -) *renifler;* (Vorhang -) *lever.*
hocken: *s'accroupir, se tapir;* (Vögel/Federvieh)(erhobenen Ortes -) *jucher, percher.*
Hof: (jm den - machen) *courtiser.*
hoffen: *espérer.*
Hoffnung(en): (sich - machen) *entretenir 1b;* (s-e - setzen in) *espérer;* ((wieder) - schöpfen) *reprendre 1b;* (jm falsche - machen/jn in falsche - wiegen) *bercer;* (s-e - zurückschrauben) *déchanter;* (den - zuwiderlaufen) *trahir b;* (-)(zunichtewerden) *s'écrouler.*
hofieren: *cajoler.*
Höhe: (sich in die - schwingen) *élancer 2.*
Höhepunkt erreichen: *culminer.*
höher: (- machen) *exhausser, hausser a, rehausser a;* (- stellen) *monter 1;* (e-n Ton - singen) *hausser a.*
hohl machen: *creuser.*
Hohn: (ein - sein) *insulter.*
höhnisch lachen: *ricaner.*
holen: *aller chercher, puiser a, prendre 1a, quérir;* (sich etw -) vgl. s. etw. zuziehen.
Holz: (- hacken) *casser, fendre, réduire 1a;* (in - schneiden) *tailler;* (-)(sich verziehen) *jouer 2;* (-)(sich werfen) *(se)gondoler;* (-)(quellen) *gonfler a.*
Honig: (Bienen)(- absondern) *distiller.*
Honorar: (ein Arzt-/Anwalts- zahlen) *honorer.*
honorieren: *récompenser, rétribuer.*
Hörer: (den Telephon- abnehmen) *décrocher;* (-- auflegen) *raccrocher.*
hören: *écouter, entendre 1a, ouir, parvenir a;* (nochmals -) *réentendre;* (auf jn -) *écouter;* (am Radio zu - sein) *passer 1a;* (e-e Vorlesung -) *suivre 1;* (die Beichte -) *confesser;* (- auf) *prêter 1b.*
Horizont: (den - absuchen) *inspecter a, scruter.*
horten: *stocker, thésaurier.*
Hose: (jm die - ausziehen) *déculotter;* (fig. in die - machen) *dégonfler, mouiller 3.*
Hüften: (sich in den - wiegen) *se déhancher.*
huldigen: *rendre 4, sacrifier 3.*
hüllen: (sich - in) *draper 1;* (sich in Schweigen -) *enfermer, renfermer b;* (sich in feindliches - -) *murer;* (in Nebel -) *embrumer;* (etw - in) *envelopper.*
humpeln: *clopiner.*
hungrig machen: *creuser.*
hupen: *corner 2a, klaxonner.*
hüpfen: *sautiller.*
husten: *tousser.*
hüsteln: *toussoter.*
Hut: (- abnehmen) *découvrir;* (- aufsetzen) *mettre 1a;* (auf der - sein) *prendre 2.*
hüten: (Tiere/das Bett/Kinder -) *garder 1;* (sich -) *défendre 2, garder 2, se méfier.*
hypnotisieren: *hypnotiser a.*
Hypothek: (mit e-r - belasten) *hypothéquer.*

I

i-ahen: *braire.*
idealisieren: *idéaliser.*
Idee: (-)(jm durch den Kopf gehen) *traverser;* (-)(jm kommen) *venir 1b;* (auf die - kommen) *imaginer, inventer.*
identifizieren: *identifier.*
ignorieren: *ignorer.*
Illusionen: (sich - hingeben) *repaître;* (sich - machen) *illusionner;* (jm die - nehmen) *désillusionner;* (- verlieren) *revenir 1b.*
illustrieren: *illustrer 1.*
immatrikulieren: *immatriculer.*
immer mehr + Verb: *aller 5.*
immun: (- sein) *vacciner b;* (- machen) *immuniser a/b.*
impfen: *inoculer a, vacciner a.*
implizieren: *impliquer 2, inclure b.*
imponieren: *en imposer 3, en jeter 2.*
importieren: *importer 2.*
imprägnieren: *imperméabiliser, imprégner a.*
improvisieren: *improviser 1.*
Impuls geben: *impulser.*
individualisieren: *individualiser.*
indoktrinieren: *catéchiser, endoctriner.*
industrialisieren: *industrialiser.*
Industrie ansiedeln: *implanter.*
ineinander-:
(-fügen) *emboîter, imbriquer;* (Zimmer)(-gehen) *communiquer 1;* (-greifen) *télescoper;* (- verflochten sein) *s'entrelacer;* (sich - verschlingen) *s'entrelacer.*
infizieren: *envenimer.*
Information weiterleiten/verbreiten: *véhiculer b.*
informieren: *informer, renseigner;* (sich -) *informer, instruire 1b, renseigner.*
inhalieren: *inhaler.*
Inhalt: (den - haben) *jauger.*
Initiative: (die - ergreifen) *prendre 1b.*
initiieren: *lancer b.*
injizieren: *injecter.*
inkompetent: (sich für - erklären) *récuser.*
innehaben: *détenir, occuper 1, tenir 1b.*
insistieren: *insister, mettre 1a.*
inspizieren: *inspecter b, visiter.*
inspirieren: *inspirer 2.*
installieren: *installer, mettre 1a, poser 1a.*
instand: (- halten) *entretenir 1a;* (- setzen) *réparer.*
instrumentieren: *orchestrer.*
inszenieren: *mettre 1b, orchestrer.*
integrieren: *intégrer 1a/2;* (jn wieder - in) *réintégrer;* (in sich -) *récupérer b.*
intensivieren: *intensifier, multiplier.*
Interesse: (das - verlieren an/kein - mehr haben an) *se désintéresser;* (das - wahren) *sauvegarder.*
interessieren: (jn/sich - für) *intéresser.*
interferieren: *interférer.*
internieren: *interner.*
interpretieren: *expliquer 1.*
intervenieren: *agir, intervenir 2.*
inthronisieren: *introniser.*
intrigieren: *intriguer.*
inventarisieren: *inventorier.*
investieren: *investir;* (Geld - in) *engager 3a;* (Geld unter totalem Verlust - in) *engloutir.*
irreführen: *égarer, fourvoyer, dépister, désorienter b.*
irreleiten: *dévoyer.*
irren: (sich -) *fourvoyer, tromper.*
irrereden: *délirer.*
irritieren: *déconcerter.*
Irrtum: (s-n - einsehen/jm s-n - klarmachen) *détromper.*
isolieren: *isoler 1/2;* (sich -) *se terrer.*

J

jagen: *chasser 1;* (in die Luft -) *dynamiter, sauter 2;* (zum Teufel -) *péter a, promener;* (sich eine Kugel durch den Kopf -) *loger 2, sauter 2.*
jammern: *se lamenter.*
jäten: *sarcler.*
jonglieren: *jongler.*
jubeln: *jubiler.*
jucken: *démanger, gratter 1.*
jünger: (-machen/-werden/sich - ausgeben als man ist) *rajeunir.*

K

Kabel abspulen/loslassen: *filer 2.*
Kaffee: (- filtern/durchlaufen lassen) *filtrer, passer 1a;* (nachmittags - trinken) *goûter 2.*
kahl werden: *dépouiller 1a.*
Kakao: (durch den - ziehen) *persifler.*
Kalk löschen: *détremper.*
kalt: (jn - lassen) *glisser b;* (es jm - über den Rücken laufen) *frissonner;* Loc. (kalte Füße bekommen) *mouiller 3.*
kaltstellen: (Getränke -) *frapper 1a;* (jn -) *éliminer, mettre 1a.*
kämmen: *peigner;* (Haare wohin -) *ramener a.*
kämpfen: *battre, bagarrer b, batailler, combattre, disputer 1/2, lutter;* (mit der Tücke e-s Objekts zu - haben) *s'acharner.*
kanalisieren: *canaliser.*
Kandidaten: (sich - anhören/- vorspielen lassen) *auditionner.*
kandidieren: *poser 1a, porter 2, présenter.*
kandieren: *confire.*
Kante: (auf die hohe - legen) *mettre 1a.*
kapern: *capturer.*
kapieren: *piger, mordre b.*
Kapital fest anlegen: *immobiliser.*
kaputt-:
(-machen) *abîmer, casser, craquer a, déglinguer, démolir, déglinguer, bousiller, détériorer, disloquer, ratatiner 2, saccager;* (Motor --) *fusiller;* (etw)(jm - gehen) *péter b;* vgl. zerbrechen usw.
kaputtlachen: (sich -) *dilater, fendre, se gondoler, se marrer, se poiler, rigoler, taper 1.*
Karambolage: (Billard)(e-e - machen) *caramboler.*
karikieren: *caricaturer, charger 3.*
Karriere einschlagen: *lancer b.*
Karte: (- aus-spielen) *jouer 1a;* (- aufdecken) *découvrir a;* (- mischen) *battre;* (- zinken) *piper 2, truquer;* (die erste - e-r Farbe aus-spielen) *entamer;* (alles auf eine - setzen) *jouer, tenter 2.*
Kartei: (in e-e - aufnehmen/auf - Karten erfassen) *ficher 1, répertorier.*
kaschieren: *masquer b.*
Kasse: (jn (wieder) bei - bringen) *renflouer.*
kassieren: *encaisser, enfourner.*
kasteien: *macérer 2, mortifier.*
kastrieren: *castrer, châtrer.*
katalogisieren: *cataloguer.*
katapultieren: (jn wohin -) *catapulter, propulser 1b.*
kauen: *mâcher, mâchonner, mastiquer 1;* (an den Fingernägeln -) *ronger.*
kauern: *se tapir.*
Kauf: (in - nehmen) *accepter.*
kaufen: *acheter, acquérir, fournir, payer a;* (jn -) *acheter, stipendier;* (wieder -) *racheter a;* (dasselbe wieder -) *réassortir;* (s-e Schuhe - bei) *chausser.*
Kehle: (jm die - durchschneiden) *égorger;* (jm die - zuschnüren) *étrangler, nouer.*
kehren: *balayer;* fig. (unter den Teppich -) *escamoter, évacuer.*
keilen: (Mitglieder... -) *raccoler.*
Keim: (im - ersticken) *étrangler.*
keimen: *germer, lever.*
kennen: *connaître 1, savoir 1;* (nicht -) *ignorer;* (jn nicht mehr -) *snober;* (e-e Sprache gründlich -) *posséder 1;* (sich nicht mehr -) *posséder 1.*
kennenlernen: *connaître 1, faire 6;* (etw -) *goûter 1.*
Kenntnis: (zur - nehmen) *prendre 1a;* (in - setzen) *instruire 1b, porter 2, aviser 3;* (oberflächliche - haben) *frotter 1.*
kennzeichnen: *caractériser, dénoter 1, marquer 1.*
kentern: *chavirer.*
keuchen: *haleter.*
kichern: (albern -) *ricaner.*
kidnappen: *kidnapper.*
Kind: (- empfangen) *concevoir 1;* (- wickeln) *emmailloter;* (- züchtigen) *corriger;* (- sein von) *naître a;* (- für ehelich erklären) *légitimer;* (das - beim Namen nennen) *mettre 1a.*
kippen: *basculer, culbuter.*

kitten: *mastiquer 2.*
kitzeln: *chatouiller a.*
kläffen: *glapir, japper.*
Klage: (js - abweisen) *débouter.*
klagen: *se lamenter, plaindre;* (jur. -) *plaindre;* (jm sein Leid -) *pleurer;* (weinerlich -) *larmoyer.*
klammern: (sich (fest-) - an) *accrocher a, attacher b, cramponner b.*
Klappe: (die - halten) *boucler 1, fermer.*
klappen: (etw herunter -) *rabattre 1;* fig. (etw)(-) *coller 2, marcher 2;* (nicht -) *clocher, rater.*
klappern: *claquer, cliqueter.*
klapprig werden: *déglinguer.*
klar: (-(er) werden) *préciser;* (sich etw - machen) *défricher 2;* (jm s-n Irrtum - machen) *détromper.*
klären: *décanter, déféquer 1, défricher 2, clarifier, éclaircir b, éclairer b, élucider.*
Klarheit: (sich - verschaffen) *démêler b.*
klarspülen: *rincer.*
Klassenarbeit: (e-e - schreiben) *composer 3.*
klassifizieren: *classer, classifier.*
klatschen: *applaudir a; cancaner, caqueter, jaser, papoter.*
klauen: *barboter 2, carotter, chaparder, chauffer 3, chiper, choper, faucher 2, kidnapper, piquer 5; ratiboiser, ratisser, subtiliser 2;* vgl. stehlen.
Klausur: (e-e - schreiben) *composer 3.*
Klebe: (die - entfernen von) *dégommer a.*
kleben: *coller 1;* (- auf) *appliquer 1;* (Plakate wohin -) *placarder;* (jm eine -) *coller 5.*
klebrig machen: *engluer a, poisser 1.*
Kleid zuschneiden: *couper 1a.*
kleiden: *chausser, coiffer 1a, habiller a, revêtir a, se saper 2, vêtir.*
Kleider: (jm die - abnehmen/herunterreißen) *dépouiller 1a;* (jm die - ausziehen) *dévêtir.*
Kleidung: (- ablegen/abnehmen) *ôter;* (- anprobieren) *essayer;* (- heften) *faufiler 1;* (-)(schlottern) *flotter 1;* (- strapazieren) *fatiguer;* (zu enge/hinderliche - anhaben) *harnacher;* (-)(eine Zeitlang halten) *faire 1.*
klein: (-hacken/-schneiden) *hacher;* (- sägen) *tronçonner;* (Holz - hacken) *casser;* (- beigeben) *écraser 1a, filer 1a.*
kleiner: (- werden/- aussehen lassen) *rapetisser;* (- machen) *rétrécir;* (Feuer/Heizung... -machen/-stellen) *baisser.*
klemmen: *coincer, pincer 1, serrer;* (sich von neuem/ wieder -) *repincer;* (Tür)(-) *forcer a.*
klettern: *escalader, grimper.*
klimpern: (auf e-m Instrument -) *gratter 1;* (auf dem Klavier -) *pianoter;* (mit den Augen -) *papilloter.*
klingen: *sonner 1b.*
klirren: *cliqueter.*
klistieren: *purger a.*
klopfen: *cogner, frapper 1a, heurter a, taper 1, tapoter;* (Herz)(-) *battre, palpiter;* (Teppich -) *battre.*
kloppen: (sich -) *se bagarrer a.*
Kloster: (ins - schicken) *claustrer, cloîtrer;* (aus dem - austreten) *(se) défroquer.*
knabbern: *croquer 1, grignoter a, mordiller*
knacken: *croquer 1;* (Nüsse -) *décortiquer.*
knallen: *claquer, péter b, partir 1a, retentir;* fig. (gleich knallt's) *barder 2, chauffer 4.*
knapp: (- bei Kasse sein) *démunir;* (jm etw - bemessen) *mesurer a;* (- vorbeikommen an) *frôler.*
knarren: *craquer a, grincer.*
knattern: *crépiter, péter b.*
knausern: *gratter 2, lésiner a/b;* (nicht - mit) *marchander b;* (mit s-r Zeit nicht -) *plaindre.*
knebeln: *bâillonner, garrotter, étrangler, museler.*
kneifen: *pincer 1;* (wieder -) *repincer 1;* fig. *dégonfler, écraser 1a.*
kneten: *malaxer, pétrir.*
knicken: *plier a.*
knien: (sich (hin-)-) *s'agenouiller, mettre 1a.*
knipsen: *photographier;* (ununterbrochen -) *mitrailler.*
knirschen: *crisser, croquer 1;* (mit den Zähnen -) *grincer.*
knistern: *pétiller;* (Radio)(-) *grésiller 2.*
knittern: *friper, froisser;* (leicht -) *plisser.*
knöpfen: *boutonner 1.*
knospen: *bourgeonner.*
Knospen: (- treiben) *bourgeonner, boutonner 2;* (-) (wieder -) *repousser 3.*
Knoten: (Schiff)(- machen) *filer 2;* (Drama)(den - schürzen) *nouer.*
knüpfen: (Bande -) *tisser b;* (Bedingungen - an) *mettre 1b.*
knurren: *grogner a;* (Hund)(-) *gronder 1, grogner a;* (Magen)(-) *gargouiller.*
k.o.: (- sein) *claquer, crever, vider;* (- schlagen) *mettre 1b, sonner 2.*
köcheln: *mitonner.*
kochen: *bouillir, cuire; cuisiner 1;* (langsam -) *mitonner;* (zum Kochen bringen) *pouillir.*
Köder: (mit e-m - versehen) *amorcer 1.*
ködern: *amorcer 1, appâter;* (jn -) *leurrer.*
kodifizieren: *codifier.*
Koffer: (- auspacken) *défaire;* (- packen) *plier a;* (s-n - aufgeben) *enregistrer.*
Kollekte machen/abhalten: *quêter a.*
kollektivieren: *collectiver.*
kollern: *glousser.*
kollidieren: *tamponner 3;* fig. *interférer.*
kolonisieren: *coloniser.*
kombinieren: *combiner.*
kommen: *venir 1a;* (wohin -) *parvenir a, passer 1a, se rendre 2;* (- aus) *recruter;* (- in/auf) *déboucher 2a;* (unter/über/durch etw -) *passer 1a;* (- aus/daher -) *dériver 2, naître b, venir 2;* (nahe an etw -) *affleurer;* (näher -) *rapprocher;* (schließlich dazu -) *en arriver 3;* (jn - lassen) *mander 1;* (noch einmal/ wieder --) *rappeler 1a;* (hinter etw -) *éventer 2;* (wieder zu sich -) *revenir 1b;* (zu sprechen - auf) *embrayer b;* (jd)(soweit -) *en être 7;*
(- zu/ dazu -) *aboutir b;* (- von) *provenir a, résulter, venir 2;* (Gedanke/Idee)(jm -) *effleurer, présenter;*
(unter ein Auto -) *passer 1a;* (in Berührung - mit) *côtoyer;* (zu Bewußtsein -) *revenir 1b;* (wieder in Gang -) *rebondir, reprendre 4;* (zu Geld -) *remplumer b;* (mit jm ins Gespräch -) *lier;* (auf die Idee -) *imaginer, inventer;* (auf s-e Kosten -) *rembourser;* (aus der Mode -) *se démoder, passer 2;* (zu Ohren -) *revenir 5;* (zu dem Schluß -) *conclure 2, juger;* (ins Schwitzen -) *mettre 1a;* (jm in den Sinn -) *offrir 2;* (zu e-m Skandal -) *éclater;* (e-r Sache auf die Spur -) *dépister;* (aus dem Ton -) *détonner;* (zu der Überzeugung -) *pénétrer b, persuader;* (zur Vernunft -) *raisonner 2;* (zum Vorschein -) *percer a;* (zu Worte -) *placer a;*
(wie kommt es, daß) *faire 2;* (so mußte es -) *rater.*
kommentieren: *commenter, gloser.*
kompensieren: *compenser, suppléer.*
Kompetenz: (unter die - fallen von) *ressortir 2.*
kompromittieren: *se commettre 2, compromettre, éclabousser, engluer b, mouiller 2.*
kommunizieren: (jd)(-) *communier 2;* (etw)(-) *communiquer 1.*
kompilieren: *compiler.*
kompliziert(er) machen: *compliquer.*
komponieren: *composer 2.*
kondensieren: *condenser.*
konfirmieren: *confirmer 2.*
konfiszieren: *confisquer.*
konfrontieren: *affronter, mettre 2, opposer a.*
konjugieren: *conjuguer 2.*
konkretisieren: *concrétiser.*
Konkurrenz: (jm/e-r Sache - machen) *concurrencer.*
konkurrieren: *rivaliser.*
können: *pouvoir 1, savoir 2;* (es sehr gut -) *exceller;* (nicht mehr -) *pouvoir 1;* (es sein können, daß) *pouvoir 1;* (dafür -) *y pouvoir 2, y être 8;* (etw)(kann/ könnte + Inf) *risquer 2;* (könnte/dürfte) *savoir 2;* (nicht mehr (essen) -) *caler 2.*
konsistent werden lassen: *solidifier.*
konspirieren: *conspirer a.*
konstruieren: *construire b.*
konsultieren: *consulter.*
konsumieren: *consommer 1.*
Kontakt aufnehmen: *contacter, prendre 2.*
kontaktarm sein: *frayer 2.*
kontern: *contrer.*
kontra geben: *contrer.*
kontrastieren: *contraster, contrarier 2, opposer a.*
kontrollieren: *contrôler;* (die Anwesenheitszeit -) *pointer 1.*
kontrollstempeln: *estampiller.*

Kontroverse: (e-e - führen) *controverser.*
konvergieren: *converger.*
Konversation: (-)(sich hinziehen/einschlafen/schleppend sein) *languir b.*
konvertieren: *convertir 2.*
konzentrieren: *concentrer a/b;* (sich -) *abstraire, fixer a;* (- auf) *appliquer 3, centrer b;* (Kräfte/Energie auf sich -) *polariser;* (Truppen -) *masser 1.*
kooperieren: *coopérer.*
koordinieren: *coordonner.*
Kopf: (sich etw durch den - gehen lassen) *ressasser;* (jm nicht aus dem - gehen) *lanciner b;* (Idee)(jm durch den - gehen) *traverser;* (um e-n - vor jm gewinnen) *coiffer 3;* (Geld auf den - hauen) *flamber;* (- wieder heben) *redresser;* (e-e Kugel durch den - jagen) *brûler, loger 2, sauter 1b;* (den - schütteln) *branler;* (bejahend/zweifelnd/verneinend den - bewegen/schütteln) *hocher;* (sich etw in den - setzen) *mettre 1b;* (zu - steigen) *enivrer, entêter 1, griser 2a/b;* (auf den - stellen) *remuer, renverser a;* (jn vor den - stoßen) *buter 2, heurter b;* (den - verlieren) *affoler, sentir b;* (sich den - vollstopfen mit) *farcir;* (den - nach hinten werfen) *renverser;* (Arbeit)(jm über den - wachsen) *déborder 1b;* (mit dem - wackeln) *dodeliner;* (sich den - zerbrechen) *casser, creuser, triturer.*
Kopfbedeckung: (jm die - vom Kopf nehmen/pusten...) *décoiffer.*
köpfen: *décapiter.*
Kopfsprung: (e-n - machen) *piquer 2.*
Kopfzerbrechen bereiten: *retordre.*
kopieren: *copier.*
koppeln: (Maschinen zusammen -) *coupler.*
Korb: (jm e-n - geben) *éconduire.*
Korn: (jn aufs - nehmen) *prendre 1b.*
Körpertemperatur: (die - absenken) *hiberner.*
Korrekturen anbringen/drüberschreiben: *surcharger 2.*
korrespondieren: *correspondre 2.*
korrigieren: *corriger, rattraper, réviser, revoir;* (die Straßenführung -) *rectifier;* (Meinungen -) *redresser.*
korrumpieren: *corrompre, gangrener.*
kosten: *en avoir 6, coûter 1a/b, en coûter 2, goûter 1, revenir 8, valoir 1a;* (jn Mühe -) *peiner 1;* (Zeit -) *prendre 1a.*
Kosten: (auf s-e - kommen) *rembourser, rentrer, retrouver.*
kostümieren: *costumer.*
kotzen: *dégobiller, dégueuler.*
koupieren: *écourter.*
krachen: *craquer a/b, crépiter;* fig. (gleich kracht's) *barder 2.*
krächzen: *croasser.*
Kraft: (in - setzen) *mettre 1b;* (außer - setzen) *suspendre 2;* (in - treten) *entrer 2.*
Kräfte: (-)(abnehmen) *décroître;* (s-e - aufbieten/zusammennehmen) *mobiliser b;* (- in Anspruch nehmen) *polariser;* (die - übersteigen) *passer 1b;* (- verausgaben) *prodiguer;* (wieder zu - kommen) *réparer, reprendre 1a.*
kräftigen: *revigorer.*
kräftiger werden: *étoffer.*
kraftlos machen: *dévitaliser.*
Kragen: (-)(jm platzen) *éclater.*
krallen: (sich - an) *s'agriffer.*
kramen: *farfouiller, fouiller.*
krank: (- werden) *tomber 3;* (sich - melden) *porter 2;* (- aussehen/ - zu sein scheinen) *filer 1a.*
kranken an: *pécher b.*
kränken: *blesser b, désobliger, froisser 2, vexer.*
Krankenhaus: (ins - bringen/einliefern/überweisen) *hospitaliser.*
Krankheit: (-)(sich verschlimmern/voranschreiten) *progresser b;* (-)(weggehen) *guérir a;* (-)(jn heimsuchen) *frapper 2;*
(sich von e-r - erholen) *revenir 1b;* (- in sich tragen) *couver b;* (- mit sich herumschleppen) *traîner;* (- soeben überstanden/hinter sich gebracht haben) *relever 1, sortir 1b;* (sich - zuziehen) *prendre 1a, ramasser;* (- übertragen) *inoculer a, transmettre;* (- operativ behandeln) *opérer 3.*
kratzen: *gratter 1, griffer, racler, rayer 2.*
kräuseln: (Haare -) *friser 1;* (Stoff -) *crêper;* (Wasseroberfläche -) *rider.*
Kredit: (- einfrieren) *geler;* (- freigeben) *débloquer a, dégeler;* (jm - geben) *créditer.*
kreieren: *créer a.*
kreischen: (Kinder)(-) *piailler.*
Kreis: (sich im - drehen) *tournoyer.*
kreisen: *circuler, graviter.*
krepieren: *claquer, crever.*
Kreuz: (über - legen) *croiser 1;* (über - wickeln) *entrecroiser;* (Arme kreuzen) *mettre 1a.*
kreuzigen: *crucifier.*
kribbeln: *picoter 1.*
kriechen: *se prosterner b, ramper.*
Krieg führen: *guerroyer.*
kriegen: (Krankheit -) *attraper, choper;* (sich in die Haare -) *créper;* vgl. bekommen.
kriminalisieren: *criminaliser.*
kristallisieren: *cristalliser a.*
kritisieren: *critiquer, censurer, décrier, récriminer.*
kritzeln: *crayonner, gribouiller, griffonner.*
krönen: *couronner;* (- mit) *ceindre.*
krumm machen: *tordre, voiler 2.*
krümmen: *couder;* (sich vor Schmerzen -) *tordre.*
kühl: (Wein - stellen) *rafraîchir.*
kühlen: *rafraîchir, réfrigérer.*
kühler werden: *fraîchir, rafraîchir.*
Kummer bereiten: *peiner 2.*
kümmerlich leben: *vivoter.*
kümmern: (sich - um) *s'inquiéter 2, s'occuper 4, parer 2b, pouponner, préoccuper.*
kumulieren: *cumuler.*
kündigen: (Vertrag -) *dénoncer 1, résilier.*
kundtun: *déclarer, professer 2, signifier 2.*
kunststopfen: *stopper 2.*
kuppeln: *débrayer 1, embrayer a.*
Kurs: (vom - abbringen) *désorienter a;* (vom - abkommen) *dériver 1a;* (e-n - besuchen/an e-m - teilnehmen) *suivre 1;* (Aktien-)(stürzen) *dégringoler.*
Kurve machen/beschreiben: *décrire 2.*
kurz: (jn - halten) *rationner;* (zu - kommen lassen) *déshériter.*
kürzer machen/werden: *raccourcir, rapetisser, rogner 1a.*
kürzen: *abréger, raccourcir, réduire 1a, rogner 1b, tronquer;* (Text -) *amputer;* (Film -) *couper 1a;* (Budget -) *alléger.*
kurzschließen: *court-circuiter.*
Kurzschrift schreiben: *sténographier.*
kuscheln: (sich -) *se blottir.*
küssen: *baiser 1, embrasser a.*
Kutte: (die - ablegen) *(se) défroquer.*

L

lachen: *rire 1/2;* (hämisch/höhnisch -) *ricaner;* (sich schief/kaputt -) *se gondoler 2, se poiler, taper 1, tordre;* (jm ins Gesicht -) *rire 1.*
Lachen: (sich vor - den Bauch halten) *tenir 1a.*
Lächeln: (ein - aufsetzen) *grimacer.*
lächeln: *sourire.*
lächerlich: (- machen) *bafouer a, persifler, ridiculiser;* (ins Lächerliche ziehen) *caricaturer.*
lackieren: *laquer, vernir.*
laden: *charger 1a;* (Batterie -) *charger 1a;* (wieder -) *réarmer 1, recharger;* (sich auf den Hals -) *empêtrer b;* (vor Gericht -) *appeler 1a.*
Lage: (die - von etw bestimmen) *situer;* (die - peilen) *sonder b;* (jn in e-e üble - bringen) *mettre 1a.*
Lager: (- abbrechen) *lever;* (- räumen) *liquider.*
lagern: (wo -) *camper 1;* (Waren -) *entreposer, manutentionner, parquer 1, stocker.*
lahm legen/lähmen: *immobiliser, paralyser.*
laichen: *frayer 3.*
laisieren: *laïciser.*
lancieren: *lancer b, propulser 1b.*
Land: (- bestellen) *cultiver, labourer, travailler;* (- bewirtschaften) *exploiter;* (an - gehen/setzen) *débarquer;* (an - treiben/schwemmen/werfen) *rejeter a;* (außer Landes bringen) *expatrier.*
landen: *aborder 2, atterrir, débarquer, déboucher 2a, poser 1a, alunir, échouer b.*
Landurlaub gewähren: *déconsigner.*
lang sein: *mesurer a.*
länger: (- machen/werden) *allonger, rallonger;* (Klei-

dung)(wo - sein) *pendre.*
lange: (zu - wo bleiben) *éterniser.*
Länge: (der - nach hinfallen) *étaler 1;* (in die - ziehen) *éterniser, étirer, traîner.*
langen: (mit der Hand - in/an) *porter 1a;* (jm eine -) *allonger.*
Langeweile: (sich die - vertreiben) *tromper.*
längs gehen/führen/verlaufen: *côtoyer.*
langsamer fahren/gehen/werden: *ralentir.*
langweilen: (jn/sich -) *embêter, emmerder, ennuyer 1, enquiquiner, languir b, lasser, raser 2;* (sich zu Tode -) *se morfondre.*
lassen: *laisser 1/3;* (etw sein -) *laisser 1;* (jm etw - um/für) *faire 2;* (jn hinter sich -) *distancer;* (locker/fahren-/im Stich-/jn fallen-/hinter sich -) *lâcher;* (im Stich -) *déserter;* (sich Zeit -) *prendre 1a;* (vom Stapel -) *lancer a;* (nicht aus den Augen -) *quitter;* (jn in Ruhe -) *respirer.*
Last: (jm e-e - abnehmen) *délester, soulager;* (- hochwinden) *guinder 1;* (jm zur - fallen) *coller 6.*
lasten auf: *accabler b, écraser 1b, oppresser, peser a/b;* (Steuern)(-) *frapper 2.*
lästern: *blasphémer.*
lästig fallen: *cramponner b, coller 6, embarrasser, excéder 2, gêner, incommoder, importuner, obséder.*
lau werden: *tiédir.*
Lauer: (auf der - sein) *épier.*
lauern auf: *guetter a.*
Lauf: (s-n - nehmen) *reprendre 1b;* (e-r Sache freien - lassen) *déverser b, échapper a;* (s-n Bedürfnissen/Gefühlen freien - lassen) *se défouler.*
laufen: *courir;* (wohin -) *filer 3;* (über/unter/durch etw -) *passer 1a;* (nochmals -) *recourir 1;* (sich warm -) *échauffer;* (Motor)(gut/rund -) *carburer 1;* (Film)(-) *passer 1a;* (es jm kalt über den Rücken -) *frissonner;* fig. (gut/schlecht -) *aller 2, carburer 2, gazer.*
Laune: (schlechte - haben) *bouder.*
läuten: *carillonner, sonner 1a, tinter.*
lauter werden: (Lärm/Geräusch)(-) *grandir, grossir.*
läutern: *amender, ennoblir, purifier, racheter b.*
lauwarm machen/werden: *attiédir, tiédir.*
lavieren: *biaiser, louvoyer; naviguer.*
leben: *vivre;* (wieder -) *revivre.*
Leben: (-)(verlaufen/dahinfließen) *couler 1;* (ein liederliches - führen) *débaucher 1;* (- neu beginnen) *refaire;* (das - vertun/verpfuschen) *gaucher 2b;* (aushauchen) *expirer 2;* (jm das - schwer machen) *mener 1b;* (dabei sein - verlieren) *y rester 5;* (- verleihen) *prêter 2.*
leck sein/lecken: *fuir, pisser.*
lecken: *lécher.*
ledern: *peaufiner.*
leer werden/leerer machen: *dégarnir, désemplir.*
leeren: *vidanger, vider;* (sich -) *dégarnir, désemplir;* (Briefkasten -) *lever, relever 1.*
leer-:
(-pumpen) *pomper 4;* (-räumen) *débarrasser;* (-schöpfen) *écoper 1.*
legalisieren: *légaliser.*
legen: (wohin -) *appliquer 1, coucher 1, installer, placer a, poser 1a, mettre 1a/b;* (aufeinander -) *superposer;* (einander gegenüber -) *opposer a;* (sich hin -) *allonger;* (sich schlafen -) *coucher 1;* (jn wieder wohin -) *recoucher;*
(etw)(sich -) *appaiser, tasser 2;*
(zu den Akten -) *geler, classer;* (Bomben -) *plastiquer;* (Eier -) *pondre a;* (in Falten -) *draper 2, plisser;* (Feuer -) *incendier 1;* (Fliesen -) *daller;* (Gliedmaße wohin -) *ramener a;* (die letzte Hand - an etw) *mettre 1a;* (die Hand wieder /von neuem - an etw) *reporter 1a;* (sich in den Hinterhalt -) *embusquer;* (auf die hohe Kante -) *mettre 1a;* (in Locken -) *boucler 2;* (Ohr legen an) *accoler, appliquer 1, coller 1;* (Schienen -) *poser 1a;* (die Sehne in die Pfeilkerbe -) *encocher;* (an den Tag -) *déployer;* (Urlaub - auf) *bloquer;* (Wert - auf) *attacher b, tenir 5.*
leger sitzen: *se prélasser.*
legieren: *allier a.*
legitimieren: *fonder 1b.*
Lehen: (zum - geben) *inféoder.*
lehnen an: *appuyer 1a.*
lehren: *apprendre, enseigner, professer 1.*
lehrhaft: (- über etw schreiben/reden) *dogmatiser.*
leicht: (- berühren/- streifen) *effleurer, frôler;* (jm das Herz - machen) *gonfler b;* (es - nehmen mit) *transiger b.*
leichter machen: *alléger.*
leichtfertig umgehen mit: *badiner.*
Leid: (jm sein - klagen) *pleurer.*
leid: (es - werden) *dégoûter, lasser;* (es - sein) *souper;* (jm - tun) *regretter.*
leiden: (- an/unter) *pâtir, souffrir a;* (unter den Nachwirkungen zu - haben) *se ressentir;* (unter Schlaflosigkeit -) *fuir;*
(-/nicht - können) *blairer, sentir a, souffrir b.*
leider: *vouloir 1.*
leihen: *emprunter 1, passer 1a, prêter 1a.*
Leim: (mit - bestreichen) *engluer a;* (auf den - gehen) *gober 1.*
leimen: *coller 1;* fig. (jn -) *engluer b.*
Leine ziehen: vgl. abhauen, verduften.
leiser: (- werden) *décroître;* (Radio - stellen) *baisser.*
leisten: (sich etw -) *se fendre, offrir 1, payer a;* (Beistand -) vgl. Hilfe -; (s-n Beitrag -) *mettre 1b;* (Eid -) *prêter 2;* (Folge -) *obtempérer, exécuter 1;* (jm Gesellschaft -) *tenir 1b;* (Hilfe -) *porter 2, prêter 2;* (Meineid -) *se parjurer;* (e-r Sache Vorschub -) *favoriser;* (Widerstand -) *arc-bouter, résister, ruer 1.*
leiten: *conduire 1a, diriger 2, gérer, guider, présider a/b; transmettre, régir;* (Wärme -) *communiquer;* (in die Wege -) *promouvoir 2.*
Leitungen: (- freimachen/reinigen) *déboucher 1;* (elektrische - verlegen) *poser 1a.*
lenken: *aiguiller b, diriger 1a/2, gouverner a, mener 1a/b, piloter, présider b;* (Aufmerksamkeit - auf) *attirer;* (Gespräch - auf) *brancher.*
Lenkrad einschlagen: *braquer.*
lernen: *apprendre, étudier, instruire 1a;* (nochmals -) *réapprendre, rapprendre.*
lesen: *lire;* (Ähren -) *glaner a;* (die Messe -) *dire 2, officier;* (Noten -) *déchiffrer.*
letzt-: (etw als letztes tun/zuletzt tun) *finir 2;* (als letzter in einer Gruppe gehen/der letzte sein) *fermer;* (sein letztes hergeben) *saigner.*
leuchten: *éclairer a, luire, reluire.*
leugnen: *dénier, désavouer, nier, renier.*
liberalisieren: *libéraliser, libérer.*
Licht: (- brechen) *réfracter;* (- dämpfen) *filtrer;* (hinters - führen) *ficher 3;* (ans - kommen) *éclater;* (in - tauchen) *incendier 1;* (in rosarotes - tauchen) *rosir;* (- zurückwerfen) *réfléchir, refléter a.*
lichten: (Anker -) *lever;* (Haar)(sich -) *dégarnir, éclaircir a.*
lieben: *adorer, aimer, chérir, idolâtrer.*
Liebe: (jm s-e - erklären) *déclarer.*
lieber haben: *préférer.*
liebgewinnen: *attacher a.*
liebkosen: *câliner, cajoler, caresser.*
Liebschaft beenden: *liquider.*
Lied: (ein - singen können von) *savoir 1.*
liederlich: (- werden) *se dévergonder;* (ein --es Leben führen) *débaucher 1.*
Lieferant sein: *livrer 1.*
liefern: *débiter 2, donner 2, fournir, produire a;* fig. (etw -) *offrir 2;* (Beweis -) *administrer 2, fournir, produire;* (Ertrag/Gewinn -) *rendre 1a;* (Schlacht -) *livrer 2b;* (Waren -) *livrer 1.*
liegen: *gésir, gîter 1, poser 1a, situer;* (jm - an) *tenir 6;* (- auf) *oppresser;* (- in) *renfermer a;*
(- lassen) *planter b;*
(Steuern)(- auf) *frapper 2;* (Zahl)(- bei) *avoisiner;* (Maß...)(- über) *excéder 1;*
(begraben/bewegungslos/verstreut -) *gésir, reposer 2a;* (vor Anker -) *mouiller 1;* (fest-: das liegt fest) *revenir 1b;* (in e-r Flüssigkeit -) *tremper;* (in jds Händen -) *tenir 1b;* (im Magen -) *peser a;* (jm in den Ohren -) *rebattre;* (im Sterben -) *mourir;* (nach Süden... -) *donner 2a.*
Linderung verschaffen: *soulager.*
lindern: *alléger, calmer, soulager.*
Linien: (die feindlichen - durchbrechen) *enfoncer.*
Lippen: (die - zusammenkneifen) *pincer 1;* (an jds - hängen) *pendre.*
liquidieren: *liquider.*
lispeln: *zézayer, zozoter.*
List anwenden: *ruser.*
Liste: (- aufstellen) *dresser;* (in e-r - stehen/ver-

zeichnet sein) *figurer 2;* (jn in e-e - eintragen) *coucher 1.*
listig: (etw - tun/- umgehen mit) *ruser;* (- handeln) *renarder.*
loben: *louer 2;* (laut -) *applaudir b.*
Loch: (- machen/graben/ausheben/bohren...) *creuser, percer, trouer;* (- fressen in) *piquer 6.*
lochen: *perforer, poinçonner.*
locken: *attirer;* (sich -) *boucler 2.*
Locken: (in - legen) *boucler 2.*
locker-:
(- lassen) *lâcher;* (Geld - machen) *débloquer 1.*
lockern: *desserrer, lâcher, relâcher 1.*
lodern: *flamboyer.*
lohnen: (sich -/jm etw -) *payer b.*
Löhne anpassen: *rajuster.*
lokalisieren: *localiser, placer a.*
Lokalverbot verhängen: *exclure 1.*
los-:
(-binden) *délier a;* (-gehen)(Schuß)(-) *partir 1a;* (Schuß) (nicht --) *rater;* (-kaufen) *racheter a;* (nicht - kommen von) *remâcher;* (-lassen) *lâcher, larguer;* (Kabel/Tau --) *filer 2;* (-machen) *défaire, desserrer, détacher 1a;* (sich -reißen von) *détacher 1b;* (-schrauben) *déboulonner a;* (-stürzen) *élancer 2, foncer 1, précipiter a;* (-werden) *défaire, dépêtrer.*
losbrechen: (Gewitter)(-) *déclencher.*
löschen: (Feuer -) *éteindre;* (Kalk -) *détremper;* (Ladung -) *débarquer.*
lose werden: (Zahn)(-) *se déchausser 2.*
Lösegeld erpressen von: *rançonner.*
lösen: *défaire, desserrer, détacher 1a;* (sich nicht - von) *décoller 1;* (Problem -) *régler 1, résoudre 1b, solutionner, trancher 2;* (die Zunge -) *délier a;* (Zunge) (sich -) *dénouer.*
löten: *souder.*
Luft: (jn an die frische - bringen/--gehen/frische - schnappen) *aérer;* (in die - fliegen) *sauter 2;* (jd)(in die - gehen) *exploser b;* (s-n Gefühlen - machen) *épancher b, exhaler;* (in die - jagen) *dynamiter;* (keine - mehr kriegen) *étouffer, étrangler;* (die - lassen aus) *dégonfler;* (frische - schnappen) *prendre 1a;* (- zufächeln) *éventer 1.*
lüften: *aérer, éventer 1, ventiler 1.*
lügen: *mentir.*
lümmeln: (sich -) *s'affaler, se vautrer.*
Lunte riechen: *éventer 2, subodorer b.*
Lupe: (unter die - nehmen) *éplucher.*
lustig: (sich - machen) *amuser, blaguer, se ficher, se gausser, se moquer, railler.*
lutschen an: *sucer, suçoter, téter.*
lynchen: *lyncher.*

M

machen: *branler 2, fabriquer, faire, ficher, foutre;* (wieder -) *refaire;* (etw/jn + Adj -) *rendre 3;*
(etw - aus) *faire 1;* (- zu) *faire 1, ériger 2, réduire 1a;*
(aufmerksam -) *désigner;* (länger -) *rallonger;* (leerer -) *désemplir;* (milder -) *adoucir;* (niedriger -) *abaisser a;* (schwerer -) *alourdir;* (unmenschlich -) *déshumaniser;* (wohnlich -) *aménager;*
(Ausnahme -) *excepter;* (Bogen/Kurve -) *décrire 2;* (Eindruck -)(guten/schlechten --) *présenter;* (Fehler -) *commettre 1;* (Film -) *réaliser 1;* (Gegenbesuch -) *rendre 1a;* (Geld - aus) *monnayer;* (Geräusch -) *produire b;* (sich Hoffnungen -) *entretenir 1b;* (fig. in die Hose -) *mouiller 3;* (jm Mühe/Arbeit -) *donner 1;* (Photo -) *prendre 1a;* (Prüfung erneut -) *repasser 1b;* (jm Schande -) *déshonorer;* (Unterschied -) *différencier;* (Urlaub -) *prendre 1a;*
(e-e lästige Arbeit... - müssen) *s'appuyer 2, se farcir 2;* (sich - an) *atteler b;* (sich nichts - aus) *s'en faire 7, gêner.*
Magen: (im - liegen) *peser a;* (jm den - umdrehen) *tordre;* (den - verderben) *délabrer, détraquer.*
mager: (-werden (lassen)/erscheinen lassen) *amaigrir, maigrir.*
magnetisieren: *magnétiser.*
mähen: *faucher 1;* (Rasen -) *tondre.*
mahlen: *moudre, réduire 1a.*
malen: *peindre a.*
malnehmen: *multiplier.*
managen: *gérer.*
Mandat: (jm ein - geben) *mandater 2.*
Mangel: (jn in die - nehmen) *cuisiner 2.*
Mängel beheben/beseitigen: *pallier.*
Manieren: (jm - beibringen) *décrasser, dégourdir 2;* (sich schlechte - angewöhnen) *s'encanailler.*
manipulieren: *manipuler, truquer.*
Mann: (den starken - spielen) *crâner.*
marinieren: *macérer 1, mariner.*
markieren: *faire 1, marquer 1, pointer 1, repérer 1;* (mit Baken -) *baliser.*
Markenzeichen entfernen von: *démarquer 2.*
Markt: (auf den - bringen/werfen) *commercialiser, déverser, lancer a.*
Marktforschung treiben: *prospecter.*
Marsch: (Truppen in - setzen) *acheminer.*
marschieren: *marcher 1a.*
martern: *torturer.*
Maske: (die - fallen lassen) *lever.*
maskieren: *costumer, masquer a.*
Maß nehmen: *prendre 1a.*
massakrieren: *massacrer.*
massieren: *masser 2.*
mäßigen: *assagir, modérer, tempérer, retenir b.*
Maßnahmen: (- ergreifen) *prendre 1b, décider;* (einschneidende --) *couper 1b.*
mästen: *engraisser 1, gaver.*
matt werden (lassen): *ternir.*
mauern: *maçonner.*
Mauern: (mit - umgeben) *murer.*
Maul: (jm das - stopfen) *clore, clouer, rabattre 1.*
maulen: *grogner b, brommeler, râler 1.*
Maulkorb: (den - anlegen) *museler.*
Mauser: (in der - sein) *muer 1.*
mechanisieren: *mécaniser.*
meckern: *bêler, chevroter; râler 1. rouspéter.*
Medikament: (- einnehmen) *ingérer 1, prendre 1a;* (- verschreiben) *prescrire 1;* (übermäßig - nehmen/ein-geben) *droguer.*
meditieren: *méditer.*
meiden: *bannir, éviter, fuir.*
Meineid leisten/schwören: *se parjurer.*
meinen: *considérer 3, croire 1, estimer 2, dire 2, juger, penser;* (es nicht ernst -) *rigoler.*
Meinung: (s-e - sagen/äußern/kundtun/vorbringen) *prononcer b, opiner, déclarer, émettre;* (jn um s-e - fragen) *pressentir 2;* (jm die - sagen) *sonner 1b;* (e-e feste - haben) *fixer a;* (die - vertreten/der - sein) *estimer 2, penser, professer 2, soutenir 2;* (einer - sein) *accorder 1;* (anderer - sein) *différer 1;* (e-e - teilen) *entrer 1b, partager b;* (geteilter - sein) *diverger b, partager b;* (e-r - beipflichten/sich e-r - anschließen) *déférer 2, ranger 2b;* (s-e - ändern/widerrufen/rückgängig machen) *se déjuger, retourner 1, revenir 1b;* (mit s-r - zurückhalten) *réserver b.*
Meinungsumfrage machen: *sonder b.*
meißeln: *sculpter.*
melden: *déclarer, signaler;* (sich -) *manifester 2, offrir 1, représenter 2;* (sich freiwillig -) *enrôler;* (sich krank -) *porter 2;* (jn vermißt -) *porter disparu.*
melken: *traire.*
mengen: *brasser.*
Mensch werden: (Gott)(-) *incarner.*
menschlich(er) machen: *humaniser.*
Messe: (die - lesen) *dire 2, officier.*
messen: *mesurer a;* (jn mit dem Blick -) *toiser;* (das Volumen -) *jauger a.*
meutern: *se mutiner.*
miauen: *miauler.*
mieten: *louer.*
milder: (- werden/machen) *adoucir, radoucir;* (- stimmen) *radoucir.*
mildern: *adoucir, atténuer, pallier, tempérer, alléger.*
militant sein: *militer.*
mindern: *réduire 1b;* (die Bedeutung -) *éclipser 1;* (den Wert -) *déprécier a.*
mischen: *additionner, brasser, couper 1b, mélanger, mêler;* (sich - unter) *mêler;* (Karten -) *battre.*
mißbilligen: *désapprouver, désavouer.*
Mißbilligung: (s-r - Ausdruck geben) *tiquer.*
mißbrauchen: *abuser 1;* (Vertrauen -) *duper.*

mißdeuten: *se méprendre.*
mißfallen: *déplaire, défriser 2, offusquer.*
mißhandeln: *brutaliser, maltraiter.*
missionieren: *évangéliser, prêcher a.*
mißtrauen: *se défier 2, se méfier.*
Mißtrauen aussprechen: *censurer.*
mißtrauisch sein/werden: *se méfier, prendre 1b.*
Mist streuen auf: *fumer 3.*
mitarbeiten an: *associer 2, collaborer, coopérer.*
mitberechnen: *consigner 4.*
mitbringen: *amener a, apporter a, ramener a, rapporter 1.*
mitempfinden: *compatir.*
Mitgift geben: *doter a.*
Mitglied: (- sein) *affilier;* (- werden) *adhérer.*
mitkommen: fig. *y être 8.*
Mitleid: (- erregen) *apitoyer;* (- haben) *attendrir.*
Mitleidenschaft: (in - ziehen) *intéresser, porter 2.*
mitmachen: *marcher 2, prêter 1b;* (Mode -) *suivre 1.*
mitnehmen: *amener a, emmener, emporter 1, ramasser;* (jn hart -) *éprouver 1, secouer;* (wieder -) *remporter 1.*
Mittag: (zu - essen) *déjeuner.*
Mitte: (den Fußball in die - spielen) *centrer a.*
mitteilen: *apprendre, communiquer 2, notifier, savoir 1, signifier 2, mander 2.*
Mittelpunkt: (sich in den - drängen) *ramener a.*
mitreißen: fig. (jn -) *galvaniser.*
mitschreiben: *gratter 4.*
mitwirken: (als Statist -) *figurer 1.*
mobilmachen: *mobiliser a.*
mobilisieren: *mobiliser b.*
möblieren: *meubler a.*
Mode: (aus der - kommen) *se démoder, passer 2;* (e-e - mitmachen) *suivre 1;* (- einführen) *introniser;* (der - anpassen) *rajeunir.*
modelieren: *modeler a.*
modernisieren: *rajeunir, moderniser.*
modifizieren: (grammatisch -) *qualifier 3.*
mogeln: *frauder, tricher.*
mögen: *aimer, affectionner.*
möglich: (- sein) *pouvoir 1;* (für - halten) *croire 1.*
Möglichkeiten: (an die - von etw glauben) *croire 1.*
Mond: (hinter dem - leben/sein) *débarquer.*
monologisieren/Monolog halten/- führen: *monologuer.*
Monopol: (- haben/ - sich verschaffen) *monopoliser.*
montieren: *adapter, monter 2.*
mopsen: vgl. klauen, stehlen.
Moral: (jm - predigen) *moraliser.*
moralisieren: *moraliser.*
Motor: (-)(aussetzen) *flancher;* (- anwerfen/starten/ in Gang setzen) *lancer a;* (- absaufen lassen) *noyer a;* (- abwürgen) *caler 2;* (- frisieren) *gonfler a;* (- hochdrehen) *pousser 1a;* (- hochjagen/überdrehen) *emballer 2a;* (-)(gut/rund laufen) *carburer 1;* (- kaputtmachen/ ruinieren) *fusiller;* (-)(nicht (mehr) ziehen) *flancher.*
morden: *assassiner.*
Mörtel anrühren: *gâcher 1.*
moussieren: *pétiller.*
müde: (e-r Sache - werden) *fatiguer, lasser;* (nicht - werden) *tarir b.*
muhen: *beugler, meugler.*
Mühe: (- haben) *peiner 1;* (sich - geben) *appliquer 3, s'efforcer, remuer;* (sich keine - geben) *se fouler 3;* (keine - scheuen) *plaindre;* (jm - machen/bereiten) *donner 1;* (jn - kosten) *peiner 1.*
multiplizieren: *multiplier.*
Mund: (etw in den - stecken) *enfourner;* (jm nach dem - reden) *abonder;* (ein Instrument an den - setzen) *emboucher;* (jm das Wort aus dem - nehmen) *court-circuiter.*
münden: *aboutir a, déboucher 2a/b.*
Münze: (etw für bare - nehmen) *prendre 1b.*
mürbe: (Fleisch - machen) *mortifier.*
murmeln: *mâchonner, marmonner, marmotter, murmurer a/b;* (Wasser)(-) *gazouiller, murmurer a.*
murren: *bougonner, grommeler, grogner b, gronder 2, maronner.*
mürrisch: (ein --es Gesicht machen) *rechigner.*
Muskelkater verursachen: *courbaturer.*
müssen: *avoir 3, devoir 1, empêcher, falloir 1.*
Muskelschwund verursachen: *atrophier.*
mustern: *dévisager, parcourir.*
Mut: (jm - machen) *enhardir;* ((wieder) - fassen) *reprendre 1b;* (jm den - nehmen) *décourager.*
Mutmaßungen anstellen: *préjuger.*
Muttermilch: (mit der - in sich aufnehmen) *sucer.*

N

nachäffen: *emboîter, singer.*
nachahmen: *calquer, contrefaire, copier, emboîter, imiter, pasticher.*
nachdenken: *cogiter, méditer, rêver b, raisonner 1, réfléchir b.*
nachdunkeln: *foncer 2.*
nacheifern: *modeler b.*
nachfolgen: *succéder.*
Nachfolger sein von: *succéder.*
nachforschen/Nachforschungen anstellen: *enquêter.*
nachfragen: *renseigner.*
nachgeben: *céder, écraser 1a, enfoncer, faiblir, flancher, fléchir, incliner a, mollir, plier b, obéir, transiger a;* (e-r Bitte -) *déférer 2;* (Aktien-Kurse) (-) *fléchir.*
nachgebildet sein: (e-r Sache -) *imiter.*
nachgehen: (Uhr)(-) *retarder;* (s-r Beschäftigung -) *vaquer 2.*
nachgemacht sein: *imiter.*
nachgrübeln über: *ratiociner, ruminer b.*
nachholen: *rattraper, récupérer a.*
nachjagen: (e-r Chimäre -) *enfourcher.*
nachkommen: *rejoindre;* fig. *accéder b, condescendre, déférer 2, fournir, satisfaire.*
nachlassen: *démentir, décliner 1, mollir, faiblir;* (Gedächtnis)(-) *défaillir;* (Interesse)(-) *languir b;* (nicht - in) *relâcher 1;* (nicht -) *désarmer b;* (Interesse/Spannung)(-) *baisser;* (Gefühle)(nicht -) *désarmer b;* (jm Schulden -) *décharger 1b;* (Sünden -) *remettre 4.*
nachlässig werden: *relâcher 1.*
Nachlese halten: *grappiller.*
nachmachen: *imiter.*
nachprüfen: *contrôler, vérifier.*
nachrechnen: *recompter.*
nachreden: (jm Übles -) *médire.*
nachschauen: (jm -) *lorgner.*
nachschicken: *réexpédier, suivre 1.*
nachschlagen in: vgl. nachsehen in
nachsehen: (- in) *compulser, consulter, rapporter 3;* (jm etw -) *passer 3.*
nachsichtig sein: *fermer.*
nachsitzen lassen: *coller 4.*
nachstehen: (in nichts -) *céder.*
Nachteil: (jm zum - gereichen) *porter 2.*
nachteilig sein: *porter 2.*
nachtragen: (jm etw -) *tenir 1b.*
nachtrauern: *regretter.*
nachvollziehen: *restituer 1.*
nachweinen: (e-r Sache -) *pleurer.*
nachweisen: *justifier.*
Nachwirkungen: (unter den - zu leiden haben) *ressentir.*
nachzeichnen: *restituer 1.*
nachziehen: (ein Bein -) *traîner.*
Nagel: (mit Nägeln versehen) *clouter;* (sich unter den - reißen) *rabioter.*
nageln: *clouer.*
nagen: *ronger.*
nahe: (- an etw kommen) *affleurer;* (- gehen) *affecter 2, navrer;* (- legen) *suggérer.*
nähen: *coudre;* (chirurgisch -) *recoudre.*
näher: (-kommen) *approcher, avancer 1, rapprocher;* (-rücken/- stellen) *approcher;* (- kommen/-bringen/-rükken) *rapprocher.*
nähern: (sich -) *aborder 3a, approcher, rapprocher.*
nähren: *entretenir 1b, nourrir a/b.*
nahrhaft sein: *nourrir.*
Nahrung: (- zu sich nehmen) *prendre 1a;* (e-r Sache - geben) *entretenir 1b.*
Namen: (s-n - eintragen in) *émarger;* (das Kind beim - nennen) *mettre 1a;* (s-n - hergeben für) *prêter 1a.*
nämlich: *être 2.*
narren: *mystifier.*
Nase: (-)(laufen) *couler 1;* (-)(tropfen) *dégouliner;* (- putzen) *moucher;* (die Luft durch die - hochziehen) *renifler;* (jm etw vor die - stellen) *mettre 1a;* (s-e - stecken in) *fourrer 1, mêler;* (an der - herumführen) *marcher 2, mener 1b, se moquer.*
näseln: *nasiller.*
Nasenlänge: (jn um eine - schlagen/jm e-e - voraussein) *coiffer 3.*
naß machen/werden: *mouiller 2.*

Nebel: (in - hüllen) *embrumer.*
nebenbei gesagt: *passer 1b.*
nebeneinander-:
(-bauen) *accoler;* (-binden) *accoler;* (-legen/-stellen) *juxtaposer;* (-stellen) *voisiner.*
necken: *blaguer, chiner, lutiner, taquiner.*
nehmen: *prendre 1a;* (jm etw -) *dépouiller 1b, enlever, ôter, retirer;* (wieder/nochmals - (von)) *reprendre 1a;* (- aus) *extraire;* (auf sich -) *assumer, endosser;* (für sich -) *prélever;* (zuviel von etw -) *forcer a;* (jn beiseite-) *prendre 1a;* (ernst -) *prendre 1b;* (es leicht - mit) *transiger b;* (wortwörtlich -) *prendre 1b;* (Abstand - von Meinungen...) *abjurer;* (in Angriff -) *attaquer 1b;* (in Anspruch -) *absorber b;* (zu sehr in Anspruch -) *abuser 1;* (Anstoß - an) *se formaliser 2, offusquer, prendre 1b;* (Anlauf -) *lancer a;* (den Appetit -) *couper 1b;* (e-e lästige Arbeit auf sich -/über -) *s'appuyer 2, s'envoyer 2, se taper 6;* (auf die Arme -) *se ficher 4;* (jm ein Auge -) *éborgner;* (sich ein Beispiel - an) *prendre 1b;* ((für sich) in Beschlag -) *accaparer, monopoliser;* (in Betrieb -) *mettre 2;* (Bezug - auf) *référer 1;* (Drogen -) *droguer;* (kein Ende -) *en finir 3;* (aus e-r Form -) *démouler;* (Geld von jm - für) *prendre 1a;* (sich zu Herzen -) *prendre 1b;* (zu Hilfe -) *aider;* (jm die Illusionen -) *désillusionner;* (Risiko in Kauf -) *accepter;* (zur Kenntnis -) *prendre 1a;* (jn aufs Korn/zum Zeugen -/von jm Besitz -) *prendre 1b;* (jn in die Mangel -) *cuisiner 2;* (Medikament/Nahrung zu sich) *prendre 1a;* (zuviel Medikamente -) *droguer;* (jm das Wort aus dem Munde -) *court-circuiter;* (etw für bare Münze -) *prendre 1b;* (jm den Mut -) *décourager;* (Reißaus -) *détaler,* vgl. abhauen; (e-r Sache den Reiz -) *déflorer;* (auf die leichte Schulter -) *prendre 1b;* (von der guten Seite -) *prendre 1b;* (e-e feindliche Stellung wieder -) *reprendre 1a;* (sich zum Vorbild -) *modeler b;* (zum Vorwand -) *prétexter;* (Weg -/Verkehrsmittel -) *emprunter 2;* (s-n Wohnsitz -) *élire, établir 1a;* (jm die Sicht -) *dérober b, cacher a;* (sich Zeit -) *prendre 1a;* (Boot)(Wasser -) *embarquer;* (wenn man es genau nimmt) *regarder 1.*
neiden: *envier.*
neidisch sein auf: *envier, loucher.*
Neige: (Tag)(zur - gehen) *baisser.*
neigen: *incliner a, pencher a, tendre 2a;* (- zu) *incliner b, pencher b, tendre 2b;* (Schiff)(sich auf die Seite -) *gîter 2.*
Neigung: (Schiff)(- haben) *gîter 2.*
nennen: *appeler 2, nommer 1, prêter 2, désigner, taxer 2, dénommer;* (das Kind beim Namen -) *mettre 1a;* (s-e persönlichen Daten -) *décliner.*
Nerven: (-)(versagen) *craquer b;* (- abtöten/betäuben) *insensibiliser;* (jm auf die - gehen) *assommer b, crisper b, excéder 2, empoisonner, horripiler, porter 1a, taper 1;* vgl. auf den Wecker fallen.
nervös: (- sein) *piaffer b;* (- machen) *énerver.*
Nest: (das - verlassen) *dénicher.*
Neuerungen einführen: *innover.*
Neues bringen: *renouveler.*
neugierig machen: *intriguer 2.*
neuschreiben: *réécrire 1.*
neutral: (für - erklären) *neutraliser.*
neutralisieren: *neutraliser;* (sich -) *annuler, neutraliser.*
nicken: *branler 1, hocher;* (zustimmend -) *acquiescer, opiner.*
niederbrennen: (Feuer)(-) *consumer a.*
niederdrücken: *accabler a/b, écraser 1b.*
niedergehen: (Regen)(-) *abattre a;* (Vogel(wo -) *rabattre 2.*
niederknüppeln: *matraquer.*
niederkommen: *accoucher.*
Niederlage: (e-e - bereiten) *infliger.*
niederlassen: (sich -) *établir 1a, fixer a, installer.*
niederlegen: (Amt -) *démissionner, résigner 1;* (die Arbeit -) *débrayer 2;* (die Waffen -) *poser 1a.*
niedermachen/-metzeln: *massacrer.*
niederschießen: *abattre a.*
niederschlagen: *abattre a, assommer a;* (Gegner -) *terrasser 2;* (Revolte -) *mater;* (etwas)(sich -) *condenser, déposer 1a.*
niederschmettern: *terrasser 2.*
niederschreiben: *coucher 1, inscrire, transcrire.*
niederschreien: *huer.*
niederstrecken: *foudroyer.*
niederwerfen: *écraser 1b.*
niedriger: (- machen) *abaisser a, rabaisser a;* (- einstufen) *déclasser 2.*
nieseln: *bruiner, pleuvasser, pleuviner, pleuvoter.*
niesen: *éternuer.*
nieten: *river a, riveter.*
nippen an: *siroter.*
nisten: *(se) nicher a.*
noch einmal (etw tun): vgl. das einfache Verb.
Norden: (Karte nach - ausrichten/die Nordrichtung eintragen) *orienter a.*
nörgeln: *bougonner, chicaner, chipoter 1, pinailler, ronchonner, rouspéter.*
normalisieren: *normaliser.*
normen: *standardiser.*
Notdurft verrichten: *déféquer 2.*
Note(n): (- lesen) *déchiffrer;* (e-e persönliche - geben) *personnaliser.*
notieren: *marquer 2, noter 1, prendre 1a, relever 2;* (Aktien -) *coter.*
nötigen: *réduire 2;* vgl. zwingen.
nötig: (es nicht für - halten) *dédaigner.*
nottaufen: *ondoyer 2.*
notwendig sein: *falloir 1, imposer 1.*
nüchtern machen: *dégriser.*
nur: *faire 3.*
nuscheln: *bafouiller.*
Nutzen: (- ziehen aus) *bénéficier, jouer 1b, prévaloir 2, profiter;* (von - sein) *bénéficier, réussir.*
nützen: *profiter, servir 3.*
nuancieren: *nuancer.*
numerieren: *numéroter.*

O

Oberfläche: (an der - schwimmen) *surnager a.*
oberflächlich(e): (ein Thema - behandeln) *déflorer;* (- Kenntnisse haben von) *frotter 1.*
Oberhand: (die - haben) *dominer, prédominer;* (die - haben/gewinnen) *l'emporter 3, prédominer.*
Objektiv: (das - richten auf) *cadrer 2.*
obliegen: *incomber.*
offenbaren: *révéler.*
offenhalten: (sich e-e Rückzugsmöglichkeit -) *ménager 2.*
offiziell bekanntgeben: *proclamer.*
offenlegen: (Karten -) *abattre a.*
Ohr(en): (- aufrichten) *pointer a;* (die - spitzen) *dresser;* (das - legen an) *appliquer 1, coller 1.*
öffnen: *ouvrir a/b;* (wieder -) *rouvrir;* (ein wenig -) *entrebâiller, entrouvrir;* (Brief -) *décacheter;* (mit e-m Dietrich -) *crocheter;* (jm die Augen -) *désabuser, désillusionner.*
Öffnung: (etw durch e-e - hineintun in) *engouffrer;* (e-e - anbringen in) *ménager 2, pratiquer.*
Ohnmacht: (in - fallen) *défaillir, s'évanouir, se pâmer a.*
Ohr(en): (- aufrichten) *pointer a;* (die - spitzen) *dresser;* (das - legen an) *appliquer 1, coller 1;* (Geräusch)(ans - treffen) *frapper 1a;* (jm zu - kommen) *revenir 5;* (jm dauernd in den - liegen) *rebattre;* (jm die - wundschreien) *écorcher a;* (jn übers - hauen) *estomper 2, étriller;* (s-n - nicht trauen) *en croire 2.*
ohrfeigen: *calotter, claquer, gifler, souffleter, allonger.*
okulieren: *greffer.*
Öl: (in - backen) *frire;* (- ins Feuer gießen) *mettre 1a;* (das - wechseln/Ölwechsel machen) *vidanger.*
ölen: *graisser, huiler, lubrifier.*
ondulieren: *onduler.*
operieren: *charcuter, opérer 3;* (militärisch -) *opérer 1.*
Opfer: (- sein von) *succomber a.*
opfern: *immoler a/b, sacrifier 1/2.*
Orchester: (für - bearbeiten) *orchestrer.*
ordentlich: (e-e Arbeit - machen) *torcher 2.*
ordinieren: *ordonner 3.*
ordnen: *arranger 1, classer, mettre 1b, ordonner 2, ranger 1;* (neu -) *reclasser;* (sein Haar -) *coiffer 2.*
Ordnung: (in - bringen) *ajuster, arranger 1, discipliner, mettre 1b, ranger 1, régulariser;* (wieder --) *rajuster, réarranger, redresser;* (- stören) *troubler;* (-)(eintreten) *établir 2a;* (s-e Kleidung in - bringen)

rectifier.
Organ verpflanzen: *greffer, transplanter.*
organisieren: *arranger 1, combiner 2, embrigader, organiser;* (gewerkschaftlich -) *syndiquer;* (etw zu essen -) *marauder, orchestrer,* vgl. klauen.
orientieren: *aiguiller b, guider, orienter a.*
Ort: (den - bestimmen) *situer;* (e-n - erreichen) *gagner.*
orten: *repérer 2.*

P

paaren: *accoupler.*
packen: *agripper, empoigner, saisir 1a;* (Auto)(jn -) *happer;* (s-n Koffer -/s-e Sachen -) *plier a.*
paginieren: *paginer.*
palavern: *palabrer.*
panaschieren: *panacher.*
panschen: (Wein... -) *frelater, trafiquer 2.*
panzern: *barder 1, blinder, cuirasser.*
Parade machen: *parader.*
paraphieren: *parafer/parapher.*
paraphrasieren: *paraphraser.*
parfümieren: *parfumer.*
parieren: *parer 2a.*
parken: *garer, parquer 2.*
parodieren: *parodier.*
Partnerschaft: (durch e-e - verbinden) *jumeler.*
Passanten ansprechen: *raccrocher.*
passen: (- in/zu/an) *adapter, agencer, emboîter, rentrer;* (jm -) *aller 3, chausser; arranger 2, convenir 1; coller 2;* (nicht - zu) *détonner;* (jm nicht -) *revenir 6;* (etw)(nicht zueinander -) *jurer 3;* (fugenlos zusammen -) *joindre;* (wohin -/hinein-) *tenir 2;* (der Form/Gestalt nach - zu/in) *épouser b;* (jm -) *chanter, dire 2;* (Möbel)(gut - in) *meubler a;*
(= kneifen) *caler 4.*
passend zusammenstellen: *assortir 1.*
passieren: *advenir, arriver 2, survenir;* (die Grenze -) *franchir;* (- lassen) *passer 1a.*
pasteurisieren: *pasteuriser.*
Patent vergeben: *conférer 1a.*
patentieren (lassen): *breveter, patenter 1.*
patinieren: *patiner.*
patrouillieren: *patrouiller.*
Patsche: (jm aus der - helfen) *repêcher.*
patschen: *barboter 1.*
pauken: *bachoter, piocher 2, potasser.*
Pause: (e-e - einlegen) *marquer 1.*
pausen: *décalquer.*
Pech haben: *jouer 1b.*
pedantisch erörtern: *disserter.*
peilen: (die Lage -) *sonder b.*
peinigen: *torturer;* (Hunger/Gewissensbisse)(jn -) *tenailler.*
Peitsche: (die - geben) *fouailler, fouetter.*
peitschen: *fouetter;* (etw -) *cingler 1a, fouetter.*
pendeln: (hin und her -) *osciller a.*
pennen: *pioncer, roupiller.*
Pension berechnen: *liquider.*
perlen: *perler, pétiller.*
personalisieren: *personnaliser.*
personifizieren: *personnifier.*
petzen: *moucharder 1, rapporter 2.*
pfählen: *empaler.*
Pfand: (- berechnen für) *consigner 4;* (- einlösen) *dégager a;* (sich das - zurückzahlen lassen) *déconsigner 3.*
pfänden: *saisir 1a.*
pfeffern: *pimenter, poivrer.*
Pfennige: (die letzten - zusammenkratzen) *racler.*
Pfeife: (- reinigen) *ramoner;* (nach s-r - tanzen lassen) *régenter.*
pfeifen: *siffler 1;* (vor sich hin-) *siffloter;*
fig. (- auf) *s'en balancer 3, s'en branler 3, emmerder, se ficher 4, se moquer, se rire 2, s'en tamponner 4.*
Pfeil: (- anlegen/ - auf die Sehne legen) *encocher;*
(- schießen) *darder.*
pferchen: *entasser, tasser.*
Pferd: (- besteigen) *enfourcher, monter 1;* (dem - die Sporen geben) *éperonner;* (- beschlagen) *ferrer;*
(- schinden) *crever.*
Pfiff: (e-r Sache e-n besonderen - geben) *raffiner 2.*
Pflanzen: (- umsetzen) *repiquer 5;* (- verpflanzen) *transplanter;* (-)(empor-ranken) *grimper.*
pflanzen: *jalonner, planter a.*
Pflaster: (Straßen- aufreißen) *dépaver.*
pflastern: *paver.*
pflegen: *cultiver, entretenir 1a, soigner, traiter 1a;* (s-n Stil/s-e Sprache -) *châtier.*
Pflicht: (jm e-e - auferlegen) *imposer 1.*
pflücken: *cueillir, grappiller;* (hier und da -) *glaner a.*
pflügen: *labourer.*
pfropfen: *greffer.*
pfuschen: *bâcler, bousiller, cochonner, gâcher 2a, saboter, saloper, torcher, torchonner 2.*
Phantasie: (-)(mit jm durchgehen) *galoper.*
phantasieren: *broder b, délirer, divaguer 2.*
philosophieren: *philosopher.*
photographieren: *photographier, prendre 1a.*
photokopieren: *photocopier.*
picken: *picorer, picoter 2.*
Pickel haben: *bourgeonner, boutonner 2.*
Picknick machen: *pique-niquer, saucissonner.*
pieksen: *picoter 1.*
piepen: *piailler, piauler, pépier.*
pingelig sein: *tatillonner.*
pinkeln/pissen: *pisser.*
plädieren/Plädoyer halten: *plaider a/b.*
plagen: *persécuter, tracasser.*
plagiieren: *démarquer 1, plagier.*
Plan: (sich mit e-m - tragen) *couver b;* (- durchkreuzen) *contrecarrer;* (- schmieden) *forger 2, tramer;* (-)(scheitern) *s'écrouler.*
planen: *conjurer 3, goupiller 2, planifier, projeter 1, programmer.*
planieren: *égaliser.*
planschen: (herum- in) *barboter 1, patauger a.*
plappern: *babiller, bavarder, jacasser.*
plärren: *criailler.*
plätschern: *clapoter, gazouiller, murmurer a.*
platt: (sich - drücken auf) *coller 1, écraser 1a.*
Platte auflegen: *passer 1a.*
Platten: (e-n - haben) *crever.*
Platz: (- haben für) *loger 1;* (- haben in) *tenir 2;* (- nehmen) *prendre 1a;* (den - räumen) *vider;* (s-n - verlassen) *déplacer a;* (den - tauschen) *permuter.*
platzen: *crever, éclater, péter b.*
plaudern: *causer 2.*
plazieren: *placer a;* (sich -) *classer, placer a.*
pleitegehen: *couler 2.*
plissieren: *plisser.*
plombieren: *plomber.*
plündern: *écumer b, piller.*
poetisch ausschmücken: *poétiser.*
polarisieren: *polariser.*
polemisieren: *polémiquer.*
polieren: *astiquer, encaustiquer, fourbir, lustrer, poncer;* (Stein/Metall -) *aviver;* (sich die Fresse/Schnauze - lassen) *démolir.*
politisieren: *politiser.*
polizeilich suchen: *rechercher.*
polstern: *bourrer, capitonner, matelasser, rembourrer;* (neu -) *refaire.*
Popo abwischen: *torcher 1.*
postulieren: *postuler 2.*
poussieren: *flirter.*
prädestinieren: *prédestiner.*
prägen: *estamper 1, marquer 1;* (Geld -) *frapper 1a;* (ein Wort/den Charakter -) *forger 2.*
prahlen: *fanfaronner.*
praktizieren: *pratiquer.*
prallen gegen: *écraser 1a, percuter.*
präludieren/Präludium spielen: *préluder a.*
prämieren: *primer 1.*
Pranger: (an den - stellen) *stigmatiser.*
präsentieren: *présenter.*
präsidieren: *présider a.*
prasseln: *crépiter, pétiller.*
präzisieren: *préciser.*
predigen: *prêcher a/b;* (jm die Moral -) *moraliser.*
Preis: (- erhalten/erzielen) *décrocher 1b.*
Preise: (- anpassen) *rajuster;* (- aushandeln) *débattre 1;* (- erhöhen) *hausser a;* (- festsetzen) *tarifer;*
(- staffeln/abstufen) *étager;* (- verderben) *gâcher 2b;* (zu hohe - verlangen) *tricher.*
preisen: *exalter 1, magnifier, prôner, vanter;* (ein

Verdienst -) *bénir, célébrer.*
preisgeben: *aliéner, livrer 2b, prostituer b.*
prellen: *empiler.*
Prellungen: (sich - zuziehen) *contusionner.*
pressen: *presser a, serrer, tasser 1.*
priemen: *chiquer.*
Priester: (zum - weihen) *ordonner 3.*
privilegieren: *privilégier.*
Probe: (- entnehmen) *prélever;* (auf die - stellen) *éprouver 1, mettre 2.*
proben: *répéter 2.*
probieren: *déguster a, essayer, goûter 1a.*
Problem: (- in Angriff nehmen) *entamer;* (- anschneiden) *entamer, soulever b;* (- antippen) *effleurer;* (- aufwerfen) *soulever b;* (- beseitigen) *liquider;* (- lösen) *régler 1, trancher 2;* (vor e-m - stehen) *confronter;* (- stellen) *poser 1b;* (- wälzen) *ruminer b.*
produzieren: *débiter 2, produire a;* (Organ)(-) *élaborer;* (= schreiben) *pondre b.*
profitieren: *profiter.*
Prognose stellen: *pronostiquer.*
programmieren: *programmer.*
projizieren: *projeter 2.*
proklamieren: *proclamer.*
proletarisieren: *prolétariser.*
propagieren: *propager b.*
prophezeien: *prophétiser.*
prostituieren: *prostituer b.*
Prostituierte: (zu e-r -n machen) *prostituer a.*
protegieren: *patronner, pistonner.*
protestieren: *contester, protester, ruer 1, se récrier, réclamer 2;* (gegen ein Gerichtsurteil/gegen e-e Entscheidung -) *en appeler 6.*
Protokoll: (ein - aufnehmen) *verbaliser 1.*
provozieren: *provoquer 2.*
Prozeß anstrengen: *intenter.*
prüfen: *contrôler, examiner, interroger b, tester, vérifier;* (erneut -) *réexaminer;* (im Einzelnen/eingehend -) *détailler b;* (Eier -) *mirer 2.*
Prüfung: (- bestehen) *réussir, recevoir 3;* (in e-r - durchfallen) *échouer;* (in e-r - versagen) *sécher 2;* (sich e-r - unterziehen) *passer 1b;* (- nochmals machen/ - wiederholen) *repasser 1b.*
Prüfungsthema sein: *sortir 1a.*
Prügel beziehen: *dérouiller 2.*
prügeln: *rosser.*
prusten: *pouffer.*
Psalm singen/psalmodieren: *psalmodier.*
publizieren: *publier.*
pudern: *poudrer.*
Puls fühlen: *tâter a.*
pumpen: *pomper 1;* (hinein- in) *injecter;* (sich Geld -) *taper 5.*
Punkt: (den höchsten - erreichen) *culminer.*
Punkte sammeln: *marquer 1.*
pusten: *souffler 1.*
putzen: *astiquer, briquer, nettoyer a, fourbir, lustrer;* (sich die Nase -) *moucher.*

Q

quaken: *coasser.*
quälen: *brimer, martyriser, supplicier, tarabuster, torturer, tracasser, chicaner, tenailler;* (Schmerz)(jn -) *lanciner b;* (Hunger/Gewissensbisse...)(jn -) *tenailler;* (jn mit Fragen... -) *harceler b.*
qualifizieren/qualifiziert sein für: *qualifier 2.*
qualmen: *fumer 1.*
Quartier: (- haben) *cantonner, loger 1;* (- beziehen/nehmen) *cantonner, établir 1a, installer.*
Quatsch: (was für e-n - erzählen) *chanter 1.*
quellen: (Holz)(-) *gonfler a.*
quengeln: *râler 1.*
querfeldein gehen: *prendre 1a.*
quetschen: *coincer, froisser 1, meurtrir.*
Quetschungen: (- sich zuziehen) *contusionner.*
quietschen: *couiner, grincer.*
quittieren: (Rechnung -) *acquitter 2;* (etw mit etw -) *répondre 1;* (Amt -) *quitter.*

R

rächen: *venger.*
Rad auswuchten: *équilibrer.*
Radau machen: *chahuter 1.*
radebrechen: *baragouiner, écorcher a, jargonner.*
radeln: *pédaler.*
radikaler werden: *radicaliser.*
Radio: (- anschalten) *allumer, ouvrir a;* (- einstellen auf) *mettre 1a;* (im - bringen) *radiodiffuser;* (-)(knistern/rauschen) *grésiller.*
raffen: *rafler.*
raffinieren: *raffiner 1.*
raffiniert gestalten: *raffiner 2.*
ragen: *élancer 2;* (hervor-/heraus- /hinaus- /aus/über) *dépasser, surplomber.*
Rahmen: (aus dem - fallen) *détonner;* (e-r Sache e-n festlichen - geben) *solenniser.*
Rakete starten: *lancer a.*
rammen: (etw - in) *ficher 2;* (Auto)(-) *tamponner.*
Rand: (über den - gehen) *déborder 1a.*
rangieren: *placer a/b.*
ranken: *grimper, ramper.*
rankriegen: (jn tüchtig -) *visser 2.*
ranzig werden: *rancir.*
rapportieren: *rapporter 1.*
rasen: *fendre, filer 3, foncer 1, gazer, tracer 3.*
rasend machen: *damner b.*
rasieren: *raser 1.*
Räson: (jn zu - bringen) *mater.*
raspeln: *râper;* (Süßholz -) *marivauder, roucouler b.*
rasseln: *cliqueter.*
Rat: (- einholen) *prendre 1a;* (jn um - fragen) *consulter;* (- bringen) *porter 2;* (mit sich zu -e gehen) *délibérer.*
raten: (jm - zu) *conseiller;* (-/erraten) *deviner.*
ratifizieren: *ratifier.*
Ration: (auf - setzen/rationieren) *rationner.*
rational erklären/herangehen an: *rationaliser.*
rationalisieren: *rationaliser.*
rationieren: *rationner.*
ratlos: (- sein) *désemparer;* (- machen) *confondre 2, décontenancer.*
rauben: *dérober a, ravir 1;* (den Atem -) *couper 1b;* (jm Zeit -) *prendre 1a.*
Rauch: (mit - füllen) *enfumer.*
rauchen: *fumer 1;* (Zigarette -) *fumer 1, griller 2.*
räuchern: *fumer 2.*
raufen: (sich -) *empoigner.*
Raum einnehmen: *tenir 1b.*
räumen: *évacuer, débloquer 1;* (den Platz -) *vider;* (Wohnung... -) *déloger;* (etw wohin -) *ranger 2a;* (Schwierigkeiten/Hindernisse aus dem Weg -) *lever;* (jn aus dem Wege -) *liquider;* (das Lager -) *liquider.*
raus- + Verb: vgl. heraus- + Verb und s.u.
Rausch: (s-n - ausschlafen) *cuver.*
rauschen: (Blätter)(-) *bruire (bruisser), frémir;* (Radio)(-) *grésiller 2;* (Wasserleitung)(-) *chuinter.*
rausfliegen: *jeter a, vider.*
raushängen: (jm zum Halse -) *suer.*
rauslassen: (etw -) *sortir 2.*
räuspern: (sich -) *éclaircir a, racler.*
rausrücken: (Geld -) *lâcher.*
rausschmeißen/-werfen: *dégommer b, jeter a, flanquer 2, vider, virer 4, balancer 2;* (Geld zum Fenster -) *fusiller.*
reagieren: *réagir 1.*
rebellieren: *se rebeller.*
rechen: *ratisser 1a.*
Rechenschaft ablegen: *rendre 4.*
rechnen: *calculer;* (- zu) *compter 1, placer b, ranger 2b;* (- mit) *s'attendre 2, compter 2, envisager, escompter b, prévoir, spéculer b, tabler 1.*
Rechnung: (- ausstellen) *facturer;* (- bezahlen/begleichen) *régler 1;* (etw in - stellen) *facturer;* (mit jm e-e - begleichen) *liquider.*
recht sein: *convenir 1.*
Recht(e): (- aufheben/außer Kraft setzen) *suspendre 2;* (jm ein - absprechen) *contester;* (- beanspruchen/ fordern) *revendiquer;* (s-e - wiederbekommen/wiedererlangen) *rentrer.*
rechtfertigen: *innocenter, justifier, légitimer.*
rechts: (sich - halten) *serrer, tenir 1b.*

rechtsfähig: (jn - machen) *valider.*
rechtsgültig: (für - erklären) *valider.*
rechtskräftig: (für - erklären) *valider.*
recken: *étirer;* (den Hals -) *tendre 1;* (sich -) *s'ébrouer, étirer.*
Rede: (- halten) *tenir 1b, prononcer b;* (- abbrechen/unterbrechen) *interrompre.*
reden: *parler;* (feierlich/hochtrabend/geschwollen -) *pérorer, pontifier;* (lehrhaft -) *dogmatiser;* (wirres Zeug -) *déconner;* (wirr/unzusammenhängend/undeutlich -) *bafouiller;* (dummes/kindisches Zeug -) *délirer, radoter;* (Unsinn -) *dérailler b, déraisonner;* (vernünftig mit jm -) *raisonner 1;* (feierlich - zu) *haranguer;* (jm nach dem Munde -) *abonder;* (von sich - machen) *défrayer 2;* (drum herum -) *biaiser;* vgl. sagen, sprechen.
redigieren: *rédiger.*
reduzieren: *comprimer, laminer b;* (- auf) *ramener b, réduire 1b;* (sich - auf) *ramener b, réduire 1b.*
Referat halten: *présenter.*
reflektieren: *raisonner 1, réfléchir a.*
reformieren: *réformer, rénover.*
regelmäßig: (- etw tun) *manquer 5;* (etw - machen/- einstellen) *régulariser 1.*
regeln: *commander 1, régir, réglementer, régler 3;* (Erbschaft -) *liquider.*
regen: (sich -) *bouger.*
regenerieren: *régénérer.*
regieren: *gouverner a;* (grammatisch -) *gouverner a, régir.*
Regierung: (- stürzen) *culbuter, renverser b;* (- umbilden) *remanier.*
reglementieren: *régenter.*
regnen: *pleuvoir;* (stark -) *flotter 3.*
regulieren: *régler 1a, régulariser 1.*
rehabilitieren: *réhabiliter;* (Kranke -) *réadapter, rééduquer.*
reiben: *frictionner, frotter 1, râper;* (sich an jm -) *se frotter 2.*
reich: (- werden lassen/machen) *engraisser 1, enrichir;* (- sein an) *abonder.*
reichen: (= ausreichen) *suffire;* (jm etw -) *passer 1a, tendre 1;* (bis wohin -) *atteindre a, monter 1;* (Blick) (--) *plonger;* (zeitlich - bis) *plonger;* (Waffe/Stimme) (- bis) *porter 1a;* (nicht - bis auf) *appuyer 1a.*
reifen (lassen) *mûrir.*
Reihe: (in e-e - bringen) *aligner.*
Reihenfolge umkehren: *inverser, intervertir.*
reimen: *rimer.*
rein- + Verb: vgl. herein- + Verb und s.u.
rein: (die reine + Subst. sein) *personnifier.*
Reine: (ins - schreiben) *recopier.*
reinigen: *assainir, curer, décrasser, déféquer 1, dégorger 2/3, détacher 3, épurer, nettoyer a, purger a, purifier;* (Leitungen... -) *déboucher 1;* (Fassaden/Wände -) *ravaler 1;* (Pfeife -) *ramoner.*
reinlegen: fig. (jn -) *avoir 5, baiser 3, berner, coller 3, duper, emberlificoter b, empiler 2, engluer b, se jouer 3, posséder 2, mettre 1a, rouler 2;* (sich - lassen) *attraper, doubler 5, gober 1.*
reinwaschen: fig. *blanchir, dédouaner b, disculper, justifier, laver b.*
reisen: *voyager.*
Reißaus nehmen: *détaler.*
reißen: *lâcher, péter b, rompre;* (kaputt-) *craquer a;* (mit sich -) *entraîner 1b;* (sich unter den Nagel -) *rabioter;* (an sich -) *accaparer, drainer, s'emparer, monopoliser;* (sich - um) *arracher;* (Witze -) *blaguer.*
reiten: *chevaucher 1;* (sein Steckenpferd -) *enfourcher,*
Reiz: (e-r Sache den - nehmen) *déflorer.*
reizbar werden: *aigrir.*
reizen: *agacer, crisper b, énerver, irriter;* (etw)(jn -) *séduire;* (jn bis aufs Blut -) *pousser 1b.*
rekapitulieren: *récapituler.*
reklamieren: *réclamer 2.*
rekonstruieren: *reconstituer, restituer 1, reconstruire.*
Rekord brechen: *pulvériser.*
rekrutieren: (sich -aus) *recruter.*
relativieren: *relativiser.*
Religion annehmen: *embrasser.*
rennen: *filer 3;* (ins Verderben -) *courir.*
renovieren: *rénover, restaurer.*
reparieren: *dépanner, refaire, réparer, retaper;* (Uhr/Auto -) *arranger 1;* (schlecht und recht -) *rafistoler, rapetasser.*
Repertoire: (sein - vorführen) *auditionner.*
repräsentieren: *représenter 1.*
reproduzieren: *reproduire.*
requirieren: *réquisitionner.*
reservieren: *réserver a, retenir a;* (sich - lassen) *louer 1, réserver a.*
resignieren: *renoncer, se résigner 2.*
respektieren: *respecter.*
restaurieren: *restaurer.*
Rest(e): (- aufessen) *liquider;* (- zusammensuchen/sammeln) *glaner a;* (- für sich abzweigen) *rabioter;* (jm/e-m Tier den - geben) *achever 2;* (den - geben) *porter 2.*
resümieren: *résumer.*
retten: *sauver 1;* (- was noch zu - ist) *sauver 1.*
retuschieren: *retoucher.*
revanchieren: (sich - für) *rendre 1a.*
revidieren: *réviser.*
Revolte niederschlagen: *mater.*
revolutionieren: *révolutionner.*
rezitieren: *réciter.*
Rhythmus: (- geben/rhythmisch gestalten) *rythmer.*
richten: (- auf) *braquer, orienter b, pointer 2;* (das Objektiv --) *cadrer 2;* (sich - gegen) *dresser, diriger 1b, viser b;* (sich - auf/gegen) *porter 2;* (sich - nach) *conformer, guider, régler 2b;* (etw/sich - an) *adresser;* (Appell - an) *lancer b;* (Anfrage - an) *interpeller;* (Bruch -) *réduire 1a.*
Richter: (sich zum - aufwerfen) *ériger.*
richterlich befinden: *conclure.*
Richtigkeit bestreiten: *nier.*
richtigstellen: *rectifier.*
Richtung: (- einschlagen) *prendre 1a;* (- ändern) *infléchir;* (- umkehren) *inverser;* (aus der - bringen) *déporter 2, désorienter a;* (e-e andere - geben) *dérouter a.*
riechen: *flairer, humer, renifler, sentir a, subodorer a/b;* (- nach) *sentir a;* (Lunte -) *subodorer a;* (jn nicht - können) *blairer, encadrer 2, sentir a.*
Riegel: (hinter Schloß und - setzen) *écrouer;* (- vorschieben) *mettre 1a.*
ringen: (mit dem Tode -) *agoniser.*
rinnen: *perler, ruisseler; fuir, pisser.*
Risiko eingehen/in Kauf nehmen: *risquer 1, accepter.*
riskieren: *aventurer 1/2, hasarder 1, jouer 1b, risquer 1, se risquer 3, tenter 2.*
Riß: (- machen/verursachen in) *fêler;* (- ausbessern) *colmater.*
rissig machen/werden lassen: *craqueler, fendiller, lézarder 1.*
rittlings: (sich - setzen auf) *enfourcher.*
ritzen: (Haut (auf-) -) *scarifier.*
rivalisieren: *jalouser.*
roboterhaft machen: *robotiser.*
röcheln: *râler 2.*
roden: *défricher 1.*
Rohr zusammendrücken: *étrangler.*
röhren: *bramer.*
Rolle: (e-e - spielen) *jouer 1b;* (s-e - beherrschen) *posséder 1.*
rollen: *rouler 1a.*
röntgen: *radiographier.*
rosten: *rouiller a.*
rösten: *griller 2;* (Kaffee -) *torréfier.*
rot: (- machen/werden) *rougir;* (- anlaufen) *empourprer;* (durch Blutandrang - anlaufen) *congestionner;* (-braun werden) *roussir.*
röten: (sich -/ rötlich werden) *rougeoyer.*
ruchbar werden: *ébruiter.*
Rücken: (es jm kalt über den - laufen) *frissonner.*
rücken: *reculer;* (näher -) *rapprocher.*
Rückfall erleiden: *rechuter, repiquer 6.*
rückfällig werden: *récidiver.*
rückgängig machen: *annuler;* (Einladung -) *décommander;* (Entscheidung... -) *revenir 1b.*
Rückgrat bilden von: *encadrer 1.*
rückläufig sein: *rétrograder.*
Rücksicht nehmen auf: *respecter.*
rücksichtsvoll behandeln: *ménager 1.*
Rückzugsmöglichkeit: (sich e-e - offenhalten) *ménager 2.*
rüde behandeln: *rudoyer.*
rudern: *ramer.*
Ruf: (- schädigen) *déconsidérer, galvauder, ternir;* (- untergraben) *entamer;* (jn um s-n - bringen) *déboulonner b.*

rufen: *s'écrier;* (herbei-) *appeler 1a/b;* (wohin/zu sich -) *convoquer, rappeler 1b;* (wieder ins Gedächtnis -) *remémorer.*
Ruhe: (- stören) *troubler;* (s-e - verlieren) *sortir 1b, se départir 2;* (jn in - lassen) *respirer;* (jm k-e - lassen) *respirer, talonner;* (etw)(jm k-e - lassen) *tirailler 1, travailler.*
Ruhestand: (in den - treten) *prendre 1b.*
rühmen: *exalter 1, prôner, vanter;* (sich -) *enorgueillir, glorifier, vanter.*
rühren: (jn -) *toucher 2;* (an etw -) *toucher 1a;* (sich -) *bouger, broncher;* (sich nicht mehr -) *immobiliser;* (sich nicht vom Fleck -) *décoller 1;* (k-n/auch nur e-n Finger -) *déranger.*
ruinieren: *couler 2, délabrer, esquinter, démolir, mettre 1a, miner 1, ruiner;* (die Frisur -) *défriser 1.*
rülpsen: *éructer a, roter.*
rum- + Verb: vgl. herum- + Verb und s.u.
rumkriegen: (versuchen, jn -zu-) *circonvenir.*
rumpeln: *cahoter.*
rumschleppen: (mit sich -) *trimbaler.*
rumsuchen: (wo -) *fouiller.*
runden: (-/ab-/auf-) *arrondir.*
Runden: (über die - kommen) *sortir 1b;* (mit dem Geld (gut) über die - kommen) *boucler 1, joindre.*
runder: (Gesichtszüge)(- werden) *s'empâter.*
runderneuern: *rechaper.*
rundlicher werden: *étoffer.*
runter- + Verb: vgl. herunter- + Verb und s.u.
runterschlingen/-schütten: *(s') enfiler 2.*
runterschlucken: (Speichel -) *saliver.*
runzeln: *froncer.*
Runzeln bekommen: *se ratatiner 1.*
runzlig werden (lassen) *rider, se ratatiner 1.*
rupfen: *déplumer, plumer 1.*
rutschen: *déraper, glisser a;* (hin und her -) *se trémousser;* (Essen)(nicht -) *passer 1a.*
rutschig sein: *glisser a.*
rütteln: *cahoter;* (- an) *secouer.*

S

sabbern: *saliver.*
sabotieren: *saboter.*
Sache: (zur - kommen) *venir 1a.*
Sack: (in Säcke abfüllen) *ensacher;* (wie ein - schlafen) *en écraser 2.*
säen: *semer 1a/b, ensemencer.*
sagen: *dire 1/2,* pop. *sortir 2;* (etw/nichts -) *élever 1;* (die Wahrheit -) *affirmer 1;* (etw zum Spaß -) *rire;* (deutlich -) *spécifier;* (man sagt daß) *paraître 2, passer 4;* (immer dasselbe -) *rabâcher;* (etw wirr/undeutlich -) *bafouiller;* (kein Wort -) *piper 1, souffler 1;* (s-e Meinung -) *prononcer b;* (jm die/s-e Meinung -) *sonner 1b;* vgl. auch sprechen, reden.
sägen: *scier.*
Saiten aufziehen: *encorder.*
säkularisieren: *séculariser.*
Salat: (- trockenschütteln) *essorer;* (- wenden) *fatiguer.*
salbadern: *pérorer.*
salben: *sacrer 1.*
salutieren: *saluer a.*
salzen: *saler.*
sammeln: *collecter, collectionner, cueillir, glaner b, moissonner b, recueillir 1, quêter a, ramasser, rallier, rassembler;* (Punkte -) *marquer 1;* (Ähren/Reste -) *glaner a;* (Eisen/Lumpen -) *récupérer a;*
(sich (andächtig) -) *recueillir 2.*
Sand: (mit - ver-/zuschütten/im - steckenbleiben) *ensabler;* (mit - bestreuen) *sabler.*
sanieren: *assainir.*
sanktionieren: *sanctionner.*
satt: (etw - haben) *souper.*
Sattel: (aus dem - werfen) *désarçonner a.*
satteln: *seller.*
sattsehen: (sich -) *rassasier b.*
sättigen: *rassasier a.*
Satzzeichen setzen: *ponctuer.*
sauber-:
(- kratzen) *gratter 1;* (- scheuern) *recurer;* (- machen: e-n Teller mit Brot) *saucer 1.*

säubern: *décrasser, épurer, nettoyer a/b, purger b;* (Wand/Fassade -) *ravaler 1.*
sauer werden: (Milch)(-) *aigrir, prendre 1a, tourner 1a.*
saufen: (jd)(-) *pinter;* (Tier)(-) *abreuver.*
saugen: *aspirer a, téter.*
saukalt sein: *pincer 1.*
säumen: *border, jalonner, ourler; tarder 2.*
säuseln: *murmurer a.*
Satz: (e-n - machen) *bondir.*
Schach: (in - halten) *mettre 1b;* (-figuren entblößen) *découvrir a;* (-- ziehen) *jouer 1a.*
Schaden: (jm - zufügen) *porter 2;* (- ersetzen) *réparer;* (den - haben) *trinquer.*
schaden: *desservir, nuire.*
schädigen: (den Ruf von jm -) *déconsidérer, galvauder, ternir.*
schädlich sein: *nuire.*
Schäfchenwolken: (Himmel)(sich mit - bedecken) *moutonner, se pommeler.*
schaffen: *créer a, procurer;* (neu -) *recréer;* (aus der Welt -) *abolir;* (sich zu - machen an) *affairer;* (sich vom Halse -) *dépêtrer.*
schäkern: *lutiner.*
schal werden: *s'éventer 3.*
schälen: *écorcer, éplucher;* ((sich) -) *peler 1.*
schallen: *retentir.*
schalten: (Auto)(herunter-) *rétrograder.*
Schande: (jm - machen) *déshonorer.*
schänden: *profaner;* (Frau -) *déshonorer.*
scharen: (sich -) *grouper.*
scharf: (Munition - machen) *amorcer 2.*
schärfen: *affûter, aiguiser;* (Urteilsvermögen -) *aiguiser.*
scharren: *piaffer a.*
schartig machen: *ébrécher.*
schassen: *dégommer b, débarquer.*
Schatten: (in den - stellen) *reléguer.*
schätzen: *apprécier 1/2, estimer 1a/b, évaluer, goûter 1, supputer;* (sich glücklich -) *féliciter;* (zu - wissen) *priser 2;* (auf ein Alter -) *donner 1.*
Schau: (zur - tragen) *afficher b;* (zur - stellen) *arborer, exhiber.*
schauen: (auf die Uhr -) *consulter;* fig. (auf etw -) *regarder 1.*
schaufeln: *pelleter.*
schaukeln: *balancer 1a, bercer a.*
Schaum abschöpfen: *écumer a.*
schäumen: *mousser, écumer a;* (- vor) *écumer b.*
Schaumkronen: (Meer)(sich mit - bedecken) *moutonner.*
Scheck: (- ausstellen) *libeller;* (- auszahlen/einlösen) *honorer.*
Scheiben: (in - schneiden) *émincer.*
Scheide: (e-e Waffe wieder in die - stecken) *rengainer a.*
scheiden lassen: (sich -) *divorcer a.*
scheinen: *apparaître 2, paraître 2, sembler;* (es scheint, daß) *paraître 2.*
scheitern: *avorter, échouer 2, manquer 2, se solder 2;* (Plan)(-) *s'écrouler.*
Scheitern: (zum - verurteilt sein) *courir.*
schelten: *gourmander, gronder, attraper, tancer.*
schematisieren: *schématiser.*
schenken: *offrir 1;* (Aufmerksamkeit -) *prêter 2;* (zuwenig Aufmerksamkeit -) *négliger 1;* (keine Beachtung -) *passer 3;* (Gehör -) *prêter 1b;* (Glauben -) *prêter 2;* (Vertrauen -) *investir 3.*
scherzen: *badiner, blaguer, plaisanter, rigoler;* (nicht zu - sein mit) *rigoler.*
scheuen: (Pferd)(-) *cabrer;* (keine Mühe -) *plaindre.*
scheuern: (sauber -) *recurer;* (Stoff blank -) *lustrer.*
Schicht auftragen/streichen auf: *étendre, passer 1a.*
schicken: *acheminer, adresser, dépêcher 1, envoyer 1, expédier 1, parvenir a, passer 1a;* (wieder nach Hause -) *libérer;* (ins Kloster -) *claustrer, cloîtrer;* (zum Teufel -) *rabrouer, promener;*
(sich - in) *accommoder 3, renoncer.*
schieben: *pousser 1a, reculer;* (etw durch etw -) *passer 1a;* (in den Herd -) *enfourner;*
(die Schuld - auf) *attribuer;* (die Verantwortung für etw - auf) *accuser 1.*
Schiedsrichter sein von: *arbitrer.*
schiefgehen: *foirer, péter b.*
schiefhalten: *pencher a.*

schielen: *loucher;* (- auf/nach) *lorgner, loucher, guigner.*
Schiene(n): (auf - gleiten) *coulisser;* (- legen) *poser 1a.*
schießen: *canonner, tirer;* (- in/auf) *mitrailler a;* (Ball -) *shooter, envoyer 1;* (mit dem Bogen -) *décocher 1;* (Pfeile -) *darder;* (Salat)(-) *lever;* fig. (e-n Bock -) *gaffer.*
schießenlassen: *larguer.*
schifahren: *skier.*
Schiff: (-)(stranden/auflaufen/gestrandet sein/festliegen/Neigung haben/sich auf die Seite neigen) *gîter 2;* (- bemannen/ausrüsten) *armer;* (- wieder in Betrieb nehmen/setzen) *réarmer;* (- unter Segel setzen) *mettre 1a;* (- vom Stapel lassen) *lancer a.*
schikanieren: *brimer, tracasser.*
schildern: *dépeindre, peindre b, retracer.*
schillern: *chatoyer.*
schimmeln: *moisir.*
schimmern: *luire.*
schimpfen: *invectiver, grogner b, gueuler, maugréer, quereller, râler 1, rouspéter, vitupérer.*
schinden: *crever.*
schippen: *pelleter.*
Schirmherr sein von: *parrainer.*
Schiß bekommen/haben: *déculotter, serrer.*
schlabbern: *laper.*
Schlacht liefern: *livrer 2b.*
schlachten: *tuer a.*
Schlaf: (-)(jn übermannen) *gagner.*
Schläfchen halten: *sommeiller.*
schlafen: *coucher 1, dormir;* (wieder -) *redormir;* (tief/wie ein Sack -) *en écraser 2;* (sich - legen) *coucher 1;* (mit jm -) *coucher 2;* (außer Hauses -) *découcher.*
Schlaflosigkeit: (unter - leiden) *fuir.*
Schlag: (- versetzen) *boxer;* (durch elektrischen - umkommen/töten) *électrocuter;* (-) (sitzen) *accuser 3.*
Schläge ab-bekommen/einstecken müssen: *déguster b.*
schlagen: *cogner, frapper 1a, taper 1;* (leicht -) *tapoter;* (- auf) *percuter;* (etw (rein-) - in) *planter b;* (jm das Auge blau-) *pocher 1;* (grün und blau/windelweich -) *rouer;* (k.o. -) *mettre 1b;* (zu Boden/k.o. -) *sonner 2;* (bewußtlos -) *estourbir;* (blind drauflos -) *taper 1;* (e-n Ball nach unten -) *rabattre 1;* (den Takt -) *marquer 1;* (zum Ritter -) *armer; battre;*
(Beine übereinander -) *croiser 1;* (in s-n Bann -) *fasciner, hypnotiser b, subjuguer;* (Gewinn - aus) *trafiquer 1b;* (Wild aus der Decke -) *dépouiller 1a;* (Wurzeln -) *enraciner a/b;* (- in) *enfoncer;* (bewußlos-) *assommer;* (sich gut/schlecht -) *défendre 1a;*
(Sport)(jn -) *battre, enfoncer, mettre 1a;* (vernichtend -) *pulvériser;* (Spiel/Sport)(jn -) *piler 3;* (jn um e-e Nasenlänge -) *coiffer 3;* (Feind -) *défaire.*
Schlagzeile: (als - bringen) *titrer 2.*
schlampen: *bâcler, torcher 2, torchonner.*
schlängeln: (sich -) *serpenter.*
schlanker machen: *amincir.*
schlapp machen: *avachir.*
schlechter werden: *gâter 1.*
schlechtmachen: (jn -) *décrier, dénigrer, médire.*
schlechtwerden: (jm -) *trouver 1.* vgl. übel.
schleichen: *couler 1, glisser a, ramper;* (weg-/sich - in) *se faufiler 3.*
schleifen: (auf dem Boden -) *traîner;* (Diamant/Marmor -) *poncer, tailler 1;*
(Festung -) *démanteler, raser 3.*
schlendern: *déambuler.*
schleppen: *haler, traîner, remorquer;* (sich -) *traîner;* (auf den Schultern -) *coltiner;* (e-e Krankheit mit sich herum -) *traîner.*
schleppend sein: (Konversation)(-) *languir b.*
schleudern: *catapulter, lancer a;* itr. *déraper;* (ins Gesicht -) *cingler 1b, lancer b;* (Wäsche -) *essorer.*
schlichten: *accommoder 2, arbitrer, régler 1.*
schließen: *clore, clôturer, fermer, renfermer;* (wieder -) *refermer;* (jn in die Arme -) *enlacer;* (Sitzung -) *lever;*
(- aus/auf) *conclure 2, déduire b, extraposer;* (- (lassen) auf) *augurer, dénoter 1;* (Vertrag -) *conclure 1.*
schließlich + Verb: *finir 2.*
Schliff: (den ersten - geben) *dégrossir;* (den letzten - geben) *parachever.*
schlingen: (hinunter -) *avaler.*
schlingern: *rouler 1a.*
schlittschuhlaufen: *patiner 2.*
Schloß: (- aufbrechen) *forcer a;* (hinter - und Riegel setzen) *écrouer.*
schlottern: *flageoler, grelotter, trembloter;* (Kleidung)(-) *flotter.*
schluchzen: *sangloter.*
Schluckauf haben: *hoqueter.*
schlucken: ((herunter) -) *absorber a, avaler, déglutir, saliver, ravaler 3;* fig. (etw -) *avaler, encaisser, gober 1.*
schludern: vgl. schlampen, pfuschen, verpfuschen.
schlummern: *sommeiller.*
schlüpfen: *couler 1, glisser a.*
schurfen: *traîner.*
Schluß: (mit jm - machen) *en terminer 3;* (zu dem - kommen) *conclure 2, juger;* (den - ziehen aus) *déduire b;* vgl. schließen.
schmachten: *languir b.*
schmähen: *injurier.*
schmälern: *amoindrir, ternir.*
schmausen: *gueuletonner, ripailler.*
schmeicheln: *chatouiller b, flatter, cajoler.*
schmeißen: *balancer 2, flanquer 2, valser.*
schmelzen: *fondre 1a;* (wieder -) *refondre a.*
schmerzen: *élancer 1.*
Schmerzen: (- stillen/beenden/vertreiben) *passer 2;* (sich vor - krümmen) *tordre.*
schmettern: (zu Boden -) *terrasser 2.*
schmieden: *forger 1;* (Plan... -) *forger 2, nouer, ourdir 2, tramer.*
schmieren: *graisser, lubrifier;* (Brot -) *beurrer, tartiner;* (jn - /= bestechen) *graisser.*
schminken: *farder, grimer, maquiller.*
schmökern: *bouquiner.*
schmollen: *bouder.*
schmoren: *braiser, mijoter a, revenir 1a, sauter 2;* (jn - lassen) *mariner.*
schmücken: *agrémenter, décorer, orner, parer 1a;* (mit Blumen -) *fleurir;* (etw)(das Haupt -) *ceindre.*
schmuggeln: *frauder.*
Schmutz: (jn in den - ziehen) *traîner;* (jn mit - bewerfen) *vilipender.*
schnallen: (den Gürtel enger -) *serrer.*
schnappen: (- nach) *happer;* (frische Luft -) *prendre 1a;*
(jn -) *cueillir, coincer, pêcher b, pincer 2, piquer 4.*
schnarchen: *ronfler.*
schnattern: *criailler;* fig. *jacasser.*
schnauben: *s'ébrouer, renâcler a, renifler.*
schnaufen: *souffler 1.*
Schnauze: (die - halten) *boucler 1, écraser 1a.*
schneiden: *couper 1a, inciser, taillader, tailler 1;* (nochmals -) *recouper 1;* (etw gerade-) *égaliser;* (in Scheiben -) *émincer;* (in Holz -) *graver;* (Gewinde - in) *fileter;* (Wege...)(sich -) *entrecroiser.*
schneien: *neiger.*
schneuzen: (sich -) *moucher.*
Schnitt(e): (- machen in) *taillader;* (durch - verletzen) *entailler.*
schnitzen: *sculpter.*
Schnitzer machen: *gaffer.*
schnorren: *taper 5.*
schnupfen: *renifler;* (Tabak -) *priser 1.*
Schnupfen verursachen/bekommen: *enrhumer, attraper.*
schnuppern: *renifler.*
schnüren: *lacer.*
schnurren: *ronronner.*
schockieren: *choquer b.*
schön(er): (- machen/werden) *embellir;* (Wetter)(- werden) *mettre 1a.*
schonend behandeln/umgehen mit: *ménager 1.*
schöpfen: *puiser a/b.*
Schornstein fegen: *ramoner.*
Schotter: (mit - bedecken) *empierrer.*
schräg halten: *pencher a.*
Schranken: (in - halten) *contenir 2;* (in s-e - verweisen) *rabattre 1.*
schrauben: *visser 1.*
Schreck(en): (- einjagen) *terrifier;* (in - versetzen) *épouvanter, horrifier.*
Schrei ausstoßen: *lancer a, pousser 1a.*
schreiben: *écrire, gratter 4, mettre 1a;* (- in/auf)

inscrire; (an die Tafel schreiben) *mettre 1a;* (neu-) *réécrire 1;* (jm e-n zweiten Brief -) *réécrire 2;* (ins Reine -) *recopier;* (Klausur/Klassenarbeit/Aufsatz -) *composer 3;* (Artikel/Aufsatz/Abhandlung -) *disserter;* (Vorwort - zu) *préfacer;* (mit der Maschine -) *dactylographier;* (Kurzschrift -) *sténographier;* (in Dialogform -) *dialoguer.*
schreien: *clamer, crier 1, se gendarmer, hurler, vagir;* (lauthals -) *gueuler;* (sich heiser -) *s'égosiller;* (sich die Lunge aus dem Halse -) *s'époumoner;* (Kinder)(-) *piauler;* (Elster...)(-) *jacasser;* (Eule) (-) *(h)ululer.*
schreiten: *marcher 1b;* (zur Wahl -) *procéder 2.*
Schrift: (s-e - verstellen) *déguiser a.*
schrumpfen: *se ratatiner 1.*
schuften: *bosser, boulonner 2, trimer.*
Schuhe: (- ausziehen) *déchausser 1;* (- putzen/wichsen) *cirer;*
(-)(drücken) *gêner.*
Schuhgröße: (e-e bestimmte - haben) *chausser.*
schuld sein: *y être 8.*
Schuld: (einander die - zuschieben) *renvoyer.*
schulden: *devoir 2.*
Schulden: (bis zum Hals in - stecken) *cribler 2b;* (sich in - stürzen) *endetter;* (jm - nachlassen) *décharger 1b;* (- begleichen) *libérer;* (- tilgen) *éponger, liquider, rembourser.*
schuldig: (es sich - sein) *se devoir 3;* (sich für - bekennen) *plaider a;* (keine Antwort - bleiben) *renvoyer.*
Schule: (in der - anmelden) *inscrire;* (die - abschließen) *sortir 1a;* (von der - verweisen) *renvoyer.*
Schüler: (- nach Hause schicken/Hitzefrei geben) *libérer;* (ehemaliger - sein von) *sortir 1a.*
schulmeistern: *morigéner, sermonner.*
Schulsystem: (ein - wo aufbauen) *scolariser.*
Schulter: (auf der - schleppen) *coltiner;* (auf die leichte - nehmen) *prendre 1b.*
schultern: *épauler a.*
schummeln: *tricher.*
Schuppen: (es jm wie - von den Augen fallen) *dessiller.*
schüren: (Feuer -) *activer, attiser, pousser 1a, tisonner;* (Streit... -) *aviver, envenimer, fomenter.*
schürfen: *prospecter.*
schürzen: (Drama)(den Knoten -) *nouer.*
Schuß: (- abgeben auf) *décharger 1a;* (-)(losgehen) *partir 1a.*
schütteln: *secouer;* (heftig -) *chahuter;* (etw -) *agiter;* (sich -) *s'ébrouer;* (hin und her-/durcheinander -) *ballotter;* (den Kopf -) *branler 1, hocher;* (Salat trocken-) *essorer;* (von sich -) *secouer.*
schütten: (wohin -) *verser;* (es -) *flotter 3.*
Schutz suchen: *abriter.*
schützen: *abriter, défendre 1a, garantir 1, garder 2, prémunir, protéger, préserver, sauvegarder.*
Schutzumschlag: (Buch in e-n - tun) *recouvrir.*
schwach/schwächer werden: *défaillir, faiblir, flancher.*
schwächen: *abattre b, affaiblir, amoindrir.*
schwanken: *chanceler, balancer 1a/b, ballotter, hésiter 1, osciller a/b, vaciller;* (jn zum - bringen) *entamer;* (- zwischen) *partager b.*
schwänzen: *sécher 2.*
schwärmen: *essaimer;* fig. (- für) *s'enticher, s'extasier, raffoler.*
schwarz: (- werden/machen) *noircir;* (- sehen) *broyer, noircir;* (sich - ärgern) *enrager;* (-fahren) *resquiller.*
Schwarzhandel treiben: *trafiquer 1a.*
schwatzen: *babiller, baratiner, bavarder, dégoiser, papoter.*
Schwebe: (in der - lassen) *planer b.*
schweben: *planer a/b;* (Geruch)(wo -) *flotter 1.*
schweifen: *balayer, errer, vagabonder.*
schweigen: *taire.*
Schweigen: (zum - bringen) *réduire 2, taire;* (sein Gewissen --) *pactiser;* (sich in - hüllen) *enfermer, renfermer, murer;* (- gebieten) *imposer 1.*
schweißen: *souder.*
schwelen: *couver b.*
schwemmen: ((an-) -) *charrier 1.*
schwenken: *brandir.*
schwer: (soundso - sein) *peser a;* (-(-er) machen) *alourdir, appesantir;* (jm das Leben - machen) *mener 1b;* (jm das Herz --) *gonfler b;* (es - haben) *en baver 2.*
schwerfallen: *coûter 1b, en coûter 2.*
schwerfälliger machen: *appesantir.*
Schwierigkeiten: (- haben) *éprouver 2;* (in - bringen) *embourber b, mettre 1b;* (- bereiten/bieten/machen) *créer b, offrir 2, soulever b;* (-)(auftreten) *surgir 1.*
schwimmen: *nager a/b;* (etw)(-) *flotter 1;* (etw)(- in) *baigner;* (an der Oberfläche -) *surnager a;* (mit dem Strom -) *suivre 1.*
schwingen: *brandir;* (Waffe/Werkzeug -) *jouer 1a;* (etw wohin-/sich in die Höhe -) *élancer 2.*
schwitzen: *suer, transpirer;* (Mauer...)(-) *suinter.*
Schwitzen: (ins - kommen) *mettre 1a.*
schwören: *jurer;* (Eid -) *prêter 2;* (Meineid -) *se parjurer;* (- bei/auf) *jurer 1;* (Freundschaft -) *vouer.*
schwul sein: *en être 5.*
Schwung: (in die Wirtschaft wieder - bringen/wieder in - bringen) *redresser.*
See: (in - stechen) *gagner, prendre 1a.*
Seemannsgarn spinnen: *galéjer.*
Segel: (- bauschen) *enfler;* (Schiff unter - setzen) *mettre 1a.*
segeln: *cingler 2, naviguer, planer a, voguer;* (gegen den Wind -) *louvoyer.*
segnen: *bénir.*
sehen: *apercevoir 1, voir 1;* (wieder-) *revoir;* (flüchtig -) *entrevoir;* (wohin -) *regarder 1;* (im Fernsehen zu - sein) *passer 1a;* (nicht - wollen) *aveugler;* (schwarz -) *noircir, broyer;* (darauf -) *regarder 3;* (etw in jm -) *saluer b;* (fig. nicht -) *méconnaître.*
Sehne in die Pfeilkerbe legen: *encocher.*
sehnen: (sich - nach) *aspirer b, s'ennuyer 2, soupirer b.*
seibern: *baver 1, saliver.*
Seil: (-)(zu sehr belastet sein) *forcer a.*
sein: *être 1/2, faire 2, être 6;* (jm voraus-) *précéder;* (ohne etw -) *priver;* (etw -) *relever 5;* (die reine + Subst. -) *personnifier;* (etw)(gegen etw/jn -) *jouer 1b;* (groß/lang -) *mesurer a;* (- wollen) *vouloir 1;* (etw)(- in) *renfermer a,* fig. *habiter b.*
seit: *y avoir 4b, faire 2.*
Seite: (Schiff)(sich auf die - neigen) *gîter 2;* (auf die - fahren) *ranger 2a;* (etw von der guten - nehmen) *prendre 1b;* (jm zur - stehen) *seconder;* (sich auf j-s - stellen/schlagen) *mettre 1a, ranger 2b.*
Seitenzahlen: (mit - versehen) *paginer.*
Sekt kaltstellen: *frapper 1a.*
selbst: (zu sich - finden) *s'affirmer 2.*
selbständig: (sich - machen) *établir 1a.*
Selbstmord begehen: *se suicider.*
Selbstsicherheit gewinnen: *enhardir.*
selten werden lassen: *raréfier.*
seltener werden: (immer -) *espacer.*
senden: *diffuser, radiodiffuser, émettre, transmettre;* (im Fernsehen -) *téléviser;* (über Satellit -) *relayer.*
Sender einstellen: *mettre 1a.*
senken: *abaisser a, baisser, incliner a, réduire 1a;* (Fieber -) *calmer, couper 1b;* (sich -) *tasser 1;* (die Steuer von etw -) *détaxer.*
Sense: (mit der - mähen) *faucher 1.*
servieren: *servir 2.*
seßhaft machen: *sédentariser.*
setzen: (wohin -) *asseoir a; déposer 1a, placer a, mettre 1a/b;* (wieder --) *rasseoir a;* (sich bequem -) *se carrer;* (Insekt)(sich - auf) *poser 1a;* (sich rittlings - auf) *enfourcher;* (etw hoch oben auf etw -) *jucher;*
(etw)(sich -) *décanter, déposer 1a, tasser 1;*
(instand-) *réparer;* (alles daran- zu tun) *s'acharner;*
(etw - als (den Fall)) *poser 1b;*
(in Betrieb -) *mettre 1b;* (Schiff wieder in --) *réarmer;* (in Bewegung -) *mettre 2;* (in Beziehung - zu) *rapporter 4, référer 1;* (in Brand -) *mettre 1b;* (jn unter Drogen -) *droguer;* (ein Ende -) *couper 1b, mettre 1b;* (e-r Krise ein Ende -) *liquider;* (den Fall -) *poser 1b;* (in Flammen -) *embraser, enflammer a;* (in Freiheit -) *mettre 1b;* (in Gang -) *mettre 2;* ((wieder) (--) *déclencher, débloquer a, engager 4, lancer a, partir a;* (außer Gefecht -) *mettre 1b;*((Geld...) - auf) *jouer 1a/b, mettre 1a, miser, parier, tabler 1;* (s-e Hoffnung - in) *espérer;* (alles auf eine Karte -) *tenter 2;* (in Kenntnis -) *instruire 1b, porter 2;* (sich in den Kopf -) *mettre 1b;* (in Kraft -) *mettre 1b;* (Rechte außer --) *suspendre 2;* (an Land -) *débarquer;* ((Truppen) in Marsch -) *acheminer;* (Instrument an den Mund -) *emboucher;* (auf Ration -) *rationner;* (in Reime

setzen) *rimer;* (Satzzeichen -) *ponctuer 1;* (hinter Schloß und Riegel -) *écrouer;* (Schiff unter Segel -) *mettre 1a;* (aufs Spiel -) *aventurer 1, exposer 2, hasarder 1, jouer 1b, risquer 1;* (sich wieder an die Spitze -) *reporter 1a;* (sich zu Tisch/an einen Tisch -) *s'attabler;* (jn in Verbindung - mit) *brancher;* (sein Vertrauen - in/auf) *croire 1;* (sich zur Wehr -) *se gendarmer;* (sich zum Ziel -) *poser 1b.*

seufzen: *soupirer a.*

Seufzer ausstoßen: *pousser 1a.*

sezieren: *disséquer.*

sicher: (jn -(er) machen) *sécuriser.*

Sicherheit: (jm - geben) *sécuriser;* (in - bringen) *abriter, mettre 1a.*

sichern: *garantir, assurer 1/2;* (Waffe -) *désarmer a.*

sicherstellen: *garantir 2.*

Sicht: (die - nehmen) *dérober b, cacher a.*

sichtbar werden: *transparaître.*

sickern: *filtrer, s'infiltrer.*

sieben: *cribler 1, tamiser;* fig. *écrémer.*

Sieg davontragen/erringen: *emporter 1/3, enlever, remporter 2.*

Siegel aufbrechen: *desceller.*

siegen: *vaincre.*

signalisieren: *signaler, signaliser.*

signieren: *signer.*

Silben in die Länge ziehen: *traîner.*

Silvester feiern: *réveillonner.*

singen: *chanter 1;* (falsch -) *détonner;* (Psalmen/Koran ... -) *psalmodier;* (e-n Ton höher -) *hausser a;* (unter Benennung der Noten -) *solfier;* (vor sich hin-) *chantonner, fredonner;* fig. *bavarder, lâcher, moucharder 1.*

sinken: *s'abîmer 2, couler 2, baisser, décliner 1, descendre;* (wieder -) *rebaisser;* (sich - lassen in) *affaisser;* (in der Achtung von jm -) *déchoir, déconsidérer, démériter;* (Aktien-Kurs)(-) *dégringoler;* (Fluß) (-) *décroître.*

Sinn: (- verfälschen/entstellen) *forcer a;* (in den - kommen) *offrir 2;* (nicht mehr aus dem - gehen) *hanter, obséder.*

Sitten: (-)(sich einbürgern) *établir 2a.*

sittlich jn heben: *moraliser.*

Situation wieder in Ordnung bringen: *redresser.*

Sitz: (s-n - wo haben/e-n - haben in) *siéger.*

sitzen: *asseoir a;* (Vögel)(wo -) *percher;* (Vögel/Federvieh)(erhobenen Ortes -) *jucher;* (leger -) *se prélasser;* (etw)(jm -) *aller 3;* (genau -) *emboîter;* (Argument/Bemerkung)(-) *porter 1b;* (Schlag)(-) *accuser 3.*

sitzenbleiben: *redoubler 4.*

Sitzung: (- halten) *siéger, tenir 1b;* (- schließen/aufheben) *lever;* (- verschieben) *proroger.*

skalpieren: *scalper.*

Skandal vertuschen: *étouffer.*

skandieren: *scander.*

skizzieren: *croquer 2, ébaucher, esquisser, tracer 1a/b.*

soeben: (- etw getan haben) *venir 4.*

Soldaten... entlassen: *libérer.*

solidarisch: (nicht mehr - sein/sich als nicht mehr - erklären) *désolidariser.*

solidarisieren: *solidariser.*

sollen: *devoir 1; passer 4;* (was soll's) *impoerter 1.*

sonderbar: (jm - vorkommen) *intriguer 2.*

sondieren: *pressentir 2, sonder b, tâter b.*

Sonne bringen in: *ensoleiller.*

sonnen: (sich -) *lézarder 2.*

sonntäglich: (sich - anziehen) *s'endimancher.*

Sorge(n): (- tragen für) *prendre 2;* (- machen/bereiten) *chiffonner 2, préoccuper;* (etw)(jm - machen) *ennuyer 1;* (sich - machen) *se frapper 3, inquiéter 1, soucier.*

sorgfältig: (- ausarbeiten/ bearbeiten) *fignoler, fouiller;* (etw - machen/tun) *soigner;* (- vorbereiten) *ménager 3.*

sortieren: *ranger 1, trier;* (nach Gewicht/Größe -) *calibrer.*

soufflieren: *souffler 2.*

soweit: (- sein) *être 7/8, en arriver 3;* (- gehen zu) *s'aviser 5.*

sozial: (- absteigen) *rétrograder;* (- absinken lassen/ her-abstufen) *déclasser 2.*

sozialisieren: *socialiser.*

spalten: *fendre, scinder;* (mit einem Hieb -) *pourfendre;* (Atom -) *désagréger, désintégrer;* fig. *désintégrer, éclater.*

spannen: *bonder 1, tendre 1;* (vor den Wagen -) *atteler a;* (Seil/Muskeln -) *raidir a;* (den Photoapparat wieder -) *réarmer 1;* (auf die Folter -) *mettre 1b.*

spannend machen/werden: *corser.*

sparen: *économiser, épargner a;* (Zeit -) *gagner;* (-helfen) *économiser;* (jm gegenüber nicht - mit/an) *ménager 1, prodiguer.*

sparsam umgehen mit: *économiser, ménager 1.*

Spaß: (k-n - verstehen) *badiner, plaisanter;* (etw nur zum - sagen) *rire.*

spaßen: *plaisanter.*

spazieren: (- gehen) *promener;* (- fahren) *balader, promener.*

Speck ansetzen: *remplumer 2.*

Speichel herunterschlucken: *saliver.*

speichern: *emmagasiner.*

Speis anrühren: *gâcher 1.*

Speisen: (-)(jm nicht bekommen) *incommoder.*

speisen: *dîner.*

Spekulationen: (sich in - ergehen über) *spéculer a.*

spekulieren: *spéculer a/b;* (- auf/mit) *jouer 1b;* (- auf) *guigner, reluquer.*

spenden: (Beifall -) *applaudir a.*

sperren: *barrer 1, fermer;* (jm den Ausgang -) *consigner 3;* (e-e Straße zeitweilig -) *neutraliser.*

spezialisieren: *spécialiser.*

spezifizieren: *spécifier.*

spicken: *entrelarder, larder a, hérisser 2;* fig. (etw - mit) *larder b, parsemer, truffer b.*

spiegeln: *miroiter, refléter;* (sich -) *mirer 1, réfléchir a.*

Spiel: (an e-m - teilnehmen/ein - austragen) *disputer 1;* (aufs - setzen) *mettre 1b, exposer 2, risquer 1.*

spielen: *jouer 1a, faire 1;* (brillant -) *enlever;* (schlecht -) *racler;* (Instrument/Karten -) *jouer 1a;* (Ball wohin -/zurück-) *ramener a;* (Präludium -) *préluder a;*
(etw)(wo -) *passer 2;* (fig. - mit) *jongler;* (den starken Mann -) *crâner;* (jm e-n üblen Streich -) *jouer 1a;* (jd)(verrückt -) *dérailler b;* (etw)(verrückt -) *déconner.*

Spieler decken: *marquer 1.*

Spieß: (auf e-n - steken) *embrocher;* (wie am - brüllen) *écorcher a.*

spinnen: (Seemannsgarn -) *galéjer;*
fig. *débloquer 2, déconner, déménager 2, dérailler 2, déraisonner, filer 1a.*

spionieren: *espionner.*

spitz: (- zulaufen/- werden lassen) *effiler 2.*

Spitzel sein: *moucharder 3.*

spitzfindig: (-e Unterscheidungen machen) *subtiliser 1.*

spitzen: (Bleistift -) *affiner;* (die Ohren -) *dresser.*

Spitzname: (jm e-n -n geben/e-n -n haben) *surnommer.*

splittern: *morceler.*

Sporen: (mit - versehen/jm - anlegen/dem Pferd die - geben) *éperonner.*

spotten: *blaguer, railler.*

spötteln: *ironiser.*

Sprache: (e-e - sprechen) *parler;* (-- beherrschen/ gründlich kennen) *posséder 1;* (zur - bringen) *verbaliser 2.*

sprayen: *vaporiser 2.*

sprechen: (- mit/zu/über/davon daß/ miteinander/e-e Sprache -) *parler;* (mit jm - über) *entretenir 2;* (miteinander -) *dialoguer;* (auf e-e bestimmte Art und Weise - zu jm) *tenir 1b;* (zu - sein) *y être 8;* (zu - kommen auf) *aborder 3b;* (wieder --) *embrayer b, revenir 1b;* (für jn/etw -) *plaider b, porter 1b;* (-für/gegen) *militer;* (- gegen) *démentir;* (nicht zuende -) *rengainer b;*
(lauter -) *grossir;* (abgehackt -) *saccader, hacher;* (undeutlich/wirr -) *bafouiller, bredouiller;* (unverblümt -) *mâcher;* vgl. auch reden, sagen.

Sprechstunde halten: *consulter.*

spreizen: *écarter a.*

sprengen: *dynamiter, sauter;* (Rasen -) *arroser a;* (Wäsche -) *mouiller 2;* (Demonstration -) *disloquer.*

sprießen: (Pflanzen)(-) *poindre;* (Haare/Pflanzen)(-) *pousser 2;* (wieder -) *repousser 3.*

springen: *bondir, sauter 1a/b, précipiter a;* (aus dem Bett -) *sauter 1a;* (ins Wasser -) *plonger;*
(ins Auge -) *sauter 1b;* (Geld - lassen) *valser.*

sprinten: *sprinter.*

Spritze geben: *piquer 1a.*

spritzen: *gicler , injecter, jaillir, projeter 2;* (Pflanzen mit Vitriol -) *sulfalter.*
spröde: (Leder/Haut - machen) *racornir.*
sprühen: fig. (- vor) *étinceler;* (vor Geist -) *tiller.*
spucken: *cracher.*
spülen: *dégorger 3, rincer;* (an Land -) *rejeter a.*
Spur: (etw)(e-e - hinterlassen) *marquer 1;* (e-r S. auf die - kommen) *dépister 1;* (jn auf die - bringen) *mettre 1a;* (Auto)(die - wechseln) *déboîter 2;* (Auto) (aus der - bringen/die Spur verstellen) *désaxer.*
spurlos verschwinden: *disparaître.*
spürbar werden: *sentir b.*
spüren: *sentir a/b, éprouver 2, pressentir 1, ressentir;* (etw -) *passer 1b.*
stabilisieren: *stabiliser.*
staffeln: (zeitlich -) *échelonner;* (Preise... -) *étager.*
stagnieren: *stagner.*
stammeln: *balbutier, bredouiller.*
stammen: (Zeit)(-aus) *dater 1, remonter 1.*
stampfen: (auf den Boden -) *trépigner;* (mit den Vorderhufen --) *piaffer a;* (Schiff)(-) *tanguer.*
Stand: (auf den neuesten - bringen) *mettre 1a.*
standardisieren: *standardiser.*
standhalten: *résister, soutenir 1b, supporter b, tenir 1b.*
Standpunkt einnehmen: *placer b.*
stanzen: *estamper 1.*
Stapel: (Schiff vom - lassen) *lancer a.*
stapeln: *empiler;* (wieder -) *rempiler;* (aufeinander -) *superposer.*
stärken: *affermir, raffermir, fortifier, ravigoter, réconforter, renforcer, soutenir 1b;* (Wäsche -) *amidonner, empeser;* (sich -) *restaurer, se sustenter.*
stärker: (- fühlen lassen) *appesantir;* (Wind)(- werden) *fraîchir.*
starrsinnig sein: *s'entêter 2.*
starten: (Auto) *démarrer, lancer a, partir 1a;* (Flugzeug) *décoller 2;* (Rakete -) *lancer a;* fig. (etw -) *déclencher, lancer b;* (e-n Gegenangriff -) *contre-attaquer.*
stationiert sein: *stationner 2.*
Statist sein: *figurer 1.*
Statistik frisieren/manipulieren: *truquer.*
stattfinden: *opérer 2, passer 2, produire b;* (Sitzung) (-) *tenir 1b.*
stattgeben: (e-r Bitte/e-m Verlangen -) *accéder b.*
statthaben: *intervenir 1.*
Staub: (- aufwirbeln) *soulever a;* (- wischen) *épousseter;* (sich aus dem -e machen) *se barrer 3, déguerpir, se tailler 2.*
staubig sein: *poudroyer.*
staubsaugen: *passer 1a.*
staunen: (-/ in - versetzen) *émerveiller.*
stechen: *piquer 1a;* (Schmerzen)(-) *élancer 1, lanciner a;* (Sonne)(-) *taper 2;* (in See -) *gagner, prendre 1a;* (ins Auge -) *taper 1.*
Stechuhr bedienen: *pointer 1.*
stecken: (wohin -) *coller 2, enfoncer, engager 3a, épingler 1, glisser a, introduire, mettre 1a, passer 1a, planter b, plonger;* (wo -) *recéler, renfermer a;* (in den Mund -) *enfourner;* (in Brand -) *enflammer a, incendier 1;* (ins Gefängnis -) *coller 4;* (die Nase - in) *fourrer 1, mêler;*
fig. (- in) *tremper;* (bis zum Hals in Schulden -) *cribler 2b.*
steckenbleiben: (wo -) *embourber a, enliser, ensabler; nicher b.*
Steckenpferd: (sein - reiten) *enfourcher.*
stehen: (in e-r Flüssigkeit -) *tremper;* (Möbel)(- in) *meubler a;* (unter Wasser -) *tremper;*
(Wasser)(-) *stagner.*
(in Blüte -) *fleurir, prospérer;* (in Briefwechsel - mit) *correspondre 2;* (vor e-m Problem -) *confronter;* (jm zur Seite -) *seconder;* (in Verbindung - mit) *correspondre 3;* (im Wege -) *opposer a;*
(nebeneinander -) *voisiner;* (unbeweglich -) *planter b;* (es wie - mit) *en aller 6, en être 7, en rester 4;*
(er jm stehen) *bander 2;*
(etw)(jm -) *aller 3, coiffer 1a, habiller a;*
(auf jm/jn/etw -) *jurer 1, raffoler.*
Stehen: (zum - bringen) *arrêter 1a, enrayer;* (Verkehr zum - bringen) *immobiliser.*
stehenbleiben: *arrêter 1a, caler 2, immobiliser;* (- bei) *en rester 4.*
stehlen: *escamoter, ratisser, soustraire 1, voler 1;* (Nahrung -) *marauder;* vgl. klauen.
steif: (vor Kälte - werden) *engourdir, transir.*
steifen: *amidonner, empeser.*
steigen: *augmenter, accroître, croître;* (wohin/auf/in ...) *gravir, grimper, monter 1;* (- aus/herunter -) *descendre;* (auf ein Pferd -) *enfourcher, monter;* (Geruch)(in den Kopf -) *entêter 1;*
fig. (jm in den Kopf/zu Kopfe -) *enivrer, griser 2a/b.*
steigern: *augmenter, exacerber, exalter 2, exaspérer;* (allmählich -) *graduer 2;* (js Ansehen -) *valoriser.*
Stein: (jn zu - verwandeln) *pétrifier.*
steinigen: *lapider.*
Stelle: (auf der - treten) *piétiner;* (an die - treten von) *remplacer;* (etw)(die - einnehmen von etw) *détrôner;*
(e-e - finden) *placer a;* (e-e neue - annehmen/jm geben) *replacer 2.*
stellen: (wohin -) *installer, mettre 1a/b, placer a/b, poser 1a;* (jn wohin -) *établir 1a;* (sich wohin -) *planter b, ranger 2a;* (wieder wohin -) *rasseoir;* (beiseite -) *mettre 1a;* (etw höher -) *monter 1;* (etw hoch oben auf etw -/etw hoch hinauf -) *jucher, percher;* (s. stolz/provozierend.. vor jn hin -) *se camper 2;*
fig. (sich -) *constituer, livrer 2a;*
(unter Anklage -) *inculper;* (Bedingung -) *poser 1b;* (etw auf die Beine -) *monter 2;* (Falle -) *poser 1b;* (sich den Fragen von jm -) *prêter 1b;* (Frage -) *poser 1b;* (etw in Frage -) *en appeler 6, contester, mettre 1b;* (in den Hintergrund -) *reléguer;* (auf den Kopf -) *remuer, renverser a;* (auf die Probe -) *éprouver 1, mettre 2;* (Problem -) *poser 1b;* (Prognose -) *pronostiquer;* (Radio leiser -) *baisser;* (in Rechnung -) *facturer;* (in e-e Reihe -) *aligner;* (in den Schatten -) *reléguer;* (zur Schau -) *afficher b, arborer, exhiber;* (sich auf js Seite -) *mettre 1a, ranger 2b;* (Steuerzahler günstiger -) *alléger;* (sich auf e-e Stufe - mit) *abaisser b;* (jn vor vollendete Tatsachen -) *mettre 1a;* (die Uhr -) *régler 2a;* (zur Verfügung -) *mettre 2;* (jn an die Wand -) *coller 4;* (sich auf die Zehenspitzen -) *hausser a, hisser.*
Stellung: (- beziehen) *établir 1a;* (jn um s-e - bringen) *déboulonner b.*
stemmen: (sich - gegen) *arc-bouter.*
stempeln: *tamponner 2, pointer 1.*
stenographieren: *sténographier.*
sterben: *décéder, disparaître, mourir, quitter, succomber a; éteindre.*
stereotyp machen: *stéréotyper.*
sterilisieren: *stériliser.*
steuern: *commander 1, gouverner a;* (Boot -) *barrer 2;* (Schiff/Fahrzeuge -) *piloter.*
steuerlich entlasten: *dégrever.*
Steuern: (-)(liegen/lasten auf) *frapper 2;* (- erheben) *lever, percevoir 2;* (mit - belegen) *imposer 2;* (von - befreien) *exonérer;* (die - von etw senken/aufheben) *détaxer;* (- hinterziehen) *frauder.*
stibitzen: vgl. klauen, stehlen.
Stich: (im - lassen) *délaisser, déserter, lâcher, planter b, plaquer 2;* (Nerven/Kräfte)(jn --) *trahir b.*
Stichwaffe: (mit e-r - verletzen) *étriper.*
sticken: *broder a.*
stiefmütterlich behandeln: (jn -) *déshériter;* (etw -) *négliger 1.*
Stiel: (mit e-m - versehen) *emmancher.*
stiften: *constituer, instituer.*
Stil: (in e-n geschwollenen - verfallen) *enfler.*
stilisieren: *styliser.*
Stille: (-)(eintreten) *établir 2a.*
stillegen: *désaffecter, désarmer a.*
stillen: (Kind -) *allaiter;* (Durst -) *étancher, désaltérer;* (Hunger -) *assouvir;* (Hunger/Durst -) *apaiser;* (Schmerz/Durst -) *calmer, passer 2.*
stillschweigend übergehen: *escamoter, passer 3.*
stillstehen: (Wasser)(-) *croupir a.*
Stillstand: (Verkehr)(zum - kommen) *immobiliser.*
Stimmbruch: (in den - kommen) *muer 1.*
stimmhaft machen/aussprechen: *sonoriser.*
Stimme: (die - erheben) *élever 1, enfler;* (- verstellen) *contrefaire, déguiser a;* (-)(versagen) *manquer 1.*
Stimmen erhalten/auf sich vereinigen: *recueillir a, réunir.*

Stimmengleichheit aufheben: *départager 2.*
stimmen: (Instrumente -) *accorder 1;* (e-n Ton höher -) *hausser a;* (jn traurig -) *attrister;* (jn milder -) *radoucir;* (jn günstig/gewogen -) *disposer 1b;* (- für/gegen) *voter;* (- für) *opter.*
Stirn: (die - bieten) *affronter, braver, défier 1, tenir 1b.*
stocken: (den Atem - lassen) *couper 1b.*
stockfleckig werden: *piquer 6.*
Stoff: (- blank scheuern) *lustrer;* (- kräuseln) *crêper;* (-)(sich abnützen) *s'élimer.*
stöhnen: *gémir;* fig. (- unter) *ployer b.*
stolpern: *achopper a, buter 1a;* fig. *achopper b, buter 1b.*
stopfen: *raccommoder 1, ravauder, repriser;* (etw wohin -/-in) *bourrer, fourrer 1;* (Pfeife -) *bourrer;* (jm das Maul -) *clouer, rabattre 1.*
stoppen: *arrêter 1a, stopper 1.*
stören: *déranger, dérégler, détraquer, gêner, incommoder, perturber, troubler;* (Ruhe/Ordnung -) *perturber, troubler;* (jn dauernd - mit) *harceler b;* (sich nicht - lassen) *déranger;* (etw)(sich gegenseitig -) *interférer.*
störrisch machen: *braquer 3, buter 2.*
Stoß: (- geben) *bousculer;* (sich e-n - geben) *lancer b.*
stoßen: (- gegen) *buter 1, cogner, donner 2a, heurter a, percuter, pousser 1a, tamponner 3;* (mit den Ellenbogen -) *coudoyer;* (zufällig - gegen ein Boot...) *aborder 1;* fig. (- auf) *heurter b, lancer b, rencontrer, trouver 1;* (wieder - zu/auf) *rallier, rejoindre;* (jn vor den Kopf -) *heurter b;* fig. (sich an etw -) *se formaliser 2.*
stottern: *bégayer.*
Strafe: (Staatsanwalt)(- beantragen) *requérir;* (- erlassen) *gracier;* (- verhängen/auferlegen) *infliger, prononcer b;* (- verbüßen/absitzen) *purger a.*
straffen: (Text/Gedankenführung -) *aérer, comprimer, élaguer, resserrer, serrer.*
strahlen: *luire, irradier, rayonner a/b, resplendir a/b.*
strahlenförmig: (sich - verbreiten) *rayonner a.*
strampeln: *gigoter.*
stranden: *échouer 1a, gîter 2.*
strapazieren: (Kleidung -) *fatiguer.*
Straßenlage: (so e-e - haben) *tenir 1a.*
sträuben: (Haare)(sich -) *hérisser 1a;* (sich - gegen) *se débattre 2, se rebiffer, se regimber, ruer 1.*
streben: (wohin -) *tendre 2b;* (- nach) *ambitionner, aspirer b.*
Strecke: (- zurücklegen) *parcourir.*
strecken: *étirer;* (sich -) *s'ébrouer, étirer;* (Faust -) *brandir;* (Waffen -) *rendre 1a;* fig. (nicht die Waffen -) *désarmer b.*
Streich: (jm e-n üblen - spielen) *jouer 1a.*
streichen: *enduire, peindre a;* (etw - auf) *étendre a;* (Butterbrot -) *tartiner;* (glatt -) *lisser;* (Haare wohin -) *ramener a;*
((weg-)-) *biffer, excepter, gommer, proscrire b, radier, rayer 1, retrancher 1;* (Stellen -) *supprimer.*
Streichholz anreiben/anstecken: *flamber, frotter 1.*
streicheln: *caresser, flatter.*
Streifen bilden in/auf: *strier.*
streifen: (fast -) *friser 2, raser 4;* (leicht -) *frôler;* (Blick)(- über) *balayer, parcourir.*
Streit: (- beilegen/schlichten) *régler 1, liquider;* (- schüren) *envenimer;* (in - geraten) *fâcher;* (- suchen) *chercher.*
streiten: (sich -) *ergoter, chipoter 2, disputer 2, quereller;* (- für etw) *bagarrer b, combattre.*
Streitfall: (e-n - vorlegen) *saisir 2.*
streitig machen: *chipoter 1, chicaner, disputer 1.*
streuen: *disséminer, épandre, éparpiller a, semer 1a;* (Mist - auf) *fumer 3.*
Strich: (e-n - ziehen um) *encercler;* (auf den - gehen) *faire 1, prostituer a.*
stricheln: *pointiller.*
stricken: *tricoter.*
striegeln: *étriller.*
strittig sein: *contester.*
Stroh: (mit - bedecken/ausstopfen/ausflechten) *empailler.*
Strom: (elektr. -)(nicht da sein) *passer 1a;* (mit dem - schwimmen) *suivre 1.*
strömen: *affluer, déferler, s'écrouler 2, porter 1a, ruisseler, dégager a;* (- lassen) *épancher a.*
strotzen: (vor Vitalität -) *péter b.*
Stück: (sich - für - einverleiben) *grignoter b.*
studieren: *étudier.*
stufenförmig bauen/anordnen/ansteigen...: *étager.*
stumpf machen: *émousser.*
stürmen: (Festung... -) *assaillir a.*
stürzen: *abattre a, culbuter, jeter 1b, précipiter a, plonger;* (sich - auf/wohin) *foncer 1, fondre 2, lancer a, se ruer 2, sauter 1a;* (los-) *élancer 2;* (Regierung... -) *chuter, culbuter, renverser b;* (vom Thron -) *détrôner;* (in Schulden -) *endetter;* (jn/ein Land in Abenteuer -) *lancer b;*
(Aktien-Kurse)(-) *dégringoler;*
fig. (sich - auf) *plonger;* (jn - in) *réduire 2.*
stutzen: *rogner 1a;* (Bäume -) *étêter;* (Schwanz -) *écourter.*
stützen: *appuyer 1a, soutenir 1a;* fig.(etw/sich - auf) *appuyer 1b, baser, établir 1a, étayer b, fonder 1b.*
sublimieren: *sublimer 2.*
subskribieren: *souscrire.*
substrahieren: *ôter.*
subventionieren: *subventionner.*
suchen: *chercher, quêter b;* (nach etw -/zu erreichen -/jn polizeilich -) *rechercher;* (Schutz -) *abriter;* (das Weite -) *gagner.*
suggerieren: *évoquer, suggérer.*
sühnen: *expier.*
Summe: (e-e - vollmachen) *parfaire.*
summen: *bourdonner.*
sündigen: *pécher a.*
süß: (Speisen)(zu - sein) *écoeurer.*
süßen: *édulcorer, sucrer a.*
Süßholz raspeln: *marivauder, roucouler b.*
suspendieren: *interdire 2.*
symbolisieren: *symboliser.*
sympathisieren/Sympathie empfinden: *sympathiser.*
synchronisieren: *synchroniser;* (Film -) *doubler 4.*
systematisieren: *systématiser.*

T

Tabak schnupfen: *priser 1.*
Tadel: (Anlaß zu - geben) *démériter.*
tadeln: *blâmer, censurer, crier 2, gourmander, laver a, réprimander, reprendre 3;* (heftig -) *vitupérer.*
Tafel: (an die - schreiben) *mettre 1a;* (die - aufheben) *lever.*
täfeln: *boiser.*
Tag: (an den - legen) *déployer.*
Tagebuch führen: *tenir 1b.*
tagen: *siéger.*
Tagesgespräch sein: *défrayer 2.*
Tageslicht: (ans - bringen) *mettre 1a.*
Takt schlagen: *marquer 1.*
taktieren: *louvoyer.*
Talent: (sein - verkommen lassen) *gâcher 2b, galvauder.*
Tanz: (zum - auffordern) *inviter a.*
tanzen: *danser a/b;* (nach s-r Pfeife - lassen) *régenter.*
tapezieren: *tapisser.*
tarnen: *camoufler.*
tasten: *tâter a;* (sich vor-) *tâtonner.*
Tat: (in die - umsetzen) *matérialiser, mettre 2, réaliser.*
tätig sein: *opérer 1.*
Tätigkeit: (e-e neue - für jn finden) *reconvertir.*
tätowieren: *tatouer.*
Tatsachen: (vor vollendete - stellen) *mettre 1a.*
tatsächlich getan haben/passiert sein: *manquer 5.*
tätscheln: *tapoter.*
tatterig sein: *sucrer.*
Tau abspulen/loslassen: *filer 2.*
taub machen: *assourdir.*
tauchen: *piquer 2, plonger;* (e-e Strecke -) *plonger;* (etw - in) *mouiller 2;* (in Licht -) *incendier 1;* (in rosarotes Licht -) *roussir;* (in Blut -) *ensanglanter;* (Sonne)(etw in rote Glut -) *embraser.*
tauen: *dégeler.*
taufen: (-/auf e-n Namen -) *baptiser.*
taugen: *valoir 1a.*
taumeln: *chanceler, vaciller.*

tauschen: *changer, échanger, intervertir, permuter, troquer.*

täuschen: *abuser 2, couillonner, feinter, illusionner, leurrer, mystifier, tromper;* (sich - in) *se méprendre, tromper.*

täuschend ähnlich sein: *se méprendre.*

taxieren: *estimer 1a, jauger b.*

teeren: *goudronner.*

Teig: (-)(aufgehen) *fermenter, gonfler a, lever.*

Teile: (in - zerlegen) *démonter, segmenter.*

teilen: *diviser a, partager a/b, séparer;* (nochmals -) *repartager;* (Meinung -) *entrer 1b, partager b;* (jd) (sich - in) *partager a;* (Weg)(sich -) *éclater, bifurquer.*

teilhaben an: *participer.*

teilnehmen: *compartir, participer, prendre 2;* (an e-m Kurs -) *suivre 1;* (an e-m Wettbewerb -) *concourir 1;* (an e-m Spiel/Wettkampf -) *disputer 1.*

telegraphieren: *câbler, télégraphier.*

telephonieren: *téléphoner;* (dauernd -) *prendre.*

Teller: (- mit Brot saubermachen) *saucer 1.*

temperieren: *chambrer 3, dégourdir 1.*

tendieren: *tendre 2b.*

Teppich: (etw unter den - kehren) *escamoter, évacuer.*

terrorisieren: *terroriser.*

Test: (jn e-m - unterwerfen) *tester.*

Testament: (- umstoßen) *invalider;* (jn im - erwähnen) *coucher 1.*

testamentarisch vermachen: *léguer.*

testen: *tester.*

teuer: (- sein) *coûter 1a;* (etw - bezahlen) *payer b;* (teurer machen) *renchérir 1;* (noch teurer werden) *surenchérir;* (viel teurer werden) *chiffrer 2.*

Teufel: (zum - gehen) *se ficher 4;* (zum - schicken/jagen) *promener, péter a, rabrouer;* (- austreiben) *exorciser.*

Thema: (zum - haben) *porter 1b;* (ein - beginen) *partir 1a;* (- anschneiden) *entamer;* (beim - bleiben) *serrer;* (vom - abweichen) *sortir 1b;* (ein - ungeschickt und oberflächlich behandeln) *déflorer.*

Theorie: (- aufstellen/erstellen/aufbauen) *édifier b, poser 1b;* (- verwerfen) *éliminer.*

Thron: (vom - stürzen) *détrôner.*

thronen: *trôner.*

tief: (- einatmen) *humer;* (- schlafen) *en écraser 2.*

Tiefe: (Wurzeln)(in die - gehen) *plonger.*

Tiere: (- hüten) *garder 1;* (- streicheln) *flatter;* (- schlachten) *tuer a;* (- ausnehmen) *étriper;* (- neu ausstopfen) *rempailler.*

tilgen: (Schulden -) *acquitter, amortir 2, éponger, liquider, rembouser.*

Tip geben: *tuyauter.*

tippen: *taper 3.*

Tisch: (sich zu - setzen/sich an e-n - setzen) *s'attabler;* (- decken) *mettre 1a;* fig. (vom - fegen) *balayer, pulvériser.*

Titel: (- geben) *titrer 2;* (jm e-n (Weltmeister-...) - abnehmen) *dégommer b.*

toben: (jd)(-) *fulminer, vociférer;* (Gefühle)(-) *gronder 1.*

Tode: (mit dem - ringen) *agoniser;* (sich zu - langweilen/warten) *se morfondre;* (sich zu - arbeiten) *abrutir.*

Ton: (e-n - höher singen/stimmen) *hausser a;* (aus dem - kommen) *détonner;* (den - halten) *filer 1b;* (Film mit - versehen) *sonoriser.*

Tonanlage: (Kino... mit e-r - ausstatten) *sonoriser.*

Tonband: (auf - aufnehmen) *enregistrer;* (- überspielen) *repiquer 5.*

tönen: *teinter 1;* (grau -) *griser 1.*

Tonnage haben: *jauger a.*

Tor erzielen/schießen: *marquer 1.*

torkeln: *tituber.*

torpedieren: *torpiller.*

tosen: *gronder 1.*

töten: *achever 2, occire, tuer a;* (durch elektr. Schlag -) *électrocuter.*

totschlagen: *estourbir;* (die Zeit -) *tuer b.*

toupieren: *crêper.*

tragen: *porter 1a/b, supporter b, surmonter 1, soutenir 1a;* (wieder -) *reporter 1a/b;* (Kleidung... zum erstenmal -) *étrenner;* (Waffe/Stimme)(weit -) *porter 1a;* (Baum)(-) *donner 3, profiter, fructifier;* (Kosten -) *supporter b;* (zur Schau -) *afficher b, arborer;* (Krankheit in sich -) *couver b;* (sich mit dem Gedanken -) *couver b, mijoter b, nourrir b, parler, penser;* (Sorge - für) *prendre 2.*

trainieren: *endurcir 2, entraîner 3, exercer 2.*

traktieren: (jn - mit) *gratifier.*

trampeln: *trépigner.*

tranchieren: *découper 1.*

tränen: (Augen)(-) *larmoyer, pleurer.*

Tränen: (- vergießen) *verser 1a;* (- unterdrücken) *retenir a;* (mit - benetzen) *inonder b;* (in - ausbrechen) *fondre 1a;* (- vergießen) *répandre.*

tränken: (Vieh -) *abreuver a;* (etw - mit) *imbiber, imprégner a, saturer;* fig. *abreuver b;* (die Erde - mit) *gorger.*

transferieren: *transférer.*

Transitverkehr: (im - durchgehen (lassen)/verfrachten) *transiter.*

transplantieren: *greffer, transplanter.*

transportieren: *porter 1a, transporter a, véhiculer a;* (mit e-m Karren/Wagen -) *charrier 1;* (mit e-m Lastwagen -) *camionner.*

transvestieren: *travestir.*

trassieren: *tracer 2.*

tratschen: *cancaner, caqueter, jaser, papoter.*

trauen: (jn -) *marier a;* (s-n Augen/Ohren nicht -) *en croire 2.*

Trauer: (in - versetzen) *endeuiller.*

träumen: *rêver a/b, songer 1;* (vor sich hin-) *rêvasser.*

traurig: (-werden) *gonfler b;* (- stimmen) *attrister.*

treffen: *atteindre a/b, rejoindre, rencontrer, saisir 1b, trouver 1;* (fig. sich in e-r Hinsicht -) *retrouver;* (auf Schwierigkeiten -) *achopper b, heurter b;* (ins Schwarze -) *taper 1;* (e-e Wahl -) *arrêter 1b, opérer 2;* (Auswahl -) *sélectionner;* ((Vorsichts-)Maßnahmen -) *prendre 2;* (Blitz)(-) *foucroyer;* (Geräusch)(ans Ohr -) *frapper 1a.*

treffend sein: (Bemerkungen/Argument)(-) *porter 1b.*

treiben: (etw)(wo -) *flotter 1;* (Fluß)(Eis... -) *charrier 1;* (Kupfer -) *repousser 1a;* (Pflanzen)(Knospen... -) *pousser 2;* (Herde -) *pousser 1a;* (Wild -) *rabattre 2, traquer;* (wieder Knospen -) *repousser 3;* (jn - zu) *exciter, mouvoir, pousser 1b;* (zu weit -) *outrer 1;* (in die Enge -) *acculer a/b, coincer, mettre 1a, traquer;* (Handel - mit) *commercer;* (Schwarzhandel -) *trafiquer 1a;* (Unzucht -) *forniquer;* (Metall -) *emboutir.*

treideln: *haler.*

trennen: *départager 1a/b, disjoindre a/b, dissocier, séparer, désunir;* (sich - von) *divorcer b;* (sich nicht - von) *décoller 1.*

treten: (- auf/in) *marcher 1a;* (fig. mit den Füßen -) *bafouer b, fouler 1, piétiner;* (auf der Stelle -) *piétiner;* (Fluß)(über die Ufer -) *divaguer 1;* (Wild)(ins Freie -) *débusquer;* (in den Ruhestand -) *prendre 1b;* (in den Ausstand -) *débrayer 2;* (in den Dienst - bei) *placer a;* (in den Hintergrund -) *effacer;* (-- lassen) *éclipser 1;* (an die Stelle - von) *remplacer;* (in Kraft -) *entrer 2.*

triefen: *ruisseler;* (- vor) *inonder a.*

trinken: *boire, picoler;* (Säugling)(-) *téter;* (Tiere)(-) *abreuver;* (genießerisch -) *siroter;* (tüchtig -) *pinter;* (zuviel von etw -) *forcer a;* (gierig in großen Mengen -) *ingurgiter;* (aus festlichem Anlaß Champagner -) *sabler;* (etw zum Frühstück/als Mittagessen -) *déjeuner;* (einen -) *rincer, trinquer;* (einen - auf etw) *arroser b, boire.*

trippeln: *trotter, trottiner.*

triumphieren/den Triumph feiern: *triompher.*

trockenlegen: *assécher, drainer, étancher, mettre 1a.*

trockenschütteln: (Salat -) *essorer.*

trocknen: *essyer 1, faner, sécher 1.*

trödeln: *chipoter 1, lambiner, lanterner, traîner, traînasser.*

Trommelfeuer: (mit - belegen) *pilonner.*

trommeln: *tambouriner;* (mit den Fingern -) *pianoter.*

trompeten: *claironner a;* (Elephant)(-) *barrir.*

tröpfeln: *couler 1, dégoutter, dégouliner, distiller, suinter.*

tropfen: *couler 1, dégoutter, dégouliner, goutter, fuir.*

trösten: *consoler.*

trotzdem: *empêcher, importer 1.*

trotzen: *affronter, braver, défier 1, fronder, narguer, tenir 1b.*

trüben: *obscurcir, troubler.*

Trüben: (im - fischen) *pêcher a.*

trüffeln: *truffer a.*
trunken machen: *enivrer, saouler.*
Truppen: (- einsetzen) *engager 3a;* (- konzentrieren) *masser 1;* (- aufreiben) *défaire;* (-)(landen) *débarquer;* (-)(sich absetzen) *décrocher 2.*
tummeln: (sich -) *s'ébattre, folâtrer.*
tun: *branler 2, fabriquer, faire 1, opérer 2;* (etw noch einmal -) *revenir 1b;* (es -) *exécuter 1;* (etw wohin -) *mettre 1a;* (etw auf etw -) *appliquer 1;* (etw fleißig -) *appliquer 3;* (etw zuende -) *achever 1;* (etw weiter -) *continuer;* (etw als erstes -) *commencer 2;* (etw als letztes -) *finir 1;* (besser etw -) *faire 1;* (so - als ob) *affecter 1, faire 1/2, feindre;* (so - als ob man kenne/könne) *se piquer 7;* (zu - haben mit) *participer;* (gut daran -) *faire 1;* (beinahe etw -) *faillir 2;* (damit zu - haben) *y être 8;* (etw - müssen) *s'appuyer, se coltiner.*
tünchen: *badigeonner.*
Tür: (-)(klemmen) *forcer a;* (- aufbrechen) *forcer a;* (- zuschlagen) *rabattre 1;* (durch e-e - verbunden sein) *communiquer;* (vor die - setzen) *virer 4.*
turteln: *roucouler b.*
tuten: *corner 2a.*
Tüten: (in - abfüllen) *ensacher.*
tyrannisieren: *tyranniser.*

U

übel: (- zurichten) *écharper, esquinter, étriller, malmener, massacrer, molester;* (jm - sein von) *tordre;* (jm - werden von) *soulever b.*
übelnehmen: *prendre 1b.*
üben: *étudier, exercer 2;* (Musikstück (ein-)-) *travailler.*
Übles nachreden: *médire.*
über: (etw - haben) *souper.*
überanstrengen: *éreinter, forcer a, surmener.*
überarbeiten: *arranger 1, mettre 1a, rajuster, refaire, refondre b, reprendre 2, retoucher, retravailler.*
überbacken: *gratiner.*
überbieten: *renchérir 2, surenchérir;* (sich - an) *confondre 2.*
überblicken: *embrasser a.*
überbrühen: *échauder.*
überdauern: *durer, survivre.*
überdecken: (mit e-r Plane -) *bâcher.*
überdenken: *cogiter.*
überdrehen: (Motor -) *emballer 2a.*
überdrucken: (Briefmarke... -) *surcharger 2.*
überdrüssig werden: (e-r S. -) *dégoûter, lasser;* (js -) *fatiguer.*
übereinanderschlagen: (Beine -) *croiser 1, replier 1.*
übereinanderstapeln: *échafauder.*
übereinkommen: *arranger 1, convenir 2, pactiser.*
übereinstimmen: *correspondre 1, communier 1, concorder;* (grammatisch -) *accorder.*
Übereinstimmung: (in - bringen) *accorder 1, ajuster.*
überfahren: (Ampel -) *brûler, griller 2;* (Auto)(jn -) *écraser 1a.*
überfallen: *agresser.*
überfliegen: *survoler;* (lesend -) *parcourir.*
überfließen: *déborder 1a/b, dégorger 1;* (- an) *regorger.*
überfluten: *inonder, submerger a/b.*
überführen: (jn e-r Sache -) *convaincre 2;* (jn wohin -) *transférer;* (in Gaszustand -) *sublimer a.*
übergeben: *déférer 1, remettre 3, rendre 1a, transmettre;* (s-r Bestimmung wieder -) *rendre 1b;* (jd)(sich -) *rendre 1a.*
übergehen: (etw -) *glisser b, passer 1a/3;* (etw stillschweigend -) *escamoter, passer 3;* (- zu) *passer 1b;* (wieder - zu) *repasser 1b;* (- in) *continuer, virer 2.*
überglücklich machen: *combler b.*
übergreifen: (- auf) *enjamber b, empiéter;* (fig. ineinander -) *imbriquer.*
überhängen über etw: *surplomber.*
überhäufen mit: *abreuver b, accabler b, agonir, assommer b, combler b, écraser b, prodiguer, submerger b.*
überholen: (Verkehr) *dépasser, doubler 3, gratter 3, griller 2;* (Maschinen... -) *réviser.*
überkommen: (etw)(jn -) *prendre 1b.*
überladen: *surcharger 1;* (mit Ausrüstung -) *suréquiper.*
überlappen: (sich -) *chevaucher 2.*
überlassen: *abandonner, laisser 1, livrer 2b.*
überlasten: *surcharger 1.*
überlaufen: *déborder 1a.*
überleben: *survivre.*
überlegen: (-/sich etw -) *cogiter, méditer, raisonner 1, réfléchir b;* (hin und her -) *ruminer b, tâter b;* (es sich zweimal -) *regarder 1;* (sich Maßnahmen... -) *aviser 4;*
(- sein) *prévaloir 1, surclasser.*
überliefern: *transmettre.*
überlisten: *déjouer;* (Sport) *feinter.*
übermannen: (Schlaf)(jn -) *gagner.*
Übermaß: (im - haben) *regorger;* (im - vorhanden sein/ im - verfügen über) *surabonder.*
übermitteln: *communiquer 2, transmettre.*
übermüden: *surmener.*
übernachten: *gîter 1.*
übernehmen: *adopter, assumer, épouser b, retenir b, se taper 6;* (die Verantwortung -) *endosser, revendiquer;* (Meinung -) *verser 1b.*
überprüfen: *contrôler, reconsidérer, revoir, vérifier;* (neu -) *réexaminer;* (eingehende Ware -) *réceptionner;* (Schiffe anhalten und -) *arraisonner; réviser.*
überquellen vor: fig. *déborder 1b.*
überqueren: *traverser.*
überragen: *déborder 1a, surplomber; dominer.*
überraschen: *prendre 1a, surprendre;* (völlig -) *prendre 1b;* (überrascht sein von und enttäuscht werden) *attraper.*
Überraschung bereiten: *préparer, réserver b.*
überreden: *convaincre 1, décider, persuader;* (jn zu - suchen) *relancer 2;* (jn beiseitenehmen, um ihn zu -) *chambrer 2.*
überreich sein an: *foisonner, surabonder.*
überreichen: *passer 1a, remettre 3.*
überreizen: *exacerber.*
überrennen: (Feind -) *culbuter.*
überrumpeln: *prendre 1b.*
überrunden: *distancer.*
überschätzen: *exagérer, présumer, surestimer;* (absichtlich -) *gonfler b.*
überschäumen vor: *déborder 1b.*
überschlagen: (etw -) *passer 3;* (sich -) *capoter.*
überschneiden: (sich - mit) *(se) chevaucher 2, interférer, recouper 2.*
überschreiben: *intituler.*
überschreiten: *dépasser, franchir, enjamber a, excéder 1, outrepasser;* (das Fassungsvermögen von jm -) *dépasser;* (fig. Grenze/Höhepunkt... -) *crever.*
überschütten: *abrutir, agonir, cribler 2b, déverser b.*
überschwemmen: *envahir, inonder a/b.*
übersehen: *passer 3.*
übersetzen: *traduire 1a;* (genau -) *serrer.*
überspannen: (Brücke)(-) *enjamber a.*
überspielen: (Tonband -) *repiquer 5.*
überspitzen: *outrer 1.*
überspringen: *enjamber a, sauter 1a;* fig. *brûler, escamoter, sauter 1b.*
überstanden haben: (e-e Krankheit soeben -) *sortir 1b.*
überstehen: *revenir 1b; déborder 1a, surplomber.*
übersteigen: *franchir; dépasser, excéder 1, passer 1b.*
überstreifen: *enfiler 1.*
überstürzen: *brusquer, précipiter b.*
übertölpeln: *engluer b.*
übertönen: *couvrir, noyer b.*
übertragen: (Radio/Fernsehen)(-) *transmettre;* (Fernsehen)(-) *téléviser;* (Blut -) *transfuser;* (etw)(Wärme ... -) *communiquer 2;* (Krankheit -) *inoculer a;* (Bewegung - auf) *imprimer 2;* (Krankheit/Bewegung -) *transmettre;* (jd)(etw - auf jn) *reporter 1b;* (Wort -) *transporter b;* (etw - in) *traduire 1b.*
übertreffen: *dépasser, devancer, dominer, surclasser, surpasser.*
übertreiben: *abuser 1, charger 3, charrier 2. exagérer, forcer a, galéjer, gonfler b, outrer 1, pousser 1b.*
übertreten: *bafouer b, transgresser;* (Gesetz -) *enfreindre.*
überwachen: *superviser, surveiller, veiller 2.*
überwältigen: *subjuguer.*
überweisen: (Geld... -) *mandater 1, transmettre, virer 3;* (ins Krankenhaus -) *hospitaliser.*
überwerfen: (sich - mit) *fâcher.*
überwiegen: *prédominer.*
überwinden: *surmonter 2.*
überwintern: *hiverner.*

überwuchern: *envahir.*
überzeugen: *convaincre 1, emporter 1, persuader;* (sich - daß) *assurer 3;* (zutiefst überzeugt sein von) *pénétrer b.*
Überzeugung: (zu der - kommen/ die - haben) *pénétrer b, persuader.*
überziehen: (etw - mit) *habiller a.*
übrigbleiben: *demeurer 1, rester 1;* (jm nichts anderes - als) *réduire 1b.*
übriglassen: (-/zu wünschen -) *laisser 1.*
übrigens: *noter 1, passer 1b, remarquer.*
Ufer: (Fluß)(über die - treten) *déborder, divaguer 1, sortir, quitter.*
Uhr: (auf die - schauen) *consulter;* (die - stellen) *régler 2a;* (- zurückstellen) *retarder.*
umarbeiten: *rajuster, réécrire 1, refaire, refondre b, remanier.*
umarmen: *embrasser a;* (fest -) *étreindre.*
umbiegen: *couder, recourber.*
umbilden: (Regierung -) *remanier.*
umbinden: *nouer, ceindre.*
umbrechen: (Buch -) *mettre 1a.*
umbringen: *tuer a/b;* vgl. töten.
umdrehen: *retourner 1;* (Arm/Hals -) *tordre;* (jm den Magen -) *tordre.*
umdribbeln: *dribbler.*
umerziehen: *rééduquer.*
umfahren: *contourner; renverser a.*
umfassen: *comprendre 1, embrasser b, englober, recouvrir, regrouper, résumer.*
umformen: *transformer.*
umfüllen: *soutirer 1, transvaser.*
Umgang haben mit: *approcher.*
umgänglicher machen: *apprivoiser.*
umgeben: *ceinturer, entourer, environner;* (mit e-r Mauer -) *enceindre, murer;* (mit e-m Gitter -) *grillager;* (sich - mit) *entourer.*
Umgebung: (die - bilden von) *environner.*
umgehen: *contourner, court-circuiter, éluder, esquiver;* (Gesetz -) *frauder;* (Gerücht)(-) *circuler.*
umgehen mit: *manier 1, opérer 1;* (sparsam -) *économiser;* (sparsam/schonend -) *ménager 1;* (verschwenderisch -) *prodiguer;* (leichtfertig -) *badiner;* (listig -) *ruser.*
umgestalten: *remodeler, transformer.*
umgießen: *verser 1a.*
umgraben: *bêcher, remuer, terrasser 1.*
umgrenzen: *cerner, circonscrire a, délimiter, enceindre.*
umgruppieren: *regrouper.*
umhauen: fig. (jn -) *renverser b.*
umhegen: *dorloter.*
umherschlendern: *déambuler.*
umhinkönnen: (nicht -) *défendre 2, empêcher, tenir 1b.*
umhüllen: *draper 1, enrober a, envelopper, habiller b;* (sich -) *draper 1.*
umkehren: *rebrousser, retourner 1;* (Strömung)(die Richtung -) *renverser a/b;* (symmetrisch -) *invertir;* (die Reihenfolge -) *intervertir, permuter;* (Reihenfolge/Richtung -) *inverser.*
umkippen: *basculer, chavirer, culbuter, renverser a, verser 1a;* (Wein)(-) *aigrir, piquer 1a, tourner 1a.*
umklappen: *rabattre 1.*
umkommen: *périr, succomber a;* (im Krieg -) *tuer a;* (durch elektr. Schlag -) *électrocuter.*
Umlauf: (in - bringen) *écouler 1, émettre;* (Neuigkeit ... --) *lancer b.*
umlegen: (jn -) *buter 3, descendre, nettoyer b.*
umleiten: *dériver 1a, dérouter a, dévier.*
umlenken: *détourner a;* fig. (- auf) *dériver 1b.*
ummauern: *emmurer.*
umordnen: *déclasser 1, regrouper.*
umorganisieren: *réformer.*
umpflanzen: (Setzlinge -) *dépiquer 2.*
umpolen: *renverser a.*
umrahmen: *encadrer 1.*
umrechnen: *réduire 1a.*
umreißen: fig. *cerner, circonscrire b.*
umrühren: *remuer.*
umschaufeln: *pelleter.*
umschlagen: (etw -) *rabattre 1;* (am Rande -) *border.*
umschlingen: *enlacer.*
umschmeicheln: *flagorner.*
umschreiben: *paraphraser, transcrire.*
umschulen: *reconvertir, recycler.*
umschütten: *verser 1a.*
umschwärmt sein: *entourer.*
umsetzen: (Pflanzen/Setzlinge -) *repiquer 5;* (Zug -) *aiguiller a;* (in die Tat -) *matérialiser, mettre 2, réaliser 1.*
umsiedeln: *transplanter.*
umsorgen: *s'empresser.*
umsteigen: *changer.*
umstellen: *investir; intervertir, permuter, renverser b.*
umstimmen: *fléchir.*
umstoßen: *renverser a/b;* (Testament -) *invalider.*
umstritten sein: *contester.*
umstürzen: *abattre a, bousculer, culbuter, déboulonner a, renverser a/b.*
umtaufen: *débaptiser, rebaptiser.*
umtauschen: *échanger.*
umtun: *ceindre.*
umwandeln: *commuer, convertir 1, reconvertir.*
umwenden: (sich -) *détourner a.*
umwerben: *courtiser.*
umwerfen: vgl. umstürzen.
umwinden: *enlacer.*
umwölken: *rembrunir.*
umworben sein: *entourer.*
umzäunen: *enclore.*
umziehen: *déménager 1;* (sich -) *changer.*
umzingeln: *boucler 1, cerner, encercler.*
unablässig: (sich - beschäftigen mit) *remâcher.*
Unannehmlichkeiten bereiten: *compromettre.*
unaufhörlich: *laisser 2, tarir b.*
unbefahrbar machen: *défoncer.*
unbemerkt bleiben: *passer 1b;* (nochmals -) *repasser 1b.*
unbeweglich machen: *immobiliser.*
undeutlich: (- machen) *obscurcir;* (- aussprechen) *manger b.*
undicht sein: *prendre 1a.*
unentschlossen sein: *hésiter 1.*
unerbittlich verfolgen: *s'acharner, traquer.*
Unfug sein: *rimer.*
ungeachtet: *déplaire.*
ungebührlich: (sich - jm gegenüber verhalten) *manquer 3.*
ungeduldig machen: *impatienter.*
ungehorsam sein: *désobéir.*
ungelenk machen: *engourdir, rouiller b.*
ungereimt sein: *rimer.*
ungeschickt: (ein Thema - behandeln) *déflorer.*
Unglück bringen: *porter 1b.*
Ungnade: (jn in - fallen lassen) *disgracier.*
ungültig: (- machen) *vicier;* (für - erklären) *invalider.*
Unkraut ausrupfen: *désherber.*
unmenschlich machen: *déshumaniser.*
unnachgiebig(er) machen: *raidir b.*
Unordnung: (in - bringen) vgl. bringen.
unrecht: (jm - tun) *léser.*
unruhig werden: *dissiper b.*
unschlüssig sein: *fixer a, partager b.*
Unschuld: (s-e Hände in - waschen) *laver b.*
unschuldig: (jn für - erklären) *innocenter.*
Unsinn reden: *dérailler 2, déraisonner.*
unsterblich machen: *immortaliser.*
unter sich haben: *coiffer 1b;* (militärisch)(-) *encadrer 1.*
unterbrechen: *briser, couper 1b, hacher, interrompre, rompre;* (jd)(sich -) *interrompre;* (Sitzung... -) *suspendre;* (etw - mit) *entrecouper;* (Wasser-...Versorgung -) *couper 1b.*
unterbreiten: *en référer 2, soumettre 2.*
unterbringen: *caser, héberger, loger 1;* (wieder -) *reloger;* (Tiere den Winter über im Stall -) *hiverner.*
unterdrücken: *étouffer, étrangler, juguler, opprimer, réprimer;* (Gefühle/Tränen... -) *comprimer, contenir 2, refouler b, retenir b, rentrer.*
untergehen: *couler 2, s'abîmer 2, sombrer a;* fig. *décliner 1, péricliter, s'abîmer 2;* (Wahrheit...)(nicht -) *surnager b.*
untergraben: *miner 1, saper 1;* (den Ruf von jm -) *entamer.*
unterhalten: (jn -) *distraire 2, divertir, récréer;* (jn finanziell -) *entretenir 1a;* (sich - (mit)) *causer 2, converser, deviser, entretenir 2, parler.*

Unterhalt: (für den - von jm sorgen) *entretenir 1a.*
Unterhaltung abbrechen: *interrompre.*
Unterholz beseitigen: *jardiner.*
unterkühlen: (jn -) *hiberner.*
Unterkunft haben/nehmen: *loger 1.*
Unterlagen: (schriftliche - beibringen) *fournir;* (jn mit - über etw versorgen) *documenter.*
unterlassen: *négliger 2, omettre 2;* (es nicht -) *priver, manquer 5.*
unterminieren: vgl. untergraben.
unternehmen: *entreprendre 1, livrer 2b;* (etw -) *se démerder.*
unterordnen: *subordonner.*
Unterricht nehmen: *prendre 1a.*
unterrichten: *enseigner, professer 1; informer, instruire 1a/b, prévenir 2, renseigner.*
untersagen: *défendre 2, interdire 1, proscrire b.*
unterschätzen: *méjuger, sous-estimer.*
unterscheiden: *démêler b, départager 1b, discerner, discriminer, distinguer;* (sich - von) *démarquer 3, différer 1.*
Unterscheidungen: (spitzfindige - machen) *subtiliser 1.*
Unterschied: (den - erkennen) *discerner;* (e-n - machen zwischen) *différencier.*
unterschlagen: *carotter, détourner a, dilapider.*
unterschreiben: *signer 1;* fig. *souscrire.*
unterstellen: (wo -) *abriter, remiser 1;* (sich wo -) *mettre 1a;*
(jm etw -) *imputer 1, prêter 3, supposer.*
unterstreichen: *ponctuer 2, souligner a/b.*
unterstützen: *appuyer 1b, cautionner, encourager, étayer, épauler b, patronner, seconder, soutenir 1b.*
untersuchen: *étudier, examiner, observer 1a, scruter, sonder a;* (etw sorgfältig -) *inspecter a.*
untertauchen: *passer 1a, plonger;* (im Meer/in der Menge -) *immerger.*
unterteilen: *subdiviser;* (mit e-r Zwischenwand -) *cloisonner.*
unterwandern: *s'infiltrer, noyauter.*
unterwerfen: *subjuguer, soumettre 1a/b;* (jn e-r Sache -) *plier b;* (der Gewerbesteuer -) *patenter 2;* (sich e-r Sache -) *domestiquer; asservir, assujettir, écraser 1b.*
unterweisen: (religiös -) *catéchiser.*
unterzeichnen: *signer 1.*
unterziehen: (sich e-r Sache -) *subir, soumettre 1b;* (sich e-r Behandlung... -) *suivre 1;* (sich e-r Prüfung -) *passer 1b.*
ununterbrochen + Verb: *désemparer;* vgl. unaufhörlich.
unverblümt sprechen/reden: *mâcher.*
unverschämt werden: *se dévergonder.*
unverzollt einführen: *frauder.*
unverzüglich etw tun: *tarder 2.*
unwirksam machen: *neutraliser.*
Unzucht treiben: *forniquer.*
unzufrieden machen/sein mit: *mécontenter.*
Unzufriedenheit: (Anlaß zur - geben) *mécontenter.*
urbar machen: *défricher 1.*
urinieren: *uriner.*
Urlaub nehmen/machen: *prendre 1a.*
Ursprung: (s-n - haben in) *naître b, procéder 1, provenir b.*
Urteil: (- fällen) *juger, porter 2, rendre 4;* (- fällen/verkünden) *prononcer b;* (- abändern) *réformer;* (- aufheben) *infirmer.*
urteilen: *juger, porter 2, raisonner 1;* (dem Anschein nach zu -) *paraître 1.*
usurpieren: *usurper.*

V

vagabundieren: *vagabonder.*
variieren: *diversifier, varier.*
vegetieren: *pourrir b, végéter.*
verabreden: *concerter.*
verabreichen: *administrer 2;* (jm e-e Ohrfeige -) *coller 5, flanquer 2.*
verabscheuen: *abhorrer, abominer, détester, exécrer, haïr, répudier, vomir b.*
verabschieden: (sich -) *prendre 1a;* (Gesetz -) *passer 1b;* (Antrag/Gesetz... -) *adopter.*
verachten: *dédaigner, mépriser.*
verallgemeinern: *généraliser.*
verändern: *changer.*
veranlassen: (jn - zu) *amener b, décider, déterminer;* (etw -) *prendre 1b.*
veranschaulichen: (Beispiele)(etw -) *illustrer 1.*
verantwortlich machen: *s'en prendre 5, tenir 1b.*
Verantwortung: (- übernehmen) *endosser;* (- ablehnen) *dégager b, dénier;* (die - für etw schieben auf etw) *accuser 1;* (jm die - zuschieben) *mettre 1a.*
verarbeiten: *élaborer, traiter 1a, usiner.*
verarmen lassen: *appauvrir.*
verästeln: (sich -) *se ramifier.*
verausgaben: (-/sich -) *dépenser b, prodiguer.*
veräußern: (Besitz/Rechte -) *aliéner.*
Verband: (jm den - abnehmen) *débander 1.*
verbannen: *bannir, exiler, proscrire a/b.*
verbarrikadieren: *barricader.*
verbergen: *cacher a/b, déguiser b, dérober b, dissimuler a/b, masquer b, recéler, recouvrir, voiler 1;* (zu - suchen) *camoufler.*
verbessern: *corriger, rectifier; améliorer, régénérer.*
verbeugen: (sich -) *incliner a;* (sich erneut -) *recourber.*
verbiegen: *fausser, gauchir, tordre.*
verbieten: *défendre 2, interdire 1, proscrire b;* (gesetzlich -) *prohiber;* (e-e Veröffentlichung -) *suspendre 2;* (jm den Zutritt -) *exclure 1.*
verbilden: *fausser.*
verbinden: *accoler, allier b, amalgamer, articuler 2, assortir 2, associer 1, attacher b, combiner 1, connecter, joindre, lier, mettre 2, rattacher b, relier, réunir;* (wieder -) *raccorder;* (telephonisch -) *brancher, passer 1a;* (Wunde -) *panser;* (Städte durch e-e Partnerschaft -) *jumeler.*
Verbindung: (- anknüpfen mit jm) *nouer;* (in - stehen) *correspondre 3;* (in - bringen mit) *mettre 2, rattacher b, relier;* (jn in - setzen mit) *brancher, mettre 2;* (Bus-... -)(günstig sein) *desservir 2.*
verbittern: *aigrir, ulcérer.*
verblassen (lassen): *pâlir, ternir;* (Farben -) *passer 2;* fig. *effacer.*
verblöden lassen: *abrutir.*
verblüffen: *confondre 2, ébahir, ébouriffer, épater, époustoufler, estourbir, frapper 1b, sidérer, stupéfier.*
Verbot aufheben: *lever.*
verbrauchen: *consommer 1, consumer a.*
Verbrechen begehen: *consommer 2, perpétrer.*
verbreiten: *diffuser, propager a;* (Geruch -) *dégager a;* (sich strahlenförmig -) *rayonner a;* (um sich -) *suer;* (Gerücht... -) *colporter, divulguer, propager b, semer 1b, véhiculer b;* (allgemein -) *généraliser;* (fig. etw um sich -) *distiller, sécréter.*
verbrennen: *brûler, griller 2, incinérer.*
verbringen: (Zeit... -) *couler 1, passer 2;* (nochmals -) *repasser 2.*
verbrüdern: (sich -) *fraterniser.*
verbrühen: (sich -) *ébouillanter.*
verbunden sein: (- durch/mit) *attacher b, correspondre 3;* (durch e-e Tür -) *communiquer 1.*
verbünden: *allier b, coaliser, liguer;* (sich -) *confédérer.*
verbürgen: *garantir 2.*
Verdacht: (den - haben, daß) *suspecter.*
verdächtigen: *soupçonner, suspecter.*
verdammen: *damner a, réprouver.*
verdampfen: *s'évaporer.*
verdanken: *devoir 2;* (etw e-r Sache -) *établir 1b.*
verdauen: *digérer a/b.*
Verdeck: (das - zurückklappen) *décapoter.*
verdecken: *cacher a, éclipser 1, recouvrir;* vgl. verbergen.
verderben: *abîmer 1, corrompre, débaucher 1, dépraver, gâcher 2b, dévoyer, gangrener, gâter 1, passer 2, vicier;* (Obst)(-) *perdre;* (sich den Magen -) *délabrer, détraquer.*
Verderben: (in sein - rennen) *courir.*
verdichten: *condenser.*
verdienen: (etw -/an etw -) *gagner;* (etw -/etw auf Grund von etw -) *mériter.*
verdient: (sich - machen) *mériter, servir 1b.*
verdingen: (sich -) *louer.*
verdoppeln: *doubler 1, redoubler 1.*
verdorben(er) werden: *se dévoyer.*
verdorren: *dessécher.*

verdrängen: *évincer, supplanter; refouler b.*
verdrehen: (die Augen -) *rouler 1a;* fig. *fausser, tordre.*
verdreifachen: *tripler.*
verdreschen: (einander -) *en découdre 2.*
verdrießen: *chagriner, dépiter, fâcher.*
verdrücken: (sich -) *s'éclipser 2, esquiver.*
verduften: *débarrasser, décamper, ficher 3, mettre 1a, se tailler;* vgl. abhauen.
verdummen: *abrutir.*
verdunkeln: *obscurcir.*
verdünnen: *détremper, diluer, éclaircir a, étendre a, mouiller 2.*
verdunsten lassen: *vaporiser 1.*
verdüstern: *assombrir;* fig. *embrumer;* (Gesicht -) *rembrunir.*
verdutzen: *ébahir;* vgl. verblüffen.
veredeln: *affiner.*
verehren: *adorer, exalter 1, honorer, révérer, vénérer.*
vereinbaren: *convenir 2, passer 1b, récupérer b.*
vereinen: *réunir;* (etw - mit) *marier b.*
vereinfachen: *simplifier.*
vereinigen: *conjuguer 1, réunir;* (sich durch ein Bündnis -) *confédérer;* (Stimmen auf sich -) *réunir;* (etw auf sich -) *rallier.*
vereiteln: *déjouer.*
verengen: *serrer.*
verewigen: *perpétuer.*
verfahren: *procéder 2.*
verfallen: *dégrader;* (- lassen) *désintégrer;* fig. *déchoir, décliner 1, péricliter;* (Ausweis)(-) *expirer 2;* (e-r Sache -) *sombrer b;* (- in) *donner 2b, verser 1b;* (wieder --) *redonner 2.*
verfälschen: *altérer, maquiller, travestir, truquer, trahir b, forcer a, fausser.*
verfassen: *composer 3, disserter, pondre b, rédiger.*
verfaulen (lassen): *gâter 1, pourrir a, putréfier.*
verfechten: *défendre 1b.*
verfehlen: *louper, manquer 2, rater.*
verfeinern: *affiner, raffiner 2.*
verfilmen: *porter 1a;* (neu -) *reporter 1a.*
verfinstern: *éclipser 1;* (Gesicht -) *rembrunir.*
verfließen: (Zeit)(-) *couler 1, s'écouler 2.*
verflochten sein: (ineinander -) *s'entrelacer.*
verfluchen: *jurer 2.*
verflüchtigen: (sich -/- lassen) *évaporer, volatiliser 1.*
verfolgen: *s'acharner, persécuter, pourchasser, poursuivre 1, suivre 1;* (mit den Augen -)*suivre 1;* (die Entwicklung von jm -) *suivre 1;* (unerbittlich -) *traquer;* (hartnäckig -) *pourfendre;* (etw)(jn -) *obséder.*
verformen: *déformer.*
verfügbar machen: (sich etw -) *domestiquer.*
verfügen: (etw -) *décréter;* (- über) *disposer 2;* (im Übermaß - über) *surabonder.*
Verfügung: (zur - stellen) *mettre 2;* (zur - stehen) *tenir 1b.*
verführen: *séduire.*
vergeben: *pardonner; concéder;* (sich etw -) *déroger.*
vergehen: (Zeit)(-) *s'écouler 2, passer 2;* (sich - an) *pécher a;* (- vor) *languir b.*
vergeistigen: *spiritualiser.*
vergelten: *rendre 1a.*
vergessen: *oublier 1;* (- zu tun) *omettre 2, oublier 2.*
vergeuden: *dilapider, gâcher 2b, gaspiller.*
vergewaltigen: *violenter, violer.*
vergießen: (Tränen/Blut -) *répandre, verser 1a.*
vergiften: *asphyxier, empoisonner, intoxiquer;* fig. *envenimer.*
vergilben (lassen): *jaunir.*
vergittern: *grillager, griller 1.*
verglasen: *vitrer.*
Vergleich: (e-n - eingehen) *transiger a.*
vergleichen: *comparer, confronter.*
vergnügen: *divertir.*
Vergnügen bereiten: *procurer.*
vergolden: *dorer;* (wieder -) *redorer.*
vergöttern: *idolâtrer.*
vergöttlichen: *diviniser.*
vergraben: *enfouir, enterrer;* (sich zu Hause -) *murer;* fig. (sich - in) *ensevelir.*
vergrößern: *accroître, agrandir, grandir, grossir;* (Vermögen -) *arrondir.*
verhaften: *arrêter 3.*
verhalten: (sich wie -) *se comporter 2, se conduire 2;* (sich ungebührlich - jm gegenüber) *manquer 3.*
Verhältnis: (in ein ausgeglichenes - bringen) *proportionner.*
verhandeln: *négocier, parlementer, traiter 3.*
Verhandlungen aufnehmen/beginnen: *engager 4, entamer.*
verhängen: (Strafe -) *infliger, prononcer b;* (den Ausnahmezustand -) *décréter.*
verhärten: fig. *dessécher, endurcir b.*
verhaspeln: (sich -) *emberlificoter b.*
verhätscheln: *choyer, dorloter, mitonner.*
verhauen: *cogner;* (- werden) *dérouiller 2.*
verheddern: (etw -) *enchevêtrer;* (sich -) *emberlificoter a/b, embrouiller b, empêtrer b, patauger b.*
verheeren: *dévaster, infester, ravager, saccager.*
verhehlen: *cacher b, dissimuler b.*
verheimlichen: *cacher b, camoufler, dissimuler b.*
verheiraten: *marier a.*
verherrlichen: *glorifier, magnifier.*
verhexen: *ensorceler.*
verhindern: *empêcher, éviter, gommer, retenir b.*
verhöhnen: *bafouer a.*
verhüllen: *voiler 1.*
verhunzen: *massacrer.*
verinnerlichen: *intérioriser.*
verirren: (sich wohin -) *fourvoyer.*
verjagen: *chasser 1, débusquer.*
verjähren: *se préscrire 2.*
verjüngen: *rajeunir.*
verkalken lassen: *scléroser.*
Verkauf: (zum - anbieten) *mettre 2.*
verkaufen: *débiter 2, vendre;* (einzeln -) *détailler a;* (zu herabgesetzten Preisen -) *solder 1;* (ohne Herstellerbezeichnung -) *démarquer 2.*
Verkehr: (- zum Stillstand bringen) *immobiliser.*
verkehren: *circuler;* (wo -) *côtoyer, courir;* (wo -/- mit) *frayer 2, fréquenter, hanter.*
verkeilen: *caler 1.*
verkennen: *méconnaître, se méprendre.*
verkitten: *mastiquer.*
verklären: *transfigurer.*
verkleiden: *déguiser a, habiller a, revêtir a, travestir.*
verkleinern: *rapetisser.*
verknallen: (sich - in) *en pincer 3, se toquer.*
verknautschen: *chiffonner 1.*
verknöchern: fig. *s'encroûter.*
verknüpfen: *enchaîner b.*
verkommen: *dépérir, pourrir b;* (Obst)(-) *perdre;* (Talent - lassen) *galvauder.*
verkörpern: *incarner, personnifier.*
verkrachen: (sich -) *fâcher.*
verkrampfen: *crisper a, contracter 1, convulser.*
verkratzen: *égratigner, griffer, rayer 2.*
verkriechen: (sich -) *se blottir, se nicher b.*
verkrüppeln: *estropier.*
verkühlen: (sich -) *refroidir a.*
verkümmern: *dépérir, rabougrir;* (- lassen) *atrophier, rabougrir.*
verkünden: *prêcher b, proclamer, professer 2;* (laut -) *carillonner;* (Urteil -) *prononcer b;* (Gesetz -) *promulguer.*
verkündigen: *prêcher a.*
verkürzen: *écourter, tronquer.*
verlagern: *déplacer b.*
verlangen: *appeler 4, demander, exiger, requérir, revendiquer, vouloir 1;* (nochmals -) *redemander;* (- nach) *réclamer 1;* (zuviel - von jm) *forcer a;* (zu hohe Preise -) *tricher.*
verlängern: *rallonger;* (zeitlich/räumlich -) *prolonger;* (Frist/Vertrag -) *proroger;* (Vertrag -) *reconduire 2;* (Suppe/Sauce... -) *éclaircir a;* (s-e Dienstzeit in Armee... -) *rempiler 2.*
verlangsamen: *ralentir.*
verlassen: *abandonner, déserter, évacuer, laisser 1, larguer, plaquer 2, quitter;* (jn plötzlich -) *fausser;* (fluchtartig -) *déguerpir;* (s-n Platz -) *déplacer a;* (das Nest -) *dénicher;*
(sich - auf) *compter 2, se fier, s'en rapporter 5, se reposer 4, s'en remettre 8.*
verlaufen: (Weg)(wo -) *cheminer a, courir;* (Leben)(wie -) *couler 1;* (etw)(wie -) *dérouler b;* (in Wellenlinien -) *onduler;*
(sich -) *fourvoyer, paumer, perdre.*

verlegen: *égarer; situer;* (zeitlich -) *décaler, reporter 2, renvoyer, transférer, transplanter;* (elektr. Leitungen -) *poser 1a;*
(- sein) *mettre 1a.*
Verlegenheit: (in - bringen) *embarrasser.*
verleiden: (jm etw -) *dégoûter.*
verleihen: *prêter a; conférer 1a, décerner, investir 3;* (e-r Sache etw -) *conférer 1b, doter b, impartir, prêter 3, revêtir b;* (Leben -) *prêter 2;* (Patina -) *patiner 1;* (etw)(jm Wichtigkeit -) *poser 2b.*
verleiten: *entraîner 1b, induire 1.*
verlernen: *désapprendre.*
verletzen: *blesser, léser;* (sich -) *blesser, rétamer;* (durch Schnitte -) *entailler;* (durch Stiche -) *larder a;* (mit e-r Hieb- und Stichwaffe -) *étriper;* fig. *atteindre b, heurter b, mortifier, piquer 1b, ulcérer, violer.*
verleugnen: *désavouer, renier, répudier.*
verleumden: *calomnier.*
verlieben: (sich -) *s'éprendre, tomber 3.*
verlieren: *paumer, perdre;* (- an) *perdre;* (an Wert -) *dévaloriser, déprécier a;* (sein Ansehen -) *démériter;* (die Blätter -) *dépouiller 1a;* (ein Auge - in/bei) *éborgner;* (s-e Blüten -) *défleurir;* (alle Energie -) *liquéfier;* (den Faden -) *embrouiller b;* (die Geduld -) *pousser 1b;* (jn e-e Gewohnheit - lassen) *désaccoutumer, déshabituer;* (den Glanz -) *ternir;* (Illusionen -) *revenir 1b;* (das Interesse -) *se désintéresser;* (den Kopf -) *s'affoler, sentir b;* (dabei sein Leben -) *y rester 5;* (s-n Posten -) *sauter 1a;* (s-e Ruhe -) *se départir 2, sortir 1b;* fig. (sich - in) *noyer b.*
verloben: *fiancer.*
verlorene Eier machen: *pocher 2.*
Verlust: (e-n - beklagen/beweinen) *pleurer;* (- erleiden) *éprouver 2;* (Geld unter totalem - investieren) *engloutir.*
verlustig gehen: (e-r Sache -) *déchoir.*
vermachen: (testamentarisch -) *léguer.*
vermehren: *accroître;* (sich (biologisch) -) *multiplier, proliférer.*
vermeiden: *éviter.*
vermengen: *amalgamer, entremêler.*
vermenschlichen: *humaniser.*
vermerken: *relever 2.*
vermessen: *arpenter a, mesurer a.*
vermieten: *louer 1.*
vermindern: *diminuer, réduire 1b, relâcher 1.*
verminen: *miner 2.*
vermischen: *brasser, entremêler, mélanger, mêler.*
vermissen: *manquer 1.*
vermißt melden: *disparaître.*
vermitteln: *dispenser 2b; s'entremettre.*
Vermittler: (sich als - einschalten) *interposer.*
vermöbeln: *casser;* vgl. verhauen, verprügeln.
vermodern: *moisir.*
vermuten: *conjecturer, présumer, soupçonner, supposer.*
Vermutungen anstellen: *conjecturer.*
vernachlässigen: *délaisser, manquer 3, négliger 1.*
vernarben (lassen): *cicatriser.*
vernarren: (sich - in) *s'amouracher, s'éprendre;* vgl. sich verknallen.
vernarrt sein in: *en pincer 3, raffoler.*
vernehmen: (etw -) *parvenir a.*
verneigen: (sich tief -) *se prosterner a.*
vernichten: *anéantir, annihiler, réduire 2, ruiner, volatiliser 1;* (Fisch-/Wildbestand -) *dépeupler.*
vernichtend schlagen: *pulvériser.*
verniedlichen: *pallier.*
vernieten: *river a, riveter.*
Vernunft: (jn zur - bringen) *raisonner 2.*
vernünftig: (jn -er machen) *assagir;* (- reden mit jm) *raisonner 1;* (- gestalten) *rationaliser.*
veröffentlichen: *publier.*
verordnen: *ordonner 1.*
verpacken: *conditionner 2, emballer 1, empaqueter, manutentionner.*
verpassen: *louper, manquer 2, rater;* (Gelegenheit -) *gâcher 2b.*
verpatzen: *louper.*
verpesten: *empester, empoisonner, empuantir, infecter 1.*
verpetzen: *moucharder 1.*
verpfänden: *engager 1, gager 1;* (wieder -) *rengager 1.*
verpfeifen: *moucharder 1.*
verpflanzen: (Organ/Pflanzen -) *transplanter;* (Organ -) *greffer.*
verpflichten: *astreindre, engager 2a/b, obliger;* (sich weiter -) *rempiler 2, rengager 2;* (sich in der Armee... -) *enrôler.*
Verpflichtung: (- eingehen) *prendre 1b;* (sich von e-r - freimachen) *se désengager;* (jn e-r - entheben) *dispenser 1.*
verpfuschen: (etw -/Leben/Talent -) *bousiller, gâcher 2b.*
verplappern: (sich -) *déculotter.*
verprügeln: *dérouiller 2, matraquer, mettre 1a, rosser, tanner 2.*
verpuffen: (Streik)(-) *pourrir b.*
verputzen: *crépir, enduire.*
verramschen: *bazarder, brader.*
verraten: *déceler, dénoncer 2b, livrer 2a, trahir a/b;* (jn -) *vendre;* (sich -) *se couper 3;* (jn heimtückisch -) *poignarder;* (Geheimnis -) *livrer 2b;* (kein Wort -) *souffler.*
verrauchen: (Zorn)(nicht -) *décolérer.*
verräuchern: *enfumer.*
verrechnen: (etw - mit) *décompter.*
verrecken: *claquer, crever.*
verreißen: *décrier.*
verrenken: *déboîter 1, disloquer, fouler 2, luxer, tordre.*
verrichten: (s-e Notdurft -) *déféquer 2.*
verriegeln: *mettre 1a, verrouiller.*
verringern: *amoindrir, diminuer, laminer b.*
verrinnen: (Zeit)(-) *s'écouler 2.*
verrosten: *rouiller a.*
verrücken: *déplacer a.*
verrückt: (etw)(- spielen) *déconner;* (jd)(--) *dérailler 2;* (jn - machen) *damner b.*
Verruf: (in - bringen) *déconsidérer, diffamer, discréditer;* (in - kommen) *déconsidérer.*
versagen: *défaillir;* (Beine)(den Dienst -) *dérober b;* (Stimme)(-) *manquer 1;* (Nerven)(-) *craquer b, lâcher;* (Gedächtnis)(-) *défaillir;* (in e-r Prüfung -) *sécher 2;* (Gewehr)(-) *rater;*
(jm/sich etw -) *défendre 2, priver, refuser.*
versammeln: *assembler, rassembler, réunir.*
versanden: *ensabler.*
versauen: *cochonner.*
verschachteln: *emboîter, enchevêtrer, imbriquer.*
verschaffen: *acquérir, concilier 2, procurer;* (Linderung -) *soulager;* (e-r Sache Glauben -) *accréditer 1;* (sich etw -) *tailler 1;* (sich ein Monopol -) *monopoliser;* (sich Gehorsam -) *obéir;* (sich Klarheit -) *démêler b.*
verschalen: *coffrer 2.*
Verschalung abnehmen: *décoffrer.*
verschandeln: *massacrer.*
verschanzen: (sich -) *se retrancher 2.*
verschärfen: *accentuer b, aggraver, aigrir, exacerber.*
verscheiden: vgl. versterben.
verscherzen: (sich etw -) *aliéner.*
verscheuchen: *effaroucher.*
verscheuern: vgl. verramschen.
verschieben: *décaler, déplacer a/b, différer 2, reculer, remettre 5, reléguer, reporter 2, repousser 2, retarder;* (Sitzung -) *proroger.*
verschießen (lassen): *altérer, déteindre, passer 2.*
verschimmeln: *moisir.*
verschlagen: (jm den Atem -) *suffoquer b.*
verschlechtern: (-/sich-) *dégrader 1, détériorer, gâter 1, pourrir b.*
verschleiern: *enrober b, habiller b, masquer b, voiler 1.*
verschleißen: *user.*
verschleppen: *déporter 1.*
verschleudern: *brader.*
verschließen: fig. (sich -/= verschlossen sein) *emmurer.*
verschlimmern: *détériorer, empirer, envenimer, exaspérer, aggraver;* (sich -) *aigrir, dégrader 1, empirer;* (Krankheit)(sich -) *progresser b.*
verschlingen: *avaler, engloutir, engouffrer, manger b;* (sich ineinander -) *entrelacer.*
verschließen: *clore, fermer, obturer;* (wieder -) *reboucher;* (mit e-m Vorhängeschloß -) *cadenasser.*
verschlossen: (- sein) *frayer 2, emmurer;* (- werden) *emmurer, renfermer b;* (jn - machen gegenüber) *braquer 3.*

verschlucken: *avaler, manger b.*
verschmähen: (es nicht - zu) *dédaigner.*
verschmelzen: *confondre 1;* (- in/mit) *se fondre 1b.*
verschmieren: *graisser, poisser 1.*
verschmutzen: *encrasser, polluer, souiller.*
verschneiden: (Wein -) *couper 1b.*
verschonen: *épargner b.*
verschönern: *embellir.*
verschrammen: *égratigner, érafler.*
verschränken: (Arme -) *croiser 1.*
verschrauben: *boulonner 1.*
verschrecken: *effarer.*
verschreiben: *ordonner 1, prescrire.*
verschweigen: *gommer, taire.*
verschwenden: *dilapider, dissiper a.*
verschwenderisch umgehen mit: *prodiguer.*
verschwimmen in: *se fondre 1b.*
verschwinden: *disparaître; décamper, effacer, esquiver;* fig. *s'évanouir;* (- lassen) *dissiper a, effacer, escamoter, supprimer.*
verschwören: (sich -) *comploter, comspirer b, conjurer 2.*
verschulden: (sich -) *endetter.*
verschütten: *répandre, verser; ensevelir;* (mit Sand -) *ensabler.*
Verse machen/in Verse bringen: *versifier.*
versehen: (- mit) *affecter 3, doter b, fournir, garnir, munir, pourvoir, revêtir a/b;*
(mit Anmerkungen/Glossen -) *annoter, gloser;* (mit Ballast -) *lester;* (mit Beispielen -) *illustrer 1;* (mit Belegen/Informationsmaterial -) *documenter;* (mit e-m Gitter -) *grillager;* (mit e-m Köder -) *amorcer 1;* (mit Nägeln -) *clouter;* (mit e-m Saum -) *ourler;* (mit Seitenzahlen -) *paginer;* (mit e-m Stiel -) *emmancher;* (mit Sporen -) *éperonner;* (Film mit Ton -) *sonoriser;* (mit Überschrift/Titel -) *intituler;* (mit Ziffern -) *chiffrer 1;* (ein Pfarramt -) *desservir 2.*
versehren: *mutiler.*
versengen: *roussir.*
versenken: *couler 2;* (Schiff -/sein eigenes Schiff -) *saborder a;* (im Meer -) *immerger;* (fig. sich - (in)) *absorber, enfoncer, plonger.*
versetzen: (jn -) *muter;* (jm e-n Schlag -) *asséner, boxer;* (jm e-n Dolchstoß -) *poignarder;* (Personal rücksichtslos -) *valser;*
fig. (jn - in) *jeter 1b, plonger, transporter b;* (in Aufregung) *révolutionner;* (in Schrecken -) *horrifier, épouvanter;* (in Staunen -) *émerveiller;* (in Trauer -) *endeuillir;* (in Wut -) *mettre 1b.*
verseuchen: *contaminer;* (Ungeziefer)(-) *infester.*
versichern: (jm etw -) *affirmer 1, certifier, assurer 3, jurer 1, garantir 2;* (etw - gegen) *assurer 2, garantir 1.*
Versicherung: (- abschließen) *souscrire;* (in e-e - eintreten) *immatriculer.*
versiegen (lassen): *tarir a/b.*
versiegeln: *cacheter, sceller 1;* (Fußboden/Parkett -) *vitrifier.*
versilbern: *argenter;* (= zu Geld machen) *monnayer.*
versinken: *enfoncer, enliser, sombrer a;* (im Wasser -) *s'abîmer 2, couvrir;* vgl. versenken.
versklaven: *réduire 2.*
versöhnen: *concilier 1, rabibocher, raccommoder 2, rapprocher, réconcilier.*
versorgen: *alimenter, approvisionner, desservir 2, fournir, pourvoir, ravitailler.*
Versorgung: (Wasser-/Strom-... - unterbrechen) *couper 1b.*
verspäten: (sich -) *attarder.*
versperren: *barrer 1, embarrasser, encombrer, obstruer;* (die Aussicht - auf) *masquer b.*
verspielen: (bei jm -) *démériter.*
versplinten: *goupiller 1.*
verspotten: *blaguer, railler.*
versprechen: *promettre;* (jm etw als sicher -) *garantir 2;* (- + Adj zu werden) *annoncer;* (sich -) *fourcher.*
Versprechen: (von e-m - befreien) *dégager b;* (- nicht halten) *manquer 3;* (sein - nicht einlösen/zurücknehmen) *dégager b, se dédire.*
verspüren: *éprouver 2, ressentir.*
verstaatlichen: *étatiser, socialiser.*
verständigen: *avertir, aviser 3, prévenir 2.*
Verständnis haben für: *comprendre 2.*
verstärken: *accentuer b, accroître, amplifier, fortifier, grossir, intensifier, renforcer;* (Druck - auf) *appesantir.*
verstauchen: *tordre.*
verstehen: *appréhender 2, comprendre 1/2, entendre 1b, entraver 2, y être 8, piger, saisir 3, voir 1b;* (zu - geben) *donner 1, marquer 1, signifier 2;* (nicht -) *échapper b;* (- unter) *entendre 2;* (jd)(sich -) *entendre 4;* (es -) *s'y entendre 5, exceller, savoir 2;* (umzugehen - mit) *s'y prendre 4;* (sich -auf) *s'y connaître 3, s'y entendre 5;* (auszunützen -) *trafiquer 1b;* (keinen Spaß -) *badiner, plaisanter;* (das versteht sich) *entendre 1b.*
versteifen: (sich -) *s'entêter , s'obstiner, buter 2.*
versteinern: *pétrifier.*
verstellen: (sich -) *feindre;* (s-e Stimme -) *contrefaire;* (Stimme/Schrift -) *déguiser a;* (die Spur e-s Autos -) *désaxer.*
versterben: *décéder, disparaître, trépasser.*
verstimmen: *désaccorder; contrarier 1, indisposer.*
verstopfen: *constiper; boucher, encombrer, embouteiller, engorger, obstruer.*
Verstopfung: (e-e - beseitigen) *dégorger 2.*
verstören: *désaxer.*
verstoßen: *contrevenir, déroger, faillir 1, heurter b, manquer 3, pécher b, offenser, outrager, transgresser;* (gegen ein Gesetz -) *enfreindre, frauder;* (s-e Frau -) *répudier.*
verstreichen: (Zeit)(-) *s'écouler 2.*
verstreuen: *disperser, disséminer, éparpiller a, joncher, semer 1a;* (verstreut herumliegen) *gésir.*
verstricken in: *enliser, embourber b, empêtrer b.*
verstummen: *taire.*
verstümmeln: *amputer, mutiler;* (e-n Text -) *tronquer.*
Versuch: (den - machen) *exercer 2.*
versuchen: *essayer, goûter 1, tenter 1/2;* (es - mit) *essayer, tâter b;* (sich an jm -) *essayer;* (Geruch festzustellen -) *humer;* (jn zu überreden -) *relancer 2.*
Versuchung: (in - führen) *induire 1.*
versüßen: *sucrer a; édulcorer.*
vertagen: *ajourner, renvoyer,* vgl. verschieben/-legen.
vertäuen: *amarrer.*
verteidigen: *défendre 1a/b, justifier, plaider a/b, prendre 2.*
verteilen: *distribuer, partager a, répandre, répartir;* (unter sich -) *partager a, répartir;* (wieder/neu -) *repartager, redistribuer;* (zeitlich -) *échelonner, étaler 2;* (sich wo -) *s'égailler.*
vertiefen: *approfondir;* (sich - in) *enfoncer.*
Vertrag: (- abschließen) *contracter 2, conclure 1, pactiser;* (etw in e-n - einbauen) *coucher 1;* (- kündigen) *résilier;* (- verlängern) *proroger.*
vertragen: *supporter;* (nicht -) *craindre;* (Alkohol - (können)) *absorber a, tenir 1b.*
vertraglich festlegen/festsetzen: *stipuler.*
Vertrauen: (sein - setzen in/auf) *croire 1;* (jm - schenken) *investir 3.*
vertraulicher machen: (jn...-) *apprivoiser.*
vertraut: (- sein mit) *rompre;* (- machen/werden) *familiariser;* (- werden mit) *s'accointer, apprivoiser, attacher b;* (- machen mit) *initier.*
vertreiben: (Waren -) *débiter 2;* (- aus...) *déloger, expulser 1;* (Schmerzen -) *passer 2;* (sich die Langeweile -) *tromper.*
vertreten: *remplacer, représenter 1, suppléer 1;* (Meinung -) *défendre 1b, plaider b, professer 2;* (sich die Beine -) *dégourdir 2, dérouiller 1b.*
vertrocknen: *dessécher.*
vertrödeln: (die Zeit -) *musarder.*
vertun: (sich -) *tromper;* (s-e Zeit - (mit)) *attarder, traîner;* (Leben/Talent -) *gâcher 2b.*
vertuschen: *pallier;* (Skandal -) *étouffer.*
verüben: (Anschlag -) *attenter;* (Attentat/Verbrechen -) *commettre, perpétrer.*
verunglimpfen: *vilipender.*
verursachen: *causer 1, occasionner;* (Riß - in) *fêler;* (Schnupfen... -) *enrhumer;* (Wundbrand -) *gangrener;* (Gliederschmerzen/Muskelkater -) *courbaturer.*
verurteilen: *condamner, flétrir 2, réprouver.*
vervielfachen: *décupler, multiplier.*
vervielfältigen: *polycopier, reproduire, ronét(yp)er.*
vervierfachen: *quadrupler.*
vervollkommnen: *parfaire, perfectionner, parachever.*
vervollständigen: *compléter, parfaire.*
verwahren: (sich - gegen) *défendre 1b.*

verwalten: *administrer 1, gérer.*
verwandeln: *changer, réduire 1a, transformer;* (sich - in) *se muer 2;* (etw)(sich - in) *résoudre 1a;* (jn zu Stein -) *pétrifier.*
verwandt sein: *s'apparenter b.*
verwaschen: (Farben -) *délaver.*
verwechseln: *confondre 1, prendre 1b, tromper.*
verweichlichen: *amollir.*
verweigern: (jm etw -/ die Annahme von Waren -) *refuser.*
verweisen: (- auf) *renvoyer;* (in s-e Schranken -) *rabattre 1;* (von der Schule -) *renvoyer.*
verwelken (lassen): *faner, flétrir 1.*
verwelschen: *franciser.*
verwenden: *employer 1, utiliser;* (für andere Zwecke -) *désaffecter;* (neu/wieder -) *réemployer, réutiliser;* (- auf/für) *affecter 3, appliquer 3, dépenser b;* (sich - für) *employer 2, intercéder.*
verwerfen: *éliminer, réprouver, répudier.*
verwesen: *décomposer.*
verwickeln: *enchevêtrer, entremêler;* (jn - in) *compromettre, emberlificoter b, embourber b, empêtrer a/b, engager 3b, impliquer, tremper, tripoter 2.*
verwiesen werden auf: *reporter 3.*
verwildern: (Sitten - lassen) *avilir.*
verwirklichen: *réaliser.*
verwirren: *affoler, dépayser, dérouter b, désorienter b, embrouiller b, interloquer, troubler.*
Verwirrung: (jn in - bringen) *confondre 2;* (etw)(- hervorrufen können) *prêter 4.*
verwischen: *estomper, oblitérer 2;* (Spuren -) *brouiller 1.*
verwittern (lassen): *dégrader 1.*
verwöhnen: *couver b, gâter 2.*
verwundert sein: *frapper 1b.*
verwünschen: *maudire.*
verwüsten: *désoler a, dévaster, saccager.*
verzagen: (nicht -) *abattre b.*
verzaubern: *enchanter, envoûter.*
verzehnfachen: *décupler.*
verzehren: *consommer 1;* (Leidenschaften)(jn -) *consumer b;* (sich - vor) *consumer b, languir b.*
verzeichnen: *enregistrer, répertorier.*
verzeichnet sein: (auf e-r Liste -) *figurer 2.*
Verzeichnis: (in ein - aufnehmen) *répertorier.*
verzeihen: *pardonner.*
verzerren: *décomposer.*
verzetteln: *éparpiller b.*
verzichten: *renoncer, résigner 1;* (auf s-e Kandidatur -) *se désister;* (freiwillig auf Besitz -) *se dépouiller 1a;* (- können auf) *passer 3.*
verziehen: (jn -) *gâter 2;* (das Gesicht -) *grimacer, tiquer;* (Holz)(sich -) *jouer 2.*
verzieren: *décorer, enguirlander 1, enjoliver, garnir, orner.*
verzögern: *retarder.*
verzollen: *dédouaner a.*
Verzückung: (in - geraten) *s'extasier.*
verzweifeln: *désespérer.*
Verzweiflung: (zur - bringen) *désespérer, exaspérer, mettre 2.*
verzweigen: (sich -) *bifurquer, éclater, fourcher, se ramifier.*
vespern: *goûter 2.*
vibrieren: *vibrer.*
vierteilen: *écarteler.*
visitieren: *inspecter b, visiter.*
Vögel: (-)(schnattern) *criailler;* (-)(zwitschern) *gazouiller.*
vögeln: *baiser 2.*
Volksentscheid: (durch e-n - bestimmen/entscheiden) *plébisciter.*
voll: (immer - sein) *désemplir.*
vollaufen: (sich - lassen) *imbiber, pinter, saouler.*
vollenden: *parachever.*
vollends + Verb: *achever 1.*
volljährig: (für - erklären) *émanciper.*
vollkommen machen: *parfaire.*
vollkritzeln: *gratter 1, gribouiller, griffonner.*
vollmachen: (e-e Summe -) *parfaire.*
vollsaugen: (sich -) *gonfler a, imbiber.*
vollschlagen: (sich den Bauch -) *s'empiffrer, se taper 7.*
vollschmieren: *badigeonner, gribouiller;* (sich etw -) *barbouiller;* (s-e Kleidung -) *graisser.*
vollsetzen: (sich - mit) *incruster.*
vollspritzen: *éclabousser.*
vollständig machen: (e-e Sammlung...wieder -) *réassortir.*
vollstopfen: *bourrer, gaver, gorger, lester, meubler b;* (sich - mit) *gaver, se goinfrer;* (sich den Kopf - mit) *farcir 1.*
vollziehen: *consommer 2.*
Volumen messen: *jauger a.*
voneinander trennen: *départager 1a, désunir, disjoindre.*
vor: (zeitl.) *y avoir 4b.*
voran-:
(- gehen) *devancer;* (mit gutem Beispiel --) *prêcher b;* (- gehen/-kommen/-schreiten) *progresser a/b;* (-treiben) *avancer 1, impulser, pousser 1b, propulser 1b.*
voraus-:
(- ahnen) *présager;* (-gehen) *devancer, précéder;* (e-r Sache zeitlich --) *préexister;* (-sagen) *prédire, promettre, pronostiquer, prophétiser, vaticiner;* (-sehen) *prévoir, pronostiquer;* (-sein) *devancer, précéder;* (-setzen) *présupposer, supposer.*
Voraussetzung: (die - sein für) *conditionner 1.*
vorbehalten: *réserver b.*
vorbei-:
(-fahren) *passer 1a;* (-gehen) *passer 1a;* (nahe -- an) *frôler;* (dicht -- an) *raser 4;* (Zeit)(--) *passer 2;* (etw)(--) *se tasser 2;* (-kommen) *passer 1a;* (knapp -- an) *frôler;* (an etw --) *échapper a;* (-lassen) *livrer 2b;* (- marschieren) *défiler 1;* (-sein) *passer 2;* (-streifen) *frotter 1.*
vorbereiten: *goupiller 2, ménager 3, préméditer, préparer;* (etw von langer Hand -) *mitonner.*
vorbestellen: *réserver a, retenir a.*
vorbeugen: *parer 2b, prévenir 1a, obvier.*
Vorbild: (sich zum - nehmen) *inspirer 2, modeler b.*
Vorbote sein: *préluder b.*
vorbringen: *avancer 2, énoncer, formuler;* (als Argument -) *argumenter, invoquer b;* (Gründe -) *produire b;* (Meinung -) *émettre;* (als Vorwand -) *arguer.*
vordrängeln: (sich in e-r Schlange -) *brûler.*
vordringen: *progresser a.*
voreilig: (etw nicht - tun) *se hâter 2.*
vorfallen: *survenir.*
Vorfahrt: (- beachten/jm die - lassen) *céder.*
vorfühlen: (bei jm - wegen) *pressentir 2, tâter b.*
vorführen: (sein Repertoire -) *auditionner.*
vorgaukeln: *illusionner.*
vorgeben: *affecter 1, faire 2, feindre, prétexter.*
vorgehen: *avancer 1; opérer 1, procéder 2;* (- gegen) *sévir 2;* (gerichtlich - gegen) *poursuivre.*
vorgeladen sein: *comparaître.*
vorgreifen auf: *anticiper.*
vorhaben: *entendre 3, méditer, penser, prétendre 2, projeter 1;* (wieder -) *repenser.*
vorhalten: (jm etw kleinlich -) *chicaner.*
vorhanden sein: (gleichzeitig/zugleich -) *coexister;* (im Übermaß -) *surabonder;* (zahlreich -) *abonder, foisonner.*
Vorhang auf-/hochziehen: *lever.*
vorherbestimmen: *prédestiner.*
vorherrschen: *prédominer.*
vorhersagen/-sehen: *préjuger.*
vorheulen: (jm etw -) *pleurer.*
vorkommen: *advenir, arriver 2;* (wieder -) *renouveler;* (jm sonderbar -) *intriguer 2;* (sich wichtig -) *gonfler b.*
vorladen: *convoquer.*
vorlegen: *présenter, soumettre 2;* (wieder -) *représenter 2;* (Dissertation -) *présenter;* (jm e-n Streitfall -) *saisir 2;* (jm etw zur Entscheidung -) *en référer 2.*
vorlesen: *lire;* (stockend -) *ânonner.*
Vorlesung: (e-e - hören) *suivre 1.*
Vorliebe: (- haben für etw) *affectionner;* (etw mit - benutzen) *choyer.*
vorliebnehmen mit: *se rabattre 3.*
vormachen: (jm etw -) *faire 1;* (sich etw -) *leurrer, mentir.*
vornehmen: *pratiquer, procéder 2;* (sich etw -) *promettre, proposer.*
vorragen: *déborder 1a.*
Vorrang: (den - haben vor) *primer 2;* (den - lassen) *céder.*
vorrücken: *avancer 1, porter 1a, reculer.*
vorsagen: *souffler 2.*

Vorschein: (zum - kommen) *percer a;* (zum - bringen) *mettre 1b.*
vorschieben: *avancer 1a; invoquer b.*
vorschießen: (jm Geld -) *avancer 3.*
vorschlagen: *proposer, suggérer.*
vorschreiben: *prescrire 1.*
Vorschub leisten: *favoriser.*
vorschützen: *prétexter, simuler.*
vorsehen: *prévoir, programmer.*
vorsichtig sein: *se méfier, prendre 2.*
Vorsichtsmaßnahmen treffen: *prendre 2.*
vorsingen: *chanter 1;* (Kandidaten - lassen) *auditionner.*
Vorsitz haben: *présider a.*
vorspannen: *accoupler.*
vorspielen: (Kandidaten - lassen) *auditionner.*
vorspringen: *avancer 1.*
vorstellen: (jn -) *présenter;* (sich etw -) *concevoir 2, se figurer 3, présenter, représenter 1, imaginer;* (sich etw im voraus -) *anticiper;* (sich etw - können) *concevoir 2, imaginer;* (Uhr -) *avancer.*
vorstellig werden: *intervenir 2.*
vorstoßen: *charger 4.*
vorstrecken: *cambrer;* (Geld -) *avancer 3.*
vortasten: (sich -) *tâtonner.*
vortäuschen: *affecter 1, feindre, simuler.*
Vorteil: (zu js - sein) *gagner.*
vorteilhaft sein für: *avantager, flatter.*
vortragen: *déclamer 1, exposer 3.*
vorübergehen (lassen): *passer 2.*
vorverlegen: *avancer 1.*
Vorwand: (- erfinden) *forger 2;* (zum - nehmen) *prétexter.*
vorwärts gehen: *avancer 1.*
vorwegnehmen: *anticiper.*
vorwerfen: (jm etw -) *objecter, reprocher, taxer 2.*
Vorwort schreiben (zu): *préfacer.*
Vorwürfe machen: *réprimander.*
Vorzeichen sein: *présager.*
vorzeigen: *exhiber.*
vorziehen: *préférer.*
vulgär werden/erscheinen lassen/vulgarisieren: *vulgariser.*
vulkanisieren: *vulcaniser.*

W

wach sein/bleiben: *veiller 1;* (- werden) *réveiller.*
Wache beziehen: *monter 1.*
wachen: *veiller 1;* (- über) *surveiller, veiller 2.*
wachsen: *accroître, augmenter, croître, grandir;* (Gebäude/Pflanzen)(-) *monter 1;* (Haare/Pflanzen/Kinder) (-) *pousser 2;* (wieder -) *repousser 3;* (Arbeit)(jm über den Kopf -) *déborder 1b, submerger b.*
wachsen: *cirer.*
wackeln (mit): *branler 1, frétiller, remuer, trémousser, trépider, tressauter, tortiller;* (mit dem Kopf -) *dodeliner.*
Waffen: (- wieder laden) *réarmer 1;* (die - niederlegen) *poser 1a;* (die - strecken) *rendre 1a;* fig. (nicht die - strecken) *désarmer b.*
wagen: *s'avancer 4, hasarder 1, se hasarder 3, oser, risquer 2;* (sich wohin -) *s'aventurer 2, se hasarder 2, se risquer 3/4.*
Wahl: (e-e - treffen) *choisir, opérer 2;* (-)(fallen auf) *fixer a;* (zur - schreiten) *procéder 2.*
wählen: *choisir, élire, voter;* (wieder -) *réélire;* (Telefonnummer -) *composer, former;* (photographisch) (e-n Ausschnitt -) *cadrer 2.*
wahnsinnig machen: (Schmerzen)(jn -) *lanciner a.*
wahr: (sich als - herausstellen) *s'avérer.*
wahren: (Gesicht/Anschein -) *sauver 1;* (Interesse -) *sauvegarder.*
wahrhaben: (nicht - wollen) *nier.*
Wahrheit: (die - sagen) *affirmer 1.*
wahrnehmen: *percevoir 1;* (Geräusch -) *frapper 1a.*
wahrsagen: *vaticiner.*
wahrscheinlich: (für - halten) *croire 1.*
Währung: (e-e - decken) *gager 1.*
Wald durchforsten: *éclaircir a.*
walzen: *laminer a.*
wälzen: (sich -) *rouler 1a, se vautrer;* (Probleme -) *ruminer b.*

Wand: (an die - stellen) *coller 4.*
wanken: *chanceler, osciller a.*
Wanken: (zum - bringen) *ébranler.*
wappnen: (- gegen) *prémunir;* (sich - mit) *armer.*
Waren: (- ein-lagern/ - verpacken) *manutentionner;* (- verpacken) *conditionner 2;* (eingehende - prüfen/registrieren) *réceptionner;* (- liefern) *livrer 1;* (- zurücknehmen) *reprendre 1a;* (- absetzen) *écouler 1.*
warm: (- machen/werden) *chauffer 1, échauffer;* (- stellen) *mettre 1a;* (sich - laufen) *échauffer.*
wärmen: *dégourdir 1, réchauffer.*
warnen: *alerter, prévenir 2.*
warten: *attendre 1, languir b, poireauter;* (jn - lassen) *lanterner;* (auf sich - lassen) *tarder 1;* (sich zu Tode -) *se morfondre;* (da kannst du lange -) *gratter 1.*
Wäsche: (- einweichen) *tremper;* (- schleudern) *essorer.*
waschen: *laver a;* (das Gesicht -) *débarbouiller;* (s-e Hände in Unschuld -) *laver b.*
Wasser: (-)(stillstehen) *croupir a, stagner;* (-)(murmeln/plätschern) *gazouiller;* (-)(glucksen/blubbern) *gargouiller;* (Anker ins - werfen) *mouiller 2;* (unter - stehen) *tremper;* (im - versinken) *couvrir;* (Boot)(- nehmen) *embarquer;* (sich über - halten) *subsister 2;* (jm nicht das - reichen) *faire 2.*
wassern: *amerrir.*
wässern: *baigner, dégorger 3, tremper.*
waten: *patauger a.*
weben: *filer 1a, tisser a.*
Wechsel diskontieren: *escompter a.*
wechseln: *changer, varier;* (Blicke/Worte -) *échanger;* (die Spur -) *déboîter 2.*
wecken: (jn/etw -) *éveiller;* (Aufmerksamkeit/Respekt -) *forcer a.*
Wecker: (auf den - fallen) *bassiner, casser, emmerder, embêter, coller 6, enquiquiner, tanner 2, suer, porter 1a;* vgl. Nerven (auf die - gehen).
wedeln mit: *agiter, remuer.*
Weg: (s-n - bahnen durch) *fendre;* (e-n - bahnen) *frayer 1;* (- anlegen/bahnen) *ménager 2;* (- unbefahrbar machen) *défoncer;* (- freimachen) *livrer 2b, ouvrir a, dégager a;* (- freigeben) *libérer;* (- einschlagen) *enfiler 1, engager 3a, prendre 1a, emprunter 2;* (e-m - folgen) *suivre 1;* (jm den - weisen) *guider;* (- zeigen) *orienter a;* (-)(sich verzweigen) *éclater;* (auf dem - sein zu) *acheminer;* (sich auf den - machen) *mettre 1a;* (sich wieder auf den - machen) *reprendre 1a;* ((s-n) - gehen) *cheminer a, passer 1a;* (aus dem - gehen) *couper 2, éviter;* (jn aus dem - räumen) *liquider;* (fig. s-n/den - finden in) *cheminer b;* (im - stehen) *opposer a;* (vom rechten - abbringen) *dévoyer.*
weg-:
(-blasen) *souffler 1;* (-bringen) *emporter 1;* (-drängen) *écarter a;* (etw/jn wohin -drücken) *déporter 2;* (- fahren) *partir 1a;* (-fegen) *balayer;* (-fliegen) *s'envoler;* (-flitzen) *filer 3;* (-gehen) *partir 1a, s'en aller 7, s'absenter, ôter;* (Krankheit)(-) *guérir a;* (-kratzen) *effacer, gratter 1;* (-nehmen) *enlever, ôter, prendre 1a, retirer, souffler 3;* (etw -- aus) *dégarnir;* (für sich -) *prélever;* (-raffen) *rafler;* (-reiben) *effacer;* (-reißen) *balayer;* (-rutschen) *déraper;* (-schaffen) *déblayer, déménager 1, ôter;* (-schicken) *expédier 1, renvoyer;* (-schieben) *écarter a;* (sich -schleichen) *se faufiler 3;* (-schmeißen) *balancer 2;* (Tier)(etw -schnappen) *happer;* (-schwemmen) *raviner;* (-streichen) *rayer 1;* (-tun) *enlever, ôter;* (-werfen) *jeter 1a, promener;* (wieder --) *rejeter a;* (-wischen) *effacer.*
wehen: *souffler 1;* (Fahne)(-) *flotter 1.*
Wehr: (sich zur - setzen gegen) *se gendarmer.*
wehren: (sich - gegen) *se débattre 2, défendre 2, réagir 1.*
weich machen/werden: *attendrir, amollir, mollir, ramollir.*
weichen: *céder, se dérober b.*
weiden: *brouter, paître;* (sich - an) *repaître.*
weigern: (sich -) *refuser.*
weihen: *consacrer a/b, sacrer 1, sacrifier 1, vouer.*
weilen: *séjourner.*
Wein: (- lesen) *vendanger;* (- panschen) *trafiquer 2;* (- verschneiden) *couper 1b.*
weinen: *pleurer;* (Kinder)(-) *piauler;* (laut -) *brailler.*
weinerlich klagen: *larmoyer.*
weisen: (- auf) *désigner, indiquer;* (jm den Weg -) *guider;* (von sich -) *écarter b, rejeter b, repousser 1b.*
weiser: (-werden) *grandir;* (- machen) *assagir.*

Weisheit: (an - gedeihen) *profiter.*
weismachen: *accroire.*
weiß machen/weißen: *blanchir.*
weit: (so - gehen zu) *abaisser b, s'avancer 4;* (zu - gehen) *abuser 2;* (- gefehlt) *s'en falloir 2.*
Weite: (das - suchen) *gagner.*
weiten: *évaser;* (Stoff)(sich -) *prêter 5.*
weiter machen: *élargir 1.*
weiter etw. tun: *continuer.*
weiter-:
(-bilden) *recycler;* (-fahren) *pousser 1a;* (-gehen) *avancer 1, passer 1b, pousser 1a, poursuivre 2;* (-leiten) *transmettre;* (Information --) *véhiculer b;* (-machen) *passer 1b;* (etw -spinnen) *broder b;* (s. -verpflichten) *rengager 2, rempiler 2;* (-verkaufen) *rétrocéder.*
weitschweifig: (- ausführen) *délayer;* (- reden) *pérorer.*
welk machen: *flétrir 1.*
Wellen: (- durchschneiden) *couper 1a;* (-)(branden/s. brechen) *déferler.*
Wellenlinien: (in - verlaufen) *onduler.*
wellig sein: (Haar)(-) *onduler.*
Welt: (zur - bringen) *mettre 1a.*
Wendekreis: (e-n kleinen - haben) *braquer 2.*
wenden: (Gras zum Trocknen -) *faner;* (Salat -) *fatiguer;* (sich -) *détourner a;* (sich - an) *adresser, en référer 2, passer 1a, recourir 2;* (sich - gegen) *diriger 1a, dresser, retourner 1.*
werben: *racoler;* (- um) *quêter b.*
werden: *devenir, faire 2;* (- aus) *devenir;* (wieder -) *redevenir;* (etw nicht ohne weiteres - können) *improviser 2;* (beruflich etw -) *faire 1;* (eins -) *confondre 1.*
werfen: *catapulter, darder, envoyer 1, jeter 1a, lancer a, projeter 1;* (mit etw - nach) *lancer a;* (wieder -) *rejeter a;* (von sich -) *rejeter a;* (den Kopf nach hinten -) *renverser a;* (sich in die Brust -) *se cambrer, plastronner;* (Blick -) *plonger;* (e-n kurzen Blick - auf) *guigner;* (aus dem Sattel -) *désarçonner;* (auf den Markt -) *déverser a, lancer a;* (Holz)(sich -) *(se) gondoler 1;* (Tiere)(-) *mettre 1a.*
Wert: (- haben) *représenter 1;* (den - von etw mindern) *déprécier a;* (den -/etw im - herabsetzen) *dévaloriser;* (an - verlieren (lassen)) *avilir;* (an - verlieren) *déprécier a, dévaloriser;* (- legen auf) *attacher b, tenir 5.*
wert sein: *valoir 1a/b.*
wertschätzen: *estimer 1b, apprécier 2.*
Wettbewerb: (an e-m - /Concours teilnehmen) *concourir 1.*
wetteifern: *rivaliser.*
wetten: *gager 2, payer a, parier, tabler 2;* (- daß nicht) *défier 1;* (ich würde - daß) *jurer 1.*
Wetter: (-)(aufklaren) *éclaircir a.*
wettern gegen: *déclamer 2, fulminer, tempêter.*
Wettkampf: (an e-m - teilnehmen) *disputer 1.*
wettmachen: *compenser, racheter b, suppléer 2.*
wichsen: *astiquer, cirer.*
wichtig sein: *importer 1, intéresser;* (sich wichtig vorkommen) *gonfler b.*
Wichtigkeit: (etw)(jm - verleihen) *poser 2b.*
wichtigtun: *ramener a.*
wickeln: (Kind -) *emmailloter;* (etw - um) *enrouler, entortiller a;* (über Kreuz -) *entrecroiser.*
widerfahren: (jm Gerechtigkeit - lassen) *rendre 4.*
widerhallen: *résonner.*
widerlegen: *contrer, démentir, infirmer, infliger, réfuter.*
widerrechtlich: (sich - aneignen) *usurper.*
widerrufen: *se déjuger, désavouer, rétracter 1, révoquer;* (s-e Aussage/Worte -) *se dédire, se déjuger;* (s-e Meinung -) *revenir 1b.*
widersetzen: (sich -) *opposer a, se rebiffer, (se) regimber, résister.*
widerspiegeln: *refléter b;* (sich -) *peindre b, réfléchir a/b.*
widersprechen: *contredire, désavouer, heurter b, inscrire;* (nicht -) *disconvenir.*
Widerstand: (- leisten) *résister, ruer 1, arc-bouter;* (- brechen) *écraser 1b.*
widerstreben: *répugner.*
widerstehen: *résister;* (nicht - können) *succomber b.*
widerwillig: (- etw tun) *renâcler b, rechigner;* (nur - gewähren) *marchander b.*
widmen: ((sich) -) *s'adonner, consacrer b, dédier, livrer 2b, vouer.*
Widmung: (jm mit handschriftlicher - zueignen) *dédicacer.*
wieder + Verb: s. einfaches Verb.
wiederaufbauen: *rebâtir, reconstruire, réédifier.*
wiederaufbereiten: *recycler.*
wieder aufgreifen: (ein Thema -) *revenir 1b.*
wieder aufleben lassen: *ressusciter, revivre.*
wiederaufnehmen: *revenir 1b;* (Prozeß -) *réviser.*
wieder aufrichten: (sich -) *ramasser.*
wieder auftauchen: *réapparaître.*
wiederbekommen: *récupérer a.*
wiederbeleben: *ranimer, raviver, revigorer, revivre, ressusciter.*
wieder beschäftigen: *réemployer.*
wiederbringen: *reporter 1a.*
wieder bringen auf/zu: *ramener b.*
wiederentdecken: *redécouvrir.*
wiedererkennen: *reconnaître 1, se remettre 7.*
wiedererlangen: *reconquérir;* (Gesundheit -) *revenir 1b.*
wieder finden: (dieselbe Ware... -) *réassortir.*
wiederfinden: *retrouver;* (sich -) *trouver 1, recouvrer.*
wiedergeben: *rendre 1a, reproduire, restituer 1/2, retranscrire;* (Bedeutung/Eindruck -) *rendre 1b.*
wiedergewinnen: *recouvrer, récupérer a, regagner;* (s-e Würde -) *racheter b.*
wiedergutmachen: *racheter b, rattraper, réparer.*
wiederherstellen: *ramener b, rasseoir b, recomposer, reconstituer, restaurer, rétablir, restituer 1;* (s-e Gesundheit/Kräfte -) *refaire.*
wiederholen: *réitérer, répéter 1, ressasser, revoir;* (etw immer wieder -) *rabâcher;* (etw)(sich -) *renouveler;* (Klasse -) *redoubler 4.*
Wiederholung verlangen: (Theater...) *bisser.*
wiederkäuen: *ruminer a;* fig. *rabâcher.*
wiederkehren/-kommen: *revenir 1a.*
wieder kommen: (Idee/Gedanke)(jm -) *revenir 5.*
wiedersehen: *revoir.*
wiedervereinigen: *réunifier.*
wiederverwenden: *réemployer, réutiliser.*
wiederwählen: *réélire.*
wiegen: *bercer a, peser a;* (mit der Hand -) *soupeser a;* (sich in den Hüften -) *se déhancher;* (jn - in fig.) *entretenir 1b;* (sich in falschen Hoffnungen -) *bercer b.*
wiehern: *hennir.*
Wild: (- aufscheuchen) *lever;* (- hetzen/treiben) *harceler a, rabattre 2, traquer;* (-)(heraus-/ ins Freie treten) *débusquer.*
wildern: *braconner.*
wimmeln: *foisonner, fourmiller, grouiller 1, pulluler.*
wimmern: *geindre.*
Wimper: s. zucken.
Wind: (-)(stärker werden/auffrischen) *fraîchir;* (Segel)(den - einfangen) *prendre 1a;* (gegen den - segeln) *louvoyer.*
winden: (sich -) *se faufiler 2, tortiller, tournoyer;* (Last -) *guinder 1;* (da hilft kein Drehen und kein Winden) *tortiller.*
windig sein: *venter.*
Winkelzüge machen: *finasser.*
Winter: (Tiere den - über im Stall unterbringen) *hiverner.*
Winterschlaf halten: *hiberner.*
wirken: *agir 1, oeuvrer, opérer 1;* (- auf) *réagir 2.*
wirklich so getan haben/so passiert sein: *manquer 5.*
Wirkung haben auf: *jouer 1b, mordre b.*
wirres Zeug reden: *déconner.*
Wirtschaft wieder ankurbeln/wieder in Schwung bringen: *redresser.*
wischen: *effacer, éponger, essuyer 1;* (Staub -) *épousseter.*
wissen: *savoir 1;* (nicht -) *ignorer;* (zu schätzen -) *priser 2;* (sich zu helfen -) *débrouiller;* (man kann nie -) *jurer 1;* (- daß jd Eigenschaften... hat) *connaître 1;* (Bescheid -) *fixer a.*
wittern: *flairer a/b, humer, renifler, subodorer a/b.*
Witze reißen: *blaguer.*
wogen: *ondoyer 1, onduler.*
wohl + Verb: *devoir 1.*
Wohlbefinden: (das - beeinträchtigen) *indisposer.*
wohlfühlen: (sich nicht -) *se déplaire.*
wohnen: *crécher, gîter 1, habiter a, percher;* (hoch oben -) *jucher;* (zusammen -) *cohabiter;* fig. (etw) (- in) *habiter b.*

wohnlich machen: *aménager.*
Wohnsitz: (s-n - anmelden/haben) *domicilier;* (s-n - haben) *résider a;* (s-n - nehmen) *élire, établir 1a;* (jm e-n - zuweisen) *domicilier.*
wollen: *prétendre 2, vouloir 1;* (etw von jm -) *vouloir 1.*
womöglich: *risquer 2.*
Wort(e)/Wörter: (-)(jm nicht einfallen) *fuir;* (zu - kommen) *placer a;* (- hervor-/herausbringen) *proférer;* (- äußern/= sich wie äußern/wie zu jm sprechen) *tenir 1b;* (- prägen) *forger 2;* (- fallen lassen) *lâcher;* (spitze - äußern) *décocher 2;* (- verschlucken/undeutlich aussprechen) *manger b, avaler;* (in - fassen) *formuler;* (- wechseln) *échanger;* (mit - spielen) *jouer 1b;* ((kein) - sagen) *piper 1, desserrer, proférer;* (jm das - abschneiden) *couper 1b;* (jm das - geben) *passer 1b;* (jm das - wieder geben) *repasser 1b;* (jm das - aus dem Munde nehmen) *court-circuiter;* (- in die Länge ziehen) *traîner;* (kein - verraten) *souffler 1;* (sein - geben) *engager 2b;* (sein - zurücknehmen) *revenir 1b;* (sein - halten) *tenir 1b;* (sein - nicht halten) *dégager b;* (seine - widerrufen) *se dédire;* (ein - einlegen für) *intervenir 2, plaider b.*
wortwörtlich nehmen: *prendre 1b.*
wringen: *essorer, tordre.*
wuchern: *foisonner, proliférer.*
wühlen: *farfouiller.*
wund-: (sich etw -reiben/-laufen/-scheuern) *écorcher 1, meurtrir.*
Wundbrand verursachen: *gangrener.*
Wunden: (-)(heilen) *reprendre 1a.*
wundern: (sich -) *étonner.*
wundschreien: (jm die Ohren -) *écorcher 1.*
Wunsch erfüllen: *exaucer.*
wünschen: *désirer, souhaiter, vouloir 1;* (zu - übriglassen) *laisser 1.*
würdig auftreten: *représenter.*
wurst sein: (jm -) *s'en tamponner, se ficher 4, importer 1;* vgl. pfeifen auf.
Wurzeln schlagen: *enraciner a/b.*
würzen: *assaisonner, épicer, corser, relever 1.*
Wut: (in - versetzen) *mettre 1b.*
Wutanfall: (e-n - bekommen) *piquer 3.*
wüten: *s'acharner, sévir 1.*
wütend sein/werden/machen: *fumer 1, enrager, mousser, rager, rogner 2.*

Z

zahlen: *payer a, verser 2;* (s-n Beitrag - zu) *cotiser 1.*
zählen: *compter 1, dénombrer, recenser;* (nochmals -) *recompter;* (- zu) *compter 1.*
zahlreich vorhanden sein: *abonder, foisonner.*
Zahlungen einstellen: *suspendre 2.*
zähmen: *apprivoiser, domestiquer, dompter.*
Zahn/Zähne: (- bekommen) *faire 1, percer a, pousser 2;* (- ziehen) *extraire, arracher;* (die - zusammenbeißen) *serrer;* (mit den - knirschen) *grincer.*
zanken: (sich -) *se chamailler, se disputer 2, quereller.*
zappeln: *se démener, frétiller, gigoter.*
Zaum: (im - halten) *réfréner;* (s-e Zunge --) *retenir b.*
Zeche: (die - bezahlen) *défrayer 1, régaler.*
Zehenspitzen: (sich auf die - stellen) *hausser a, hisser.*
Zeichen: (- von sich geben) *manifester 2.*
zeichnen: *dessiner, tracer 1a;* (e-e Anleihe... -) *souscrire;* (etw - in) *inscrire.*
zeigen: *désigner, déployer, indiquer, manifester 2, montrer, présenter, témoigner b;* (wieder -) *remontrer 1;* (sich -) *manifester 2, marquer 1, peindre b, révéler;* (- auf) *désigner, pointer 2;* (jm den Weg -) *orienter a;* (sich in aller Öffentlichkeit - mit) *afficher b;* (e-n Film -) *passer 1a, projeter 2;* (Erfolg -) *réussir;* (e-e Reaktion -) *réagir 1;* (sich - wie/als) *montrer;* (es jm -) *rater.*
Zeit: (-)(verfließen) *couler 1;* (- verbringen) *couler 1, passer 2;* (- vertrödeln) *musarder;* (s-e - vertun) *attarder, traîner;* (jn - kosten/jm - rauben/- brauchen für) *prendre 1a;* (- in Anspruch nehmen) *prendre 1a;* (sich - lassen/nehmen) *prendre 1a;* (- zu gewinnen suchen) *atermoyer;* (- (wieder) ein-/aufholen) *rattraper;* (- totschlagen) *tuer b;* (mit s-r - nicht knausern) *plaindre;* (e-e ... - durchmachen) *traverser;* (Uhr)(- anzeigen) *marquer 1.*
zeitlich: (- fallen) *intervenir 1, tomber 2;* (- abstimmen) *synchroniser;* (-)(verlängern) *prolonger;* (-)(verteilen) *étaler 2.*
Zeitpunkt bestimmen von: *dater 1.*
Zelt: (- aufschlagen) *monter;* (- abbrechen) *plier a.*
zelten: *camper 1.*
zementieren: *cimenter, sceller 2.*
zensieren: *censurer, expurger; noter 2.*
zentralisieren: *centraliser.*
zentrieren: *centrer a.*
zerbeulen: *emboutir.*
zerbrechen: *briser, casser, fracasser, rompre;* (sich den Kopf -) vgl. Kopf.
zerbröckeln (lassen): *désagréger, s'effriter.*
zerdrücken: *écraser 1a.*
zerfallen: *désagréger.*
zerfasern: *effilocher.*
zerfetzen: *déchiqueter, lacérer;* fig. (Argumente/Einwände... -) *pulvériser.*
zerfleischen: *écharper;* (einander -) *s'entre(-)déchirer.*
zerfließen: *fondre 1a.*
zerfressen: (Rost)(-) *manger b.*
zergliedern: *démembrer.*
zerhacken: *hacher.*
zerkauen: *triturer.*
zerkleinern: *fragmenter, piler 1, pulvériser, triturer.*
zerknautschen: *friper.*
zerknittern/zerknüllen: *friper, froisser 1.*
zerkratzen: *égratigner;* (Gesicht -) *labourer.*
zerkrümeln: *émietter.*
zerlegen: *dépecer, dissocier;* (in Teile -) *segmenter;* (in s-e Bestandteile -) *décomposer.*
zermalmen: *broyer, concasser.*
zerplatzen: *éclater, voler 2.*
zerquetschen: *écraser 1a.*
zerreißen: *déchirer, lacérer;* (jm das Herz -) *meurtir.*
zerren an: *tirailler 1.*
zerrinnen: (Geld)(-) *filer 2.*
zerrütten: *désorganiser.*
zersägen: *débiter 1, scier, tronçonner.*
zerschellen: *briser, écraser 1a, fracasser.*
zerschlagen: *démanteler;* (Feind... -) *enfoncer.*
zerschmettern: *fracasser.*
zerschneiden: *dépecer, hacher, taillader.*
zerschrammen: *égratigner.*
zersetzen: *décomposer, désagréger, désintégrer.*
zerspalten: *désagréger.*
zersplittern: *éparpiller b, fragmenter, morceler;* fig. *disperser.*
zerstampfen: *concasser, fouler 1, pilonner, triturer.*
zerstäuben: *pulvériser.*
zerstören: *démanteler, démolir, désagréger, désintégrer, détruire;* (Feuer)(-) *consumer a;* fig. *disloquer.*
zerstoßen: *piler 1.*
zerstreiten: (sich -) *brouiller 2, fâcher.*
zerstreuen: *disperser, disséminer;* fig. (Zweifel -) *dissiper, lever;* fig. (jn -) *distraire 2, divertir, récréer;* (sich -) *s'égailler.*
zerstückeln: *dépecer, morceler.*
zerteilen: *démembrer, diviser a, fragmenter.*
zertreten: *fouler 1, piétiner.*
zerwühlen: *fourrager.*
zerzausen: *ébouriffer, écheveler.*
zerzupfen: *effilocher.*
Zeug: (wirres - reden) vgl. reden.
Zeuge(n): (als - aussagen) *témoigner a;* (zum - nehmen) *prendre 1b;* (- bestechen) *suborner.*
zeugen: *engendrer, procréer;* (- von) *témoigner b.*
Zeugnis ablegen: *porter 2.*
ziehen: itr. *tirer 1a;* fig. (etw)(bei jm -) *prendre 1b;* (Kamin)(nicht -) *refouler a, rabattre 1;* (Motor)(nicht mehr -) *flancher;* (Nebel)(langsam wohin -) *ramper;* (Schiff)(- durch/an/vorbei...) *sillonner;* (Tee)(-) *infuser.*
tr. (etw -) *haler;* (--/- an) *tirer 1a, tirailler 1;* (hinter sich her -) *traîner;* (mit sich -) *entraîner 1a;* (fig. nach sich -) *appeler 4, engendrer, entraîner 2;* (etw auf sich -) *retenir b;* (etw - aus) *retirer, sortir 1a;*
(sich aus der Affäre -) *sortir 1b, tirer 1b;* (Aufmerksamkeit auf sich -) *accrocher b, attirer, arrêter 1b, ameuter, polariser, repérer 2;* (in Betracht -) *envisager;*

(erneut in Erwägung -) *reconsidérer*; (ein mürrisches Gesicht -) *rechigner*; (s-e Gliedmaßen wohin -) *ramener a*; (Käse)(Fäden -) *filer 1a*; (durch den Kakao -) *persifler*; (ins Lächerliche -) *caricaturer*; (in die Länge -) *éterniser, étirer*; (Wörter/Silben --) *traîner*; (in Mitleidenschaft -) *intéresser, porter 2*; (Nutzen - aus) *bénéficier, jouer 1b, se prévaloir, profiter*; (Schachfigur -) *jouer 1a*; (den Schluß -) *déduire b*; (jn in den Schmutz -) *traîner*; (Schwert -) *dégainer*; (e-n Strich - um) *encercler*; (Zahn -) *arracher, extraire*; (in Zweifel -) *contester, discuter 2, mettre 2*.
Ziel: (zum - gelangen) *venir 1a*; (sich das/zum - setzen) *poser 1b*.
zielen (auf): *ajuster, viser a*; fig. *viser b*.
zieren: *ceindre, orner*.
Ziffern: (mit - versehen) *chiffrer 1*.
Zigaretten: (- rauchen) *fumer, griller 2*; (- drehen) *rouler 1a*; (-asche abklopfen) *secouer*.
Zimmer: (-)(ineinander gehen) *communiquer 1*.
zimmern: *charpenter*.
Zimmertemperatur: (auf - bringen) *chambrer 3*.
zinken: (Karten -) *piper 2, truquer*.
zirkulieren: *circuler*.
zischen: (Dampf)(-) *chuinter*.
ziselieren: *ciseler*.
zitieren: *citer*; (jn wohin -) *mander 1*; (jn vor Gericht -) *citer*.
zittern: *frémir, grelotter, trépider, trembler, trembloter, tressauter*; (Stimme)(-) *chevroter*.
zivilisieren: *civiliser*.
zögern: *hésiter 2, tarder 2, temporiser*.
Zoll hinterziehen: *frauder*.
Zonen: (in - einteilen) *quadriller*.
Zorn: (in - versetzen) *mettre 1b*; (in - geraten) *s'emporter 2,piquer 3*; (-)(aus jm heraus-/hervorbrechen) *éclater*; (-)(nicht verrauchen) *décolérer*.
zubereiten: *apprêter, accommoder 1, cuisiner 1, mitonner, préparer, mijoter a*.
zubilligen: *reconnaître 2*.
züchtigen: *châtier*; (Kind -) *corriger*.
zucken: *palpiter*; (mit den Achseln -) *hausser a*; (ohne mit der Wimper zu -) *broncher, sourciller*.
Zucker nehmen: *sucrer*.
zudecken: *couvrir, recouvrir*.
zudrehen: *fermer*.
zudrücken: (ein Auge -) *fermer*.
zueignen: (jm mit handschriftlicher Widmung -) *dédicacer*.
zuende: (-gehen) *achever 1, terminer 1*; (- bringen) *en finir 3*; (etw - tun) *achever 1*.
zuerkennen: *reconnaître 2*.
zufächeln: (Luft -) *éventer*.
zufallen: (Tür)(-) *fermer*; (etw)(jm -) *échoir 2*.
zufällig: *vouloir 1*.
zuflüstern: *glisser b, souffler 2*.
zufrieden: (- sein mit) *louer 2*; (sich - geben mit) *contenter, payer b*.
zufriedenstellen: *contenter*.
zufrieren (lassen): *geler, prendre 1a*.
zufügen: (Schaden -) *porter 2*.
Zug: (- nehmen) *prendre 1a*; (- verpassen) *manquer, rater*.
Zugabe verlangen: *bisser*.
zugänglicher werden: *amadouer, apprivoiser*.
zugeben: *accorder 2, admettre 2, avouer, concéder, confesser, convenir 3, reconnaître 2, vouloir 1*.
zugehen: (Tür)(-) *fermer, refermer*; (auf ein Alter -) *approcher, courir, aller*.
zugelassen sein: (Auto)(-) *immatriculer*.
zügeln: *assagir, brider, contenir 2, réfréner*; (Gefühl -) *retenir b*; (sich/s-n Ärger -) *ronger*; vgl. Gefühl, unterdrücken.
zugestehen: *concéder, consentir*.
zugetragen werden: (etw)(jm -) *revenir 5*.
zugipsen: *sceller 2*.
zugleich vorhanden sein: *coexister*.
zugreifen: *piocher*.
zugrunde-:
(-liegen) *présider b*; (-gehen) *dépérir, péricliter, périr*.
zugute: (-kommen) *bénéficier*; (jm etw - halten) *créditer*; (sich --) *flatter*.
zuhause: (sich - vergraben) *murer*.
zuhören: *écouter, prêter 1b*.
zujubeln: *acclamer, ovationner*.
zuklappen: *fermer*.
zuknallen: *claquer*.
zuknöpfen: *boutonner 1*; (wieder -) *reboutonner*.
zukommen: (jm -) *revenir 7*.
zukorken: (wieder -) *reboucher*.
Zukunft: (die - beeinflussen) *hypothéquer*.
zulächeln: *sourire*.
zulachen: *rire 1*.
zulassen: *admettre 1b, passer 3, permettre, souffrir b, tolérer*; (zur Prüfung/in e-e Schule -) *admettre 1a*.
zulaufen: (spitz - lassen) *effiler*.
zumachen: *fermer*; (wieder -) *refermer*.
zumauern: *maçonner, murer*.
zunehmen: *augmenter; remplumer*.
Zunge: (die - lösen) *délier a*; (die - im Zaume halten) *retenir b*.
zunichte machen/werden: *anéantir, s'écrouler, réduire 2*.
zupacken: (mit - bei) *mettre 1a*.
zupfen: (Instrument -) *pincer*; (wieder --) *repincer 1*.
zurecht-:
(sich -finden) *orienter a, reconnaître a, repérer 2, retrouver*; (sich nicht mehr --) *patauger b*; (-kommen mit) *arranger 1*; (-legen/setzen/stellen) *disposer 1*; (-rücken) *rajuster*; (Kleidung --) *ramener a*; (-schneiden) *charpenter*; (-weisen) *laver a, rabrouer, réprimander*, vgl. tadeln; (sich e-n Plan -zimmern) *échafauder*.
zureden: (jm gut -) *raisonner 1*.
zureiten: (Pferde -) *dresser*.
zurichten: (übel -) *écharper, esquinter, étriller, malmener, massacrer, molester*.
zurückbegeben: (sich -) *regagner*.
zurückbegleiten: *raccompagner*.
zurückbehalten: *retenir a*.
zurückbezahlen: *rembourser, rendre 1a*.
zurückbiegen: *replier 1*.
zurückbleiben mit: *retarder*.
zurückbringen: *ramener a, rapporter 1, reconduire 1, reporter 1a, retourner 2a*; (ins Vaterland -) *rapatrier*.
zurückdrängen: *acculer a, écarter, refouler, reléguer, repousser 1a*.
zurückentwickeln: (sich -) *régresser*.
zurückerhalten: *recouvrer*.
zurückerobern: *reconquérir*.
zurückerstatten: *rembourser, rendre 1a*.
zurückfallen: (wohin -) *rétrograder*; fig. (- auf) *rejaillir b*; (Verantwortung/Schuld --) *retomber*.
zurückfließen: *refluer*.
zurückführen: fig. (etw - auf) *ramener b, rapporter 4, rattacher b, réduire 1b*.
zurückgeben: *redonner 1, rendre 1a, restituer 2, retourner 2a/b*; (wieder -) *rétrocéder*; (s-r Bestimmung -) *rendre 1b*.
zurückgehen: *régresser, rentrer, retourner 2b, rétrograder*; (Meer/Flut)(-) *descendre, retirer*; (denselben Weg -) *revenir 1a*; (wieder wohin -) *regagner*; (Fieber - lassen) *calmer*; (- auf) *remonter 1*.
zurückgewinnen: *récupérer, recouvrer*.
zurückgreifen auf: *recourir 2*; (mangels Besserem -) *se rabattre 3*.
zurückhalten: *comprimer, maintenir 1a, retenir a/b*; (ein Gefühl -) *refouler, rentrer*; (sich -) *ronger*; (mit etw -) *réserver b*; fig. (etw -) *tenir 1b*.
zurückhaltend bleiben gegenüber etw: *bouder*.
zurückkehren: *rallier, refluer, rejoindre, rentrer, retourner 2a/b, s'en retourner 3, s'en revenir 4*; (wieder -) *réintégrer, revenir 1a*.
zurückkommen: *rentrer, revenir 1a/b, s'en revenir 4*, vgl. zurückkehren; (wieder - auf) *en revenir 2*.
zurückklappen: (das Autoverdeck -) *décapoter*.
zurücklassen: (etw wo -) *laisser 1*.
zurücklegen: (jm etw -) *mettre 1a*; (Strecke/Entfernung -) *couvrir, parcourir*.
zurücklehnen: (sich -) *renverser a*.
zurücknehmen: (Waren -) *reprendre 1a*; fig. (etw -) *se dédire, décommander, rétracter 1, revenir 1b*.
zurückprallen: *rebondir*.
zurückrücken: *reculer*.
zurückrufen: *rappeler 1a/b*; (telephonisch -) *rappeler 2*; ((sich) etw ins Gedächtnis -) *rappeler 3, remémorer, se remettre 7*.
zurückschalten: *rétrograder*.
zurückschicken: *réexpédier, renvoyer, retourner 2a*; (ins Ursprungsland -) *rapatrier*.
zurückschieben: *écarter, reculer, repousser 1a*.

zurückschlagen: *repousser 1b; contre-attaquer, riposter b.*
zurückschrauben: (Hoffnungen/Ehrgeiz -) *déchanter.*
zurückschreiben: (jm -) *réécrire 2.*
zurücksenden: vgl. zurückschicken.
zurückspielen: (den Fußball -) *ramener a.*
zurückstecken: fig. *en rabattre 4, réserver b.*
zurückstellen: (Uhr -) *retarder.*
zurückstoßen: *repousser 1a.*
zurückstrahlen: *renvoyer.*
zurückströmen: *refluer.*
zurücktragen: *remporter 1, reporter 1a.*
zurücktreten: *écarter a, démissionner, se désister, démettre 2, effacer.*
zurückversenken/ -setzen: *reporter 1b.*
zurückweichen: *plier a, reculer, rétrograder.*
zurückweisen: *dédaigner, récuser, refuser, rejeter b, repousser 1b;* (schroff -) *rembarrer.*
zurückwerfen: *relancer 1, renvoyer, rejeter a;* (jd) (sich -) *renverser;* (Licht -) *réfléchir a, refléter;* (Licht/Schall -) *répercuter 1;* (Meer)(etw -) *rejeter a.*
zurückwirken auf: *rejaillir b.*
zurückzahlen: (sich Pfand - lassen) *déconsigner 3; rembourser.*
zurückziehen: (-/sich -) *reculer, renfermer b, replier 2, retirer;* (Versprechen -) *dégager b, retirer;* (sich vor dem Feind -) *céder.*
zurufen: (jm (etw) -) *héler, lancer b.*
Zusage zurücknehmen: *décommander.*
zusammen-:
(-arbeiten) *collaborer, coopérer.*
(-bauen) *accoler, assembler;* (schlecht und recht --) *rapetasser.*
(die Zähne -beißen) *serrer.*
(- binden) *accoler, attacher a, lier, rattacher a, cercler.*
(-brechen) *crouler, s'écrouler, effondrer;* (-- unter) *succomber b;* (fig. zusammenzubrechen drohen) *craquer b.*
(-bringen) *allier b, rallier, rapprocher, réunir.*
(-drängen) *masser 1, presser a, tasser 1.*
(-drücken) *presser a;* (ein Rohr --) *étrangler.*
(-drehen) *tortiller.*
(-fahren) *tressaillir.*
(-fallen mit) *coïncider, confondre 1.*
(-falten) *plier a, replier 1.*
(-fassen) *grouper, regrouper; renfermer b, résumer;* (Fragen --) *bloquer;* (in e-r Synthese --) *synthétiser;* (in e-r Organisation --) *embrigader, enregimenter.*
(-flicken) *rafistoler,rapiécer, recoudre.*
(-fließen) *confluer.*
(-fügen) *accoler, agréger, articuler 2, embrancher, joindre, raccorder, rattacher a;* (wieder --) *rejoindre, recomposer.*
(-führen) *réunir;* (etw)(--) *rallier.*
(-halten) *maintenir 1a.*
Zusammenhang: (in - bringen) *enchaîner b, rapporter 4, rapprocher.*
zusammen-:
(-harken) *râteler.*
(-kehren) *balayer.*
(-klappen) *replier 1.*
(-kleben lassen) *agglutiner.*
(-kneifen) (Lippen --) *pincer 1;* (- wieder --) *repincer 1.*
(-koppeln/-kuppeln) *accoupler, coupler.*
(-kratzen)(die letzen Pfennige --) *racler.*
(-laufen) *s'attrouper, converger.*
(-legen) *assembler, fusionner, joindre, plier a, replier 1;* (Geld --) *se cotiser 2.*
(-lesen) (sich etw --) *grappiller.*
(-nähen) *piquer 1a.*
(-nehmen) (s-e Kräfte --) *mobiliser b.*
(-passen/gut --) *accorder 1, agencer, cadrer 1, marier b;* (fugenlos --) *joindre.*
(-pferchen) *entasser, parquer 1.*
(-pressen) *comprimer, presser a, tasser 1.*
(-reißen)(sich --) *forcer a.*
(-rollen) *enrouler.*
(-rotten)(sich --) *ameuter, attrouper.*
(-rücken) *serrer.*
(-rufen) *convoquer.*
(-schalten) *enclencher.*
(-schlagen) *assommer a.*
(-schließen) *coaliser, fédérer, fusionner.*
zusammen-:
(-schnüren) *ficeler;* (Herz --) *serrer, resserrer.*
(-schrumpfen) *se recroqueviller.*
(-setzen) *assembler, imbriquer;* (-- zu) *disposer 1a.*
(-sinken)(jd)(--) *affaisser.*
(-stellen) *composer 1, grouper;* (passend --) *appareiller 2, assortir 1;* (Farben harmonisch --) *marier b;* (bunt --) *panacher.*
(- stoßen mit) *accrocher b, affronter, caramboler, heurter a/b, tamponner 3, téléscoper.*
(-stömen) *affluer, confluer.*
(-suchen) *glaner a.*
(-tragen) *accumuler.*
(-tun)(sich -- mit) *associer 2.*
(-wachsen) *souder.*
(-wohnen) *cohabiter.*
(-ziehen) *contracter 1, rétrécir;* (sich --) *se recroqueviller, rétracter 2.*
(-zucken) *tressaillir.*
zuschanzen: (sich etw -) *tailler 1.*
zuschieben: (jm die Schuld/Verantwortung -) *imputer 1, mettre 1a, renvoyer.*
zuschlagen: (Tür)(-) *claquer, fermer, rabattre 1;* (jm etw -) *adjuger.*
zuschnallen: *boucler 1.*
zuschneiden: *équarrir, tailler 1;* (Kleid -) *couper 1a.*
zuschnüren: *étreindre;* (die Kehle -) *étrangler, nouer;* (jm das Herz -) *resserrer.*
zuschreiben: *attribuer, imputer 1, prêter 3, rapporter.*
zuschulden: (sich - kommen lassen) *pêcher b.*
zusehen daß: *tâcher, voir 2.*
zusetzen: *s'acharner, malmener, tarabuster.*
zusprechen: (jm etw -) *adjuger, attribuer.*
Zuständigkeit: (unter die - fallen) *relever 5.*
zustehen: (jm -) *acquérir, appartenir b, revenir 7.*
zustecken: (jm etw -) *glisser a.*
zustehen kommen: (jm -) *revenir 8.*
zustimmen: *acquiescer, consentir, ranger 2b.*
zustimmend nicken/s-e Zustimmung geben: *opiner.*
zustopfen: *boucher, obturer.*
zutagetreten: *affleurer, marquer 1.*
zuteilen: *assigner, départir 1;* (Aufgaben -) *partager a.*
zuteil werden: *échoir 2.*
zutraulich werden: *attacher b.*
Zutritt: (- gewähren) *admettre 1a;* (- bekommen zu) *approcher;* (- verbieten) *exclure 1.*
zuvorkommen: *devancer, doubler 5, gagner, prévenir 1b.*
zuvorkommend behandeln: *mitonner, soigner.*
zuweisen: *affecter 3, assigner, départir 1;* (Platz -) *placer a;* (Aufgabe -) *préposer.*
zuwenden: (sich -) *détourner a, orienter a.*
zuwerfen: *jeter 1a, lancer a;* (Blick -) *couler 1, décocher 2.*
zuwider sein: *répugner.*
zuwiderlaufen: (den Hoffnungen -) *trahir b.*
zuziehen: (sich etw -) *attirer, contracter 2, choper, encourir, flanquer 2;* (sich e-e Krankheit -) *attraper, ramasser, prendre 1a;* (sich Prellungen/Quetschungen -) *contusionner.*
Zwangsverwaltung: (unter - stellen) *séquestrer 2.*
Zweck(e): (für andere - benutzen) *désaffecter.*
zweckentfremden: *désaffecter.*
zweifeln: *douter 1.*
Zweifel: (in - ziehen) *discuter 2, mettre 2, récogner;* (- zerstreuen) *lever.*
zwingen: *acculer b, astreindre, contraindre, forcer b.*
zwinkern: *cligner.*
zwirbeln: *effiler 2, tortiller.*
zwischenlanden: (Schiff)(-) *relâcher 3.*
zwischenlagern: *entreposer.*
Zwischenwand: (durch e-e - unterteilen) *cloisonner.*
zwitschern: *gazouiller.*

Harald Weinrich

Textgrammatik der französischen Sprache

896 Seiten, Klettbuch 52081.

Diese Textgrammatik ist für Leser geschrieben, die als Linguisten, Französischlehrer oder Studenten der Romanistik eine vertiefte Kenntnis der französischen Sprache zu erlangen wünschen. Denn diese Grammatik der französischen Sprache ist ganz von mündlichen oder schriftlichen Texten her gedacht und verfolgt den Zweck, zum Gebrauch der Sprache in Texten hinzuführen.
Mit dieser linguistischen Konzeption bildet sie eine notwendige Alternative zu den überkommenen Beschreibungsformen nicht-textueller Grammatiken. Eine weitere Besonderheit dieser Grammatik besteht darin, daß sie sich durchgehend an den Grundgegebenheiten des Gesprächs orientiert und alle Bedeutungen dialogisch als Anweisungen des Sprechers an den Hörer auffaßt.
Die Grammatik ist auch für solche Leser von Interesse, die über weniger gute Kenntnisse des Französischen verfügen und doch an einer Sprache genau beobachten wollen, wie aus den Bedeutungen der einzelnen Sprachzeichen der Sinn eines Textes entsteht. Für diese Leser sind allen Texten und Beispielen deutsche Übersetzungen beigegeben.

Klett